प्रकृति का द्वंद्ववाद

दुनिया के मजदूरो, एक हो!

प्रकृति का द्वंद्ववाद

फ्रेडरिक एंगेल्स

अनुवाद

गुणाकर मुळे

राजकमल प्रकाशन

ISBN : 978-93-94902-25-1

मूल्य : ₹995

पहला संस्करण : 2022

प्रकाशक : राजकमल प्रकाशन प्रा. लि.
1-बी, नेताजी सुभाष मार्ग, दरियागंज
नई दिल्ली-110 002
शाखाएँ : अशोक राजपथ, साइंस कॉलेज के सामने, पटना-800 006
पहली मंजिल, दरबारी बिल्डिंग, महात्मा गांधी मार्ग, प्रयागराज-211 001
36 ए, शेक्सपियर सरणी, कोलकाता-700 017
वेबसाइट : www.rajkamalprakashan.com
ई-मेल : info@rajkamalprakashan.com

पुस्तक सज्जा : मुकेश कुमार

मुद्रक : बीके. ऑफसेट
नवीन शाहदरा, दिल्ली-110 032

PRAKRITI KA DWANDWAVAD
by Friedrich Engels
Translated by Gunakar Muley

अपनी बात

फ्रेडरिक एंगेल्स के **प्रकृति का द्वंद्ववाद** के हिंदी अनुवाद की अनोखी गाथा है। 1971 की बात है। श्री गुणाकर मुळे जी पीपुल्स पब्लिशिंग हाउस में बैठे थे। उनके साथ बहुत-से बुद्धिजीवी वहां थे। श्री रामशरण शर्मा 'मुंशी' हिंदी विभाग के संपादक—वार्ता प्रकृति का द्वंद्ववाद को कई लोगों ने करने का वादा किया। लेकिन नहीं किया—क्यों? क्योंकि प्रकृति के द्वंद्ववाद को वही व्यक्ति कर सकता है जिसे सारे विषयों का ज्ञान हो।

इसमें ड्यूहरिंग मत खंडन से द्वंद्ववाद, प्रेतात्मालोक में प्रकृति-विज्ञान, गति, ज्वारीय घर्षण, ऊष्मा विद्युत्, वानर से नर बनने की प्रक्रिया में श्रम की भूमिका, विज्ञान का इतिहास, प्रकृति-विज्ञान और दर्शन, द्वंद्ववाद के मूलभूत नियम, तर्कशास्त्र और ज्ञान-मीमांसा, गति रूप, गणित, यांत्रिकी खगोल विज्ञान, भौतिकी, रसायन और जीव-विज्ञान का विकास, प्राचीन काल से लेकर मानव विकास का इतिहास और विज्ञान की खोज है।

ऐसी पुस्तक का हिंदी में अनुवाद करना एक चैलेंज के अलावा कुछ नहीं। वैज्ञानिक विषय की पुस्तकों का अनुवाद करने के लिए गुणाकर जी को मास्को व अमेरिका से कई बार बुलावा आया। लेकिन यह कह कर कि मैं पैसा तो कमा लूंगा लेकिन मेरा लेखन कार्य खत्म हो जाएगा। इनके साथ के बहुत-से लोग वहां जाकर बस भी गए। मैं तो जाना नहीं चाहती थी। क्योंकि मुझे जाना होता तो मैं शादी से पहले भी जा सकती थी।

पीपुल्स पब्लिशिंग हाउस में बैठे गुणाकर जी ने इस पुस्तक को चैलेंज रूप से हिंदी में अनुवाद करना स्वीकार किया। तब तय हुआ—मैं अनुवाद करता जाऊंगा और आप साथ-साथ छापते जाएंगे। सारे कार्य छोड़कर इसे करना आरंभ किया—पुस्तक का अनुवाद छपना आरंभ हो गया। लेकिन जब पुस्तक विद्युत विषय तक छप गई तब उन्हें देखने को मिली। इन्होंने देखा कि फ्रेडरिक एंगेल्स का द्वंद्ववाद बड़े अक्षरों में था और इनका नाम छोटे अक्षरों में, बस उनको गुस्सा आ गया और कहा—मेरा नाम भी एंगेल्स जितना बड़ा होना चाहिए क्योंकि मैं फ्रेडरिक एंगेल्स से किसी मायने में कम नहीं हूं। इसका अनुवाद करना किसी के

बस का नहीं और आगे का अनुवाद बंद कर दिया—विद्युत से आगे नहीं किया। पुस्तक छपना बंद हो गई।

लेकिन, जब उन्हें समय मिलता वह अनुवाद करते। 2009 से पहले उन्होंने इस अनुवाद को कर लिया था, और छपवाना चाहते थे। परंतु पीपुल्स पब्लिशिंग हाउस बंद हो चुका था।

प्रकृति का द्वंद्ववाद की पांडुलिपि मैंने देखी तो विद्युत के 20 पृष्ठ और अनुक्रमिका, नाम-सूची, पत्रिका-सूची और विषय-सूची नहीं की गई थी।

मैंने श्री अशोक महेश्वरी जी से बात की। यह पुस्तक बहुत महत्त्व की—लेकिन विद्युत के 20 पृष्ठ अगर कोई कर दे तो इसे प्रकाशित किया जा सकता है। अशोक जी भी सहमत हो गए। कई बुद्धिजीवियों से बात की। कई जगह भेजी—लेकिन अंत में एक व्यक्ति मिल ही गए जो गुणाकर जी को जानते थे और 20 पृष्ठ का अनुवाद करके उनकी पुस्तक पूरी की। वह व्यक्ति श्री राजेंद्र भट्ट जी हैं, जो प्रकाशन-विभाग में संपादक रहे हैं। उन्होंने विद्युत अध्याय के 169 पृष्ठ से 189 पृष्ठ तक अनुवाद किया। मैं उनको धन्यवाद देती हूं, क्योंकि उनके 20 पृष्ठों के अनुवाद करने से ही उनकी यह कृति प्रकाशित हो सकी।

प्रकृति का द्वंद्ववाद पुस्तक को करते समय कई बाधाएं आईं। जैसे कई जगह छोटे पैरे पृष्ठ 247 पर हेगेल का तर्कशास्त्र 167.....वह नहीं किया था... फूल-फल इत्यादि तक कई जगह और भी अनुवाद नहीं किए थे। वे मैंने किए।

विद्युत अध्याय की टिप्पणियां 95 से 113 तक का अनुवाद मैंने (शांति मुळे) किया। और देखिए पृष्ठ संख्या मैंने लिखे। जो कार्य बहुत कठिन था।

इस तरह एंगेल्स का प्रकृति का द्वंद्ववाद का कार्य पूरा हुआ। अगर कुछ भी कमी रह गई हो मुझे सूचित करेंगे।

यह पुस्तक भी दूसरी पुस्तकों की तरह सभी के लिए उपयोगी रहेगी खासतौर पर इसमें विज्ञान का इतिहास है।

इसका संपादन मैंने किया और प्रूफ अंशुमान मुळे ने देखे।

अमरावती **शांति गुणाकर मुळे**

सी-209-210, पांडव नगर, दिल्ली-92

क्रम

आमुख

प्रकृति का द्वंद्ववाद फ्रेडरिक एंगेल्स की सबसे अधिक महत्त्वपूर्ण कृतियों में से एक है। इसमें उन्नीसवीं सदी के मध्यकाल की प्राकृतिक विज्ञान के क्षेत्र की प्रमुख उपलब्धियों का द्वंद्ववादी भौतिकवादी सामान्यीकरण प्रस्तुत किया गया है, भौतिकवादी द्वंद्ववादी का विकास किया गया है और प्राकृतिक विज्ञान में प्रविष्ट अधिभूतवादी एवं भाववादी धारणाओं की आलोचना की गई है।

पिछली सदी में, कई दशकों तक, उत्पादन की पूंजीवादी प्रणाली के विकास तथा पूंजीवाद की उत्पादक शक्तियों के कारण टेक्नोलॉजी एवं प्राकृतिक विज्ञान ने तेजी से उन्नति की, विशेषतः उन विज्ञानों ने जिनका उद्योग के साथ कमो-बेश गहरा संबंध था।

उन्नीसवीं सदी के आरंभ में, और उससे भी अधिक मध्यकाल में, गणित, ज्योतिष, भौतिकी, रसायन तथा जीव-विज्ञान के क्षेत्र में आविष्कारों और उपलब्धियों का एक तांता-सा लग गया। नए तथ्यों और प्राकृतिक नियमों की स्थापना हुई, नए सिद्धांतों तथा नई परिकल्पनाओं का बीजारोपण हुआ, और विज्ञान के नए उपांग अस्तित्व में आए।

एंगेल्स ने दिखाया कि प्राकृतिक विज्ञान की उस विजय-यात्रा के तीन सर्वोपरि उत्कर्ष हैं—जैव कोशिका (सैल) की खोज, ऊर्जा की अविनाशिता तथा रूपांतरण के नियम की खोज और डार्विनवाद। सन् 1838 तथा 1839 ई. में मत्थियस याकोब श्लेइडैन और थियौडोर श्वान ने वनस्पति एवं पशु कोशिकाओं की एकरूपता सिद्ध की। उन्होंने सिद्ध किया कि कोशिका जीवधारियों की मूल रचना-इकाई है, और उन्होंने आंगिक संरचना के एक सांगोपांग कोशिका सिद्धांत की स्थापना की। इस प्रकार उन्होंने जीव-जगत की एकता को प्रमाणित किया। सन् 1842 और 1847 के बीच के काल में जुलियस मायर, जैम्स जूल, विलियम ग्रोव, एल.ए. कोल्डिंग और हरमान हेल्महोल्ट्ज ने ऊर्जा की अविनाशिता तथा रूपांतरण के नियम की खोज करके इसे प्रमाणित किया। परिणामतः प्रकृति का उद्घाटन एक ऐसी अविरत प्रक्रिया के रूप में हुआ जिसमें द्रव्य की एक प्रकार की सर्वव्यापी गति दूसरे प्रकार में बदलती रहती है। सन् 1859 ई. में चार्ल्स डार्विन ने अपना

सारभूत ग्रंथ (On the Origin of Species by Means of Natural Selection) (प्राकृतिक चुनाव द्वारा जातियां की उत्पत्ति के बारे में) प्रकाशित किया, जिसमें एक पूरी सदी में संवर्धित विकासवादी विचारों का समापन हुआ और जिसने आधुनिक जीव-विज्ञान के लिए पृष्ठभूमि तैयार की। इन आविष्कारों का दार्शनिक महत्त्व इस बात में निहित था कि इन्होंने एक विशिष्ट सूक्ष्म रूप में प्राकृतिक विकास के द्वंद्वात्मक स्वरूप का उद्घाटन किया।

उन्नीसवीं सदी के मध्यकाल के अनंतर वैज्ञानिक विकास ने एक यथार्थ क्रांति का रूप धारण किया। परंतु प्राकृतिक विज्ञान द्वारा प्राप्त नए तथ्यों के द्वंद्वात्मक स्वरूप और वैज्ञानिकों द्वारा प्रयुक्त अधिभूतवादी विधि के बीच के विरोध के कारण इस प्रगति में रुकावट पैदा हुई।

उन्नीसवीं सदी के दूसरे-तीसरे चरण की प्रमुख वैज्ञानिक उपलब्धियों का दार्शनिक दृष्टि से सामान्यीकरण करना और प्रकृति की द्वंद्ववादी भौतिकवादी अवधारणा का विस्तार करना अपरिहार्य हो गया था।

मार्क्स अपनी प्रधान कृति **पूंजी** में पूर्णतः निमग्न थे, इसलिए वैज्ञानिक प्रगति से जनित नई सैद्धांतिक समस्याओं से जूझने का काम एंगेल्स ने किया। मैनचेस्टर के एक व्यावसायिक प्रतिष्ठान से अवकाश ग्रहण करके लंदन में आ बसने के बाद ही एंगेल्स इस काम को हाथ में ले सके। फिर भी फ्रांस-प्रशा युद्ध, पेरिस कम्यून और इंटरनेशनल में उनके सक्रिय योग के कारण 1873 ई. के आरंभ के पहले सैद्धांतिक गवेषणा में डूब जाना उनके लिए संभव न हो सका।

वैज्ञानिक समस्याओं के प्रति मार्क्स और एंगेल्स का अनुराग आकस्मिक या क्षणिक नहीं था। मार्क्स अपने वैज्ञानिक ज्ञान को निरंतर बढ़ाते गए। जैसाकि अपने पिता को लिखे उनके एक पत्र से ज्ञात होता है, तरुणावस्था में ही उन्होंने वैज्ञानिक विषयों का अध्ययन आरंभ कर दिया था, और इसे उन्होंने जीवन के अंतिम वर्षों तक जारी रखा, जब उन्होंने गणित पर स्वतंत्र निबंध लिखे। एंगेल्स की प्रगति का दौर भी कुछ ऐसा ही रहा।

एक समग्र विश्व-दृष्टिकोण की सृष्टि के लिए मार्क्सवाद के संस्थापकों ने दर्शनशास्त्र, राजनीतिक अर्थशास्त्र और समाजवादी तथा साम्यवादी सिद्धांतों की पूर्ववर्ती उपलब्धियों के समीक्षात्मक पुनरीक्षण तक ही अपने को सीमित नहीं रखा। भौतिकवाद को एक नए द्वंद्वात्मक स्वरूप में प्रस्तुत करने के लिए यह आवश्यक था कि वे समकालीन प्राकृतिक विज्ञान की प्रमुख उपलब्धियों का सामान्यीकरण करें। **ड्यूहरिंग मत-खंडन** के दूसरे संस्करण की 'भूमिका' में एंगेल्स ने लिखा है : "मार्क्स और मैं, हम ही दो ऐसे व्यक्ति थे जो जर्मन भाववादी दर्शन से चैतन द्वंद्ववाद को मुक्त करके इतिहास तथा प्रकृति की भौतिकवादी अवधारणा में इसका उपयोग करने में समर्थ थे। परंतु प्रकृति की अवधारणा के लिए, जो द्वंद्वात्मक होने के

साथ-साथ भौतिकवादी भी हैं, गणित और प्राकृतिक विज्ञान का ज्ञान आवश्यक है।" (फ्रे. एंगेल्स, ड्यूहरिंग मत-खंडन, मास्को, 1965, पृ. 18)

प्राकृतिक विज्ञान की भूमिका पर बल देते हुए मार्क्स ने 1863 ई. में **पूंजी** के अपने उपक्रम-कार्य में स्पष्ट किया है कि प्राकृतिक विज्ञान "समस्त ज्ञान का मूलाधार है।"

मार्क्स और एंगेल्स की विज्ञान में एक-सी रुचि थी, परंतु दोनों में एक प्रकार का श्रम का बंटवारा हो गया था। मार्क्स गणित, टेक्नोलॉजी का इतिहास तथा कृषि-रसायन में अधिक निपुण थे। इसके अलावा उन्होंने भौतिकी, रसायन, जीव-विज्ञान, भूविज्ञान, शरीररचना-विज्ञान तथा शरीरक्रिया-विज्ञान का भी अध्ययन किया था। गणित और उपयोगी विज्ञानों के अध्ययन में उन्होंने एंगेल्स की अपेक्षा अधिक समय दिया। दूसरी ओर, एंगेल्स को भौतिकी और जीव-विज्ञान की अधिक गहन जानकारी थी। एंगेल्स ने गणित, ज्योतिष, रसायन, शरीररचना-विज्ञान तथा शरीरक्रिया-विज्ञान का भी अध्ययन किया, और उन्होंने सैद्धांतिक प्रकृति-विज्ञान पर मार्क्स की अपेक्षा अधिक ध्यान दिया।

मार्क्सवाद की स्थापना के आरंभकाल में, अर्थात् 1848 के पहले, मार्क्स और एंगेल्स ने अपनी रचनाओं में ऐसे अनेक तथ्य उद्धृत किए हैं जो विज्ञान तथा तकनीकी के विकास में उनकी गहरी दिलचस्पी के सूचक हैं। परंतु प्रकृति-विज्ञान के उनके विशिष्ट अध्ययन की अभी शुरुआत नहीं हुई थी।

मार्क्स ने इस अध्ययन का आरंभ 1851 में किया, जब उन्होंने राजनीतिक अर्थशास्त्र से संबंधित अपने गवेषणा-कार्य को हाथ में लिया और टेक्नोलॉजी के इतिहास तथा कृषि-रसायन का अध्ययन शुरू किया—इस स्पष्ट उद्देश्य से कि विज्ञान के इस विषयों का उन्हें सम्यक् ज्ञान हो जाए। बाद में उन्होंने अपने अध्ययन के परिणामों का पूंजी के प्रथम खंड में मशीनों से संबंधित प्रकरण में और तृतीय खंड में भूमि किराया के सिद्धांत के विकास में उपयोग किया। इसी प्रकार, एंगेल्स ने भी विभिन्न वैज्ञानिक समस्याओं का अध्ययन छठे दशक में ही आरंभ किया।

पूंजी के मूल पाठ की रचना करते समय मार्क्स इस नतीजे पर पहुंचे कि उन्हें गणित का विशेष अध्ययन करना चाहिए। सन् 1858 ई. में उन्होंने बीजगणित का अध्ययन शुरू किया और तदनंतर वैश्लेषिक ज्यामिति तथा अवकलन एवं समाकलन गणित का अध्ययन। कालांतर में यह अध्ययन स्वतंत्र कोटि का हो गया। इसी काल में एंगेल्स ने भौतिक विज्ञान तथा शरीरक्रिया-विज्ञान का अध्ययन शुरू कर दिया, ताकि वह इन विज्ञानों की उपलब्धियों से, विशेषतः कोशिका सिद्धांत और ऊर्जा के रूपांतरण के सिद्धांत से, द्वंद्ववाद का संवर्धन कर सकें। डार्विन की कृति **जातियों की उत्पत्ति** (Origin of Species) 1859 ई. के अंत में प्रकाशित हुई, और इसने मार्क्स व एंगेल्स के वैज्ञानिक अध्ययन को और अधिक गति दी। डार्विन की

इस कृति के प्रकाशन के तुरंत बाद ही एंगेल्स ने इसका पारायण किया। मार्क्स ने इस ग्रंथ का अध्ययन 1860 ई. के अंत में किया, और मार्क्सवाद के लिए डार्विन की इस महान खोज का जो महत्त्व होगा, उसे एक प्रतिष्ठित परिभाषा के रूप में व्यक्त किया। उन्होंने 19 दिसंबर, 1860 ई. को एंगेल्स को लिखा : "यह ग्रंथ हमारी अवधारणा के लिए प्राकृतिक ऐतिहासिक मूलाधार प्रस्तुत करता है।" बाद के वर्षों में मार्क्स और एंगेल्स ने अपने वैज्ञानिक अध्ययन के दायरे को काफी अधिक बढ़ाया। उन्होंने जीव-विज्ञान, शरीररचना-विज्ञान, शरीरक्रिया-विज्ञान, ज्योतिष, भौतिक विज्ञान, रसायन तथा अन्य विज्ञानों का अध्ययन किया।

इस अध्ययन के एक अत्यंत महत्त्वपूर्ण दौर की शुरुआत 1873 ई. में हुई और यह 1883 ई. में मार्क्स की मृत्यु तक चलता रहा। इस काल में मार्क्स और एंगेल्स प्रकृति-विज्ञान में अपने अनुसंधान कार्य को बढ़ाते गए और साथ ही स्वतंत्र कृतियों की रचना करते रहे। मार्क्स ने अपने गणितीय हस्तलेखों के उस सर्वाधिक महत्त्वपूर्ण अंश की रचना की जिसमें उन्होंने अवकलन गणित को द्वंद्ववादी दृष्टि से प्रमाणित करने की शुरुआत कर दी है। परंतु प्रकृति-विज्ञान के क्षेत्र में निर्णायक भूमिका एंगेल्स की कृतियों ने, और सर्वाधिक रूप में **प्रकृति का द्वंद्ववाद** ने ही अदा की है।

प्रकृति का द्वंद्ववाद एंगेल्स के अनेक वर्षों के गहन वैज्ञानिक अध्ययन का चरमोत्कर्ष है। आरंभ में (लगभग जनवरी, 1873 ई. ...देखिए इस संस्करण के पृ. 226-31) उनकी योजना थी कि वह अपने अनुसंधान के नतीजों को एक ऐसी विवादात्मक कृति में प्रस्तुत करेंगे जिसमें गंवार भौतिकवादी लुडविग बुखनर के मतों की आलोचना होगी। बाद में उन्होंने एक अधिक व्यापक कार्य का निर्णय लिया। मार्क्स जब मैनचेस्टर में थे तो एंगेल्स ने लंदन से 30 मई, 1873 ई. को उन्हें एक पत्र लिखा, जिसमें उन्होंने **प्रकृति का द्वंद्ववाद** लिखने के अपने इरादे की मार्क्स को सूचना दी। मार्क्स ने यह पत्र कार्ल शोर्लेमर को दिखाया, जो एक प्रतिष्ठित रसायनज्ञ थे। शोर्लेमर ने एंगेल्स की योजना की प्रमुख सूचनाओं पर अपनी सहमति प्रकट की, मूल पत्र में उनकी टिप्पणियां मौजूद हैं। आगे के वर्षों में इस योजना की दिशा में एंगेल्स ने बड़ा काम किया, परंतु इसे पूर्ण कर पाना उनके लिए संभव न हो सका।

प्रकृति का द्वंद्ववाद में जिन विषयों का समावेश है, उनकी रचना एंगेल्स ने 1873 सन् 1886 ई. तक के काल में की है। इस कालावधि में उन्होंने प्रकृति-विज्ञान की प्रमुख समस्याओं से संबंधित बृहत् स्रोत-सामग्री का अध्ययन किया और कमोबेश पूर्ण रूप में 10 लेखों तथा प्रकरणों की और 170 से अधिक टिप्पणियों तथा अंशों की रचना की।

प्रकृति का द्वंद्ववाद से संबंधित एंगेल्स के कृतित्व को दो मुख्य कालों में बांटा जा सकता है : पुस्तक की संकल्पना से लेकर **ड्यूहरिंग मत-खंडन** के रचना-कार्य को हाथ में लेने तक का काल (मई 1873—मई 1876) और **ड्यूहरिंग मत-खंडन**

की इतिश्री से मार्क्स की मृत्यु तक का काल (जुलाई, 1878 - मार्च, 1883)। प्रथम काल में एंगेल्स मुख्यतः सामग्री जुटाने में व्यस्त रहे, और उन्होंने अधिकांश अंशों की रचना की और 'भूमिका' लिखी। बाद के काल में उन्होंने अपने भावी ग्रंथ के लिए एक विशिष्ट योजना तैयार की, और कई नए अंश लिखे तथा प्रायः सभी प्रकरणों की रचना की। मार्क्स की मृत्यु के बाद एंगेल्स **पूंजी** के प्रकाशन-कार्य को पूरा करने में और मजदूर-वर्ग के अंतर्राष्ट्रीय आंदोलन को मार्गदर्शन करने में पूर्ण रूप से व्यस्त हो गए, इसलिए अपने वैज्ञानिक अध्ययन को वह विधिपूर्वक आगे जारी नहीं रख पाए और उन्हें **प्रकृति का द्वंद्ववाद** से संबंधित अपना कार्य वस्तुतः स्थगित कर देना पड़ा। परिणामतः यह ग्रंथ अधूरा ही रहा। परंतु एंगेल्स ने अपनी पूर्ववर्ती गवेषणाओं के परिणामों का और नूतन वैज्ञानिक सामग्री का बाद की कई रचनाओं में उपयोग किया है।

प्रकृति का द्वंद्ववाद की रचना में एंगेल्स ने जिस काम का बीड़ा उठाया था, उसके बारे में उन्होंने **ड्यूहरिंग मत-खंडन** के दूसरे संस्करण की 'भूमिका' में लिखा है : "यह कहने की आवश्यकता नहीं कि गणित और प्रकृति-विज्ञान का सिंहावलोकन करने के पीछे मेरा यही उद्देश्य था कि मैं अपने को उस बात के बारे में सविस्तरेण दृढ़मत बनाना चाहता था। जिसके बारे में सामान्यतः मेरे मन में कोई संदेह नहीं था—कि प्रकृति में, इसके असंख्य परिवर्तनों के विवर्तन में, गति के नियम के द्वारा, जो कि इतिहास में घटनाओं की मासी आकस्मिकता का नियमन करते हैं...। द्वंद्ववाद के नियमों को प्रकृति में आरोपित करने का मेरे सामने सवाल ही नहीं था, मुझे तो प्रकृति में इनकी खोज करनी थी, प्रकृति से इन्हें विकसित करना था।" (फ्रे. एंगेल्स, **प्रकृति का द्वंद्ववाद,** अंग्रेजी संस्करण, मास्को, 1959, पृ. 17 व 19)। इसलिए जरूरी काम था प्रकृति में वस्तुनिष्ठ द्वंद्ववाद की खोज करना और उसके द्वारा प्रकृति-विज्ञान के लिए चेतन भौतिकवादी द्वंद्ववाद की आवश्यकता सिद्ध करना। साथ ही, मावबाद, अधिभूतवाद, अज्ञेयवाद तथा गंवारू भौतिकवाद को विज्ञान से निष्कासित करना था, द्वंद्ववादी भौतिकवादी दृष्टि से वैज्ञानिक विकास के प्रमुख परिणामों का सामान्यीकरण करना था और भौतिकवादी द्वंद्ववाद के मूल नियमों के सार्वभौमिक स्वरूप का प्रतिपादन करना था।

इस कार्य को पूरा करने के लिए एंगेल्स ने तथ्यपूर्ण सामग्री का एक बड़ा भंडार खड़ा किया। कुल मिलाकर उन्होंने प्रख्यात वैज्ञानिकों की करीब सौ कृतियों का उपयोग किया। इनमें शार्ल बांस्सी (गणित), जोहन मैडलेर तथा एंजेलो सेकी (ज्योतिष), जुलियस मायर, हरमान हेल्महोल्ट्ज, विलियम ग्रोव, विलियम थॉमसन, रूडोल्फ क्लोवजियूस, जैम्स क्लर्क मैक्सवेल, गुस्ताव वीडेमान तथा थॉमस थॉमसन (भौतिक विज्ञान), अलेक्जेंडर नौमान, हैनरी रोस्कीये तथा कार्ल शोर्लमेर (रसायन), चार्ल्स डार्विन, अंर्स्ट हैकेल तथा हैनरी निकलसन (जीव विज्ञान) की कृतियां शामिल

हैं। उन्होंने **प्रकृति** (Nature) नामक पत्रिका का भी उपयोग नहीं कर पाये जो उस समय अधिक प्रसिद्ध नहीं थी, परंतु ऐतिहासिक दृष्टि से महत्त्व की थी। जैसे, लोमोनोसोव, लोबाचेवस्की, श्रीमान् तथा बटलरोव की कृतियां, और विद्युत-चुंबकीय क्षेत्र से संबंधित मैक्सवेल का कृतित्व।

प्रकृति का द्वंद्ववाद एक अपूर्ण ग्रंथ है। इसके कुछ भाग प्राथमिक रेखाचित्रों और आंशिक टिप्पणियों के स्वरूप के हैं। फिर भी यह एक संयुक्त ग्रंथ है, समान मूलभूत विचारों और एक सुगठित योजना द्वारा आबद्ध ग्रंथ है।

प्रकृति-विज्ञान के इतिहास से, विशेषतः पुनर्जागरण (रैनासां) से उन्नीसवीं सदी के मध्यकाल तक के इतिहास से, पर्याप्त साक्ष्य लेकर एंगेल्स ने दर्शाया है कि प्रकृति-विज्ञान का विकास अंततोगत्वा व्यावहारिक आवश्यकताओं से, उत्पादन से, निर्धारित होता है। मार्क्सवाद के इतिहास में पहली बार उन्होंने दर्शनशास्त्र और प्रकृति-विज्ञान के संबंध की समस्या का सर्वांगीण विश्लेषण किया, इनके अन्योन्याश्रय की स्थापना की और सिद्ध किया कि "प्रकृति-विज्ञान में, इसकी अपनी प्रगति के कारण ही, अधिभूतवादी दृष्टिकोण असंभव हो गया है", "द्वंद्ववाद की ओर वापसी अचेतन रूप में, अतएव विरोधात्मक रूप में और शनैः-शनैः होती है" और हेगेलीय रहस्यवाद का चोगा उतार फेंक देने पर द्वंद्ववाद "प्रकृति-विज्ञान की एक परम आवश्यकता बन जाता है।" एंगेल्स ने वैज्ञानिकों का आह्वान किया कि वे सतर्क रहकर द्वंद्वात्मक विधि का उपयोग करना सीखें।

एंगेल्स ने भूत तथा गति और दिक् तथा काल से संबंधित द्वंद्वात्मक भौतिकवाद की मूल अभिधारणाओं का विकास किया। उन्होंने द्वंद्ववाद की एक विशिष्ट परिभाषा प्रस्तुत की, द्वंद्ववाद के तीन मूलभूत नियमों को सूत्रित किया और स्पष्ट किया कि "द्वंद्वात्मक नियम प्रकृति के विकास के यथार्थ नियम हैं, और इसलिए सैद्धांतिक प्रकृति-विज्ञान के लिए भी वैध है" (वही, पृ. 78)।

प्रकृति का द्वंद्ववाद की घुरीण धारणा है। भूतद्रव्य की गति के स्वरूपों का वर्गीकरण और तदनुरूप इन स्वरूपों का विवेचन करने वाले विज्ञानों का वर्गीकरण। शुद्ध स्थानांतर निम्नतम स्तर की गति है, तो चिंतन उच्चतम स्तर की गति। प्रकृति-विज्ञान में मुख्यतः यांत्रिक, भौतिक, रासायनिक तथा जैविक गति-रूपों का अध्ययन होता है। निम्नतर रूप की प्रत्येक गति एक द्वंद्वात्मक उछाल द्वारा उच्चतररूप में बदल जाती है। हर उच्चतर स्वरूप की गति एक निम्नतर स्वरूप पर तो नहीं उतर आती, परंतु उसमें एक अधीन तत्त्व के रूप में निम्नतर स्वरूप मौजूद रहता है। भूतद्रव्य की गति के स्वरूपों के इस सिद्धांत के आधार पर एंगेल्स प्रकृति-विज्ञानों का द्वंद्वात्मक भौतिकवादी वर्गीकरण प्रस्तुत करते हैं, और इनमें से प्रत्येक विज्ञान "एक विशिष्ट स्वरूप की गति का विश्लेषण करता है, अथवा ऐसे गति-स्वरूपों की एक श्रृंखला का विश्लेषण करता है जो संगठित रहते हैं और एक-दूसरे में बदलते रहते हैं" (वही, पृ. 278)।

इस धुरीण धारणा को ध्यान में रखते हुए एंगेल्स ने गणित, यांत्रिकी, भौतिकी, रसायन तथा जीव-विज्ञान के द्वंद्वात्मक अंतर्विषय का दृढ़तापूर्वक परीक्षण किया। गणित में वह गणितीय अमूर्तता की आभासी स्वतःसिद्धता की समस्या पर विचार करते हैं। ज्योतिष में वह सौरमंडल की उत्पत्ति तथा विकास की समस्या का विवेचन करते हैं। इसी प्रकार, भौतिकी में ऊर्जा के रूपांतरण के सिद्धांत का, रसायन में परमाणुवाद की समस्या का, जीव-विज्ञान में जीवन के सार तथा उदय की समस्या का, कोशिका सिद्धांत का और डार्विनवाद का विवेचन करते हैं। एंगेल्स ने इस ग्रंथ में मानव की उत्पत्ति में श्रम की भूमिका के सिद्धांत की स्थापना की, और इस प्रकार वह प्रकृति-विज्ञान से समाज इतिहास के क्षेत्र में पहुंच गए।

एंगेल्स जब इन सारी समस्याओं पर विचार करते हैं तो वह इस या उस वैज्ञानिक आविष्कार का मात्र उल्लेख नहीं करते, बल्कि प्रकृति-विज्ञान की अधिक महत्त्वपूर्ण उपलब्धियों की एक नए रूप में द्वंद्वात्मक भौतिकवादी विधि से व्याख्या करते हैं। जुलियस मायर तथा अन्य वैज्ञानिकों द्वारा संस्थापित ऊर्जा की अविनाशिता के सिद्धांत की चर्चा करते हुए एंगेल्स बलपूर्वक कहते हैं कि, इस आविष्कार के बारे में एक नई विशिष्ट बात यह है कि वहीं प्रकृति के एक परम नियम को सूत्रित किया गया है। इस नियम के अनुसार, किसी भी स्वरूप की गति किसी भी अन्य स्वरूप की गति में बदल सकती है, अवश्य बदलती है। ऊर्जा की अविनाशिता का यह नियम तब अधिक स्पष्ट होता है, जब एंगेल्स यह प्रतिपादिता करते हैं कि गुणात्मक और परिमाणात्मक दोनों ही रूप में ऊर्जा अविनाशी है, और इस असीम विश्व में जब भी कोई गति-रूप अन्य गति-रूपों में बदलता है, तो वह एकदम लुप्त नहीं हो जाता। इसी प्रकार, डार्विन की खोज का ऐतिहासिक महत्त्व बताते हुए उन्होंने स्पष्ट किया कि डार्विन ने जातियों के उत्परिवर्तनों के कारणों की उपेक्षा की है। वह उस एकांगी धारणा की आलोचना करते हैं, जो अस्तित्व के लिए संघर्ष को परम मानती है। एंगेल्स जैव पदार्थों के विकास में पर्यावरण की भूमिका पर और इनके निर्धारण की क्रिया के रूप में उपापचयन की भूमिका पर बल देते हैं।

द्वंद्वात्मक भौतिकवादी प्रणाली का उपयोग करके एंगेल्स समकालीन प्रकृति-विज्ञान की कई समस्याओं का समाधान खोजते हैं, वैज्ञानिक प्रगति की भावी प्रवृत्ति के बारे में भविष्यवाणी करते हैं और कालांतर की कुछ वैज्ञानिक उपलब्धियों का पूर्वानुमान कराते हैं। उदाहरण के लिए, वह द्विरूपी गति-माप की समस्या को सुलझाते हैं, समकालीन विद्युत सिद्धांत के अंतर्विरोधों का विश्लेषण करके विद्युत-विश्लेषी विघटन के सिद्धांत का पूर्वानुमान कराया।

अपने समय के अधिकांश वैज्ञानिकों के विरोधी मत के बावजूद एंगेल्स परमाणु की जटिलता की धारणा की रक्षा करते हैं और उसे आगे बढ़ाते हैं। वह लिखते हैं,

''परंतु परमाणुओं को सरल या सामान्यतः द्रव्य के सबसे छोटे कण नहीं माना जा सकता'' (देखिए यह ग्रंथ, पृ. 297)। उन्होंने ऐसे कणों के अस्तित्व का पूर्वानुमान लगाया जो विभिन्न क्रम के गणितीय अत्यणुओं के सदृश हैं। परमाणु की जटिलता तथा अक्षयता से संबंधित एंगेल्स के मतों की आजकल के द्रव्य-संरचना के सिद्धांत से पुष्टि हुई है, होती जा रही है। आकर्षण और विकर्षण की एकता के रूप में भूतद्रव्य की व्याख्या करते हुए एंगेल्स ने, आधुनिक भौतिक विज्ञान की शब्दावली में कहें तो, ऐसे द्रव्य के अस्तित्व की संभावना व्यक्त की जिसका कोई स्थिर द्रव्यमान नहीं है। बीसवीं सदी के आविष्कारों ने इस अनुमान की पुष्टि की है।

प्रकृति का द्वंद्ववाद में एंगेल्स ने जीवन की अपनी परिभाषा प्रस्तुत की है। वह लिखते हैं, ''प्रोटीन पदार्थों के अस्तित्व के पर्याय का नाम जीवन है'' (देखिए यह ग्रंथ, पृ. 329)। इस परिभाषा के साथ जीवन की उत्पत्ति तथा इसके सार की समस्या की खोजबीन करने का श्रीगणेश होता है।

मानव की उत्पत्ति में श्रम की भूमिका के सिद्धांत के प्रतिपादन के लिए एंगेल्स विशेष गौरव के भागी हैं। अपने ओजस्वी निबंध 'वानर से नर बनने की प्रक्रिया में श्रम की भूमिका' में वह औजारों के गढ़ने में और मानव के भौतिक रूप तथा मानव समाज के निर्माण में श्रम की निर्णायक भूमिका की व्याख्या करते हैं। उन्होंने स्पष्ट किया कि किस प्रकार एक लम्बे विकास के दौर में मानव का वानर-जैसा पूर्वज नर में, गुणात्मक रूप से एक विशिष्ट प्राणी में, विकसित हो गया है।

एंगेल्स हर विज्ञान के प्रगतिशील मतों एवं सिद्धांतों का समर्थन करते हैं, उन्हें उभारते हैं और उनका विकास करते हैं। वह आवर्त तालिका के जनक रूसी वैज्ञानिक दिमित्री इवानोविच मेंडेलीफ की महान उपलब्धियों की विशेष रूप से स्तुति करते हैं। साथ ही उन्होंने ऐसी धारणाओं का जमकर विरोध किया है जो विज्ञान की नवीनतम उपलब्धियों के अनुरूप नही थीं, और जो खोजकार्य की प्रगति में बाधा डालती थीं। उदाहरण के लिए, उन्होंने रूडोल्फ क्लोवजियूस, विलियम थॉमसन तथा जै. लौशूमिड्ट द्वारा प्रतिपादित ऊष्मा के क्षय से विश्व की मृत्यु की परिकल्पना की भर्त्सना की। उन्होंने स्पष्ट किया कि यह आकर्षक परिकल्पना सही धारणा पर आधारित ऊर्जा की अविनाशिता तथा रूपांतरण के नियम के विरुद्ध है। गुणात्मक तथा परिमाणात्मक, दोनों ही प्रकार की गति की अविनाशिता और उससे सिद्ध ऊष्मा-क्षय द्वारा विश्व की मृत्यु की अशक्यता से संबंधित एंगेल्स के मौलिक विचारों ने तदनंतर के प्रगतिशील प्रकृति-विज्ञान का पथ-प्रदर्शन किया है।

अपने समूचे ग्रंथ में प्रकृति के द्वंद्ववाद को प्रकट करने के साथ-साथ, एंगेल्स वैज्ञानिकों में मौजूद नाना प्रकार की अवैज्ञानिक प्रवृत्तियों से युद्ध करते हैं। ये प्रवृत्तियां हैं : गंवारू भौतिकवाद, अधिभूतवाद, भाववाद, अज्ञेयवाद, एकांकी अनुभववाद व यांत्रिकवाद, अध्यात्मवाद और धार्मिक मतों की अन्य अभिव्यक्तियां।

यह कहने की आवश्यकता नहीं है कि **प्रकृति का द्वंद्ववाद** के कुछ ब्योरे, मुख्यतः लेखक द्वारा प्रयुक्त तथ्यात्मक सामग्री, विगत दशकों में प्रकृति-विज्ञान की द्रुत और क्रांतिकारी प्रगति के कारण, पुरानी हो गई है। उदाहरणार्थ, विश्वोत्पत्ति का कांट-लाप्लास सिद्धांत अब पुराना पड़ गया है। ईथर की यांत्रिका परिकल्पना पूर्णतः अमान्य हो चुकी है। यह सिद्ध हो चुका है कि विद्युत-धारा की वेग प्रकाश के वेग से अधिक नहीं हो सकता। परंतु इनमें से कोई भी ब्योरा इस कृति के सारतत्त्व को प्रभावित नहीं करता। इस ग्रंथ की सामान्य विधि तथा अवधारणा वैध है और सदैव वैध बनी रहेगी।

प्रकृति का द्वंद्ववाद की महत्त्वपूर्ण बात है इसकी विधि, अर्थात् भौतिक द्वंद्ववाद। लेखक विश्व के संज्ञान में सैद्धांतिक विचार की, विधि की, भूमिका की सशक्त व्याख्या करता है। ''वस्तुतः, बिना अपकार के द्वंद्ववाद की अवहेलना संभव नहीं'' क्योंकि बिना सैद्धांतिक विचार के ''दो प्राकृतिक तथ्यों का एक-दूसरे से संबंध जोड़ पाना या उनमें निहित संबंध को समझ पाना संभव नहीं है'' और जैसी कि वस्तुस्थिति है, प्रकृति-विज्ञान के विकास की समसामयिक अवस्था के लिए ''द्वंद्ववाद ही सर्वाधिक अंश में उपयुक्त एकमात्र चिंतन प्रणाली है'' (देखिए यह ग्रंथ, पृ. 73, 213, 238)।

मार्क्सवाद के संस्थापकों द्वारा रचित किसी भी अन्य ग्रंथ की अपेक्षा **प्रकृति का द्वंद्ववाद** में द्वंद्ववाद के प्रश्नों और प्रमेयों का अधिक विशद विवेचन है, जैसे, कार्य-कारण संबंध, अनिवार्यता और संयोग, निर्णय की विधियों का वर्गीकरण, आगमन और निगमन के बीच संबंध, प्रकृति-विज्ञान के विकास की एक विधा के रूप में परिकल्पना की भूमिका और अन्य अनेक प्रश्न एवं प्रमेय।

अपूर्ण रह जाने पर भी इस विशिष्ट कृति में सैद्धांतिक विषयों की समृद्धि एवं गहराई अभूतपूर्व है। द्वंद्वात्मक भौतिकवाद के विकास में यह एक नया स्तर है। भौतिकवाद तथा द्वंद्ववाद के लिए इस कृति का ठोस योगदान रहा और इसने समकालीन प्रकृति-विज्ञान की प्रमुख समस्याओं को सुलझाने का मार्ग दिखाया है।

कहा गया है कि एंगेल्स के लिए इस ग्रंथ को पूरा करके प्रकाशित कर पाना संभव नहीं हुआ। फिर भी, सामान्य पाठकों को इसकी कुछ स्थापनाओं की जानकारी उन्नीसवीं सदी के अंतिम चरण की शुरुआत से ही मिलने लगी थी। क्योंकि एंगेल्स ने उनका उपयोग अपनी कई प्रकाशित कृतियों में किया है, जिनमें प्रमुख हैं **ड्यूहरिंग मत-खंडन**, **लुडविग फ़ायरबाख और क्लासिकल जर्मन दर्शन का अंत**, और **समाजवाद : काल्पनिक तथा वैज्ञानिक** के अंग्रेजी संस्करण की 'भूमिका'।

प्रकृति का द्वंद्ववाद के विचारों का और अधिक विकास लेनिन ने अपने भौतिकवाद और साम्राज्यवादी-समीक्षा ग्रंथ में किया। इस प्रतिभापूर्ण ग्रंथ में लेनिन ने उस वृहत् वैज्ञानिक सामग्री का दार्शनिक सामान्यीकरण प्रस्तुत किया है जो

बीसवीं सदी के आरंभ तक एकत्र हो गई थी। लेनिन ने इन विचारों का विस्तार दार्शनिक नोट बुकों और अपने कार्यक्रम लेख भौतिकवाद के बारे में किया है। उनको **प्रकृति का द्वंद्ववाद** की जानकारी नहीं थी। (यह ग्रंथ पहली बार उनकी मृत्यु के बाद प्रकाशित हुआ) परंतु मार्क्स और एंगेल्स के द्वंद्वात्मक भौतिकवाद की मदद से कई मूलभूत सवालों के बारे में, वह उन्हीं नतीजों पर पहुंचे हैं जिन पर **प्रकृति का द्वंद्ववाद** में एंगेल्स पहुंचे थे, और उन्होंने एंगेल्स के मतों को आगे पहुंचाया।

बीसवीं सदी की वैज्ञानिक उपलब्धियों ने मार्क्स और एंगेल्स की प्रकृति संबंधी द्वंद्वात्मक भौतिकवादी अवधारणा को प्रमाणित किया है, समृद्ध बनाया है। भौतिक विज्ञान में मॉक्स प्लांक, नील्स बोर तथा लूई द ब्रोहई की खोजों ने भूतद्रव्य के पार्थक्य तथा सात्तय की एकता की द्वंद्वात्मक अभिधारणा को वैज्ञानिक रूप से सिद्ध किया है। अल्बर्ट आइंस्टाइन के आपेक्षिकता सिद्धांत ने एंगेल्स की भूत, गति, दिक् तथा काल से संबंधित मान्यताओं को सुदृढ़ बना दिया है। प्राथमिक कणों के आधुनिक सिद्धांत से एंगेल्स और लेनिन की परमाणु तथा इलेक्ट्रोन की अक्षयता से संबंधित स्थापनाओं की पूर्ण रूप से पुष्टि होती है। जीव-विज्ञान से संबंधित द्वंद्वात्मक भौतिकवाद के निष्कर्षों की भी पुष्टि हो चुकी है। साइबेरनेटिक्स तथा अन्य अनेक नए विज्ञान भौतिक रसायन, जैव-रसायन, भू-भौतिकी, अंतरिक्ष जीव-विज्ञान, आदि एंगेल्स के इस भविष्यकथन की पुष्टि कर चुके हैं, और पुष्टि करते जा रहे हैं, कि महान उपलब्धियों की आशा वहीं पर रखनी चाहिए जहां विभिन्न विज्ञानों का संगम होता है।

तो ये हैं द्वंद्वात्मक भौतिकवाद—मार्क्सवादी प्रणाली—के ऐतिहासिक सत्यापन के परिणाम। विगत दशकों ने एंगेल्स और लेनिन के इस गहन विचार की पुष्टि कर दी है कि दर्शनशास्त्र तथा प्रकृति-विज्ञान का, दार्शनिकों तथा वैज्ञानिकों का, मिलाप अनिवार्य है। निस्संदेह, भविष्य में इस विचार की महत्ता के और भी अधिक प्रमाण मिलेंगे।

पिछले करीब सौ वर्षों का इतिहास **प्रकृति का द्वंद्ववाद** की सैद्धांतिक विषयवस्तु को प्रमाणित कर चुका है, और विज्ञान तथा टेक्नोलॉजी के क्षेत्र की नई-नई सफलताएं इसे निरंतर समृद्ध बनाती जा रही हैं। परमाणु ऊर्जा, साइबेरनेटिक मशीनों, जैव प्रकृति के नियमों के प्रयोग तथा अंतरिक्ष अनुसंधान के इस युग में—साम्यवाद के महान युग में—एंगेल्स की इस कृति के अमर विचार विज्ञान का मार्गदर्शन करते रहेंगे।

* * *

प्रकृति का द्वंद्ववाद की पांडुलिपि हमें चार फोल्डरों के रूप में प्राप्त हुई है। एंगेल्स ने अपनी मृत्यु के कुछ ही समय पूर्व इस ग्रंथ से संबंधित सभी लेख व टिप्पणियां इन फोल्डरों में बांट रखी थीं। इन फोल्डरों को उन्होंने ये शीर्षक दिये : (1) 'द्वंद्ववाद

और प्रकृति-विज्ञान', (2) 'प्रकृति का अन्वेषण और द्वंद्ववाद', (3) 'प्रकृति का द्वंद्ववाद' और (4) 'गणित और प्रकृति-विज्ञान, विविध'। केवल दो फोल्डरों—दूसरे और तीसरे—में लेखक द्वारा तैयार की गई विषय-सूचियां मिली हैं। इन्हीं सूचियों से हमें ठीक-ठीक जानकारी मिलती है कि एंगेल्स ने दूसरे और तीसरे फोल्डरों में किस प्रकार की सामग्री का नियोजन किया था और स्थापन किस प्रकार किया गया था। जहां तक पहले और चौथे फोल्डरों का सवाल है, हम निश्चित रूप से नहीं जानते कि इनके विभिन्न पन्नों को ठीक उसी प्रकार रखा गया है, जिस प्रकार स्वयं एंगेल्स इन्हें रखना चाहते थे।

पहले फोल्डर ('द्वंद्ववाद और प्रकृति-विज्ञान') के दो भाग हैं : (1) उन 11 दोहरे पन्नों पर लिखी हुई टिप्पणियां जिन पर स्वयं लेखक ने नंबर डाले हैं और प्रत्येक पर 'प्रकृति का द्वंद्ववाद' शीर्षक है। ये टिप्पणियां, जिन्हें विभाजक रेखाओं द्वारा एक-दूसरे से पृथक् रखा गया है, 1873 और 1876 ई. के बीच के काल में लिखी गई थीं। ये उसी कालक्रम से लिखी गई थीं, जिस क्रम से पांडुलिपि के संख्यायुक्त पन्नों पर ये उपलब्ध हैं। (2) बीस संख्यायुक्त पन्ने, जिनमें से प्रत्येक पर एक लंबी टिप्पणी या विभाजक रेखाओं द्वारा पृथक् की हुई कई छोटी टिप्पणियां लिखी गई हैं। इनमें कुछ ही ऐसी टिप्पणियां हैं जिनकी तिथि निर्धारित करने के लिए उनमें हमें सूचनाएं मिलती हैं।

दूसरे फोल्डर ('प्रकृति का अन्वेषण और द्वंद्ववाद') में तीन लंबी टिप्पणियां हैं। 'वास्तविक जगत में गणितीय अनंत के आदिरूपों के बारे में', 'प्रकृति की यांत्रिक अवधारणा के बारे में', 'अनंत को समझने की नैगेली की अक्षमता के बारे में', 'द्वंद्ववाद के बारे में **ड्यूहरिंग मत-खंडन** की पुरानी भूमिका', 'वानर के बनने की प्रक्रिया में श्रम की भूमिका' लेख, और 'फायरबाख से स्थानांतरित' नामक एक लंबा अंश। इस फोल्डर के लिए एंगेल्स ने जो विषय-सूची तैयार की थी, उसे देखने से पता चलता है कि आरंभ में इसमें दो और लेखों का समावेश किया गया था : 'गति के मूल रूप' और 'प्रेतात्मालोक में प्रकृति-विज्ञान'। बाद में एंगेल्स ने दूसरे फोल्डर की विषय-सूची से इन लेखों के शीर्षक काट दिए और इन्हें तीसरे फोल्डर में रखा। तीसरे फोल्डर में उन्होंने अपनी इस अपूर्ण कृति के अधिक जटिल अंशों का समावेश किया।

तीसरे फोल्डर ('प्रकृति का द्वंद्ववाद') में जो छह लेख हैं, वे सर्वाधिक पूर्ण हैं : 'गति के मूल रूप', 'गति का माप—कार्य', 'विद्युत', 'प्रेतात्मालोक में प्रकृति-विज्ञान', 'भूमिका' और 'ज्वार घर्षण'।

चौथे फोल्डर ('गणित और प्रकृति-विज्ञान विविध') में दो अपूर्ण प्रकरण हैं: 'द्वंद्ववाद' और 'ऊष्मा'। इनमें नंबर न डाले हुए अठारह पन्ने ऐसे हैं जिनमें से प्रत्येक पर एक लंबी टिप्पणी या एक विभाजक रेखा द्वारा पृथक् की हुई कई छोटी टिप्पणियां हैं, और कुछ ऐसे पन्ने हैं जिन पर गणितीय गणनाएं हैं। इस चौथे फोल्डर

टिप्पणियों में **प्रकृति का द्वंद्ववाद** की दो आयोजना रूपरेखाएं हैं। इनमें से बहुत ही थोड़ी टिप्पणियों की तिथियां निर्धारित करना संभव है।

प्रकृति का द्वंद्ववाद के प्रकरणों तथा अंशों का कालक्रम और फोल्डरों के अन्तर्विषयों की विस्तृत अनुक्रमणिका इस ग्रंथ के अंत में दी गई है।

इन चार फोल्डरों के अन्तर्विषयों को देखने से पता चलता है कि एंगेल्स ने इनमें केवल उन्हीं प्रकरणों तथा प्राथमिक (टिप्पणियों) का समावेश नहीं किया है जो खास तौर से प्रकृति का द्वंद्ववाद के लिए लिखे गए थे, बल्कि इसमें कुछ ऐसे भी हस्तलेखों को शामिल किया जो मूलतः इसके लिए नहीं थे, जैसे, '**ड्यूहरिंग मत-खंडन** की पुरानी भूमिका', '**ड्यूहरिंग मत-खंडन** पर (दो) टिप्पणियां' (वास्तविक जगत में गणितीय अनंत के आदिरूपों के बारे में) और 'प्रकृति की यांत्रिक अवधारणा के बारे में', 'फायरबाख से स्थानांतरित', 'वानर के नर बनने की प्रक्रिया में श्रम की भूमिका' और 'प्रेतात्मालोक में प्रकृति-विज्ञान'।

प्रकृति का द्वंद्ववाद के प्रस्तुत संस्करण में एंगेल्स के चारों फोल्डरों की सारी सामग्री का समावेश है, छोड़ दिए गए हैं तो सिर्फ वे चंद पृष्ठ जिन पर खंडित गणितीय गणनाएं हैं तथा उनके साथ कोई व्याख्यात्मक मजमून नहीं, और यह निम्न टिप्पणियां जिनका प्रकृति का द्वंद्ववाद के साथ स्पष्टतः कोई नहीं : 1. **ड्यूहरिंग मत-खंडन** की 'भूमिका' की मूल रूपरेखा (आधुनिक समाजवाद पर), 2. **दास प्रथा** के बारे में एक अंश, 3. **शार्ल फूरिये** की पुस्तक **नया औद्योगिक और सामाजिक संसार** से उद्धरण (ये तीन टिप्पणियां **ड्यूहरिंग मत-खंडन** के तैयारी कार्य से संबंधित हैं), और 4. श्रमानुसार मूल्य के सिद्धांत के बारे में **जर्मन रसायनज्ञ फिलिप पौली** के प्रतिकूल मत पर एंगेल्स की एक छोटी टिप्पणी।

इस प्रकार, **प्रकृति का द्वंद्ववाद** में 10 लेख तथा प्रकरण, 169 टिप्पणियां तथा अंश और दो आयोजना-रूपरेखाएं हैं—कुल मिलाकर 181 संघटक भाग।

इस ग्रंथ की सामग्री का आयोजन विषयानुसार किया गया है, और यह एंगेल्स की योजना की उन मूल धाराओं के अनुरूप है जिनके निर्देश उपलब्ध हुई दो आयोजना-रूपरेखाओं में मिलते हैं। ये दोनों रूपरेखाएं ग्रंथ के आरंभ में दी गई हैं। इनमें से एक अधिक विस्तृत है और एंगेल्स की संपूर्ण कृति को समेटती है। सभी सूचनाओं से यही लगता है कि यह रूपरेखा अगस्त, 1878 ई. में लिखी गई थी। दूसरी रूपरेखा, जो इस कृति के केवल एक भाग को समेटती है, लगभग 1880 ई. में लिखी गई थी। **प्रकृति का द्वंद्ववाद** की उपलब्ध सामग्री, जिस पर एंगेल्स ने बीच-बीच में रुककर तेरह साल तक काम किया, सामान्य योजना के विषयों से पूर्णतः मेल नहीं खाती। इसी कारण से 1878 ई. में तैयार की गई योजना को ज्यों-की-त्यों अपनाना संभव नहीं हुआ है। फिर भी, प्रकृति का द्वंद्ववाद की योजना की मूल धाराएं और पांडुलिपि के मूल अन्तर्विषय एक-दूसरे से पूर्णतः मेल खाते

हैं। अतः सामग्री की स्थापना आयोजना-रूपरेखाओं पर आधारित है। सामग्री का पृथक्करण एंगेल्स के निर्देश के अनुसार ही हुआ है—फोल्डरों के विभाजन के अनुसार एक ओर करीब-करीब पूर्ण प्रकरण हैं, तो दूसरी ओर पूर्व तैयारी की टिप्पणियां। इस प्रकार ग्रंथ के दो भाग हैं : (1) लेख तथा प्रकरण, और (2) टिप्पणियां तथा खंडित अंश। दोनों भागों की सामग्री एक-सी निदेशक प्रणाली के अनुसार सजाई गई है और यह एंगेल्स की योजना के बुनियादी ढांचे के अनुरूप है।

यह बुनियादी ढांचा ग्रंथ के भागों के निम्न क्रम को व्यक्त करता है : (क) ऐतिहासिक भूमिका, (ख) भौतिक द्वंद्ववाद के सामान्य सवाल, (ग) विज्ञानों का वर्गीकरण, (घ) एक-एक विज्ञान के द्वंद्वात्मक अंतर्विषय का विवेचन, (ङ) प्रकृति-विज्ञान के विधि-विधान से संबंधित कुछ महत्त्वपूर्ण सवालों का परीक्षण, (च) समाज विज्ञानों में संक्रमण। इनमें से पांचवां भाग लगभग बिना विस्तार के ही रह गया है।

योजना के मूल ढांचे के अनुसार प्रकृति का द्वंद्ववाद के प्रथम भाग के लिए लेखों तथा प्रकरणों का निम्न क्रम प्रकट होता है :

(1) भूमिका (1875-76 में लिखित)
(2) ड्यूहरिंग मत-खंडन की पुरानी भूमिका, द्वंद्ववाद के बारे में (मई-जून, 1878)
(3) प्रेतात्मालोक में प्रकृति-विज्ञान (1878 का आरंभ काल)
(4) द्वंद्ववाद (1879 का अंतिम काल)
(5) गति के मूल रूप (1880-81)
(6) गति का माप-कार्य (1880-81)
(7) ज्वार घर्षण (1880-81)
(8) ऊष्मा अप्रैल, 1881-नवम्बर, 1882
(9) विद्युत 1882
(10) वानर से नर बनने की प्रक्रिया में श्रम की भूमिका, जून, 1876

इन लेखों और प्रकरणों का विषयक्रम इनके कालक्रम के लगभग समान है। अपवाद है तो केवल 'वानर से नर बनने की प्रक्रिया में श्रम की भूमिका' लेख, जो प्रकृति-विज्ञान से समाज विज्ञान में संक्रमण का सूचक है। एंगेल्स की योजना-रूपरेखाओं में सम्मिलित लेखों में 'प्रकृति-विज्ञान' लेख का उल्लेख नहीं है। अधिक संभव यही जान पड़ता है कि एंगेल्स आरंभ में इसे अलग किसी पत्रिका में छपवाना चाहते थे, इसलिए काफी समय तक उन्होंने इसे प्रकृति का द्वंद्ववाद में शामिल नहीं किया। यहां लेखों तथा प्रकरणों के भाग में इसे तीसरे स्थान में रखा गया है, क्योंकि पहले के दो लेखों की तरह यह भी सामान्य विधि-विधान की दृष्टि से महत्त्व का लेख है और, जहां तक मूलभूत अभिप्राय का प्रश्न है (प्रयोग-सिद्ध

प्रकृति-विज्ञान के लिए सैद्धांतिक चिंतन की आवश्यकता) यह **ड्यूहरिंग मत-खंडन** की पुरानी भूमिका से काफी मिलता-जुलता है।

जहां तक ग्रंथ के दूसरे भाग के कच्चे प्रारूपों, टिप्पणियों तथा खंडित अंशों का प्रश्न है, उपलब्ध सामग्री की एंगेल्स की योजना-रूपरेखाओं से तुलना करने पर उसके लिए निम्न क्रम प्राप्त होता है :

1. विज्ञान के इतिहास से
2. प्रकृति-विज्ञान और दर्शनशास्त्र
3. द्वंद्ववाद
4. द्रव्य की गति के रूप, विज्ञानों का वर्गीकरण
5. गणित
6. यांत्रिकी और ज्योतिष
7. भौतिक विज्ञान
8. रसायन
9. जीव-विज्ञान

खंडित अंशों के इन अनुभागों की यदि **प्रकृति का द्वंद्ववाद** के दस लेखों तथा प्रकरणों के शीर्षकों से तुलना की जाए, तो पता चलता है कि लेखों और खंडित अंशों की लगभग समान क्रम से रखा गया है। **प्रकृति का द्वंद्ववाद** के खंडित अंशों के प्रथम अनुभाग का संबंध इसके प्रथम लेख से है, दूसरे अनुभाग का दूसरे तथा तीसरे लेख से संबंध है, तीसरे अनुभाग का चौथे लेख से, चौथे अनुभाग का पांचवें लेख से, छठे अनुभाग का छठे तथा सातवें लेख से और सातवें अनुभाग का आठवें तथा नौवें लेखों से संबंध है। दसवें लेख से मेल खाता हुआ ग्रंथ में कोई खंडित अंश नहीं है।

अनुभागों के अंदर खंडित अंशों को पुनः विषयानुसार रखा गया है। सबसे पहले अधिक व्यापक सवालों से संबंध रखने वाले अंश हैं और तदनंतर अधिक विशिष्ट सवालों से संबंधित अंश। 'विज्ञान के इतिहास से' अनुभाग में खंडित अंशों को ऐतिहासिक क्रम से रखा गया है : प्राचीन जगत में विज्ञान के उदय से लेकर एंगेल्स के अपने समय तक। 'द्वंद्ववाद' अनुभाग में पहले दी गई टिप्पणियां द्वंद्ववाद के सामान्य सवालों तथा मूलभूत नियमों से संबंधित हैं और तदनंतर वे टिप्पणियां हैं जो तथाकथित व्यक्तिनिष्ठ द्वंद्ववाद से संबंध रखती हैं। जहां तक संभव हुआ है, प्रत्येक अनुभाग का अंत ऐसे अंशों से होता है जो आगे अनुभाग में संक्रमण के सूचक हैं।

प्रकृति का द्वंद्ववाद की सामग्री एंगेल्स के जीवनकाल में कभी प्रकाशित नहीं हुई। उनकी मृत्यु के बाद पांडुलिपि जर्मन समाजवादी-जनवादी पार्टी के अभिलेखागार में तीस साल तक रखी रही। इनमें से केवल दो ही लेख, जिनका लेखक ने **प्रकृति का द्वंद्ववाद** में समावेश किया था, प्रकाशित हुए। इनमें से 'वानर के नर बनने की

प्रक्रिया में श्रम की भूमिका' लेख Die Neue Zeit में 1896 ई. में प्रकाशित हुआ और 'प्रेतलोक में प्रकृति-विज्ञान' लेख Illustrierter Neue Welt-kalender नामक वार्षिक पुस्तक में 1898 ई. में प्रकाशित हुआ। पूरी सामग्री के साथ **प्रकृति का द्वंद्ववाद** पहली बार 1925 में सोवियत संघ में प्रकाशित हुआ। इसमें जर्मन पाठ के साथ-साथ रूसी अनुवाद भी दिया गया है (मार्क्स और एंगेल्स अभिलेखाकार, पुस्तक दो) तत्पश्चात् एंगेल्स की यह कृति कई बार पुनर्मुद्रित हुई, और हर बार पांडुलिपि के पठन में संशोधन किया गया और सामग्री के अनुवाद तथा विन्यास में सुधार किया गया। बाद में जो संस्करण प्रकाशित हुए, उनमें से सर्वाधिक महत्त्व का एक संस्करण मूल में है जो 1935 में रूसी भाषा में प्रकाशित हुई। और दूसरा है 1941 में प्रकाशित रूसी संस्करण, जिसके आधार पर अनेक विदेशी संस्करण तैयार हुए।

प्रस्तुत संस्करण में सामग्री का विन्यास 1941 के रूसी संस्करण के आधार पर किया गया है। टिप्पणियां तथा अनुक्रमणिकाएं, जिनका बाद में काफी विस्तार किया गया, मार्क्स और एंगेल्स की संकलित रचनाओं (रूसी में, दूसरा संस्करण, मास्को, 1961) के 20वें खंड के अनुसार हैं।

मार्क्सवाद-लेनिनवाद का संस्थान
सोवियत संघ की कम्यूनिस्ट पार्टी की केंद्रीय समिति

योजना रूपरेखाएं

सामान्य योजना की रूपरेखा[1]

1. ऐतिहासिक भूमिका : प्रकृति-विज्ञान में, इसके अपने विकास के कारण ही, आधिभूतवादी दृष्टिकोण असाध्य हो गया है।
2. हेगेल के समय से जर्मनी में सैद्धांतिक प्रगति का दौर (पुरानी भूमिका)।[2] द्वंद्ववाद की ओर प्रत्यागमन अचेतन रूप से इसलिए विरोधपूर्वक और धीरे-धीरे होता है।
3. द्वंद्ववाद : सार्वभौतिक परस्पर-संबंधों का विज्ञान। प्रमुख नियम : परिमाण और गुण का रूपांतरण—ध्रुवीय विपरीतों की परस्पर व्याप्ति और सीमांत स्थितियों में एक-दूसरे में रूपांतरण—अन्तर्विरोध द्वारा विकास या निषेध का निषेध—सर्पिल विकास।
4. विज्ञानों का परस्पर-संबंध। गणित, यांत्रिकी, भौतिकी, रसायन, जीव-विज्ञान। सेंट साइमन (कांत), और हेगेल।
5. पृथक् विज्ञानों तथा उनकी द्वंद्वात्मक अंतर्वस्तु का सर्वेक्षण (विचार, निरूपण) :
    1. गणित : द्वंद्वात्मक साधन और व्यंजक—गणितीय अनंत की वास्तविक सत्ता।
    2. खगोलीय यांत्रिकी—जो अब एक **प्रक्रिया** में स्थिर हो गई है। यांत्रिकी : शुरुआत हुई जड़ता से, जो गति की अविनाशिता की मात्र निषेधक अभिव्यक्ति है।
    3. भौतिकी : आण्विक गतियों के एक-दूसरे में संक्रमण। क्लोवजियूस और लोश्मिड्ट।
    4. रसायन : सिद्धांत, ऊर्जा।
    5. जीव-विज्ञान : डार्विनवाद। आवश्यकता और आकस्मिकता।
    6. ज्ञान की सीमाएं। दी-ब्वॉ-रेमॉन और नेगेली।[3]—हेल्महोल्ट्ज, कांट, ह्यूम।
    7. यांत्रिक सिद्धांत। हैकेल।[4]

8. प्लास्टिड्यूल आत्मा—हैकेल तथा नेगैली।[5]
9. विज्ञान और शिक्षण—फीर्होये।[6]
10. कोशिका अवस्था—फीर्होये।
11. डार्विनवादी राजनीति और समाज सिद्धांत—हैकेल और श्मिड्ट।[7]— **श्रम** द्वारा मानव का विभेदीकरण।—प्रकृति-विज्ञान में अर्थशास्त्र का उपयोग। हेल्महोल्ट्ज का 'कार्य' (Populare Vortrage, II)।[8]

प्रकृति का द्वंद्ववाद की सामान्य योजना की रूपरेखा

योजना के एक भाग की रूपरेखा[9]

1. सामान्य गति
2. आकर्षण और प्रतिकर्षण। गति का स्थानांतरण।
3. इस पर प्रयुक्त ऊर्जा संरक्षण [का नियम]। प्रतिकर्षण + आकर्षण–प्रतिकर्षण का योग = ऊर्जा।
4. गुरुत्वाकर्षण–खगोलीय पिंड–पार्थिव यांत्रिकी।
5. भौतिकी। ऊष्मा। विद्युत।
6. रसायन।
7. सारांश।

   (अ) 4 के पहले : गणित। अनंत रेखा। + और – बराबर है।

   (ब) ज्योतिष में : ज्वार-भाटे से कार्य संपादन।

   हेल्महोल्ट्ज II, पृ. 120 पर दोहरी गणना।*

   हेल्महोल्ट्ज, II, पृ. 190 पर 'बल'।**

---

* देखिए यह ग्रंथ, पृ. 82-86–*संपा.*

** देखिए यह ग्रंथ, पृ. 80-82–*संपा.*

लेख और प्रकरण

भूमिका[10]

प्राचीन जगत के दार्शनिकों की अंतःप्रज्ञा पर आधारित प्रकृति-संबंधी धारणाएं प्रतिभापूर्ण हैं, अरबों के छुट-पुट आविष्कार, जो अधिकांशतः बिना फल दिए ही लुप्त हो गए, अत्यंत महत्त्वपूर्ण है, पर प्रकृति की सिर्फ आधुनिक खोजबीन के परिणामस्वरूप ही वैज्ञानिक, योजनाबद्ध और सर्वतोमुखी विकास संभव हुआ है। प्रकृति की आधुनिक खोजबीन का यह दौर, समूचे अर्वाचीन इतिहास की भांति, उस महान युग से शुरू होता है, जिसे हम जर्मन अपने ऊपर आई उस समय की राष्ट्रीय विपदा की वजह से धर्म-सुधार का काल कहते हैं, जिसे फ्रांसीसी लोग पुनरुज्जीवन का काल और इतालवी लोग चिंक्वेचेंटो (Cinquecento)* कहते हैं, हालांकि इनमें से कोई भी नाम इस युग का पूर्ण परिचायक नहीं है। इस युग की शुरुआत पंद्रहवीं सदी के उत्तरार्द्ध में हुई। राजशाही ने, शहरों के आजाद नागरिकों (बर्गरों) के सहयोग से, सामंती वर्ग की सत्ता को कुचल डाला और मूलतः राष्ट्रीयता पर आधारित उन महान राजतंत्रों की स्थापना की जिनके अंतर्गत आधुनिक यूरोपीय राष्ट्र व पूंजीवादी समाज विकसित हुए। और, जिस समय बर्गरों और सामंतों की यह लड़ाई चल रही थी, उसी समय जर्मनी के किसानयुद्ध ने मैदान में न केवल विद्रोही किसानों को—किसानों के लिए अब यह नई बात नहीं थी—उतारा बल्कि उनके पीछे-पीछे हाथों में लाल झंडा लेकर सम्पत्ति के सामूहिक स्वामित्व का नारा बुलंद करनेवाले सर्वहारा को भी उतारकर आगे के वर्ग-संघर्षों की भविष्यवाणी की। बैजंतिया के विध्वंस से बचाए गए हस्तलिखित ग्रंथों ने, रोम के ध्वंसावशेषों से खोदकर निकाली गई प्राचीन प्रतिमाओं ने, आश्चर्यचकित पाश्चात्य जगत को एक नई दुनिया के, प्राचीन यूनानी दुनिया के, दर्शन कराए। इस नई दुनिया के उजाले में मध्य युग के भूत छूमंतर हो गए। इटली में कला का कल्पनातीत विकास हुआ, मानो यह पुरातन प्रतिष्ठित कला का प्रतिबिंब थी, और यह पुनः उस ऊंचाई पर कभी नहीं पहुंची। इटली, फ्रांस और जर्मनी में नए साहित्य का,

---

* 'चिंक्वेचेंटो' का शाब्दिक अर्थ है—'पांच सौवां वर्ष', अर्थात् सोलहवीं सदी।—सं.

आरंभिक आधुनिक साहित्य का, सृजन हुआ। इसके कुछ ही समय बाद अंगरेजी और स्पेनी साहित्य के क्लासिकी युग भी शुरू हुए। पुराने भूमंडल (Orbis terrarum)* की सीमाएं टूट चुकी थीं। दरअसल, अब पहली बार दुनिया की खोज हुई थी, और परवर्ती विश्व व्यापार के लिए तथा दस्तकारी के कारखानी उत्पादन (मैन्यूफेक्चर) में संक्रमण के लिए जमीन तैयार हुई थी, इसी प्रकार के उत्पादन से शुरू होकर आगे बड़े पैमाने के आधुनिक उद्योग अस्तित्व में आए। चर्च का आध्यात्मिक अधिनायकत्व चकनाचूर हो गया। अधिकांश जर्मन जातियों ने प्रोटेस्टेंट मत स्वीकार करके इस अधिनायकत्व को साफ़ तौर पर ठुकरा दिया। लैटिन जातियों में भी स्वतंत्र चिंतन की एक उल्लासपूर्ण चेतना, जो अरबों से प्राप्त हुई थी और नव-अन्वेषित यूनानी दर्शन से पोषित हुई थी, अधिकाधिक उभरने लगी, और यह अठारहवीं सदी के भौतिकवाद के लिए मार्ग प्रशस्त करने लगी।

मानव जाति के इतिहास में यह सबसे बड़ी प्रगतिशील क्रांति थी। यह युग महामानवों की मांग करता था, और उसने सचमुच ही महामानवों को पैदा किया। ये चिंतन-शक्ति में, भावावेश और चरित्र में, सार्विकता और विद्या में महामानव थे। पूंजीपति वर्ग के आधुनिक शासन के संस्थापक स्वयं पूंजीवादी सीमाबंधनों से मुक्त थे। विपरीत, उनके चरित्र में उस युग की साहसिकता कूट-कूट कर भरी हुई थी–किसी में कम, किसी में ज्यादा। उस युग का शायद ही कोई महत्त्वपूर्ण व्यक्ति हो जिसने दूर-दूर की यात्राएं न की हों, जो चार या पांच भाषाएं न बोल लेता हो, और जिसने अनेक क्षेत्रों में ख्याति प्राप्त न की हो। लियोनार्दो द विंची न केवल एक महान चित्रकार था, वह एक महान गणितज्ञ, यंत्रविद् और इंजीनियर भी था। भौतिकी की विविध शाखाएं उसके महत्त्वपूर्ण आविष्कारों की ऋणी हैं। अलब्रैख्त दूरैर चित्रकार, उत्कीर्णक, मूर्तिकार और वास्तुकार था। इसके अलावा, उसने किलेबंदी की एक ऐसी प्रणाली खोजी जिसके कई तरीके का काफी बाद में मोंतालम्बेर और किलेबंदी के आधुनिक जर्मन विशेषज्ञों ने पुनः इस्तेमाल किया। मैकियावेली न केवल राजनीतिज्ञ, इतिहासकार और कवि था बल्कि आधुनिक काल के आरंभिक दौर का सामरिक विषयों का प्रथम प्रमुख लेखक भी था। लूथर ने न केवल चर्च के आवजीय अस्तबलों** की सफाई की, बल्कि जर्मन भाषा का भी परिष्कार किया। उसने आधुनिक जर्मन ग्रंथ का सृजन किया, और उस विजयगान के पाठ व राग की रचना की, जो सोलहवीं सदी का 'मार्सेइयेज' गीत बन गया।[11] उस युग के ये नायक श्रम-विभाजन की दासता से अभी मुक्त थे। श्रम-विभाजन के एकांगी

* प्राचीन रोमवासी पृथ्वी के लिए इसी शब्द का इस्तेमाल करते थे।–सं.

** इंक्विजिशन (Inquisition) धर्म-द्रोहियों को पकड़वाकर दंड देने के लिए रोमन कैथोलिक चर्च द्वारा मध्ययुग में स्थापित की गईं अदालतें।–अनु.

उत्पादन और इसकी पाबंदियों के प्रभाव हमें अक्सर इनके परवर्तियों में देखने को मिलते हैं। लेकिन उनकी सबसे बड़ी विशेषता यह थी कि वह प्रायः सभी ने अपने समय के आंदोलनों के बीच, वास्तविक संघर्ष के बीच, जिंदगी गुजारते हुए अपने क्रियाकलाप जारी रखें। वे पक्षधर बनते हैं और लड़ाई लड़ते हैं—कोई बोल और लिखकर, कोई तलवार लेकर, और बहुत-से दोनों ही साधनों से। उनके चरित्र की इसी पूर्णता और ओजस्विता ने उन्हें पूर्ण मानव बना दिया था। किताबी कीड़े—दूसरे या तीसरे दर्जे के व्यक्ति, या खतरों से दूर रहने वाले डरपोक कूप-मंडूक—अपवाद रूप में ही मिलते थे।

उस समय व्यापक क्रांति के इस वातावरण में प्रकृति-विज्ञान भी तरक्की कर रहा था, और यह स्वयं पूर्ण रूप से क्रांतिकारी था। इसे भी संघर्ष करके अपने अस्तित्व का अधिकार प्राप्त करना था। आधुनिक दर्शन-परम्परा को जन्म देनेवाले महान इटालियनों के साथ-साथ प्रकृति-विज्ञान ने भी इंक्विजिशन के कारावासों और अग्निदंडों* के लिए अपने शहीद समर्पित किए। और, विशेष बात यह है कि प्रकृति का उन्मुक्त रूप से अन्वेषण करनेवालों का दमन करने में प्रोटेस्टेंट लोग कैथोलिकों को भी मात दे रहे थे। सेर्वेटस रक्त संचरण की खोज करने ही वाला था कि काल्विन ने उसे खूंटे से बंधवाकर जिंदा जलवा डाला। कैथोलिक इंक्विज़िशन ने जहां ज्योर्दानो ब्रूनो को महज जिंदा जलाकर संतोष कर लिया, वहां काल्विन वे सेर्वेटस को दो घंटे तक जिंदा ही आग में भुनवाया।

कोपर्निकस के अमर ग्रंथ का प्रकाशन वह क्रांतिकारी कृत्य था जिसने प्रकृति-विज्ञान की स्वतंत्रता की घोषणा की, मानो यह घटना लूथर द्वारा पोप के फरमान को जलाए जाने की पुनरावृत्ति थी। इस कृति को प्रकाशित करके कोपर्निकस ने, हालांकि हिचकिचाते हुए और एक प्रकार से मृत्यु-शय्या पर पहुंचने के बाद ही, प्रकृति के मामलों में चर्च के अधिकारियों के हस्तक्षेप को चुनौती दी।[12] उसी समय से प्रकृति-विज्ञान को धर्मदर्शन से मुक्ति मिली है, यद्यपि दोनों के अपने-अपने दावों के झगड़े हमारे समय तक चलते रहे हैं और बहुतों के दिमागों से ये अभी भी खत्म नहीं हुए हैं। लेकिन उस समय से विज्ञान ने बड़ी तेजी से तरक्की की और कहा जा सकता है कि प्रस्थान-बिंदु से इसका बल (काल की) दूरी के वर्ग के अनुपात में बढ़ा है। मानो दुनिया को यह दिखा देना था कि अब से कार्बनिक द्रव्य की उच्चतम उपज—मानव मस्तिष्क—पर गति का ऐसा नियम लागू होता है जो अकार्बनिक द्रव्य पर लागू होनेवाले गति के नियम का उलटा है।

प्रकृति-विज्ञान का यह प्रथम दौर शुरू हो जाने पर पहला मुख्य कार्य था उपलब्ध सामग्री का गहराई से अध्ययन करना। अनेक क्षेत्रों में एकदम प्रारंभ से ही शुरुआत करनी थी। प्राचीन (यूनानी) जगत से यूक्लिड (की ज्यामिति) और तालेमी का सौरमंडल का सिद्धांत विरासत में मिला था। अरबों से दाशमिक स्थानमान अंक-पद्धति, आधुनिक

---

* अग्निदंड (Stake) वह खंबा जिससे दंडित व्यक्ति को बांधकर जला दिया जाता था।—अनु.

अंक-संकेत, प्रारंभिक बीजगणित और कीमियागरी की जानकारी मिली। ईसाई मध्ययुग से कुछ भी नहीं मिला। इस स्थिति में सबसे पहले सर्वाधिक आधारभूत विज्ञान-पार्थिव व खगोलीय पिंडों की यांत्रिकी—और साथ ही, इसके सहयोगी विज्ञान-गणितीय विधियों की खोज व इनके परिष्कार—पर ध्यान देना अनिवार्य हो गया। इस क्षेत्र में महान उपलब्धियां हुईं। इस दौर के अंतिम चरण में, न्यूटन और लिनीयस जिसके विशिष्ट प्रतिनिधि थे, हम देखते हैं कि विज्ञान की ये शाखाएं परिष्कृत होकर विकास के एक स्तर पर पहुंच चुकी हैं। सर्वाधिक महत्त्व की बुनियादी गणितीय विधियां खोजी गईं। विशेष रूप से, दकार्त ने वैश्लेषिक ज्यामिति की, नेपियर ने लघुगणकों की, और लाइबनिट्ज व संभवतः न्यूटन ने चलन-कलन तथा समाकलन गणित की खोज की। दृढ़ पिंडों की यांत्रिकी के बारे में भी यही हुआ, इसके प्रमुख नियम अंतिम रूप से स्पष्ट कर दिए गए। अंत में सौरमंडलीय खगोल-विज्ञान के क्षेत्र में केपलर ने ग्रहों की गति के नियम खोज निकाले, और न्यूटन ने उन्हें द्रव्य की गति के व्यापक नियमों के रूप में सूत्रबद्ध किया। प्रकृति-विज्ञान की अन्य शाखाओं की इतनी समृद्धि नहीं हुई, वह काफी पिछड़ी हुई थीं। इस दौर के समाप्तिकाल में ही द्रवों और गैसों की यांत्रिकी का थोड़ा विकास हुआ।* भौतिकी की एक वास्तविक विज्ञान के रूप में, अभी केवल शुरुआत ही हुई थी, इसमें अपवाद थी तो प्रकाशिकी, जिसकी खगोल-विज्ञान की जरूरतों के कारण असाधारण प्रगति हुई थी।

फूलोजिस्टन के सिद्धांत[13] को अपनाकर रसायन ने पहली बार कीमियागरी से मुक्ति पाई। भूविज्ञान का विकास खनिज-विज्ञान की भ्रूणावस्था से आगे नहीं हुआ था, इसलिए जीवाश्म-विज्ञान के अभी अस्तित्व में आने का कोई सवाल ही नहीं था। अंत में, जीव-विज्ञान के क्षेत्र में उपलब्ध अपरिमित सामग्री के संग्रह और उसके प्राथमिक वर्गीकरण का अभी काफी काम करना था, यह सामग्री ने केवल वनस्पति व प्राणि-विज्ञान से संबंधित थी बल्कि शरीररचना-विज्ञान और सही माने में शरीरक्रिया-विज्ञान से भी। जीवन के विविध स्वरूपों की परस्पर तुलना, उनके भौगोलिक वितरण और उनके अस्तित्व की जलवायु आदि संबंधी परिस्थितियों की खोज की खास चर्चा होने का अभी कोई सवाल ही नहीं था। इस तरह का काफी भरपूर अन्वेषण, लिनीयस की बदौलत, केवल वनस्पति व प्राणिविज्ञान के क्षेत्रों में ही हो पाया।

लेकिन, प्रकृति-विज्ञान के इस दौर अथवा काल की महत्त्वपूर्ण विशेषता यह है कि, इसमें एक विशिष्ट आम दृष्टिकोण विकसित हुआ जिसका सारतत्त्व यह है कि प्रकृति सर्वथा अपरिवर्तनीय है। प्रकृति चाहे जिस तरह अस्तित्व में आई हो, लेकिन एक बार अस्तित्व में आ जाने के बाद यह, जब तक कायम रहेगी तब तक ऐसी ही बनी रहेगी। ग्रह और उनके उपग्रह, रहस्यमय 'पहला धक्का' प्राप्त करके एक बार गतिमान

---

* पांडुलिपि में हाशिए पर एंगेल्स ने पेंसिल से टिप्पणी लिखी है : "आल्प्स—पर्वतीय नदियों के नियंत्रण से संबंधित तोरिचेली का कृतित्व।"—सं.

हो जाने पर, अनंत काल तक नहीं तो कम-से-कम प्रलयकाल तक अपनी पूर्वनियोजित दीर्घवृत्तीय कक्षाओं में परिक्रमा करते रहेंगे। तारे आकाश में हमेशा-हमेशा के लिए स्थिर हैं, 'विश्वव्यापी गुरुत्वाकर्षण' के अंतर्गत ये अपनी-अपनी जगहों पर सुस्थिर रहते हैं। पृथ्वी अनादि काल से, अथवा इसकी सृष्टि के प्रथम दिन से, इसी प्रकार बनी हुई है, इसमें कोई परिवर्तन नहीं हुआ। वर्तमान समय के 'पांच महाद्वीप' सदैव ऐसे ही रहे हैं, और इन पर सदैव यही पर्वत, घाटियां और नदियां रही हैं, यही प्राणी और यही वनस्पति रही है। इनमें कहीं कोई परिवर्तन या स्थानांतरण हुआ है तो यह मनुष्य के हाथों हुआ है। एक बार अस्तित्व में आ जाने के बाद पेड़-पौधों और प्राणियों की जातियां सदा-सदा के लिए सुस्थिर हो गईं, हर किस्म का जीवन निरंतर अपने-जैसे जीवन को ही जन्म देता रहा है। और, यह काफी साहस की बात थी जब लिनीयस ने इस संभावना को स्वीकार किया कि संकरण से भी जहां-तहां नई जातियां पैदा हुई होंगी। काल के साथ आगे बढ़ने वाली मानवजाति के इतिहास के विपरीत प्रकृति के इतिहास के बारे में यह स्वीकार कर लिया गया कि इसका विस्तार केवल दिक् में होता है। प्रकृति के लिए सारा विकास, सारे परिवर्तन, निषिद्ध माने गए। प्रकृति-विज्ञान, जो अपने प्रारंभकाल में बड़ा क्रांतिकारी था, एकाएक ऐसी सर्वथा अपरिवर्तनशील प्रकृति के सम्मुख जाकर खड़ा हुआ जिसमें आज भी सब कुछ वैसा ही है जैसाकि प्रारंभ में रहा है और यह सब सृष्टि के प्रलय तक या अनंत काल तक वैसा ही बना रहेगा।

अठारहवीं सदी के पूर्वार्द्ध का प्रकृति-विज्ञान प्राचीन यूनानी ज्ञान से जितना आगे था, उतना ही वह इस सामग्री के विवेचन के मामले में, प्रकृति के संबंध में, आम दृष्टिकोण के मामले में, प्राचीन यूनान से पीछे था। यूनानी दार्शनिकों की मान्यता थी कि, किसी अस्त-व्यस्त आदिम अवस्था से विश्व का आविर्भाव हुआ है, सृजन हुआ है, विकास हुआ है। परंतु जिस काल की हम चर्चा कर रहे हैं, उसके वैज्ञानिकों की दृष्टि में यह विश्व जकड़ा हुआ था, अपरिवर्तनशील था, और उनमें से अधिकांश का खयाल था कि इसकी रचना एक ही प्रहार में हुई है। विज्ञान अब भी धर्मदर्शन के जाल में बुरी तरह फंसा हुआ था। इसने सृष्टि के आदि-कारण को सर्वत्र ढूंढ़ते हुए एक ऐसी बाह्य प्रेरणा में इसकी खोज की जिसकी स्वयं प्रकृति से कोई व्याख्या नहीं की जा सकती थी। यदि आकर्षण, जिसे न्यूटन ने विश्वव्यापी गुरुत्वाकर्षण का बड़ा आडंबरपूर्ण नाम दिया, द्रव्य का मूलभूत गुण है भी, तब भी प्रश्न उपस्थित होता है कि पहली बार ग्रहों की कक्षाएं निर्धारित करनेवाला अव्याख्यात स्पर्शरेखीय बल कहां से आया? प्राणियों और पेड़-पौधों की अनगिनत जातियां कहां से आईं? और, सबसे बड़ा प्रश्न है, मनुष्य कहां से आया, जबकि अंततः यह निश्चित हो गया था कि अनादि काल से उसका अस्तित्व नहीं रहा है? प्रकृति-विज्ञान ऐसे प्रश्नों के उत्तर अक्सर ही सभी चीजों के लिए सृष्टिकर्ता को

जिम्मेदार बताकर देने लगा। इस काल के आरंभ में कोपर्निकस ने धर्मदर्शन को बाहर निकल जाने का रास्ता दिखाया था, लेकिन इस काल के अंत में न्यूटन ने एक दैवी प्रथम प्रेरणा की अभिधारणा प्रतिपादित कर डाली। इस काल के प्रकृति-विज्ञान की सर्वसामान्य चिंतन की सर्वोच्च उपलब्धि यही थी कि प्रकृति के सभी क्रियाकलाप प्रयोजनमूलक हैं। वोल्फ (क्रिस्टियन फोन) के इस खोखले प्रयोजनवाद के अनुसार, बिल्लियां इसलिए बनाई गई हैं कि चूहों का भक्षण करें, चूहे इसलिए बने कि बिल्लियां उन्हें खाएं, और समस्त प्रकृति का सृजन विधाता के बुद्धि-सामार्थ्य के प्रदर्शन के लिए हुआ है। तत्कालीन दर्शन के लिए यह सर्वाधिक गौरव की बात थी कि उसने समकालीन प्रकृति-विज्ञान के इस संकुचित दायरे के प्रभाव से अपने को बचाया, और उसने, स्पिनोजा से लेकर महान फ्रांसीसी भौतिकवादियों तक, विश्व को विश्व के जरिये ही जानने पर जोर दिया, और इसे विस्तृत व्याख्या द्वारा प्रमाणित करने का काम भविष्य के प्रकृति-विज्ञान के लिए छोड़ दिया।

मैं अठारहवीं सदी के भौतिकवादियों को इस काल में इसलिए शामिल करता हूं कि उनके लिए वही वैज्ञानिक सामग्री उपलब्ध थी जिसकी ऊपर चर्चा की गई है। कांट की युगप्रवर्तक कृति की उन्हें जानकारी नहीं मिली थी, और लापलास का काल उनके काफी बाद का है।[14] हमें यह नहीं भूलना चाहिए कि प्रकृति के बारे में यह सड़ा-गला दृष्टिकोण, विज्ञान की प्रगति के कारण छिन्न-भिन्न हो जाने पर भी, 19वीं सदी के समूचे पूर्वार्द्ध पर जबरदस्त रूप से हावी रहा,* और सार रूप में अब भी स्कूलों में पढ़ाया जाता है।**

प्रकृति के बारे में इस जड़ीभूत दृष्टिकोण पर पहली चोट करनेवाला व्यक्ति कोई वैज्ञानिक नहीं था, वह एक दार्शनिक था। सन् 1755 में कांट की पुस्तक Allgemeine Naturgeschichte und Theorie des Himmels (आकाश-मंडल का सिद्धांत) प्रकाशित हुई। इसमें प्रथम प्रेरणा के सवाल को दूर फेंक दिया गया, पृथ्वी और समूचा सौरमंडल एक ऐसी योजना के रूप में प्रकट हुआ जो कालक्रम

* पांडुलिपि के हाशिए पर एंगेल्स की पेंसिल से लिखी टिप्पणी है : "प्रकृति के बारे में दृढ़तापूर्वक कायम हुआ यह पुरातन दृष्टिकोण समूचे प्रकृति-विज्ञान को समग्र रूप से जानने व पहचानने का व्यापक आधार बना।"

** सन् 1861 तक एक व्यक्ति, जिसके वैज्ञानिक कृतित्व ने इस दृष्टिकोण के उन्मूलन के लिए अत्यंत महत्त्वपूर्ण सामग्री प्रस्तुत की, किस प्रकार स्वयं इस दृष्टिकोण से दृढ़तापूर्वक चिपका रहा, इसका आदर्श नमूना है यह उद्धरण : हमारे सौरमंडल का समूचा आयोजन, जितना-कुछ इसे हम समझने में समर्थ हैं, यही लक्ष्य लिए हुए है कि जिस चीज का जैसा अस्तित्व है, वैसा ही बिना किसी रद्दोबदल के निरंतर बना रहे। जिस प्रकार प्राचीनतम काल से इस धरती का कोई प्राणी या कोई पेड़-पौधा अधिक परिपूर्ण नहीं बना, या उसमें किसी प्रकार का कोई फरक नहीं पड़ा; जिस प्रकार हम समूचे जीव-जगत में सिर्फ एक-→

में **अस्तित्व में आई है**। न्यूटन ने चेतावनी दी थी : भौतिकी, आधिभौतिकवाद से सावधान रहना।[15] यदि अधिकतर वैज्ञानिक को न्यूटन के इस विचार से अधिक नफरत न होती, तो कांट की इसी एक अद्‌भुत खोज से वे ऐसे निष्कर्षों पर पहुंचने के लिए विवश होते जो उन्हें अनगिनत भटकावों से बचाने, और गलत रास्तों को अख्तियार करके वे अपने श्रम व समय का बेशुमार अपव्यय न करते। क्योंकि कांट की इस खोज में भविष्य की सारी प्रगति की प्रेरणाएं मौजूद थीं। यदि पृथ्वी विकास के अंतर्गत अस्तित्व में आई है तो इसकी भूतत्त्वीय, भौगोलिक और जलवायवीय स्थिति, और इसी प्रकार इसका वनस्पति व प्राणिजगत विकास के अंतर्गत अस्तित्व में आया है, इसका भी अपना इतिहास होना चाहिए—दिक् में सहअस्तित्व का ही नहीं, काल में विकासक्रम का भी। यदि इस दिशा में लगन के साथ फौरन खोजबीन शुरू कर दी जाती तो आज प्रकृति-विज्ञान काफी आगे बढ़ चुका होता। लेकिन दर्शन से क्या लाभ हो सकता था? कांट के कृतित्व से तत्काल कोई लाभ नहीं उठाया गया। कई साल बाद जब लापलास और हर्शेल ने इस 'नीहारिका-परिकल्पना' की विस्तृत व्याख्या की और इसे एक मजबूत नींव पर खड़ा किया, तभी धीरे-धीरे इसे मान्यता मिली। आगे के आविष्कारों ने इसे विजयी बना दिया। इनमें प्रमुख थे : स्थिर तारों की निजी गति की खोज, विश्वव्यापी दिक् में प्रतिरोधक माध्यम की मौजूदगी का सबूत, विश्व के द्रव्य की रासायनिक पहचान के बारे में और कांट द्वारा परिकल्पित उद्दीप्त नीहारिका-पिंडों के अस्तित्व के बारे में वर्णक्रमदर्शी विश्लेषण द्वारा पेश किए गए प्रमाण।*

लेकिन इसमें संदेह है कि अधिकांश वैज्ञानिक जल्दी ही यह समझ पाते कि अपरिवर्तनशील जीव-जगत को धारण करनेवाली परिवर्तनशील पृथ्वी की धारणा विरोधात्मक है, यदि एक अन्य क्षेत्र से सबूत पाकर यह धारणा जन्म नहीं लेती कि, प्रकृति का महज **अस्तित्व** नहीं है, बल्कि **यह अस्तित्व में आती है** और **आगे बढ़ती है**। भूविज्ञान का जन्म हुआ, और उसने दिखा दिया कि न केवल धरती की परतें एक-एक करके एक-दूसरे के ऊपर बनती गई हैं, बल्कि इन परतों में विलुप्त प्राणियों

→ दूसरे के समानांतर की अवस्थाएं देखते हैं, एक-दूसरे के अनुसरण की नहीं; जिस प्रकार हमारी अपनी मानव-जाति दैहिक दृष्टि से सदैव ऐसी ही रही है उसी प्रकार खगोलीय पिंडों के सहअस्तित्व में चाहे जितनी भी विविधता क्यों न दिखाई दे, हमारा इस नतीजे पर पहुंचना गलत होगा कि ये विविध रूप विकास की महज विभिन्न अवस्थाएं हैं। सचाई यही है कि जिस चीज का भी सृजन हुआ है, वह अपने-आपमें **समान रूप** से परिपूर्ण है। (Mädler, Populäre Astronomie) (सुबोध खगोल-विज्ञान), बर्लिन, 1861, पांचवां संस्करण, पृ. 316.) [एंगेल्स की टिप्पणी]

* पांडुलिपि में हाशिए पर एंगेल्स ने पेंसिल से जोड़ा है : "कांट द्वारा प्रतिपादित ज्वार-भाटे से पृथ्वी के घूर्णन के मंदन को अभी हाल ही में समझा गया है।" —सं.

के कवच व अस्थि-पंजर और विलुप्त वनस्पति के तने, पत्ते व फल भी मौजूद हैं। परिणामतः इस निर्णय को स्वीकार करना पड़ा कि न केवल समग्र रूप से पृथ्वी का, बल्कि इसके मौजूदा धरातल का और इस पर विद्यमान वनस्पति व प्राणियों का एक कालक्रमिक इतिहास रहा है। आरंभ में उस तथ्य को काफी अनिच्छा से स्वीकार किया गया। कुविएर का पृथ्वी पर क्रांतियों का सिद्धांत शब्दों में तो क्रांतिकारी था, पर वास्तविकता में प्रतिक्रियावादी था। **एक ही बार** के दैवी सृजन के स्थान पर उसने बार-बार की सृजन-क्रियाओं के एक पूरे सिलसिले का प्रतिपादन किया, और इस प्रकार दैवी चमत्कार को एक अनिवार्य प्राकृतिक एजेंट का दर्जा प्रदान किया। ल्येल पहला वैज्ञानिक है जिसने सृष्टिकर्ता की मर्जी से बार-बार होनेवाले इन आकस्मिक विप्लवों के स्थान पर पृथ्वी में धीरे-धीरे होने वाले परिवर्तनों के क्रमिक प्रभावों का सिद्धांत स्थापित किया, और इस प्रकार भूविज्ञान को सही मार्ग दिखाया।*

अपरिवर्तनशील जीव-जातियों की कल्पना पर आधारित ल्येल का सिद्धांत उसके पूर्ववर्तियों के सिद्धांतों से भी अधिक असंगत था। पृथ्वी की सतह और जीवन की सभी परिस्थितियों में धीरे-धीरे हुए रूपांतरण के अंतर्गत ही जीव धीरे-धीरे रूपांतरित हुए और उन्होंने अपने को बदलती परिस्थितियों के अनुकूल बना लिया, जीव-जातियों में उत्परिवर्तन हुए। लेकिन रूढ़िवाद का बोलबाला केवल कैथेलिक चर्च में ही नहीं, प्रकृति-विज्ञान में भी देखने को मिलता है। वर्षों तक स्वयं ल्येल का इस असंगति की ओर ध्यान नहीं गया, और उनके शिष्यों ने तो इसकी ओर और भी कम ध्यान दिया। इस स्थिति का केवल एक ही कारण समझ में आता है—श्रम—विभाजन, जिसका इस बीच प्रकृति-विज्ञान में बोलबाला हो गया था, और जिसने कमोबेश रूप में हर व्यक्ति को अपने-अपने खास दायरों में बंद कर दिया था, इने-गिने व्यक्ति ही व्यापक दृष्टि से देखने में समर्थ थे।

इस बीच भौतिकी के क्षेत्र में बड़ी-बड़ी उपलब्धियां हुईं। इनके परिणाम तीन भिन्न व्यक्तियों ने 1842 में, जो भौतिकी के लिए एक युगकारी वर्ष था, लगभग साथ-साथ ही प्रस्तुत किए। हीलब्रोन में मायर ने और मैनचेस्टर में जूल ने प्रमाणित किया कि, ऊष्मा का यांत्रिक शक्ति में और यांत्रिक शक्ति का ऊष्मा में रूपांतरण होता है। ऊष्मा के यांत्रिक तुल्यमान के निर्धारण ने इस परिणाम को निर्विवाद सिद्ध घोषित किया। इसी समय, भौतिकी के अलग-अलग परिणामों का महज समायोजन

---

* ल्येल के मत की, कम-से-कम इसके प्रारंभिक रूप की, खामी यह थी कि वह पृथ्वी पर काम करनेवाली शक्तियों की, गुण व मन परिमाण दोनों ही दृष्टियों से, स्थिर रूप में कल्पना करते हैं। पृथ्वी का ठंडा होते जाना उनके लिए कोई अर्थ नहीं रखता। पृथ्वी का विकास एक निश्चित दिशा में नहीं होता, इसमें सिर्फ अप्रासंगिक और आकस्मिक ढंग से परिवर्तन होते हैं। [एंगेल्स की टिप्पणी]

करके, ग्रोव[16] ने, जो पेशे से एक वैज्ञानिक नहीं बल्कि एक अंगरेज वकील थे, सिद्ध किया कि सभी तथाकथित भौतिक ऊर्जाएं—यांत्रिक ऊर्जा, ऊष्मा, प्रकाश, विद्युत, चुंबकत्व, यहां तक कि तथाकथित रासायनिक ऊर्जा भी—निश्चित अवस्थाओं में, ऊर्जा के किसी प्रकार के लोप के बिना, एक-दूसरे में रूपांतरित हो जाती है। इस प्रकार, ग्रोव ने दकार्त के इस सिद्धांत को भौतिकी के प्रमाणों से पुनः सिद्ध किया कि, विश्व में मौजूद गति की मात्रा स्थिर है। परिणामतः, विशिष्ट भौतिक ऊर्जाएं (शक्तियां), जो मानो भौतिकी की अपरिवर्तनशील 'जातियां' थीं, द्रव्य की गति के ऐसे विविध रूपों में विभेदित हो गईं जो निश्चित नियमों के अनुसार एक-दूसरे में बदल सकते हैं। विविध प्रकार की पृथक्-पृथक् भौतिक ऊर्जाओं के आकस्मिक अस्तित्व का, इनके अंतःसंबंधों और परिवर्तनों के प्रमाण मिल जाने पर, विज्ञान से उन्मूलन हो गया। पहले खगोल-विज्ञान और अब भौतिकी भी ऐसे परिणाम पर पहुंची जिससे अनिवार्यतः यह साबित होता है कि द्रव्य की गति का निरंतर चक्र ही अंतिम वास्तविकता है।

लावाजिए के और खास कर डाल्टन के समय से रसायन के क्षेत्र में जो अद्‌भुत प्रगति हुई, उसने प्रकृति-संबंधी पुरानी मान्यताओं पर एक अन्य दिशा से प्रहार किया, अजैव तत्त्वों से निर्मित यौगिकों ने, जो पहले केवल जीवित प्राणियों द्वारा तैयार किए जाते थे, यह सिद्ध कर दिया कि रसायन के नियम जैव और अजैव पिंडों पर समान रूप से लागू होते हैं। इस प्रकार, जैव और अजैव प्रकृति के बीच की खाई को काफी हद तक पाट दिया गया, एक ऐसी खाई जिसे पाट पाना कांट भी असंभव समझते थे।

अंत में, जैव अन्वेषण के क्षेत्र में भी, पिछली (18वीं) सदी के मध्यकाल से बाकायदा आयोजित वैज्ञानिक यात्राओं व अभियानों से, संसार के सभी भागों के यूरोपीय उपनिवेशों में जाकर बसे हुए विशेषज्ञों की काफी गहरी खोजबीन से, और जीवाश्म-विज्ञान, शरीररचना-विज्ञान व शरीरक्रिया-विज्ञान के क्षेत्रों में हुई आम प्रगति से, विशेषतः सूक्ष्मदर्शी का सुव्यवस्थित इस्तेमाल और कोशिका (सेल) की खोज के समय से, इतनी अधिक सामग्री एकत्र हुई कि अब तुलनात्मक विधि का उपयोग संभव हो गया, साथ ही अपरिहार्य भी।* एक ओर तुलनात्मक भौतिक भूगोल-विज्ञान द्वारा विविध प्रकार की वनस्पति और प्राणियों के जीवन की परिस्थितियों को निर्धारित किया गया, दूसरी ओर, विभिन्न जीवों की, उनके समजात अंगों के आधार पर, एक-दूसरे के साथ तुलना की गई, और यह तुलना न केवल उनकी प्रौढ़ावस्थाओं की थी, बल्कि उनके विकास की सभी अवस्थाओं की थी। यह अन्वेषण जितना अधिक व्यापक और तथ्यपरक बनता गया उतना ही, इसके प्रभाव के अंतर्गत,

---

* हाशिए पर एंगेल्स ने पेंसिल से जोड़ा है : 'पूर्ण-विज्ञान'—संपा.

अपरिवर्तनशील स्थिर जैव प्रकृति की दृढ़ व्यवस्था का अधिकाधिक विखंडन होता गया। न केवल पेड़-पौधों और प्राणियों की पृथक् जातियां एक-दूसरे से अविभाज्य रूप से मिलती गई, बल्कि **एम्फिआक्सस** व **लैपिडोसिरेन**[17] जैसे प्राणियों का पता चला जिन्होंने पहले के सारे वर्गीकरण को हास्यास्पद बना दिया[*18] और अंत में ऐसे भी जीव मिले जिनके बारे में यह बताना असंभव हो गया कि वे वनस्पति हैं या प्राणी हैं। जीवाश्म-विज्ञान की सूची में जो रिक्त स्थल थे, वे तेजी से भरते गए। इससे उन व्यक्तियों को भी, जो सबसे अधिक हिचकिचा रहे थे, विवश होकर यह स्वीकार करना पड़ा कि समस्त जीव-जगत के विकास के इतिहास में और अलग-अलग जीवों के विकास के इतिहास में अद्‌भुत समानता है। यह समानता ही एरिएद्‌नी का वह धागा सिद्ध हुआ, जिसने भूलभुलैया में काफी दूर तक जाकर भटके हुए वनस्पति-विज्ञान और प्राणि-विज्ञान को बाहर निकल आने का रास्ता दिखाया, यह एक विशेष बात है कि, जिस समय कांट ने सौरमंडल की शाश्वतता पर हमला किया, लगभग उसी समय, 1759 में सी.एफ. वोल्फ ने जातियों की स्थिरता पर पहला प्रहार किया और वंशानुक्रम का सिद्धांत प्रतिपादित किया।[19] परंतु वोल्फ ने जिस सिद्धांत का अभी केवल अद्‌भुत पूर्वाभास ही दिया था, उसे ओकेन, लामार्क और बायर ने स्पष्ट आकार दिया, और ठीक सौ साल बाद, 1859 में, डार्विन ने उसकी विजय का झंडा गाड़ दिया।[20] लगभग साथ ही साथ यह प्रमाणित हुआ कि जीवद्रव्य (प्रोटाप्लाज्म) और कोशिका, जिसके बारे में यह पहले ही सिद्ध किया जा चुका था, ये सभी जीवों के आकृति-मूलक चरम घटक हैं, निम्नतम जैव रूपों में भी स्वतंत्र अस्तित्व हैं। इसने न केवल जैव और अजैव प्रकृति के बीच के अंतर को न्यूनतम कर दिया, बल्कि जीवों के वंशानुक्रम के सिद्धांत के मार्ग में रुकावट बनी हुई एक बहुत बड़ी बुनियादी कठिनाई को भी दूर किया। प्रकृति संबंधी नए दृष्टिकोण की सभी प्रमुख विशेषताएं स्पष्ट हो गईं : सारी दृढ़ता पिघल गई; सारी स्थिरता बिखर गई, सभी विशेषताएं, जिन्हें पहले शाश्वत समझा जाता था, क्षणिक सिद्ध हुईं, समस्त प्रकृति निरंतर प्रवहन और चक्रीय रूप में गतिमान दिखाई देने लगी।

———————————

इस प्रकार हम पुनः महान यूनानी दार्शनिकों के दृष्टिकोण की ओर लौट आते हैं। इस दृष्टिकोण के अनुसार समस्त प्रकृति का अस्तित्व—सूक्ष्मतम तत्त्व से लेकर बड़ी-से-बड़ी चीज तक, बालू-कणों से लेकर सूर्यों तक, प्रोटिस्टा[21] से लेकर मनुष्य तक—निरंतर आविर्भूत और विसर्जित होने में है, अविरत प्रवहन में है, अविराम गति और परिवर्तन में है। बुनियादी अंतर केवल यही है कि यूनानी दार्शनिक अपनी अद्‌भुत

---

* पांडुलिपि में हाशिए पर एंगेल्स ने पेंसिल से जोड़ा है : 'सेराटोडस, आर्केओप्टेरिक्स, आदि'—संपा.

अंतःप्रज्ञा से इस दृष्टिकोण पर पहुंचे थे, और हमारे समय में यह दृष्टिकोण अनुभवों पर आधारित सुनिश्चित वैज्ञानिक अनुसंधान से फलित हुआ था, और इसलिए यह काफी सुनिश्चित और सुस्पष्ट है। यह सच है कि चक्रीय गति के समर्थन में पेश किए जानेवाले अनुभवजन्य प्रमाण में अभी भी कुछ रिक्त स्थान हैं, पर जितना कुछ दृढ़तापूर्वक प्रमाणित हो चुका है, उसकी तुलना में ये नगण्य हैं, और साल-दर-साल अधिकाधिक रिक्त स्थान भरते जा रहे हैं। व्यापक प्रमाण में कुछ अपूर्णता रह जाने के अलावा और हो ही क्या सकता है जब हम देखते हैं कि विज्ञान की सर्वाधिक महत्त्वपूर्ण शाखाओं—नक्षत्रीय खगोल-विज्ञान, रसायन और भूविज्ञान—का वैज्ञानिक अस्तित्व मुश्किल से सौ वर्षों से है, शरीरक्रिया-विज्ञान में तुलनात्मक विधि का प्रयोग मुश्किल से पचास वर्षों से होने लगा है, और प्रायः समस्त जैव विकास के बुनियादी रूप—कोशिका—की खोज को अभी चालीस साल भी पूरे नहीं हुए हैं।*

———————

आकाशगंगा के बाह्यतम तारा-वलयों से घिरे हुए हमारे द्वीप-विश्व के अनगिनत सूर्य और सौरमंडल घूर्णन करती उद्दीप्त वाष्प-राशियों के सिकुड़ने और शीतल होने से विकसित हुए हैं। इनकी गति के नियमों का संभवतः तभी पता लगेगा जब हमें कई सदियों के अवलोकनों से तारों की निजी गति की अच्छी जानकारी मिल जाएगी। स्पष्ट है कि यह विकास सर्वत्र एक ही रफ्तार से नहीं हुआ है। खगोल-विज्ञान में इस मान्यता को अधिकाधिक बल मिल रहा है कि, विश्व में ऐसे अंधकारमय पिंडों का अस्तित्व है जो मात्र ग्रहों-जैसे नहीं हैं, इसलिए वे हमारे तारा-मंडल के सूर्य हैं (मेडलर); दूसरी ओर (सेक्की के मतानुसार) आकाश में दिखाई देनेवाले कुछ वाष्पीय नीहारिकामय धब्बे हमारे तारा-मंडल के अंग हैं, इसलिए ये अभी पूरे न बने हुए सूर्य हैं। इसलिए, जैसाकि मेडलर का मत है, इस संभावना को अस्वीकार नहीं किया जा सकता कि, अन्य नीहारिकाएं दरअसल दूरस्थ स्वतंत्र द्वीप-विश्व हैं जिनके विकास की सापेक्ष अवस्था का निर्धारण सूक्ष्मदर्शी से होना चाहिए।[22]

एक पृथक् नीहारिकामय द्रव्यराशि से किस प्रकार एक सौरमंडल विकसित होता है, इसकी जैसी जानकारी लापलास ने दी है, वैसी अधिक बेहतर जानकारी किसी दूसरे ने अभी तक नहीं दी है, बाद के वैज्ञानिक खोजों ने लापलास के मत को अधिकाधिक पुष्टि की है।

* एंगेल्स की पांडुलिपि में इस पैराग्राफ को आड़ी लकीरें खींचकर पहले के और बाद के पैराग्राफों से पृथक् किया गया है, और इसे तिरछी लकीरों से काट दिया गया है। एंगेल्स ने ऐसा अक्सर उन परिच्छेदों के बारे में किया है जिनका उन्होंने अन्य कृतियों में इस्तेमाल किया है। —संपा.

इस प्रकार निर्मित पृथक्-पृथक् पिंडों—सूर्यों के साथ ही ग्रहों और उपग्रहों—पर प्रारंभ में द्रव्य की गति के उस रूप का नियंत्रण रहता है जिसे हम ऊष्मा कहते हैं। इस समय सूर्य का जितना तापमान है उतने तापमान पर भी रासायनिक तत्त्वों के यौगिकों के निर्माण का कोई सवाल नहीं उठता। सौर-अवलोकन को जारी रखने से ही आगे जाकर पता चलेगा कि ऐसी परिस्थितियों में ऊष्मा का किस हद तक विद्युत अथवा चुंबकत्व में रूपांतरण होता है। यह तो करीब-करीब सिद्ध ही हो चुका है कि सूर्य की यांत्रिक गति गुरुत्वाकर्षण के साथ ऊष्मा के टकराव का ही परिणाम है।

ये पृथक् पिंड जितने ही छोटे होते हैं, उतनी ही शीघ्रता से ठंडे होते हैं। सबसे पहले उपग्रह, लघुग्रह और उल्कापिंड ठंडे हुए, जैसे कि हमारा चंद्रमा बहुत पहले बुझ चुका था। ग्रह और भी धीरे-धीरे ठंडे होते हैं, और केंद्रीय पिंड सर्वाधिक धीमी रफ्तार से।

जैसे-जैसे शीतलन में वृद्धि होती जाती है, वैसे-वैसे गति के भौतिक रूपों का, जो एक-दूसरे में रूपांतरित होते हैं, पारस्परिक प्रभाव भी बढ़ता जाता है। अंत में एक ऐसी स्थिति आती है जब रासायनिक आकर्षण सक्रिय हो जाता है; जो तत्त्व पहले रासायनिक दृष्टि से उदासीन रहते हैं वे एक-एक करके रासायनिक दृष्टि से विभेदी हो उठते हैं, रासायनिक गुणधर्म प्राप्त कर लेते हैं, और एक-दूसरे के साथ संयोजित होने लगते हैं। घटते तापमान के साथ ये रासायनिक यौगिक भी निरंतर बदलते जाते हैं। घटते तापमान का न केवल प्रत्येक तत्त्व पर अलग-अलग प्रभाव पड़ता है, बल्कि इन तत्त्वों के हर पृथक् यौगिक पर भी अलग-अलग प्रभाव पड़ता है। परिणामतः कालानुक्रम में, और नव-निर्मित परिस्थितियों में, गैसीय द्रव का एक अंश पहले द्रव अवस्था में और बाद में ठोस अवस्था में बदल जाता है।

जिस समय ग्रह एक ठोस कवच धारण कर लेता है और इसकी सतह पर जलराशि का संचय हो जाता है, उसी समय से इसकी अपनी आंतरिक ऊष्मा, केंद्रीय पिंड से इसे प्राप्त होने वाली ऊष्मा की तुलना में, अधिकाधिक कम होती जाती है। इसका वायुमंडल, मौसमी क्रियाकलापों का, इनके आधुनिक अर्थों में, क्रीड़ास्थल बन जाता है। इसकी सतह भौमिक परिवर्तनों का क्रीड़ा क्षेत्र बन जाती है। परिणामस्वरूप, वायुमंडलीय अवक्षेपण से धरातल में होने वाले निक्षेपों का महत्त्व, भीतर के तप्त द्रव के धीरे-धीरे घटते बाह्य प्रभावों की तुलना में, अधिकाधिक बढ़ता जाता है।

अंत में, यदि धरातल के एक काफी विस्तृत भाग में तापमान कम-से-कम इतना संतुलित हो जाता है कि यह उन सीमाओं को न लांघे जिनमें प्रोटीन जीवनक्षम बनता है, तब अन्य रासायनिक पूर्व-परिस्थितियां अनुकूल होने पर आदिजीवद्रव्य (प्रोटोप्लाज्म) की रचना होती है। अभी हमें कोई जानकारी नहीं है कि ये पूर्व-परिस्थितियां क्या हैं। इसमें आश्चर्य की कोई बात नहीं, कारण यह कि अभी हमें प्रोटीन के रासायनिक सूत्र तक का भी पता नहीं—हम यह भी नहीं जानते कि

रासायनिक दृष्टि से भिन्न-भिन्न कितने प्रोटीनों का अस्तित्व है—और यह भी कि केवल लगभग दस साल पहले ही पता चला है कि पूर्णतः संरचनाहीन प्रोटीन जीवन की सभी आवश्यक क्रियाएं—पाचन, उत्सर्जन, गतिविधि, संकुचन, उद्दीपन-प्रतिक्रिया और प्रजनन—सम्पन्न करता है।

हजारों वर्षों का समय गुजरने के बाद ही अगली मंजिल की ओर बढ़ने के लिए परिस्थितियां पैदा हुई होंगी, और तब इस आकारहीन प्रोटीन ने केंद्रक व झिल्ली से युक्त पहली कोशिका को जन्म दिया होगा। पर इस पहली कोशिका ने समूचे जीव-जगत के रूपात्मक विकास के लिए भी आधार प्रदान किया; जैसाकि जीवाश्म-विज्ञान की समूची सामग्री के सादृश्य से अनुमान लगाया जा सकता है, सर्वप्रथम अकोशिकीय और कोशिकीय प्रोटिस्टा की अनगिनत जातियां पैदा हुईं, जिनमें से केवल एक—इओजून कनाडेंसे[23] (Eozoon canadense)—के अवशेष ही हमें प्राप्त हुए हैं। इन अनगिनत जातियों में से कुछ का धीरे-धीरे प्राथमिक वनस्पति में और अन्य का प्राथमिक प्राणियों में विभेदीकरण हुआ। और इन प्राथमिक प्राणियों से, मूलतः आगे चलकर हुए विभेदीकरण से, प्राणियों के अनेकानेक वर्ग, उपवर्ग, वंश, जातियां और उपजातियां विकसित हुईं। और, अंत में वे रीढ़ीदार प्राणी पैदा हुए जिनमें तंत्रिका-तंत्र अपने चरमोत्कर्ष पर पहुंचता है; और, पुनः, अंत में, इन्हीं में से वह रीढ़ीदार प्राणी—मनुष्य—पैदा हुआ जिसमें प्रकृति स्वयमेव चेतना प्राप्त करती है।

मनुष्य की उत्पत्ति भी विभेदीकरण से होती है। न केवल वैयक्तिक रूप से—अकेली एक अंड-कोशिका से प्रकृति के जटिलतम जीव तक विकसित होकर—बल्कि ऐतिहासिक रूप से भी। हजारों वर्षों के संघर्ष के बाद जब अंत में हाथ का पैर से विभेदीकरण हुआ और सीधे खड़े होने की विशेषता पैदा हुई, तभी वानर से मानव पृथक् हुआ और स्पष्ट वाणी तथा मस्तिष्क के महती विकास के लिए आधार तैयार हुआ। इन्हीं विशेषताओं के कारण तब से मानव और वानर के बीच का अंतर अलंघनीय हो गया। हाथ का विशिष्टीकरण—इसका अर्थ है औजार, और औजार का अर्थ है—विशिष्ट मानवी क्रियाकलाप, प्रकृति पर मानव की रूपांतरकारी प्रतिक्रिया, यानी उत्पादन। संकीर्ण अर्थ में, जन्तुओं के पास भी औजार होते हैं, पर ये उनके शरीर के अंगों के रूप में ही होते हैं: जैसे चींटी, मधुमक्खी और बीवर के अंग; जन्तु भी उत्पादन करते हैं, पर चहुंओर की प्रकृति पर उनका उत्पादक प्रभाव, प्रकृति के सापेक्ष, शून्य के बराबर होता है। केवल मनुष्य ही प्रकृति पर अपनी छाप डालने में समर्थ हुआ है। उसने न केवल पेड़-पौधे तथा जीव-जन्तुओं को स्थानांतरित किया है, बल्कि अपने निवास-स्थल की जलवायु और परिस्थितियों को भी बदला है, और पेड़-पौधों और पशुओं को भी बदला है। मनुष्य के क्रियाकलाप के ये परिणाम भूमंडल के व्यापक विनाश के साथ ही मिट

सकते हैं। और, मनुष्य ने यह सब प्रधानतः और मूलतः हाथ के जरिये किया है। भाप का इंजन भी, जो प्रकृति के कायापलट के लिए मनुष्य का अब तक का सबसे शक्तिशाली औजार है, अंततः एक औजार होने के कारण, हाथ पर ही निर्भर है। पर हाथ के विकास के साथ-साथ, क्रमशः, मस्तिष्क का भी विकास हुआ; सर्वप्रथम, व्यवहारतः उपयोगी पृथक्-पृथक् क्रियाओं की परिस्थितियों का संज्ञान हुआ, और बाद में, इस संज्ञान के आधार पर, बेहतर परिस्थितियों वाले लोगों को उन परिस्थितियों का नियमन करने वाले प्राकृतिक नियमों का ज्ञान हुआ। और, प्रकृति के नियमों का ज्ञान तेजी से बढ़ा, तो इसके साथ-साथ प्रकृति से जूझने के साधनों में भी वृद्धि हुई; अकेले हाथ के जरिये भाप-इंजन कदापि उपलब्ध न होता यदि इसके साथ तथा समांतर में, और अंशतः उसके कारण ही, मानव-मस्तिष्क का भी तदनुरूप विकास न हुआ होता।

मनुष्य के साथ हम इतिहास में प्रवेश करते हैं। पशुओं का भी इतिहास है, उनके वंशोद्भव और मौजूदा स्थिति तक उनके विकास का इतिहास। पर यह इतिहास उनके लिए तैयार किया जाता है। और, इसमें उनका अपना कुछ हद तक योगदान होने पर भी, यह उनकी जानकारी और मर्जी के बिना घटित होता है। दूसरी ओर, मनुष्य पशुओं से–इस शब्द के संकीर्ण अर्थ में–जितना ही अधिक दूर हटते जाते हैं, उतना ही अधिक, सचेतन रूप से, स्वयं अपने इतिहास का निर्माण करते हैं, उतना ही अप्रत्याशित घटनाओं और अनियंत्रित शक्तियों का इस इतिहास पर कम प्रभाव पड़ता है, और पूर्व नियोजित लक्ष्य के अनुरूप उतने ही अधिकाधिक स्पष्ट ऐतिहासिक परिणाम प्राप्त होते हैं। लेकिन, इस मानदंड से यदि हम मानव इतिहास का–यहां तक कि वर्तमान समय के सर्वाधिक विकसित लोगों के इतिहास का भी–अवलोकन करें तो हम पाते हैं कि, प्रस्तावित लक्ष्यों और प्राप्त परिणामों में अब भी भारी अंतर रहता है, कि अप्रत्याशित परिणामों का प्राधान्य है, और अनियंत्रित शक्तियां योजना के अनुसार संचालित शक्तियों से कहीं बहुत अधिक बलशाली होती हैं। और, इसके अलावा दूसरा कुछ तब तक हो भी नहीं सकता जब तक कि मनुष्यों का सर्वाधिक बुनियादी ऐतिहासिक क्रियाकलाप, ऐसा क्रियाकलाप जिसने उन्हें पशुओं के स्तर से मानव के स्तर पर उठाया है और जो उनकी सभी दूसरी गतिविधियों का भौतिक आधार है, अर्थात्, उनके जीवन के लिए आवश्यक वस्तुओं का उत्पादन–हमारे समय में सामाजिक उत्पादन–अनियंत्रित शक्तियों से जनित अनिच्छित प्रभावों की अन्योन्याश्रित क्रियाओं के विशेष तौर से अधीन है और अपना इच्छित लक्ष्य अपवाद रूप में ही प्राप्त करता है; अधिकतर इच्छित लक्ष्य के विपरीत ही परिणाम प्राप्त होते हैं। सबसे उन्नत औद्योगिक देशों में हमने प्रकृति की शक्तियों को वशीभूत कर लिया है और उन्हें मानवजाति की सेवा में जोत दिया है; परिणामतः उत्पादन में बेहिसाब वृद्धि हुई है, इतनी कि अब एक बच्चा पहले के

सौ वयस्कों से अधिक पैदा करता है। और इसका परिणाम क्या हुआ है? काम का बोझ बढ़ा है, आम जनता का दारिद्र्य बढ़ रहा है; और हर दसवें वर्ष भयंकर गिरावट। डार्विन नहीं जानते थे कि उन्होंने मानवजाति के बारे में, खास कर अपने देशवासियों के बारे में, कितना कटु व्यंग्य लिखा जब उन्होंने यह दर्शाया कि उन्मुक्त प्रतिस्पर्धा, अस्तित्व के लिए संघर्ष, जिसे अर्थशास्त्रियों ने सर्वोच्च ऐतिहासिक उपलब्धि के रूप में गौरवान्वित किया है, पशु-जगत की स्वाभाविक अवस्था है। सामाजिक उत्पादन का सचेतन व्यवस्थापन ही, जिसमें उत्पादन और वितरण योजनाबद्ध रूप में होता है, मानवजाति को शेष पशु-जगत से सामाजिक रूप में ऊपर उठा सकता है, जिस प्रकार आम उत्पादन ने मानवजाति को इसके विशिष्ट जैव रूप में ऊपर उठाया है। ऐतिहासिक विकास ऐसी व्यवस्थापना को न केवल दिनोंदिन अधिक अपरिहार्य बना रहा है, बल्कि दिनोंदिन अधिक संभव भी बना रहा है। जिस दिन ऐसा होगा, उस दिन से इतिहास का नया युग शुरू होगा। इस युग में स्वयं मानवजाति, और मानवजाति के साथ उसके क्रियाकलाप की सभी शाखाएं, और विशेषतः, प्रकृति-विज्ञान, इतनी उन्नति करेंगे कि उसके पहले की सारी प्रगति नगण्य प्रतीत होगी।

लेकिन, 'जिसका जन्म होता है, उसका विनाश भी निश्चित है'।[24] लाखों-करोड़ों साल गुजर जाएंगे, लाखों पीढ़ियां जन्म लेंगी और खत्म हो जाएंगी, पर वह दिन निश्चय ही आएगा जब ध्रुवीय क्षेत्रों से आगे बढ़ती बर्फराशि को पिघलाना घटते सूर्य-ताप के लिए संभव न होगा; जब भूमध्यवर्ती क्षेत्र में अधिकाधिक भीड़ बनाती मानवजाति को वहां भी जीवन-धारण के लिए पर्याप्त ऊष्मा नहीं मिलेगी, जब धीरे-धीरे जैव जीवन के अंतिम चिन्ह भी मिट जाएंगे; और जब पृथ्वी, चंद्रमा की तरह एक बुझे हुए शीतल पिंड की भांति, गहनतम अंधकार में और निरंतर सिकुड़ती कक्षा में, समान रूप से बुझे हुए सूर्य की परिक्रमा करेगी, और अंत में उसमें गिर जाएगी। कुछ ग्रहों का पहले ही यह हाल हो चुका होगा, और दूसरे ग्रहों का इसके बाद में होगा। सुव्यवस्थित ग्रह-मालिका वाली उष्ण एवं ज्योतिर्मय सौर योजना के स्थान पर तब केवल एक ठंडा, मृत गोला ही अंतर्नक्षत्रीय आकाश में अपने एकाकी पथ पर मंडराता रहेगा। और, जो हाल हमारे सौरमंडल का होगा, वही देर-सबेर हमारे द्वीप-विश्व के दूसरे सभी सौरमंडलों का भी होगा; दूसरे अनगिनत द्वीप-विश्वों का भी यही हाल होगा, उनका भी जिनका प्रकाश सजीव मानव-चक्षु के मौजूद रहने तक पृथ्वी पर कभी पहुंच ही नहीं पाएगा।

और जब ऐसा सौरमंडल अपना जीवन-इतिहास पूरा कर लेगा और सभी नाशवान् वस्तुओं की तरह अपनी अंतिम परिणति—मृत्यु—को प्राप्त होगा, तब क्या होगा? क्या यह मुर्दा सूर्य चिरंतन काल तक अनंत दिक् में भटकता रहेगा? और एक समय की अपरिमित रूप से विविधतः विभेदीकृत प्राकृतिक शक्तियां सदा के लिए गति के केवल एक रूप—आकर्षण—में समाहित हो जाएंगी?

"या,"—जैसे कि सेक्की ने सवाल उठाया है, "क्या प्रकृति में ऐसी शक्तियां मौजूद हैं जो इस मृत योजना को इसकी नीहारिका वाली मूल अवस्था में वापस ला सकती हैं और इस पर नवजीवन का पुनः सृजन कर सकती हैं? हम नहीं जानते।"

निश्चय ही, यह बात हम उस प्रकार नहीं जानते जिस प्रकार यह जानते हैं कि $2 \times 2 = 4$ है, अथवा द्रव्य का आकर्षण दूरी के वर्ग के अनुसार बढ़ता और घटता है। पर सैद्धांतिक प्रकृति-विज्ञान में, जो प्रकृति के बारे में यथासंभव एक सर्वसंगत दृष्टिकोण बनाने की चेष्टा करता है और जिसके बिना आजकल अधिक-से-अधिक लापरवाह अनुभववादी भी एक कदम आगे नहीं बढ़ सकता, हमें अक्सर ऐसे परिणामों की गणना करनी पड़ती है जिनके बारे में हमारी जानकारी अधूरी होती है। और इस अधूरे ज्ञान से उबरने में चिंतन की सुसंगतता को ही सदा मदद करनी होती है। आधुनिक प्रकृति-विज्ञान को गति की अविनाशिता के सिद्धांत को दर्शन के क्षेत्र से लेना पड़ा है; वह इस सिद्धांत के बिना अब जीवित ही नहीं रह सकता। परंतु द्रव्य की गति केवल भोंडी यांत्रिक गति नहीं है, केवल स्थानांतरण नहीं है, वह ऊष्मा व प्रकाश है, विद्युत व चुंबकीय तनाव है, रासायनिक संयोजन व विच्छेदन है, जीवन है, और अंततः, चैतन्य है। यह कहना कि द्रव्य अपने अस्तित्व के समूचे असीम काल में केवल एक बार, और वह भी उसकी अनंतकालिता की तुलना में एक अत्यंत लघु क्षण के लिए, अपनी गति का विभेदीकरण करके इसकी संपूर्ण सम्पदा को प्रकट कर पाया, और इसके पहले और बाद में अनंत काल के लिए केवल स्थानांतरण तक सीमित रहता है—वस्तुतः यह कहने के समान है कि भूतद्रव्य नश्वर है और गति अनित्य है। गति की अविनाशिता केवल परिमाणात्मक नहीं है, गुणात्मक भी है; जिस भूत-द्रव्य के विशुद्ध यांत्रिक स्थानांतरण में यह संभावना तो बेशक निहित हो कि यह, अनुकूल परिस्थितियों में, ऊष्मा, विद्युत, रासायनिक क्रिया या जीवन में रूपांतरित हो सकता है, परंतु जिसमें स्वतः अपने भीतर से इन परिस्थितियों के निर्माण की क्षमता न हो, वह गति से वंचित हुआ द्रव्य होगा; और, जो गति अपने उपयुक्त विविध रूपों में रूपांतरित होने की क्षमता खो बैठी हो उसमें शक्ति (dynamis) भले ही बाकी हो, पर उसमें क्रियाशीलता (energeia) नहीं होगी, इसलिए वह आंशिक रूप से नष्ट हो चुकी है। लेकिन न तो हम ऐसे भूतद्रव्य की कल्पना कर सकते हैं, न ही ऐसी गति की।

इतना निश्चित है : एक ऐसा समय था जब हमारे द्वीप-विश्व के द्रव्य ने गति—हम अभी तक नहीं जानते कि किस किस्म की गति—की इतनी मात्रा ऊष्मा में रूपांतरित की कि उससे (मेडलर के अनुसार) कम-से-कम दो करोड़ तारों के सौरमंडलों का विकास हुआ, जिनका शनैः-शनैः बुझ जाना भी निश्चित है। यह परिवर्तन किस प्रकार हुआ? इसके बारे में हम उतना ही कम जानते हैं जितना कम पादरी सेक्की यह जानते हैं कि क्या हमारे सौरमंडल के भावी मृत शरीर के अवशेष पुनः ऐसे अनगढ़

द्रव्य में बदल जाएंगे जिससे नए सौरमंडलों की रचना हो सके। परंतु यहां पहुंचकर हमें या तो किसी सृष्टिकर्ता को स्वीकार करना होगा, या इस निष्कर्ष को मानने के लिए बाध्य होना पड़ेगा कि हमारे विश्व के सौरमंडलों की वह उद्दीप्त आरंभिक अनगढ़ द्रव्यराशि गति के रूपांतरणों द्वारा प्राकृतिक रूप से पैदा हुई थी। गति के ये रूपांतरण गतिमान द्रव्य में ही प्रकृत रूप से अन्तर्भूत हैं, और इसलिए इनके लिए परिस्थितियां भी द्रव्य द्वारा ही निर्मित होनी चाहिए—भले ही करोड़ों साल बाद हों, और कमोबेश संयोगवश हों, पर इनका होना भी स्वयं संयोग में अंतर्निहित है।

ऐसे रूपांतरण की संभावना को अधिकाधिक स्वीकार किया जा रहा है। इस मत को मान्यता मिल रही है कि खगोलीय पिंड अंततः एक-दूसरे में गिर जाएंगे, और गणनाएं भी की जा रही हैं कि इस प्रकार के टकरावों से किस परिमाण में ऊष्मा पैदा होगी। खगोल-विज्ञान से हमें जानकारी मिलती है कि कभी-कभी एकाएक नए तारे चमक उठते हैं, और कभी-कभी हमारी जान-पहचान के तारों की कांति भी इतने ही आकस्मिक रूप से बढ़ जाती है; इनकी सबसे संतोषप्रद व्याख्या ऐसे टकरावों के आधार पर ही की जा सकती है। इसके अलावा, न केवल हमारी ग्रहमालिका सूर्य के चारों ओर और हमारा सूर्य हमारे द्वीप-विश्व के भीतर घूमता है, बल्कि हमारा संपूर्ण द्वीप-विश्व भी, अस्थायी, सापेक्ष संतुलन की स्थिति में, दूसरे द्वीप-विश्वों के साथ दिक् में घूमता है, कारण यह कि स्वच्छंद रूप से विचरण करते पिंडों में सापेक्ष संतुलन भी वहीं कायम रह सकता है जहां गति परस्पर रूप से निर्धारित होती हो; और अनेक का मत है कि अंतरिक्ष में तापमान सर्वत्र एक-सा नहीं है। अंत में, हम जानते हैं कि एक अत्यंत सूक्ष्म अंश को छोड़कर, हमारे द्वीप-विश्व के अनगिनत सूर्यों की सारी ऊष्मा अंतरिक्ष में विलुप्त हो जाती है, और दिक् के तापमान को एक डिग्री सेंटीग्रेड के दस लाखवें भाग के बराबर भी ऊंचा नहीं उठाती। ऊष्मा की यह इतनी विशाल मात्रा कहां चली जाती है? क्या वह ब्रह्मांडीय दिक् को गरम करने के प्रयास में बिखर नष्ट हो जाती है? क्या वास्तव में उसका अस्तित्व मिट गया है, और क्या केवल सैद्धांतिक रूप में ही उसका अस्तित्व इसलिए कायम है कि, ब्रह्मांडीय दिक् का तापमान एक डिग्री के दस या अधिक शून्यों से आरंभ होनेवाले दशमलव भिन्न से बढ़ा है? ऐसी धारणा गति की अविनाशिता का निषेध करती है। वह इस संभावना को स्वीकार करती है कि आकाशीय पिंडों के एक-एक करके एक-दूसरे में गिरते जाने से विद्यमान समस्त यांत्रिक गति ऊष्मा में परिवर्तित हो जाएगी और यह ऊष्मा दिक् में बिखर जाएगी, जिससे, सारी 'शक्ति की अविनाशिता' के बावजूद, समस्त गति आमतौर पर समाप्त हो जाएगी। (प्रसंगवश, यहां यह स्पष्ट हो जाता है कि 'गति की अविनाशिता' के बदले 'शक्ति की अविनाशिता' शब्द कितने अशुद्ध हैं!) अतः हम इस निष्कर्ष पर पहुंचते हैं कि किसी-न-किसी तरीके से, जिसे निर्धारित करना आगे

के वैज्ञानिक अनुसंधान का कर्तव्य होगा, दिक् में बिखरी हुई ऊष्मा को गति के किसी अन्य रूप में अवश्य ही परिवर्तित होना चाहिए, ताकि उस नए रूप में वह पुनः संचित हो और सक्रिय बन सके। इस प्रकार बुझे हुए सूर्यों के पुनः उद्दीप्त वाष्प द्रव्य में बदल जाने में जो मुख्य बाधा है, वह दूर हो जाती है।

बाकी तो यह है कि, अनंत काल में विश्वों का निरंतर अनुक्रमण अनंत दिक् में अनगिनत विश्वों के सहअस्तिव का ही तर्कतः परिपूरक है। यह ऐसा सिद्धांत है जिसकी अनिवार्यता अमरीकी ड्रेपर के सिद्धांत-विरोधी दिमाग को भी स्वीकार करनी पड़ी।*

द्रव्य एक अनंत चक्र में घूमता रहता है। यह चक्र निश्चय ही अपनी कक्षा ऐसी कालावधियों में पूरा करता है जिनके मापन के लिए हमारे पार्थिव वर्ष का पैमाना कतई उपयुक्त नहीं है। इस चक्र में उच्चतम विकास के लिए, कार्बनिक जीवन के लिए, और उसके भी आगे प्रकृति के व खुद के बोध वाले प्राणियों के जीवन के लिए, उतनी ही सीमित कालावधि प्राप्त है, जितना कि जीवन और आत्म-चेतना को क्रियान्वित होने के लिए सीमित दिक् प्राप्त है। इस चक्र में द्रव्य के अस्तित्व का प्रत्येक परिमित रूप, वह सूर्य हो या नीहारिका-वाष्प हो, कोई एक प्राणी हो या प्राणियों की प्रजाति हो, रासायनिक संयोजन हो या विच्छेदन हो, समान रूप से अनित्य है। और इस चक्र में निरंतर परिवर्तनशील और निरंतर गतिमान द्रव्य और इसकी गति व परिवर्तनों को निर्धारित करने वाले नियमों के अलावा अन्य कोई चीज शाश्वत नहीं है। पर यह चक्र दिक् और काल में चाहे जितनी बार, और चाहे जितने अविराम रूप से चलता रहे; चाहे कितने ही करोड़ सूर्य और पृथ्वियां पैदा होकर मिट जाए। एक सौरमंडल के भीतर और केवल एक ग्रह पर जीवन के विकास के लिए परिस्थितियां तैयार होने में चाहे जितना लंबा समय लगे; चाहे जितने अनगिनत प्राणी पैदा हों, और उनके मिट जाने के पहले उन्हीं में से चिंतनक्षम मस्तिष्क वाले प्राणियों का विकास हो, और वे भी अल्प कालावधि के लिए जीवनानुकूल परिस्थितियां प्राप्त करके अंत में निर्ममतापूर्वक नष्ट हो जाएं—एक चीज निश्चित है कि द्रव्य अपने सभी रूपांतरणों में शाश्वत रूप से द्रव्य ही बना रहता है, कि इसका एक भी गुणधर्म कभी नष्ट नहीं हो सकता, और फलतः यह निश्चित है कि जिस सख्त अनिवार्यता के अंतर्गत यह अपनी सर्वोच्च सृष्टि—चिंतनशील मस्तिष्क—को पृथ्वी से मिटा देगा, उसी अनिवार्यता के अंतर्गत यह कहीं अन्यत्र और किसी अन्य काल में पुनः इसका सृजन भी अवश्य करेगा।

---

* "अनंत दिक् में अनगिनत विश्वों का अस्तित्व हमें अनंत काल में विश्वों के अनुक्रमण की धारणा पर पहुंचा देता है।"—जे. वि. ड्रेपर, *History of the Intellectual Development of Europe* (यूरोप के बौद्धिक विकास का इतिहास), खंड 2, पृ. 325। [एंगेल्स की टिप्पणी]

ड्यूहरिंग (Dühring) (मत-खंडन) की पुरानी प्रस्तावना

द्वंद्ववाद के विषय में[25]

इस पुस्तक की रचना का कारण किसी प्रकार की 'आंतरिक प्रेरणा' कतई नहीं है। इसके विपरीत, मेरे मित्र लीबनेख्त गवाही दे सकते हैं कि श्रीमान् ड्यूहरिंग के नवीनतम समाजवादी सिद्धांत पर आलोचनात्मक प्रकाश डालने के लिए मुझे राजी करने में उन्हें कितना अधिक जोर लगाना पड़ा। जब मैंने यह काम करने का निश्चय कर लिया तो मेरे सामने सिवाय इसके कोई चारा नहीं रह गया कि इस सिद्धांत को, जिसके बारे में यह दावा किया गया है कि यह एक नई दार्शनिक प्रणाली के साथ रखकर इसकी जांच करूं, और साथ ही उक्त प्रणाली की भी जांच करूं, इसलिए श्रीमान् ड्यूहरिंग के पीछे-पीछे मुझे भी उस विशाल क्षेत्र में उतरना पड़ा जिसमें उन्होंने सभी संभव चीजों की, और दूसरी चीजों की भी, चर्चा कर डाली है। इस प्रकार एक लेखमाला की शुरुआत हुई, जो 1877 के आरंभ से लाइपजिग के (Vorwarts–'आगे बढ़ो') पत्र में प्रकाशित हुई, और जो अब संयोजित रूप में यहां प्रस्तुत है।

सारी आत्मश्लाघा के बावजूद, ड्यूहरिंग की यह प्रणाली अत्यंत महत्त्वहीन है, पर विषय के स्वरूप के कारण जब यहां इसकी इतने विस्तार से समीक्षा की गई है, तो सफाई में दो परिस्थितियों का जिक्र किया जा सकता है। पहली बात यह है कि इस समीक्षा के जरिये मुझे अनेक क्षेत्रों के विवादास्पद मसलों पर, जो आजकल काफी व्यापक तौर पर वैज्ञानिक अथवा व्यावहारिक महत्त्व प्राप्त कर चुके हैं, अपने विचार रचनात्मक रूप में प्रस्तुत करने का मौका मिला। और, यद्यपि मेरा यह इरादा कभी नहीं रहा है कि श्रीमान् ड्यूहरिंग की प्रणाली के विकल्प के रूप में कोई दूसरी प्रणाली पेश करूं, फिर भी, यह आशा की जाती है कि, यहां विवेचित सामग्री की विविधता के बावजूद, पाठकों को यह स्पष्ट हुए बिना नहीं रहेगा कि प्रस्तुत किए गए मेरे विचारों में भी अंतःसंबंध निहित है।

दूसरी बात यह है कि आज के जर्मनी में 'प्रणाली-स्रष्टा' श्रीमान् ड्यूहरिंग कोई इक्का-दुक्का चमत्कार नहीं हैं। कुछ समय से इस देश में दार्शनिक प्रणालियां, खास तौर से प्रकृति-विज्ञान से संबंधित दार्शनिक प्रणालियां, दर्जनों की संख्या में

रातोंरात खुमियों की तरह उठ आती रही हैं; राजनीति, अर्थशास्त्र आदि की अनेक नई प्रणालियों का तो कहना ही क्या है जिस प्रकार आधुनिक राज्य में हर नागरिक के बारे में यह मान लिया जाता है कि वह उन सभी मसलों पर अपनी राय देने में समर्थ है जिनको नजर में रखकर उससे मत देने को कहा जाता है; और जिस प्रकार अर्थशास्त्र में यह मान लिया जाता है कि प्रत्येक ग्राहक उन सभी जिंसों का पारखी होता है जो उसे अपने जीवन-निर्वाह के लिए खरीदनी पड़ती हैं—उसी प्रकार की बात अब विज्ञान के मामले में भी माननी होगी। हर आदमी हर किसी विषय के बारे में लिख सकता है, और 'विज्ञान की स्वतंत्रता' का अर्थ ठीक यह हो गया है कि लोग जान-बूझकर उन चीजों के बारे में लिखें जिनका उन्होंने अध्ययन नहीं किया और उसे एकमात्र सही वैज्ञानिक विधि के रूप में पेश कर दें। किन्तु श्रीमान् ड्यूहरिंग तो ऐसे अहंकारी छद्म-विज्ञान के सबसे विशिष्ट प्रतिनिधि हैं, जो जर्मनी में आजकल हर जगह बलपूर्वक सामने आ रहा है और हर चीज को अपनी उदात्त बकवास के शोर में डुबोये दे रहा है। कविता में, दर्शन में, अर्थशास्त्र में, इतिहास-लेखन में उदात्त बकवास; अध्यापन कक्ष में और मंच पर उदात्त बकवास जो अन्य राष्ट्रों की सहज, साधारण बकवास की तुलना में चिंतन की श्रेष्ठता और गहनता का दावा करती है; जर्मनी के बौद्धिक उद्योग की सर्वाधिक विलक्षण उपज, यह उदात्त बकवास जर्मनी में बनी दूसरी वस्तुओं की तरह ही सस्ती लेकिन भद्दी—फर्क सिर्फ इतना कि दुर्भाग्य से उन वस्तुओं के साथ-साथ फिलाडेल्फिया में इसका भी प्रदर्शन नहीं किया गया।[26] यहां तक कि जर्मन समाजवाद भी इधर हाल के वर्षों में, विशेषकर श्रीमान् ड्यूहरिंग के नेक उदाहरण के समय से, खासी मात्रा में उदात्त बकवास करने लगा है; यह तथ्य कि व्यावहारिक सामाजिक-जनवादी आंदोलन स्वयं को इस उदात्त बकवास के बहकावे में नहीं आने देता, हमारे मजदूर वर्ग की उल्लेखनीय रूप से स्वस्थ स्थिति का एक और प्रमाण है, क्योंकि इस देश में, प्रकृति-विज्ञान को छोड़कर, इस समय लगभग प्रत्येक चीज रुग्ण है।

म्यूनिख में आयोजित प्रकृति वैज्ञानिकों के सम्मेलन में जब नेगेली ने यह विचार व्यक्त किया कि मानव-ज्ञान कभी भी सर्वज्ञता की स्थिति में नहीं पहुंच सकता,[27] तो जाहिर है उन्हें श्रीमान् ड्यूहरिंग की उपलब्धियों की जानकारी नहीं रही होगी। इन उपलब्धियों ने मुझे मजबूर किया है कि मैं उन अनेक क्षेत्रों में उनके पीछे-पीछे उतरूं जिनमें अधिक-से-अधिक एक पल्लवग्राही की हैसियत से ही मैं विचरण कर सकता हूं। यह बात प्रकृति-विज्ञान की विविध शाखाओं पर विशेष रूप से लागू होती है। अब तक कोई 'सामान्य व्यक्ति' इन विज्ञानों के बारे में अपने कोई विचार व्यक्त करता था, तो इसे अक्सर उसकी धृष्टता से कुछ अधिक ही समझा जाता था। पर श्रीमान् विर्खोव की एक उक्ति से मुझे कुछ प्रोत्साहन मिला है। यह उक्ति म्यूनिख में ही व्यक्त हुई और दूसरी जगहों में इस पर काफी अधिक चर्चा भी हुई।

विर्खोव ने कहा था कि अपने विशिष्ट क्षेत्र से बाहर हर प्रकृति-वैज्ञानिक केवल एक अर्द्ध-दीक्षित व्यक्ति होता है, साधारण व्यक्ति होता है।[28] जिस प्रकार ऐसा कोई विशेषज्ञ समय-समय पर अपने समीप के क्षेत्रों में पहुंचने की धृष्टता कर सकता है, और उसे करनी भी चाहिए, और उन क्षेत्रों के विशेषज्ञ उसकी छोटी-मोटी भूलों तथा भावाभिव्यक्ति की कमजोरियों के प्रति उदारता दिखाते हैं, उसी प्रकार मैंने भी अपने आम सैद्धांतिक विचारों के लिए सबूत के तौर पर प्राकृतिक प्रक्रियाओं व प्राकृतिक नियमों के उदाहरण देने का साहस किया है, और मुझे आशा है कि मेरे साथ भी वैसी ही उदारता बरती जाएगी।* आधुनिक प्रकृति-विज्ञान की उपलब्धियां सैद्धांतिक विषयों में चिंतनरत हर व्यक्ति पर उसी प्रकार जबर्दस्ती हावी हो जाती हैं जिस प्रकार आज की प्रकृति-वैज्ञानिक आम सैद्धांतिक निष्कर्षों की ओर जबर्दस्ती खिंचा चला जाता है। और, इस तरह एक प्रकार के अभाव की पूर्ति हो जाती है। यदि सिद्धांतकार प्रकृति-विज्ञान के क्षेत्र में अर्द्ध-दीक्षित हैं, तो प्रकृति-वैज्ञानिक भी आज सिद्धांत के क्षेत्र में, जिसे अब तक दर्शनशास्त्र कहा जाता था, वस्तुतः उतने ही अर्द्ध-दीक्षित है।

अनुभवजन्य प्रकृति-विज्ञान ने ज्ञान की निश्चयात्मक सामग्री का इतना विशाल भंडार एकत्र कर लिया है कि इसका सुव्यवस्थित रूप से और आंतरिक परस्पर-संबंध दर्शाते हुए अन्वेषण के अलग-अलग क्षेत्रों में वर्गीकरण करना नितांत आवश्यक हो गया है। इतना ही आवश्यक ज्ञान के विविध क्षेत्रों का एक-दूसरे के साथ सही संबंध स्थापित करना भी होता जा रहा है। लेकिन, ऐसा करने से प्रकृति-विज्ञान सिद्धांत के क्षेत्र में प्रवेश करता है, और यहां अनुभववाद की विधियां काम नहीं देंगी, यहां केवल सैद्धांतिक चिंतन ही सहायता कर सकता है।** पर सैद्धांतिक चिंतन स्वाभाविक क्षमता के रूप में महज एक सहजात गुण है। इस स्वाभाविक क्षमता का विकास अवश्य ही करना होता है, इसका परिष्कार करना होता है, और इसके परिष्कार के लिए सिवाय इसके कोई दूसरा साधन नहीं है कि पहले के दर्शनशास्त्र का अध्ययन किया जाए।

प्रत्येक युग में, और इसलिए हमारे युग में भी, सैद्धांतिक चिंतन ऐतिहासिक विकास का फल होता है। यह भिन्न-भिन्न कालों में भिन्न-भिन्न रूप धारण करता है, और साथ ही इसकी अंतर्वस्तु भी भिन्न-भिन्न रहती है। इसलिए चिंतन का विज्ञान, हर विज्ञान की तरह, एक ऐतिहासिक विज्ञान है, मानव चिंतन के ऐतिहासिक

---

* एंगेल्स ने इस 'पुरानी प्रस्तावना' का एक भाग, शुरू से लेकर इस वाक्य तक, एक खड़ी लकीर से काट दिया था, क्योंकि इस भाग का उन्होंने **ड्यूहरिंग मत-खंडन** के प्रथम संस्करण की अपनी प्रस्तावना में इस्तेमाल किया।–सं.

** पांडुलिपि में यह और इसके पहले का वाक्य पेंसिल से रेखांकित किए गए हैं।–सं.

विकास का विज्ञान है। और इसका महत्त्व प्रायोगिक क्षेत्रों में चिंतन के व्यावहारिक उपयोग के लिए भी है। कारण यह कि प्रथमतः चिंतन के नियमों का सिद्धांत कोई ऐसा 'शाश्वत सत्य' हरगिज नहीं है जो सदा-सत्य के लिए स्थापित हो गया हो जैसाकि 'तर्कशास्त्र' शब्द के बारे में पुराणपंथियों का विचार है। आकारगत तर्कशास्त्र स्वयं ही अरस्तू से लेकर आज तक जबर्दस्त वाद-विवाद का अखाड़ा रहा है। और द्वंद्ववाद का कुछ गहराई से अन्वेषण अब तक केवल दो ही विचारकों न किया है—अरस्तू ने और हेगेल ने। लेकिन यह ठीक द्वंद्ववाद ही है जो वर्तमान काल के प्रकृति-विज्ञान के लिए चिंतन की सबसे महत्त्वपूर्ण प्रणाली है, क्योंकि प्रकृति में घटित होनेवाली विकास की प्रक्रियाओं के लिए, सामान्य परस्पर-संबंधों के लिए, और एक अनुसंधान-क्षेत्र से दूसरे में संक्रमणों के लिए केवल इसी में साम्यानुमान मिलते हैं, और इस प्रकार व्याख्या की विधि मिलती है।

दूसरे, सैद्धांतिक प्रकृति-विज्ञान के लिए मानव-चिंतन के विकास के ऐतिहासिक क्रम की, बाह्य-जगत में पाए जाने वाले सामान्य अंतर्संबंधों के बारे में समय-समय पर व्यक्त किए गए विचारों की जानकारी प्राप्त करना इसलिए भी जरूरी है कि इससे स्वयं प्रकृति-विज्ञान द्वारा प्रतिपादित सिद्धांतों के परीक्षण के लिए मानदंड प्राप्त होता है। परंतु यहां दर्शनशास्त्र के इतिहास से परिचय के अभाव के प्रायः ही और अत्यंत प्रकट सबूत मिलते हैं। वे धारणाएं जो दर्शनशास्त्र में सदियों पहले प्रस्तुत की गई थीं, और जो दर्शनशास्त्र द्वारा बहुत पहले ही प्रायः त्याग दी गई हैं, सिद्धांतकार प्रकृति-वैज्ञानिकों द्वारा अक्सर ही नितांत नए ज्ञान के रूप में प्रस्तुत की जाती हैं, और कुछ अरसे के लिए उनका बोलबाला भी हो जाता है। ऊष्मा के यांत्रिक सिद्धांत की यह निश्चय ही एक बहुत बड़ी उपलब्धि है कि उसने नए प्रमाणों से ऊर्जा की अविनाशिता के सिद्धांत को दृढ़ बनाया और एक बार फिर उसे आगे ला रखा; लेकिन यशस्वी भौतिकविदों को यदि यह याद रहता कि यह सिद्धांत दकार्त पहले ही प्रस्थापित कर चुके थे, तो क्या इसे एक नितांत नए सिद्धांत के रूप में पुनः प्रचारित किया जा सकता था? चूंकि भौतिकी व रसायन में फिर से अणुओं और परमाणुओं की धारणा का ही अधिकांशतः इस्तेमाल होने लगा है, इसलिए प्राचीन यूनान के परमाणुवाद ने अनिवार्यतः पुनः महत्त्व धारण कर लिया है। पर योग्य-से-योग्य प्रकृति-वैज्ञानिक भी इसे कितने सतही रूप में लेते हैं! इस प्रकार, केकुले हमें बताते हैं (Ziele und Leistungen der Chemie) कि इसके जनक ल्युसिप्पस नहीं, देमोक्रितस हैं, और उनकी मान्यता है कि डाल्टन वह पहले वैज्ञानिक थे जिन्होंने गुणात्मक रूप से भिन्न-भिन्न प्राथमिक परमाणुओं की मौजूदगी की कल्पना की थी और उन्होंने ही सबसे पहले कहा था कि इन विभिन्न तत्त्वों के भिन्न-भिन्न विशिष्ट भार होते हैं।[29] पर दायोजेनिस लाएर्तियस की रचना (पुस्तक 10, §§ 43-44 व 61) में कोई भी व्यक्ति देख सकता है कि एपिक्यूरस पहले ही

यह प्रतिपादित कर चुके थे कि परमाणुओं में न केवल परिमाण व स्वरूप की दृष्टि से अंतर होता है, बल्कि भार* की दृष्टि से भी अंतर होता है; अर्थात्, एपिक्यूरस को अपने ढंग से पहले से ही परमाणु-भार और परमाणु-आयतन की जानकारी थी।

जर्मनी में 1848 के साल में और कोई चीज तो परिपूर्ण नहीं हुई, पर अकेले दर्शनशास्त्र के क्षेत्र में वहां पूर्ण क्रांति हो गई। जर्मन राष्ट्र ने व्यावहारिक क्षेत्र में कूदकर, कहीं पर आधुनिक उद्योग और धोखेबाजी शुरू करके, तो कहीं प्रकृति-विज्ञान के शक्तिशाली दौर का—जो तब से जर्मनी में जारी है, और जिसका उद्घाटन फोग्ट, बुखनर, आदि व्यंग्यचित्र-जैसे यायावर प्रचारकों ने किया था—सूत्रपात करके, उस क्लासिकी जर्मन दर्शन से दृढ़तापूर्वक अपना मुंह फेर लिया जो बर्लिन के पुराने हेगेलवाद की मरुभूमि में भटक गया था। बर्लिन का पुराना हेगेलवाद इसका सुपात्र भी था। परंतु जो राष्ट्र विज्ञान के शिखर पर पहुंच जाना चाहता है, वह संभवतः सैद्धांतिक चिंतन के बिना ऐसा नहीं कर सकता। लेकिन यहां तो न केवल हेगेलवाद को, बल्कि द्वंद्ववाद को भी दूर धकेल दिया गया—और यह भी उस समय जब प्राकृतिक प्रक्रियाओं का द्वंद्वात्मक स्वरूप जोर-जोर से दिमाग का दरवाजा खटखटा रहा था तथा यह स्पष्ट हो रहा था कि प्रकृति-विज्ञान को सिद्धांत के शिखर पर पहुंचाने में केवल द्वंद्ववाद ही सहायक हो सकता है—सो, एक बार पुनः पुराने आधिभौतिकवाद का दौरदौरा शुरू हो गया। उस समय से, एक ओर, जनता पर शोपेनहार के नीरस विचार, जो भोगियों के लिए गढ़े गए थे, हावी थे, और बाद में हार्टमान के विचार भी हावी हो गए। दूसरी ओर, फोग्ट व बुखनर-जैसे यायावर-प्रचारकों का भोंडा भौतिकवाद हावी हो गया। विश्वविद्यालयों में सारसंग्रहवाद के विभिन्न घटक एक-दूसरे से प्रतिस्पर्धा कर रहे थे; उनमें केवल यही एक चीज समान थी कि वे सभी पुराने दर्शनों के अवशेषों से गढ़े गए थे और सभी समान रूप से आधिभौतिकवादी थे। क्लासिकी दर्शन के अवशेषों से जो कुछ बचाया गया था, वह था एक प्रकार का नव-कांटवाद, जिसका निचोड़ था 'वस्तु-निजरूप' जो सदैव अज्ञात रहता है; अर्थात् कांट के चिंतन का वह अल्पांश जिसका जतन करने की कम-से-कम जरूरत थी। परिणामतः सैद्धांतिक चिंतन के क्षेत्र में वह असंबद्धता व विभ्रम व्याप्त हो गया, जो आज देखने को मिलता है।

प्रकृति-विज्ञान पर बिरले ही ऐसी कोई सैद्धांतिक पुस्तक मिलेगी जिसको पढ़ने पर वह आभास न होता हो कि स्वयं प्रकृति-वैज्ञानिक इस असंबद्धता और विभ्रम में किस कदर डूबे हुए हैं, और यह कि इस समय प्रचलित तथाकथित दर्शन उन्हें बाहर निकलने का कोई मार्ग नहीं दिखाता। और, दरअसल, बाहर निकलने का, विचारों में स्पष्टता प्राप्त करने का, सिवा इसके कोई दूसरा उपाय है भी नहीं कि

---

* देखिए यह ग्रंथ, **विज्ञान के इतिहास** शीर्षक अध्याय।—सं.

किसी-न-किसी रूप से आधिभौतिक चिंतन-प्रणाली से द्वंद्वात्मक प्रणाली की ओर वापस लौटा जाए।

यह वापसी विभिन्न रूपों में हो सकती है। यह सहज भाव से हो सकती है, स्वयं प्रकृति-विज्ञान की अपनी खोजों के बल पर, जोर-जबरी से आधिभौतिकवाद की चौखट में फिट नहीं की जा सकती। परंतु यह एक दीर्घकालीन, श्रमसाध्य प्रक्रिया है जिसमें अनेक अनावश्यक बाधाओं का सामना करना पड़ता है। काफी हद तक यह प्रक्रिया आज जारी भी है, विशेषतः जीव-विज्ञान में। यदि प्रकृति-विज्ञान के सिद्धांतकार द्वंद्ववादी दर्शन का, इसके ऐतिहासिक मौजूदा स्वरूपों में, काफी निकट से परिचय प्राप्त करते, तो यह प्रक्रिया काफी छोटी हो जा सकती थी। इन ऐतिहासिक स्वरूपों में दो स्वरूप ऐसे हैं जो आधुनिक प्रकृति-विज्ञान के लिए विशेष रूप से लाभदायक सिद्ध हो सकते हैं।

इनमें पहला है यूनानी दर्शन। यहां द्वंद्वात्मक चिंतन अभी अपने आदिम सरल रूप में है, अभी यह उन मोहिनी बाधाओं[30] से विचलित नहीं हुआ जिन्हें सत्रहवीं व अठारहवीं सदियों के आधिभौतिकवाद ने—इंग्लैंड में बेकन व लॉक ने और जर्मनी में वोल्फ ने—स्वयं अपने मार्ग में खड़ा कर लिया था, और जिनसे इसके आगे बढ़ने का मार्ग, एक अंश की समझ से संपूर्ण की समझ की ओर आगे बढ़ने का मार्ग, वस्तु-जगत के सामान्य अंतर्सबंधों को समझने की ओर ले जानेवाला मार्ग, अवरुद्ध कर लिया था। यूनानी विचारक—सिर्फ इसलिए कि वह अभी इतने उन्नत नहीं थे कि प्रकृति का विच्छेदन कर सकें, विश्लेषण कर सकें—प्रकृति को अभी उसके समग्र रूप में, व्यापक रूप में ही देखते थे। उन्होंने विशिष्ट घटनाओं के आधार पर प्राकृतिक घटनाओं के सार्वभौमिक संबंध सिद्ध नहीं किए थे। यूनानियों के मामले में यह सीधे चिंतन का फल था। इसी में यूनानी दर्शन की अपर्याप्तता निहित है; इसी कारण उसे विश्व संबंधी दूसरी चिंतन-प्रणालियों के सामने बाद में झुकना पड़ा। लेकिन बाद के इसके सभी आधिभौतिकवादी विरोधियों से इसकी श्रेष्ठता भी इसी में निहित है। यूनानियों के संदर्भ में आधिभौतिकवाद यदि विशेष के मामले में सही था, तो आधिभौतिकवाद के संदर्भ में यूनानी सामान्यतः सही थे। यही वह प्रथम कारण है कि हमें दर्शन के क्षेत्र में, और अन्य अनेक क्षेत्रों में, पुनः-पुनः यूनानियों की उपलब्धियों की ओर लौटना पड़ता है; उस छोटी-सी कौम जिसकी व्यापक प्रतिभा और गतिविधि ने मानव विकास के इतिहास में उसे ऐसा स्थान प्रदान कर दिया है जिसका कोई दूसरी कौम कभी दावा नहीं कर सकती। किन्तु दूसरा कारण यह है कि, यूनानी दर्शन के बहुविध रूपों में विश्व से संबंधित वे प्रायः सभी चिंतन-प्रणालियां भ्रूण रूप में, जायमान स्थिति में, मौजूद हैं जो बाद में विकसित हुईं। इसलिए सैद्धांतिक प्रकृति-विज्ञान को भी, यदि यह आज के अपने स्वीकृत आम सिद्धांतों की उत्पत्ति और विकास का इतिहास खोजना चाहता है तो,

यूनानियों की ओर लौटना पड़ता है। वैज्ञानिक अब दिनोंदिन इस बात को अधिक स्पष्टता से समझने लगे हैं। ऐसे प्रकृति-वैज्ञानिकों की संख्या अब दिनोंदिन घटती जा रही है जो यूनानी दर्शन की किसी आंशिक उपलब्धि का, उदाहरणार्थ, परमाणुवाद का, शाश्वत सत्यों की तरह ही इस्तेमाल करते हुए यूनानियों की ओर बेकन-जैसी अहंकार भरी दृष्टि से इस कारण देखते हैं, कि यूनानियों के पास अनुभव-जन्य प्रकृति-विज्ञान नहीं था। कम-से-कम इसी समझ को विकसित करने के लिए यूनानी दर्शन का वास्तविक परिचय प्राप्त करना वांछनीय होगा।

द्वंद्ववाद का दूसरा स्वरूप, जो जर्मन प्रकृति-वैज्ञानिकों के सबसे अधिक समीप है, कांट से लेकर हेगेल तक का क्लासिकी जर्मन दर्शन है। यहां शुरुआत हो चुकी है; ऊपर जिक्र किए गए नव-कांटवाद के अलावा भी, पुनः कांट की ओर लौटना अब फैशन बन गया है। जब से यह खोज हुई कि कांट उन दो अद्भुत परिकल्पनाओं के जनक थे, जिनके बिना आज सैद्धांतिक प्रकृति-विज्ञान तनिक भी प्रगति नहीं कर सकता—एक तो सौरमंडल की उत्पत्ति का सिद्धांत, जिसकी स्थापना का श्रेय पहले लापलास को दिया जाता था, और दूसरा ज्वार-भाटे से पृथ्वी के घूर्णन में होने वाले मंदन का सिद्धांत—तब से प्रकृति-वैज्ञानिक कांट को पुनः उस सम्मान के साथ देखने लगे हैं, जिसके वह अधिकारी हैं। पर कांट की कृतियों से द्वंद्ववाद का ज्ञान हासिल करना निरर्थक परिश्रम होगा, माथापच्ची सिद्ध होगा; क्योंकि अब हेगेल की रचनाओं के रूप में द्वंद्ववाद का एक व्यापक संग्रह उपलब्ध है, हालांकि उनका यह द्वंद्ववाद सर्वथा गलत प्रस्थान-बिंदु से विकसित हुआ है।

जब, एक ओर, 'प्रकृति दर्शन' के खिलाफ प्रतिक्रिया का जोर खत्म हो गया और यह गाली-गलौज पर उतर आई—ऐसी प्रतिक्रिया जो उक्त गलत प्रस्थान-बिंदु के कारण, और बर्लिन हेगेलवाद के निस्सहाय पतन के कारण, काफी हद तक न्यायसंगत थी; और जब, दूसरी ओर, तत्कालीन खिचड़ी आधिभौतिकवाद प्रकृति-विज्ञान को उसकी सैद्धांतिक आवश्यकताओं के मामले में विकट कठिनाइयों में फंसा हुआ छोड़कर एकदम अलग हो गया, तब शायद पुनः प्रकृति-वैज्ञानिकों के बीच हेगेल का नाम लेना संभव हो, और तब यह नाम सुनकर उनका बदन उस प्रकार नहीं ऐंठने लगेगा जैसाकि श्रीमान् ड्यूहरिंग का ऐंठने लगता हो।

सबसे पहले यह स्पष्ट कर देना जरूरी है कि यहां हेगेल के उस प्रस्थान-बिंदु का समर्थन करने का हरगिज कोई सवाल नहीं है जिसके अनुसार आत्मा, मन या भाव प्राथमिक है और वस्तु-जगत उस भाव की महज प्रतिकृति है। उस मान्यता को फायरबाख ने पहले ही त्याग दिया था। हम सभी इस बात से सहमत हैं कि विज्ञान के प्रत्येक क्षेत्र में, प्रकृति-विज्ञान में और ऐतिहासिक विज्ञान में भी, आरंभ प्रदत्त तथ्यों से करना चाहिए; अर्थात्, प्रकृति-विज्ञान में विभिन्न भौतिक रूपों और द्रव्य-गति

के विभिन्न रूपों से आरंभ करना चाहिए*; और फलतः, सैद्धांतिक प्रकृति-विज्ञान में तथ्यों पर अंतर्संबंधों का आरोपण नहीं किया जाना चाहिए, बल्कि तथ्यों में ही इनकी खोज की जानी चाहिए, और जब इनकी खोज कर ली जाए तो, जहां तक संभव हो, प्रयोगों से इनकी जांच कर ली जानी चाहिए।

इसी तरह, हेगेलीय सिद्धांत के उन मताग्रही विषयों को भी मानने का हरगिज कोई सवाल नहीं जिनका प्रचार पुरानी व नई पीढ़ी के बर्लिन हेगेलवादी करते आए हैं। अतः, भाववादी प्रस्थान-बिंदु के धराशायी होने के साथ इस पर आधारित प्रणाली भी धराशायी हो जाती है, खास कर हेगेलीय प्रकृति-दर्शन की प्रणाली। परंतु हमें याद रखना होगा कि प्रकृति-वैज्ञानिकों ने हेगेल का खंडन, जितना भी वे उन्हें समझ पाए थे, इन दो बातों को लेकर किया था : भाववादी प्रस्थान-बिंदु और सिद्धांत की स्वेच्छापूर्ण तथा तथ्य-विरोधी संरचना।

लेकिन इन सब चीजों को अलग कर देने पर भी, हेगेलीय द्वंद्ववाद बचा ही रहता है। इस बात का श्रेय मार्क्स को है कि सर्वप्रथम उन्होंने 'जर्मनी में आजकल बड़ी लंबी-लंबी हांक रहे उन चिड़चिड़े, घमंडी, प्रतिभाहीन Enlyovot (योग्य नेताओं के अयोग्य अनुयायी—अनु.)'[31] के मुकाबले में, उस भुला दी गई द्वंद्ववादी पद्धति का उद्धार किया, हेगेलीय द्वंद्ववाद के साथ उसके संबंध और भेद को स्पष्ट किया, और साथ ही पूंजी में एक अनुभवजन्य विज्ञान—राजनीतिक अर्थशास्त्र—के तथ्यों पर इस पद्धति को लागू किया। और यह सब उन्होंने इतनी सफलता से किया कि सुसंस्कृत जर्मनी में भी नवीनतर आर्थिक मत के प्रतिपादक लोग, मार्क्स की आलोचना करने के बहाने, उनकी (अक्सर ही काफी गलत ढंग से) नकल करके ही, उन्मुक्त-व्यापार की भोंडी प्रणाली से थोड़ा ऊपर उठ पाते हैं।

हेगेल की प्रणाली की शेष सभी शाखा-प्रशाखाओं की भांति उनके द्वंद्ववाद में भी सभी वास्तविक अंतर्संबंधों का विपरिवर्तन देखने को मिलता है। लेकिन, जैसाकि मार्क्स ने कहा है : "हेगेल के हाथों में द्वंद्ववाद पर रहस्य का आवरण पड़ जाता है, लेकिन इसके बावजूद यह सही है कि हेगेल ने ही सबसे पहले विस्तृत और सचेतन ढंग से यह बताया था कि अपने सामान्य रूप में द्वंद्ववाद किस प्रकार काम करता है। हेगेल के यहां द्वंद्ववाद सिर के बल खड़ा है। यदि आप उसके रहस्यमय आवरण के भीतर ढके हुए विवेकपूर्ण सारतत्त्व का पता लगाना चाहते हैं, तो आपको उसे पलटकर फिर पैरों के बल सीधा खड़ा करना होगा।"[32]

किन्तु प्रकृति-विज्ञान में भी हम अक्सर देखते हैं कि, सिद्धांतों में वास्तविक संबंध सिर के बल खड़े कर दिए गए हैं, प्रतिबिंब को मूल रूप मान लिया गया है।

---

* इसके बाद आगे का वाक्य है, जिसे पांडुलिपि में काट दिया गया है : "इस मामले में हम समाजवादी-भौतिकवादी प्रकृति-वैज्ञानिकों से भी काफी आगे पहुंचते हैं..."—सं.

इसलिए उसे पुनः पैर के बल खड़ा करना जरूरी हो जाता है। ऐसे सिद्धांत अक्सर काफी अरसे तक प्रभावशाली बने रहते हैं। उदाहरण के लिए, करीब दो सदियों तक ऊष्मा को सामान्य द्रव्य की गति के एक रूप के स्थान पर एक विशिष्ट प्रकार का रहस्यमय पदार्थ माना गया था। इसे पैरों के बल खड़ा करने का काम ऊष्मा के यांत्रिक सिद्धांत ने किया। फिर भी, कैलॉरी सिद्धांत से प्रभावित भौतिकी ने ऊष्मा के कई अत्यंत महत्त्वपूर्ण नियमों की खोज की और, विशेषतः फूरिये और सादी कार्नो[33] के जरिये, सही अवधारणा के लिए मार्ग प्रशस्त किया। तभी यह सही अवधारणा पूर्ववर्ती अवधारणाओं द्वारा खोजे गए नियमों को उलटेकर सीधा कर सकी, उन्हें अपनी भाषा में रूपांतरित कर सकी।* इसी प्रकार, रसायन विज्ञान में फ्लोजिस्टोन के सिद्धांत ने, सौ साल तक प्रयोगों में योग देकर वह सामग्री एकत्र की जिसके आधार पर लावाजिए ने प्रीस्टले द्वारा खोजे गए ऑक्सीजन में कल्पित फ्लोजिस्टोन का वास्तविक प्रतिध्रुव खोज निकाला, और इस प्रकार समूचे फ्लोजिस्टोन सिद्धांत को विज्ञान से खदेड़ दिया। लेकिन इससे फ्लोजिस्टोनवाद की प्रायोगिक उपलब्धियां नष्ट नहीं हुईं। हुआ इसके विपरीत। वे कायम रहीं, केवल उनका सूत्रीकरण उलटे दिया गया। उन्हें फ्लोजिस्टोन की भाषा से रसायन विज्ञान की वर्तमान मान्य भाषा में रूपांतरित कर दिया गया, और इस प्रकार उन उपलब्धियों की वैधता बरकरार रही।

हेगेलीय द्वंद्ववाद का बुद्धिसंगत द्वंद्ववाद के साथ वही संबंध है जो कि कैलॉरी सिद्धांत का ऊष्मा के यांत्रिक सिद्धांत के साथ और फ्लोजिस्टोन सिद्धांत का लावाजिए के सिद्धांत के साथ है।

---

* कार्नो का फलिन C अक्षरशः उलटे दिया गया है : $\frac{1}{C}$ = परम तापमान। इस उत्क्रमण के बिना इसका कोई इस्तेमाल संभव नहीं है। [एंगेल्स की टिप्पणी]

प्रेतात्मालोक में प्रकृति-विज्ञान[34]

जनसाधारण की चेतना में प्रवेश पा चुके द्वंद्ववाद को इस पुरानी लोकोक्ति में व्यक्त किया जाता है कि विरोधी गले मिलते हैं। इसके अनुसार मुश्किल से ही गलत होगा यदि हम चरमतम कोटि की स्वैरकल्पना, आशुविश्वास और अंधविश्वास की खोज प्रकृति-विज्ञान की प्रवृत्ति में—प्रकृति-विज्ञान, जो प्रकृति के जर्मन दर्शन की तरह वस्तु-जगत को इसके आत्मनिष्ठ चिंतन की चौखट में ठूंसने की कोशिश करता है—करने की बजाय विपरीत प्रवृत्ति में करते हैं, विपरीत प्रवृत्ति, जो महज अनुभव को प्रतिष्ठा देकर चिंतन से घोर घृणा करती है और चिंतन की रिक्तता में वस्तुतः चरमतम छोर पर पहुंच गई है। इंग्लैंड में इस विचारधारा का बोलबाला है। इसके पिता, बहुप्रशंसित फ्रांसिस बेकन (Becon), पहले ही यह मांग पेश कर चुके हैं कि, उनकी नई अनुभवाश्रित, आगमनात्मक विधि का परीक्षण सर्वोपरि इसके साधनों के जरिये होना चाहिए: दीर्घायु, कायाकल्प—कुछ हद तक कद और शक्ल में बदलाव, एक शरीर का दूसरे शरीर में रूपांतरण, नई प्रजातियों का जनन, हवा पर आधिपत्य और तूफानों का निर्माण। वह शिकायत करते हैं कि इस तरह के परीक्षणों को त्याग दिया गया है, और वह अपने 'प्रकृति-विज्ञान के इतिहास' में सोना बनाने और विभिन्न करिश्मे दिखाने के ठोस नुस़खे पेश करते हैं।[35] इसी प्रकार आइजेक न्यूटन अपनी वृद्धावस्था में सेंट जोन के दिव्य-अनुभवों की व्याख्या करने में अत्यधिक व्यस्त रहे।[36] अतः इस बात पर आश्चर्य नहीं होना चाहिए कि हाल के वर्षों में आंग्ल अनुभववाद का प्रतिनिधित्व करने वाले कुछ व्यक्ति—और उनमें से बदतरीन ही नहीं—अमेरिका से आयातित-प्रेतात्मा आगमन और प्रेतात्मा-दर्शन के असहाय शिकार बन जाने पड़ते हैं।

इनसे प्रभावित होने वाले पहले वैज्ञानिक हैं प्रतिष्ठित प्राणिविद् व वनस्पतिविद् अल्फ्रेड रसेल वैलेस, जिन्होंने डार्विन के साथ-साथ ही प्राकृतिक वरण द्वारा प्रजातियों के परिवर्तन का सिद्धांत प्रतिपादित किया है। अपनी छोटी-सी पुस्तक On Miracles and Modern Spiritualism *(चमत्कारों और आधुनिक प्रेतात्मवाद के विषय में)*, लंदन, बर्न्स, 1875,[37] में, वह जानकारी देते हैं कि इस प्राकृति विद्या की इस शाखा का उन्हें पहली बार 1844 में तब अनुभव हुआ जब उन्होंने सम्मोहन-विद्या

(मेस्मेरिज्म[38]) पर श्रीमान् स्पेंसर हाल के भाषण सुने, और फलस्वरूप अपने छात्रों पर इसी तरह के प्रयोग किए।

> *"इस विद्या में मेरी बेहद दिलचस्पी थी और मैंने बड़ी लगन से इसका अध्ययन किया"* (पृ. 119)।

उन्होंने न केवल सम्मोहन-निद्रा के साथ संधिका-कठोरता को और संवेदना के स्थानीय लोप को प्रदर्शित किया, बल्कि गॉल के खोपड़ी के मानचित्र के सही होने की पुष्टि भी की,[39] क्योंकि गॉल के किसी भी अवयव को स्पर्श करने पर सम्मोहित मरीज में तत्संबंधित क्रियाशीलता जागृत हो जाती थी और यह तदनुरूप एवं सजीव हावभावों द्वारा प्रदर्शित होती थी। आगे उन्होंने प्रमाणित किया कि उनके मरीज को महज स्पर्श करने से वह संचालक की सभी संवेदनाओं को ग्रहण करता है। सम्मोहित व्यक्ति को गिलास में पानी पिलाते हुए जैसे ही उन्होंने कहा कि यह ब्रांडी है, उस व्यक्ति को नशा चढ़ गया। वह किसी तरुण को जागृत अवस्था में भी, इतना जड़मति बना देते थे कि वह अपना नाम तक भूल जाता था—एक ऐसा कमाल जिसे दूसरे अध्यापक बिना किसी सम्मोहन-विद्या के ही कर दिखाने में समर्थ हैं। इसी तरह के और भी कमाल उन्होंने किए।

संयोगवश 1843-44 की शीत ऋतु में मैनचेस्टर में मैंने भी इन स्पेंसर हाल महाशय को देखा। वह घटिया दर्जे के नीम-हकीम थे, कुछ पादरियों के आश्रय में देहाती इलाके की यात्रा करते थे, और एक तरुणी के सहयोग से सम्मोहन-विद्या और कपाल-विद्या से संबंधित करतबों का प्रदर्शन करके इनके आधार पर सिद्ध करना चाहते थे कि ईश्वर का अस्तित्व है, आत्मा अमर है, और भौतिकवाद, जिसका उस समय ओवेन के अनुयायी सभी बड़े शहरों में प्रचार कर रहे थे, गलत है। वह तरुणी उस अंग से संबंधित क्रियाओं को दर्शाने वाले नाटकीय हाव-भावों एवं भंगिमाओं का प्रचुर प्रदर्शन करने लगती थी। उदाहरण के लिए, शिशु-ममता के अवयव के लिए वह एक काल्पनिक शिशु को दुलराने और चूमने लगती, इत्यादि। इसके अलावा, भले हाल महाशय ने खोपड़ी में एक नए बारातारिया[40] द्वीप की खोज करके गॉल के खोपड़ी के भूगोल को समृद्ध बनाया : खोपड़ी के ठीक ऊपरी हिस्से में उन्होंने उपासना के अवयव की खोज की थी। इस अवयव को स्पर्श करते ही सम्मोहित कुमारी अपने घुटनों के बल बैठ जाती, प्रार्थना में अपने हाथ जोड़ लेती, और आश्चर्यचकित भोले दर्शकों के सामने उपासना में तल्लीन एक फरिश्ते का दृश्य प्रस्तुत करती। यह दृश्य उस प्रदर्शन का चरमोत्कर्ष एवं समापन होता। ईश्वर का अस्तित्व प्रमाणित हो चुका होता।

इस प्रदर्शन का मुझ पर और मेरे एक परिचित पर वैसा ही प्रभाव पड़ा, जैसाकि श्रीमान् वैलेस पर पड़ा था। इन प्रदर्शनों में हमारी दिलचस्पी बढ़ी; और हम

कोशिश में जुट गए कि इन्हें स्वयं किस हद तक दोहरा सकते हैं। बारह साल का एक पूर्ण-सचेत बालक माध्यम बनने के लिए तैयार हो गया। सहजता से उसकी आंखों में देखते रहने पर अथवा उसे हल्के से थपथपाने पर वह आसानी से सम्मोहन की स्थिति में पहुंच जाता था। पर चूंकि हम लोग वैलेस महाशय की तरह फौरन विश्वास कर लेने वाले नहीं थे और हमारा उत्साह भी उनके जैसा नहीं था, इसलिए हम बिलकुल उलटे नतीजों पर पहुंचे। अलावा मांसपेशियों की कठोरता के और संवेदन-शून्यता के, जिन्हें आसानी से पैदा किया जा सकता था, हमने एक विशिष्ट अतिसंवेदनशीलता से सम्बद्ध इच्छाशक्ति की पूर्ण निष्क्रियता की अवस्था के भी दर्शन किए। किसी भी बाह्य उद्दीपन से मरीज को उसकी तंद्रा से जगा दिये जाने पर वह जागृत अवस्था से भी कहीं अधिक फुर्तीला दिखाई देता था। वहां संचालक के साथ किसी रहस्यमय संबंध का कोई चिह्न नहीं था : कोई भी दूसरा व्यक्ति उस सोने वाले को उतनी ही आसानी से सचेत अवस्था में ला सकता था।

गॉल के कपालीय अवयवों को क्रियाशील बना देना हमारे लिए एक बहुत ही आसान बात थी, हम इसमें काफी आगे बढ़ गए। हम न केवल इन अवयवों की अदला-बदली कर सकते थे, न केवल इन्हें सारे शरीर के किसी भी भाग में स्थापित कर सकते थे, बल्कि चाहे जितने अन्य अवयव भी गढ़ सकते थे—गाने, सीटी बजाने, वेणुवादन करने, नाचने, मुक्केबाजी करने, सीने-पिरोने, मरम्मत करने, तम्बाकू पीने, आदि के अवयव। और इनके स्थान हम अपनी मर्जी के अनुसार कहीं पर भी बना सकते थे! वैलेस अपने मरीजों को पानी से मतवाला बनाते थे, परंतु हमने मदोन्मत्तता के अवयव की खोज पैर के अंगूठे में की, जिसे मात्र स्पर्श करने से पियक्कड़ी का बेहतरीन तमाशा शुरू हो जाता था। परंतु यह बात भली-भांति समझ ली जानी चाहिए कि कोई भी अवयव क्रियाशीलता का लवलेश तब तक प्रदर्शित नहीं करता था, जब तक मरीज को यह समझा न दिया जाए कि उससे क्या आशा की जाती है। वह बालक अभ्यास से जल्दी ही इतना निपुण हो गया कि जरा-सा इशारा ही पर्याप्त होता था। इस प्रकार निर्मित अवयव सम्मोहन के आगे के अवसरों के लिए अपनी वैधता तब तक कायम रखते जब तक उन्हें उसी प्रकार नहीं बदला जाता।

मरीज की स्मरणशक्ति दरअसल दोहरी होती थी—एक जाग्रत अवस्था के लिए, और दूसरी, बिलकुल भिन्न, सम्मोहन अवस्था के लिए। जहां तक इच्छाशक्ति की निष्क्रियता और एक तीसरे व्यक्ति की इच्छाशक्ति द्वारा इसके पूर्ण दमन की बात है, इसका सारा रहस्यात्मक नजारा खत्म हो जाता है यदि हम ध्यान में रखें कि सारी स्थिति की शुरुआत संचालक की इच्छाशक्ति द्वारा मरीज की इच्छाशक्ति के दमन से हुई है, और इसका निर्माण इस दमन के बिना संभव नहीं होता। सम्मोहन-विद्या का दुनिया का सबसे शक्तिशाली जादूगार ही क्यों न हो, जैसे ही उसका मरीज उसका मजाक उड़ाना शुरू कर देगा, उसकी विद्या का सारा प्रभाव खत्म हो जाएगा।

इस प्रकार, जहां अपने छिछोरे संशयवाद से हमने खोज की कि सम्मोहन व कपाल विद्या की धूर्तता एक ऐसे घटना-क्रम पर आधारित है जो बहुलांशतः जागृत अवस्था के घटना-क्रम से केवल कोटि में ही भिन्न है, और इसके लिए किसी रहस्यात्मक व्याख्या की जरूरत नहीं है, वहां श्रीमान् वैलेस के 'उत्साह' ने उन्हें आत्मवंचनाओं के सिलसिले का शिकार बना दिया, जिसकी वजह से उन्होंने गॉल के कपाल-मानचित्र की इसके पूरे ब्यौरे के साथ पुष्टि कर दी और संचालक तथा मरीज के बीच एक रहस्यात्मक संबंध के दर्शन किए।* श्रीमान् वैलेस के समूचे विवरण से, जिसकी ईमानदारी भोलेपन की हद तक पहुंच जाती है, स्पष्ट हो जाता है कि इस धोखेबाजी के पीछे निहित तथ्यों की खोजबीन करने में उनकी दिलचस्पी बहुत कम थी, किसी भी कीमत पर इन चमत्कारों को सिद्ध कर दिखाने में अधिक थी। जो व्यक्ति मूलतः एक वैज्ञानिक था उसके, सरल एवं सहज आत्मवंचना द्वारा, एक प्रेतविद्या-अनुयायी में जल्दी बदल जाने के लिए ऐसे ही दिमागी ढांचे की जरूरत थी। श्रीमान् वैलेस सम्मोहन-कपाल विद्या के चमत्कारों के अंधभक्त बन गए, और इस प्रकार उनका एक पैर प्रेतात्मालोक में पूरी तरह स्थापित हो गया।

उन्होंने 1865 में अपने दूसरे पैर को भी वहीं खींच लिया। उष्णकटिबंधीय देशों की बारह वर्षों की यात्रा से लौटने के बाद, मेज-झुकाव के प्रयोगों के जरिये उनका कई 'माध्यमों' से संपर्क बढ़ा। इस दिशा में उन्होंने कितनी तेजी से तरक्की की और इस विद्या पर उन्होंने कितना दृढ़ अधिकार प्राप्त कर लिया, इसका सबूत हमें उनकी ऊपर निर्दिष्ट पुस्तिका में मिलता है। वह हमसे आशा करते हैं कि हम न केवल होम्ज के, देवनपोर्ट-बंधुओं के और अन्य 'माध्यमों' के—जो कमोबेश रूप में पैसे के लिए अपना प्रदर्शन करते हैं और जो ज्यादातर धोखेबाज साबित हो चुके हैं—सभी कथित चमत्कारों को सच स्वीकार कर लें, बल्कि पुरातन काल से प्राप्त कई सारे कथित रूप से सत्य प्रेतात्मा-आख्यानों को भी स्वीकार कर लें। यूनानी देववाणी की वक्ता-पुजारिनें और मध्ययुगों की जादूगरनियां, सभी 'माध्यम' थीं, और इएम्ब्लिक्स अपनी कृति 'भविष्य कथन' (De divinatione) में पहले ही बिलकुल सही जानकारी दे चुका है।

"आधुनिक प्रेतात्मवाद का सर्वाधिक विस्मयकारी चमत्कार" (पृ. 229)।

इन चमत्कारों की सच्चाई और इनकी वैज्ञानिक स्थापना को श्रीमान् वैलेस किस प्रकार प्रस्तुत करते हैं, यह दर्शाने के लिए हम सिर्फ एक उदाहरण देंगे।

---

* जैसाकि पहले बताया जा चुका है, मरीज अभ्यास द्वारा अपने को निपुण बना लेते हैं। अतः यह बिलकुल संभव है कि जब इच्छाशक्ति का दमन पक्का हो जाता है, तो इसमें भाग लेने वालों के बीच का संबंध अधिक गहरा हो जाता है, कुछ विशिष्ट घटनाएं तीव्र हो जाती हैं और जाग्रत अवस्था में भी धुंधले रूप में व्यक्त होती हैं। [एंगेल्स की टिप्पणी]

यह निश्चय ही एक ठोस धारणा है कि हम विश्वास करें कि ऊपर उल्लिखित प्रेतात्माएं अपना छायाचित्र उतारने देंगी, और हमारी यह मांग निश्चय ही जायज है कि ऐसे प्रेतात्मा-छायाचित्रों को प्रामाणिक स्वीकार करने से पहले इनकी सुनिश्चित ढंग से जांच-पड़ताल की जाएगी। अब, श्रीमान् वैलेस अपनी पुस्तिका के पृ. 187 पर जानकारी देते हैं कि मार्च, 1872 में एक मशहूर माध्यम, श्रीमती गप्पी, (जिसका निजी नाम निकोल था) ने अपने पति और छोटे बच्चे के साथ नॉटिंग हिल में श्रीमान् हडसन के यहां फोटो खिंचवाएं दो भिन्न फोटोग्राफों में श्रीमती गप्पी के पीछे सफेद जालीदार वस्त्रों से ढकी हुई, पूर्व के देशों की शक्ल वाली, ऊंचे कद की एक ऐसी स्त्री-आकृति खड़ी दिखाई दे रही थी जो मानो आशीर्वाद दे रही हो :

> *"अतः यहां दो में से एक बात* पूर्णतया निश्चित है।** या तो वहां कोई सजीव, बुद्धिमान, परंतु अदृश्य प्राणी, विद्यमान था, या श्रीमान् व श्रीमती गप्पी, फोटोग्राफर और किसी चौथे व्यक्ति ने मिलकर धोखेबाजी की एक दुष्ट योजना बनाई थी, और इसे उन्होंने तब से कायम रखा। परंतु श्रीमान् व श्रीमती गप्पी को मैं भली-भांति जानता हूं, इसलिए मेरा* ***पक्का विश्वास*** *है कि वे इस प्रकार की धोखेबाजी करने में वैसे ही अक्षम हैं, जैसे कि प्रकृति-विज्ञान के क्षेत्र में सत्य की खोज में जुटा हुआ कोई ईमानदार अन्वेषक हो सकता है" (पृ. 188)।*

अतः, या तो छल-कपट या प्रेतात्मा फोटोग्राफी। बिलकुल सही है। और यदि छल-कपट था, तो फोटोग्राफी की प्लेटों पर प्रेतात्मा पहले से मौजूद रही होगी, या इसमें चार व्यक्तियों की सांठ-गांठ होनी चाहिए या तीन व्यक्तियों की, यदि हम मान लें कि श्रीमान् गप्पी, जो 84 साल की उम्र में जनवरी, 1875 में मरे, कमजोर दिमाग के थे या धोखा खा गए थे, इसलिए उन्हें छोड़ दें (इतना भर करने की जरूरत थी कि उन्हें पृष्ठभूमि की स्पेनी चिक के पीछे भेज दिया जाता)। इस बात का कोई विरोध नहीं करेगा कि प्रेतात्मा बनने के लिए एक 'मॉडल" प्राप्त करना फोटोग्राफर के लिए कठिन बात नहीं थी। परंतु कुछ ही समय बाद फोटोग्राफर हडसन पर प्रेतात्मा फोटो की आम जालसाजी करने के आरोप में खुलेआम मुकदमा चलाया गया, इसलिए श्रीमान् वैलेस शमन में टिप्पणी करते हैं :

---

* जोर स्वयं एंगेल्स द्वारा।–सं.

** प्रेतात्मालोक व्याकरण से श्रेष्ठतर है। एक बार एक मजाकिये ने वैयाकरण लिंडले मुरे की प्रेतात्मा को गवाही के लिए बुलवाया। इस सवाल का कि क्या वह वहां मौजूद है, उसने उत्तर दिया : 'I are' (मैं हैं)। उत्तर देने वाला माध्यम अमेरिका का था।[41] [एंगेल्स की टिप्पणी]

"एक बात स्पष्ट है; यदि किसी प्रकार की धोखेबाजी रहती, तो उसे स्वयं प्रेतात्मा-वादियों द्वारा तुरंत पहचान लिया जाता" (पृ.189)।

अतः फोटोग्राफर पर अधिक विश्वास करने की जरूरत नहीं। अब रह जाती हैं श्रीमती गप्पी, और उनके संबंध में है हमारे मित्र वैलेस का केवल 'पक्का विश्वास', और कुछ नहीं।—और कुछ नहीं? बिलकुल नहीं। श्रीमती गप्पी पर पक्का विश्वास उनके इस दावे से प्रमाणित होता है कि जून, 1871 के आरंभिक दिनों की एक सायंकाल को, वह अचेतन अवस्था में हवा में उड़कर हाइबरी हिल पार्क के अपने मकान से 69, लैम्ब के कांडिट स्ट्रीट—सीधी रेखा में तीन मील की दूरी पर उड़कर—पहुंच गईं, और वह उस 69 नं. के मकान में प्रेतात्मवादियों की बैठक (आत्मायन) की मेज पर उतर गईं। उस कमरे के दरवाजे बंद थे, और यद्यपि श्रीमती गप्पी लंदन की एक सर्वाधिक मोटी-तगड़ी महिला थीं—जिसका निश्चय ही कुछ अर्थ है—फिर भी उनके वहां इस तरह एकाएक पहुंचने पर न तो दरवाजों में, न छत में ही, कोई भी छेद प्रकट हुआ। (समाचार लंदन के *Echo*[42] में 8 जून 1871 को प्रकाशित।)[43] और यदि कोई अब भी प्रेतात्मा-फोटोग्राफी की प्रामाणिकता में यकीन नहीं करता है, तो फिर उसका कोई इलाज नहीं है।

अंग्रेज प्रकृति-वैज्ञानिकों में इस विद्या के दूसरे प्रमुख विशेषज्ञ हैं श्रीमान् विलियम क्रुक्स, रासायनिक तत्त्व थैलियम के और रेडियोमीटर[44] (जिसे जर्मनी में 'लिख्टमीह्ले' भी कहते हैं) के खोजकर्ता। श्रीमान् क्रुक्स ने प्रेतात्मवादी घटनाओं का अध्ययन लगभग 1871 से शुरू किया और इसके लिए अनेक भौतिकीय व यांत्रिक उपकरणों—कमानीदार तुलाओं, विद्युत बैटरियों, आदि—का उपयोग किया। परंतु उन्होंने इस खोजबीन के लिए आवश्यक प्रमुख उपकरण—संशयवादी आलोचनात्मक बुद्धि—का समुचित उपयोग किया या नहीं, अथवा उन्होंने अपनी बुद्धि को अंत समय तक सक्षम रखा या नहीं, इसे हम देखेंगे। बहरहाल, श्रीमान् वैलेस की तरह श्रीमान् क्रुक्स को भी इस विद्या का पूरी तरह शिकार हो जाने में अधिक समय नहीं लगा।

'कुछ वर्षों तक', वह लिखते हैं, "मिस फ्लोरेंस कुक नामक एक तरुणी ऐसी अद्भुत माध्यम क्षमता प्रदर्शित करती रही, जो कालांतर में प्रेतात्मक उत्पत्ति के बताए जानेवाले एक पूर्णतः नारी-रूप के सृजन में परिणत हो गई। वह तरुणी काले वस्त्रों में लिपटी किसी अलमारी अथवा समीप के कमरे में मजबूती से बंधी पड़ी सम्मोहन की अवस्था में होती, तो उसकी प्रेतात्मा उड़ते सफेद वस्त्रों में नंगे पैर प्रकट होती थी" (पृ. 181)।

एक दिन सांध्य काल में इस प्रेतात्मा को, जो अपने को केटी कहती थी और जिसकी कुमारी कुक से अद्भुत समानता थी, श्रीमान् वोल्कमैन ने—जो श्रीमती गप्पी के मौजूदा पति हैं—एकाएक कमर से अपनी बांहों में जकड़ लिया और

यह जानने के लिए कसकर पकड़े रहे कि कहीं यह कुमारी कुक का ही अन्य संस्करण तो नहीं है? वह प्रेतात्मा एक काफ़ी तगड़ी महिला साबित हुई। उसने जोर लगाकर अपनी रक्षा की, प्रेक्षकों ने बीच-बचाव किया, गैस को बुझा दिया गया, और कुछ हाथा-पाई के बाद शांति पुनः स्थापित हुई और कमरे में पुनः रोशनी की गई, तो वह प्रेतात्मा गायब हो चुकी थी और कुमारी कुक कमरे के अपने कोने में बंधी हुई और बेहोश अवस्था में पड़ी दिखाई दी। फिर भी, बताया जाता है कि श्रीमान् वोल्कमैन आज भी यकीन के साथ वह कहते हैं कि उन्होंने कुमारी कुक को ही पकड़ा था, और किसी को नहीं।[45] इसे वैज्ञानिक रूप से साबित करने के लिए प्रसिद्ध बिजली-इंजीनियर श्रीमान् वैर्ले ने एक नए प्रयोग के अवसर पर बैटरी से प्रवाहित विद्युत-धारा को भंग कि बिना अपनी भूमिका अदा नहीं कर सकता था। फिर भी, प्रेतात्मा प्रकट हुई। अतः यह कुमारी कुक से सचमुच ही एक भिन्न सत्ता थी। इसे स्पष्टता से प्रमाणित करने का कार्य श्रीमान् क्रुक्स ने हाथ में लिया। इस दिशा में उनका पहला कदम था उस प्रेतात्मवादी महिला का **विश्वास** प्राप्त करना।

> *"वह स्वयं 'प्रेतात्मवादी' (Spiritualist) पत्रिका के 5 जून, 1874 के अंक में जानकारी देते हैं कि, यह विश्वास धीरे-धीरे इस सीमा तक बढ़ गया कि **इंतजाम मेरे द्वारा किया जाता** तभी वह प्रेतायन (sèance) में भाग लेती थी, अन्यथा नहीं।* वह कहती थी कि, मैं सदैव उसके नजदीक और अलमारी के आसपास रहूं; मैंने देखा कि जब यह विश्वास स्थापित हो गया और उसे पक्का यकीन हो गया कि, **मैं उसे दिया गया कोई वचन तोड़ूंगा नहीं*** तो चमत्कारों की सृष्टि में काफी उभार आया और गवाही अबाध रूप से प्राप्त होने लगी, जो अन्य किसी तरीके से अप्राप्य रहती। वह आत्मायन की बैठक में उपस्थित रहने वाले लोगों के बारे में और उन्हें दिए जाने वाले स्थानों के बारे में प्रायः ही **मुझसे सलाह लेती थी*** क्योंकि वह हाल में दिये गए इन गलत सुझावों के कारण बहुत घबड़ा गई थी कि खोजबीन की अन्य अधिक वैज्ञानिक विधियों के अलावा **बल*** का भी प्रयोग किया जाना चाहिए।"[46]*

इस विश्वास का, जो उतना ही हार्दिक था जितना कि वैज्ञानिक, उस प्रेतात्मा महिला ने भरपूर इनाम दिया। यहां तक कि वह श्रीमान् क्रुक्स के घर में प्रकट हुई—जिस पर अब हमें आश्चर्य की जरूरत नहीं—उनके बच्चों के साथ खेली और उन्हें 'भारत में अपने साहसिक कार्य के किस्से' सुनाए, श्रीमान् क्रुक्स को 'अपने बीते जीवन के कुछ कड़वे अनुभव' सुनाए, उन्हें अपना हाथ थामने दिया ताकि

---

* जोर स्वयं एंगेल्स द्वारा।—सं.

उसकी प्रकट भौतिक सत्ता का उन्हें यकीन हो जाए। उसने उन्हें अपनी नब्ज पकड़ने दी और प्रति मिनट अपने श्वसन की गिनती करने दी, और अंत में श्रीमान् क्रुक्स के साथ अपना फोटो खिंचवाने को राजी हो गई।[47]

> *"यह आकृति," श्रीमान् वैलेस कहते हैं, "दर्शन होने पर, अनुभव होने पर, बातचीत के बाद, और फोटो खींचे जाने पर, एक छोटे कमरे से, जिसमें बगल के दर्शकों से भरे हुए कमरे के अलावा बाहर निकलने का कोई मार्ग नहीं था,* ***पूर्णतः विलुप्त हो गई****" (पृ. 183)।*

—जो कोई बड़ा कमाल नहीं था, बशर्ते कि ऐसा हुआ हो कि दर्शकों ने विनम्रतावश श्रीमान् क्रुक्स में, जिनके घर में यह प्रदर्शन आयोजित था, वैसा ही विश्वास व्यक्त किया हो जैसाकि श्रीमान् क्रुक्स ने प्रेतात्मा में किया।

दुर्भाग्यवश, ये 'पूर्णतया प्रमाणित चमत्कार' प्रेतात्मवादियों के लिए भी तत्काल विश्वसनीय नहीं होते। हमने ऊपर देखा है कि किस प्रकार उत्साही प्रेतात्मवादी श्रीमान् वोल्कमैन ने असली भौतिक शरीर को पकड़ने का प्रयत्न किया। और अब एक पादरी भी, जो 'प्रेतात्मवादियों के ब्रिटिश राष्ट्रीय संगठन' की समिति के एक सदस्य हैं, कुमारी कुक के साथ आत्मायन की एक बैठक में उपस्थित थे, और उन्होंने बिना कठिनाई के यह तथ्य स्थापित किया है कि जिस कमरे के दरवाजे से प्रेतात्मा भीतर आई तथा विलुप्त हुई, उसका बाह्य दुनिया से संपर्क के लिए एक दूसरा दरवाजा रहा है।

उस बैठक में श्रीमान् क्रुक्स भी मौजूद थे; उनके आचरण को देखकर मेरा यह विश्वास पूर्णतया खत्म हो गया कि चेहरे के हावभावों में 'कुछ खास चीज' हो सकती है [*Mystic London* ('रहस्यवादी लंदन'), परम श्रद्धेय चा. मौरिस डेविस, लंदन, टिंस्ले ब्रदर्स][48]। और इससे बढ़कर यह कि, अमेरिका में भेद खुल गया कि 'केटियों' को किस प्रकार 'साकार बनाया' जाता था। होल्मूज नामक एक विवाहित दम्पती फिलाडेलफिया में आत्मायन-बैठकों का आयोजन करते थे, जिनमें इसी प्रकार एक 'केटी' प्रकट होती थी और आस्तिकों से प्रचुर उपहार प्राप्त करती थी। परंतु, एक संदेहवादी ने ऐसी 'केटी' का विश्वास नहीं किया और वह उसकी तलाशी में जुट गया। वह केटी, वेतन न मिलने के कारण, एक बार हड़ताल भी कर चुकी थी; उस व्यक्ति ने एक आवास-गृह में उसे असंदिग्ध रूप से हाड़-मांस की महिला के रूप में पाया, और देखा कि उसके पास वे सभी उपहार भी मौजूद हैं जो प्रेतात्मा को दिये गए थे।[49]

इस बीच यूरोप ने भी अपने वैज्ञानिक प्रेतात्मा-द्रष्टा प्रस्तुत किए। सेंट पीटर्सबर्ग के एक वैज्ञानिक संगठन ने—मैं ठीक-ठीक नहीं जानता कि यह विश्वविद्यालय है अथवा खुद अकादमी ही है—राज्य-पार्षद अक्साकोव और रसायनज्ञ बटलेरोव को प्रेतात्मवादी चमत्कारों के आधार की जांच-पड़ताल करने का कार्यभार सौंपा, पर

लगता नहीं कि इसका कुछ नतीजा निकला है।[50] दूसरी ओर, प्रेतात्मवादियों के कोलाहलपूर्ण वक्तव्यों पर यकीन किया जाए तो अब जर्मनी में भी लाइपजिग के प्रोफेसर झोल्लनेर के रूप में अपना प्रतिनिधि प्रस्तुत किया है।

सर्वविदित है कि श्रीमान् झोल्लनेर पिछले कई वर्षों से दिक् के 'चतुर्थ आयाम' की खोजबीन में जुटे हैं, और उन्होंने पता लगाया है कि जो अनेक चीजें तीन आयामों वाली दिक् में असंभव हैं, वे चार आयामों वाली दिक् में सहज संभव हो जाती हैं। इस तरह, चतुर्थ आयाम वाली दिक् में धातु के एक बंद गोल को दस्ताने की तरह, इसमें बिना कोई छेद किए, उलटा जा सकता है। इसी प्रकार, एक असीम डोरी में, या ऐसी डोरी में जिसके दोनों सिरे बांध दिये गए हों, गांठ लगाई जा सकती है, और दो पृथक् बंद छल्लों को, उनमें से किसी को भी खोले बिना, एक-दूसरे में फंसाया जा सकता है। चतुर्थ आयाम वाली दिक् में इस प्रकार के और भी कई कमाल किए जा सकते हैं।

प्रेतात्मा-जगत से प्राप्त हुई हाल की विजयोल्लासपूर्ण रिपोर्टों के अनुसार, प्रोफेसर झोल्लनेर ने चतुर्थ आयाम के स्थान के बारे में अधिक विवरण प्राप्त करने के प्रयोजन से एक या अधिक माध्यमों से मदद की प्रार्थना की है। बताया जाता है कि इसमें उन्हें अद्भुत सफलता मिली है। आत्मायन का कार्यक्रम समाप्त हो जाने पर उन्होंने देखा कि कुर्सी के जिस हत्थे पर उनका हाथ टिका हुआ था, वह उनके हाथ से लिपट गया है। एक डोरी जिसके दोनों सिरे मेज से कसकर बांध दिये गए थे, उसमें चार गांठें पड़ गई हैं, इत्यादि। संक्षेप में, कहा जाता है कि प्रेतात्माओं ने चतुर्थ आयाम के ये सभी चमत्कार बड़ी सहजता से कर दिखाए। ऊपर की बात को ध्यान में रखना जरूरी है। प्रसंगवश, मैं प्रेतात्मा बुलेटिन की सत्यता की गवाही नहीं देता, और इसमें यदि कोई गलती है तो श्रीमान् झोल्लनेर को कृतज्ञ होना चाहिए कि मैं उन्हें उसे सुधारने का अवसर दे रहा हूं। लेकिन यदि यह बुलेटिन बिना जालसाजी के श्रीमान् झोल्लनेर के अनुभवों को प्रस्तुत करता है, तो यह घटना स्पष्टतः प्रेतात्म-विद्या और गणित-शास्त्र, दोनों के लिए एक नए युग की सूचक है।

प्रेतात्माएं उसी प्रकार चतुर्थ आयाम के अस्तित्व को प्रमाणित करती हैं जिस प्रकार चतुर्थ आयाम प्रेतात्माओं के अस्तित्व का प्रमाणन करता है। और एक बार यह स्थापित हो जाने पर विज्ञान के लिए एक नितांत नए, असीम क्षेत्र का उद्घाटन हो जाता है। पहले का समूचा गणित और प्रकृति-विज्ञान चतुर्थ तथा उससे भी उच्चतर आयामों की गणित के लिए, और इन उच्चतर आयामों में निवास करनेवाली प्रेतात्माओं की यांत्रिकी, भौतिकी, रसायन और शारीरिकी के लिए केवल प्रारंभिक शिक्षा बनकर रह जाएगा। क्या श्रीमान् क्रुक्स ने वैज्ञानिक विधि से यह निर्धारित नहीं किया है कि मेजों व दूसरे किस्म के फर्नीचर, आदि के चतुर्थ आयाम—जैसाकि

इस नाम को अब हम सहज स्वीकार कर सकते हैं—में प्रविष्ट होने पर इनका कितना वजन घट जाता है? और, क्या श्रीमान् वैलेस इसे सिद्ध हुआ घोषित नहीं करते कि चतुर्थ आयाम में आग मानव-शरीर को क्षति नहीं पहुंचाती? और अब हमें प्रेतात्माओं का शरीर-विज्ञान भी प्राप्त होने लगा है। वे सांस लेती हैं, उनकी नब्ज चलती है, अतः उनके फेफड़े, हृदय और एक रक्त परिसंचरण तंत्र हैं, और परिणामतः अन्य शरीर-अवयवों के मामले में कम-से-कम हमारे तुल्य समृद्ध हैं ही। श्वसन के लिए चूंकि कार्बो-हाइड्रेटों की जरूरत होती है और इनका दहन फेफड़ों में होता है, और इन कार्बो-हाइड्रेटों को बाहर से ही शरीर में पहुंचाया जाता है : अतः इन प्रेतात्माओं के उदर, अंतड़ियां और इनसे संबंधित दूसरे अवयव भी हैं। और यदि हमने इतना अधिक प्रमाणित कर दिया है तो शेष आसानी से सिद्ध हो जाता है। परंतु ऐसे अवयवों के अस्तित्व का अर्थ होता है कि वे रोग के भी शिकार हो सकते हैं, अतः इस बात की संभावना भी बनती है कि श्रीमान् विर्खोव को प्रेतात्मालोक के एक कोशिकीय रोगविज्ञान का सृजन करना पड़े। और चूंकि अधिकांध प्रेतात्माएं तरुण सुंदरियां हैं, जो अपनी अलौकिक सुंदरता के अलावा किसी भी अन्य बात में पार्थिव युवतियों से भिन्न नहीं हैं, इसलिए उनका देर-सवेर 'काम-वासना का अनुभव करनेवाले पुरुषों'[51] के संपर्क में आना स्वाभाविक है; और चूंकि, जैसाकि श्रीमान् क्रुक्स ने नब्ज की गति के आधार पर सिद्ध किया है, 'नारी-हृदय गायब नहीं है' इसलिए प्राकृतिक वरण ने भी अपने लिए चतुर्थ आयाम की संभावना खोल ली है—एक ऐसे चतुर्थ आयाम की, जिसमें इसे दुष्ट सामाजिक-जनवाद के साथ उलझाए जाने का कोई खतरा नहीं रह जाता।[52]

इतना ही पर्याप्त होगा। यहां यह सुस्पष्ट हो जाता है कि प्रकृति-विज्ञान से रहस्यवाद में पहुंचने का सर्वाधिक निश्चित मार्ग कौन-सा है। यह प्रकृति के दर्शन का बेतुका सिद्धांतीकरण नहीं, बल्कि सर्वाधिक ओछा अनुभववाद है जो समूचे सिद्धांत को ठुकरा देता है और समूचे चिंतन पर संदेह करता है। यह निगमनिक अनिवार्यता नहीं है जो प्रेतात्माओं का अस्तित्व सिद्ध करती है, बल्कि मैसर्स वैलेस, क्रुक्स जैसे बंधुओं के अनुभवाश्रित अवलोकन हैं। यदि हम क्रुक्स के वर्णक्रम-विश्लेषण संबंधी अवलोकनों में, जिनके जरिये उन्होंने थैलियम धातु की खोज की, अथवा वैलेस द्वारा मलय द्वीपसमूह में की गई प्राणिविज्ञान-विषयक बहुमूल्य खोजों में विश्वास करते हैं, तो हमसे कहा जाता है कि हम इन दो वैज्ञानिकों के प्रेतात्माओं से संबंधित अनुभवों और आविष्कारों में भी उसी तरह विश्वास करें। और यदि हम यह मत व्यक्त करते हैं कि आखिरकार, इन दोनों में बहुत कम अंतर है, यानी हम एक को सत्य प्रमाणित कर सकते हैं परंतु दूसरे को नहीं, तब प्रेतात्मा-द्रष्टा जवाब देते हैं कि बात ऐसी नहीं है और वे हमें प्रेतात्मो-चमत्कारों को सत्य प्रमाणित करने का अवसर प्रदान करने के लिए तैयार हैं।

वस्तुतः, धृष्टतापूर्वक द्वंद्ववाद की उपेक्षा नहीं की जा सकती। सैद्धांतिक चिंतन से कोई कितनी भी नफरत करता हो, परंतु वास्तविकता यह है कि सैद्धांतिक चिंतन के बिना दो प्राकृतिक तथ्यों का एक-दूसरे से संबंध नहीं जोड़ा जा सकता, न ही उनमें विद्यमान संबंध को समझा जा सकता है। एकमात्र सवाल यही होता है कि अपना चिंतन सही है या नहीं, और सिद्धांत की अवहेलना का स्पष्ट अर्थ है निश्चित रूप से सहज यानी गलत चिन्तन को अंगीकार करना। परंतु, एक पुराने और प्रसिद्ध द्वंद्वात्मक नियम के अनुसार, गलत चिंतन को यदि इसकी तार्किक परिणति पर पहुंचा दिया जाए तो यह अनिवार्यतः अपने प्रस्थान-बिंदु के विपरीत छोर पर पहुंच जाता है। अतः, द्वंद्ववाद की अनुभवाश्रित अवहेलना का दंड यह मिलता है कि कुछ सर्वाधिक गंभीर अनुभववादी भी आधुनिक प्रेतात्मवाद के—एक सर्वाधिक फिजूल अंधविश्वास के—चक्कर में फंस जाते हैं।

गणित के बारे में यही बात है। सामान्य, आधिभौतिक गणितज्ञ अपने विज्ञान के परिणामों की परम अकाट्यता की बड़े घमंड के साथ बढ़-बढ़कर बातें करते हैं। परंतु इन परिणामों में काल्पनिक परिमाण भी शामिल हैं, जो इस तरह एक निश्चित प्रकार की वास्तविकता प्राप्त करते हैं। यदि कोई $\sqrt{-1}$ को, या चतुर्थ आयाम को, हमारे मस्तिष्कों के बाहर, एक प्रकार की वास्तविकता प्रदान करने का अभ्यस्त हो जाता है, तब यह कोई अधिक महत्त्व की बात नहीं कि कोई एक कदम आगे बढ़कर माध्यमों के प्रेतात्मालोक को भी स्वीकार कर ले। यह डोल्लिगेर के बारे में केट्टेलेर के इस कथन की तरह है :

> *"इस व्यक्ति ने अपने जीवन में इतनी अधिक मूर्खता की पैरवी की है कि वह सौदा करके भ्रमातीतत्त्व को सचमुच ही स्वीकार कर ले सकता था!"*[53]

वस्तुतः केवल अनुभववाद प्रेतात्मवादियों का खंडन करने में असमर्थ होता है। पहली बात यह है कि, ये 'उच्चतर' चमत्कार सदैव केवल तभी प्रकट होते हैं जब संबंधित 'अन्वेषक' पहले ही इतना जाल में फंसा होता है कि वह अब केवल वही देखता है जिसे वह महत्त्व देता है या जिसे देखना चाहता है—जैसाकि स्वयं क्रुक्स ने अप्रतिम निष्कपटता से अपने अनुभवों के बारे में बताया है। दूसरी बात यह है कि, प्रेतात्मवादी कोई परवाह नहीं करते कि सैकड़ों कथित तथ्यों का भंडाफोड़ हो चुका है, कि ये जाली हैं और दर्जनों कथित माध्यम साधारण चालबाज हैं। जब तक प्रत्येक पृथक् कथित चमत्कार की व्याख्या नहीं की जाती, तब तक उनके लिए इसमें आस्था बनाए रखने की पर्याप्त गुंजाइश बनी ही रहती है, जैसाकि वास्तव में वैलेस स्पष्ट रूप से जाली प्रेतात्मा-फोटो के बारे में कहते हैं। जालसाजियों का अस्तित्व अयथार्थ के यथार्थ को प्रमाणित करता है।

और इस प्रकार अनुभववाद दुराग्रही प्रेतात्मा-द्रष्टाओं का खंडन, अनुभवाश्रित प्रयोगों से नहीं बल्कि सैद्धांतिक तर्क से करने के लिए विवश होता है, और, हक्सले (Huxley) के शब्दों में कहा जाए तो :

> *" 'प्रेतात्मवाद' की सत्यता के प्रदर्शन में मैं केवल एक ही अच्छाई देखता हूं कि यह आत्महत्या के खिलाफ एक अतिरिक्त दलील प्रस्तुत करता है। मर जाने और प्रति आत्मायन-बैठक के लिए एक गिनी पर किराये का टट्टू बने किसी 'माध्यम' द्वारा बक-बक के लिए विवश किए जाने की बजाय बेहतर है जिंदा रहना और एक मेहतर का काम करना।"*[54]

द्वंद्ववाद[55]

[द्वंद्ववाद का आम स्वरूप, आधिभौतिकवाद के विपरीत, अंतःसंबंधों के विज्ञान के रूप में विकसित किया जाना चाहिए।]

इसलिए, द्वंद्ववाद के नियम प्रकृति और मानव-समाज के इतिहास से प्राप्त किए जाते हैं। कारण यह कि ये ऐतिहासिक विकास की इन दो अवस्थाओं के, और साथ ही चिंतन के भी, सर्वाधिक व्यापक नियम हैं, और कुछ नहीं। दरअसल, इन्हें निम्नलिखित तीन प्रमुख नियमों में सीमित किया जा सकता है :

1. परिमाण के गुण में और गुण के परिमाण में रूपांतरण का नियम; 2. विरोधियों के समागम का नियम; 3. निषेध के निषेध का नियम।

हेगेल ने अपने भाववादी दृष्टिकोण से, महज **चिंतन** के नियमों के रूप में, इन तीनों नियमों का विकास किया है : पहला नियम **उनके तर्कशास्त्र** के पहले भाग–सत् का सिद्धांत–में है; दूसरा नियम **उनके तर्कशास्त्र** के समूचे दूसरे और संभवतः सबसे महत्त्वपूर्ण भाग–सार का सिद्धांत–में व्याप्त है : और अंत में, तीसरा नियम संपूर्ण प्रणाली की संरचना के लिए आधारभूत नियम के रूप में व्यक्त होता है। हेगेल की त्रुटि यह है कि उन्होंने इन नियमों को चिंतन के नियमों के रूप में प्रकृति और इतिहास पर आरोपित किया है, उनसे इनका निर्माण नहीं किया है। उन्होंने अपनी प्रणाली के साथ जो जोर-जबर्दस्ती का और कभी-कभी असह्य लगने वाला सलूक किया है, उसका स्रोत इसी में निहित है। हेगेल के हाथों जगत् को, जैसे-तैसे, एक ऐसी चिंतन-प्रणाली के अनुकूल बनना पड़ता है जो स्वयं मानव चिंतन के विकास की एक निश्चित अवस्था की मात्र एक उपज है। यदि हम इस संबंध को उलटे दें, तो सब कुछ सहज-सरल हो जाता है, और जो द्वंद्वात्मक नियम भाववादी दर्शन में अत्यंत रहस्यमय दिखाई देते हैं, वे दिन के उजाले की तरह एकदम साफ और सीधे-सादे नजर आते हैं।

यही नहीं, जिसने भी हेगेल का थोड़ा भी अध्ययन किया है, वह जानता है कि हेगेल सैकड़ों परिच्छेदों में प्रकृति और इतिहास से द्वंद्वात्मक नियमों के अलग-अलग अत्यंत विलक्षण उदाहरण पेश करने में समर्थ हैं।

हमें यहां द्वंद्ववाद के बारे में कोई पुस्तक नहीं लिखनी है। हमें केवल यही दिखाना है कि द्वंद्वात्मक नियम प्रकृति के विकास के वास्तविक नियम हैं, और इसलिए ये सैद्धांतिक प्रकृति-विज्ञान पर भी लागू होते हैं। अतः हम इन नियमों के पारस्परिक भीतरी अंतःसंबंधों में नहीं जा सकते।

1. परिमाण के गुण में और गुण के परिमाण में रूपांतरण का नियम। अपने प्रयोजन के लिए इस नियम को हम यूं व्यक्त कर सकते हैं कि प्रकृति में गुणात्मक परिवर्तन–प्रत्येक पृथक् स्थिति में एक सुनिश्चित तरीके से–तभी होता है जब उसमें द्रव्य या गति (तथाकथित ऊर्जा) का परिमाणात्मक योग अथवा परिमाणात्मक वियोग होता है।

प्रकृति में होनेवाले सभी गुणात्मक अंतर रासायनिक संयोजन के विभेदों पर या गति (ऊर्जा) के विभिन्न परिमाणों अथवा रूपों पर या, जैसेकि अधिकतर होता है, इन दोनों पर आधारित होते हैं। इसलिए किसी पिंड में द्रव्य या गति के योग अथवा वियोग के बिना, अर्थात् उस पिंड में परिमाणात्मक फेर-बदल किए बिना, गुणात्मक परिवर्तन लाना संभव नहीं है। अतः इस रूप में हेगेल का रहस्यमय सिद्धांत न केवल बुद्धिसंगत जान पड़ता है, बल्कि काफी स्पष्ट भी प्रतीत होता है।

निस्संदेह, यह बताने की जरूरत नहीं कि पिंडों की विभिन्न अपररूपी और समुच्चयी अवस्थाएं, चूंकि वे अणुओं के विभिन्न समूहनों पर निर्भर होती है, उन पिंडों को प्राप्त होने वाली गति की न्यूनाधिक मात्राओं (Mengen) पर निर्भर करती है।

परंतु गति, अथवा तथाकथित ऊर्जा के रूप के परिवर्तन के विषय में क्या कहा जाएगा? यदि हम ऊष्मा को यांत्रिक गति में या यांत्रिक गति को ऊष्मा में परिवर्तित कर दें तो क्या, परिमाण में कोई रद्दोबदल हुए बिना, गुण में परिवर्तन नहीं हो जाता? बिलकुल सही है। परंतु गति के रूपांतरण पर वही बात लागू होती है जो कि हाइने ने व्यसनों के बारे में कही थी : खुद में कोई भी सदाचारी बना रह सकता है, लेकिन दुराचारों के लिए हमेशा दो की जरूरत होती है।[56] गति के रूप में परिवर्तन एक ऐसी प्रक्रिया है जो सदैव कम-से-कम दो पिंडों के बीच घटित होती है। इसमें एक पिंड एक किस्म की गति (जैसे, ऊष्मा) की एक निश्चित मात्रा खोता है, तो दूसरा पिंड दूसरे किस्म की गति (यांत्रिक गति, विद्युत, रासायनिक विघटन) की उतनी ही मात्रा प्राप्त करता है। इसलिए यहां परिमाण और गुण परस्पर अनुरूप होते हैं। अभी तक किसी अकेले पृथक् पिंड में गति के एक रूप को दूसरे रूप में बदलना संभव नहीं पाया गया है।

यहां प्रथमतः हमारा सरोकार निर्जीव पिंडों से है; सजीव पिंडों पर भी यही नियम लागू होता है, परंतु इन पिंडों में यह नियम अत्यंत जटिल अवस्थाओं में काम करता है, और परिमाणात्मक मापन अभी भी हमारे लिए अक्सर संभव नहीं होता।

यदि हम कल्पना करें कि किसी निर्जीव पिंड को अधिकाधिक छोटे टुकड़ों में विभक्त किया जा रहा है, तो आरंभ में कोई गुणात्मक परिवर्तन घटित नहीं होगा। लेकिन इसकी एक सीमा है : यदि हम अलग-अलग अणुओं को इनकी मुक्त अवस्था में प्राप्त करने में सफल हो जाएं, जैसे, वाष्पीकरण के जरिये, तो यह सच है कि हम इन्हें आम तौर पर और आगे भी विभक्त कर सकते हैं, लेकिन तब गुण में आमूल परिवर्तन हो जाएगा। अणु अलग-अलग परमाणुओं में विघटित हो जाता है; इन परमाणुओं के गुण अणु के गुणों से सर्वथा भिन्न होते हैं। यदि विभिन्न रासायनिक तत्त्वों से निर्मित अणु हों, तो विघटन के बाद यौगिक अणुओं के स्थान पर स्वयं इन तत्त्वों के अणु या परमाणु प्रकट होते हैं; यदि एक-एक तत्त्व के अणु हों तो मुक्त परमाणु प्राप्त होते हैं, जो सर्वथा भिन्न गुणधर्म प्रकट करते हैं : नवजात ऑक्सीजन के मुक्त परमाणु आसानी से जो प्रभाव प्रकट करते हैं, वह वायुमंडलीय ऑक्सीजन के अणु में आबद्ध परमाणु कभी भी नहीं प्रकट कर सकते।

परंतु अणु भी उस पिंड-द्रव्यराशि से, जिसका यह घटक होता है, गुणात्मक रूप से भिन्न होता है। यह स्वतंत्र रूप से हलचल कर सकता है, जबकि वह द्रव्यराशि प्रत्यक्षतः शांत दिखाई देती है। उदाहरणार्थ, ऊष्मा से अणुओं में होने वाले कंपन; स्थित्यंतरण से और निकटस्थ अणुओं से संबंधित होकर यह अणु उस पिंड को एक अपररूपी अवस्था या एक भिन्न समुच्चयी अवस्था में परिवर्तित कर दे सकता है।

इस प्रकार, हम देखते हैं कि शुद्ध परिमाणात्मक विभाजन-क्रिया की एक सीमा होती है जहां पहुंचकर यह गुणात्मक भेद में रूपांतरित हो जाती है : द्रव्यराशि मात्र अणुओं से निर्मित होती है, परंतु यह बुनियादी तौर पर उसी प्रकार अणु से भिन्न होती है, जिस प्रकार अणु परमाणु से भिन्न होता है। यही वह भिन्नता है जो इन विज्ञानों के अन्योन्याश्रित पृथक्करण का आधार बनी है : यांत्रिकी–खगोलीय और पार्थिव पिंडों का विज्ञान; भौतिकी–अणुओं की यांत्रिकी; और रसायन–परमाणुओं का भौतिकी।

यांत्रिकी में गुणों की अभिव्यक्ति नहीं होती; इसमें अधिक-से-अधिक होता यह है कि संतुलन, गति व स्थितिज ऊर्जा जैसी अवस्थाएं प्रकट होती हैं जो सभी गति के परिमेय स्थानांतरण पर निर्भर करती है और स्वयं परिमाणात्मक अभिव्यक्ति की क्षमता रखती है। इसलिए, यांत्रिकी में जिस हद तक गुणात्मक परिवर्तन होता है, वह तदनुरूप परिमाणात्मक परिवर्तन द्वारा निर्धारित होता है।

भौतिकी में, पिंडों को रासायनिक दृष्टि से अपरिवर्तनीय या निष्क्रिय माना जाता है; यहां आणविक अवस्थाओं के परिवर्तनों से और गति के रूपांतरण से हमारा सरोकार होता है; गति का यह रूपांतरण सभी स्थितियों में, कम-से-कम दो पक्षों में से एक में, अणु को सक्रिय बनाता है। यहां प्रत्येक परिवर्तन परिमाण का

गुण में रूपांतरण है, जो कि पिंड में निहित या उसे प्रदत्त गति के इस या उस रूप की मात्रा के परिमाणात्मक परिवर्तन का परिणाम होता है।

> *'इस प्रकार, सर्वप्रथम, पानी के तापमान का उसकी द्रवता के साथ संबंध महत्त्वपूर्ण प्रतीत नहीं होता; लेकिन जब द्रव पानी का तापमान बढ़ जाता है या घट जाता है, तो एक ऐसी स्थिति आती है जब संसक्ति की यह अवस्था बदल जाती है और पानी भाप या बर्फ में बदल जाता है' (हेगेल,* Enzyklopädie, Gesamtausgabe*, 'विश्वकोश, संपूर्ण कृतियां', खंड 6, पृ. 217)।*[57]

इसी तरह, बिजली के तापदीप्त बल्ब के प्लेटिनम तार को प्रदीप्त करने के लिए एक निश्चित न्यूनतम विद्युत शक्ति की जरूरत होती है; प्रत्येक धातु का उद्दीप्ति और संगलन का अपना तापमान होता है; प्रत्येक द्रव का, एक निर्धारित दाब पर, अपना एक निश्चित क्वथनांक और हिमांक होता है; हालांकि यह इस बात पर निर्भर करता है कि हमारे उपलब्ध साधन किस सीमा तक आवश्यक तापमान पैदा कर सकते हैं। अंत में, इसी प्रकार, प्रत्येक गैस का भी अपना सक्रांति-बिंदु होता है जिस पर इसे, दाब व शीतलन के द्वारा, द्रव में बदला जा सकता है। संक्षेप में, तथाकथित भौतिक स्थिरांक अधिकतर ऐसे संगम-बिंदुओं का सूचक है जिन पर गति के परिमाणात्मक योग अथवा वियोग से संबंधित पिंड की अवस्था में गुणात्मक परिवर्तन होता है, अर्थात्, इन संगम-बिंदुओं पर परिमाण का गुण में रूपांतरण होता है।

परंतु, हेगेल द्वारा खोजे गए प्रकृति के नियम को जिस क्षेत्र में सर्वाधिक यश मिला, वह रसायन का क्षेत्र है। रसायन के बारे में कहा जा सकता है कि यह पिंडों के संयोजन में परिमाणात्मक हेर-फेर करने से फलित होनेवाले गुणात्मक परिवर्तनों का विज्ञान है। स्वयं हेगेल को इस बात की जानकारी थी। (Logik, Gesamtausgabe ('तर्कशास्त्र की कृतियां'), खंड 3, पृ. 433)[58] उदाहरण के लिए, ऑक्सीजन को लीजिए : ऑक्सीजन के सामान्य अणु में इसके दो परमाणु होते हैं; लेकिन दो के स्थान पर यदि इसके तीन परमाणु संयोजित हो जाते हैं तो हमें ओजोन प्राप्त होती है। गंध और अभिक्रियाओं की दृष्टि से यह ओजोन गैस सामान्य ऑक्सीजन से काफी भिन्न होती है। और, जब ऑक्सीजन विभिन्न अनुपातों में नाइट्रोजन या गंधक के साथ संयोजित होता है तो प्रत्येक स्थिति में जो पदार्थ पैदा होता है, वह दूसरी सभी स्थितियों वाले पदार्थों से गुणात्मक दृष्टि से भिन्न होता है! हास-गैस (नाइट्रोजन मोनोक्साइड, N_2O) नाइट्रिक ऐनहाइड्राइट (नाइट्रोजन पेंटोक्साइड, N_2O_5) से कितनी भिन्न है! पहली वस्तु गैस है, पर दूसरी सामान्य तापमान पर एक ठोस स्फटिक पदार्थ है। फिर भी, संयोजन की दृष्टि से इन दोनों में सारा अंतर यही है कि दूसरी वस्तु में पहली से पांच गुना अधिक ऑक्सीजन है।

इतना ही नहीं, इन दोनों के बीच में नाइट्रोजन के तीन और ऑक्साइड है (NO, N_2O_3, NO_2), जिनमें से प्रत्येक एक-दूसरे से और पहले के उन दो से गुणात्मक दृष्टि से भिन्न होता है।

कार्बन यौगिकों की सजात-श्रेणी पर, विशेषतः सरल हाइड्रोकार्बनों पर, विचार करने से यह बात और अधिक स्पष्ट हो जाती है। सामान्य पैरेफिनों में निम्नतम है मैथेन, CH_4; इसमें कार्बन परमाणु के चार बंध हाइड्रोजन के चार परमाणुओं से जुड़ जाते हैं। दूसरा है एथेन, C_2H_6; इसमें कार्बन के दो परमाणु आपस में जुड़े रहते हैं, और इसके बावजूद जो छह बंध खुले रहते हैं, वे हाइड्रोजन के छह परमाणुओं से जुड़ जाते हैं। इस प्रकार यह श्रेणी आगे बढ़ती है, C_3H_8, C_4H_{10}, इत्यादि। बीजगणितीय सूत्र C_nH_{2n+2} के अनुसार इसमें हम देखते हैं कि CH_2 के प्रत्येक संयोजन से एक ऐसा पदार्थ पैदा होता है जो पहले के पदार्थ से गुणात्मक रूप से भिन्न होता है। इस श्रेणी के तीन निम्नतर सदस्य गैसें हैं। इसका उच्चतम ज्ञात सदस्य हैक्साडेकान $C_{16}H_{34}$ एक ठोस पिंड है, जिसका क्वथनांक 278° सेंटीग्रेड है। ठीक यही बात प्राथमिक अलकोहलों की श्रेणी पर, जिसका पैरेफिनों से (सैद्धांतिक रूप से) प्राप्त सूत्र है $C_nH_{2n+2}O$ और एक-समाक्षारीय वसाम्लों (सूत्र $C_nH_{2n}O_2$) पर भी लागू होती है। C_3H_6 के परिमाणात्मक योग से कैसा गुणात्मक परिवर्तन होता है, यह हमें अनुभव से पता चल जाएगा : यदि हम एथिल अलकोहल, C_2H_6O का—इसमें अन्य कोई अलकोहल मिलाए बिना—पेय रूप में पान करें और फिर दूसरी बार उसी एथिल अलकोहल में एमिल अलकोहल $C_5H_{12}O$ (जो अप्रिय फ्यूजल तेल का प्रमुख घटक है) की थोड़ी मात्रा मिलाकर पान करें तो यह फर्क दूसरे दिन सुबह नींद खुलने पर सिर में जाहिर होगा, और जो अनुभव होगा, वह कोई सुखकर नहीं होगा; इसलिए यहां यह कहा जा सकता है कि नशा और उसके बाद की 'अगली सुबह' का खुमार भी परिमाण का गुण में परिवर्तन होने का परिणाम है—पहली स्थिति में एथिल अलकोहल का और दूसरी स्थिति में इसके साथ मिलाए गए C_3H_6 का।

इन श्रेणियों में हम हेगेलीय नियम को एक और भी रूप में देखते हैं। इन श्रेणियों के निम्नतर सदस्यों में परमाणुओं का परस्पर संयोजन केवल एक ही किस्म का होता है। लेकिन, यदि अणु में संयोजित होनेवाले परमाणुओं की संख्या, जो प्रत्येक श्रेणी के लिए सुनिश्चित होती है, अपनी सीमा पर पहुंच जाती है तो उस अणु में परमाणुओं का संयोजन एक से अधिक रूपों में हो सकता है; इस प्रकार, अणु में C, H और O के परमाणुओं की संख्याएं समान होने पर भी उनसे दो या अधिक समावयव पदार्थ तैयार किए जा सकते हैं, जो गुणात्मक रूप से एक-दूसरे से भिन्न होंगे। हम इसकी भी गणना कर सकते हैं कि श्रेणी के प्रत्येक सदस्य के ऐसे कितने समावयव हो सकते हैं। उदाहरण के लिए, पैरेफिन श्रेणी में C_4H_{10} के दो

समावयव हैं, और C_5H_{12} के तीन समावयव हैं; अधिक ऊंचे सदस्यों में संभाव्य समावयवों की संख्या बड़ी तेजी से बढ़ती हैं। अतः, एक बार फिर, अणु में निहित परमाणुओं की परिमाणात्मक संख्या ही गुणात्मक दृष्टि से विशिष्ट समावयवों की संभावना को और, जैसाकि सिद्ध किया जा चुका है, इनके वास्तविक अस्तित्व को भी निर्धारित करती है।

इतना ही नहीं, इनमें से प्रत्येक श्रेणी के जिन पदार्थों से हम परिचित हैं, उनके सादृश्य के आधार पर हम उस श्रेणी के अब तक अज्ञात पदार्थों के भौतिक गुणधर्मों के बारे में भी निष्कर्ष निकाल सकते हैं और, कम-से-कम ज्ञात सदस्यों के तुरंत बाद के सदस्यों के बारे में, उनके गुणधर्मों, क्वथनांकों आदि की काफी निश्चयात्मक रूप से भविष्यवाणी कर सकते हैं।

अंततः, हेगेलीय नियम न केवल रासायनिक यौगिकों के लिए वैध है, बल्कि स्वयं रासायनिक तत्त्वों के लिए भी वैध है। हम अब जानते हैं कि :

> *'तत्त्वों के रासायनिक गुणधर्म उनके परमाणु-भारों के आवर्ती फलन हैं' (रोस्को व शोलैंमेर, Ausführliches Lehrbuch der Chemie 'रसायन विज्ञान की विस्तृत पाठ्यपुस्तक' खंड 2, पृ. 823)।*[59]

और, इसलिए, उनका गुण उनके परमाणु-भारों की मात्रा द्वारा निर्धारित होता है। और, इस तथ्य का शानदार ढंग से परीक्षण भी हो चुका है। मेन्देलेयेव ने सिद्ध किया है कि परमाणु-भारों के अनुसार संबंधित तत्त्वों को श्रेणियों में रखा जाए तो कई स्थान खाली रहते हैं, जो इस बात के सूचक हैं कि यहां नए तत्त्वों को अभी खोजना बाकी है। मेन्देलेयेव ने ऐसे ही एक अज्ञात तत्त्व के सामान्य रासायनिक गुणधर्मों की पहले से जानकारी दे दी थी। इस अज्ञात तत्त्व को उन्होंने एक-एलुमिनियम नाम दिया, क्योंकि एलुमिनियम से शुरू होनेवाली श्रेणी में इसका स्थान एलुमिनियम के तुरंत बाद आता है। मेन्देलेयेव ने इस एक-एलुमिनियम तत्त्व के विशिष्ट तथा परमाणविक सन्निकट भार की, और इसके परमाणविक आयतन की भी, भविष्यवाणी कर दी। कुछ साल बाद लेकोक दे बुआबोट्रान ने सचमुच ही इस तत्त्व को खोज निकाला। मेन्देलेयेव ने इसके जिन गुणों की भविष्यवाणी की थी वे सही निकले, केवल थोड़ा-सा ही फर्क रहा। एक-एलुमिनियम की खोज गैलियम तत्त्व के रूप में हुई (वही, पृ. 828)।[60] अनजाने में ही हेगेल के नियम–परिमाण का गुण में परिवर्तन–का उपयोग करके मेन्देलेयेव ने एक ऐसा वैज्ञानिक कमाल कर दिखाया जिसकी तुलना, बिना किसी अतिशयोक्ति के, लेवेर्ये की खोज–गणना द्वारा उस समय तक अज्ञात नेपच्यून ग्रह की कक्षा का निर्धारण–से की जा सकती है।

जीव-विज्ञान में भी, मानव-समाज के इतिहास की ही भांति, यही नियम पग-पग पर लागू होता है। पर यहां हम यथार्थ विज्ञान के उदाहरणों पर ही विचार करना

चाहेंगे, क्योंकि यहां परिमाणों का ठीक-ठीक मापन किया जा सकता है और उनका पता लगाया जा सकता है।

संभवतः वे ही सज्जन, जो अब तक परिमाण के गुण में रूपांतरण को रहस्यवाद और अगम्य अन्तर्ज्ञानवाद बताकर इसकी निंदा करते रहे हैं, अब घोषित करेंगे कि यह तो बिलकुल स्वयंसिद्ध, नगण्य, और साधारण-सी बात है, कि इसका वे लंबे अरसे से इस्तेमाल करते आए हैं, और इसलिए इसमें नई बात कोई नहीं है। परंतु प्रकृति, समाज और चिंतन के विकास के एक सामान्य नियम को, इसके सर्वत्र वैध रूप में पहली बार सूत्रबद्ध करना सदैव एक ऐतिहासिक महत्त्व का कार्य माना जाएगा। और, ये सज्जन, यह जाने बिना कि वे क्या कर रहे हैं, वर्षों से परिमाण और गुण का एक-दूसरे में रूपांतरण करते आए हैं, तो फिर उन्हें स्वयं को सांत्वना देने के लिए मोलिएर के पात्र श्रीमान् जुर्देन की शरण में जाना होगा जो जिंदगी भर बोलता तो गद्य रहा, पर इसका उसे आभास तनिक भी नहीं था।[61]

गति के मूल रूप[62]

गति, द्रव्य के अस्तित्व का पर्याय है, द्रव्य का स्वाभाविक गुण है। गति के अंतर्गत, इसके सर्वाधिक व्यापक अर्थ में, विश्व में घटित होनेवाले सभी परिवर्तनों और प्रक्रियाओं का समावेश होता है—मामूली स्थानांतरण से लेकर चिंतन-प्रक्रिया तक। वास्तव में गति के स्वरूप का अध्ययन इसके निम्नतम, सरलतम रूपों से आरंभ होना चाहिए। इन्हें भली-भांति समझने का विवेक होने के बाद ही गति के उच्चतर व जटिलतर रूपों को जानने का मार्ग प्रशस्त हो सकता है। प्रकृति-विज्ञानों के ऐतिहासिक विकास में भी यही क्रमिकता देखने को मिलती है : सर्वप्रथम सरलतम स्थानांतरण के सिद्धांत, यानी खगोलीय व पार्थिव पिंडों की यांत्रिकी का विकास हुआ; इसके बाद भौतिकी के अंतर्गत आणविक गति के सिद्धांत का और इसके तुरंत बाद, लगभग साथ ही, और कहीं-कहीं तो इससे भी पहले, रसायन के रूप में परमाणुओं की गति के विज्ञान का विकास हुआ। जब अजैव पिंडों के गति-रूपों से संबंधित विविध विज्ञानों का काफी अधिक विकास हुआ, तभी जाकर जीवन-प्रक्रिया से संबंधित गति की प्रक्रियाओं को समझ पाना संभव हुआ। यांत्रिकी, भौतिकी और रसायन की प्रगति के अनुपात में ही इस दिशा में प्रगति हुई। परिणामतः, जबकि यांत्रिकी पेशी-संकुचन से संचालित अस्थि-उत्तोलकों के पशु-शरीर में होने वाले प्रभावों को काफी लंबे अरसे से उन नियमों द्वारा स्पष्ट कर रही है जो अजैव पिंडों पर भी लागू होते हैं, अन्य जैव प्रक्रियाओं का भौतिक-रासायनिक स्पष्टीकरण अभी भी अपने आरंभिक दौर से आगे नहीं बढ़ पाया है। इसलिए गति के स्वरूप संबंधी हमारे इस अध्ययन में हम गति के जैव रूपों के अध्ययन को छोड़ देने के लिए विवश हैं। विज्ञान की स्थिति के अनुसार हम विवश हैं कि अपने अध्ययन को अजैव प्रकृति के गति-रूपों तक ही सीमित रखें।

हर किस्म की गति का किसी-न-किसी प्रकार स्थानांतरण से संबंध होता है, फिर यह स्थानांतरण खगोलीय पिंडों का हो, पार्थिव द्रव्यराशियों का हो, अणुओं का हो, परमाणुओं का हो, अथवा ईथर-सूक्ष्मकणों का। गति का रूप जितना ही उच्चतर होगा, स्थानांतरण उतना ही लघुतर होगा। लेकिन स्थानांतरण के साथ यह तादात्म्य गति के स्वरूप को सीमाबद्ध नहीं बनाता, बल्कि यह गति

के साथ अभिन्न रूप से जुड़ा हुआ है। अतः, सबसे पहले इस पर विचार करना आवश्यक है।

समूची ज्ञेय प्रकृति एक योजना में आबद्ध है, यह समस्त पिंडों के अंतःसंबंधों की एक योजना है। यहां पिंडों से हमारा तात्पर्य है सभी भौतिक वस्तुएं—तारों से लेकर परमाणुओं तक। और यदि हम ईथर कणों का अस्तित्व स्वीकार करें तो उनका भी इन पिंडों के अन्तर्गत समावेश होगा। इन पिंडों के अंतःसंबंधों के तथ्य में ही यह बात निहित है कि ये एक-दूसरे को प्रभावित करते हैं। और ठीक इसी पारस्परिक प्रतिक्रिया का अर्थ है गति। यहां यह स्पष्ट हो जाता है कि गति के बिना द्रव्य की कल्पना नहीं की जा सकती। और फिर, जब हमें यह स्पष्ट होता है कि द्रव्य एक प्रदत्त चीज है—जैसा अविनाशी है, वैसा ही स्वयंभू, तो निष्कर्ष निकलता है कि गति भी जैसी अविनाशी है, वैसी ही स्वयंभू। यह स्पष्ट हो जाते ही कि विश्व पिंडों के अंतःसंबंधों की एक योजना है, इस निष्कर्ष को अस्वीकार करना असंभव हो गया। और चूंकि प्रकृति-विज्ञान में इस स्वीकृति का प्रभावकारी प्रचलन होने के काफी पहले दर्शनशास्त्र ने इसे स्वीकार कर लिया था, इसलिए यह समझने में किसी को कठिनाई नहीं होगी कि प्रकृति-विज्ञान से पूरे दो सौ साल पहले दर्शनशास्त्र क्यों इस निष्कर्ष पर पहुंचा था कि गति अनश्वर है, स्वयंभू है। इतना ही नहीं, दर्शनशास्त्र ने जिस रूप में इस निष्कर्ष को व्यक्त किया, वह अब भी आजकल के प्रकृति-विज्ञान के प्रतिपादन से बेहतर है। देकार्त के सिद्धांत—विश्व में विद्यमान गति की मात्रा सदैव एक-सी रहती है—का तात्त्विक दोष यही है कि इसमें एक अपरिमिति विस्तार के लिए एक परिमित अभिव्यक्ति को लागू किया गया है। दूसरी ओर, उसी नियम की दो अभिव्यक्तियां आजकल प्रकृति-विज्ञान में प्रचलित है : हेल्महोल्ट्ज का बल की अविनाशिता का नियम, और अधिक नया व अधिक स्पष्ट ऊर्जा की अविनाशिता का नियम। जैसाकि हम देखेंगे, इनमें से एक, दूसरे के ठीक उलटे बात व्यक्त करता है। इसके अलावा, प्रत्येक नियम प्रस्तुत संबंध के केवल एक ही पक्ष को व्यक्त करता है।

जब दो पिंडों की एक-दूसरे पर क्रिया-प्रतिक्रिया ऐसी होती है कि इनमें से एक में या दोनों में स्थानांतरण होता है तो वह स्थानांतरण या तो केवल उनके सन्निकट आने में, या उनके पृथक्करण में, होता है। ये पिंड या तो एक-दूसरे को आकर्षित करते हैं, या एक-दूसरे को दूर धकेलते हैं। अथवा, जैसाकि यांत्रिकी में व्यक्त किया जाता है, उनके बीच परिचालित बल केंद्रीय होते हैं, जो उनके केंद्रों को जोड़ने वाली रेखा पर परिचालित होते हैं। यह तथ्य कि ऐसा होता है, कि बिना किसी अपवाद के सारे विश्व में ऐसा ही है, भले ही अनेक स्थानांतरण कितने भी जटिल क्यों न प्रतीत हो, अब सर्वतः स्वीकार कर लिया गया है। आज यह मान्यता हमें मूर्खतापूर्ण प्रतीत होगी कि, जब दो पिंड एक-दूसरे को प्रभावित कर रहे हों और उनकी पारस्परिक

क्रिया में कोई बाधा न हो अथवा किसी तीसरे पिंड का प्रभाव न हो, तो यह क्रिया सर्वाधिक सीधे और निम्नतम दूरी के पथ में—उनके केंद्रों को जोड़ने वाली सीधी रेखा के पथ में—न होकर किसी अन्य पथ में होगी।* इसके अलावा, सर्वविदित है कि हेल्महोल्ट्ज ने गणितीय प्रमाण प्रस्तुत किया है (*Erhaltung der Krdft* 'ऊर्जा की अविनाशिता', बर्लिन, 1847, भाग 1 व 2)[63] कि केंद्रीय क्रिया और गति की मात्रा (*Bewegungsmenge*)[64] की अपरिवर्तनीयता अन्योन्याश्रित होती है, और यह कि केंद्रीय क्रियाओं के अलावा यदि किसी अन्य बात की कल्पना करें तो परिणाम यह निकलता है कि गति का या तो सृजन होता है या फिर वह नष्ट हो जाती है। अतः समस्त गति का बुनियादी रूप है सन्निकटन और पृथक्करण, संकुचन और विस्तारण। संक्षेप में, वही पुराने ध्रुवीय विपरीत—**आकर्षण** और **विकर्षण**।

> *यह स्पष्ट रूप से जान लेना जरूरी है कि यहां आकर्षण और विकर्षण को तथाकथित 'बलों' के रूप में नहीं, बल्कि **गति के सरल रूपों** के तौर पर माना गया है, जैसाकि पहले कांट ने द्रव्य की कल्पना आकर्षण और विकर्षण की एकता के रूप में की थी। 'बलों' से तात्पर्य क्या है, इसके बारे में यथास्थान बताया जाएगा।*

समस्त गति आकर्षण और विकर्षण के पारस्परिक प्रभाव में व्यक्त होती है। परंतु गति तभी संभव है जब प्रत्येक पृथक् आकर्षण की कहीं अन्यत्र समरूप विकर्षण द्वारा पूर्ति होती हो। अन्यथा, कालांतर में एक भाग में दूसरे का बाहुल्य हो जाएगा, और अंततः गति रुक जाएगी। इसलिए विश्व में समस्त आकर्षण और समस्त विकर्षण का पारस्परिक संतुलन कायम रहना जरूरी है। अतः गति की अविनाशिता और असृजनता का नियम इस रूप में व्यक्त किया जाता है कि विश्व में आकर्षण की प्रत्येक हलचल के संपूरक रूप में विकर्षण की समान हलचल होनी चाहिए और विकर्षण की प्रत्येक हलचल की संपूरक आकर्षण की हलचल होनी चाहिए; अथवा, जैसाकि प्राचीन दर्शन ने, प्रकृति-विज्ञान द्वारा बल या ऊर्जा की अविनाशिता के नियम के सूत्रीकरण से बहुत पहले इसे अभिव्यक्त किया था : विश्व में समस्त आकर्षण का योग समस्त विकर्षण के योग के बराबर है।

परंतु, प्रतीत होता है कि समस्त गति के किसी न किसी समय समाप्त हो जाने की दो संभावनाएं अब भी मौजूद रहती हैं—या तो विकर्षण और आकर्षण अंततः एक-दूसरे को वास्तव में निरस्त कर दे, या संपूर्ण विकर्षण द्रव्य के एक

---

* पांडुलिपि में हाशिये पर पैंसिल से लिखी टिप्पणी है : "कांट [कहते हैं], पृ. 22, कि दिक् की तीन विमितियां इस तथ्य पर आधारित हैं कि यह आकर्षण अथवा विकर्षण दूरी के वर्ग के प्रतिलोम-अनुपात में घटित होता है।"[65]—सं.

पक्ष पर कब्जा जमा ले और संपूर्ण आकर्षण द्रव्य के दूसरे पक्ष पर कब्जा जमा ले। द्वंद्वात्मक धारणा के अंतर्गत इन संभावनाओं के लिए शुरू से ही कोई स्थान नहीं रहता। द्वंद्ववाद ने प्रकृति के बारे में हमारे अब तक के अनुभव के परिणामों के आधार पर सिद्ध कर दिया है कि सामान्यतः सभी ध्रुवीय विपरीतों का निर्धारण दो विरोधी ध्रुवों की एक-दूसरे पर होनेवाली पारस्परिक-क्रिया से होता है, कि इन ध्रुवों के पृथक्करण और विरोध का अस्तित्व इनके केवल पारस्परिक संयोग व संयोजन में निहित है, और, विलोमतः, उनके संयोजन का अस्तित्व केवल उनके पृथक्करण में है और उनके पारस्परिक संबंध का अस्तित्व उनके पारस्परिक विरोध में। उक्त के परिपुष्ट होते ही, अंततः विकर्षण व आकर्षण के एक-दूसरे को निरस्त करने का, या द्रव्य के एक अर्द्धांश में गति के एक रूप का प्राधान्य और दूसरे अर्द्धांश में गति के दूसरे रूप का प्राधान्य हो जाने का सवाल ही पैदा नहीं होता। परिणामतः, दो ध्रुवों में पारस्परिक व्यापन* अथवा नितांत पृथक्करण का भी सवाल पैदा नहीं होता। पहली स्थिति को स्वीकार करने का अर्थ होगा कि किसी चुंबक के उत्तरी और दक्षिणी ध्रुव एक-दूसरे को निरस्त कर देंगे अथवा, दूसरी स्थिति को स्वीकार करने का अर्थ होगा कि यदि किसी चुंबक को बीच से काटकर दो टुकड़े करें तो इनमें से एक टुकड़े के एक सिरे पर उत्तरी ध्रुव रहेगा और दूसरे सिरे पर कोई ध्रुव नहीं रहेगा और दूसरे टुकड़े के एक सिरे पर दक्षिणी ध्रुव रहेगा और दूसरे सिरे पर कोई ध्रुव नहीं रहेगा। हालांकि, ध्रुवीय विपरीतों का द्वंद्वात्मक स्वरूप ही यद्यपि इस प्रकार की मान्यताओं के लिए कोई इजाजत नहीं देता, फिर भी, प्रकृति-वैज्ञानिकों की मौजूदा आधिभौतिकवादी चिंतन-प्रणाली के कारण, कम-से-कम दूसरी धारणा भौतिक सिद्धांत में एक सीमित भूमिका अदा करती है। इसकी चर्चा यथास्थान की जाएगी।

आकर्षण और विकर्षण की पारस्परिक-क्रिया में गति अपने को किस प्रकार व्यक्त करती है? गति के पृथक् रूपों में ही हम इसकी भली-भांति खोजबीन कर सकते हैं। अंत में, द्रव्य का व्यापक स्वरूप भी स्पष्ट हो जाएगा।

आइए, हम किसी ऐसे ग्रह की गति पर विचार करें जो अपने केंद्रीय पिंड की परिक्रमा करता है। न्यूटन का अनुकरण करते हुए स्कूल के सामान्य खगोल-विज्ञान में ग्रह की दीर्घवृत्तीय कक्षा के बारे में बताया जाता है कि यह दो बलों की संयुक्त क्रिया का परिणाम होती है : एक, केंद्रीय पिंड का आकर्षण, और दूसरे, स्पर्श-रेखीय बल, जो ग्रह को इस आकर्षण की दिशा के अभिलंब की दिशा में दौड़ाता है। इस प्रकार, यहां केंद्र की ओर संचालित गति-रूप के अलावा भी गति अथवा तथाकथित 'बल' की अन्य दिशा की कल्पना की जाती है जो पिंडों के केंद्रों को जोड़ने वाली रेखा के लंब में होती है। अतः यह स्थिति ऊपर उल्लिखित उस मौलिक नियम का

---

* पारस्परिक समकरण और तटस्थीकरण के अर्थ में।—सं.

खंडन करती है जिसके अनुसार हमारे विश्व की समस्त गति एक-दूसरे को प्रभावित करनेवाले पिंडों के केंद्रों को जोड़ने वाली रेखा के साथ ही संभव है, अथवा, जैसाकि कहा जाता है, केवल केंद्र-प्रभावी 'बलों' द्वारा प्रेरित होती है। इस प्रकार, उक्त मान्यता सिद्धांत में गति के एक ऐसे घटक को स्थान दिलाती है जो, जैसाकि हमने पहले देखा है, अनिवार्यतः इस परिणाम पर पहुंचा देती है कि गति का सृजन व विनाश होता है, और इस प्रकार एक सृष्टिकर्ता की पूर्वकल्पना को स्वीकार कर लिया जाता है। इसलिए इस रहस्यमय स्पर्शरिखीय बल को केंद्र-प्रभावी गति के एक रूप में बदलना जरूरी हो गया था, और यह काम विश्वोत्पत्ति के कांट-लापलास सिद्धांत ने किया। जैसाकि सर्वविदित है, इस परिकल्पना के अनुसार संपूर्ण सौरमंडल का उद्‌भव घूर्णन करती और धीरे-धीरे सिकुड़ती जा रही अत्यंत विरल, गैसीय द्रव्यराशि से हुआ है। स्पष्ट है कि इस गैसीय गोले की विषुवद्‌वृत्त पर घूर्णन-गति सर्वाधिक थी। इस द्रव्यराशि से पृथक् हुए अलग-अलग गैसीय छल्लों के सघन हो जाने से ही ग्रह, लघुग्रह, आदि बने हैं। ये सभी पिंड उस आरंभिक घूर्णन की दिशा में ही अपने केंद्रीय पिंड की परिक्रमा करते हैं। स्वयं इस घूर्णन की व्याख्या आम तौर पर उस द्रव्यराशि के पृथक्-पृथक् गैसीय कणों की गति के आधार पर की जाती है। यह गति सभी दिशाओं में होती है, पर अंततः एक खास दिशा में इसका प्राधान्य हो जाता है और परिणामतः घूर्णन-गति की शुरुआत होती है, जो गैसीय गोले के सतत सिकुड़ते जाने के साथ-साथ अधिकाधिक तीव्र होती जाती है। पर घूर्णन की उत्पत्ति के लिए किसी भी परिकल्पना को स्वीकार किया जाए, वे सभी स्पर्शरिखीय बल को मिला देती है, इसे केंद्र-प्रभावी गति की अभिव्यक्ति के एक विशिष्ट रूप में बदल देती है। यदि ग्रहीय गति के एक घटक को, केंद्र-निर्देशित गति को, गुरुत्वाकर्षण—ग्रह और केंद्रीय पिंड के बीच के आकर्षण—द्वारा व्यक्त किया जाए, तो दूसरा, स्पर्शरिखीय, घटक गैसीय गोले के अलग-अलग कणों के आरंभिक विकर्षण से व्युत्पन्न या रूपांतरित अवशेष के रूप में प्रकट होता है। इस प्रकार, सौरमंडल की जीवन-प्रक्रिया आकर्षण व विकर्षण के पारस्परिक प्रभाव के रूप में व्यक्त होती है, जिसमें आकर्षण का प्राधान्य धीरे-धीरे बढ़ता जाता है, क्योंकि विकर्षण का ऊष्मा के रूप में आकाश में उत्सर्जन होता जाता है, और इस प्रकार सौरमंडल में इसकी मात्रा घटती जाती है।

एक ही नजर में स्पष्ट हो जाता है कि गति के जिस रूप की यहां विकर्षण के तौर पर कल्पना की गई है, उसे आधुनिक भौतिकी में 'ऊर्जा' कहा जाता है। सौर-योजना के सिकुड़ने से और परिणामतः इसके वर्तमान पृथक् पिंडों के अलग होने से इस योजना की 'ऊर्जा' लुप्त हो गई है; और यह विलुप्त ऊर्जा, हेल्महोल्ट्ज की प्रसिद्ध गणना के अनुसार, आरंभ में विकर्षण के रूप में मौजूद गति की संपूर्ण मात्रा (Bewegungsmenge) की 453/454 मात्रा पर पहुंच चुकी है।

आइए, अब हम अपनी पृथ्वी पर एक पिंड के रूप में मौजूद द्रव्यमान पर विचार करें! गुरुत्वाकर्षण के अंतर्गत यह पिंड पृथ्वी से जुड़ा रहता है, जैसी कि स्वयं पृथ्वी सूर्य से संबद्ध है; पर पृथ्वी से भिन्न, यह पिंड उन्मुक्त ग्रहीय गति में समर्थ नहीं है। किसी बाह्य आवेग द्वारा ही इसे गतिमान बनाया जा सकता है, और तब भी, जैसे ही वह आवेग समाप्त होता है, वह गतिमान पिंड तेजी से स्थिर स्थिति पर पहुंच जाता है—चाहे अकेले गुरुत्वाकर्षण के प्रभाव के अंतर्गत, या चाहे गुरुत्वाकर्षण के साथ उस माध्यम के प्रतिरोध के योग के कारण जिसमें वह पिंड गतिमान होता है। वह प्रतिरोध भी अंततः गुरुत्वाकर्षण का ही परिणाम होता है; गुरुत्वाकर्षण के अभाव में पृथ्वी की सतह पर कोई प्रतिरोधी माध्यम न होता, कोई वायुमंडल न होता। इस प्रकार, धरातल की विशुद्ध यांत्रिक गति में हमारा सामना ऐसी स्थिति से होता है जिसमें गुरुत्वाकर्षण, आकर्षण, निर्णायक रूप से प्रबल रहता है, और इसलिए गति के निर्माण में दोनों अवस्थाएं प्रकट होती है : पहले गुरुत्वाकर्षण का विरोध करना और फिर गुरुत्वाकर्षण को क्रियान्वित होने देना—संक्षेप में, उत्थान और पतन।

इस प्रकार हम पुनः एक ओर आकर्षण और दूसरी ओर इसकी विपरीत दिशा में घटित होनेवाली, अतः प्रतिकर्षी प्रकार की गति के पारस्परिक प्रभाव का दर्शन करते हैं। परंतु पार्थिव क्षेत्र की **विशुद्ध** यांत्रिकी के क्षेत्र में (जो समूहन और संसक्ति की **प्रदत्त** अवस्थाओं वाले द्रव्यमानों पर विचार करती है और इन्हें अपरिवर्तनीय मानती है) गति का यह प्रतिकर्षी रूप प्रकृति में कहीं देखने को नहीं मिलता। जिन भौतिक व रासायनिक परिस्थितियों के अंतर्गत चट्टान का एक खंड पर्वत की चोटी से पृथक् होता है या जल-प्रपात का निर्माण होता है, वे इसके कार्यक्षेत्र के बाहर की है। इसलिए पार्थिव शुद्ध यांत्रिकी में प्रतिकर्षी गति का, उत्थान का गति का, निर्माण कृत्रिम रूप से करना जरूरी हो जाता है; मानवी बल, पशु बल, पानी या भाप की शक्ति, आदि से। और इस स्थिति के कारण, प्राकृतिक आकर्षण का कृत्रिम रूप से विरोध किए जाने के कारण, यांत्रिकविदों की यह धारणा बन गई है कि आकर्षण, गुरुत्वाकर्षण, अथवा जैसाकि वे कहते हैं, गुरुत्व बल, प्रकृति में गति का सर्वाधिक महत्त्वपूर्ण और वास्तव में मौलिक रूप है।

उदाहरणार्थ, जब किसी भार को ऊपर उठाया जाता है और वह प्रत्यक्ष या अप्रत्यक्ष रूप से, गिरकर दूसरे पिंडों को गति प्रदान करता है, तब यांत्रिकी के सामान्य दृष्टिकोण के अनुसार भार के उत्थान द्वारा यह गति प्रदान नहीं की जाती, बल्कि **गुरुत्व-बल** द्वारा प्रदान की जाती है। उदाहरण के तौर पर, हेल्महोल्ट्ज के अनुसार,

> *'वह बल, जो सरलतम है और जिससे हम सबसे अधिक परिचित हैं, यानी गुरुत्व, प्रेरक बल के रूप में काम करता है—जैसे कि उन घड़ियों*

में, जो भार द्वारा परिचालित होती है। समूचे घड़ी-यंत्र को परिचालित किए बिना भार...गुरुत्वाकर्षण का अनुपालन नहीं कर सकता।' पर स्वयं गिरे बिना यह घड़ी-यंत्र को संचालित नहीं कर सकता और यह तब तक गिरता रहता है जब तक उस डोर की लपेट पूरी तरह खूल नहीं जाती, जिससे वह लटका होता है : 'उसके बाद घड़ी का चलना बंद हो जाता है, क्योंकि उस समय भार की कार्योत्पादक क्षमता समाप्त हो चुकी होती है। वह भार न तो नष्ट होता है, न घटता है, **वह** *उसी मात्रा में पृथ्वी द्वारा आकर्षित रहता है, परंतु इस भार की गति प्रदान करने की क्षमता लुप्त हो जाती है...। परंतु, मानव-हाथ की शक्ति से हम घड़ी में पुनः चाबी दे सकते हैं, जिससे भार पुनः ऊपर उठ जाएगा। जैसे ही यह भार ऊपर उठता है, वैसे ही यह कार्य सम्पादन की अपनी पहले की क्षमता प्राप्त कर लेता है, और फिर, दुबारा घड़ी को चलता रख सकता है' (हेल्महोल्ट्ज, Populäre Vorträge 'लोकप्रिय भाषण' दूसरा भाग, पृ. 144-45)।*

इस प्रकार, हेल्महोल्ट्ज के अनुसार, गति का सक्रिय संचारण—भार का उत्थान—नहीं, बल्कि उस वजन का निश्चेष्ट भारीपन घड़ी को संचालित करता है, यद्यपि यही भारीपन महज उत्थान से अपनी निष्क्रियता खो देता है, और भार की डोर की लपेट खुल जाने पर पुनः निष्क्रियता प्राप्त कर लेता है। अतः यदि आधुनिक धारणा के अनुसार, जैसाकि हमने ऊपर देखा है, ऊर्जा केवल **विकर्षण** की ही अन्य अभिव्यक्ति है, तो यहां हेल्महोल्ट्ज की पुरानी धारणा के अनुसार बल विकर्षण के उलटे, **आकर्षण** की अन्य अभिव्यक्ति के रूप में प्रकट होता है। इस समय इस बात को हम इतना ही कहकर छोड़ देंगे।

लेकिन, जब पार्थिव यांत्रिकी की यह प्रक्रिया अपनी समाप्ति पर पहुंचती है, जब वह भारी द्रव्यमान सर्वप्रथम ऊपर उठाया गया और पुनः उसी ऊर्ध्वाधर दूरी में नीचे आ गिरा, तो इस प्रक्रिया से संबंधित गति का क्या हुआ? शुद्ध यांत्रिकी की दृष्टि में यह गति गायब हो गई। पर हम अब जानते हैं कि यह नष्ट नहीं हो चुकी होती। अल्पांश में यह ध्वनि-तरंगों के वायु-कंपनों में परिवर्तित हो जाती है और अधिक मात्रा में यह ऊष्मा में बदल जाती है। यह ऊष्मा आंशिक रूप से प्रतिरोधक वायुमंडल में संचारित होती है, आंशिक रूप से स्वयं उस गिरते पिंड में पहुंचती है, और अंततः आंशिक रूप से उस तल को प्राप्त होती है जिस पर वह भार गिरकर रुकता है। घड़ी का वजन भी धीरे-धीरे घर्षण-ऊष्मा के रूप में घड़ी-यंत्र के अलग-अलग चालक चक्रों को अपनी गति प्रदान करता है। यद्यपि आम तौर पर ऐसा कहा जाता है, पर यह गिरती गति यानी आकर्षण नहीं है जो ऊष्मा में, यानी विकर्षण के एक रूप में, बदल जाती है। इसके विपरीत, जैसाकि

हेल्महोल्ट्ज ने सही ही कहा है, आकर्षण भारीपन, अपने पूर्वरूप में कायम रहता है और, ठीक-ठीक कहें तो, उसमें वृद्धि तक हो जाती है। कहा जाए तो, यह उस उठाए गए पिंड को उठाते समय प्रदान किया गया विकर्षण है जो गिरते हुए **यांत्रिक तौर** पर नष्ट हो जाता है और ऊष्मा के रूप में पुनः प्रकट होता है। द्रव्यमानों का विकर्षण आणविक विकर्षण में रूपांतरित हो जाता है।

जैसाकि पहले ही बताया गया है, ऊष्मा विकर्षण का एक रूप है। यह ठोस पिंडों के अणुओं को प्रदोलित करती है। इस प्रकार पृथक्-पृथक् अणुओं के बंधन ढीले पड़ जाते हैं और अंत में ठोस-अवस्था का द्रव-अवस्था में संक्रमण होता है। इस द्रव-अवस्था में भी, ऊष्मा के सतत प्राप्त होने से, अणुओं की गति बढ़ती जाती है, और अंत में एक ऐसी स्थिति आती है, जब ये अणु द्रव्यराशि से पूर्णतः पृथक् हो जाते हैं और एक निश्चित वेग से, जो प्रत्येक अणु के लिए उसकी रासायनिक संरचना द्वारा निर्धारित रहता है, उन्मुक्त अवस्था में अलग-अलग दूर भागते हैं। और अधिक ऊष्मा प्राप्त होने पर इस वेग में और अधिक वृद्धि हो जाती है, और इस प्रकार ये अणु एक-दूसरे से अधिकाधिक दूर भागते जाते हैं।

परंतु ऊष्मा तथाकथित 'ऊर्जा' का एक रूप है; यहां पुनः ऊर्जा विकर्षण के समरूप सिद्ध होती है।

स्थिर विद्युत और चुंबकत्व संबंधी घटनाओं में हम देखते हैं कि आकर्षण और विकर्षण का ध्रुवीय वितरण होता है। इन दो प्रकार की गति की कार्य-प्रणाली के बारे में चाहे जिस परिकल्पना को स्वीकार किया जाए, लेकिन यदि इनका निर्माण स्थिर विद्युत अथवा चुंबकत्व से होता है और बिना किसी बाधा के उनका विकास होता है, तो तथ्यों के आधार पर किसी को संदेह नहीं हो सकता कि आकर्षण व विकर्षण एक-दूसरे की पूर्णतः क्षतिपूर्ति कर देते हैं। ध्रुवीय वितरण के स्वरूप से भी अनिवार्यतः यही सिद्ध होता है। जो दो ध्रुव एक-दूसरे की गतिविधियों की पूर्णतः क्षतिपूर्ति नहीं कर सकते, वे दरअसल ध्रुव नहीं हो सकते, और प्रकृति में अब तक ऐसे ध्रुव मिले भी नहीं हैं। फिलहाल, हम गैल्वनीधारा पर विचार नहीं करेंगे। क्योंकि इसकी प्रक्रिया रासायनिक अभिक्रियाओं द्वारा निर्धारित होती हैं, जो इसे अधिक जटिल बना देती हैं। इसलिए आइए, हम स्वयं गति की रासायनिक प्रक्रियाओं का ही विवेचन करें!

जब दो तौल-भाग हाइड्रोजन का 15.96 तौल-भाग ऑक्सीजन से संयोजन होकर पानी की भाप का निर्माण होता है, तो इस प्रक्रिया में 68.924 ऊष्मा-इकाइयों का उत्सर्जन होता है। इसके उलटे, यदि 17.96 **तौल-भाग पानी की भाप** का दो तौल-भाग हाइड्रोजन और 15.96 तौल-भाग ऑक्सीजन में विघटन होता है, तो यह प्रक्रिया तभी संभव है, जब पानी की भाप इसे 68,924 ऊष्मा-इकाइयों के बराबर

गति की मात्रा प्रदान करे–फिर यह स्वयं ऊष्मा के रूप में हो या विद्युत-गति के रूप में। दूसरी सभी रासायनिक प्रक्रियाओं पर भी यही बात लागू होती है। अधिकांश स्थितियों में, संयोजन के समय गति का उत्सर्जन होता है, और विघटन की प्रक्रिया में गति प्रदान करनी पड़ती है। यहां भी यह एक नियम ही है कि विकर्षण इस प्रक्रिया का सक्रिय पक्ष होता है जिसमें अतिरिक्त गति प्रदान करनी पड़ती है, और आकर्षण निष्क्रिय पक्ष होता है जिसमें अतिरिक्त गति का उत्सर्जन होता है। इसलिए, आधुनिक सिद्धांत भी यही प्रतिपादित करता है कि समग्र रूप से देखने पर तत्त्वों के संयोजन में ऊर्जा का उत्सर्जन होता है, और विघटन की प्रक्रिया में अवशोषण होता है। इसलिए यहां पुनः ऊर्जा विकर्षण का प्रतिनिधित्व करती है। और, हेल्महोल्ट्ज पुनः प्रतिपादित करते हैं :

> *'इस बल (रासायनिक बंधुता) की* **आकर्षण-बल** *के रूप में कल्पना की जा सकती है... । कार्बन और ऑक्सीजन के परमाणुओं के बीच का यह आकर्षण-बल ठीक उसी प्रकार काम करता है जिस प्रकार पृथ्वी उठाए गए वजन को गुरुत्वाकर्षण के रूप में प्रभावित करती है।...कार्बन और ऑक्सीजन के परमाणु जब एक-दूसरे की ओर दौड़ते हैं और संयोजित होकर कार्बोनिक अम्ल का निर्माण करते हैं, तो कार्बोनिक अम्ल के नव-निर्मित अणुओं को अत्यंत तीव्र आणविक गति में, अर्थात् ऊष्मा गति में, होना चाहिए... । बाद में जब वे अपनी ऊष्मा का वातावरण में उत्सर्जन कर चुके होते हैं, तब भी हम कार्बोनिक अम्ल में सभी कार्बन और सभी ऑक्सीजन मौजूद देखते हैं, और इसके अलावा दोनों के बीच की बंधुता पूर्ववत शक्तिशाली बनी रहती है। पर अब यह बंधुता केवल इसी तथ्य में अभिव्यक्त होती है कि कार्बन और ऑक्सीजन के परमाणु एक-दूसरे से बड़ी मजबूती से जुड़ जाते हैं और अपने को एक-दूसरे से जुदा नहीं होने देते' (हेल्महोल्ट्ज,* **वही**, *पृ. 169)।*

यहां भी पहले-जैसी ही बात है : हेल्महोल्ट्ज आग्रहपूर्वक प्रतिपादित करते हैं कि जैसा यांत्रिकी में वैसा ही रसायन में भी बल का अर्थ है केवल **आकर्षण**, और इसलिए यह उसके ठीक विपरीत है जिसे भौतिकविद् ऊर्जा कहते हैं और जो **विकर्षण** के समरूप हैं।

इस प्रकार, अब हमारे सामने आकर्षण और विकर्षण के दो सरल मौलिक रूप नहीं हैं, बल्कि उपरूपों का एक पूरा क्रम है जिसमें **आकर्षण** व **विकर्षण** के विरोध की परिधि में सार्वभौमिक गति के चढ़ाव-उतार की प्रक्रिया जारी रहती है। पर बात ऐसी नहीं है कि इन विविध रूपों का केवल हमारे मस्तिष्क में ही गति की **एकमात्र** अभिव्यक्ति के रूप में बोध होता है। इसके विपरीत, वे स्वयं अपनी

क्रिया से, प्रदत्त परिस्थितियों में एक-दूसरे में रूपांतरित होकर, सिद्ध करते हैं कि वे एक ही गति के विविध रूप हैं। द्रव्यमानों की यांत्रिक गति का ऊष्मा में, विद्युत में, चुंबकत्व में रूपांतरण होता है; ऊष्मा और विद्युत का रासायनिक विघटन में रूपांतरण होता है। रासायनिक संयोजन बदले में पुनः ऊष्मा और विद्युत का निर्माण करता है, और विद्युत के जरिये चुंबकत्व का सृजन होता है, और अंततः ऊष्मा और विद्युत एक बार फिर द्रव्यमानों की यांत्रिक हलचल को जन्म देते हैं। इसके अलावा, ये परिवर्तन इस प्रकार घटित होते हैं कि गति के एक रूप की प्रदत्त मात्रा के लिए गति के दूसरे रूप की एक निश्चित मात्रा ही प्राप्त होती है। और फिर, यह बात कोई महत्त्व नहीं रखती है कि गति का कौन-सा रूप गति के मापन के लिए पैमाना प्रदान करता है—चाहे यह पैमाना द्रव्यमान की गति का हो, ऊष्मा के मापन का हो, तथाकथित विद्युतवाहक बल का हो, या रासायनिक प्रक्रियाओं में घटित होने वाले रूपांतरणों की गति का हो।

हमारा यह विवेचन 'ऊर्जा की अविनाशिता' के उस सिद्धांत पर आधारित है जिसकी जे.आर. मेयेर* ने 1842 में स्थापना की थी और जिसे बाद में अंतर्राष्ट्रीय सहयोग से अपूर्व सफलता के साथ विकसित किया गया। अब हमें उन बुनियादी

---

* जान पड़ता है कि हेल्महोल्ट्ज अपने *Populäre Vorträge* 'लोकप्रिय भाषण'—दूसरा भाग, पृ. 113, में गति की परिमाणात्मक अविनाशिता के देकार्त के सिद्धांत की प्रकृति-वैज्ञानिक सिद्धि का कुछ श्रेय मेयेर, जूल और कोल्डिंग के साथ-साथ स्वयं को भी देते हैं। 'मैं स्वयं, मेयेर और कोल्डिंग के कृतित्व की बिना किसी जानकारी के, और जूल के प्रयोगों की जानकारी अपने कार्य के अंतिम चरण में ही प्राप्त करके, **उसी मार्ग पर आगे बढ़ा;** मैं खास तौर से प्रकृति की विभिन्न प्रक्रियाओं के बीच के उन सभी संबंधों की खोजबीन में जुटा रहा जो एक प्रदत्त विचार-प्रणाली द्वारा प्राप्त किए जा सकते थे, और 1847 में *Uber die Erhaltung der Kraft* (**ऊर्जा की अविनाशिता के विषय में**) नामक एक छोटी-सी पुस्तक में मैंने अपनी **खोजबीन का विवरण प्रकाशित किया**।'[66]—परंतु इस पुस्तक में 1847 की स्थति के लिए नया कुछ नहीं मिलेगा, सिवा ऊपर उल्लिखित, गणितीय दृष्टि से अत्यंत महत्त्वपूर्ण, यह विकास कि 'बल की अविनाशिता' और एक योजना के अंतर्गत विभिन्न पिंडों के बीच सक्रिय बलों की केंद्रीय क्रिया, एक ही चीज की महज दो भिन्न अभिव्यक्तियां हैं। और, इस नियम का अधिक शुद्ध सूत्रीकरण किया गया है कि एक प्रदत्त यांत्रिक योजना में सजीव व तनावमूलक बलों का योग स्थिर होता है। अन्य हर बात में, यह विविरण मेयेर के 1845 में प्रकाशित दूसरे निबंध के बाद पुराना पड़ गया था। 1842 में ही मेयेर ने 'बल की अविनाशिता' का प्रतिपादन किया था और इस नई धारणा के आधार पर 1845 में वह 'प्रकृति की विभिन्न प्रक्रियाओं के बीच के संबंधों के बारे में हेल्महोल्ट्ज द्वारा 1847 में व्यक्त की गई बातों की अपेक्षा कहीं अधिक महत्त्वपूर्ण बातें व्यक्त करने में समर्थ हुए।'[67]

[एंगेल्स की टिप्पणी]

अभिधारणाओं का विवेचन करना है जिनका आजकल इस सिद्धांत में प्रयोग होता है। ये हैं—'बल' अथवा 'ऊर्जा', और 'कार्य' की अभिधारणाएं।

ऊपर दिखाया गया है कि आधुनिक मत के अनुसार, जो अब आम तौर से मान्य है, 'ऊर्जा' शब्द का इस्तेमाल विकर्षण के लिए होता है, जबकि हेल्महोल्ट्ज ने 'बल' शब्द का प्रयोग अधिकांशतः आकर्षण के लिए किया है। कोई इसे एक महत्त्वहीन ऊपरी भेद मान सकता है, क्योंकि विश्व में आकर्षण और विकर्षण एक-दूसरे की पूर्ति करते हैं। इसलिए यह प्रतीत हो सकता है कि इस संबंध का कौन-सा पक्ष धन माना जाए और कौन-सा पक्ष ऋण माना जाए, ठीक वैसे ही जैसेकि अपने में यह महत्त्वहीन होता है कि एक प्रदत्त रेखा पर एक बिंदु से धन भुजों की गिनती इसके दाईं ओर होती है या बाईं ओर, तथापि, पूर्णतः बात ऐसी नहीं है।

कारण यह कि, सर्वप्रथम, यहां हमारा सरोकार ब्रह्मांड से नहीं है, बल्कि पृथ्वी पर घटित होनेवाली घटनाओं से है, और हालत यह है कि ब्रह्मांड में सौरमंडल की और सौरमंडल में हमारी पृथ्वी की स्थिति सुनिश्चित है। पर, हमारा सौरमंडल हर क्षण गति की विशाल मात्रा का दिक् में उत्सर्जन करता है। यह गति एक सुनिश्चित गुण की होती है, यह सूर्य की ऊष्मा होती है, अर्थात् विकर्षण होता है। परंतु हमारी पृथ्वी पर जीवन का अस्तित्व सूर्य की ऊष्मा के कारण ही संभव है, और स्वयं पृथ्वी भी अंततः सूर्य से प्राप्त ऊष्मा का, इसके एक भाग को गति के अन्य रूपों में बदल देने के बाद, दिक् में उत्सर्जन करती है। परिणामतः सौरमंडल में और विशेषतः पृथ्वी पर विकर्षण की तुलना में आकर्षण का काफी आधिक्य हो जाता है। यदि सूर्य से हमें विकर्षण-गति प्राप्त न हो तो पृथ्वी की समस्त गति समाप्त हो जाएगी। यदि कल सूर्य ठंडा हो जाता है तो, पृथ्वी पर आकर्षण, यदि अन्य परिस्थिति या पूर्ववत् बनी रहती है तो, आज की तरह ही कायम रहेगा। 100 किलोग्राम का एक पत्थर, वह कहीं भी क्यों न हो, पूर्ववत् 100 किलोग्राम भार का ही बना रहेगा। पर गति, द्रव्यमानों, और अणुओं तथा परमाणुओं, दोनों की ही, ऐसी होगी कि उसे हमें पूर्णतः स्थिर मानना होगा। अतः यह स्पष्ट है कि आज **पृथ्वी** पर घटित होनेवाली प्रक्रियाओं के लिए यह बात हरगिज महत्त्वहीन नहीं है कि गति का सक्रिय पक्ष आकर्षण को माना गया है या विकर्षण को, यानी 'बल' अथवा 'ऊर्जा' को। इसके विपरीत, आज पृथ्वी पर आकर्षण, विकर्षण से अपने स्पष्ट आधिक्य के कारण, पहले ही **पूर्ण रूप से निष्क्रिय** हो चुका है; हम जितनी भी सक्रिय गति देखते हैं वह सब सूर्य से प्राप्त होने वाले विकर्षण के कारण है। इसलिए, आधुनिक विचारधारा—बावजूद इसके कि यह गति के संबंध के स्वरूप के बारे में स्पष्ट नहीं है—फिर भी, तथ्य के लिहाज से और **पार्थिव** प्रक्रियाओं के लिए, दरअसल संपूर्ण सौरमंडल के लिए, यह मानने में एकदम सही है कि विकर्षण ऊर्जा है।

'ऊर्जा' शब्द गति के समूचे संबंध को सही रूप में हरगिज व्यक्त नहीं करता, कारण कि इसमें केवल एक ही पहलू का समावेश होता है—क्रिया का, न कि प्रतिक्रिया का। इससे अभी भी ऐसा लगता है मानो 'ऊर्जा' द्रव्य से बाहर की कोई चीज हो, जैसे वह द्रव्य पर लादी गई हो। परंतु सभी स्थितियों में यह शब्द 'बल' शब्द से अधिक उपयुक्त है।

जैसाकि आम तौर पर स्वीकार किया जाता है (हेगेल से लेकर हेल्महोल्ट्ज तक), बल (शक्ति) की धारण वातावरण में मानव-अवयवों के क्रियाकलापों से फलित हुई है। हम कहते हैं—मांसपेशियों की शक्ति, हाथों की उठाने की शक्ति, पैरों की कूदने की शक्ति, उदर और आंतक्षेत्र की पाचनशक्ति, स्नायुओं की संवेदी शक्ति, ग्रंथियों की स्राव-शक्ति, इत्यादि। दूसरे शब्दों में, हमारे अवयवों की क्रियाशीलता से होनेवाले परिवर्तन का वास्तविक कारण बताने से बचने के लिए हम एक काल्पनिक कारण—उस परिवर्तन से संबंधित एक तथाकथित शक्ति—ढूंढ़ लेते हैं। फिर हम इस सुविधाजनक तरीके का बाह्य जगत के लिए भी इस्तेमाल करते हैं, और इस प्रकार जितनी विविध घटनाएं हैं उतनी ही विविध शक्तियों का आविष्कार कर लेते हैं।

हेगेल के समय में प्रकृति-विज्ञान (संभवतः खगोलीय व पार्थिव यांत्रिकी को छोड़कर) अभी भी इस सहज स्थिति में था, और हेगेल ने बलों को निर्देशित करने की प्रचलित पद्धति पर बिलकुल उचित प्रहार किया है (उद्धरण दिया जाना है)।[68] इसी प्रकार एक अन्य उद्धरण है :

> *(जैसाकि थेल ने कहा है), 'बजाय यह (कहने के) कि चुंबक में आकर्षण शक्ति होती है, यह कहना बेहतर है कि चुंबक में एक आत्मा होती है, शक्ति एक ऐसा गुण है जिसे* **द्रव्य से पृथक्** *एक विधेय के रूप में प्रस्तुत किया जाता है, जबकि दूसरी ओर आत्मा* **स्वयं वह हलचल है, जो द्रव्य के स्वरूप के समरूप है**'[69] (Geschichte der Philosophie *'दर्शनशास्त्र का इतिहास'—भाग 1, पृ. 208)।*

आज हम बलों के बारे में इतने सरल तरीके से नहीं सोचते। सुनिए, हेल्महोल्ट्ज क्या कहते हैं :

> *'यदि हम किसी प्राकृतिक नियम से पूर्णतः परिचित हैं, तो हमें यह भी देखना होगा कि वह बिना किसी अपवाद के घटित होना चाहिए...। इस प्रकार वह नियम हमारे सम्मुख एक वास्तविक शक्ति के रूप में प्रकट होता है, और तदनुसार इसे हम एक* **बल** *का नाम देते हैं। उदाहरण के लिए, हम प्रकाश के वर्तन के नियम को पारदर्शक पदार्थों की वर्तन-शक्ति के रूप में वस्तुनिष्ठ बनाते हैं, रासायनिक बंधुता के नियम को विभिन्न*

पदार्थों की एक-दूसरे के लिए होने वाली बंधुता की शक्ति के रूप में वस्तुनिष्ठ बनाते हैं। इस प्रकार हम कहते हैं—धातुओं के संयोग की विद्युत-शक्ति, आसंजन की शक्ति, केशिका-शक्ति इत्यादि। ये नाम उन नियमों को वस्तुनिष्ठ बनाते हैं जो प्रारंभातः प्राकृतिक प्रक्रियाओं के केवल एक सीमित क्रम के द्योतक होते हैं, ऐसी प्राकृतिक प्रक्रियाएं ***जिनकी परिस्थितियां अभी भी काफी जटिल हैं**** *।...शक्ति या बल सिर्फ क्रिया का वस्तुनिष्ठकृत नियम है।... हमने बल की जिस अमूर्त धारणा को प्रस्तुत किया है, उससे अतिरिक्त रूप से केवल यही व्यक्त होता है कि हमने इस नियम का स्वेच्छा से आविष्कार नहीं कर लिया है, बल्कि यह घटनाओं का अनिवार्य नियम है। इसलिए प्रकृति की घटनाओं को समझने की, यानी उनके* ***नियमों*** *को खोजने की, हमारी आवश्यकता एक अन्य अभिव्यक्ति के रूप में प्रकट होती है, अर्थात्, हमें उन बलों की खोज करनी पड़ती है जो घटनाओं का कारण होते हैं'* (***पूर्वोल्लिखित,*** *पृ. 189-91, 1869 का इंसब्रुक भाषण)।*

सर्वप्रथम, यदि किसी प्राकृतिक नियम में, जो हमारी आत्मपरकता से पृथक् रूप में स्थापित हो चुका है और इसलिए पूर्णतः **वस्तुनिष्ठ** है, **बल की विशुद्ध आत्मनिष्ठ** धारणा को घुसेड़ा जाए, तो यह अवश्य ही एक विचित्र किस्म की 'आत्मपरकता' होगी। अधिक-से-अधिक पुराने हेगेलवाद का कोई कठोर अनुयायी ही इस स्थिति को स्वीकार कर सकेगा, पर हेल्महोल्ट्ज जैसे नव-कांटवादी के लिए इसे स्वीकार करना संभव नहीं है। यदि एक बार प्रस्थापित हुए नियम में हम किसी बल का क्षेपक जोड़ते हैं तो न उस नियम में, न ही उसकी वस्तुपरकता या उसकी क्रिया की वस्तुपरकता में नई वस्तुपरकता का तनिक भी संचार होता है; उसमें कुछ जुड़ता है तो हमारा सिर्फ यह **आत्मपरक दावा** कि अब तक पूर्णतः अज्ञात किसी **बल** के प्रभाव में ही वह काम करता है। परंतु इस क्षेपक का गुप्त अर्थ फौरन स्पष्ट हो जाता है जब हेल्महोल्ट्ज हमारे सामने इसके उदाहरण प्रस्तुत करते हैं : प्रकाश का वर्तन, रासायनिक बंधुता, संयोग विद्युत, आसंजन, केशिकता—और इन घटनाओं का नियमन करने वाले नियमों को बलों के रूप में श्रेष्ठता की 'वस्तुपरक' श्रेणी पर पहुंचा देते हैं। 'ये नाम उन नियमों को वस्तुनिष्ठ बनाते हैं जो प्रथमतः प्राकृतिक प्रक्रियाओं के एक सीमित क्रम के द्योतक होते हैं—ऐसी प्राकृतिक प्रक्रियाएं जिनकी परिस्थितियां **अभी भी काफी जटिल हैं।**' और ठीक यहीं पर **'वस्तुपरकता'**, जो कि दरअसल आत्मपरकता है, अपना अर्थ ग्रहण करती है; इसलिए नहीं कि हम उस नियम से पूर्णतः परिचित हो चुके होते हैं, बल्कि वास्तव में इसलिए कि स्थिति यह

* जोर स्वयं एंगेल्स द्वारा।—सं.

नहीं होती। चूंकि इन घटनाओं की 'कुछ जटिल परिस्थितियां' अभी हमारे लिए स्पष्ट **नहीं** होतीं, इसीलिए अक्सर हम बल शब्द की शरण लेते हैं। इस प्रकार, हम अपने ज्ञान को व्यक्त नहीं करते, बल्कि नियम के स्वरूप और इसकी कार्य-प्रणाली के बारे में ज्ञान के अपने **अभाव** को व्यक्त करते हैं। इस अर्थ में, जिसकी अभी व्याख्या नहीं हो पाई, ऐसे कारण-कार्य संबंध की संक्षिप्त अभिव्यक्ति के रूप में, एक कामचलाऊ अभिव्यक्ति के रूप में, यह प्रयोग रूढ़ हो जाता है। इससे आगे की बात शरारती दिमाग की उपज ही समझिए। जितने अधिकार से हेल्महोल्ट्ज तथाकथित वर्तन-बल, संयोग के विद्युत-बल, आदि से भौतिक घटनाओं की व्याख्या करते हैं, उतने ही अधिकार से मध्ययुगीन रूढ़िवादी पंडितों ने तापीय परिवर्तनों की व्याख्या कैलोरी-जनक बल (*vis calorifica*) और हिम-जनक बल (*vis frigifaciens*) से की थी, और इस प्रकार ऊष्मा संबंधी घटनाओं की आगे की खोजबीन से अपना पिंड छुड़ा लिया था।

और, इस अर्थ में भी यह खेदजनक है, क्योंकि यह सब कुछ एकपक्षीय रूप में व्यक्त करता है। सभी प्राकृतिक प्रक्रियाएं उभय-पक्षीय होती हैं, वे कम-से-कम दो सक्रिय पक्षों—क्रिया व प्रतिक्रिया—के संबंध पर आधारित होती हैं। पर बल की धारण से, इसकी उत्पत्ति मानव-अवयवों की क्रियाओं के बाह्य-जगत् पर प्रभाव के आधार पर, और आगे पार्थिव यांत्रिकी के आधार पर, होने के कारण, सूचित होता है कि केवल एक ही पक्ष सक्रिय है, क्रियाशील है, और दूसरा पक्ष निष्क्रिय है, संग्राहक है। अतः यह अजैव वस्तुओं पर लिंग-भेद का अब तक अप्रतिपाद्य विस्तारण आरोपित करता है। उस दूसरे पक्ष की प्रतिक्रिया जिस पर बल कार्य करता है, अधिक-से-अधिक निश्चेष्ट प्रतिक्रिया के रूप में, **प्रतिरोध** के रूप में, प्रकट होती है। अब यह विचार-प्रणाली शुद्ध यांत्रिकी के बाहर भी अनेक क्षेत्रों में प्रयुक्त होती है; जैसे, जहां गति के सरल स्थानांतरण और इसकी परिमाणात्मक गणना का सवाल होता है। परंतु अधिक जटिल भौतिक प्रक्रियाओं के लिए अब यह पर्याप्त नहीं है, जैसेकि हेल्महोल्ट्ज के अपने उदाहरण ही सिद्ध करते हैं। वर्तन-बल जितना पारदर्शक पिंडों में विद्यमान होता है, उतना ही यह स्वयं प्रकाश में भी विद्यमान होता है। आसंजन और केशिकता के मामले में यह निश्चित है कि 'बल' जितना द्रव में मौजूद है, उतना ही ठोस की सतह में भी मौजूद है। संयोग विद्युत में कम-से-कम इतना तो निश्चित है ही कि **दोनों** धातुएं इसमें योग देती हैं, और 'रासायनिक बंधुता' भी यदि कहीं मौजूद है तो, संयोजित होने वाले **दोनों** भागों में मौजूद है। पर जो बल दो पृथक् बलों से बनता है, जो क्रिया इसकी प्रतिक्रिया को जन्म नहीं देती, बल्कि जो इसे स्वयं समाविष्ट करती है और धारण करती है, वह पार्थिव यांत्रिकी के अर्थ में बल नहीं होता; पार्थिव यांत्रिकी ही एकमात्र विज्ञान है जिसमें हम जान सकते हैं कि बल का वास्तविक अर्थ क्या है। कारण यह कि पार्थिव यांत्रिक की बुनियादी

शर्तें हैं, प्रथम, प्रेरणा के कारणों यानी उस विशिष्ट बल के स्वरूप की खोजबीन करने से इनकार, और, दूसरे, बल की एकपक्षता का दृष्टिकोण; इस बल का सर्वत्र एक समरूप गुरुत्व-बल द्वारा इस प्रकार विरोध होता है कि पतन की किसी भी पार्थिव दूरी की तुलना में पृथ्वी का अर्द्धव्यास = ∞ (अनंत)।

लेकिन आइए, आगे देखें कि हेल्महोल्ट्ज अपने **'बलों'** को प्राकृतिक नियमों में किस प्रकार 'वस्तुपरक बनाते हैं'।

सन् 1854 के अपने एक भाषण में (पूर्वोक्त, पृ. 119) वह हमारे सौरमंडल को जन्म देने वाली उस गोलाकार नीहारिका में मूलतः मौजूद **'सक्रिय बल के भंडार' की जांच करते हैं।**

'दरअसल, इसने (सौरमंडल ने—अनु.) परस्परतः अपने सभी भागों के लिए केवल आकर्षण के व्यापक बल के रूप में विपुल धरोहर प्राप्त की है।'

यह असंदिग्ध है। पर यह भी उतना ही असंदिग्ध है कि गुरुत्व अथवा गुरुत्वाकर्षण की यह समूची धरोहर बिना किसी अपव्यय के आज भी सौरमंडल में मौजूद है, सिवाय संभवतः उस थोड़ी-सी मात्रा के जो द्रव्य के साथ शायद दिक् में सदा के लिए विलीन हो गई। आगे :

'रासायनिक बल भी पहले से विद्यमान और क्रिया के लिए अवश्य तैयार रहे होंगे; परंतु चूंकि ये बल विभिन्न प्रकार के द्रव्यमानों के निकट संपर्क में आने पर ही प्रभावोत्पादक बन सकते थे, इसलिए इनके सक्रिय होने के पहले संघनन का होना जरूरी था' (पृ. 120)।

यदि, जैसाकि हेल्महोल्ट्ज ने ऊपर माना है, हम इन रासायनिक बलों को बंधुता के बल मानते हैं, अतः **आकर्षण** मानते हैं, तो पुनः हम यह कहने के लिए विवश हैं कि आकर्षण के रासायनिक बलों का योगफल, बिना किसी अपव्यय के, आज भी सौरमंडल में मौजूद है।

पर उसी पृष्ठ पर हेल्महोल्ट्ज हमें अपनी गणनाओं का परिणाम देते हैं :

'कि संभवतः मूल यांत्रिक बल का केलव 454वां हिस्सा ही आज मौजूद है'— अर्थात्, सौरमंडल में मौजूद है।

इसका हम क्या अर्थ लगाएं? आकर्षण-बल, सामान्य भी और रासायनिक भी, बिना किसी क्षति के आज भी सौरमंडल में मौजूद है। हेल्महोल्ट्ज किसी अन्य निश्चित बल के स्रोत का उल्लेख नहीं करते। हर हालत में, हेल्महोल्ट्ज के अनुसार, इन बलों ने अत्यधिक काम किया है। परंतु इससे इनमें न तो वृद्धि हुई है, न ही क्षति हुई है। जो हाल ऊपर उल्लिखित घड़ी के वजन का है, वही हाल सौरमंडल

के प्रत्येक अणु का और स्वयं पूरे सौरमंडल का है। 'इसका भार न तो लुप्त हुआ है, न तो घटा है'। पहले बताए अनुसार जो हाल कार्बन और ऑक्सीजन का होता है, वही हाल सारे रासायनिक तत्त्वों का होता है : प्रत्येक की समूची प्रदत्त मात्रा कायम रहती है, और 'बंधुता का समूचा बल पूर्ववत् शक्तिशाली बना रहता है'। तब हमने क्या खोया है? और, वह कौन-सा 'बल' है जिसने, हेल्महोल्ट्ज की गणना के अनुसार, सौरमंडल में आज भी सक्रिय रूप से 453 गुना अधिक शक्तिशाली महती कार्य किया है? यहां तक हेल्महोल्ट्ज की ओर से कोई उत्तर प्राप्त नहीं हुआ है। परंतु आगे वह कहते हैं :

> *'(मूल गोलाकार नीहारिका में) **ऊष्मा के रूप में बल का अतिरिक्त संचय*** था या नहीं, हम नहीं जानते' (पृ. 120)।*

किंतु, यदि इजाजत मिले तो हम कह सकते हैं कि ऊष्मा एक विकर्षक 'बल' है, इसलिए यह गुरुत्वाकर्षण और रासायनिक आकर्षण, दोनों की **विरोधी** दिशा में काम करता है, और इन दोनों को यदि धन माना जाए तो विकर्षक बल को ऋण मानना होगा। अतः यदि, हेल्महोल्ट्ज के अनुसार, बल का मूल संचय सामान्य और रासायनिक **आकर्षण** से तैयार हुआ है, तो ऊष्मा के एक अतिरिक्त संचय को उस बल के संचय से घटाना होगा, न कि उसके साथ जोड़ना होगा। अन्यथा, सूर्य की ऊष्मा को पृथ्वी के आकर्षण-बल को **अधिक शक्तिशाली** बनाना होगा, जबकि यह इस आकर्षण के सीधे **विरोध** में पानी को भाप में बदलती है, और इस भाप को ऊपर उठाती है। या, यदि किसी तापदीप्त लौह नली से भाप गुजर रही हो तो इसकी ऊष्मा को ऑक्सीजन और हाइड्रोजन के रासायनिक आकर्षण को **अधिक शक्तिशाली** बनाना होगा, जबकि यह इसे निश्चेष्ट बना देती है। अथवा, उसी बात को एक अन्य रूप में अधिक स्पष्ट करने के लिए : आइए हम कल्पना करें कि r व्यासार्ध वाली और इसलिए आयतन $\frac{4}{3}\pi R^3$ वाली गोलाकार नीहारिका का तापमान t है। आगे हम उतने ही द्रव्यमान वाली एक अन्य गोलाकार नीहारिका की कल्पना करें जिसका अधिक ऊंचा तापमान T है, अधिक बड़ा व्यासार्ध R है और आयतन $\frac{4}{3}\pi R^3$ है। अब यह स्पष्ट है कि दूसरी नीहारिका में आकर्षण—यांत्रिक भी और भौतिक व रासायनिक भी—की शक्ति तभी पहली नीहारिका के तुल्य हो सकती है, जब इसका व्यासार्ध R से सिकुड़कर व्यासार्ध r के बराबर हो जाएगा, यानी यह तापांतर $T–t$ के तुल्य ऊष्मा का दिक् में उत्सर्जन कर चुकेगी। इसलिए अधिक तप्त नीहारिका का संघनन शीतल नीहारिका के अनंतर होगा। परिणामतः, वह ऊष्मा जिसे हेल्महोल्ट्ज के मतानुसार संघनन की एक बाधा समझा जाता है, 'बल के

---

* जोर स्वयं एंगेल्स द्वारा।—सं.

संचय' के धन में नहीं, बल्कि ऋण में है। हेल्महोल्ट्ज इस संभावना की पूर्वकल्पना करके कि ऊष्मा के रूप में **विकर्षक** गति की एक मात्रा गति के **आकर्षण** रूपों के साथ संयुक्त हो जाती है, और बाद में उन दोनों के योग में वृद्धि करके, गणना की एक स्पष्ट गलती करते हैं।

आइए, अब हम इस समूचे 'बल के संचय'—संभाव्य भी और प्रामाण्य भी—को एक ही गणितीय चिह्न के अंतर्गत लाएं, ताकि योग संभव हो सके। चूंकि फिलहाल हम ऊष्मा को उत्क्रमित करके इसके विकर्षण के स्थान पर इतना ही आकर्षण प्रस्थापित नहीं कर सकते, इसलिए हमें यह उत्क्रमण आकर्षण के दो रूपों से पूरा करना होगा। तब, सामान्य आकर्षण-बल की बजायं, रासायनिक बंधुता की बजाय, और ऊष्मा की बजाय, जो संभवतः आरंभ में भी मौजूद रही है, हमें केवल विकर्षक गति के योग को रखना होगा, यानी उस तथाकथित ऊर्जा को जो उस गैसीय गोल में उस समय विद्यमान थी जब वह पृथक् हुआ था। ऐसा करने से हेल्महोल्ट्ज की गणना भी सही बनी रहेगी, जिसमें वह गणना करना चाहते हैं उस 'ऊष्मा की जो बिखरे हुए नीहारिकामय द्रव्य के हमारे सौरमंडल के खगोलीय पिंडों में होने वाले आरंभिक गृहीत संघनन से उत्पन्न होनी चाहिए'। इस प्रकार, समूचे 'बल के संचय' को ऊष्मा में, विकर्षण में, परिणत करके, वह गृहीत 'ऊष्मा के बल के संचय' के योग को भी संभव बना देते हैं। तब यह गणना दावा करती है कि आरंभ में गैसीय गोल में विद्यमान समस्त ऊर्जा का, यानी विकर्षण का, 453/454वां भाग ऊष्मा के रूप में दिक् में उत्सर्जित हो गया है; अथवा इसे ठीक-ठीक कहें तो, मौजूदा सौरमंडल में समूचे आकर्षण के योग और समूचे विकर्षण के योग का अनुपात आज भी वही है, यानी 454 : 1। लेकिन तब यह भाषण के उस पाठांश का सीधे खंडन करता है जिसमें यह प्रमाण के तौर पर जोड़ा गया है।

अतः, यदि बल की धारणा, हेल्महोल्ट्ज-जैसे भौतिकविद् के हाथों भी, विचारों के ऐसे विभ्रम को जन्म देती है, तो यह इस बात का सर्वोत्तम सबूत है कि गणितीय यांत्रिकी से आगे के अनुसंधान की सभी शाखाओं में इस धारण का वैज्ञानिक रूप में इस्तेमाल अप्रभावकारी रहेगा। यांत्रिकी में गति के कारणों को गृहीत माना जाता है, और उनकी उत्पत्ति पर कोई ध्यान नहीं दिया जाता, केवल उनके प्रभावों पर ही विचार किया जाता है। इसलिए यदि गति के किसी कारण को बल का नाम दिया जाता है, तो इससे यांत्रिकी की कोई क्षति नहीं होती, पर यदि इस शब्द का प्रयोग भौतिकी, रसायन और जीव-विज्ञान में भी होने लगता है तो विभ्रम पैदा होना स्वाभाविक है। इसे हम पहले ही देख चुके हैं, और पुनः बार-बार देखेंगे।

कार्य की धारणा के लिए, देखिए अगला प्रकरण।

गति की माप–कार्य[70]

> *'दूसरी तरफ, मैंने अब तक हमेशा देखा है कि इस क्षेत्र की बुनियादी धारणाओं को' (अर्थात, 'कार्य की बुनियादी भौतिक धारणाओं को और इसकी अपरिवर्तनीयता को') 'समझ पाना उन लोगों के लिए बहुत कठिन होता है जिन्हें गणितीय यांत्रिकी की जानकारी नहीं होती, बावजूद इसके कि उनमें पूरी लगन होती है, पूरी बुद्धि होती है, और उन्हें प्रकृति-विज्ञान का काफी अच्छा ज्ञान भी होता है। इसके अलावा, इस तथ्य से इनकार नहीं किया जा सकता कि ये धारणाएं बड़े अद्भुत किस्म की अमूर्तताएं हैं। इ. कांट जैसी प्रतिभा वाला व्यक्ति भी बड़ी मुश्किल से ही इन्हें समझने में सफल हुआ, जैसाकि इस विषय के बारे में लाइबनिट्ज के साथ हुए उनके वाद-विवाद से प्रमाणित है।'*

उक्त कथन हेल्महोल्ट्ज का है। (*Pop. wiss. Vortr*–'लोकप्रिय वैज्ञानिक भाषण'–खंड 2, प्रस्तावना)

इस कथन से स्पष्ट होता है कि अब हम एक अत्यंत खतरनाक क्षेत्र में कदम रख रहे हैं। इसलिए और भी खतरनाक क्योंकि हम यहां पाठक को 'गणितीय यांत्रिकी की जानकारी' नहीं दे सकते। परंतु, संभवतः, यह होगा कि जहां तक धारणाओं का सवाल है, द्वंद्वात्मक विचार-प्रणाली हमें कम-से-कम वहां तक पहुंचा देगी जहां तक गणितीय गणनाएं पहुंचा सकती हैं।

गैलीलियो ने, एक ओर, गिरते (पिंडों) का नियम खोज निकाला, जिसके अनुसार गिरते पिंडों द्वारा तय की गई दूरियां गिरने में लगने वाले कालों के वर्गों के अनुपात में होती हैं। दूसरी ओर, जैसाकि हम देखेंगे, उन्होंने साध्य, जो पूर्णतः संगत नहीं है, प्रस्तुत किया कि किसी पिंड की गति का परिमाण–इसका संवेग (*impeto*) या इसकी गति-मात्रा (*momento*)–द्रव्यमान और वेग द्वारा इस प्रकार निर्धारित होता है कि यदि द्रव्यमान स्थिर रहे तो यह वेग के अनुपात में होता है। देकार्त ने इस दूसरे साध्य को अपनाया, और गतिमान पिंड के द्रव्यमान और वेग के गुणनफल को काफी व्यापक रूप में इसकी गति का माप बना डाला।

हाइगेंस ने पहले ही पता लगा लिया था कि, प्रत्यास्थी संघट्टन में द्रव्यमानों और उनके वेगों के वर्गों के गुणनफलों का योग संघट्टन के पहले और बाद में बराबर बना रहता है, और यह कि इसके सदृश नियम, एक योजना में आबद्ध पिंडों की गति की अन्य विविध स्थितियों पर लागू होते हैं।

लाइबनिट्ज पहले व्यक्ति थे जिन्होंने अनुभव किया कि गति की कार्तिय माप गिरते पिंडों के नियम के प्रतिकूल है। दूसरी तरफ, इससे इनकार नहीं किया जा सकता कि अनेक स्थितियों में कार्तिय माप सही थी। इसलिए लाइबनिट्ज ने गतिमान बलों को दो भागों में विभाजित किया—निर्जीव बल और सजीव बल। निर्जीव बल थे स्थिर अवस्था वाले पिंडों के 'खिंचाव' या 'दबाव', और उनकी माप थी द्रव्यमान और वेग का गुणनफल—उस वेग का जो उस पिंड की स्थिर अवस्था से गति की अवस्था में पहुंचने पर प्राप्त होगा। दूसरी तरफ, उन्होंने गतिज ऊर्जा (*vis viva*) की, किसी पिंड की वास्तविक गति की, माप प्रस्तुत की—द्रव्यमान और वेग के वर्ग का गुणनफल। गति की यह नई माप उन्होंने सीधे (पिंडों के) गिरने के नियम से प्राप्त की।

> *'लाइबनिट्ज ने निष्कर्ष निकाला कि 'चार पौंड वजन के पिंड को एक फुट की ऊंचाई पर उठाने के लिए उतना ही बल जरूरी होता है जितना एक पौंड वजन के पिंड को चार फीट की ऊंचाई पर उठाने के लिए; पर दूरियां वेग के वर्ग के अनुपात में होती हैं, क्योंकि जब कोई पिंड चार फीट गिर जाता है तो यह उस पिंड से दुगुना वेग प्राप्त कर लेता है जो केवल एक फुट गिरता है। लेकिन गिरने पर, पिंड जिस ऊंचाई से गिरते हैं, उतनी ही ऊंचाई तक ऊपर उठने का बल प्राप्त करते हैं। इसलिए बल, वेग के वर्ग के अनुपात में होते हैं।' (सुटेर* Geschichte der mathematischen Wissenschaften *'गणित विज्ञान का इतिहास'—खंड 2, पृ. 367)।*[71]

लेकिन आगे उन्होंने दिखाया कि गति की माप *mv* गति के परिमाण की स्थिरता के कार्तीय नियम के प्रतिकूल है, क्योंकि यदि यह सचमुच वैध होती तो प्रकृति में बल (अर्थात्, गति की मात्रा) निरंतर बढ़ता जाता या घटता जाता। उन्होंने एक यंत्र भी सुझाया (1690, *Acta Eruditorum*) जो, यदि *mv* माप सही होती तो, निरंतर गतिशील यंत्र (*perpetuum mobile*) की तरह सतत बल अर्जित करते हुए चलता रहता, लेकिन ऐसी चीज हास्यास्पद है।[72] हाल में, हेल्महोल्ट्ज ने पुनः इस प्रकार के तर्क का अक्सर इस्तेमाल किया है।

कार्तवादियों ने इसका बलपूर्वक और डंके की चोट पर विरोध किया। इस प्रकार, एक मशहूर विवाद शुरू हुआ जो कई साल तक चला। इस विवाद में, विषय

को स्पष्टता से समझे बिना ही, कांट ने भी अपनी पहली ही कृति (*Gedanken von der wahren schätzung der lebendigen kräfte*, 'जीवंत बलों के सही मूल्यांकन पर विचार', 1746)[73] के जरिये भाग लिया। गणितज्ञ आज इस 'निष्फल' वाद-विवाद को कुछ तिरस्कार की दृष्टि से देखते हैं, क्योंकि यह :

> *'चालीस से भी अधिक सालों तक चलता रहा, और इसने यूरोप के गणितज्ञों को दो विरोधी खेमों में बांट दिया। अंत में द'अलेम्बर्ट ने अपने Traité de dynamique ('गति-विज्ञान पर शोध-प्रबंध' 1743) द्वारा, मानो यह एक शाही फरमान हो, इस निरर्थक* ***शाब्दिक वाद-विवाद**** *को समाप्त कर दिया, क्योंकि यह इसके सिवा कुछ नहीं था' (सुटेर,* ***पूर्वोल्लिखित,*** *पृ. 366)।*

लेकिन, कोई भी सोचेगा कि यह वाद-विवाद पूर्णतः एक निरर्थक शाब्दिक वाद-विवाद नहीं हो सकता, क्योंकि इसकी शुरुआत एक लाइबनिट्ज ने एक दकार्त के खिलाफ की थी, और इसमें कांट जैसे व्यक्ति भी इस सीमा तक उलझ गए कि उन्होंने इस विषय पर अपनी पहली कृति—एक काफी बड़ी पुस्तक—की रचना कर डाली। और, दरअसल, इस बात को किस प्रकार समझा जाए कि गति की दो प्रतिकूल माप होती है—एक अवसर पर यह वेग के अनुपात में होती है और दूसरे अवसर पर वेग के वर्ग के अनुपात में होती है? सुटेर इसे अपने लिए बड़ा आसान बना लेते हैं; वह कहते हैं :

> *'दोनों ही पक्ष सही थे और दोनों ही गलत थे; फिर भी, व्यंजना :* 'vis viva' *(गतिज ऊर्जा) आज तक टिकी रही;* ***केवल यही हुआ कि अब यह बल की माप को व्यक्त नहीं करती****, बल्कि सिर्फ ऐसी व्यंजना के रूप में मानी जाती है, जो किसी समय द्रव्यमान और वेग के वर्ग व अर्द्धांश के गुणनफल के लिए अपनाई गई थी—एक ऐसे गुणनफल के लिए जिसका यांत्रिकी में बड़ा महत्त्व है' (पृ. 368)।*

इसलिए, mv गति की माप बनी रहती है, और गतिज ऊर्जा (*vis viva*) $\frac{mv^2}{2}$ की ही महज अन्य अभिव्यक्ति है। इस सूत्र के बारे में हमें पता चलता है कि यांत्रिकी के लिए सचमुच ही इसका बड़ा महत्त्व है, पर आज निश्चय ही हम नहीं जानते कि इसका अभिप्राय क्या है।

लेकिन, आइए हम उद्धारक कृति *Traité de dynamique*[74] ('गति विज्ञान पर शोध-प्रबंध') को लें और द'अलेम्बर्ट के 'शाही फरमान' का अधिक निकट से निरीक्षण करें; यह प्रस्तावना में देखने को मिलेगा।

---

* जोर स्वयं एंगेल्स द्वारा।—सं.

पाठ में, यह बताता है कि, समूचा सवाल ही पैदा नहीं होता, क्योंकि l'inutilité parfaite dont elle est pour la mécanique *(पृ. 17)।*

विशुद्ध गणितीय यांत्रिकी के लिए यह बिलकुल सही है। इसमें, जैसेकि उपर्युक्त सुटेर के मामले में, पदसंज्ञा के रूप में प्रयुक्त हुए शब्द बीज-गणितीय सूत्रों के महज अन्य अभिव्यंजन अथवा नाम होते हैं—ऐसे नाम जिनके बारे में, सबसे बढ़िया यही होता है कि कुछ न सोचा जाए।

> *फिर भी, चूंकि इतने महत्त्वपूर्ण व्यक्तियों ने इस विषय में दिलचस्पी दिखाई है, इसलिए वह प्रस्तावना में इस विषय का संक्षिप्त विवेचन करना चाहते हैं। विचारों की स्पष्टता का तकाजा है कि गतिमान पिंडों के बल से यही समझा जाए कि यह बाधाओं अथवा प्रतिरोधों को पार करने का सिर्फ उनका गुण है। इसलिए बल का मापन न तो mv से होना चाहिए, न ही mv^2 से, बल्कि सिर्फ बाधाओं और उनके द्वारा प्रस्तुत प्रतिरोध से होना चाहिए।*
>
> *अब, वह कहते हैं, बाधाएं तीन प्रकार की हैं : (1) अलंघ्य बाधाएं जो गति को पूर्णतः नष्ट कर देती हैं, और इसीलिए इन पर यहां विचार नहीं किया जा सकेगा; (2) बाधाएं, जिनका प्रतिरोध गति को रोकने के लिए पर्याप्त होता है, और यह तत्काल घटित होता है : यह संतुलन की घटना होती है; (3) बाधाएं, जो गति को केवल धीरे-धीरे रोकती हैं : मंदित गति की घटना (पृ. 17-18)। 'हर कोई सहमत होगा कि दो पिंड तब संतुलन में होते हैं जब उनके द्रव्यमानों और आभासी वेगों के—अर्थात् उनके गमनशील वेगों के—गुणनफल प्रत्येक पक्ष में समान होते हैं। इसलिए संतुलन की स्थिति में द्रव्यमान और वेग का गुणनफल, अथवा, अन्य शब्दों में, गति का परिमाण, बल का प्रतिनिधित्व कर सकता है। हर कोई इससे भी सहमत होगा कि मंदित गति में पार की गई बाधाओं की संख्या वेग के वर्ग के बराबर होती है। अतः, उदाहरण के लिए, एक निश्चित वेग वाले किसी पिंड ने यदि एक कमानी को दबाया है, तो उसका दुगुना वेग, तत्काल या क्रमशः, पहली कमानी-जैसी, दो नहीं, चार कमानियों को दबा सकता है, और यह सिलसिला जारी रहता है। इसीलिए* vis viva *(गतिज ऊर्जा) के पक्षपाती' (लाइबनिट्जवादी) 'निष्कर्ष निकालते हैं कि वस्तुतः गतिमान पिंडों का बल सामान्यतः द्रव्यमान और वेग के वर्ग के गुणनफल के अनुपात में होता है। बुनियादी तौर पर, संतुलन और मंदित गति में बलों का मापन अलग-अलग किया जाए तो इसमें क्या असुविधा हो सकती है, क्योंकि, यदि कोई विवेचन में केवल स्पष्ट दृष्टि का ही इस्तेमाल करना चाहता है तो* ***बल*** *शब्द का उसे सिर्फ यही अर्थ ग्रहण*

करना होगा—बाधा को पार करने में अथवा इसका प्रतिरोध करने में पैदा हुआ प्रभाव' (प्रस्तावना, मूल संस्करण के, पृ. 19-20)?

परंतु द'अलेम्बर्ट यह समझने में पर्याप्त समर्थ दार्शनिक हैं कि एक ही बल के लिए दोहरी माप की इस असंगति को आसानी से दूर नहीं किया जा सकता। इसलिए, उसी बात को दोहराकर जो मूलतः वही है जो लाइबनिट्ज ने पहले ही कही है—क्योंकि द'अलेम्बर्ट का *équilibre* (संतुलन) हुबहू वही चीज है जो लाइबनिट्ज के 'निर्जीव दबाव' है—वह एकाएक कार्तियों के खेमे में पहुंच जाते हैं और निम्नलिखित हल खोजते हैं :

> *गुणनफल* mv *का बल की माप के रूप में, मंदित गति की स्थिति में भी, उपयोग हो सकता है, 'यदि इस आखिरी स्थिति में बल का मापन बाधाओं के निरपेक्ष परिमाण द्वारा नहीं, बल्कि इन्हीं बाधाओं के प्रतिरोधों के योग द्वारा हो। कारण यह कि इसमें संदेह नहीं कि प्रतिरोधों का यह योग गति की मात्रा* (mv)* *के अनुपात में होगा, इसलिए कि, आम सहमति के अनुसार, उस पिंड द्वारा प्रत्येक क्षण में गंवाई गई गति की मात्रा प्रतिरोध और उस क्षण की अत्यधिक अल्प कालावधि के गुणनफल के अनुपात में होती है, और इन गुणनफलों का योग स्पष्टतया संपूर्ण प्रतिरोध के बराबर होता है।' गणना का यह तरीका उन्हें अधिक स्वाभाविक जान पड़ता है, 'क्योंकि किसी बाधा का अर्थ यही है कि यह प्रतिरोध पैदा करती है, और, ठीक-ठीक कहा जाए तो, प्रतिरोधों का योग ही पार की गई बाधा होता है; इसके अतिरिक्त, बल का इस प्रकार से आकलन करने पर लाभ यह है कि संतुलन के लिए और मंदित गति के लिए एक उभयनिष्ठ माप प्राप्त हो जाती है'। फिर भी, इसे हर कोई अपनी इच्छानुसार ग्रहण कर सकता है (पृ. 20-21)।*

और इस प्रकार, यह मानकर कि उन्होंने इस सवाल का हल खोज लिया है—जो कि, सुटेर भी स्वीकार करते हैं कि एक भारी गणितीय भूल है—वह अंत में अपने पूर्ववर्तियों के बीच फैली हुई भ्रांति के बारे में कठोर टिप्पणियां करते हैं; और दावा करते हैं कि उपर्युक्त टिप्पणियों के बाद केवल अत्यंत निरर्थक आधिभौतिक चर्चा अथवा इससे भी अधिक लज्जास्पद शुद्ध शाब्दिक बहस ही संभव हो सकती है।

द'अलेम्बर्ट का सामंजस्य स्थापित करने का प्रस्ताव निम्नलिखित गणना के तुल्य है :

---

* एंगेल्स ने जोड़ा।—सं.

द्रव्यमान 1, वेग 1, एक कमानी को इकाई काल में दबाता है।

द्रव्यमान 1, वेग 2, चार कमानियों को दबाता है, पर इसमें दो इकाइयां काल लगता है; अर्थात्, प्रति इकाई काल में केवल दो कमानियों को दबाता है।

द्रव्यमान 1, वेग 3, नौ कमानियों को तीन इकाइयां काल में दबाता है;

अर्थात्, प्रति इकाई काल में केवल तीन कमानियों को दबाता है।

अतः यदि हम परिणाम में, इसमें लगने वाले काल द्वारा भाग देते हैं तो हम पुनः mv^2 से mv पर पहुंच जाते हैं।

यह उसी प्रकार का तर्क है जिसे कातेलान ने विशेष रूप से लाइबनिट्ज के खिलाफ पहले ही इस्तेमाल किया था; यह सही है[75] कि दुगुने वेग वाला पिंड इकाई वेग वाले पिंड से गुरुत्व के विरुद्ध चार गुना ऊपर उठता है, पर इसके लिए उसे दुगुना समय चाहिए; परिणामतः गति की मात्रा (*die Bewegungsmenge*) में काल से भाग देना जरूरी होगा, और = 2, 4 नहीं। मजेदार बात यह है कि सुटेर का भी यही मत है; सुटेर ने वस्तुतः *'vis viva'* (गतिज ऊर्जा) अभिव्यक्ति में निहित समूचे तार्किक अर्थ को दूर हटा दिया, और इसमें केवल गणितीय अर्थ कायम रखा। लेकिन यह स्वाभाविक है। सुटेर के लिए यह सूत्र mv को–गति की मात्रा (*Bewegugsmenge*) की एकमात्र माप के रूप में इसकी सार्थकता को– बचाने का सवाल है; इसलिए तार्किक दृष्टि से mv^2 की बलि दे दी गई ताकि वह रूपांतरित होकर गणित के आकाश में पुनः उदित हो सके।

लेकिन इतना निश्चय ही सही है : कातेलान का तर्क mv को mv^2 के साथ जोड़ने के लिए एक सेतु प्रदान करता है, और इसलिए यह महत्त्वपूर्ण है।

द'अलेम्बर्ट के परवर्ती यांत्रिकविदों ने उनके 'शाही फरमान' को हरगिज स्वीकार नहीं किया, क्योंकि उनका अंतिम फैसला वस्तुतः गति की माप के रूप में mv के पक्ष में था। वे उसकी उस भेद की धारणा का अनुसरण करते रहे जो लाइबनिट्ज ने पहले ही सजीव व निर्जीव बलों के बीच स्थापित किया था : mv संतुलन के लिए, अर्थात् स्थैतिकी के लिए, वैध है; mv^2 प्रतिरोध के विरोध की गति के लिए, अर्थात् गतिज-विज्ञान के लिए, वैध है। यद्यपि यह भेद कुल मिलाकर सही है, पर इस रूप में इसमें तार्किक दृष्टि से उस अनधिकृत अफसर के इस प्रसिद्ध निर्णय से अधिक अर्थ नहीं है : काम पर हो तो हमेशा 'मेरे लिए', काम पर न हो तो हमेशा 'मुझको'[76]। इसे मौन रूप से स्वीकार कर लिया गया है, यह ऐसा ही है। इसे हम बदल नहीं सकते, और इस दोहरी माप में यदि असंगति छिपी हुई है, तो इसके बारे में हम कर ही क्या सकते हैं?

इस प्रकार, उदाहरणार्थ, थॉमसन और टाइट कहते हैं (*A Treatise on Natural Philosophy*–'प्रकृति-दर्शन पर प्रबंध'–ऑक्सफोर्ड, 1867[77] पृ. 162)।

'किसी घूर्णन-रहित दृढ़ पिंड की ***गति मात्रा****, अथवा* ***संवेग****, संयुक्त रूप से इसके द्रव्यमान और वेग के अनुपात में होता है। इस प्रकार, दुगुना द्रव्यमान अथवा दुगुना वेग दुगुनी गति मात्रा के अनुरूप होगा।'*

इसके फौरन बाद वे कहते हैं :

'किसी गतिमान पिंड की vis viva अथवा गतिज ऊर्जा संयुक्त रूप से द्रव्यमान और वेग के वर्ग के अनुपात में होती है।'

गति की दो प्रतिकूल माप इस अत्यंत भड़कीले रूप में साथ-साथ रखी गई है। इस असंगति को स्पष्ट करने की अथवा इसे छिपाने तक की कोई कोशिश नहीं की गई है। इन दो स्कॉटलैंड निवासियों ने अपनी पुस्तक में चिंतन पर पाबंदी लगा दी है, केवल गणना को अनुमति दी है। आश्चर्य की बात नहीं है कि इनमें से एक, टाइट, धर्मपरायण स्काटलैंड के एक सर्वाधिक धर्मपरायण ईसाई माने जाते हैं।

किर्होफ के ग्रंथ *Vorlesungen űber mathematische Mechanik*[78] ('गणितीय भौतिकी पर भाषण, यांत्रिकी'), में सूत्र mv और mv^2 इस रूप में कहीं देखने को नहीं मिलते।

संभवतः हेल्महोल्ट्ज हमारी सहायता करेंगे। अपनी कृति *Erhaltung der Kraft*[79] (ऊर्जा की अविनाशिता) में उन्होंने *vis viva* (गतिज ऊर्जा) को $\frac{mv^2}{2}$ द्वारा व्यक्त करने का सुझाव दिया है–इस पर हम आगे विचार करेंगे। फिर, आगे पृ. 20 पर और उसके बाद, वह उन स्थितियों का संक्षिप्त परिगणन करते हैं जिनमें *vis viva* के (अत : $\frac{mv^2}{2}$ के) अविनाशिता नियम का अब तक प्रयोग किया जा चुका है, और इसे स्वीकृति मिल चुकी है उस सूची में नं. 2 के अंतर्गत है :

'असंपीड्य दृढ़ तरल पिंडों द्वारा गतियों का स्थानांतरण, बशर्ते कि अप्रत्यास्थ पदार्थों का घर्षण अथवा संघट्टन न हो। इन स्थितियों के लिए हमारे सामान्य सिद्धांत को आम तौर पर इस नियम में व्यक्त किया जाता है कि यांत्रिक शक्तियों द्वारा संचारित और परिवर्तित गति हमेशा बल की तीव्रता में उसी अनुपात में घटती है जिस अनुपात में यह वेग में बढ़ता है। इसलिए, यदि हम कल्पना करें कि कोई m *वजन* c *वेग से एक ऐसी मशीन द्वारा उठाया गया है जिसमें किसी प्रक्रिया द्वारा काम करने का बल एक समान रूप से पैदा किया जाता है, तो एक भिन्न यांत्रिक योजना द्वारा वजन* nm *उठाया जाएगा, लेकिन केवल वेग* $\frac{c}{n}$ *से ही; अतः दोनों स्थितियों में मशीन द्वारा इकाई काल में निर्मित तनाव बल की मात्रा* mgc *द्वारा व्यक्त की जाती है, जहां* g *गुरुत्वाकर्षण बल की तीव्रता है' (पृ. 21)।*

इस प्रकार, यहां भी हम यह अंतर्विरोध देखते हैं कि 'बल की तीव्रता' को, जो वेग के सरल अनुपात में घटती है और बढ़ती है, बल की तीव्रता की अविनाशिता के लिए, जो वेग के वर्ग के अनुपात में घटती है और बढ़ती है, प्रमाण के रूप में हाजिर होना पड़ता है।

हर हालत में, यहां यह स्पष्ट हो जाता है कि mv और $\frac{mv^2}{2}$ दो सर्वथा पृथक् प्रक्रियाओं का निर्धारण करते हैं, परंतु यह बात हम पहले ही निश्चित रूप से जानते थे, क्योंकि mv और mv^2 बराबर नहीं हो सकते, बशर्ते कि $v = 1$। जरूरत इस बात को बोधगम्य बनाने की है कि गति का दोहरा माप क्यों हो। यह स्थिति जैसे व्यापार में स्वीकार नहीं की जा सकती, वैसे ही विज्ञान में भी स्वीकार नहीं की जा सकती। इसलिए इसे हम अन्य प्रकार से सुलझाने का प्रयत्न करेंगे।

अतएव, 'यांत्रिक शक्तियों द्वारा संचारित और परिवर्तित गति' का mv से मापन होता है; इसलिए यह माप उत्तोलक और इससे व्युत्पन्न सभी स्वरूपों पर लागू होती है, जैसे, पहियों, पेचों आदि पर; संक्षेप में, गति का स्थानांतरण करने वाली समस्त मशीनरी पर लागू होती है। परंतु एक अत्यंत सरल विचारणा से, जो हरगिज नई नहीं है, यह स्पष्ट हो जाता है कि यहां जैसे mv का प्रयोग होता है, वैसे mv^2 का भी प्रयोग होता है। आइए, कोई भी ऐसी यांत्रिक युक्ति लें जिसमें उत्तोलक के दोनों ओर की भुजाओं के योग एक-दूसरे से 4:1 के रूप में संबंधित रहते हैं, इसलिए जिसमें 1 किलो वजन 4 किलो वजन को संतुलन में रखता है। अतः यदि उस उत्तोलक की एक भुजा में मामूली-सा अतिरिक्त बल जोड़ा जाए तो हम 1 किलो को 20 मीटर उठा सकते हैं। वही अतिरिक्त बल उत्तोलक की दूसरी भुजा में लगाया जाए तो 4 किलो को 5 मीटर ऊंचा उठाएगा, और गुरुतर वजन को गिरने में उतना ही समय लगता है जितना कि दूसरे वजन को ऊपर उठने में लगता है। द्रव्यमान और वेग एक-दूसरे के प्रतिलोम अनुपात में रहते हैं : $1 \times 20 = m'v'$, $4x5$। दूसरी ओर, यदि हम उनमें से प्रत्येक वजन को, इसके उठाए जाने के बाद, उसी मूल समतल पर मुक्त रूप से गिरने देते हैं, तो 1 किलो वाला वजन, 20 मीटर गिरने के बाद (गुरुत्व से जनित संवेग को पूर्णांक में रखा गया है 9.81 मीटर के स्थान पर 10 मीटर) 20 मीटर का वेग प्राप्त करता है, दूसरा 4 किलो वाला वजन, 5 मीटर गिरने के बाद, 10 किलोमीटर का वेग प्राप्त करता है।[80]

$$mv^2 = 1 \times 20 \times 20 = 400 = m'v'^2 = 4 \times 10 \times 10 = 400$$

दूसरी ओर, गिरने के काल भिन्न-भिन्न हैं: 4 किलो वाला वजन 5 मीटर दूरी 1 सेकंड में तय करता है, 1 किलो वजन अपनी 20 मीटर दूरी 2 सेकंड में तय करता है। घर्षण और हवा के प्रतिरोध को, जैसाकि स्पष्ट है, यहां छोड़ दिया गया है।

परंतु इन दोनों में से प्रत्येक पिंड जब अपनी ऊंचाई से गिर चुकता है तो इसकी गति रुक जाती है। इसलिए, यहां mv केवल रूपांतरित यानी टिकाऊ,

यांत्रिक गति की माप के रूप में प्रकट होता है, और mv^2 विलुप्त यांत्रिक गति की माप के रूप में।

आगे, पूर्णतः प्रत्यास्थी पिंडों के टकराव पर भी यह बात लागू होती है : टकराव के पहले और बाद में *mv* और mv^2 दोनों का योग अपरिवर्तित रहता है। दोनों मापों की वैधता समान है।

अप्रत्यास्थ पिंडों के संघट्टन में ऐसा नहीं होता। यहां भी मौजूदा प्रारंभिक पाठ्य-पुस्तकें (उच्चतर यांत्रिकी में ऐसी छोटी चीजों का कहीं कोई जिक्र नहीं होता) बताती हैं कि संघट्टन के पहले और बाद में *mv* का योग एक-सा रहता है। दूसरी ओर **गतिज ऊर्जा** (*vis viva*) का क्षय होता है, क्योंकि संघट्टन के बाद के mv^2 के योग को संघट्टन के पहले के mv^2 के योग से घटाया जाए तो हर स्थिति में एक धनात्मक शेषफल प्राप्त होता है। टकराने वाले पिंडों के पारस्परिक भेदन और रूपांतरण के कारण इसी शेषफल के तुल्य (या, जैसाकि कहा जाता है, इसकी आधी) **गतिज ऊर्जा** (*vis viva*) घट जाती है।–यह दूसरी बात अब सुस्पष्ट है, पर यह पहली मान्यता अभी स्पष्ट नहीं है कि संघट्टन के पहले और बाद में *mv* का योग वहीं बना रहता है। बावजूद सूटरे के विचार के, गतिज ऊर्जा (*vis viva*) गति है, और यदि इसके एक अंश का क्षय होता है, तो गति का क्षय होता है। परिणामतः, या तो *mv* यहां गति मात्रा (*die Bewegungsmenge*) को अशुद्ध रूप से व्यक्त करता है, या उपर्युक्त मान्यता असत्य है। व्यापक रूप में यह समूचा प्रमेय उस काल से चला आ रहा है जब गति के रूपांतरण के बारे में कोई कल्पना नहीं थी; इसलिए तब यांत्रिक गति के विलोप को केवल तभी स्वीकार किया जाता था जब अन्य कोई उपाय नहीं सूझता था। इस प्रकार, यहां संघट्टन से पहले और बाद में *mv* के योग की समानता को इस तथ्य के आधार पर सिद्ध मान लिया गया था कि इस योग में किसी क्षय या वृद्धि का समावेश नहीं हुआ। लेकिन, यदि वे पिंड अपनी अप्रत्यास्थता के अनुरूप भीतरी घर्षण में गतिज ऊर्जा (*vis viva*) खोते हैं, तो वे वेग भी खोते हैं, और तब संघट्टन के बाद *mv* का योग संघट्टन से पहले के इसके योग से कम होना चाहिए। क्योंकि *mv* की गणना करते समय आंतरिक घर्षण की निश्चय ही उपेक्षा नहीं की जा सकती, जबकि mv^2 की गणना में यह स्पष्ट रूप से प्रकट होता है।

पर इसका कोई महत्त्व नहीं है। यदि हम उस प्रमेय को स्वीकार भी करें, और, यह मानकर कि *mv* का योग पूर्ववत् रहा है, संघट्टन के बाद के वेग की गणना करें, तो भी mv^2 के योग में ह्रास देखने को मिलता है। अतः यहां *mv* और mv^2 में अंतर पैदा होता है, और यह अंतर होता है वह यांत्रिक गति जो दरअसल विलुप्त हो चुकी होती है। इसके अलावा, स्वयं गणना यह दिखाती है कि mv^2 का योग गति की मात्रा को सही रूप में व्यक्त करता है, जबकि *mv* का योग इसे सही रूप में व्यक्त नहीं करता।

यांत्रिकी में जहां mv का इस्तेमाल होता है लगभग सभी मामलों में ऐसा ही होता है। आइए, अब हम कुछ ऐसी स्थितियों को भी देखें जिनमें mv^2 का इस्तेमाल होता है।

जब किसी तोप के गोले को दागा जाता है तो यह अपनी उड़ान में गति की जो मात्रा इस्तेमाल करता है वह mv^2 के अनुपात में होती है—चाहे यह गोला किसी ठोस निशाने से जा लगे या हवा के प्रतिरोध व गुरुत्वाकर्षण के कारण स्थिर स्थिति पर पहुंच जाए। यदि कोई रेलगाड़ी किसी स्थिर गाड़ी से जा टकराती है, तो इस टकराव की तीव्रता और इससे होने वाला विनाश इसके mv^2 के अनुपात में होता है। इसी प्रकार, जहां भी प्रतिरोध को पार करने के लिए जरूरी यांत्रिक बल की गणना आवश्यक होती है, वहां mv^2 का इस्तेमाल होता है।

पर यांत्रिकी में इतनी प्रचलित इस सुविधाजनक पदावली का क्या अर्थ है : प्रतिरोध को पार करना?

किसी वजन को उठाकर यदि हम गुरुत्व के प्रतिरोध को लांघते हैं तो इसमें गति की एक मात्रा (*Bewegungsmenge*), यांत्रिक बल की एक मात्रा, लुप्त होती है; यह उस गति मात्रा के बराबर होती है जो उस उठाए गए वजन के सीधे या अन्य प्रकार से अपने आरंभिक स्तर पर गिर जाने से, नए सिरे से पैदा हो सकती है। इस मात्रा का माप है—द्रव्यमान और गिरने के बाद अंतिम वेग के वर्ग के गुणनफल का अथवा, अर्थात् $\frac{mv^2}{2}$। तब वजन को ऊपर उठाने पर क्या हुआ? एक प्रकार से यांत्रिक गति आधा बल लुप्त हो गया। किंतु, इसका विनाश नहीं हुआ; हेल्महोल्ट्ज के शब्दों में कहें तो, यह तनाव के यांत्रिक बल में बदल गया; क्लाउसियस के शब्दों में, यह एरगल (*ergal*) में बदल गया है। और इसे किसी भी क्षण किसी भी यांत्रिक रूप से समुचित साधन से, उतनी ही मात्रा की यांत्रिक गति में पुनः बदला जा सकता है जितनी मात्रा की इसे पैदा करने में जरूरत थी। स्थितिज ऊर्जा गतिज ऊर्जा (*vis viva*) की केवल ऋणात्मक अभिव्यक्ति है, और गतिज ऊर्जा स्थितिज ऊर्जा की केवल ऋणात्मक अभिव्यक्ति है।

प्रति सेकंड 400 मीटर के वेग से गतिमान तोप का 24 पौंड वजन का एक गोला एक युद्धपोत की एक मीटर मोटी चद्दर पर आघात करता है। और इन परिस्थितियों में उस कवच पर प्रत्यक्षतः कोई असर नहीं होता। परिणामतः इसमें $\frac{mv^2}{2}$ के तुल्य यांत्रिक गति की मात्रा लुप्त हो जाती है, अर्थात्, (चूंकि *24* पौंड* *=12* किलो) $= 12 \times 400 \times 400 \times \frac{1}{2} = 9,60,000$ किलोग्राम-मीटर)। इस गति का क्या हुआ? एक अल्प मात्रा आघात में और चद्दर की आणविक रद्दोबदल में खर्च हुई। इसका दूसरा भाग तोप के गोले का अनगिनत टुकड़ों में विखंडन होने में खर्च

* जर्मन पाउंड (500 ग्राम) के लिए।—सं.

हुआ। परंतु इसका अधिकांश भाग ऊष्मा में रूपांतरित हुआ, और यह गोले के तापमान को लाल ऊष्मा तक पहुंचा देता है। प्रशा वालों ने 1864 में आलसेन द्वीप पहुंचने के प्रयास में जब अपने भारी तोपखाने को रोल्फ क्राके[81] की चद्दर-मंडित दिशाओं की ओर सक्रिय किया तो प्रत्येक चोट के बाद उन्होंने अंधेरे में देखा कि एकाएक उद्दीप्त होने वाला गोला तेज रोशनी फैलाता है। इसके भी पहले, प्रयोग के आधार पर व्हिटबर्थ ने सिद्ध किया था कि विस्फोटक गोलों को यदि कवचधारी युद्धपोतों के विरुद्ध इस्तेमाल करना हो तो उनमें विस्फोट-प्रेरकों की कोई जरूरत नहीं होती; उद्दीप्त धातु स्वयं स्फोटक द्रव्य को प्रज्वलित करती है। ऊष्मा की इकाई के यांत्रिक तुल्यमान को 424 किलोग्राम-मीटर[82] माना जाए, तो उपर्युक्त यांत्रिक गति की मात्रा के अनुरूप ऊष्मा की मात्रा होगी 2264 इकाइयां। लोहे की विशिष्ट ऊष्मा = 0.1140; अर्थात, 1 किलोग्राम पानी का तापमान 1^0 सेंटीग्रेड ऊंचा उठाने वाली ऊष्मा की मात्रा (जो ऊष्मा की इकाई के रूप में इस्तेमाल की जाती है) $\frac{1}{0.1140} = 8772$ किलोग्राम लोहे का तापमान 1^0 सेंटीग्रेड ऊंचा उठाने के लिए पर्याप्त है। इसलिए ऊपर उल्लिखित 2264 ऊष्मा-इकाइयां 1 किलोग्राम लोहे का तापमान 8,772 x 2,264 = *19,860°* अथवा 19,860 किलो. लोहे का तापमान 1^0 सें. ऊंचा उठाती है। चूंकि ऊष्मा की यह मात्रा चद्दर और गोले में समान रूप से वितरित हो जाती है, इसलिए गोले का तापमान $\frac{19860^\circ}{2 \times 12} = 828^\circ$ बढ़ जाता है, जो काफी उद्दीप्त ऊष्मा के तुल्य होता है। लेकिन, चूंकि गोले का आगे का चोट करने वाला भाग ऊष्मा का अधिक हिस्सा प्राप्त करता है, पीछे के आधे भाग से निश्चय ही दुगुनी ऊष्मा प्राप्त करता है, इसलिए अग्र भाग का तापमान 1,104° सेंटीग्रेड पर और पश्च भाग का तापमान 552° सेंटीग्रेड पर पहुंच जाएगा। इससे, आघात में घटित होने वाले वास्तविक यांत्रिकीय कार्य के लिए भारी कटौती कर लेने पर भी, तेज रोशनी के प्रभाव का पूर्ण स्पष्टीकरण हो जाता है।

यांत्रिक गति घर्षण में भी लुप्त होती है, और ऊष्मा के रूप में पुनः प्रकट होती है; यह सर्वविदित है कि दो परस्पर संबंधित प्रक्रियाओं का सर्वाधिक संभव सूक्ष्म मापन करके मैनचेस्टर में जूल ने और कोपेनहेगेन में कोल्डिंग ने पहली बार ऊष्मा के यांत्रिक तुल्यांक का सन्निकट प्रायोगिक मापन किया।

यही बात यांत्रिक बल यानी भाप इंजन से मैग्नेटो-विद्युत मशीन में पैदा होने वाली विद्युतधारा पर लागू होती है। एक प्रदत्त काल में पैदा होने वाले तथाकथित विद्युतवाहक बल की मात्रा उसी अवधि में खर्च हुई यांत्रिक गति की मात्रा के अनुपात में होती है, यदि उन्हीं इकाइयों में व्यक्त की जाए तो इसके बराबर होती है। हम कल्पना कर सकते हैं कि यह यांत्रिक गति, किसी भाप-इंजन से नहीं, बल्कि एक ऐसे वजन से पैदा होती है जो गुरुत्वाकर्षण के अंतर्गत गिर रहा हो। इससे जो यांत्रिक बल प्राप्त किया जा सकता है, उसे उस गतिज ऊर्जा (*vis viva*) द्वारा

मापा जाता है जो यह उतनी ही ऊंचाई से मुक्त रूप से गिरने पर प्राप्त करेगा, या उस बल द्वारा जो इसे उसी मूल ऊंचाई पर पुनः उठाने के लिए जरूरी होगा; दोनों स्थितियों में $\frac{mv^2}{2}$ ।

अतः हम देखते हैं कि यांत्रिक गति की वस्तुतः दोहरी माप है, लेकिन साथ ही इनमें से प्रत्येक माप एक अत्यंत सुनिर्धारित घटनाक्रम पर ही प्रयुक्त होती है। यदि पूर्व-विद्यमान यांत्रिक गति को इस प्रकार रूपांतरित किया जाए कि यह यांत्रिक गति ही बनी रहे, तो यह रूपांतरण द्रव्यमान और वेग के गुणनफल के अनुपात में घटित होता है। लेकिन, यदि इसे इस प्रकार रूपांतरित किया जाए कि यह यांत्रिक गति के रूप में लुप्त होकर पुनः स्थितिज ऊर्जा, ऊष्मा, विद्युत, आदि के रूप में प्रकट होता है, संक्षेप में, यह गति के अन्य रूप में बदल जाता है, तब इस नए गति-रूप की मात्रा प्रारंभतः गतिमान द्रव्यमान और वेग के वर्ग के गुणनफल के अनुपात में होती है। संक्षेप में mv यांत्रिक गति द्वारा मापी गई यांत्रिक गति है; $\frac{mv^2}{2}$ इसकी गति के अन्य रूप की एक निश्चित मात्रा में बदलने की क्षमता द्वारा मापी गई यांत्रिक गति है। और जैसाकि हमने देखा है, ये दोनों माप चूंकि भिन्न-भिन्न होते हैं, अतः एक-दूसरे का विरोध नहीं करते।

इससे स्पष्ट हो जाता है कि कार्तियों के साथ लाइबनिट्ज का विवाद केवल शाब्दिक नहीं था, और द'अलेम्बर्ट के 'शाही फरमान' मे दरअसल कोई हल नहीं खोजा। अपने पूर्ववर्तियों की अस्पष्टता के बारे में द'अलेम्बर्ट ने निरर्थक ही कटु वचन कहे, क्योंकि वह स्वयं उतने ही अस्पष्ट थे जितने कि उनके पूर्ववर्ती। दरअसल, जब तक यह ज्ञात नहीं हुआ कि उस प्रत्यक्षतः विनष्ट यांत्रिक गति का क्या हुआ, तब तक अस्पष्टता का कायम रहना स्वाभाविक था। और जब तक सुटेर-जैसे गणितीय यांत्रिकीविद् अपने विशिष्ट विषय के दायरे में हठपूर्वक बंद रहेंगे, तब तक वे द'अलेम्बर्ट की तरह ही अस्पष्ट बने रहेंगे और निरर्थक व परस्पर-विरोधी शब्दों द्वारा हमें ठगते रहेंगे।

लेकिन आधुनिक यांत्रिकी, यांत्रिक गति के अन्य गति के रूप में इस परिवर्तन को, जो परिमाण में पहली के अनुपात में होती है, किस प्रकार अभिव्यक्त करती है? —इसने **कार्य सम्पन्न किया है**, और वस्तुतः एक निश्चित मात्रा में कार्य किया है।

परंतु इससे कार्य की धारणा, इस शब्द के भौतिक अर्थ में, निःशेष नहीं हो जाती। यदि, जैसेकि भाप या ऊष्मा-इंजन में, ऊष्मा यांत्रिक गति में परिवर्तित हो जाती है, यानी आणविक गति द्रव्यमान गति में परिवर्तित हो जाती है, यदि ऊष्मा किसी रासायनिक यौगिक का विखंडन करती है, यदि किसी तापीय पुंज में यह विद्युत में परिवर्तित हो जाती है, यदि विद्युत धारा तनु सल्फ्यूरिक अम्ल में से पानी के तत्त्वों को मुक्त करती है, या इसके विपरीत प्रक्रिया होती है, यदि किसी जनित्र सेल की

रासायनिक प्रक्रिया में जनित गति (उर्फ ऊर्जा) विद्युत का रूप ग्रहण करती है और यह पूर्ण परिपथ में पुनः ऊष्मा में परिवर्तित हो जाती है—इन सभी प्रक्रियाओं में गति का जो रूप प्रक्रिया आरंभ करता है, और जो इसके द्वारा अन्य रूप में बदल जाता है, कार्य सम्पन्न करता है, और इस कार्य की मात्रा इसकी अपनी मात्रा के तुल्य होती है।

इसलिए, कार्य, इसके परिमाणात्मक स्वरूप की दृष्टि से, गति के रूप का परिवर्तन है।

लेकिन किस प्रकार? यदि उठाया गया कोई वजन निश्चल व निलंबित रहता है, तो क्या निश्चलता की इस अवधि में भी इसकी स्थितिज ऊर्जा गति का एक रूप है? निश्चय ही। टाइट भी इसी दृढ़ धारणा पर पहुंचते हैं कि स्थितिज ऊर्जा बाद में, वास्तविक गति के एक रूप में विभेदित हो जाती है (*Nature*)[83]। और, इसके अलावा, किर्होफ और आगे बढ़ कर कहते हैं (**गणितीय यांत्रिकी, पृ. 32**) :

> *'निश्चलता गति का एक विशिष्ट प्रकार है।'*

और इस प्रकार सिद्ध करते हैं कि वह न केवल गणना कर सकते हैं बल्कि द्वंद्वात्मक रूप से सोच भी सकते हैं।

अतः यांत्रिक गति की दो मापों पर विचार करते हुए हम संयोग से, सहजतः और लगभग स्वाभाविक तौर पर, कार्य की धारणा पर पहुंचते हैं, ऐसी धारणा पर जिसके बारे में हमें बताया गया था कि गणितीय यांत्रिकी के बिना इसे समझना अत्यंत कठिन है। कम-से-कम, अब हम इसके बारे में हेल्महोल्ट्ज के **ऊर्जा की अविनाशिता के बारे में** (*Uber die Erhaltung der Kraft, 1862*) भाषण से अधिक जानते हैं, जिसका स्पष्ट प्रयोजन था

> *'कार्य की बुनियादी भौतिक धारणाओं और इसकी अपरिवर्तनीयता को यथासंभव अधिक-से-अधिक स्पष्ट करना।'*

उसमें कार्य के बारे में हमें जितना भी जानने को मिलता है वह यह है कि, यह एक ऐसी चीज है जिसे फुट-पौंड अथवा ऊष्मा की इकाइयों में व्यक्त किया जाता है, और कार्य की एक निश्चित मात्रा के लिए फुट-पौंडों अथवा ऊष्मा की इकाइयों की संख्या अचर रहती है। और आगे, यांत्रिक बलों और ऊष्मा के अलावा रासायनिक और विद्युत बल कार्य सम्पन्न कर सकते हैं, पर इन सभी बलों की कार्य करने की क्षमता इस माने में खत्म हो जाती है कि वे स्वयं वास्तव में कार्य में फलित हो जाते हैं। हमें यह भी जानकारी मिलती है कि, इससे निष्कर्ष निकलता है कि समग्र रूप से प्रकृति के सभी प्रभावकारी बलों की मात्राओं का योग प्रकृति में घटित होने वाले सभी परिवर्तनों के दौरान अनंतः और निरंतरतः

एक-सा बना रहता है। कार्य की धारणा का न विकास किया गया, न ही इसकी परिभाषा तक दी गई।*

और कार्य की मात्रा की ठीक इसी परिमाणात्मक अपरिवर्तनीयता के कारण वह यह अनुभव करने में असमर्थ रहे कि गुणात्मक परिवर्तन, रूप-परिवर्तन, समस्त भौतिक कार्य की बुनियादी शर्त हैं। और इस प्रकार हेल्महोल्ट्ज यहां तक प्रतिपादित करते हैं कि :

> *'घर्षण और अप्रत्यास्थ संघट्टन ऐसी प्रक्रियाएं हैं जिनमें यांत्रिक कार्य नष्ट हो जाता हैं और बदले में ऊष्मा पैदा होती है' (**लोकप्रिय भाषण**, खंड 2, पृ. 166)।*

स्थिति इसके ठीक विपरीत है। यहां यांत्रिक कार्य **नष्ट** नहीं हुआ है, यहां यांत्रिक कार्य **सम्पन्न** हुआ है। यह यांत्रिक गति है जो **स्पष्टतया** नष्ट हुई है। परंतु यांत्रिक गति, प्रत्यक्षतः नष्ट हुए बिना, गति के अन्य रूप में परिवर्तित हुए बिना, एक किलोग्राम-मीटर कार्य का दस लाखवां हिस्सा भी कदापि सम्पन्न नहीं **कर सकती**।

परंतु जैसाकि हमने देखा है, यांत्रिक गति की एक प्रदत मात्रा में निहित कार्य करने की क्षमता इसकी गतिज ऊर्जा (*vis viva*) कहलाती है, और अभी हाल तक यह mv^2 द्वारा मापी जाती थी। लेकिन यहां एक नई असंगति पैदा हुई। आइए, हेल्महोल्ट्ज की बात सुनें (*Erhaltung der Kraft*— **'ऊर्जा की अविनाशिता'**—पृ. 9)। वहां हम पढ़ते हैं कि कार्य की मात्रा को व्यक्त किया जा सकता है h ऊंचाई पर उठाए गए एक m वजन द्वारा, जब, यदि गुरुत्व बल को g माना जाए, तो कार्य की मात्रा $= mgh$ । कारण यह कि उस पिंड m को मुक्त रूप से सीधे ऊंचाई h पर उठने के लिए वेग $v = \sqrt{2gh}$ की जरूरत होती है, और गिरने पर वह पिंड यही वेग प्राप्त करता है। परिणामतः, $mgh = \frac{mv^2}{2}$ और हेल्महोल्ट्ज सुझाव देते हैं कि

> *'परिमाण $\frac{mv^2}{2}$ को गतिज ऊर्जा (vis viva) के परिमाण के रूप में ग्रहण किया जाए, जिससे यह कार्य के परिमाण के माप के तुल्य हो जाता है। जिस प्रकार अब तक गतिज ऊर्जा (vis viva) की धारणा का इस्तेमाल किया गया है उस दृष्टि से, यह परिवर्तन महत्त्वपूर्ण नहीं है, पर भविष्य में इसके हमें महत्त्वपूर्ण लाभ होंगे।'*

---

* जेम्स क्लार्क मैक्सवेल को पढ़ने पर भी हमें नई जानकारी नहीं मिलती। वह लिखते हैं—(**ऊष्मा का सिद्धांत,** चौथा संस्करण, लंदन, 1875, पृ. 87) : 'जब प्रतिरोध को दूर किया जाता है तो कार्य सम्पन्न होता है', और पृ. 185 पर : 'किसी भी पिंड की ऊर्जा का अर्थ है उसकी कार्य करने की क्षमता।' कार्य के बारे में हमें बस इतनी ही जानकारी मिलती है। **[एंगेल्स की टिप्पणी]**

इस पर मुश्किल से ही विश्वास किया जा सकता है। 1847 में, हेल्महोल्ट्ज को गतिज ऊर्जा (*vis viva*) और कार्य के पारस्परिक संबंधों की इतनी कम जानकारी थी कि वह इतना तक नहीं समझ पाए कि वह किस प्रकार गतिज ऊर्जा (*vis viva*) की आरंभिक आनुपातिक माप को इसकी परम माप में बदलते हैं, और अपनी उस महत्त्वपूर्ण खोज से पुर्णतः अनभिज्ञ रहते हैं जो, उन्होने बड़े साहस का प्रदर्शन करके–mv^2 की बनिस्बत $\frac{mv^2}{2}$ को केवल सुविधा सुझाकर–की! और इसी सुविधा को ध्यान में रखकर यांत्रिर्कविदों ने $\frac{mv^2}{2}$ को व्यापक रूप से प्रचलित किया। $\frac{mv^2}{2}$ को गणितीय दृष्टि से धीरे-धीरे ही सिद्ध किया गया। नाउमान (*Handbuch der allgemeinen und physikalischen Chemie,* पृ. 7)[84] बीजगणितीय उपपति देते हैं, क्लाउसियस (*Die mechanische Warmetheorie,* दूसरा संस्करण, भाग 1, पृ. 18)[85] एक वैश्लेषिक उपपति देते हैं, जो एक अन्य रूप में और निगमन की एक अन्य विधि से किर्होफ (**पूर्वोल्लिखित**, पृ. 27) ने भी दी है। क्लार्क मैक्सवेल (**पूर्वोल्लिखित, पृ.** 27) ने भी दी है। क्लार्क मैक्सवेल (**पूर्वोल्लिखित,** पृ. 88) *mv* से $\frac{mv^2}{2}$ की एक परिष्कृत बीजगणितीय उपपति देते हैं। इससे हमारे दो स्कॉटलैंड-निवासी थामसन और टाइट को दावे के साथ यह कहने में बाधा पैदा नहीं हुई कि (**पूर्वोल्लिखित,** पृ. 163) :

> *'किसी भी गतिमान पिंड की गतिज ऊर्जा (*vis viva*) संयुक्त रूप से द्रव्यमान और वेग के वर्ग के अनुपात में होती है। यदि हम पहले की ही द्रव्यमान और वेग की इकाइयां स्वीकार करते हैं (अर्थात्, इकाई वेग से गतिमान इकाई द्रव्यमान), तो गतिज ऊर्जा की यह परिभाषा–द्रव्यमान और इसके वेग के गुणनफल का **आधा**–देने में **विशेष सुविधा** होती है।''*

अतः, यहां हम देखते हैं कि स्कॉटलैंड के दो सर्वाग्रणी यांत्रिकीविदों की न केवल सोचने की क्षमता, बल्कि गणना करने की क्षमता भी जड़ हो गई है। विशिष्ट सुविधा से, सूत्र की सुविधा से, ही सब कुछ बड़े शानदार ढंग से प्राप्त किया जाता है।

हमारे लिए, जिन्होंने देखा है कि गतिज ऊर्जा (*vis viva*) यांत्रिक गति की एक प्रदत्त मात्रा की कार्य करने की क्षमता के अलावा और कुछ नहीं है, यह प्रत्यक्षतः स्पष्ट है कि कार्य की इस क्षमता की यांत्रिकीय शब्दों में अभिव्यक्ति और वस्तुतः संपन्न हुआ कार्य एक-दूसरे के बराबर होना चाहिए। और, परिणामतः, यदि $\frac{mv^2}{2}$ कार्य का मापन करता है, तो इसी प्रकार गतिज ऊर्जा का मापन भी $\frac{mv^2}{2}$ से होना चाहिए। लेकिन विज्ञान में ऐसा ही होता है। सैद्धांतिक यांत्रिकी गतिज ऊर्जा (*vis viva*) की धारणा पर पहुंचती है, इंजीनियर की व्यावहारिक

यांत्रिकी कार्य की धारणा पर पहुंचती है और सैद्धांतिकों पर इसका आरोपण करती है। और, अपनी गणनाओं में डूबे हुए सिद्धांतकार वर्षों से चिंतन से इतने दूर हट गए हैं कि वे इन दो धारणाओं के बीच के संबंध को पहचान नहीं पाते। वे इनमें से एक का मापन mv^2 से करते हैं, दूसरे का $\frac{mv^2}{2}$ से, और अंततः दोनों के लिए $\frac{mv^2}{2}$ स्वीकार कर लेते हैं—समझ के आधार पर नहीं, बल्कि गणना की सुविधा के लिए!*

---

* *work'* (कार्य) शब्द और इनसे संबंधित विचार अंग्रेज इंजीनियरों की देन हैं। लेकिन अंग्रेजों में जहां व्यावहारिक कार्य को = *'work'* कहते हैं, वहां आर्थिक अर्थ में इसे *'labour'* (श्रम) कहते हैं। इसीलिए भौतिक कार्य को भी *'work'* (कार्य) कहते हैं, और इस प्रकार आर्थिक अर्थ वाले काम से इसका भ्रम होने की कोई गुंजाइश नहीं छोड़ते। जर्मन भाषा में ऐसी स्थिति नहीं है, इसीलिए हाल के छद्म-वैज्ञानिक साहित्य में देखने को मिलता है कि भौतिक अर्थ वाले कार्य का प्रयोग श्रम की आर्थिक परिस्थितियों के लिए किया गया है और आर्थिक परिस्थितियों वाले श्रम यानी काम का इस्तेमाल भौतिक कार्य के अर्थ में किया गया है। परंतु जर्मन में *'work'* (कार्य) शब्द भी है जो अंग्रेजी शब्द *'work'* (कार्य) की तरह, भौतिक कार्य को व्यक्त करने के लिए बखूबी अनुकूलित कर लिया गया है। लेकिन अर्थशास्त्र हमारे प्रकृति-वैज्ञानिकों के क्षेत्र से काफी दूर का विषय है, इसलिए वे मुश्किल से ही प्रचलित *Arbeit* शब्द के स्थान पर इस शब्द को स्थापित करने का निर्णय लेंगे—बशर्ते कि संभवतः इसमें बहुत अधिक देरी न हो जाए। केवल क्लाउसियस ने ही कम-से-कम *'Arbeit'* शब्द के साथ *'werk'* शब्द को कायम रखने की कोशिश की है। [**एंगेल्स की टिप्पणी**]

ज्वारीय घर्षण। कांट और थामसन–टाइट

पृथ्वी का घूर्णन और चंद्र-आकर्षण[86]

थामसन और टाइट, *Natural Philosophy* –'प्राकृतिक दर्शन'–खंड 1, पृ. 191 (अनुच्छेद 276) :

> *'पृथ्वी-जैसे सभी पिंडों पर, जिनकी मुक्त सतहों के भाग पानी से–जिसे जब तक ये पिंड समीप के पिंडों के सापेक्ष गतिमान रहते हैं तब तक उनकी सापेक्ष गतियों से ऊर्जा प्राप्त करनी होती है–ढके रहते हैं, ज्वारीय गतियों में बाधा डालने वाले घर्षण के कारण परोक्ष प्रतिरोधों[87] का भी अस्तित्व रहता है। अतः यदि हम सर्वप्रथम पृथ्वी पर–इसके महासागरों, झीलों और नदियों सहित–केवल चंद्रमा के प्रभाव पर विचार करते हैं, तो हम देखते हैं कि इसका प्रयास होता है, पृथ्वी के अक्ष-घूर्णन की ओर इन दो पिंडों के इनके अवस्थितत्त्व-केंद्र के चहुंओर के भ्रमण की, कालावधियों को बराबर करना; क्योंकि, जब तक ये कालावधियां असमान रहती हैं तब तक धरातल की ज्वारीय क्रिया उनकी गतियों से ऊर्जा घटाती रहती है। इस विषय को और भी विस्तार से समझने के लिए, और साथ ही अनावश्यक जटिलताओं से बचने के लिए, आइए, हम कल्पना करें कि चंद्रमा एक समान गोलाकार पिंड है। चंद्रमा के द्रव्यमान और पृथ्वी के द्रव्यमान के बीच के गुरुत्वाकर्षण की पारस्परिक क्रिया और प्रतिक्रिया चंद्रमा के केंद्र से गुजरने वाली किसी रेखा में एक अकेले बल के बराबर होगी;* ***और यह अवश्य ही इस प्रकार होना चाहिए कि यह पृथ्वी के घूर्णन में तब तक बाधक बनता रहे जब तक पृथ्वी का घूर्णन-काल चंद्रमा के पृथ्वी के चहुंओर के भ्रमण-काल से छोटा रहता है।**** *अतः; यह बल आकृति की* MQ *रेखा-जैसी दिशा में होना चाहिए, ऐसी रेखा में जो, अनिवार्यतः अत्यधिक अतिरंजना के साथ, पृथ्वी के केंद्र से अपना व्यतिक्रम,* OQ,

* जोर स्वयं एंगेल्स द्वारा।–सं.

दर्शाती है। अब MQ रेखा में चंद्रमा पर काम करने वाले वास्तविक बल को दो बलों के योग के रूप में माना जा सकता है–एक MO रेखा की दिशा में पृथ्वी के केंद्र की ओर बल, जिसकी मात्रा लगभग समूचे बल के बराबर होगी, और दूसरा, तुलनात्मक दृष्टि से अत्यंत अल्प बल, MO की लंबता में MT रेखा की दिशा की ओर। यह दूसरा बल चंद्र के पथ के बहुत नजदीक की स्पर्श रेखा में होता है, और यह चंद्र की गति की दिशा के **साथ** होता है। ऐसा बल यदि एकाएक क्रियान्वित हो जाए, तो सर्वप्रथम यह चंद्रमा के वेग को बढ़ा देगा, परंतु कुछ समय के बाद, इस त्वरण के कारण, चंद्रमा पृथ्वी से इतना अधिक दूर चला जाएगा कि यह, पृथ्वी के आकर्षण के विरुद्ध गतिमान होने के कारण, उतना ही वेग खो देगा जितना कि इसने स्पशरिखीय बल का–जो मात्रा में इतना कम होता है कि कक्षा के वृत्तीय पथ से किसी भी क्षण केवल थोड़ा ही हट पाता है–प्रभाव होता है केंद्रीय पिंड के आकर्षण के विरुद्ध अपनी ही कार्यमात्रा के बराबर पुनः काम करना। यदि इस गति की कल्पना केंद्रीय पिंड के चतुर्दिक अत्यंत धीरे-धीरे बाहर की ओर बढ़ते एक सर्पिल पथ के रूप में की जाए, तो इसे आसानी से समझा जा सकता है। यदि बल का नियम व्युत्क्रम में दूरी का वर्ग है, तो गति के विरुद्ध गुरुत्व का स्पशरिखीय घटक गति के साथ की दिशा में बाधा डालनेवाले स्पर्श रेखीय बल का दुगुना होगा और इसलिए पहले बल के विरुद्ध किया गया आधा काम दूसरे बल द्वारा संपन्न होगा और शेष आधा गति से ली गई गत्यात्मक ऊर्जा द्वारा। जिस बाधक कारण पर हम यहां विचार कर रहे हैं, उसका चंद्रमा की गति पर समग्र प्रभाव संवेग-घूर्ण के सिद्धांत का इस्तेमाल करके बड़ी आसानी से जाना जा सकता है।

इस प्रकार हम देखते हैं कि किसी भी समय अवस्थितत्त्व-केंद्रों की गतियों द्वारा–पृथ्वी व चंद्र की, उनके अवस्थि-तत्त्व-सहकेंद्र की सापेक्ष गतियों द्वारा-इतना संवेग-घूर्ण प्राप्त किया जाता है, जितना कि पृथ्वी के अक्ष-घूर्णन द्वारा खोया जाता है। उनकी इस समय की गतियों के अनुसार, चंद्र व पृथ्वी के अवस्थितत्त्व-केंद्रों के संवेग-घूर्णों का योग पृथ्वी के घूर्णन के मौजूदा संवेग-घूर्ण का लगभग 4.45 गुना है। पहले का औसत समतल दीर्घवृत्तीय है,

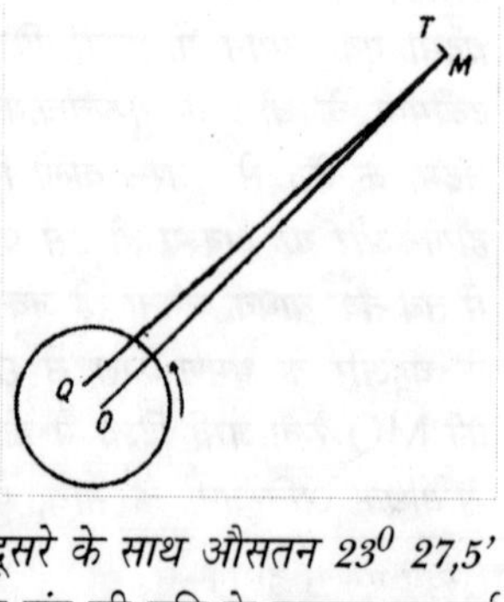

और इसलिए उन दो घूर्णों के अक्ष एक-दूसरे के साथ औसतन 23^0 27,5' अंशों का कोण बनाते हैं, जिसे, चूंकि हम चंद्र की गति के समतल पर सूर्य

के प्रभाव को छोड़ दे रहे हैं, मौजूदा समय में उन दो अक्षों के वास्तविक झुकाव के रूप में स्वीकार किया जा सकता है। अतः परिणाम, या समग्र संवेग-घूर्ण, पृथ्वी के मौजूदा घूर्णन के संवेग-घूर्ण का 5.38 गुना है, और इसका अक्ष पृथ्वी के अक्ष से 19^0 13 में झुका हुआ है। अतः ***ज्वारों**** *की अंतिम प्रवृत्ति होती है—पृथ्वी और चंद्र को इस परिणामी अक्ष के इर्द-गिर्द के इस परिणामी घूर्ण के साथ एक सरल एकरूप घूर्णन पर उतारना, मानो वे एक ही ठोस पिंड के दो भाग हो : ऐसी स्थिति में चंद्रमा की दूरी (लगभग) 1:1.46 के अनुपात में बढ़ जाएगी, जो अविस्थितत्त्व-केंद्रों के मौजूदा संवेग-घूर्ण के वर्ग का और समग्र संवेग-घूर्ण के वर्ग का अनुपात है; और घूर्णन-काल 1:1.77 के अनुपात में बढ़ जाएगा, जो उन्हीं परिमाणों के घनों का अनुपात है। इसलिए दूरी में 3,47,100 मील की वृद्धि होगी, और कालावधि में 48.36 दिनों की। यदि विश्व में पृथ्वी और चंद्र के अलावा और कोई पिंड न होता, तो ये दो पिंड अपने अवस्थितत्त्व—सहकेंद्र के चतुर्दिक वृत्ताकार कक्षा में इसी प्रकार निरंतर गतिमान रहते, और पृथ्वी अपने अक्ष पर उसी कालावधि में चक्कर लगाती रहती, और तब पृथ्वी का एक ही चेहरा सदैव चंद्र की ओर रहता और इसलिए, पृथ्वी की सतह के सभी द्रव इस ठोस पिंड के सापेक्ष स्थिर स्थिति में रहते। परंतु सूर्य के अस्तित्व के कारण ऐसी स्थिति का स्थायित्व संभव नहीं होता। सूर्य के सापेक्ष पृथ्वी के अक्ष-भ्रमण की अवधि में (यानी, सौर दिन में या, दूसरे शब्दों में, महीने में दो बार) सौर-ज्वार होंगे—दो बार उच्च ज्वार और दो बार निम्न ज्वार।* ***द्रव घर्षण से ऊर्जा की क्षति**** *के बिना इस क्रिया का जारी रहना संभव नहीं है। ये स्थितियां पृथ्वी की और चंद्रमा की गतियों पर जो असर डालेंगी उनका समग्र आकलन सरल नहीं है, पर इनका अंतिम प्रभाव अवश्य यह होगा कि पृथ्वी, चंद्र और सूर्य, एक ठोस पिंड के भागों की तरह अपने अवस्थितत्त्व के सहकेंद्र के चतुर्दिक चक्कर लगाए।'*

कांट पहले व्यक्ति थे जिन्होंने 1754 में यह मत प्रतिपादित किया कि ज्वारीय घर्षण से पृथ्वी के घूर्णन में रुकावट आती है, और यह प्रभाव केवल तभी अपनी परिणति पर पहुंचेगा :

'जब इसकी (पृथ्वी की) सतह चंद्रमा के सापेक्ष स्थिर स्थिति में होगी; अर्थात्, पृथ्वी को अपने अक्ष पर चक्कर लगाने में उतना ही समय लगेगा जितना कि चंद्रमा को पृथ्वी की परिक्रमा करने में लगता है, और परिणामतः चंद्रमा का एक ही चेहरा सदैव पृथ्वी की ओर बना रहेगा।'[88]

* जोर स्वयं एंगेल्स द्वारा।—सं.

उनका मत था कि पृथ्वी के इस मंदन के लिए कारणीभूत है केवल ज्वारीय घर्षण, इसलिए यह पृथ्वी पर विद्यमान द्रवराशियों के कारण घटित होता है :

'यदि पृथ्वी द्रव-रहित एक बिलकुल ठोस पिंड होती, तो न सूर्य का आकर्षण, न ही चंद्रमा का आकर्षण इसके मुक्त अक्ष-घूर्णन को किसी तरह परिवर्तित करता; क्योंकि यह पार्थिव गोल के पूर्वी तथा पश्चिमी भागों को एक समान बल से खींचता है, और इसीलिए इसके कारण एक तरफ या दूसरी तरफ कोई झुकाव नहीं आता; परिणामतः, यह पृथ्वी को अपने अक्ष पर अबाध रूप से घूर्णन की पूर्ण स्वतंत्रता प्रदान करता है, मानो इस पर कोई बाह्य प्रभाव न हो।'[89]

कांट अपने इस निष्कर्ष से संतुष्ट थे। पृथ्वी के घूर्णन पर चंद्रमा के प्रभाव की गहराई से खोजबीन करने के लिए उस समय सभी वैज्ञानिक साधन उपलब्ध नहीं थे। दरअसल, लगभग सौ साल गुजर जाने के बाद ही कांट के सिद्धांत को आम मान्यता प्राप्त हो पाई, और इस खोज के लिए तो और भी अधिक समय लगा कि ज्वारीय उतार-चढ़ाव, पृथ्वी के घूर्णन पर सूर्य और चंद्रमा के आकर्षण के प्रभाव के, केवल **प्रकट** पहलू हैं।

इस मामले की अधिक व्यापक अवधारणा ठीक वही है जिसका विकास थामसन और टाइट ने किया है। चंद्र और सूर्य का आकर्षण न केवल पार्थिव पिंड के द्रवों को या उसकी सतह को प्रभावित करता है, बल्कि व्यापक रूप से पृथ्वी की समूची द्रव्यराशि को इस प्रकार प्रभावित करता है कि इससे पृथ्वी के घूर्णन में रुकावट पैदा होती है। जब तक पृथ्वी के घूर्णन की अवधि चंद्रमा की पृथ्वी-परिक्रमा की अवधि के समतुल्य नहीं हो जाती, तब तक चंद्रमा के आकर्षण का—सर्वप्रथम यदि केवल इसी पर विचार किया जाए तो—प्रभाव होता है, इन दोनों अवधियों को एक-दूसरे के अधिकाधिक समीप लाना। यदि (सापेक्ष) केंद्रीय पिंड का घूर्णन-काल उपग्रह के परिभ्रमण-काल से लंबा हो, तो पहले पिंड का घूर्णन-काल क्रमशः घटता जाएगा; यदि यह कम हो, जैसाकि पृथ्वी के मामले में है, तो यह बढ़ जाएगा। परंतु न तो एक स्थिति में शून्यता से गत्यात्मक ऊर्जा का सृजन होगा, न ही दूसरी स्थिति में इसका विलोपन होगा। पहली स्थिति में, उपग्रह केंद्रीय पिंड के अधिक नजदीक पहुंचेगा और इसके घूर्णन-काल को घटाएगा, दूसरी स्थिति में, उपग्रह केंद्रीय पिंड से अधिक दूर चला जाएगा और इसका परिक्रमण-काल लंबा हो जाएगा। पहली स्थिति में, केंद्रीय पिंड के नजदीक पहुंचने में उपग्रह ठीक उतनी ही स्थितिज ऊर्जा खो देता है, जितनी कि केंद्रीय पिंड त्वरित घूर्णन द्वारा गत्यात्मक ऊर्जा अर्जित करता है; दूसरी स्थिति में, उपग्रह अपनी दूरी बढ़ाकर स्थितिज ऊर्जा की ठीक उतनी ही मात्रा अर्जित करता है, जितनी कि केंद्रीय पिंड घूर्णन की गत्यात्मक ऊर्जा में खो देता है।

पृथ्वी-चंद्र योजना में विद्यमान समूची गत्यात्मक ऊर्जा—स्थितिज व गतिज—पूर्ववत् कायम रहती है। यह योजना पूर्णतः संरक्षी है।

यहां यह प्रकट है कि यह सिद्धांत संबंधित पिंडों के भौतिकीय-रासायनिक संयोजन से पूर्णतः स्वतंत्र है। यह उन मुक्त खगोलीय पिंडों की गति के सामान्य नियमों पर आधारित है जिनके बीच आकर्षण का संबंध उनके द्रव्यमानों के अनुपात में और उनके बीच की दूरी के वर्ग के व्युत्क्रमी अनुपात में होता है। यह सिद्धांत स्पष्टतः कांट के ज्वारीय घर्षण के सिद्धांत के सामान्यीकरण के रूप में प्रसूत हुआ है, और यहां भी इसे थॉमसन और टाइट ने गणितीय आधार पर इसके प्रमाणीकरण के रूप में ही प्रस्तुत किया है। परंतु यथार्थतः—और मजे की बात यह कि इन रचनाकारों को इसका बिल्कुल ही आभास नहीं रहा कि—यथार्थतः यह सिद्धांत ज्वारीय घर्षण के विशिष्ट मामले को छोड़ देता है।

घर्षण द्रव्यमानों की गति में बाधा डालता है, और सदियों से इसे ऐसी गति के विध्वंस के रूप में, और इसलिए गत्यात्मक ऊर्जा के विध्वंस के रूप में, जाना जाता रहा है। हम अब जानते हैं कि घर्षण और संघट्टन वे दो रूप हैं जिनमें गत्यात्मक ऊर्जा आणविक ऊर्जा, यानी ऊष्मा में रूपांतरित होती है। अतः, समस्त घर्षण में गत्यात्मक ऊर्जा का अपने में विलोप होकर पुनः प्रकटन होता है, गति-विज्ञान के अर्थ में स्थितिज ऊर्जा के रूप में नहीं, बल्कि ऊष्मा के निश्चित रूप में आणविक गति के तौर पर। इसलिए घर्षण से नष्ट हुई गत्यात्मक ऊर्जा, प्रथमतः, संबंधित योजना के गत्यात्मक पहलुओं के लिए **वस्तुतः विलुप्त** हो जाती है। यह गत्यात्मक रूप से पुनः केवल तभी प्रभावी हो सकती है जब इसे ऊष्मा के रूप से गत्यात्मक ऊर्जा में पुनः **परिवर्तित कर दिया जाए**।

तो फिर ज्वारीय घर्षण के मामले में वस्तुस्थिति क्या है? स्पष्ट है कि यहां भी चंद्रमा के आकर्षण द्वारा धरातल की जलराशियों को प्रदान की गई गत्यात्मक ऊर्जा ऊष्मा में बदल जाती है—चाहे पानी की श्यानता के कारण जलकणों के आपस में घर्षण द्वारा, या पृथ्वी की ठोस सतह पर घर्षण द्वारा उन चट्टानों के विखंडल द्वारा जो ज्वारीय गति के लिए बाधा बनकर खड़ी रहती है। इस ऊष्मा का केवल वही अत्यल्प अंश गत्यात्मक ऊर्जा में पुनः रूपांतरित होता है जो पानी की सतह पर वाष्पीकरण में योग देता है। परंतु समूची पृथ्वी-चंद्र योजना द्वारा धरातल के एक भाग को सौंपी गई गत्यात्मक ऊर्जा की यह अत्यल्प मात्रा भी, प्रथमतः पृथ्वी के धरातल पर रहता है और वहां विद्यमान परिस्थितियों के अधीन होती है, और ये परिस्थितियां वहां सक्रिय समूची ऊर्जा को एक ही अंतिम नियति पर पहुंचा देती है। ऊष्मा में अंतिम रूपांतरण और अंतरिक्ष में विकिरणों का उत्सर्जन।

परिणामतः जहां तक यह बात है कि ज्वारीय घर्षण पृथ्वी के घूर्णन पर निर्विवाद रूप से अवरोधक प्रभाव डालता है, इसमें इस्तेमाल होनेवाली गत्यात्मक

ऊर्जा गतिशील पृथ्वी-चंद्र योजना के लिए पूर्णतः विलुप्त हो जाती है। इसलिए यह इस योजना के भीतर गत्यात्मक स्थितिज ऊर्जा के रूप में पुनः प्रकट नहीं हो सकती। दूसरे शब्दों में, चंद्रमा के आकर्षण के जरिये पृथ्वी के घूर्णन में बाधक बनने में खर्च हुई गत्त्यात्मक ऊर्जा का केवल वही भाग गत्यात्मक स्थितिज ऊर्जा के रूप में पुनः पूर्णतः प्रकट हो सकता है, और इसलिए चंद्रमा की दूरी में तदनुरूप वृद्धि द्वारा क्षतिपूरित हो सकता है, जो पृथ्वी-पिंड के **ठोस द्रव्यमान** पर कार्य करता है। दूसरी ओर, गत्यात्मक ऊर्जा का जो भाग पृथ्वी की द्रव-राशियों पर कार्य करता है, वह यह कार्य केवल इस सीमा तक कर सकता है कि स्वयं द्रव-राशियां पृथ्वी के घूर्णन की विपरीत दिशा में गतिमान न हो जाए, क्योंकि ऐसी गति **पूर्णतः** ऊष्मा में बदल जाती है और अंततः विकिरण के रूप में उस योजना से विलुप्त हो जाती है।

जो बात धरातल पर ज्वारीय घर्षण के लिए सही है, वह पृथ्वी के केंद्र भाग के कल्पित द्रव के प्रायः ही परिकल्पित ज्वारीय घर्षण के लिए भी समान रूप से वैध है।

इस मामले की विचित्र बात यह है कि थामसन और टाइट यह नहीं देख पा रहे कि ज्वारीय घर्षण का सिद्धांत स्थापित करने के लिए वे एक ऐसा सिद्धांत प्रतिपादित कर रहे हैं जिसकी शुरुआत इस मौन पूर्वधारणा से होती है कि पृथ्वी **एक पूर्णतः ठोस** पिंड है, और फलतः ज्वारों, और इसलिए ज्वारीय घर्षण की किसी संभावना से भी मुक्त है।

ऊष्मा[90]

जैसाकि हमने देखा है, यांत्रिक गति, गतिज ऊर्जा (*vis viva*) दो रूपों में विलुप्त होती है। इनमें से पहला है इसका यांत्रिक स्थितिज ऊर्जा में रूपांतरण। उदाहरणार्थ, किसी वजन को ऊपर उठाने पर। गति के इस रूप का वैशिष्ट्य यह है कि इसे न केवल पुनः यांत्रिक गति में रूपांतरित किया जा सकता है—फिर, इस यांत्रिक गति की **गतिज ऊर्जा** वही होती है जो कि मूल गति की होती है—बल्कि इसका यही एकमात्र रूपांतर संभव है। यांत्रिक स्थितिज ऊर्जा कदापि ऊष्मा या विद्युत का निर्माण नहीं कर सकती, बशर्ते कि इसे वास्तविक यांत्रिक गति में न बदल लिया गया हो। क्लाउसियस के शब्दों में कहें तो यह एक 'प्रतिवर्ती प्रक्रिया' है।

जिस दूसरे रूप में यांत्रिक गति विलुप्त होती है, वह है घर्षण और संघट्टन—जिनमें अंतर केवल अवस्था का है। घर्षण की कल्पना निरंतर और नजदीक-नजदीक घटित होनेवाले छोटे-छोटे संघट्टनों के एक क्रम के रूप में की जा सकती है। संघट्टन की कल्पना एक ही स्थान और एक ही कालांश में केंद्रित घर्षण के रूप में की जा सकती है। घर्षण दीर्घकालिक संघट्टन है : संघट्टन तीव्र घर्षण है। यहां जो यांत्रिक गति विलुप्त होती है, वह अपने में ही विलुप्त हो जाती है। इसे अपने में से तत्काल पुनः प्राप्त नहीं किया जा सकता। यह प्रक्रिया सीधे प्रत्यावर्तन की नहीं है। यह गति गुणात्मक रूप से भिन्न गति-रूपों में, ऊष्मा में, विद्युत में—आणविक गति के रूपों में—रूपांतरित हो चुकी होती है।

इस प्रकर, घर्षण और संघट्टन द्रव्यमानों की गति से—यांत्रिकी की विषय-वस्तु से—आणविक गति में—भौतिकी की विषय-वस्तु में—ले जाते हैं।

भौतिकी को आणविक गति की यांत्रिकी कहते समय इस* बात को नजर-अंदाज नहीं किया गया है कि यह अभिव्यक्ति आधुनिक भौतिकी के समूचे क्षेत्र की हरगिज द्योतक नहीं है। बात इसके बिल्कुल विपरीत है। ईथरीय कंपन, जो प्रकाश और विकीर्णिक ऊष्मा की घटनाओं के लिए कारणीभूत है, निश्चय ही आधुनिक अर्थ में

* देखिए ड्यूहरिंग मत-खंडन, हिंदी संस्करण, मास्को, पृ. 128-29 और इस पुस्तक के पृ. 52, 54-58, 64, 66, 70.—सं.

आणविक गतियां नहीं हैं। परंतु उनकी पार्थिव क्रियाओं का संबंध सर्वप्रथम और सर्वोपरि अणुओं से है : प्रकाश के अपवर्तन, प्रकाश के ध्रुवण, इत्यादि का निर्धारण संबंधित पिंडों के आणविक संयोजन से होता है। इसी प्रकार, आजकल के चोटी के वैज्ञानिक लगभग एकमत से विद्युत को ईथर-कणों की गति के रूप में ग्रहण करते हैं, और क्लाउसियस तो ऊष्मा के बारे में यहांतक कहते हैं कि :

> *'तोलनीय परमाणुओं की गति' में ('अणुं' कहना बेहतर होगा) '...उस पिंड में निहित ईथर भी भाग ले सकता है'। (Mechan.Wärme-theorie—**यांत्रिकी : ऊष्मा-सिद्धांत**। भाग 1, पृ. 22)*

किंतु विद्युत और ऊष्मा की घटनाओं में, एक बार फिर प्रमुख रूप से आणविक गतियों पर विचार करना आवश्यक हो जाता है। जब तक ईथर के बारे में हमारी जानकारी इतनी थोड़ी रहेगी तब तक दूसरा कोई उपाय भी नहीं है। परंतु जब हम इतना आगे बढ़ेंगे कि ईथर की यांत्रिकी को प्रस्तुत कर सकें, तब इस विषय के अंतर्गत, निश्चय ही, उन काफी बातों का समावेश हो जाएगा, जिन्हें अनिवार्यतः आज हम भौतिकी में समाविष्ट करते हैं।

जिन भौतिक प्रक्रियाओं में अणुओं की संरचना बदल जाती है, या नष्ट तक हो जाती है, उन पर बाद में विचार किया जाएगा। वे हमें भौतिकी से रसायन के क्षेत्र में पहुंचा देती हैं।

केवल आणविक गति के साथ ही गति का रूपांतरण पूर्ण स्वतंत्रता प्राप्त करता है। जबकि, यांत्रिकी की सीमा पर द्रव्यमानों की गति केवल चंद्र अन्य रूप—ऊष्मा या विद्युत—धारण कर सकती है, यहां एक बिलकुल भिन्न, रूपांतरण की सक्रिय क्षमता देखने को मिलती है। तापीय पुंज में ऊष्मा विद्युत में बदल जाती है, विकिरण की एक निश्चित अवस्था में यह प्रकाश के समरूप हो जाती है, और फिर बदले में यह यांत्रिक गति उत्पादित करती है। विद्युत और चुंबकत्व, जो ऊष्मा व प्रकाश की तरह का एक जोड़ा है, न केवल एक-दूसरे में रूपांतरित हो जाते हैं, बल्कि ऊष्मा व प्रकाश और साथ ही यांत्रिक गति में भी रूपांतरित हो जाते हैं। और यह रूपांतरण ऐसे सुनिश्चित मापीय संबंधों में होता है कि इनमें से किसी भी एक रूप की प्रदत्त मात्रा को किसी भी अन्य रूप की मात्रा में व्यक्त किया जा सकता है—किलोग्राम-मीटरों में, ऊष्मा-इकाइयों में, वोल्टों में[91] और इसी प्रकार मापन की किसी इकाई को किसी भी अन्य इकाई में बदला जा सकता है।

यांत्रिक गति के ऊष्मा में रूपांतरण की व्यावहारिक खोज इतनी अधिक प्राचीन है कि उस समय से मानव इतिहास की शुरुआत मानी जा सकती है। इसके पहले

औजारों के निर्माण और पशुओं को पालतू बनाने के रूप में जो भी आविष्कार हुए हों, घर्षण द्वारा आग पैदा करना पहली खोज थी जबकि मानव ने प्रकृति की एक निर्जीव शक्ति को अपने लिए उपयोगी शक्ति में बदला। जनसाधारण में आज भी प्रचलित अंधविश्वासों से प्रकट हो जाता है कि इस अतिविशाल उन्नति के लगभग अतुलनीय महत्त्व ने मानव-मस्तिष्क को कितने जबर्दस्त रूप से प्रभावित किया है। कांसे और लोहे का इस्तेमाल शुरू होने के काफी बाद भी पत्थर के छुरे का–प्रथम औजार का–आविष्कार गौरवान्वित किया जाता रहा, सभी धार्मिक बलिकर्म पत्थर के छुरों से संपन्न होते रहे। यहूदी आख्यान के अनुसार, जोशुआ ने आदेश दिया था कि उजाड़ भूमि में जन्मे पुरुषों का खतना पत्थर के छुरों से होना चाहिए।[92] केल्ट और जर्मन अपनी मानव-बलियों में केवल पत्थर के छुरों का ही इस्तेमाल करते थे। परंतु यह सब काफी पहले विस्मृति के गर्भ में विलीन हो गया है। घर्षण से आग पैदा करने की बात निराली रही। आग पैदा करने के अन्य तरीके अस्तित्व में आने के काफी बाद भी अधिकांश जनसमुदायों में हर पवित्र अग्नि, घर्षण से प्राप्त करने की प्रथा विद्यमान रही। आज भी अधिकांश यूरोपीय देशों की आम जनता में यह अंधविश्वास व्याप्त है कि चमत्कारिक शक्तिवाली आग (जैसे, महामारी के विरुद्ध जर्मन उत्सवानि) केवल घर्षण से ही पैदा की जानी चाहिए। इस प्रकार, हमारे समय तक, प्रकृति पर मानव की प्रथम महान विजय की कृतज्ञतापूर्ण स्मृति–अर्द्ध अचेतन रूप में–कायम है : आम जनता के अंधविश्वास में, संसार के सर्वाधिक शिक्षित लोगों की निम्न-धार्मिक-पौराणिक स्मृतियों के अवशेषों में।

लेकिन घर्षण से आग पैदा करने की यह प्रक्रिया अब भी एकांगी है। इससे यांत्रिक गति को ऊष्मा में बदला जाता है। इस प्रक्रिया को पूर्ण करने के लिए इसे उलटेना जरूरी है : ऊष्मा को यांत्रिक गति में बदलना जरूरी है। तभी जाकर इस प्रक्रिया की द्वंद्वात्मकता के साथ न्याय होगा, इस प्रक्रिया का चक्र पूरा होगा–कम-से-कम प्रथम दौर के लिए। लेकिन इतिहास की अपनी रफ्तार होती है, और अंतिम विश्लेषण में इसका दौर कितना भी द्वंद्वात्मक क्यों न हो, द्वंद्ववाद को काफी लंबे अरसे तक इतिहास का इंतजार करना पड़ता है। घर्षण द्वारा आग पैदा करने के आविष्कार के बाद कई हजार वर्ष गुजर चुके होंगे जब सिकंदरिया-निवासी हेरो (लगभग 120 ई.पू.) ने एक ऐसा यंत्र बनाया जिसमें से भाप बाहर निकलने पर यह घूमने लगता था। और इसके बाद करीब दो हजार साल और गुजरे तभी जाकर पहला भाप इंजन-ऊष्मा को वस्तुतः उपयोगी यांत्रिक गति में बदलने वाला पहला उपकरण निर्मित हुआ।

वस्तुतः भाप-इंजन प्रथम अंतर्राष्ट्रीय आविष्कार था, और यह तथ्य स्वयं महान ऐतिहासिक प्रगति का परिचायक है। फ्रांसीसी वैज्ञानिक पापां ने पहले भाप-इंजन का आविष्कार किया, और यह आविष्कार उसने जर्मनी में किया। यह जर्मन लाइबनिट्ज था, जो अपने चहुंओर सदैव प्रभावशाली विचार बिखेरता रहता था और इस बात

की परवाह नहीं करता था कि उनका श्रेय उसे मिलेगा या किसी दूसरे को मिलेगा, जिसने, जैसीकि अब हमें पापां के पत्र-व्यवहार (गेरलांड द्वारा प्रकाशित)[93] से जानकारी मिलती है, उसने इस इंजन के बारे में प्रमुख सुझाव दिया : सिलिंडर और पिस्टन के इस्तेमाल का सुझाव। इसके कुछ ही समय बाद अंग्रेज सेवरी और न्यूकोमैन ने इसी प्रकार के इंजन बनाए। अंत में, उन्हीं के देशवासी वाट ने एक पृथक् संघनित्र जोड़कर भाप-इंजन को सिद्धांत रूप में आज के स्तर पर पहुंचा दिया। इस क्षेत्र में आविष्कारों का चक्र पूरा हो गया। ऊष्मा का यांत्रिक गति में परिवर्तन कर लिया गया। इसके बाद जो हुआ, वह छोटी-मोटी बातों में सुधार था।

इस प्रकार, व्यवहार ने, अपने ही तरीके से, यांत्रिक गति और ऊष्मा के बीच के संबंधों के सवाल को निपटा दिया। आरंभ में, इसने पहले को दूसरे में बदला, और फिर दूसरे को पहले में बदला। परंतु सिद्धांत के मामले में क्या स्थिति रही?

यह स्थिति काफी दयनीय थी। यद्यपि सत्रहवीं और अठारहवीं सदियों में ही ऐसे अनगिनत यात्रा-विवरण प्रकाशित हुए थे जिनमें आदिवासियों के बारे में यह जानकारी सर्वत्र बिखरी हुई थी कि वे घर्षण से आग पैदा करने के अलावा आग पैदा करने का अन्य कोई तरीका नहीं जानते थे, लेकिन भौतिकविदों की इसमें लगभग कोई दिलचस्पी नहीं थी। इसी प्रकार पूरी अठारहवीं सदी और उन्नीसवीं सदी के आरंभिक दशकों में भाप-इंजन में भी उनकी कोई दिलचस्पी नहीं रही। अधिकतर वे तथ्यों को सिर्फ दर्ज करके ही संतुष्ट हो गए थे।

अंत में, (उन्नीसवीं सदी के) तीसरे दशक में सादी कार्नो ने यह मामला अपने हाथ में लिया और इतनी कुशलता से हाथ में लिया कि उनकी सर्वोत्तम गणनाएं, जिन्हें बाद में क्लापेरों ने ज्यामितीय रूप में प्रस्तुत किया, आज भी क्लाउसियस और क्लार्क मैक्सवेल की कृतियों में अपनी वैधता कायम रखी है। सादी कार्नो इस समस्या की लगभग तह तक पहुंच गए थे। वे यदि इस समस्या को पूर्ण रूप से नहीं सुलझा पाए तो इसका कारण तथ्यपूर्ण सामग्री का अभाव नहीं था, बल्कि केवल एक पूर्व-कल्पित **गलत सिद्धांत** था। लेकिन यह गलत सिद्धांत किसी विद्वेषपूर्ण दर्शन ने भौतिकविदों पर नहीं थोपा था, बल्कि भौतिकविदों ने स्वयं गढ़ा था—स्वयं अपनी प्रकृतिवादी चिंतन-प्रणाली द्वारा, जिसे कथित रूप से आधिभौतिक-दार्शनिक प्रणाली से कहीं अधिक श्रेष्ठ समझा जाता था।

सत्रहवीं सदी में ऊष्मा को, कम-से-कम इंग्लैंड में, पिंडों का एक गुण माना जाता था :

> *'एक विचित्र प्रकार की गति**, *ऐसी गति जिसके स्वरूप की संतोषजनक व्याख्या कभी नहीं की गई।'*

---

* जोर स्वयं एंगेल्स द्वारा।—सं.

यह बात थामस थामसन ने कही थी, ऊष्मा के यांत्रिक सिद्धांत की खोज के दो साल पहले। (*Outline of the Sciences of Heat and Electricity*—'ऊष्मा और विद्युत के विज्ञानों की रूपरेखा'–दूसरा संस्करण, लंदन, 1840)[94] परंतु अठारहवीं सदी में यह दृष्टिकोण अधिकाधिक सामने आया कि ऊष्मा और प्रकाश, विद्युत व चुंबकत्व भी एक प्रकार के विशिष्ट पदार्थ हैं, और सामान्य द्रव्य से ये विशिष्ट पदार्थ इस माने में भिन्न है कि ये अतिसूक्ष्म होने के कारण भारहीन हैं।

विद्युत*

ऊष्मा की तरह विद्युत का भी, सिर्फ एक भिन्न रूप में, एक प्रकार का विश्वव्यापी स्वरूप है। पृथ्वी पर शायद ही कोई परिवर्तन घटित होता हो जिसके साथ विद्युत की घटना जुड़ी हुई न हो। यदि पानी की भाप बनती है, यदि आग जलती है, यदि दो भिन्न धातुएं, या भिन्न तापमान की दो धातुएं, स्पर्श करती हैं, अथवा लोहा ताम्र सल्फेट के घोल के संपर्क में आता है, इत्यादि, तो अधिक प्रत्यक्ष भौतिक और रासायनिक घटनाओं के साथ-साथ ही विद्युत प्रक्रियाएं भी घटित होती हैं। अत्यधिक असमान स्वरूप की प्राकृतिक प्रक्रियाओं की जितनी ही गहराई से हम खोजबीन करते हैं, उतने ही बिजली के बारे में हमें अधिक प्रमाण प्राप्त होते हैं। बावजूद इसके विश्वव्यापी स्वरूप के, बावजूद इस तथ्य के कि अर्द्ध शताब्दी से बिजली मानव-जाति की औद्योगिक सेवा में अधिकाधिक इस्तेमाल हो रही है, फिर भी यह प्रकृति की गति का ठीक वह रूप बनी हुई है जो अब भी गहनतम अंधकार से व्याप्त है। गैल्वनी बिजलीधारा की खोज ऑक्सीजन की खोज से लगभग 25 वर्ष कनिष्ठ है, और इस खोज का विद्युत के सिद्धांत के लिए कम-से-कम उतना ही महत्त्व है जितना कि ऑक्सीजन की खोज का रसायन विज्ञान के लिए है। लेकिन आज भी इन दोनों क्षेत्रों में कितनी भिन्नता है! रसायन में, खास कर डाल्टन की परमाणु-भार की खोज की बदौलत, तारतम्य है, उपलब्ध जानकारी के बारे में सापेक्ष निश्चितता है, और जो क्षेत्र अब तक अविजित है, उस पर व्यवस्थित रूप से, लगभग योजनाबद्ध तरीकों से, उसी प्रकार हमला किया जा रहा है जिस प्रकार किसी किले की स्थायी घेराबंदी की जाती है। विद्युत के सिद्धांत में ऐसे प्राचीन

---

* इस प्रकरण की तथ्यात्मक जानकारी के लिए हम मुख्य रूप से वीडेमान के इस ग्रंथ पर आश्रित हैं : *Lehre vom Galvanismus und Elektromagnetismus* (गैल्वनी-धारा और विद्युत-चुंबकत्व का सिद्धांत), ब्राउनश्वैइग, 1872-74.[95]

15 जून, 1882 की *Nature* (नेचर) पत्रिका में उल्लेख है कि "यह प्रशंसनीय कृति, इसके आगामी संस्करण में स्थिर विद्युत-विज्ञान का समावेश किए जाने पर, विद्युत पर अब तक प्रकाशित महानतम प्रायोगिक ग्रंथ बन जाएगी।'[96] **[एंगेल्स की टिप्पणी]**

और संदेहयुक्त प्रयोगों का व्यर्थ का काठ-कबाड़ भरा है जिन्हें न तो निश्चित रूप से प्रमाणित किया जा सकता है, न ही निश्चित रूप से अस्वीकार किया जा सकता है। अंधकार में टटोलने-जैसी स्थिति है। अनेकानेक अलग-अलग व्यक्ति असम्बद्ध अन्वेषण और प्रयोग में जुटे हुए हैं, और अपनी बिखरी शक्तियों से इस अज्ञात क्षेत्र पर उसी प्रकार आक्रमण कर रहे हैं जिस प्रकार खानाबदोश घुड़सवारों का झुंड हमला बोलता है। वस्तुतः, यह स्वीकार करना होगा कि विद्युत के क्षेत्र में डाल्टन-जैसी खोज, जिसने उस समूचे विज्ञान में अनुसंधान के लिए एक केंद्रीय और ठोस आधार प्रदान किया है, होनी अभी बाकी है। विद्युत के सिद्धांत के क्षेत्र में तत्त्वतः ऐसी उलझी हुई स्थिति होने के कारण एक व्यापक सिद्धांत की स्थापना करना फिलहाल असंभव हो गया है। इसी कारण इस क्षेत्र में एकांगी अनुभववाद का बोलबाला है। यह अनुभववाद काफी हद तक चिंतन में बाधा डालता है। यह अनुभववाद ठीक इसी कारण से न केवल गलत तरीके से सोचता है, बल्कि तथ्यों को सही रूप में इस्तेमाल नहीं कर पाता, उन्हें प्रस्तुत नहीं कर पाता। परिणामतः यह वास्तविक अनुभववाद के उलटे रास्ते पर चलने लग जाता है।

यदि आम तौर पर उन प्रकृति-वैज्ञानिकों को, जो प्रकृति के जर्मन दर्शन की सनकी प्रागनुभवात्मक अटकलबाजियों के बारे में कोई अपशब्द नहीं बोल सकते, अनुभववादी विचारधारा की सैद्धांतिक-भौतिकीय कृतियों को–न केवल समकालीन बल्कि काफी बाद की कृतियों को भी–पढ़ने का सुझाव दिया जाता है, तो यह बात विद्युत-सिद्धांत पर विशेष रूप से लागू होती है। 1840 में प्रकाशित एक कृति लीजिए : *An Outline of the Sciences of Heat and Electricity* (ऊष्मा और विद्युत विज्ञानों की रूपरेखा), लेखक हैं थामसन। वृद्ध थामसन अपने समय में सचमुच ही एक अधिकारी विद्वान थे; इसके अलावा उनके लिए अब तक के महानतम विद्युतविद् फैरेडे का काफी अधिक कृतित्व पहले से उपलब्ध था। फिर भी उनके ग्रंथ में कम-से-कम उतनी सनकी बातें तो हैं ही जितनी कि प्रकृति के अधिक पुराने हेगेलीय दर्शन के तद्विषयक भाग में हैं। उदाहरण के लिए, लगता है कि विद्युत-चिंगारी का विवरण हेगेल के तद्विषयक परिच्छेद का सीधा अनुवाद है। दोनों ही उन सभी चमत्कारों की जानकारी देते हैं जिन्हें लोग विद्युत-चिंगारी में, इसके वास्तविक स्वरूप और इसकी नानारूपता का ज्ञान होने के पहले, खोज रहे थे, और जिनके बारे में अब यह स्पष्ट हो गया है कि ये मुख्यतया विशिष्ट स्थितियां या भ्रांतियां हैं। इससे भी अधिक थामसन पृष्ठ 416 पर देस्साइग्ने के ऊटपटांग किस्सों को बड़ी गंभीरता से प्रस्तुत करते हैं। जैसे, चढ़ते बैरोमीटर और गिरते थर्मामीटर के साथ कांच रेजिन, रेशम, आदि को पारे में डुबोने पर ये पदार्थ ऋण विद्युत से युक्त हो जाते हैं, परंतु यदि बैरोमीटर गिर रहा हो और थर्मामीटर चढ़ रहा हो तो ये धन विद्युतयुक्त हो जाते हैं : कि गर्मी की ऋतु में सोना और अन्य कई धातुएं गर्म होने पर धनात्मक और ठंडी होने पर ऋणात्मक हो जाती

हैं, परंतु शीत ऋतु में स्थिति उलटी होती है; कि उच्च बैरोमीटर और उत्तरी हवा के साथ ये धातुएं अति-विद्युतमय हो जाती हैं—चढ़ते तापमान के साथ धनात्मक और गिरते तापमान के साथ ऋणात्मक, इत्यादि। जहां तक अनुभवपूर्व अटकलबाजी की बात है, थामसन हमारे लिए स्वयं फैरेडे-जैसी चोटी की प्रतिभा से प्राप्त किया गया विद्युत-चिंगारी का निम्नलिखित सिद्धांत प्रस्तुत करते हैं :

> *'चिंगारी एक विसर्जन है, या अनेक विद्युतपारक कणों की ध्रुवित प्रेरक अवस्था का कम होना है—एक बहुत छोटे व सीमित स्थान को घेरने वाले कुछ चंद कणों की एक विशिष्ट क्रिया द्वारा। फैरेडे सोचते हैं कि वे चंद कण जहां विसर्जन होता है, वहां महज दूर ढकेले नहीं जाते, बल्कि एक विशिष्ट अवस्था, उस समय के लिए एक अति उत्प्रेरक स्थिति प्राप्त कर लेते हैं; अर्थात् आसपास की शक्तियां क्रमशः उनके ऊपर फेंक दी गई हैं—परिस्थिति की ऐसी आनुपातिक तीव्रता में उठकर जो संभवतः रासायनिक रूप से संयोजित होनेवाले परमाणुओं के समान हैं, शक्तियों का विसर्जन करते हैं, संभवतः उसी प्रकार, जिस प्रकार वे अपना करते हैं, ऐसी किसी प्रक्रिया से जो आज हमें अज्ञात है। अंतिम परिणाम ठीक उसी प्रकार होता है, यदि कोई धात्विक कण उन विसर्जित कणों के स्थान पर रख दिया जाए, और यह असंभव नहीं प्रतीत होता कि प्रक्रिया का सिद्धांत दोनों मामलों में, समान सिद्ध हो जाए।'[97] थामसन कहते हैं, फैरेडे का यह स्पष्टीकरण मैंने उन्हीं के शब्दों में प्रस्तुत किया है, क्योंकि मैं इसे साफ-साफ समझ नहीं पाता हूं।*

निश्चय ही यह अनुभव दूसरे लोगों का भी रहा होगा, ठीक वैसा ही जब वे हेगेल में पढ़ते हैं कि विद्युत-चिंगारी में 'आवेशी पिंड की विशिष्ट द्रव्यात्मकता अभी इस प्रक्रिया में प्रवेश नहीं करती, बल्कि इसके अंदर तांत्रिक और आध्यात्मिक दृष्टि से निर्धारित होती है', और विद्युत 'सही माने में उस पिंड का रोष है, बुदबुदाहट है' उसका 'आत्मरोष' है जो 'प्रत्येक उत्तेजित किए गए पिंड द्वारा व्यक्त किया जाता है।' (*Naturphilosophie*—'प्रकृति दर्शन'—परिच्छेद 324, परिशिष्ट)।[98] बावजूद इसके हेगेल और फैरेडे का बुनियादी विचार एक-सा है। दोनों इस विचार का विरोध करते हैं कि विद्युत द्रव्य की एक अवस्था नहीं है, बल्कि द्रव्य का एक विशिष्ट, पृथक् प्रकार है। और चूंकि चिंगारी में विद्युत का प्रकटन किसी बाह्य द्रव्यात्मक अधःस्तर से स्वतंत्र, मुक्त और पृथक् रूप में होता है, और फिर भी इंद्रियों को इसकी अनुभूति होती है, इसलिए वे, उस समय की विज्ञान की अवस्था के अनुरूप, चिंगारी की कल्पना समस्त द्रव्य से क्षणमात्र के लिए मुक्त एक 'बल' की अस्थायी घटना के रूप में करते हैं। परंतु हमारे लिए यह एक सुलझी हुई पहेली है, क्योंकि

हम जानते हैं कि धातु-विद्युदाग्रों के बीच चिंगारी निरावेशन से वास्तविक 'धात्विक कण' छलांग लगाते हैं, और इसलिए 'आवेशी पिंड की विशिष्ट द्रव्यात्मकता' दरअसल 'इस प्रक्रिया में प्रवेश करती है।'

जैसाकि सर्वविदित है, आरंभ में विद्युत और चुंबकत्व को, ऊष्मा और प्रकाश की तरह, विशिष्ट प्रकार के भारहीन पदार्थ माना जाता था। जहां तक विद्युत का संबंध है, यह सर्वविदित है कि जल्दी ही यह मत प्रचलित हो गया कि दो विरोधी पदार्थों का, दो 'द्रवों' का अस्तित्व है–एक धनात्मक और दूसरा ऋणात्मक, जो सामान्य स्थिति में एक-दूसरे को तब तक निष्प्रभावित करते हैं जब तक उन्हें एक तथाकथित 'पृथक्करण की विद्युत शक्ति' द्वारा एक-दूसरे से अलग नहीं कर दिया जाता। इसलिए दो पिंडों को आवेशित करना संभव है–एक को धन विद्युत से और दूसरे को ऋण विद्युत से। इन्हें एक तीसरे चालक पिंड द्वारा संयुक्त करने पर समकरण होता है–परिस्थितियों के अनुसार या तो एकाएक या एक सतत विद्युत धारा के जरिये। आकस्मिक समकरण तो काफी सरल और बोधगम्य प्रतीत हुआ, परंतु धारा के मामले में कठिनाइयां उपस्थित हुईं। इस सरलतम परिकल्पना का, कि हर मामले में धारा या तो शुद्ध धन विद्युत का या शुद्ध ऋण विद्युत का प्रवाह है, फेखनेर ने विरोध किया, और वेबेर ने अधिक गहराई से किया–इस मत के आधार पर कि प्रत्येक बंद परिपथ में धन और ऋण विद्युत की दो समान धाराएं पिंडों के भारयुक्त अणुओं के बीच पास-पास की सरणियों में विपरीत दिशाओं में प्रवाहित होती हैं। इस सिद्धांत का वेबेर का विस्तृत गणितीय विवेचन अंत में इस निष्कर्ष पर पहुंचता है कि, एक फलन को, जिससे हमें यहां कोई मतलब नहीं है, एक राशि $\frac{1}{r}$ से गुना किया जाता है, जहां $\frac{1}{r}$ 'विद्युत की इकाई का मिलीग्राम से...अनुपात''* व्यक्त करता है, (वीडेमान, *Lehre vom Galvanismus,* इत्यादि, भाग 3, पृ. 569)। भार के एक माप का अनुपात निश्चय ही केवल एक भार अनुपात ही हो सकता हैं। अतः एकांगी अनुभववाद गणना में चिंतन के प्रयोग को इस सीमा तक भुला चुका है कि यह यहां भारहीन विद्युत को भारयुक्त तक बना देता है और गणितीय गणना में इसके भार को समाविष्ट करता है।

वेबेर ने जो सूत्र प्राप्त किए थे, वे एक निश्चित सीमा तक ही उपयुक्त थे, और विशेषकर हेल्महोल्ट्ज ने केवल चंद साल पहले उनके आधार पर गणना करके ऐसे निष्कर्ष प्राप्त किए जो ऊर्जा की अविनाशिता के सिद्धांत के प्रतिकूल है। विपरीत दिशाओं में प्रवहमान दोहरी धारा वाली वेबेर की परिकल्पना के विरोध में का. नेउमान ने 1871 में यह परिकल्पना प्रस्तुत की कि धारा में दो विद्युतों में से केवल एक, जैसे धन विद्युत, बहती है, और दूसरी–ऋण

---

* जोर स्वयं एंगेल्स द्वारा।–सं.

विद्युत—उस पिंड के द्रव्यमान से दृढ़ रूप से आबद्ध रहती है। इस पर वीडेमान टिप्पणी जोड़ते हैं :

> *'इस परिकल्पना को वेबेर की परिकल्पना के साथ जोड़ा जा सकता है यदि वेबेर की कल्पना के विपरीत दिशाओं में प्रवाहमान $\pm\frac{1}{2}e$ विद्युत द्रव्यमानों की दोहरी धारा के साथ बाह्यतः निष्क्रिय,* ***उदासीन विद्युत की धारा**** *और जोड़ी जाए, जो अपने साथ धनात्मक धारा की दिशा में $\pm\frac{1}{2}e$ विद्युत की मात्राएं ले जाती है' (भाग 3, पृ. 577)।*

पुनः एक बार यह साध्य भी एकांगी अनुभववाद का द्योतक है। किसी तरह विद्युत को प्रवाहित देखने के लिए इसे धनात्मक और ऋणात्मक में विभाजित किया गया है। परंतु इन दो पदार्थों से धारा की व्याख्या करने के सारे प्रयासों को कठिनाइयों का सामना करना पड़ता है : ये दोनों मान्यताएं कि प्रत्येक मामले में धारा में केवल एक विद्युत मौजूद होती है और उनमें से दो एक साथ विपरीत दिशाओं में प्रवहमान होती है, और अंत में यह तीसरी मान्यता भी कि एक विद्युत बहती है और दूसरी स्थिर रहती है। यदि हम इस अंतिम मान्यता को स्वीकार करते हैं, तो इस अबोधगम्य विचार की किस प्रकार व्याख्या करें कि ऋण विद्युत, जो स्थिर विद्युत मशीन व लीडन जार में काफी गतिशील रहती है, धारा में पिंड के द्रव्यमान के साथ दृढ़ता से आबद्ध रहती है? बड़ा आसान है। तार में दाईं ओर बहने वाली धनात्मक धारा $+e$ और बाईं ओर बहने वाली ऋणात्मक धारा $-e$ के अलावा हम एक और धारा को, इस बार तटस्थ धारा, $\pm\frac{1}{2}e$ को दाईं ओर बहाते हैं। सर्वप्रथम हम कल्पना करते हैं कि, दोनों विद्युतों को, किसी तरह प्रवाहित करने के लिए, एक-दूसरे से पृथक् करना जरूरी है, और पृथक् की गई विद्युतों की धारा पर प्रकट होनेवाली घटनाओं की व्याख्या करने के लिए, हम कल्पना करते हैं कि वे अपृथक् रहकर भी प्रवाहित हो सकती है। किसी विशिष्ट घटना की व्याख्या करने के लिए प्रथम हम एक चीज की कल्पना करते हैं, और पहली कठिनाई सामने आते ही हम एक दूसरी कल्पना करते हैं, जो पहली का निषेध करती है। वह किस प्रकार का दर्शन होगा जिसकी शिकायत करने का इन महानुभावों को अधिकार है?

परंतु विद्युत के इस द्रव्यमान वाले मत के साथ जल्दी ही एक दूसरा मत भी सामने आया, जिसके अनुसार, विद्युत को पिंड की महज एक अवस्था, एक "बल", या जैसाकि हम आज कहेंगे, गति का एक विशिष्ट रूप, माना जाना चाहिए। हमने ऊपर देखा है कि हेगेल, और बाद में फैरेडे, इस मत के समर्थक थे। जब ऊष्मा के यांत्रिक तुल्यमान के आविष्कार ने एक विशिष्ट 'ऊष्मा पदार्थ' के विचार को

---

* जोर स्वयं एंगेल्स द्वारा।—सं.

अनंतः समाप्त कर दिया, और यह स्पष्ट हो गया कि ऊष्मा एक आणविक गति है, तो अगला कदम था विद्युत को भी इस नई विधि से समझना और इसके यांत्रिक तुल्यमान को निर्धारित करना। इस प्रयास में पूरी सफलता मिली। खास कर जूल, फाव्र और रौल्ट के प्रयोगों से न केवल गैल्वनी धारा के तथाकथित 'विद्युत-वाहक बल' के यांत्रिक व तापीय तुल्यांक की स्थापना हुई, बल्कि जनित्र सेल में रासायनिक प्रक्रियाओं द्वारा निर्मित या विद्युत-विश्लेषी सेल में प्रयुक्त हुई ऊर्जा का पूर्ण तूल्यांक भी स्थापित हुआ। इससे यह मान्यता अधिकाधिक अतर्कसंगत बनती गई कि विद्युत एक विशिष्ट द्रव्यात्मक धाराप्रवाह है।

परंतु ऊष्मा और विद्युत के बीच का सादृश्य परिपूर्ण नहीं था। ऊष्मा के चालन से गैल्वनी धारा अभी भी कई प्रमुख बातों में भिन्नता रखती थी। अभी भी यह बता पाना संभव नहीं था कि वह क्या चीज है जो विद्युत से प्रभावित पिंडों में गतिमान होती है। ऊष्मा के किसी मामले की तरह महज एक आणविक कंपन की मान्यता अपर्याप्त प्रतीत हुई। विद्युत-गति के अतिविशाल वेग के कारण, जो प्रकाश के वेग से भी अधिक है,[99] इस विचार पर विजय पाने में कठिनाई रही कि यहां पिंड के अणुओं के बीच कोई भौतिक पदार्थ गतिमान है। यहां अभी हाल में प्रस्तुत किए गए क्लार्क मैक्सवेल (1864), हांकेल (1865), रेनार (1870), और एडलुंड (1872) के सिद्धांत, फैरेडे द्वारा 1846 में पहली बार सुझाई गई इस मान्यता के साथ पूर्ण रूप से मेल खाते हैं कि विद्युत एक ऐसे प्रत्यास्थ माध्यम की गति है जो समस्त दिक् में, और इसलिए सभी पिंडों में भी, व्याप्त है, और इस माध्यम के अतिसूक्ष्म कण एक-दूसरे को दूरी के वर्ग के व्युत्क्रम के नियम के अनुसार विकर्षित करते हैं। अन्य शब्दों में, यह ईथर कणों की एक गति है, और इस गति में पिंड के अणु भाग लेते हैं। परंतु इस गति के स्वरूप के बारे में विभिन्न सिद्धांतों के भिन्न-भिन्न विचार हैं। मैक्सवेल, हांकेल और रेनार के सिद्धांत भी, भ्रमिल गति के आधुनिक अनुसंधानों को, अपना आधार बनाकर, इसकी विभिन्न प्रकार से भ्रमिलों से व्याख्या करते हैं, अतः वृद्ध दकार्त का भ्रमिल भी पुनः अधिकाधिक नए क्षेत्रों में समर्थन प्राप्त कर रहा है। हम इन सिद्धांतों की गहराई में नहीं जाना चाहते। वे एक-दूसरे से गहरी भिन्नता रखते हैं और उनमें आगे निश्चय ही अनेक रूपांतर होंगे। परंतु उनकी सर्वनिष्ठ बुनियादी धारणा में एक निर्णायक विकास देखने को मिलता है : यह कि विद्युत ऐसे प्रकाशवाही ईथर कणों की एक गति है जो समस्त भारयुक्त द्रव्य में प्रवेश करते हैं, और उनकी यह गति पिंड के अणुओं को प्रभावित करती है। यह धारणा पहले की दो धारणाओं से मेल खाती है। इस धारणा के अनुसार विद्युत-संबंधी घटनाओं में दरअसल कोई वास्तविक चीज होती है, भारयुक्त द्रव्य से भिन्न कोई चीज होती है जो

गतिमान होती है। परंतु यह चीज स्वयं विद्युत नहीं है, विद्युत जोकि गति का एक रूप सिद्ध होती है, हालांकि यह भारयुक्त द्रव्य की तात्कालिक, साक्षात गति का एक रूप नहीं है। जबकि, एक ओर ईथर का सिद्धांत दो विरोधी विद्युत द्रवों के पुराने भोंडे विचार से छुटकारा पाने का मार्ग दिखाता है, दूसरी ओर यह इस व्याख्या के लिए संभावना जुटाता है कि, विद्युत गति का वास्तविक, भौतिक अधःस्तर **क्या** है, **किस** प्रकार की चीज है जिसकी गति विद्युत घटनाओं का निर्माण करती है।

ईथर के सिद्धांत को **एक** निर्णायक सफलता पहले ही प्राप्त हो चुकी है। जैसाकि सर्वविदित है, कम-से-कम एक बिंदु ऐसा है जहां विद्युत प्रकाश की गति को प्रत्यक्षतः बदलती है : यह प्रकाश के ध्रुवण-समतल को घुमाती है। क्लार्क मैक्सवेल अपने सिद्धांत के आधार पर, जिसकी ऊपर चर्चा की जा चुकी है, गणना करते हैं कि किसी पिंड की विद्युतीय विशिष्ट प्रेरणा-क्षमता इसके अपवर्तनांक के वर्ग के बराबर होती है। बोल्ट्ज़मान ने विभिन्न असंवाहकों के विद्युदपार्य स्थिरांकों का अध्ययन किया है, और उन्होंने पता लगाया है कि गंधक, गंधराल और पैरेफिन में इन स्थिरांकों के वर्गमूल क्रमशः उनके अपवर्तनांकों के बराबर हैं। सर्वाधिक अंतर—गंधक में—केवल 4 प्रतिशत निकला। परिणामतः, मैक्सवेलीय ईथर सिद्धांत इस मामले में इस प्रकार प्रायोगिक रूप से प्रमाणित हो गया।

परंतु इन परस्परतः विरोधी परिकल्पनाओं से ठोस सारतत्त्व प्राप्त करने के लिए नए प्रयोगों के सिलसिले में लंबे समय और बहुत अधिक श्रम की जरूरत पड़ेगी। तब तक, या जब तक ईथर सिद्धांत का भी स्थान कोई नितांत नया सिद्धांत नहीं ले लेता, तब तक विद्युत का सिद्धांत अपने को कष्टकर स्थिति में बनाए रखकर एक ऐसी अभिव्यंजना का इस्तेमाल करता रहेगा जो अपने में गलत है। इस सिद्धांत की समूची शब्दावली अभी भी दो विद्युत द्रव-धाराओं की धारणा पर आधारित है। यह सिद्धांत अभी भी बड़ी निर्लज्जता से 'पिंडों में प्रवहमान विद्युत द्रव्यमानों की', 'प्रत्येक अणु में विद्युतों के विभाजन', आदि की चर्चा करता है। यह एक दुर्भाग्य की बात है, जो अधिकांशतः, जैसाकि पहले बताया गया है, विज्ञान की वर्तमान सांक्रांतिक अवस्था का अवश्यंभावी परिणाम है, परंतु यह, खास कर विज्ञान की इस शाखा में व्याप्त एकांगी अनुभववाद के कारण, चिंतन के मौजूदा विभ्रम को कायम रखने में भी कम सहयोग नहीं देती।

अब यह माना जा सकता है कि तथाकथित स्थिर या घर्षण विद्युत और गतिक विद्युत या गैल्वनी धारा के बीच का विरोध समाप्त हो गया है, क्योंकि हम विद्युत मशीन से निरंतर धाराएं पैदा करना और, उलटे गैल्वनी धारा से तथाकथित स्थिर विद्युत पैदा करना, लीडन जारों को आवेशित करना, आदि सीख चुके हैं। यहां हम स्थिर विद्युत के उपरूप या चुंबकत्व पर—अब इसे भी विद्युत का एक उपरूप माना जाता

है—विचार नहीं करेंगे। किसी भी तरह इस क्षेत्र से संबंधित घटनाओं की सैद्धांतिक व्याख्या गैल्वनी धारा के सिद्धांत में खोजनी होगी, और इसलिए हम अपने को प्रमुखतः इसी क्षेत्र तक सीमित रखेंगे।

एक सतत धारा का निर्माण कई प्रकार से किया जा सकता है। यांत्रिक द्रव्यमान गति **सीधे**, घर्षण द्वारा, प्रथमतः केवल स्थिर विद्युत पैदा करती है, और एक सतत धारा का निर्माण ऊर्जा के केवल अत्यधिक क्षय के साथ; अधिकांश के लिए, कम-से-कम, विद्युत गति में रूपांतरित होने के लिए चुंबकत्व के हस्तक्षेप की जरूरत पड़ती है, जैसाकि ग्राम्मे, सीमेंस और दूसरों की प्रसिद्ध चुंबक-विद्युत मशीनों में होता है। ऊष्मा को सीधे एक विद्युत धारा में बदला जा सकता है, जैसाकि, उदाहरण के लिए, दो भिन्न धातुओं के संधिस्थल पर होता है। रासायनिक क्रिया द्वारा मुक्त हुई ऊर्जा, जो सामान्य स्थितियों में ऊष्मा के रूप में प्रकट होती है, समुचित परिस्थितियों के अंतर्गत विद्युत गति में बदल जाती है। विपरीत, विद्युत गति, जैसी ही आवश्यक परिस्थितियां जुट जाती है, किसी भी अन्य गति-रूप में बदल जाती है : द्रव्यमान गति में (अत्यंत अल्प सीमा तक विद्युत-गतिकीय आकर्षण और विकर्षण में; परंतु अत्यधिक सीमा तक पुनः चुंबकत्व के हस्तक्षेप के जरिये विद्युत-चुंबकीय मशीन में); ऊष्मा में—एक समूचे बंद परिपथ में, बशर्ते कि दूसरे परिवर्तनों को न लाया जाए; रासायनिक ऊर्जा में—परिपथ में प्रविष्ट विद्युत-अपघटनी सेलों और वोल्टामीटरों में, जहां धारा उन यौगिकों को विघटित करती है जिन पर दूसरे साधनों का उपयोग निष्फल रहता है।

ये सभी रूपांतरण गति के—इसके सभी रूप-परिवर्तनों में—परिमाणात्मक तुल्यमान के बुनियादी नियम से नियोजित होते हैं। या, जैसाकि वीडेमान इसके बारे में कहते हैं : 'बल की अविनाशिता के नियम के अनुसार धारा के निर्माण के लिए किसी भी प्रकार से खर्च किया गया यांत्रिक कार्य धारा के सभी प्रभावों को पैदा करने में खर्च किए गए कार्य के बराबर होना चाहिए' (भाग 3. पृ. 472)। द्रव्यमान गति या ऊष्मा के विद्युत में* परिवर्तन के बारे में हमें यहां कोई कठिनाई नहीं होती; यह दिखाया जा चुका है कि तथाकथित 'विद्युतवाहक बल' पहली स्थिति में उस गति पर प्रयुक्त कार्य के बराबर है, और दूसरी स्थिति में यह 'तापीय पुंज के प्रत्येक संधिस्थल पर इसके परम तापमान के सीधे अनुपात में है' (वीडेमान, 3, पृ. 482),

---

* मैं विद्युत गति के अर्थ में 'विद्युत' शब्द का इस्तेमाल उसी औचित्य के साथ करता हूं जिस औचित्य के साथ आम शब्द 'ऊष्मा' का इस्तेमाल उस गति के रूप के लिए किया जाता है जिसे हमारी इंद्रिय ऊष्मा के रूप में ग्रहण करती है। इसमें आपत्ति की गुंजाइश कम रहेगी, क्योंकि विद्युत की **तनाव** अवस्था के साथ इसकी संभव भ्रांति को यहां पहले ही स्पष्ट रूप से दूर कर दिया गया है। [**एंगेल्स की टिप्पणी**]

अर्थात्, निरपेक्ष इकाइयों द्वारा मापी गई प्रत्येक संधिस्थल पर विद्यमान ऊष्मा की मात्रा के सीधे अनुपात में। यही नियम वस्तुतः रासायनिक ऊर्जा से निर्मित विद्युत के लिए भी वैध प्रमाणित हो चुका है। परंतु यहां यह मामला उतना सरल प्रतीत नहीं होता, कम-से-कम आजकल प्रचलित सिद्धांत के लिए। इसलिए हम इस विषय में कुछ अधिक गहराई में उतरेंगे।

गैल्वनी पुंज की अभिक्रिया द्वारा गति के रूपांतरणों पर किए गए सर्वोत्तम प्रयोगों में से कुछ हैं फाव्र के प्रयोग (1857-58)।[100] उन्होंने पांच तत्त्वों के एक स्मी पुंज को एक ऊष्मामापी में रखा, एक अन्य ऊष्मामापी में उन्होंने एक छोटी विद्युत-चुंबकीय मोटर रखी, इस प्रकार कि प्रमुख धुरी और घिरनी-चक्र बाहर निकला रहे, ताकि इनका किसी भी प्रकार के संयोजन के लिए इस्तेमाल किया जा सके। एक ग्राम हाइड्रोजन या जस्ते के 32.6 ग्राम घोल (जस्ते के पुराने रासायनिक समसंयोजक, अब स्वीकृत परमाणु-भार 65.2 के आधे के बराबर, और ग्रामों में व्यक्त) के पुंज के प्रत्येक उत्पादन के निम्न परिणाम प्राप्त हुए :

क. पुंज ऊष्मामापी में बंद, मोटर वर्जित : ऊष्मा उत्पादन 18,682 या 18,674 ऊष्मा-इकाइयां।

ख. पुंज और मोटर बंद परिपथ में संयुक्त, परंतु मोटर को चलने से रोका गया : पुंज में ऊष्मा 16,448, मोटर में 2,219 दोनों मिलाकर 18,667 ऊष्मा-इकाइयां।

ग. ख की तरह, परंतु मोटर गतिमान, पर भार को उठाए बिना : पुंज में ऊष्मा 13,888, मोटर में 4,769 दोनों मिलाकर 18,657 ऊष्मा-इकाइयां।

घ. ग की तरह, पर मोटर एक भार को उठाती है और इस प्रकार यांत्रिक कार्य करती है = 131.24 किलोग्राम-मोटर : पुंज में ऊष्मा 15,427, मोटर में 2947, कुल 18,374 ऊष्मा-इकाइयां; उपर्युक्त 18,682 ऊष्मा-इकाइयों की तुलना में 308 ऊष्मा-इकाइयों का लोप। परंतु 131.24 किलोग्राम-मीटर के बराबर संपन्न हुआ यांत्रिक कार्य, गुना 1000 (किलोग्रामों को रासायनिक परिणामों के ग्रामों के समकक्ष लाने के लिए) और ऊष्मा के यांत्रिक तुल्यांक 423.5 किलोग्राम-मीटरों[101] से विभाजन द्वारा 309 ऊष्मा-इकाइयां प्रदान करता है, जो संपन्न यांत्रिक कार्य के ऊष्मा तुल्यांक के उपर्युक्त लोप के ठीक बराबर है।

अतः गति का तुल्यांक, इसके सभी रूपांतरणों में, अनिवार्य मूल की सीमा के भीतर, विद्युत गति के लिए भी आश्चर्यजनक रूप से प्रमाणित हो गया है। और इसी तरह प्रमाणित हुआ है कि गैल्वनी बैटरी का 'विद्युतवाहक बल' विद्युत में परिवतर्तित रासायनिक ऊर्जा के अलावा कुछ नहीं है, और स्वयं बैटरी एक ऐसे उपकरण के अलावा कुछ नहीं है जो रासायनिक ऊर्जा को इसका उत्सर्जन होने पर

विद्युत में बदल देता है, जिस प्रकार एक भाप-इंजन इसमें पहुंचाई गई ऊष्मा को यांत्रिक गति में बदलता है, दोनों ही स्थितियों में परिवर्तक उपकरणों द्वारा अपनी ओर से अतिरिक्त ऊर्जा प्रदान किए बिना।

परंतु परंपरागत विचारधारा के संदर्भ में यहां एक कठिनाई उपस्थित होती है। यह विचारधारा बैटरी पर, इसमें द्रवों व धातुओं के बीच विद्यमान संपर्क-परिस्थितियों के कारण, 'पृथक्करण के' एक 'विद्युत बल' का आरोपण करती है। यह बल विद्युतवाहक बल के समानुपात में है और इसलिए एक प्रदत्त बैटरी के लिए ऊर्जा की एक निश्चित मात्रा का द्योतक है। तब इस पृथक्करण की विद्युत-ऊर्जा का, ऊर्जा के इस स्रोत का, जो परम्परागत विचारधारा के अनुसार एक प्रकार से बिना रासायनिक अभिक्रिया के ही बैटरी में अंतर्निहित है, रासायनिक अभिक्रिया द्वारा मुक्त हुई ऊर्जा के साथ क्या संबंध है? और यदि यह ऊर्जा-स्रोत रासायनिक अभिक्रिया से स्वतंत्र है, तो इसके द्वारा प्रदत्त ऊर्जा कहां से आती है?

यह सवाल, कमोबेश अस्पष्ट रूप में, दो सिद्धांतों के बीच का विवादबिंदु है—वोल्टा द्वारा प्रतिपादित संयोग या संपर्क सिद्धांत, और इसके तुरंत बाद प्रस्तुत किया गया गैल्वनी धारा का रासायनिक सिद्धांत।

संयोग सिद्धांत ने धारा की व्याख्या उन विद्युत तनावों से की जो पैदा होते हैं बैटरी में धातुओं का एक या अनेक द्रवों से संयोग होने पर या स्वयं द्रवों का ही महज संयोग होने पर, और उनके निरावेशन से या परिपथ में इस प्रकार उत्पादित विरोधी विद्युतों से। शुद्ध संयोग सिद्धांत इस प्रकार घटित होनेवाले किसी भी रासायनिक परिवर्तन को नितांत गौण मानता था। दूसरी ओर, काफी पहले 1805 में रिट्टेर का मत था कि धारा का निर्माण केवल तभी हो सकता है यदि उत्तेजक, परिपथ के बंद होने के भी **पहले**, रासायनिक रूप से अभिक्रिया उत्पन्न करते हैं। सामान्यतः इस पुराने रासायनिक सिद्धांत को वीडेमान ने इस प्रकार सार-संक्षिप्त किया है (भाग 1. पृ. 784) कि इसके अनुसार तथाकथित संयोग-विद्युत :

> *'केवल तभी अपने को प्रकट करती है जब उसी समय संयोजित पिंडों की वास्तविक रासायनिक अभिक्रिया सम्पन्न होती है, या कम-से-कम रासायनिक संतुलन में गड़बड़ होती है, भले ही यह रासायनिक प्रक्रियाओं से सीधे सम्बद्ध न हो; यह संयोजित पिंडों के बीच, रासायनिक अभिक्रिया की ओर प्रवृत्ति है।'*

यह देखा जा सकता है कि दोनों पक्ष धारा की ऊर्जा के स्रोत के सवाल को केवल परोक्ष रूप में पेश करते हैं, और दरअसल इससे भिन्न उस समय कुछ संभव भी नहीं हो सकता था। वोल्टा और उनके उत्तराधिकारियों ने इसे बिल्कुल सुव्यवस्थित पाया कि विषमांग पिंडों का महज संयोग एक सतत धारा का निर्माण

करे, और फलस्वरूप बिना समान वापसी के निश्चित कार्य कर सके। रिट्टेर और उनके समर्थक भी ठीक उतनी ही कम स्पष्टता से जानते हैं कि रासायनिक अभिक्रिया द्वारा बैटरी किस प्रकार धारा का निर्माण करती है और यह धारा किस प्रकार अपना काम करती है। परंतु यदि इस सवाल को रासायनिक सिद्धांत के लिए जूल, फाव्र, रौल्ट और दूसरों ने काफी पहले हल कर दिया है, तो संयोग सिद्धांत का मामला एकदम उलटा है। जहां तक इसके दृढ़ बने रहने की बात है, यह तत्त्वतः वहीं पर टिका हुआ है जहां से इसका आरंभ हुआ था। एक कालावधि की धारणाएं लम्बे समय तक जीवित रहीं, ऐसी कालावधि जब एक विशिष्ट प्रभाव के लिए सबसे पहले उपलब्ध होनेवाले और सतह पर दिखाई देनेवाले प्रत्यक्ष कारण को जिम्मेदार मानकर हमें संतुष्ट हो जाना पड़ता है, भले ही इस प्रकार स्वीकार करना पड़े कि गति का उद्भव शून्यता से होता है—ऐसी धारणाओं को स्वीकार करना पड़े जो ऊर्जा की अविनाशिता के नियम का प्रत्यक्षतः खंडन करती है, इस प्रकार की धारणाएं विद्युत के सिद्धांत में आज भी मौजूद है। और यदि इन विचारों के सर्वाधिक आपत्तिजनक पहलुओं से कतराया जाए, इन्हें दबाया जाए, निस्तेज बनाया जाए, इनका महत्त्व घटाया जाए, तब भी स्थितियों में कोई सुधार नहीं होता : भ्रामकता का और भी अधिक बढ़ जाना लाजिमी है।

जैसाकि हमने देखा है, धारा का पुराना रासायनिक सिद्धांत भी घोषित करता है कि धारा के निर्माण के लिए बैटरी के संपर्क-संबंध परमावश्यक हैं: इसकी केवल यही मान्यता है कि इन संपर्कों से, इसके साथ-ही-साथ की रासायनिक अभिक्रिया के बिना, सतत धारा कदापि प्राप्त नहीं की जा सकती। और आज भी इसे सहज रूप में स्वीकार किया जाता है कि बैटरी की संपर्क-योजना वह ठीक-ठीक उपकरण प्रस्तुत करती है जिसके जरिये विमुक्त रासायनिक ऊर्जा विद्युत में रूपांतरित हो जाती है, और यह मुख्य रूप से इस संपर्क-योजना पर निर्भर करता है कि वस्तुतः कितनी रासायनिक ऊर्जा विद्युत गति में परिवर्तित होती है।

वीडेमान, एक एकांगी अनुभववादी की तरह, पुराने संपर्क सिद्धांत में जो कुछ बचाने लायक है, उसे बचाने का प्रयत्न करते हैं। आइए, देखें कि वह क्या कहना चाहते हैं :

'पहले की मान्यता के विपरीत', वीडेमान कहते हैं (भाग 1, पृ. 799) : 'रासायनिक दृष्टि से निष्क्रिय पिंडों के, यानी धातुओं के, संपर्क का प्रभाव ***पुंज के सिद्धांत के लिए न अपरिहार्य है**** *, न ही इन तथ्यों से प्रमाणित होता है कि* ***ओम*** *ने अपना नियम इससे प्राप्त किया है—एक ऐसा नियम, जिसे इस मान्यता के बिना प्राप्त किया जा सकता है, और*

---

* जोर स्वयं एंगेल्स द्वारा।—सं.

कि इसी प्रकार फेखनेर ने, जिन्होंने प्रायोगिक रूप से इस नियम की पुष्टि की, संपर्क सिद्धांत की रक्षा की। फिर भी, धात्विक संपर्क द्वारा विद्युत के उद्दीपन को, कम-से-कम अब उपलब्ध प्रयोगों के अनुसार, अस्वीकार नहीं किया जा सकता, भले ही इस मामले में प्राप्त किए गए परिमाणात्मक निष्कर्ष अनिवार्य अनिश्चितता से दूषित हों, अनिश्चितता, जो संपर्क में आनेवाले पिंडों की सतहों को पूर्णतः साफ रख पाना असंभव होने के कारण है।'*

लगता है कि संपर्क सिद्धांत अत्यंत विनम्र हो गया है। यह स्वीकार करता है कि धारा की व्याख्या के लिए यह बिलकुल अनिवार्य नहीं है, और इसे न ओम ने सैद्धांतिक रूप से प्रमाणित किया है, न ही फेखनेर ने प्रायोगिक रूप से सिद्ध किया है। यह इस बात को भी स्वीकार करता है कि तथाकथित मूलभूत प्रयोग–अभी भी केवल इन्हीं पर यह आश्रित रह सकता है–परिमाणात्मक स्वरूप के अनिश्चित निष्कर्षों के अलावा और कुछ नहीं प्रदान कर सकते, और अंत में यह सिद्धांत हमें महज इतना मान लेने को कहता है कि सामान्यतः संपर्क के–हालांकि केवल धातुओं के–जरिये विद्युत गति पैदा होती है।

यदि संपर्क सिद्धांत इतने तक ही संतुष्ट रहा, तो इसके खिलाफ एक शब्द भी कहने की आवश्यकता नहीं रही। यह निश्चय ही मान लिया जाएगा कि दो धातुओं का संपर्क होने पर विद्युत घटनाएं घटित होती हैं, जिनके जरिये आयोजित मेढक के पैर को झटकाया जा सकता है, विद्युतदर्शी को आवेशित किया जा सकता है, और अन्य क्रियाएं सम्पन्न की जा सकती हैं। परंतु सर्वप्रथम उठने वाला सवाल केवल यही होता है : इसके लिए आवश्यक ऊर्जा कहां से आती है?

इस सवाल का उत्तर देने के लिए, वीडेमान के अनुसार (भाग 1, पृ. 14), हम :

*'**कमोबेश निम्नलिखित*** विचार प्रस्तुत करेंगे : यदि विषमांगी धातुपट्टियां A और B को एक-दूसरे के काफी नजदीक लाया जाए, तो वे आसंजन के बलों के कारण एक-दूसरे को आकर्षित करती है। एक-दूसरे से संपर्क हो जाने पर इस आकर्षण द्वारा उन्हें प्रदान की गई गति की गतिज ऊर्जा को वे खो देती हैं। (यदि हम मान लेते हैं कि धातुओं के अणु स्थायी कम्पन की अवस्था में हैं, तो यह भी **हो सकता*** है कि यदि विषमांगी धातुओं के संपर्क में आने पर साथ-साथ कंपायमान न होनेवाले अणु संपर्क में आते हैं, गतिज ऊर्जा (vis viva) के व्यय के साथ उनके कम्पन में बदल जाती है।) विलोपित ऊर्जा, **काफी हद तक***, ऊष्मा में बदल जाती है। परंतु इसका एक **छोटा हिस्सा*** उन विद्युतों के एक*

* जोर स्वयं एंगेल्स द्वारा।–सं.

भिन्न वितरण की स्थापना में खर्च होता है जो पहले अपृथक् होती हैं। जैसाकि हम पहले ऊपर बता चुके हैं, एक दूसरे के समीप लाए गए पिंड ***संभवतः**** *दो विद्युतों के असमान आकर्षण के कारण, धन और ऋण विद्युतों की समान मात्राओं से आवेशित हो जाते हैं।'*

संपर्क सिद्धांत की विनम्रता अधिकाधिक बढ़ती जाती है। प्रथम यह स्वीकार किया जाता है कि, पृथक्करण का शक्तिशाली विद्युत-बल जिसे बाद में एक बहुत बड़ा कार्य करना होता है, स्वयं में अपनी कोई ऊर्जा नहीं रखता, और इसे यदि बाहर से ऊर्जा प्रदान न की जाए तो यह कार्य नहीं कर सकता। और तब इस सिद्धांत ने इसे एक अल्प ऊर्जा-स्रोत से अधिक स्रोत, आसंजन की गतिज ऊर्जा (*vis viva*) प्रदान की, जो मुश्किल से मापी जानेवाली दूरियों पर केवल सक्रिय होती है और जो उन पिंडों को मुश्किल से मापी जानेवाली दूरी तक आगे बढ़ाती है। परंतु इसमें कोई विशेष बात नहीं है : इसका असंदिग्ध रूप से अस्तित्व है और संपर्क के बाद असंदिग्ध रूप से ही इसका लोप होता है। परंतु यह अल्प स्रोत भी अभी हमारे प्रयोजन के लिए काफी अधिक ऊर्जा प्रदान करता है : एक **बड़ा** भाग ऊष्मा में बदल जाता है और केवल एक **छोटा** भाग पृथक्करण के विद्युत-बल को उत्पन्न करने के काम आता है। अब, यद्यपि यह भली-भांति विदित है कि प्रकृति में ऐसी अनेक स्थितियां हैं जहां अत्यंत अल्प आवेग अत्यंत शक्तिशाली प्रभाव पैदा करते हैं, वीडेमान स्वयं यह अनुभव करते जान पड़ते हैं कि उनका अत्यल्प ऊर्जा-स्रोत यहां के लिए मुश्किल से ही पर्याप्त हो सकता है, और वह एक संभाव्य दूसरे स्रोत की कल्पना संपर्क-सतहों पर उन दो धातुओं के आणविक कंपनों के व्यतिकरण में करते हैं। यहां उपस्थित होनेवाली अन्य कठिनाइयों के अलावा, ग्रूव और गास्सिओट ने दिखाया है कि विद्युत को आवेशित करने के लिए वास्तविक संपर्क बिलकुल अपरिहार्य नहीं है, जैसाकि स्वयं वीडेमान हमें पिछले पृष्ठ पर बताते हैं। संक्षेप में, जितना ही अधिक हम इसका परीक्षण करते हैं, पृथक्करण के विद्युत-बल का ऊर्जा-स्रोत उतना ही अधिक शून्य की ओर घटता जाता है।

फिर भी अभी तक हमें धात्विक संपर्क पर विद्युत के उत्तेजन के लिए किसी अन्य ऊर्जा-स्रोत की जानकारी नहीं के बराबर है। नाउमान के अनुसार (Allgemeine and physikalische Chemie, हाइडेलबर्ग, 1877, S 675) 'संपर्क विद्युतवाहक बल ऊष्मा को विद्युत में बदल देते हैं', वह समझते हैं कि, 'यह अनुमान स्वाभाविक है कि विद्युत गति पैदा करने की इन बलों की क्षमता विद्यमान ऊष्मा-मात्रा पर निर्भर करती है, या अन्य शब्दों में, यह तापमान का एक फलन है', जैसाकि ले रोउ ने प्रायोगिक रूप से भी सिद्ध किया है। यहां भी हम अपने को अंधेरे में टटोलते

* जोर स्वयं एंगेल्स द्वारा।–सं.

हुए पाते हैं। धातुओं की वोल्टीय श्रेणी का नियम हमें उन रासायनिक प्रक्रियाओं की शरण में जाने से रोकता है जो एक छोटी सीमा तक संपर्क-सतहों पर निरंतर घटित होती रहती है, क्योंकि संपर्क-सतहें हमेशा ही हवा और अशुद्ध पानी की एक पतली परत से ढकी रहती हैं, एक ऐसी परत जो, जहां तक हमारा संबंध है, अपृथक्करणीय-जैसी ही है। इसलिए यह संपर्क-सतहों के बीच एक अदृश्य सक्रिय विद्युत-अपघट्य द्वारा विद्युत के आवेशन की व्याख्या करने से हमें रोकता है। एक विद्युत-अपघट्य को बंद परिपथ में एक सतत धारा का निर्माण करना चाहिए, परंतु इसके विपरीत महज धात्विक संपर्क की विद्युत परिपथ के बंद किए जाने पर लुप्त हो जाती है। और यहां हम असली मुद्दे पर पहुंचते हैं : क्या रासायनिक दृष्टि से निष्क्रिय पिंडों के संपर्क पर इस 'पृथक्करण के विद्युत-बल' द्वारा सतत धारा का निर्माण संभव है, यदि है तो किस प्रकार? स्वयं वीडेमान ने सर्वप्रथम इस 'पृथक्करण के विद्युत-बल' को धातुओं तक सीमित रखा, और इसके बारे में घोषित किया कि यह बाहर से ऊर्जा प्रदान किए बिना कार्य कर सकने में असमर्थ हैं, और तब एक अकेले वस्तुतः अत्यल्प ऊर्जा-स्रोत के साथ इसका संबंध जोड़ दिया।

वोल्टीय श्रेणी धातुओं को एक ऐसे क्रम में स्थापित करती है कि प्रत्येक धातु पहले की धातु के सापेक्ष विद्युत-ऋणात्मक जैसी कार्य करती है और इसके बाद की धातु के सापेक्ष विद्युत-धनात्मक जैसी कार्य करती है। इसलिए यदि हम धातु के टुकड़ों की एक श्रेणी को इस क्रम में स्थापित करते हैं—जस्ता, टिन, लोहा, तांबा, प्लैटिनम—तो हम प्रत्येक सिरे पर एक विद्युत तनाव प्राप्त कर सकेंगे। लेकिन यदि हम धातुओं की श्रेणी को एक ऐसे बंद परिपथ में स्थापित करते हैं कि जस्ता और प्लैटिनम संपर्क में रहते हैं, 'इसलिए विद्युत की सतत धारा का निर्माण वोल्टीय श्रेणी से संबंधित पिंडों के बंद परिपथ में संभव नहीं है' (भाग 1, पृ. 45)।

वीडेमान इस कथन के और अधिक समर्थन में निम्नलिखित सैद्धांतिक विचार व्यक्त करते हैं :

> *'वस्तुतः, यदि परिपथ में एक सतत विद्युतधारा प्रकट होती है, तो यह स्वयं धात्विक संवाहकों में ही ऊष्मा प्रदान करेगी, और इस तापन को अधिक-से-अधिक संधि स्थानों पर शीतल करके ही प्रतिसंतुलित किया जा सकता है। हर हालत में यह ऊष्मा के असमान वितरण को जन्म देगा, इसके अलावा, बाहर से किसी प्रकार के योगदान के बिना धारा से विद्युत-चुंबकीय मोटर को सतत गतिमान रखा जा सकेगा, और इस प्रकार कार्य सम्पन्न होगा, जो असम्भव है, क्योंकि धातुओं को मजबूती से जोड़ने पर, उदाहरणार्थ, टंकाई करने पर संपर्क-सतहों पर भी इस कार्य की क्षतिपूर्ति के लिए आगे और परिवर्तन नहीं होंगे' (भाग 1, पृ. 44-45)।*

धातुओं की संपर्क-विद्युत कोई धारा पैदा नहीं कर सकती, यह सिद्ध करने के लिए दिए गए सैद्धांतिक व प्रायोगिक प्रमाणों से संतुष्ट न होकर हम यह भी देखेंगे कि वीडेमान इसकी क्रियाशीलता को वहां भी समाप्त करने हेतु एक विशिष्ट परिकल्पना प्रस्तुत करने के लिए अपने को विवश पाते हैं जहां यह संभवतः अपने को धारा में व्यक्त कर सकता है।

इसलिए हम संपर्क-विद्युत से धारा पर पहुंचने के लिए अन्य मार्ग की तलाश करेंगे। वीडेमान के साथ हम कल्पना करेंगे कि :

'दो धातुएं, जैसेकि एक जस्ते का दंड और एक तांबे का दंड, एक सिरे पर टांके से जोड़े गए हैं, और उनके खुले सिरे एक ऐसे पिंड द्वारा जोड़े गए हैं जो उन दो धातुओं के संदर्भ में विद्युत-वाहक नहीं बनता, केवल उनकी सतहों पर जमा हुई विपरीत विद्युतों को संवाहित करता है, जिससे वे इसमें अनावेशित हो जाती हैं। तब पृथक्करण का विद्युत-बल हमेशा पहले के विभवांतर को पुनर्स्थापित करेगा, और इस प्रकार उस परिपथ में एक सतत विद्युत-धारा प्रकट होगी, एक धारा जो बिना किसी क्षतिपूर्ति के कार्य सम्पन्न कर सकेगी, जो पुनः असंभव है। परिणामतः, ऐसा कोई पिंड नहीं हो सकता जो अन्य पिंडों के संदर्भ में विद्युतवाहक क्रिया के बिना केवल विद्युत संवाहित करता हो' (भाग 1, पृ. 45)।

परंतु हम पहले से बेहतर स्थिति में नहीं हैं : गति के सृजन की अशक्यता पुनः मार्ग में बाधक बनती है। रासायनिक रूप से भिन्न पिंडों के संयोग से, अतः एक प्रकार से संयोग-विद्युत से, हम कभी धारा का निर्माण नहीं कर पाएंगे। इसलिए हम पुनः वापस लौटेंगे और वीडेमान द्वारा निदर्शित एक तीसरे मार्ग की जांच-पड़ताल करेंगे :

'अंत में, यदि हम जस्ते की एक पट्टी को और तांबे की एक पट्टी को एक ऐसे द्रव में डुबोते हैं जिसमें एक तथाकथित द्वि-अंगी यौगिक होता है—जिसे कि रासायनिक दृष्टि से दो ऐसे सर्वथा पृथक् घटकों में वियोजित किया जा सकता है जो एक-दूसरे को पूर्णतः संतृप्त करते हैं, उदाहरणार्थ, तनु हाइड्रोक्लोरिक अम्ल (H+Cl)*, इत्यादि—तब परिच्छेद 27 अनुसार जस्ता ऋणात्मक रूप से आवेशित होता है और तांबा धनात्मक रूप से आवेशित होता है। इन धातुओं को जोड़ने पर, ये विद्युतें संपर्क-स्थल के जरिये एक-दूसरे को अनावेशित करती हैं,* ***इसलिए*** *इस संपर्क-स्थल से होकर तांबे से जस्ते में* ***धनात्मक विद्युत की एक धारा*** *प्रवाहित होती है। इसके अलावा, चूंकि इन दो धातुओं के संपर्क पर प्रकट होनेवाला पृथक्करण का विद्युत-बल धनात्मक विद्युत को* ***उसी***

*__दिशा में संप्रेषित करता है__, इसलिए पृथक्करण के विद्युत-बलों के प्रभाव नष्ट नहीं होते, जैसेकि ये एक बंद धात्विक परिपथ में होते हैं। __अतः एक सतत धन विद्युत-धारा का सृजन होता__ है जो तांबे से जस्ते के साथ इसके संपर्क से प्रसूत होकर जस्ते की दिशा में, और जस्ते से द्रव में होकर तांबे में पहुंचते हुए बंद परिपथ में प्रवाहित होती है। हम थोड़ी देर बाद (परिच्छेद 34, और इसके आगे) इस सवाल पर विचार करेंगे कि परिपथ में विद्यमान पृथक्करण के अलग-अलग विद्युत-बल वस्तुतः किस हद तक धारा के निर्माण में भाग लेते हैं।—ऐसी 'गैल्वनी धारा' का सृजन करनेवाले संवाहकों के संयोजन को हम गैल्वनी तत्त्व या गैल्वनी बैटरी भी कहते हैं' (भाग 1, पृ. 45)।**

इस प्रकार यह चमत्कार सम्पन्न हुआ। संपर्क के पृथक्करण के महज विद्युत-बल से, जो स्वयं वीडेमान के अनुसार बाहर से ऊर्जा पहुंचाए बिना प्रभावकारी नहीं हो सकता, एक सतत विद्युत-धारा का सृजन किया गया है। और इसकी व्याख्या के लिए यदि वीडेमान के उपर्युक्त लेखांश के अलावा और कुछ प्रस्तुत नहीं किया जाता तो यह वस्तुतः एक पूर्ण चमत्कार ही हो जाता। यहां हमने उपर्युक्त प्रक्रिया से क्या सीखा है?

1. यदि जस्ते और तांबे को एक ऐसे द्रव में डुबोया जाए जिसमें एक तथाकथित द्विव-अंगी यौगिक हो, तब, परिच्छेद 27 के अनुसार, जस्ता ऋणावेशित हो जाता है और तांबा धनावेशित—परंतु समूचे परिच्छेद 27 में द्वि-अंगी यौगिक के बारे में कोई शब्द नहीं है। इसमें केवल एक जस्ते की पट्टी और एक तांबे की पट्टी के एक ऐसे वोल्टीय तत्त्व का जिक्र किया गया है जिसमें इन दोनों के बीच एक **अम्लीय** द्रव में भिगोये गए कपड़े के एक टुकड़े को रखा गया है, और तदनंतर, किसी रासायनिक प्रक्रिया का जिक्र किए बिना, उन दो धातुओं से पैदा होनेवाले स्थिर विद्युतीय आवेशों की जांच-पड़ताल की गई है। अतः तथाकथित द्वि-अंगी यौगिक को यहां पिछले दरवाजे से चोरी-छिपे लाया गया है।

2. यह एक पूर्ण रहस्य बना रहता है कि यह द्वि-अंगी यौगिक यहां क्या काम करता है। यह स्थिति कि इसे 'दो ऐसे रासायनिक घटकों में वियोजित किया जा **सकता** है जो एक-दूसरे को पूर्णतः संतृप्त करते हैं' (वियोजित होने पर एक-दूसरे को संतृप्त करते हैं?!), हमें अधिक-से-अधिक कुछ नई जानकारी दे सकती है यदि यह **वस्तुतः वियोजित हो जाता है**। परंतु इसके बारे में हमें एक शब्द भी नहीं बताया गया, इसलिए फिलहाल हमें मानना पड़ता है कि यह वियोजित नहीं होता, उदाहरणार्थ, जैसाकि पैरेफिन के मामले में।

---

* जोर स्वयं एंगेल्स द्वारा।—सं.

3. जब द्रव में जस्ता ऋणावेशित, हो जाता है और तांबा धनावेशित, तब (उस द्रव के बाहर) हम उन्हें संपर्क में लाते हैं। एकदम 'ये विद्युतें संपर्क-स्थल के जरिये एक-दूसरे को अनावेशित करती हैं, **इसलिए** इस संपर्क-स्थल से होकर तांबे से जस्ते में **धनात्मक** विद्युत की एक धारा प्रवाहित हो जाती है।' पुनः हम नहीं जान पाते कि क्यों केवल 'धनात्मक' विद्युत की ही धारा एक दिशा में प्रवाहित होती है, और 'ऋणात्मक' विद्युत की एक धारा विपरीत दिशा में क्यों प्रवाहित नहीं होती। हमें कोई जानकारी नहीं मिलती कि ऋण विद्युत का क्या होता है—ऋण विद्युत, जो अब तक उतनी ही आवश्यक थी जितनी कि धन विद्युत; पृथक्करण के विद्युत-बल का प्रभाव भी ठीक यही होता है कि यह इन्हें एक-दूसरे की विपरीत दिशा में मुक्त करता है। अब इसे एकाएक रोक दिया गया है, जैसे अलग कर दिया गया है, और मानो यह प्रदर्शित किया गया है कि केवल धनात्मक विद्युत का ही अस्तित्व हो!

परंतु पुनः पृ 51 पर इसके ठीक विपरीत बात कही गई है, क्योंकि यहां 'विद्युतें एक धारा में संयुक्त हो जाती है', परिणामतः इसमें ऋणात्मक और धनात्मक, दोनों ही प्रवाहित होती हैं! इस उलझन से हमें कौन बाहर निकालेगा?

4. 'इसके अलावा, चूंकि इन दो धातुओं के संपर्क पर प्रकट होने वाला पृथक्करण का विद्युत-बल धनात्मक विद्युत को उसी दिशा में सम्प्रेषित करता है इसलिए, पृथक्करण के विद्युत-बलों के प्रभाव नष्ट नहीं होते, जैसे कि ये एक बंद धात्विक परिपथ में होते हैं। अतः एक सतत धन विद्युत-धारा का सृजन होता है', इत्यादि।*

यह कुछ अस्पष्ट है। क्योंकि, जैसाकि हम देखेंगे, वीडेमान चंद पृष्ठ आगे (पृ. 52) हमारे लिए सिद्ध करते हैं कि

*'सतत धारा का निर्माण होने पर...धातुओं के संपर्क-स्थल पर पृथक्करण का विद्युत-बल...**अवश्य निष्क्रिय होना चाहिए**।'**

तब भी एक धारा का निर्माण होता है जब यह बल, धन विद्युत को उसी दिशा में प्रवाहित करने की बजाय, धारा की विपरीत दिशा में कार्य करता है, अपितु इस स्थिति में भी यह बैटरी के पृथक्करण के बल की एक निश्चित मात्रा से क्षतिपूरित नहीं होता, और इसलिए पुनः निष्क्रिय है। अतः वीडेमान पृष्ठ 45 पर धारा के निर्माण में पृथक्करण के विद्युत-बल को किस प्रकार एक अनिवार्य घटक के रूप में संयोजित कर सकते हैं, जबकि पृष्ठ 52 पर वह इसे धारा के दौरान निष्क्रिय बना देते हैं, और वह भी एक ऐसी परिकल्पना द्वारा जो खास तौर से इस प्रयोजन के लिए तैयार की गई है?

---

* जोर स्वयं एंगेल्स द्वारा।—सं.

5. 'अतः एक सतत धन विद्युत-धारा का सृजन होता है जो तांबे से जस्ते के साथ इसके संपर्क से प्रसूत होकर जस्ते की दिशा में, और जस्ते से द्रव में होकर तांबे में पहुंचते हुए बंद परिपथ में प्रवाहित होती है।'

परंतु ऐसी सतत विद्युत-धारा की स्थिति में 'इसके द्वारा स्वयं संवाहकों में ऊष्मा पैदा होगी', और यह भी संभव होगा कि 'इसके द्वारा एक विद्युत-चुंबकीय मोटर संचालित होगी और इस प्रकार कार्य सम्पन्न होगा', परंतु ऊर्जा की आपूर्ति के बिना यह असंभव है। चूंकि वीडेमान ने इस संबंध में एक शब्द भी नहीं कहा कि ऐसी ऊर्जा की आपूर्ति होती है या नहीं, या यह ऊर्जा कहां से आती है, इसलिए सतत धारा अब भी वैसी एक अशक्यता बनी रहती है जैसीकि यह पहले जांचे गए दोनों मामलों में रहती है।

इस बात को स्वयं वीडेमान जितना महसूस करते हैं उतना दूसरा कोई नहीं करता। इसलिए धारा के निर्माण की इस अद्भुत व्याख्या की अनेक पेचीदगियों से जल्दी-से-जल्दी छुटकारा पा लेना वह जरूरी समझते हैं, और बजाय इनके कई पृष्ठों में अब तक रहस्यमय बनी हुई इस धारा के तापीय, रासायनिक, चुंबकीय और शरीर-क्रियात्मक प्रभावों के बारे में नाना प्रकार के सरल किस्से प्रस्तुत करके पाठक का मनोरंजन करते हैं, जिसमें स्पष्टीकरण के लिए वह काफी सरल भाषा पर भी उतर आते हैं। फिर एकाएक शुरू करते हैं (पृ. 49) :

'अब हमें देखना है कि पृथक्करण के विद्युत-बल दो धातुओं के एक बंद परिपथ में और एक द्रव में, अर्थात्, जस्ता, तांबा और हाइड्रोक्लोरिक अम्ल में, किस प्रकार सक्रिय होते हैं।

*'हम जानते हैं कि जब द्रव में से विद्युत-धारा प्रवाहित होती है तब उसमें विद्यमान द्वि-अंगी यौगिक (HCl) के घटक इस तरह पृथक् हो जाते हैं कि एक घटक (H) तांबे पर मुक्त हो जाता है, और इतनी ही मात्रा में दूसरा घटक (Cl) जस्ते पर मुक्त हो जाता है, जिससे यह दूसरा घटक उतनी ही मात्रा के जस्ते के साथ संयोजित होकर ZnCl का निर्माण करता है।'**

हम जानते हैं! यदि हम इसे जानते हैं, तो निश्चय ही इसे वीडेमान से नहीं जानते, क्योंकि हमने देखा है कि उन्होंने इस प्रक्रिया के बारे में अब तक एक शब्द भी व्यक्त नहीं किया है। इसके अतिरिक्त, यदि इस प्रक्रिया के बारे में हम कुछ जानते हैं तो वह यह है कि यह वीडेमान द्वारा बताए गए तरीके से घटित नहीं हो सकती।

---

* जोर स्वयं एंगेल्स द्वारा।–सं.

गैसीय हाइड्रोजन और गैसीय क्लोरिन से *HCl* के एक अणु का निर्माण होने पर ऊर्जा की 22,000 इकाइयों का विमोचन होता है (ज्यूलियस थॉमसेन)।[102] इसलिए क्लोरिन को हाइड्रोजन के साथ इसके संयोजन से विमुक्त करने के लिए *HCl* के प्रत्येक अणु के लिए ऊर्जा की उतनी ही मात्रा बाहर से प्रदान करनी पड़ेगी। बैटरी यह ऊर्जा कहां से प्राप्त करती है? वीडेमान के विवरण में इसके बारे में हमें कोई जानकारी नहीं मिलती, इसलिए हम स्वयं इसकी खोज करेंगे।

जब जस्ते के साथ क्लोरिन का संयोजन होकर जिंक क्लोराइड का निर्माण होता है तब क्लोरिन को हाइड्रोजन से पृथक् करने में जितनी ऊर्जा की जरूरत होती है, उससे काफी अधिक ऊर्जा का विमोचन होता है; $(Zn; Cl_2)$ 97,210 ऊर्जा-इकाइयों को और 2(*H, Cl*) 44,000 ऊर्जा-इकाइयों को व्यक्त करते हैं (ज्यूलियस थॉमसेन)। इसके जरिये बैटरी में होनेवाली प्रक्रिया बोधगम्य हो जाती है। अतः यह वीडेमान के इस कथन के अनुसार नहीं है कि तांबे पर बिना किसी दिक्कत के हाइड्रोजन की विमुक्ति होती है, और जस्ते पर क्लोरिन की होती है। इसके विपरीत, क्लोरिन के साथ जस्ते का संयोजन इस समूची प्रक्रिया के लिए अनिवार्य और बुनियादी शर्त है, और जब तक यह शर्त पूरी नहीं होती तब तक तांबे पर हाइड्रोजन का इंतजार करना व्यर्थ होगा।

$ZnCl_2$ के एक अणु के निर्माण से मुक्त होने वाली ऊर्जा में से HCl के दो अणुओं में से H के दो परमाणुओं के पृथक् होने में खर्च होनेवाली ऊर्जा के बाद जो ऊर्जा शेष बचती है, वह बैटरी में विद्युतगति में बदल जाती है और उस समूचे 'विद्युत-चुंबकीय बल' का संभरण करती है जिसका धारा-परिपथ में प्रकटन होता है। अतः यह एक रहस्यमय 'पृथक्करण का विद्युत-बल' नहीं है जो बिना किसी प्रमाण्य ऊर्जा-स्रोत के हाइड्रोजन और क्लोरिन को अलग-अलग करता है; यह बैटरी में घटित होनेवाली समूची रासायनिक प्रक्रिय है जो बंद परिपथ के सारे 'पृथक्करण के विद्युत-बलों' को और 'विद्युत-चुंबकीय बलों' को इनके अस्तित्व के लिए आवश्यक ऊर्जा से सम्पन्न करती है।

इसलिए फिलहाल हम इस आत को यहां अंकित करते हैं कि धारा के बारे में वीडेमान का दूसरा स्पष्टीकरण हमें उतना ही अल्प सहयोग देता है जितना कि उनका पहला स्पष्टीकरण, और हम पाठ के साथ आगे बढ़ते हैं :

'यह प्रक्रिया प्रमाणित करती है कि धातुओं के बीच के द्वि-अंगी पदार्थ का स्वभाव महज इतना ही नहीं है कि इसकी समूची द्रव्यराशि का एक या दूसरी विद्युत के लिए एक सहज प्रबल आकर्षण होता है, जैसाकि धातुओं की स्थिति में होता है, बल्कि इसके अतिरिक्त इसके घटकों की एक विशिष्ट क्रिया प्रदर्शित होती है। चूंकि जहां धन विद्युत द्रव में प्रवेश

करती है वहां घटक Cl मुक्त होता है और जहां ऋण विद्युत प्रवेश करती है, वहां घटक H मुक्त होता है, **हम मान लेते हैं*** *कि यौगिक HCl में क्लोरिन का प्रत्येक समसंयोजक ऋण विद्युत की एक ऐसी निश्चित मात्रा से आवेशित होता है जो इसके आकर्षण को प्रवेश करनेवाली धन विद्युत से निर्धारित करती है। यह उस यौगिक का* **विद्युत-ऋणात्मक घटक** *है। इसी तरह समसंयोजक H धन विद्युत से आवेशित होना चाहिए और इसलिए इसे यौगिक का विद्युत धनात्मक घटक होना चाहिए। इन आवेशों को H और Cl के संयोजन पर उसी प्रकार पैदा किया जा* **सकता हैं*** *जिस प्रकार जस्ते और तांबे के संपर्क पर किया जा सकता है। चूंकि यौगिक HCl अपने में अविद्युतीय है, इसलिए तदनुसार* **हमें मान लेना चाहिए*** *कि इसमें धन और ऋण घटकों के परमाणुओं में धन और ऋण विद्युत की समान मात्राएं होती हैं।*

'यदि अब एक तनु हाइड्रोक्लोरिक अम्ल में जस्ते की एक पट्टी को और तांबे की एक पट्टी को डुबोया जाता है, तो **हम कल्पना कर सकते हैं*** *कि जस्ते का आकर्षण विद्युत-धनात्मक घटक (H) की अपेक्षा विद्युत-ऋणात्मक घटक (Cl) की ओर अधिक बलशाली होता है। परिणामतः जस्ते के संपर्क के हाइड्रोक्लोरिक अम्ल के अणु अपने को इस प्रकार व्यवस्थित करेंगे कि उनके विद्युत-ऋणात्मक घटक जस्ते की ओर मुड़ जाते हैं, और उनके विद्युत-धनात्मक घटक तांबे की ओर मुड़ जाते हैं। घटकों की इस प्रकार की व्यवस्थापना होने पर, जिसमें ये HCl के आगे के अणुओं के घटकों पर अपने विद्युतीय आकर्षण का प्रभाव डालते हैं, जस्ते और तांबे की पट्टियों के बीच के अणुओं का समस्त क्रम इस प्रकार आयोजित हो जाता है :*

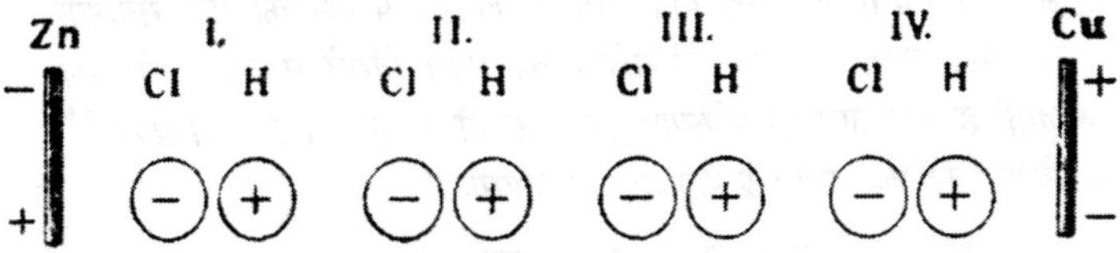

यदि दूसरी धातु धनात्मक हाइड्रोजन पर उसी प्रकार कार्य करती है जैसीकि जस्ते की धातु ऋणात्मक क्लोरिन पर करती है, तो इससे इस आयोजन को बढ़ावा मिलेगा। यदि यह विपरीत रूप से कार्य करता है, तो आयोजन को कम बढ़ावा मिलेगा, कम-से-कम दिशा में कोई बदल नहीं होगा।

---

* जोर स्वयं एंगेल्स द्वारा।–संपा.

*'जस्ते के समीप के विद्युत-ऋणात्मक घटक Cl की ऋण विद्युत के प्रभाव से जस्ते में विद्युत का वितरण इस प्रकार **होगा** कि इसमें जो स्थल अम्ल के एकदम समीप के* Cl *के परमाणुओं*[103] *के नजदीक हैं, वे धनावेशिक हो जाएंगे, जो दूर हैं वे ऋणावेशित हो जाएंगे। इसी तरह, समीप के हाइड्रोक्लोरिक अम्ल के विद्युत-ऋणात्मक घटक (*H*) के नजदीक के तांबे में ऋण विद्युत जमा हो जाएगी, और धन विद्युत को अधिक दूर के भागों में ढकेल दिया जाएगा।*

*'आगे, जस्ते में विद्यमान धन विद्युत एकदम समीप के Cl के परमाणु की ऋण विद्युत के साथ संयोजित हो जाएगी, और क्लोरिन का परमाणु जस्ते के साथ संयोजित होकर **(अविद्युतीय ZnCl का निर्माण करेगा)**।* विद्युत-धनात्मक परमाणु H, जो पहले Cl के इस परमाणु के साथ संयोजित हो गया था, इसकी ओर मुड़े हुए Cl के उस परमाणु के साथ जुड़ जाएगा जो HCl का दूसरा परमाणु है। इसके साथ ही इन परमाणुओं में निहित विद्युतों का संयोजन हो जाएगा। इसी तरह, HCl के दूसरे परमाणु का* H *तीसरे परमाणु के Cl के साथ संयोजित हो जाएगा और यह क्रम तब तक जारी रहेगा जब अंत में तांबे पर H का एक परमाणु मुक्त हो जाएगा, इसकी धन विद्युत तांबे की वितरित ऋण विद्युत के साथ संयोजित हो जाएगी और इस प्रकार यह एक अविद्युतीय अवस्था में पहुंच जाएगा।'' यह प्रक्रिया ''अपने को तब तक जारी रखेगी जब तक धातुओं की पट्टियों में संचित विद्युतों की उनकी ओर मुड़े हुए हाइड्रोक्लोरिक अम्ल के घटकों की विद्युतों पर होने वाली विकर्षक क्रिया इन घटकों के साथ धातुओं के होने वाले रासायनिक आकर्षण को संतुलित रखती है। परंतु यदि धातुओं की इन पट्टियों को एक संवाहक से जोड़ा जाए, तो धातु की पट्टियों की मुक्त विद्युतें एक-दूसरे से मिल जाती है और उपर्युक्त प्रक्रियाएं पुनः शुरू हो जा सकती है। इस प्रकार** विद्युत का एक सतत प्रवाह शुरू हो जाएगा।*

'यह स्पष्ट है कि इस प्रकार गतिज ऊर्जा (vis viva) का निरंतर क्षय होता है, क्योंकि द्वि-अंगी यौगिक के घटक धातुओं की ओर के अपने स्थानांतरण में एक निश्चित वेग से गतिमान होते हैं और तब स्थिर हो जाते हैं, जिसमें या तो एक यौगिक (ZnCl) का निर्माण होता है या मुक्त अवस्था (H) में पलायन होता है। (टिप्पणी वीडेमान द्वारा) :

---

* कोष्ठकों में दिए गए शब्द एंगेल्स ने जोड़ दिए थे।—संपा.

** जोर स्वयं एंगेल्स द्वारा।—संपा.

चूंकि घटक Cl और H के पृथक्करण से अर्जित होनेवाली गतिज ऊर्जा (vis viva) की... क्षतिपूर्ति इन घटकों का समीप के परमाणुओं के साथ संयोजन होने से खर्च हुई गतिज ऊर्जा (vis viva) से हो जाता है, इसलिए इस प्रक्रिया के प्रभाव की उपेक्षा की जा सकती है।) गतिज ऊर्जा (vis viva) की यह क्षति ऊष्मा की उस मात्रा के बराबर है जो प्रत्यक्षतः घटित होनेवाली रासायनिक प्रक्रिया में विमुक्त होती है, इसलिए अनिवार्यतः उस ऊष्मा के बराबर जो तनु अम्ल में जस्ते के एक समसंयोजक को घोलने पर पैदा होती है। यह मान वही होना चाहिए जो कि विद्युतों को पृथक् करने में किए गए कार्य का होता है। इसलिए यदि विद्युतें संयुक्त होकर एक धारा का निर्माण करती हैं तब, जस्ते के एक समसंयोजक के घोल के और उस द्रव के हाइड्रोजन एक समसंयोजक की विमुक्ति के दौरान, चाहे ऊष्मा के रूप में या चाहे कार्य की बाह्य क्रिया के रूप में, समूचे परिपथ में कार्य की एक ऐसी मात्रा का प्रकटन होना चाहिए जो उसी प्रकार इस रासायनिक प्रक्रिया के अनुरूप ऊष्मा के विकास के बराबर है' (भाग 1, पृ. 49-51)।

'हम कल्पना करें—हो सकता है—हमें मानना होगा—हम कल्पना कर सकते हैं—वितरण होगा—आवेशित होगा', आदि, आदि। ये मात्र अनुमान और संभाव्य क्रियार्थ हैं जिनसे केवल तीन वास्तविक निश्चयार्थ प्राप्त किए जा सकते हैं : प्रथम, कि क्लोरिन के साथ जस्ते के संयोजन को अब हाइड्रोजन की मुक्ति की शर्त बताया गया है; दूसरे, जैसीकि अब हमें एकदम अंत में जानकारी मिलती है और जैसेकि यह आकस्मिक हो, कि इसके साथ मुक्त हुई ऊर्जा धारा के निर्माण के लिए आवश्यक समूची ऊर्जा का स्रोत है, वस्तुतः एकमात्र स्रोत है; और तीसरे, कि धारा-निर्माण की यह व्याख्या पहले दी गई दोनों व्याख्याओं के उसी प्रकार सीधे विरोध में हैं जिस प्रकार वे दोनों परस्पर-विरोधी हैं।'

आगे कहा गया है :

*'इसलिए एक सतत धारा के निर्माण के लिए **शुद्धतः और पूर्णतः*** सक्रिय रहता है पृथक्करण का विद्युत-बल, जो धात्विक विद्युद्ग्रों द्वारा बैटरी के उत्तेजित द्रव में निहित द्वि-अंगी यौगिक के परमाणुओं के असमान आकर्षण व ध्रुवण से प्राप्त किया जाता है, धातुओं के संपर्क-स्थल पर, जिस पर और अधिक यांत्रिक परिवर्तन घटित नहीं हो सकते, पृथक्करण का विद्युत-बल **दूसरी ओर अवश्य निष्क्रिय रहना चाहिए।*** यह बल,*

* जोर स्वयं एंगेल्स द्वारा।—संपा.

*यदि संयोगवश यह द्रव द्वारा होने वाले धातुओं के विद्युत वाहक उद्दीपन का **विरोध करता है*** (जैसाकि पोटैशियम सायनाइड के घोल में टिन व जस्ते को डुबोने पर होता है), संपर्क-स्थल पर पृथक्करण-बल की एक निश्चित मात्रा द्वारा क्षतिपूरित नहीं होता, यह प्रमाणित होता है, **ऊपर उल्लिखित बंद** परिपथ में पृथक्करण के समूचे विद्युत-बल (और विद्युतवाहक बल) की संपूर्ण समानुपातिकता द्वारा, रासायनिक प्रक्रियाओं के ऊपर उल्लिखित ऊष्मा समसंयोजक द्वारा। इसलिए इसे अन्य प्रकार से अनावेशित होना चाहिए। यह सर्वाधिक सरल रूप में इस पूर्वानुमान के आधार पर घटित होगा कि उद्दीप्त द्रव का धातुओं के साथ संपर्क होने पर विद्युतवाहक बल दोहरे रूप में प्रकट होता है; एक तरफ, द्रव्य की समग्र द्रव्यराशि का एक या दूसरी विद्युत की ओर असमान प्रबल आकर्षण होने से, दूसरी तरफ, विपरीत विद्युतों से आवेशित द्रव के **घटकों** की ओर धातुओं का उसमान आकर्षण होने से...। विद्युतों की ओर पहले असमान (द्रव्यराशि) आकर्षण के कारण द्रव पूर्ण रूप से धातुओं की वोल्टीय श्रेणी के नियम के अनुरूप होगा, और एक बंद परिपथ में... पृथक्करण के विद्युत-बलों (और विद्युतवाहक बलों) का शून्य में पूर्ण अनावेशीकरण हो जाएगा, दूसरी (**रासायनिक***) क्रिया..., दूसरी तरफ, धारा के निर्माण और अनुरूप विद्युतवाहक बल के लिए **स्वयं*** आवश्यक पृथक्करण का विद्युत-बल प्रदान करेगी' (भाग 1, पृ. 52-53)।*

इसके साथ संपर्क सिद्धांत के अंतिम अवशेष धारा के निर्माण से अब सुखपूर्वक दूर हटा दिए जाते हैं, और इसके साथ ही धारा निर्माण की पृष्ठ 45 पर दी गई वीडेमान की पहली व्याख्या के अंतिम अवशेष भी। अंततः बिना शर्त के यह स्वीकार किया जाता है कि गैल्वनी बैटरी एक ऐसा सरल उपकरण है जिसमें रासायनिक ऊर्जा को मुक्ति की प्रक्रिया में विद्युतगति में बदल दिया जाता है, जैसे कि भाप-इंजन ताप-ऊर्जा को यांत्रिक-ऊर्जा में बदलने वाला एक उपकरण है। एक स्थिति में, जैसे कि दूसरी स्थिति में भी, उपकरण केवल ऊर्जा के उत्सर्जन और आगे इसके रूपांतरण के लिए परिस्थितियां जुटाता है, परंतु स्वयं अपनी ओर से ऊर्जा प्रदान नहीं करता। एक बार यह संस्थापित हो जाने पर, अब हमारे लिए वीडेमान की धारा की तीसरी व्याख्या का गहराई से विश्लेषण करना शेष रह जाता है। यहां बैटरी के बंद परिपथ में ऊर्जा के रूपांतरणों को किस प्रकार दर्शाया गया है? :

वह कहते हैं, यह स्पष्ट है कि बैटरी में 'गतिज ऊर्जा (vis viva) का निरंतर क्षय होता है, जिसका कारण यह है कि द्वि-अंगी यौगिक घटक

---

* जोर स्वयं एंगेल्स द्वारा।—संपा.

एक निश्चित वेग से धातुओं की ओर गतिमान होते हैं और फिर स्थिर हो जाते हैं, जिसमें ये या तो एक यौगिक (ZnCl) का निर्माण करते हैं या मुक्त अवस्था में (H) पलायन करते हैं। ऊर्जा का यह क्षय प्रत्यक्षतः घटित होनेवाली रासायनिक प्रक्रिया में मुक्त हुई ऊष्मा की मात्रा के बराबर होता है, इसलिए अनिवार्यतः तनु अम्ल में जस्ते के एक समसंयोजक को घोलने पर पैदा होने वाली ऊष्मा के बराबर होता है।'

प्रथम यदि यह प्रक्रिया **शुद्ध** रूप में जारी रहती है, तो जस्ते को घोलने पर बैटरी में ऊष्मा का विमोचन बिल्कुल नहीं होता; मुक्त हुई ऊर्जा दरअसल सीधे विद्युत में बदल जाती है और केवल इसी से आगे समूचे परिपथ के प्रतिरोध द्वारा ऊष्मा में बदल जाती है।

दूसरे, गतिज ऊर्जा (*vis viva*) द्रव्यमान और वेग के वर्ग के गुणनफल के आधे के बराबर होती है। अतः उपर्युक्त कथन का अर्थ होगाः तनु हाइड्रोक्लोरिक अम्ल में जस्ते को घोलने पर मुक्त हुई ऊर्जा, जो इतनी कैलोरियों के बराबर है, उसी प्रकार आयनों के द्रव्यमान और धातुओं की ओर उनके स्थानांतरण के वेग के वर्ग के गुणनफल की आधी है। इस तरह व्यक्त किए जाने पर यह कथन स्पष्टतः गलत है; आयनों के स्थानांतरण से प्रकट होनेवाली गतिज ऊर्जा रासायनिक प्रक्रिया से मुक्त हुई ऊर्जा के कतई बराबर नहीं है।* परंतु यदि ऐसा होता तो धारा का सृजन संभव नहीं होता, क्योंकि शेष बंद परिपथ में धारा के लिए ऊर्जा बाकी नहीं बचेगी। इसलिए आगे यह टिप्पणी जोड़ी गई है कि आयन स्थिर हो जाते हैं जिसमें

---

* फ्री. कोहलरौश ने हाल में गणना की है। (*Wiedemanns Annalen*[104], *VI* [लाइपजिंग, 1879], पृ. 206) कि जल विलायक में से आयनों को दौड़ाने के लिए 'अत्यधिक बलों' की आवश्यकता पड़ती है। एक मिलिग्राम को एक मिलिमीटर की दूरी तक स्थानांतरित करने के लिए आवश्यक आकर्षण बल हाइड्रोजन के लिए 32,500 किलोग्राम, क्लोरिन के लिए 5200 किलोग्राम, अतः हाइड्रोक्लोरिक अम्ल के लिए 37,700 किलोग्राम है। ये आंकड़े एकदम सही भी हों तो भी ये उपर्युक्त बात को प्रभावित नहीं करते। लेकिन इस गणना में वे परिकल्पित घटक हैं जो अब तक विद्युत के क्षेत्र में अनिवार्य हैं और इसलिए इसमें प्रयोग द्वारा नियंत्रण जरूरी है। ऐसा नियंत्रण संभव जान पड़ता है। सर्वप्रथम ये 'अत्यधिक बल' ऊष्मा की एक निश्चित मात्रा में वहां प्रकट होने चाहिए जहां इनका इस्तेमाल होता है, यानी उपर्युक्त स्थिति में बैटरी में। दूसरे, इनके द्वारा खर्च की गई ऊर्जा बैटरी की रासायनिक प्रक्रियाओं द्वारा प्रदान की गई ऊर्जा से कम होनी चाहिए, और इनमें एक निश्चित अंतर होना चाहिए। तीसरे, इस अंतर का शेष बंद परिपपथ में इस्तेमाल होना चाहिए और उसी तरह यह वहां मात्रात्मक रूप से प्रमाण्य होना चाहिए। इस नियंत्रण द्वारा प्रमाणित होने पर ही उपर्युक्त आंकड़ों को अंतिम रूप से स्वीकार किया जा सकता है। विद्युत-विश्लेषी सैल में इसका प्रमाणन और भी अधिक संभव प्रतीत होता है। **[एंगेल्स की टिप्पणी]**

ये "या तो एक यौगिक का निर्माण करते हैं या मुक्त अवस्था में पलायन करते हैं"। परंतु गतिज ऊर्जा के क्षय के साथ इन दो प्रक्रियाओं में होनेवाले ऊर्जा-परिवर्तनों का भी समावेश हो जाता है तो हम निश्चय ही गतिरोध की स्थिति पर पहुंच जाते हैं। क्योंकि ठीक इन्हीं दो सम्मिलित प्रक्रियाओं से समूची मुक्त ऊर्जा प्राप्त होती है, इसलिए यहां गतिज ऊर्जा के क्षय का बिलकुल ही सवाल नहीं उठता। सवाल उठ सकता है तो केवल **अर्जित होने** का।

इसलिए यह स्पष्ट है कि स्वयं वीडेमान के लिए इस प्रस्थापना का कोई स्पष्ट अर्थ नहीं है; बल्कि 'गतिज ऊर्जा का क्षय केवल उग्रता से खोजा गया भोंडा हल है, जिसके सहारे वह पुराने संपर्क सिद्धांत से धारा की रासायनिक व्याख्या के क्षेत्र में घातक छलांग लगाते हैं। दरअसल, गतिज ऊर्जा का क्षय अब अपना कार्य कर चुका है और इसे तिलांजलि दे दी गई है; इसके आगे बैटरी में होने वाली रासायनिक प्रक्रिया को धारा के निर्माण के लिए आवश्यक ऊर्जा के एकमात्र स्रोत के रूप में स्वीकार कर लिया गया है, और हमारे लेखक के लिए केवल यही एक चिंता शेष रह गई है कि वह धारा को रासायनिक दृष्टि से असमान पिंडों के संपर्क पर होने वाले विद्युत-उद्दीपन के अंतिम अवशेष से, यानी दो धातुओं के संपर्क-स्थल पर सक्रिय पृथक्करण-बल से, किस प्रकार शिष्टतापूर्वक मुक्त कर पाते हैं।

वीडेमान द्वारा प्रस्तुत की गई धारा-निर्माण की उपर्युक्त व्याख्या पढ़ते समय ऐसा महसूस होता है कि मानो उस धर्म-मंडन का एक नमूना पेश किया गया है जिसका लगभग चालीस साल पहले पूर्ण और अर्द्ध रूढ़िवादी धर्मशास्त्रियों ने स्ट्रॉस, विल्के, ब्रूनो बौएर, आदि की बाइबल की दार्शनिक-ऐतिहासिक आलोचना का प्रतिकार करने के लिए उपयोग किया था। दोनों स्थितियों में तरीका एक-सा है, और एक-सा होना स्वाभाविक भी है। क्योंकि दोनों स्थितियों में सवाल है वैज्ञानिक चिंतन से **वंशागत रूढ़िवादिता** की रक्षा करने का। ऐकांतिक अनुभववाद, जो अपने को अधिक-से-अधिक गणितीय गणना के रूप में सोचने की अनुमति देता है, कल्पना करता है कि यह केवल अखंडनीय तथ्यों से ही सरोकार रखता है। लेकिन वस्तुतः यह प्रमुख रूप से ऐसी रूढ़िवादी धारणाओं का इस्तेमाल करता है जो इसके पूर्ववर्तियों के चिंतन की अधिकतर पुरानी उपज होती है। धन व ऋण विद्युत, पृथक्करण का विद्युत-बल और संपर्क सिद्धांत ऐसी ही रूढ़िवादी धारणाएं हैं। ये धारणाएं अनुभववाद के लिए अंतहीन गणितीय गणनाओं का आधार प्रदान करती हैं; गणितीय सूत्रीकरण की सुनिश्चितता के कारण इन गणनाओं में आधारवाक्यों के परिकल्पनात्मक स्वरूप को सहजता से भुला दिया जा सकता है। इस प्रकार का अनुभववाद अपने पूर्ववर्तियों के चिंतन के प्रति वैसा ही कान का कच्चा होता है जैसाकि यह अपने समकालीन चिंतन के परिणामों के प्रति संदेहवादी रुख अख्तियार करता है। यहां तक कि इसके लिए प्रायोगिक रूप से सिद्ध तथ्य

भी इनकी परंपरागत व्याख्याओं से शनैः-शनैः अपृथक्करणीय हो गए हैं; सरलतम विद्युत घटना को गलत रूप में प्रस्तुत किया जाता है—दो विद्युतों को चोरी-छिपे भीतर लाकर। इस तरह का अनुभववाद तथ्यों की कतई सही जानकारी **नहीं दे सकता**, क्योंकि इस जानकारी में परंपरागत व्याख्या को घुसेड़ दिया गया है। संक्षेप में, यहां विद्युत के सिद्धांत के क्षेत्र में हम उसी प्रकार की एक अतिविकसित परंपरा को देखते हैं जैसीकि धर्मशास्त्र के क्षेत्र में देखते हैं। और चूंकि इन दोनों क्षेत्रों में हाल के अनुसंधान के परिणाम, अब तक के अज्ञात या विवादास्पद तथ्यों की स्थापना और अनिवार्यतः फलित सैद्धांतिक निष्कर्ष पुरानी परम्पराओं का निर्ममता से खंडन करते हैं, इसलिए इन परंपराओं के समर्थक अपने को अत्यंत घोर संकट में फंसा हुआ पाते हैं। उन्हें सब प्रकार की चालबाजियों और अतर्कसंगत युक्तियों का इस्तेमाल करना पड़ता है, परस्पर-विरोधी बातों की सफाई देनी पड़ती है, और इस प्रकार अंत में वे अपने को ऐसी गड्डमड्ड असंगतियों में फंसा लेते हैं जिनसे उन्हें कोई मुक्ति नहीं मिलती। विद्युत के समूचे पुराने सिद्धांत में आस्था का ही यह परिणाम है कि वीडेमान यहां असंगति की सर्वाधिक विकट स्थिति में अपने को फंसा लेते हैं; इसका कारण सिर्फ यही है कि वे 'संपर्क बल' द्वारा की जाने वाली पुरानी व्याख्या का, रासायनिक ऊर्जा की मुक्ति द्वारा की जानेवाली आधुनिक व्याख्या के साथ तर्कयुक्त तालमेल बिठाने का निरर्थक प्रयत्न करते हैं।

संभवतः यह आपत्ति उठाई जा सकती है कि वीडेमान की धारा की व्याख्या की उपर्युक्त आलोचना शब्दों के खिलवाड़ पर आधारित है; कि आरंभ में वीडेमान यद्यपि अपने को कुछ-कुछ असावधानी और गलत तरीके से व्यक्त करते हैं, फिर भी अंत में वह सही विवरण देते हैं जो ऊर्जा की अविनाशिता के सिद्धांत से मेल खाता है और इस प्रकार सब कुछ सही रूप में प्रस्तुत होता है। इस प्रकार के विरोध में हम, उदाहरण के लिए, बैटरी में होनेवाली प्रक्रिया का विवरण नीचे प्रस्तुत करते हैं : जस्ता—तनु सल्फ्यूरिक अम्ल—तांबा :

> *'लेकिन यदि उन दो पट्टियों को एक तार से जोड़ दिया जाए, तो एक गैल्वनी धारा का निर्माण होता है...। **विद्युत-विश्लेषी क्रिया द्वारा*** तनु सल्फ्यूरिक अम्ल के **पानी*** से तांबे पर हाइड्रोजन के एक तुल्यांक की मुक्ति होती है; यह हाइड्रोजन बुदबुदों के रूप में बाहर आता है। जस्ते पर ऑक्सीजन के एक तुल्यांक का निर्माण होता है, जो जस्ते का ऑक्सीकरण करके जिंक ऑक्साइड का निर्माण करता है, यह जिंक ऑक्साइड अपने चतुर्दिक के अम्ल के साथ घुलकर सल्फ्यूरिक जिंक ऑक्साइड का निर्माण करता है' (भाग, 1 पृ. 593)।*

* जोर स्वयं एंगेल्स द्वारा।—संपा.

पानी को गैसीय हाइड्रोजन और गैसीय ऑक्सीजन में विखंडित करने के लिए आवश्यक ऊर्जा पानी के प्रत्येक अणु के लिए 68,924 ऊष्मा-इकाइयां होती हैं। तब उपर्युक्त बैटरी में यह ऊर्जा कहां से आती है? 'विद्युत-विश्लेषी क्रिया द्वारा।' और विद्युत-विश्लेषी क्रिया इसे कहा से प्राप्त करती है? इसका कोई उत्तर नहीं दिया गया है।

परंतु वीडेमान हमें आगे बताते हैं, एक बार नहीं बल्कि कम-से-कम दो बार (भाग 1, पृ. 472 व पृ. 614), कि '[विद्युत-विश्लेषण के क्षेत्र के] हाल के प्रयोगों के अनुसार 'पानी का अपना विघटन नहीं होता', बल्कि हमारे मामले में यह सल्फ्यूरिक अम्ल H_2SO_4 है जिसका एक तरफ H_2 में और दूसरी तरफ SO_3+O में विघटन होता है, जिसमें अनुकूल परिस्थितियों के अंतर्गत H_2 और O गैसीय रूप में पलायन कर सकते हैं। पर यह उस प्रक्रिया के समूचे स्वरूप को बदल देता है। H_2SO_4 का H_2 सीधे द्विसंयोजक जस्ते द्वारा स्थानापन्न हो जाता है, और जिंक सल्फेट $ZnSO_4$ का निर्माण करता है। शेष रहता है, एक ओर H_2 और दूसरी ओर SO_3+O। ये दो गैसें ऐसे अनुपातों में पलायन करती हैं कि ये संयोजित होकर पानी का निर्माण करती हैं; SO_3 घोल के पानी H_2O के साथ मिलकर H_2SO_4 यानी सल्फ्यूरिक अम्ल का पुनर्निर्माण करती हैं। परंतु $ZnSO_4$ के निर्माण में इतनी पर्याप्त ऊर्जा पैदा होती है कि यह न केवल सल्फ्यूरिक अम्ल के हाइड्रोजन को स्थानापन्न करके मुक्त करती है बल्कि इसके बाद काफी ऊर्जा शेष भी रहती है जो हमारे मामले में धारा के निर्माण में खर्च होती है। अतः जस्ता तब तक इंतजार नहीं करता जब तक विद्युत-विश्लेषी क्रिया इसे ऑक्सीजन उपलब्ध नहीं करती, ताकि यह पहले आक्सीकृत हो जाए और फिर अम्ल में घुल जाए। इसके विपरीत, यह सीधे उस प्रक्रिया में सम्मिलित हो जाता है, **जस्ते के इसमें सम्मिलित होने पर** ही यह प्रक्रिया अस्तित्व में आती है।

यहां हम देखते हैं कि किस प्रकार पुरानी रासायनिक धारणाएं पुरानी संपर्क धारणाओं को मदद पहुंचाती हैं। आधुनिक धारणाओं के अनुसार, लवण एक ऐसा अम्ल है जिसमें हाइड्रोजन का स्थान एक धातु लेती है। जिस प्रक्रिया पर हम विचार कर रहे हैं, उससे इस तथ्य की पुष्टि होती है, अम्ल के हाइड्रोजन का जस्ते द्वारा सीधे प्रतिस्थापन ऊर्जा के रूपांतरण को पूर्णतः स्पष्ट करता है। पुरानी धारणा के अनुसार, जिसका वीडेमान अनुसरण करते हैं, लवण अम्ल के साथ एक धात्विक ऑक्साइड का एक यौगिक है, और इसलिए जिंक-सल्फेट की बजाय सल्फ्यूरिक जिंक ऑक्साइड का उल्लेख किया गया है। परंतु जस्ते और सल्फ्यूरिक अम्ल की हमारी बैटरी में सल्फ्यूरिक जिंक ऑक्साइड पर पहुंचने के लिए पहले जस्ते का ऑक्सीकरण होना जरूरी है। जिंक का काफी तेजी से ऑक्सीकरण होने के लिए मुक्त ऑक्सीजन का उपलब्ध होना जरूरी है। मुक्त ऑक्सीजन प्राप्त करने

के लिए हमें कल्पना करनी होगी—चूंकि हाइड्रोजन तांबे पर प्रकट होता है—कि पानी का विघटन हो गया है। पानी के विघटन के लिए हमें प्रचुर ऊर्जा की जरूरत होती है। यह ऊर्जा हम कहां से प्राप्त करेंगे? केवल 'विद्युत-विश्लेषी क्रिया द्वारा' जो स्वयं तब तक अस्तित्व में नहीं आ सकती जब तक इसकी रासायनिक उपज—'सल्फ्यूरिक जिंक ऑक्साइड'—का निर्माण शुरू नहीं हो जाता। वालक मां को जन्म देता है।

परिणामतः, यहां पुनः वीडेमान समूची प्रक्रिया को एकदम गलत और उलटे रूप में प्रस्तुत करते हैं। और इसका कारण यह है कि वह सक्रिय और निष्क्रिय विद्युत-विश्लेषण को, जो सीधी विरोधी प्रक्रियाएं हैं, महज विद्युत-विश्लेषण के रूप में संयोजित करते हैं।

अब तक हमने केवल बैटरी में होनेवाली घटनाओं का परीक्षण किया है, यानी उस प्रक्रिया का जिसमें रासायनिक क्रिया द्वारा अतिरिक्त ऊर्जा मुक्त होती है और बैटरी के संयोजनों द्वारा विद्युत में परिवर्तित हो जाती है। परंतु यह भली-भांति ज्ञात है कि यह प्रक्रिया उलटोई जा सकती है: बैटरी में रासायनिक ऊर्जा से पैदा की गई एक सतत धारा को भी, बंद परिपथ में प्रविष्ट किए गए एक विद्युत-विश्लेषी सेल में, पुनः रासायनिक ऊर्जा में बदला जा सकता है। ये दोनों प्रक्रियाएं स्पष्टतः एक-दूसरी के विपरीत हैं : यदि पहली प्रक्रिया को रसायन-विद्युत माना जाए, तो दूसरी विद्युत-रासायनिक है। दोनों प्रक्रियाएं उसी परिपथ में उन्हीं पदार्थों से घटित हो सकती हैं। इस प्रकार गैस तत्त्वों से वोल्टीय पुंज, जिसकी धारा का निर्माण हाइड्रोजन और ऑक्सीजन का पानी में संयोजन होकर होता है, परिपथ में प्रविष्ट एक विद्युत-विश्लेषी सेल में गैसीय हाइड्रोजन और गैसीय ऑक्सीजन को ऐसे अनुपात में प्रस्तुत कर सकता है कि वे पानी का निर्माण कर सकें। सामान्य धारणा इन दो विपरीत प्रक्रियाओं को **एक** अभिव्यक्ति—विद्युत-विश्लेषण—में संयोजित करती है, और सक्रिय तथा निष्क्रिय विद्युत-विश्लेषण के बीच, एक उत्तेजक द्रव तथा एक निष्क्रिय विद्युत-विश्लेष्य के बीच, कोई भेद नहीं करती। इस तरह वीडेमान 133 पृष्ठों तक सामान्य रूप से 'विद्युत-विश्लेषण' पर कुछ टिप्पणी करते हैं; इनमें भी इस भाग के सत्रह पृष्ठों में से अल्पांश में ही वस्तुतः बैटरी में होनेवाली प्रक्रिया की चर्चा हुई है। आगे के 'विद्युत-विश्लेषण के सिद्धांत' में भी बैटरी और विद्युत-विश्लेषी सेल के भेद का जिक्र तक नहीं है, और अगले प्रकरण—धारा में संवहन प्रतिरोध और विद्युतवाहक बल पर विद्युत-विश्लेषण का प्रभाव—में यदि कोई बंद परिपथ में होनेवाले ऊर्जा के रूपांतरणों का कुछ विवरण खोजता है तो उसे घोर रूप से निराश ही होना पड़ेगा।

आइए, अब हम विचार करें इस आकर्षक 'विद्युत-विश्लेषी प्रक्रिया' पर, जो प्रकटतः ऊर्जा प्रदान किए बिना H_2 को O से पृथक् कर सकती है, और जो पुस्तक

के इन भागों में वही भूमिका अदा करती है जो कि पहले रहस्यमय **पृथक्करण के विद्युत-बल** ने की है।

> *'आयनों के पृथक्करण की प्राथमिक व विशुद्ध विद्युत-विश्लेषी** प्रक्रिया के साथ-साथ कई गौण व विशुद्ध रासायनिक प्रक्रियाएं भी, पहली प्रक्रिया से स्वतंत्र रूप से, धारा द्वारा विखंडित हुए आयनों की क्रिया द्वारा घटित होती हैं। यह अभिक्रिया विद्युदग्रों की वस्तुओं पर और विघटित हुए पिंडों पर, और घोलों के मामले में विलायक पर भी घटित हो सकती है' (भाग 1, पृ. 481)।*

आइए, हम ऊपर उल्लिखित बैटरी की ओर लौटें : सल्फ्यूरिक अम्ल में जस्ता और तांबा। यहां, स्वयं वीडेमान के कथन के अनुसार, पृथक् हुए आयन हैं पानी के H_2 और O। परिणामतः, उनके लिए जस्ते का ऑक्सीकरण और $ZnSO_4$ का निर्माण एक गौण, विशुद्ध रासायनिक प्रक्रिया है, विद्युत-विश्लेषी प्रक्रिया से स्वतंत्र है, बावजूद इस तथ्य के केवल इसी के जरिये प्राथमिक प्रक्रिया संभव होती है। आइए, अब हम कुछ विस्तार के साथ इस भ्रांति पर विचार करें जो घटनाओं को इस प्रकार उलटे क्रम में प्रस्तुत करने से पैदा होती है।

आइए, सर्वप्रथम हम विद्युत-विश्लेषी सेल में होनेवाली तथाकथित गौण प्रक्रियाओं पर विचार करें। वीडेमान इन प्रक्रियाओं के कुछ उदाहरण प्रस्तुत करते हैं** (पृ. 481-82) :

1. पानी में घोले गए सोडियम सल्फेट (Na_2SO_4) का विद्युत-विश्लेषण।

> यह $SO_3 + O$ के 1 समसंयोजक में... और *Na* के 1 सम-संयोजक में विखंडित होता है...। तुरंत *Na* पानी के विलायक पर अभिक्रिया उत्पन्न करता है और इसमें से *H* के 1 समसंयोजक को पृथक् करता है, जबकि दाहक सोडा (*NaOH*) के 1 सम-संयोजक का निर्माण होता है और यह आसपास के पानी में घुल जाता है।
>
> इसका समीकरण है :
>
> $$Na_2SO_4 + 2H_2O = O + SO_3 + 2NaOH+2H$$
>
> दरअसल, इस उदाहरण में विघटन
>
> $$Na_2SO_4 = Na_2 + SO_3 + O$$

---

* जोर स्वयं एंगेल्स द्वारा।–संपा.

** यहां हमेशा के लिए यह सूचित करना जरूरी है कि वीडेमान सर्वत्र पुराने रासायनिक तुल्यमानों का प्रयोग करते हैं, जैसे, *HO, ZnCl,* आदि। मैंने अपने समीकरणों में सर्वत्र आधुनिक परमाणु-भारों का प्रयोग किया है : H_2O, $ZnCl_2$ आदि। **[एंगेल्स की टिप्पणी]**

को प्राथमिक, विद्युत-रासायनिक प्रक्रिया, माना जा सकता है, और आगे के रूपांतरण $Na_2 + 2H_2O = 2NaOH + 2H$ को गौण, एक विशुद्ध रासायनिक प्रक्रिया, माना जा सकता है। परंतु यह गौण प्रक्रिया तुरंत उस विद्युदाग्र पर कार्यान्वित होती है जहां हाइड्रोजन प्रकट होता है; अतः इस प्रकार ऊर्जा की जो काफी अधिक मात्रा (ज्यूलियस थॉमसन के अनुसार Na, O, H, पानी के लिए 111,810 ऊष्मा-इकाइयां) मुक्त होती है, उसमें से अधिकतर विद्युत में परिवर्तित हो जाती है, और इसका केवल एक अंश ही सेल के भीतर सीधे ऊष्मा में रूपांतरित हो जाता है। परंतु यह दूसरी बात **बैटरी** में सीधे या प्राथमिक रूप में मुक्त हुई रासायनिक ऊर्जा के साथ भी घटित हो सकती है। लेकिन इस प्रकार उपलब्ध हुई और विद्युत में परिवतर्तित हुई ऊर्जा की मात्रा को उस ऊर्जा से घटना होगा जिसे धारा को Na_2SO_4 सतत विघटित करने के लिए सप्लाई करना होता है। यदि सोडियम का जलयोजित ऑक्साइड में परिवर्तन समूची प्रक्रिया के **प्रथम** क्षण में गौण प्रक्रिया के रूप में प्रकट हुआ है, तो दूसरे क्षण से आगे यह उस समूची प्रक्रिया का एक अनिवार्य घटक बन जाता है, और तब यह गौण प्रक्रिया नहीं रह जाती।

परंतु एक तीसरी प्रक्रिया भी इस विद्युत-विश्लेषी सेल में घटित होती है : H_2O के साथ SO_3 संयोजित होकर सल्फ्यूरिक अम्ल Na, O, H_2SO_4 का निर्माण करता है, बशर्ते कि SO_3 घन विद्युदाग्र की धातु के साथ संयोजित नहीं होता, उस स्थिति में पुनः ऊर्जा का विमोचन होगा। परंतु यह परिवर्तन विद्युदाग्र पर तत्काल शुरू नहीं होता, परिणामतः इसमें मुक्त हुई ऊर्जा की मात्रा (21,320 ऊष्मा-इकाइयां, ज्यू. थॉमसन) स्वयं सेल में पूर्णतः या मुख्यतः ऊष्मा में बदल जाती है, और धारा की विद्युत के लिए अधिक-से-अधिक एक अत्यल्प हिस्सा प्रदान करती है। अतः सेल में जो एकमात्र वास्तविक गौण प्रक्रिया घटित होती है, उसका वीडेमान ने बिलकुल उल्लेख नहीं किया है।

> *2. यदि ताम्र सल्फेट के एक विलायक ($CuSO_4 + 5H_2O$) का एक घन ताम्र विद्युदाग्र और एक ऋण प्लेटिनम विद्युदाग्र के बीच विद्युत-विश्लेषण किया जाए, तो ऋण प्लेटिनम विद्युदाग्र पर होनेवाले पानी के विघटन के 1 समसंयोजक के लिए तांबे के 1 समसंयोजक का पृथक्करण होता है, और इसके साथ ही उसी धारा के परिपथ में सल्फ्यूरिक अम्ल का विघटन होता है। घन विद्युदाग्र पर SO_4 के 1 समसंयोजक का प्रक्टन होना चाहिए, पर यह विद्युदाग्र के तांबे के साथ मिलकर $CuSO_4$ के 1 समसंयोजक का निर्माण करता है, यह Na, $CuSO_4$ विद्युत-विश्लेषित विलायन के पानी के साथ मिल जाता है (भाग 1, पृ. 481)।*

अतः आधुनिक रसायन की अभिव्यक्ति में हमें इस प्रक्रिया को इस प्रकार व्यक्त करना होगा : प्लेटिनम पर ताम्र जमा होता है; मुक्त हुआ SO_4 जो इस रूप में टिका नहीं रह सकता, $SO_3 + O$ में विखंडित हो जाता है, O मुक्त अवस्था में पलायन करता है। SO_3 जलीय विलायक से H_2O ग्रहण करता है और H_2SO_4 का निर्माण करता है, जो पुनः विद्युदाग्र के ताम्र से संयोजित होकर $CuSO_4$ का निर्माण करता है, H_2 मुक्त हो जाता है। असल में यहां हम तीन प्रक्रियाएं देखते हैं : (1) Cu और SO_4 का पृथक्करण; (2) $SO_3 + O + H_2O = H_2SO_4 + O$, (3) $H_2SO_4 + Cu = H_2 + CuSO_4$।

यह स्वाभाविक है कि प्रथम प्रक्रिया को प्राथमिक माना जाए, और शेष दो को गौण। परंतु यदि हम ऊर्जा के रूपांतरणों पर विचार करते हैं तो देखते हैं कि पहली प्रक्रिया तीसरी प्रक्रिया के एक भाग द्वारा पूर्णतः क्षतिपूरित हो जाती है : दूसरे विद्युदाग्र पर ताम्र और SO_4 के पुनर्मिलन पर इनके पृथक्करण द्वारा। यदि हम तांबे को एक विद्युदाग्र से दूसरे विद्युदाग्र पर सरकाने के लिए जरूरी ऊर्जा पर विचार नहीं करते, और इसी प्रकार बैटरी में ऊर्जा के ऊष्मा में होनेवाले परिवर्तन के अवश्यंभावी क्षय पर, जिसका ठीक-ठीक निर्धारण संभव नहीं, तो हमें यहां एक ऐसी स्थिति प्राप्त होती है जिसमें तथाकथित प्राथमिक प्रक्रिया धारा से ऊर्जा ग्रहण नहीं करती। धारा केवल H_2 और O के पृथक्करण को ही संभव बनाने के लिए ऊर्जा प्रदान करती है, जिसमें यह पृथक्करण अप्रत्यक्ष रूप से होता है, और यह इस समूची प्रक्रिया का वास्तविक रासायनिक परिणाम प्रमाणित होता है—इसलिए एक द्वितीयक या तृतीयक प्रक्रिया को भी सम्पन्न करने के लिए।

फिर भी, उपर्युक्त दोनों उदाहरणों में, जैसाकि दूसरे उदाहरणों में भी, इस बात को अस्वीकार नहीं किया जा सकता कि प्राथमिक और द्वितीयक प्रक्रियाओं के विभेद में एक सापेक्ष औचित्य है। इस प्रकार दोनों स्थितियों में अन्य बातों के अलावा, पानी भी स्पष्टतया विघटित होता है और विपरीत विद्युदाग्रों पर पानी के तत्त्वों की विमुक्ति होती है। चूंकि, एकदम हाल के प्रयोगों के अनुसार, बिलकुल शुद्ध पानी करीब-करीब एक आदर्श असंवाहक बन जाता है, इसलिए एक अ-विद्युत-विश्लेष्य भी होता है, यह दरशाना महत्त्वपूर्ण है कि इस तरह की स्थिति में यह पानी नहीं है जो स्पष्टतया विद्युत-रासायनिक रूप से विघटित होता है, बल्कि पानी के तत्त्व अम्ल से पृथक् होते हैं, और यह सच है कि यहां इनके निर्माण में घोल के पानी का साझेदार होना जरूरी है।

3. यदि कोई दो U-नलिकाओं में एकसाथ विद्युत-विश्लेषण करता है... हाइड्रोक्लोरिक अम्ल ($HCl + 8H_2O$) का... जिसमें एक नलिका में जस्ता घन विद्युदाग्र का और दूसरी नलिका में तांबे के विद्युदाग्र का प्रयोग किया

जाता है, तब पहली नलिका में जस्ते की एक मात्रा 32.53 घुल जाती है, और दूसरी नलिका में तांबे की मात्रा 2x31.7 घुल जाती है (भाग 1, पृ. 482)।

फिलहाल हम तांबे पर नहीं, जस्ते पर विचार करेंगे। HCl के विघटन को यहां प्राथमिक माना जाता है, और Zn के विलयन को द्वितीयक प्रक्रिया।

अतः, इस धारणा के अनुसार, धारा H और Cl के पृथक्करण के लिए आवश्यक ऊर्जा बाहर से विद्युत-विश्लेषी सेल में लाती है, और यह पृथक्करण सम्पन्न हो जाने पर Zn के साथ Cl संयुक्त हो जाता है, जिसमें ऊर्जा की एक मात्रा मुक्त होती है, जिसे H और Cl के पृथक्करण के लिए आवश्यक ऊर्जा की मात्रा से घटाया जाता है, इस धारा को केवल इस अंतर वाली ऊर्जा की मात्रा ही सप्लाई करनी पड़ती है। यहां तक हर चीज का बढ़िया तालमेल बैठता है; परंतु यदि हम इन दो ऊर्जा-मात्राओं पर अधिक गहराई से विचार करते हैं तो देखते हैं कि $ZnCl_2$ के निर्माण पर मुक्त हुई ऊर्जा की मात्रा 2HCl के पृथक्करण में खर्च हुई ऊर्जा की मात्रा से **अधिक** है; परिणामतः धारा को न केवल ऊर्जा सप्लाई करने की जरूरत होती है, बल्कि उलटे यही **ऊर्जा प्राप्त करती है**। यहां हमारा सामना अब एक निष्क्रिय विद्युत-विश्लेष्य से नहीं बल्कि एक उत्तेजक द्रव से होता है, एक विद्युत-विश्लेषी सेल से नहीं बल्कि एक बैटरी से होता है, जो धारा का सृजन करनेवाले वोल्टीय पुंज को एक नए तत्त्व से शक्तिशाली बनाती है; जिस प्रक्रिया के बारे में समझा जाता है कि हम उसे द्वितीयक मानें वह पूर्णतः प्राथमिक बन जाती है, समूची प्रक्रिया की ऊर्जा का स्रोत बन जाती है और वोल्टीय पुंज द्वारा प्रदत्त धारा से इस प्राथमिक प्रक्रिया को स्वतंत्र बनाती है।

यहां हम उस समूची भ्रांति के स्रोत के स्पष्ट दर्शन करते हैं जो वीडेमान के सैद्धांतिक विवरण में व्याप्त है। वीडेमान का प्रस्थान-बिंदु विद्युत-विश्लेषण है; यह सक्रिय है या निष्क्रिय, बैटरी है या विद्युत-विश्लेषी सेल है, उनके लिए एक-सा है : आरा-हड्डियां आरा-हड्डियां हैं, जैसाकि उस वृद्ध मेजर ने वर्ष की अपनी सैनिक-सेवा पूरी करने वाले दर्शनशास्त्र के डाक्टर से कहा था।[105] और चूंकि बैटरी की बताय विद्युत-विश्लेषी सेल में विद्युत-विश्लेषण का अध्ययन आसान रहे, वह वस्तुतः विद्युत-विश्लेषी सेल में विद्युत-विश्लेषण का अध्ययन आसान है, वह वस्तुतः विद्युत-विश्लेषी सेल को अपने प्रस्थान-बिंदु के रूप में ग्रहण करते हैं, और इसमें घटित होने वाली प्रक्रियाओं को, और इनके आंशिक रूप से औचित्यपूर्ण प्राथमिक व द्वितीयक में विभाजन को, बैटरी की एकदम उलटी प्रक्रियाओं का मानदंड बनाते हैं, और यह भी नहीं देख पाते कि उनका विद्युत-विश्लेषी सेल लुक-छिपकर कब बैटरी में रूपांतरित हो जाता है। इसलिए वे निम्नलिखित विचार प्रस्तुत करने में समर्थ हैं :

'पृथक् हुए पदार्थों की विद्युदाग्रों के लिए जो रासायनिक बंधुता होती है, उसका विद्युत-विश्लेषी प्रक्रिया पर अपने में कोई प्रभाव नहीं पड़ता' (भाग 1, पृ. 471)।

एक ऐसा विचार जो अपने निरपेक्ष रूप में, जैसाकि हमने देखा है, पूर्णतः गलत है। इसलिए, आगे उनका धारा-निर्माण का त्रिविध सिद्धांत भी : प्रथम, पुराना परम्परागत सिद्धांत, शुद्ध संपर्क द्वारा धारा का निर्माण; दूसरा, अमूर्त रूप से कल्पित पृथक्करण के उस विद्युत-बल के जरिये प्राप्त जो एक अबोधगम्य तरीके से अपने लिए या 'विद्युत-विश्लेषी प्रक्रिया' के लिए वह ऊर्जा प्राप्त करता है जो H और Cl को विखंडित करने के लिए और धारा के निर्माण के लिए भी आवश्यक होती है; और अंत में, आधुनिक रसायन-विद्युतीय सिद्धांत जो इस ऊर्जा के स्रोत को बैटरी में होनेवाली सभी रासायनिक अभिक्रियाओं के बीजगणितीय योग में प्रदर्शित करता है। जिस प्रकार वे यह नहीं देख पाते कि दूसरी व्याख्या पहली व्याख्या का खंडन करती है, उसी प्रकार उन्हें यह भी पता नहीं चलता कि यह तीसरी व्याख्या भी दूसरी व्याख्या का खंडन करती है। विपरीत, परम्परा से चले आ रहे पुराने सिद्धांत के साथ ऊर्जा की अविनाशिता के सिद्धांत को एक बिलकुल सतही तौर पर महज जोड़ दिया गया है, जैसे कि पहले के ज्यामितीय प्रमेयों के साथ एक नया प्रमेय जोड़ दिया गया हो। उन्हें इस बात की तनिक कल्पना नहीं है कि यह सिद्धांत प्रकृति-विज्ञान के इस तथा अन्य सभी क्षेत्रों में समूचे पुराने दृष्टिकोण के संशोधन की अनिवार्य मांग करता है। इसलिए वीडेमान धारा की अपनी व्याख्या में इस सिद्धांत के उल्लेख तक ही अपने को सीमित रखते हैं, और फिर इसे बड़ी सहजता से एक ओर रख देते हैं; इसे वे पुनः पुस्तक के अंत में धारा द्वारा सम्पन्न होनेवाले कार्य के प्रकरण में ही स्मरण करते हैं। संपर्क द्वारा विद्युत के उत्तेजन के सिद्धांत में भी (भाग 1, पृ. 781, और आगे) ऊर्जा की अविनाशिता मुख्य विवेच्य विषय के संदर्भ में कतई कोई भूमिका अदा नहीं करती, और आनुषंगिक बातों पर प्रकाश डालने के लिए ही केवल संयोगवश इसे वहां लाया गया है : यह एक 'द्वितीयक प्रक्रिया' है, और बनी रहती है।

आइए, हम उपर्युक्त उदाहरण 3 पर पुनः विचार करें। वहां दो U-नलिकाओं में हाइड्रोक्लोरिक अम्ल का विद्युत-विश्लेषण करने के लिए उसी एक धारा का इस्तेमाल किया गया था, परंतु एक नलिका में जस्ते का धन विद्युदाग्र था और दूसरी में इस्तेमाल हुआ धन विद्युदाग्र तांबे का था। फैरेडे के विद्युत-विश्लेषण के मूलभूत नियम के अनुसार, वही एक गैल्वानी धारा प्रत्येक सेल में विद्युत-विश्लेष्य की समान मात्रा विघटित करती है, और उन दो विद्युदाग्रों पर मुक्त हुए पदार्थों की मात्राएं भी उन समसंयोजकों के अनुपात में होती हैं। (भाग 1, पृ. 470) उपर्युक्त मामले में पता चला था कि पहली नलिका में जस्ते की 32.53 मात्रा विघटित हुई थी, और दूसरी नलिका में तांबे की 2x31.7 मात्रा।

'फिर भी', वीडेमान आगे कहते हैं, 'यह इन दो मानों की समानता का सबूत नहीं है। इन्हें केवल अत्यंत क्षीण धाराओं की स्थिति में एक ओर... जिंक क्लोराइड के निर्माण के साथ देखा जा सकता है... और दूसरी ओर ताम्र क्लोराइड के निर्माण के साथ। शक्तिशाली धाराओं की स्थिति में, जस्ते की उतनी ही मात्रा विघटित होने पर, विघटित तांबे की मात्रा... घटकर 31.7 रह जाएगी और इसके साथ क्लोराइड की मात्रा बढ़ती जाएगी।'

यह भली-भांति ज्ञात है कि जस्ता क्लोरिन के साथ केवल एक यौगिक बनाता है, जिंक क्लोराइड $ZnCl_2$; दूसरी ओर, तांबा दो यौगिक बनाता है, क्यूप्रिक क्लोराइड, $CuCl_2$ और क्यूप्रस क्लोराइड C_u2Cl_2। इसलिए प्रक्रिया यह है कि प्रत्येक दो क्लोरिन परमाणुओं के लिए क्षीण धारा विद्युदाग्र से दो ताम्र परमाणुओं को पृथक् करती है। वे दो ताम्र परमाणु उनकी दो संयोजकताओं में से एक द्वारा संयुक्त बने रहते हैं, जबकि उनकी दो मुक्त संयोजकताएं दो क्लोरीन परमाणुओं के साथ जुड़ जाती हैं :

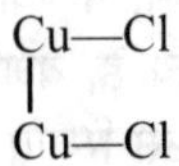

दूसरी ओर, यदि धारा शक्तिशाली होती है, तो यह ताम्र परमाणुओं को एक-दूसरे से पूर्णतः पृथक् करती है, और प्रत्येक ताम्र परमाणु दो क्लोरिन परमाणुओं के साथ संयुक्त हो जाता है :

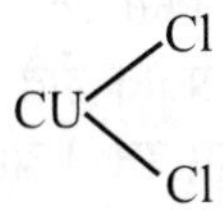

मध्यम शक्ति की धारा की स्थिति में दोनों यौगिकों का साथ-साथ सृजन होता है। अतः यह केवल धारा की शक्ति है जो एक या अन्य यौगिक के निर्माण को निर्धारित करती है, और इसलिए यह प्रक्रिया अनिवार्यतः **विद्युत**-रासायनिक है, बशर्ते कि इस शब्द का कोई अर्थ भी है। फिर भी वीडेमान स्पष्टतया घोषणा करते हैं कि यह द्वितीयक है, इसलिए विद्युत-रासायनिक नहीं, बल्कि शुद्ध रासायनिक है।

उपर्युक्त प्रयोग रैनो द्वारा किया है (1867), और यह इसी प्रकार के उन प्रयोगों के एक समूचे क्रम में से एक है जिनमें उसी धारा को एक U-नलिका से लवण घोल में (घन विद्युदाग्र—जस्ता) पहुंचाया गया है, और अन्य सेल में विभिन्न धातुओं के बदलते विद्युत-विश्लेष्यों में से धन विद्युदाग्र के रूप में। जस्ते के प्रत्येक समसंयोजक के लिए यहां विघटित हुई धातुओं की मात्राएं काफी अधिक भिन्नता

रखती है, और वीडेमान इन प्रयोगों के समूचे क्रम के परिणाम प्रस्तुत करते हैं, परंतु वस्तुस्थिति में ये अधिकतर रासायनिक दृष्टि से स्वयंसिद्ध हैं और इनसे भिन्न नहीं हो सकते। इस प्रकार, जस्ते के 1 समसंयोजक के लिए हाइड्रोक्लोरिक अम्ल में सोने के समसंयोजक का केवल एक-तिहाई विघटित होता है। यह तभी विलक्षण जान पड़ता है यदि कोई, वीडेमान की तरह, पुराने समसंयोजक भारों से चिपका रहता है और जिंक क्लोराइड के लिए ZnCl लिखता है, जिसके अनुसार क्लोरिन व जिंक, दोनों ही क्लोराइड में केवल एक संयोजकता के साथ प्रकट होते हैं। दरअसल क्लोरिन के दो परमाणु जस्ते के एक परमाणु से जुड़ते हैं ($ZnCl_2$), और इस फार्मूले को देखते ही हमें एकदम स्पष्ट हो जाता है कि समसंयोजकों के उपर्युक्त निर्धारण में क्लोरिन के परमाणु को इकाई के रूप में लिया जाना चाहिए, न कि जस्ते के परमाणु को। परंतु स्वर्ण-क्लोराइड के लिए फार्मूला है $AuCl_3$, जिससे एकदम पता चलता है कि $3ZnCl_2$ में ठीक उतना ही क्लोरिन है जितना कि $2AuCl_3$ में है, और **इसलिए बैटरी या सेल की सभी** प्राथमिक, द्वितीयक और तृतीयक प्रक्रियाएं, जिंक क्लोराइड में बदलनेवाले जिंक के भार[106] प्रत्येक भाग के लिए, सोने के भार के दो-तिहाई भाग को—इससे न कम, न ज्यादा को—स्वर्ण-क्लोराइड में बदलने के लिए बाध्य हैं। यह पूर्ण रूप से सत्य है, बशर्ते कि यौगिक AuCl को भी गैल्वानी साधनों से तैयार करना संभव हो। उस स्थिति में जिंक के एक समसंयोजक के लिए सोने के दो समसंयोजक तक विलयित करने पड़ेंगे, और तब भी धारा की शक्ति के अनुसार उसी प्रकार की भिन्नताएं प्रकट हो सकती हैं जैसीकि ऊपर उल्लिखित तांबे और क्लोरिन की स्थिति में। रैनो के प्रयोगों का महत्त्व इस तथ्य में निहित है कि, ये प्रयोग दिखाते हैं कि किस प्रकार फैरेडे का नियम उन तथ्यों से प्रमाणित होता जो इसका खंडन करते प्रतीत होते हैं। परंतु विद्युत-विश्लेषण में द्वितीयक प्रक्रियाओं पर प्रकाश डालते हुए इनका योगदान क्या होगा, यह स्पष्ट नहीं है।

वीडेमान के तीसरे उदाहरण ने पुनः हमें विद्युत-विश्लेषी सेल से बैटरी में पहुंचा दिया है। और यदि कोई बैटरी में होने वाले ऊर्जा के रूपांतरणों के संदर्भ में विद्युत-विश्लेषी प्रक्रियाओं का अध्ययन करता है, तो सर्वाधिक रोचक बातें सामने आती हैं। इस प्रकार हम अक्सर ही ऐसी बैटरियों का सामना करते हैं जिनमें घटित होने वाली विद्युत-रासायनिक प्रक्रियाएं ऊर्जा की अविनाशिता के नियम का सीधा विरोध करती जान पड़ती हैं, रासायनिक बंधुता के विपरीत प्रतीत होती हैं।

पोग्गेनडोर्फ[107] के मापनों के अनुसान, बैटरी : जस्ता—गाढ़ा लवण घोल—प्लेटिनम : 134.6* शक्ति की धारा प्रदान करती है। यहां हमें विद्युत की काफी पर्याप्त मात्रा प्राप्त होती है—डैनियल सेल में जितनी प्राप्त होती है, उससे

* 'धारा की शक्ति का डेनियल सेल क्षमता 100'। **[एंगेल्स की टिप्पणी]**

एक-तिहाई अधिक। यहां विद्युत के रूप में प्राप्त होनेवाली ऊर्जा का स्रोत क्या है? 'प्राथमिक' प्रक्रिया यह है कि क्लोरिन यौगिक में सोडियम का स्थान जस्ता ग्रहण करता है। परंतु सामान्य रसायन में सोडियम का स्थान जस्ता ग्रहण नहीं करता, बल्कि इसका उलटा होता है–क्लोरिन में और दूसरे यौगिकों में जस्ते का स्थान सोडियम लेता है। 'प्राथमिक' प्रक्रिया द्वारा धारा को ऊर्जा की उपर्युक्त मात्रा प्रदान करना तो दूर रहा, विपरीत, स्वयं अस्तित्व में आने के लिए इसे बाहर से ऊर्जा की जरूरत होती है। अतः महज 'प्राथमिक' प्रक्रिया से हम पुनः गतिरोध की स्थिति पर पहुंच जाते हैं। इसलिए आइए हम वास्तविक प्रक्रिया को देखें। हम देखते हैं कि परिवर्तन $Zn + 2NaCl = ZnCl_2 + 2Na$ नहीं है, बल्कि है :

$$Zn + 2NaCl + 2H_2O = ZnCl_2 + 2NaOH + H_2.$$

अन्य शब्दों में, सोडियम ऋण विद्युदाग्र पर टूटकर मुक्त नहीं होता, बल्कि उपर्युक्त उदाहरण 1 (पृ. 143-44) की तरह एक हाइड्रॉक्साइड का निर्माण करता है।

यहां घटित होनेवाले ऊर्जा-रूपांतरणों की गणना के लिए ज्यूलियस थॉमसन के निर्धारण हमें कम-से-कम कुछ महत्त्वपूर्ण तथ्य प्रदान करते हैं। उनके अनुसार इस संयोग में मुक्त होने वाली ऊर्जा इस प्रकार है :

$(ZnCl_2) = 97{,}210$, $((ZnCl_2)$, जलीय) = 15,630, अतः निम्न विलयों के लिए योग होता है :

जिंक क्लोराइड = 112,840 ऊष्मा-इकाइयां।

2 (Na, O, H, जलीय) = 223,620 ऊष्मा-इकाइयां

336,460 ऊष्मा-इकाइयां

अब अगर Nacl और H_2O के टूटने की प्रक्रिया में ऊर्जा की खपत को घटाया जाय तो :

2 (Na, Cl जलीय) = 1,93,020 ऊष्मा-इकाइयां

2 (H_2O) = 136,720 ऊष्मा-इकाइयां

329,740 ऊष्मा-इकाइयां

अतः 6,720 ऊष्मा-इकाइयां अतिरिक्त ऊर्जा मुक्त हुई।

प्राप्त हुई विद्युत धारा की दृष्टि से यह ऊर्जा की थोड़ी ही मात्रा है लेकिन इससे सोडियम और क्लोरीन के विलग होने और विद्युत पैदा होने के तथ्यों की व्याख्या हो जाती है।

यहां हमें इस सच्चाई का मजबूत उदाहरण मिलता है कि प्राथमिक और द्वितीयक प्रक्रियाओं का अंतर मात्र सापेक्ष है और चरम निरपेक्ष स्थिति पर विचार करने पर यह अंतर निरर्थक रह जाता है। केवल प्राथमिक विद्युत-विश्लेषी प्रक्रिया से न तो विद्युत उत्पन्न हो सकती है, न ही ऐसी प्रक्रिया अपने-आप शुरू हो सकती है।

दरअसल द्वितीयक प्रक्रिया, जो वास्तव में पूरी तरह रासायनिक प्रक्रिया है, की वजह से ही प्राथमिक प्रक्रिया संपन्न हो सकती है और यही प्रक्रिया विद्युत उत्पादन के लिए समूची अतिरिक्त ऊर्जा प्रदान करती है। वास्तव में, यही (द्वितीयक) प्रक्रिया प्राथमिक सिद्ध होती है और दूसरी (प्राथमिक) प्रक्रिया द्वितीयक हो जाती है। तात्त्विक और तत्त्व-मीमांसकों ने इन प्रक्रियाओं के बीच जिन बड़े अंतरों और इनके एक-दूसरे के एकदम विलोम होने की कल्पनाएं की थीं, हीगल ने द्वंद्वात्मक तरीके से उनकी एकदम विपरीत व्याख्या कर दी।

यह कहा गया कि हीगल ने उनके शब्दों को उन्हीं के मुंह में पलट दिया। लेकिन अगर प्रकृति का व्यवहार वैसा ही होता है, जैसा हीगल ने बताया था, तो अब समय आ गया है कि इस बात की और गहराई से जांच की जाए।

ज्यादा उचित यही होगा कि उन प्रक्रियाओं को द्वितीयक माना जाए जो बैटरी की रासायनिक-वैद्युत प्रक्रिया अथवा विद्युत-विश्लेषी सेल की वैद्युत-रासायनिक प्रक्रिया के अगले क्रम में संपन्न होती हैं, ये प्रक्रियाएं स्वतंत्र और अलग से इलेक्ट्रोडों से कुछ दूर संपन्न होती हैं। अतः इन द्वितीयक प्रक्रिया में ऊर्जा का जो रूपांतरण होता है, वह वैद्युत प्रक्रिया में शामिल नहीं होता। ये प्रक्रियाएं सीधे-सीधे न तो वैद्युत प्रक्रिया से ऊर्जा लेती हैं न इसे ऊर्जा देती हैं, ये प्रक्रियाएं विद्युतविश्लेषी सेल में अक्सर होती रहती हैं। हमने पीछे दिए गए उदाहरण 1 में सोडियम सल्फेट के वैद्युत-विश्लेषण के दौरान सल्फ्यूरिक एसिड का बनना देखा। लेकिन यहां ये उदाहरण ज्यादा महत्त्व के नहीं हैं। इसकी तुलना में, बैटरी में उनका होना ज्यादा व्यावहारिक महत्त्व का है। क्योंकि ये भले ही रासायनिक-वैद्युत प्रक्रिया को न तो ऊर्जा देते हैं और न ही इससे लेते हैं, फिर भी ये बैटरी में कुल उपलब्ध ऊर्जा की मात्रा में बदलाव ले आते हैं और इस तरह उसे अप्रत्यक्ष रूप से प्रभावित करते हैं।

यहां पर, साधारण परिणामी रासायनिक परिवर्तनों के अलावा, एक ऐसी घटना होती है कि विद्युताग्रों (इलेक्ट्रोडों) से आयन उस अवस्था की तुलना में अलग स्थिति में निकलते हैं जब वे मुक्त स्थिति में होते हैं और जब वे विद्युताग्रों से दूर जाकर ही ऐसी मुक्त स्थिति में पहुंचते हैं, ऐसी स्थिति में, आयनों का घनत्व* अथवा समूहन की स्थिति भिन्न हो सकती है। उनके आणुविक संघटन में भी काफी परिवर्तन हो सकता है और यह स्थिति सबसे ज्यादा दिलचस्प है।

इन सभी अभिक्रियाओं में, विद्युताग्रों से निश्चित दूरी पर द्वितीयक रसायन के अनुरूप ऊष्मा में परिवर्तन होता है अथवा आयनों में भौतिक परिवर्तन होता है। प्रायः इस प्रक्रिया में ऊर्जा मुक्त होती है और कुछ मामलों में खर्च भी होती है, लेकिन ऊष्मा का यह परिवर्तन प्रायः उसी स्थान तक सीमित रहता है। बैटरी या

* इकाई का उल्लेख अंग्रेजी लेख में नहीं है।

विद्युतविश्लेषी सेल में स्थित द्रव ज्यादा गर्म या ज्यादा ठंडा हो जाता है लेकिन बाकी परिपथ का तापमान समान बना रहता है, इसीलिए इस ऊष्मा को स्थानीय ऊष्मा कहते हैं। विद्युत में परिवर्तित करने के लिए जो मुक्त रासायनिक ऊर्जा उपलब्ध होती है, वह बैटरी में पैदा हुई धनात्मक अथवा ऋणात्मक स्थानीय ऊष्मा के बराबर बढ़ अथवा घट जाती है। फाव्रे के अनुसार, हाइड्रोजन परॉक्साइड और हाइड्रोक्लोरिक एसिड वाली बैटरी में मुक्त ऊर्जा का दो-तिहाई हिस्सा स्थानीय ऊष्मा के रूप में खर्च हो जाता है, दूसरी ओर, ग्रोव सेल परिपथ के बंद होने पर काफी ठंडा हो गया और उसने ऊष्मा का अवशोषण कर बाहर से ऊर्जा की आपूर्ति की। इस प्रकार हम देखते हैं कि ये द्वितीयक प्रक्रियाएं भी प्राथमिक प्रक्रिया से अभिक्रिया करती हैं, हम चाहे कोई भी दृष्टिकोण अपनाएं, प्राथमिक और द्वितीयक प्रक्रियाओं के बीच मात्र सापेक्ष अंतर ही नजर आता है और एक-दूसरे के बीच अंतर्क्रियाएं होती रहती हैं। अगर यह तथ्य भुला दिया जाए और इन मात्र सापेक्ष रूप से एक-दूसरे के विपरीत प्रक्रियाओं को चरम निरपेक्ष मान लिया जाए, तो विरोधाभास तो होंगे ही, जैसाकि हमने इस चर्चा में पहले देखा है।

जैसाकि सभी जानते हैं, गैसों के विद्युत-विश्लेषी उत्सर्जन में धातु के बने इलेक्ट्रोडों के ऊपर गैस की पतली परत बन जाती है। परिणामस्वरूप, विद्युतधारा की मात्रा तब तक कम होती जाती है जब तक इलेक्ट्रोडों पर गैस संतृप्तता के स्तर तक न पहुंच जाए और तब कमजोर हुई यह विद्युत धारा की मात्रा स्थिर हो जाती है। फाव्रे और सिलबरमान ने दिखाया है कि ऐसे विद्युत-विश्लेषी सेल में स्थानीय ऊष्मा भी बढ़ती है। यह स्थानीय ऊष्मा इसीलिए पैदा होती है कि इलेक्ट्रोडों पर गैसें जिस सामान्य अवस्था में जमा होती हैं, उसी अवस्था में मुक्त नही होतीं। लेकिन ऊष्मा बनने से जुड़ी एक अन्य प्रक्रिया द्वारा ही इलेक्ट्रोडों से मुक्त होने के बाद ही ये गैसें उस सामान्य अवस्था में लाई जाती हैं। लेकिन इलेक्ट्रोडों से मुक्त होते समय इन गैसों की कौन-सी अवस्था होती है, इस बारे में वीडेमान से ज्यादा सावधानी से कोई व्याख्या नहीं कर सकता। उन्होंने इसे एक निश्चित 'अपरूपी', 'सक्रिय', और अंततः ऑक्सीजन के मामले में कई बार, 'ओजोनीकृत' अवस्था बताया है। हाइड्रोजन के मामले में तो उनके कथन और भी रहस्यमय हो गए हैं। ऐसा विचार रखा गया है कि ओजोन और हाइड्रोजन परॉक्साइड ऐसे रूप हैं जिनमें 'सक्रिय' स्थिति प्राप्त कर ली गई है। हमारे लेखक महोदय ओजोन की तलाश में तल्लीन हैं कि वे कुछ परॉक्साइडों के अत्यंत विद्युत-नकारात्मक लक्षणों की व्याख्या इस तरह करते हैं कि इन परॉक्साइडों में संभवतः **ओजोनाइज्ड अवस्था** में ऑक्सीजन का एक हिस्सा है। (I, पृ. 57)

---

* जोर स्वयं एंगेल्स द्वारा।—सं.

यह सही है कि ऑक्सीजन और हाइड्रोजन परॉक्साइड दोनों ही पानी के कथित विघटन से बनते हैं, लेकिन इस प्रक्रिया में इनकी बहुत थोड़ी मात्रा बनती है, इस बात को मानने का कोई आधार नहीं है कि इस प्रक्रिया में उक्त दोनों यौगिकों की बड़ी मात्रा में बनने और फिर विखंडित होने से स्थानीय ऊष्मा पैदा होती है। हमें मुक्त ऑक्सीजन परमाणुओं से ओजोन (O_3) बनने से पैदा होने वाली ऊष्मा की कोई जानकारी नहीं है। बर्थलोट के अनुसार[108], जल से हाइड्रोजन परॉक्साइड बनने में (H_2O द्रव्य + O = 21,480)* ऊष्मा पैदा होती है। अतः इस यौगिक के बड़ी मात्रा में बनने से बहुत अधिक अतिरिक्त ऊर्जा उत्सर्जित होगी। H_2 और O को विलग करने में करीब 30 प्रतिशत ऊर्जा की जरूरत होगी। लेकिन ऐसा होना स्पष्ट नजर नहीं आ सका।

अंतिम बात, ओजोन और हाइड्रोजन परॉक्साइड में केवल ऑक्सीजन को आकलन किया जाएगा (विद्युतधारा में कमी के अलावा, जब दोनों गैसें एक ही इलेक्ट्रोड पर जमा होंगी), लेकिन हाइड्रोजन भी 'सक्रिय' रूप से मुक्त होगी। पोटैशियम नाइट्रेट के विलयन में प्लैटिनम इलेक्ट्रोडों के बीच, यह हाइड्रोजन अम्ले से अलग हुई नाइट्रोजन के साथ मिलकर अमोनिया बनाती है।

वास्तविकता में, इन कठिनाइयों और संदेहों का अस्तित्व ही नहीं है। विद्युत-विश्लेषी प्रक्रिया का विभिन्न पदार्थों को 'सक्रिय अवस्था' में विलग करने का कोई एकाधिकार नहीं है, हर रासायनिक विघटन प्रक्रिया में ऐसा ही होता है। हर प्रक्रिया में विमुक्त रासायनिक तत्त्व पहले O, H और N आदि परमाणुओं के रूप में विलग होते हैं। ऐसी विमुक्ति के बाद ही वे ऑक्सीजन (O_2), हाइड्रोजन (H_2), नाइट्रोजन (N_2) आदि के अणु बनाते हैं और निश्चित मात्रा में ऊर्जा देते हैं जो ऊष्मा के रूप में महसूस की जाती है, हालांकि अब तक यह ऊर्जा अनिर्धारित रही है। लेकिन अतिसूक्ष्म क्षण तक, जब तक परमाणु मुक्त रहते हैं, वे जितनी ऊर्जा ले जा सकते हैं, उतनी संपूर्ण ऊर्जा का वहन करते हैं। जब उनमें संपूर्ण ऊर्जा रहती है तो वे उन्हें उपलब्ध कोई भी संयोजन करने में समर्थ होते हैं। इसलिए, O_2, H_2, N_2 जैसे अणुओं की तुलना में वे 'सक्रिय अवस्था' में होते हैं क्योंकि इन अणुओं की अपनी ऊर्जा का एक हिस्सा खर्च हो चुका होता है और जब तक यह खर्च हुई ऊर्जा उन्हें बाहर से दुबारा नहीं हासिल होती, वे अन्य तत्त्वों के साथ संयोजन नहीं कर पातीं। अतः हमें मात्र हाइड्रोजन परॉक्साइड और ओजोन तक सीमित रहने की जरूरत नहीं है क्योंकि ये तो उक्त सक्रिय अवस्था के उत्पादन मात्र हैं। उदाहरण के लिए, हम बैटरी के बिना भी, मात्र रासायनिक साधनों से किसी पोटैशियम नाइट्रेट के विद्युत-विश्लेषण से अमोनिया प्राप्त कर सकते हैं। इसके लिए हमें ऐसे द्रव में नाइट्रिक एसिड अथवा कोई नाइट्रेट विलयन मिलाना होगा जिसमें रासायनिक प्रक्रिया द्वारा अमोनिया मुक्त हो, दोनों स्थितियों में, हाइड्रोजन की समान सक्रिय

अवस्था होती है। विद्युत-विश्लेषी प्रक्रिया में रोचक बात यह है कि मुक्त परमाणुओं का क्षणिक अस्तित्व एकदम स्पष्ट लगता है। यह प्रक्रिया दो चरणों में होती है। विद्युत-विश्लेषण के दौरान मुक्त परमाणु इलेक्ट्रोडों पर जमा होते हैं लेकिन अणुओं के रूप में उनका संयोजन इलेक्ट्रोडों से कुछ दूरी पर होता है।

द्रव्यमानों की तुलना में यह दूरी भले ही अत्यंत सूक्ष्म क्यों न हो, यह अणुओं के बनने पर मुक्त ऊर्जा को वैद्युत-प्रक्रिया में इस्तेमाल होने से बचाए रखने के लिए पर्याप्त होती है। इस तरह यह अपने ऊष्मा में बदलने की प्रक्रिया को सुनिश्चित करती है जो बैटरी की स्थानीय ऊष्मा बनती है, लेकिन इसी प्रक्रिया से इस तथ्य की पुष्टि होती है कि तत्त्व-मुक्त परमाणुओं के रूप में टूटते हैं और क्षण भर के लिए बैटरी में मुक्त परमाणु के रूप में अस्तित्व में रहते हैं। शुद्ध रसायनशास्त्र में इस तथ्य को सैद्धांतिक निष्कर्षों के आधार पर पुष्ट किया जा सकता है लेकिन यहां इसे प्रयोगात्मक तरीके से सिद्ध किया गया है और अणुओं तथा परमाणुओं को बिना देखे यह सिद्ध किया गया है। बैटरी की तथाकथित स्थानीय ऊष्मा का **उच्च वैज्ञानिक महत्त्व** इसी तथ्य में निहित है।

बैटरी के जरिये रासायनिक ऊर्जा के विद्युत में बदलने की प्रक्रिया के बारे में हमारी जानकारी नहीं के बराबर है और विद्युत प्रवाह के काम करने के तरीके की ज्यादा समझ होने के बाद ही हम इस प्रक्रिया को बेहतर तरीके से समझ पाएंगे।

बैटरी में एक 'वैद्युत विघटन बल' निहित माना गया है जो हर बैटरी के लिए निर्धारित किया गया है। जैसाकि हमने शुरू में ही देखा, वीडेमान ने यह बात मानी कि यह वैद्युत विलगन बल ऊर्जा का कोई निश्चित रूप नहीं है। बल्कि यह तो मूलतः बैटरी की एक निर्धारित क्षमता, उसका गुण है कि समय की एक इकाई में वह मुक्त रासायनिक ऊर्जा की एक निर्धारित मात्रा को विद्युत में परिवर्तित करती है।

पूरी प्रक्रिया के दौरान, रासायनिक ऊर्जा कभी भी 'वैद्युत बल' का स्वरूप नहीं लेती। इसके विपरीत, यह तो तत्काल तथाकथित 'विद्युत-चालन बल' अर्थात् विद्युत-गति का स्वरूप ले लेती है। अगर सामान्य जीवन में हम भाप के इंजन के बल को इस तरह परिभाषित करें कि यह किसी निर्धारित समय-इकाई में निश्चित मात्रा में ऊष्मा से विभिन्न-द्रव्यमानों की गतिशीलता में व्यक्त करें, तो इसी तर्क के आधार पर वैज्ञानिक विचार में भी वैसी ही गड़बड़ी पैदा करना सही नहीं है। हम अलग-अलग शक्तिवाली पिस्तौल, कार्बाइन, स्मूथ-बोरगन और राइफल की भी बात कर सकते हैं जिनसे फेंके जाने वाले प्रक्षेप्य (गोली) में समान मात्रा में बारूद लगा हो और उनका वजन भी समान हो लेकिन वे अलग-अलग दूरी तक मार कर सकते हैं। लेकिन यहां इस अभिव्यक्ति का गलत होना एकदम स्पष्ट है। सभी जानते हैं

कि बारूद के प्रज्वलन (आग पकड़ने) से गोली चलती है और किसी हथियार की अलग-अलग दूरी तक प्रहार-क्षमता (रेंज), हथियार की नली (बैरल) की लंबाई, गोली की क्लीयरेंस[109] और स्वरूप के अनुरूप, ऊर्जा के कम-ज्यादा खर्च होने पर निर्भर करती है। लेकिन भाप की शक्ति और विद्युत विलगन बल के बारे में भी यह बात समान है। अगर भाप के दो इंजनों में अन्य बातें समान हों (अर्थात् मान लें कि समान समय-अवधियों में इनमें समान मात्रा में ऊर्जा मुक्त होती है अथवा दोनों की गैल्वानिक बैटरी समान हैं) तो भी उनकी कार्यकुशलता, कम-ज्यादा ऊर्जा खर्च के अनुसार, कम-ज्यादा हो सकती है।

इसके अलावा, अगर अब तक सभी सेनाओं ने हथियारों की अपने विशिष्ट मारक शक्ति को समझे बिना बारूदी हथियारों की तकनीक विकसित कर ली हो, तो विद्युत-संबंधी विज्ञान के लिए इस मारक शक्ति के समरूप 'वैद्युत विलगन बल' को मानने की कोई वजह नहीं है। हथियारों की इस मारक शक्ति की अपनी कोई अंतर्निहित ऊर्जा नहीं है, अतः यह शक्ति अपने आप एक मिलिग्राम मिलिमीटर के लाखवें हिस्से के बराबर भी कोई कार्य नहीं कर सकती।

यही बात हेल्महोल्ट्ज द्वारा प्रतिपादित इसी 'विलगन बल' के दूसरे रूप धातुओं के संपर्क के 'वैद्युत-बल' पर भी लागू होती है। यह मात्र धातुओं का वह गुण है जिसमें वे दूसरी धातु से संपर्क में आने पर दूसरे रूप की ऊर्जा को विद्युत में बदल देती हैं। अतः यह भी ऐसा ही बल है जिसमें ऊर्जा बिलकुल भी नहीं है। अगर हम वीडेमान की तरह मान लें कि संपर्क विद्युत का ऊर्जा-स्रोत आसंजन की प्रवृत्ति में ही निहित है तब तो यह ऊर्जा संपर्क में आनेवाली वस्तुओं में ही निहित होना चाहिए और इसे वहां पर (वस्तु पर) समाप्त होने की स्थिति में तत्काल विद्युत आवेश में बदल जाना चाहिए और एक क्षण के लिए भी इसे 'संपर्क के वैद्युत बल' का रूप नहीं लेना चाहिए।

और अब हम इस बात के प्रति भी आश्वस्त हैं कि वैद्युत प्रवाह के रूप में पुनः उत्पन्न हो रहा वैद्युत चालन बल अर्थात् रासायनिक ऊर्जा उस 'वैद्युत विलयन बल' का समानुपाती है, जिसमें एक तो ऊर्जा है ही नहीं; दूसरे, इसकी धारणा के अनुरूप तो **हो ही नहीं सकती**। ऊर्जा-हीनता और ऊर्जा के बीच यह समानुपातिकता स्पष्टतः उसी गणित में संभव है जिसमें 'मिलिग्राम तक विद्युत इकाई के अनुपात'* की बात कही गई है, लेकिन इस वाहियात स्वरूप में, जिसके अस्तित्व का आधार किसी सामान्य **लक्षण** को रहस्यमय **शक्ति** मानने का विचार है, वह घिसी-पिटी धारणा निहित है कि : किसी बैटरी की मुक्त रासायनिक ऊर्जा को वैद्युत ऊर्जा में बदलने की ऊर्जा का कैसे मापन किया जाए? इसका मापन बैटरी में खर्च हो रही

---

* देखें– इसी भाग में पृ. संख्या 117–संपादक

रासायनिक ऊर्जा के सापेक्ष बिजली के बंद परिपथ में फिर से पैदा हो रही ऊर्जा से किया जाए। मात्र इतनी सी-ही यह धारणा है।

वैद्युत विलगन बल की धारणा तक पहुंचने के लिए, हमें दो वैद्युत द्रवों वाले आपात उपकरण पर गंभीरता से विचार करना होगा। इन द्रवों को अपनी आवेशहीनता से आवेशित ध्रुवीयता में लाते अर्थात् विघटित होने के लिए ऊर्जा की कुछ मात्रा यानी वैद्युत विलगन बल की जरूरत होती है। एक बार विलगित होने पर दोनों विद्युत-धाराएं पुनः मिलने पर समान मात्रा में ऊर्जा यानी विद्युत चालन बल पैदा करती हैं। लेकिन अब तो वीडेमान सहित सभी मानते हैं कि दो विद्युत-धाराओं का कोई अस्तित्व ही नहीं है। अतः अगर कोई ऐसे दृष्टिकोण की चर्चा कर रहा है तो उसे तो कोई पढ़ने-सुनने वाला भी नहीं होगा। संपर्क सिद्धांत में बुनियादी गलती यही है कि यह इस विचार से अपने को अलग नहीं कर पाता कि संपर्क बल अथवा वैद्युत विलगन बल **ऊर्जा का स्रोत** है। यह निश्चय ही एक मुश्किल बात थी कि किसी उपकरण की मात्रा ऊर्जा का स्वरूप बदलने का गुण एक **बल** *या* **शक्ति** में बदल दिया गया जबकि ज्यादा सटीक बात तो यह है कि किसी भी बल को ऊर्जा का एक निश्चित रूप होना चाहिए। वीडेमान स्वयं को बल की इस अस्पष्ट धारणा से अलग नहीं कर सकते, दूसरी ओर ऊर्जा के अक्षय होने और निर्मित न हो सकने के आधुनिक विचार भी उन पर थोप दिए गए हैं। इसीलिए वह विद्युत-धारा की वाहियात व्याख्या सं. 1 प्रस्तुत करते हैं और फिर बाद में प्रदर्शित विरोधाभासों में फंस जाते हैं।

जहां विलगन के 'वैद्युत बल' की धारा सीधे-सीधे तर्क-विरोधी है, वहीं 'वैद्युत प्रभावन बल' कम-से-कम सतही बात तो है ही। विद्युत-चालित मोटरों से पहले से ही हमारे पास ऊष्मा-चालित इंजन थे, फिर भी ऊष्मा का सिद्धांत बिना किसी ऊष्मा-चालन बल की धारणा के विकसित कर लिया गया। जिस तरह मात्र 'ऊष्मा' का उल्लेख करने से इस ऊर्जा पर आधारित गति और कार्य शामिल हो जाते हैं, उसी तरह 'विद्युत' के उल्लेख से इस ऊर्जा पर आधारित कार्यों और गतियों को भी एक साथ रखा जा सकता है। यही नहीं, बहुत से विद्युत-जन्य कार्यों में गतिशीलता नहीं होती, जैसे लोहे का चुंबकीकरण, रासायनिक विघटन, विद्युत-ऊर्जा का ऊष्मा में बदलना आदि। और अंतिम रूप से यही कहा जा सकता है कि अगर **बल** शब्द से मुक्ति पा ली जाए तो प्रत्येक प्राकृतिक विज्ञान, यहां तक कि चिकित्सा विज्ञान में भी, निरंतर प्रगति होगी।

हमने देखा कि वीडेमान ने बैटरी में होनेवाली रासायनिक प्रक्रिया की व्याख्या को थोड़ी नाखुशी के साथ ही स्वीकार किया। यह नाखुशी अब भी उन पर हावी है। जहां भी वह तथाकथित रासायनिक सिद्धांत की आलोचना कर पाते हैं, जरूर करते हैं; जैसे :

'यह कहीं से भी सिद्ध नहीं होता कि वैद्युत-प्रभावी बल रासायनिक क्रिया की तीव्रता के समानुपाती होता है' (I, पृ. 791)।

निश्चय ही हमेशा ऐसा नहीं होता। लेकिन जब भी यह समानुपातिकता नहीं होती, यह इसी बात का प्रमाण होता है कि बैटरी सही तरीके से निर्मित नहीं हुई है। और इसमें से ऊर्जा का क्षय हो रहा है। इस कारण से अगर देखें तो वीडेमान द्वारा अपने सैद्धांतिक निष्कर्षों में इन गौण परिस्थितियों पर बिलकुल भी ध्यान न देना उचित ही है जो इस प्रक्रिया की शुद्धता को झुठलाते हैं। वीडेमान हमें सीधे-सीधे आश्वस्त करते हैं कि किसी सेल का विद्युत प्रभावी बल, निश्चित समय-इकाई में इकाई तीव्रता की धारा की स्थिति में, सेल में चल रही रासायनिक प्रक्रिया के यांत्रिक समतुल्य के बराबर होता है। एक अन्य स्थान पर हम पढ़ते हैं :

'साथ ही, अम्ल-क्षार बैटरी में अम्ल और क्षार का संघटन विद्युत धारा बनने का कारक नहीं है—ऐसा निम्न प्रयोगों से पता चलता है—पैराग्राफ 61 (बैकेरेल और फेक्नर), पैराग्राफ 260 (डु बोइस (Bois) रेमंडु) और पैराग्राफ 261 (वौर्म-मुलर)। इन प्रयोगों के अनुसार, कुछ मामलों में जब से अम्ल और क्षार बराबर मात्रा में होते हैं तो कोई विद्युतधारा प्रतीत नहीं होती है। अगर पोटैशियम हाइड्रॉक्साइड और नाइट्रिक एसिड के साथ पोटैशियम नाइट्रेट भी मिला दिया जाए तो वैद्युत चालन बल उतना ही होता है, जितना इसे बिना मिलाए होता है (I, पृ. 791)।*

हमारे लेखक के लिए यह बड़ा गंभीर मुद्दा है कि क्या अम्ल और क्षार का संयोजन विद्युतधारा बनने का कारण है? इस रूप में ढालने पर इसका उत्तर बहुत सरल है। पहली बात तो यह है कि अम्ल और क्षार के संयोजन से **लवण** बनता है और ऊर्जा मुक्त होती है।

इस ऊर्जा का पूर्ण या आंशिक रूप से विद्युत में बदलना उन परिस्थितियों पर निर्भर करता है, जिनमें यह ऊर्जा मुक्त हुई है। उदाहरण के लिए, अगर नाइट्रिक एसिड और पोटैशियम हाइड्रॉक्साइड के घोल और प्लैटिनम इलेक्ट्रोडों वाली बैटरी में कम-से-कम आंशिक रूप से ऐसा होता है। इस बात से विद्युतधारा के बनने पर कोई फर्क नहीं पड़ता कि अम्ल और क्षार के बीच पोटैशियम नाइट्रेट का कोई विलयन भी डाला गया है या नहीं। ऐसा विलयन डालने से ज्यादा से ज्यादा यही होगा कि लवण बनने की रफ्तार कम हो जाएगी लेकिन लवण बनना रुकेगा नहीं। लेकिन अगर वोर्म-मुलर की बैटरी बनाई जाए, जिसकी वीडेमान अक्सर चर्चा करते हैं, तो इस बैटरी में अम्लीय और क्षारीय घोल तो बीच में होते हैं। लेकिन इनके

---

* कोष्टकों में नाम एंजेल्स ने जोड़े हैं।

लवणों के घोल दोनों सिरों पर होते हैं। लवणों के घोल की सांद्रता बैटरी में बने घोल की सांद्रता के समान होती है। जाहिर है, ऐसे में विद्युतधारा बनेगी ही नहीं क्योंकि अंतिम उत्पादों के कारण (क्योंकि सभी जगह समान पदार्थ बने) **आयन** उत्पन्न नहीं हो सके।

अतः मुक्त ऊर्जा का विद्युत में परिवर्तन सीधे-सीधे तरीके से ऐसे नहीं हो सका जैसे कि परिपथ पूरी तरह बंद ही नहीं हुआ हो। अतः यह आश्चर्य की बात नहीं है कि विद्युत धारा प्राप्त नहीं हुई। लेकिन अम्ल और क्षार से सामान्यतः विद्युत धारा बन सकती है, यह बात बैटरी से सिद्ध हो जाती है। कार्बन, सल्फ्यूरिक एसिड (दस भाग पानी में एक भाग एसिड) पोटैशियम हाइड्रोक्साइड (दस भाग पानी में एक भाग) और कार्बन की बैटरी में, राओल्ट के अनुसार, 73 की विद्युत धारा क्षमता होती है।*

बैटरी में अम्ल और क्षार की उचित व्यवस्था में संयोग से उनकी विद्युतधारा क्षमता के अनुरूप बड़ी मात्रा में ऊर्जा मुक्त होती है। यह तथ्य इस बात से समझा जा सकता है कि अब तक ज्ञात सबसे शक्तिशाली बैटरियों की क्षमता, लगभग पूरी तरह से, बनने वाले क्षारीय लवणों पर निर्भर है। इसके उदाहरण हैं :

व्हीटस्टोन : प्लैटिनम, प्लैटिनिक क्लोराइड, पोटैशियम अमलगम–धारा शक्ति = 230; लेड पेरोक्साइड, तनु सल्फ्यूरिक एसिड, पोटैशियम अमलगम = 326; लेड परॉक्साइड के स्थान पर मैग्नीशियम परॉक्साइड = 280; इन सभी मामलों में पोटैशियम अमलगम के स्थान पर जिंक अमलगम रखने से विद्युतधारा की शक्ति करीब 100 कम हो जाएगी। इसी तरह, मैंगनीज डाई ऑक्साइड, पोटैशियम परमैंगनेट विलयन, पोटैशियम हाइड्रोक्साइड, पोटैशियम की बैटरी से बीट्ज को 302 शक्ति की धारा मिली। प्लेटिनम, तनु सल्फ्यूरिक एसिड और पोटैशियम से 299.8 शक्ति की धारा मिली। जूल को प्लेटिनम, नाइट्रिक एसिड, पोटैशियम हाइड्रोक्सॉइड, पोटैशियम अमलगम की बैटरी से 302 शक्ति की धारा मिली। इन बैटरियों की असाधारक रूप से ज्यादा शक्तिवाली विद्युतधारा का **कारण** अम्ल और क्षार का उपयुक्त संयोजन ही है जिससे बड़ी मात्रा में ऊर्जा मुक्त हुई।[110]

इसके कुछ पृष्ठ बाद कहा गया है :

'लेकिन इस बात का निश्चित रूप से ध्यान रखना चाहिए कि विजातीय पदार्थों के संपर्क स्थान पर हो रही समूची रासायनिक प्रक्रिया के समान कार्य को बंद परिपथ में वैद्युत चालक बल का सीधे-सीधे मापक नहीं माना जा सकता। उदाहरण के लिए, बेकेरेल की अम्ल-क्षार बैटरी (इटेरम

* धारा की शक्ति के बारे में आगे के सारे आंकड़ों के लिए, डोनियल सैल की क्षमता = 100– **[एंजेल्स की टिप्पणी]**

क्रिस्पिनस)[111] में ये दो पदार्थ संयोजित और प्लेटिनम, पिघले पोटैशियम नाइट्रेट और कार्बन वाली बैटरी में कार्बन खर्च होता है; जब तांबे अशुद्ध कार्बन, तनु सल्फ्यूरिक एसिड में जिंक तेजी से घुलता है और स्थानीय धाराएं पैदा होती हैं तो इस प्रक्रिया में बड़ी मात्रा में कार्य सृजित होता है। (इसे 'ऊर्जा मुक्त होती है' कहा जाना चाहिए।) इन रासायनिक प्रक्रियाओं में....ऊष्मा में बदलता है और इसीलिए कुल धारा परिपथ में इसका क्षय हो जाता है' (I, पृ. 798)।

ये सभी प्रक्रियाएं बैटरी में ऊर्जा के क्षय को इंगित करती हैं। इन प्रक्रियाओं से परिवर्तित रासायनिक ऊर्जा से पैदा होनेवाली विद्युतधारा पैदा होने का तथ्य अप्रभावित रहता है, केवल परिवर्तित ऊर्जा की मात्रा पर असर पड़ता है।

वैद्युत-विशेषज्ञों ने विविध प्रकार की बैटरियां बनाने और उनके 'वैद्युत चालक बल' के मापन में बहुत समय लगाया है और मेहनत की है। इस कार्य में जो प्रायोगिक सामग्री एकत्र हुई है, उसका काफी हिस्सा मूल्यवान है लेकिन उससे भी ज्यादा हिस्सा व्यर्थ है। उदाहरण के लिए, 'पानी' को वैद्युत-अपघट्य* (इलेक्ट्रोलाइट) के रूप में लेनेवाले प्रयोगों का क्या वैज्ञानिक महत्त्व हो सकता है जबकि एफ. कोलरौच (F. Koulrausch) को प्रयोग ने अब प्रमाणित कर दिया है कि पानी सबसे खराब कुचालक है, अतः सबसे बुरा वैद्युत-अपघट्य भी है। अतः पानी को वैद्युत-अपघट्य लेने वाले प्रयोगों में पानी की वजह से नहीं, उसमें मौजूद अशुद्धियों की वजह से प्रक्रिया संपन्न हुई होगी। इसके बावजूद, उदाहरण के लिए, फेकनर (Fechner) के करीब आधे प्रयोग इसी तरह पानी के इस्तेमाल पर आधारित है। उनके 'एक्सपेरिमेंटम क्रसिस'[112] में भी पानी का इस्तेमाल हुआ जिसके आधार पर उन्होंने रासायनिक सिद्धांत के खंडहरों पर संपर्क सिद्धांत प्रतिपादित करने की कोशिश की। जैसाकि उक्त सारे प्रयोगों से स्पष्ट होता है कि इनमें से कुछ को छोड़कर बाकी प्रयोगों में, बैटरी में होनेवाली रासायनिक प्रक्रियाओं, जो तथाकथित वैद्युत चालक बल की स्रोत हैं, की पूरी तरह अनदेखी की गई।

हालांकि ऐसी बहुत सी बैटरियां हैं जिनके रासायनिक स्वरूप से, विद्युतधारा परिपथ बंद रहने की स्थिति में उनमें चल रहे रासायनिक परिवर्तनों के दौरान, कोई निष्कर्ष नहीं निकाला जा सकता। जैसाकि वीडेमान (I, पृ. 797) का कहना है कि 'इस बात को नकारा नहीं जा सकता कि बैटरी में जो रासायनिक प्रक्रियाएं चल

---

* कौलरौच द्वारा निर्मित शुद्धतम जल के 1 मि.मी. के स्तंभ का विद्युतधारा के प्रति प्रतिरोध उतना ही था जितना इतने ही व्यास लेकिन लगभग चंद्रमा की कक्षा जितनी लंबाई वाले तांबे के चालक का होगा (नाउमन, अलजेमीन केमी, एस.729)।

[एंजेल्स की टिप्पणी]

रही हैं, उनके बारे में हम हर बार ठीक तरह से नहीं जान सकते।' अतः सबसे महत्त्वपूर्ण रासायनिक पक्ष को देखते हुए, ये प्रयोग निरर्थक हैं जब तक कि उन्हें नियंत्रित स्थिति में दोहराया न जाए।

इन प्रयोगों में ऐसा विरले ही होता है कि बैटरी में चल रहे ऊर्जा हस्तांतरण का आकलन किया जाए। इनमें से कई प्रयोग प्राकृतिक विज्ञानों में समतुल्यता के नियम को मान्यता दिए जाने से पहले किए गए थे, लेकिन पिटे-पिटाए ढर्रे पर चलते हुए, इन्हें बिना जांचे-परखे और पूरी तरह संपन्न किए हुए ही, एक के बाद एक पाठ्य-पुस्तकों में शामिल किया जाता रहा। यह कहा गया कि विद्युत में कोई जड़त्व नहीं होता (यह कथन उतना ही निरर्थक है जितना यह कहना कि वेग का कोई आपेक्षिक घनत्व नहीं होता), लेकिन विद्युत सिद्धांत के बारे में निश्चय ही यह बात नहीं कही जा सकती।

अब तक हमने गैल्वानिक सेल को ऐसा उपकरण माना है जिसमें ज्ञात संपर्क संबंधों के परिणामस्वरूप रासायनिक ऊर्जा मुक्त होती है और विद्युत में परिवर्तित हो जाती है। रासायनिक ऊर्जा-मुक्ति का तरीका अभी अज्ञात है। इसी तरह हमने इलेक्ट्रॉनिक सेल को ऐसा उपकरण बताया है जिसमें उक्त प्रक्रिया से उलटी प्रक्रिया होती है यानी विद्युत आवेश रासायनिक ऊर्जा में परिवर्तित होता है और इसी रूप में इस्तेमाल होता है। इस व्याख्या के जरिये हम प्रक्रिया के रासायनिक पक्ष को आगे लाए, जिस पक्ष की विद्युत-विशेषज्ञों ने अब तक अनदेखी की थी। इस रासायनिक प्रक्रिया को समझकर ही पुराने संपर्क-सिद्धांत और दो वैद्युत द्रवों के सिद्धांत से पनपे भांति-भांति के विचारों-अनुमानों से मुक्ति पाई जा सकती है। रासायनिक प्रक्रिया को प्रमुखता देने के बाद यह प्रश्न उठा कि क्या बैटरी में चल रही रासायनिक प्रक्रिया और इसके बाहर की प्रक्रियाओं की परिस्थितियां समान होती हैं अथवा बैटरी में कुछ विशेष लक्षण नजर आते हैं जो वैद्युत आवेशन पर निर्भर होते हैं?

प्रत्येक विज्ञान में, त्रुटिपूर्ण विचार और धारणाओं के पीछे प्रेक्षण की गलतियां तो होती ही हैं, अंततः वे सही तथ्यों के बारे में त्रुटिपूर्ण धारणाएं ही होती हैं। सही तथ्य तो हमेशा सही बने ही रहते हैं, भले ही उनसे जुड़ी धारणाएं गलत क्यों न हों। भले ही हमने संपर्क सिद्धांत को अस्वीकार कर दिया है लेकिन वे सुस्थापित तथ्य तो बने ही रहेंगे जिनकी व्याख्या यह सिद्धांत माना जाता रहा। अब हम उन तथ्यों पर तथा उनके साथ-साथ बैटरी में चलनेवाली प्रक्रियाओं के सही वैद्युत पक्ष पर विचार करें।

यह निर्विवाद है कि विषमांगी पदार्थों के संपर्क से रासायनिक परिवर्तनों के साथ अथवा इनके बिना भी विद्युत आवेशन होता है जिसे इलेक्ट्रोस्कोप अथवा गैल्वानोमीटर के जरिये प्रदर्शित किया जा सकता है। जैसाकि हमने शुरू में भी देखा

था, कि किसी विशिष्ट मामले में, इन पदार्थों में आवेशन का अत्यंत कम लक्षण नजर आने की वजह से ऊर्जा के स्रोत की सही पहचान कर पाना कठिन है। मात्र इतना ही कहा जा सकता है कि आम तौर पर ऐसा बाह्य स्रोत होना मान लिया गया है।

1850-53 के दौरान, कोलरौस (Kohlrausch) ने अपने कुछ प्रयोगों के विवरण प्रकाशित किए जिनमें उन्होंने बैटरी के अलग-अलग हिस्से युग्मों में जोड़े और प्रत्येक मामले में उत्पन्न हुए स्थैतिक वैद्युत आवेश के परीक्षण किए। ऐसे मामले में, सेल का वैद्युत चालक बल इन सभी आवेशों का बीजगणितीय योग होना चाहिए। इस तरह, Zn/Cu = 100 आवेश मानते हुए उन्होंने डैनियल और ग्रोव सेल की एक-दूसरे के सापेक्ष क्षमताओं का इस प्रकार आकलन किया :

Zn/Cu+amalg Zn/H_2SO_4+CU/SO_4CU =100+149—21=228

ग्रोव :

Zn/Pt. +amalg Zn/H_2SO_4+Pt/HNO_3= 107 + 149 + 149 = 405.

ये मात्राएं इन सैलों की विद्युतधारा की सीधे-सीधे गणना से प्राप्त क्षमता के लगभग बराबर हैं। लेकिन ये परिणाम किसी भी तरह पुष्ट नहीं हैं। पहली बात तो यह है कि वीडेमान ने ही इस तथ्य की तरफ ध्यान दिलाया कि कोलरॉश ने मात्र अंतिम परिणाम तो बताया लेकिन 'यह दुर्भाग्यपूर्ण है कि अलग-अलग प्रयोगों के परिणामों के संख्यात्मक विवरण नहीं दिए गए [I, पृ. 104]।' दूसरे, वीडेमान ने स्वयं कई बार यह बात मानी है कि त्रुटियों के अनेक अपरिहार्य स्रोतों के कारण, धातुओं पर सभी संपर्कों और इससे भी अधिक धातु और द्रव के संपर्कों से होनेवाले वैद्युत आवेशनों के संख्यात्मक मापन के सभी प्रयोगों के परिणाम बहुत अनिश्चित तो होते ही हैं। इसके बावजूद उन्होंने अपनी गणनाओं में बार-बार कोलरौस के परिणामों का उपयोग किया। अतः हमें यहां उनका अनुसरण नहीं करना चाहिए। ऐसा इसलिए भी जरूरी है कि अब निष्कर्ष निकालने का दूसरा तरीका सुलभ है जिसमें उक्त त्रुटियां होने की गुंजाइश नहीं है।

अगर बैटरी की दो आवेशनशील प्लेटें द्रव में डुबो दी जाएं और फिर उन्हें गैल्वानोमीटर के टर्मिनलों के जरिये एक बंद परिपथ में जोड़ दिया जाए तो, वीडेमान के अनुसार, 'रासायनिक परिवर्तनों की वजह से वैद्युत आवेशन की क्षमता में परिवर्तन से पहले चुंबकीय सुई में जो आरंभिक विचलन होता है, वह बंद परिपथ में वैद्युत चालक बलों की कुल क्षमता का मापक है (I, पृ. 62)। अतः विभिन्न क्षमताओं की बैटरियां भिन्न-भिन्न विचलन प्रदर्शित करती हैं और इन आरंभिक विचलनों की क्षमता उनसे संबद्ध बैटरियों की विद्युतधारा की क्षमता की समानुपाती होती है।

ऐसा लगता है कि हमारी आंखों के सामने ऐसे 'विद्युत विलयन बल', 'संपर्क बल' मूर्तिमान हैं जो किसी रासायनिक क्रिया से इतर गति या विचलन उत्पन्न कर

सकते हैं। यही संपर्क सिद्धांत की कुल राय है। वास्तविकता तो यह है कि हम विद्युत आवेशन और रासायनिक क्रिया के बीच संबंध को समझने में लगे हैं जिस पर हमने अब तक अनुसंधान नहीं किया है। इस विषय के समझने के लिए हमें सबसे पहले तथाकथित 'विद्युत चालन बल' की गहराई से पड़ताल करनी चाहिए। ऐसा करने से हमें पता चलेगा कि संपर्क की पारंपरिक धारणाओं से उचित व्याख्याएं तो नहीं ही मिलतीं, उलटे इन धारणाओं से सही व्याख्या तक पहुंचने में रुकावटें ही आती हैं।

अगर किसी सेल में दो धातुओं की प्लेटें और एक द्रव (उदाहरण के लिए, जिंक, तनु हाइड्रोक्लोरिक एसिड और तांबा) हों, और इसमें किसी बाहरी परिपथ से तार के जरिये बिना जोड़े एक तीसरी धातु की प्लेट, जैसे प्लैटिनम डाल दी जाए तो गैल्वानोमीटर का प्रारंभिक विचलन उतना ही होगा जितना प्लैटिनम की प्लेट को डाले बिना हो रहा था। इस प्रकार, इस प्लैटिनम की प्लेट का विद्युत आवेश के कम-ज्यादा होने पर कोई असर नहीं पड़ता। लेकिन वैद्युत चालन की भाषा में इस बात को इतनी सरलता से समझाने का रिवाज नहीं है इसीलिए ऐसा लिखा जाता है :

> *'जिंक और प्लैटिनम तथा प्लैटिनम और तांबे के वैद्युत चालक बलों का योग अब द्रव में जिंक और तांबे के वैद्युत चालक बल का स्थान ले लेता है। चूंकि प्लैटिनम प्लेट डुबोने पर विद्युत-धारा के पथ में कोई विचलन नजर नहीं आता, अतः हम दोनों मामलों में गैल्वानोमीटर की रीडिंग से यह निष्कर्ष निकाल सकते हैं कि द्रव में जिंक और तांबे का वैद्युतचालक बल उसी द्रव में जिंक और प्लैटिनम में तथा प्लैटिनम और तांबे के वैद्युत चालक बल के योग के बराबर है। यह परिणाम धातुओं के बीच विद्युत आवेशन के वोल्टा के सिद्धांत के अनुरूप है। यह निष्कर्ष सभी धातुओं और सभी द्रवों के लिए समान है और इस प्रकार कहा जा सकता है : द्रवों द्वारा विद्युत आवेशन की स्थिति में, धातुएं वोल्टा शृंखला के नियम का अनुसरण करते हैं। इसी नियम को वैद्युत चालक नियम भी कहा गया है'* (वीडेमान, *I*, पृ. *62*)।

इस संयोग में प्लैटिनम विद्युत आवेशक का कतई कार्य नहीं करता, यह एक तथ्य की सरल अभिव्यक्ति है। अगर इसे ऐसे कहा जाए कि यह ऐसा विद्युत-आवेशक है जो विपरीत दिशाओं में बराबर क्षमता से कार्य करके शून्य हो जाता है, तो यह मात्र 'वैद्युत चालक बल' को सम्मान देने के लिए सामान्य तथ्य की परिकल्पना में बदल देना है। दोनों मामलों में प्लैटिनम मात्र एक अतिरिक्त पदार्थ है।

प्रथम विचलन के समय भी कोई बंद परिपथ नहीं होता। द्रव, विघटित हुए बिना, विद्युत-चालक नहीं बनता। यह आयनों के जरिये ही विद्युत-चालन करता

है। अगर तीसरी धातु प्रथम विचलन को प्रभावित नहीं करती, तो स्पष्ट है कि यह **परिपथ से अलग-थलग** है।

विद्युतधारा के निरंतर प्रवाह के बाद और प्रवाह के दौरान तीसरी धातु कैसे व्यवहार करती है?

ज्यादातर द्रवों में वोल्टाइक शृंखला में जिंक क्षारीय धातुओं के बाद धनात्मक सिरे के और प्लैटिनम ऋणात्मक सिरे के करीब होते हैं और तांबा इनके बीच में होता है। इस तरह प्लैटिनम को अगर तांबे और जिंक के साथ रखा जाए तो इसे उनके समक्ष ऋणात्मक माना जाएगा। अगर प्लैटिनम का जरा भी असर होता तो द्रव में विद्युतधारा का प्रवाह जिंक और तांबे की ओर से प्लैटिनम की ओर हो जाता। अर्थात् धारा दोनों इलेक्ट्रोडों से दूर परिपथ से बिना जुड़े प्लैटिनम की ओर बहने लगती। यह एक विरोधाभासी स्थिति होती। बैटरी में लगी विभिन्न धातुओं के जरिये विद्युतधारा का प्रवाह तभी हो सकता है जब वे किसी बंद परिपथ में बाहर की ओर से परस्पर जुड़े हों। किसी बैटरी में बिना जुड़ी व्यर्थ पड़ी धातु अचालक होती है। इससे न तो आयन बन सकते हैं, न ही इससे होकर आयन गुजर सकते हैं। बिना आयनों के इलेक्ट्रोलाइट्स में विद्युत-चालन नहीं हो सकता। इसलिए ऐसी बिना जुड़ी धातु मात्र अतिरिक्त धातु तो है ही, उसकी वजह से आयनों का प्रवाह भी बाधित होता है और उन्हें धातु के किनारों से निकलना पड़ता है। अगर हम जिंक और प्लैटिनम को जोड़कर तांबे को बीच में बिना जुड़ा रखें तो भी ऐसे ही परिणाम मिलेंगे। यहां भी अगर तांबे का विद्युतधारा के बनने या प्रवाह पर जरा भी असर होता तो एक धारा का प्रवाह जिंक से तांबे और दूसरी का तांबे से प्लैटिनम की ओर होने लगता। इस तरह यह एक माध्यमिक इलेक्ट्रोड की तरह काम करने लगता और जिंकवाली दिशा में हाइड्रोजन गैस छोड़ने लगता। लेकिन व्यवहार में यह बात भी असंभव ही है।

अगर हम पारंपरिक वैद्युत चालन वाली व्याख्या को नहीं मानें तो तथ्यों को समझना बेहद आसान हो जाता है। जैसाकि हमने देखा, गैल्वानिक बैटरी ऐसा उपकरण है जिसमें रासायनिक ऊर्जा मुक्त होकर विद्युत में बदलती है। इसके लिए धातु के दो इलेक्ट्रोडों को एक अथवा दो द्रवों में डूबा होना चाहिए और ये इलेक्ट्रोड द्रव घोल के बाहर एक चालक से जुड़े होने चाहिए। यही उपकरण है। आवेशित करनेवाले द्रव में बिना परिपथ से जुड़े कुछ भी—चाहे वह धातु, कांच, रेजिन या कुछ भी हो—वह बैटरी की वैद्युत-रासायनिक प्रक्रिया में भाग नहीं ले सकता। हां, अगर वह पदार्थ द्रव में कोई रासायनिक परिवर्तन ले आए तो प्रक्रिया में बाधा पहुंचा सकता है। द्रव में डूबी तीसरी धातु की, द्रव अथवा बैटरी के इलेक्ट्रोडो की तुलना में विद्युत आवेशन की क्षमता कुछ भी क्यों न हो, जब तक यह धातु द्रव से बाहर बंद परिपथ से जुड़ी नहीं होगी तो इसका विद्युतधारा बनने की प्रक्रिया में कोई असर नहीं होगा।

इस तरह, तथाकथित वैद्युत-चालक नियम की **वीडेमान की पुष्टि** और उनकी

व्याख्या दोनों ही गलत हैं। परिपथ से नहीं जुड़ी धातु द्वारा पूरक वैद्युत-चालक गतिविधि पैदा करने की बात निरर्थक है, क्योंकि ऐसी गतिविधि की एकमात्र शर्त (धातु का परिपथ में जुड़ा होना) यहां पूरी नहीं होती। वैद्युत-चालन नियम का निष्कर्ष ऐसे तथ्य के जरिये नहीं निकाला जा सकता जो इस नियम के दायरे में आता ही नहीं।

1845 में बुजुर्ग पोगेनडॉर्फ ने अनेक प्रयोगों के जरिये विभिन्न प्रकार के बैटरियों के वैद्युत-चालक बल की गणना की। यहां वैद्युत-चालक बल से उनका अभिप्राय किसी बैटरी द्वारा एक निश्चित समय-इकाई में आपूर्ति की गई विद्युत की मात्रा से था। इन प्रयोगों में पहले 27 प्रयोग विशेष महत्त्व के हैं। इन सभी में, एक के पीछे एक, तीन धातुएं समान आवेशन द्रव में तीन अलग-अलग बैटरियों में डाली गईं। इन तीनों बैटरियों से प्राप्त विद्युत की मात्रा की गणना और तुलना की गई। संपर्क सिद्धांत के अच्छे समर्थक होने के नाते पोगेनडॉर्फ के हर प्रयोग में तीसरी धातु को परिपथ से जोड़े बगैर बैटरी में रखा ताकि उन्हें तसल्ली हो सके कि सभी 8 बैटरियों में 'तीसरी संपर्कित धातु'[113] पूरी तरह अतिरिक्त धातु थी।

लेकिन इन प्रयोगों का महत्त्व उक्त तथ्य में नहीं है, बल्कि इनका महत्त्व तथाकथित वैद्युतचालक नियम का सही अर्थ समझने तथा इसकी पुष्टि में है।

अब हम तनु हाइड्रोक्लोरिक अम्ल में जोड़ों में जुड़े जिंक, तांबे और प्लैटिनम के इलेक्ट्रोडों वाली बैटरियों का निरीक्षण करें। पोगेनडॉर्फ ने डेनियल सेल की क्षमता 100 मानते हुए, पैदा हुई विद्युत की मात्रा का निम्नलिखित आकलन किया :

जिंक-तांबा	78.8
तांबा-प्लैटिनम	74.3
कुल	153.1
जिंक-प्लैटिनम	153.7

इस तरह, जिंक का प्लैटिनम से सीधा संपर्क जोड़ने पर उतनी ही विद्युत पैदा हुई जितनी जिंक-तांबा + तांबा-प्लैटिनम संपर्क से हुई। अन्य सभी बैटरियों में भी कोई भी द्रव तथा धातुओं का संयोग लेने पर, समान परिणाम निकले। इस तरह, समान आवेशन द्रव में, द्रव के अनुरूप वोल्टाइक शृंखला में, एक के बाद एक दो-तीन-चार धातुएं लगाई जाएं। जिनमें प्रत्येक धातु अपनी पूर्ववर्ती के लिए ऋणात्मक और अपनी परवर्ती के लिए धनात्मक इलेक्ट्रोड बन जाती है। तब भी इन बैटरियों से पैदा विद्युत उतनी ही होती है जितनी समान धातु शृंखला के दो इलेक्ट्रोड लगाने से होती है। उदाहरण के लिए, तनु हाइड्रोक्लोरिक अम्ल में जिंक-टिन, टिन-लोहा, लोहा-तांबा, तांबा-चांदी और तांबा-प्लैटिनम के इलेक्ट्रोडों से उतनी ही विद्युत पैदा होगी, जितनी जिंक-प्लैटिनम के दो इलेक्ट्रोडों वाली बैटरी से होगी। उक्त शृंखला के सेलों के समूह से, अन्य बातें समान रहने पर, पैदा होने

वाली विद्युतधारा, जिंक-प्लैटिनम के दो इलेक्ट्रोड वाले सेल से विपरीत दिशा में प्रवाहित धारा से पूर्णतः निष्क्रिय हो जाएगी।

इस रूप में कथित वैद्युत-चालक नियम का एक वास्तविक तथा ठोस महत्त्व है। यह रासायनिक तथा वैद्युत क्रिया के बीच अंतर्संबंध का एक नया पक्ष उजागर करता है। अब तक मुख्यतः गैल्वानिक विद्युतधारा के स्रोत के बारे में पता लगाने के प्रयासों से पता चला कि रासायनिक परिवर्तन का स्रोत ही प्रक्रिया का सक्रिय पक्ष है। इससे विद्युत पैदा होती है, अतः वह निष्क्रिय पक्ष है। अब यह बात उलटे गई है। बैटरी में परस्पर संपर्क कर रहे अलग-अलग पदार्थों के संघटन से विद्युत आवेशन निर्धारित होता है जो रासायनिक क्रिया में न तो ऊर्जा जोड़ सकता है, न इसमें से ऊर्जा कम कर सकता है (मुक्त ऊर्जा को विद्युत में बदलने की ऊर्जा को छोड़कर)। लेकिन यह, बैटरी की बनावट के अनुरूप, विद्युतधारा बनने की प्रक्रिया की गति को बढ़ा अथवा घटा सकता है। अगर जिंक-तनु हाइड्रोक्लोरिक अम्ल-तांबा वाली बैटरी, जिंक-तनु हाइड्रोक्लोरिक अम्ल-प्लेटिनम बैटरी की तुलना में, इकाई समय में आधी विद्युत धारा ही उत्पन्न करती है; तो रासायनिक संदर्भ में पहली बैटरी इकाई समय में, दूसरी बैटरी की तुलना में, केवल आधा जिंक क्लोराइड तथा हाइड्रोजन पैदा करती है। इस तरह रासायनिक क्रिया दो गुनी हो गई जबकि रासायनिक परिस्थितियां समान रहीं। वैद्युत आवेशन रासायनिक क्रिया का नियामक बना और सक्रिय पक्ष प्रतीत हुआ; जबकि रासायनिक क्रिया निष्क्रिय पक्ष प्रतीत हुई।

अतः अब यह समझ में आता है कि अनेक प्रक्रियाएं जो पहले पूर्णतः रासायनिक समझी जाती थीं, अब वैद्युत-रासायनिक लगती हैं। रासायनिक रूप से शुद्ध जिंक के साथ तनु अम्ल प्रतिक्रिया नहीं करता—अगर करता भी है तो बहुत ही कम करता है। दूसरी ओर, सामान्य व्यापारिक जिंक अम्ल में तेजी से घुल जाता है और नमक बनाता है तथा इस क्रिया में हाइड्रोजन निकलती है। इस व्यापारिक जिंक में अन्य धातुएं तथा कार्बन होते हैं जो इसकी सतह पर अनेक स्थानों पर असमान मात्राओं में लगे होते हैं।

अम्ल में इन धातुओं और कार्बन के बीच और जिंक में भी स्थानीय धाराएं पैदा होती हैं; जिंक वाले क्षेत्र में धनात्मक इलेक्ट्रोड बनते हैं जबकि दूसरी धातुएं ऋणात्मक इलेक्ट्रोड बनाती हैं। इन ऋणात्मक इलेक्ट्रोडों से हाइड्रोजन के बुलबुले निकलते हैं। इसी तरह, जब लोहे को कॉपर सल्फेट के घोल में डाला जाता है तो इसके ऊपर तांबे की परत चढ़ जाती है। इस परिघटन को भी अब वैद्युत-रासायनिक परिघटना माना जाता है जो लोहे की सतह पर विजातीय क्षेत्रों के बीच विद्युतधारा बनने से निर्धारित होती है।

इसी के अनुरूप हम यह भी देखते हैं कि धातुओं की वोल्टाइक धातु-शृंखला की द्रव में स्थिति उसी संपूर्ण शृंखला के अनुरूप होती है जिसमें धातुएं, हेलोजनों

और एसिड रेडिकलों के साथ, अपने यौगिकों में एक-दूसरे से अदला-बदली करते हैं। वोल्टाइक शृंखला के धुर ऋणात्मक छोर पर हमें नियमित रूप से स्वर्ण समूह की धातुएं मिलती हैं, जैसे—सोना, प्लैटिनम, पैलेडियम, रेडियम आदि। ये धातुएं मुश्किल से ऑक्सीकृत होती हैं; अम्लों से बिलकुल नहीं, या फिर बहुत कम क्षरित होती हैं और अन्य धातुओं की अभिक्रिया द्वारा अपने लवणों से आसानी से अभिक्षेपित हो सकती हैं। धुर धनात्मक छोर पर क्षारीय धातुएं होती हैं जिनका व्यवहार एकदम उलटा होता हैं। उन्हें अधिकाधिक ऊर्जा खर्च करके भी उनके ऑक्साइडों से अलग नहीं किया जा सकता। ये धातुएं प्रकृति में लगभग हर स्थान पर लवणों के रूप में ही पाई जाती हैं। उनकी सर्वाधिक निकटता हेलोजनों और एसिड रेडिकलों से होती है। इन दोनों छोरों के बीच विविध क्रमों में अन्य धातुएं होती हैं लेकिन इस तरह व्यवस्थित होती हैं कि इनकी वैद्युत तथा रासायनिक प्रकृति एक-दूसरे के अनुरूप होती है। अलग-अलग धातुओं का क्रम द्रवों के अनुरूप बदलता रहता है और किसी एक द्रव के लिए धातुओं के इस क्रम का निश्चित स्वरूप निर्धारित नहीं किया जा सकता है। यह संदेह भी वाजिब है कि किसी एक धातु की कोई एक चरम वोल्टाइक शृंखला संभव है भी या नहीं। अगर उपयुक्त बैटरियां और इलेक्ट्रोलिटिक सेल हो तो एक ही धातु की दो छड़ें धनात्मक और ऋणात्मक इलेक्ट्रोड की तरह व्यवहार कर सकते हैं। अतः एक ही धातु स्वयं के प्रति धनात्मक और ऋणात्मक हो सकती है। तापीय सेलों (थर्मोसेल) में ऊष्मा विद्युत में परिवर्तित होती है और दोनों छोरों के बीच ताप में काफी अंतर होता है तथा धारा की दिशा पलट जाती है। पहले जो धनात्मक धातु है, वह ऋणात्मक हो जाती है और ऋणात्मक धातु धनात्मक हो जाती है। इसी तरह, ऐसी कोई सर्वकालिक शृंखला नहीं है जिसके अनुरूप धातुएं अपने रासायनिक यौगिकों से एक-दूसरे को, किसी विशिष्ट हेलोजन अथवा एसिड रेडिकल के साथ, अदल-बदल करते हैं। कई बार तो हम ऊष्मा के रूप में ऊर्जा प्रदान कर शृंखला को उस क्रम से बदल या उलटे सकते हैं, जिस क्रम में वह सामान्य तापमान में होती है।

इस प्रकार, हम रासायनिकता और विद्युत के एक विशिष्ट अंतर्संबध देखते हैं। बैटरी में होनेवाली रासायनिक अभिक्रिया धारा निर्माण की पूर्ण ऊर्जा के साथ विद्युत उपलब्ध कराती है। यह रासायनिक अभिक्रिया अनेक मामलों में बैटरी के वैद्युत तनाव द्वारा ही प्रारंभ होती है और परिमाणात्मक दृष्टि से, सभी मामलों में इसी वैद्युत तनाव द्वारा ही नियमित होती है। पहले बैटरी में होनेवाली अभिक्रियाओं को रासायनिक-वैद्युत लगती थीं तो अब हम देखते हैं कि वे उतनी ही वैद्युत रासायनिक भी हैं। निरंतर विद्युतधारा का प्रवाह होने की दृष्टि से अगर देखा जाए तो रासायनिक क्रिया प्रमुख लगती है और अगर धारा के आवेशन की दृष्टि से देखा जाए तो यह गौण तथा मात्र सहायक लगती है। इस परस्पर अंतर्क्रिया में कोई भी प्रक्रिया चरम दृष्टि से प्रमुख और गौण नहीं होती, बल्कि इन प्रक्रियाओं को अलग-अलग दृष्टिकोणों

से देखा जा सकता है। अगर पूरी प्रक्रिया को समग्रता में देखना है तो इसे दोनों दृष्टिकोणों से, अलग-अलग, परखना अनिवार्य हो जाता है, तभी एक समग्र-संपूर्ण निष्कर्ष हासिल किया जा सकता है। लेकिन अगर हम इकहरे दृष्टिकोण को ही, दूसरे को नकारते हुए, प्रमुख मानते हुए एकपक्षीय तरीके से विचार करेंगे, अथवा अपने तर्क की तात्कालिक आवश्यकता के अनुरूप, मनमाने तरीके से कभी एक तो कभी दूसरे पक्ष से विचार करने लगेंगे; तो हम तात्त्विक चिंतन की एकपक्षीयता में उलझे रहेंगे, दोनों पक्षों के अंतर्संबंध को समझ नहीं पाएंगे और एक के बाद दूसरे अंतर्विरोध में फंसते चले जाएंगे।

हमने देखा कि वीडेमान के अनुसार, आवेशित प्लेटों को बैटरी के द्रव में डाले जाने के तुरंत बाद और रासायनिक परिवर्तनों द्वारा वैद्युत आवेश की क्षमता में परिवर्तन से पहले गैल्वानोमीटर की सुई में जो प्रारंभिक विचलन आता है, वह 'बंद परिपथ में कुछ वैद्युत चालक बल का मापन है।'

अब तक हम ऊर्जा के रूप के तौर पर ऐसे तथाकथित वैद्युत चालक बल से परिचित हुए हैं जो, हमारे मामले में, रासायनिक ऊर्जा की समान मात्रा से पैदा हुआ है; और जो इस प्रक्रिया के अगले चरण में ऊष्मा तथा गतिशीलता आदि की समान मात्रों में परिवर्तित हो गया। यहां हम यह पूरी तरह समझ गए कि 'बंद परिपथ में वैद्युत चालक बल का योग' रासायनिक परिवर्तनों की वजह से इस ऊर्जा के मुक्त होने से पहले ही मौजूद था। दूसरे शब्दों में, किसी निश्चित मात्रा और इकाई समय में रासायनिक ऊर्जा को वैद्युत आवेश में बदलने की क्षमता ही वैद्युत चालक बल है। इसके अलावा, इसका अलग से कोई अस्तित्व नहीं है। जैसा पहले वैद्युत विलगन बल के बारे में कहा गया है, यहां भी वैद्युत चालक बल ऐसा बल लगता है जिसमें ऊर्जा की एक चिंगारी भी नहीं है। परिणामस्वरूप, वीडेमान 'वैद्युत चालक बल' दो अलग-अलग बातों को समझते हैं: एक ओर, वह इसे निश्चित रासायनिक ऊर्जा-मुक्त करने और इसे वैद्युत आवेश में बदलने की किसी बैटरी की क्षमता समझते हैं; दूसरी ओर, वह इसे बैटरी द्वारा उत्पादित विद्युतधारा की कुल मात्रा समझते हें। तथ्य यह है कि ये दोनों ही समानुपाती हैं और एक-दूसरे के मापक हैं लेकिन इनके बीच अंतर तो होता ही है। जब कोई कार्य संपन्न नहीं हो रहा हो, उस स्थिति में बैटरी में हो रही रासायनिक अभिक्रिया, उत्पन्न विद्युत की मात्रा और इससे परिपथ में पैदा होनेवाली ऊष्मा परस्पर समानुपाती से भी अधिक, बल्कि परस्पर बराबर होते हैं लेकिन इसके बावजूद इनके बीच अंतर तो होता ही है। निश्चित आकार के सिलिंडर बोर और पिस्टन स्ट्रोक वाले किसी भाप इंजन को ऊष्मा दिए जाने पर निश्चित मात्रा में जो यांत्रिक गति प्राप्त होती है, उसकी उक्त क्षमता और यांत्रिक गति परस्पर भिन्न-भिन्न होती हैं, भले ही वे एक-दूसरे की समानुपाती हों। जब प्राकृतिक विज्ञानों में ऊर्जा के संरक्षण के बारे में कुछ भी नहीं कहा गया था, उस समय तो यह बात

फिर भी झेली जा सकती थी। लेकिन अब तो इस बुनियादी नियम की मान्यता हो चुकी है। अब तो किसी भी रूप में वास्तविक सक्रिय ऊर्जा को उस रूप में मुक्त होने पर किसी उपकरण द्वारा उस ऊर्जा के इस्तेमाल की क्षमता समझ लेने के भ्रम को कतई स्वीकार नहीं किया जा सकता। यह भ्रम वैद्युत विलगन बल के मामले में बल तथा ऊर्जा के भ्रम की ही अगली कड़ी है। ये दोनों भ्रम मिलकर वीडेमान द्वारा की गई विद्युतधारा की तीन परस्पर अंतर्विरोधी व्याख्याओं को समरूप पृष्ठभूमि प्रदान करते हैं और अंततः तथाकथित 'वैद्युत चालक बल' के बारे में उनकी तमाम त्रुटियों और भ्रमों का बुनियादी आधार प्रदान करते हैं।

रासायनिक प्रक्रियाओं और विद्युत के बीच इस विशिष्ट अंतसंपर्क के अलावा भी इन दोनों में एक अन्य समान बात भी है जो चालन के इन दोनों रूपों के घनिष्ट संबंध को इंगित करती है। दोनों का अस्तित्व तभी हो सकता है जब वे गायब हो जाएं। रासायनिक प्रक्रिया इस प्रक्रिया से गुजरने वाले सभी परमाणु-समूहों के लिए अचानक होती है। इसे मात्र तभी ज्यादा समय तक खींचा जा सकता है जबकि इसमें नया पदार्थ निरंतर प्रवेश करता रहे। वैद्युत-चालन में भी ऐसा ही होता है। जैसे ही यह चालन के किसी अन्य रूप से पैदा होता है तो फिर तुरंत ही किसी तीसरे रूप में बदल जाता है। उपलब्ध ऊर्जा निरंतर मिलते रहने से ही यह निरंतर विद्युतधारा प्रवाहित कर सकता है। इस धारा में प्रतिपल नई चालन-मात्रा (Bewegungs mengen) विद्युत का रूप लेती है और फिर इसे खो देती है।

रासायनिक और वैद्युत-प्रक्रिया के घनिष्ठ संबंध का अध्ययन करने से दोनों क्षेत्रों में महत्त्वपूर्ण निष्कर्ष मिल सकेंगे। अब ऐसा अध्ययन निरंतर व्यापक हो रहा है। ऐसा अध्ययन करनेवाले रसायनज्ञों में पहले लोथार मेयेर और फिर केकुले ने स्पष्ट किया है कि एक नए रूप में वैद्युत-रासायनिक सिद्धांत को फिर से महत्त्व मिलना साफ नजर आ रहा है। विद्युत क्षेत्र के वैज्ञानिकों में भी, यही प्रकृति नजर आ रही है, जैसाकि एफ. कोलरॉश के नवीनतम आलेखों से संकेत मिलता है। यह विश्वास मजबूत होता जा रहा है कि बैटरी तथा इलेक्ट्रोलिटिक सेल में होने वाली रासायनिक प्रक्रियाओं पर सटीक तरीके से ध्यान देने से ही विज्ञान पुरानी परंपराओं की अंधी गलियों से बाहर निकल सकता है।

जब तक गये-गुजरे जमाने के वैज्ञानिक नजरिए से किए गए सभी परंपरागत, अनियंत्रित प्रयोगों का सटीक रासायनिक दृष्टिकोण से संशोधन नहीं किया जाएगा और ऊर्जा से होनेवाले बदलावों को ठीक से समझने के लिए सही तरीके से उन पर ध्यान नहीं दिया जाएगा; जब तक विद्युत के बारे में सभी परंपरागत सैद्धांतिक अपुष्ट धारणाओं को सरसरी तौर पर नामंजूर नहीं किया जाएगा; तब तक पहले गैल्वानिज्म की, और फिर चुंबकत्व और स्थैतिक विद्युत सिद्धांतों की मजबूत बुनियाद नहीं बनाई जा सकती।

वानर से नर बनने की प्रक्रिया में श्रम की भूमिका[114]

राजनीतिक अर्थशास्त्रियों का दावा है कि श्रम समस्त सम्पदा का स्रोत है। सचमुच ही यह स्रोत है, पर इसमें पहला स्थान प्रकृति का है। प्रकृति द्वारा प्रदत्त सामग्री को यह श्रम सम्पदा में बदल देता है। परंतु यह इससे भी अत्यधिक बड़ी चीज है। यह समूचे मानव-अस्तित्व की प्राथमिक बुनियादी शर्त है, और यह इस हद तक है कि एक अर्थ में हमें कहना होगा कि श्रम ने ही स्वयं मानव का सृजन किया है।

लाखों वर्ष पूर्व, उस युग में जिसे भूवैज्ञानिक पृथ्वी के इतिहास के तृतीय महाकल्प का नाम देते हैं, परंतु जिसका अभी निश्चयपूर्वक निर्धारण नहीं हो पाया है, बहुत संभव है कि उस महाकल्प के अवसान काल में, उष्ण कटिबंध में कहीं पर—संभवतः अब हिंद महासागर की गहराई में समा गए एक विशाल महाखंड पर—मानवाम वानरों की एक विशिष्ट रूप से अतिविकसित जाति का अस्तित्व रहा है। डार्विन ने हमें हमारे इन पूर्वजों की मोटे तौर पर जानकारी दी है। उनका सारा शरीर बालों से ढका हुआ था। उनकी दाढ़ी थी, नुकीले कान थे, और वे गिरोह बनाकर पेड़ों पर रहते थे।[115]

पेड़ों पर चढ़ने की क्रिया में हाथों और पैरों को विभिन्न प्रकार के काम करने पड़ते हैं, परंतु जब इन वानरों की जीवन-चर्या बदली और इन्हें समतल भूमि पर चलना पड़ा तो चलने में इन्होंने अपने हाथों का इस्तेमाल करने की आदत धीरे-धीरे छोड़ दी और ये अधिकाधिक खड़े होकर चलने लगे। *वानर से नर में संक्रमण का यह निर्णायक कदम था।*

सभी विद्यमान मानवाम वानर सीधे खड़े हो सकते हैं और केवल अपने पैरों के बल चल-फिर सकते हैं, परंतु तभी जब यह अत्यावश्यक हो जाए, और तब भी अत्यंत बेढंग तरीके से। अपने स्वाभाविक रूप में वे आधे खड़े होकर चलते हैं और इसमें अपने हाथों का भी इस्तेमाल करते हैं। अधिकांश वानर अपनी मुट्ठी की गिरह को जमीन पर टिकाते हैं, और पैरों को खींचकर अपने लंबे हाथों के बीच से शरीर को झुलाते हैं, जैसे कि कोई लंगड़ा व्यक्ति बैसाखियों का सहारा लेकर चलता

है। सामान्यतः वानरों में हम आज भी चौपायों की तरह चलने से लेकर दो पैरों पर चलने के बीच की सभी मध्यवर्ती अवस्थाएं देख सकते हैं। परंतु पैरों के बल चलना उनमें से किसी के लिए भी एक कामचलाऊ व्यवस्था से बढ़कर अधिक कुछ नहीं है।

यह तर्कसंगत जान पड़ता है कि यदि हमारे लोमश पूर्वजों की खड़ी चाल पहले नियम बनी और कालांतर में एक अनिवार्यता बन गई, तो इस कालावधि में हाथों के जिम्मे भी विविध प्रकार की क्रियाएं अवश्य आई होंगी। वानरों तक में हाथों के इस्तेमाल में और पैरों के इस्तेमाल में कुछ अंतर देखने को मिलता है। जैसाकि पहले बताया गया है, पेड़ों पर चढ़ते समय हाथों और पैरों का इस्तेमाल भिन्न-भिन्न कामों के लिए होता है। हाथों का इस्तेमाल मुख्य रूप से आहार-सामग्री को एकत्र करने और पकड़ने के लिए होता है, जैसेकि निम्न स्तर के स्तनपायी अपने आगे के पंजों का इस्तेमाल करते हैं। कई वानर अपने हाथों का इस्तेमाल पेड़ों पर अपने लिए बसेरा तैयार करने के लिए या वर्षा-धूप से अपनी रक्षा के लिए, पेड़ों की शाखाओं में छत बनाने के लिए भी करते हैं, जैसेकि चिम्पैंजी करता है। शत्रु से अपने बचाव के लिए वे अपने हाथों से डंडा पकड़ते हैं, और हाथों से अपने शत्रुओं पर फलों व पत्थरों की वर्षा करते हैं। बंदी अवस्था में वे मनुष्य का अनुकरण करते हुए अपने हाथों से अनेक सरल क्रियाएं करते हैं। यहीं पर हमें स्पष्ट हो जाता है कि सर्वाधिक मानवसम वानर के अविकसित हाथ में और लाखों वर्षों के श्रम से अतिदक्ष बने मानव-हाथ में कितना बड़ा अंतर है। दोनों हाथों में हड्डियों और पेशियों की संख्या तथा सामान्य संयोजन एकसा होता है, परंतु सर्वाधिक पिछड़े हुए आदिवासी का हाथ ऐसी सैकड़ों क्रियाएं सम्पन्न कर सकता है जिनका अनुकरण किसी भी वानर-हाथ के लिए संभव नहीं है। किसी भी वानर का हाथ अब तक पत्थर की एक अनगढ़ छुरी तक नहीं बना सका है।

वानर से मानव में संक्रमण के हजारों वर्षों में हमारे पूर्वजों ने आरंभ में जिन क्रियाओं के लिए अपने हाथों को अनुकूल बनाना धीरे-धीरे सीखा होगा, वे अत्यंत सरल रही होंगी। फिर भी निम्नतम स्तर के जंगलवासी—वे जंगलवासी भी, जिनमें हम अधिक पशुतुल्य अवस्था की ओर प्रत्यागमन और उसके साथ ही शारीरिक अपकर्ष की कल्पना कर सकते हैं, इन अंतर्वर्ती प्राणियों से कहीं अधिक उन्नत हैं। मानव हाथों द्वारा प्रस्तर-खंड की पहली छुरी बनाये जाने के पहले शायद इतना लंबा समय गुजरा होगा कि उसकी तुलना में हमें ज्ञात ऐतिहासिक कालावधि नगण्य जान पड़ती है। पर निर्णायक कदम उठाया जा चुका था, *हाथ मुक्त हो चुका था* और अब आगे अधिकाधिक दक्षता प्राप्त कर सकता था। इस प्रकार अर्जित हाथों का यह लचीलापन वंशागत था और पीढ़ी-दर-पीढ़ी बढ़ता गया।

अतः हाथ केवल श्रम का अवयव ही नहीं है, *यह श्रम की उपज भी है।* श्रम द्वारा, नित नई क्रियाओं के प्रति अनुकूलन द्वारा, पेशियों, स्नायुओं और लंबी

कालावधियों में विशिष्ट रूप से विकसित हड्डियों की विरासत द्वारा और इस वंशागत कुशलता का नई व अधिकाधिक जटिल क्रियाओं में नित-नए प्रयोग द्वारा मानव हाथ ने वह उच्च निपुणता प्राप्त कर ली है जो राफेल के चित्रों की तरह, थोरवाल्दसेन की मूर्तियों की तरह और पागानीनी के संगीत की तरह सृजन करने के लिए जरूरी है।

परंतु हाथ का कोई पृथक् अस्तित्व नहीं था, यह एक अति जटिल समग्र शरीर-योजना का केवल एक अंग था। और जिस चीज से हाथ लाभान्वित हुआ, उससे वह समूचा शरीर भी लाभान्वित हुआ जिसकी हाथ सेवा करता था। यह दो प्रकार से हुआ।

सर्वप्रथम, शरीर उससे लाभान्वित हुआ जिसे डार्विन विकास के सहसंबंध का नियम कहते हैं। इस नियम के अनुसार, किसी प्राणी के अलग-अलग अंगों के विशिष्ट रूप इन अंगों से स्पष्टतः संबंध न रखनेवाले दूसरे अंगों के कुछ रूपों के साथ सदैव सम्बद्ध रहते हैं। इस प्रकार, उन सभी प्राणियों में, जिनमें लाल रक्त कोशिकाएं इनके केंद्रकों के बिना होती हैं, और जिनमें सिर दुहरी संधि (स्थूलकों) द्वारा प्रथम कशेरुक के साथ जुड़ा होता है, निरपवाद रूप से अपने बच्चों को स्तनपान कराने के लिए दुग्ध ग्रंथियां भी होती हैं। इसी तरह जिन स्तनपायियों के खूर फटे हुए होते हैं। उनमें जुगाली के लिए एक बहुप्रयोजन उदर नियमित रूप से देखने को मिलता है। शरीर के कुछ अंगों के रूपों में होनेवाले परिवर्तनों के साथ ही कुछ अन्य अंगों के रूपों में भी परिवर्तन प्रकट होते हैं, यद्यपि इनके संबंध की सदैव व्याख्या कर पाना हमारे लिए संभव नहीं होता। नीली आंखों वाली पूर्णतः सफेद बिल्लियां सदैव, या प्रायः बहरी होती हैं। मानव हाथ में धीरे-धीरे हुए अधिकाधिक परिष्कार की, और इसके अनुरूप खड़ी चाल के लिए हुए पैरों के अनुकूलन की, सहसंबंध के इस नियम के अंतर्गत, शरीर के अन्य अंगों पर भी प्रतिक्रिया हुई है। पर इस क्रिया की इतनी अधिक खोजबीन नहीं हुई है कि हम यहां इस तथ्य को सामान्य शब्दों में व्यक्त करने से अधिक कुछ कर सकें।

इससे कहीं अधिक महत्त्वपूर्ण है शरीर के शेष अंगों पर हाथ के विकास का प्रदर्शनकारी प्रभाव। जैसाकि पहले ही बताया जा चुका है, हमारे वानर पूर्वज यूथचारी थे। यह स्पष्ट है कि पशुओं में सर्वाधिक सामाजिक पशु-मानव का उद्भव अयूथचारी निकटवर्ती पूर्वजों में खोजना असम्भव है। हाथ के विकास के साथ, श्रम के साथ, प्रकृति पर विजय प्राप्त करने की शुरुआत हुई, और इसने प्रत्येक नई प्रगति के साथ मानव के क्षितिज को व्यापक बनाया। मनुष्य प्राकृतिक वस्तुओं में निरंतर नए, अब तक अज्ञात, गुण खोजता रहा। दूसरी ओर, श्रम के विकास ने, पारस्परिक सहयोग और संयुक्त क्रियाशीलता के अवसरों को बढ़ाकर, और प्रत्येक व्यक्ति को इस संयुक्त क्रियाशीलता के लाभ को स्पष्ट करके, समाज के सदस्यों

को एक-दूसरे के समीप लाने में अनिवार्य रूप से सहयोग दिया। संक्षेप में, मानव अपने विकास के दौर में उस स्थिति पर पहुंचे जहां उन्हें एक-दूसरे से *कुछ कहने की जरूरत आ पड़ी*। आवश्यकता ने अवयव का निर्माण किया; वानर का अविकसित कंठ स्वर-सामंजस्य के जरिये धीरे-धीरे पर निश्चित रूप से रूपांतरित हुआ, जिससे निरंतर अधिक विकसित स्वर-सामंजस्य संभव हुआ, और धीरे-धीरे मुख के अवयव एक-एक करके अधिक स्पष्ट ध्वनियों का उच्चारण करने में समर्थ हुए।

अन्य प्राणियों के साथ तुलना करने से प्रमाणित होता है कि यह व्याख्या ही एकमात्र सही व्याख्या है कि श्रम की प्रक्रिया के अंतर्गत ही भाषा की उत्पत्ति हुई है। सर्वाधिक विकसित पशु भी एक-दूसरे के साथ संसूचन की अपनी अल्प आवश्यकता स्वर-सामंजस्य-युक्त वाणी के बिना ही पूरी कर सकते हैं। प्राकृतिक अवस्था में कोई पशु मनुष्य की बोली न समझने अथवा न बोल सकने के कारण कोई असुविधा महसूस नहीं करता। परंतु उसे जब मनुष्य द्वारा पालतू बना लिया जाता है तो स्थिति बिलकुल भिन्न होती है। मनुष्य की संगति के कारण कुत्ते और घोड़े ने स्वर-सामंजस्य-युक्त वाणी के लिए ऐसा अच्छा कान विकसित कर लिया है कि वे अपनी धारणा-सीमा के अंतर्गत किसी भी भाषा को आसानी से सीख सकते हैं। इसके अलावा, उन्होंने मानव के प्रति प्रेम व कृतज्ञता-जैसी संवेदनाएं—जो पहले उनके लिए अनजान थीं—अर्जित कर ली हैं। जिस किसी का भी ऐसे पशुओं से काफी संबंध रहा है, वह व्यक्ति इस स्वीकृति से शायद ही बच सके कि, ऐसे अनेक पशु हैं जो अब महसूस करते हैं कि बोलने में समर्थ न होना उनकी एक खामी है, हालांकि, दुर्भाग्यवश, यह एक ऐसी खामी है जिसे दूर नहीं किया जा सकता, क्योंकि उनकी वागिंद्रियों का एक निश्चित दिशा में काफी विशिष्टीकरण हो चुका है। परंतु जहां ये वागिंद्रियां मौजूद हैं, वहां एक निश्चित सीमा तक यह खामी भी दूर हो सकती है। पक्षियों के मुखांग मनुष्य के मुखांगों से उतने ही भिन्न हैं जितने कि ये हो सकते हैं, फिर भी केवल पक्षी ही ऐसे प्राणी हैं जो बोलना सीख सकते हैं, और सबसे ककर्श आवाज वाला पक्षी—तोता—सबसे अच्छा बोल सकता है। कोई यह आपत्ति नहीं उठा सकता कि तोता जो बोलता है, उसे वह समझता नहीं है। यह सही है कि बोलने के महज आनंद के लिए और मनुष्यों की संगति के लिए तोता लगातार घंटों तक टांय-टांय करता रहेगा, और अपने समूचे शब्दभंडार को निरंतर दोहराता रहेगा। परंतु यह, अपनी धारणाओं के सीमा-क्षेत्र के भीतर जो बोलता है, उसे समझना भी सीख सकता है। किसी तोते को गालियां बोलना इस तरह सिखा दीजिए कि उसे इनके अर्थों का कुछ आभास मिल जाता है (उष्णकटिबंधीय देशों की यात्रा से लौटने वाले जहाजियों का यह मनोरंजन का एक साधन है), इसके बाद उसे चिढ़ाइए। आप देखेंगे कि वह इन गालियों का बर्लिन के किसी फेरीवाले की तरह बिलकुल सही इस्तेमाल करता है। चटपटी चीज़ें मांगना सिखा देने पर भी ऐसा ही होता है।

पहले श्रम, उसके बाद और फिर उसके साथ वाणी—ये वे दो सबसे महत्त्वपूर्ण प्रेरणाएं थीं जिनके प्रभाव के अंतर्गत वानर का मस्तिष्क धीरे-धीरे मानव के मस्तिष्क में बदल गया; मानव का मस्तिष्क सारी समानताओं के बावजूद वानर के मस्तिष्क से कहीं बड़ा और परिपूर्ण है। मस्तिष्क के विकास के साथ-साथ ही इसके सर्वाधिक निकट के उपकरणों—ज्ञानेंद्रियों—का विकास हुआ। जिस प्रकार वाणी के क्रमिक विकास के साथ अनिवार्य रूप से श्रवणेंद्रिय का तदनुरूप परिष्कार होता है, उसी प्रकार समग्र रूप से मस्तिष्क के विकास के साथ-साथ सभी ज्ञानेंद्रियों का परिष्कार होता है। गरुड़ मनुष्य से कहीं अधिक दूर तक देख सकता है, पर मनुष्य की आंख चीजों में बहुत कुछ ऐसा देख सकती है जिन्हें गरुड़ की आंख नहीं देख सकती। कुत्ते की घ्राणशक्ति मनुष्य की घ्राणशक्ति से अधिक तीव्र होती है, परंतु कुत्ता उन गंधों के सौवें भाग की भी पहचान नहीं कर सकता जो मनुष्य के लिए विभिन्न वस्तुओं की स्पष्ट सूचक होती हैं। और स्पर्शानुभूति, जो इसके सर्वाधिक अपरिष्कृत आरंभिक रूप में वानर में मुश्किल से ही होती है, श्रम के माध्यम के जरिये स्वयं मानव हाथ के विकास के साथ-साथ ही विकसित हुई है।

मस्तिष्क और इसकी अनुवर्ती ज्ञानेंद्रियों के विकास की, संचेतना की बढ़ी स्पष्टता की तथा अमूर्तीकरण व निर्णय की शक्ति की श्रम और वाणी पर जो प्रतिक्रिया हुई, उसने इन दोनों को आगे विकसित होने के लिए निरंतर प्रेरणा दी। मानव जब वानर से अंतिम रूप से पृथक् हो गया तो उसके साथ यह विकास अपनी परिणति पर नहीं पहुंचा, बल्कि आगे प्रबल प्रगति करता गया। विभिन्न जनसमूहों में और विभिन्न कालों में इस विकास की रफ्तार व दिशा भिन्न-भिन्न रही है, और जहां-तहां स्थानीय अथवा अस्थायी अवनति के कारण इसमें व्यवधान भी पड़ा है। पूर्ण विकसित मानव के अवतरण के साथ एक नए तत्त्व—अर्थात्, **समाज**—के क्रियाशील होने से इस विकास को एक और अनुगति की प्रबल प्रेरणा मिली और दूसरी ओर अधिक स्पष्ट दिशाओं में पथ-प्रदर्शन प्राप्त हुआ।

पेड़ों पर चढ़नेवाले वानर-दल से मानव-समाज के उदित होने में निश्चय ही लाखों वर्ष—जिनका पृथ्वी के इतिहास में मनुष्य-जीवन के एक सेकंड से अधिक महत्त्व नहीं है*—गुजर गए होंगे। फिर भी अंततः मानव-समाज का अभ्युदय हुआ। और पुनः यहां भी हम वानर-दल और मानव-समाज में क्या विशेष अंतर देखते हैं? अंतर है **श्रम**। वानर-दल उसके लिए भौगोलिक परिस्थितियों द्वारा अथवा पड़ोस के अन्य वानर-दलों के प्रतिरोध द्वारा निर्धारित आहार-क्षेत्र में ही खाद्य-सामग्री प्राप्त

* इस विषय के एक प्रमुख अधिकारी विद्वान सर विलियम थॉमसन ने गणना की है कि, पृथ्वी जब इतनी पर्याप्त ठंडी हो गई कि इस पर पशु व पौधे जीवित रह सकें, तब से दस **करोड़ से कुछ ही ज्यादा वर्ष** गुजरे होंगे।—**[एंगेल्स की टिप्पणी]**

करके संतुष्ट था। वह नए आहार-क्षेत्रों की खोज में स्थानांतरण करता था, संघर्ष करता था। परंतु इन आहार-क्षेत्रों से वह उतना ही आहार प्राप्त करने में समर्थ जितना कि प्राकृतिक रूप से उपलब्ध होता था। हां, इतना जरूर हुआ कि उसने अनजाने में अपने मलोत्सर्जन से मिट्टी को उपजाऊ बनाया। परंतु जैसे ही सभी आहार-क्षेत्रों पर वानर-दलों का कब्जा हो गया, वैसे ही उनकी संख्या में अधिक वृद्धि होने की संभावना भी समाप्त हो गई। अधिक-से-अधिक इनकी संख्या यथावत् ही रह सकती थी। परंतु सभी पशु काफी अधिक आहार बरबाद कर देते हैं। इसके अलावा वे आहार-सामग्री की अगली पौध के अंकुरों को भी नष्ट कर देते हैं। शिकारी उस मृगी को नहीं मारता जो अगले वर्ष मृग-शावक पैदा करनेवाली होती है, परंतु भेड़िया मृगी को मार डालता है। छोटे-छोटे पौधों के बढ़कर पेड़ बन जाने के पहले ही उन्हें चर गईं यूनान की बकरियों ने वहां के सभी पहाड़ों को नंगा बना दिया है। पशुओं की इस 'लुटेरी अर्थव्यवस्था' ने उन्हें अपने सामान्य आहार से भिन्न आहार अपनाने के लिए मजबूर करके पशु-जातियों के क्रमिक रूपांतरण में महत्त्वपूर्ण भूमिका अदा करती है, क्योंकि इसी के परिणाम-स्वरूप उनके रक्त की रासायनिक संरचना में परिवर्तन होता है और उनका समूचा शरीर-गठन क्रमशः बदल जाता है। इसके विपरीत जो पशु-जातियां अपने को अनुकूल नहीं बना लेतीं, वे मिट जाती हैं। इसमें संदेह नहीं कि इस लुटेरू अर्थव्यवस्था ने हमारे पूर्वजों के वानर से मानव के संक्रमण में जबरदस्त योग दिया है। जो वानर-जाति बुद्धि और अनुकूलन-क्षमता में अन्य जातियों से बहुत आगे बढ़ी हुई थी, उसमें इस लुटेरू अर्थ-व्यवस्था के कारण आहार योग्य पौधों की संख्या में और आहारोपयोगी पौधों के अधिकाधिक हिस्सों के भक्षण में अवश्य ही निरंतर वृद्धि हुई होगी। संक्षेप में, भोजन अधिकाधिक विविधतापूर्ण हो गया, साथ ही शरीर में पहुंचनेवाले पदार्थ भी, ऐसे पदार्थ जो वानरों के मानव में संक्रमण के लिए रासायनिक आधार बने। पर यह सब सही अर्थ में अभी श्रम नहीं था। श्रम की शुरुआत औजारों के निर्माण के साथ होती है। और उपलब्ध औजारों में सबसे प्राचीन—प्रागैतिहासिक मानव की खोजी गई उत्तराधिकारी वस्तुओं के आधार पर तथा प्राचीनतम ऐतिहासिक जन-जातियों की और समकालीन बर्बरतम आदिवासियों की जीवन-चर्या के आधार पर सबसे प्राचीन—औजार कौन-से हैं? ये हैं शिकार के और मछली मारने के औजार, जिनमें शिकार के औजारों का हथियारों के रूप में भी इस्तेमाल होता है। परंतु शिकार और मछली मारने का अर्थ है शुद्ध शाकाहार से इसके सहवर्ती के रूप में मांसाहार में संक्रमण, और यह वानर से मनुष्य बनने की प्रक्रिया में एक और महत्त्वपूर्ण कदम था। **मांसाहार** में शरीर के चयापचयन के लिए आवश्यक सबसे महत्त्वपूर्ण तत्त्व लगभग तैयार रूप में मौजूद रहते हैं। इससे न केवल पाचन के लिए जरूरी समय में कटौती हुई, बल्कि वनस्पति-जीवन के अनुरूप अन्य शरीरवर्धी प्रक्रियाओं के लिए

जरूरी समय में भी कटौती हुई, और इस प्रकार वास्तविक पशु-जीवन की सक्रिय अभिव्यक्ति के लिए अधिक समय, सामग्री व शक्ति उपलब्ध हुई। और अपने विकास के दौर में मनुष्य वनस्पति-जगत से जितना ही अधिक दूर हटता गया, उतना अधिक वह पशु से ऊपर उठता गया। जिस तरह मांसाहार के साथ-साथ शाकाहार के अभ्यस्त होते जाने से जंगली कुत्ते और बिल्लियां मनुष्य की अनुचर बन गईं, ठीक उसी तरह शाकाहार के साथ-साथ मांसाहार को अपनाने से विकासशील मानव को शारीरिक शक्ति और स्वावलम्बन हासिल करने में बड़ी मदद मिली। परंतु मांसाहार का सबसे अधिक प्रभाव मस्तिष्क पर पड़ा। मस्तिष्क को अपने पोषण व विकास के लिए आवश्यक सामग्री अब अधिक प्रचुरता से प्राप्त होने लगी, इसलिए यह पीढ़ी-दर-पीढ़ी अधिक तेजी और पूर्णता के साथ विकास कर सका। शाकाहारियों के लिए हमारे मन में समुचित आदरभाव है, पर वास्तविकता यह है कि मांसाहार के बिना मानव अस्तित्व में नहीं आया है। और, यदि मांसाहार के कारण ही हमारी जानकारी की सभी जनजातियों के लोगों में किसी-न-किसी काल में नरभक्षण की प्रथा रही है (अभी दसवीं सदी तक बर्लिनवासियों के पूर्वज, वेलैतोबियन या विल्जियन लोग, अपने माता-पिता को खा जाया करते थे)[116], तो यह बात आज हमारे लिए कोई महत्त्व नहीं रखती।

मांसाहार के फलस्वरूप निर्णायक महत्त्व के दो नए कदम उठाए गए—अग्नि को वशीभूत किया गया और पशुओं को पालतू बनाया गया। आग ने पाचन-क्रिया की अवधि को और अधिक घटा दिया, क्योंकि इसकी बदौलत मानव-मुख को एक प्रकार से पहले से ही आधा पचा हुआ भोजन मिलने लगा। पशुओं को पालतू बनाने से मांस की पूर्ति का शिकार के अलावा एक नया अधिक नियमित स्रोत प्रचुर मात्रा में उपलब्ध हुआ। इसके अलावा, इससे दूध और दूध से बनी वस्तुओं के रूप में एक ऐसी नई आहार-सामग्री उपलब्ध हुई जो अपने संयोजन में कम-से-कम उतनी मूल्यवान तो है ही जितना कि मांस। इस प्रकार ये दोनों प्रगतियां मानव की मुक्ति के लिए नया साधन बन गईं। इनके अप्रत्यक्ष परिणामों का यहां विशद विवेचन करने से हम विषय से बहुत दूर चले जाएंगे, हालांकि मानव और समाज के विकास के लिए इनका बड़ा महत्त्व रहा है।

मनुष्य के जिस तरह सभी भोज्य वस्तुओं को खाना सीखा, उसी तरह उसने किसी भी जलवायु में रहना भी सीखा। वह समूची निवासयोग्य धरती पर फैल गया, क्योंकि मनुष्य ही एकमात्र ऐसा प्राणी है जो अपने बल पर ऐसा करने में पूर्ण समर्थ है। दूसरे पशु-जीव—पालतू पशु और कृमि—मनुष्य की तरह स्वयमेव सभी प्रकार की जलवायु के अभ्यस्त नहीं बने हैं, बल्कि मनुष्य का अनुसरण करते हुए ही बने हैं। और मानव के समरूप उष्ण जलवायु वाले अपने मूल निवासस्थान से अधिक ठंडे प्रदेशों में—जहां वर्ष ग्रीष्म व शीत ऋतुओं में विभक्त था—स्थानांतरण से नई

आवश्यकताएं पैदा हुईं—शीत और नमी से बचाव के लिए मकान और पहनावे की आवश्यकता पैदा हुई—और इस तरह श्रम के नए क्षेत्र पैदा हुए, नए प्रकार के क्रियाकलाप आरंभ हुए। इनके कारण मनुष्य पशु से और भी अधिकाधिक पृथक् होता गया।

मनुष्य हाथों, वाणी के अंगों और मस्तिष्क का साथ-साथ इस्तेमाल करने से, न केवल वैयक्तिक रूप से बल्कि समाज में भी, अधिकाधिक जटिल कार्यों को करने में समर्थ हुए, और अपने सामने सतत उच्चतर लक्ष्य रखने तथा उन्हें हासिल करने के योग्य बने। प्रत्येक पीढ़ी का खुद परिश्रम भी भिन्न, अधिक परिष्कृत और विविधतापूर्ण होता गया। शिकार और पशु-पालन के अलावा कृषि की भी शुरुआत हुई। फिर कताई, बुनाई, धातुकर्म, मृद्भांडकर्म और नौचालन की बारी आई। व्यापार और उद्योग के साथ अंत में कला और विज्ञान का उदय हुआ। कबीलों से कौमों और राज्यों का विकास हुआ। कानून और राजनीति का उदय हुआ, और इनके साथ ही मानव-मस्तिष्क में मानवीय क्रियाकलापों के काल्पनिक प्रतिबिंबन—धर्म—का उदय हुआ। इन सारे प्रतिबिंबों ने, जो प्रथमतः मस्तिष्क की उपज प्रतीत हुए और लगा कि मानव-समाजों पर छा गए हैं, मेहनती हाथ की सीधी-सादी उपज को पृष्ठभूमि में ढकेल दिया। ऐसा इसलिए भी अधिक हुआ कि श्रम को नियोजित करनेवाला मस्तिष्क, समाज के विकास की आरंभिक अवस्था से ही (उदाहरणार्थ आदिम परिवार में ही), उस नियोजित श्रम को अपने हाथों की बजाय दूसरे हाथों से करवाने में समर्थ था। सभ्यता की तीव्र प्रगति का सारा श्रेय मस्तिष्क को, मस्तिष्क के विकास तथा क्रियाकलाप को दे डाला गया। मनुष्य यह स्पष्टीकरण देने के आदी हो गए कि उनके क्रियाकलापों का उद्भव उनकी आवश्यकताओं से नहीं बल्कि विचारों से होता है (हालांकि आवश्यकताएं ही मस्तिष्क में प्रतिबिम्बित होती हैं, मस्तिष्क द्वारा ग्रहण की जाती हैं)। और इस प्रकार समय गुजरने के साथ चैतन्यवादी विश्व-दृष्टिकोण का उदय हुआ जो प्राचीन सभ्यताओं के अवसान के बाद मानव-मस्तिष्कों पर विशेष रूप से हावी रहा है। यह अब भी उन पर इस हद तक हावी है कि डार्विन-मत के अनुयायी सर्वाधिक भौतिकवादी प्रकृति-वैज्ञानिक भी मनुष्य की उत्पत्ति की स्पष्ट धारणा प्रस्तुत करने में अभी भी समर्थ नहीं हैं, क्योंकि इस विचारधारा के प्रभाव में होने के कारण वे इसमें श्रम द्वारा अदा की गई भूमिका को नहीं पहचान पाते।

जैसाकि पहले बताया गया है, पशु अपने क्रियाकलापों से पर्यावरण को उसी तरह परिवर्तित करते हैं जिस प्रकार मनुष्य करता है, हालांकि वे उस हद तक नहीं करते जिस हद तक मनुष्य करता है। और, जैसाकि हमने देखा है, यह परिवर्तन उलटेकर उन परिवर्तनकर्ताओं को प्रभावित करता है, उन्हें बदलता है। प्रकृति में अलग-थलग कुछ भी घटित नहीं होता। हर चीज हर अन्य चीज को प्रभावित करती

है और स्वयं भी उनसे प्रभावित होती है। इस नानारूप गति और पारस्परिक प्रभाव को बहुधा भुला देने के कारण ही हमारे प्रकृति-वैज्ञानिक सरलतम चीजों तक को स्पष्टता से समझ नहीं पाते। हमने देखा है कि किस प्रकार यूनान में बकरियों ने वनों के नवीनीकरण को खत्म कर दिया है। सैंट हैलेना द्वीप पर, वहां के आरंभिक आप्रवासियों द्वारा अपने साथ लाई बकरियों ने और सूअरों ने, वहां की पुरानी वनस्पति का लगभग पूरी तौर से सफाया कर दिया है, और इस तरह बाद में आए नाविकों और उपनिवेशिकों द्वारा लाए गए पौधों के प्रसार के लिए भूमि तैयार कर दी। परंतु पशु अपने परिवेश पर दीर्घकालीन प्रभाव अचेतन रूप से डालते हैं और यह, जहां तक स्वयं उन पशुओं की बात होती है, संयोगवश होता है। लेकिन मनुष्य पशुओं से जितने ही अधिक आगे बढ़े हुए होते हैं उतना ही अधिक प्रकृति पर उनका प्रभाव स्पष्ट रूप से पूर्वकल्पित लक्ष्यों की ओर भली-भांति नियोजित क्रिया का स्वरूप धारण कर लेता है। पशु किसी क्षेत्र की वनस्पति को बिना कुछ महसूस किए ही नष्ट कर देता है। मनुष्य वनस्पति को नष्ट करता है तो उपलब्ध होनेवाली भूमि पर फसलें बोने के लिए या वृक्ष या अंगूर की बेलें रोपने के लिए, जिनके बारे में वह जानता है कि इनसे बोई गई मात्रा से कई गुना अधिक उपज प्राप्त होगी। वह उपयोगी पौधों को और पालतू पशुओं को एक देश से दूसरे देश में स्थानांतरित करता है, और इस प्रकार समूचे महाखंडों के वनस्पति और जीव जगतों को बदल डालता है। इतना ही नहीं, कृत्रिम प्रजनन के जरिये मानव-हाथ द्वारा पौधों और पशुओं को इस हद तक बदल दिया जाता है कि उन्हें पहचाना भी नहीं जा सकता। जिन जंगली पौधों से हमारे विविध प्रकार के अनाजों का उद्भव हुआ है, उनकी खोज अब भी निष्फल साबित हो रही है। इस बात को लेकर अब भी कुछ मतभेद मौजूद है कि किन जंगली पशुओं से हमारे नाना नस्लों के कुत्तों का अथवा हमारे घोड़ों की उतनी ही नाना नस्लों का उद्भव हुआ है।

बहरहाल, पशुओं की नियोजित व पूर्वकल्पित तरीके से काम करने की क्षमता को विवादास्पद बनाने का हमारा इरादा नहीं है। विपरीत, जहां कहीं भी प्रोटोप्लाज्मा का, जीवित ऐलूव्युमिन का, अस्तित्व है और यह सक्रिय है, यानी यह सुस्पस्ट बाह्य उद्दीपनों के फलस्वरूप निश्चित क्रियाएं, भले ही ये अत्यंत सरल प्रकार की हों, सम्पन्न करता है, वहां भ्रूणावस्था में एक नियोजित क्रिया-विधि विद्यमान रहती है। यह प्रक्रिया वहां भी देखने को मिलती है जहां अभी कोशिका का भी कतई अस्तित्व नहीं होता, तंत्रिका कोशिका के होने की बात तो दूर ही रही। कीटभक्षी पौधे जिस ढंग से अपने शिकार को पकड़ते हैं, वह कुछ नियोजित क्रिया-जैसा जान पड़ता है, हालांकि यह बिलकुल अचेतन रूप से होता है। पशुओं में सचेत, नियोजित क्रिया की क्षमता तंत्रिका-तंत्र के विकास के अनुपात में होती है, और स्तनपायी पशुओं में यह काफी ऊंचे स्तर पर पहुंच जाती है। इंग्लैंड में लोमड़ी का शिकार

करनेवाला व्यक्ति रोज ही यह देख सकता है कि लोमड़ी शिकारी को गुमराह करने के लिए उस इलाके के अपने ज्ञान का किस तरह अचूक इस्तेमाल करती है, और भूमि की अपने लिए उपयोगी सभी विशेषताओं को कितनी भली-भांति जानती है और शिकारी को बहकाने के लिए किस प्रकार इनका उपयोग करती है। मानव के सहवास आकर अधिक विकसित हुए हमारे पालतू पशुओं में ठीक बच्चों के स्तर की चालाकी की क्रियाएं हमें निरंतर देखने को मिलती हैं। क्योंकि, जिस प्रकार माता के गर्भ में मानव-भ्रूण के विकास का इतिहास कृमियों से आरंभ हुए हमारे पशु-पूर्वजों के करोड़ों वर्षों में फैले शारीरिक विकास के इतिहास की संक्षिप्त पुनरावृत्ति है, उसी प्रकार मानव शिशु का मानसिक विकास इन्हीं पूर्वजों के, कम-से-कम बाद में आनेवाले पूर्वजों के, बौद्धिक विकास की और भी संक्षिप्त पुनरावृत्ति है। परंतु समस्त पशुओं की सारी नियोजित क्रिया भी पृथ्वी पर अपनी इच्छा की छाप डालने में कभी सफल नहीं हुई। इसका श्रेय मनुष्य को मिला।

संक्षेप में, पशु अपने परिवेश का महज **उपयोग करता है**, और उसमें केवल अपनी मौजूदगी से ही परिवर्तन लाता है। परंतु मनुष्य अपने परिवर्तनों द्वारा प्रकृति को अपने लिए हितकारी बनाता है, प्रकृति पर **अधिकार प्राप्त करता है**। मनुष्य में और अन्य पशुओं में यही अंतिम व सारभूत अंतर है। और, फिर एक बार इस अंतर का श्रेय श्रम को ही प्राप्त है।*

परंतु प्रकृति पर हमारी इन मानवीय विजयों के कारण हमें आत्मश्लाघा में विभोर नहीं हो जाना चाहिए। क्योंकि ऐसी प्रत्येक विजय का प्रकृति हमसे बदला लेती है। वास्तविकता यह है कि, प्रत्येक विजय के साथ, प्रथम दौर में, हमें अपने आशान्वित परिणाम प्राप्त होते हैं, लेकिन दूसरे व तीसरे दौरों में इसके बिलकुल भिन्न, अप्रत्याशित परिणाम प्रकट होते हैं जो अक्सर पहले दौर के परिणामों को मिटा देते हैं। मेसोपोटामिया, यूनान, एशिया माइनर तथा अन्य प्रदेशों के जिन लोगों ने कृषियोग्य भूमि प्राप्त करने के लिए जंगलों को नष्ट कर डाला उन्होंने कभी यह कल्पना नहीं की थी कि जंगलों के साथ आर्द्रता के संचय-केंदों व कुंडों का उन्मूलन करके वे इन देशों की मौजूदा दयनीय अवस्था की नींव डाल रहे हैं।[117] आल्प्स के इतालवियों ने जब दक्षिणी ढलानों के चीड़ के जंगलों को काट डाला—इन्हें उत्तरी ढलानों पर बड़ी सावधानी से सुरक्षित रखा गया था—तो उन्हें इस बात की कल्पना नहीं थी कि ऐसा करके वे अपने प्रदेश के दुग्ध-उद्योग पर कुठाराघात कर रहे हैं। उन्हें इस बात की और भी कम कल्पना रही कि ऐसा करके वे अपने पहाड़ी झरनों को साल के अधिकतर भाग के लिए जलरहित बना रहे हैं, और वे इन्हीं झरनों के लिए संभव बना रहे हैं कि वर्षा ऋतु में ये मैदानों में भयानक बाढ़ें लायें। यूरोप में

* पांडुलिपि में हाशिए पर एंगेल्स ने पेंसिल से लिखा है : 'प्रतिष्ठा'।—संपा.

आलू का प्रचार-प्रसार करनेवालों को इस बात का आभास नहीं था कि इस मंडमय कंद के साथ वे स्क्रोफ्युला रोग को भी फैला रहे हैं। इस प्रकार प्रत्येक कदम पर हमें यह स्मरण कराया जाता है कि हम प्रकृति पर एक विदेशी की तरह हरगिज हुकूमत नहीं करते, ऐसा नहीं है कि हम प्रकृति से अलग हों, बल्कि हम अपने मांस, रक्त व मस्तिष्क सहित प्रकृति के अंग हैं, प्रकृति में ही हमारा अस्तित्व है, और इस पर हमारा समूचा आधिपत्य इस तथ्य में निहित है कि अन्य सभी प्राणियों से हम इस बात में श्रेष्ठ हैं कि हम प्रकृति के नियमों को जान सकते हैं और इसका सही इस्तेमाल कर सकते हैं।

वास्तव में, ज्यों-ज्यों दिन बीतते जाते हैं, त्यों-त्यों इस प्रकृति के इन नियमों को अधिकाधिक बेहतर समझते जाते हैं और प्रकृति की स्वाभाविक गति में हमारे हस्तक्षेप के निकटवर्ती व दूरवर्ती, दोनों ही परिणामों को भी पहचानने लगे हैं। खास कर वर्तमान सदी में प्रकृति-विज्ञान की प्रबल प्रगति के बाद हम अब पहले से कहीं अधिक बेहतर स्थिति में हैं कि कम-से-कम अपनी दैनंदिन उत्पादन क्रियाओं के दूरगामी परिणामों तक को समझ सकें, और इसलिए उन्हें नियंत्रित कर सकें। परंतु इसमें जितने ही ज्यादा वृद्धि होगी, उतना ही ज्यादा मनुष्य प्रकृति के साथ अपनी एकता को महसूस करेंगे, पहचानेंगे, और तब मस्तिष्क व द्रव्य, मनुष्य व प्रकृति, आत्मा व शरीर के बीच के वैषम्य की निरर्थक एवं अस्वाभाविक धारणा उतनी ही अधिक असंभव होती जाएगी, ऐसी धारणा का उदय यूरोप में क्लासिकी पुराकाल के अवसान के बाद हुआ था और ईसाई मत में इसका सर्वोच्च विस्तार हुआ था।

उत्पादन के क्षेत्र में हमारे क्रियाकलापों के सुदूरवर्ती प्राकृतिक परिणामों का थोड़ा-बहुत आकलन करना सीखने के लिए हमें हजारों वर्षों तक मेहनत करनी पड़ी है, परंतु इन क्रियाकलापों के सुदूरवर्ती **सामाजिक** परिणामों का आकलन कर पाना और भी कठिन रहा है। हम आलू के साथ स्क्रोफ्यूला रोग के प्रसार का उल्लेख कर चुके हैं। परंतु श्रमिकों के आलू के आहार पर उतर आने से पूरे के पूरे देशों के जनसमुदायों की जीवनदशा पर जो प्रभाव पड़ा है, उसकी तुलना में स्क्रोफ्यूला रोग भी क्या है? अथवा, आलू की अंगमारी के कारण 1847 में आयरलैंड में पड़े उस अकाल के सामने यह स्क्रोफ्यूला क्या था जिसमें पूर्णता या लगभग पूर्णता आलू के आहार पर पोषित दस लाख आयरलैंडवासी मौत के मुंह में चले गए, और बीस लाख विदेशों में जाकर बसने के लिए विवश हुए। जब अरबों ने मद्य को आसवित करना सीखा, तो उनके दिमाग में यह बात बिलकुल नहीं आई थी कि ऐसा करके वे उस समय तक खोजे नहीं गए अमेरिका महाद्वीप के आदिवासियों के उन्मूलन के लिए एक मुख्य हथियार का निर्माण कर रहे हैं। और जब बाद में कोलम्बस ने इस अमेरिका की खोज की तो उसे नहीं मालूम था कि ऐसा करके

वह नीग्रो दास-व्यापार की नींव डाल रहा है और यूरोप में बहुत पहले समाप्त हो चुकी दास-प्रथा को नया जीवन प्रदान कर रहा है। सत्रहवीं और उठारहवीं सदियों में भाप-इंजन के निर्माण में जुटे हुए लोगों के दिमाग में यह बात नहीं आई थी कि वे ऐसा उपकरण तैयार कर रहे हैं जो समूचे संसार में सामाजिक संबंधों में क्रांति पैदा करने में दूसरे किसी भी उपकरण से अधिक कारगर सिद्ध होगा। खासकर यूरोप में, थोड़े-से लोगों के हाथों में धन को केंद्रित करके और बहुसंख्यकों को सम्पत्ति से वंचित करके, यह उपकरण पहले पूंजीपति-वर्ग को सामाजिक और राजनीतिक प्रभुता प्रदान करनेवाला था, परंतु बाद में पूंजीपति-वर्ग और सर्वहारा के बीच वर्ग-संघर्ष को जन्म देनेवाला था, जिसका अंत पूंजीपति-वर्ग का खात्मा और सारे वर्ग-विरोधों के उन्मूलन में ही हो सकता है। परंतु इस क्षेत्र में भी लम्बे और प्रायः कठोर अनुभव के बाद और ऐतिहासिक सामग्री के संचय व विश्लेषण से हम धीरे-धीरे अपने उत्पादक क्रियाकलापों के सुदूरवर्ती सामाजिक परिणामों को अधिक स्पष्टता से समझते जा रहे हैं। और इस प्रकार इन परिणामों को भी नियंत्रित व नियमित करने के अवसर प्राप्त हो रहे हैं।

परंतु इस नियमन के लिए सिर्फ ज्ञान के अलावा और भी कुछ जरूरी है। इसके लिए अब तक की मौजूदा उत्पादन-प्रणाली में और इसके साथ ही हमारी समूची समकालीन सामाजिक व्यवस्था में आमूल क्रांति की आवश्यकता है।

अब तक की सभी मौजूदा उत्पादन प्रणालियों का लक्ष्य श्रम के केवल सबसे तात्कालिक और प्रत्यक्षतः उपयोगी परिणाम को ही प्राप्त करना रहा है। आगे के परिणामों की, जो केवल बाद में प्रकट होते हैं और क्रमिक पुनरावृत्ति और संचयन के द्वारा प्रभावकारी बनते हैं, पूर्णता उपेक्षा की गई। भूमि का आरंभिक सम्मिलित स्वामित्व, एक ओर, मानवों के उस विकास-स्तर के अनुरूप था जिसमें उनका क्षितिज सामान्यतः निकटवर्ती वस्तुओं तक सीमित था। दूसरी ओर, उसमें भूमि की कुछ अतिरिक्तता होना पूर्वमान्य था जिससे कि इस आदिम पद्धति की अर्थ-व्यवस्था के संभाव्य दुष्परिणामों का निराकरण करने की गुंजाइश रहती थी। जब यह अतिरिक्त भूमि खत्म हो गई, तो सम्मिलित स्वामित्व का भी ह्रास होने लगा। परंतु उत्पादन के सारे उच्चतर रूपों के कारण जनसमुदाय विभिन्न वर्गों में विभक्त हो गया, और इस विभाजन के कारण शासक और शोषित वर्गों में प्रतिरोध शुरू हो गया। इस प्रकार शासक वर्ग के स्वार्थ उत्पादन के प्रेरक तत्त्व बन गए, क्योंकि उत्पादन अब उत्पीड़ित जनता के लिए जीवन-निर्वाह के न्यूनतम साधन जुटाने तक ही सीमित नहीं रह गया था। पश्चिमी यूरोप में आज प्रचलित पूंजीवादी उत्पादन-प्रणाली में यह चीज सबसे अधिक पूर्णता के साथ क्रियान्वित की गई है। वैयक्तिक पूंजीपति, जो उत्पादन और विनिमय पर प्रभुत्व रखते हैं, अपने कार्यों के तात्कालिक उपयोगी परिणाम से ही सरोकार रखते हैं। वस्तुतः यह

उपयोगी परिणाम भी—जहां तक प्रश्न उत्पादित या विनिमयी वस्तु की उपयोगिता का होता है—पृष्ठभूमि में चला जाता है, और विक्रय द्वारा मिलने वाला मुनाफा एकमात्र प्रेरक तत्त्व बन जाता है।*

* * *

क्लासिकीय राजनीतिक अर्थशास्त्र, जो पूंजीपति वर्ग का सामाजिक विज्ञान है, मुख्य रूप से उत्पादन व विनिमय से संबंधित मानवीय क्रियाकलापों के वस्तुतः अभिप्रेत सामाजिक प्रभावों का ही विवेचन करता है। यह पूर्णतः उस सामाजिक संगठन के अनुरूप है जिसकी वह सैद्धांतिक अभिव्यक्ति है। चूंकि वैयक्तिक पूंजीपति तात्कालिक मुनाफे के लिए उत्पादन और विनिमय में जुटे रहते हैं, इसलिए केवल निकटतम, सर्वाधिक निकटस्थ, परिणामों पर ही विचार करना जरूरी होता है। कोई कारखानेदार अथवा व्यापारी जब तक किसी उत्पादित या खरीदे माल को इच्छित मुनाफे पर बेचता है, वह खुश रहता है, और इस बात से कोई सरोकार नहीं रखता कि बाद में उस माल का और उसके खरीददारों का क्या होता है। यही बात इन्हीं क्रियाकलापों के प्राकृतिक परिणामों पर लागू होती है। क्यूबा में स्पेनी बागान-मालिकों ने जब पर्वतों की ढलानों पर खड़े जंगलों को जला डाला और उनकी राख से अत्यंत लाभकारी कहवा-वृक्षों की केवल **एक** पीढ़ी के लिए पर्याप्त खाद प्राप्त की, तब उन्हें इस बात की परवाह नहीं रही कि बाद में उष्णकटिबंधीय भारी वर्षा मिट्टी की ऊपरी अरक्षित परत को बहा ले जाएगी और पीछे छोड़ जाएगी केवल नंगी चट्टान। जैसे समाज के संबंध में वैसे ही प्रकृति के संबंध में भी मौजूदा उत्पादन-प्रणाली प्रमुख रूप से तात्कालिक व सर्वाधिक ठोस परिणाम से ही सरोकार रखती है। और तब आश्चर्य प्रकट किया जाता है कि इस उद्देश्य की पूर्ति के लिए किए गए कार्यों के दूरवर्ती परिणाम बिलकुल भिन्न होते हैं, अधिकतर बिलकुल उलटे प्रकार के होते हैं, कि पूर्ति और भाग का तालमेल बिलकुल विपरीत दशा में बदल जाता है, जैसाकि प्रत्येक दस वर्षीय औद्योगिक चक्र से सिद्ध हो चुका है—जर्मनी तक को 'भारी गिरावत' के मौके पर इसका थोड़ा आरंभिक अनुभव हो चुका है;[118] कि अपने श्रम पर आधारित निजी स्वामित्व अनिवार्यतः श्रमिकों के सम्पत्तिहरण में विकसित हो जाता है, जबकि समस्त धन गैरमजदूरों के हाथों में अधिकाधिक केंद्रित होता जाता है, कि [...]**

---

* पांडुलिपि यहां समाप्त हो जाती है। इसके आगे का अंश एक पृथक् कागज पर लिखा गया है और उस पर भिन्न अक्षरों में इस आशय का टीप है कि यह प्रथम प्रारूप का अंतिम पृ. है।—संपा.

** लेख की पांडुलिपि यहीं समाप्त हो जाती है।—संपा.

टिप्पणियां और लेखांश

विज्ञान के इतिहास से

प्रकृति-विज्ञान की पृथक् शाखाओं के **क्रमिक विकास** का अध्ययन होना चाहिए।—सर्वप्रथम **खगोल-विज्ञान**, जिसकी, भले ही केवल ऋतुओं की जानकारी के लिए, पशुपालक और खेतिहर लोगों को बड़ी जरूरत थी। खगोल-विज्ञान का विकास केवल **गणित** की सहायता से ही हो सकता है। इसलिए इससे भी जूझना जरूरी था।—आगे, कृषि की एक निश्चित अवस्था में और कुछ खास प्रदेशों में (मिस्र में सिंचाई के वास्ते पानी को ऊपर उठाने के लिए) और विशेषकर नगरों व बड़े भवनों के उदय और दस्तकारी के विकास के साथ, **यांत्रिकी** का भी उदय हुआ। नौ-यात्रा और युद्ध के लिए भी इसकी जल्दी ही जरूरत पड़ी।—इसके अलावा, इसे गणित की सहायता की जरूरत पड़ती है, और इस प्रकार यह गणित की उन्नति में योग देती है। इस प्रकार, आरंभ से ही विज्ञानों का उदय व विकास उत्पादन से निर्धारित हुआ है।

समूचे पुराकाल में वास्तविक वैज्ञानिक खोजबीन इन्हीं तीन शाखाओं तक सीमित रही है। दरअसल, यथार्थ और योजनाबद्ध अनुसंधान के दर्शन हमें पहली बार उत्तर-पुराकाल (सिकंदरियावासी, आर्किमिदीज, आदि) में ही होते हैं। भौतिकी और रसायन में, जिन्हें उस समय तक स्पष्ट रूप से अलग-अलग शाखाएं नहीं समझा गया था (तत्त्वों का सिद्धांत, रासायनिक तत्त्व की धारणा का अभाव), वनस्पति-विज्ञान में, प्राणि-विज्ञान में, और मानव व पशु शरीर-रचना-विज्ञान में उस समय तक केवल तथ्यों को एकत्र करना और उन्हें यथासंभव योजनाबद्ध रूप में प्रस्तुत करना ही संभव हो पाया था। पाचन और मलोत्सर्जन-जैसी ठोस चीजों से आगे बढ़ते ही शरीरक्रिया-विज्ञान केवल अटकलबाजी रह जाता था। रक्त-परिसंचरण तक की जानकारी नहीं थी, इसलिए दूसरा कुछ होना संभव भी नहीं था।—इस काल के अंत में प्राथमिक किस्म की कीमियागीरी के रूप में रसायन का उदय हुआ।

यदि मध्ययुग की अंधेरी रात गुजर जाने के बाद विज्ञानों का अकल्पनीय

शक्ति के साथ एकाएक नया उत्थान हुआ है, चमत्कारिक रफ्तार से विकास हुआ है, तो पुनः इस करिश्मे का श्रेय उत्पादन को है। सर्वप्रथम, धर्मयुद्धों के पश्चात, उद्योग-धंधों का तेजी से विकास हुआ और बहुत-सारे नए यांत्रिक (बुनाई, घड़ी-निर्माण, चक्कियां), रासायनिक (रंगाई, धातुकर्म, अल्कोहल) और भौतिक (**ऐनक**) तथ्य प्रकाश में आए। इससे न केवल प्रेक्षण के लिए विपुल सामग्री प्राप्त हुई बल्कि प्रयोगों के लिए ऐसे बिलकुल भिन्न साधन उपलब्ध हुए जिनका पहले अस्तित्व नहीं था, और **नए** यंत्र-उपकरणों के निर्माण में योग दिया। कहा जा सकता है कि अब पहली बार वास्तविक योजनाबद्ध प्रायोगिक विज्ञान अस्तित्व में आया। दूसरे, अब पश्चिम और मध्य यूरोप का, पोलैंड सहित, संयुक्त रूप से विकास हुआ, हालांकि विरासत में प्राप्त अपनी प्राचीन संस्कृति के कारण इटली अब भी सबसे आगे था। तीसरे, भौगोलिक आविष्कारों से–जो शुद्ध रूप से लाभ कमाने के लिए किए गए थे, और इसलिए उत्पादन से सम्बद्ध थे–मौसम, प्राणि-जगत, वनस्पति-जगत और मानव-शरीर-रचना से संबंधित ऐसी असीम सामग्री प्राप्त हुई जो पहले उपलब्ध नहीं थी। चौथे, **मुद्रण-यंत्र** का आगमन हुआ।*

अब–गणित, खगोल-विज्ञान और यांत्रिकी के अलावा, जिनका पहले से अस्तित्व था–भौतिकी रसायन से स्पष्ट रूप से पृथक् हो गई (तोरिचैली, गैलीलियो : तोरिचैली ने औद्योगिक जलकलों के सिलसिले में सर्वप्रथम द्रवों की गति का अध्ययन किया, देखिए–क्लार्क मैक्सवेल)। बॉयल ने रसायन को एक विज्ञान के रूप में मजबूत आधार प्रदान किया। हार्वे ने रक्त-परिवहन की खोज करके यही काम (मानव व पशु) शरीर-रचना-विज्ञान के लिए किया। जीवाश्म-विज्ञान का उदय–कुविए–होने तक प्राणि-विज्ञान और वनस्पति-विज्ञान सामग्री एकत्र करनेवाले विज्ञान बने रहे, पर जीवाश्म-विज्ञान के उदय के कुछ ही समय बाद कोशिका की खोज हुई और कार्बनिक रसायन का विकास आरंभ हुआ। इसके साथ ही तुलनात्मक आकार-विज्ञान और शरीर-रचना-विज्ञान की नींव पड़ी, और तब से ये दोनों यथार्थ रूप में विज्ञान हैं। भूविज्ञान की नींव (18वीं) शताब्दी के अंत समय में पड़ी, और हाल में मानव-विज्ञान (तथाकथित गलत नाम) के जरिये मानव व मानव-जातियों के आकार-विज्ञान और शरीर-रचना-विज्ञान से इतिहास में संक्रमण संभव हुआ। आगे इसका गहन अध्ययन और विकास करना है।

* * *

---

* पांडुलिपि में इस पैराग्राफ के सामने हाशिए में लिखा है : 'अब तक यही शेखी बघारी जाती रही कि उत्पादन विज्ञान का कितना ऋणी है, पर विज्ञान उत्पादन का अपरिमित रूप से अधिक ऋणी है।'–संपा.

प्रकृति के बारे में प्राचीन विचारकों का दृष्टिकोण

[हेगेल (Hegel), ***दर्शन का इतिहास****, खंड I,–****यूनानी दर्शन*** *(Greek Philosophy)]*[119]

अरस्तू आरंभिक दार्शनिकों की मान्यताओं के बारे में कहते हैं (**आधिभौतिकशास्त्र**, I, 3) :

'जिससे सभी वस्तुएं बनी हैं, जिससे उनका सर्वप्रथम निर्माण हुआ और जिसमें वे अंततः विलीन हो जाएंगी...अपनी आसक्तियों के कारण जिसका रूपांतरण होता है, फिर भी जिसका सारतत्त्व कायम रहता है–यही समस्त जगत का मूलतत्त्व और आधारभूत कारण है...इसलिए उनका विश्वास है कि न किसी वस्तु का सृजन होता है, न ही विनाश होता है, क्योंकि इस प्रकार की प्राथमिक सत्ता सदैव कायम रहती है' (पृ. 198)।

इस प्रकार, यहां हम उस मूल साहजिक भौतिकवाद के दर्शन करते हैं जो प्राकृतिक घटनाओं की अनंत विविधता की एकता को बिलकुल स्वाभाविक रूप में ग्रहण करता है, और इसमें एक निश्चित भौतिक तत्त्व की, एक खास चीज की, खोज करता है; जैसे, थेलस् यह खोज पानी में करता है।

सिसरो कहता है :

'मिलेतस के ***थेल***** (Thales) ने...घोषणा की है कि समस्त वस्तुओं का मूलाधार पानी है, और ईश्वर वह मन है जो पानी से सभी वस्तुओं की रचना करता है' (De Natura Deorum, I. p. 10.)।*

हेगेल बिलकुल ठीक कहते हैं कि सिसरो ने इसे अपनी ओर से जोड़ा है, और कहते हैं :

'लेकिन हमें यहां इस सवाल से सरोकार नहीं है कि थेल की ईश्वर में भी आस्था थी या नहीं। यहां सवाल कल्पना, विश्वास, लोक-प्रचलित धर्म का नहीं है.....और यदि उसने कहा भी हो कि ईश्वर ने पानी से सभी वस्तुओं का निर्माण किया है, तो भी इससे इस सत्ता के बारे में हमें अधिक जानकारी नहीं मिलेगी... यह बिना किसी सत्ता के एक खोखला शब्द है' पृ. 209 (लग. 600 [ई.पू.])।

यूनान के सबसे प्राचीन दार्शनिक इसी समय प्रकृति का भी अन्वेषण कर रहे थे : थेल एक रेखागणितज्ञ था। उसने 366 दिनों का वर्ष निश्चित किया था,

* जोर स्वयं एंगेल्स द्वारा।–संपा.

और कहा जाता है कि एक सूर्य-ग्रहण की भविष्यवाणी की थी।–अनाक्सीमंदर ने एक धूप-घड़ी बनाई, भूमि और समुद्र का एक प्रकार का मानचित्र तैयार किया, और विविध खगोलीय यंत्रों का निर्माण किया।–पाइथागोरस एक गणितज्ञ था।

प्लूटार्क के अनुसार (Questions convivales, VIII, पृ. 8) मिलैतस के अनाक्सीमंदर का मत है कि *'मछली जब जल से जमीन पर पहुंची तो उससे मानव का उदय हुआ'*[*], पृ. 213। उसके मतानुसार,[**] लेकिन उसने इसे हवा या पानी या अन्य किसी चीज का नाम नहीं दिया (डायोजैनस लायेर्तियस II, लेखांश 1) हेगेल ने (पृ. 215) इस अनंत को ठीक ही 'अनिर्धारित द्रव्य' के रूप में उद्धृत किया है' (लग. 580)।

मिलैतस के अनॉक्सीमैनेस ने वायु को आधारभूत कारण और मूलतत्त्व स्वीकार करके इसे अनंत घोषित किया (सिसरो, De Nature Deorum, I, पृ. 10) और कहा कि :

> *'सभी वस्तुओं का उदय इसी से होता है, और सभी वस्तुओं का पुनः इसी में विलय होता है (प्लूटार्क, De placitins philosophorum*[***] *I, पृ. 3)।*

यहां वायु[****] :

> *'जिस प्रकार हमारी आत्मा, जो वायु है, हमें एकबद्ध रखती है, उसी प्रकार जीवात्मा और वायु समूचे जगत को एकबद्ध रखते हैं। जीवात्मा और वायु का एक ही अर्थ है' (प्लूटार्क [Plutarch] (पृ. 215-16)*

आत्मा और वायु की कल्पना एक व्यापक माध्यम के रूप में की गई है (लग. 555)।

अरस्तू ने पहले ही कहा है कि ये प्राचीन दार्शनिक आदि सारतत्त्व की कल्पना द्रव्य के एक रूप में करते हैं : वायु और जल (और अनाक्सीमंदर संभवतः इन दोनों के बीच की किसी चीज के रूप में), हैराक्लितस अग्नि के रूप में, पर किसी ने भी पृथ्वी को, इसकी बहुविध संरचना के कारण, आदिम सारतत्त्व नहीं माना है (आधिभौतिकशास्त्र, I, 8, पृ. 217)।

अरस्तू ठीक ही टिप्पणी करता है कि उनमें से कोई भी गति के मूल की व्याख्या नहीं करता (पृ. 218 और आगे)।

---

* गपशप।–सपां

** रेखांकन एंगेल्स द्वारा।–सपां

*** आरंभ और मूलतत्त्व अनंत है (रेखांकन एंगेल्स द्वारा)।–सपां

**** दार्शनिकों के मतों के बारे में, श्वास, जीवात्मा।–सपां

सामोस का पाइथागोरस (लग. 540) : **संख्या** ही मूलभूत तत्त्व है :

*'**संख्या** सभी वस्तुओं का सार-तत्त्व है, और समग्र विश्व का संघटन अपने निर्धारण में **संख्याओं और उनके संबंधों की एक सुसंगत योजना है** (अरस्तू, आधिभौतिकशास्त्र, I, 5 यत्र-तत्र)।'**

हेगेल ठीक ही कहते हैं :

'भाषा की यह साहसिकता एक ही प्रहार में वह सारा चकनाचूर कर देती है जिसे कल्पना के सहारे सत्ता अथवा सार-तत्त्व (सत्य) समझा गया था, और इंद्रियगत सार-तत्त्व को ध्वस्त कर देती है', और सार-तत्त्व को विचार-निर्धारण में रखती है, बावजूद इसके कि यह अत्यंत सीमित और एकांगी है [पृ. 237-38] ।

जिस प्रकार संख्या सुनिश्चित नियमों का अनुसरण करती है, उसी प्रकार विश्व भी नियमों से बंधा हुआ है। इस प्रकार, विश्व द्वारा नियमों के पालन को पहली बार व्यक्त किया गया है। स्वरसंगतियों को गणितीय संबंधों में रूपांतरित करने का श्रेय पाइथागोरस को दिया जाता है। इसी प्रकार :

*'पाइथागोरियों ने अग्नि को केंद्र में रखा, लेकिन पृथ्वी एक तारे के रूप में एक वृत्त में इस केंद्रीय पिंड की परिक्रमा करती है' (अरस्तू, De coelo,** II, 13, पृ. 265)।*

परंतु यह अग्नि सूर्य नहीं है। फिर भी यह पहला संकेत है कि **पृथ्वी घूमती है।** हेगेल सौर-योजना के बारे में :

'...सुसंगत तत्त्व, जो (ग्रहों के बीच की, दूरियां निर्धारित करता है—समूचा गणित अभी तक इसके लिए कोई आधार प्रदान नहीं कर पाया है। प्रयोगाश्रित संख्याएं सूक्ष्म रूप से ज्ञात हैं। पर इसमें सारा संयोग का आभास है, अनिवार्यता का नहीं। दूरियों की नियमितता स्थूल रूप से ज्ञात है, और सौभाग्य से मंगल और बृहस्पति के बीच ग्रहों की कल्पना की गई, जहां बाद में सीरेस, वेस्ता, पाल्लास आदि की खोज हुई। पर खगोल-विज्ञान अभी ऐसी किसी सुसंगत श्रेणी की खोज नहीं कर पाया है जिसमें कोई अर्थ हो, कोई तार्किकता हो। विपरीत, यह इस श्रेणी की नियमबद्ध अभिव्यक्ति की ओर अवज्ञा से देखता है। लेकिन अपने-आपमें

* जोर स्वयं एंगेल्स द्वारा।—संपा.

** आकाश के संबंध में।—संपा.

यह एक अत्यंत महत्त्वपूर्ण बात है, जिसकी उपेक्षा नहीं होनी चाहिए'। (पृ. 267-68)

यह समग्र दृष्टिवाला सहज भौतिकवाद होने पर भी इन प्राचीन यूनानियों में कालांतर के मतांतर के बीच निहित हैं। थेल के मतानुसार आत्मा एक विशिष्ट चीज है, शरीर से भिन्न कोई चीज है (वह चुंबक पर भी आत्मा का आरोपण करता है। अनाक्सीमैनेस के अनुसार, यह वायु है (जैसेकि **उत्पत्ति-ग्रंथ में**)।[121] पाइथेगोरियंस के मतानुसार आत्मा अमर है, भ्रमणशील है, और शरीर इसके लिए विशुद्ध रूप से संयौगिक है। पाइथेगोरियों के मतानुसार ही आत्मा 'ईथर का एक टुकड़ा है : (डायोजेनस लायेर्तियूस VIII, पृ. 26-28), जहां ठंडा ईथर वायु है, घना ईथर समुद्र और आर्द्रता है [पृ. 279-80]।

अरस्तू पाइथागोरियंस की भी ठीक ही भर्त्सना करता है :

***'अपनी संख्याओं के जरिये'** 'वे यह नहीं बताते कि गति किस प्रकार अस्तित्व में आती है और गति तथा परिवर्तन के बिना वस्तुएं किस प्रकार अस्तित्व में आती हैं और किस प्रकार नष्ट होती हैं, अथवा आकाशीय पिंडों की अवस्थाएं और क्रियाकलाप किस प्रकार संभव है' (आधिभौतिकशास्त्र, I, 8, पृ. 277]*।

कहा जाता है कि पाइथागोरस ने 'भोर के तारे' और 'शाम के तारे' का साम्य खोज निकाला। बताया कि चंद्रमा सूर्य-प्रकाश से चमकता है, और अंत में पाइथागोरीय प्रमेय की खोज की।

'कहा जाता है कि इस प्रमेय की खोज करने पर पाइथागोरस ने एक बैल की बलि दी... और यह कितना भी विलक्षण क्यों न हो कि इस खोज से उसे इतनी अधिक खुशी हुई कि उसने एक महाभोज का आयोजन किया जिसमें सभी धनी लोगों को आमंत्रित किया गया था, पर इस आयोजन की जहमत निरर्थक नहीं था। यह बैल की बलि देकर प्राप्त की गई खुशी है, अंतरात्मा (ज्ञान) की खुशी है' (पृ. 279)।

एलिया से सम्बद्ध दार्शनिक।

* * *

ल्यूसिप्पस और देमोक्रितस[122] :

*'परंतु ल्यूसिप्पस और उसके शिष्य देमोक्रितस का मत है कि मूलतत्त्व **पूर्ण** और रिक्त हैं–जिनमें पहले को 'जो है' और दूसरे को 'जो नहीं*

*है' कहा गया है। इनमें से वे **पूर्ण** अथवा **ठोस** को 'जो है' के साथ जोड़ते हैं और रिक्त अथवा **विरल** को 'जो नहीं है' के साथ। इसलिए उनका मत है कि 'जो नहीं है' वह 'जो है' से कम वास्तविक नहीं है...और वे कहते हैं कि ये वस्तुओं के भौतिक कारण हैं। और जिस प्रकार अंतर्निहित सार-तत्त्व को एक इकाई के रूप में देखनेवाले सभी वस्तुओं का सृजन इसके रूपांतरों से करते हैं...उसी प्रकार इन विचारकों की मान्यता है कि **विभेद** (यानी, परमाणुओं के) सभी अन्य चीजों के कारण हैं। ये विभेद, **वे कहते हैं, तीन हैं : आकार, क्रम** और **स्थिति**....। इस प्रकार, उदाहरणार्थ, अ से ब का भेद आकार में है, अ ब से ब अ का भेद क्रम में है, और ब का क्ष से भेद स्थिति में है' (अरस्तू, **आधिभौतिकशास्त्र**, पुस्तक 1, प्रकरण 4)।*

*ल्यूसिप्पस 'पहला विचारक था जिसने परमाणुओं को आधारभूत तत्त्वों के रूप में पेश किया... और इन्हें मूलतत्त्व कहां इन्हीं से अनगिनत विश्वों का उदय होता है, और इन्हीं में उनका विलय होता है। विश्वों का निर्माण इसी प्रकार होता है। **एक निश्चित विभाग** में विभिन्न आकारों के अनेक परमाणु असीम से विशाल रिक्त आकाश में पहुंच जाते हैं। ये आपस में मिलकर **एक भंवर का निर्माण करते हैं**, जिसमें वे एक-दूसरे से टकराते हैं, और हर संभव रूप में चक्कर लगाते हुए अपने-जैसे परमाणुओं से जुड़कर पृथक् होते हैं। और, परमाणुओं की संख्या इतनी अधिक होती है कि वे देर तक **संतुलन में** चक्कर नहीं लगा सकते। हलके परमाणु बाहर के रिक्त आकाश में पहुंच जाते हैं, मानो उन्हें फटकनी से उड़ा दिया गया हो! शेष एक-दूसरे से जुड़े रहते हैं और आपस में फंसकर साथ-साथ चक्कर लगाते हैं, और एक प्राथमिक गोलाकार योजना का निर्माण करते हैं' (डायोजेनस लायर्तियूस, पुस्तक 9, प्रकरण 6)।*

निम्नलिखित एपीक्यूरस के बारे में।

*'परमाणु शाश्वत रूप से सतत **गतिमान** रहते हैं। आगे, उसके नीचे वह कहता है कि परमाणु **एक/समान वेग से** दौड़ते हैं, क्योंकि **रिक्त आकाश सबसे हलके और सबसे भारी परमाणुओं के लिए समान रूप से** रास्ता बनाता है...। सिवाय **आकार, परिमाण** और **भार** के परमाणुओं का बिलकुल कोई गुण नहीं है। **वे हर किस्म के आकार या परिमाण के नहीं है**, कम-से-कम आंखों से किसी परमाणु को कभी देखा नहीं गया है' (डायोजेनस लायोर्तियूस, पुस्तक 10, परिच्छेद 43-45)। जब वे रिक्त*

आकाश में यात्रा करते हैं और कोई चीज उनका प्रतिरोध नहीं करती है, तो वे एकसमान गति से चलते हैं। जब तक उनकी किसी चीज से भिड़ंत नहीं होती, तब तक न तो भारी परमाणु छोटे या हलके परमाणुओं की अपेक्षा तेजी से दौड़ेंगे, न ही छोटे परमाणु बड़े परमाणुओं की अपेक्षा अधिक तेजी से दौड़ेंगे, ***बशर्ते कि उन्हें हमेशा एक उपयुक्त मार्ग मिले,*** *और बशर्ते कि उनका भी कोई प्रतिरोध न हो (वही, परिच्छेद 61)।*

'इस प्रकार यह स्पष्ट है कि हर प्रकार की वस्तु में वह ***एक*** *एक निश्चित स्वरूप का है, और उनमें से किसी में भी इसका,* ***एक*** *का, स्वरूप नहीं है' (अरस्तू,* ***आधिभौतिकशास्त्र****, पुस्तक 9, प्रकरण 2)।*[123]

* * *

सामोस का अरिस्टार्कस, 270 ई.पू., **कोपर्निक के सूर्य और पृथ्वी के सिद्धांत** का पहले ही प्रतिपादन कर चुका है (मैडलर, पृ. 44, वोल्फ, पृ. 35-37)।[124]

देमोक्रितस पहले ही यह अनुमान लगा चुका था कि आकाशगंगा हमारे ऊपर अनगिनत छोटे तारों का सम्मिलित प्रकाश फेंकती है (वोल्फ, पृ. 313)।

* * *

प्राचीन जगत के अंतकाल (लग. 300) की स्थिति और मध्य युग के अंतकाल (1453) की स्थिति के बीच अंतर :

1. बजाय भूमध्य सागर के तटवर्ती प्रदेश की सभ्यता की पतली पट्टी के, जो कभी-कभी अपने हाथ भीतर की ओर स्पेन के एटलांटिक तट, फ्रांस और इंग्लैंड तक फैला देती थी, इसलिए जिसे उत्तर की ओर से जर्मन और स्लाव और दक्षिण-पूर्व की ओर से अरब आसानी से तोड़ सके और वापस लपेट सके, अब सभ्यता के एक बंद क्षेत्र का अस्तित्व रह गया था—समूचा पश्चिम यूरोप, जिसमें स्कैंडेनेविया, पोलैंड और हंगेरी सीमा-चौकी की तरह थे।

2. बजाय यूनानियों या रोमनों और बर्बरों के बीच के वैषम्य के, अब, स्कैंडेनेविया आदि के अलावा, सम्य भाषाओं वाली छह जातियां थीं, जो सभी इस हद तक विकसित हुई थी कि चौदहवीं सदी में साहित्य के प्रबल उत्थान में योग दे सकें, और उन्होंने यूनानी और लैटिन भाषाओं की अपेक्षा कहीं अधिक बहुविध संस्कृति का आश्वासन दिया। प्राचीन जगत के अंत समय में ही यूनानी और लैटिन भाषाएं अपना दम तोड़ चुकी थीं।

3. मध्ययुग के बर्गरों के प्रयास से औद्योगिक उत्पादन और व्यापार का अपरिमित रूप से उच्चतर विकास हुआ। एक तरफ उत्पादन अधिक परिष्कृत हुआ, अधिक नानारूप और अधिक बड़े पैमाने पर हुआ, और दूसरी तरफ व्यापार अधिक बढ़ा, नौचालन सैक्सनों, फ्रिजियनों और नार्मनों के समय की तुलना में अपरिमित रूप से अधिक उद्यमशील बना, और दूसरी तरफ ही बहुत-सारे आविष्कार हुए और पूर्व के देशों के आविष्कारों का आगमन हुआ, जिनसे न केवल पहली बार यूनानी साहित्य का आगमन और फैलाव, समुद्री आविष्कार और पूंजीपति वर्ग की धार्मिक क्रांति संभव हुई, बल्कि उनकी क्रियाशीलता के लिए एक बिलकुल भिन्न और तेज रफ्तार का मार्ग भी दिखलाया। इसके अलावा उन्होंने ढेर सारे वैज्ञानिक तथ्य एकत्र किए, हालांकि इन्हें अभी योजनाबद्ध रूप में नहीं रखा गया था, पर ये ऐसे तथ्य थे जिनकी प्राचीन जगत को कोई जानकारी नहीं थी : कुतुबनुमा, मुद्रण, टाइप, फ्लैक्स का कागज (जिसका बारहवीं सदी से अरबों और स्पेनी यहूदियों ने इस्तेमाल किया, दसवीं सदी से धीरे-धीरे कपड़े के कागज का प्रचलन बढ़ा, और तेरहवीं व चौदहवीं सदियों में इसका काफी अधिक प्रचार-प्रसार हुआ, अरबों के उदय के बाद मिस्र में पैपीरस का प्रचलन बिलकुल बंद हो गया था), बारूद, **ऐनकें, यांत्रिक घड़ियां, कालक्रमविज्ञान और यांत्रिकी** ने खूब प्रगति की।

(देखिए आविष्कारों के संबंध में नं. 11)*

इसके अलावा यात्रा-विवरणों से प्राप्त सामग्री (मार्को पोलो, लग. 1272, आदि)।

सामान्य शिक्षा, यद्यपि अब भी घटिया दर्जे की थी, विश्वविद्यालयों के कारण काफी अधिक फैल गई थी।

कांस्टेंटिनोपल के उदय और रोम के पतन के साथ प्राचीन जगत का अंत हो जाता है। मध्य युग का अंत कांस्टेंटिनोपल के पतन के साथ अभिन्न रूप से जुड़ा हुआ है। नए युग का आरंभ यूनानियों के पुनरागमन से होता है—निषेध का निषेध।

* * *

ऐतिहासिक सामग्री।–आविष्कार

ई. पू. :

अग्निशामक होज, जल-घड़ी, लग. 200 ई. पू.। सड़क-खड़ंजा (रोम)। चर्मपत्र, लग. 160।

ई. सन् :

मौजेल नदी पर पनचक्कियां, लग. 340, जर्मनी में चार्लेस महान् के समय में।

* यहां एंगेल्स का इशारा उनकी टिप्पणियों के ग्यारहवें कागज की ओर है। उस कागज में दी गई आविष्कारों की सूची को नीचे दिया जा रहा है।–संपा.

कांच की खिड़कियों के प्रथम चिह्न, अंतिओक में सड़क पर रोशनी की व्यवस्था, लग. 370।

चीन से रेशम के कीड़े, लग. 550 यूनान में।

पर की कलमें छठी शताब्दी में।

कपास का कागज चीन से अरबों में सातवीं सदी में, इटली में नौवीं सदी में।

जलशक्ति से संचालित वाद्य फ्रांस में आठवीं सदी में।

चांदी की खानों का हार्ज में दसवीं सदी से उत्खनन

पवनचक्कियां, लगभग 1000।

स्वरचिह्न, अरैज्जो के गुइदो के स्वरग्राम, लगभग 1000।

कोशकीट पालन की इटली में शुरुआत, लगभग 1100।

चक्रों वाली घड़ियां–वही।

कुबुबनुमे का अरबों से यूरोप में आगमन, लग. 1180।

सड़क-खड़ंजा पैरिस में, 1184।

चश्मे फ्लोरेंस में, कांच के दर्पण। } तेरहवीं सदी का

हिलसा का लवणीकरण, 1 जलकपाट। } उत्तरार्द्ध।

प्रहारक घड़ियां। कपास का कागज फ्रांस में।

चीथड़ों से निर्मित कागज़–चौदहवीं सदी का आरंभ।

हुंडियां–उसी सदी का मध्यकाल।

कागज का पहला कारखाना जर्मनी (न्यूरेम्बर्ग) में, 1390।

सड़कों पर रोशनी की व्यवस्था लंदन में। पंद्रहवीं सदी का आरंभ।

डाक-व्यवस्था वेनीस में–वही।

काष्ठचित्र और मुद्रण–वही।

ताम्र-उत्कीर्णन–वही, मध्यकाल।

घोड़ा-डाक फ्रांस में, 1464।

चांदी की खानें सैक्सन एर्ज़गैबिर्गे में, 1471।

पैडल क्लैविकार्ड वाद्ययंत्र का आविष्कार, 1472।

जेबी घड़ियां, हवाई बंदूक। पत्थर-कला–पंद्रहवीं सदी का अंतकाल।

चरखा, 1530।

निमज्जन-घंटा, 1538।

* * *

ऐतिहासिक[125]

आधुनिक प्रकृति-विज्ञान–यूनानियों के प्रतिभापूर्ण अंतर्ज्ञान और अरबों के छुट-फुट असम्बद्ध अनुसंधानों की तुलना में केवल इसे ही विज्ञान की हैसियत से स्वीकार किया

जा सकता—उस महान युग से आरंभ होता है जब बर्गरों (नागरिकों) ने सामंतवाद को चकनाचूर कर डाला। शहरों के बर्गरों और सामंतवर्ग के बीच के इस संघर्ष की पृष्ठभूमि में इस युग में किसानों के विद्रोह शुरू हुए, और इन किसानों के पीछे आधुनिक सर्वहारा की क्रांतिकारी हलचलें शुरू हुईं—हाथ में लाल झंडे और होंठों पर साम्यवाद के नारों के साथ। इस युग ने यूरोप में महान राजतंत्रों को जन्म दिया, पोप के आध्यात्मिक अधिनायकत्व को तोड़ डाला, प्राचीन यूनानी जगत के पुनरुद्धार का आह्वान किया और इसके साथ ही, नए युग के उच्चतम कलात्मक विकास का, प्राचीन जगत की सीमाओं को तोड़ा, और पहली बार सही अर्थ में दुनिया की खोज की।

दुनिया में अब तक हुई क्रांतियों में यह सबसे बड़ी क्रांति थी। इस क्रांति में प्रकृति-विज्ञान भी पल्लवित हुआ, यह सर्वांगीण रूप से क्रांतिकारी था, महान इतालवियों के आधुनिक दर्शन के उत्थान के साथ-साथ आगे बढ़ा, और इसने भी अग्नि-खूंटों और कारावासों के लिए अपने शहीद समर्पित किए। विशेष बात यह है कि प्रोटेस्टेंट और कैथोलिक इसे सताने में एक-दूसरे से होड़ करने लगे। पहले ने सर्वेट्स को जिंदा जलाया, तो दूसरे ने **ज्योर्दानों बूनो** को। महान विभूतियां इस युग की मांग थी और इसने महान विभूतियों को पैदा किया, महान ज्ञान में, प्रतिभा में, चरित्र में। फ्रांसीसियों ने इस युग को ठीक ही पुनर्जागरण का नाम दिया है, और प्रोटेस्टेंट यूरोप ने एकांगी पक्षपात से इसे धर्म-सुधार का काल कहा है।

उस समय प्रकृति-विज्ञान ने भी अपने स्वातंत्र्य[126] की घोषणा की, यद्यपि यह सच है कि यह घोषणा इस युग के एकदम आरंभकाल में नहीं हुई, जैसीकि प्रोटेस्टेंट लूथर की नहीं हुई। धर्म के क्षेत्र में जो स्थान लूथर द्वारा पोप के आदेशपत्रों को जलाये जाने का है, वही स्थान प्रकृति-विज्ञान के क्षेत्र में **कोपर्निकस** के महान कृतित्व का है, जिसमें उसने, हालांकि हिचकिचाते हुए, छत्तीस साल तक आगा-पीछा करने के बाद और एक प्रकार से मृत्यु-शय्या पर, गिरजे के अंधविश्वास को चुनौती दी। उस समय से प्रकृति-विज्ञान को तत्त्वतः धर्म से मुक्ति मिली, हालांकि सभी छोटे-मोटे परम्परागत मतभेदों का पूरा फैसला वर्तमान समय तक होता रहा है और कुछ दिमागों में यह आज भी कायम है। परंतु तब से विज्ञान ने लंबे डग भरके विकास किया है, और कहा जा सकता है कि अपने प्रस्थान-बिंदु से इसकी उन्नति काल की दूरी के वर्ग के अनुपात में हुई है, मानो यह दुनिया को दिखाना चाहता था कि कार्बनिक द्रव्य की उच्चतम उपज—मानव मस्तिष्क—की गति पर लागू होनेवाला नियम अकार्बनिक द्रव्य की गति पर लागू होनेवाले नियम के उलटा है।

आधुनिक प्रकृति-विज्ञान का प्रथम दौर—अकार्बनिक क्षेत्र में—न्यूटन के साथ समाप्त हो जाता है। इस अवधि में उपलब्ध विषय-सामग्री पर अधिकार प्राप्त किया गया। इस अवधि में गणित, यांत्रिकी व खगोल-विज्ञान, स्थितिज व गतिज विज्ञान के क्षेत्रों में महान उपलब्धियां हुईं, विशेषकर केपलर और गैलीलियो के कारण,

जिनके कृतित्व से न्यूटन ने निष्कर्ष निकाले। परंतु कार्बनिक क्षेत्र में, सिवा आरंभिक प्रयासों के, कोई उन्नति नहीं हुई। ऐतिहासिक क्रम से एक-दूसरे का अनुसरण करने वाले और एक-दूसरे का स्थान लेनेवाले जीव-रूपों का, साथ ही उनसे सम्बंधित जीवन की बदलती परिस्थितियों का, अध्ययन—जीवाष्म-विज्ञान और भूविज्ञान—अभी अस्तित्व में नहीं आया था। प्रकृति को ऐसा कुछ नहीं समझा जाता था कि इसका ऐतिहासिक क्रम से विकास हुआ है, कि काल में इसका एक इतिहास है। दिक् में केवल इसके विस्तार पर ध्यान दिया गया। विभिन्न रूपों को एक के ऊपर दूसरे को रखकर नहीं बल्कि एक के साथ दूसरे को रखकर समूहित किया गया। ग्रहों की दीर्घवृत्तीय कक्षाओं की तरह प्राकृतिक इतिहास सभी कालों के लिए प्रामाणिक था। कार्बनिक संरचना के सूक्ष्म विश्लेषण के लिए दोनों निकटस्थ आधारों—रसायन और अनिवार्य कार्बनिक संरचना यानी कोशिका का ज्ञान—का अभाव था। प्रकृति-विज्ञान, जो आरंभ में क्रांतिकारी था, एक ऐसी पूर्णतः रूढ़िवादी प्रकृति के सामने जाकर खड़ा हुआ जिसमें सृष्टि के आरंभ काल से लेकर आज तक सब कुछ ज्यों-का-त्यों कायम है, और जिसमें यह सब सृष्टि के विनाश तक ऐसा ही कायम रहेगा।

यह वैशिष्ट्यपूर्ण है कि अकार्बनिक और कार्बनिक, दोनों ही क्षेत्रों में प्रकृति के बारे में यह रूढ़िवादी दृष्टिकोण [.....]*

खगोल-विज्ञान	भौतिकी	भूविज्ञान
यांत्रिकी	रसायन	जीवाष्म-विज्ञान
गणित		खनिज-विज्ञान
	वनस्पति शरीर-विज्ञान	चिकित्सा-विज्ञान
	पशु शरीर-विज्ञान	निदान-विज्ञान
	शरीर-रचना	

पहली दरार : कांट और लापलास। **दूसरी :** भूविज्ञान और जीवाष्म-विज्ञान (ल्यैल, धीमा विकास)। **तीसरी :** कार्बनिक रसायन, जो कार्बनिक चीजों को तैयार करता है और सजीव वस्तुओं के लिए रासायनिक नियमों की वैधता दर्शाता है। **चौथी :** 1842, ऊष्मा का यांत्रिक [सिद्धांत], ग्रूव। **पांचवीं :** डार्विन, लामार्क, कोशिका, आदि (संघर्ष, कुविए और आगासी)। **छठी :** शरीररचना-विज्ञान में **तुलनात्मक तत्त्व**, जलवायु-विज्ञान (समतापी रेखाएं), पशु और वनस्पति भूगोल (अठारहवीं सदी के मध्यकाल से वैज्ञानिक यात्रा-अभियान), सामान्य भौतिक भूगोल (हुम्बोल्ट), सामग्री को इसके अंतर्संबंधों में संयोजन। आकृति-विज्ञान (भ्रूण-विज्ञान, बायर)।**

* यह वाक्य अपूर्ण है।—संपा.

** यहां तक इस टिप्पणी के पाठ को पांडुलिपि में खड़ी लकीरों से काट दिया गया है, क्योंकि एंगेल्स ने 'भूमिका' के पहले भाग में इसका इस्तेमाल किया है (देखिए यह ग्रंथ, →

पुराना प्रयोजनवाद शैतान की शरण में चला गया, पर अब यह दृढ़ता से स्थापित हो गया कि द्रव्य अपने शाश्वत चक्र में ऐसे नियमों के अनुसार गतिमान रहता है जो एक निश्चित अवस्था में—कभी यहां, कभी वहां—कार्बनिक सत्ताओं में अनिवार्य रूप से विचारशील मास्तिष्क को जन्म देते हैं।

पशुओं के स्वाभाविक अस्तित्व की जानकारी उन समकालीन परिस्थितियों में मिलती है जिनमें वे रहते हैं और जिसके अनुसार वे अपने को ढाल लेते हैं—मानव की, जैसे ही वह संकुचित अर्थ में अपने को पशुओं से पृथक् कर लेता है, अभी तक कभी मौजूद नहीं रही हैं, और इनका विस्तार केवल आगे के ऐतिहासिक विकास से ही संभव होगा। महज पशु अवस्था से अपना रास्ता अलग खोजने की क्षमता रखनेवाला एकमात्र प्राणी मानव ही है—उसकी स्वाभाविक अवस्था वह है जो उसकी चेतना के अनुरूप है, ***वह चेतना जिसका सृजन उसे स्वयं करना पड़ता है।***

* * *

'फायरबाख' रचना में शामिल नहीं की गई[127]

[जर्मनी में छठे दशक में भोंडे भौतिकवाद के फेरीवाले अपने शिक्षकों* की सीमाओं से किसी भी प्रकार आगे नहीं बढ़ सके। तब से प्रकृति-विज्ञान ने जितनी भी तरक्की की है, उसका उन्होंने केवल] सृष्टिकर्ता में आस्था के विरुद्ध नई दलीलें पेश करने में ही [इस्तेमाल किया], दरअसल, आगे के सैद्धांतिक विकास से उन्हें कोई सरोकार नहीं था। 1848 की क्रांति ने चैतन्यवाद पर जबरदस्त चोट की, परंतु भौतिकवाद का, इसके इस नए रूप में, और अधिक पतन हो गया। फ़ायरबाख ने इस भौतिकवाद के उत्तरदायित्व को अस्वीकार किया तो बिलकुल ठीक किया, परंतु उसे कोई अधिकार नहीं था कि वह घुमक्कड़ प्रचारकों के सिद्धांत को सामान्यतया भौतिकवाद के साथ उलझाएं।

परंतु उसी समय तक प्रायोगिक प्रकृति-विज्ञान ने इतनी उन्नति की थी और ऐसे भव्य परिणाम हासिल किए थे कि न केवल अठारहवीं सदी के यांत्रिक एकांगीपन को पूरी तरह दूर करना संभव हुआ, बल्कि स्वयं प्रकृति-विज्ञान भी, अनुसंधान के विभिन्न क्षेत्रों (यांत्रिकी, भौतिकी, रसायन, जीव-विज्ञान, आदि) के बीच के अंतर्संबंधों का प्रमाण स्वयं प्रकृति में मौजूद होने के कारण, एक प्रायोगिक विज्ञान से सैद्धांतिक विज्ञान में रूपांतरित हो गया और उपलब्धियों के सामान्यीकरण के जरिये प्रकृति के भौतिकवादी ज्ञान की एक प्रणाली में बदल गया। गैसों की यांत्रिकी, नवनिर्मित

→ पृ. 20-31)। आगे के दो पैराग्राफों को, जिनका 'भूमिका' के दूसरे भाग में आंशिक रूप से इस्तेमाल हुआ है, नहीं काटे गए थे।—संपा.

* अर्थात्, अठारहवीं सदी के फ्रांसीसी भौतिकवादी।—संपा.

कार्बनिक रसायन, जिसने अकार्बनिक द्रव्यों से एक के बाद दूसरे तथाकथित कार्बनिक यौगिकों का निर्माण करके इनकी अबोधगम्यता को सदा के लिए समाप्त कर दिया। भ्रूणविज्ञान, जिसकी शुरुआत 1818 से हुई, भूविज्ञान और जीवाष्म-विज्ञान, वनस्पतियों और पशुओं का तुलनात्मक शरीर-रचना-विज्ञान—इन सबने अभूतपूर्व मात्रा में नई सामग्री प्रस्तुत की। परंतु तीन महान आविष्कार निर्णायक महत्त्व के थे।

पहला आविष्कार था ऊर्जा के रूपांतरण का प्रमाण, जो ऊष्मा के यांत्रिक तुल्यमान की खोज के जरिये प्राप्त हुआ था (राबर्ट मायर, जूल और कौल्डिंग द्वारा)। प्रकृति में निहित सारे अनगिनत क्रियाशील कारण, जिनका अब तक तथाकथित शक्तियों—यांत्रिक शक्ति, ऊष्मा, विकिरण (प्रकाश और विकीर्ण ऊष्मा), विद्युत, चुंबकत्व, संयोजन और विघटन की रासायनिक शक्ति—के रूप में रहस्यमय और अबोधगम्य अस्तित्व रहा है, अब एक ही ऊर्जा—गति—के अस्तित्व के विशेष रूप सिद्ध हो चुके हैं। हम न केवल ऊर्जा के एक रूप को इसके दूसरे रूप में बदल सकते हैं, बल्कि यह रूपांतरण प्रयोगशाला और उद्योगशाला में भी करके दिखा सकते हैं। वस्तुतः इसे हम इस ढंग से करके दिखा सकते हैं कि ऊर्जा के एक रूप की एक निश्चित मात्रा ऊर्जा के किसी अन्य रूप की एक निश्चित मात्रा के सदैव अनुरूप हो। इस प्रकार हम ऊष्मा की इकाई को किलोग्राम-मीटरों में और विद्युत या रासायनिक ऊर्जा की किसी भी मात्रा या इकाइयों को पुनः ऊष्मा-इकाइयों में, तथा इन्हें उलटे क्रम में, व्यक्त कर सकते हैं। उसी प्रकार हम किसी प्राणी द्वारा ग्रहण की जानेवाली और इस्तेमाल की जानेवाली ऊर्जा का मापन कर सकते हैं और इसे किसी भी इच्छित इकाई में व्यक्त कर सकते हैं, जैसेकि ऊष्मा-इकाइयों में। प्रकृति में समस्त गति का एकत्व होना महज एक दार्शनिक दावा नहीं रह गया है, बल्कि एक वैज्ञानिक तथ्य है।

दूसरा आविष्कार—जो कालक्रम में पहले हुआ—था श्वान्न और श्लैइदेन द्वारा जैव कोशिका की खोज। यह वह इकाई है जिससे, इसके जनन और विभेदन द्वारा, निम्नतम को छोड़कर बाकी सभी जीवों का गठन और विकास होता है। इस खोज ने पहली बार प्रकृति की जैव उपज के अनुसंधान के लिए—तुलनात्मक शरीर-रचना-विज्ञान व शरीर-क्रिया-विज्ञान, दोनों के लिए और भ्रूण-विज्ञान के लिए—ठोस आधार प्रदान किया। जीवों की उत्पत्ति, वृद्धि और संरचना पर चढ़ा हुआ रहस्यमय आवरण हट गया। अब तक समझ में न आनेवाला करिश्मा एक ऐसी प्रक्रिया में बदल गया जो सभी बहुकोशिकीय जीवों के लिए अनिवार्य रूप से समान नियम के अनुसार घटित होती है।

परंतु एक महत्त्वपूर्ण खाई अब भी बनी रही। यदि सभी बहुकोशिकीय जीवों—वनस्पति और पशु, मानव सहित—में से प्रत्येक का विकास, कोशिका विभाजन के नियम के अनुसार, एक ही कोशिका से होता है, तो इन तमाम जीवों की

अनंत विविधता का स्रोत कहां है? इस सवाल का उत्तर दिया तीसरे आविष्कार ने, विकासक्रम के सिद्धांत ने। इस सिद्धांत को पहली बार विशद रूप से तैयार करने और इसकी पुष्टि में प्रमाण पेश करने का श्रेय डार्विन को है। आगे जाकर तफसील के मामले में इस सिद्धांत में चाहे जितने परिवर्तन हुए हों, मोटे तौर पर यह समस्या को संतोषजनक ढंग से हल कर चुका है। जीवों–हमारी जानकारी के चंद सरल रूपों से लेकर अधिकाधिक बहुविध व जटि रूपों तक, और आगे मानव तक–के विकास का क्रम, जहां तक इसकी प्रमुख विशेषताओं का सवाल है, प्रमाणित हो चुका है। इसकी बदौलत न केवल प्रकृति की जैव उपज के मौजूदा भंडार की व्याख्या कर पाना संभव हुआ है, बल्कि मानव-मस्तिष्क के प्राक्-इतिहास के लिए–संरचनाहीन किंतु उद्दीपन के प्रति संवेदनशील सरल जीवद्रव्य-जैसे निम्नतम जीवों से लेकर चिंतनक्षम मानव मस्तिष्क तक इसके विकास की विभिन्न मंजिलों की खोज के लिए–भी आधार प्राप्त हुआ। इस प्राक्-इतिहास के बिना चिंतनक्षम मानव-मस्तिष्क का अस्तित्व एक करिश्मा ही बना रहता है।

इन तीन महान आविष्कारों के जरिये प्रकृति की प्रमुख प्रक्रियाओं की व्याख्या की गई, इन प्रक्रियाओं को प्राकृतिक कारणों से जोड़ा गया। एक कार्य फिर भी बाकी रहता है : अकार्बनिक द्रव्यों से जीवन की उत्पत्ति को स्पष्ट करना। विज्ञान की मौजूदा अवस्था में इसका मतलब है कम-से-कम अकार्बनिक द्रव्यों से प्रोटीन पिंडों को तैयार करना। रसायन इस समस्या के समाधान के अधिकाधिक नजदीक पहुंचता जा रहा है, पर मंजिल अभी भी काफ़ी दूर है। फिर भी, यदि हम यह ध्यान में रखें कि वौहलेर ने अभी 1828 में ही अकार्बनिक द्रव्यों से पहला जैव द्रव्य, यूरिया, तैयार किया है, और यह भी ध्यान में रखें कि बिना किसी कार्बनिक सामग्री के अब कृत्रिम रूप से कितने ढेर सारे तथाकथित कार्बनिक यौगिक तैयार किए जाते हैं, तो हम नहीं चाहेंगे कि रसायन प्रोटीन की समस्या सामने आने पर हाथ टेक दे। अब तक रसायन ऐसे हर कार्बनिक द्रव्य को तैयार करने में सफल रहा है जिसकी संरचना ठीक-ठीक ज्ञात है। जैसे ही प्रोटीन पिंडों की संरचना की जानकारी मिल जाएगी। रसायन सजीव प्रोटीन तैयार करने के काम में जुट जाएगा। परंतु स्वयं प्रकृति जिस काम को लाखों-करोड़ों वर्षों के अनंतर केवल चंद ब्रह्मांडीय पिंडों पर अत्यंत अनुकूल परिस्थितियों में करने में सफल होती है, उसे रसायन रातोंरात करके दे, यह मांग एक करिश्मे की मांग-जैसी है।

इस प्रकार प्रकृति के प्रति भौतिकवादी दृष्टिकोण को आज पिछली सदी की अपेक्षा कहीं अधिक मजबूत आधार प्राप्त है। उस समय केवल आकाशीय पिंडों की गति की ओर गुरुत्वाकर्षण के अंतर्गत गतिमान पार्थिव ठोस पिंडों की गति की ही व्यापक जानकारी प्राप्त हुई थी। रसायन का लगभग समूचा क्षेत्र और समूची

जैव प्रकृति रहस्यमय और अबोधगम्य बनी हुई थी। आज समूची प्रकृति अंतर्संबंधों और प्रक्रियाओं की एक योजना के रूप में हमारे सामने प्रकट है, और इस योजना की कम-से-कम प्रमुख विशेषताओं की व्याख्या हो चुकी है, इन्हें समझ लिया गया है। कुछ भी हो, प्रकृति के प्रति भौतिकवादी दृष्टिकोण का अर्थ है प्रकृति की—बिना किसी भी बाह्य योग के, ठीक अपने में यह जैसी है—सरल अवधारणा के अलावा और कुछ नहीं है। इसी कारण यूनानी दार्शनिक इसे मूलतः इसी सहज रूप में समझ पाए थे। परंतु उन प्राचीन यूनानियों और हमारे बीच विश्व के प्रति एक अनिवार्यतः चैतन्यवादी दृष्टिकोण लंबा दौर है, इसलिए उस स्वतःस्पष्ट समझ की ओर वापस लौटना जैसा पहली नजर में लगता है उससे कहीं अधिक कठिन है। मसला केवल उन दो हजार वर्षों के समूचे चिंतन-भंडार को दूर हटा देने का नहीं है, बल्कि इसकी आलोचना करने का है, इस अस्थायी रूप से परिणाम—जो एक मिथ्या और चैतन्यवादी रूप से प्राप्त किए गए थे, परंतु अपने समय के लिए और स्वयं विकासक्रम के लिए अपरिहार्य थे—खींच निकालने का है। और यह कितना कठिन है, यह उन प्रकृति-वैज्ञानिकों को देखने से पता चलता है जो अपने विज्ञान की सीमा में तो दृढ़ भौतिकवादी हैं, परंतु बाहर न सिर्फ चैतन्यवादी हैं बल्कि धर्मपरायण और वस्तुतः रूढ़िवादी ईसाई तक हैं।

प्रकृति-विज्ञान की ये सारी युगांतरकारी उपलब्धियां फायरबाख पर कोई महत्त्वपूर्ण छाप नहीं डाल पाईं। इसमें उनका उतना दोष नहीं था जितना कि जर्मनी की दयनीय परिस्थितियों का। एक तरफ जर्मनी में विश्वविद्यालयों के पीठों पर खोखले दिमागवाले और सभी दर्शनों की खिचड़ी पकानेवाले कलाबाज आसीन थे, तो दूसरी तरफ फायरबाख, जो उनसे कहीं ऊंचे थे, गांव में अलग-थलग एकाकी जीवन व्यतीत करने के लिए विवश थे। यही कारण है कि वे प्रकृति के विषय में, चंद प्रतिभाशाली व्यापक परिणामों को छोड़कर, खोखले लालित्यपूर्ण लेखन में अपनी शक्ति खर्च करते रहे हैं। उदाहरण के लिए वे लिखते हैं :

> *'जीवन, निश्चय ही, रासायनिक प्रक्रिय की उपज नहीं है, न ही यह सामान्यतः ऐसी किसी अलग-थलग प्राकृतिक शक्ति या घटना की उपज है जिसकी परिधि में अधिभूतवादी भौतिकवादी इसे सीमित कर देता है। यह समूची प्रकृति का परिणाम है'।*[128]

जीवन समूची प्रकृति का परिणाम है, यह बात इस तथ्य का कतई विरोध नहीं करती कि प्रोटीन, जो जीवन का विशिष्ट स्वतंत्र धारक है, प्रकृति के समस्त अंतर्संबंधों द्वारा निर्धारित निश्चित परिस्थितियों के अंतर्गत उद्भूत होता है, पर वस्तुतः रासायनिक प्रक्रिया की उपज के रूप में उद्भूत होता है। (यदि फायरबाख ऐसी परिस्थितियों में रहे होते जिनमें वे प्रकृति-विज्ञान की सतही तौर पर भी जानकारी

हासिल कर पाते, तो वं कभी यह नहीं कहते कि कोई रासायनिक प्रक्रिया प्रकृति की किसी अलग-थलग शक्ति का परिणाम है।)* उसी एकाकीपन का यह फल है कि फायरबाख चिंतनक्षम अवयव—मस्तिष्क—के साथ विचार के संबंध में सारहीन परिकल्पनाओं के चक्कर में फंस जाते हैं। इस क्षेत्र में स्टार्के उनका स्वेच्छापूर्वक अनुसरण करता है।

बहरहाल, फ़ायरबाख भौतिकवाद नाम के खिलाफ विद्रोह करते हैं।[129] और यह व्रिदोह सर्वधा अकारण नहीं है, क्योंकि वह चैतन्यवाद से कभी भी पूरी तौर से अपना नाता नहीं तोड़ते। प्रकृति के क्षेत्र में वह भौतिकवादी हैं, परंतु मानव क्षेत्र में [.....]**

* * *

ईश्वर में आस्था रखनेवाले प्रकृति-वैज्ञानिकों ने जैसी उसकी गत बनाई है, वैसी अन्य किसी ने नहीं बनाई है। भौतिकवादी पहले केवल तथ्यों की व्याख्या करते हैं, ऐसी शब्दावली का इस्तेमाल नहीं करते, वे तभी इसका इस्तेमाल करते हैं जब आग्रही धर्मपरायण भक्त उन पर ईश्वर को थोपने की कोशिश करते हैं, पर फिर वे या तो लापलास की तरह संक्षिप्त उत्तर देते हैं : *Sire, je n'avais pas,* इत्यादि[130] (मुझे उस परिकल्पना की जरूरत नहीं है) या उन डच व्यापारियों की तरह अधिक रूखा जवाब देते हैं जो, जब जर्मन व्यापारी-यात्री अपना घटिया माल उन पर थोपने की कोशिश करते हैं तो, उन्हें इन शब्दों के साथ चलता करने के आदी हो गए हैं : *Ik kan die zaken niet gebruiken,**** और इस प्रकार मामला वहीं खत्म हो जाता है। पर ईश्वर को उसके रक्षकों के हाथों ही कितना-कुछ भुगतना पड़ा है। आधुनिक प्रकृति-विज्ञान के इतिहास में ईश्वर के रक्षकों ने उसके साथ वैसा ही सलूक किया है, जैसाकि ज़ेना की मुहिम में फ्रीडरिख विलियम तृतीय के साथ उसके जनरलों और अफसरों ने किया था। सेना की एक के बाद दूसरी डिवीजन हथियार रख देती हैं, विज्ञान के अभियान के सामने एक के बाद दूसरा किला आत्मसमर्पण कर देता है, और इस प्रकार अंत में विज्ञान प्रकृति के समूचे अनंत विस्तार पर विजय प्राप्त कर लेता है, और तब इसमें सृष्टिकर्ता के लिए कोई स्थान नहीं रह जाता। न्यूटन ने फिर भी ईश्वर को 'प्रथम प्रेरणा' का श्रेय दिया, पर अपने सौरमंडल में

* यह वाक्य एंगेल्स ने काट दिया था।—संपा.

** एंगेल्स की रचना लुडविग फायरबाख की मूल पांडुलिपि का पृ. 19 यहीं समाप्त हो जाता है। इस वाक्य का अंत अगले पृ. में होता है, पर वह पृ. हमें प्राप्त नहीं हुआ है। लुडविग फायरबाख के प्रकाशित पाठ के आधार पर अनुमान लगाया जा सकता है कि यह वाक्य इस प्रकार रहा होगा : 'मानव इतिहास के क्षेत्र में वह चैतन्यवादी है।'—संपा.

*** मुझे इन वस्तुओं की जरूरत नहीं है।—संपा.

उसे आगे कोई दखल देने नहीं दिया। फादर सैक्की, सच है कि, पूरे धर्मशास्त्रीय सम्मान के साथ ईश्वर को सौरमंडल से एकदम बाहर निकाल देता है, पर यह स्पष्ट होने पर भी वह उसे आदिम नीहारिका के मामले में केवल सृजनकर्त्ता का श्रेय देता है। सभी क्षेत्रों में ऐसी ही स्थिति है। जीव-विज्ञान के क्षेत्र में इसका अंतिम महान डान क्विजोत आगासी, तो उस पर स्पष्ट मूर्खता ही थोपता है। उसके बारे में कल्पना की गई कि उसने न केवल वास्तविक प्राणियों का निर्माण किया, बल्कि अमूर्त प्राणियों का भी निर्माण किया, जैसे, मछली जिस रूप में है, उस रूप का।* और अंत में टिनडल प्रकृति के क्षेत्र में ईश्वर के प्रवेश पर पूर्ण पाबंदी लगा देता है और उसे भावप्रधान प्रक्रियाओं के संसार में निर्वासित कर देता है। वह ईश्वर को सिर्फ इसलिए स्वीकार करता है, क्योंकि, कुछ भी हो, कोई ऐसा अवश्य होना चाहिए जो इन सब चीजों (प्रकृति) के बारे में जोहन टिनडल से अधिक जानता है।[131] कहां यह ईश्वर और कहां वह पुराना ईश्वर–आकाश और पृथ्वी का निर्माता, सभी वस्तुओं का पालनकर्ता–जिसके बिना सिर का एक बाल भी नहीं गिर सकता।

टिनडल की भावनात्मक आवश्यकता कुछ भी सिद्ध नहीं करती। केवालिए दे ग्रियू को भी मानो लैस्को के प्यार की ओर उसे अंगीकार करने की भावनात्मक आवश्यकता थी, पर मानो ने अपने को और उसे बार-बार बेचा। मानो के लिए वह पत्ताचोर बना, भड़ुआ बना। और टिनडल यदि उसे धिक्कारना चाहता है, तो वह अपनी 'भावनात्मक आवश्यकता' की दुहाई देगा।

ईश्वर = nescio; पर ignorantia non est orgumentum (अज्ञान कोई दलील नहीं है)।[132]

---

* देखिए यह ग्रंथ, पृ. 206-10।–संपा.

प्रकृति–विज्ञान और दर्शन

बुखनेर[133]

प्रवृत्ति का उत्थान। जर्मन दर्शन का भौतिकवाद में संक्रमण–विज्ञान पर नियंत्रण समाप्त–ओछे भौतिकवादी प्रचार का आरंभ, जिसमें विज्ञान के अभाव की पूर्ति भौतिकवाद को करनी पड़ी। बूर्जुआ जर्मनी और राजकीय जर्मन विज्ञान की निम्नतम अधोगति के समय इसकी समृद्धि–1850-60। फोग्ट, मोलेशात, बुखनर। पारस्परिक आश्वासन। डार्विनवाद, जिस पर इन महानुभावों ने फौरन अधिकार जमा लिया, फैशन में आने से नया प्रोत्साहन प्राप्त हुआ।

इनकी उपेक्षा करके इन्हें जर्मन भोगियों की निरीश्वरवाद आदि की शिक्षा देने के इनके काम, जो संकुचित दायरे का होने पर भी अप्रशंसनीय नहीं है, के लिए मुक्त छोड़ा जा सकता है, पर ऐसा नहीं हो सकता, कारण है : 1. दर्शन के, जो बावजूद सब बातों के जर्मनी का गौरव है, खिलाफ निंदनीय प्रचार (उद्धरण देने हैं),* और 2. प्रकृति से संबंधित सिद्धांतों को समाज पर और समाजवाद की सुधारणा के लिए प्रयुक्त करने की परिकल्पना। इसलिए वे हमें उन पर विचार करने के लिए विवश करते हैं।

सर्वप्रथम, उनके अपने क्षेत्र में उनकी उपलब्धि क्या है? उद्धरण। 2. संधिकाल, पृ. 170-171। एकाएक यह हेगेलवाद कहां से आया?[135] द्वंद्ववाद में संक्रमण।

दो दार्शनिक प्रवृत्तियां : आधिभौतिकवादी, स्थायी प्रवर्गों के साथ, द्वंद्वात्मक, (अरस्तू और विशेषकर हेगेल), अस्थायी प्रवर्गों के साथ। इसके प्रमाण कि आधार व परिणाम, कार्य व कारण, समता व विभेद, आभास व सारतत्त्व के

---

* बुखनर की दर्शन की जानकारी केवल एक मताग्रही के रूप में है, क्योंकि वह स्वयं जर्मनी में होनेवाले उस ज्ञान प्रसार आंदोलन के सबसे ओछे चिंतन का मताग्रही है जिसने महान फ्रांसीसी भौतिकवादियों के उत्साह और आंदोलन पर ध्यान नहीं दिया (इस संबंध में हेगेल)–जैसे निकोलाई ने वाल्तेयर पर ध्यान नहीं दिया। लैस्सिंग का 'मरा कुत्ता स्पिनोजा'[134] (हेगेल : विश्वकोश, भूमिका, पृ. 19)।–[**एंगेल्स की टिप्पणी**]

ये स्थायी विपरीत अतर्कसंगत है, कि विश्लेषण से स्पष्ट होता है कि एक ध्रुव दूसरे में *in nuce* रूप में पहले से मौजूद है, कि एक निश्चित बिंदु पर वह एक ध्रुव दूसरे में रूपांतरित हो जाता है, और कि समस्त तर्क-प्रणाली का विकास इन्हीं बढ़ते अंतर्विरोधों से होता है।–स्वयं हेगेल में यह रहस्यमय, क्योंकि प्रवर्गों का पहले से ही अस्तित्व चला आता है और वास्तविक जगत की द्वंद्वात्मकता उनके महज प्रतिबिंब के रूप में प्रकट होती है। वास्तव में यह उलटा है : मस्तिष्क की द्वंद्वात्मकता वास्तविक जगत के गतिरूपों का, प्रकृति और इतिहास दोनों का, केवल प्रतिबिंब है। विगत सदी के अंत तक, वस्तुतः 1830 तक, प्रकृति-वैज्ञानिक पुराने आधिभौतिकशास्त्र से काफी मजे में काम चला लेते थे, क्योंकि असली विज्ञान यांत्रिकी–पार्थिव और खगोलीय–से आगे नहीं बढ़ा था। फिर भी उच्चतर गणित ने भ्रांति फैलाना शुरू कर दिया था, उच्चतर गणित निम्न गणित के शाश्वत सत्य को पुराना दृष्टिकोण मानता है, अक्सर विपरीत विचार प्रस्तुत करता है, और ऐसे साध्य प्रतिपादित करता है जो निम्नतर गणितज्ञ को कोरा बकवास लगते हैं। यहां स्थिर प्रवर्ग विलुप्त हो गए। गणित ऐसे क्षेत्र में पहुंच गया जहां महज अमूर्त राशि, अशुद्ध अनंत जैसे सरल संबंधों ने भी पूर्णतः द्वंद्वात्मक स्वरूप धारण कर लिया और गणितज्ञों को, अचेतन रूप से और उनकी इच्छा के विपरीत, द्वंद्वात्मक बनने के लिए विवश किया। गणितज्ञों ने इस अंतर्विरोध को सुलझाने के लिए, उच्च और निम्न गणित का ताल-मेल बिठाने के लिए, अपने को यह स्पष्ट समझाने के लिए कि जिस असंदिग्ध परिणाम पर वह पहुंचे हैं वह कोरा बकवास नहीं है, और अनंत के गणित की शुरुआत, विधि तथा इसके परिणाम की सामान्य रूप से तार्किक व्याख्या करने के लिए जैसी तोड़-मरोड़ व चालबाजी की है और जैसे कामचलाऊ उपाय खोज निकाले हैं, उन्हें देखकर लगता है कि इनसे बढ़कर हास्यास्पद कोई चीज नहीं है।

परंतु अब सब कुछ भिन्न है। रसायन, भौतिक वस्तुओं की अमूर्त विभाज्यता, अशुद्ध अनंत–परमाणुवाद। शरीर-क्रिया-विज्ञान–कोशिका (तर्कयुक्त द्वंद्वात्मकता की सबसे प्रभावशाली कसौटी–विभेदीकरण द्वारा, अकेले प्राणी और जाति, दोनों के विकास की जैव प्रक्रिया), और अंत में प्राकृतिक शक्तियों और उनके पारस्परिक रूपांतरण की पहचान, जिसने प्रवर्गों के स्थायित्व को सदा के लिए समाप्त कर दिया। फिर भी, काफी अधिक वैज्ञानिक पुरानी आधिभौतिक प्रवर्गों से अब भी मजबूती से चिपके हुए हैं, और जब इन आधुनिक तथ्यों की, जो एक प्रकार से प्रकृति की द्वंद्वात्मकता सिद्ध करते हैं, तर्कयुक्त व्याख्या करने और एक-दूसरे के साथ इनका संबंध जोड़ने का सवाल पैदा होता है, तो असहाय महसूस करते हैं। और यहां चिंतन अपरिहार्य है : परमाणुओं और अणुओं आदि को सूक्ष्मदर्शी से देख पाना संभव नहीं है, इन्हें केवल चिंतन-प्रक्रिया से ही जाना जा सकता है। तुलना कीजिए

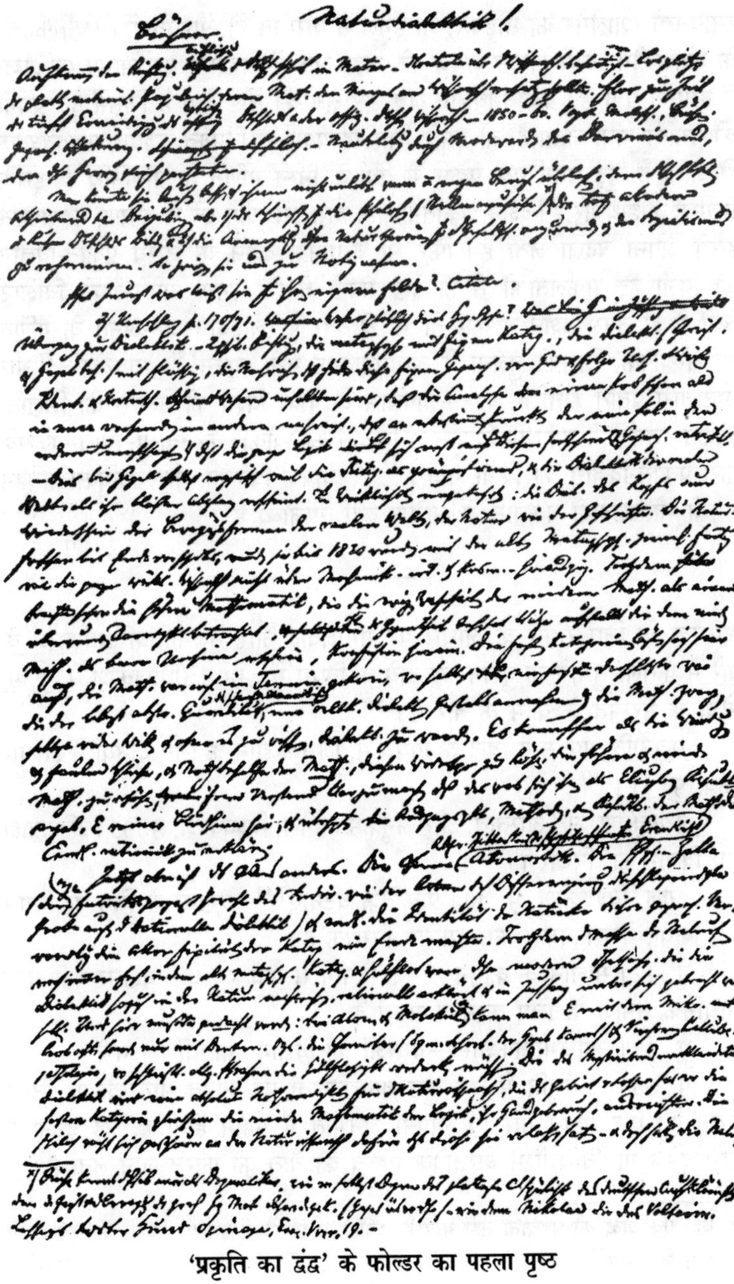

'प्रकृति का द्वंद्व' के फोल्डर का पहला पृष्ठ

रसायनज्ञों (शालेमेर को छोड़कर, जो हेगेल से परिचित हैं) और विर्खोव (Virchow) के **कोशिकीय** *शरीर-निदान शास्त्र* की, जहां अंत में विवशता को आमफहम शब्दों में छिपाना पड़ा है। प्रकृति-विज्ञान जब उस क्षेत्र को छोड़ देता है जिसमें दृढ़ प्रवर्गों को पर्याप्त माना जाता है, तो इसके लिए रहस्यवाद से विमुक्त द्वंद्ववाद परमावश्यक हो जाता है; दृढ़ प्रवर्ग एक प्रकार से तर्क के निम्न गणित के प्रतिनिधि हैं, इसके रोजमर्रा के हथियार हैं। दर्शन, प्रकृति-विज्ञान द्वारा इसे त्याग देने के कारण, मरणोपरांत इससे अपना बदला लेता है। फिर भी वैज्ञानिक दर्शन के जरिये प्रकृति-विज्ञान को मिली हुई सफलताओं से ही देख सकते थे कि उनके अपने-अपने विशिष्ट क्षेत्रों में ही उनसे दर्शन में कुछ तो भी श्रेष्ठतर है (लाइबनिट्ज–अनंत के गणित का संस्थापक, जिसकी तुलना में आगमनात्मक गधा न्यूटन[136] भावचोर[137] और भ्रष्टाचारी प्रतीत होता है; कांट–लापलास के **पहले** विश्व की उत्पत्ति का सिद्धांत, **ओकेन**–जर्मनी में सर्वप्रथम विकास के सिद्धांत को स्वीकार करनेवाला; हेगेल–जिसके द्वारा प्रकृति-विज्ञान का किया गया [.....]* व्यापक विवेचन और तर्कयुक्त समूहन समूची भौतिकवादी बकवास से अधिक बड़ी उपलब्धि है)।

अस्तित्व के लिए संघर्ष के आधार पर समाजवाद और राजनीतिक अर्थशास्त्र के बारे में फैसला सुनाने के बुखनर के दावे के विषय में : हेगेल (विश्वकोश, I, पृ. 9) मोची के मरम्मत के काम के बारे में।[138]

राजनीति और समाजवाद के विषय में, जिसके ज्ञान के लिए दुनिया ने इंतजार किया पृ. 11।[139]

पृथक्करण, सह-अस्तित्व, और अनुक्रम। हेगेल, विश्वकोश, पृ. 35। इंद्रियग्राह्य का, विचार का, निर्धारण।[140]

हेगेल, विश्वकोश, पृ. 40। प्राकृतिक घटनाएं[141]–बुखनर ने **जिन पर विचार** नहीं किया, केवल नकल की, इसलिए निरर्थक है।

पृ. 42। सोलोन के कानून 'उसके दिमाग से पैदा हुए थे'–बुखनर वही चीज आधुनिक समाज के लिए करने में समर्थ है।

पृ. 45। आधिभौतिकशास्त्र–**वस्तुओं** का विज्ञान–गतियों का नहीं।

पृ. 53। 'अनुभूति में सब कुछ वास्तविकता पर केंद्रित मस्तिष्क पर निर्भर करता है। एक महान मस्तिष्क अपनी अनुभूति में महान होता है, यह घटनाओं की पंचमेल गतिविधियों में वास्तविक महत्त्व की बात को फौरन जान लेता है।'

* यहां एक शब्द को पहचाना नहीं गया है, क्योंकि पांडुलिपि में इस पर स्याही का एक धब्बा पड़ा है।–संपा.

पृ. 56। वैयक्तिक मानव और इतिहास के बीच सादृश्य[142]—भ्रूण-विज्ञान और जीवाश्म-विज्ञान के बीच सादृश्य।

* * *

जिस प्रकार फूरिये एक गणितीय कविता[143] है, और फिर भी अभी भी इस्तेमाल होता है, उसी प्रकार हेगेल एक द्वंद्वात्मक कविता है।

* * *

सूक्ष्मरंध्रता का अशुद्ध सिद्धांत (जिसके अनुसार विभिन्न मिथ्या द्रव्य, ऊष्मा, आदि एक-दूसरे के रंध्रों में स्थित हैं, फिर भी एक-दूसरे में प्रवेश नहीं करते) हेगेल द्वारा एक शुद्ध **कल्पित कथा** के रूप में प्रस्तुत किया गया है।

विश्वकोश, I, पृ. 259। देखिए उनका तर्कशास्त्र भी[144]।

* * *

हेगेल, विश्वकोश, I, पृ. 205-206,[145] उस समय के भौतिकीय विचारों की तुलना में परमाणु भारों के बारे में, और **चिंतन** निर्धारण के रूप में परमाणु व अणुओं के बारे में, जिनके बारे में **चिंतन** को निर्णय करना होता है, एक भविष्यसूचक परिच्छेद।

* * *

यदि हेगेल प्रकृति को शाश्वत 'प्रत्यय' की इसके अपवर्तन में, अभिव्यक्ति मानते हैं, और यह ऐसा गंभीर अपराध है, तो हम आकृतिवेत्ता रिचार्ड ओवेन के बारे में क्या कहेंगे :

> *'इस ग्रह पर शरीर के भीतर के आद्यरूप का भाव विभिन्न रूपांतरणों में, उन प्राणियों की जातियों के वास्तव में अस्तित्व में आने के बहुत पहले, अभिव्यक्ति हुआ था' (अवयवों का स्वरूप, 1849)।*[146]

यदि ऐसी बात, जिसका कोई अर्थ नहीं, कोई रहस्यवादी प्रकृति-वैज्ञानिक कहता है, तो इसे चुपचाप यूं ही छोड़ दिया जाता है, परंतु यदि कोई दार्शनिक यही बात कहता है, और जिसका उसके लिए कुछ अर्थ है, और जो दरअसल बुनियाद में कुछ सही भी है, यद्यपि उलटे रूप में, तो यह रहस्यवाद और भयानक अपराध हो जाता है।

* * *

प्राकृतिक-वैज्ञानिक चिंतन। आगासी की सृष्टि की योजना, जिसके अनुसार ईश्वर ने सामान्य से विशेष और वैयक्तिक के क्रम से सृष्टि की रचना की, पहले रीढ़ीदार प्राणी अपने रूप में, फिर स्तनपायी अपने रूप में, शिकार के प्राणी अपने रूप में,

बिल्ली अपने रूप में, और अंत में सिंह, आदि! अर्थात्, सर्वप्रथम ठोस चीजों के आकारगत अमूर्त भाव और तदनंतर ठोस चीजें (देखिए, हैकेल, पृ. 59)।[147]

* * *

प्रकृति-विज्ञान और दर्शन के बीच की द्विविधता से **ओकेन** में (हैकेल, पृ. 85 और आगे चालू) जो मूर्खता पैदा हो गई, वह स्पष्ट है। चिंतन के मार्ग से ओकेन जीवद्रव्य और कोशिका की खोज करता है, पर किसी को यह सूझता कि प्राकृतिक-वैज्ञानिक अनुसंधान की दिशाओं में इस कार्य को आगे बढ़ाए—इसे **चिंतन** के जरिये खोजा जाता है। और जब जीवद्रव्य और कोशिका की खोज हुई, तो ओकेन आम तौर पर अपकीर्ति में खो चुके थे।

* * *

होफमान

प्रकृति के दर्शन का उल्लेख करता है। साहित्यकार रौसेनक्रांट्ज से, जिसे कोई भी वास्तविक हेगेलवादी स्वीकार नहीं करता, एक उद्धरण। रौसेनक्राज को प्रकृति के दर्शन का श्रेयभागी बनाना उसी प्रकार मूर्खतापूर्ण है जिस प्रकार मार्गग्राफ की चुकंदर से चीनी प्राप्त करने की खोज का श्रेय होहेनजोल्लेनो को देना।[148]

* * *

सिद्धांत और अनुभववाद।—पृथ्वी के ध्रुवों पर चपटी होने के सिद्धांत को न्यूटन ने स्थापित किया। इसके बाद भी कैसिनी[149] और दूसरे फ्रांसीसी, अपने प्रयोगाश्रित मापनों के आधार पर, प्रदिपादित करते रहे कि पृथ्वी दीर्घवृत्तज के आकार की है, और इसका ध्रुवीय अक्ष सबसे लंबा है।

* * *

अनुभववादियों की यूनानियों के बारे में जो तिरस्कारपूर्णा भावना रही है, उसका विचित्र उदाहरण है थामस थामसन का ग्रंथ (**विद्युत के विषय में**[150]), जहां डैवी और फैरेड़े भी जैसे लोग अंधेरे में टटोलते हैं (विद्युत-चिंगारी, आदि), और ऐसे प्रयोग करते हैं जो हमें भौतिक-रासायनिक घटनाओं के विषय में अरस्तू और प्लिनी की कथाओं की याद दिलाते हैं। ठीक यही वह नया विज्ञान है जिसमें अनुभववादी अंधेरे में टटोलने वाले प्राचीन विचारकों का पूर्णतः अनुकरण करते हैं। और जब फैरेडे अपनी प्रतिमा से सही मार्ग पकड़ लेता है, तो भोग-विलासी थामसन इसका विरोध करता है (पृ. 397)।

* * *

हैकेल, Anthropogenie (मानव-उत्पत्ति), पृ. 707।

> *'विश्व संबंधी भौतिकवादी दृष्टिकोण के अनुसार, **द्रव्य या पदार्थ गति** या **गतिज ऊर्जा के पहले** विद्यमान था, द्रव्य ने बल का सृजन किया।'* यह उसी प्रकार मिथ्या है जिस प्रकार यह कि बल ने द्रव्य का सृजन किया, क्योंकि बल और द्रव्य अभिन्न हैं।*[151]

उसे अपना यह भौतिकवाद कहां से प्राप्त होता है?

* * *

हैकेन ने (पृ. 89-90) **अंतिम कारण** और **निमित कारण को प्रयोजनतः** सक्रिय और **यंत्रवत्** सक्रिय कारणों में रूपांतरित कर दिया, क्योंकि उसके लिए अंतिम कारण = ईश्वर। उसी प्रकार उसके अनुसार 'यंत्रवत्', जिसे उसने कांट से जल्दीबाजी में अपना लिया = अद्वैतात्मक, यांत्रिकी के अर्थ में यंत्रवत् नहीं। भाषा के ऐसे विभ्रम में निरर्थकता सहज स्वाभाविक है। यहां हैकेल कांट के बारे में जो कहता है, वह हेगेल से मेल नहीं खाता।

[खंड 3, पृ. 603।][152] :

हैकेल में ध्रुवता का एक और उदाहरण** यांत्रिकता = अद्वैतवाद, और प्राणीवाद अथवा प्रयोजनवाद = द्वैतवाद। कांट और हेगेल में पहले से ही **अंतरंग** प्रयोजन द्वैतवाद के खिलाफ विद्रोह करता है। जीवन पर प्रयुक्त यांत्रिकता एक असहाय प्रवर्ग है, अधिक-से-अधिक हम रासायनिक क्रिया की बात कर सकते हैं, यदि हम नामों के बारे में सारी समझ को त्याग देना नहीं चाहते (प्रयोजन : हेगेल, V, पृ. 205)[153]

> *'इस प्रकार यांत्रिकता संपूर्णता की प्रवृत्ति के रूप में अपने को इस अर्थ में प्रकट करती है कि यह प्रकृति को पूरी तौर पर अपने लिए इस प्रकार पकड़ लेना चाहती है कि इसकी धारणा के लिए किसी अन्य चीज की जरूरत नहीं पड़ती—ऐसी संपूर्णता जो अंत में और उसके साथ जुड़ी हुई पारलौकिक समझ में देखने को **नहीं मिलती**।'****

परंतु बात यह है कि यांत्रिकता (और अठारहवीं सदी का भौतिकवादी भी) अमूर्त अनिवार्यता से, और इसलिए संयोग से भी, छुटकारा नहीं पाती। यांत्रिकता के अनुसार द्रव्य अपने से ही चिंतनक्षम मानव मस्तिष्क विकास करता है तो यह मात्र

---

* जोर स्वयं एंगेल्स द्वारा।—संपा.

** यह शब्द उस 'ध्रुवता' टिप्पणी की ओर इशारा करता है जो प्रस्तुत टिप्पणी के ठीक पहले उसी पन्ने पर लिखी गई थी (देखिए यह ग्रंथ, पृ. 233)।—संपा.

*** जोर स्वयं एंगेल्स द्वारा।—संपा.

संयोग है, हालांकि यह जहां भी होता है अनिवार्यतः धीरे-धीरे निर्धारित होता है। पर सत्य यह है कि चिंतनक्षम प्राणियों के विकास की ओर आगे बढ़ना खुद द्रव्य का स्वभाव है, इसलिए यह वहां-वहां सदैव अनिवार्यतः घटित होता है जहां-जहां इसके लिए परिस्थितियां (जरूरी नहीं कि सभी समयों में और सभी स्थलों पर अनिवार्यतः एक-सी) मौजूद हों।

आगे, हेगेल, V, पृष्ठ 206 :

'फलतः वाह्य अनिवार्यता से संबंधित, सिद्धांत (यांत्रिकता का) सोद्देश्यता के विपरीत अनंत स्वतंत्रता जैसा है, जो कुछ निरपेक्ष है, जैसे भी है, यह अंतर्विष्ट है, या बराबर अवहेलना है; और यहां सिर्फ एक सामान्य विचार असीम मात्रा में जटिल और बराबर मचलता है।'*

यहां पुनः प्रकृति में द्रव्य और गति का भयंकर अपव्यय। सौरमंडल में अधिक-से-अधिक तीन ग्रहों पर, वर्तमान परिस्थितियों के अंतर्गत, जीवन और चिंतनक्षम प्राणियों के अस्तित्व की संभावना है। और यह संपूर्ण विशाल आयोजना उन्हीं के लिए है।

हेगेल के अनुसार (V, पृ. 244)[154] जीवों में **अंतःप्रेरणा** के जरिये **आंतरिक प्रयोजन** काम करता है।

समझा जाता है कि अंतःप्रेरणा एक-एक जीवित प्राणी का इसके प्रत्यय के साथ अधिकाधिक सामंजस्य स्थापित करती है। इससे स्पष्ट हो जाता है कि समूचा **आंतरिक प्रयोजन** स्वयं में कितना अधिक वैचारिक निर्धारण है, फिर भी लामार्क इसमें समा जाते हैं।

* * *

प्रकृति-वैज्ञानिकों का विश्वास है कि वे दर्शन की अवहेलना अथवा भर्त्सना करके इससे अपने को मुक्त कर लेते हैं। पर चिंतन के बिना वे कुछ भी आगे नहीं बढ़ सकते, और चिंतन के लिए उन्हें चिंतन-निर्धारकों की आवश्यकता होती है।

परंतु इन प्रवर्गों को ये बिना सोचे-समझे ग्रहण करते हैं—उन तथाकथित शिक्षित व्यक्तियों की सामान्य चेतना से जो पुराने अप्रचलित दर्शनों के अवशेषों से प्रभावित होती है, अथवा विश्वविद्यालय में अनिवार्य रूप से सुने गए थोड़े-से दर्शन से (जो न केवल अपूर्ण होता है, बल्कि अत्यंत भिन्न और आम तौर पर अत्यंत भ्रष्ट मतों वाले लोगों के विचारों का बेमेल मिश्रण भी होता है), अथवा विभिन्न प्रकार की अविवेकी और अव्यवस्थित दार्शनिक रचनाओं से। इसलिए वे दर्शन के बंधन से मुक्त तो होते ही नहीं, बल्कि दुर्भाग्य से अधिकतर भ्रष्ट दर्शन के बंधन

---

* जोर स्वयं एंगेल्स द्वारा।—संपा.

में होते हैं, और जो दर्शन की सबसे अधिक भर्त्सना करते हैं, वे तो सबसे भ्रष्ट दर्शन के भ्रष्टतम अवशेषों के ही गुलाम होते हैं।

* * *

प्रकृति-वैज्ञानिक चाहे जो रुख अपनाएं, वे अभी भी दर्शन के नियंत्रण में हैं। सवाल सिर्फ यही है कि वे एक भ्रष्ट और प्रचलित दर्शन के नियंत्रण में रहना चाहते हैं अथवा एक ऐसे सैद्धांतिक चिंतन के जो चिंतन के इतिहास और इसकी उपलब्धियों की जानकारी पर आधारित है।

'भौतिकी, आधिभौतिकशास्त्र से सावधान रहना', बिलकुल ठीक है, एक भिन्न अर्थ में।[155]

प्रकृति-वैज्ञानिक पुराने आधिभौतिकशास्त्र के कूड़ा-करकट को फेरते रहकर दर्शन के काल्पनिक अस्तित्व को आगे बढ़ाते हैं। जब प्राकृतिक और ऐतिहासिक विज्ञान द्वंद्ववाद से अनुप्राणित हो जाएगा तभी सारा दार्शनिक कूड़ा-कचरा–विशुद्ध वैचारिक सिद्धांत के अलावा–अनावश्यक हो जाएगा, प्रत्यक्ष विज्ञान में विलुप्त हो जाएगा।

द्वंद्ववाद

(अ) द्वंद्ववाद के सामान्य सवाल। द्वंद्ववाद के मूलभूत नियम

द्वंद्ववाद, तथाकथित **वस्तुपरक** द्वंद्ववाद, समूची प्रकृति में व्याप्त है, और तथाकथित आत्मपरक द्वंद्ववाद, द्वंद्वात्मक चिंतन, विपरीतों में होनेवाली उस गति का महज प्रतिबिंब है जो प्रकृति में सर्वत्र अपना प्रभाव डालती है, और जो विपरीतों के सतत टकराव तथा अंत में एक-दूसरे में अथवा उच्चतर रूपों में, संक्रमण द्वारा प्रकृति के जीवन को निर्धारित करती है। आकर्षण और विकर्षण। ध्रुवता की शुरुआत चुंबकत्व से होती है, यह उसी एक पिंड में प्रकट होती है। विद्युत की स्थिति में यह विपरीत आवेश वाले दो या अधिक पिंडों में फैल जाती है। सभी रासायनिक प्रक्रियाएं अपने को रासायनिक आकर्षण और विकर्षण की प्रक्रियाओं में नियंत्रित करती हैं। इसी प्रकार, अंत में, जैव जगत में कोशिका नाभिक के निर्माण को जैव प्रोटीन द्रव्य का ध्रुवण समझना चाहिए, और सरल कोशिका के आगे विकासक्रम का सिद्धांत यह प्रमाणित करता है कि किस प्रकार एक और सर्वाधिक जटिल वनस्पति तक का और दूसरी ओर मानव तक का उन्नति का हर दौर अनुवंशिकता और अनुकूलन के बीच के सतत संघर्ष से प्रभावित होता है। इस संदर्भ में यह स्पष्ट हो जाता है कि 'सकारात्मक' और 'निषेधात्मक' जैसे प्रवर्ग विकास-क्रम के ऐसे रूपों पर कितने कम प्रयुक्त होते हैं। आनुवंशिकता की कल्पना हम सकारात्मक, संरक्षी पक्ष के रूप में कर सकते हैं और अनुकूलन की ऐसे निषेधात्मक पक्ष के रूप में जो उत्तराधिकार में प्राप्त हुए को सतत ध्वस्त करता है। परंतु साथ ही अनुकूलन को हम सृजनात्मक, सक्रिय व सकारात्मक गतिविधि, मान सकते हैं और आनुवंशिकता को प्रतिरोधक, निश्चेष्ट व निषेधात्मक गतिविधि। लेकिन जिस प्रकार इतिहास में प्रगति का सृजन वस्तुओं की विद्यमान अवस्था के निषेध के रूप में होता है, उसी प्रकार यहां भी–शुद्ध **व्यावहारिक** धरातलों पर–अनुकूलन की निषेधात्मक क्रियाकलाप के रूप में कल्पना करना बेहतर होगा। इतिहास में विरोधों के बीच की यह गति अग्रवर्ती लोगों के सभी संकटकालीन युगों में सर्वाधिक स्पष्ट रूप में उभरकर सामने आती है। ऐसे अवसरों पर जनता को उभयसंकट में से ही एक

का चुनाव करना पड़ता है : 'इसे या उसे।' और वास्तव में यह सवाल हर युग में राजनीति में दिलचस्पी लेनेवाले फिलिस्तीनों (विषयासक्तों) की मर्जी के मुताबिक नहीं बल्कि हमेशा ही बिलकुल भिन्न रूप में रखा जाता है। यहां तक कि 1848 के उदारवादी जर्मन फिलिस्तीन को 1849 में एकाएक, अप्रत्याशित रूप से और अपनी इच्छा के विरुद्ध इस सवाल का सामना करना पड़ा : एक तीव्र स्वरूप की पुरानी प्रतिक्रिया की ओर लौटना, अथवा क्रांति को गणराज्य तक, संभवतः समाजवादी पृष्ठभूमि वाले संयुक्त व अविभाज्य गणराज्य तक भी, जारी रखना। उसने सोचने में अधिक समय खर्च नहीं किया और जर्मन उदारवाद के उत्कर्ष के रूप में मोंटोइफ्फेल प्रतिक्रिया के सृजन में सहयोग दिया। इसी प्रकार 1851 में फ्रांसीसी पूंजीपतिवर्ग के सामने भी ऐसा उभयसंकट उपस्थित हुआ जिसकी उसे निश्चय ही कोई उम्मीद नहीं थी : साम्राज्य का विद्युतीकरण, राज्याधिकारी शासन और बदमाशों के एक गिरोह द्वारा फ्रांस का शोषण, अथवा एक समाजवादी-जनवादी गणराज्य—और वह बदमाशों के गिरोश की शरण में चला गया ताकि उनसे सुरक्षा पाकर वह श्रमिकों का शोषण करता रह सके।

* * *

विकास-क्रम के सिद्धांत के साथ **दृढ़बद्ध सीमा-रेखाओं** का तालमेल नहीं बैठता। पृष्ठवंशी और अपृष्ठवंशी प्राणियों के बीच की सीमारेखा भी अब दृढ़ नहीं रह गई है। मछलियों और जलस्थलचरों के बीच भी, इसी प्रकार का अस्पष्ट भेद रह गया है, और पक्षियों तथा सरीसृपों के बीच का स्पष्ट भेद दिनोंदिन मिटता जा रहा है। कम्पसोग्नेथस[156] और आर्काइ ओप्टेरिक्स के बीच केवल चंद कड़ियां खोजना बाकी रह गया है, और दंतयुक्त चोंच वाले पक्षी दोनों गोलार्द्धों में प्रकट होते जा रहे हैं। 'यह या वह' अधिकाधिक रूप से अपर्याप्त सिद्ध हो रहा है। निम्नकोटि के प्राणियों में वैयक्तिकता की धारणा को स्पष्ट रूप से स्थापित करना कतई संभव नहीं है, न केवल यह स्थापित करना संभव है कि कोई विशिष्ट प्राणी अपना पृथक् अस्तित्व रखता है अथवा एक संघ है, बल्कि यह भी कि विकासक्रम में कहां **एक** विशिष्ट प्राणी का अवसान होता है और दूसरे का आरंभ (संवर्धन) होता है।[157]

प्रकृति-संबंधी दृष्टिकोण की एक अवस्था पर, जब मध्यवर्ती स्तरों में सभी विभेदों का विलय हो जाता है और सभी विपरीत मध्यवर्ती शृंखलाओं के जरिये एक-दूसरे में संक्रमित होते हैं, चिंतन का पुराना आधिभौतिक तरीका उपयुक्त नहीं रह जाता। द्वंद्ववाद—जो उसी प्रकार दृढ़बद्ध सीमा-रेखाओं को, अप्रतिबंध व सार्वभौतिक रूप से वैध 'यह या वह' को स्वीकार नहीं करता और जो दृढ़ आधिभौतिक विभेदों को संयोजित करता है, और 'यह या वह' के अलावा उचित स्थान पर 'यह और वह, दोनों' को स्वीकार करता है और विपरीतों में सामंजस्य स्थापित करता है—इस

अवस्था के लिए चिंतन की एकमात्र सर्वाधिक उपयुक्त प्रणाली है। निस्संदेह, रोजमर्रा के व्यवहार के लिए, विज्ञान के अल्प परिवर्तन के लिए, आधिभौतिक प्रवर्गों की वैधता बरकरार रहती है।

* * *

परिमाण का गुण में रूपांतरण = 'यांत्रिक' विश्व दृष्टिकोण, परिमाण में परिवर्तन होने से गुण में ५.रिवर्तन होता है। भद्र लोगों ने इसका कभी अनुमान नहीं लगाया था।

* * *

तर्कणा के चिंतन-निर्धारणों से संबंधित पारस्परिक विपरीतों की विशेषता : **ध्रुवण**। जिस प्रकार विद्युत, चुंबकत्व, आदि ध्रुवित होते हैं और विपरीतों में गमन करते हैं, उसी प्रकार चिंतन के बारे में होता है। जिस प्रकार विद्युत, चुंबकत्व आदि में एकपक्षता को कायम रखना संभव नहीं है, कोई भी प्रकृति-वैज्ञानिक इसे कायम रखने के बारे में नहीं सोच सकता, उसी प्रकार चिंतन के बारे में भी यह बात संभव नहीं है।

* * *

'सार-तत्त्व' के निर्धारणों का वास्तविक स्वरूप हेगेल ने स्वयं स्पष्ट किया है : **विश्वकोश**, 1, अनुच्छेद 111, परिशिष्ट : 'तत्त्वतः प्रत्येक वस्तु **सापेक्ष है**'* (जैसे, सकारात्मक और निषेधात्मक, जिनका केवल उनके संबंध में ही अर्थ है, स्वयं अकेले में कुछ नहीं)।

* * *

उदाहरण के लिए, पहले से विद्यमान प्रवर्ग, अंश और पूर्ण, जैव प्रकृति के लिए अपर्याप्त सिद्ध होते हैं। बीजों के उत्क्षेपण—भ्रूण—और नवजात प्राणी की एक ऐसे 'अंश' के रूप में कल्पना नहीं की जा सकती जो 'पूर्ण' से पृथक् है; इसे विकृत प्रतिपादन समझा जाएगा। केवल एक मृत शरीर में ही यह एक अंश बन जाता है (**विश्वकोश**, 1, पृ. 268)।[158]

* * *

सरल और संयुक्त। ऐसे प्रवर्ग जो जैव प्रकृति तक में उसी प्रकार अपना अर्थ खो बैठते हैं और अनुपयुक्त सिद्ध होते हैं। किसी पशु को न तो उसकी हड्डियों, रक्त, उपास्थि, पेशियों, ऊतकों आदि की यांत्रिक संरचना द्वारा व्यक्त किया जा

* जोर स्वयं एंगेल्स द्वारा।—संपा.

सकता है, न ही तत्त्वों से उसकी रासायनिक संरचना द्वारा। (हेगेल : **विश्वकोश**, 1, पृ. 256)।[159] जीव, चाहे कितना भी जटिल क्यों न हो, **न तो** सरल होता है, **न ही** संयुक्त होता है।

* * *

अमूर्त तद्रूपता (अ = अ; और विपरीत, अ एक साथ ही अ के समान और असमान नहीं हो सकता) भी उसी प्रकार जैव प्रकृति पर प्रयुक्त नहीं होती। पौधा, पशु, प्रत्येक कोशिका अपने जीवन के प्रत्येक क्षण में अपने समरूप रहते हैं, फिर भी अपने से इनका विभेदीकरण जारी रहता है–अवशोषण व उत्सर्जन द्वारा, श्वसन द्वारा, कोशिका निर्माण व कोशिकाओं की मृत्यु द्वारा, चालू रहनेवाली संचरण की प्रक्रिया द्वारा। संक्षेप में, उन अविराम आणविक परिवर्तनों के योग द्वारा जो जीवन का निर्माण करते हैं और जिनके परिणामों का योगफल हमें जीवन की अवस्थाओं में प्रत्यक्ष दिखाई देता है–भ्रूणीय जीवन, यौवन, लैंगिक प्रौढ़ता, प्रजनन की प्रक्रिया, वृद्धावस्था, मृत्यु। शरीर-क्रिया-विज्ञान का जितना अधिक विकास होता है, उतना ही इसके लिए इन अविराम, अतिसूक्ष्म परिवर्तनों का महत्त्व बढ़ता जाता है, और इसलिए तद्रूपता के **भीतर** विभेद पर विचार करना भी इसके लिए अधिक महत्त्वपूर्ण हो जाता है, और रूपात्मक तद्रूपता से संबंधित पुराना अमूर्त दृष्टिकोण–किसी जैव सत्ता को महज अपने समरूप वाली एक चीज, एक स्थिर चीज, समझना चाहिए–अनुपयोगी सिद्ध होता है।* फिर भी इस पर आधारित चिंतन-प्रणाली और दूसरे संबंधित प्रवर्ग टिके हुए हैं। परंतु अजैव प्रकृति में भी वस्तुतः तद्रूपता का अपने में कोई अस्तित्व नहीं है। प्रत्येक पिंड को निरंतर यांत्रिक, भौतिक व रासायनिक प्रभावों को झेलना पड़ता है। ये प्रभाव उसे सतत बदलते रहते हैं, उसकी तद्रूपता में हेर-फेर करते रहते हैं। विभेदीकरण को अस्वीकार करनेवाली अमूर्त तदूपता कायम है तो केवल गणित में–एक अमूर्त विज्ञान, जिसका संबंध चिंतन के सृजनों से है, यद्यपि वे वास्तविकता के प्रतिबिंब हैं–और वहां भी यह धीरे-धीरे अस्वीकार की जा रही है। (हेगेल, **विश्वकोश**, 1, पृ. 235)।[160] यह तथ्य कि तद्रूपता के भीतर ही विभेद निहित होता है, **प्रत्येक वाक्य** में व्यक्त होता है, जहां विधेय अनिवार्यतः कर्ता से भिन्न होता है : **कुमुदिनी** एक **पौधा** है, **गुलाब लाल** है, जहां या तो कर्त्ता में या विधेय में ऐसी कोई चीज है जो विधेय या कर्ता द्वारा व्यक्त नहीं होती (हेगेल, पृ. 231)।[161] यह स्वयं सिद्ध है कि शुरू से **अपने साथ तद्रूपता** को संपूरक के रूप में **अन्य सभी चीजों से विभेद** की जरूरत होती है।

---

* पांडुलिपि में हाशिए पर यह टिप्पणी है : 'इसके अलावा, जातियों के विकासक्रम से पृथक्।'–संपा.

निरंतर परिवर्तन, अर्थात्, स्वयं के साथ अमूर्त तद्रूपता का मिटते जाना, तथाकथित अजैव प्रकृति में भी देखने को मिलता है। भूविज्ञान इसका इतिहास है। सतह पर—यांत्रिक परिवर्तन (निरावरण, तुषार), रासायनिक परिवर्तन अपक्षयन; भीतर—यांत्रिक परिवर्तन (दबाव), ऊष्मा (ज्वालामुखीय), रासायनिक (पानी, अम्ल, बंधनकारी पदार्थ); विशाल पैमाने पर—उथल-पुथल, भूकंप, आदि। आज की स्लेट मौलिक रूप से उस पंक से भिन्न है जिससे इसका निर्माण हुआ है, खड़िया उन अबद्ध अतिसूक्ष्म सीपों से भिन्न है जिनसे इसकी रचना हुई है, इससे भी अधिक भिन्न है चूना-पत्थर जो कुछ के मतानुसार वस्तुतः शुद्ध रूप से जैव मूल का है, और बलुआ पत्थर का निर्माण उस अबद्ध समुद्री बालू से हुआ है जो स्वयं विघटित ग्रेनाइट आदि से पैदा हुई है; कोयले की भी यही स्थिति है।

* * *

तद्रूपता का नियम, पुराने आधिभौतिक अर्थ में, पुराने दृष्टिकोण का मूलभूत नियम है : अ = अ। प्रत्येक वस्तु स्वयं के बराबर है। हर चीज चिरस्थायी थी—सौरमंडल, तारे, जीव-जगत। थोड़ा-थोड़ा करके प्रत्येक पृथक् स्थिति में प्राकृतिक विज्ञान द्वारा इस नियम का खंडन किया जा चुका है, पर सैद्धांतिक रूप से अब भी यह टिका हुआ है, और नए नियम के विरोध में पुराने नियम के समर्थकों द्वारा प्रस्तुत किया जाता है : कोई वस्तु एक साथ ही स्वयं और कोई अन्य नहीं हो सकती। तदपि हाल के वर्षों में प्रकृति-विज्ञान द्वारा यह तथ्य विस्तृत रूप से स्पष्ट किया जा चुका है कि वास्तविक व मूर्त तद्रूपता में विभेद व परिवर्तन समाविष्ट है (देखिए ऊपर)।

अमूर्त तद्रूपता, सभी आधिभौतिक प्रवर्गों की तरह, **रोजमर्रा** के इस्तेमाल के लिए वहां पर्याप्त है जहां छोटी विभीतियों और संक्षिप्त कालावधियों का सवाल होता है। जिन सीमाओं में यह उपयुक्त है, वे प्रायः प्रत्येक स्थिति में भिन्न-भिन्न होती हैं और वस्तु के स्वरूप द्वारा निर्धारित होती हैं। एक ग्रह-मालिका के लिए, जहां सामान्य खगोलीय गणना में व्यावहारिक प्रयोजनों के लिए बिना किसी गलती के दीर्घवृत्त को मौलिक आकार के रूप में ग्रहण किया जा सकता है, ये सीमाएं एक कीड़े की सीमाओं से अधिक विस्तृत हैं जो अपना कायांतरण चंद सप्ताहों में पूर्ण करता है (अन्य उदाहरण, जैसे, जातियों का परिवर्तन, जिसका निर्धारण हजारों वर्षों की कालावधियों में होता है।) परंतु प्रकृति-विज्ञान के लिए, इसकी व्यापक भूमिका में, यहां तक की प्रत्येक पृथक् शाखा में, अमूर्त तद्रूपता पूर्णतः अपर्याप्त है, और यद्यपि व्यवहार में कुछ मिलाकर इसका परित्याग किया जा चुका है, फिर भी सैद्धांतिक रूप से यह लोगों के दिमाग पर हावी है, और अधिकांश प्रकृति-वैज्ञानिक सोचते हैं कि तद्रूपता और विभेद परस्पर-विरोधी विपरीत हैं, न कि ऐसे एकपक्षीय ध्रुव

जो केवल अपनी पारस्परिक क्रिया में, तद्रूपता के **भीतर** विभेद के समाविष्ट होने में ही सत्य है।

* * *

तद्रूपता और विभेद—अनिवार्यता और संयोग—कारण और कार्य—ऐसे दो प्रमुख विपरीत* जो पृथक् रूप से व्यवहृत किए जाने पर एक-दूसरे में रूपांतरित हो जाते हैं।

और तब 'प्रथम आधारभूत कारणों' की सहायता अनिवार्य हो जाती है।

* * *

धनात्मक और ऋणात्मक। विपरीत नाम भी दिए जा सकते हैं : विद्युत आदि में। उसी प्रकार उत्तर और दक्षिण। यदि इसे उलटा जाए और तदनुसार शेष शब्दावली को बदला जाए, तो सब कुछ सही बना रहता है। हम पश्चिम को पूर्व और पूर्व को पश्चिम कह सकते हैं। सूर्य पश्चिम में उदित होता है, और ग्रह पूर्व से पश्चिम की ओर घूमते हैं, इत्यादि, केवल नाम बदले गए हैं। वस्तुतः, चुंबक के वास्तविक दक्षिण ध्रुव को, जो पृथ्वी के चुंबकत्व के उत्तरी ध्रुव द्वारा आकर्षित होता है, हम **उत्तरी ध्रुव** कहते हैं, और इससे कोई फरक नहीं पड़ता।

* * *

कोई भी पक्ष धनात्मक या ऋणात्मक हो, धनात्मक और ऋणात्मक समानात्मक हैं, यह न केवल वैश्लेषिक ज्यामिति में सही है, बल्कि उससे भी अधिक भौतिकी में सही है (देखिए, क्लाउसिस, पृ. 87 और आगे)।[162]

* * *

ध्रुवता। जब किसी चुंबक को बीच में काटा जाता है तो यह अनाविष्ट मध्य भाग को ध्रुवित करता है, परंतु इस प्रकार कि पुराने ध्रुव कायम रहते हैं। दूसरी ओर, किसी कृमि (केंचुए) को दो टुकड़ों में काटा जाए तो यह धनात्मक ध्रुव की ओर ग्रहणकारी मुंह कायम रखता है और दूसरे सिरे पर मलद्वार के साथ एक नए ऋणात्मक ध्रुव का निर्माण करता है, परंतु पुराना ऋणात्मक ध्रुव (मलद्वार) अब धनात्मक, बन जाता है, मुंह बन जाता है, और काटे हुए सिरे पर एक नए मलद्वार अथवा ऋणात्मक ध्रुव का निर्माण होता है। देखिए धनात्मक का ऋणात्मक में रूपांतरण।

* * *

---

* पांडुलिपि में : 'die beiden hauptgegensätze' (दो प्रमुख विपरीत)। एंगेल्स के दिमाग में रही है (1) तदूपता और विभेद की प्रतिस्थापना, (2) कारण और कार्य की प्रतिस्थापना। 'अनिवार्यता और संयोग' शब्द पंक्तियों के बीच में बाद में लिखे गए थे।—संपा.

ध्रुवण। जे. ग्रिम के लिए यह एक दृढ़ रूप से प्रस्थापित नियम ही था कि जर्मन भाषा या तो उच्च जर्मन होनी चाहिए या निम्न जर्मन। इसमें उसने फ्रेंच भाषा को पूरी तरह भुला दिया।[163] चूंकि बाद के कार्लोविंगियन काल की लिखित फ्रैंकी भाषा उच्च जर्मन थी (क्योंकि फ्रैंकी दक्षिण-पूर्व में व्यंजनों के उच्च जर्मनीय स्थानांतर का प्रभाव पड़ चुका था), इसलिए उसने कल्पना कर ली कि फैंक भाषा एक स्थान पर उच्च जर्मन में मिल गई है और दूसरे स्थान पर फ्रांसीसी में मिल गई है। तब प्राचीन सैलिक क्षेत्रों में नीदरलैंड की भाषा के स्रोत की व्याख्या करना नितांत असंभव हो गया। ग्रिम की मृत्यु के बाद ही फ्रैंक भाषा की पुनः खोज हुई है : सैलिक की नए रूप में नीदरलैंड की भाषा के रूप में, रिपुआरिक की मध्य और निम्न ड्राइन भाषाओं में, जो अंशतः उच्च जर्मन की विभिन्न अवस्थाओं में बदल गई हैं, और अंशतः निम्न जर्मन बनी रहीं। इस प्रकार फ्रैंक भाषा उच्च जर्मन **और** निम्न जर्मन **दोनों** है।

* * *

संयोग और अनिवार्यता : एक ओर विरोध है जिसमें आधिभौतिकशास्त्र उलझा हुआ है—संयोग और अनिवार्यता का विरोध। इन दो तार्किक संवर्गों से अधिक स्पष्ट परस्पर-विरोधी और क्या हो सकता है? यह कैसे संभव है कि दोनों समान हैं, कि आकस्मिक अनिवार्य है, और अनिवार्य आकस्मिक भी है? सहज बुद्धि और इसके साथ अधिकांश प्रकृति-वैज्ञानिक, अनिवार्यता और संयोग को ऐसे निर्धारण मानते हैं जो सदा-सर्वदा के लिए एक-दूसरे से पृथक् हो गए हैं। कोई वस्तु, कोई परिस्थिति या कोई प्रक्रिया या तो आकस्मिक होती है या अनिवार्य, परंतु दोनों नहीं। इसलिए प्रकृति में दोनों का पास-पास अस्तित्व है। प्रकृति में विविध प्रकार की वस्तुएं और प्रक्रियाएं हैं जिनमें कुछ संयोगवश हैं, तो अन्य आवश्यकतावश। जरूरत है तो केवल इसी बात की कि इन दो किस्मों को एक-दूसरे के साथ गड्डमड्ड न किया जाए। इस प्रकार, उदाहरणार्थ, निर्णायक विशिष्ट गुणों को अनिवार्य माना जाता है, तो एक ही जाति के व्यष्टियों के बीच के अन्य विभेद आकस्मिक माने जाते हैं, और यह बात उसी प्रकार स्फटिकों पर लागू होती है जिस प्रकार पौधों और पशुओं पर लागू होती है। फिर आगे उच्च समूह के संदर्भ में निम्न समूह आकस्मिक बन जाता है, और इस प्रकार इसे आकस्मिक घोषित किया जाता है कि बिल्ली या घोड़ा वंश (जीनस) में कितनी भिन्न-भिन्न जातियां शामिल हैं, या एक वर्ग में कितने वंश और क्रम हैं, और इन जातियों में से प्रत्येक में कितने सदस्य मौजूद है, अथवा एक विशिष्ट क्षेत्र में पशुओं की कितनी भिन्न-भिन्न जातियों का अस्तित्व है, या आम तौर पर वनस्पति व पशु जगत किस प्रकार का है। और तब यह घोषित किया जाता है कि अनिवार्यता ही

वैज्ञानिक दिलचस्पी की एकमात्र चीज है और संयोग ऐसी चीज है जिसके प्रति विज्ञान उदासीन रह सकता है। अर्थात्, जिसे नियमों के अंतर्गत लाया जा सकता है, अतः जिसे कोई **जानता** है, वह दिलचस्पी की चीज है, जिसे नियमों के अंतर्गत नहीं लाया जा सकता, और इसलिए जिसे कोई नहीं जानता, वह महत्त्वहीन चीज है और उसकी उपेक्षा की जा सकती है। इस प्रकार समूचे विज्ञान का विकास ही रुक जाता है, क्योंकि इसे ठीक उसी चीज की खोजबीन करनी होती है जिसे हम **नहीं** जानते। कहने का अर्थ है, जिसे सामान्य नियमों के अंतर्गत लाया जा सकता है वह अनिवार्य है, और जिसके बारे में ऐसा करना संभव नहीं वह आकस्मिक है। कोई भी देख सकता है कि यह उसी प्रकार का विज्ञान है जो उसे प्राकृतिक मानता है जिसे समझाया जा सकता है और जिसे समझाया नहीं जा सकता, उसे अलौकिक कारणों का परिणाम बताता है, जहां तक स्वयं उस वस्तु का संबंध है, यह सर्वथा महत्त्वहीन बात है कि मैं उस अबोधगम्य घटना के कारण को संयोग कहता हूं अथवा ईश्वर कहता हूं। दोनों ही केवल इसके समतुल्य हैं : मुझे मालूम नहीं है, इसलिए विज्ञान की परिधि में नहीं आते। जहां आवश्यक संबंध का अभाव है, वहां विज्ञान खत्म हो जाता है।

इस दृष्टिकोण के विरुद्ध निर्धारणवाद है जिसने फ्रांसीसी भौतिकवाद से विज्ञान में प्रवेश किया और जो संयोग को पूरी तरह अस्वीकार करके उसे समाप्त करने का प्रयत्न करता है। इस धारणा के अनुसार प्रकृति में केवल सरल, प्रत्यक्ष अनिवार्यता ही व्याप्त है, कि मटर की किसी खास फ़ली के अंदर चार या छह नहीं बल्कि पांच दाने हैं, कि किसी खास कुत्ते की पूंछ पांच इंच लंबी है, उससे रत्ती भर भी छोटी या बड़ी नहीं है, कि इस साल एक खास तिपतिया फूल को–दूसरे को नहीं–एक मधुमक्खी ने, और वास्तव में ठीक एक खास मधुमक्खी ने और एक खास समय में, संसेचित किया था, कि हवा से उड़कर आया कुकुरौंदे का एक खास बीज, दूसरा नहीं, अंकुरित हुआ है, कि पिछली रात एक पिस्सू ने सुबह चार बजे–तीन या पांच बजे नहीं–मेरे दाएं कंधे को–बाईं पिंडली को नहीं–काट खाया–ये ऐसे तमाम तथ्य हैं जिन्हें कारण और कार्य की एक अटल शृंखला ने जन्म दिया है, दरअसल एक ऐसी प्रकृति की अखंडनीय अनिवार्यता ने कि वह गैसीय गोला, जिससे सौरमंडल का निर्माण हुआ है, पहले से ही ऐसा बना था कि इन घटनाओं को इसी प्रकार होना था, अन्य प्रकार से नहीं। औगस्टिन और काल्विन के साथ इसे हम ईश्वर का शाश्वत आदेश कहें या तुर्कों के शब्दों में क़िस्मत[164] या हम इसे अनिवार्यता कहें, विज्ञान के लिए यह सब एक-जैसा ही है। इनमें से किसी भी मामले में कारण-कार्य की शृंखला की खोज करने का कोई सवाल नहीं है। इसलिए यह मामला हो या वह, हमारी जानकारी ज्यों-की-त्यों कायम रहती है। तथाकथित अनिवार्यता एक कोरा शब्द बनी रहती है, और इसके साथ संयोग भी पहले-जैसा बना रहता है।

जब तक हम यह नहीं दिखा सकते कि फली के भीतर मटरों की संख्या किस पर निर्भर करती है, तब तक यह केवल संयोग का मामला बना रहता है, और यह दावा कि यह मामला सौरमंडल के आरंभिक संयोजन में पहले ही तय हो चुका था, हमें एक कदम भी आगे नहीं ले जाता। इतना ही नहीं, जो विज्ञान इस अकेली मटर की फली के कारण की इसकी कार्य-कारण शृंखला में पीछे खोज करने में जुट जाएगा, वह विज्ञान नहीं बल्कि एक खेलवाड़ बनकर रह जाएगा; क्योंकि इस अकेली मटर की फली में ही अन्य अनगिनत वैयक्तिक व आकस्मिक गुण भी हैं : रंग का सूक्ष्म भेद, फली की मोटाई और सख़्ती, मटरों का आकार, सूक्ष्मदर्शी से प्रकट होनेवाली उस फली की विशेषताओं का तो कहना ही क्या। इसलिए **एक** फली ही उनसे इतने अधिक कारणानुबंध समाधान के लिए प्रस्तुत कर देगी कि दुनिया के सारे वनस्पतिविद् उन्हें हल करने में जुट जा सकते हैं।

अतः संयोग को यहां आवश्यकता द्वारा नहीं समझाया गया है, बल्कि एक प्रकार से आवश्यकता को सृजन के उस स्तर उतार दिया गया है जहां यह मात्र संयोग है। किसी मटर की फली में पांच या सात नहीं, बल्कि छह दाने हैं, यदि यह तथ्य उसी कोटि का है जैसे कि सौरमंडल की गति का नियम है अथवा ऊर्जा के रूपांतरण का नियम है, तब असल में संयोग का अनिवार्यता में उत्थान नहीं हो जाता, बल्कि अनिवार्यता का ही संयोग में पतन हो जाता है। आगे, चाहे कितना भी अधिक दावा किया जाए कि किसी खास क्षेत्र में पास-पास मौजूद जैव व अजैव जातियों और जीवों की विविधता अलंघनीय अनिवार्यता पर आधारित होती है, अलग-अलग जातियों और जीवों के लिए यह पहले की तरह संयोग ही बनी रहती है। एक अलग पशु के लिए यह संयोग की ही बात होती है कि वह कहां जन्म लेता है, जीवन-यापन के लिए उसे कैसा परिवेश मिलता है, उसके शत्रु कितने हैं और उनमें से कितनों से उसके लिए खतरा है। मातृ पौधे के लिए यह संयोग की बात है कि हवा उसके बीजों को कहां बिखेरती है, और शिशु पौधे के लिए संयोग की बात यह है कि बीज को अंकुरित होने के लिए जमीन कहां प्राप्त होती है; और यह यकीन दिलाना कि यहां भी सब कुछ अलंघनीय अनिवार्यता पर टिका हुआ है, एक कमजोर दिलासा है। एक खास प्रदेश में, इतना ही नहीं तो समूची पृथ्वी में, प्राकृतिक वस्तुओं का घालमेल, अनंतकाल से आद्य निर्धारण के बावजूद, वैसा ही बना रहता है, जैसा पहले था—संयोग का मामला।

इन दोनों धारणाओं के विरोध में हेगेल ने जो प्रमेय प्रस्तुत किए, वे पहले बिलकुल सुनने में नहीं आए थे : संयोग का कारण होता है क्योंकि वह संयोग है, और ठीक उसी तरह उसका कोई कारण भी नहीं होता क्योंकि वह संयोग है; कि संयोग अनिवार्यता है, कि अनिवार्यता स्वयं संयोग के रूप में अपने को निर्धारित करती है, और, दूसरी ओर, यह कि संयोग एक प्रकार से परम अनिवार्यता है।

(**तर्कशास्त्र**, खंड 2, पुस्तक 3, अध्याय 2 : 'वास्तविकता'।) प्रकृति-विज्ञान ने इन प्रमेयों को विरोधाभासी खेल और स्वयं-विरोधी बकवास मानकर उसकी सरासर उपेक्षा की है, और जहां तक सिद्धांत की बात है, वह एक ओर उस खोखले आधिभौतिकवादी वोल्फीय चिंतन से चिपका रहा जिसके अनुसार कोई वस्तु या तो आकस्मिक है या अनिवार्य है, परंतु एकसाथ दोनों नहीं है; दूसरी ओर वह लगभग उतने ही विचार-शून्य उस यांत्रिक निर्धारणवाद से चिपका रहा जो शब्दों में आम तौर पर संयोग को इसलिए अस्वीकार करता है कि उसे व्यवहार में प्रत्येक विशेष मामले में स्वीकार किया जा सके।

जिस समय प्राकृतिक विज्ञान इस प्रकार सोच रहा था, उस समय डार्विन के रूप में इसने क्या **किया**?

डार्विन ने अपनी युगांतरकारी कृति[165] में संयोग के विद्यमान व्यापकतम आधार को अपनाकर शुरुआत की। एक ही जाति के अलग-अलग प्राणियों में पाए जानेवाले अनंत, आकस्मिक विभेदों ने ही, जो उस जाति की विशेषता में प्रकट होने के पहले बढ़ते जाते हैं और जिनके निकटस्थ कारणों तक को केवल बहुत ही थोड़े मामलों में स्पष्ट किया जा सकता है, डार्विन को जीव-विज्ञान में नियमढ़ता के पुराने आधार को—अर्थात्, पुरानी आधिभौतिक दृढ़ता और अपरिवर्तनीयता से युक्त जातियों की धारणा को—चुनौती देने के लिए बाधित किया। परंतु जीव-जातियों की धारणा के बिना सारा विज्ञान व्यर्थ था। इसकी सभी शाखाओं को आधार के रूप में जातियों की धारणा की आवश्यकता थी—मानव शरीर-रचना-विज्ञान तथा तुलनात्मक शरीर-रचना-विज्ञान, भ्रूण-विज्ञान, प्राणि-विज्ञान, जीवाश्म-विज्ञान, वनस्पति-विज्ञान, आदि जीव-जाति की धारणा के बिना क्या थे? उनके सभी परिणामों को न केवल चुनौती दी गई, बल्कि उन्हें सीधे रद्द कर दिया गया। अनिवार्यता को, जिस रूप में उसे अब तक समझा जाता रहा है, संयोग हटा देता है।* अनिवार्यता के बारे में पुरानी मान्यता रद्द हो जाती है। इसे कायम रखने का अर्थ है, एक मानवीय ऐच्छिक निर्धारण को, जो अपने और वास्तविकता के विपरीत है, एक नियम के रूप में स्वेच्छाचारी ढंग से प्रकृति पर थोपना; इसका अर्थ है सजीव प्रकृति में सारी आंतरिक अनिवार्यता को अस्वीकार करना; इसका सामान्यतः अर्थ है संयोग की अराजकता को जैव प्रकृति का एकमात्र नियम घोषित करना। *'Gilt nichts mehr der Tausves Jontof!'*[166] चिल्ला उठना सभी विचारधाराओं के जीववेत्ताओं के लिए बिलकुल तर्कसंगत था। डार्विन।**

* पांडुलिपि के हाशिए में टिप्पणी : 'इस बीच आकस्मिक घटनाओं के बारे में एकत्र हुई सामग्री ने अनिवार्यता की पुरानी मान्यता को कुचल डाला है, चकनाचूर कर दिया है।'—**संपा.**

** तुलना कीजिए, यह ग्रंथ, पृ 306—संपा.

* * *

हेगेल, **तर्कशास्त्र**, खंड 1[167]

'यह नहीं कि कुछ विरोध हो। कुछ भी नहीं जो न्यूनता को निर्धारित करे (पृ. 74)।'*

आपस के संबंध को निर्धारित करने के लिए कोई विचार हो, तत्त्वमीमांसा निश्चय ही बन सकती थी, (जो वास्तव में एक पुनरुक्त है)। यदि कुछ होने को धूल कणों में तब्दील करके बर्बाद कर दिया तो सारा (विश्व) संसार अवश्य ढह जाएगा' (पृ. 78)।

निषेध; मुख्य धारणा 'भूमिका' पृ. 38 : 'स्वयं को निश्चय ही परस्पर-विरोधी होना अमान्य नहीं। लेकिन आवश्यक है कि इसे खास संदर्भ में सिर्फ कुछ नहीं का माना जाए, इत्यादि।

निषेध का निषेध। **घटना-क्रिया-विज्ञान**, भूमिका, पृ. 4। कली, फूल, फल, इत्यादि।[168]

(आ) द्वंद्वात्मक तर्कशास्त्र और ज्ञान-मीमांसा। 'ज्ञान की सीमाओं' के विषय में

प्रकृति और मस्तिष्क की एकता। यूनानियों के लिए यह स्वयंसिद्ध था कि प्रकृति अविवेकी नहीं हो सकती, परंतु आज भी सर्वाधिक मूर्ख अनुभववादी अपने तर्क के जरिये (चाहे यह कितना भी गलत क्यों न हो) सिद्ध करते हैं कि शुरू से ही उन्हें पक्का विश्वास है कि प्रकृति अविवेकी नहीं हो सकती या तर्क प्रकृति के प्रतिकूल नहीं हो सकता।

* * *

चिंतन के इतिहास में किसी धारणा अथवा किसी धारणात्मक संबंध (सकारात्मक और निषेधात्मक, कारण और कार्य, द्रव्य पदार्थ और आकस्मिक गुण) का विकास-क्रम एक द्वंद्ववादी के मस्तिष्क में इसके विकास-क्रम से उसी प्रकार संबंधित है, जिस प्रकार जीवाश्म-विज्ञान में किसी जीव का विकास-क्रम भ्रूण-विज्ञान में (या एक प्रकार से इतिहास में और अकेले भ्रूण में) इसके विकास-क्रम से संबंधित होता है। धारणाओं के लिए इस संबंध की खोज पहली बार हेगेल ने की थी। ऐतिहासिक विकास-क्रम में संयोग अपनी भूमिका अदा करता है, जो द्वंद्वात्मक चिंतन में, जैसेकि भ्रूण के विकास-क्रम में, **अनिवार्यता में निरूपित किया जाता है**।

---

* एंगेल्स ने शून्य से संबंधित टिप्पणी में इस उद्धरण का इस्तेमाल किया है (देखिए, यह ग्रंथ, पृ. 261-62)।—संपा.

अमूर्त और मूर्त। गति के रूपांतरण का सामान्य नियम 'मूर्त' के किसी भी उदाहरण से कहीं अधिक मूर्त है।

* * *

बुद्धि और तर्क। हेगेल के इस विभेद का, जिसके अनुसार केवल द्वंद्वात्मक चिंतन ही तर्कसंगत है, एक निश्चित अर्थ है। बुद्धि से संबंधित हमारे सभी क्रियाकलाप पशुओं-जैसे ही हैं : **आगमन**, **निगमन**, और इसलिए **अमूर्तीकरण** (डिडो[169] की जातिगत धारणाएं : चतुष्पाद, द्विपाद), अज्ञात वस्तुओं का **विश्लेषण** (यहां तक कि सख्त कवच वाले फल को तोड़ना भी विश्लेषण की शुरुआत है), **संश्लेषण**, और इन दोनों के संयोजन के रूप में **प्रयोग** (नई बाधाओं और अनजान परिस्थितियों के मामले में)। अपने स्वरूप में ये सभी कार्य-प्रणालियां—इसलिए वैज्ञानिक अन्वेषण के वे सभी साधन जिन्हें सामान्य तर्कशास्त्र स्वीकार करता है—मानव और उच्चतर पशुओं में पूर्णतया एक-जैसी हैं। केवल स्तर (प्रत्येक स्थिति में विधि के विकास-स्तर) के मामले में ही उनमें अंतर है। मानव और पशु के लिए इन कार्य-प्रणालियों की बुनियादी विशेषताएं एक-सी हैं, और जब तक दोनों सिर्फ इन्हीं प्राथमिक विधियों से काम लेते हैं तब तक समान ही परिणाम प्राप्त होते हैं।

दूसरे ओर, द्वंद्वात्मक चिंतन—ठीक इसलिए कि यह स्वयं धारणाओं के स्वरूप के अन्वेषण की पूर्वकल्पना करता है—केवल मानव के लिए संभव है, और केवल मानव के लिए भी उसके विकासक्रम की तुलनात्मक रूप से एक उच्च अवस्था में (बौद्ध और यूनानी), और इसके भी काफी अनंतर आधुनिक दर्शन में यह अपने विकास की पूर्णावस्था पर पहुंचता है। बावजूद इसके यूनानियों में हम ऐसी बृहद् उपलब्धियां देखते हैं जो अनुसंधान का कहीं अधिक पूर्वानुमान लगाती हैं।

* * *

निर्णयों के वर्गीकरण के विषय में : द्वंद्वात्मक तर्कशास्त्र, पुराने महज आकारात्मक तर्कशास्त्र की तरह, चिंतन की गति के रूपों—अर्थात्, निर्णय और निष्कर्ष के विभिन्न रूपों—की परिगणना करके और बिना किसी संबंध के उन्हें साथ-साथ रखकर संतुष्ट नहीं हो जाता। विपरीत, यह इन रूपों को एक-दूसरे से प्राप्त करता है, इन्हें एक समान स्तर पर न रखकर एक-दूसरे के अधीनस्थ बनाता है, यह निम्नतर रूपों से उच्चतर रूपों को विकसित करता है। संपूर्ण तर्कशास्त्र के अपने वर्गीकरण के प्रति निष्ठावान बने रहकर हेगेल ने निर्णयों को इस प्रकार समूहित किया है[170] :

1. समवाय का निर्णय, सरलतम रूप का निर्णय, जिसमें किसी एक वस्तु का कोई सामान्य गुण सकारात्मक रूप में या नकारात्मक रूप में निश्चयपूर्वक

बताया जाता है (सकारात्मक निर्णय : गुलाब लाल है; नकारात्मक निर्णय : गुलाब नीला नहीं है ; अपरिमित निर्णय : गुलाब ऊंट नहीं है);

2. सन्निवेशन का निर्णय, जिसमें कर्त्ता का संबंध निर्धारण निश्चयपूर्वक बताया जाता है (व्यष्टिगत निर्णय : यह मानव मर्त्य है; अंशव्यापी निर्णय : कुछ, अनेक मानव मर्त्य हैं; सामान्य निर्णय : सभी मानव मर्त्य हैं, अथवा मानव मर्त्य है);[171]

3. अनिवार्यता का निर्णय, जिसमें कर्ता का तात्त्विक निर्धारण निश्चयपूर्वक बताया जाता है (निरपेक्ष निर्णय : गुलाब एक पौधा है; सापेक्ष निर्णय : जब सूर्योदय होता है तब दिन का समय होता है; वियोजक निर्णय : **लैपिडोसिरेन** या तो एक मछली है या एक जलस्थलचर है);

4. धारणा का निर्णय, जिसमें निर्णायक रूप से बताया जाता है कि कर्ता अपने सामान्य स्वरूप के साथ, या जैसा हेगेल कहते हैं, अपनी धारणा के साथ, कितना मेल खाता है प्रकृत निर्णय : यह मकान खराब है; संदिग्ध निर्णय : यदि कोई मकान अमुक प्रकार से बनाया जाए, तो यह अच्छा होता है; सुनिश्चित निर्णय : अमुक प्रकार से बनाया गया मकान अच्छा है।

1. **वैयक्तिक निर्णय**। 2. और 3. **विशेष**। 4. **सामान्य**।

यहां यह चाहे कैसा भी शुष्क लगे, और निर्णयों का यह वर्गीकरण जहां-तहां चाहे जैसा स्वैच्छिक लगे, लेकिन जो कोई भी हेगेल के **बृहत्तर तर्कशास्त्र** (कृतियां, खंड 5, पृ. 63-115।)[172] का अध्ययन करेगा, उसे इस समूहन की आंतरिक यथार्थता और अनिवार्यता स्पष्ट हो जाएगी। यह समूहन न केवल चिंतन के नियमों पर बल्कि प्रकृति के नियमों पर भी कितना आधारित है, यह दिखाने के लिए हम यहां इस संयोजन के बाहर का एक प्रसिद्ध उदाहरण देना चाहेंगे।

प्रागैतिहासिक मानव को इस बात का व्यावहारिक ज्ञान हो चुका था कि घर्षण से उष्णता पैदा होती है। वह संभवतः 1,00,000 से भी अधिक साल पूर्व घर्षण से आग पैदा करने की विधि खोज चुका था, और उसके भी पहले रगड़-रगड़कर अपने बदल के ठंडे अंगों को गरम करता था। लेकिन तब से इस खोज तक कि सामान्यता घर्षण ऊष्मा का एक स्रोत है, कौन जानता है कि कितने हजार सालों का अरसा गुजर गया? फिर जब मानव मस्तिष्क का पर्याप्त विकास हुआ तो वह यह निर्णय सूत्रबद्ध करने में समर्थ हुआ : **घर्षण ऊष्मा का एक स्रोत है**, जो एक समवाय का निर्णय है, असल में एक सकारात्मक निर्णय।

इसके बाद हजारों साल और गुजरे, और तब 1842 में मेयेर, जूल और काल्डिंग ने इस विशिष्ट प्रक्रिया की, इस बीच खोजी गई इसी प्रकार की

अन्य प्रक्रियाओं के संदर्भ में, खोजबीन की—जैसे, इसकी निकटस्थ सामान्य अवस्थाओं के बारे में—और यह निर्णय सूत्रबद्ध किया : **समस्त यांत्रिक गति को घर्षण के जरिये ऊष्मा में बदला जा सकता है**। उस वस्तु के ज्ञान के बारे में उपर्युक्त समवाय के सकारात्मक निर्णय से सन्निवेशन के इस सामान्य निर्णय तक पहुंचने में इतने अधिक समय और अनुभवजन्य ज्ञान के इतने विपुल भंडार की जरूरत पड़ी।

लेकिन इसके बाद बड़ी तेजी से प्रगति हुई। केवल तीन साल बाद मेयेर, कम-से-कम सार रूप में, उस समवाय के निर्णय को इसके मौजूदा स्तर पर उठाने में समर्थ हुए : **कोई भी गति-रूप, प्रत्येक स्थिति के लिए निर्धारित प्रतिबंधों के अंतर्गत, प्रत्यक्ष या अप्रत्यक्ष रूप से, किसी भी अन्य गति-रूप में रूपांतरित होने के लिए समर्थ और बाध्य दोनों ही होता है**—एक धारणा का निर्णय, और इसके अतिरिक्त एक सुनिश्चित निर्णय, कुल मिलाकर निर्णय का सर्वोच्च रूप।

अतः जो चीज हेगेल में निर्णय के वैचारिक रूप के विकास के रूप में प्रकट होती है वह यहां हमारे सामने सामान्यतः गति के स्वरूप के **प्रयोगाश्रित** सैद्धांतिक ज्ञान के विकास के रूप में उपस्थित होती है। लेकिन इससे यही स्पष्ट होता है कि चिंतन के नियम और प्रकृति के नियम, यदि वे ठीक-ठीक ज्ञात हैं तो, अनिवार्य रूप से एक-दूसरे से मेल खाते हैं।

प्रथम निर्णय को हम विशिष्टता का निर्णय मान सकते हैं; यह अकेला तथ्य स्पष्ट किया गया है कि घर्षण ऊष्मा पैदा करता है। दूसरा निर्णय अंश-व्यापकता का निर्णय है : एक विशेष गति-रूप, यांत्रिक गति, विशिष्ट परिस्थितियों के अंतर्गत (घर्षण के जरिये), अन्य विशेष गति-रूप—अर्थात्, ऊष्मा—में संक्रमित होने का गुण दर्शाता है। तीसरा निर्णय सामान्यीकरण का है : कोई भी गति-रूप यह प्रमाणित करता है कि वह किसी भी अन्य गति-रूप में रूपांतरित होने में समर्थ है, बाध्य है। इस रूप में यह नियम अपनी चरम अभिव्यक्ति पर पहुंच जाता है। नए आविष्कारों के आधार पर हम इसके नए उदाहरण प्रस्तुत कर सकते हैं, हम इसे एक नई और अधिक समृद्ध अंतर्वस्तु प्रदान कर सकते हैं; परंतु जिस रूप में यहां यह नियम सूत्रबद्ध किया गया है, उसमें हम नया कुछ नहीं जोड़ सकते। अपने सामान्यीकरण में, आकार और अंतर्वस्तु में भी उसी प्रकार सामान्य, इस नियम में और अधिक विस्तार की गुंजाइश नहीं है : यह प्रकृति का एक निरपेक्ष नियम हैं।

दुर्भाग्य से, हम प्रोटीन के गति-रूप, यानी जीवन, के मामले में, जब तक हम प्रोटीन का निर्माण नहीं कर लेते, कठिनाई में है।

*   *   *

परंतु ऊपर यह भी प्रमाणित किया गया है कि इन निर्णयों की प्रस्तुति में सिर्फ कांट की 'निर्णय-शक्ति' ही समाविष्ट नहीं है, बल्कि एक [...]*

* * *

विशिष्टता, अंश-व्यापकता और सामान्यीकरण–ये वे तीन निर्धारण हैं जिनमें समूचा 'धारणा का सिद्धांत'[173] प्रवर्तित हुआ है। इन विषयों के अंतर्गत, विशिष्ट से अंशव्यापी में और अंशव्यापी से सामान्य में अनुक्रमण एक नहीं बल्कि अनेक निश्चयी मात्राओं में होता है, और इसे हेगेल ने प्रायः ही इस अनुक्रम के रूप में प्रस्तुत किया है : व्यष्टि, जाति, वर्ग (जीनस)। और अब हैकेलवादी अपने आगमन के साथ सामने आते हैं और–हेगेल के विरोध में–इसका एक महान तथ्य के रूप में ढिंढोरा पीटते हैं कि अनुक्रम विशिष्ट से अंशव्यापी में और फिर अंशव्यापी से सामान्य में होना चाहिए (!), व्यष्टि से जाति में और तब वर्ग में–और तब उन **निगमनात्मक** निष्कर्षों को स्वीकार करना चाहिए जिनके बारे में कल्पना की गई कि वे और आगे पहुंचा देते हैं। आगमन और निगमन के बीच के विरोध के मामले में ये लोग ऐसे गतिरोध पर पहुंच गए हैं कि वे निष्कर्ष के सभी तार्किक रूपों को इन दोनों में परिणत कर देते हैं, और ऐसा करते हुए वे यह नहीं देखते कि वे 1. उन नामों के अंतर्गत वे अचेतन रूप से निष्कर्ष के बिलकुल भिन्न रूपों का इस्तेमाल करते हैं, 2. इन दो के अंतर्गत न समाने वाले निष्कर्षों के प्रचुर रूपों से अपने को वंचित रखते हैं, और 3. इस प्रकार दोनों रूपों को, आगमन और निगमन को, महज बकवास में बदल देते हैं।

* * *

आगमन और निगमन। हैकेल, पृ. 75 और आगे, जहां गेटे यह आगमनात्मक निष्कर्ष निकालते हैं कि मानव शरीर में प्रीमैक्सिलरी हड्डी **आम तौर पर नहीं होती**, पर **अवश्य** होनी चाहिए, इसलिए **गलत** आगमन द्वारा एक सही चीज पर पहुंचते हैं।[174]

* * *

हैकेल की बकवास : निगमन के विरुद्ध आगमन। जैसेकि यह निगमन = निष्कर्ष का मामला न हो, और इसलिए आगमन एक निगमन भी है। यह ध्रुवण से आता

* यह अपूर्ण टिप्पणी उस दोहरी शीट के चौथे पृ. के अंत में पहुंचती है जिसके दूसरे व तीसरे पृष्ठों पर और चौथे पृ. के शुरू में निर्णयों के वर्गीकरण से संबंधित पिछला बड़ा लेखांश है। स्पष्टतया एंगेल्स का आशय था कि वह इस टिप्पणी में कांटीय प्रागनुभववाद के प्रतिपक्ष में समस्त ज्ञान के अनुभवजन्य आधार की अपनी स्थापना प्रस्तुत करना चाहते थे (तुलना कीजिए, यह ग्रंथ, पृ. 2)।–संपा.

है। हैकेल का 'सृष्टि का इतिहास', पृ. 76-77। आगमन और निगमन में ध्रुवित किया गया निष्कर्ष।

* * *

सौ साल पहले आगमन द्वारा यह खोज की गई थी कि चिंगट मछली और मकड़ियां कीट हैं और सभी निम्नतर जन्तु कृमि हैं। आगमन द्वारा अब यह पता चला है कि यह बकवास है और क्ष वर्गों का अस्तित्व है। तब तथाकथित आगमनात्मक निष्कर्ष का, जो उसी प्रकार भ्रामक हो सकता है जिस प्रकार तथाकथित निगमनात्मक निष्कर्ष, जिसका आधार फिर भी वर्गीकरण है, लाभ किस बात में है?

आगमन कभी भी यह प्रमाणित नहीं कर सकता कि दुग्धवाहिणी ग्रंथियों के बिना कभी कोई स्तनपायी पशु नहीं होगा। पहले स्तनाग्रों को एक स्तनपायी पशु का लक्षण माना जाता था। परंतु प्लैटीपस में कोई स्तनाग्र नहीं है।

आगमन की यह सारी धोखेबाजी अंग्रेज व्यक्तियों की देन है। ह्वेवेल, आगमनात्मक विज्ञान, जिनमें विशुद्ध गणितीय (विज्ञान) शामिल हैं[175], और इस प्रकार आगमन के लिए प्रतिस्थापना खोजी गई। तर्कशास्त्र, पुराना और नया, इसके बारे में कुछ नहीं जानता। निष्कर्ष के वे सभी रूप जो व्यष्टि से शुरू होते हैं, प्रायोगिक हैं और अनुभवाश्रित हैं, यहां तक कि आगमनात्मक निष्कर्ष की शुरुआत भी सा-वि-अं[176] (सामान्य) से होती है।

हमारे प्राकृतिक वैज्ञानिकों की चिंतन-क्षमता का यह भी वैशिष्ट्य है कि हैकेल उसी समय आगमन की हठपूर्वक हिमायत करता है जब आगमन के **परिणामों**–वर्गीकरणों–पर सर्वत्र प्रश्नचिह्न लगाए जा रहे हैं (जलस्थलचरों की सभी मूल परिभाषाओं के विरोध में **लिभुलस** एक मकड़ी है, **एस्सिडिया** एक रीमुर या **कोर्डेट** है, परंतु **डिप्नोई** मछलियां हैं।[177] और प्रतिदिन नए तथ्य खोजे जा रहे हैं जो आगमन पर आधारित समूचे पहले के वर्गीकरण नष्ट कर देते हैं। हेगेल की स्थापना की कितनी अत्युत्तम पुष्टि कि आगमनात्मक निष्कर्ष अनिवार्यतः एक समस्यात्मक निष्कर्ष है! दरअसल, विकासक्रम के सिद्धांत के कारण, जीवों का समस्त वर्गीकरण तक आगमन से छीन लिया गया है और 'निगमन' में, अवतरण में–अवतरण द्वारा एक जाति का अन्य जाति से अक्षरशः **निगमन** करते हुए–वापस लाया गया है, और केवल आगमन द्वारा विकास-क्रम के सिद्धांत को प्रमाणित करना असंभव है, क्योंकि यह पूर्णतः आगमन-विरोधी है। जिन धारणाओं द्वारा निगमन कार्य करता है : जाति, जीनस, वर्ग, विकास-क्रम के सिद्धांत के कारण अनिश्चित हो गई है और इसलिए सापेक्ष बन गई हैं : पर आगमन के लिए हम सापेक्ष धारणाओं का इस्तेमाल नहीं कर सकते।

* * *

सर्व-आगमनवादियों से।* दुनिया के सारे आगमन के साथ भी हम आगमन की **प्रक्रिया** स्पष्ट होने के बिंदु तक कभी नहीं पहुंच पाते। केवल इस प्रक्रिया के **विश्लेषण** से ही यह संभव हो सकता है।–आगमन और निगमन उसी प्रकार एक-दूसरे से अनिवार्यतः संयुक्त हैं जिस प्रकार विश्लेषण और संश्लेषण हैं।** अन्य की कीमत पर पहले की एकांगी स्तुति करके उसे आसमान पर उठा लेने की बजाय हमें प्रत्येक का उसके स्थान पर उपयोग करना चाहिए, और वह केवल तभी संभव है जब यह ध्यान में रखा जाए कि वे एक-दूसरे से संयुक्त हैं, कि वे एक-दूसरे के पूरक हैं।

आगमनवादियों के अनुसार आगमन एक भ्रमातीत विधि है। यह इतनी अल्प भ्रमातीत है कि इसके स्पष्टतया सर्वाधिक ठोस निष्कर्ष नए आविष्कारों द्वारा प्रतिदिन व्यस्त किए जा रहे हैं। प्रकाश-कणिकाएं और ऊष्मा आगमन के निष्कर्ष थे। अब वे कहा हैं? आगमन ने हमें पढ़ाया है कि सभी रीढ़ीदारों का मस्तिष्क और मेरुरज्जु में विभक्त एक केंद्रीय स्नायु-तंत्र होता है, और यह स्नायु-तंत्र उपास्थीय अथवा अस्थिमय कशेरुका (रीढ़) में आबद्ध होता है–इसीलिए रीढ़ीदार नाम अस्तित्व में आया है। **एम्फिओक्सस** के बारे में पता चला है कि यह एक ऐसा रीढ़ीदार है जिसकी कोई पृथक् केंद्रीय स्नायु-रज्जु नहीं है और यह कशेरुका-रहित है। आगमन ने सिद्ध किया था कि मछलियां ऐसी रीढ़ीदार हैं जो समूचे जीवनकाल में केवल गिलों से सांस लेती हैं। फिर ऐसे जीव प्रकार में आए जिनका मछली स्वरूप प्रायः सर्वसामान्य रूप से स्वीकार किया जाता है, पर जिनके गिलों के अलावा सुविकसित फेफड़े भी हैं, और पता चलता है कि प्रत्येक मछली के वाताशय में एक फेफड़ा अंतर्निहित होता है। विकास-क्रम के सिद्धांत का केवल निर्भीक प्रयोग करके ही हैकेल ने आगमनवादियों का, जो इन विसंगतियों को बड़े मजे में वहन कर रहे थे, उद्धार किया।

यदि आगमन सचमुच ही इतना भ्रमातीत था, तो जीव-जगत के वर्गीकरण में तेजी से क्रमिक क्रांतियां कैसे हुईं? वे आगमन की सर्वाधिक वैशिष्ट्यपूर्ण उपज हैं, और फिर भी वे एक-दूसरे को मिटा देती हैं।

* * *

आगमन और विश्लेषण। आगमन वैज्ञानिक आविष्कार की एकमात्र या प्रधान भी विधि होने का कितना अल्प दावा कर सकता है, इसका एक प्रभावी उदाहरण

---

* पांडुलिपि में शब्द हैं : 'Den Allinduktionisten', अर्थात्, उनसे जो आगमन को एकमात्र सही विधि मानते हैं।–संपा.

** हाशिए पर टिप्पणी : 'रसायन, जिसमें **विश्लेषण** अनुसंधान का प्रधान प्रकार है, इसके विपरीत – संश्लेषण – के बिना कुछ नहीं है।'–संपा.

तापगतिकी में मिलता है : भाप-इंजन ने सर्वाधिक प्रभावी प्रमाण प्रस्तुत किया कि हम ऊष्मा प्रदान करके यांत्रिक गति प्राप्त कर सकते हैं। 1,00,000 भाप-इंजनों ने इसे **एक** से अधिक प्रमाणित नहीं किया, पर केवल अधिकाधिक ने इसकी व्याख्या की अनिवार्यता के लिए भौतिकविदों को विवश किया। इस समस्या के हल में गंभीरतापूर्वक जुटनेवाला पहला व्यक्ति **सादी कार्नो** था। परंतु आगमन के द्वारा नहीं। उसने भाप-इंजन का अध्ययन किया, इसका विश्लेषण किया, और पता लगाया कि इसमें जो प्रक्रिया महत्त्व की है, वह **शुद्ध रूप में** प्रकट नहीं होती, बल्कि अनेक प्रकार की गौण प्रक्रियाओं द्वारा छिपी रहती है। उन्होंने इन गौण अवस्थाओं को, जिनका प्रधान प्रक्रिया के लिए महत्त्व नहीं है, दूर कर दिया, और एक आदर्श भाप-इंजन (या गैस-इंजन) की रचना की जो यथार्थ में उतना ही अल्प संभवनीय है जितनी कि ज्यामितीय रेखा अथवा सतह, परंतु अपने ढंग से वही सेवा करता है जो ये गणितीय अमूर्त करते हैं: यह इस प्रक्रिया को शुद्ध, स्वतंत्र और अदूषित रूप में प्रस्तुत करता है। और वह सीधे ऊष्मा के यांत्रिक तुल्यमान के सम्मुख पहुंच गए (देखिए उनके फलन C का वैशिष्ट्य),* परंतु वह इसकी खोज करने और इसे देखने से चूक गए, क्योंकि उनकी आस्था 'कैलिरिक' (ऊष्मा) में थी। गलत सिद्धांतों से हुई क्षति का प्रमाण यहां भी।

* * *

केवल प्रेक्षण का अनुभववाद अनिवार्यता को यथेष्ट रूप से कदापि प्रमाणित नहीं कर सकता। **पूर्ववर्ती**, परंतु **इसलिए कारण** नहीं (**विश्वकोश**, खंड 1, पृ. 841)।[178] इसमें यथेष्ट सत्यता है कि सूर्य के सवेरे निरंतर उदित होते रहने से यह प्रमाणित नहीं होता कि यह पुनः अगले दिन उदित होगा, और वास्तव में अब हम जानते हैं कि एक समय आएगा जब किसी सवेरे सूर्य उदित नहीं होगा। परंतु अनिवार्यता का प्रमाण मानवीय क्रियाकलाप में, प्रयोग में, कृति में निहित होता है : यदि मैं **परवर्ती** के **निर्माण** में समर्थ हूं, तो यह **कारण** के समरूप हो जाता है।

* * *

कार्य-कारण संबंध। गतिमान द्रव्य पर विचार करते समय जो चीज सबसे पहले हमारा ध्यान आकर्षित करती है, वह है अलग-अलग पिंडों की अलग-अलग गतियों का अंतर्संबंध, इनका एक-दूसरे से **निर्धारित होना**। परंतु हम केवल यही नहीं देखते कि एक विशेष गति का अनुसरण दूसरी गति करती है, बल्कि यह भी देखते हैं कि हम एक विशेष गति का सृजन ऐसी परिस्थितियां स्थापित करके कर सकते हैं जिनके अंतर्गत यह प्रकृति में साकार होती है, कि हम ऐसी गतियां भी पैदा कर

* तुलना कीजिए, यह ग्रंथ, पृ. 60।—संपा.

सकते हैं जो प्रकृति में किसी तरह देखने को नहीं मिलती (उद्योग), कम-से-कम इस प्रकार नहीं, और कि इन गतियों को हम पूर्वनिर्धारित दिशा और विस्तार प्रदान कर सकते हैं। **इस प्रकार, मनुष्य के क्रियाकलाप** द्वारा कार्य-कारण संबंध (कारणता) की धारणा—यह धारणा कि एक गति दूसरी गति का **कारण** है—संस्थापित हो जाती है। यह सही है कि कुछ निश्चित प्राकृतिक घटनाओं का नियमित क्रम स्वयं कार्य-कारण संबंध के विचार को जन्म दे सकता है : ऊष्मा और प्रकाश, जिनका आगमन सूर्य के साथ होता है, लेकिन इससे कुछ प्रमाणित नहीं होता, और उस हद तक ह्यूम का यह संदेह सही था कि एक नियमित 'यत्पूर्व तत्कारणम्' कदापित सिद्ध नहीं कर सकता। परंतु मनुष्यों के क्रियाकलाप **कारणता की कसौटी होते हैं।** यदि हम किसी अवतल दर्पण के जरिये सूर्य की किरणें सकेंद्रित करते हैं और उन्हें सामान्य आग की किरणों की तरह प्रयुक्त करते हैं, तो इस प्रकार हम सिद्ध करते हैं कि ऊष्मा सूर्य से प्राप्त होती है। यदि हम किसी राइफल में रंजक, विस्फोटक और गोली का आयोजन करके उसे चला दें तो हम पहले के अनुभव के आधार पर ऐसे परिणाम की उम्मीद रखते हैं जो हमें पहले से ज्ञात होता है, क्योंकि हम प्रज्वलन, दहन, अकस्मात गैस में रूपांतरण होने से हुए विस्फोट और गोली पर गैस के दबाव की समूची प्रक्रिया का ब्यौरेवार विवरण प्राप्त कर सकते हैं। और यहां संदेहवादी यह भी नहीं कह सकता कि, पिछले अनुभव से यह सिद्ध नहीं होता कि अगली बार भी ऐसा ही होगा। क्योंकि, असल में, कभी-कभी ऐसा होता है कि यह पहले-जैसा **नहीं** होता, कि रंजक अथवा बारूद काम नहीं करती, कि नली फट जाती है, इत्यादि। परंतु ठीक यही बात कारणता का खंडन करने के बजाय उसे **सिद्ध करती है**, क्योंकि हम नियम से ऐसे प्रत्येक व्यतिक्रम का समुचित जांच-पड़ताल करके कारण खोज सकते हैं : रंजक की रासायनिक संरचना, बारूद की नमी आदि, नली में किसी प्रकार के दोष, इत्यादि का पता लगा सकते हैं, इस प्रकार यहा कारणता की एक प्रकार से **दोहरी** परख हो जाती है।

दर्शनशास्त्र की तरह प्रकृति-विज्ञान ने भी मानव के **चिंतन** पर उसके क्रियाकलाप के प्रभाव की अब तक पूर्ण उपेक्षा की है; दोनों एक ओर केवल प्रकृति और दूसरी ओर केवल चिंतन को जानते हैं। परंतु, अपने में सिर्फ प्रकृति नहीं बल्कि यह ठीक-ठीक **मानव द्वारा प्रकृति का परिवर्तन** है जो मानव चिंतन का सर्वाधिक सारभूत और निकटतम आधार हैं, और मानव द्वारा प्रकृति में किया गया परिवर्तन उसकी बुद्धि के विकास का मानदंड है। इतिहास की प्रकृतिवादी धारणा—जो, उदाहरण के लिए, कमोबेश रूप में ड्रैपर और दूसरे वैज्ञानिकों के चिंतन में देखने को मिलती है और जिसके अनुसार मानो प्रकृति ही मानव को पूर्णतः प्रभावित करती है, और उसके ऐतिहासिक विकास को केवल प्राकृतिक परिस्थितियां ही सर्वत्र निर्धारित करती हैं—इस कारण एकांगी है, और यह नजरअंदाज कर देती

है कि मनुष्य भी प्रकृति पर प्रभाव डालता है, इसे बदलता है और अपने लिए अस्तित्व की नई परिस्थितियों का सृजन करता है। जर्मनी में जर्मन जनजाति के आप्रवास के समय वहां की 'प्रकृति' का जो रूप था, उसमें से अब बहुत अल्प शेष रह गया है। पृथ्वी की सतह, जलवायु, वनस्पति, जीव-जंतुओं और स्वयं मनुष्यों में असीम परिवर्तन हो चुका है, और यह सब मनुष्य के क्रियाकलाप के कारण हुआ है, जबकि इस अवधि में जर्मनी में मनुष्य के हस्तक्षेप के बिना प्रकृति में हुए परिवर्तन सर्वथा नगण्य हैं।

* * *

अन्योन्य क्रिया : हमारे सामने आनेवाली पहली चीज है, जब हम आधुनिक प्रकृति-विज्ञान के दृष्टिकोण से गतिमान द्रव्य पर समग्र रूप से विचार करते हैं। हम गति के रूपों की एक शृंखला देखते हैं : यांत्रिक गति, ऊष्मा, प्रकाश, विद्युत, चुंबक, रासायनिक संयोजन व विघटन, समूहन की अवस्थाओं के संक्रमण, जैव जीवन, ये सब—यदि जैव जीवन को **विद्यमान स्थिति में अभी** एक अपवाद मान लिया जाए—एक-दूसरे में बदलते हैं, एक-दूसरे को परस्परतः निर्धारित करते हैं, एक स्थान पर कारण होते हैं तो दूसरे स्थान पर कार्य, और अपने तमाम बदलते रूपों में गति का कुल योग वही बना रहता है (स्पिनोजा : **द्रव्य स्वकारण है**। अन्योन्य क्रिया को प्रभावशाली ढंग से व्यक्त करता है)।[179] यांत्रिक गति ऊष्मा, विद्युत, चुंबकत्व, प्रकाश आदि में, और विलोमतः, रूपांतरित होती है। इस प्रकार प्रकृति-विज्ञान हेगेल ने कही (कहां?) इस बात की पुष्टि करता है कि अन्योन्य क्रिया वस्तुओं का सच्चा **अंतिम कारण** (causa finalis) है। हम अन्योन्य क्रिया के इस ज्ञान से और अधिक पीछे नहीं जा सकते, जिसका स्पष्ट कारण यह है कि पीछे जानने के लिए कुछ नहीं है। यदि हम द्रव्य के गति-रूपों को जानते हैं (जिन्हें, यह सच है कि, हम अभी काफी अपूर्ण जानते हैं, क्योंकि प्रकृति-विज्ञान को अस्तित्व में आए बहुत समय नहीं हुआ है, तो हम स्वयं द्रव्य को जानते हैं और इस तरह हमारा ज्ञान पूर्ण हो जाता है (कारणता के बारे में ग्रूव की सारी गलतफहमी इस तथ्य पर आधारित है कि वह अन्योन्य क्रिया के प्रवर्ग को प्राप्त करने में सफल नहीं होते, उनके पास सारवस्तु तो है, पर अभूर्त चिंतन नहीं है, और यही भ्रम का कारण है (पृ. 10-14)।[180] केवल इसी सार्वत्रिक अन्योन्य क्रिया से हम वास्तविक कार्य-कारण संबंध पर पहुंच सकते हैं। अलग-अलग घटनाओं को समझने के लिए हमें उन्हें सामान्य अंतर्संबंध से पृथक् करना होगा और उन पर अलग-अलग विचार करना होगा, और **तब** परिवर्तित होती गतियां प्रकट होती हैं, एक कारण के रूप में तथा दूसरी कार्य के रूप में।

* * *

जो कारणता को अस्वीकार करता है, उसके लिए प्रकृति का प्रत्येक नियम—अन्य के साथ-साथ प्रिज्मी वर्णक्रम द्वारा खगोलीय पिंडों का रासायनिक विश्लेषण भी—एक परिकल्पना है। विचार का यह कैसा खोखलापन है कि वह इस प्रकार के दृष्टिकोण से आगे नहीं बढ़ सकता।

* * *

अनंतता को जानने की नैगेली की अक्षमता के विषय में[181]

नैगेली, पृ. 12, 13

सर्वप्रथम नैगेली कहते हैं कि हम वास्तविक गुणात्मक विभेदों को नहीं जान सकते, और तुरंत बाद कहते हैं कि ऐसे 'निरपेक्ष विभेद' प्रकृति में नहीं पाए जाते (पृ. 121)।

सर्वप्रथम, प्रत्येक गुण की अनगिनत गुणात्मक श्रेणियां होती हैं, जैसे, रंग के आभाभेद, कठोरता, मृदुता, जीवन की दीर्घता, इत्यादि, और गुणात्मक पृथकता के बावजूद इन्हें मापा जा सकता है, जाना जा सकता है।

दूसरे, गुणों का नहीं बल्कि केवल गुणों से **युक्त** वस्तुओं का अस्तित्व है, और वस्तुतः अपरिमित गुणों से युक्त। दो भिन्न वस्तुओं में हमेशा ही कुछ गुण (कम-से-कम भौतिक गुणधर्म) समान होते हैं, और दूसरों में श्रेणीगत अंतर होता है, और कुछ अन्य गुणों का उनमें से किसी एक वस्तु में पूर्ण अभाव हो सकता है। यदि हम ऐसी दो अत्यधिक भिन्न वस्तुओं पर अलग-अलग विचार करते हैं—जैसे, एक उल्कापिंड और एक आदमी—तो इसमें से हमें बहुत थोड़ा मिलता है। दोनों में अधिक-से-अधिक भारीपन और पिंडों के अन्य सामान्य गुणधर्म ही समान हैं। परंतु इन दो चीजों के बीच अन्य प्राकृतिक वस्तुओं और प्राकृतिक घटनाओं का एक अपरिमित क्रम रखा जा सकता है, और इस प्रकार उल्कापिंड से आदमी तक के क्रम को पूर्ण किया जा सकता है। प्रत्येक वस्तु को प्रकृति के अंतर्संबंध में उसका स्थान प्रदान किया जा सकता है, और इस प्रकार उन्हें जाना जा सकता है। स्वयं नैगेली इसे स्वीकार करते हैं।

तीसरे, हमारे विभिन्न इंद्रिय गुण के बारे में हमें नितांत भिन्न-भिन्न जानकारी दे सकते हैं। ऐसी स्थिति में दृष्टि, श्रवण, गंध, स्वाद और स्पर्श द्वारा अनुभव किए जानेवाले गुणधर्म नितांत भिन्न होंगे। परंतु यहां भी खोजबीन को आगे बढ़ाने पर विभेद मिट जाते हैं। नाक और जिह्वा को, जो समान नहीं तो संयुक्त गुणों को ग्रहण करते है, लम्बे अरसे से सहयोगी इंद्रिय स्वीकार किया गया है। दृष्टि और कान, दोनों तरंगों के दोलनों को ग्रहण करते हैं। स्पर्श और दृष्टि इस सीमा तक एक-दूसरे के पूरक हैं कि किसी वस्तु के दर्शन से हम अक्सर उसके स्पर्शी गुण

निर्धारित कर सकते हैं। और, अंततः, यह सदैव वही 'मैं' है जो इन तमाम विभिन्न इंद्रियानुभूतियों को ग्रहण करता है, विस्तृत करता है, उन्हें एकत्व में समाविष्ट करता है, और इसी प्रकार ये विभिन्न अनुभूतियां उसी वस्तु द्वारा प्रदान की जाती हैं, उस वस्तु के सामान्य गुणधर्मों के रूप में प्रकट होती हैं, और इसलिए उसे समझने में हमें मदद देती है। केवल इन विभिन्न इंद्रियों द्वारा ग्रहण किए जानेवाले इन विभिन्न गुणों की व्याख्या करना, इनका एक-दूसरे के साथ संबंध स्थापित करना, ठीक यही विज्ञान का कार्य है; विज्ञान ने अब तक शिकायत नहीं की क्योंकि हमारे पास इन पांच विशिष्ट इंद्रियों के स्थान पर कोई एक सामान्य इंद्रिय नहीं है, या क्योंकि स्वाद और गंध को हम देख या सुन नहीं सकते।

हम जहां भी देखें, प्रकृति में कहीं पर भी ऐसे 'गुणात्मक रूप से अथवा निरपेक्ष रूप से पृथक् क्षेत्र' देखने को नहीं मिलते (पृ. 12), जिन्हें अबोधगम्य ठहराया गया है। यह सारा भ्रम गुण और परिमाण से संबंधित भ्रम से पैदा होता है। प्रचलित यांत्रिक दृष्टिकोण के अनुसार, नैगेली सभी गुणात्मक विभेदों को केवल उसी सीमा तक स्पष्ट हुए मानते हैं जिस सीमा तक उन्हें परिमाणात्मक विभेदों में परिणत किया जा सकता है (जिसके बारे में आवश्यक बातें अन्यत्र बताई गई हैं), अथवा क्योंकि उनके अनुसार गुण और परिणाम स्पष्टतः पृथक् प्रवर्ग है। आधिभौतिकशास्त्र।

*'हम **केवल परिमित** को ही जान सकते हैं',* इत्यादि (पृ. 13)*

यह वहीं तक बिलकुल सही है जहां केवल परिमित वस्तुएं हमारे ज्ञान की सीमा में पहुंचती हैं। परंतु इस तर्कवाक्य में यह जोड़ना जरूरी है : 'मूलतः हम **केवल अपरिमित** को जान सकते हैं।' वस्तुतः, समस्त यथार्थ, सर्वांगपूर्ण ज्ञान केवल वही होता है जिसमें अकेली वस्तु को चिंतन में वैयक्तिकता से विशिष्टता में और इससे सर्वव्यापकता में उठाया जाता है, अपरिमित को परिमित में तथा शाश्वत को क्षणिक में खोजा जाता है और स्थापित किया जाता है। परंतु सर्वव्यापकता का रूप स्वयं-पूर्णता का रूप है, इसलिए यह अपरिमित का है। हम जानते हैं कि क्लोरीन और हाइड्रोजन का संयोजन, ताप व दाब की एक निश्चित सीमा में और प्रकाश के प्रभाव के अंतर्गत, एक विस्फोट में होकर हाइड्रो-क्लोरिक एसिड गैस पैदा होती है, और जैसे ही हमें यह जानकारी मिलती है, हम यह भी जान जाते हैं, कि जहां भी उपर्युक्त परिस्थितियां मौजूद होंगी, वहां सर्वत्र और सभी समय में ऐसा ही घटित होगा, और यह उपेक्षा की बात हो सकती है कि यह एक बार घटित होता है या लाखों-करोड़ों बार होता है या कितने खगोलीय पिंडों पर घटित होता है। प्रकृति में सर्वव्यापकता का रूप **नियम** है, और **प्रकृति के नियमों के शाश्वत स्वरूप** की चर्चा प्रकृति-वैज्ञानिकों से अधिक कोई नहीं करता। इसलिए जब नैगेली कहते हैं कि

* जोर स्वयं एंगेल्स द्वारा।–संपा.

केवल परिमित की खोजबीन की इच्छा रखने की बजाय इसके साथ कोई शाश्वत जोड़ दिया जाता है तो परिमित के बोध को असंभव बना दिया जाता है। तब वे या तो प्रकृति के नियमों को या उनके शाश्वत स्वरूप को जानने की संभावना को अस्वीकार करते हैं। प्रकृति का समस्त यथार्थ ज्ञान शाश्वत का, अपरिमित का ज्ञान है, और इसलिए अनिवार्यता निरपेक्ष है।

परंतु इस निरपेक्ष ज्ञान में एक महत्त्वपूर्ण त्रुटि है। जिस प्रकार ज्ञेय द्रव्य की अपरिमितता शुद्ध परिमिति वस्तुओं से निर्मित है, उसी प्रकार निरपेक्ष को जाननेवाले चिंतन की अपरिमितता ऐसे अनगिनत ससीम मानव मस्तिष्कों से निर्मित है जो पास-पास और क्रमशः इस अपरिमित ज्ञान पर काम करते हैं, व्यावहारिक और सैद्धांतिक गलतियां करते हैं; भ्रांतिपूर्ण, एकांगी तथा मिथ्या आधार-वाक्यों से शुरुआत करते हैं; गलत, कष्टप्रद तथा अनिश्चित मार्गों पर आगे बढ़ते हैं, और अक्सर सत्य के समीप पहुंच जाने पर भी उसे पहचान तक नहीं पाते (प्रीस्टले)।[182] इस प्रकार अपरिमित के संज्ञान दोहरी बाधाओं से घेरा हुआ है और स्वयं इसके स्वरूप के कारण इसकी प्राप्ति केवल एक अनंतस्पर्शी विकास में ही संभव है। और यह सब हमें यह कहने के लिए पर्याप्त आधार प्रदान करता है कि : अपरिमित ठीक उतना ही ज्ञेय है जितना कि यह अज्ञेय है, और हमें इतने ही की जरूरत है।

विलक्षण बात यह है कि नैगेली वही चीज कहते हैं :

'हम केवल परिमित को जान सकते हैं, परंतु हम उस ***समस्त परिमित**** *को जान सकते हैं जो हमारी इंद्रियानुभूतियों की सीमा में आता है।'*

सीमा के भीतर जो परिमित आदि जाता है, ठीक वही कुल मिलाकर अपरिमित है, क्योंकि **ठीक इसी से नैगेली ने अपना अपरिमित का विचार प्राप्त किया है!** इस परिमित आदि के बिना, दरअसल, उनके दिमाग में अपरिमित का विचार पैदा नहीं होता!

(अपने में दूषित अनंतता पर अन्यत्र विचार किया जाएगा।)

अनंतता की इस छानबीन के पहले निम्नलिखित आते हैं :

1. *दिक् और काल के संबंध में 'महत्त्वहीन क्षेत्र'।*
2. *ज्ञानेंद्रियों का 'संभवतः त्रुटिपूर्ण विकास'।*
3. *कि 'हम केवल उसे जानते हैं जो परिमित, परिवर्तनशील, क्षणिक है, जो केवल श्रेणी में भिन्न तथा सापेक्ष है, क्योंकि हम केवल गणितीय धारणाओं का प्राकृतिक वस्तुओं में अंतरण कर सकते हैं और इन वस्तुओं का इन्हीं से प्राप्त किए गए पैमानों से परीक्षण कर सकते हैं।*

* जोर स्वयं एंगेल्स द्वारा।—संपा.

जो कुछ भी अनंत या शाश्वत है, जो कुछ भी चिरस्थायी है, और जो भी निरपेक्ष विभेद हैं, उनके लिए हमारे पास धारणाएं नहीं हैं। हम एक घंटे, एक मीटर अथवा एक किलोग्राम का ठीक-ठीक अर्थ जानते हैं, पर हम यह नहीं जानते कि काल, दिक्, बल व द्रव्य, गति व स्थिरता, कारण व कार्य क्या हैं।'

यह वही पुरानी कहानी है। सर्वप्रथम इंद्रियगत वस्तुओं का अमूर्तीकरण किया जाता है और तब हम उन्हें इंद्रियों के जरिये जानना चाहते हैं, काल को देखना चाहते हैं और दिक् को सूंघना चाहते हैं। प्रायोगिक अनुभव की आदत में प्रयोगवादी विश्वास करते हैं कि वह अभी इंद्रयगत क्षेत्र में अनुभव है। जब अमूर्तीकरण के साथ हम जानते हैं, एक घंटा क्या है, या एक मीटर! लेकिन काल और दिक् क्या हैं?

मानो काल घंटों के अलावा कोई चीज हो, और दिक् महज मीटरों के अलावा कोई चीज हो! द्रव्य के अस्तित्व के ये दो रूप द्रव्य के बिना निस्संदेह कुछ नहीं हैं, खोखली धारणाएं हैं, अमूर्तीकरण हैं, जिनका केवल हमारे मस्तिष्कों में अस्तित्व है। परंतु, निस्संदेह, हमसे आशा की जाती है कि द्रव्य और गति को जानने की जरूरत नहीं है। निस्संदेह नहीं, क्योंकि अपने में द्रव्य को और अपने में गति को अभी तक किसी ने नहीं देखा है या किसी ने अनुभव नहीं किया है, केवल वस्तुतः विद्यमान विभिन्न वस्तुओं और गति-रूपों को अनुभव किया जाता है। द्रव्य उन भौतिक वस्तुओं की समष्टि के अलावा कुछ नहीं है जिनसे इस धारणा को पृथक् किया गया है, और गति अपने में इंद्रियग्राह्य गति-रूपों की समष्टि के अलावा कुछ नहीं है। द्रव्य और गति जैसे शब्द **संक्षेपों** के अलावा कुछ नहीं है जिनमें हम अनेक भिन्न-भिन्न इंद्रियग्राह्य वस्तुओं को उनके सामान्य गुणों के अनुसार पहचानते हैं। इसलिए द्रव्य और गति को जान सकने का मार्ग अलग-अलग भौतिक वस्तुओं की ओर गति-रूपों की खोजबीन के अलावा दूसरा कोई नहीं है, और इन्हें जान लेने पर हम अपने में द्रव्य और गति को भी उतना ही जान जाते हैं। परिणामतः, यह कहकर कि हम नहीं जानते कि काल, दिक्, द्रव्य, गति, कार्य व कारण क्या हैं, नैगेली महज यह कहते हैं कि सर्वप्रथम हम अपने मस्तिष्कों के जरिये वास्तविक जगत का अमूर्तीकरण करते हैं, और तब इन स्वयं-निर्मित अमूर्तीकरणों को इसलिए नहीं जान सकते क्योंकि वे चिंतन की सृष्टि हैं, इंद्रियगत वस्तुएं नहीं हैं, जबकि समस्त ज्ञान **इंद्रियगत मापन** है। यह हैगेल द्वारा उल्लिखित ठीक उस कठिनाई जैसा ही है: हम चैरी और आलूचे खा सकते हैं, पर **फल** नहीं, क्योंकि किसी ने भी अब तक अपने में फल नहीं खाया है।[183]

* * *

जब नैगेली कहते हैं कि प्रकृति में संभवतः ऐसे अनेक गति-रूप हैं जिन्हें हम अपनी इंद्रियों से जान नहीं सकते, तो यह एक दुर्बल दावा है, गति की असर्जकता के नियम को—**कम-से-कम हमारे ज्ञान के लिए**—त्याग देने के बराबर है। क्योंकि वे निश्चय ही **ऐसी गति में रूपांतरित हो सकते हैं जो हमारे लिए इंद्रियग्राह्य है**। उदाहरण के लिए, संपर्क विद्युत का वह एक सरल स्पष्टीकरण होगा।

* * *

Ad vocem Nägeli। अनंतता की कल्पना करना असंभव। जब हम कहते हैं कि द्रव्य और गति अनिर्मित और अविनाशी हैं, तो इसका अर्थ यह होता है कि विश्व का अस्तित्व अनंत विकास के रूप में—अर्थात्, दूषित अनंतता के रूप में—है, और उसके द्वारा हम उस तमाम प्रक्रिया को समझ गए हैं जो समझने लायक है। अधिक-से-अधिक तब भी यह सवाल उठता ही है कि यह प्रक्रिया एक अनादि-अनंत आवृत्ति में—महाचक्र में—है अथवा ये चक्र अवरोही और आरोही शाखाओं में हैं?

* * *

दूषित अनंतता। हेगेल ने यथार्थ अनंतता को पहले ही **व्याप्त** दिक् और काल में, प्रकृति की प्रक्रिया में और इतिहास में सही रूप में स्थापित किया है। समग्र प्रकृति का भी अब इतिहास में विलय हो गया है, और इतिहास को प्राकृतिक इतिहास से केवल इसी अर्थ में पृथक् किया जाता है कि यह **आत्मचेतन** प्राणियों की विकास-प्रक्रिया है। प्रकृति और इतिहास की इस असीम जटिलता के भीतर दिक् और काल की अनंतता—दूषित अनंतता—उच्चतर घटक के रूप में है, अनिवार्य किंतु महत्त्वपूर्ण नहीं। अब तक हमारे प्रकृति-विज्ञान की चरम सीमा **हमारा** विश्व रही है, और हमें प्रकृति के संज्ञान के लिए इस विश्व के परे के अनगिनत विश्वों की आवश्यकता नहीं है। वस्तुतः करोड़ों सूर्यों में से केवल **एक** सूर्य, इसकी ग्रह-मालिका सहित, हमारे खगोलीय अनुसंधान का आधार बना हुआ है। पार्थिव यांत्रिकी, भौतिकी और रसायन के अध्ययन में हम न्यूनाधिक रूप में हमारी छोटी पृथ्वी से बंधे हुए हैं, और जैव विज्ञान के लिए पूर्णता पृथ्वी पर ही आश्रित है। फिर भी, इससे घटनाओं की व्यावहारिक रूप से जो असीम विविधता है, उसे और प्राकृतिक ज्ञान को उसी प्रकार कोई अनिवार्य क्षति नहीं पहुंचती, जिस प्रकार इतिहास को तुलनात्मक रूप से अल्प अवधि और पृथ्वी के छोटे क्षेत्र के उसी प्रकार के, बल्कि उससे भी अधिक परिसीमन के कारण क्षति नहीं पहुंचती।

* * *

1. हेगेल के अनुसार, अनंत प्रगति एक निष्फल अपव्यय है, क्योंकि यह **उसी चीज की अनंत पुनरावृत्ति** के रूप में प्रकट होती है : 1+1+1, आदि।

2. परंतु, असल में, यह पुनरावृत्ति नहीं है, बल्कि एक विकास है, उन्नति या अवनति, और इस तरह यह गति का अनिवार्य रूप बन जाता है। यह बावजूद इस तथ्य के कि यह अनंत नहीं है : पृथ्वी के जीवनकाल के अंत का अभी से पूर्वानुमान लगाया जा सकता है। परंतु पृथ्वी समस्त विश्व नहीं है। हेगेल के दर्शन में किसी भी विकास को प्रकृति के अस्थायी इतिहास से अलग कर दिया था, अन्यथा प्रकृति आत्मा के परे की सत्ता नहीं होगी। परंतु मानव इतिहास में हेगेल ने अनंत प्रगति को 'आत्मा' के अस्तित्व के एकमात्र यथार्थ रूप के तौर पर स्वीकार किया है, सिवाय इसके कि विलक्षण रूप से, हेगेल के दर्शन के सृजन में, यह कल्पना की गई है कि इस विकास का एक अंत है।

3. अनंत जानकारी भी है* : *questa infinità che le cose non hanno in progresso, la hanno in giro.*** इस प्रकार गति रूप के परिवर्तन का नियम एक अनंत नियम है, साथ ही स्वयं में स्वयं। परंतु ऐसी अनंतताएं ससीमता से आक्रांत होती हैं, और केवल खंडशः प्रकट होती हैं। इसी तरह $\frac{1}{r^2}$।[186]

* * *

प्रकृति के शाश्वत नियम भी ऐतिहासिक नियमों में अधिकाधिक रूपांतरित हो जाते हैं। प्रकृति का यह एक शाश्वत नियम है कि पानी 0° से 100° सें. तापमान की सीमा में द्रव स्थिति में रहता है, पर इस नियम की वैधता के लिए (1) पानी, (2) प्रदत्त तापमान, (3) सामान्य दाब का होना अनिवार्य है। चंद्रमा पर पानी नहीं है, सूर्य में पानी के केवल तत्त्व विद्यमान हैं, और इन दो खगोलीय पिंडों के लिए यह नियम कोई अस्तित्व नहीं रखता।

मौसम-विज्ञान के नियम भी शाश्वत हैं, परंतु केवल पृथ्वी के लिए अथवा ऐसे पिंड के लिए जिसका आकार, घनत्व, अक्ष-झुकाव और तापमान पृथ्वी के समान हो, और इस स्थिति में कि उस पर ऑक्सीजन व नाइट्रोजन के उसी मिश्रण वाला एक वायुमंडल हो, उतनी ही मात्रा का जलवाष्प भाप बने और बरसे। चंद्रमा पर कोई वायुमंडल नहीं है, सूर्य का वायुमंडल चमकीले धात्वीय वाष्प का है। चंद्रमा का कोई मौसम-विज्ञान नहीं है, सूर्य का हमसे नितांत भिन्न है।

हमारा समूचा अधिकृत भौतिक विज्ञान, रसायन और जीव-विज्ञान पूर्णतः

---

* पांडुलिपि में एंगेल्स ने बाद में यह जोड़ा है : '(परिमाण, पृ. 256। खगोल-विज्ञान)।'[184] –संपा.

** 'यह अनंत वस्तुओं की प्रगति में नहीं होता, उनके परिक्रमण में होता है।'[185]–संपा.

भूकेंद्रीय है, केवल पृथ्वी के लिए परिकलित है। हमें अभी भी सूर्य, स्थिर तारों और नैबुलो पर, यहां तक कि हमसे भिन्न **धनत्व** वाले ग्रहों पर भी, विद्युत और चुंबक के तनावों की परिस्थितियों की बिलकुल जानकारी नहीं है। सूर्य पर, उच्च तापमान के कारण, तत्त्वों के रासायनिक संयोजन के नियम निलम्बित हो जाते हैं अथवा सौर वायुमंडल की सीमाओं में अल्पकाल के लिए सक्रिय होते हैं, सूर्य के समीप पहुंचने पर यौगिक पुनः विघटित हो जाते हैं। सूर्य का रसायन अब अस्तित्व में आ रहा है, और यह पृथ्वी के रसायन से अनिवार्य रूप से नितांत भिन्न है; सूर्य का यह रसायन पृथ्वी के रसायन को तो नहीं मिटा रहा है, पर यह पृथ्वी के रसायन से पृथक् है। नैबुलो में शायद उन 65 मूलतत्त्वों का भी अस्तित्व नहीं है जो संभवतः स्वयं यौगिक स्वरूप के हैं। इसलिए यदि हम प्रकृति के ऐसे व्यापक नियमों के बारे में बोलना चाहते हैं जो सभी पिंडों पर—नैबुला से लेकर मानव तक—प्रयुक्त होते हैं, तो हमारे पास बचा रहता है गुरुत्व और संभवतः ऊर्जा के रूपांतरण के सिद्धांत का सर्वाधिक व्यापक रूप, सामान्यतः ऊष्मा का यांत्रिक सिद्धांत। पर इस सिद्धांत के प्रकृति की सभी घटनाओं पर व्यापक व सुसंगत रूप से प्रयुक्त होने से यह स्वयं एक विश्व-योजना में, इसकी उत्पत्ति से लेकर विलय तक, घटित होनेवाले क्रमिक परिवर्तनों की एक ऐतिहासिक प्रस्तुति में बदल जाता है, इसलिए एक ऐसे इतिहास में जिसमें प्रत्येक अवस्था में भिन्न-भिन्न नियम, अर्थात्, उसी जागतिक गति के विभिन्न प्रतीयमान रूप, अपनी प्रधानता रखते हैं, और इस तरह निरपेक्षतः जागतिक रूप से वैध कुछ भी शेष नहीं रहता, सिवाय—**गति**।

* * *

खगोल-विज्ञान में **भूकेंद्रवादी** दृष्टिकोण पूर्वाग्रही है और ठीक ही त्याग दिया गया है। पर अपने अनुसंधान में हम जैसे-जैसे अधिक गहरे उतरते हैं, वैसे-वैसे यह अधिकाधिक प्रबल होता जाता है। सूर्य, आदि पृथ्वी की **सेवा** करते हैं (हेगेल, 'प्रकृति का दर्शन', पृ. 155)।[187] (समूचे विशाल सूर्य का अस्तित्व सिर्फ छोटे-छोटे इन ग्रहों के लिए है।) हमारे लिए भूकेंद्रीय भौतिकी, रसायन, जीव-विज्ञान, मौसम-विज्ञान, इत्यादि के अलावा और कुछ असंभव है, और यदि कहा जाए कि ये विज्ञान केवल पृथ्वी के लिए ही उपयुक्त हैं और इसलिए सापेक्ष हैं, तो इनकी कोई क्षति नहीं होती। यदि कोई इस बात को गंभीरतापूर्वक लेता है और एक केंद्ररहित विज्ञान की मांग करता है, तो वह **समूचे** विज्ञान पर रोक लगा देता है। हमारे लिए यही जानना पर्याप्त है कि उन्हीं परिस्थितियों में सर्वत्र—हमारे दाईं और बाईं ओर पृथ्वी-सूर्य अंतर से करोड़ों-अरबों गुना दूरी पर—वैसा ही **घटित होना चाहिए**।

संज्ञान। चींटियों की आंखें हमसे भिन्न हैं; वे रासायनिक (1) प्रकाश-किरणों को देख सकती हैं (*Nature* ('प्रकृति'), 8 जून, 1882, लुब्बोक),[188] परंतु

जहां तक हमारे लिए अदृश्य इन किरणों के ज्ञान का सवाल है, हम इन चींटियों से काफी अधिक उन्नत हैं, और यह तथ्य ही कि हम यह प्रमाणित कर सकते हैं कि जो चीज़ें हमारे लिए अदृश्य हैं, उन्हें चींटियां देख सकती हैं, और कि यह प्रमाण पूर्णतः **हमारी** आंखों के अवबोधन पर आश्रित है, सिद्ध करता है कि मानव आंख की विशिष्ट संरचना मानवीय संज्ञान के लिए कोई निरपेक्ष व्यवधान खड़ा नहीं करती।

आंख के अलावा हमारे पास न केवल दूसरी ज्ञानेंद्रिय हैं, बल्कि चिंतन-शक्ति भी है। इस चिंतन-क्रिया की ठीक वही स्थिति है ज़ो कि आंख की है। कांट के सौ साल बाद, यह जानने के लिए कि चिंतन से क्या खोजा जा सकता है, विवेक की आलोचनात्मक समीक्षा से अथवा ज्ञान के साधन की छानबीन से चिंतन की व्यापकता को खोजने की कोशिश करना व्यर्थ है। यह उसी प्रकार अल्प उपयोगी है जिस प्रकार हेल्महोल्ट्ज जब हमारी दृष्टि की अपूर्णता को (वस्तुतः एक अनिवार्य अपूर्णता, क्योंकि जो आंख **सभी** किरणों को देख सकेगी, वह ठीक उसी कारण **बिलकुल कुछ नहीं** देख सकेगी), और हमारी आंख की संरचना को–जो हमारी दृष्टि की निश्चित सीमाएं निर्धारित करती है और तब भी बिलकुल सही प्रतिरूप का निर्माण नहीं करती–इस सबूत के तौर पर इस्तेमाल करते हैं कि आंख दृश्य प्रकृति के बारे में हमें अयथार्थ अथवा अविश्वनीय जानकारी देती है। हमारे चिंतन से क्या खोजा जा सकता है, यह इस बात से अधिक स्पष्ट होता है कि इससे अब तक क्या खोजा जा चुका है और अब भी प्रतिदिन क्या खोजा जा रहा है। और जहां तक परिमाण और गुण, दोनों का सवाल है, इतना ही पर्याप्त है। दूसरी ओर, चिंतन के **रूपों**–चिंतन निर्धारणों–की खोजबीन अत्यंत उपयोगी और अनिवार्य है, और यह कार्य अरस्तू के बाद केवल हेगेल ने ही सुयोजित तरीके से किया है।

किसी भी स्थिति में हम यह कभी भी जान नहीं पाएंगे कि चींटियों को रासायनिक किरणें **किस तरह की** दिखती हैं। इससे यदि कोई व्यथित है तो उसका कतई कोई इलाज नहीं।

*   *   *

प्रकृति-विज्ञान के विकास का रूप, जहां तक इसके सोचने का सवाल है, **परिकल्पना** है। कोई नया तथ्य प्रकट होता है, जो उसी समूह के अंतर्गत आनेवाले तथ्यों की व्याख्या करनेवाली पहले की विधि को असंभव बना देता है। इस अवस्था के आगे व्याख्या की नई विधियों की आवश्यकता पड़ती है–प्रथम केवल एक सीमित संख्या के तथ्यों व अवलोकनों पर आधारित विधियों की। आगे की अवलोकन सामग्री इन परिकल्पनाओं की छंटनी करती है, कुछ को त्याग देती है और कुछ को संशोधित करती है, और इस प्रकार अंत में एक विशुद्ध रूप में नियम संस्थापित हो जाता है। यदि कोई किसी नियम के लिए **विशुद्ध रूप में** सामग्री प्राप्त होने तक इंतजार

करता है, तो इसका अर्थ होगा, तब तक के लिए खोजबीन में चिंतन की प्रक्रिया को निलंबित कर देना, और केवल इसी कारण नियम कभी भी अस्तित्व में नहीं आएगा।

एक-दूसरे को स्थानापन्न करनेवाली परिकल्पनाओं की संख्या और इनका सिलसिला—प्रकृति-वैज्ञानिकों में यदि तार्किक और द्वंद्वात्मक शिक्षा का अभाव हो तो—आसानी से इस विचार को जन्म दे सकता है कि हम वस्तुओं के **सार** को नहीं जान सकते (हाल्लेर और गेटे)।[189] केवल प्रकृति-विज्ञान में ही खास तौर से ऐसा नहीं होता, दरअसल, समस्त मानवीय ज्ञान एक काफी टेढ़े-मेढ़े वक्र में विकसित होता है, और ऐतिहासिक विज्ञानों में भी, जिनमें दर्शन शामिल है, सिद्धांत एक-दूसरे को स्थानापन्न करते हैं, जिससे, उदाहरण के लिए, कोई यह निष्कर्ष नहीं निकालता कि आकारगत तर्कशास्त्र बकवास है।

इस दृष्टिकोण का अंतिम रूप 'वस्तु-सत्' है। सर्वप्रथम, यह दावा कि हम वस्तु-सत् को नहीं जान सकते (हेगेल, **विश्वकोश**, अनुच्छेद 44), विज्ञान के क्षेत्र से स्वैरकल्पना के क्षेत्र में पहुंच जाता है। दूसरे, यह हमारे वैज्ञानिक ज्ञान में एक शब्द नहीं जोड़ता, क्योंकि यदि हम वस्तुओं से सरोकार नहीं रखते तो हमारे लिए उनका अस्तित्व नहीं रह जाता। तीसरे, यह महज एक उक्ति है, और इसका कभी इस्तेमाल नहीं होता। इसे यदि अमूर्त रूप में लिया जाए तो यह काफी तर्कसंगत जान पड़ती है। परंतु कल्पना कीजिए कि कोई इसका इस्तेमाल करता है। उस प्राणिविद् के बारे में कोई क्या सोचेगा, जो कहता है : '**लगता है** कि एक कुत्ते के चार पैर हैं; पर हम नहीं जानते कि वास्तव में इसके चार लाख पैर हैं अथवा एक भी नहीं है?' अथवा उस गणितज्ञ के बारे में, जो सर्वप्रथम यह परिभाषा देता है कि त्रिभुज की तीन भुजाएं होती हैं, और तब घोषणा करता है कि वह यह नहीं जानता कि इसकी 25 भुजाएं हो सकती हैं या नहीं? क्या 2x2 = 4 **प्रतीत** होता है? परंतु वैज्ञानिक वस्तु-सत् से संबंधित इस उक्ति का प्रकृति-विज्ञान में उपयोग न करने की सावधानी बरतते हैं, वे दर्शन के क्षेत्र में पहुंचने पर ही इसका इस्तेमाल करते हैं। यह इस बात का सर्वोत्तम प्रमाण है कि वे इसे कितना कम महत्त्व देते हैं और स्वयं इसका कितना कम महत्त्व है। यदि वे इसे गंभीरतापूर्वक लेते तो किसी चीज की खोजबीन करने का महत्त्व ही क्या रह जाता?

इस चीज को यदि ऐतिहासिक रूप में ग्रहण किया जाता तो इसका कुछ अर्थ होता : हम केवल अपने युग की परिस्थितियों के अंतर्गत और **जिस हद तक ये सहयोग देती हैं, वहीं तक** जानकारी प्राप्त कर सकते हैं।

* * *

वस्तु-सत् : हेगेल, **तर्कशास्त्र**, खंड 2, पृ. 10, इसके अलावा बाद में भी इस पर एक पूरा अध्याय[190] :

संदेहवाद ने दृढ़तापूर्वक यह कहने का साहस नहीं किया कि **यह है**; आधुनिक प्रत्ययवाद (कांट और फिख्टे) ने संज्ञान को वस्तु-सत् का ज्ञान मानने का साहस नहीं किया*.... परंतु साथ ही, संदेहवाद ने इसके प्रदर्शन के बहुविध निर्धारणों को स्वीकार किया, अथवा यह कहें कि इसके प्रदर्शन में जगत की बहुविध सम्पत्ति अंतर्वस्तु के रूप में समाविष्ट रही है। उसी प्रकार, चैतन्यवाद का **प्रकटन** (अर्थात्, जिसे चैतन्यवाद प्रकटन अथवा आभास कहता है) इन बहुविध निर्धारणताओं के समूचे क्षेत्र को समझता है... तब अंतर्वस्तु के लिए न किसी सत्ता में, न किसी वस्तु में, न ही वस्तु-सत् में कोई आधार रहे : **अपने लिए यह जैसी है, वैसी बनी रहती है। इसे केवल सत्ता से प्रकटन में स्थानांतरित कर दिया गया है।****

इसलिए हेगेल यहां आधुनिक प्रकृति-वैज्ञानिकों से कहीं अधिक कृतसंकल्प भौतिकवादी है।

* * *

कांटीय **वस्तु-सत्** की महत्त्वपूर्ण आत्म-समीक्षा, जिससे पता चलता है कि कांट की विचारशील अहम् के मामले में भी लुटिया डूब गई है और वह उसी तरह इसमें अज्ञेय वस्तु-सत् की खोज करता है (हेगेल, v, पृ. 256, और आगे)।[192]

---

* पांडुलिपि के हाशिए में टिप्पणी है: 'तुलना कीजिए, **विश्वकोश**, खंड, पृ. 252।'[191]—संपा.

** जोर स्वयं एंगेल्स द्वारा।—संपा.

द्रव्य के गति-रूप
विज्ञानों का वर्गीकरण

अंतिम कारण–द्रव्य और इसकी स्वाभाविक गति। यह द्रव्य **अमूर्त नहीं** है। सूर्य में भी विभिन्न पदार्थ अपनी क्रिया में विघटित और बिना विभेद के हैं। परंतु **नैबुला के गैसीय गोले में** सभी पदार्थ, अलग-अलग मौजूद होने पर भी, **अपने में शुद्ध द्रव्य में विलीन हो जाते हैं**, अपने विशिष्ट गुणों के अनुसार नहीं बल्कि केवल द्रव्य के रूप में कार्य करते हैं।

(इसके अलावा हेगेल में पहले ही **निमित्त कारण** और **अंतिम कारण** की प्रतिस्थापना को अन्योन्य क्रिया में वियोजित कर दिया गया है।)

* * *

आदिम द्रव्य।

> *'द्रव्य के मौलिक व पूर्ववर्ती और स्वभावतः रूपविहीन होने की धारणा बहुत प्राचीन है। यह हमें यूनानियों में भी देखने को मिलती है, सर्वप्रथम आदिगर्त के मिथक के रूप में, जिसके बारे में उनकी कल्पना थी कि यह विद्यमान विश्व के अनिर्मित अधःस्तर का प्रतिनिधित्व करता है' (हेगेल,* ***विश्वकोश****, खंड 1, पृ. 258)।*[193]

यह आदिगर्त अथवा अस्त-व्यस्त स्थिति हमें लापलास में पुनः देखने को मिलती है, और मोटे तौर पर नैबुला में, जिसमें रूप का केवल **आरंभ** ही है। विभेदीकरण की अवस्था बाद में आती है।

* * *

गुरुत्व को आम तौर पर **द्रव्यात्मकता के सर्वाधिक व्यापक निर्धारण** के रूप में स्वीकार किया जाता है; अर्थात्, आकर्षण द्रव्य का अनिवार्य गुण है, परंतु विकर्षण नहीं। परंतु आकर्षण और विकर्षण उसी प्रकार अभिन्न है जिस प्रकार धन और ऋण, और इसलिए स्वयं द्वंद्ववाद से ही यह निर्धारित किया जा सकता है कि द्रव्य

के यथार्थ सिद्धांत के लिए यह जरूरी है कि वह विकर्षण को उतना ही महत्त्व दे जितना कि आकर्षण को। सिर्फ आकर्षण पर आधारित द्रव्य का सिद्धांत गलत है, अधूरा है, एकांगी है। दअरसल, ऐसी पर्याप्त घटनाएं हैं जो इस बात को पहले से प्रमाणित करती हैं। यदि केवल प्रकाश की ही बात है, तो ईथर को छोड़ नहीं देना है। क्या ईथर भौतिक स्वरूप की चीज है? यदि सचमुच ही ईथर का **अस्तित्व** है, तो यह द्रव्यात्मक स्वरूप का होना चाहिए, इसका समावेश द्रव्य की धारणा के अंतर्गत होना चाहिए। पर यह गुरुत्व से प्रभावित नहीं होता। समझा जाता है कि धूमकेतु की पूंछ द्रव्य स्वरूप की है। यह शक्तिशाली विकर्षण को प्रदर्शित करती है। गैस में ऊष्मा विकर्षण पैदा करती है, इत्यादि।

* * *

आकर्षण और गुरुत्वाकर्षण। गुरुत्वाकर्षण का समूचा सिद्धांत इस कथन पर आधारित है कि आकर्षण द्रव्य का सारतत्त्व है। यह अनिवार्यता असत्य है। जहां आकर्षण है, वहां इसके संपूरक के रूप में विकर्षण भी होना चाहिए। इसलिए हेगेल का यह कथन बिलकुल सही था कि द्रव्य का सारतत्त्व आकर्षण **और** विकर्षण है।[194] और हम यह मानने के लिए अधिकाधिक विवश हो रहे हैं कि द्रव्य के छितराव की एक सीमा है जहां आकर्षण विकर्षण में रूपांतरित हो जाता है, और उलटे विकर्षित द्रव्य के संघनन की एक सीमा है जहां यह आकर्षण में बदल जाता है।*

* * *

हेगेल के चिंतन में आकर्षण का विकर्षण में रूपांतरण और इसका उलटा क्रम रहस्यात्मक है, परंतु सार रूप में उन्होंने इसके जरिये बाद के उस वैज्ञानिक आविष्कार का पूर्वानुमान लगा लिया था। गैस में भी अणुओं का विकर्षण होता है, उससे भी अधिक विकर्षण अति सूक्ष्म-विभक्त द्रव्य में होता है, उदाहरण के लिए, धूमकेतु की पूंछ में, जहां यह अत्यधिक बलशाली होता है। इस तथ्य में भी हेगेल की प्रतिमा व्यक्त होती है कि वह एक प्रकार से गौण आकर्षण को एक प्रकार से प्राथमिक विकर्षण से जनित सिद्ध करते हैं : किसी सौरमंडल का निर्माण तभी होता है जब आरंभतः व्याप्त विकर्षण पर धीरे-धीरे आकर्षण का प्राधान्य हो जाता है।—ऊष्मा द्वारा प्रसारण = विकर्षण। गैसों का गतिक सिद्धांत।

* * *

द्रव्य की विभाज्यता। विज्ञान के लिए व्यवहार में यह सवाल गौण महत्त्व रखता है। हम जानते हैं कि रसायन में विभाज्यता की एक निश्चित सीमा है, जिसके

* "संसक्ति" पर टिप्पणी के साथ भी तुलना कीजिए (यह ग्रंथ, पृ. 314-15)।—**संपा.**

आगे पिंड—परमाणु—रासायनिक क्रिया में भाग नहीं लेते। और कुछ परमाणु सदैव संयुक्त रहते हैं—अणु। इसी तरह भौतिकी में भी हमें कुछ—भौतिकीय विश्लेषण के लिए—कुछ ऐसे सूक्ष्मतम कणों को मजबूरन स्वीकार करना पड़ता है जिनकी व्यवस्थापना पिंडों के रूप और संसक्ति को निर्धारित करती है, उनके कंपन ऊष्मा के रूप में व्यक्त होते हैं। पर रासायनिक और भौतिकीय अणु एक-से हैं अथवा जुदा-जुदा हैं, हम अभी तक नहीं जानते।

हेगेल विभाज्यता के इस सवाल को यह कहकर बड़ी आसानी से समाप्त कर देते हैं कि द्रव्य विभाज्य और अनवरत दोनों ही हैं, और साथ ही इन दो में से एक भी नहीं है[195], जो कोई उत्तर नहीं है, पर अब लगभग सिद्ध हो चुका है (देखिए नीचे शीट 5, 3 : क्लाउसिस*)।

* * *

विभाज्यता । स्तनपायी पशु अविभाज्य हैं, सरीसृप अपने पैर को पुनः बढ़ा सकता है। ईथर तरंगों को अत्यंत सूक्ष्म रूप में विभाजित किया जा सकता है और मापा जा सकता है।—व्यवहार में प्रत्येक पिंड निश्चित सीमाओं के अंतर्गत विभाज्य होता है, जैसे, रसायन में।

* * *

> *'(गति का) सार निहित है दिक् और काल की आसन्न एकता में... काल और दिक् का संबंध गति से है। वेग—गति की प्रमात्रा—गुजरे हुए एक निश्चित काल के संदर्भ में दिक् है' (हेगेल, **प्रकृति का दर्शन**, पृ. 65)। ...दिक् और काल द्रव्य से व्याप्त हैं।... जिस प्रकार द्रव्य के बिना गति का अस्तित्व नहीं, उसी प्रकार गति के बिना द्रव्य का अस्तित्व नहीं' (पृ. 67)।*[196]

* * *

देकार्त के सिद्धांत में गति की अविनाशिता, कि **विश्व में गति की मात्रा सदैव वही बनी रहती है।**[197] प्रकृति-वैज्ञानिक इसे अपूर्णार्थ में 'बल की अविनाशिता' के रूप में व्यक्त करते हैं। देकार्त की मात्र परिमाणात्मक अभिव्यक्ति भी उसी तरह अपूर्ण है : गति अपने में, अनिवार्य क्रिया के रूप में, द्रव्य के अस्तित्व का रूप, उसी प्रकार

---

* यहां एंगेल्स का इशारा टिप्पणी 'गैसों का गतिक सिद्धांत' की ओर है जो **प्रकृति का द्वंद्ववाद** की पांचवीं दोहरी शीट के तीसरे पृष्ठ के अंत में है (देखिए यह ग्रंथ, पृ. 315)।—संपा.

अविनाशी है जिस प्रकार द्रव्य—इस सूत्रीकरण में परिमाणात्मक तत्त्व समाविष्ट है। अतः यहां भी पुनः दार्शनिक की वैज्ञानिक ने 200 साल बाद पुष्टि की है।

* * *

गति की अविनाशिता ग्रूव के ग्रंथ में एक उत्तम परिच्छेद—पृ. 20 और आगे।[198]

* * *

गति और संतुलन। संतुलन गति से अवियोज्य है।* खगोलीय पिंडों की गति में **संतुलन में गति है** और **गति में संतुलन है** (सापेक्ष)। पर सारी विशेष रूप से सापेक्ष गति, अर्थात्, यहां गतिशील खगोलीय पिंडों में से किसी एक पर विद्यमान अलग-अलग पिंडों की सारी अलग-अलग गति सापेक्ष स्थिरता, संतुलन, स्थापित करने का एक प्रयास है। पिंडों के सापेक्ष स्थिरता में होने की संभावना, संतुलन की अस्थायी अवस्थाओं की संभावना, द्रव्य के विभेदीकरण के लिए अनिवार्य शर्त है, और इसलिए जीवन के लिए भी। सूर्य पर विभिन्न पदार्थों का संतुलन नहीं है, केवल समस्त द्रव्यराशि का है, या अधिक-से-अधिक केवल अत्यंत सीमित स्वरूप का है, जो घनत्व के काफी अधिक विभेदों से निर्धारित होता है। सूर्य की सतह पर अविरत गति और अस्थिरता है, विघटन है। चंद्रमा पर संतुलन ऐकांतिक रूप से बिना किसी सापेक्ष गति के, हावी जान पड़ता है—मृत्यु (चंद्रमा = निषेधात्मकता)। पृथ्वी पर गति का गति और संतुलन के अंतर्बदल में विभेदीकरण हो गया है : अलग-अलग गति संतुलन की ओर बढ़ने का प्रयास करती है, गति समग्र रूप से पुनः अलग-अलग संतुलन को नष्ट कर देती है। चट्टान स्थिरता प्राप्त करती है, परंतु अपक्षयन, तट की समुद्री लहरों, नदियों व हिमनदों की गतिविधि संतुलन को निरंतर नष्ट करती हैं वाष्पीकरण और वर्षा, हवा, ऊष्मा, विद्युत व चुंबकीय घटनाएं वही दृश्य प्रस्तुत करती हैं। अंत में, जीव-जंतुओं में हम सभी लघुतम कणों के साथ-साथ बड़े अवयवों की अविरत गति के दर्शन करते हैं। यह गति उस समूचे जीव के सामान्य जीवनकाल के दौरान अविरत संतुलन के रूप में प्रकट होती है, फिर भी जीवन सदैव गतिशील रहता है, गति और संतुलन की जीवंत इकाई बना रहता है।

समस्त संतुलन केवल **सापेक्ष** और **अस्थायी** हैं।

* * *

(1) खगोलीय पिंडों की गति। गति में आकर्षण और विकर्षण का स्थूल संतुलन।

(2) एक खगोलीय पिंड पर गति। द्रव्यमान। जहां तक शुद्ध यांत्रिक कारणों

* पांडुलिपि के हाशिए पर टिप्पणी है : 'संतुलन = विकर्षण पर आकर्षण का प्राधान्य'। —संपा.

से इस गति के आगमन का सवाल है, यहां भी संतुलन है। द्रव्यराशियां अपने आधार पर स्थिर हैं। चंद्रमा पर यह प्रत्यक्षतः पूर्णावस्था में है। यांत्रिक आकर्षण ने यांत्रिक विकर्षण पर विजय प्राप्त कर ली है। शुद्ध यांत्रिकी की दृष्टि से, हम नहीं जानते कि विकर्षण का क्या हो गया है, और शुद्ध यांत्रिकी उसी तरह यह नहीं बता सकती कि 'बल' कहां से आते हैं, फिर भी, उदाहरण के लिए, पृथ्वी पर बलें के द्वारा ही द्रव्यमानों को गुरुत्व के **विरुद्ध** गति प्राप्त होती है। यांत्रिकी इसे स्वीकृत तथ्य मान लेती है। इसलिए यहां द्रव्यमानों के बीच, आकर्षण और विकर्षण की समानता के साथ, विकर्षक या विस्थापक गति का सरल संचारण है।

(3) परंतु समस्त पार्थिव गतियों में अधिकतर एक गति-रूप के दूसरे गति-रूप में परिवर्तन से बनी हैं—यांत्रिक गति ऊष्मा में, विद्युत में, रासायनिक गति में—और प्रत्येक रूप के किसी भी अन्य रूप में परिवर्तन से। इसलिए 'या तो'* आकर्षण का विकर्षण में रूपांतरण—यांत्रिक गति का ऊष्मा में, विद्युत में, रासायनिक विघटन में (यह रूपांतरण आरंभिक **उत्थापक** यांत्रिक गति का ऊष्मा में परिवर्तन है, **अवरोही** गति का नहीं, जो मात्र आभास है) या (विकर्षण का आकर्षण में रूपांतरण है)।

(4) पृथ्वी पर इस समय सक्रिय समस्त ऊर्जा सूर्य से प्राप्त रूपांतरित ऊष्मा है।[199]

* * *

यांत्रिक गति। प्रकृति-वैज्ञानिकों ने सदैव गति को स्वाभाविक रूप से यांत्रिक गति—स्थानांतरण—के अर्थ में ग्रहण किया है। यह मान्यता पूर्व-रासायनिक अठारहवी सदी से चली आ रही है और इस प्रक्रिया की स्पष्ट धारणा को काफी अधिक कठिन बना देती है। गति, द्रव्य पर प्रयुक्त रूप में, **सामान्यतः परिवर्तन** है। प्रत्येक चीज को यांत्रिक गति में परिणत करने की सनक भी इसी गलतफहमी से पैदा हुई है—यहां तक कि ग्रूव का भी 'गहरा विश्वास रहा है कि द्रव्य के अन्य गुण गति के रूप हैं, और ये अंततोगत्वा गति के रूप में वियोजित किए जाएंगे, (पृ. 16)[200], जो गति के अन्य रूपों के विशिष्ट स्वरूप को मिटा देता है। इसका अर्थ यह कहना नहीं है कि प्रत्येक उच्चतर गति-रूप किसी वास्तविक यांत्रिक (बाह्य अथवा आणविक) गति से सदैव अनिवार्यतः संबंधित नहीं है, जैसेकि गति के उच्चतर रूप साथ-साथ अन्य रूपों को भी जन्म देते हैं, और जैसे कि रासायनिक क्रिया ताप-परिवर्तन और विद्युत-परिवर्तनों के बिना संभव नहीं, जैव जीवन यांत्रिक, आणविक, रासायनिक, तापीय, विद्युत, आदि परिवर्तनों के बिना संभव नहीं। पर इन गौण रूपों की

* इस 'या तो' के अनंतर 'या' नहीं है। एंगेल्स संभवतः वाक्य के अंत में विकर्षण के आकर्षण में विपरीत रूपांतरण का उल्लेख करना चाहते थे, परंतु उन्होंने ऐसा नहीं किया। वाक्य के अनुमानित अंत को कोष्ठकों में दिया गया है।—संपा.

उपस्थिति प्रत्येक स्थिति में मुख्य रूप के सत्त्व को निःशेष नहीं कर देती। एक दिन हम निश्चय ही चिंतन को प्रायोगिक रूप से मस्तिष्क की आणविक व रासायनिक गतियों में 'परिणत' कर देंगे, पर उससे क्या चिंतन का सत्त्व निःशेष हो जाता है?

*　　*　　*

प्रकृति-विज्ञान का द्वंद्ववाद[201]: विषय-सामग्री—गतिशील द्रव्य। स्वयं द्रव्य के विभिन्न रूप और प्रकार केवल गति के जरिये जाने जा सकते हैं, केवल गति में ही पिंडों के गुण प्रकट होते हैं। जो पिंड गतिशील नहीं है, उसके बारे में कहने के लिए कुछ नहीं रह जाता। अतः गतिमान पिंडों के गुण गति के रूपों से प्रकट होते हैं।

1. गति का प्रथम और सरलतम रूप यांत्रिक गति, शुद्ध स्थानांतरण, है :
   (क) अकेले पिंड की गति का कोई अस्तित्व नहीं है—(इसकी चर्चा की जा सकती है)* केवल सापेक्ष अर्थ में—पतन।
   (ख) पृथक्-पृथक् पिंडों की गति : प्रक्षेप-पथ, खगोल-विज्ञान—दृश्य संतुलन—अंत सदैव **संपर्क** में।
   (ग) संपर्कयुक्त पिंडों की एक-दूसरे के सापेक्ष गति—दबाव। स्थैतिकी। द्रवस्थैतिकी और गैसें। उत्तोलक और वास्तविक यांत्रिकी के अन्य रूप—जो सभी संपर्क के अपने सरलतम रूप में घर्षण अथवा संघात के बराबर हैं, जो केवल कोटि में भिन्न हैं। परंतु घर्षण और संघात के, वस्तुतः संपर्क के, और भी परिणाम हैं जिन्हें यहां प्रकृति-वैज्ञानिकों ने कभी निर्दिष्ट नहीं किया। वे, परिस्थितियों के अनुसार, ध्वनि, ऊष्मा, प्रकाश, विद्युत और चुंबकत्व पैदा करते हैं।
2. ये विभिन्न बल (ध्वनि को छोड़कर)—खगोलीय पिंडों की भौतिकी :
   (क) एक-दूसरे में संक्रमण करते हैं और एक-दूसरे में परस्परतः स्थानापन्न होते हैं, और
   (ख) प्रत्येक बल का एक निश्चित परिमाण में विकास होने पर, जो प्रत्येक पिंड के लिए पृथक् है, उसे पिंडों पर प्रयुक्त किया जाए, फिर वे पिंड रासायनिक यौगिक हों अथवा रासायनिक रूप से सरल अनेक पिंड हों, तो **रासायनिक** परिवर्तन घटित होते हैं, और हम रसायन के क्षेत्र में पहुंच जाते हैं। खगोलीय पिंडों का रसायन। मणिम-विज्ञान—रसायन का अंग ।

3. भौतिकी को जैव पिंड के विवेचन को छोड़ देना पड़ा, या वह ऐसा कर सकी। रसायन केवल जैव यौगिकों की खोजबीन में ही अधिकांश महत्त्वपूर्ण पिंडों

* कोष्ठकों में दिए गए शब्द एंगेल्स द्वारा 30 मई, 1873 को मार्क्स को लिखे गए पत्र से लिए गए हैं।—संपा.

के यथार्थ स्वरूप की असली कुंजी खोजता है, और दूसरी ओर, यह ऐसे पिंडों का संश्लेषण करता है जो केवल जैव प्रकृति में पाए जाते हैं। यहां रसायन जैव जीवन के क्षेत्र में पहुंच जाता है, और यह इतना काफी आगे बढ़ गया है कि, अब हमें यकीन होने लगा है कि **केवल यही** हमें स्पष्ट रूप से समझाएगा कि जैव-जगत में द्वंद्वात्मक संक्रमण कैसे होता है।

4. परंतु **वास्तविक** संक्रमण **इतिहास** में है—सौरमंडल का, पृथ्वी। जैव प्रकृति के लिए **वास्तविक** पूर्व-प्रतिबंध।

5. जैव्र प्रकृति।

*　　*　　*

विज्ञानों का वर्गीकरण, जिनमें से प्रत्येक विज्ञान एक गति-रूप का अथवा एक-दूसरे से सम्बद्ध और एक-दूसरे में संक्रमित होनेवाले गति-रूपों के क्रम का विश्लेषण करता है, इसलिए यह स्वयं इन गति-रूपों का, **उनके अंतर्निहित अनुक्रम के अनुसार** वर्गीकरण है, विन्यास है, और इसमें ही इसका महत्त्व निहित है।

विगत (18वीं) सदी के अंतकाल में, फ्रांसिसी भौतिकवादियों के अनंतर, जो प्रधानतया यांत्रिकवादी थे, **पुराने** न्यूटन-लिन्ने सम्प्रदाय के समूचे प्रकृति-विज्ञान को एक **विश्वकोश के रूप में सार-संक्षिप्त** करने की आवश्यकता स्पष्ट हो गई, और महानतम प्रतिभा वाले दो व्यक्तियों ने यह कार्य हाथ में लिया—**सेंट सिमों** (अपूर्ण) और हेगेल। आज जब प्रकृति संबंधी नया दृष्टिकोण अपनी बुनियादी विशेषताओं में पूर्णता पर पहुंच गया है, वही आवश्यकता स्वयं महसूस हो रही है, और इस दिशा में प्रयत्न किए जा रहे हैं। परंतु चूंकि अब प्रकृति में व्यापक विकासात्मक संबंध सिद्ध किया जा चुका है, एक बाह्य पास-पास की व्यवस्था उसी प्रकार अपर्याप्त है जिस प्रकार हेगेल के कृत्रिमता से निर्मित द्वंद्वात्मक संक्रमण। ये संक्रमण स्वयं बनने चाहिए, ये प्राकृतिक होने चाहिए। जिस प्रकार गति का एक रूप दूसरे रूप से विकसित होता है, उसी प्रकार इनके चिंतनों का, विभिन्न विज्ञानों का, उद्भव भी अनिवार्यतः एक-दूसरे से होना चाहिए।

*　　*　　*

कोंत प्रकृति-विज्ञानों[202] के अपने विश्वकोशीय वर्गीकरण के, जिसकी उन्होंने सेंट सिमों से नकल की, कितने अल्प रचयिता रहे होंगे, यह इसी तथ्य से स्पष्ट हो जाता है कि उनके लिए इसका प्रयोजन **शिक्षण के साधनों की व्यवस्था** के लिए और **शिक्षण के पाठ्यक्रम** के लिए है, और इस प्रकार संपूर्ण रूप से सनकी होने की स्थिति में पहुंचा देता है, जहां सदैव एक विज्ञान दूसरे को छेड़ने के पहले ही समाप्त हो जाता है, जहां बुनियादी तौर पर एक सही विचार को एक गणितीय विसंगति

की ओर ढकेल दिया जाता है।

* * *

हेगेल का विभाजन (मूल)–यांत्रिकी, रसायन और जैविकी[203]–उस समय के लिए पूर्णतः पर्याप्त था। यांत्रिकी : द्रव्यमानों की गतिविधि। रसायन : आणविक (क्योंकि भौतिकी भी इसमें शामिल है और, वस्तुतः, दोनों–भौतिकी और रसायन–एक ही कोटि के हैं) गति और परमाणविक गति। जैविकी : पिंडों की गति, जिसमें ये दोनों अवियोज्य हैं। क्योंकि जीव निश्चय ही वह उच्चतर इकाई है जो अपने में यांत्रिकी, भौतिकी और रसायन को संयोजित करती है जहां फिर इस त्रयी को पृथक् करना संभव नहीं। जीव में यांत्रिक गति भौतिक व रासायनिक परिवर्तन द्वारा सीधे प्रभावित होती है–पोषण, श्वसन, स्रावण, आदि के रूप में, ठीक वैसी ही शुद्ध मांसपेशीय गतिविधि भी।

आगे प्रत्येक समूह के दो भाग हैं। यांत्रिकी : (1) खगोलीय, (2) पार्थिव।
आणविक गति : (1) भौतिकी, (2) रसायन।
जैविकी : (1) पौधे, (2) पशु।

* * *

भू-आकृति-विज्ञान। जब रसायन से जीवन में संक्रमण किया जा चुका, तब सर्वप्रथम उन परिस्थितियों का विश्लेषण करना अनिवार्य हो जाता है जिनके अंतर्गत जीवन का निर्माण हुआ है और इसका अस्तित्व कायम है, अर्थात्, सबसे पहले भू-विज्ञान, मौसम-विज्ञान, और शेष। तदनंतर जीवन के अपने विभिन्न रूप, जो वस्तुतः इसके बिना अबोधगम्य हैं।

* * *

प्रकृति की 'यांत्रिक' अवधारणा के विषय में[204]

पृ. 46 : गति के विभिन्न रूप और उनसे संबंधित विज्ञान*

उपर्युक्त लेख के प्रकाशित हो चुकने पर (varwärts, 9 फरवरी, 1877),** केकुले ने यांत्रिकी, भौतिकी और रसायन की बिलकुल इसी प्रकार की परिभाषा प्रस्तुत की :

> *'यदि द्रव्य के स्वरूप के इस विचार को आधार बनाया जाए, तो हम परिभाषा दे सकते हैं कि रसायन **परमाणुओं का विज्ञान** है, और भौतिकी*

* फ्रे. एंगेल्स, ड्यूहरिंग मत-खंडन (हिंदी), मास्को, पृ. 129

** एंगेल्स का इशारा **ड्यूहरिंग मत-खंडन** के प्रकरण 7 की ओर है।–संपा.

*अणुओं का विज्ञान है और तब आधुनिक भौतिकी के उस अंग को पृथक् करना स्वाभाविक होगा जिसका सरोकार एक विशेष विज्ञान के रूप में **द्रव्यमानों** से है और जिसके लिए **यांत्रिकी** नाम सुरक्षित है। इस प्रकार, यांत्रिकी भौतिकी और रसायन के बुनियादी विज्ञान के रूप में प्रकट होती है–जहां तक कुछ निश्चित मामलों में और खास कर कुछ निश्चित गणनाओं में इन दोनों को अपने अणुओं अथवा परमाणुओं को द्रव्यमानों के रूप में प्रयुक्त करना होता है।'[205]*

यहां यह स्पष्ट होगा कि यह सूत्रीकरण पाठ से और पूर्ववर्ती टिप्पणी* से केवल इसी माने में भिन्न है कि यह कुछ कम सुनिश्चित है। परंतु जब एक अंग्रेजी पत्रिका (Nature) ने केकुल के उपर्युक्त कथन को इस रूप में रखा कि यांत्रिकी द्रव्यमानों की स्थैतिकी व गतिकी है, भौतिक अणुओं की स्थैतिकी व गतिकी है, और रसायन परमाणुओं की स्थैतिकी व गतिकी है,[206] तब मुझे लगता है कि रासायनिक प्रक्रियाओं तक का केवल यांत्रिक प्रक्रियाओं में यह बिलाशर्त न्यूनीकरण इस क्षेत्र को, कम-से-कम रसायन को, अत्यधिक सीमित बना देता है। फिर भी यह काफी अधिक शौक-सा हो गया है कि, उदाहरण के लिए, हेकेल निरंतर 'यांत्रिकीय' और 'एकात्मक' को एक ही अर्थ में प्रयुक्त करते हैं, और उनके मतानुसार :

*'आधुनिक शरीर-क्रिया-विज्ञान..... अपने क्षेत्र में केवल भौतिक-रासायनिक–या **व्यापक अर्थ में****, यांत्रिक–बलों को ही स्वीकार करता है'।[207]*

यदि मैं भौतिकी को अणुओं की यांत्रिकी, रसायन को परमाणुओं की भौतिकी, और इसके आगे जैविकी को प्रोटीनों का रसायन कहता हूं, तो मैं इसके द्वारा इनमें से प्रत्येक विज्ञान के एक-दूसरे में संक्रमण को व्यक्त करना चाहता हूं, इसलिए इनमें से दो के बीच के संबंध व सात्तय और विभेद व सूक्ष्म पार्थक्य, दोनों को व्यक्त करना चाहता हूं। और आगे बढ़कर रसायन की यह परिभाषा देना कि यह उसी प्रकार एक तरह की यांत्रिकी है, मुझे अस्वीकार्य प्रतीत होता है। यांत्रिकी–व्यापक या संकीर्ण अर्थ में–केवल परिमाणों से सरोकार रखती है, यह वेगों और द्रव्यमानों की, और अधिक से अधिक आयतनों की गणना करती है। जब इसका सामना पिंडों के गुण से होता है, जैसे कि द्रवस्थैतिकी और वायुस्थैतिकी में, तब आणविक स्थितियों और आणविक गतियों में उतरे बिना यह कुछ भी हासिल नहीं कर सकती; अपने

---

* अर्थात्, **ड्यूहरिंग मत-खंडन** के पाठ से और टिप्पणी 'वास्तविक जगत में गणितीय अनंत के आदिप्रारूपों के विषय में, से (देखिए **ड्यूहरिंग मत-खंडन** (हिंदी), मास्को, पृ. 129 और इस ग्रंथ के पृ....)।–संपा.

** जोर स्वयं एंगेल्स द्वारा–संपा.

में यह केवल एक गौण विज्ञान है, भौतिकी के लिए पूर्वापेक्षा है। लेकिन भौतिकी में, और उससे भी अधिक रसायन में, परिमाणात्मक परिवर्तन के परिणामस्वरूप न केवल निरंतर गुणात्मक परिवर्तन घटित होते हैं, परिणाम का गुण में रूपांतरण होता है, बल्कि ऐसे भी अनेक गुणात्मक परिवर्तनों को ध्यान में रखना होता है जिनका परिमाणात्मक परिवर्तन पर आश्रित होना हरगिज सिद्ध नहीं है। विज्ञान की मौजूदा प्रवृत्ति इस दिशा की ओर है, इसे सहज स्वीकार किया जा सकता है, पर इससे सिद्ध नहीं होता कि यह एकमात्र सही दिशा है, कि इस प्रवृत्ति को जारी रखने से संपूर्ण भौतिकी और रसायन **निःशेष** हो जाएंगे। सारी गति में यांत्रिक गति, द्रव्य के सबसे बड़े या सबसे छोटे भागों का स्थानांतरण, समाविष्ट है, और विज्ञान का **पहला** काम, लेकिन सिर्फ **पहला**, इस गति की जानकारी हासिल करना है। परंतु यह यांत्रिक गति समस्त गति को निःशेष नहीं बना देती। गति सिर्फ स्थानांतरण नहीं है, यांत्रिकी से उच्चतर क्षेत्रों में यह गुण-परिवर्तन भी है। यह खोज कि ऊष्मा एक आणविक गति है, युगांतरकारी थी। परंतु यदि मैं इससे अधिक कुछ नहीं कह सकता कि ऊष्मा अणुओं का एक किस्म का स्थानांतरण है, तो मेरा चुप रहना ही सबसे अच्छा है। जान पड़ता है कि रसायन परमाणु-आयतनों व परमाणु-भारों के अनुपात के आधार पर तत्त्वों के कई रासायनिक और भौतिक गुणों की व्याख्या करने की दिशा में भली-भांति आगे बढ़ रहा है। पर कोई भी रसायनज्ञ यह दावा नहीं करेगा कि किसी तत्त्व के सभी गुण इसकी लोथर मेयेर वक्र[208] पर स्थिति के द्वारा पूर्णतः व्यक्त हो जाते हैं, कि केवल इसी से, उदाहरण के लिए, जैव-जीवन के अपरिहार्य धारक कार्बन की विलक्षण संरचना की अथवा मस्तिष्क में फास्फोरस की अनिवार्यता की व्याख्या करना संभव होगा। लेकिन 'यांत्रिक' अवधारणा का इसके अलावा और कोई अर्थ नहीं है। यह अवधारणा हर परिवर्तन की स्थानांतरण के आधार पर, और तमाम गुणात्मक विभेदों की परिमाणात्मक विभेदों के आधार पर व्याख्या करती है, और इस बात को भूल जाती है कि गुण और परिमाण का संबंध पारस्परिक है, कि जिस प्रकार परिमाण का गुण में रूपांतरण हो सकता है, उसी प्रकार गुण का परिमाण में रूपांतरण हो सकता है, कि वस्तुतः पारस्परिक क्रिया सम्पन्न होती है। यदि सभी गुणात्मक भेदों व परिवर्तनों को परिमाणात्मक भेदों व परिवर्तनों में, यांत्रिक विस्थापन में, परिणत किया जाए, तो हम अपरिहार्यतः इस प्रस्थापना पर पहुंच जाते हैं कि समस्त द्रव्य **एकरूप** सूक्ष्मतम कणों से निर्मित है, और द्रव्य के रासायनिक तत्त्वों में पाए जाने वाले तमाम गुणात्मक भेद उन सूक्ष्मतम कणों की संख्या में परिमाणात्मक भेदों के कारण और परमाणुओं के निर्माण के लिए उनके स्थानगत समूहन के कारण होते हैं। पर अभी हम उतने दूर नहीं पहुंचे हैं।

हमारे प्रकृतिविदों को सिवाय उस अतिसामान्य भोंडे दर्शन के, जिसका आजकल जर्मन विश्वविद्यालयों में बोलबाला है, अन्य किसी दर्शन की जानकारी नहीं है।

यही कारण है कि वे 'यांत्रिक' जैसे शब्दों का इस तरह इस्तेमाल करते समय यह नहीं सोचते, उन्हें आभास तक नहीं होता, कि इसके क्या परिणाम होंगे जिनका वे अनिवार्यतः अपने ऊपर बोझ लाद रहे हैं। द्रव्य की निरपेक्ष गुणात्मक एकात्मता के सिद्धांत के भी समर्थक हैं—अनुभव के आधार पर इस सिद्धांत का खंडन करना अथवा इसे प्रमाणित करना समान रूप से असंभव है। परंतु जो लोग हर चीज की 'यांत्रिक' व्याख्या करना चाहते हैं, उनसे यदि कोई पूछे कि क्या वे इस परिणाम के प्रति सचेत हैं और क्या वे द्रव्य की एकात्मता को स्वीकार करते हैं, तो कितने नानाविध उत्तर सुनने को मिलेंगे!

इस संदर्भ में सर्वाधिक हास्यास्पद बात यह है कि 'भौतिकवादी' को 'यांत्रिक' के तुल्य बना देने का श्रेय **हेगेल** को है, जो 'यांत्रिक' शब्द जोड़कर भौतिकवाद का उपहास करना चाहते थे। परंतु जिस भौतिकवाद की हेगेल ने आलोचना की थी—अर्थात्, 18वीं सदी का फ्रांसीसी भौतिकवाद—वह वस्तुतः सिर्फ **यांत्रिक** था, और दरअसल इस स्वाभाविक कारण से यांत्रिक था कि उस समय भौतिकी, रसायन और जैविकी अभी अपनी शैशवावस्था में थे, और उनमें प्रकृति के विषय में एक सामान्य दृष्टिकोण का आधार प्रस्तुत करने का सामर्थ्य नहीं था। इसी प्रकार हैकेल ने हेगेल के शब्दों का अनुवाद अपना लिया है : causae efficientes (निमित कारण) = 'यांत्रिक ढंग से क्रियाशील कारण' और causae finales (अंतिम कारण) = 'सोद्देश्य ढंग से क्रियाशील कारण'। हेगेल ने यहां 'यांत्रिक' को अंधाधुंध रूप से क्रियाशील या अचेतन रूप से क्रियाशील को पर्याय समझा है, हैकेल के अर्थ में यांत्रिक शब्द को पर्याय के रूप में नहीं। परंतु यह समूची प्रतिस्थापना स्वयं हेगेल के लिए इतना अधिक पिछड़ा हुआ दृष्टिकोण है कि उन्होंने अपने 'तर्कशास्त्र' में जिन दो स्थानों पर कार्य-कारण संबंध का विवेचन किया है, उसमें इसका **उल्लेख तक नहीं किया है**—बल्कि केवल अपने 'दर्शन के इतिहास' में उस स्थान पर किया है जहां ऐतिहासिक क्रमानुसार इसका उल्लेख जरूरी था (इसलिए सतही समझ के कारण हैकेल की यह सरासर गलतफहमी!) और प्रयोजनवाद की चर्चा करते हुए (**तर्कशास्त्र**, खंड 3, भाग 2, अध्याय 3 में) सर्वथा प्रसंगवश वहां किया है जहां उन्होंने इसकी चर्चा ऐसे विधान के रूप में की है जिसमें **पुराने आधिभौतिकवाद** ने यंत्रवाद और प्रयोजनवाद की प्रतिस्थापना की कल्पना की थी। अन्यथा हेगेल ने इसे बहुत पिछड़ा हुआ दृष्टिकोण ही समझा। इसलिए हैकेल ने जब हेगेल की रचनाओं में अपनी 'यांत्रिक' अवधारणा की पुष्टि होते देखी तो खुशी से फूलकर उन्होंने हेगेल के शब्दों की गलत नकल उतारी, और इस प्रकार इस खूबसूरत नतीजे पर पहुंचे कि यदि किसी जंतु या पौधे में प्राकृतिक वरण के कारण कोई खास परिवर्तन हुआ है तो वह **निमित्त कारण** का परिणाम है, लेकिन यदि वही परिवर्तन **कृत्रिम** कारण से हुआ है तो वह **अंतिम कारण** का परिणाम है! अर्थात्, प्रजनक **अंतिम कारण** होता

है! निश्चय ही हेगेल की योग्यता का द्वंद्ववादी **निमित्त कारण** और **अंतिम कारण** की संकीर्ण प्रतिस्थापना के दुष्चक्र में नहीं फंस सकता था। और आधुनिक दृष्टिकोण के लिए तो प्रतिस्थापना से संबंधित यह सारी बकवास निरर्थक है, क्योंकि हम अनुभव से और सिद्धांत के आधार पर जानते हैं कि द्रव्य और इसके अस्तित्व की विधा, गति, दोनों ही स्वयंभू हैं और इसलिए स्वयं अपना अंतिम कारण हैं। और विश्व में गति की पारस्परिक क्रिया-प्रतिक्रिया में जो अलग-अलग कारण क्षणिक रूप में और स्थानीय रूप में एक-दूसरे से पृथक् हो जाते हैं, अथवा जिन्हें हमारा चिंतनशील मस्तिष्क एक-दूसरे से पृथक् कर देता है, उन्हें **निमित्त** कारणों का नाम देने से कोई नया निर्धारक तत्त्व हरगिज नहीं जुड़ता, बल्कि केवल एक भ्रामक तत्त्व जुड़ता है। जो कारण कार्यसाधक नहीं है, वह कारण भी नहीं है।

द्रष्टव्य : द्रव्य अपने में चिंतन की एक विशुद्ध सृष्टि और अमूर्त है। द्रव्य नामक अवधारणा के अंतर्गत सभी वस्तुओं को भौतिक रूप में विद्यमान वस्तुओं की भांति इकट्ठा करके हम उनके गुणात्मक भेदों को अनदेखा कर देते हैं। इसलिए द्रव्य अपने में, निश्चित विद्यमान द्रव्य-खंडों से पृथक्, ऐसी कोई वस्तु नहीं है जिसका इंद्रियगम्य अस्तित्व हो। यदि प्रकृति-विज्ञान अपने में एकरूप द्रव्य का पता लगाने की कोशिश करे, गुणात्मक भेदों को संयोजनशील समान लघुतम कणों के मात्र परिमाणात्मक भेदों में सीमित करने की चेष्टा करे, तो उसकी यह बात इस मांग के बराबर होगी कि वह चेरी, नाशपाती, सेब आदि को नहीं बल्कि स्वयं फल को[209] देखना चाहता है, या बिल्लियों, कुत्तों, भेड़ों आदि को नहीं बल्कि स्वयं स्तनपायी को देखना चाहता है, और जैसे वह अपने में गैस, धातु, पत्थर, अपने में रासायनिक यौगिक, अपने में गति का पता लगाना चाहता हो। डार्विन के सिद्धांत को ऐसे एक आद्य स्तनपायी की या हैकेल के पूर्व-स्तनपायी[210] की, आवश्यकता थी, परंतु साथ ही उसे यह भी मानना पड़ा था कि यदि यह पूर्व-स्तनपायी अपने भीतर सभी वर्तमान और भावी स्तनपायियों को **बीज-रूप** में धारण किए हुए था, तो उसका स्तर तमाम विद्यमान स्तनधारियों के स्तर से नीचा था, और यह मूलतः परिष्कृत था, और इसलिए इन तमाम स्तनधारियों की अपेक्षा अधिक अल्पकालिक था। जैसाकि हेगेल ने पहले ही दिखा दिया है (**विश्वकोश**, भाग 1, पृ. 199) कि यह दृष्टिकोण, यह 'एकांगी गणितीय दृष्टिकोण', जिसके अनुसार द्रव्य का केवल परिमाणात्मक निर्धारण संभव है, और गुणात्मक दृष्टि से यह मूलतया समरूप होता है, 18वीं सदी के फ्रांसीसी भौतिकवादी के दृष्टिकोण के सिवा और कुछ नहीं है।[211] बल्कि कहना चाहिए कि यह दृष्टिकोण हमें पीछे पाइथेगोरस के समीप पहुंचा देता है जो संख्या को, परिमाणात्मक निर्धारण को, वस्तुओं का सारतत्त्व समझता था।

* * *

सर्वप्रथम केकुले[212]। फिर : प्रकृति-विज्ञान का व्यवस्थापन, जो अब अधिकाधिक अपरिहार्य बनता जा रहा है, स्वयं घटनाओं के अंतर्संबंधों में ही हो सकता है, अन्य किसी तरीके से नहीं। इस प्रकार किसी भी खगोलीय पिंड पर लघु द्रव्यमानों की यांत्रिक गति का अंत दो पिंडों के संपर्क में होता है, और इस संपर्क के दो रूप होते हैं—घर्षण और संघात, जो मात्र कोटि में भिन्न हैं। पर हम देखते हैं कि इससे प्रभाव खत्म नहीं हो जाता : घर्षण ऊष्मा, प्रकाश और विद्युत पैदा करता है, संघात प्रकाश और प्रकाश पैदा करता है, विद्युत भी भले ही पैदा न करता हो—इसलिए द्रव्यमानों की गति का आणविक गति में परिवर्तन। हम आणविक गति के क्षेत्र में, भौतिकी के क्षेत्र में, प्रवेश करते हैं, और आगे खोजबीन करते हैं। पर यहां भी हम देखते हैं कि आणविक गति के साथ खोजबीन समाप्त नहीं हो जाती। विद्युत का रासायनिक रूपांतरण में संक्रमण होता है, रासायनिक रूपांतरण से उद्भव होता है। यही बात ऊष्मा और प्रकाश के बारे में है। आणविक गति का परमाणुओं की गति में रूपांतरण हो जाता है—रसायन। रासायनिक प्रक्रियाओं की खोजबीन का सामना अनुसंधान के एक क्षेत्र के रूप में जैव जगत से होता है, अर्थात्, ऐसे जगत से जिसमें रासायनिक प्रक्रियाएं, हालांकि भिन्न परिस्थितियों के अंतर्गत, उन्हीं नियमों के अनुसार घटित होती हैं जिन नियमों के अनुसार अजैव जगत में होती हैं, और इनकी व्याख्या के लिए रसायन पर्याप्त है। दूसरी ओर, जैव जगत में समस्त रासायनिक खोजबीन अंततः पीछे एक पिंड—प्रोटीन—पर पहुंचा देती है, जो सामान्य रासायनिक प्रक्रियाओं का परिणाम होने पर भी, दूसरे सभी से इस माने में विशिष्ट है कि यह एक स्वयं-सक्रिय, स्थायी रासायनिक प्रक्रिया है। यदि रसायन प्रोटीन का निर्माण करने में सफल होता है—उस विशिष्ट रूप में जिसमें स्पष्टतया इसका उद्भव हुआ है, अर्थात् तथाकथित जीवद्रव्य के रूप में, जो एक विशिष्टता है या कहें कि विशिष्टता का अभाव है—और इस प्रकार निर्माण करता है कि इसके भीतर प्रोटीन के सभी अन्य रूप संभाव्यता निहित रहते हैं (हालांकि यह मान लेना अनिवार्य नहीं कि केवल एक ही प्रकार का जीवद्रव्य है), तब द्वंद्वात्मक परिवर्तन यथार्थ में सिद्ध हो जाएगा, इसलिए पूर्णतः सिद्ध हो जाएगा। तब तक यह चिंतन की बात यानी परिकल्पना बनी रहती है। जब रसायन प्रोटीन का निर्माण करेगा, तब रासायनिक प्रक्रिया अपने से आगे बढ़ जाएगी, अर्थात् यह अधिक व्यापक क्षेत्र—जैव क्षेत्र—में पहुंच जाएगी। शरीर-क्रिया-विज्ञान, निश्चय ही, जीवित शरीर की भौतिकी और खास कर रसायन है, परंतु इसके साथ यह विशेष रूप से रसायन नहीं रह जाता : एक ओर इसका क्षेत्र सीमित हो जाता है, परंतु दूसरी ओर इस क्षेत्र में यह उच्चतर शक्ति के स्तर पर उठ जाता है।

गणित

गणित की तथाकथित स्वयंसिद्धियां वे चंद विचार निर्धारण हैं जिनकी गणित को अपने प्रस्थान-बिंदु के लिए जरूरत होती है। गणित परिमाण का विज्ञान है; इसका प्रस्थान-बिंदु परिमाण की धारणा है। यह इस धारणा की पंगु परिभाषा देता है और तब स्वयंसिद्धियों के रूप में बाहर से परिमाण के ऐसे अन्य प्राथमिक निर्धारण जोड़ता है जो परिभाषा में निहित नहीं होते, इसलिए वे अप्रमाणित प्रतीत होते हैं, और स्वाभाविक रूप से **गणितीय दृष्टि** से अप्रमाण्य भी। परिमाण के विश्लेषण से ये सभी स्वयंसिद्ध निर्धारण परिमाण के अनिवार्य निर्धारणों के रूप में प्रकट होंगे। स्पेंसर इस हद तक सही है कि इन स्वयं सिद्धियों के बारे में हमें जो **स्वयं-प्रमाणित** प्रतीत होता है, वह **दायागत** है। यदि वे शुद्ध पुनरुक्तियां नहीं हैं, तो द्वंद्वात्मक रूप से प्रमाण्य हैं।

* * *

गणित। अंकगणितीय परिकर्मों के चार प्रकारों—समस्त गणित के तत्त्वों—के बीच के भेद से अन्य कुछ भी अधिक दृढ़ आधारित नहीं होता। फिर भी आरंभ में ही दिखाई देता है कि गुणन, समान संख्यात्मक परिमाणों की एक निश्चित संख्या का, एक संक्षिप्त-रूप योग है और विभाजन एक संक्षिप्त-रूप व्यवकलन है। और एक स्थिति में—जब भाजक एक भिन्न होता है—विभाजन उत्क्रमित भिन्न से गुणन करके भी सम्पन्न किया जाता है। बीजगणितीय गणना में इस चीज को और अधिक आगे बढ़ा दिया जाता है। प्रत्येक व्यकलन (a-b) को योग के रूप में (-b+a) और प्रत्येक विभाजन को $\frac{a}{b}$ एक गुणन के रूप में $a \times \frac{1}{b}$ व्यक्त किया जा सकता है। परिमाणों के घातों की गणनाओं में हम इससे भी और आगे पहुंचते हैं। गणना के प्रकारों के बीच के सभी दृढ़ भेद समाप्त हो जाते हैं, हर चीज को विपरीत रूप में प्रस्तुत किया जा सकता है। घात को मूल के रूप में रखा जा सकता है ($x^2 = \sqrt{x^4}$), मूल को घात के रूप में रखा जा सकता है ($\sqrt{x} = x^{\frac{1}{2}}$) घात या मूल द्वारा इकाई के विभाजन को हर घात के रूप में रखा जा सकता है : ($\frac{1}{\sqrt{x}} = x^{-\frac{1}{2}}$; $\frac{1}{x^3} = x^{-3}$)। किसी परिमाण के

घातों का गुणन या विभाजन उनके घातांकों के योग या व्यवकलन में परिवर्तित हो जाता है। किसी भी संख्या की किसी भी अन्य संख्या के घात के रूप में कल्पना की जा सकती है, अभिव्यक्ति संभव है लघुगणक $y=a^x$। और यह एक रूप का विपरीत रूप में परिवर्तन मामूली-सी बात नहीं है, यह गणित-विज्ञान की एक बहुत बड़ी उत्तोलक शक्ति है, जिसके बिना आजकल अधिक कठिन गणनाएं क्वचित् ही होती है। यदि सिर्फ ऋण और भिन्नात्मक घातों को ही गणित से निकाल दिया जाए, तो हम कितना अधिक आगे बढ़ सकते हैं।

($-.- = +$, $\equiv = +$, $\sqrt{-1}$ आदि का प्रतिपादन पहले होना है।)

देकार्त के **चर परिमाण** ने गणित में एक नए युग को जन्म दिया। उसके साथ आई **गति** और इस तरह गणित में **द्वंद्ववाद**, और **एकदम, अनिवार्यतः, अवकलन और समाकलन गणित भी**, जो तत्काल शुरू हुआ और जिसे कुल मिलाकर न्यूटन और लाइबनिट्ज ने पूरा किया, हालांकि उन्होंने इसकी खोज नहीं की।

* * *

परिमाण और गुण। संख्या हमारी जानकारी का शुद्धतम परिमाणात्मक निर्धारण है। परंतु यह गुणात्मक भेदों से खचाखच भरा है। 1. हेगेल, संख्या और इकाई, गुणन, विभाजन, उच्चतर घात पर चढ़ाना, मूल निकालना। इनके जरिये, और यह हेगेल में नहीं दिखाया गया है, गुणात्मक भेद पहले ही प्रकट हो जाते हैं : अभाज्य संख्याएं और गुणनफल, सरल मूल और घात। 16 मात्र 16 इकाइयों का योग ही नहीं है, यह 4 का वर्ग, 2 का चतुर्थ घात भी है। 2. इसके भी आगे। अभाज्य संख्याएं उन संख्याओं को जो अन्य संख्याओं के साथ उनके गुणन से प्राप्त होती है, नए सुनिर्धारित गुण प्रदान करती है। केवल सम संख्याएं 2 द्वारा भाज्य हैं, और इसी प्रकार का निर्धारण 4 और 8 के मामले में है। 3 के लिए अंकों के जोड़ का एक नियम है, और 9 के लिए तथा 6 के लिए भी ऐसा ही नियम है, आखिरी मामले में सम संख्या के संचय के साथ। 7 के लिए एक विशेष नियम है। ये नियम संख्याओं से संबंधित पहेलियों के आधार है, और ये पहेलियां अनभिज्ञ व्यक्ति को अबोधगम्य प्रतीत होती हैं। इसलिए हेगेल अंकगणित में चिंतन के अभाव के बारे में जो कहते हैं (**परिमाण**, पृ. 237) वह गलत है। फिर भी, तुलना कीजिए, **माप**।[213]

जब गणित अत्यधिक विशाल और अत्यधिक अल्प की चर्चा करता है, तो यह एक गुणात्मक भेद को प्रस्तुत करता है, जो एक अलंघनीय गुणात्मक विरोध तक का रूप ग्रहण करता है : एक-दूसरे से इतने विशाल रूप में भिन्न राशियां कि उनके बीच हर तर्कयुक्त संबंध, हर तुलना खत्म हो जाती है, वे परिमाणात्मक दृष्टि से असम्मेय हो जाती हैं। सामान्य असम्मेयता, उदाहरण के लिए वृत्त और

सीधी रेखा की, भी एक द्वंद्वात्मक गुणात्मक भेद है, परंतु यहां* यह **समान परिमाणों** की **मात्रा** में भेद है जो **गुण** के भेद को असम्मेयता के बिंदु तक बढ़ा देता है।

*   *   *

संख्या। पृथक् संख्या स्वयं संख्या-प्रणाली में ही गुण से सम्पन्न हो जाती है, और यह गुण प्रयुक्त प्रणाली पर निर्भर रहता है। 9 केवल 1 को 9 बार एक साथ जोड़ना नहीं है, बल्कि 90, 99, 900 000, आदि के लिए आधार भी है। सभी संख्यात्मक नियम अपनाई गई प्रणाली पर आधारित होते हैं, उससे निर्धारित होते हैं। द्विक और त्रिक पद्धतियों में 2 गुना 2 बराबर 4 नहीं होते, बल्कि = 100 या = 11 होते हैं। विषम आधार संख्या वाली सभी प्रणालियों में विषम और सम संख्याओं के बीच का भेद समाप्त हो जाता है; जैसे, 5 पर आधारित प्रणाली में 5 = 10, 10 = 20, 15 = 30। इसी प्रकार उसी प्रणाली में 3 या 9 के गुणनफलों के 3n अंकों के योग। अतः आधार संख्या न केवल अपना गुण बल्कि अन्य सभी संख्याओं का गुण भी निर्धारित करती है।

*   *   *

एक। परिमाणात्मक इकाई से अधिक सरल कुछ भी प्रतीत नहीं होता, परंतु जैसे ही हम इसकी संगत अनेकत्व के संबंध में और अनेकत्व से इसकी उत्पत्ति के विभिन्न प्रकारों के अनुसार जांच-पड़ताल करते हैं, इससे अधिक बहुविध दूसरी कोई चीज नहीं है। सर्वप्रथम, एक समूची धनात्मक व ऋणात्मक संख्या-प्रणाली की आधार संख्या है। अन्य सभी संख्याएं एक को अपने साथ क्रमशः जोड़ते जाने से प्रकट होती हैं।

एक-एक के सभी धनात्मक, ऋणात्मक और भिन्नात्मक घातों का व्यंजक है : $1^2, \sqrt{1}, 1^{-2}$—ये सभी एक के बराबर हैं।

यह उन सभी भिन्नों का अन्तर्विषय है जिनमें अंश और हर समान सिद्ध होते हैं। यह उस प्रत्येक संख्या का व्यंजक है जिसका घातांक शून्य होता है, और इसलिए वह एकमात्र संख्या जिसका लघुगणक सभी प्रणालियों में एक-सा रहता है, अर्थात् = 0। इस प्रकार, एक वह सीमा-रेखा है जो लघुगणकों की सभी संभव प्रणालियों को दो भागों में बांटती है : यदि आधार एक से बड़ा है, तब एक से अधिक सभी संख्याओं के लघुगणक धन हैं और एक से कम संख्याओं के ऋण हैं। यदि यह आधार एक से न्यून है, तब इससे उलटी स्थिति होती है।

यदि प्रत्येक संख्या में इस माने में इकाई अंतर्निहित है कि यह पूर्णतः एकों को आपस में जोड़ने से बनी है, तो इसी प्रकार स्वयं इकाई में भी अन्य सभी संख्याएं

* अर्थात्, अनंत के गणित में।—संपा.

अंतर्निहित हैं। यह केवल संभावना नहीं है, क्योंकि हम सिर्फ एक से किसी भी संख्या का निर्माण कर सकते हैं, बल्कि एक वास्तविकता भी है, क्योंकि एक हर अन्य संख्या का एक निश्चित घात है। परंतु वही गणितज्ञ, जो बिना कुछ भी प्रयास के, अपनी सुविधानुसार, गणनाओं में $x^0 = 1$ या ऐसे भिन्न का जिसका अंश व हर बराबर हैं यानी जो इसी प्रकार एक का द्योतक है, आंतर-गणन करते हैं और जो इस तरह इकाई में अंतर्निहित अनेकत्व का गणितीय रूप से प्रयोग करते हैं, वही अपनी नाक-भौं सिकोड़ते हैं। यदि उन्हें व्यापक शब्दों में बताया जाए कि इकाई और अनेकत्व अभिन्न व परस्पर व्याप्त धारणाएं हैं और अनेकत्व में इकाई जितनी अंतर्निहित है, उससे इकाई में अनेकत्व कम अंतर्निहित नहीं है। शुद्ध संख्याओं के क्षेत्र को त्याग देते ही हमें यह स्थिति स्पष्ट हो जाती है। रेखाओं, सतहों और आयतनों के मापन में यह स्पष्ट ही है कि हम उपयुक्त क्रम के किसी भी इच्छित परिमाण को इकाई के रूप में ले सकते हैं, और यही बात काल, वजन, गति, आदि पर लागू होती है। कोशिकाओं के मापन के लिए मिलिमीटर और मिलिग्राम तक बहुत बड़े हैं, तारों की दूरियों और प्रकाश के वेग के मापन के लिए किलोमीटर तक असुविधाजनक रूप से छोटे हैं, और इसी प्रकार ग्रहीय, या उससे भी अधिक, सौर द्रव्यमानों के लिए किलोग्राम। यहां अत्यंत स्पष्ट दिखाई देता है कि पहली नजर में इतनी सरल प्रतीत होनेवाली इकाई की धारणा में कितनी विविधता और बहुलता अंतर्निहित है।

* * *

शून्य। चूंकि यह किसी निश्चित मात्रा का निषेध है, इसलिए अंतर्वस्तु से रहित नहीं है। विपरीत, शून्य में एक सुनिश्चित अंतर्वस्तु है। सभी धनात्मक व ऋणात्मक परिमाणों के बीच की सीमारेखा के रूप में, एकमात्र वास्तविक तटस्थ संख्या के रूप में, जो न धन हो सकती है, न ऋण। शून्य न केवल एक सुनिश्चित संख्या है बल्कि इसके द्वारा परिबद्ध सभी अन्य संख्याओं से स्वयं में भी अधिक महत्त्वपूर्ण है। दरअसल, अंतर्वस्तु के मामले में शून्य किसी भी अन्य संख्या से अधिक समृद्ध है। हमारी संख्या-प्रणाली की किसी भी अन्य संख्या की दाईं ओर शून्य रख दीजिए, यह उस संख्या को दस गुना मान प्रदान करता है। शून्य के स्थान पर यहां कोई अन्य चिह्न इस्तेमाल किया जा सकता है, पर सिर्फ इस शर्त पर कि यह चिह्न स्वयं में शून्य का द्योतक हो, $= 0$ हो। अतः यह स्वयं शून्य के स्वरूप का अंग है कि इसका इस प्रकार उपयोग होता है, और केवल इसी का ही इस प्रकार उपयोग किया जा **सकता** है। शून्य को किसी भी अन्य संख्या से गुणा किया जाए तो यह उसे मिटा देता है। भाजक या भाज्य के रूप में इसे किसी अन्य संख्या के साथ संयुक्त किया जाए तो पहली स्थिति यह उसे अतिविशाल बना देता है और दूसरी स्थिति

में अतिलघु। यह वह एकमात्र संख्या है जो हर अन्य संख्या का अनंत के साथ संबंध जोड़ती है। $\frac{0}{0}$ से -00 और +00 के बीच की प्रत्येक संख्या को व्यक्त किया जा सकता है, और यह प्रत्येक स्थिति में वास्तविक परिमाण का द्योतक होता है।

किसी समीकरण की वास्तविक अंतर्वस्तु प्रथमतः तब प्रकट होती है जब इसके सारे सदस्यों को **एक** ओर लाया जाता है, और इस तरह इसे शून्य मान में परिणत किया जाता है, जैसाकि वर्ग-समीकरणों के लिए होता आया है, और जैसाकि उच्चतर बीजगणित में यह लगभग एक व्यापक नियम है। तब फलक F (x,y) = 0 को z के बराबर भी रखा जा सकता है, और इस z को, यद्यपि यह = 0 है, सामान्य पराश्रित चर की भांति अवकलित किया जा सकता है और इसके आंशिक अवकलन को निर्धारित किया जा सकता है।

परंतु प्रत्येक परिमाण का अभाव अपने में परिमाणात्मक रूप से निर्धारित है, और केवल इस कारण शून्य से गणना करना संभव है। वही गणितज्ञ जो उपर्युक्त रीति से शून्य का गणनाओं में इस्तेमाल करते हैं, यानी इसका एक निश्चित परिमाणात्मक धारणा के रूप में उपयोग करते हैं और इस प्रकार अन्य परिमाणात्मक धारणाओं के साथ इसका परिमाणात्मक संबंध स्थापित करते हैं, हतोत्साहित होकर अपना माथा पकड़ लेते हैं जब हेगेल में इसका यह सामान्यीकरण पढ़ते हैं : किसी वस्तु का अभाव एक **निर्धारित** अभाव है।*

परंतु अब (वैश्लेषिक) ज्यामिति के लिए। यहां शून्य एक निश्चित बिंदु है जहां से एक रेखा पर, एक दिशा में धनात्मक और दूसरी दिशा में ऋणात्मक, मापन किया जाता है। इसलिए यहां शून्य बिंदु को न केवल धनात्मक या ऋणात्मक परिमाण द्वारा निर्दिष्ट किसी भी बिंदु के बराबर महत्त्व प्राप्त है, बल्कि उनसे कहीं अधिक महत्त्व प्राप्त है : यह वह बिंदु है जिस पर वे सभी आश्रित हैं, जिससे वे सभी संबंधित हैं, और जिसके द्वारा वे सभी निर्धारित हैं। कई स्थितियों में इसे **स्वेच्छा से** भी चुना जा सकता है। पर एक बार चुन लेने पर यह समूची संक्रिया का केंद्र-बिंदु बना रहता है, प्रायः उस रेखा की दिशा तक निर्धारित करता है जिस पर अन्य बिंदु—भुजों के छोर बिंदु—रखने होते हैं। उदाहरण के लिए, वृत्त का समीकरण प्राप्त करने के लिए यदि हम परिधि पर किसी भी बिंदु को शून्य बिंदु के रूप में चुनते हैं, तब भुजों की रेखा वृत्त के केंद्र से गुजरनी चाहिए। इस सारे का यांत्रिकी में इसी तरह से इस्तेमाल होता है, जहां इसी प्रकार गतियों की गणना में प्रत्येक स्थिति में जो बिंदु शून्य के रूप में लिया जाता है, वह समूची संक्रिया के लिए प्रमुख और केंद्र बिंदु होता है। थर्मामीटर का शून्य बिंदु किन्हीं भी इच्छित संख्या की डिग्रियों में विभाजित ताप-खंड की सुनिश्चित अधःसीमा है, इसलिए उस खंड के भीतर तापीय स्तरों के लिए, और उच्चतर व निम्नतर तापमानों के लिए भी, मापदंड का काम करता है।

* देखिए, यह ग्रंथ, पृ. 221।—संपा.

इसलिए इस मामले में भी यह एक अत्यंत अनिवार्य बिंदु है। और थर्मामीटर का परम शून्य भी शुद्ध अमूर्त निषेध हरगिज नहीं है, बल्कि द्रव्य की एक सुनिश्चित अवस्था है : वह सीमा जिस पर स्वतंत्र आणविक गति का अंतिम लवलेश मिट जाता है और द्रव्य मात्र द्रव्यमान के रूप में काम करता है। जहां कहीं भी हम शून्य को देखते हैं, यह कुछ सुनिश्चित को व्यक्त करता है, और ज्यामिति, यांत्रिकी, आदि में इसका व्यावहारिक उपयोग सिद्ध करता है कि, सीमा के रूप में, यह इसके द्वारा परिबद्ध सभी वास्तविक परिमाणों की अपेक्षा अधिक महत्त्व का है।

शून्य घात। लघुगणकीय श्रेणी में इनका महत्त्व : $\overset{0}{10^0}$ $\overset{1}{10^1}$ $\overset{2}{10^2}$ $\overset{3\log.}{10^3}$। सभी चर कहीं-न-कहीं इकाई में से गुजरते हैं; इसलिए एक घातयुक्त चर भी $(a^x) = 1$, यदि $x = 0$। $a^0 = 1$ का अर्थ इकाई की a के घातों की श्रेणी के अन्य सदस्यों के संबंध में कल्पना करने से अधिक कुछ नहीं है, केवल वहीं इसका कोई अर्थ है, और इससे परिणाम प्राप्त होंगे $(\Sigma x^{0} = \frac{x}{w})^{214}$, अन्यथा बिलकुल नहीं। इससे परिणाम निकलता है कि इकाई के भीतर भी, यह कितनी भी अपने समरूप प्रतीत क्यों न हो, अनंत बहुविधता अंतर्निहित है, क्योंकि यह किसी भी अन्य संभव संख्या का शून्य घात हो सकती है, और यह बहुविधता केवल काल्पनिक नहीं है यह बात उस प्रत्येक स्थिति में सिद्ध होती है जहां इकाई की कल्पना एक निर्धारित इकाई के रूप में की जाती है, इस प्रक्रिया के संबंध में किसी प्रक्रिया के चर परिणामों में से एक के रूप में (एक क्षणिक परिमाण के रूप में या एक चर के प्रकार के रूप में) की जाती है।

* * *

$\sqrt{-1}$। बीजगणित के ऋणात्मक परिमाण केवल तभी वास्तविक होते हैं जब वे धनात्मक परिमाणों से संयोजित होते हैं, उनसे संबंधित रहते हैं। इस संबंध से अलग, अपने में, वे शुद्ध काल्पनिक होते हैं। त्रिकोणमिति और वैश्लेषिक ज्यामिति में, साथ ही उच्च गणित की उन शाखाओं में जिनकी ये आधार हैं, ये ऋणात्मक परिमाण गति की एक निश्चित दिशा को—धनात्मक दिशा की उलटी दिशा को—व्यक्त करते हैं। लेकिन वृत्त की ज्या और स्पर्शज्या की गणना उसी प्रकार ऊपर के दाईं ओर के वृत्तपाद से की जा सकती है जिस प्रकार नीचे के दाईं ओर के वृत्तपाद से की जा सकती है, और इस तरह धन और ऋण सीधे प्रतिवर्तित हो जाते हैं। इसी प्रकार, वैश्लेषिक ज्यामिति में भुजों की गणना वृत्त की परिधि या केंद्र से की जा सकती है, वस्तुतः सभी वक्रों में उनकी गणना सामान्यतः ऋण से निर्देशित दिशा वाले (या) किसी भी इच्छित दिशा वाले वक्र से की जा सकती है, और तब भी उस वक्र का एक शुद्ध परिमेय समीकरण प्राप्त होता है। यहां धन का अस्तित्व केवल ऋण के पूरक के रूप में है, और विलोमतः। परंतु बीजगणितीय अमूर्तीकरण उन्हें

(ऋण परिमाणों को) वास्तविक और स्वतंत्र मानता है, यहां तक कि एक **बृहत्तर**, धन परिमाण से असंबंधित मानता है।

*   *   *

गणित। सहज बुद्धि के लिए एक निश्चित परिमाण को—उदाहरणार्थ, एक द्विपद व्यंजक को—एक अनंत श्रेणी में यानी किसी अनिश्चित वस्तु में वियोजित करना असंगत प्रतीत होता है। परंतु अनंत श्रेणी और द्विपद प्रमेय के बिना हम कहां रहेंगे?

*   *   *

अनंतस्पर्शी। ज्यामिति का आरंभ इस खोज के साथ होता है कि सीधा और वक्र निरपेक्ष विपरीत हैं, कि सीधे को वक्र में और वक्र को सीधे में व्यक्त करना नितांत असंभव है, कि ये दोनों असम्मेय हैं। फिर भी वृत्त तक की गणना तभी संभव होती है जब इसकी परिधि को सीधी रेखाओं में व्यक्त किया जाता है। परंतु अनंतस्पर्शी वाले वक्रों में सीधे का वक्र में और वक्र का सीधे में पूर्णतः विलयन हो जाता है, जैसीकि समांतरता की धारणा है : रेखाएं समांतर नहीं हैं, वे निरंतर एक-दूसरे के समीप पहुंचती हैं, फिर भी आपस में नहीं मिलतीं। वक्र की भुजा अधिकाधिक सीधी होती जाती है, परंतु पूर्णतः सीधी कभी भी नहीं होती, जैसाकि वैश्लेषिक ज्यामिति में सीधी रेखा को अत्यल्प वक्रता वाला एक प्रथम घातीय वक्र समझा जाता है। लघुगणकीय चक्र का x चाहे जितना बड़ा हो जाए, y कभी भी शून्य के बराबर नहीं हो सकता।

*   *   *

अवकलन गणित में **ऋजु और वक्र** को अंततः बराबर के रूप में रखा जाता है : अवकल त्रिभुज में, जिसका कर्ण (स्पर्शज्या विधि में) चाप का अवकल होता है, इस कर्ण को माना जा सकता है।

> *'एक ऐसी छोटी, बिलकुल ऋजु रेखा के रूप में जो साथ ही चाप की और स्पर्शज्या की अण्वंश है—भले ही उस वक्र को अनंत ऋजु रेखाओं से निर्मित माना जाता है या अलावा इसके कोई इसे एक पक्का चाप मानता है; चूंकि प्रत्येक M बिंदु पर वक्रता अत्यल्प है, इसलिए वक्र के अण्वंश और स्पर्शज्या का अनुपात* ***स्पष्टतः समानता का अनुपात है****।'**

इसलिए, यद्यपि यहां अनुपात निरंतर समानता के **समीप पहुंचता** है, पर **अनंतस्पयर्शीय तौर** से वक्र के स्वरूप के अनुसार, फिर भी, चूंकि स्पर्श एक **बिंदु**

* जोर स्वयं एंगेल्स द्वारा।—संपा.

तक सीमित होता है, जिसकी कोई लम्बाई नहीं होती। अंत में यह मान लिया जाता है कि ऋजु और वक्र की समानता हो गई है। (बोस्सू, **अवकलन और समाकलन गणित**, पेरिस, भाग VI, 1, पृ. 149)।[215] कोणीय वक्रों में[216] अवकल काल्पनिक भुजों को वास्तविक भुजों के समांतर भी समझा जाता है और तदनुसार क्रिया की जाती है, हालांकि दोनों आदि (ध्रुव) बिंदु पर मिलते हैं। वस्तुतः इससे दो त्रिभुजों की समानता सिद्ध की जाती है—इनमें से एक त्रिभुज का एक कोण उन दो रेखाओं के ठीक छेदन-बिंदु पर होता है जिनकी समांतरता समानता का समूचा आधार है। (आकृति 17)।[217]

जब ऋजु और वक्र रेखाओं का गणित इस प्रकार प्रर्याप्त पूर्णता पर पहुंच गया तो गणित ने एक ऐसे नए लगभग असीम क्षेत्र का उद्घाटन जो वक्र की ऋजु के रूप में (अवकल त्रिभुज) और ऋजु की वक्र के रूप में (अत्यल्प वक्रता वाला प्रथम क्रम का वक्र) कल्पना करता है। हे आधिभौतिकी!

* * *

त्रिकोणमिति। जब वैश्लेषिक ज्यामिति द्वारा त्रिभुज को, अपने तौर पर, गुणधर्मों का विवेचन पूर्ण हो जाता है, और नया बताने के लिए कुछ शेष नहीं रह जाता, तब एक अत्यंत सरल, पूर्णतः द्वंद्वात्मक पद्धति द्वारा, एक अधिक विस्तृत क्षितिज का उद्घाटन होता है। इसमें त्रिभुज पर पृथक् रूप से विचार नहीं किया जाता, बल्कि एक अन्य आकृति—वृत्त—के संबंध में विचार किया जाता है। प्रत्येक समकोण त्रिभुज को एक वृत्त से संयोजित माना जा सकता है : यदि कर्ण = r है, तब समकोण को परिबद्ध करनेवाली भुजाएं ज्या और कोज्या हैं। यदि इनमें से एक भुजा = r है, तब दूसरी भुजा = स्पर्शज्या, कर्ण = व्यत्क्रम कोटिज्या। इस प्रकार भुजाओं और कोणों को बिलकुल भिन्न, निश्चित संबंध प्रदान किए जाते हैं, जिन्हें त्रिभुज और वृत्त के इस संबंध के बिना खोजना और इस्तेमाल करना असंभव होता, और त्रिभुज का एक बिलकुल नया सिद्धांत प्रकट होता है, जो पुराने से कहीं अधिक उन्नत और सार्विक रूप से उपयोज्य है, क्योंकि प्रत्येक त्रिभुज को दो समकोण त्रिभुजों में वियोजित किया जा सकता है। वैश्लेषिक ज्यामिति से त्रिकोणमिति का यह विकास द्वंद्ववाद का, उस तरीके का जिसके अनुसार यह वस्तुओं को उनके पृथक् रूप में नहीं बल्कि उनके अंतर्संबंधों में समझता है, एक उत्तम उदाहरण है।

* * *

एकात्मता और भिन्नता। यह द्वंद्वात्मक संबंध अवकलन गणित में पहले ही देखने को मिलता है, जहां dx अत्यल्प है, फिर भी प्रभावकारी है और सब कुछ करता है।

* * *

अणु और अवकल। वीडेमान (भाग 3, पृ. 636)[218] **परिमिति** और **आणविक** दूरियों को सीधे एक-दूसरे के विपरीत रखते हैं।

* * *

वास्तविक जगत में गणितीय अनंत के आदिप्रारूपों के विषय में[219]

पृ. 17-18 चिंतन और सत् का सामंजस्य गणित में अनंत*

यह तथ्य कि हमारा आत्मपरक चिंतन और वस्तुपरक विश्व एक ही नियमों के अधीन हैं, और इसलिए अंतिम विश्लेषण में भी वे अपने परिणामों में एक-दूसरे का विरोध नहीं कर सकते बल्कि मेल खाते हैं, हमारे समस्त सैद्धांतिक चिंतन को पूर्णतया निर्धारित करता है। यह सैद्धांतिक चिंतन के लिए अचेतन और अप्रतिबंध आधारवाक्य है। अठारहवीं सदी के भौतिकवाद ने, इसके अनिवार्यतः आधिभौतिक स्वरूप के कारण, इस आधारवाक्य की केवल इसकी अंतर्वस्तु के संबंध में छानबीन की। इसने अपने को इस प्रमाण तक सीमित रखा कि समस्त चिंतन और ज्ञान की अंतर्वस्तु इंद्रियगत अनुभव से प्राप्त होनी चाहिए और इस सिद्धांत को पुनरुज्जीवित किया : nihil est in intellectu, quod non fueril in sensu.[220] वह (मस्तिष्क में नहीं जो इंद्रियगत नहीं) आधुनिक चैतन्यवादी, पर साथ ही द्वंद्ववादी, दर्शन था जिसने और विशेषकर हेगेल ने, पहली बार **रूप** के संबंध में भी इसकी छानबीन की। यहां दिखाई देनेवाली अनगिनत स्वेच्छ रचनाओं और स्वेरकल्पनाओं के बावजूद, इसके परिणामी–चिंतन और सत् की एकता–के भाववादी, उलटे-पुलटे रूप के बावजूद, इस बात से इनकार नहीं किया जा सकता कि इस दर्शन ने चिंतन की प्रक्रियाओं के साथ प्रकृति और इतिहास की प्रक्रियाओं के सादृश्य को, और इनके विपरीत सादृश्य को, और इन सभी प्रक्रियाओं के लिए, अनेकानेक स्थितियों में भिन्नतम क्षेत्रों में, इसी प्रकार के नियमों की वैधता को प्रमाणित किया। दूसरी ओर, आधुनिक प्रकृति-विज्ञान ने अनुभव से समस्त चिंतन अंतर्वस्तु की उत्पत्ति के सिद्धांत को इस प्रकार व्यापक बनाया है कि यह अपने पुराने आधिभौतिक दायरे को तथा सूत्रीकरण को तोड़ देता है। उपार्जित गुणों की विरासत को स्वीकार करके यह अनुभव के विषय का वैयक्तिक से वंश में विस्तार करता है। उस अकेले व्यक्ति की, जिसके लिए अनुभाव आवश्यक है, अब कोई जरूरत नहीं रह गई, इसके वैयक्तिक अनुभव को इसके अनेक पूर्वजों के अनुभवों के परिणामों से प्रतिस्थापित किया जा सकता है। उदाहरण के लिए, यदि हमारे बीच के आठ साल के प्रत्येक बालक को गणितीय

---

* देखिए ड्यूहरिंग मत-खंडन (हिंदी), पृ. 70-71।–संपा.

स्वयंसिद्धियां स्वतः प्रमाणित प्रतीत होती हैं, इन्हें अनुभव पर आधारित प्रमाण की जरूरत नहीं होती, तो यह पूर्णतः **संचित विरासत** का परिणाम है। इन्हें सिद्धि द्वारा किसी बुशमैन अथवा आस्ट्रेलिया के हब्शी को सिखाना कठिन होगा।

प्रस्तुत कृति में* द्वंद्ववाद की कल्पना **समस्त** गति के सर्वाधिक व्यापक नियमों के विज्ञान के रूप में की गई है। इसका अर्थ यह होता है कि इसके नियम प्रकृति और मानव इतिहास में गति के लिए उतने ही वैध होने चाहिए जितने कि चिंतन की गति के लिए। ऐसा नियम इन तीन क्षेत्रों में से दो में, वास्तव में तीनों में भी, स्वीकार किया जा सकता है—आधिभौतिक फिलीस्तीन के बिना स्पष्ट रूप से यह जानें कि यह वही एक नियम है जिसकी उसे जानकारी मिली है।

हम एक उदाहरण लेंगे। समस्त सैद्धांतिक प्रगति में मानव मस्तिष्क की विजय के रूप में इतनी उच्च स्तर की प्रगति निश्चय ही कोई नहीं है जितनी कि सत्रहवीं सदी के उत्तरार्द्ध में हुई अल्यल्प कलन की खोज है। यदि मानव प्रतिभा ने कहीं पर भी अपना एक शुद्ध और अनन्य कमाल दिखाया है तो वह यहां देखने को मिलता है। अत्यल्प कलन में प्रयुक्त परिमाणों—विभिन्न श्रेणी के अवकलों व अनंतों—के चतुर्दिक आज भी रहस्य का जो आवरण दिखाई देता है, वह इस बात का सर्वोत्तम सबूत है कि अभी भी समझा जाता है कि जिनका हम यहां प्रयोग करते हैं वे मानव मस्तिष्क की **मुक्त सृष्टियां और कल्पनाएं**** हैं कि इनके सदृश भौतिक जगत में कुछ भी नहीं है। लेकिन स्थिति इसके विपरीत है। प्रकृति इन सभी काल्पनिक परिमाणों के लिए आदिप्ररूप प्रस्तुत करती है।

ज्यामिति का आरंभ दिक्-संबंधों से होता है, और हमारे अंकगणित तथा बीजगणित का संख्यात्मक परिमाणों से, जो हमारी पार्थिव परिस्थितियों से मेल खाते हैं, इसलिए ये पिंडों के उस परिमाण से मेल खाते हैं जिसे यांत्रिकी द्रव्यमान कहती है—ऐसे द्रव्यमान, जो पृथ्वी पर विद्यमान हैं और जिन्हें आदमी गति देते हैं। इन द्रव्यमानों की तुलना में पृथ्वी का द्रव्यमान अपरिमित प्रतीत होता है और पार्थिव यांत्रिकी इसे सचमुच ही अपरिमित मानती है। पृथ्वी का अर्द्धव्यास = 00, पतन के नियम में समस्त यांत्रिकी का यह आधारभूत सिद्धांत है। परंतु जैसे ही हम दूरबीन से दिखाई देनेवाली तारा-योजनाओं की दूरियों का प्रकाश-वर्षों में मापन करने लग जाते हैं, हमें न केवल पृथ्वी बल्कि समूचा सौरमंडल और इसके भीतर की दूरियां अत्यल्प प्रतीत होती हैं। इस प्रकार यहां हमारे सामने अनंत प्रकट होता है, न केवल प्रथम श्रेणी का बल्कि दूसरी श्रेणी का, और हमारे पाठक यदि चाहें तो अपनी कल्पना से अनंत दिक् में उच्चतर अनंतों का निर्माण कर सकते हैं।

---

* अर्थात्, 'ड्यूहरिंग मत-खंडन' में। देखिए 'ड्यूहरिंग मत-खंडन (हिंदी)।—संपा.

** वही।—संपा.

लेकिन आज भौतिकी और रसायन में प्रचलित दृष्टिकोण के अनुसार, पार्थिव द्रव्यमान—यांत्रिकी में प्रयुक्त होनेवाले पिंड—अणुओं यानी ऐसे लघुतम कणों से निर्मित हैं जिन्हें, संबंधित पिंड के भौतिक व रासायनिक वैशिष्ट्य को नष्ट किए बिना, और आगे विभक्त नहीं किया जा सकता। वि. थामसन की गणनाओं के अनुसार, इन अणुओं में सबसे छोटे अणु का व्यास एक मिलिमीटर के पांच करोड़वें हिस्से से अधिक छोटा नहीं हो सकता।[221] परंतु यदि हम यह भी मान लेते हैं कि सबसे बड़े अणु का व्यास एक मिलिमीटर के ढाई करोड़वें हिस्से तक पहुंचता है, फिर भी यांत्रिकी, भौतिकी या रसायन में भी प्रयुक्त होनेवाले सबसे छोटे द्रव्यमानों की तुलना में यह एक अत्यल्प परिमाण ही रहता है। इतना होने पर भी, इसमें संबंधित द्रव्यमान की सभी विशेषताएं विद्यमान रहती हैं, यह भौतिक व रासायनिक दृष्टि से उस द्रव्यमान का प्रतिनिधित्व कर सकता है, और रासायनिक समीकरणों में सचमुच ही प्रतिनिधित्व करता है। संक्षेप में, तत्संगत द्रव्यमान के संबंध में इसके वही गुण होते हैं जो कि गणितीय अवकल के इसके चरों के संबंध में होते हैं। अंतर केवल इतना ही है कि, अवकल के मामले में, गणितीय अमूर्त में, जो हमें रहस्यमय और अबोधगम्य प्रतीत होता है, वह यहां स्वाभाविक और सहज जान पड़ता है।

प्रकृति इन अवकलों—अणुओं—के साथ ठीक उसी प्रकार और उन्हीं नियमों के अनुसार क्रियाशील होती है, जिस प्रकार गणित अपने अमूर्त अवकलों के साथ होता है। उदाहरण के लिए, $x^3 = 3x^2dx$ का अवकल, हां $3xdx^2$ और dx^3 को छोड़ दिया गया है। यदि इसे हम ज्यामितीय रूप में रखते हैं, तो हमें x लम्बाई की भुजाओं वाला एक घन प्राप्त होता है, जहां dx की अत्यल्प मात्रा में लम्बाई बढ़ जाती है। कल्पना कीजिए कि यह घन एक ऊर्ध्वपात्ति तत्त्व से, मान लीजिए कि गंधक से, बना है; और इसके एक कोने से जुड़े हुए तीन पृष्ठ आरक्षित हैं, और अन्य तीन खुले हैं। अब इस गंधक घन को गंधक वाष्प के वायुमंडल में रखिए और तापमान को पर्याप्त रूप में घटाइए; घन के तीन खुले पृष्ठों पर गंधक जमा हो जाएगा। हम भौतिकी और रसायन की सामान्य क्रियाविधि के प्रकार के अंतर्गत ही रहते हैं यदि हम, इस प्रक्रिया को इसके शुद्ध रूप में समझने के लिए, कल्पना करते कि उन तीन पृष्ठों पर प्रथमतः एक अणु की मोटाई की एक परत जमा हो जाती है। घन की भुजाओं की x लम्बाई एक अणु के व्यास dx के बराबर बढ़ गई है। घन x^3 की मात्रा x^3 और $x^3+3x^2dx3xdx^2+dx^3$ के बीच के अंतर के बराबर बढ़ गई है। यहां x^3 को यानी एक अणु को और $3xdx^2$ को यानी अणुओं की महज रैखिक विन्यास वाली xdx लंबाई की तीन पंक्तियों को उसी औचित्य से छोड़ दिया जा सकता है जिस प्रकार गणित में। परिणाम एक ही है, घन के द्रव्यमान में हुई वृद्धि $3x^2dx$ है।

सही अर्थ में dx^3 और $3xdx^2$ गंधक घन के मामले में पाए नहीं जाते, क्योंकि दो या तीन अणु एकही स्थान को नहीं घेर सकते, और इसलिए घन की राशि में ठीक-ठीक वृद्धि $3x^2dx3xdxdx$ है। इसका स्पष्टीकरण इस तथ्य के आधार पर किया जाता है कि गणित में dx एक रैखिक परिमाण है, जबकि यह भली-भांति विदित है कि मोटाई या चौड़ाई से रहित ऐसी रेखाएं प्रकृति में स्वतंत्र रूप से कोई अस्तित्व नहीं रखती, अतः इसलिए भी कि गणितीय अमूर्तों की अबाधित वैधता केवल विशुद्ध गणित में होती है। और चूंकि विशुद्ध गणित $3xdx^2+dx^3$ को छोड़ देता है, इसलिए इससे कोई फरक नहीं पड़ता।

इसी प्रकार वाष्पीकरण में होता है। जब पानी के गिलास में सबसे ऊपर की अणुओं की परत वाष्पित हो जाती है, तब पानी की परत की x ऊंचाई dx से घट जाती है, और अणुओं की एक परत के बाद दूसरी परत की निरंतर उड़ान वस्तुतः एक निरंतर अवकलन है। और जब गरम भाप दाब और शीतलन से एक पात्र में पुनः पानी में संघनित होती है, और पात्र के पूर्ण भर जाने तक एक के बाद दूसरी आणविक परत जमा होती है (इस प्रक्रिया को जटिल बनानेवाली गौण परिस्थितियों को छोड़ देने की यहां अनुमति दी जा सकती है), तब अक्षरशः एक समाकलन हो चुकता है जो गणितीय समाकलन से केवल इसी माने में भिन्न है कि एक में यह मानव मस्तिष्क द्वारा सचेतन रूप से संपन्न हुआ है, जबकि दूसरा प्रकृति द्वारा अचेतन रूप से।

परंतु केवल द्रव के गैसीय अवस्था में और गैसीय अवस्था के द्रव में रूपांतरण में ही ऐसी प्रक्रियाएं घटित नहीं होतीं जो अत्यल्प कलन के पूर्णतः सदृश हैं। जब द्रव्यमान गति, अपने में, संघात द्वारा नष्ट हो जाती है, और ऊष्मा में, आणविक गति में, रूपांतरित हो जाती है तब जो घटित होता है, वह सिवाय इसके क्या है कि द्रव्यमान गति का अवकलन होता है? और जब भाप-इंजन के सिलिंडर में भाप के अणुओं की गतियां इस प्रकार संयुक्त होती हैं कि वे पिस्टन को एक निश्चित मात्रा में उठाती हैं, और इस प्रकार द्रव्यमान गति में रूपांतरित हो जाती हैं, तब क्या उनका समाकलन नहीं हो जाता? रसायन अणुओं को परमाणुओं में वियोजित करता है—परमाणु : न्यूनतर द्रव्यमान और आकाशीय विस्तार वाले परिमाण, परंतु उसी कोटि के परिमाण, इसलिए अणु और परमाणु एक-दूसरे के निश्चित व परिमित संबंधों में रहते हैं। अतः वे सभी रासायनिक समीकरण जो पिंडों की रासायनिक संरचना को व्यक्त करते हैं, अपने रूप में अवकल समीकरण हैं। परंतु उनमें प्रयुक्त परमाणु-भारों के कारण वे वास्तव में पहले ही समाकलित रहते हैं। क्योंकि रसायन अवकलों से गणना करता है—ऐसे अवकलों से, जिनके परिमाणों के पारस्परिक संबंध ज्ञात होते हैं।

परंतु परमाणुओं को किसी भी तरह सरल, अथवा सामान्य रूप से द्रव्य के लघुतम ज्ञात कण नहीं समझा जाता। स्वयं रसायन के अलावा, जो इस विचार को

अधिकाधिक स्वीकार करता जा रहा है कि परमाणु यौगिक हैं, अधिकांश भौतिकविद दावा करते हैं कि विश्वव्यापी ईथर, जो प्रकाश और ऊष्मा विकिरणों को संप्रेषित करता है, उसी तरह पृथक् कणों से निर्मित है, परंतु ये ईथर-कण इतने छोटे हैं कि इनका रासायनिक परमाणुओं और भौतिकीय अणुओं के साथ वही आनुपातिक संबंध है जो कि इन अणु-परमाणुओं का यांत्रिक द्रव्यमानों से है, अर्थात् d^2x का dx से। अतः हम यहां, द्रव्य की संरचना की वर्तमान प्रचलित धारणा में, द्वितीय घात के अवकल के दर्शन करते हैं, और बिलकुल कोई वजह नहीं कि कोई भी, जिसे इससे संतोष प्राप्त होता हो, कल्पना न करे कि प्रकृति में d^3x, d^4x आदि के सादृश्य भी विद्यमान हैं।

अतः, द्रव्य की संरचना के बारे में किसी का कोई भी दृष्टिकोण हो, इतना सुनिश्चित है कि यह द्रव्य सापेक्षतः भिन्न-भिन्न द्रव्यमान स्वरूप के विशाल व सुनिर्धारित समूहों की एक श्रेणी में इस प्रकार विभक्त हैं कि प्रत्येक पृथक् समूह के सदस्य एक-दूसरे के साथ निश्चित परिमित द्रव्यमान-अनुपातों में रहते हैं, इसके विपरीत, इनके साथ अगले समूह के सदस्यों का संबंध, गणितीय अर्थ में, अतिविशाल अथवा अत्यल्प अनुपात का रहता है। तारों की दृश्य योजना, सौरमंडल, पार्थिव द्रव्यमान, अणु और परमाणु—ये सभी अपने-अपने ऐसे समूह बनाते हैं। इससे वस्तुस्थिति में फरक नहीं पड़ता कि इन पृथक् समूहों के बीच में मध्यवर्ती कड़ियां खोजी जा सकती हैं। उदाहरण के लिए, सौरमंडल के द्रव्यपिंडों और पार्थिव द्रव्यपिंडों के बीच में लघुग्रह (जिनमें से कुछ का व्यास, मिसाल के लिए, रेयूस राज्य[222] की तरुण शाखा के विस्तार से बड़ा नहीं है), उल्काश्म, आदि हैं। इसी प्रकार, जैव जगत में कोशिका की स्थिति पार्थिव द्रव्यमानों और अणुओं के बीच में है। ये मध्यवर्ती कड़ियां यही सिद्ध करती हैं कि प्रकृति में छलांगों का कोई अस्तित्व नहीं है, **ठीक इसलिए कि** प्रकृति पूर्णतः छलांगों से निर्मित है।

जहां तक गणित वास्तविक परिमाणों से गणना करता है, यह उपर्युक्त दृष्टि-विद्या का भी बेहिचक इस्तेमाल करता है। पार्थिव यांत्रिकी के लिए पृथ्वी की द्रव्यराशि को अपरिमित रूप से विशाल माना जाता है, उसी प्रकार खगोल-विज्ञान के लिए पार्थिव द्रव्यमानों को और इनके तुल्य उल्का-प्रस्तरों को अत्यल्प रूप से छोटा समझा जाता है, और उसी प्रकार, जैसे ही खगोल-विज्ञान सर्वाधिक निकट के स्थिर तारों के परे की तारा-योजना की संरचना की खोजबीन करता है, वैसे ही सौरमंडल की द्रव्यराशियां और दूरियां नगण्य अवस्था पर पहुंच जाती हैं। परंतु जैसे ही गणितज्ञ अमूर्तीकरण—तथाकथित विशुद्ध गणित—के अपने अजेय दुर्ग में अपने को बंद कर लेते हैं, ये सारे सादृश्य भुला दिए जाते हैं, अनंत एक पूर्णतः रहस्यमय चीज बन जाती है, और विश्लेषण में इससे जिस ढंग से क्रियाएं संपन्न होती हैं, वे पूर्णतः अबोधगम्य, और समस्त अनुभव तथा समस्त विवेक के विपरीत

जान पड़ती हैं। गणितज्ञों ने जिन मूर्खताओं और विसंगतियों से अपनी क्रियाविधि की, जो अद्‌भुत रूप से हमेशा ही सही परिणाम देती है, व्याख्या करने की बजाय सफाई दी है, वे सर्वाधिक बुरी प्रत्यक्ष व वास्तविक स्वैर-कल्पनाओं से बढ़कर हैं, उदाहरणार्थ, हेगेल के प्रकृति-संबंधी दर्शन की स्वैर-कल्पनाओं से, जिनके बारे में गणितज्ञ और प्रकृतिविद् अपनी घृणा को कभी भी पर्याप्त रूप से व्यक्त नहीं कर सकते। जिस बात के लिए वे हेगेल को दोषी ठहराते हैं, अर्थात्, अमूर्तीकरणों को चरम सीमा तक पहुंचा देने के लिए, उसे वे स्वयं बहुत बड़े पैमाने पर करते हैं। वे भूल जाते हैं कि समूचे तथाकथित विशुद्ध गणित का संबंध अमूर्तीकरणों से है, कि इसके **समस्त** परिमाण, सही अर्थ में, काल्पनिक हैं, और कि जब सारे अमूर्तीकरण चरम सीमा में ढकेल दिए जाते हैं तो वे बकवास में या उनके विपरीत में बदल जाते हैं। गणितीय अनंत को वास्तविकता से ग्रहण किया जाता है, हालांकि अचेतन रूप से, और इसलिए इसकी व्याख्या केवल वास्तविकता से ही की जा सकती है, स्वयं इससे, गणितीय अमूर्तीकरण से, नहीं की जा सकती। और, जैसाकि हमने देखा है, यदि हम वास्तविकता की इस संबंध में खोजबीन करते हैं तो हम उन वास्तविक संबंधों पर भी पहुंचते हैं जिनसे अनंत का गणितीय संबंध लिया गया है, और उस गणितीय तरीके के प्राकृतिक सादृश्य भी, जिनमें यह संबंध क्रियाशील होता है। और इस प्रकार स्थिति का स्पष्टीकरण हो जाता है।

(हैकेल की चिंतन और सत् के तादात्म्य की घटिया पुनःप्रस्तुति। परंतु साथ ही **सतत और असतत द्रव्य के बीच विरोध**; देखिए हेगेल।)[223]

* * *

अवकलन गणित पहली बार **प्रक्रियाएं** और न केवल **अवस्थाएं** गणितीय रूप में निरूपित करना प्रकृति-विज्ञान के लिए संभव बनाता है : गति।

* * *

गणित का उपयोग : दृढ़ पिंडों की यांत्रिकी में यह निरपेक्ष है, गैसों की यांत्रिकी में सन्निकट, द्रवों की यांत्रिकी में पहले ही अधिक कठिन; भौतिकी में अधिक कामचलाऊ और सापेक्ष; रसायन में प्रथम क्रम के और सरलतम स्वरूप के सरल समीकरण; जीव-विज्ञान में = 0।

यांत्रिकी और खगोल-विज्ञान

द्वंद्वात्मक चिंतन की और अदृढ़ प्रवर्गों तथा प्रकृति में संबंधों की अनिवार्यता का एक उदाहरण; पतन का नियम, जो कुछ मिनटों के पतन की अवधि के मामले में ही अशुद्ध हो जाता है, इसलिए पृथ्वी का अर्द्धव्यास बिना गलती के = ∞ नहीं रखा जा सकता, और पृथ्वी का आकर्षण बजाय स्थिर रखने के, जैसाकि गैलीलियो का पतन का नियम मानता है, बढ़ता है। फिर भी, यह नियम आज भी लगातार पढ़ाया जा रहा है, पर प्रतिबंध को छोड़ दिया जाता है!

* * *

न्यूटनीय आकर्षण और अपकेंद्री बल—आधिभौतिक चिंतन का एक उदाहरण : सवाल हल नहीं किया गया है, बल्कि केवल **प्रस्तुत किया गया है**, और प्रचार किया जाता है कि यही हल है।—इसी तरह क्लाउसिस का ऊष्मा का छितराव।[224]

* * *

न्यूटनीय गुरुत्वाकर्षण। इसके बारे में अधिक-से-अधिक यही कहा जा सकता है कि यह वर्तमान ग्रहीय गति की व्याख्या नहीं करता बल्कि इसका **चित्र प्रस्तुत करता है**। यह गति प्रदत्त है। यही स्थिति सूर्य के आकर्षण-बल की है। इस प्रदत्त-सामग्री के आधार पर इस गति की व्याख्या किस प्रकार की जाए? बलों के समांतर चतुर्भुज द्वारा, एक स्पर्शरेखीय बल द्वारा जो अब एक ऐसी अनिवार्य पूर्वधारणा बन जाती है जिसे हमें **अवश्य** स्वीकार करना पड़ता है। अर्थात्, वर्तमान स्थिति के **शाश्वत स्वरूप** को गृहीत मान लेने से हमें एक **प्रथम चालक**—ईश्वर—की जरूरत पड़ती है। परंतु न तो वर्तमान ग्रहीय स्थिति शाश्वत है, न ही यह गति मूलतः संयोजित, बल्कि **सरल परिभ्रमण**, और यहां प्रयुक्त बलों का समांतर चतुर्भुज गलत है, क्योंकि इसने उस अज्ञात परिमाण को, x को, जिसे खोजना अभी भी बाकी था, सुस्पष्ट नहीं किया, अर्थात्, जहां तक न्यूटन का दावा इस सवाल को न केवल प्रस्तुत करने का है बल्कि इसे हल करने का है।

* * *

न्यूटन का बल-समांतर-चतुर्भुज सौरमंडल में अधिक-से-अधिक सत्य **उस क्षण के लिए है जब इसके वलयाकार पिंड पृथक् होते हैं**, क्योंकि तब परिभ्रमण गति स्वयं अपने विरोध में हो जाती है—एक ओर आकर्षण के रूप में प्रकट होती है और दूसरी ओर स्पशरिखीय बल के रूप में। परंतु जैसे ही यह पृथक्करण समाप्त हो जाता है, यह गति पुनः एकरूप हो जाती है। इस पृथक्करण का अनिवार्यतः घटित होना द्वंद्वात्मक प्रक्रिया का एक प्रमाण है।

* * *

लापलास का सिद्धांत केवल गतिशील द्रव्य की पूर्वकल्पना करता है—ब्रह्मांडीय दिक् में लटके हुए सभी पिंडों के लिए अनिवार्य परिभ्रमण की।

* * *

मैडलेर, अचल तारे[225]

हेली, अठारहवीं सदी के आरंभ में, हिप्पार्कस और फ्लेमस्टीड की सारणियों में तीन तारों की स्थितियों में अंतरों के आधार पर, पहली बार निजी गति के विचार पर पहुंचे (पृ. 410)।—फ्लेमस्टीड की ब्रिटिश तारा-सूची, पहली काफी सूक्ष्म और व्यापक सूची (पृ. 420), फिर लगभग 1750 में ब्रेड्ले, मास्केलीन और लालंद की सूचियां।

बृहद् पिंडों के मामले में प्रकाश-किरणों की पहुंच का सनकी **सिद्धांत** और इस पर आधारित मैडलर की गणना—उतनी ही सनकी जितनी कि हेगेल की कृति **प्रकृति का दर्शन** में कोई चीज हो सकती है (पृ. 424-25)।

एक तारे की सर्वाधिक (दृश्य) निजी गति = 701 एक शताब्दी में = 11' 41'' = सूर्य के व्यास का तृतीयांश; दूरबीन से दिखाई देनेवाले 921 तारों का निम्नतम औसत 8, 65'', उनमें से कुछ 4''।

आकाशगंगा वलयों की एक माला है, और इन वलयों का एक गुरुत्वीय सार्व-केंद्र है (पृ. 434)।

कृत्तिका समूह, और इसमें एलसिओन (सप्तम वृष) तारा, 'आकाशगंगा के सर्वाधिक दूरी के क्षेत्रों तक' हमारे द्वीप-विश्व के लिए गति का केंद्र (पृ. 448)। कृत्तिका समूह के भीतर औसतन परिभ्रमण-काल लगभग बीस लाख वर्ष (पृ. 449)। कृत्तिकाओं के आसपास बारी-बारी से विरल और सघन तारों के वलयाकार समूह।—सेक्की मौजूदा समय में एक केंद्र निर्धारित करने की संभावना का विरोध करते हैं।

बेस्सेल के अनुसार, **व्याध** और **प्रथम लघुश्वान (प्रोसियॉन)** तारे एक **अदीप्त** पिंड की परिक्रमा करते हैं, साथ ही इनकी सामान्य गति (पृ. 450)।

अलगल तारे की ग्रहण प्रति तीन दिनों में, ग्रहण-अवधि 8 घंटे, **वर्णक्रम-विश्लेषण द्वारा पुष्टि** (सेक्की, पृ. 786)।

आकाशगंगा के विस्तार में, पर इसके **भीतर गहराई** में, कांतिमान 7-11 के तारों का एक घना वलय। इस वलय से काफी अधिक दूरी पर आकाशगंगा के सकेंद्रिक वलय हैं, जिनमें से दो को हम देख सकते हैं। हेर्शल के अनुसार, आकाशगंगा में उनकी दूरबीन से करीब एक करोड़ 80 लाख तारे देखे जा सकते हैं, और वलय के **भीतर** 20 लाख या अधिक तारे हैं, इसलिए कुल मिलाकर दो करोड़ से अधिक तारे। इसके अलावा, आकाशगंगा में सदैव एक अवियोज्य दीप्ति रहती है, वियोज्य तारों के पीछे भी, इसलिए संदर्श के कारण संभवतः और आगे वलय छिपे हुए हैं (पृ. 451-452)।

अलसिओन की सूर्य से दूरी 573 प्रकाश-वर्ष। अलग-अलग दृश्यमान तारों के **आकाशगंगा-वलय का व्यास** कम-से-कम 800 प्रकाश-वर्ष (पृ. 462-63)।

सूर्य-अलसिओन दूरी—573 प्रकाश-वर्ष—के अर्द्धव्यास के घेरे में गतिमान पिंडों के **द्रव्यमान** की गणना 11 करोड़ 80 लाख सूर्य-द्रव्यमानों के बराबर प्राप्त की गई है (पृ. 462), परंतु यह इसके भीतर गतिमान अधिक-से-अधिक 20 लाख तारों से बिलकुल मेल नहीं खाती। अदीप्त पिंड? जो भी हो, कुछ-न-कुछ गड़बड़ है। इसका यह एक प्रमाण है कि अवलोकन के हमारे साधन अभी भी कितने त्रुटिपूर्ण हैं।

आकाशगंगा के सबसे बाहर के वलय के लिए मैडलेर हजारों, संभवतः लाखों, प्रकाश-वर्षों की दूरी की कल्पना करते हैं (पृ. 464)।

प्रकाश के तथाकथित अवशोषण के विरुद्ध एक **खूबसूरत दलील** :

> *'बहरहाल, एक दूरी ऐसी अवश्य है जहां से फिर प्रकाश हम तक नहीं पहुंच सकता, परंतु इसका एक बिलकुल भिन्न कारण है। प्रकाश का वेग* ***परिमित*** *है। विश्व की सृष्टि से लेकर हमारे समय तक एक* ***परिमित*** *काल गुजरा है, इसलिए हमें उतनी ही दूरी तक के खगोलीय पिंडों के बारे में जानकारी मिल सकती है जिसे प्रकाश ने इस परिमित काल में तय किया है' (पृ. 466)।*

प्रकाश, जिसकी तीव्रता दूरी के वर्ग के अनुसार घटती जाती है, निश्चय ही एक ऐसे बिंदु पर पहुंचना चाहिए जहां यह हमारी आंखों को—फिर इन्हें कितना भी शक्तिशाली और साधन-संपन्न क्यों न बनाया जाए—नहीं दिखाई देगा—यह स्पष्ट तथ्य ओल्बेर्स के इस मत का खंडन करने के लिए पर्याप्त है कि केवल प्रकाश का अवशोषण ही आकाश के अंधेरे का स्पष्टीकरण करने में समर्थ है, हालांकि यह आकाश अनंत दूरी तक सभी दिशाओं में चमकीले तारों से प्याप्त है। इसका मतलब यह नहीं है कि ऐसी दूरी का अस्तित्व नहीं है जहां ईथर **प्रकाश को आगे नहीं पहुंचने देता**।

* * *

नेबुली (= नीहारिकाएं = मंदाकिनियां)* । सभी आकारों की, एकदम वृत्ताकार, दीर्घवृत्ताकार, या अनियमित और दांतेदार। पृथक् दर्शनीयता के सभी स्तर, यहां तक कि कुछ सर्वथा अपृथक्‌दर्शनीय, जहां केवल केंद्र की ओर एक जमाव को पहचाना जा सकता है। कुछ वियोज्य नीहारिकाओं में दस हजार तक तारों को पहचाना जा सकता है—मध्यभाग अधिकतर अधिक सघन, केंद्र में अधिक कांति का क्वचित् ही कोई तारा। परंतु रोस्से की विशाल दूरबीन ने इनमें से अनेक को विभेदित किया है। हर्शेल प्रथम ने 197 तारा-समूहों की ओर 2300 नीहारिकाओं की गणना की है। इनमें हैर्शल द्वितीय द्वारा दक्षिणी खगोल में तैयार की गई सूची को भी जोड़ना होगा।

अनियमित नीहारिकाएं **निश्चय ही दूरस्थ द्वीप-विश्व होनी चाहिए,** क्योंकि वाष्प की द्रव्यराशियां केवल गोलाकार अथवा दीर्घवृत्तजीय रूप में ही संतुलित बनी रह सकती हैं। अलावा इसके, इनमें से अधिकांश को सर्वाधिक शक्तिशाली दूरबीनों से भी अत्यधिक धुंधले पुंज के रूप में ही देखा जा सकता है। कम-से-कम गोलाकार नीहारिकाएं वाष्प-द्रव्यराशियां **हो सकती** हैं : उपर्युक्त 2500 नीहारिकाओं में इस प्रकार की नीहारिकाएं 78 हैं। हर्शेल 20 लाख की कल्पना करते हैं; मैडलेर—8000 प्रकाश-वर्षों के बराबर के वास्तविक व्यास की परिकल्पना के आधार पर—हमसे 3 करोड़ प्रकाश-वर्षों की दूरी। चूंकि पिंडों की प्रत्येक खगोलीय योजना की दूरी आगे की योजना से उस योजना के व्यास से कम-से-कम सौ गुना अधिक होती है, इसलिए अगले द्वीप-विश्व से हमारे द्वीप-विश्व की दूरी कम-से-कम 8000 प्रकाश-वर्षों के 50 गुना = 4,00,000 प्रकाश-वर्ष होगी। ऐसी स्थिति में कई हजार नीहारिकाओं के अंतरों के आधार पर हम हर्शेल की प्रथम 20 लाख प्रकाश-वर्षों की दूरी के बहुत आगे पहुंच जाएंगे (मैडलेर, पूर्वोल्लिखित, पृ. 485, 492)।

सेक्की :

> *'विभेदनक्षम नीहारिकाएं एक सतत और सामान्य तारा-वर्णक्रम देती हैं। परंतु वास्तविक नीहारिकाओं के 'देवयानी (आंद्रोमेदु) नीहारिका की तरह अंशतः सतत वर्णक्रम प्राप्त होते हैं, पर अधिकांशतः इनके वर्णक्रमों में एक या बहुत थोड़ी चमकीली रेखाएं होती हैं—जैसी कि मृग, धनु तथा वीणा नक्षत्र-मंडलों की नीहारिकाओं की और* ***ग्रहाम*** *(वृत्ताकार) नीहारिकाओं के नाम से जानी जानेवाली अधिकांश नीहारिकाओं की होती है (पृ. 787)।'*

---

* आजकल **नैबुला** के अर्थवाला नीहारिका शब्द अंतर्नक्षत्रीय मेघों के लिए प्रयुक्त होता है, और गैलेक्सी के अर्थवाला मंदाकिनी शब्द विश्व की हमारी आकाशगंगा-जैसी विशाल तारा-योजनाओं के लिए।—अनुवादक

(देवयानी नीहारिका, मैडलेर के अनुसार, पृ. 495, विभेदनक्षम नहीं है।—मृग नक्षत्र-मंडल की नीहारिका अनियमित व ऊनी है, और मानो अपनी भुजाएं बाहर फेंकती हैं, पृ. 495।—वीणा नक्षत्र-मंडल की नीहारिकाएं वलयाकार हैं, केवल थोड़ी दीर्घवृत्ताकार, पृ. 498।)

हुगिंस ने हर्शेल की नीहारिका नं. 4374 के वर्णक्रम में तीन चमकीली रेखाओं की खोज की, 'इससे तत्काल परिणाम निकलता है कि यह नीहारिका पृथक् तारों का समूह नहीं है, बल्कि एक ***असली नीहारिका**** *है, गैसीय अवस्थावाला एक चमकीला पदार्थ है' [पृ. 787]।*

वर्णक्रम की ये रेखाएं नाइट्रोजन (1) और हाइड्रोजन (1) की हैं, तीसरी रेखा अज्ञात है। यही स्थिति मृग नक्षत्र-मंडल की नीहारिका की है। जिन नीहारिकाओं में चमकदार बिंदु हैं (वासुकि, धनु), उनमें भी चमकीली रेखाएं हैं, इसलिए समूहन के दौर में भी तारा-द्रव्य राशियां अभी ठोस या द्रव रूप में नहीं है (पृ. 789)। वीणा नक्षत्र-मंडल की नीहारिका की केवल एक नाइट्रोजन रेखा है (पृ. 789)। मृग की नीहारिका का सघनतम स्थान 1^0 है, इसका पूरा विस्तार 4^0 है [पृ. 790-91]।

* * *

सेक्की : व्याध तारा

'ग्यारह साल बाद (बेस्सेल की गणना के बाद, मैडलेर, पृ. 450)... न केवल छठे कांतिमान के एक स्वप्रकाशित तारे के रूप में व्याध के 'उपग्रह' की खोज हुई, बल्कि यह भी प्रमाणित किया गया कि इसकी कक्षा बेस्सेल द्वारा गणना से निर्धारित कक्षा से मेल खाती है। इसके बाद औवेर्स ने प्रथम लघुश्वान (प्रोसियॉन) और इसके साथी तारे के लिए भी कक्षा ***निर्धारित की, हालांकि यह साथी तारा*** *अभी तक देखा नहीं गया है' (पृ. 793)।*

सेक्की : स्थिर तारे

'चूंकि स्थिर तारों का, दो या तीन को छोड़कर, कोई प्रत्यक्ष लंबन नहीं है, अतः ये हमसे कम-से-कम कोई 30 प्रकाश-वर्ष दूर हैं' (पृ. 799)।

---

* जोर स्वयं एंगेल्स द्वारा।—संपा.

सेक्की के अनुसार 16वें कांतिमान के तारे (जिन्हें हर्शेल की बड़ी दूरबीन में पृथक् रूप से पहचाना जा सकता है) 7,560 प्रकाश-वर्ष दूर हैं; रोस्से की दूरबीन में पहचाने जानेवाले तारे कम-से-कम 20,900 प्रकाश-वर्ष दूर हैं (पृ. 802)।

सेक्की (पृ. 810) स्वयं पूछते हैं :

> *'जब सूर्य और समूचा सौरमंडल मिट जाएंगे, 'तो क्या प्रकृति में ऐसी शक्तियां हैं जो इस मृत योजना को पुनः इसकी उद्दीप्त नीहारिका की आरंभिक अवस्था में बदल सकती हैं और इसे नया जीवन प्रदान कर सकती हैं? हम नहीं जानते।'*

* * *

सेक्की और पोप।

* * *

देकार्त ने खोज की कि ज्वार-भाटे का कारण चंद्रमा का आकर्षण है। उन्होंने, स्नेल के साथ-साथ, प्रकाश के वर्तन* का आधारभूत नियम खोजा, जो उनकी अपनी निजी विशेषता रखता है और स्नेल के नियम से भिन्न है।

* * *

मायेर, 'ऊष्मा के सिद्धांत की यांत्रिकी', पृ. 328। कांट ने पहले ही बताया है कि ज्वार-भाटे का दबाव पृथ्वी के घूर्णन को मंदित करता है। (एडम की गणना के अनुसार नाक्षत्र-दिन की अवधि पिछले 1000 वर्षों में $\frac{1}{100}$ सेकंड बढ़ी है।)[227]

---

* पांडुलिपि के हाशिए में टिप्पणी : 'वोल्फ का विरोध, पृ. 325'[226]—संपा.

भौतिकी

संघट्टन और घर्षण। यांत्रिकी की मान्यता के अनुसार संघट्टन का प्रभाव **शुद्ध रूप में पड़ता है।** पर वस्तुस्थिति भिन्न है। प्रत्येक संघट्टन के अवसर पर यांत्रिक गति का एक भाग ऊष्मा में रूपांतरित हो जाता है, और घर्षण, जो संघट्टन के एक रूप के अतिरिक्त और कुछ नहीं है, यांत्रिक गति को निरंतर ऊष्मा में रूपांतरित करता है (आदिम काल से इस बात की जानकारी रही है कि घर्षण से आग पैदा होती है)।

*　　*　　*

गतिज ऊर्जा का उपभोग, गतिकी के क्षेत्र में, सदैव दोहरे स्वरूप का होता है, और इसका दोहरा परिणाम होता है : (1) गतिज कार्य संपन्न होने पर, स्थितिज ऊर्जा की अनुरूप मात्रा का उत्पादन, परंतु यह प्रयुक्त गतिज ऊर्जा से सदैव कम रहता है; (2) गुरुत्व के अलावा, घर्षण के तथा अन्य किस्म के उन प्रतिरोधों को निष्प्रभावित करना जो व्यवहृत गतिज ऊर्जा के शेष को **ऊष्मा** में परिवर्तित करते हैं।—इसी तरह पुनःरूपांतरण पर : जिस प्रकार यह घटित होता है उसके अनुसार, क्षय का एक भाग घर्षण, आदि के जरिये ऊष्मा के रूप में छितर जाता है—और यह सब काफी पुराना है।

*　　*　　*

पहली सहज धारणा नियमतः बाद की आधिभौतिक धारणा से अधिक सही होती है। इस प्रकार पहले ही बेकन ने (और उनके बाद बॉयल, न्यूटन और प्रायः सभी अंग्रेज विशेषज्ञों ने) कहा था कि ऊष्मा गति है[228] (बॉयल ने यहां तक कहा कि ऊष्मा आणविक गति है)। अठारहवीं सदी में आकर ही फ्रांस में ऊष्मा के कैलारिक सिद्धांत का उदय हुआ और यह न्यूनाधिक रूप में यूरोपीय महाखंड में स्वीकृत हुआ।

*　　*　　*

ऊर्जा-संरक्षण। देकार्त ने पहले ही गति के मात्रात्मक स्थैर्य का प्रतिपादन किया था, और वस्तुतः लगभग उन्हीं शब्दों में जिन शब्दों अब द्वारा? (क्लासियस, राबर्ट मायेर?)

दूसरी ओर, गति के **रूप** के रूपांतरण की खोज केवल 1842 में ही हुई, और यही खोज, मात्रात्मक स्थैर्य के नियम की नहीं, नई है।

*   *   *

बल और बल-संरक्षण। ज्यू. रा. मायरे के पहले दो निबंधों* के परिच्छेदों को हेल्महोल्ट्ज के विरुद्ध उद्धृत करने हैं।

*   *   *

बल।**– हेगेल (**दर्शनशास्त्र का इतिहास**, भाग 1, पृ. 208) कहते हैं : 'यह कहना बेहतर है कि चुंबक में एक **प्राण** होता है' जैसाकि थेलस् ने कहा था, 'बजाय इसके कि इसमें एक आकर्षक **बल** होता है। बल, **द्रव्य से वियोज्य**, एक प्रकार का गुण है, जिसे एक विधेय के रूप में पेश किया जाता है, जबकि प्राण, दूसरी ओर, **स्वयं यह गतिविधि है, द्रव्य के स्वभाव के अनुरूप**।'

*   *   *

बल और इसकी अभिव्यक्ति की तथा कार्य और कारण की एकात्मता की हेगेल की धारणा द्रव्य के रूप में परिवर्तन से प्रमाणित होती है, जहां यह समानता गणित से प्रमाणित की जाती है। मापन में इसे पहले ही स्वीकार कर लिया गया है : बल का मापन इसकी अभिव्यक्ति से होता है, कारण का कार्य से।

*   *   *

बल। यदि किसी भी किस्म की गति को एक पिंड से दूसरे पिंड में स्थानांतरित किया जाता है, तब उस गति को–**जहां तक यह स्वयं स्थानांतरित होती है**, यानी सक्रिय है–हम गति का कारण मान सकते हैं, **बशर्ते कि यह स्थानांतरित की जाती है**, यानी निश्चेष्ट है, और तब यह कारण, सक्रिय गति, **बल** के रूप में प्रकट होती है और निश्चेष्ट गति इसकी **अभिव्यक्ति** के रूप में। गति की अविनाशिता के नियम से यह अपने-आप स्पष्ट होता है कि बल ठीक उतना ही बड़ा होता है जितनी कि इसकी अभिव्यक्ति, क्योंकि दोनों स्थितियों में वस्तुतः यह **एक ही गति** होती है। जो गति स्वयं स्थानांतरित होती है, वह न्यूनाधिक रूप में मात्रात्मक रूप से निर्धाय होती है, क्योंकि यह दो पिंडों में प्रकट होती है, जिनमें से एक का इस्तेमाल पैमाने के रूप में दूसरे पिंड में गति मापने के लिए हो सकता है। गति की मापनीयता प्रवर्ग **बल**

* देखिए यह ग्रंथ।–संपा.

** एंगेल्स ने इस टिप्पणी का 'गति के आधारभूत रूप' प्रकरण में उपयोग किया है (देखिए यह ग्रंथ, पृ. 96-97)। जोर स्वयं एंगेल्स द्वारा।–संपा.

को इसका मान प्रदान करती है, अन्यथा इसका कोई मान नहीं है। अतः यह स्थिति जितनी ही अधिक होगी, बल के प्रवर्ग उतने ही अधिक होंगे और अनुसंधान में इसकी अभिव्यक्ति का इस्तेमाल भी उतना ही अधिक होगा। यह बात यांत्रिकी में विशेष रूप से देखने को मिलती है, जहां हम बलों को मानकर संयोजित और आगे वियोजित करते हैं, और इस तरह अक्सर नए परिणामों पर पहुंचते हैं, हालांकि हमें यह नहीं भूलना चाहिए कि यह केवल एक मनोगत प्रक्रिया है। जो बल सचमुच संयोजित हैं, जिन्हें बल-समांतर-चतुर्भुज में व्यक्त किया जाता है, उनके सादृश्य को सचमुच में सरल बलों पर प्रयुक्त करने से ये सरल बल फिर भी संयोजित नहीं बन जाते। इसी प्रकार स्थैतिकी में है। और फिर गति के अन्य रूपों के यांत्रिक गति में रूपांतरण में (ऊष्मा, विद्युत, लोहे के आकर्षण में चुंबकत्व, जहां आरंभिक गति को इसके द्वारा निर्मित यांत्रिक प्रभाव के जरिये मापा जा सकता है। परंतु यहां, जहां गति के विभिन्न रूपों पर एकसाथ विचार किया जाता है, **बल** के प्रवर्ग या संक्षिप्त रूप की सीमा पहले ही स्पष्ट रहती है। कोई भी नियमनिष्ठ भौतिकविद् अब विद्युत, चुंबकत्व या ऊष्मा को उसी प्रकार केवल **बल** नहीं मानता, जिस प्रकार **पदार्थों** अथवा **ईथर** को नहीं माना जाता। जब हम यह जानते हैं कि ऊष्मा की एक निश्चित मात्रा कितनी यांत्रिक गति में बदल गई है, तब भी हम ऊष्मा की एक निश्चित मात्रा कितनी यांत्रिक गति में बदल गई है, तब भी हम ऊष्मा के स्वरूप के बारे में कुछ नहीं जानते, फिर ऊष्मा के इस स्वरूप की खोजबीन के लिए इन रूपांतरणों का अध्ययन कितना भी अनिवार्य क्यों न हो। भौतिकी की नवीनतम प्रगति यह है कि ऊष्मा को गति का एक रूप माना जाता है, और ऐसा करके बल के प्रवर्ग को इसमें समाविष्ट कर लिया गया है : कुछ संबंधों में—संक्रमण के संबंधों में—वे* बलों के रूप में प्रकट हो सकते हैं और इस प्रकार मापे जा सकते हैं। जैसे, किसी पिंड को गरम करने पर उसमें होनेवाले प्रसरण से ऊष्मा को मापा जाता है। यदि यहां ऊष्मा एक पिंड से दूसरे पिंड—माप छड़—में नहीं पहुंचती, यानी जो पिंड माप छड़ का काम करता है, उसकी ऊष्मा में बदल नहीं होता, तो मापन का, मात्रा-परिवर्तन का, कोई सवाल ही नहीं उठता। हम सिर्फ यह कहते हैं : ऊष्मा पिंड को प्रसारित करती है, जबकि यह कहना कि, ऊष्मा में किसी पिंड को प्रसारित करने का बल है, महज एक पुनरुक्ति होगी, और यह कहना कि, ऊष्मा वह बल है जो पिंडों को प्रसारित करता है, सही नहीं होगा, क्योंकि 1. प्रसरण, जैसे गैसों में, दूसरे साधनों से भी हो सकता है, और 2. इस तरह ऊष्मा की सारी विशेषताएं व्यक्त नहीं होतीं।

कुछ रसायनज्ञ रासायनिक बल की भी चर्चा करते हैं, ऐसे बल की जो यौगिकों को बनाता है और बनाए रखता है। परंतु यहां वास्तविक स्थानांतरण

* अर्थात्, गति के विविध रूप : यांत्रिक गति, ऊष्मा, विद्युत, आदि।—संपा.

नहीं होता, बल्कि विभिन्न पिंडों की गति का एक पूर्ण गति में संयोजन होता है, और इसलिए यहां 'बल' अपनी सीमा पर पहुंच जाता है। फिर भी ऊष्मा उत्पादन द्वारा इसे मापा जा सकता है, पर अब तक इसमें विशेष सफलता नहीं मिली है। यहां यह एक वाक्यशैली बन जाती है, जैसी कि हर कहीं जहां, खोजबीन-रहित गति-रूपों की खोजबीन किए बिना, कोई इनकी व्याख्या के लिए एक तथाकथित बल का **आविष्कार** करता है (जैसे, उदाहरणार्थ, पानी पर लकड़ी के प्लवन की व्याख्या के लिए एक उत्प्लावकता बल की–प्रकाश के वर्तन के लिए एक वर्तन-बल की, आदि), और ऐसी स्थिति में उतने ही बल प्राप्त किए जाते हैं जितनी कि अस्पष्ट घटनाएं होती हैं, यानी बाह्य घटना को दरअसल एक आंतरिक भाषाशैली में महज बदला जाता है।[229] (आकर्षण और विकर्षण की सफाई देना आसान है; यहां भौतिकविद् के लिए जो कई घटनाएं अस्पष्ट रहती हैं, उन्हें एक सामान्य नाम के अंतर्गत समाविष्ट कर लिया जाता है, और यह नाम एक अंतर्संबंध का आभास कराता है।

अंत में, जैव प्रकृति में बल का प्रवर्ग पूर्णतः अपर्याप्त है, फिर भी इसका सतत इस्तेमाल होता है। यह सही है कि पेशियों की क्रिया को, इसके यांत्रिक प्रभाव के अनुसार, पेशीय बल के रूप में अभिलक्षित करना संभव है, और इसका मापन भी संभव है। अन्य मापनीय क्रियाओं की भी बलों के रूप में कल्पना की जा सकती है, जैसे, विभिन्न आमाशयों की पाचन-क्षमता, परंतु इस तरह हम जल्दी ही बेतूकी की स्थिति पर पहुंच जाते हैं (जैसे, स्नायु बल; यहां अधिक-से-अधिक हम बलों का उल्लेख अत्यंत सीमित और लाक्षणिक अर्थ में ही कर सकते हैं (सामान्य कथन : अपनी शक्ति को पुनः हासिल करना)। परंतु इस गलत इस्तेमाल के कारण एक जीवन-शक्ति या ओज शक्ति के बारे में भी कहा जाने लगा। यदि इसका अर्थ यह है कि जैव शरीर में गति का रूप यांत्रिक, भौतिक या रासायनिक गति-रूप से भिन्न है और इन सबको अपने में समाविष्ट रखता है, तो यह अभिव्यक्ति का एक अत्यंत लापरवाह ढंग है, और विशेषकर इसलिए कि यह ओज शक्ति–गति के स्थानांतरण को गृहीत मानकर–जैव में यहां एक ऐसी चीज के रूप में प्रकट होती है जिसे बाहर से जैव शरीर में भर दिया गया हो, यह जीवन में अंतर्निष्ठ और इससे अपृथक्करणीय नहीं है, और इसलिए यह जीवन-शक्ति सभी अलौकिकवादियों के लिए अंतिम सहारा रही हे।

दोष : (1) बल का सामान्यतः इस प्रकार इस्तेमाल किया जाता है मानो इसका स्वतंत्र अस्तित्व हो। (हेगेल, **प्रकृति-दर्शन**, पृ. 79)।[230]

(2) **अव्यक्त, प्रसुप्त बल** : इसकी व्याख्या गति और विराम (अवस्थितत्त्व, संतुलन) से होनी चाहिए, जहां बलों के जाग्रत होने का भी विचार करना होगा।

* * *

बल (देखिए उपर्युक्त)। निश्चय ही, गति का स्थानांतरण केवल **सभी** विविध परिस्थितियों की उपस्थिति में होता है, और ये परिस्थितियां प्रायः बहुविध व जटिल रहती हैं, खास कर मशीनों में (भाप-इंजन; घोड़ा, लिबलिबी, दगाऊ टोपी और बारूद से युक्त बंदूक)। यदि इनमें से **एक** परिस्थिति गायब रहती है, तो जब तक इसकी पूर्ति नहीं की जाती तब तक स्थानांतरण घटित नहीं होता। यदि ऐसी स्थिति हो तो कोई इसके बारे में कल्पना कर सकता है कि, जैसे इस अंतिम परिस्थिति की पूर्ति करके बल को **जाग्रत** करना होता है, जैसेकि एक पिंड में—बल के तथाकथित वाहक (बारूद, काठ कोयला) में—यह बल **अव्यक्त** रहा, जबकि असल में न केवल इस पिंड की बल्कि सभी अन्य परिस्थितियों की इस विशेष स्थानांतरण को ठीक-ठीक जाग्रत करने के लिए आवश्यकता होती है।

बल की धारणा पर हम अपने-आप ही इसलिए पहुंचते हैं कि हमारे शरीर में ही गति के स्थानांतरण के साधन विद्यमान होते हैं, जिन्हें हम अपनी इच्छाशक्ति से एक निश्चित सीमा के भीतर क्रियाशील बना सकते हैं, विशेषकर हमारे हाथों की पेशियां जिनके जरिये हम अन्य पिंडों की स्थिति व गति में यांत्रिक बदल कर सकते हैं—उठना, ढोना, फेंकना, मारना, इत्यादि, जिनके सुनिश्चित उपयोगी परिणाम होते हैं। यहां गति को स्पष्टतया **पैदा किया गया है**, स्थानांतररित नहीं, और यह सर्वसामान्यतः **गति का निर्माण करनेवाले** बल की धारणा को जन्म देता है। मांसपेशियों का बल भी केवल स्थानांतरण है, यह बात केवल हाल ही में शरीर-क्रिया-विज्ञान द्वारा प्रमाणित हुई है।

* * *

बल। इसके नकारात्मक पक्ष का भी विश्लेषण करना जरूरी है : उस प्रतिरोध का, जो गति के स्थानांतरण का विरोधक है।

* * *

ब्रह्मांडीय दिक् में ऊष्मा का प्रसारण। मृत खगोलीय पिंडों के पुनरुज्जीवन के लिए लावरोव ने जिन परिकल्पनाओं का उल्लेख किया है (पृ. 109)[231], उन सबमें **गति का क्षय समाविष्ट है**। एक बार प्रसारित हुई ऊष्मा—अर्थात्, आरंभिक गति का अपरिमित रूप से बड़ा भाग—गायब हो जाती हे, गायब रहती है। हेल्महोल्ट्ज के कथनानुसार, अब तक $\frac{453}{454}$ ऊष्मा लुप्त हो चुकी है। अतः अंततः हम गति की थकान और समाप्ति पर पहुंच जाते हैं। इस सवाल को अंत में तभी सुलझाया गया जब यह दिखाया गया कि दिक् में प्रसारित हुई ऊष्मा पुनः किस प्रकार **व्यवहार्य** बनती है। गति के रूपांतरण का सिद्धांत इस सवाल को सुस्पष्ट रूप से रखता है, और टाल-मटोल करके इसके उत्तर से बचा नहीं जा सकता। यह एक बिलकुल

भिन्न बात है कि, इस सवाल को पेश करने के साथ-साथ इसके हल की शर्तें भी दी गई हैं। गति के रूपांतरण और इसकी अविनाशिता की खोज मुश्किल से तीस साल पहले हुई है, और इसके परिणामों का आगे अधिक विस्तरण और विवेचन तो अभी बिलकुल हाल ही में हुआ है। यह सवाल कि स्पष्टतया विलुप्त हुई ऊष्मा का क्या होता है, एक प्रकार से, 1867 के बाद से ही स्पष्टता से उठाया गया है (क्लासियस)।[232] अतः इसमें आश्चर्य नहीं कि अभी तक इसका हल प्राप्त नहीं हुआ है। जैसेकि हमारे सीमित साधन हैं, उन्हें देखते हुए इसके हल के लिए अभी काफी लंबा समय लग सकता है। पर इसका हल खोजा जाएगा, यह बात उतनी ही निश्चित है जितनी यह कि प्रकृति में चमत्कारों के लिए कोई स्थान नहीं है और नीहारिका पिंड की आरंभिक ऊष्मा इसे ब्रह्मांड के बाहर से चमत्कारिक रूप से प्राप्त नहीं होती। यह सामान्य दावा कि **गति की समस्त मात्रा अपरिमित है**, और इसलिए अक्षय है, प्रत्येक अलग-अलग स्थिति की कठिनाइयों को दूर करने में उसी प्रकार अल्प सहायता देता है; मृत ब्रह्मांड के पुनरुज्जीवन के लिए यह भी पर्याप्त नहीं है, सिवाय उन स्थितियों में जो उपर्युक्त परिकल्पनाओं में उल्लिखित हैं, जिनका हमेशा के लिए बल के क्षय के साथ संबंध रहता है और इसलिए जो अस्थायी स्थितियां हैं। पूरा चक्र अभी खोजा नहीं गया है, और तब तक खोजा नहीं जाएगा जब तक प्रसारित ऊष्मा के पुनः उपयोग किए जाने की संभावना की खोज नहीं होगी।

* * *

क्लासियस—यदि सही है तो—सिद्ध करते हैं कि विश्व का निर्माण किया गया है, अतः द्रव्य सृजनशील है, अतः यह विनाशशील है, अतः बल या गति भी सृजनशील और विनाशशील है, अतः 'बल की अविनाशिता' का समूचा सिद्धांत बकवास है, अतः उसके इससे निकाले सारे निष्कर्ष भी बकवास हैं।

* * *

क्लासियस का दूसरा नियम, आदि, चाहे जैसे सूत्रबद्ध किया जाए, बताता है कि ऊर्जा विलुप्त होती है, मात्रात्मक नहीं तो गुणात्मक रूप में। **प्राकृतिक साधनों से एंट्रोपी को नष्ट नहीं किया जा सकता, पर इसका निर्माण निश्चय ही किया जा सकता है।** विश्व घड़ी को उत्तेजित करना जरूरी है, तब यह संतुलन की अवस्था से कोई चमत्कार पर पहुंचने तक चलती रहती है, पर इस संतुलन की अवस्था पर पहुंचने तक चलती रहती है, पर इस संतुलन की अवस्था से कोई चमत्कार ही इसे पुनः आगे बढ़ा सकता है। इसे चाबी देने अथवा उत्तेजित करने में जो ऊर्जा लगी है, वह लुप्त हो गई है, कम-से-कम गुणात्मक रूप में, और कोई **बाह्य प्रेरणा** ही

इसकी पुनर्स्थापना कर सकती है। इसलिए एक बाह्य प्रेरणा की आवश्यकता आरंभ में भी थी, इसलिए विश्व में विद्यमान गति की या ऊर्जा की मात्रा सदैव वही नहीं थी, इसलिए ऊर्जा का निश्चय ही सृजन हुआ है, यानी यह सृजनशील और इसलिए विनाशशील होनी चाहिए। मूर्खता तक।

* * *

थॉमसन, क्लासियस और लॉश्मिड्ट के लिए निष्कर्ष : प्रत्यावर्तन विकर्षण का अपने को रोकने में और इस तरह उस माध्यम से मृत खगोलीय पिंडों में लौटने में होता है। परंतु ठीक यहीं पर यह प्रमाण भी मिलता है कि विकर्षण वस्तुतः गति का **सक्रिय** रूप है, आकर्षण **निष्क्रिय** रूप।

* * *

गैसों की गति में—वाष्पीकरण की प्रक्रिया में—द्रव्यमानों की गति सीधी आणविक गति में पहुंच जाती है। इसलिए यहां संक्रमण को बनाना जरूरी है।

* * *

समूहन की अवस्थाएं—पातिक बिंदुओं पर परिमाणात्मक परिवर्तन गुणात्मक में रूपांतरित हो जाता है।

* * *

संसक्ति—गैसों में पहले से ही ऋणात्मक—आकर्षण का विकर्षण में रूपांतरण, विकर्षण केवल गैस और ईथर (?) में वास्तविक।

* * *

परम 0° पर गैसीय अवस्था संभव नहीं है, अणुओं की सारी गति रुक जाती है। जरा-सा दाब, और इसलिए उनका अपना आकर्षण, उन्हें आपस में जोड़ता है। **परिणामतः चिरस्थायी गैस एक असंभव चीज है।**

* * *

mv^2 को गैसों के गत्यात्मक सिद्धांत द्वारा गैस-अणुओं के लिए भी सिद्ध किया जा चुका है। इसलिए आणविक गति और द्रव्यमानों की गति के लिए एक ही नियम है : इन दोनों के बीच अंतर यहां समाप्त हो जाता है।

* * *

गत्यात्मक सिद्धांत को यह स्पष्ट करना होगा कि जो अणु ऊपर उठने का प्रयास करते हैं, वे उसी समय नीचे की ओर दबाव कैसे डाल सकते हैं और—मान लीजिए कि ब्रह्मांडीय दिक् के संबंध में वायुमंडल कम-अधिक मात्रा में स्थायी है—किस प्रकार गुरुत्व के बावजूद वे पृथ्वी के केंद्र से एक दूरी तक गतिमान हो सकते हैं, फिर भी, हालांकि दूरी के **वर्ग** के अनुसार गुरुत्व-बल में कमी आ चुकी होती है, एक निश्चित दूरी पर इस बल द्वारा रुकने के लिए अथवा लौटने के लिए विवश किए जाते हैं।

* * *

गैसों का गत्यात्मक सिद्धांत

> *'एक आदर्श गैस में...अणु पहले ही एक-दूसरे से इतने दूर रहते हैं कि उनकी पारस्परिक क्रिया की उपेक्षा की जा सकती है'* (क्लासियस, पृ. 6)।[233]

इनके बीच के अंतर किस चीज से भरे रहते हैं? वही ईथर।[234] इसलिए यहां ऐसे द्रव्य की अभिधारणा जो आणविक अथवा परमाणविक कोशिकाओं में संधियुक्त नहीं है।

* * *

सैद्धांतिक विकास से संबंधित पारस्परिक विपरीतों का स्वरूप; **निर्वात की विभीषिका**[235] से एकदम निरपेक्ष रूप से रिक्त ब्रह्मांडीय दिक् में संक्रमण किया गया, केवल बाद में ही **ईथर** को लाया गया।

* * *

ईथर। यदि ईथर किंचित् भी प्रतिरोध करता है, तो इसे **प्रकाश** का भी प्रतिरोध करना चाहिए, और इसलिए एक निश्चित दूरी पर इसे प्रकाश के लिए अभेद्य होना चाहिए। चूंकि ईथर प्रकाश का **माध्यम** है, इसलिए ईथर द्वारा प्रकाश के **संचरण** का अनिवनर्य अर्थ होगा कि इसे प्रकाश का प्रतिरोध भी करना चाहिए, अन्यथा प्रकाश इसे कंपित नहीं करेगा।—मैडलेर* द्वारा उठाए गए और लावराव[236] द्वारा उल्लिखित विवादास्पद सवालों का यह हल।

* * *

प्रकाश और अंधकार प्रकृति में निश्चय ही सर्वाधिक सुस्पष्ट और सुनिर्धारित विपरीत हैं। चौथे ईसाई धर्म-सिद्धांत (गॉस्पल)[237] के समय से लेकर अठारहवीं सदी के प्रकांड पंडितों तक इनका हमेशा ही धर्म और दर्शन के लिए एक आलंकारिक वाक्यांश के रूप में इस्तेमाल हुआ है।

---

* देखिए यह ग्रंथ, पृ. 302-303—संपा.

*फिक[238], पृ. 9 : 'भौतिकी में बहुत पहले दृढ़तापूर्वक सिद्ध किया गया यह नियम... कि विकिर्णक ऊष्मा नामक गति का रूप सभी प्रमुख बातों में गति के उस रूप के समान है **जिसे हम प्रकाश कहते हैं**।'**

क्लर्क मैक्सवेल,[239] पृ. 14 : 'इन किरणों (विकिरक ऊष्मा) में प्रकाश-किरणों के सभी भौतिक गुण विद्यमान हैं और इनका वर्तन, आदि होता है...। कुछ ऊष्मा-किरणें प्रकाश-किरणों के समरूप हैं, जबकि अन्य प्रकार की ऊष्मा-किरणें हमारी आंखों पर प्रभाव नहीं डालती।'

अतः **अंधेरी** प्रकाश-किरणों का अस्तित्व है, और प्रकाश व अंधकार का प्रसिद्ध विरोध प्रकृति-विज्ञान से एक निरपेक्ष विरोध के रूप में समाप्त हो जाता है। संयोगवश, गहनतम अंधकार और दीप्तम प्रकाश हमारी आंखों को समान रूप से **चकाचौंध** करते हैं, और इस दृष्टि से **हमारे लिए** एकरूप हैं।

तथ्य यह है कि, सूर्य की किरणों के, उनके कंपनों की लंबाई के अनुसार, अलग-अलग प्रभाव पड़ते हैं : जिनका तरंग-दैर्घ्य सर्वाधिक होता है, वे ऊष्मा को संचारित करते हैं। जो तरंगें मध्यम लंबाई की होती हैं, वे प्रकाश को संचारित करती हैं, और जिनका तरंग-दैर्घ्य न्यूनतम होता है वे रासायनिक क्रिया को संचारित करती हैं (सेक्की, पृ. 632 और आगे चालू), जहां इन तीनों क्रियाओं के **महत्तम** सन्निकट लाने पर, बाहरी किरण-समूहों के न्यूनतम, अपनी क्रिया के मामले में, प्रकाश-किरणों के समूह के भीतर आ जाते हैं।[240] क्या प्रकाश है और क्या अप्रकाश है, यह आंख की संरचना पर निर्भर करता है। निशाचर प्राणी, ऊष्मा-किरणों के नहीं, बल्कि रासायनिक किरणों के एक भाग तक को देख सकने में समर्थ हो सकते हैं, क्योंकि उनकी आंखें हमारी आंखों की अपेक्षा लघुतर तरंग-दैर्घ्यों के अनुकूल बनी होती हैं। यह कठिनाई दूर हो जाती है, यदि हम मान लें कि तीन प्रकार की किरणों की बजाय केवल एक प्रकार की किरण होती है (और वैज्ञानिक दृष्टि से हम केवल **एक** प्रकार को ही जानते हैं और बाकी सब अधूरा निष्कर्ष है), जिसके तरंग-दैर्घ्य के अनुसार भिन्न-भिन्न, पर संकीर्ण सीमा में अनुकूल, प्रभाव पड़ते हैं।

* * *

हेगेल शुद्ध चिंतन से प्रकाश और वर्ण के सिद्धांत की रचना करते हैं, और ऐसा करते हुए अपरिष्कृत अनुभव से जनित **भोंडे अनुभववाद** के गर्त में गिर जाते हैं (हालांकि यह कुछ न्यायसंगत भी है, क्योंकि उस समय तक यह विषय स्पष्ट नहीं हुआ था) उदाहरणार्थ, जहां वे न्यूटन के विरुद्ध चित्रकारों द्वारा रंगों के मिश्रणों को प्रस्तुत करते हैं (पृ. 314, नीचे)।[241]

---

* जोर स्वयं एंगेल्स द्वारा।–संपा.

* * *

विद्युत। थॉमसन के ऊटपटांग किस्सों के संबंध में, तुलना कीजिए–हेगेल, पृ. 346-47, जहां ठीक वही चीज है।* –दूसरी ओर, हेगेल ने पहले ही, द्रव सिद्धांत और विद्युत द्रव्य सिद्धांत के विरोध में, घर्षण विद्युत की स्पष्ट रूप से **तनाव** के रूप में कल्पना की थी (पृ. 347)।

* * *

जब कूलॉम कहते हैं कि 'विद्युत के **कण** एक-दूसरे को उनकी दूरी के वर्ग के प्रतिलोम में प्रतिकर्षित करते हैं', तो थॉमसन इसे बड़ी सहजता से सिद्ध हुआ स्वीकार कर लेते हैं (पृ. 358)।[242] इसी तरह (पृ. 366) यह परिकल्पना कि विद्युत दो द्रवों–धनात्मक और ऋणात्मक–से निर्मित है, जिनके कण एक-दूसरे को प्रतिकर्षित करते हैं। कहा जाता है कि (पृ. 360) एक आवेशित पिंड में विद्युत सिर्फ वायुमंडल के दबाव से रुकी रहती है। फैरेडे ने विद्युत के स्थान को परमाणुओं के (या अणुओं के, अभी इस संबंध में मतभेद है) विपरीत ध्रुवों में रखा, और इस प्रकार पहली बार यह विचार प्रस्तुत किया कि विद्युत एक द्रव नहीं है बल्कि गति का एक रूप है, एक 'बल' है (पृ. 378)। जो बात बूढ़े थॉमसन के दिमाग में नहीं उतर सकती वह यह है कि ठीक स्फुलिंग ही **द्रव्यात्मक** स्वरूप का है।

सन् 1822 में ही फैरेडे ने खोज की थी कि क्षणिक प्रेरित धारा–पहली, और दूसरी प्रतिवर्तित धारा भी–वोल्टीय बैटरी के विसर्जन की अपेक्षा लीडन जार के विसर्जन से उत्पादित धारा में अधिक सम्मिलित रहती है–यहीं सारा गुह्य निहित है (पृ. 385)।

स्फुलिंग अनेक प्रकार के ऊटपटांग किस्सों का विषय रहा है, जिनके बारे में अब स्पष्ट हो गया है कि ये विशेष स्थितियां या भ्रांतियां हैं : कहा जाता है कि एक धनात्मक पिंड से उत्पन्न स्फुलिंग एक 'किरणावली, कूंची या शंकु' है, जिसका बिंदु विसर्जन का बिंदु है; दूसरी ओर, कहा जाता है कि ऋणात्मक स्फुलिंग एक **तारा** है (पृ. 396)। छोटे स्फुलिंग के बारे में कहा जाता है कि यह हमेशा सफेद होता है, और लंबा स्फुलिंग आम तौर पर लाल या बैंगनी होता है। स्फुलिंग के संबंध में फैरेडे की अद्‌भुत बकवास, पृ. 400।**

[एक विद्युत मशीन के] प्राथमिक संवाहक से धातु के एक गोले द्वारा प्राप्त किया स्फुलिंग, कहा जाता है कि, सफेद होता है, हाथ से प्राप्त किया–बैंगनी, जलीय आर्द्रता से–लाल (पृ. 405)। कहा जाता है कि स्फुलिंग, यानी प्रकाश, 'विद्युत में अंतर्निहित नहीं है बल्कि केवल वायु के दबाव का परिणाम है कि जब

* देखिए यह ग्रंथ, पृ. 132-133–संपा.

** वही, पृ. 133–संपा.

वायु में से विद्युत स्फुलिंग गुजरता है तो यह तेजी से और एकाएक **संदाबित** हो जाती है', यह किन्नेरस्ले द्वारा फिलाडेलफिया में किए गए प्रयोग से सिद्ध हो चुका है, जिसके अनुसार स्फुलिंग **नलिका में एकाएक हवा का विरलन*** पैदा करता है, और पानी को नलिका में ढकेलता है (पृ. 407)। विंटेर्ल और दूसरों की मान्यता रही कि स्फुलिंग, अथवा विद्युत प्रकाश, 'उसी स्वरूप का है जिस स्वरूप की अग्नि है'** और इसका उद्‌भव दो विद्युतों के संयोजन से होता है। इसके विरुद्ध थॉमसन गंभीरतापूर्वक सिद्ध करते हैं कि वह स्थल जहां दो विद्युत मिलते हैं ठीक वह है, जहां प्रकाश न्यूनतम होता है, और कि यह दो-तिहाई धनात्मक सिरे से और एक-तिहाई ऋणात्मक सिरे से रहता है (पृ. 409-10)! स्पष्ट है कि यहां अभी भी अग्नि मानो कोई बिलकुल **पौराणिक** चीज है।

उसी गंभीरता से थॉमसन देस्साइग्ने के प्रयोगों को उद्धृत करते हैं, जिनके अनुसार, बढ़ते वायुदाब और गिरते तापमान के साथ कांच, ऐम्बर, रेशम, आदि को पारे में डुबोने पर ये ऋणात्मक रूप से विद्युतयुक्त हो जाते हैं, पर गिरते वायुदाब और बढ़ते तापमान के साथ धनात्मक रूप से विद्युत युक्त हो जाते हैं, और गीष्म में अशुद्ध पारे में सदैव धनात्मक हो जाते हैं और शुद्ध पारे में ऋणात्मक; कि ग्रीष्म में स्वर्ण और अन्य धातुएं गरम करने पर धनात्मक हो जाती हैं और ठंडी होने पर ऋणात्मक, शीतऋतु में विपरीत स्थिति होती है; कि वे उच्च वायुदाब और उत्तरी हवा के साथ 'अति विद्युतमय' हो जाती हैं—तापमान बढ़ता हो तो धनात्मक और गिरता हो तो ऋणात्मक, इत्यादि (पृ. 416)।

ऊष्मा के मामले में क्या स्थिति थी : 'तापविद्युत प्रभावों को पैदा करने के लिए ऊष्मा का इस्तेमाल करना जरूरी नहीं है। कोई भी चीज **जो** शृंखला के एक भाग में **तापमान को बदलती है***** ..... चुंबक के दिक्पात में विचलन पैदा करती है।' उदाहरणार्थ, बर्फ द्वारा किसी धातु का शीतलन अथवा ईथर का वाष्पीकरण। (पृ. 419)।

विद्युत-रासायनिक सिद्धांत (पृ. 438) को 'कम-से-कम अत्यंत विचक्षण ओर सत्याभासी' के रूप में स्वीकार किया गया है।

फाब्रोनी और वोल्लस्टोन ने काफी पहले और फैरेडे ने हाल में दावा किया है कि वोल्टीय विद्युत रासायनिक प्रक्रियाओं का सरल परिणाम है। और फैरेडे ने द्रव में परमाणुओं के स्थित्यंतर का सही स्पष्टीकरण तक दिया है, और सिद्ध किया है कि विद्युत की मात्रा विद्युत-विश्लेषी उपज की मात्रा द्वारा मापी जानी चाहिए।

---

* जोर स्वयं एंगेल्स द्वारा—संपा.

** वही

*** वही

फैरेडे की मदद से थॉमसन इस नियम पर पहुंचते हैं :

'कि प्रत्येक परमाणु स्वभावतः विद्युत की समान मात्रा से घिरा होना चाहिए, ***ताकि इस मामले में ऊष्मा और विद्युत एक-दूसरे से मेल खाते हों'*** *(पृ. 454)।**

* * *

स्थिर और गतिक विद्युत। स्थिर या घर्षण विद्युत से तात्पर्य है—प्रकृति में विद्युत के **रूप** में, पर एक संतुलन की, तटस्थता की, अवस्था में, **पहले से विद्यमान** विद्युत को एक तनाव की स्थिति में रखना। इसलिए इस तनाव का पृथक्करण—यदि और जहां तक संचरण के दौरान विद्युत का चालन हो सके—एक झटके में, एक स्फुलिंग द्वारा, भी हो सकता है, जो तटस्थ अवस्था को पुनः स्थापित करता है।

गतिक या वोल्टीय विद्युत, दूसरी ओर, रासायनिक गति के विद्युत में परिवर्तन से पैदा होती है। कुछ सुनिश्चित परिस्थितियों में इसे जस्ता, तांबा, आदि के घोल से पैदा किया जाता है। यहां तनाव तीव्र नहीं होता, बल्कि चिरकालिक होता है। प्रत्येक क्षण गति के किसी अन्य रूप से नई + और - विद्युत पैदा होती है, पहले से विद्यमान ± विद्युत + और - में पृथक् नहीं होती। यह प्रक्रिया सतत चालू रहती है, और इसलिए इसका परिणाम, विद्युत, तत्काल तनाव और स्फुलिंग का रूप धारण नहीं करता, बल्कि एक सतत धारा का रूप धारण करता है, जिसे पुनः ध्रुवों पर उस रासायनिक गति में बदला जा सकता है जिससे इसका उद्‌भव होता है, यानी एक ऐसी प्रक्रिया में जिसे विद्युत-विश्लेषण कहते हैं। इस प्रक्रिया में, साथ ही रासायनिक संयोजन द्वारा पैदा की गई विद्युत में (जिसमें ऊष्मा की बजाय विद्युत की विमुक्ति होती है, और वस्तुतः उतनी विद्युत जितनी कि अन्य परिस्थितियों में ऊष्मा पैदा होती है, गुथ्री, पृ. 210),[243] धारा को घोल में खोजा जा सकता है (निकटवर्ती अणुओं में परमाणुओं का आदान-प्रदान—यही धारा है)।

यह विद्युत, धारा के स्वरूप की होने के कारण ही, सीधी स्थिर विद्युत में नहीं बदली जा सकती। परंतु प्रेरणा द्वारा उदासीन रूप में पहले से मौजूद विद्युत को सक्रिय बनाया जा सकता है। जैसाकि वस्तुओं का स्वभाव है, प्रेरित विद्युत को इसे प्रेरित करनेवाले का अनुसरण करना होगा, और इसलिए उसी तरह प्रवहमान स्वरूप का होना चाहिए। दूसरी ओर, यह स्पष्टतया धारा के संघनन की और इसे स्थिर विद्युत में बदलने की संभावना प्रस्तुत करता है, या कुछ ऐसे उच्चतर रूप में जो धारा के गुण को तनाव के गुण के साथ मिलाता है। रुहमकोर्फ की मशीन से यह संभव हुआ है। यह मशीन प्रेरक विद्युत को जन्म देती है, जो इस परिणाम को प्राप्त करती है।

---

* जोर स्वयं एंगेल्स द्वारा—संपा.

*   *   *

प्रकृति के द्वंद्ववाद का एक बढ़िया उदाहरण है : जिस प्रकार **समान** चुंबकीय ध्रुवों **के विकर्षण** के मौजूदा सिद्धांत को **समान** विद्युत-धाराओं **के आकर्षण** द्वारा स्पष्ट किया जाता है (गुथ्री, पृ. 264)।

*   *   *

विद्युत-रसायन। रासायनिक वियोजन और संश्लेषण में विद्युत स्फुलिंग के प्रभाव की जानकारी देते हुए वीडेमान घोषणा करते हैं कि यह मुख्य रूप से रसायन का विषय है।[244] इसी विषय के बारे में रसायनज्ञ घोषणा करते हैं कि इसका संबंध भौतिकविदों से है। इस प्रकार आणविक और परमाणविक विज्ञान के संधिस्थल पर दोनों अपने को असमर्थ घोषित करते हैं, जबकि ठीक **इसी क्षेत्र में सबसे महत्त्वपूर्ण परिणाम प्राप्त होने की संभावना है।**

*   *   *

घर्षण और संघट्टन संबंधित पिंडों की आंतरिक गति, आणविक गति, को जन्म देते हैं, जो परिस्थितियों के अनुसार ताप, विद्युत, आदि में विभेदित हो जाती है। **परंतु यह गति केवल अस्थायी होती है : कारण के समाप्त होते ही कार्य भी समाप्त हो जाता है।** एक निश्चित अवस्था पर ये सभी एक **स्थायी आणविक परिवर्तन** में, एक **रासायनिक परिवर्तन** में, रूपांतरित हो जाती हैं।

रसायन

यथार्थ में **रासायनिक दृष्टि से समरूप द्रव्य** की धारणा–हालांकि पुरातन–लावोइजिए के समय तक प्रचलित इस बालोचित दृष्टिकोण से पूर्णतः मेल खाती है कि, दो पिंडों की रासायनिक बंधुता प्रत्येक में एक तीसरा उभयनिष्ठ पिंड निहित होने पर निर्भर करती है (कोप्प, पृ. 105)।[245]

* * *

पहले के प्रचलित व्यवहार के लिए अपनाई गई पुरानी, सुविधाजनक विधियां किस प्रकार अन्य उपांगों में प्रयुक्त होने लगती हैं और बाधा बनती हैं : रसायन में, यौगिकों के संयोजन की प्रतिशतों में गणना, जो संयोजन में नियत अनुपात और बहुल अनुपात के नियमों की खोज को असंभव बनाने के लिए सर्वाधिक उपयुक्त विधि थी, और इसने सचमुच ही लम्बे अरसे तक इन नियमों की खोज नहीं होने दी।

* * *

रसायन में नए युग की शुरुआत परमाण्विकी के साथ होती है (इसलिए लावोइजिए नहीं बल्कि डाल्टन आधुनिक रसायन के पिता हैं), और इसी के अनुरूप भौतिकी में आणविक सिद्धांत के साथ (एक भिन्न रूप में, पर तत्त्वतः इस प्रक्रिया के अन्य पक्ष के द्योतक गति के रूपों के रूपांतरणों की खोज के साथ)। यह नई परमाण्विकी इसके पहले के समस्त रूपों से इस अर्थ में विशिष्ट है कि यह दावा नहीं करती (मूर्खों को छोड़कर) कि द्रव्य **सिर्फ विविक्त** है, बल्कि यह कि विविध अवस्थाओं में (ईथर परमाणु, रासायनिक परमाणु, द्रव्यमान, खगोलीय पिंड) ये विविक्त भाग विविध **निस्पंद बिंदु हैं** जो सामान्यतया द्रव्य के अस्तित्व के विभिन्न **गुणात्मक** स्वरूपों को निर्धारित करते हैं–नीचे भारहीनता और विकर्षण तक।

* * *

परिमाण का गुण में रूपांतरण : सरलतम उदाहरण **ऑक्सीजन** और **ओजोन**, जहां 2 : 3 बिलकुल भिन्न गुण पैदा करता है, यहां ग्रंथ के मामले में भी। इसी प्रकार

रसायन अन्य अपररूपी पिंडों की अणु में परमाणुओं की संख्या में महज अंतर से व्याख्या करता है।

*   *   *

नामों का महत्त्व। कार्बनिक रसायन में किसी पिंड का महत्त्व, इसलिए उसके नाम का भी महत्त्व, अब सिर्फ इसके संयोजन से निर्धारित नहीं होता, बल्कि जिस **श्रेणी** का यह घटक होता है, उसमें इसके स्थान से निर्धारित होता है। इसलिए यदि हम देखते हैं कि कोई पिंड ऐसी किसी श्रेणी का घटक है, तो इसका पुराना नाम इसके स्पष्टीकरण में बाधक बनता है, अतः इसे इसका श्रेणी नाम देना जरूरी है (पराफिन, इत्यादि)।

जीव-विज्ञान

अभिक्रिया। यांत्रिक, भौतिक (यानी ऊष्मा, आदि) अभिक्रिया अपने प्रत्येक दौर के साथ समाप्त हो जाती है। रासायनिक अभिक्रिया अभिक्रियारत पिंड की संरचना को बदल देती है और यह पुनः तभी शुरू होती है जब इसमें अभिक्रियाशील पिंड की और मात्रा जोड़ी जाती है। केवल **जैव** पिंड ही **स्वतंत्र रूप से** अभिक्रिया उत्पन्न करता है—निस्संदेह अपने प्रभाव-क्षेत्र के अंतर्गत (निद्रा), और यह मानकर कि पोषाहार की आपूर्ति जारी रहती है—परंतु पोषाहार की यह आपूर्ति तभी प्रभावकारी होती है जब इसका पाचन हो चुकता है, निम्नतर अवस्थाओं की तरह तत्काल प्रभावकारी नहीं होती, अतः यहां जैव पिंड में अभिक्रिया की **स्वतंत्र** शक्ति होती है,

*　　*　　*

जीवन और मृत्यु। पहले से ही शरीर-क्रिया-विज्ञान को वैज्ञानिक नहीं माना जाता, यदि यह मृत्यु को जीवन का अनिवार्य घटक नहीं मानता (देखिए, हेगेल, **विश्वकोश**, भाग 1, पृ. 152-53),[246] जीवन के इस **निषेध** को स्वयं जीवन में अनिवार्यतः अंतर्निहित नहीं मानता, अतः जीवन के बारे में सदैव इसके अनिवार्य परिणाम, मृत्यु, के संदर्भ में सोचा जाता है, मृत्यु जो जीवन के भीतर अंकुर के रूप में सदैव विद्यमान रहती है। जीवन की द्वंद्वात्मक अभिधारणा इससे अधिक कुछ नहीं है। परंतु जो कोई भी इस बात को एक बार समझ जाता है, उसके लिए आत्मा के अमरत्व से संबंधित सारी बहस समाप्त हो जाती है। मृत्यु या तो जैव शरीर का विघटन है, जिसमें इसके रासायनिक घटकों के अलावा और कुछ नहीं शेष रह जाता, या यह अपने पीछे एक जीव-तत्त्व—न्यूनाधिक रूप में आत्मा—छोड़ जाती है, जो न केवल मानवों के बाद, बल्कि समस्त जैव-जगत् के बाद भी कायम रहता है। अतः यहां, द्वंद्ववाद के जरिये, जीवन और मृत्यु के स्वरूप के बारे में स्पष्ट जानकारी प्राप्त कर लेने से ही एक पुरातन अंधविश्वास समाप्त हो जाता है। जीवित का अर्थ है म्रियमाण।

*　　*　　*

स्वतःप्रवर्तित उत्पत्ति (Generatio aequivoca)। अब तक की सारी खोजबीन का परिणाम यह रहा है : वियोजित जैव द्रव्य से युक्त और वायु के लिए प्रवेश्य द्रवों में निम्नतर जीव जन्म लेते हैं—प्रोटिस्टा, फंजाइ, इनफ्यूजोरिया। ये कहां से आते हैं? क्या इनका उद्‌भव स्वतःप्रसूति से हुआ है, या वायुमंडल से आये जीवाणुओं से हुआ है? परिणामतः यह खोजबीन एक काफी संकीर्ण क्षेत्र में, प्लास्मोगोनी[247] के सवाल में, सीमित हो जाती है।

यह मान्यता कि नए जीवों का उद्‌भव अन्य जीवों के अपघटन से हो सकता है, मुख्यतः अपरिवर्तनीय जाति के काल की है। उस समय आदमी यह मानने के लिए विवश हुए कि सभी जीवों की, सर्वाधिक जटिल जीवों की भी, उत्पत्ति, मौलिक प्रजनन द्वारा, अजैव पदार्थों से होती है, और चूंकि वे किसी दैवी सृजन-क्रिया के सहयोग को स्वीकार करना नहीं चाहते थे, इसलिए आसानी से इस मान्यता पर पहुंचे कि जैव जगत से पहले से प्राप्त रचनात्मक सामग्री उपलब्ध हो तो इस प्रक्रिया की आसानी से व्याख्या की जा सकती; किसी का भी इस बात में विश्वास नहीं था कि सीधे अजैव द्रव्य से रासायनिक प्रक्रियाओं द्वारा एक स्तनपायी का निर्माण हो सकता है।

परंतु यह मान्यता विज्ञान की मौजूदा स्थिति के सीधे विरोध में है। मृत जैव पिंडों में वियोजन की प्रक्रिया के विश्लेषण से रसायन सिद्ध करता है कि प्रत्येक क्रमिक कदम पर यह प्रक्रिया अनिवार्यतः ऐसे पदार्थ पैदा करती है जो अधिकाधिक मृत होते हैं, जो अजैव जगत के अधिकाधिक नजदीक होते हैं, ऐसे पदार्थ जो जैव जगत के उपयोग के लिए अधिकाधिक कम उपयुक्त होते हैं, और कि इस प्रक्रिया को अन्य दिशा प्रदान की जा सकती है, जिसमें ऐसा इस्तेमाल केवल तभी होता है जब वियोजन के ये पदार्थ समुचित, पहले से विद्यमान, जीव में काफी पहले अवशोषित हो जाते हैं। यह ठीक-ठीक कोशिका-रचना का सर्वाधिक अनिवार्य वाहक, प्रोटीन, होता है जिसका सर्वप्रथम वियोजन होता है, और अब तक इसकी पुनर्रचना संभव नहीं हो पाई है।

इसके भी आगे। ये जीव, जैव द्रवों से जिनकी मूल उत्पत्ति इस खोजबीन का विषय है, हालांकि तुलनात्मक रूप से निम्न श्रेणी के हैं, फिर भी इनका निश्चित रूप से विशिष्टीकरण हो चुका होता है—जीवाणु, खमीर, आदि—और इनका विविध अवस्थाओं का एक जीवन-चक्र होता है और ये अंशतः, जैसे कि इनफ्यूरोजिया की स्थिति में, भली-भांति विकसित अवयवों से युक्त होते हैं। ये सब कम-से-कम एककोशीय होते हैं। परंतु जब से हमें संरचनाहीन मोनेरा की जानकारी मिली है, तब से अकेली कोशिका तक की उत्पत्ति, संरचनाहीन जैव प्रोटीन की बजाय, सीधे मृत द्रव्य से प्रमाणित करने की बात मूर्खतापूर्ण बन गई है, और यह विश्वास भी कि, जिस चीज को हासिल करने में प्रकृति को हजारों साल लगे, उसे थोड़े-से बदबूदार पानी से चौबीस घंटों में हासिल करने के लिए प्रकृति को विवश करना संभव है।

इस दिशा में पाश्चर के प्रयोग[248] निरर्थक हैं; इस संभावना में विश्वास रखनेवालों के लिए पाश्चर कभी भी सिर्फ इन प्रयोगों से इसकी अशक्यता सिद्ध नहीं कर पाएंगे, पर ये प्रयोग महत्त्व के हैं, क्योंकि ये इन जीवों पर, इनके जीवन पर, इनके जीवाणुओं, आदि पर काफी प्रकाश डालते हैं।

* * *

मोरिज वैगनर, Naturwissenschaftliche Streitfragen,
I Augsburger, Allgemeine Zeitung, Beilage, अक्टूबर 6, 7, 8, 1874][249]

* * *

अपने जीवन के उत्तरकाल (1868) में लीबिग का वैगनर से कथन :

'हमें केवल यही कल्पना करनी है कि जीवन ठीक उतना ही पुराना है और ठीक उतना ही शाश्वत है जितना कि स्वयं भूतद्रव्य, और इस सरल कल्पना से, मुझे लगता है कि, जीवन की उत्पत्ति से संबंधित समूचा विवादास्पद मामला सुलझ जाता है। वस्तुतः यह क्यों न कल्पना की जाए कि जैव जीवन ठीक उसी तरह आदिकाल से विद्यमान रहा है जिस प्रकार कार्बन और ***इसके यौगिक****(!)*, या जैसेकि सामान्य रूप से संपूर्ण असृजनशील व अविनाशशील द्रव्य, और वे बल जो दिक् में द्रव्य की गति के साथ शाश्वत रूप से जुड़े हुए हैं?'*

लीबिज ने आगे कहा (वैगनर का विश्वास है कि नवम्बर, 1868 में) कि वह भी इस परिकल्पना को कि जैव जीवन को हमारी पृथ्वी पर ब्रह्मांडीय दिक् से 'आयात' किया गया है 'स्वीकार्य' मानते हैं।

हेल्महोल्ट्ज (थॉमसन का 'सैद्धांतिक भौतिकी का गुटका' की प्रस्तावना, जर्मन संस्करण, भाग 2) :

'यदि अजैव द्रव्य से जीवों के निर्माण के हमारे सारे प्रयास असफल रहते हैं*, तो मुझे यह क्रियाप्रणाली पूर्णतः सही प्रतीत होती है–सवाल उठाना कि क्या जीवन का कभी उद्भव हुआ है, क्या यह उतना ही पुराना नहीं है जितना कि द्रव्य, और क्या इसके बीच एक खगोलीय पिंड से दूसरे खगोलीय पिंड पर स्थानांतरित नहीं हुए हैं और जहां भी उन्हें अनुकूल भूमि मिली है, वहां विकसित हुए हैं।'*[250]

---

* जोर स्वयं एंगेल्स द्वारा–संपा.

वैगनर :

'यह तथ्य कि द्रव्य अनश्वर और अविनाशी है, कि किसी भी शक्ति से इसे... नष्ट नहीं किया जा सकता, ***रसायनज्ञ के लिए पर्याप्त है कि वह इसे 'स्वयंभू' भी स्वीकार करे**** *...। परंतु प्रचलित वर्तमान दृष्टिकोण (?) के अनुसार, जीवन को कुछ ऐसे सरल तत्त्वों में अंतर्निहित महज एक प्रकार का* ***गुण*** *समझा जाता है जिनसे निम्नतम जीव बने होते हैं, और ये जीव, वास्तव में, उतने ही पुराने, यानी मूलतः अस्तित्वमान, होने चाहिए जितने कि स्वयं ये बुनियादी तत्त्व और* ***इनके यौगिक**** *(!!)। इस संदर्भ में कोई जीवन-शक्ति की भी चर्चा कर सकता है, जैसीकि लीबिग करते हैं (Chemische Briefe चौथा संस्करण), यथा, 'भौतिक बलों से संयुक्त और इनमें निहित एक रचनात्मक तत्त्व'*[251] *के रूप में, इसलिए जो द्रव्य पृथक् सक्रिय नहीं रहता। परंतु 'द्रव्य के गुण' के रूप में यह जीवन-शक्ति अपने को अभिव्यक्त करती है...केवल उन्हीं समुचित परिस्थितियों में जो अनंत दिक् में अनगिनत स्थलों पर अनादि काल से मौजूद रही हैं, पर जिन्होंने विभिन्न कालावधियों के दौरान दिक् में अक्सर ही अपने स्थान अवश्य बदले होंगे।' इसलिए प्राचीन तरल पृथ्वी पर अथवा वर्तमान सूर्य पर जीवन संभव नहीं है, पर इन दीप्त पिंडों के अत्यंत विस्तृत वायुमंडल होते हैं, जो, हाल की मान्यताओं के अनुसार, उन्हीं पदार्थों से निर्मित होते हैं जो अत्यंत विरल रूप में सारे दिक् में व्याप्त हैं और पिंडों द्वारा आकर्षित होते हैं। उस घूर्णित नीहारिका-द्रव्यराशि में, जिससे नैपच्यून की कक्षा के परे तक पहुंचनेवाले सौरमंडल का विकास हुआ है, समाया हुआ था 'सारा पानी (!) भी जो भाप के रूप में कार्बनिक* ***अम्ल*** *(!)* से पूर्णतः सरोबार एक ऐसे वायुमंडल में घुला हुआ था जो अनगिनत ऊंचाई तक पहुंचता था, साथ ही, इसमें निम्नतम जैव अंकुरों के अस्तित्व के लिए मूलभूत पदार्थ भी निहित थे'... 'इसके सर्वाधिक विविध क्षेत्रों में सर्वाधिक विविध डिग्रियों का तापमान व्याप्त रहा, और यह मान्यता* ***पूर्णतः न्यायसंगत**** *है कि, सभी कालों में जैव-जीवन के लिए अनिवार्य परिस्थितियां कहीं मौजूद थीं। इस दृष्टिकोण के अनुसार, खगोलीय पिंडों के वायुमंडलों को, जैसेकि घूर्णित ब्रह्मांडीय नीहारिका-द्रव्यराशियों को, जीवित रूपों के स्थायी भंडार मानना होगा, जैव बीजों के शाश्वत प्रजनन क्षेत्र मानना होगा।'—एंडीज में, भूमध्यरेखा के नीचे, लघुतम जीवित प्रोटिस्टा अपने अदृश्य जीवाणुओं*

* जोर स्वयं एंगेल्स द्वारा—संपा.

*के साथ वायुमंडल की द्रव्यराशि में 16,000 फीट की ऊंचाई तक आज भी मौजूद हैं। पेर्टी कहते हैं कि ये 'लगभग सर्वव्यापी' हैं। ये केवल वहीं पर अनुपस्थित रहते जहां उत्तप्त ऊष्मा इन्हें नष्ट कर देती है। इनके विब्रिओनिडी, आदि के अस्तित्व की कल्पना **सभी*** खगोलीय पिंडों के वाष्पीय घेरों में भी की जा सकती है, कहीं पर भी जहां समुचित परिस्थितियां मौजूद हों।'*

'कोहन के अनुसार जीवाणु इतने अधिक छोटे हैं कि एक घन मिलिमीटर स्थान में 6330 लाख जीवाणु समाए जा सकते हैं, और 636 अरब जीवाणुओं का वजन सिर्फ एक ग्राम होगा। एकल गोलाणु (माइक्रोकोक्की) इनसे भी छोटे हैं', और संभवतः ये भी सबसे छोटे जीवाणु नहीं हैं। पर ये अत्यंत भिन्न-भिन्न आकार के हैं, 'विब्रिओनिडी... कभी गोलाकार, कभी अंडाम, कभी दंडाकार या वक्रिल' (इसलिए पहले से मौजूद इनके ये रूप काफी महत्त्व रखते हैं) अब तब इस सुदृढ़ परिकल्पना के विरुद्ध कोई ठोस आपत्ति नहीं उठाई गई कि, दोनों प्राकृतिक जगतों के सभी नानाविध, अतिसंगठित जीव, लंबी कालावधियों के दौरान, ऐसे, या इसी तरह के, अत्यंत सरल (!!), अलिंगी, आदिरूप जीवों से, जो पौधों और पशुओं के बीच में मंडरा रहे थे, विकसित हो सकते हैं, **अवश्य ही** विकसित हुए होंगे... खगोलीय पिंडों की भौतिक परिस्थितियां बदलने पर और निर्मित अलग-अलग जीव-प्रकारों का स्थानीय पृथक्करण होने पर संतान में नए अर्जित गुणों के वंशगत संचारण की क्षमता के आधार पर और वैयक्तिक परिवर्तनशीलता के आधार पर।'*

इस सबूत पर ध्यान देना उपयोगी होगा कि लीबिग का जीव-विज्ञान का ज्ञान कितना पल्लवग्राही था, हालांकि जीव-विज्ञान की सीमा रसायन से जा मिलती है।

डार्विन को उन्होंने पहली बार 1861 में पढ़ा, और इसके काफी बाद जाकर ही जीव-विज्ञान और जीवाश्म भू-विज्ञान से संबंधित वे महत्त्वपूर्ण कृतियां पढ़ीं जो डार्विन के बाद लिखी गईं। लामार्क को उन्होंने 'कभी नहीं पढ़ा'। इसी तरह, 1859 के भी पहले प्रकाशित हुई जीवाश्म सेफेलोडोस से संबंधित लि.फो. बुख द-औरबिग्नी, मून्स्टेर, क्लिप-स्टाइन, हाउएर और क्वेंस्टेड्ट की महत्त्वपूर्ण व विशिष्ट जीवाश्मीय गवेषणाएं, जो विभिन्न जीवों के आनुवंशिक संबंध पर अद्भुत प्रकाश डालती हैं, लीबिग के लिए अज्ञात रहीं। ऊपर उल्लिखित सभी वैज्ञानिक, तथ्यों के

* जोर स्वयं एंगेल्स द्वारा–संपा.

बल पर, करीब-करीब अपनी इच्छा के विरुद्ध, लामार्क की वंशक्रम की परिकल्पना पर पहुंच गए, और वह भी वास्तव में डार्विन की पुस्तक के पहले। 'इसलिए उन वैज्ञानिकों के विचारों में वंशक्रम का सिद्धांत पहले ही चुपचाप अपनी जड़ें जमा चुका था जो जीवाश्म जीवों का अधिक गहराई से तुलनात्मक अध्ययन करने में जुटे हुए थे...। काफी पहले 1832 में Über die Ammoniten und ihre sonderung in Familien में, और 1848 में बर्लिन अकादमी में पढ़े गए एक निबंध में लि.फो. बुख ने अश्मीभूत वस्तुओं (!) के विज्ञान में सुदृढ़ रूप से 'लामार्क के इस विचार को कि जैव रूपों के विशिष्ट संबंध उनके सामूहिक वंशक्रम के लक्षण हैं' प्रस्तुत किया। 1848 में उन्होंने ऐमोनाइटीज संबंधी अपनी गवेषणा के आधार पर घोषणा की : कि पुराने रूपों का लोप और नए रूपों का आविर्भाव जैव-जगत के संपूर्ण विनाश का परिणाम नहीं है, बल्कि ***पुराने रूपों से नई जातियों का निर्माण संभवतः जीवन की केवल बदली परिस्थितियों के कारण हुआ है।'****

टिप्पणी : 'शाश्वत जीवन' और आयात की उपर्युक्त परिकल्पना पहले से मान लेती है :

1. प्रोटीन का शाश्वत अस्तित्व।

2. मूल रूपों का शाश्वत अस्तित्व, जिनसे वह सब-कुछ विकसित हो सकता है जो जैव है। ये दोनों ही मान्यताएं अस्वीकार्य हैं।

1. लीबिग का यह दावा कि कार्बन के यौगिक ठीक उतने ही शाश्वत हैं जितना कि स्वयं कार्बन, गलत नहीं तो संदेहास्पद अवश्य है :

(क) क्या कार्बन सरल है? यदि नहीं, तो यह अपने में शाश्वत नहीं है।

(ख) कार्बन के यौगिक इस अर्थ में शाश्वत हैं कि, मिश्रण, तापमान, दाब, विद्युत-विभव, आदि की उन्हीं परिस्थितियों के अंतर्गत इनका हमेशा पुनर्निर्माण किया जा सकता है। परंतु, उदाहरण के लिए, यह कि केवल सरलतम कार्बन यौगिक, CO_2 या CH_4 इस अर्थ में शाश्वत होने चाहिए कि इसका अस्तित्व सभी कालों में और न्यूनाधिक रूप में सभी स्थलों पर टिका रहता है, और कुछ ऐसा नहीं कि इनका निरंतर नया निर्माण होता है और पुनः अस्तित्व मिटता है—वस्तुतः, तत्त्वों से इनका निर्माण होता है और तत्त्वों में ही विलय होता है—इसका अभी तक दावा नहीं किया गया है। यदि जैव प्रोटीन उसी अर्थ में शाश्वत है जैसे कि अन्य कार्बन यौगिक, तो इसे न केवल अवश्यमेव सतत अपने तत्त्वों में विघटित होना चाहिए, जैसाकि होता है, यह सर्वविदित है, बल्कि उन तत्त्वों से इसका सतत नवनिर्माण भी

* जोर स्वयं एंगेल्स द्वारा—संपा.

होना चाहिए और वह भी पहले से विद्यमान प्रोटीन के सहयोग के बिना—और यह उस परिणाम के ठीक उलटा है जिस पर लिबिग पहुंचे हैं।

(ग) प्रोटीन हमारी जानकारी का सर्वाधिक अस्थायी यौगिक है। यह जैसे ही अपनी विशिष्ट क्रियाविधियों को, जिन्हें हम जीवन कहते हैं, जारी रखने की क्षमता खो बैठता है, वैसे ही इसका विघटन हो जाता है, और यह इसकी प्रकृति में ही अंतर्निष्ठ है कि यह अक्षमता देर-सवेर प्रकट हो। और ठीक यही यौगिक है जिसके बारे में कल्पना की जाती है कि यह शाश्वत है और अंतरिक्ष में तापमान व दाब के सभी परिवर्तन को पोषण के अभाव को, वायु के अभाव, आदि को सहन करता है, हालांकि इसकी ऊपरी तापमान-सीमा काफी कम है -100^0 सें. से कम! प्रोटीन के अस्तित्व की परिस्थितियां किसी भी अन्य ज्ञान कार्बन यौगिक की परिस्थितियों से असीम मात्रा में अधिक जटिल हैं, क्योंकि न केवल भौतिक व रासायनिक क्रियाएं, बल्कि इनके अलावा पोषण व श्वसन की क्रियाएं भी, सम्मिलित होती हैं, जिनके लिए एक ऐसे पर्यावरण की जरूरत होती है जिसकी संकीर्ण सीमाएं भौतिक व रासायनिक दृष्टि से निर्धारित रहती हैं—तो क्या यही वह पर्यावरण है जिसके बारे में हमें कल्पना करनी होगी कि इसने अनंत काल से, सभी संभव परिवर्तनों के अंतर्गत, अपने को स्थिर रखा? लीबिग 'इन दो परिकल्पनाओं में से अधिक सरल परिकल्पना को पसंद करते हैं, बाकी चीजें एक सी रहती हैं', पर यह संभव है कि जो चीज सरल प्रतीत होती है, वह वास्तव में अत्यंत जटिल हो।

जैव प्रोटीन पिंडों की अनगिनत अनवरत श्रेणियों की कल्पना, जिसमें ये प्रोटीन पिंड अपने अवरोहन को एक-दूसरे के साथ संपूर्ण अनंतकाल में जोड़ते हैं, और जो सभी परिस्थितियों के अंतर्गत हमेशा ही इतने पर्याप्त छोड़ दिये जाते हैं कि इनका भंडार भली-भांति वर्गीकृत रहता है, सर्वाधिक जटिल संभाव्य कल्पना है।

इसके अलावा, खगोलीय पिंडों के वायुमंडल, विशेषकर नीहारिकाओं के वायुमंडल, आरंभतः अत्तिप्त थे, इसलिए प्रोटीन पिंडों के लिए ये उपयुक्त स्थल नहीं थे। अतः अब अंतिम सहारे के रूप में अंतरिक्ष ही इनका विशाल भंडार होना चाहिए—ऐसा भंडार जिसमें न वायु है, न ही पोषक-तत्त्व, और ऐसा तापमान कि जिसमें निश्चय ही कोई भी प्रोटीन क्रियाशील नहीं रह सकता, अपने को कायम नहीं रख सकता!

2. विब्रिओ, माइक्रको कोक्की, आदि, जिनका यहां उल्लेख किया गया है, ऐसे जीव हैं जिनका पहले ही काफी विशिष्टीकरण हो चुका है—ऐसी प्रोटीन कणिकाएं जो बाह्य झिल्ली को उत्सर्जित कर चुकी हैं, परंतु **केंद्रक को नहीं**। लेकिन विकासक्षम प्रोटीन पिंडों की श्रेणी **सर्वप्रथम एक केंद्रक** का निर्माण करती है और एक कोशिका बन जाती है—अतः कोशिका-झिल्ली और आगे का विकास है (अमीबा स्फीरोकोक्कोस)। इसलिए जिन जीवों पर यहां विचार किया जा रहा है, वे एक ऐसी श्रेणी के अंग हैं

जो, सारे पूर्व-सादृश्य के अनुरूप, एक अंधेरे गलियारे में निष्फलता से आगे बढ़ती है, और उच्चतर जीवों के पूर्वजों में इनकी गिनती नहीं की जा सकती।

हेल्महोल्ट्ज, कृत्रिम रूप से जीवन के निर्माण के प्रयत्नों की निष्फलता की जो बात कहते हैं, वह शुद्ध बचकानापन है। जीवन प्रोटीन पिंडों के अस्तित्व का रूप है, जिसका अनिवार्य तत्त्व है **उनके बाहर के प्राकृतिक वातावरण के साथ अनवरत चयापचयनीय (मैटाबोलिक) आदान-प्रदान**, और इन चयापचयन की समाप्ति के साथ वह भी समाप्त हो जाता है, और इसके साथ ही प्रोटीन का विघटन होता है।* प्रोटीन पिंडों को रासायनिक तरीकों से तैयार करने में यदि कभी सफलता मिलती है तो वे निश्चय ही जीवनी की घटनाएं प्रदर्शित करेंगे और चयापचयन सम्पन्न करेंगे, फिर वे कितने भी कमजोर और अल्पजीवी क्यों न हों। परंतु यह निश्चित है कि ऐसे पिंड **अधिक-से-अधिक** अत्यंत अपरिष्कृत मोनेरा के स्वरूप के ही हो सकते हैं, और संभवतः अधिक निम्न स्वरूपों के, पर किसी भी दशा में ऐसे जीवों के स्वरूप के नहीं हो सकते जिनका हजारों वर्षों तक जारी विकास के अंतर्गत विशिष्टीकरण हो चुका है और जिनमें कोशिका-झिल्ली अंतर्वस्तु से पृथक् हो गई है और एक निश्चित वंशागत रूप धारण कर लिया है। परंतु जब तक हमें प्रोटीन की रासायनिक संरचना के बारे में आज से अधिक जानकारी नहीं मिलती, तब तक यानी आगे के संभवतः सौ वर्षों तक हम इसके कृत्रिम निर्माण के बारे में नहीं सोच सकते, इसलिए यह शिकायत करना कि हमारे सारे प्रयत्न, आदि विफल रहे हैं, हास्यास्पद है!

चयापचयन प्रोटीन पिंडों की विशिष्ट क्रिया है, इस उपर्युक्त दावे के विरुद्ध त्रौबे की 'कृत्रिम कोशिकाओं' की वृद्धि की आपत्ति पेश की जा सकती है।[252] परंतु यहां अंतःरसाकर्षण द्वारा तरल का केवल अवशोषण होता है और इसमें कोई बदल नहीं होती, जबकि चयापचय की क्रिया में ऐसे पदार्थों का अवशोषण होता है जिनकी रासायनिक संरचना बदल जाती है और जिन्हें जीव द्वारा पचा लिया जाता है, और इनके अवशेष को, साथ ही जीवन-प्रक्रियाओं से जनित स्वयं उस जीव की विघटित उपज को, उत्सर्जित कर दिया जाता है।** त्रौबे की 'कोशिकाओं' का महत्त्व इस तथ्य

---

* ऐसा चयापचयन अजैव पिंडों के मामले में भी हो सकता है और लम्बे अरसे में यह कहीं पर भी घटित हो सकता है, क्योंकि रासायनिक प्रक्रियाएं, भले ही अत्यंत धीमी रफ्तार से हों, सर्वत्र घटित होती हैं। परंतु भेद यह है कि जहां इस चयापचयन से अजैव पिंडा नष्ट हो जाते हैं, वहां जैव पिंडों में यह उनके अस्तित्व के लिए अनिवार्य शर्त है। [**एंगेल्स की टिप्पणी**]

** जिस तरह हमें अकशेरुकी को कशेरुकी कहना पड़ता है, उसी प्रकार यहां प्रोटीन की असंयोजित, आकारहीन, अविशिष्टीकृत कणिका को जीव कहा गया है—द्वंद्वात्मक रूप से यह अनुमेय है, क्योंकि जिस प्रकार कशेरुक दंड (मेरुदंड) पृष्ठरज्जु (नोटोकार्ड) में अंतर्निहित है, उसी प्रकार प्रोटीन कणिका में, इसके प्रथम उद्भव पर भ्रूण की तरह 'स्वयं इसके अंतर्गत' उच्चतर जीवों की समूची अनंत श्रेणियां अनंतर्निहित रहती हैं। [**एंगेल्स की टिप्पणी**]

में निहित है कि वे अंतःरसाकर्षण और वृद्धि को ऐसी दो चीजों के रूप में दिखाते हैं जिन्हें अजैव प्रकृति में भी और बिना कार्बन के करके दिखलाया जा सकता है।

नई आविर्भूत प्रोटीन–कणिका में ऑक्सीजन, कार्बन-डाइऑक्साइड, एमोनिया, और चारों ओर के पानी में घुले हुए कुछ लवणों से अपने को पोषित करने की क्षमता अवश्य ही रही है। जैव पोषक पदार्थ मौजूद नहीं थे, क्योंकि ये कणिकाएं निश्चय ही एक-दूसरे को निगल नहीं सकती थीं। इससे सिद्ध होता है कि मौजूदा समय के मोनेरा, केंद्रकों के बिना भी, डायटम आदि पर जीवित रहते हुए, और इसलिए विशिष्टीकरण युक्त जीवों की समूची श्रेणी का पूर्वाभास कराते हुए, उन कणिकाओं से कितने ऊंचे हैं।

* * *

प्रकृति का द्वंद्ववाद–संदर्भ।

नेचर (Nature = 'प्रकृति') नं. 294 और आगे, इंफ्यूजोरिया के विषय में आलमैन।[253] एककोशी स्वरूप, महत्त्वपूर्ण।

हिम युगों और भूविज्ञानीय काल के विषय में क्रोल।[254]

नेचर नं. 326, **जैनरेशिओ** के विषय में टिंडेन।[255] विशिष्ट क्षय और किण्वन प्रयोग।

* * *

प्रोटिस्टा। 1. अकोशीय, शुरुआत होती है प्रोटीन की एक सरल कणिका से जो एक या दूसरे रूप में कूटपादों को बढ़ाती है और सिकोड़ती है, मोनेरा सहित। आजकल के मोनेरा निश्चय ही इनके आदिरूपों से अत्यंत भिन्न हैं, क्योंकि अधिकतर ये जैव द्रव्य पर, डायटमों और इंफ्यूरोजिया को (अर्थात, इनसे उच्चतर और इनके बाद ही पैदा हुए पिंडों को) निगलकर, जीवित रहते हैं, और जैसी कि हैकेल की प्लेट-1[256] दर्शाती है, इनका अपना एक विकासात्मक इतिहास है और ये लोमश चर-बीजाणु के रूप से होकर गुजरते हैं।

आकार की ओर प्रवृत्ति, जो सभी प्रोटीन पिंडों का वैशिष्ट्य है, यहां पहले ही स्पष्ट है। यह प्रवृत्ति अकोशीय फोरेमिनीफेरा में अधिक सुस्पष्ट है; यह अत्यंत कलात्मक कवचों (पूर्वानुमानित बस्तियां 1 प्रवाल, आदि) का उत्सर्जन करते हैं और आकार में उच्चतर मोलस्क का उसी प्रकार पूर्वानुमान करते हैं जिस प्रकार नलिकाकार शैवाल (साइफोनेओड) उच्चतर पौधों के तने, डंठल, मूल व पत्ते के आकार का पूर्वानुमान करते हैं, हालांकि वे महज संरचनाहीन प्रोटीन हैं। यहां पूर्व-अमीबा को अमीबा से पृथक् करना होगा।*

---

* पांडुलिपि में इस पैराग्राफ के सामने हाशिए पर टिप्पणी : 'वैयक्तिता कम, ये विभक्त होते हैं और मिल भी जाते हैं।'–संपा.

2. एक ओर, सूर्य जंतुक **ऐक्टिनोफ्रीस सॉल** में त्वचा (बाह्यसार) और मज्जापरत (आंतरसार) का भेद पैदा होता है (निकल्सन[257], पृ. 49)। अधिचर्म परत कूटपादों को निकालती हैं (**प्रोटोमाइक्सा औरांटिएका** में यह अवस्था पहले से सांक्रांतिक है, (देखिए हैकेल, प्लेट-1)। जान पड़ता है कि विकास-क्रम की इस दिशा में प्रोटीन अधिक आगे नहीं बढ़ा है।

3. दूसरी ओर, प्रोटीन में **नाभिक** और **अणुनाभिक** का विभेदीकरण हो जाता है—नग्न **अमीबी**। इसके बाद आकारगत विकास तेजी से होता है। इसी प्रकार, जीव में युवा कोशिका का विकास, इस विषय में तुलना कीजिए वुंड्ट[258] (आरंभ में)। **अमीबा स्फीरोकोक्कस** में, जैसेकि **प्रोटोमाइक्सा** में, कोशिका झिल्ली का निर्माण केवल एक सांक्रांतिक अवस्था है, परंतु यहां भी पहले से ही आकुंचनशील धानी में परिसंचरण की शुरुआत देखने को मिलती है (हैकेल, पृ. 380)। कभी हम या तो आपस में जुड़े हुए बालुकणों का एक कवच देखते हैं (**डिफ्ल्यूजिआ**, निकल्सन, पृ. 47) जैसेकि कृमियों के डिम्भों में, कभी एक असली उत्सर्जित कवच। अंत में,

4. **एक स्थायी कोशिका-झिल्ली से युक्त कोशिका**। हैकेल (पृ. 382) के अनुसार, इससे उद्भूत हुआ है, कोशिका झिल्ली की कठोरता के अनुरूप, या तो पौधा, या मृदु झिल्ली की स्थिति में, पशु (1 निश्चय ही इसके बारे में इतनी व्यापक कल्पना नहीं की जा सकती)। कोशिका झिल्ली के साथ सुनिश्चित और साथ ही सुघट्य आकार प्रकट होता है; यही पुनः सरल कोशिका झिल्ली और उत्सर्जित कवच में भेद है। परंतु (नं. 3 के विपरीत) इस कोशिका झिल्ली और इस कवच के साथ **कूटपादों को निकालना बन्द** हो जाता है। पहले के रूपों (लोमश चर-बीजाणु) की पुनरावृत्ति और रूप की विविधता। संक्रमण की अवस्था **लैबिरिंथुली** (हैकेल, पृ. 385) में प्राप्त होती है, जो अपने कूटपादों को बाहर रखते हैं और निश्चित सीमाओं में रखे हुए सामान्य तर्कुरूप को बदलते हुए इस जाल में इधर-उधर रेंगते रहते हैं।

ग्रिगेराइनी उच्चतर **परजीवियों** की जीवनचर्या का पूर्वानुमान करते हैं—कुछ तो अकेली कोशिकाएं भी नहीं रह गए हैं, बल्कि कोशिकाओं की **शृंखलाएं** हैं (हैकेल, पृ. 451), पर इनमें केवल 2-3 कोशिकाएं हैं—एक कमजोर शुरुआत। एककोशी जीवों का उच्चतम विकास इंफ्यूजोरिया में देखने को मिलता है, जहां तक ये **वास्तव में** एककोशी हैं। यहां काफी विशिष्टीकरण है (देखिए निकल्सन)। पुनः एक बार बस्तियां और जौफाइटेस[259] (एपिस्टायलिस)। एककोशी पौधों में भी इसी तरह रूप का उच्च विकास (डेस्मोडियेसेइ, हैकेल, पृ. 410)।*

5. अनेक कोशिकाओं के संयोग में अगली प्रगति है **एक** शरीर या काय, बस्ती की अवस्था अब नहीं रही। सर्वप्रथम, हैकेल के **काटाल्लवटी, मागोस्फोयेरा प्लेनुला**

---

* पांडुलिपि में इस अनुच्छेद के सामने हाशिए पर टिप्पणी : "उच्चतर विशिष्टीकरण की प्रारंभिक अवस्था।"—संपा.

(हैकेल, पृ. 384), जहां कोशिकाओं का संयोग विकास की महज एक अवस्था है। परंतु यहां भी अब कूटपाद नहीं हैं (सांक्रांतिक अवस्था के रूप में कुछ रहे या नहीं, इस बात की हैकेल स्पष्ट जानकारी नहीं देते)। दूसरी ओर, **रेडिओलेरिआ** ने—ये भी विशिष्टीकरण-रहित कोशिका-समूह हैं—अपने कूटपाद कायम रखे और कवच की ज्यामितीय नियमितता को उच्चतम सीमा तक विकसित किया; यह कवच असली अकोशीय राइजोपोडों में भी अपनी भूमिका अदा करता है। प्रोटीन, कहा जा सकता है कि, स्वयं को अपने स्फटिक रूप में आबद्ध कर लेता है।

6. **मागोस्फोयेरा प्लेनुला** असली **प्लेनुला** और **गैस्टुला** के लिए सांक्रांतिक अवस्था हैं, इत्यादि। अधिक जानकारी के लिए देखिए हैकेल (पृ. 452 और आगे)।[260]

* * *

बैथीबियूस।[261] इसके मांस में निहित पत्थर इस बात के प्रमाण हैं कि प्रोटीन का आदिरूप, जिसमें रूप के विशिष्टीकरण का अभी अभाव है, अपने में पहले से कंकाल-निर्माण का बीज और सामर्थ्य धारण किए हुए है।

* * *

व्यक्तिक।[261] यह धारणा भी कुछ शुद्ध सापेक्ष में विलीन हो गई है। कॉर्मुस, बस्ती, फीताकृमी—दूसरी ओर, कोशिका और मेटामेरे एक विशिष्ट अर्थ में व्यक्तिक के रूप में (मानव-उत्पत्ति विज्ञान और आकृति-विज्ञान)।[262]

* * *

समस्त जैव प्रकृति आकृति और अंतर्वस्तु की साम्यता अथवा अवियोज्यता का एक अनवरत प्रमाण है। आकारिकीय और शरीर-क्रियात्मक घटनाएं, आकृति और क्रिया, एक-दूसरे को परस्परतः निर्धारित करती हैं। आकृति का विशिष्टीकरण (कोशिका) वस्तु का पेशी, त्वचा, हड्डी, उपकला (एपिथीलियम) आदि में विशिष्टीकरण निर्धारित करता है, और वस्तु का विशिष्टीकरण क्रम से आकृति के विभेद को निर्धारित करता है।

* * *

विकास की सभी अवस्थाओं में आकारिकीय रूपों की पुनरावृत्ति : कोशिका आकार (दो महत्त्व के आकार पहले से ही **गेस्टुला** में) एक निश्चित अवस्था में मेटामेरे निर्माण : ऐनिलिड प्राणी, संधिपाद प्राणी, मेरुदंडी प्राणी। जलचरों के टैडपोलों में असीडियन डिम्भों के आदिम रूप की पुनरावृत्ति होती है।—धानी प्राणियों (मार्स्युपिअल्स) के विविध रूप, जो प्लैसेंटलों में पुनः घटित होते हैं (केवल विद्यमान धानी प्राणियों को शामिल करने पर भी)।

* * *

जीव के समूचे विकासक्रम के लिए त्वरण का नियम प्रस्थान-बिंदु से काल की दूरी के वर्ग के अनुसार स्वीकार किया जाना चाहिए। तुलना कीजिए, हैकेल, विभिन्न भूवैज्ञानिक युगों के अनुरूप जैव रूप। जितने ही ऊंचे, प्रक्रिया उतनी ही अधिक तीव्र।

* * *

डार्विन के सिद्धांत को, अनिवार्यता और संयोग के अंतर्संबंध के हेगेल के विवरण के व्यावहारिक प्रमाण के रूप में, सिद्ध किया जाना चाहिए।*

* * *

अस्तित्व के लिए संघर्ष। प्रथमतः इस सारे को पशुओं और पौधों की **अत्यधिक आबादी** से जनित संघर्षों में दृढ़ता से सीमित किया जाना चाहिए; ऐसे संघर्ष पौधों और निम्न पशु-जीवन की कुछ निश्चित अवस्थाओं में वस्तुतः घटित होते हैं। परंतु हमें इससे उन परिस्थितियों को स्पष्टतः पृथक् करना होगा जिनके अंतर्गत जातियां बदलती हैं, पुरानी नष्ट होती हैं और नई विकसित उनका स्थान लेती हैं—इस अत्यधिक आबादी के **बिना** : उदाहरणार्थ, पशुओं और पौधों को ऐसे नए क्षेत्रों में प्रवसन होने पर जहां जलवायु, मिट्टी, आदि की नई परिस्थितियां इनमें परिवर्तन लाती है। यदि **वहां** वे व्यक्तिक अनुकूलित होकर टिक जाते हैं और अनुकूलन को निरंतर बढ़ाते हुए नई जाति में विकसित होते हैं, जबकि अन्य अधिक स्थिर व्यक्तिक मरणोन्मुख होते हैं और अंत में मर जाते हैं, और उनके साथ त्रुटिपूर्ण मध्यवर्ती अवस्थाएं, तब यह परिवर्तन **बिना किसी माल्थूसवाद के** हो सकता है, होता है, और यदि यहां माल्थूसवाद किसी प्रकार घटित भी हो, तो भी इस प्रक्रिया में कोई बदल नहीं होता, अधिक-से अधिक वह इसे त्वरित ही कर सकता है।

यही बात किसी खास क्षेत्र में भूगोलीय तथा जलवायु, आदि से संबंधित परिस्थितियों में क्रमिक परिवर्तन होने पर (उदाहरण के लिए, मध्य एशिया में रेगिस्तान की स्थिति का पैदा होना) होती है। वहां पौधों या पशुओं की आबादी के सदस्य एक-दूसरे पर दबाव डालते हैं या नहीं, यह एक महत्त्वहीन मामला है; जीवों के विकास की प्रक्रिया, जो इस परिवर्तन द्वारा निर्धारित होती है, फिर भी जारी रहती है।—लैंगिक चयन पर भी यही बात लागू होती है; यहां भी माल्थूसवाद बिलकुल हस्तक्षेप नहीं करता।

अतः हैकेल की 'अनुकूलनशीलता और आनुवंशिकता' भी विकास की समूची प्रक्रिया को, चयन और माल्थूसवाद की आवश्यकता के बिना, सम्पन्न कर सकती है।

---

* देखिए यह ग्रंथ, पृ. 243-47—संपा.

डार्विन की गलती ठीक इस बात में निहित है कि उन्होंने 'प्राकृतिक चयन' अथवा 'योग्यतम की उत्तरजीविता'[263] को, जो सर्वथा दो पृथक् चीजें हैं, एकसाथ मिला दिया :

1. अत्यधिक आबादी के दबाव द्वारा चयन, जहां मुख्य रूप से संभवतः सबसे बलशाली जीवित रहते हैं, पर कई मामलों में सबसे कमजोर भी जीवित रह सकते हैं।

2. बदली परिस्थितियों में अनुकूलन की अधिक क्षमता द्वारा चयन, जहां उत्तरजीवी इन **परिस्थितियों** के लिए अधिक अनुकूल होते हैं, परंतु जहां यह अनुकूलन सर्वांगीण रूप से जैसे प्रगति हो सकता है, वैसे अवनति भी हो सकता है (उदाहरण के लिए, पराश्रयिक जीवन का अनुकूलन **सदैव** अवनति है)।

मुख्य बात यह है कि जैव क्रम-विकास में हर उन्नति साथ-ही-साथ एक अवनति भी है, **एक-पक्षीय** क्रम-विकास को स्थायी करना और कई अन्य दिशाओं में विकास की संभावना को निकाल देना।

परंतु यह **एक मूलभूत नियम** है।

* * *

जीवन के लिए संघर्ष।[264] जो लोग आज डार्विन के सिद्धांत के समर्थक बन गए हैं, वे, डार्विन के समय तक, ठीक इसी बात पर बल देते रहे कि जैव प्रकृति में सुसंगत सहयोग जारी रहता है—वनस्पति-जगत् पशुओं को पोषण-सामग्री और ऑक्सीजन प्रदान करता है, और पशु पौधों को खाद, अमोनिया और कार्बोनिक अम्ल प्रदान करते हैं। जब तक इन्हीं लोगों को चारों ओर **संघर्ष** नहीं दिखाई दिया, तब तक डार्विन को नहीं के बराबर मान्यता मिल पाई थी। दोनों विचारधाराएं एक संकीर्ण सीमा तक समुचित हैं, परंतु दोनों ही समान रूप से एकांगी और पक्षपातपूर्ण हैं। अजैव प्रकृति के पिंडों की पारस्परिक-क्रिया में समन्वय और टक्कर दोनों ही शामिल हैं, जैव पिंडों की परस्पर-क्रिया में चेतन और अचेतन सहयोग तथा चेतन व अचेतन संघर्ष समाविष्ट है। इसलिए, प्रकृति के मामले में भी, किसी को अपने झंडों पर केवल 'संघर्ष' अंकित करने की एकांगी इजाजत नहीं दी जा सकती। परंतु ऐतिहासिक विकासक्रम और जटिलता के समूचे बहुविध वैभव को अपर्याप्त और एकांगी वाक्यांश 'अस्तित्व के लिए संघर्ष' में संचित करने का प्रयास एकदम बचकानापन है। यह प्रयास सर्वथा निरर्थक है।

अस्तित्व के लिए संघर्ष के ये सारे डार्विन-सिद्धांत, हाब्स के 'सबका सबके विरुद्ध युद्ध' Theory of bellum omnium contra omnes[265] के सिद्धांत, प्रतिद्वंद्विता के पूंजीवादी आर्थिक सिद्धांत और आबादी के माल्थुस के सिद्धांत का समाज से जैव प्रकृति में स्थानांतरण है। एक बार यह कमाल कर चुकने के बाद (जिसका बिलाशर्त औचित्य, विशेषतः माल्थुस के सिद्धांत के मामले में, अत्यंत संदिग्ध है) इन

सिद्धांतों को प्राकृतिक इतिहास के समाज के इतिहास में पुनः स्थानांतरित करना अत्यंत आसान काम है, और तब बिलकुल ही सहजता से यह दावा किया जा सकता है कि, अतः ये मान्यताएं समाज के शाश्वत प्राकृतिक नियमों के रूप में प्रमाणित हो गई हैं।

तर्क के लिए हम 'अस्तित्व के लिए संघर्ष' वाक्यांश को थोड़ी देर लिए स्वीकार कर लेते हैं। पशु अधिक-से-अधिक **जमा करने** की ही योग्यता रखते हैं, मनुष्य **उत्पादन** करता है, वह जीवन के साधन तैयार करता है—इन शब्दों के व्यापकतम अर्थों में—जिनकी मनुष्य के बिना प्रकृति निर्माण नहीं कर पाती। यह वस्तुस्थिति पशु-समाजों के जीवन-नियमों का मानव-समाज में अबाधित स्थानांतरण असंभव बना देती है। उत्पादन जल्दी ही इस अवस्था पर पहुंचता है कि यह तथाकथित अस्तित्व के लिए संघर्ष तब अस्तित्व के साधनों के लिए नहीं रह जाता, यह भोग-विलास और विकास के साधनों के लिए होता है। यहां—जहां विकास के साधन समाज द्वारा तैयार किए जाते हैं—पशु-जगत् से प्राप्त किए गए प्रवर्ग सर्वथा अनुपयुक्त हैं। अंत में, उत्पादन की पूंजीवादी प्रणाली के अंतर्गत, उत्पादन इतने ऊंचे स्तर पर पहुंच जाता है कि समाज जीवन, सुख और विकास के उत्पादित साधनों का उपभोग नहीं कर पाता, क्योंकि उत्पादकों के विशाल जनसमुदाय को इन साधनों का उपयोग करने से छल-कपट द्वारा और बलपूर्वक रोका जाता है; और इसलिए हर दस साल बाद पैदा होनेवाला संकट न केवल जीवन के सुखभोग और विकास के साधनों का, बल्कि स्वयं अधिकांश उत्पादक शक्तियों का भी, विनाश करके संतुलन स्थापित करता है। अतः यह तथाकथित अस्तित्व के लिए संघर्ष रूप धारण करता है : पूंजीवादी पूंजीपति समाज द्वारा निर्मित उत्पादन और उत्पादक शक्तियों की पूंजीवादी समाज-व्यवस्था के विध्वंसक प्रभाव से **रक्षा करना**—अयोग्य साबित हुए शासक पूंजीपति वर्ग के हाथों से सामाजिक उत्पादन और वितरण का नियंत्रण छीनकर और इसे सर्वहारा को सौंप देकर। यही है समाजवादी क्रांति।

वर्ग-संघर्षों के एक सिलसिले के रूप में इतिहास की अवधारणा अस्तित्व के लिए संघर्ष के रूप में धुंधली पहचान में आनेवाली अवस्थाओं में इसकी इस महज परिणति की अपेक्षा पहले से ही अपनी अंतर्वस्तु में अधिक समृद्ध और अधिक गहन है।

* * *

कशेरुकी। इनका प्रधान वैशिष्ट्य : **स्नायु-तंत्र के चारों ओर समूचे शरीर का समूहन**। इससे आत्मचेतना आदि का विकास संभव होता है। दूसरे, सभी पशुओं में स्नायु-तंत्र एक गौण मामला है, परंतु यहां यह समूचे संयोजन का आधार है। स्नायु-तंत्र जब, कृमियों की शीर्ष गंडिका के पश्च दीर्घीकरण द्वारा, एक निश्चित सीमा तक विकसित हो जाता है, तो यह सारे शरीर पर आधिपत्य जमा लेता है और अपनी जरूरतों के अनुसार इसका संयोजन करता है।

* * *

जब हेगेल जीवन से संज्ञान में संक्रमण को प्रसारण (प्रजनन)[266] द्वारा दर्शाते हैं, तो इसमें हमें विकास के सिद्धांत—एक बार जीव के प्राप्त होने पर पीढ़ी-दर-पीढ़ी की बढ़ोतरी से इसका विकास चिंतनशील प्राणियों के एक जीनस तक अवश्य होना चाहिए—का बीज देखने को मिलता है।

* * *

हेगेल जिसे अन्योन्य क्रिया कहते हैं, वह **जैव शरीर** है, इसलिए यह भी संज्ञान की ओर संक्रमण है, अर्थात्, अनिवार्यता से स्वतंत्रता की ओर, प्रत्यय की ओर। देखिए **तर्कशास्त्र**, भाग 2, निष्कर्ष।[267]

* * *

प्रकृति में आद्यविशेष। कृमि अवस्थाएं (सामान्य कृमि विशुद्ध प्राकृतिक परिस्थितियों से आगे नहीं बढ़ें हैं : यहां सामाजिक आद्यावशेष तक देखने को मिलते हैं। इसी तरह आंगिक औजारों से युक्त उत्पादक प्राणी (मधु-मक्खियां आदि, ऊदबिलाव), पर अभी भी केवल गौण चीज़ें और संपूर्ण प्रभाव से रहित।—इसके भी पहले : प्रवाल और हाइड्रोजोआ की बस्तियां, जहां व्यक्तिक अधिक-से-अधिक एक मध्यवर्ती अवस्था में है और यह मांसल समुदाय अधिकतर पूर्ण विकास की एक अवस्था में। देखिए निकल्सन।[268]—इसी प्रकार, इंफ्यूरोजिआ—एक अकेली कोशिका द्वारा प्राप्त किया जानेवाला सर्वोच्च, और अंशतः काफी विशेषीकरण हुआ, रूप।

* * *

कार्य। ऊर्जा के यांत्रिक सिद्धांत ने इस प्रवर्ग को अर्थशास्त्र से भौतिकी में स्थानांतरित कर दिया है (**क्योंकि शरीर-क्रिया-विज्ञान की दृष्टि से** इसका वैज्ञानिक रूप में निर्धारण होना अभी काफी दूर की बात है), परंतु ऐसा करने से यह बिलकुल भिन्न रूप में परिभाषित हो जाता है, जिसे इस तथ्य से भी जाना जा सकता है कि आर्थिक कार्य का केवल एक थोड़ा व गौण भाग ही (बोझ उठाना, आदि) किलोग्राम-मीटरों में व्यक्त किया जा सकता है। फिर भी, कार्य की इस ऊष्मागतिकीय परिभाषा को, एक भिन्न निर्धारण के साथ, पुनः उन विज्ञानों में स्थानांतरित करने की प्रवृत्ति देखने को मिलती है जिनसे यह प्रवर्ग प्राप्त हुआ था। उदाहरण के लिए, बिना सोचे-समझे, इसका अपरिष्कृत रूप में शरीर-क्रियात्मक कार्य के साथ संबंध स्थापित करना, जैसाकि फिक और विस्लिसेनूस् के फौलहॉर्न प्रयोग[269] में हुआ है, जिसमें माना गया है कि एक मानव शरीर को, मान लीजिए कि 60 मिलोग्राम वजन के, 2000 मीटर की ऊंचाई तक, यानी 1,20,000 किलोग्राम-मीटर तक, उठाने में जो

कार्य हुआ है, वह **शरीर-क्रियात्मक** कार्य है। परंतु इस संपन्न हुए शरीर-क्रियात्मक कार्य में इस बात से बहुत बड़ा फर्क पड़ता है कि शरीर को किस प्रकार उठाया गया है : बोझ को सकारात्मक रूप से उठाकर, खड़ी सीढ़ियों के सहारे, या सड़क से जाकर या 45° ढलानवाली सीढ़ियां चढ़कर (सैनिक विज्ञान की दृष्टि से अनुपयुक्त क्षेत्र), या 1/18 ढाल वाली एक सड़क से चलकर, अतः करीब 36 किलोमीटर की लंबाई (परंतु सभी स्थितियों के लिए बराबर समय माना जाए तो यह संदेहयुक्त है)। लेकिन इतना तो है ही कि सभी व्यावहारिक स्थितियों में ऊपर उठने के साथ अग्र गति भी सम्मिलित है, और असल में जहां सड़क काफी समतल है, वहां यह अग्र गति काफी अधिक है, और शरीर-क्रियात्मक कार्य के रूप में इसे शून्य के बराबर नहीं रखा जा सकता। कुछ जगहों पर कार्य के ऊष्मागतिकीय प्रवर्ग को पुनः अर्थशास्त्र में वापस लाने की प्रवृत्ति भी कम प्रबल नहीं है (जैसे कि डार्विनवादियों में और अस्तित्व के लिए संघर्ष के संदर्भ में), परंतु इसका परिणाम बकवास के अलावा और कुछ नहीं होगा। किसी को किलोग्राम-मीटर में किसी भी कारीगरी के श्रम को बदलने दीजिए और तब इसके आधार पर मजदूरी निर्धारित करने दीजिए। शरीर-क्रिया-विज्ञान की दृष्टि से मानव शरीर में ऐसे अवयव हैं जिन्हें उनकी समग्रता में, **एक पहलू से**, एक प्रकार की ऊष्मागतिकीय मशीन माना जा सकता है, जहां ऊष्मा पहुंचाई जाती है और गति में बदल जाती है।

परंतु यदि शरीर के अन्य अवयवों के मामले में स्थिर परिस्थितियों की कल्पना भी की जाए, तो भी यह संदेहास्पद है कि जो शरीर-क्रियात्मक कार्य किया गया है, उठाने तक का काम, उसे एकदम किलोग्राम-मीटर में पूर्णता से व्यक्त किया जा सकता है, क्योंकि साथ-ही-साथ शरीर में **भीतरी** कार्य भी संपन्न होता है जो परिणाम में प्रकट नहीं होता। क्योंकि मानव शरीर एक भाप-इंजन नहीं है जिसमें केवल घर्षण और टूट-फूट होती है। शरीर-क्रियात्मक कार्य स्वयं शरीर में सतत जारी रासायनिक रद्दोबदल से ही संभव है, और यह श्वसन-क्रिया और हृदय के कार्य पर भी निर्भर करता है। प्रत्येक पेशीय संकुचन या शिथिलन के साथ स्नायुओं और पेशियों में रासायनिक परिवर्तन घटित होते हैं, और इन परिवर्तनों को भाप-इंजन में डाले जानेवाले कोयले के समकक्ष नहीं समझा जा सकता। समान परिस्थितियों में घटित होनेवाले शरीरक्रियात्मक कार्य के दो उदाहरणों की हम निश्चय ही तुलना कर सकते हैं, पर किसी मनुष्य के शारीरिक कार्य का मापन हम एक भाप-इंजन के अनुसार नहीं कर सकते, हां, उनके बाह्य परिणामों का कर सकते हैं, पर स्वयं प्रक्रियाओं का बिना काफी शर्तों के नहीं।

(इन सबका भली-भांति संशोधन आवश्यक है।)

फोल्डरों की विषयवस्तु के शीर्षक और तालिकाएं*[270]

पहला फोल्डर

द्वंद्ववाद और प्राकृतिक विज्ञान

दूसरा फोल्डर

प्रकृति-विज्ञान की खोजबीन और द्वंद्ववाद

(1) नोट : (अ) वास्तविक संसार में गणितीय अनंत
(आ) प्रकृति की यांत्रिकी अवधारणा के विषय में
(ई) अनंत को जानने के विषय में नेगेली की अक्षमता

(2) ड्यूहरिंग (मत-खंडन) की पुरानी प्रस्तावना द्वंद्ववाद के विषय में

(3) प्रेतात्मालोक में प्रकृति-विज्ञान

(4) वानर से नर बनने की प्रक्रिया में श्रम की भूमिका

(5) गति के मूलरूप

(6) फायरबाख से निकाल दिया।

तीसरा फोल्डर

प्रकृति का द्वंद्ववाद

(1) गति के मूलरूप

(2) गति के दो माप

(3) विद्युत और चुंबकत्व

(4) प्रकृति-विज्ञान और प्रेतात्मालोक

(5) पुरानी प्रस्तावना

(6) ज्वारीय घर्षण

चौथा फोल्डर

गणित और प्रकृति-विज्ञान

विविध

---

* यह शीर्षक पांडुलिपि में से हटा दिया, एंगेल्स ने इसे तीसरे फोल्डर में रखने का फैसला किया।—संपा.

टिप्पणियां

योजना की रूपरेखाएं

1. यह योजना जून, 1878 के बाद तैयार हुई, क्योंकि इसमें मई-जून, 1878 में लिखित ड्यूहरिंग मतखंडन की पुरानी भूमिका का और हैकेले, जून 1878 में प्रकाशित Freie Wissenschaft und Freie Lehre (स्वतंत्र विज्ञान और स्वतंत्र शिक्षण) नामक पुस्तिका का उल्लेख है। साथ ही, यह योजना 1880 के पहले तैयार हुई, क्योंकि इसमें प्रकृति के द्वंद्ववाद के 'गति के मूलभूत रूप', 'ऊष्मा' और 'विद्युत' जैसे प्रकरणों का उल्लेख नहीं है जो 1880-82 में लिखे गए। इस योजना के क्रमांक 11 में आए जर्मन बुर्जुआ डार्विनवादी हैकेल और श्मिड्ट के उल्लेख की यदि एंगेल्स के लावरोव को लिखे 10 अगस्त, 1878 के पत्र के साथ तुलना की जाए तो इस मान्यता के लिए आधार मिलता है कि प्रस्तुत योजना अगस्त, 1878 में तैयार की गई थी।
2. यहां निर्देश **'ड्यूहरिंग मत-खंडन** की पुरानी भूमिका, द्वंद्ववाद के बारे में' (देखिए, प्रस्तुत संस्करण के पृ. 29) से है।
3. यहां निर्दिष्ट है : (1) ई. दु ब्वाइस-रेमंड्स का निबंध Über die Grenzen des Naturerkennens ('प्रकृति के ज्ञान की सीमाएं') जो जर्मन प्रकृति वैज्ञानिकों तथा चिकित्सकों की 45वीं कांग्रेस, लाइपजिग, में 14 अगस्त, 1872 को पढ़ा गया (पहली बार लाइपजिग से 1872 में प्रकाशित हुआ); और (2) कार्ल नेगेली का निबंध Die Sohranken der naturwissenschaftlichen Erkenntnis ('प्राकृतिक वैज्ञानिक ज्ञान की सीमाएं') जो जर्मन प्रकृति वैज्ञानिकों तथा चिकित्सकों की 50वीं कांग्रेस, म्यूनिख, में 20 सितम्बर, 1877 को पढ़ा गया (कांग्रेस के **बुलेटिन** में परिशिष्ट के रूप में प्रकाशित हुआ)।
4. यहां निर्देश प्राकृतिक-वैज्ञानिक भौतिकवादियों के उन यांत्रिकवादी मतों से

है जिनका एक आदर्शभूत व्याख्याता अन्स्र्ट हैकेल था। 'प्रकृति की यांत्रिक' अवधारणा के बारे में'' की टिप्पणी से तुलना कीजिए।

5. हैकेल ने जीवद्रव्य के सूक्ष्मतम कण को प्लास्टिड्यूल (Plastidule) नाम दिया था। उनके सिद्धांतानुसार, प्लास्टिड्यूल अत्यंत जटिल संरचना वाला एक प्रोटीन अणु है और इसमें एक प्रकार की प्राथमिक 'आत्मा' का निवास है।

   सितम्बर, 1877 में म्यूनिख में हुई जर्मन प्राकृतिक-वैज्ञानिकों तथा चिकित्सकों की 50वीं कांग्रेस में 'प्लास्टिड्यूल की आत्मा' की समस्या, प्राथमिक जीवों में भ्रूणीय चेतना का अस्तित्व, और चेतना तथा इसके भौतिक आधार के परस्पर संबंध पर विचार-विमर्श हुआ। हैकेल, नेगेली तथा विर्खोव ने 18, 20 तथा 22 सितम्बर को कांग्रेस के पूर्ण अधिवेशनों में दिये अपने भाषणों में इन समस्याओं का काफी विस्तृत विवेचन किया है। विर्खोव के हमलों से अपने मतों की रक्षा के लिए हैकेल ने अपनी पुस्तिका Freie Wissenschaft und Freie Lehre (स्वतंत्र विज्ञान और स्वतंत्र शिक्षण) में एक प्रकरण लिखा है। पृ. 30

6. यहां एंगेल्स का निर्देश विर्खोव के निबंध Die Freiheit der Wissenschafti modernen Staat ('आधुनिक राज्य में विज्ञान की स्वतंत्रता') से है, जिसमें विज्ञान की शिक्षा को सीमित करने का सुझाव दिया गया है। हैकेल ने Freie Wissenschaft und freie Lehre नामक पुस्तिका प्रकाशित करके विर्खोव का विरोध किया। पृ. 30

7. जुलाई-अगस्त, 1878 में एंगेल्स ने समाजवाद पर हमला करनेवाले बुर्जुआ डार्विनवादियों की आलोचना करने का निर्णय लिया। उनके मन में यह विचार इस समाचार से आया कि जर्मन प्रकृति वैज्ञानिकों तथा चिकित्सकों की कास्सेल में आयोजित 51वीं कांग्रेस (सितम्बर, 1878) में ओस्कार शिमड्ट 'Darwinismus und Socialdemocratie' ('डार्विनवाद और समाजवादी-जनतंत्र') नामक एक निबंध पढ़ने जा रहे हैं। एंगेल्स ने यह समाचार 18 जुलाई, 1878 की Nature पत्रिका (खंड XVIII, नं. 455, पृ. 316) में पढ़ा। कांग्रेस के बाद शिमड्ट का निबंध एक पुस्तिका के रूप में प्रकाशित हुआ (ओस्कार शिमड्ट, Darwinismus und Socialdemocratie, बोन, 1878)। एंगेल्स को हैकेल की पुस्तिका Freie Wissenschaft und freie Lehre, स्टुटगार्ट, 1878) 10 अगस्त, 1878 के आसपास मिली, जिसमें डार्विनवाद को इस आरोप से मुक्त करने का प्रयास किया गया है कि यह समाजवादी आन्दोलन से जुड़ा हुआ है, और शिमड्ट के कुछ कथनों को उद्धृत किया गया है। उन्होंने शिमड्ट को 19 जुलाई, 1978 को और 10 अगस्त, 1878 को लावरीव को पत्र लिखे, जिनमें उन्होंने उन कथनों का उत्तर देने का अपना अभिप्राय व्यक्त किया। पृ. 30

8. हेल्महोल्ट्ज, Populare wissenschaftliche Vortrage (लोकप्रिय वैज्ञानिक भाषण), दो खंड, ब्राउनश्वेइग, 1871। हेल्महोल्ट्ज मुख्यतः पृ. 137-79 पर 'कार्य' की भौतिक धारणा की चर्चा करते हैं। एंगेल्स ने 'गति का माप'—कार्य में 'कार्य' के प्रवर्ग अथवा वैचारिक रूप का विवेचन किया है (देखिए इस संस्करण के पृ. 30)।

9. यह रूपरेखा वस्तुतः 'गति के मूल रूप' प्रकरण के लिए एक योजना है। दूसरी ओर, इसके अनुरूप विषय तथा काल की दृष्टि से एक-दूसरे से सम्बद्ध प्रकरणों का एक पूरा समूह है, जैसे, 'गति के मूल रूप', 'गति का माप—कार्य', 'ज्वारीय घर्षण', 'ऊष्मा' तथा 'विद्युत'। ये सभी प्रकरण 1880 और 1882 के बीच में लिखे गए। रूपरेखा पहले लिखी गई—संभवतः 1880 में। पृ. 31

लेख और प्रकरण

भूमिका

10. **प्रकृति का द्वंद्ववाद** की सामग्री के तीसरे फोल्डर की विषय-सूची में एंगेल्स ने इस 'भूमिका' को 'पुरानी भूमिका' कहा है। इस 'भूमिका' में दो उल्लेख हैं जिनके आधार पर यह निर्धारित किया जा सकता है कि यह कब लिखी गई। पृ. 31 पर एंगेल्स कहते हैं कि 'कोशिका की खोज को अभी चालीस साल भी पूरे नहीं हुए हैं'। यदि इस बात पर ध्यान दें कि 14 जुलाई, 1858 को मार्क्स को लिखे पत्र में एंगेल्स ने जिक्र किया है कि कोशिका की खोज 1836 के आसपास हुई है, तो इससे हम इस नतीजे पर पहुंचते हैं कि यह 'भूमिका' 1876 के पहले लिखी गई। दूसरी ओर, पृष्ठ 33 पर एंगेल्स लिखते हैं कि 'करीब दस साल पहले ही यह जानकारी मिली है कि पूर्णतः संरचनाहीन प्रोटीन के जरिये ही जीवन की सभी आवश्यक क्रियाएं संपन्न होती हैं। यह लिखते समय एंगेल्स के दिमाग में संभवतः अन्स्र्ट हैकेल के 'मोनेरा' का ख्याल रहा है जिसकी जानकारी उसने 1866 में प्रकाशित अपने ग्रंथ Generelle Morphologie der Organismen ('सामान्य जैव आकार-विज्ञान') में दी है। अतः यह 'भूमिका' लगभग 1876 में लिखी गई। एंगेल्स ने इस 'भूमिका' की मूल रूपरेखा 1874 के अंत में लिखी (देखिए, इस संस्करण के पृ. 216-19)। इस प्रकार, हम इस निष्कर्ष पर पहुंच सकते हैं कि यह 'भूमिका' 1875 या 1876 में लिखी गई। इसका पहला भाग 1875 में लिखा गया होगा, और दूसरा भाग 1876 के पूर्वार्द्ध में लिखा गया होगा। पृ. 32

11. एंगेल्स का निर्देश लूथर के गीत 'Ein feste Burg ist unser Gott' ('ईश्वर ही हमारा सच्चा रक्षक है') की ओर है। हेनरिक हाइने ने अपनी कृति

Zur Geschichte der Religion und philosophie in Deutschland ('जर्मनी में धर्म और दर्शन के इतिहास के बारे में') के दूसरे खंड में इस गीत को ''धर्म-सुधार आंदोलन का 'मार्सेइयेज' (फ्रांसीसी राष्ट्रगीत) कहा है। पृ. 34.

12. कोपर्निक को अपनी मृत्यु के दिन, 24 मई (पुरानी पद्धति), 1543 को ही अपनी पुस्तक De revolutionibus orbium coelestium खगोलीय पिंडों का परिभ्रमण, की प्रकाशित प्रति देखने को मिली। यह पुस्तक उसी समय छपकर तैयार हुई थी। इसमें कोपर्निक ने सूर्य केंद्रवादी सिद्धांत का प्रतिपादन किया है। पृ. 35.

13. अठारहवीं शताब्दी के रसायनज्ञों ने दहन-क्रिया के लिए फ्लोजिस्टोन नामक एक ऐसे पदार्थ की कल्पना की थी जो दहनशील पिंडों में मौजूद रहता है और उनके जलते समय बाहर निकल जाता है। लेकिन, चूंकि यह मालूम था कि धातुओं को यदि वायु में तपाया जाए तो उनका भार बढ़ जाता है, इसलिए फ्लोजिस्टोन सिद्धांत के समर्थकों ने इस पर भौतिक दृष्टि से हास्यास्पद ऋणात्मक भार का आरोपन किया। फ्रांसीसी रसायनज्ञ लावाशिए ने दहन-क्रिया की सही व्याख्या करके इस सिद्धांत को गलत सिद्ध किया। लावाशिए ने दिखाया कि दाह्य पदार्थों का ऑक्सीजन के साथ रासायनिक संयोजन होने से दहन-क्रिया संपन्न होती है। अपने समय में इस फ्लोजिस्टोन सिद्धांत ने जो उपयोगी भूमिका अदा की, उसका उल्लेख एंगेल्स ने 'ड्यूहरिंग [मत-खंडन] की पुरानी प्रस्तावना' के अंत में किया है (देखिए, इस ग्रंथ के पृ. 60-61)। उन्होंने इस सिद्धांत की विस्तृत चर्चा **पूंजी** के दूसरे खंड की अपनी प्रस्तावना में की है। पृ. 36.

14. यहां निर्देश इमैनुएल कांट की कृति All gemeine Naturgeschichte und Theorie de Himmels, oder Versuch von der Verfassung und dem mechanischen Ursprunge des ganzen Weltgebäudes nach Newtonischen Grundsätzen abgehandelt ('सामान्य प्रकृति-इतिहास और खगोलीय पिंडों का सिद्धांत, या न्यूटनीय सिद्धांतों के अनुसार विश्व की संरचना और यांत्रिक उत्पत्ति का प्रारंभिक वर्णन), कोनिग्सबर्ग व लाइपजिग, 1755, की ओर है। यह पुस्तक गुमनाम रूप में प्रकाशित हुई थी। इसमें कांट ने अपनी नीहारिका-परिकल्पना को प्रस्तुत किया है, जिसके अनुसार सौरमंडल का निर्माण एक नीहारिका से हुआ है।

लापलास ने सौरमंडल की संरचना की अपनी परिकल्पना पहली बार अपनी कृति Exposition du systême du Monde ('विश्व-योजना की व्याख्या') के अंतिम प्रकरण में प्रस्तुत की थी। यह कृति दो खंडों में 1796 में पेरिस

से प्रकाशित हुई थी। इस कृति के छठे, मरणोपरांत संस्करण (1835) में, जो लापलास के जीवनकाल में प्रेस के लिए तैयार हुआ अंतिम संस्करण है, यह परिकल्पना सातवीं और अंतिम टिप्पणी के रूप में प्रस्तुत की गई है।

सन् 1864 में ब्रिटिश खगोलविद् विलियम हगिंस ने वर्णक्रमदर्शी-विश्लेषण के आधार पर बाह्य अंतरिक्ष में उद्दीप्त गैसीय द्रव्यराशि की खोज की, जो कांट व लापलास की नीहारिका-परिकल्पना में उल्लिखित मूल नीहारिका से मेल खाती थी। हगिंस ने वर्णक्रमदर्शी-विश्लेषण का व्यापक रूप से इस्तेमाल किया; इस विधि की खोज गु. किर्होफ और रा. बून्सेन ने 1859 में की थी। पृ. 38

15. यहां एंगेल्स का तात्पर्य न्यूटन के उस विचार से है जो उन्होंने अपने आधारभूत ग्रंथ Mathematical Principles of Natural Philosophy ('प्रकृति-दर्शन के गणितीय सिद्धांत'), खंड 2, पुस्तक 3 के अंतिम भाग में व्यक्त किए हैं। 'अब तक', न्यूटन ने लिखा है, 'हमने खगोल से और हमारे समुद्र से संबंधित घटनाओं की गुरुत्वाकर्षण द्वारा व्याख्या की है, पर हमने अभी तक इस आकर्षण-शक्ति का कारण निर्धारित नहीं किया है...।' गुरुत्वाकर्षण के कुछ गुण-धर्म बताकर, न्यूटन आगे लिखते हैं : 'पर घटनाओं के आधार पर मैं अभी तक गुरुत्वाकर्षण के इन गुण-धर्मों के कारण नहीं खोज पाया हूं, और मैं परिकल्पनाएं पेश करना नहीं चाहता। क्योंकि, जिसकी उत्पत्ति प्रत्यक्ष घटनाओं से सिद्ध नहीं की जा सकती, वह **परिकल्पना** की कोटि की चीज है। और परिकल्पना के लिए, चाहे वह अधिभौतिक हो या भौतिक, चाहे गुह्यतंत्र की हो या यांत्रिक हो, प्रायोगिक दर्शन (विज्ञान) में कोई स्थान नहीं है। इस दर्शन में विशिष्ट साध्यों को घटनाओं के आधार पर सिद्ध किया जाता है, और बाद में आगमन की विधि से इन्हें व्यापक सिद्धांत में बदला जाता है। न्यूटन के इस कथन के संदर्भ में हेगेल ने अपने ग्रंथ Enzyklopädie der Philosophischen Wissenschaften im Grundrisse ('दार्शनिक विज्ञानों का विश्वकोश'), हाइडेलबर्ग 1817, में लिखा है : 'न्यूटन ने भौतिकी को स्पष्ट चेतावनी दी है कि वह अधिभौतिकवाद से सावधान रहे...।' पृ. 38

16. ग्रूव का ग्रंथ The Correlation of Physical Forces ('भौतिक बलों का परस्पर संबंध') पहली बार 1846 में प्रकाशित हुआ। यह उस भाषण पर आधारित है जो ग्रूव ने लंदन इंस्टिट्यूट में जनवरी, 1842 में पढ़ा था, और जो इसके तुरंत बाद प्रकाशित हुआ था। एंगेल्स ने लंदन से 1855 में प्रकाशित इसके तीसरे संस्करण का इस्तेमाल किया है। पृ. 40

17. **एम्फिआक्सस** (Amphioxus)–एक छोटा मछली-जैसा प्राणी (करीब 5 सेंटीमीटर लंबा, जो कई सागरों और महासागरों (हिंद महासागर, प्रशांत महासागर में मलय द्वीपसमूह के समीप और जापान) में पाया जाता है। यह मेरुदंडी और अमेरुदंडी प्राणियों के बीच की अवस्थावाला प्राणी है। **लेपिडोसिरेन** (Lepidosiren) उभयश्वासी मीन की उपजाति की एक मछली। इन प्राणियों में फुफ्फुस और गणफड़ा, दोनों ही होते हैं। ये दक्षिण अमेरिका में पाए जाते हैं। पृ. 42.

18. **सेराटोडस** (Ceratodus)–एक उभयश्वासी मीन जो आस्ट्रेलिया में पाया जाता है।

आर्केओप्टेरिक्स (Archaeopteryx)–एक विलुप्त प्राणी, पक्षीवर्ग का सबसे पुराना प्रतिनिधि, जिसमें सरीसृप के भी कुछ लक्षण मौजूद थे।

यहां एंगेल्स है. आ. निकलसन की कृति A Manual of Zoology ('प्राणि-विज्ञान की गुटका') का, जो पहली बार 1870 में प्रकाशित हुई, इस्तेमाल करते हैं। **प्रकृति का द्वंद्ववाद** की तैयारी के लिए एंगेल्स ने इस पुस्तक का कोई आरंभिक संस्करण, जो 1874 के बाद का नहीं था, इस्तेमाल किया। पृ. 41

19. कै. फ्रे. कोल्फ ने अपना प्रबंध Theorie generationis ('प्रजनन का सिद्धांत') 1759 में प्रकाशित किया। इसमें पूर्वजनन (preformation) के मत का खंडन करके पश्चजनन (epigenesis) के सिद्धांत के समर्थन में वैज्ञानिक प्रमाण पेश किए गए हैं।

पूर्वजनन से अभिप्राय यह है कि वयस्क प्राणी का समूचा रूप जनन-कोशिका में ही बनकर तैयार हो जाता है। पूर्वजननवाद के अधिभौतिकवादी दृष्टिकोण के अनुसार, जिसका 17वीं और 18वीं सदियों के जीवविदों में बड़ा बोलबाला रहा, वयस्क प्राणी का प्रत्येक अवयव लघु रूप में जनन-कोशिका में पहले से मौजूद रहता है, इसलिए विकास का अर्थ है पहले से विद्यमान अवयवों की शुद्ध परिमाणात्मक वृद्धि। इस शब्द के सही अर्थ में यानी पश्चजनन या नव-निर्माण के अर्थ में विकास कतई संभव नहीं है। वोल्फ से लेकर डार्विन तक कई चोटी के जीव-वैज्ञानिकों ने पश्चजनन का सिद्धांत प्रतिपादित किया, इसे विकसित किया। पृ. 42

20. **जातियों की उत्पत्ति** (On the origin of Species) ग्रंथ 24 नवंबर, 1859 को प्रकाशित हुआ। पृ. 42

21. अ. हैकेल, Natürliche Schöpfungsgeschichte. Gemeinverstandliche wissenschaftliche Vortrage uber die Entwickelungslehre im Allgemeinen und diejenige von Darwin, Goethe und Lamarack im

Besenderen (प्राकृतिक सृजन का इतिहास, विकास के सामान्य सिद्धांतों पर, विशेषतः डार्विन, गेट और लामार्क के सिद्धांतों पर, लोककाम्य वैज्ञानिक भाषण), बर्लिन, 1873। यह पुस्तक सर्वप्रथम 1868 में बर्लिन में प्रकाशित हुई थी।

प्रोटिस्टा (Protista) : (यूनानी protistos प्रथम), हैकेल के वर्गीकरण के अनुसार आदिम जीवों का एक बहुत बड़ा समूह, जिसमें एक-कौशिक व अकौशिक दोनों ही प्रकार शामिल थे, जो वनस्पति-जगत और प्राणी-जगत के अलावा एक तीसरा जीव-जगत है।

मोनेरा (Monera) : (यूनानी moneres एक), हैकेल के अनुसार जीवद्रव्य के नाभिकरहित व संरचनाहीन पुंज जो जीवन की सभी अत्यावश्यक क्रियाएं संपन्न करते हैं : संमरण, गमन, उद्दीपन और प्रजनन। हैकेल ने मोनेरा के दो भेद किएः प्राथमिक मोनेरा, जो अब नष्ट हो गए हैं और जो अनायास ही अस्तित्व में आए थे, और आधुनिक मोनेरा, जो अब भी मौजूद हैं। पहले प्रकार के मोनेरा से शुरुआत होकर ही तीनों शाखाओं के जीव-जगतों का विकास हुआ। ऐतिहासिक रूप में, आदिजनक मोनेरा से ही कोशिका का विकास हुआ। आदिजनक मोनेरा प्रोटिस्टा की शाखा के हैं और इसके अंतर्गत पहला व सर्वाधिक पुरातन वर्ग बनाते हैं। हैकेल के अनुसार आधुनिक मोनेरा हैं : प्रोटामीबा प्रिमिटिवा, प्रोटामिक्सा आवरांटिका, और बैथिबियस हेकेली की विभिन्न जातियां।

इन प्रोटिस्टा व मोनेरा शब्दों की गढ़न हैकेल ने 1866 में अपने ग्रंथ Generelle Morphologie der Organismen ('सामान्य जैव-आकार विज्ञान') में की थी, परंतु ये शब्द विज्ञान में रूढ़ नहीं हो पाए। हैकेल ने जिन जीवों को प्रोटिस्टा की संज्ञा दी थी, उन्हें आज या तो वनस्पति के अंतर्गत या प्राणियों के अंतर्गत वर्गीकृत किया जाता है। मोनेरा का अस्तित्व सिद्ध नहीं हो पाया है। फिर भी, कोशिका-पूर्व रूपों से विकसित कोशिकीय जीवों के आम विचार को और प्राथमिक जीवों के पेड़-पौधों व प्राणियों में विभेदीकरण के विचार को विज्ञान में व्यापक मान्यता मिली है। पृ. 43.

22. यहां और आगे एंगेल्स ने उद्धरण दिए हैं, जो है. मेडलेर के ग्रंथ Der Wunderbau des Weltalls, oder populäre Astronomie ('विश्व की अद्भुत संरचना, या लोकगम्य खगोल-विज्ञान'), बर्लिन, 1861 से, और ए. सेक्की के ग्रंथ Die Sonne ('सूर्य'), ब्राउनश्वेइग, 1872 से। 'भूमिका' के दूसरे भाग में एंगेल्स इन दो ग्रंथों से लिए गए उद्धरणों का इस्तेमाल करते हैं। यह भाग संभवतः जनवरी व फरवरी, 1876 में लिखा गया। पृ. 44.

23. इओजून कनाडेंसे (Eozoon canadense)—कनाडा में खोजा गया जीवाष्म, जिसे अत्यंत प्राचीन जीव का अवशेष माना गया था। परंतु 1878 में मोबियस ने इस जीवाष्म के जैव मूल के मत का खंडन किया। पृ. 45.

24. गेटे की कृति फाउस्ट (Faust) में मैफिस्टोफीलिस की उक्ति : 'Alles was entsteht, ist wert, dass es zugrunde geht' (अंक 1, दृश्य 3)। पृ. 48.

ड्यूहरिंग [मत-खंडन] की पुरानी प्रस्तावना

द्वंद्ववाद के विषय में

25. **प्रकृति का द्वंद्ववाद** की सामग्री को सजाते हुए एंगेल्स ने जो चीजें दूसरे फोल्डर में रखी थीं, उनकी विषय-सूची में इस लेख का यही शीर्षक दिया गया है। इस लेख की वास्तविक हस्तलिपि में शीर्षक के तौर पर सिर्फ एक शब्द है : 'प्रस्तावना', लेकिन इसके पहले पन्ने पर ऊपर दाईं ओर के कोने में एंगेल्स ने कोष्ठक में लिखा है : 'ड्यूहरिंग, विज्ञान में क्रांति'। **ड्यूहरिंग [मत-खंडन]** की प्रस्तावना के रूप में यह लेख 1878 के मई महीने में या जून के आरंभ में लिखा गया था। लेकिन यह लेख लंबा था, इसलिए एंगेल्स ने इसके स्थान पर एक छोटा लेख लिखने का फैसला किया।

'नई प्रस्तावना' के अंत में तारीख दी गई है : 11 जून, 1878। इसकी विषयवस्तु 'पुरानी प्रस्तावना' के उन निकाल दिए गए पृष्ठों से काफी मिलती-जुलती है जिनका नई प्रस्तावना में इस्तेमाल किया गया है। पृ. 52

26. संयुक्त राज्य अमेरिका के शताब्दी-समारोह (4 जुलाई, 1776) के अवसर पर फिलाडेलफिया में छठी विश्व औद्योगिक प्रदर्शनी का 10 जुलाई, 1876 को उद्‌घाटन हुआ। इसमें भाग लेनेवाले चालीस देशों में जर्मनी भी एक था। परंतु बर्लिन उद्योग अकादमी के निदेशक प्रोफेसर फ्रांज रैलो को, जिन्हें जर्मन सरकार ने जर्मन ज्यूरी-मंडल का अध्यक्ष नियुक्त किया था, स्वीकार करना पड़ा कि जर्मन उद्योग दूसरे देशों के उद्योग से बहुत पीछे है, और इसके सूचक शब्द हैं 'सस्ता मगर खराब'। उनके इस वक्तव्य पर अखबारों में खूब टीका-टिप्पणी हुई। विशेषकर, अखबार Der Volksstaat ('जन-राज्य') में इस बदनामी के बारे में जुलाई से सितम्बर तक एक लेखमाला ही प्रकाशित हुई। पृ. 53

27. Tageblatt der 50. Versammlung deutscher Naturforscher und Aerzte in Munchen, 1877 (1877 में म्यूनिख में आयोजित जर्मन प्रकृति-वैज्ञानिकों और चिकित्सकों की 50वीं कांग्रेस का बुलेटिन), Beilage, पृ. 18, पृ. 54

28. यहां एंगेल्स का निर्देश विर्खोव के उस भाषण की ओर है जो उन्होंने जर्मन प्रकृति-वैज्ञानिकों और चिकित्सकों की म्यूनिख में आयोजित 50वीं कांग्रेस में 22 सितम्बर, 1877 को दिया था। देखिए, रु. विर्खोव, Die Freiheit der Wissenschaft im modernen Staat, Berlin, 1877, s.13. ('आधुनिक राज्य में विज्ञान की स्वतंत्रता'), बर्लिन, 1877, पृ. 12। पृ. 54

29. फ्रे. आ. केकुले, Die Wissenschaftlichen Ziele und Leistungen der Chemie, बोन, 1878, पृ. 13-15, पृ. 55

30. Holde Hindernisse ('मोहिनी बाधाएं') : हेनरिक हाइने के वृत्तकाव्य Neuer Fruhling ('नव-वसंत') के 'आमुख' का एक पद। पृ. 58

31. का. मार्क्स, **पूंजी**, खंड 1, दूसरा हिंदी संस्करण, मास्को, 1975, पृ. 27। पृ. 27

32. का. मार्क्स, **पूंजी**, खंड 1, दूसरा हिंदी संस्करण, मास्को, 1975, पृ. 27-28। पृ. 61

33. यहां एंगेल्स का इशारा दो पुस्तकों की ओर है : (1) गणितज्ञ जान बातिस्त जोजेफ फूरिये की पुस्तक Theorie analytique de la chaleur ('ऊष्मा का वैश्लेषिक सिद्धांत'), पेरिस, 1822, और (2) सादी कार्नो की पुस्तक Reflexions sur la puissance motrice du feu et sur less machines propres a developper cette puissance ('ताप का प्रेरक बल और इस बल को पैदा करनेवाली मशीनों के बारे में'), पेरिस, 1824। एंगेल्स ने आगे नीचे कार्नो के जिस फलिन c का उल्लेख किया है, वह उनकी पुस्तक के पृ. 73-79 की टिप्पणी में दिया गया है। पृ. 61

प्रेतात्मालोक में प्रकृति-विज्ञान

34. इस लेख का यह शीर्षक पांडुलिपि के प्रथम पृष्ठ पर दिया गया है। तीसरे फोल्डर की, जिसमें एंगेल्स ने इसे रखा, विषय-सूची में यह शीर्षक है : 'प्रकृति-विज्ञान और प्रेतात्मालोक'। यह लेख संभवतः 1878 के पूर्वार्द्ध में लिखा गया था। यह निष्कर्ष इस तथ्य पर आधारित है कि इस लेख में (देखिए इस ग्रंथ का पृष्ठ) एंगेल्स झोल्लनेर के उन 'प्रयोगों' के विवरणों को 'हाल की जानकारी' कहते हैं जिनमें एक डोरी के दोनों सिरों को मेज से बांध देने पर उसमें गांठें डालने की चर्चा है। झोल्लनेर ने ये 'प्रयोग' 17 दिसंबर, 1877 को लाइपजिग में किए।

एंगेल्स का यह लेख उनके जीवनकाल में अप्रकाशित रहा। यह 1898 में समाजवादी-जनवादी वार्षिकी Illustrier Neue Well-Kalender für das Jahr, 1898 (हेम्बर्ग, 1898, पृ. 56-59) में प्रकाशित हुआ। पृ. 62

35. यहां इशारा फ्रांसिस बेकन द्वारा आयोजित विश्वकोश-सदृश कृति Instauratio magna ('महान प्रतिष्ठापना') की ओर, विशेषतः इसके तीसरे भाग Phaenomen universi, sive Historia Naturalis et experimentalis ad condendam philosophiam ('प्राकृतिक घटनाएं', अथवा 'दर्शन के लिए एक संभाव्य मूलाधार के रूप में प्राकृतिक और प्रयोगात्मक इतिहास') की ओर है। बेकन अपनी इस योजना को आंशिक रूप से ही पूरा कर पाए। इस कृति के तीसरे भाग में सम्मिलित की जानेवाली सामग्री 1622-23 में लंदन से सामान्य शीर्षक Historia naturalis et experimentalis ('प्राकृतिक और प्रयोगात्मक इतिहास') से प्रकाशित हुई। पृ. 62

36. न्यूटन का धर्मशास्त्र से संबंधित सर्वाधिक प्रसिद्ध ग्रंथ है Observations on the prophecies of Daniel and Apocalypse of St. John ('डेनियल की भविष्यवाणियों और सेंट जोन के प्रकाशना-ग्रंथ पर टिप्पणियां'), जो उनकी मृत्यु के बाद 1733 में प्रकाशित हुआ। पृ. 62

37. अ. र. वैलेस, On Miracles and Modern Spiritualism ('चमत्कारों और आधुनिक प्रेतात्मवाद के विषय में'), लंदन, बर्न्स, 1875। एंगेल्स द्वारा प्रस्तुत लेख में उद्धृत इस ग्रंथ की पृष्ठ-संख्या गुरुकोष्ठकों में दी गई है। पृ. 63

38. मेस्मेरिज्म (Mesmerism)—आस्ट्रियाई चिकित्सक फ्रीडरिक एंतोन मेस्मेर (1734-1815) के नाम पर आधारित 'शारीरिक चुंबकत्व' का एक अवैज्ञानिक सिद्धांत। अठारहवीं सदी के अंतिम वर्षों में इसका बड़ा बोलबाला रहा। यह सिद्धांत प्रेतात्मवाद का एक आरंभिक अग्रगामी था। पृ. 63

39. कपाल-विद्या (Phrenology)—उन्नीसवीं सदी के आरंभिक वर्षों में आस्ट्रियाई चिकित्सक फ्रां. जो. गाल द्वारा प्रतिपादित एक गंवारू भौतिकवादी सिद्धांत, जिसके अनुसार मनुष्य की प्रत्येक मानसिक क्षमता का अपना एक अवयव होता है और मस्तिष्क के विशिष्ट भाग में इसका स्थान होता है। किसी विशिष्ट मानसिक शक्ति के विकास के साथ उससे संबंधित अवयव की भी वृद्धि होती है और खोपड़ी के तत्संबंधित भाग पर एक कूबड़ का निर्माण होता है। इस प्रकार, दावा किया जाता है कि खोपड़ी की बनावट उस व्यक्ति की मानसिक क्षमताओं की सूचक होती है। कपाल-विद्या के मिथ्या-वैज्ञानिक निष्कर्षों का धोखेबाजों ने, जिनमें प्रेतात्मवादी भी शामिल हैं, खूब इस्तेमाल किया है। पृ. 63

40. बारातारिया (स्पेनी बारातो—'तुच्छ'), जो एक काल्पनिक द्वीप का नाम है, 'दोन क्विजोत्' में एक कस्बा है; सांको पांजा को इसका काल्पनिक राज्यपाल नियुक्त किया गया था। पृ. 64

41. यहां एंगेल्स ने इस पुस्तक का उपयोग किया है : जे. एन. मास्केलीन, Modern Spiritualism. A short account of its rise and progress with some exposures of so-called spirit media ('आधुनिक प्रेतात्मवाद : तथाकथित प्रेतात्मा-माध्यमों के कुछ भंडाफोड़ों के साथ इसके उत्थान और विकास का संक्षिप्त विवरण'), लंदन 1876। पृ. 67

42. The Echo–लंदन से 1868 से 1907 तक प्रकाशित पूंजीवादी-उदारवादी समाचार-पत्र। पृ. 68

43. जे. एन. मास्केलीन, पूर्वोल्लिखित, पृ. 99-101। पृ. 68

44. क्रुक्स ने रेडियोमीटर का आविष्कार 1874 में किया। जर्मन शब्द लिख्टमुह्ले (Lichtmühle)का शाब्दिक अर्थ है 'प्रकाश मिल'–प्रकाश-किरणों या ऊष्मा-किरणों से संचालित एक घूमनेवाला उपकरण। क्रुक्स ने थेलियम की खोज 1861 में की। पृ. 68

45. जे. एन. मास्केलीन, पूर्वोल्लिखित, पृ. 141-42। पृ. 69

46. यह और आगे के दो उद्धरण विलियम क्रुक्स के लेख 'The Last of 'Katie King' से लिए गए हैं।

    The Spiritualist–अंग्रेज प्रेतात्मवादियों द्वारा लंदन से 1869 से 1882 तक प्रकाशित किया गया एक साप्ताहिक। 1874 में इसका नया शीर्षक हो गया : The Spiritualist Newspaper, पृ. 69

47. जे. एन. मास्केलीन, पूर्वोल्लिखित, पृ. 144-45। पृ. 69

48. चा. मो. डेविस, रहस्यवादी लंदन , लंदन, ट्विंस्ले ब्रदर्स, 1875, पृ. 319। पृ. 69

49. जे. एन. मास्केलीन, पूर्वोल्लिखित, पृ. 118-19, 142-44, 146-53। पृ. 69

50. यहां संदर्भ यह है कि सेंट पीटर्सबर्ग विश्वविद्यालय की भौतिकीय एसोशियेशन ने 6 मई, 1875 को प्रेतात्मवादी चमत्कारों के अध्ययन के लिए एक आयोग की स्थापना की थी; इस आयोग ने अपना कार्य 21 मार्च, 1876 को पूरा किया। दि. इ. मेंदेलेयेव और दूसरे प्रमुख वैज्ञानिक इस आयोग के सदस्य थे। आयोग ने रूस में प्रेतात्मवाद का प्रचार करनेवाले व्यक्तियों–अ. नि. अक्साकोव, अ. मि. बटलेरोव और एन. पी. वैगनेर–के सामने प्रस्ताव रखा कि वे **'असली'** प्रेतात्मा-चमत्कारों के बारे में जानकारी प्रस्तुत करें। आयोग इस निष्कर्ष पर पहुंचा कि 'प्रेतात्मवादी चमत्कार अचेतन गतिविधियों या जानबूझकर की गई धोखेबाजी का परिणाम होते हैं' और 'प्रेतात्मवादी अंधविश्वास है'। आयोग ने अपने निष्कर्ष **गोलोस** (आवाज) समाचारपत्र में 25 मार्च, 1876 को

प्रकाशित किए। दि. इ. मेंदेलेयेव ने इस आयोग की सामग्री को 'प्रेतात्मवाद से संबंधित निर्णय की सामग्री शीर्षक से प्रकाशित किया (सेंट पीटर्सबर्ग, 1876)। पृ. 70

51. मोजार्ट के गीति-नाट्य 'जादू की बंसी' (अंक 1, दृश्य 18) में पामिना और पापागेनो के युगलगान की आरंभिक पंक्ति। अगले वाक्य में इस युगल-गीतिकाव्य का श्लेष किया गया है। पृ. 72

52. एंगेल्स का इशारा डार्विनवाद के खिलाफ़ उन प्रतिक्रियावादी हमलों की ओर हैं जिनका 1871 के पेरिस कम्यून के बाद जर्मनी में विशेष रूप से जोर बढ़ गया था। यहां तक कि विर्खोव-जैसे महत्त्वपूर्ण वैज्ञानिक ने, जो पहले डार्विनवाद के समर्थक थे, 1877 में म्यूनिख में आयोजित प्रकृति-वैज्ञानिकों की एक बैठक में प्रस्ताव रखा कि डार्विनवाद की शिक्षा पर पाबंदी लगाई जानी चाहिए, और दृढ़तापूर्वक कहा कि डार्विनवाद का समाजवादी आंदोलन के साथ गहरा संबंध है, और इसलिए यह मौजूदा सामाजिक व्यवस्था के लिए खतरा है (रु. विर्खोव, Die Freiheit der Wissenschaft im modernen Staat, बर्लिन, 1877, पृ. 12। पृ. 72

53. रोम में 1870 में पोप के भ्रमातीतत्त्व के धार्मिक सिद्धांत की घोषणा की गई। जर्मन कैथोलिक धर्म-प्रचारक डोल्लिंगेर ने इस धर्म-सिद्धांत को मानने से इनकार कर दिया। मैन्ज के बिशप कैट्टेलेर भी आरंभ में इस धार्मिक-सिद्धांत की घोषणा के खिलाफ थे, परंतु उन्होंने जल्दी ही अपने को समझा लिया और वह इसके धर्मोत्साही समर्थक बन गए। पृ. 73

54. यह उद्धरण जीववेत्ता थामस हक्सले द्वारा लंदन द्वंद्ववादी समिति को लिखे गए पत्र से है। समिति ने प्रेतात्मा संबंधी चमत्कारों के अध्ययन का काम हाथ में लिया था, और इसमें सहयोग देने के लिए हक्सले को आमंत्रित किया था। हक्सले ने प्रेतात्मवाद के बारे में कई व्यंग्यात्मक टिप्पणियां करते हुए इस निमंत्रण को अस्वीकार किया। हक्सले का 29 जनवरी, 1869 को लिखा हुआ यह पत्र डेविस की पूर्वोल्लिखित पुस्तक 'रहस्यवादी लंदन' (1875) के पृ. 389 पर दिया गया है। पृ. 74

द्वंद्ववाद

55. इस लेख की पांडुलिपि के पहले पृ. पर यही शीर्षक दिया गया है। पांडुलिपि के पांचवें और नौवें पृष्ठों पर ऊपर की मार्जिनों में 'द्वंद्वात्मक नियम' शब्द लिखे हुए हैं। यह लेख अपूर्ण ही रहा। यह 1879 में लिखा गया, लेकिन उस

साल सितंबर के पहले नहीं (इसमें रोस्को व शोर्लेमेर के ग्रंथ Ausführliches Lehrbuch der Chemie ('रसायन-विज्ञान की विस्तृत पाठ्यपुस्तक') के दूसरे खंड से उद्धरण दिए गए हैं। यह दूसरा खंड 1879 में प्रकाशित हुआ था, पर इसमें स्कैंडियम तत्त्व की खोज का जिक्र नहीं है। स्कैंडियम की खोज 1879 में हुई। यदि एंगेल्स ने अपना यह लेख 1879 के बाद लिखा होता तो वह गैलियम की खोज के साथ-साथ स्कैंडियम की खोज का जिक्र अवश्य करते। पृ. 76

56. है. हाइने, 'Uber den Demunzianten. Eine Vorrede zum dritten Theile des Salons', हेम्बर्ग, 1837, पृ. 15। पृ. 78

57. हेगेल, 'दर्शन-विज्ञानों का विश्वकोश' 108, परिशिष्ट। **प्रकृति का द्वंद्ववाद** के लिए एंगेल्स ने इस संस्करण का इस्तेमाल किया : गे. वि. फ्रे. हेगेल, Werke (कृतियां), खंड 6 दूसरा संस्करण, बर्लिन, 1843, पृ. 217। पृ. 79

58. हेगेल, Wissenschaft der Logik ('तर्कशास्त्र'), पुस्तक 1, भाग 2, प्रकरण 2। ''मापन-संबंधों की संगम-रेखाओं के उदाहरणों पर और **प्रकृति में छलांगें नहीं होती** पर टिप्पणी। **प्रकृति का द्वंद्ववाद** के लिए एंगेल्स ने इस संस्करण का इस्तेमाल किया: गे. वि. फ्रे. हेगेल, Werke (कृतियां), खंड 3, दूसरा संस्करण, बर्लिन, 1841, पृ. 433। पृ. 80

59. है. ए. रोस्को और का. शोलेमेर, Ausführliches Lehrbuch der Chemie ('रसायन-विज्ञान की विस्तृत पाठ्य-पुस्तक'), खंड 2, ब्राउनश्वेइग, 1879, पृ. 823, पृ. 82

60. द्मी. इ. मेंदेलेयेव ने आवर्त-नियम की खोज 1869 में की। 1870-71 में उन्होंने आवर्त-तालिका के रिक्त स्थानों के कई अज्ञात तत्त्वों के बारे में विस्तृत जानकारी दी। उन्होंने इन अज्ञात तत्त्वों के लिए संस्कृत अंक-नामों (जैसे, **एक**) के इस्तेमाल का सुझाव दिया। ये अंक-नाम उस ज्ञात तत्त्व के नाम के पहले जोड़े जाते थे जिसके समूह में बाद के तत्त्व अज्ञात होते थे। इस प्रकार, अंकों के उपसर्ग लगाए गए ये नाम उसी समूह के अज्ञात तत्त्वों के द्योतक होते थे। मेंदेलेयेव ने सर्वप्रथम गैलियम तत्त्व की भविष्यवाणी की थी। यह तत्त्व 1875 में खोजा गया। पृ. 82

61. मोलियेर की कामदी Le Bourgeois Gentilhomme (ले बुर्जुआ जैंटलहोम) से। पृ. 83

गति के मूल रूप

62. **प्रकृति का द्वंद्ववाद** के तीसरे फोल्डर की विषय-सूची में यह **शीर्षक** प्राप्त होता है। पृ. 84

63. एंगेल्स का इशारा हार्टेनस्टाइन द्वारा संपादित कांट की **संकलित रचनाएं** के पहले खंड की ओर है (इ. कांट, Sammtliche Werke, कालानुक्रम में जी. हार्टेनस्टाइन द्वारा संपादित, खंड 1, लाइपजिग, 1867। इस संस्करण के पृ. 22 पर कांट की कृति Gedanken von der wahren Schätzung der lebendigen Krafte ('सजीव बलों के सही मूल्यांकन पर विचान') का अनुच्छेद 10 है। इस अनुच्छेद की बुनियादी धारणा है : 'यह त्रि-विमितीय मापन स्पष्टतया इस तथ्य पर आधारित है कि, इस वास्तविक जगत् के पदार्थ एक-दूसरे को इस प्रकार प्रभावित करते हैं कि इनकी क्रिया का बल दूरी के वर्ग के प्रतिलोम-अनुपात में होता है। पृ. 86

64. हे. हेल्महोल्ट्ज, Über die Erhaltung der Kraft ('ऊर्जा की अविनाशिता के विषय में'), बर्लिन, 1847, पृ. 84

65. यह शब्द गति की सामान्य मात्रा का, सामान्य रूप से गति के परिमाणात्मक निर्धारण का, द्योतक है। 'गति के परिमाण' को mv के विशेष अर्थ में जर्मन शब्द bewegungsgrösse द्वारा व्यक्त किया जाता है। पर यहां और आगे के पाठ में एंगेल्स Bewegungsmenge शब्द का प्रयोग करते हैं, जिसे हमने, परिमाण mv के साथ इसकी गड़बड़ न हो जाए इसलिए, गोलाकार कोष्ठक में रखा है। एंगेल्स कभी-कभी 'Bewegungsmenge' के स्थान पर, हर प्रकार की गति की सामान्य मात्रा के उसी अर्थ में, 'die Masse der Bewegung' शब्दों का इस्तेमाल करते हैं। पृ. 84

66. जोर स्वयं एंगेल्स द्वारा। पृ. 95

67. यहां एंगेल्स का इशारा जू. लो. मेयेर की दो कृतियों की ओर है—'अकार्बनिक प्रकृति के बलों पर टिप्पणियां' (1842 में प्रकाशित), और 'जैव गति—उपापचयन के संदर्भ में' (1845 में प्रकाशित)। ये दोनों कृतियां जू. लो. मेयेर की पुस्तक Die Mechanik der Wärme in gesammelten Schriften (ऊष्मा यांत्रिकी, संकलित रचनाएं), स्टुटगार्ट, 1874 में सम्मिलित हैं। **प्रकृति का द्वंद्ववाद** पर काम करते समय **एंगेल्स** ने इसी संस्करण का इस्तेमाल किया। पृ. 95

68. यहां एंगेल्स के दिमाग में हेगेल की संभवतः वह टिप्पणी रही है जो उन्होंने **तर्कशास्त्र** के दूसरे खंड में 'आकारगत आधार' से संबंधित अनुच्छेद के बारे में व्यक्त की है। हेगेल 'पुनरुक्त आधारों से व्याख्या करने की आकारगत विधि'

की खिल्ली उड़ाते हैं। हेगेल लिखते हैं : 'व्याख्या की इस विधि को इसलिए पसंद किया जाता है कि यह देखने और समझने में बड़ी आसान है। उदाहरण के लिए, देखने और समझने में इससे आसान कोई चीज नहीं है कि वनस्पति का आधार वनस्पति-जनक बल में है।'...'यदि इस सवाल का जवाब कि कोई व्यक्ति शहर क्यों जाता है, इस आधार पर दिया जाता है कि उसे शहर की ओर आकृष्ट करनेवाली वहां कोई आकर्षण शक्ति है, तो इस प्रकार का जवाब 'वनस्पति-जनक शक्ति' द्वारा की जानेवाली व्याख्या से कम मूर्खतापूर्ण नहीं है। हेगेल टिप्पणी करते हैं, 'प्रत्येक विज्ञान, विशेषतः भौतिक-विज्ञान, इस प्रकार की पुनरुक्तियों से परिपूर्ण है, और ये एक प्रकार से विज्ञान का विशेषाधिकार बन गई हैं।' पृ. 97

69. हेगेल, 'दर्शनशास्त्र के इतिहास पर भाषण', खंड 1, भाग 1, 1, 'थैल'। **प्रकृति का द्वंद्ववाद** पर कार्य करते समय एंगेल्स ने इस संस्करण का उपयोग किया है : गे. वि. फ्रे. हेगेल, Werke ('कृतियां'), खंड 13, बर्लिन, 1833, पृ. 208। पृ. 97

गति का माप-कार्य

70. एंगेल्स ने इस लेख की पांडुलिपि के मुखपृष्ठ और प्रथम पृष्ठ पर यह शीर्षक दिया है। तीसरे फोल्डर की एंगेल्स की विषय-सूची में इस लेख का शीर्षक है : 'गति के दो माप'। स्पष्टतः यह लेख 1880 या 1881 में लिखा गया है। पृ. 103

71. है. सुटेर Geschichte der mathematischen Wissenschaften ('गणित-विज्ञान का इतिहास'), खंड 2, ज्यूरिख, 1875, पृ. 367। पृ. 104''

72. देखिए कांट, 'जीवंत बलों के सही मूल्यांकन पर विचार' 'Thoughts on the Correct Appraisal of Live Forces' परिच्छेद 92 (इ. कांट, Sämmtliche Werke —'समस्त कृतियां', भाग 1, लाइपजिग, 1867, पृ. 98-99

Acta Eruditorum—पहली जर्मन वैज्ञानिक शोध-पत्रिका, प्रोफेसर ओ. मैंके द्वारा संस्थापित। यह लैटिन भाषा में लाइपजिग से 1682 से लेकर 1782 तक प्रकाशित हुई। 1732 में इसे नया नाम दिया गया : Nova Acta Eruditorum। लाइबनिट्ज इसके सक्रिय सहयोगी थे। पृ. 105

73. कोनिग्सबर्ग में प्रकाशित कांट की इस कृति के पहले संस्करण के शीर्षक पृष्ठ पर प्रकाशन का वर्ष 1746 दिया गया है। लेकिन यह स्पष्ट है कि, खास कर समर्पण से, जिसकी तारीख 22 अप्रैल, 1747 है, कि यह पुस्तक 1747 में पूरी हुई और प्रकाशित हुई। पृ. 105

74. दालेंबर, Traité de dynamique ('गति-विज्ञान पर शोध-प्रबंध') पेरिस, 1743। पृ. 106

75. फ्रांसीसी पादरी कातालान ने सितंबर, 1686 में और जून, 1687 में देकार्त के गति के माप (mv) का समर्थन करते हुए लाइबनिट्ज के विरोध में Nouvelles de la République de Lettres पत्रिका में दो लेख प्रकाशित किए। प्रत्युत्तर में लाइबनिट्ज के लेख उसी पत्रिका में क्रमशः फरवरी और सितंबर, 1687 में प्रकाशित हुए।

Nouvelles de la République des Lettres नामक वैज्ञानिक पत्रिका पियर बायल ने राटरडाम से 1684 से लेकर 1687 तक प्रकाशित की। एच. बस्नेज द बिउवल ने Histoire des ouvrage des Sava शीर्षक से 1709 तक इसका प्रकाशन जारी रखा। पृ. 108

76. यहां निर्देश एक किस्से की ओर है। एक अशिक्षित प्रशियन अनधिकृत अफसर कभी समझ न सका कि संप्रदान कारक 'mir' (मेरे लिए) किस वक़्त इस्तेमाल करना चाहिए और कर्म कारक 'mich' (मुझ को) किस वक़्त इस्तेमाल करना चाहिए। (बर्लिनवासी इन दो कारकों के इस्तेमाल में अक्सर उलझ जाते हैं।) इस मामले में अधिक माथापच्ची न करके उस अफसर ने फैसला किया : ड्यूटी पर हो तो हमेशा 'mir'(मेरे लिए) इस्तेमाल करो, और जब ड्यूटी पर न हो तो हमेशा 'mich' (मुझ को) इस्तेमाल करो। पृ. 109

77. वि. थामसन और पी. गु. टाइट, Treatise on Natural Philosophy, ('प्रकृति दर्शन पर प्रबंध'), खंड 1, ऑक्सफोर्ड, 1867। यहां 'प्रकृति दर्शन' का अर्थ है सैद्धांतिक भौतिकी। पृ. 109

78. मु. किर्होफ, Vorlesungen über mathematische Physik. Mechanik ('गणितीय भौतिकी पर भाषण. यांत्रिकी'), द्वितीय संस्करण, लाइपजिग, 1877। पृ. 109

79. हेल्महोल्ट्ज Über die Erhaltung der Kraft ('ऊर्जा की अविनाशिता के बारे में'), बर्लिन, 1847, पृ. 9 । पृ. 109

80. एंगेल्स गिरते पिंड के वेग की गणना सूत्र $v = \sqrt{2gh}$ के आधार पर करते हैं, जहां v वेग है, g गुरुत्व से जनित संवेग है और h वह ऊंचाई है जिससे वह पिंड गिरता है। पृ. 111

81. रोल्फ क्राके (Rolf Krake) = नामक डेनिश युद्धपोत 28-29 जून, 1864 की रात को आलसेन द्वीप के पास समुद्र में स्थित था। इस द्वीप को पार करने से प्रशियन सेना को रोकने की जिम्मेदारी इसे सौंपी गई थी। यह घटना 1864 के

डेनिश युद्ध के समय की है जिसमें प्रशिया व आस्ट्रिया का मुकाबला डेनमार्क से था। पृ. 113

82. अधिक सूक्ष्म मापन के अनुसार अब ऊष्मा का यांत्रिक तुल्यमान 426.9 किलोग्राम-मीटर लिया जाता है। पृ. 113

83. एंगेल्स यहां पी. गु. टाइट के 'Force' (बल) शीर्षक उस भाषण का उल्लेख कर रहे हैं जो उन्होंने ग्लासगो में आयोजित ब्रिटिश एसोसिएशन फॉर एडवांसमेंट की 46वीं कांग्रेस में पढ़ा था। यह भाषण Nature नं. 360 में 21 सितंबर, 1876 को प्रकाशित हुआ था।

Nature. A Weekly Illustrated Journal of Science नामक पत्रिका लंदन से 1869 से लगातार प्रकाशित होती आ रही है। पृ. 115

84. अ. नाउमान, Handbuch der allgemeinen und physikalischen Chemie, हाइडेलबर्ग, 1877, पृ. 7। पृ. 118

85. रु. क्लाउसिस, Die mechanische Wärmetheorie, द्वितीय संस्करण, भाग 1, ब्राउनश्वेइग, 1876, पृ. 18। पृ. 118

ज्वारीय घर्षण

86. शीर्षक की पहली पंक्ति इस लेख के पहले के एंगेल्स के मुखपृष्ठ पर है; दूसरी पंक्ति खुद इस लेख के प्रथम पृष्ठ पर है। तीसरे फोल्डर की विषय-सूची में इस लेख का शीर्षक है 'ज्वारीय घर्षण'। स्पष्टतः यह लेख 1880 या 1881 में लिखा गया। पृ. 120

87. इसके पहले थामसन और टाइट पिंडों की गति में प्रत्यक्ष प्रतिरोधों की चर्चा कर रहे थे, जैसीकि हवा राइफल की गोली की गति में प्रस्तुत करती है। पृ. 120

88-89. यहां एंगेल्स कांट की जिस कृति को उद्धृत कर रहे हैं, उसका शीर्षक है : 'इस सवाल की खोजबीन कि क्या पृथ्वी की उत्पत्ति की प्रथम कालावधि से इसके अक्ष-घूर्णन में, उस घूर्णन में जिसके कारण रात-दिन का चक्र चलता है, कोई परिवर्तन हुआ है, और इसे किस प्रकार निश्चयपूर्वक निर्धारित किया जा सकता है' (इ. कांट, Sämmtliche Werke('संकलित कृतियां') हार्टेनस्टाइन द्वारा प्रकाशित, खंड 1, लाइपजिग, 1867, पृ. 185। पृ. 122

ऊष्मा

90. यह प्रकरण अपूर्ण है। इसकी रचना अप्रैल, 1881 के अंत के अनंतर और मध्य नवम्बर, 1882 के पहले हुई है। पहली तारीख की सूचना का तथ्य से प्राप्त

होती है कि इस लेख के दूसरे भाग में एंगेल्स ई. गेरलांड द्वारा अप्रैल 1881 में बर्लिन से प्रकाशित 'पापां के साथ लाइबनिट्ज और हाइगेंस का पत्र-व्यवहार' ग्रंथ का उल्लेख करते हैं। दूसरी तारीख की सूचना इस लेख के पहले भाग के अंतिम अंश की एंगेल्स द्वारा 23 नवंबर, 1882 को मार्क्स को लिखे एक पत्र के साथ तुलना करने से प्राप्त होती है। इस तुलना से स्पष्ट होता है कि यह प्रकरण उस पत्र के पहले लिखा गया था (देखिए, टिप्पणी 91)। पृ. 126

91. 23 नवम्बर, 1882 को मार्क्स को लिखे एक पत्र में एंगेल्स ने विद्युत-जैसे गति के रूप के माप के सवाल में एक महत्त्वपूर्ण सुधार सुझाया। उन्होंने शुरुआत की 'गति का माप—कार्य' प्रकरण में प्रस्तुत यांत्रिक गति के दोहरे माप की समस्या के हल से, और 24 अगस्त, 1882 की Nature (नेचर) पत्रिका के नं. 669 में प्रकाशित विलहेल्म सीमेंस के भाषण से। यह भाषण साउथमटन में आयोजित, 'ब्रिटिश एसोसिएशन फॉर द एडवांसमेंट ऑफ साइंस' की 52वीं कांग्रेस में पढ़ा गया था। सीमेंस ने विद्युत की एक नई इकाई, वाट, लागू करने का सुझाव दिया। यह इकाई विद्युत की सक्रिय शक्ति को व्यक्त करती है। इसीलिए ऊपर उल्लिखित पत्र में एंगेल्स ने विद्युत की इन दो इकाइयों—वोल्ट और वाट—के बीच का भेद स्पष्ट करते हुए परिभाषा दी कि, एक उन स्थितियों में विद्युत गति की मात्रा का माप है जब यह दूसरे गति-रूपों में नहीं बदलती है, और दूसरा वही माप उन स्थितियों का है जब यह विद्युत गति दूसरे गति-रूपों में बदल जाती है। पृ. 128

92. जोशुआ, 5, पृ. 128

93. Leibnizens und Euyghens' Briefwechsel mit Papin, nebst der Biographie Papin's und einigen zugehörigen Briefen und Aktenstncker, बर्लिन, 1881 (पापिन के साथ लाइबनिट्ज और हाइगे का पत्र-व्यवहार, साथ में पापिन की जीवनी और इससे संबंधित कुछ पत्र और दस्तावेज), ई. गेरलांड द्वारा संपादित)। पृ. 129

94. था. थामसन, An Outline of Science of Heat and Electricity ('ऊष्मा और विद्युत के विज्ञान की रूपरेखा'), दूसरा संस्करण, लंदन, 1840, पृ. 281। इसका प्रथम संस्करण लंदन से 1830 में प्रकाशित हुआ था। पृ. 130

विद्युत

95. जी. वाइडेमान, Die Lehre vom Galvanismus und Elektromagnetismus ('गेल्वनी विद्युत चुंबकत्व का सिद्धांत') सिद्धांत और विद्युत चुंबकत्व ब्राउनश्वेइग,

1872-74। यह कार्य तीन खंडों में। खंड II, विभाग I, विद्युत-गतिकी, विद्युत चुंबकत्व और प्रति चुंबकत्व तथा खंड II, विभाग 2, भूमि प्रेरण और निष्कर्ष निर्णयक अध्याय। ब्राउन 2 वैइज के पहले दो खंडों में 1861-63 में प्रकाशित हुए। एक तीसरा संस्करण विद्युत का सिद्धांत चार खंडों में, उसी नगर में, 1882-85 में निकला।

96. एंगेल्स ने विद्युत और चुंबकत्व की समीक्षा मॉसकार्ट और जौबेर्ट की पुस्तक से ली है। यह समीक्षा 15 जून, 1882 के 659 नम्बर की **नेचर** पत्रिका से, जिसमें जी. सी के हस्ताक्षर दिखाई दिए। 15 जून, 1882 के **नेचर** अंक में प्रसंग है कि यह लेख 1882 में एंगेल्स ने लिखा था। एंगेल्स की तीसरी पुस्तिका **लेख का सारांश** के शीर्षक हैं : 'विद्युत और चुंबकत्व' पृ. 131

97. थॉमसन उनकी पुस्तक के दूसरे संस्करण में 400 पृष्ठ पर फैरडे के इस उद्धरण को देते हैं। यह उद्धरण फैरडे का कार्य-विद्युत में (प्रायोगिक) प्रयोगात्मक अनुसंधान से लिया है, रॉयल सोसाइटी के जनरल के 12वें शृंखला में प्रकाशित हुआ यह 'दार्शनिक बदलाव' 1838; पृ. 105। थॉमसन ने इसका ठीक से उद्धरण नहीं किया। इस पैरे को ठीक से पढ़ा जाए, 'तो एक जैसे धात्विक कण उन विसर्जित कणों के स्थान पर रख दिया है।' पृ. 133

98. गे. वि. फ्रेंहेगेल, werke (कृतियां), खंड VII, अध्याय, बर्लिन, 1842, पृ. 346, 348, 349। पृ. 134

99. बाद में यह आइंस्टाइन के 'आपेक्षिकता सिद्धांत' (1905) में विकसित हुआ था। प्रथमतः मिचेलसन के प्रयोगात्मक (1881) में प्रायोगिक नए आंकड़े प्रस्तुत किए ये प्रकाश-बेग का फैलाव खाली (c) सर्वव्यापक भौतिक संतुष्टि है और गति की सीमा सूचित करती है। विद्युत-धारा के वेग कणों को हमेशा c से कम आवेशित करती है। पृ. 136

100. फाव्र के प्रयोग के अनुसार एंगेल्स ने वर्णन किया है, वीडेमान की पुस्तक (खंड II, भाग 2 पृ. 521-22। पृ. 139

101. देखें नोट (टिप्पणी) 82, 140

102. एंगेल्स ने ऊष्मा रासायनिक माप के पहले और बाद में गिरता नतीजा निर्धारित किया जो ज्यूलियस थॉमसन के द्वारा ए. नाउमान, Handbuch der allgemeinen und physikalischen Chemie (A Manual of General and Physical Chemistry), से था, हाइडेलबर्ग, 1877, पृ. 639-46। पृ. 150

103. वीडेमान ने कई जगह कहा है : 'हाइड्रोक्लोरिक अम्ल का परमाणु' इस अम्ल का अर्थ अणुओं से हैं। पृ. 152

104. Annalen der Physik und Chemie एक वैज्ञानिक जनरल, लीइपजिंग में प्रकाशित हुआ 1824 से 1899 के बीच। पहले (1877 तक) जे. सी. पोग्गेनडोर्फ के संपादन काल में प्रकाशित हुआ और फिर (1827 से) ज्यूलियस वीडेमान के समय। यह चार महीनों में एक बार निकलता था। पृ. 155

105. वृद्ध मेजर ने एक वर्ष की अपनी अनिवार्य सेवा पूरी करने वाले दर्शनशास्त्र के डॉक्टर का उद्धरण दिया कि वह दर्शनशास्त्र के डॉक्टर और औषधि डॉक्टर के बीच अंतर स्पष्ट नहीं कर पा रहा था। इसको जानने में कठिनाई महसूस कर रहा था : 'यह सब मेरे लिए वैसा ही है, जैसे, आरा - हड्डियां, आरा हड्डियां है' पृ. 164

106. 'एंगेल्स ने यहां शब्द 'Gewichtsteil' (वजन द्वारा भाग—Part by weight) प्रयोग किया है लेकिन पहले उन्होंने 'तुल्यमान' जैसा बताया है। पृ. 167

107. यहां दुबारा एंगेल्स ने प्रमाण दिया, जो कि पोग्गेनडोर्फ के प्रायोगिक परिणाम वीडेमान की पुस्तक, खंड I, पृ. 368-72 से लिया है। पृ. 168

108. बर्थलोट के ऊष्म-रासायनिक माप के इस परिणाम को एंगेल्स ने ए. नाउमान की पुस्तक Handbuch der allgemeinen und physikalischen chemie हाइडेलबर्ग, 1877, पृ. 652। पृ. 171

109. नली (बैरल) के अंतरिक व्यास और प्रक्षेप्य के बीच का अंतर इसमें बताया है। पृ. 174

110. राओल्ड, वीटस्टोन, बीट्ज और जूले से प्रायोगिक नतीजा विद्युत प्रभावी शक्ति धारा, जिसे एंगेल्स ने वीडेमान की पुस्तक के पैरे से लिया, खंड I, पृ. 390, 375, 385 और 376। पृ. 178

111. एंगेल्स के द्वारा वेरेकिट में दिया हुआ शब्द 'इटेरम क्रिस्पिनस' (Iterum Crispinus) का अर्थ 'फिर क्रिस्पिन' again Crispin और जूवेनल शब्दों के साथ उनकी IV व्यंग्य में (प्रथम भाग में) स्कॉर्ज क्रिस्पिन, रोमन राज्य के सम्राट का एक दरबारी, स्कॉर्ज (कोडा) क्रिस्पिन है। प्रतीकात्मक रूप में इस शब्द का अर्थ है: 'दुबारा वही व्यक्ति' (again the same person or againe the same theme), दुबारा वही प्रसंग। पृ. 178

112. बाकोनियन इंस्टानटिया क्रूसिस से एक्सपेरिमेंट क्रॉस, अक्षरांश 'सूली का प्रयोग' एक धोखावाला प्रयोग है, जो एक बताई हुई खास व्याख्या की एक घटना और सारी व्याख्याओं को निकाल देना जैसा है। (देखें फ्र बाकोन, novum organum, पुस्तक II, सूत्र XXVI), पृ. 179

113. 'संधि में तीसरा' शब्द (Der dritte in bundle) सचिलेर की गाथा से लिए गए हैं 'Die Bürschaft', (छंद) पंक्ति 20 है। तानाशाह डिओनवाइसियूस ने दो ईमानदार दोस्तों को संधि करने के लिए कहा है। पृ. 184

वानर से नर बनने की प्रक्रिया में श्रम की भूमिका

114. 'प्रकृति का द्वंद्ववाद' की सामग्री के दूसरे फोल्डर की विषय-सूची के इस लेख को एंगेल्स ने यही शीर्षक दिया था। एंगेल्स की मूल योजना के अनुसार यह लेख उनकी प्रस्तावित बृहत्तर कृति 'दासता के तीन बुनियादी रूप' की भूमिका बनता। बाद में एंगेल्स ने इस शीर्षक को 'श्रमिक की दासता : भूमिका' में बदल दिया। लेकिन यह कृति पूरी नहीं हो सकी, इसलिए एंगेल्स ने अंत में इसके भूमिकात्मक अंश को शीर्षक दिया : 'वानर से नर बनने की प्रक्रिया में श्रम की भूमिका', जो इस कृति की पांडुलिपि की सामग्री के अनुरूप है। यह लेख प्रत्यक्षतः जून, 1876 में लिखा गया था। इस मान्यता के लिए सबूत है वि. लीव्कनेख़्त द्वारा एंगेल्स को लिखा गया 10 जून, 1876 का पत्र, जिसमें लीव्कनेख़्त, दूसरी बातों के अलावा, यह लिखते हैं कि समाचार-पत्र के लिए एंगेल्स ने उन्हें जिस 'दासता के तीन बुनियादी रूप' कृति का वादा किया था, उसका वह आतुरता से इंतजार कर रहे हैं। यह लेख 1896 में जाकर ही 'Volksstaat' नामक पत्रिका (वर्ष 14, खंड 2, पृ. 545-54) में प्रकाशित हुआ। पृ. 190

115. देखिए चार्ल्स डार्विन, The Descent of Man, and Selection in Relation to Sex ('मनुष्य का उद्‌गम और लिंग के संबंध में वरण', खंड 1, लंदन, 1871), प्रकरण : 'मनुष्य के वंशक्रम और सादृश्यों के विषय में'। पृ. 190

116. एंगेल्स यहां जे. ग्रिम के ग्रंथ Deutsche Rechtsal terthümer (जर्मन कानून की प्राचीनता, गाटिंगेन (ल. 952-1022) 1828, पृ. 488), में उद्धृत जर्मन मठवासी लाबेओ नोट्केर के साक्ष्य को पेश कर रहे हैं। एंगेल्स अपनी अपूर्ण कृति 'आयरलैंड का इतिहास' में भी नोट्केर को उद्धृत करते हैं। पृ. 197

117. वनस्पति-जीवन और जलवायु पर मानव के क्रियाकलाप के प्रभाव के लिए एंगेल्स सी. फ्रास के इस ग्रंथ का इस्तेमाल करते हैं: Klima und Pflanzenwelt in der Zeit (काल में जलवायु और वनस्पति जीवन, लांडशुट, 1847)। मार्क्स ने 25 मार्च, 1868 के अपने पत्र में एंगेल्स का ध्यान इस कृति की ओर खींचा था। पृ. 201

118. यहां एंगेल्स का निर्देश 1873 के आर्थिक संकट की ओर है। जर्मनी में यह

संकट मई, 1873 में 'भयंकर गिरावट' के साथ शुरू हुआ, जो आठवें दशक के अंत तक जारी रहे संकट का पूर्व लक्षण था। पृ. 204

टिप्पणियां और लेखांश

विज्ञान के इतिहास से

119. गे. वि. फ्रे. हेगेल, कृतियां, खंड 13, बर्लिन, 1833। पृ. 208

120. (दार्शनिकों के मतों के बारे में) कृति के बारे में बाद में यह प्रमाणित हुआ कि यह प्लुटार्क की नहीं है, बल्कि किसी अज्ञात लेखक (तथाकथित 'छद्म-प्लुटार्क') की है। यह जानकारी लगभग 100 ई. के ऐतियूस से प्राप्त होती है। पृ. 209

121. उत्पत्ति-ग्रंथ, अध्याय 2, अनुवाक्य 7। पृ. 211

122. यह टिप्पणी मार्क्स के हाथ की लिखी हुई है और यूनानी उद्धरण अरस्तू के **आधिभौतिकशास्त्र** और डायोजेनस लायेर्तियूस की संकलित कृति **प्रसिद्ध दार्शनिकों की जीवनियां और उनके मत** (टौखनिट्ज के संस्करण) से दिए गए हैं। यह टिप्पणी जून, 1878 के पहले की है, क्योंकि इसमें एपीक्यूरस के बारे में वे उद्धरण हैं जिनका एंगेल्स ने **ड्यूहरिंग मत-खंडन** की पुरानी भूमिका में इस्तेमाल किया था (देखिए, यह ग्रंथ, पृ. 56-57)। उद्धरणों में सभी **रेखांकित** शब्द मार्क्स के हैं। पृ. 212

123. आधिभौतिकशास्त्र के अंतिम संस्करण में पुस्तक 9 को पुस्तक 10 कहा गया है। पृ. 213

124. रु. वोल्फ, (खगोल-विज्ञान का इतिहास), मूनखेन, 1877। मैड़लर के ग्रंथ के लिए देखिए टिप्पणी 22, पृ. 213

125. यह लेखांश भूमिका की मूल रूपरेखा है (देखिए, यह ग्रंथ, पृ. 32-51)। पृ. 216

126. उत्तरी अमेरिका के तेरह अंग्रेजी उपनिवेशों के प्रतिनिधियों ने 4 जुलाई, 1776 को फिलाडेलफिया में आयोजित कांग्रेस में स्वतंत्रता के घोषणा-पत्र को स्वीकार किया। इंग्लैंड से इन उपनिवेशों के संबंध-विच्छेद की घोषणा की और एक स्वतंत्र गणराज्य—संयुक्त राज्य अमेरिका—की स्थापना की। पृ. 216

127. **प्रकृति का द्वंद्ववाद** से संबंधित सामग्री के दूसरे फोल्डर की विषय-सूची में इस लेखांश का यही शीर्षक दिया गया है। यह लेखांश **लुडविग फायरबाख** पुस्तक की मूल पांडुलिपि के चार पृष्ठों—नं. 16, 17, 18 व 19—का है। पृ. 16 के ऊपरी हिस्से में एंगेल्स के हाथ से लिखा हुआ है : 'लुडविग फायरबाख'

से'। यह लेखांश **लुडविग फायरबाख** के दूसरे प्रकरण का एक भाग था और अठारहवीं सदी के फ्रांसीसी भौतिकवादियों की तीन प्रमुख 'परिसीमाओं' के विवरण के तुरंत बाद दिया जानेवाला था। **लुडविग फायरबाख** की पांडुलिपि का आखिरी संशोधन करते समय एंगेल्स ने ये चार पृष्ठ निकाल लिये और इनके स्थान पर नया पाठ दिया, पर दूसरे प्रकरण से निकाले गए इन चार पृष्ठों की बुनियादी बातें (उन्नीसवीं सदी में प्रकृति-विज्ञान के क्षेत्र के तीन महान आविष्कारों के बारे में) **लुडविग फायरबाख** के चौथे प्रकरण में संक्षिप्त रूप में सम्मिलित कर दी गईं। चूंकि एंगेल्स की **लुडविग फायरबाख** रचना पहली बार पत्रिका के 1886 के अप्रैल व मई के अंकों में प्रकाशित हुई थी, इसलिए माना जा सकता है कि इस लेखांश की रचना 1886 के प्रथम चरण में हुई थी। इस लेखांश के प्रथम पृ. पर पाठ का आरंभ एक वाक्य के बीच से होता है। Dei Neue zeit में प्रकाशित **लुडविग फायरबाख** के पाठ के आधारपर प्राप्त किया गया इस वाक्य का आरंभिक अंश यहां कोष्ठक में दिया गया है। पृ. 218

128. यह उद्धरण स्टार्के की पुस्तक **लुडविग फायरबाख** (स्टुटगार्ट, 1885, पृ. 154-55) में दिया गया है। यह फायरबाख के ग्रंथ Die Unsterblichkeitsfrage vom Standpunkt der Anthropologie (The Question of Immortality— मानव-विज्ञान की दृष्टि से अमरत्व का प्रश्न) से लिया गया है, जो 1846 में लिखा गया था (देखिए, **लुडविग फायरबाख** की संकलित कृतियां, खंड 3, लाइपजिग, 1847, पृ. 331। पृ. 222

129. यहां एंगेल्स के दिमाग में फायरबाख की सूक्तियां रही हैं जो मरणोपरांत के. ग्रीन ने प्रकाशित कीं : (**लुडविग फायरबाख** अपने पत्र-व्यवहार और रिक्थ में, साथ ही अपने दार्शनिक विकास में), खंड 2, लाइपजिग व हाइडेलबर्ग, 1874, पृष्ठ 308। तुलना कीजिए, फ्रे. एंगेल्स, लुडविग फायरबाख और क्लासिकल जर्मन दर्शन का अंत, प्रकरण 2। पृ. 222

130. 'Sire, je n'avais pas besoin de cette hypothèses'—लापलास ने ये शब्द नेपोलियन के उस सवाल के उत्तर में कहे थे जिसमें उसने पूछा था कि खगोलीय यांत्रिकी पर अपनी कृति में उन्होंने ईश्वर का उल्लेख क्यों नहीं किया। पृ. 223

131. यहां एंगेल्स टिनडल के उस भाषण का हवाला दे रहे हैं जो उन्होंने बैलफास्ट में आयोजित 'ब्रिटिश एसोशिएशन फार द एडवांसमेंट ऑफ साइंस' की 44वीं वीं कांग्रेस में 19 अगस्त, 1874 को पढ़ा था (यह पत्रिका, नेचर (Nature) नं. 251 में 20 अगस्त, 1874 को प्रकाशित हुआ था)। 21 सितंबर, 1874 को मार्क्स को लिखे अपने पत्र में एंगेल्स इस भाषण की विशेषताओं पर अधिक विस्तृत प्रकाश डालते हैं। पृ. 224

132. अज्ञान कोई तर्क नहीं है, यह बात स्पिनोजा अपने (नीतिशास्त्र, भाग 1, परिशिष्ट) में प्रकृति के बारे में पुरोहिती-प्रयोजनवादी दृष्टिकोण के उन प्रतिपादकों का खंडन करते हुए कहते हैं जो सभी घटनाओं के कारणों का आदिकारण 'ईश्वर की इच्छा' बताते थे और तब उनके पास सिवा इसके कोई तर्क नहीं रह गया था कि वे दूसरे कारणों के बारे में कुछ नहीं जानते। पृ. 224

प्रकृति-विज्ञान और दर्शन

133. 'बुखनर' नामक लेखांश **प्रकृति का द्वंद्ववाद** के दूसरे भागों के पहले लिखा गया था। यह पांडुलिपि के प्रथम फोल्डर की आरंभिक टिप्पणी है। गंवारू भौतिकवाद और सामाजिक डार्विनवाद के प्रतिपादक बुखनर के खिलाफ एंगेल्स जो एक पुस्तक लिखना चाहते थे उसकी यह लेखांश स्पष्टतः एक रूपरेखा है। इस लेखांश के सार को और बुखनर की पुस्तक Der Mensch und seine Stellung in der Natur (मानव और प्रकृति में उसका स्थान) की एंगेल्स की अपनी प्रति के हाशिए में उनकी टिप्पणियों को देखने से पता चलता है कि एंगेल्स ने बुखनर की मुख्य रूप से इसी कृति की आलोचना करने की योजना बनाई थी। इस पुस्तक का दूसरा संस्करण 1872 में प्रकाशित हुआ था। एंगेल्स को 8 फरवरी, 1873 को लिखे गए वि. लीव्कनेख़्त के पत्र में हम यह संक्षिप्त उक्ति देखते हैं : 'जहां तक बुखनर की बात है, आगे बढ़िए।' इससे पता चलता है कि एंगेल्स ने उसी समय लीव्कनेख़्त को अपनी योजना की सूचना दी थी। इसलिए यह सहज अनुमान लगाया जा सकता है कि यह लेखांश 1873 के आरंभिक दिनों में लिखा गया था। पृ. 226

134. एंगेल्स हेगेल के **दार्शनिक विज्ञानों का विश्वकोश** के दूसरे संस्करण की भूमिका से यह अंश उद्धृत करते हैं : 'लैस्सिंग ने कहा है' कि उनके समय में लोग स्पिनोजा को मरे कुत्ते की तरह समझते थे। 'हेगेल को लैस्सिग और याकोबी के बीच 7 जून, 1780 को हुई वह बातचीत याद थी जिसके दौरान लैस्सिंग ने कहा था : 'क्यों, लोग अब भी स्पिनोजा की ऐसी चर्चा करते हैं मानो वह एक मरा कुत्ता हो।' (देखिए फ्री. है. याकोबी, कृतियां, खंड 4, लाइपजिग, 1819, पृ. 68)।

हेगेल अपने 'दर्शन के इतिहास' के तीसरे खंड में फ्रांसीसी भौतिकवादियों की विस्तृत चर्चा करते हैं। पृ. 226

135. यहां निर्देश लु. बुखनर के ग्रंथ Der Mensch und seine Stellung in der Nature in Vergangenheit, Gegenwart und Zukunft (मानव और प्रकृति में अतीत, वर्तमान व भविष्य में उसका स्थान) दूसरा संस्करण, लाइपजिग, 1872।

इस ग्रंथ के पृष्ठ 170-171 पर बुखनर कहते हैं कि धीरे-धीरे मानवजाति का विकास होते-होते एक ऐसा समय आता है जब मनुष्य में निहित प्रकृति अपने बारे में सचेत हो जाती और जब मनुष्य प्रकृति के अंध नियमों का निश्चेष्ट रूप से अनुसरण करना बंद करके उनका स्वामी बन जाता है, अर्थात्, हेगेल के शब्दों का प्रयोग करें तो जब परिमाण गुण बन जाता है, बुखनर की पुस्तक की अपनी प्रति में एंगेल्स ने इस अंश पर निशान लगाया है और टिप्पणी दी है : 'Umschlag!' ('उत्क्रमण'!) पृ. 227

136. यहां एंगेल्स के ध्यान में रहे हैं न्यूटन के दार्शनिक विचार, उसका आगमन-विधि के बारे में एकांगी ऊंचा खयाल और परिकल्पनाओं के बारे में उसका निषेधक दृष्टिकोण, जो उसके इन प्रसिद्ध शब्दों में व्यक्त हुआ है : 'Hypotheses non fingo' ('मैं परिकल्पनाएं नहीं खोजता')। देखिए, टिप्पणी 15, पृ. 229

137. वर्तमान समय में यह बात संदेहरहित मानी जाती है कि न्यूटन ने अवकलन और समाकलन गणित की खोज स्वतंत्र रूप से और लाइबनिट्ज के पहले की थी; लाइबनिट्ज ने भी यह खोज स्वतंत्र रूप से की थी, पर उसने इसे अधिक बेहतर रूप में प्रस्तुत किया। इस लेखांश के लिखने के बाद दो साल के अंदर ही एंगेल्स ने इस सवाल पर अधिक सही विचार व्यक्त किए थे (देखिए, यह ग्रंथ, पृ. 285)। पृ. 229

138. एंगेल्स के दिमाग में हेगेल के 'दार्शनिक विज्ञानों का विश्वकोश' के 'तर्कशास्त्र' का यह परिच्छेद रहा है, परिच्छेद § 5, टिप्पणी : 'हर कोई स्वीकार करता है कि किसी अन्य विज्ञान को समझने के लिए पहले उसका अध्ययन करना जरूरी है, और ऐसे अध्ययन के आधार पर ही आप उसके बारे में कोई निर्णयात्मक बात कहने का दावा कर सकते हैं। हर कोई स्वीकार करता है कि जूता बनाने के लिए मोची के काम को सीखना और करना आवश्यक है...। केवल दर्शन के मामले में ही यह कल्पना की जाती है कि ऐसे अध्ययन, ऐसी सावधानी और ऐसे प्रयोग की तनिक भी जरूरत नहीं है।' पृ. 230

139. हेगेल, **दार्शनिक विज्ञानों का विश्वकोश**, 6, अवलोकन : 'विचार और वास्तविकता के बीच यह अलगाव विशेष रूप से उस वियोगात्मक बोध को प्रिय है जो अपने ही अमूर्त प्रत्ययों को, हालांकि वे स्वप्न हैं, एक प्रकार से सत्य व वास्तविक मानता है, और आदेशात्मक 'होना चाहिए' से अपने को गौरवान्वित करता है, इस 'होना चाहिए' को राजनीतिक क्षेत्र के लिए भी आदेश देने में वह विशेष सुख अनुभव करता है, मानो दुनिया ने उसे कैसा होना चाहिए, यह सीखने के लिए उसका इंतजार किया हो! पृ. 230

140. वही, परिच्छेद § 20, अवलोकन। पृ. 230

141. वही, परिच्छेद § 21, अवलोकन। पृ. 230

142. यहां जिक्र है सहज व सरल अवस्था से चिंतन की अवस्था में—समाज के इतिहास और व्यक्ति के विकास, दोनों में—संक्रमण पर हेगेल के तर्क का : 'पर सत्य यह है कि ... चेतना का उद्‌भव स्वयं मनुष्य की अपनी प्रकृति से होता है : आदम के हरेक पुत्र में वही इतिहास अपने को दोहराता है' (**दार्शनिक विज्ञानों का विश्वकोश**, परिच्छेद § 24, परिशिष्ट 3)। पृ. 230

143. यह 'गणितीय कविता' शब्द वि. थामसन ने फ्रांसीसी गणितज्ञ जां बातिस्त जोजफ फूरिए के ग्रंथ Thèorie analytique de la chaleur (Analytical Theory of Heat. (ऊष्मा का वैश्लेषिक सिद्धांत), पेरिस, 1822, के लिए इस्तेमाल किया था। देखिए, थॉमसन व टाइट के ग्रंथ A Treatise on Natural Philosophy, Vol. I.

(प्राकृतिक दर्शन पर प्रबंध) का परिशिष्ट खंड 1, ऑक्सफोर्ड, 1867, पृ. 713। एंगेल्स द्वारा तैयार किए गए इस ग्रंथ के सार-संक्षेप में यह परिच्छेद उतारा गया है और रेखांकित किया गया है। पृ. 230

144. हेगेल, **दार्शनिक विज्ञानों का विश्वकोश**, परिच्छेद § 130, अवलोकन, **तर्कशास्त्र**, पुस्तक 2, भाग 2, प्रकरण 1, 'द्रव्य की सूक्ष्मरंध्रता पर टिप्पणी'। पृ. 230

145. हेगेल, **दार्शनिक विज्ञानों का विश्वकोश**, परिच्छेद § 103, परिशिष्ट। यहां हेगेल उन भौतिकवेत्ताओं की खिल्ली उड़ा रहे हैं जिन्होंने पिंडों के आपेक्षिक घनत्व के विभेदों की व्याख्या यह कहते हुए की थी कि, 'किसी पिंड का आपेक्षिक घनत्व किसी दूसरे पिंड के आपेक्षिक घनत्व से दुगुना है, तो इसके उतने ही स्थान में दूसरे पिंड से दुगुना द्रव्यांश (परमाणु) होते हैं।' पृ. 230-231

146. रि. ओवेन, On the Nature of Limbs (अवयवों के स्वरूप के बारे में) लंदन, 1849, पृ. 86। पृ. 231

147. ई. हैकेल, Natürliche schöpfungsgeschichte (सृष्टि का प्राकृतिक इतिहास), चौथा संस्करण, बर्लिन, 1873। पृ. 231.

148. होफमान अपनी पुस्तक के पृष्ठ 26 पर रोसेनक्रांज की पुस्तक System der Wissenschaft. Ein philosophisches Encheiridion, Königsberg, कोनिग्सबर्ग, 1850 से निम्नलिखित उद्धरण देते हैं : '...बुनियादी तौर पर प्लेटिनम चांदी का केवल एक विरोधाभास है...धातुओं के पहले से सर्वोच्च स्थान पर विराजमान होना चाहता है। यह स्थान केवल सोने का है...' (475, पृ. 301)।

होफमान अपनी पुस्तक के पृष्ठ 5-6 पर चीनी-चुकंदर के उद्योग के आयोजन में प्रशिया के राजा फ्रीडरिक-विलियम तृतीय की 'सेवाओं' का जिक्र करते हैं। पृ. 232

149. एंगेल्स की पांडुलिपि में कैसिनी उपनाम बहुवचन में दिया गया है (die Cassinis)। फ्रांसीसी विज्ञान में कैसिनी नाम के चार खगोलविद् प्रसिद्ध हैं : (1) गिओवन्नी डोमेनिको कैसिनी (1625-1712), पेरिस वेधशाला का प्रथम अध्यक्ष, जो इटली से आया था; (2) उसका पुत्र जैक्वे कैसिनी (1677-1756), (3) उसका पुत्र सीजर फ्रांकोइस कैसिनी (1714-1784), और 4) उसका पुत्र जैक्वेस डोमेनिक्यू कैसिनी (1748-1845)–चारों क्रमशः पेरिस वेधशाला के अध्यक्ष रहे (1669 से 1793 तक)। प्रथम तीन की पृथ्वी के आकार के बारे में न्यूटन-विरोधी धारणाएं गलत थीं; और केवल अंतिम कैसिनी ही, पृथ्वी के आयतन व आकार के सूक्ष्म मापनों के आधार पर, स्वीकार करने के लिए विवश हुआ कि न्यूटन का यह सिद्धांत सही था कि पृथ्वी के गोले का घूर्णन-अक्ष सिरों पर दबा हुआ है। पृ. 232

150. था. थॉमसन, An outline of the sciences of Heat and Electricity (ऊष्मा और विद्युत विज्ञानों की रूपरेखा), दूसरा संस्करण, लंदन, 1840। पृ. 232

151. अ. हैकेल, लाइपजिग, 1874, पृ. 707-08। पृ. 232

152. हैकेल (Natürliche Schöpfungsgeschichte, चौथा संस्करण, बर्लिन, 1873, पृ. 89-94), कांट के निर्णय की प्रयोजनात्मक क्षमता की आलोचनात्मक समीक्षा (दूसरा भाग) में 'व्याख्या की यांत्रिक विधियों' और प्रयोजनवाद के बीच की असंगति पर बल देते हैं; हैकेल, कांट के विरोध में, प्रयोजनवाद को बाह्य उद्देश्यों के सिद्धांत के रूप में, बाह्य इष्टसिद्धि के रूप में चित्रित करते हैं। परंतु हेगेल, जो उसी **निर्णय की प्रयोजनात्मक क्षमता की आलोचनात्मक समीक्षा** का अपने **दर्शन का इतिहास**, खंड 3, भाग 3, प्रकरण 4, कांट पर परिच्छेद (कृतियां, भाग 15, बर्लिन, 1836, पृ. 603) में परीक्षा करते हैं; कांट की 'अंतरंग इष्टसिद्धि' की धारणा को केंद्रस्थान में रखते हैं, जिसके अनुसार जैव प्राणियों में 'हर वस्तु सप्रयोजन है, और अन्योन्याश्रय से साधन भी है।' (कांट से हेगेल द्वारा दिया गया उद्धरण)। पृ. 233

153. हेगेल, तर्कशास्त्र, पुस्तक 3, भाग 2, प्रकरण 3। **प्रकृति का द्वंद्ववाद** पर काम करते समय एंगेल्स ने गे. वि. फ्रे. हेगेल की कृतियां, भाग 5, दूसरा संस्करण, बर्लिन, 1841, का इस्तेमाल किया। पृ. 233

154. वही भाग 3, प्रकरण 1, पृ. 234

155. अर्थात्, 'आधिभौतिकशास्त्र' को इसके पुराने अर्थ में लेकर नहीं–उदाहरणार्थ, उस प्रकार नहीं जैसाकि न्यूटन की सामान्यतः दार्शनिक चिंतन के रूप में लेते थे–बल्कि इसके आधुनिक अर्थ में, अर्थात्, चिंतन की आधिभौतिकीय विधि के रूप में। 235

द्वंद्ववाद

(अ) द्वंद्ववाद के सामान्य सवाल। द्वंद्ववाद के मूलभूत नियम

156. कंप्सोग्नेथस (Compsognathus)–सरीसृपों के वर्ग के अंतर्गत डाइनोसॉरों की श्रेणी का एक विलुप्त प्राणी, परंतु श्रोणि और पश्च सिरों की संरचना के अनुसार पक्षियों से अधिक मेल खाने वाला (हे. आ. निकलसन, A Manual of Zoology (प्राणि-विज्ञान), 5वां संस्करण, एडिनबरा व लंदन, 1878, पृ. 545)। आर्काइओप्टेरिक्स (Archaeopteryx)ð के लिए देखिए टिप्पणी 18। पृ. 237

157. एंगेल्स सीलेंटेरेटा प्राणियों में मुकुलन अथवा विभाजन द्वारा प्रवर्धन की ओर इशारा कर रहे हैं। पृ. 238

158. हेगेल, 'दार्शनिक विज्ञानों का विश्वकोश', परिच्छेद 135, परिशिष्ट : 'उदाहरण के लिए, किसी जैव शरीर के अंग व अवयव महज इसके भाग नहीं हैं–केवल उनकी एकता में ही वे कैसे हैं, और उस एकता द्वारा वे निस्संदिग्ध रूप से प्रभावित होते हैं, और बदले में वे भी उस एकता को प्रभावित करते हैं। ये अंग व अवयव तभी महज भाग बनते हैं जब शरीर-शास्त्री के हाथ इन पर सक्रिय होते हैं; स्मरण रहे कि शरीर-शास्त्री का पेशा जीवित शरीर से नहीं बल्कि मृत शरीर से सरोकार रखता है।' पृ. 239

159. पूर्वोल्लिखित, परिच्छेद 126, परिशिष्ट। पृ. 239

160. पूर्वोल्लिखित, परिच्छेद 117, परिशिष्ट। पृ. 240

161. पूर्वोल्लिखित, परिच्छेद 115, टिप्पणी। यहां हेगेल कहते हैं कि निर्णय का अपना स्वरूप ही कर्ता और विधेय के बीच के भेद को स्पष्ट करता है। पृ. 240

162. बहुत संभव यही जान पड़ता है कि यहां निर्देश क्लाउसिस के ग्रंथ Die mechanische Wärmetheorie, 2-te umgearbeitete Auflage, I. (ऊष्मा सिद्धांत की यांत्रिकी), ब्राउनश्वेइग, 1876, का है। इस ग्रंथ के 87-88 पृष्ठों में 'ऊष्मा की धनात्मक व ऋणात्मक मात्राओं' की चर्चा है। पृ. 242

163. यहां एंगेल्स के दिमाग में जे. ग्रिम का ग्रंथ Geschichte der deutschen Sprache (जर्मन भाषा का एक इतिहास), चौथा संस्करण, लाइपजिग, 1880, रहा है, जो पहली बार लाइपजिग से 1848 में प्रकाशित हुआ। ग्रिम ने 1881-82 में लिखे गए अपने ग्रंथ 'फ्रैंक भाषा' में फ्रैंक भाषा का विस्तृत विवेचन किया है। एंगेल्स की यह टिप्पणी लगभग 1881 में लिखी गई होगी। पृ. 242

164. **किस्मत :** एंगेल्स द्वारा मूल जर्मन में प्रयुक्त अरबी मूल का शब्द जिसका अर्थ है : भाग्य अथवा तक़दीर। पृ. 244

165. डार्विन की यह कृति है The Origin of Species by Means of Natural Selection (नैसर्गिक वरण द्वारा जाति की उत्पत्ति, 1859)। पृ. 246

166. हाइने की व्यंग्यात्मक कविता 'शास्त्रार्थ' (Roman-zero, खंड 3, 1851) का एक उद्धरण। इसमें एक कैथोलिक कपूशेन मठवासी और एक विद्वान यहूदी रब्बी के बीच के मध्ययुगीन शास्त्रार्थ को चित्रित किया गया है। शास्त्रार्थ के दौरान रब्बी यहूदी धार्मिक ग्रंथ Tausves Jontof का हवाला देता है। इस पर कपूशेन का उत्तर होता है कि Tausves Jontof को शैतान के पास भेज दो। यह सुनकर रब्बी क्रोध में चिल्ला पड़ता है : 'Gilt nichts mehr der 'Tausves Jontof'. Was soll gelten? Zeter! Zeter!' ('यदि 'ताउसवेस जोंतोफ' प्रमाण ग्रंथ नहीं है तो फिर क्या हाल होगा? बचाओ! बचाओ!')। पृ. 247

167. जा. वि. फ्री. हेगेल, कृत्रियां (Werke), खंड 3, दूसरा संस्करण, बर्लिन, 1841। इन उद्धरणों में अधोरेखांकन एंगेल्स द्वारा। पृ. 247

168. यहां संदर्भ है हेगेल के ग्रंथ Phänomenologie des Geistes (मस्तिष्क का घटना-क्रिया-विज्ञान) की भूमिका के इस अंश का : 'जब कली से फूल खिलता है तो हम कह सकते हैं कि फूल द्वारा कली का निषेध किया जाता है। उसी तरह, जब फल आता है तो कहा जा सकता है कि फूल पौधे के अस्तित्व का मिथ्या रूप है, क्योंकि इसके वास्तविक स्वरूप के तौर पर फूल की जगह फल प्रकट होता है। एंगेल्स का यह उद्धरण जा. वि. फ्री. हेगेल, 'कृतियां', खंड 2, दूसरा संस्करण, बर्लिन, 1841, से है। पृ. 247

(आ) द्वंद्वात्मक तर्कशास्त्र और ज्ञान-मीमांसा। 'ज्ञान-मीमांसा' के विषय में

169. डिडो–एंगेल्स के कुत्ते का नाम, जिसका उन्होंने मार्क्स को लिखे गए, 16 अप्रैल, 1865 और 10 अगस्त, 1866–अपने पत्रों में उल्लेख किया है। पृ. 248

170. हेगेल तर्कशास्त्र के तीन भागों (सत् का सिद्धांत, सार का सिद्धांत और धारणा

का सिद्धांत) में विभाजन और निर्णयों के चार सदस्यीय वर्गीकरण के बीच के सादृश्य का स्पष्टीकरण इस प्रकार करते हैं : 'निर्णयों के विभिन्न वर्ग अपनी विशेषताएं स्वयं तार्किक विचार के सार्वभौमिक रूपों से प्राप्त करते हैं। यदि हम इस सूत्र का अनुकरण करें तो इससे हमें सत्, सार और धारणा की अवस्थाओं के समानांतर तीन प्रमुख प्रकार के निर्णय प्राप्त होंगे। इनमें से दूसरे प्रकार को, जैसाकि सार के लक्षण के लिए जरूरी है, यानी सार को, जो कि विभेदीकरण की अवस्था है, दुगुना करना जरूरी है।' (हेगेल, दार्शनिक विज्ञानों का विश्वकोश, परिच्छेद 171, परिशिष्ट)। पृ. 249

171. यहां परिभाषाएं singulär, partikulär और universell आकारगत तर्कशास्त्र के अर्थ में व्यष्टिगत, अंशव्यापी (विशेष) और सर्वसामान्य की द्योतक हैं; ये Einzelnes, Besonderes और Allgemeines (एकाकी, विशेष और सामान्य) के द्वंद्वात्मक वैचारिक रूपों से पृथक् हैं। पृ. 249

172. एंगेल्स ने यहां हेगेल के ग्रंथ 'तर्कशास्त्र' की तीसरी पुस्तक के निर्णय से संबंधित पूरे प्रकरण के पृष्ठों को दिया है। पृ. 250

173. अर्थात्, हेगेल के 'तर्कशास्त्र' का समूचा तीसरा भाग। पृ. 251

174. 'सृष्टि का प्राकृतिक इतिहास' के चौथे संस्करण (बर्लिन, 1873) के 75-77 पृष्ठों में हेकेल जानकारी देते हैं कि किस प्रकार गेटे ने मनुष्य में इंटरमैक्सिलरी हड्डी के अस्तित्व की खोज की। हैकेल के मतानुसार, गेटे सर्वप्रथम इस आगमनात्मक प्रतिज्ञप्ति पर पहुंचे : 'सभी स्तनपायियों में इंटरमैक्सिलरी हड्डी होती है', जिससे उन्होंने निगमनात्मक निष्कर्ष निकाला : 'इसलिए मनुष्य में भी ऐसी एक हड्डी होती है', जिसके पश्चात प्रायोगिक तथ्यों द्वारा (मानव भ्रूण में और कभी-कभी पूर्वजोद्भवी स्थितियों में वयस्कों में) इस निष्कर्ष की पुष्टि हुई। एंगेल्स कहते हैं कि जिस आगमन की हैकेल चर्चा करते हैं, वह गलत है, क्योंकि इसका सही मानी गई इस प्रतिज्ञप्ति द्वारा खंडन किया गया है कि स्तनपायी 'मनुष्य' में इंटरमैक्सिलरी हड्डी नहीं होती। पृ. 252

175. एंगेल्स स्पष्टतः व्हेवल की दो प्रमुख कृतियों का उल्लेख कर रहे हैं : History of the Inductive Sciences ('आगमनात्मक विज्ञानों का इतिहास', तीन खंड, लंदन, 1837) और Philosophy of the Inductive Sciences ('आगमनात्मक विज्ञानों का दर्शन'), दो खंड, लंदन, 1840)।

पांडुलिपि में लिखा है : 'die bloss mathematisch[en] umfass[en]d'। यहां 'umfassend' शब्द का प्रयोग स्पष्टतः शुद्ध गणितीय विज्ञानों से 'समाविष्ट' के अर्थ में हुआ है; व्हेवल के अनुसार ये गणितीय विज्ञान शुद्ध

चिंतन के विज्ञान हैं जो 'समस्त सिद्धांत के प्रतिबंधों' की खोजबीन करते हैं, और इस अर्थ में, एक प्रकार से, 'बौद्धिक जगत के भूगोल' में केंद्रीय स्थान ग्रहण करते हैं। 'आगमनात्मक विज्ञानों का दर्शन' (खंड 1, पुस्तक 2) में व्हेवल 'शुद्ध विज्ञानों के दर्शन' की एक संक्षिप्त रूपरेखा प्रस्तुत करते हैं, और ज्यामिति, सैद्धांतिक अंकगणित व बीजगणित को इसके प्रमुख अंग मानते हैं। 'आगमनात्मक विज्ञानों का इतिहास' में व्हेवल 'आगमनात्मक विज्ञानों' (यांत्रिकी, खगोल-विज्ञान, भौतिकी, रसायन, खनिज-विज्ञान, वनस्पति-विज्ञान, प्राणि-विज्ञान, शरीर-विज्ञान, भू-विज्ञान) को 'निगमनात्मक विज्ञानों' (ज्यामिति, अंकगणित, बीजगणित) के विरुद्ध प्रस्तुत करते हैं। पृ. 253

176. सा-वि-अं (U-I-P) में सा = सामान्य (Universal), वि = विशिष्ट (Individual) और अं = अंशव्यापी (Particular)—इस सूत्र का प्रयोग हेगेल ने आगमनात्मक निष्कर्षों के तार्किक सार के विश्लेषण में किया है (देखिए हेगेल, 'तर्कशास्त्र', पुस्तक 3, भाग 1, प्रकरण 3, पैराग्राफ 'आगमन का न्याय')। हेगेल की प्रतिज्ञप्ति—जिसकी एंगेल्स ने आगे चर्चा की है—आगमनात्मक निष्कर्ष परिणाम में समस्यात्मक है, उसी स्थान पर है। पृ. 253

177. है. आ. निकलसन, A manual of Zoology ('प्राणी-शास्त्र') पांचवां संस्करण, एडिनबरा और लंदन, पृ. 283-85, 363-70, 481-84। पृ. 253

178. हेगेल, 'दार्शनिक विज्ञानों का विश्वकोश', परिच्छेद 39 : 'महज अनुभव से क्रमशः **होनेवाले** परिवर्तनों की अनुभूतियां होती हैं, पर यह **अनिवार्य** संबंध प्रस्तुत नहीं करता। पृ. 255

179. स्पिनोजा, 'नीतिशास्त्र', भाग 1, परिभाषाएं 1 व 3, और प्रमेय 6। पृ. 257

180. देखिए, टिप्पणी 16। पृ. 258

181. एंगेल्स द्वारा प्रस्तुत **प्रकृति का द्वंद्ववाद** की सामग्री के दूसरे फोल्डर की विषय-सूची में यह शीर्षक दिया गया है। इस टिप्पणी में वनस्पतिविद नेगेली द्वारा प्रस्तुत मूल अभिधारणा का, जो उन्होंने 20 सितंबर 1877 में म्यूनिख में आयोजित जर्मन प्रकृतिविदों और चिकित्सकों की कांग्रेस में पेश की थी, समीक्षात्मक विश्लेषण किया गया है। नेगेली के भाषण का शीर्षक था : 'Die Schranken der naturwissenschaftlichen Erkenntnis'(प्राकृतिक-वैज्ञानिक ज्ञान की सीमाएं)। एंगेल्स के उद्धरण कांग्रेस की रिपोर्ट के परिशिष्ट पर आधारित हैं (Tageblatt der 50. Versammlung deutscher Naturforscher und Aerzte in München, 1877. Beilage, सितंबर, 1877)।

अधिक संभव यही प्रतीत होता है कि एंगेल्स को यह संस्करण का. शोर्लेमेर से प्राप्त हुआ था; शोर्लेमेर कांग्रेस में सम्मिलित हुए थे। पृ. 258

182. एंगेल्स यहां जोजेफ प्रीस्टले द्वारा 1774 में ऑक्सीजन की खोज का उल्लेख कर रहे हैं। प्रीस्टले यह अनुमान भी नहीं लगा सके कि उन्होंने एक नए रासायनिक तत्त्व की खोज की है और इस खोज से रसायन में एक क्रांति घटित होगी। मार्क्स की 'पूंजी' के दूसरे खंड की अपनी प्रस्तावना में एंगेल्स ने इस खोज की अधिक विस्तृत चर्चा की है। पृ. 261

183. तुलना कीजिए, हेगेल, 'दार्शनिक विज्ञानों का विश्वकोश', परिच्छेद 13, टिप्पणी : 'जब सामान्य को महज एक रूप बनाया जाता है और विशिष्ट के साथ समन्वित किया जाता है, तो यह स्वयं विशिष्ट में उतर जाता है। यहां तक कि रोजमर्रा के मामलों के सामान्य बोध में भी हम सामान्य को विशिष्टों के **समकक्ष** रखने की मूर्खता नहीं करते। क्या फल की चाह करनेवाला कोई व्यक्ति इस आधार पर चेरी, नाशपाती व अंगूरों को ठुकरा देगा कि वे चेरी, नाशपाती व अंगूर हैं, फल नहीं हैं? पृ. 262

184. यह संदर्भ हेगेल के ''तर्कशास्त्र'' के परिमाण से संबंधित भाग का है। हेगेल खगोल-विज्ञान की चर्चा करते हैं और कहते हैं कि यह प्रशंसनीय है, पर अपरिमेय दूरियों की दूषित अनंतता, काल और अपरिमेय तारों के कारण नहीं बल्कि उन **'मापन के संबंधों'** और उन **नियमों** के कारण है जिन्हें बुद्धि इन वस्तुओं में पहचानती है, क्योंकि वे विवेक के अनंत हैं और वे दूसरे अविवेक के अनंत हैं (हेगेल, 'तर्कशास्त्र', खंड 1, भाग 2, प्रकरण 2, टिप्पणी : 'अनंत प्रगति का उच्च अभिमत) पृ. 264

185. एंगेल्स द्वारा थोड़ा-सा परिवर्तित यह उद्धरण इतालवी अर्थशास्त्री गालियानी की कृति Dell moneta (मुद्रा के विषय में) से लिया गया है। इसी उद्धरण का मार्क्स ने 'पूंजी' के प्रथम खंड में इस्तेमाल किया है। मार्क्स और एंगेल्स ने Custodi संस्करण (Scrittori classici italiani di economia politica. Parte moderna, खंड 3, मिलानो, 1803) का उपयोग किया है। पृ. 264

186. एंगेल्स ने 'इस तरह $\frac{1}{r^2}$' शब्द में जोड़े। यह संभव है कि एंगेल्स के दिमाग में संख्या π रही हो। r का एक सुनिश्चित अर्थ है, पर इसे एक परिमित दशमलव या एक सामान्य भिन्न द्वारा व्यक्त नहीं किया जा सकता। यदि किसी वृत्त के क्षेत्रफल को 1 मान लिया जाए तो सूत्र $\pi r^2 = 1$ से प्राप्त होता है : $\pi = \frac{1}{r^2}$ (जहां r वृत्त की त्रिज्या है)। पृ. 264

187. यहां एंगेल्स का निर्देश हेगेल के 'प्रकृति का दर्शन' के इस लेखांश की ओर है :

'सूर्य ग्रह की सेवा करता है, जिस प्रकार सामान्य रूप से सूर्य, चंद्र, धूमकेतु और तारे हमारी पृथ्वी के महज अभिव्यंजक हैं' (परिच्छेद 280, परिशिष्ट)।

188. एंगेल्स का निर्देश सर जॉन लुब्बोक की पुस्तक Ants, Bees, and Wasps (चीटियां, मधु-मक्खियां और भिड़) लंदन, 1882 की जॉर्ज रोमानेस द्वारा की गई समीक्षा की ओर है। यह समीक्षा ब्रिटिश पत्रिका Nature नं. 658, 8 जून 1882 के अंक में प्रकाशित हुई थी। इसमें एंगेल्स को दिलचस्प लगा यह अंश, कि चीटियां 'पराबैंगनी किरणों के प्रति अतिसंवेदनशील हैं', Nature के खंड 26 के पृ. 122 पर है। पृ. 266

189. यहां एंगेल्स का निर्देश ए. वोन हाल्लेर की कविता 'Falschheit der menschlichen Tugenden' की ओर है, जिसमें हाल्लेर दावा करते हैं : 'कोई मानव मस्तिष्क प्रकृति के आंतरिक रहस्य को नहीं बता सकता। यदि वह बाहरी आवरण को ही जान पाए तो उसी में उसे बड़ा आनंद मानना चाहिए।' गेटे ने अपनी कविता 'Allerdings' (1820) में हाल्लेर के इस दावे का विरोध किया है, और बताया है कि प्रकृति एक एकल इकाई है और जैसाकि हाल्लेर ने किया है, अबोधगम्य आंतरिक सारतत्त्व और मानव के लिए बोधगम्य बाह्य आवरण में विभाजित नहीं की जा सकती। हेगेल हाल्लेर और गेटे के बीच के इस विवाद का अपने 'दार्शनिक विज्ञानों का विश्वकोश' में दो बार उल्लेख करते हैं (परिच्छेद 140, टिप्पणी, और परिच्छेद 246, परिशिष्ट)। पृ. 266

190. हेगेल, 'तर्कशास्त्र', पुस्तक 2, भाग 1, प्रकरण 1, पैराग्राफ 'प्रदर्शन', और भाग 2 ('प्रतीति') जिसमें वस्तु-सत् पर ('वस्तु-सत् और अस्तित्व') और अवलोकन पर ('वस्तु-सत् और अनुभवातीत भाववाद') एक विशेष पैराग्राफ है। पृ. 267

191. हेगेल, 'दार्शनिक विज्ञानों का विश्वकोश', परिच्छेद 124, अवलोकन और परिशिष्ट। पृ. 268

192. हेगेल, 'तर्कशास्त्र', पुस्तक 3, भाग 3, प्रकरण 2, पृ. 268

द्रव्य के गति-रूप। विज्ञानों का वर्गीकरण

193. हेगेल, 'दार्शनिक विज्ञानों का विश्वकोश', परिच्छेद 128, परिशिष्ट। पृ. 269

194. उपर्युक्त, परिच्छेद 98, परिशिष्ट 1 : 'आकर्षण द्रव्य का उतना ही अनिवार्य एक अंग है जितना कि विकर्षण।' पृ. 270

195. देखिए, हेगेल, 'तर्कशास्त्र', पुस्तक 1, भाग 2, प्रकरण 1, काल, दिक् व द्रव्य की अविभाज्यता और अनंत विभाज्यता को लेकर कांट के विरोध पर टीका-टिप्पणी। पृ. 271

196. हेगेल, Naturphilosophie ('प्रकृति का दर्शन'), परिच्छेद 261, परिशिष्ट। पृ. 272

197. गति की मात्रा की अविनाशिता का विचार देकार्त ने अपनी कृति Le Traite de la Lumiere ('प्रकाश पर प्रबंध') में व्यक्त किया था। यह पुस्तक उनके ग्रंथ Le Monde (विश्व) का प्रथम भाग है। 1630-33 में लिखा गया यह ग्रंथ उनकी मृत्यु के बाद 1664 में प्रकाशित हुआ था। इसके अलावा, उन्होंने देबोन को 30 अप्रैल, 1639 को लिखे अपने पत्र में भी यह विचार व्यक्त किया था। यह साध्य अपने सर्वाधिक पूर्ण रूप में प्रस्तुत किया गया है : रे. देकार्त, Principia Philosophiae ('दर्शन के सिद्धांत'), Amstehodami, 1644, Paris secunda, XXXVI, पृ. 272

198. ग्रूव, The Correlation of Physical Forces ('भौतिक बलों का परस्पर संबंध'), देखिए टिप्पणी 16। पृ. 20-29 पर ग्रूव 'बल की अविनाशिता' की चर्चा करते हैं जब यांत्रिक गति को एक 'तनाव की अवस्था' में और ऊष्मा में बदला जाता है। पृ. 272

199. यह टिप्पणी उसी शीट पर लिखी गई थी जिस पर 'योजना के भाग की रूपरेखा' लिखी गई थी, और यह उन विचारों का एक सिंहावलोकन है जिनका एंगेल्स ने 'गति के मूल रूप' प्रकरण में विकास किया है (देखिए यह संस्करण, पृ. 19 और 69-86)।

200. ग्रूव, 'भौतिक बलों का परस्पर संबंध' (देखिए टिप्पणी 16)। 'द्रव्य की प्रवृत्तियों' से ग्रूव का तात्पर्य है 'ऊष्मा, प्रकाश, विद्युत, चुंबकत्व, रासायनिक युयुक्षा, और गति', (पृ. 15) और 'गति' से उनका तात्पर्य है—यांत्रिक गति अथवा विस्थापन। पृ. 274

201. यह रूपरेखा 'प्रकृति का द्वंद्ववाद' के प्रथम फोल्डर की प्रथम शीट पर लिखी गई थी। इसकी विषयवस्तु एंगेल्स द्वारा मार्क्स को लिखे गए 30 मई, 1873 के पत्र से मेल खाती है। यह पत्र इन शब्दों से आरंभ होता है : 'आज सुबह बिस्तर में प्रकृति-विज्ञान के बारे में निम्नलिखित द्वंद्वात्मक विचार मेरे दिमाग में आए।' इन विचारों का प्रतिपादन प्रस्तुत रूपरेखा की अपेक्षा उस पत्र में अधिक सुस्पष्ट है। इससे अनुमान लगाया जा सकता है कि यह रूपरेखा उसी दिन, 30 मई, 1873 को, उस पत्र से पहले लिखी गई थी। इस रूपरेखा के कुछ ही समय पूर्व लिखे गए बुखनर से संबंधित लेखांश को छोड़कर 'प्रकृति का द्वंद्ववाद' के शेष सभी प्रकरण और लेखांश इसके बाद यानी 30 मई, 1873 के बाद लिखे गए हैं। पृ. 274

202. ओ. कोंत ने विज्ञानों के वर्गीकरण की यह योजना अपनी प्रमुख कृति 'प्रत्यक्ष दर्शन का पाठ्यक्रम' में प्रस्तुत की है। यह कृति पेरिस से पहली बार 1830-42 में प्रकाशित हुई थी। विज्ञानों के वर्गीकरण के सवाल का विशेष विवेचन दूसरे भाषण में, ग्रंथ के प्रथम खंड में, किया गया है। भाषण का शीर्षक है : 'इस पाठ्यक्रम की योजना की व्याख्या, या प्रत्यक्ष विज्ञानों के तारतम्य से संबंधित सामान्य विचार'। देखिए ओ. कोंत, Cours de philosophie positive, खंड 1, पेरिस, 1830, पृ. 276

203. यहां एंगेल्स हेगेल के 'तर्कशास्त्र' के, जो सर्वप्रथम 1816 में प्रकाशित हुआ था, तीसरे भाग का उल्लेख कर रहे हैं। अपने 'प्रकृति का दर्शन' ग्रंथ में हेगेल प्रकृति-विज्ञान के तीन प्रमुख विभाजनों को 'यांत्रिकी', 'भौतिकी' और 'जैविकी' शब्दों से निर्दिष्ट करते हैं। पृ. 277

204. यह टिप्पणी उन अधिक बड़ी तीन टिप्पणियों (Noten) में से एक है जिन्हें एंगेल्स ने 'प्रकृति का द्वंद्ववाद' की सामग्री के दूसरे फोल्डर में रखा था (छोटी टिप्पणियां पहले और चौथे फोल्डरों में रखी गई थीं)। इनमें से दो टिप्पणियां : 'वास्तविक जगत में गणितीय अनंत के आदिरूपों के विषय में' और 'प्रकृति की 'यांत्रिक' अवधारणा के विषय में'–'ड्यूहरिंग मत-खंडन' की टिप्पणियां अथवा परिशिष्ट हैं, इनमें एंगेल्स ने 'ड्यूहरिंग मत-खंडन' के विभिन्न भागों में संक्षेप में अथवा रूपरेखा में प्रस्तुत कुछ अत्यंत महत्त्वपूर्ण विचारों का विस्तृत विवेचन किया है। तीसरी टिप्पणी 'अनंतता को जानने की नेगेली की अक्षमता' का 'ड्यूहरिंग मत-खंडन' से कोई सरोकार नहीं है। प्रथम दो टिप्पणियां, बहुत संभव है कि, 1885 में लिखी गई थीं। किसी भी स्थिति में उनका रचना-काल मध्य-अप्रैल, 1884 से पहले का नहीं हो सकता, जब एंगेल्स ने 'ड्यूहरिंग मत-खंडन' का दूसरा परिवर्द्धित संस्करण प्रेस के लिए तैयार करने का निश्चय किया, अथवा सितंबर, 1885 के अंतिम दिनों के बाद का नहीं हो सकता, जब एंगेल्स ने इस ग्रंथ के दूसरे संस्करण की प्रस्तावना तैयार करके प्रकाशक को भेज दी थी। 1884 में बर्नस्टाइन व काउत्स्की को और 1885 में श्लीटेर को लिखे गए एंगेल्स के पत्रों से जानकारी मिलती है कि उन्होंने 'ड्यूहरिंग मत-खंडन' के विभिन्न अंशों पर वैज्ञानिक स्वरूप के कई परिशिष्ट इस ग्रंथ के दूसरे संस्करण के साथ जोड़ने के लिए लिखने की योजना बनाई थी। परंतु दूसरे कामों में अत्यंत व्यस्त होने के कारण (विशेषकर मार्क्स की 'पूंजी' के दूसरे व तीसरे खंडों की तैयारी में व्यस्त होने के कारण) एंगेल्स अपनी इस योजना को पूरा नहीं कर पाए। वह 'ड्यूहरिंग मत-खंडन' के प्रथम संस्करण के पृ. 17-18 और 46 पर दो 'टिप्पणियों' अथवा

'परिशिष्टों' की केवल एक मोटी रूपरेखा ही तैयार कर पाए। प्रस्तुत टिप्पणी इनमें से दूसरी टिप्पणी है।

'प्रकृति की 'यांत्रिक' अवधारणा के विषय में' शीर्षक एंगेल्स ने 'प्रकृति का द्वंद्ववाद' के दूसरे फोल्डर की विषय-सूची में दिया है। उप-शीर्षक 'पृ. 46 पर टिप्पणी 2' : 'गति के विभिन्न रूप और उनसे संबंधित विज्ञान' इस टिप्पणी के आरंभ में है। पृ. 277

205. अ. केकुले, Die wissenschaftlichen Ziele und Leistungen der Chemie, बोन, 1878, पृ. 12। पृ. 278

206. यहां संदर्भ है **Nature** नं. 420, 15 नवम्बर, 1877, में प्रकाशित एक समाचार का, जिसमें अ. केकुले के 18 अक्टूबर के उस भाषण का सार-संक्षेप दिया गया था जो उन्होंने बोन विश्वविद्यालय का अध्यक्षपद ग्रहण करने के समय दिया था। 1878 में यह भाषण एक पुस्तिका के रूप में प्रकाशित हुआ, जिसका शीर्षक था 'रसायन के वैज्ञानिक उद्देश्य और उपलब्धियां' (The Scientific Aims and Achievements of Chemistry)। पृ. 278

207. ए. हैकेल, Die Perigenesis der Plastidule oder die Wellenzeugung der Lebensteilchen. Ein Versuche zur mechanischen Erklarung der elementaren Entwickelungs–Vorgange, बर्लिन, 1876, पृ. 13। पृ. 278

208. लोथर मेयेर कुर्व (The Lothar Meyer curve) वक्र तत्त्वों के परमाणु-भारों और उनके परमाणु-आयतनों के बीच के संबंध को दर्शाता है। लो. मेयेर ने इस वक्र-तत्त्व का विवरण अपने लेख 'Die Natur der chemischen Elemente als Funktion ihrer Atomgewichte' में दिया है, जो 1870 में Annalen der Chemie und Pharmacie नामक पत्रिका में प्रकाशित हुआ था।

वक्र-तत्त्वों के परमाणु-भार और उनके भौतिक व रासायनिक गुणों के बीच के परस्पर संबंध की खोज महान रूसी वैज्ञानिक द्मी. इ. मेंदेलेयेव ने की थी। रासायनिक तत्त्वों के आवर्त नियम को सूत्रबद्ध करनेवाले पहले वैज्ञानिक मेंदेलेयेव हैं। इसे उन्होंने अपने लेख 'तत्त्वों' के गुण-धर्मों और उनके परमाणु-भारों के बीच परस्पर संबंध' में प्रतिपादित किया। यह लेख मार्च, 1869 में, अर्थात् लो. मेयेर के लेख के एक वर्ष पहले, Journal of Russian Chemical Society में प्रकाशित हुआ था। मेयेर को जब मेंदेलेयेव की खोज की जानकारी मिली तो वह भी आवर्त नियम की स्थापना के समीप पहुंच चुके थे। मेयेर ने जिस वक्र की रचना की है, वह मेंदेलेयेव द्वारा खोजे गए नियम को लेखाचित्रित करता है, अंतर यही है कि यह वक्र इस नियम को मूर्त रूप में और, मेंदेलेयेव

से भिन्न, एकांगी शब्दों में व्यक्त करता है। अपने खोजे आवर्त नियम के आधार पर मेंदेलेयेव ने उस समय तक अज्ञात रासायनिक तत्त्वों के अस्तित्व और उनके विशिष्ट गुणधर्मों में भविष्यवाणी की; जबकि लो. मेयेर के बाद के कार्य में आवर्त नियम के स्वरूप को समझने का अभाव देखने को मिलता है। पृ. 279

209. देखिए टिप्पणी 183, पृ. 281

210. ए. हैकेल, Naturliche Schopfungsgeschichte, चौथा संस्करण, बर्लिन, 1873, पृ. 538, 543, 588; Anthropogenie, लाइपजिग, 1874, पृ. 460, 465, 492। पृ. 282

211. हेगेल, 'प्राकृतिक विज्ञानों का विश्वकोश', परिच्छेद 99, परिशिष्ट। पृ. 282

212. यह लेखांश एक पृथक् शीट पर लिखा गया था और इसे Noten (टिप्पणियां) नाम दिया गया था। संभव है कि यह 'ड्यूहरिंग मत-खंडन' की उस दूसरी टिप्पणी की मूल रूपरेखा हो जिसका शीर्षक है 'प्रकृति की 'यांत्रिक' अवधारणा के विषय में'। पृ. 282

गणित

213. प्रथम संदर्भ के मामले में एंगेल्स के दिमाग में हेगेल का यह कथन रहा है कि अंकगणित में चिंतन 'चिंतनहीनता' में विचरण करता है ('तर्कशास्त्र', पुस्तक 1, भाग 2, प्रकरण 2, दार्शनिक धारणाओं को व्यक्त करने के लिए संख्यात्मक निर्धारिणों के प्रयोग पर टिप्पणी)। दूसरे संदर्भ के मामले में हेगेल का यह कथन कि 'प्राकृतिक संख्या-प्रणाली पहले ही गुणात्मक क्षणों की जो अपने को केवल बाह्य अनुक्रम में व्यक्त करते हैं, एक पात-रेखा का दृष्टांत प्रस्तुत करती हैं', इत्यादि। ('वही', भाग 3, प्रकरण 2, माप-संबंधों को पात-रेखाओं के उदाहरणों पर टिप्पणी; natura non facit saltum)। पृ. 286

214. यह व्यंजक बोस्सू के ग्रंथ में देखने को मिलता है। एंगेल्स ने बोस्सू का उल्लेख लेखांश 'ऋजु और वक्र' में किया है। 'परिमित अंतर-समाकलन' प्रकरण में बोस्सू सर्वप्रथम इस सवाल की जांच करते हैं : 'एक चर राशि x के पूर्णांक चरणों के योग अथवा समाकलन के लिए' बोस्सू मान लेते हैं कि अंतर Δx स्थिर है और वह इसे यूनानी अक्षर w से व्यक्त करते हैं। चूंकि Δx का या w का योग x के बराबर है, इसलिए $w \times 1$ का या wx^0 का योग भी x के बराबर है, इसलिए बोस्सू इस समीकरण को $\sum x^0 = \frac{x}{w}$ के रूप में लिखते हैं। बोस्सू तब स्थिरांक w को बाहर निकालकर संकलन-चिह्न के पहले

रखते हैं और व्यंजक $w\sum x^0 = x$ प्राप्त करते हैं, और फिर इससे समीकरण $\sum x^0 = \frac{x}{w}$ प्राप्त करते हैं। तदनंतर बोस्सू इस अंतिम समीकरण का इस्तेमाल $\sum x, \sum x^2, \sum x^3$, आदि राशियों का पता लगाने में, अन्य सवालों को हल करने में, करते हैं। देखिए, बोस्सू, Traites de Calcul differentiel et de Calcul integral, खंड 1, पेरिस, 1798, पृ. 38। पृ. 290

215. चा. बोस्सू, Traites de Calcul differentiel et de Calcul integral, खंड 1, पेरिस, 1798, पृ. 149। पृ. 292

216. ध्रुवी निर्देशांक पद्धति में विचारणीय वक्रों को बोस्सू ने यही नाम दिया है। पृ. 292

217. यहां एंगेल्स का निर्देश बोस्सू के ग्रंथ की आकृति 17 और पृ. 148-51 पर इसकी व्याख्या की ओर है। इस आकृति का इस प्रकार का है : BMK वक्र है। MT स्पर्शरेखा है। P ध्रुव अथवा मूलबिंदु है। PZ ध्रुवी अक्ष है। PM बिंदु M की कोटि अक्ष है। (एंगेल्स इसे 'वास्तविक भुजाक्ष' कहते हैं; आजकल इसे सदिश

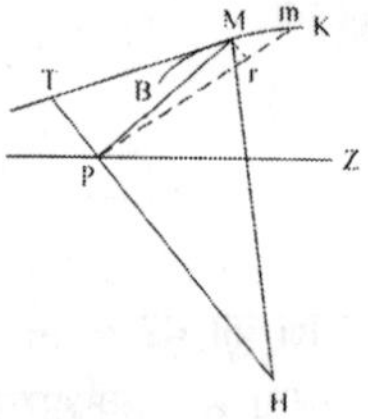

त्रिज्या कहा जाता है)। Pm बिंदु M के अत्यल्प समीप के बिंदु m का कोटि अक्ष है (एंगेल्स इस सदिश त्रिज्या को 'अवकल काल्पनिक भुजाक्ष' कहते हैं)। MH, स्पर्शरेखा MT पर लंब है। TPH, कोटि अक्ष PM पर लंब है। Mr, त्रिज्या PM द्वारा बनाया गया वक्र है। चूंकि MPm एक अत्यल्प कोण है, इसलिए PM और Pm को समांतर माना जाएगा। त्रिभुज Mrm और TPM, और उसी तरह त्रिभुज Mrm और MPH समान माने जाएंगे। पृ. 292

218. देखिए टिप्पणी 95, पृ. 293

219. यह टिप्पणी उन तीन अधिक बड़ी टिप्पणियों (Noten) में से एक है जिन्हें एंगेल्स ने 'प्रकृति का द्वंद्ववाद' की सामग्री के दूसरे फोल्डर में रखा है। (देखिए टिप्पणी 204।) मूलतः यह 'ड्यूहरिंग मत-खंडन' के प्रथम संस्करण के पृ. 17-18 पर टीका-टिप्पणी की प्रथम रूपरेखा है। एंगेल्स ने शीर्षक 'वास्तविक जगत में गणितीय अनंत के आदिप्रारूपों के विषय में' 'प्रकृति का द्वंद्ववाद' के दूसरे फोल्डर की विषय-सूची में दिया था। उप-शीर्षक 'पृ. 17-18, चिंतन और सत् का सामंजस्य—गणित में अनंत' टिप्पणी के आरंभ में दिया गया है। पृ. 293

220. Nihil est in intellectu, quod non fuerit in sensu ('वह मस्तिष्क में नहीं जो इंद्रियगत नहीं')—इंद्रियार्थवाद का बुनियादी सिद्धांत। इस सूत्र की विषयवस्तु अरस्तू तक पीछे चली जाती है (देखिए उसका Posterior Analytics)। पृ. 293

221. यह आकृति विलियम थॉमसन के एक लेख में दी गई है। 'परमाणुओं का आकार' (The Size of Atoms) शीर्षक यह लेख सर्वप्रथम **Nature** पत्रिका, नं. 22, 31 मार्च, 1870 के अंक में प्रकाशित हुआ था, और बाद में थॉमसन व टाइट के ग्रंथ Treatise on Natural Philosophy, के दूसरे संस्करण में परिशिष्ट के रूप में पुनर्मुद्रित हुआ था (खंड 1, भाग 2, नया संस्करण, कैम्ब्रिज, 1883, पृ. 501-52)। पृ. 295

222. 1871 से जर्मन साम्राज्य के अंतर्गत के बौने राज्यों में से एक। पृ. 298

223. संभव है कि यहां एंगेल्स हैकेल के मनोशारीरिक अद्वैतवाद और द्रव्य की संरचना के संबंध में उनके विचारों के बारे में सोच रहे हैं। अपनी पुस्तक Die Perigenesis der Plastidule ('प्लास्टिडूल की पर्युत्पत्ति') में, जिसका एंगेल्स 'ड्यूहरिंग मत-खंडन' की दूसरी टिप्पणी (नोट) में उल्लेख करते हैं हैकेल, उदाहरण के तौर पर, दृढ़तापूर्वक कहते हैं कि तात्त्विक 'आत्मा न केवल 'प्लास्टिडूलों' में अथवा जीवद्रव्य-अणुओं में बल्कि परमाणुओं में भी अंतर्निहित है, और सभी परमाणु 'सजीव' होते हैं, 'संवेदना' और 'इच्छाशक्ति' से युक्त होते हैं। उसी पुस्तक में हैकेल परमाणुओं की चर्चा ऐसी वस्तुओं के रूप में करते हैं जो बिलकुल पृथक् बिलकुल अविभाज्य और अपरिवर्तनशील हैं, और इन पृथक् परमाणुओं के साथ वह ईथर का अस्तित्व एक ऐसी वस्तु के रूप में स्वीकार करते हैं जो बिलकुल सतत है (पूर्वोल्लिखित, बर्लिन, 1876, पृ. 38-40)।

एंगेल्स अपनी टिप्पणी 'द्रव्य की विभाज्यता' (देखिए प्रस्तुत ग्रंथ, पृ. 272) में उल्लेख करते हैं कि हेगेल ने द्रव्य के सात्तय और पृथकत्व के बीच की विसंगति का समाधान किस प्रकार किया है। पृ. 299

यांत्रिकी और खगोल-विज्ञान

224. यहां एंगेल्स क्लाउसिस के उस भाषण 'ऊष्मा के यांत्रिक सिद्धांत के दूसरे नियम के विषय में' का उल्लेख कर रहे हैं जो उन्होंने जर्मन प्रकृति-वैज्ञानिकों और चिकित्सकों की 41वीं कांग्रेस में फ्रांकफोर्ट-ऑन-मैन में 23 सितंबर, 1867 को पढ़ा था, और जो उसी वर्ष एक पुस्तक के रूप में प्रकाशित हुआ था। पृ. 300

225. यह और आगे की दो टिप्पणियां निम्नलिखित ग्रंथों की उद्धरण हैं : जो. है. मैडलेर, Der Wunderbau des Weltalls, oder Populare Astronomie, 5, बर्लिन, 1861, (भाग 9 और 10); अं. सेक्की, Die Sonne, ब्राउनश्वेइग,

1872, भाग 3। एंगेल्स ने इन उद्धरणों का 1876 में 'प्रकृति का द्वंद्ववाद' की भूमिका के दूसरे भाग में उपयोग किया। पृ. 301

226. एंगेल्स का संकेल रूडोल्फ वोल्फ की पुस्तक Geschichte der Astronomie, मुंखेन, 1877 की ओर है (देखिए टिप्पणी 124)। इस पुस्तक के पृ. 325 पर वोल्फ दावा करते हैं कि प्रकाश के वर्तन के नियम की खोज देकार्त ने नहीं बल्कि स्नेल ने की है, जिन्होंने इसे अपनी अप्रकाशित कृतियों में सूत्रबद्ध किया था; बाद में (स्नेल की मृत्यु के बाद) देकार्त ने इसे ग्रहण किया। पृ. 306

227. एंगेल्स यहां ज्यूलियस रॉबर्ट मेयेर की पुस्तक Die Mechanik der Wärme in gesammelten schribten, स्टुटगार्ट, 1874, पृ. 328, 330 का उल्लेख कर रहे हैं। पृ. 306

भौतिकी

228. फ्रेंसिस बेकन, Novum Organum, पुस्तक 2, सूत्र 20, 1620 में लंदन से प्रकाशित। पृ. 308

229. तुलना कीजिए, हेगेल की टिप्पणी कि बल की 'सिवाय स्वयं घटना के अन्य कोई अंतर्वस्तु नहीं है' और यह अंतर्वस्तु अपने को केवल 'आंतर्वर्तित निर्धारण के रूप अथवा बल में, ही प्रकट करती है, जिसका परिणाम होता है 'कोरी पुनरुक्ति' (हेगेल, 'तर्कशास्त्र', पुस्तक 2, भाग 1, प्रकरण 3, पुनरुक्तिपूर्ण स्तरों से व्याख्या की आकारात्मक विधि पर टिप्पणी)। पृ. 310

230. गे.वि. फ्रे. हेगेल, 'प्रकृति का दर्शन', परिच्छेद 266, टिप्पणी, पृ. 311

231. यहां एंगेल्स का संकेन लावरोव की पुस्तक—'चिंतन के इतिहास की प्रस्तुति का प्रयास' खंड 1—की ओर है, जो 1875 में सेंट पीटर्सबर्ग से गुमनाम प्रकाशित हुई थी। इस पुस्तक के पृ. 109 पर 'चिंतन के इतिहास का विश्व-आधार' प्रकरण में लावरोव लिखते हैं : 'मृत सूर्य अपने ग्रहों व उपग्रहों की मृत योजनाओं के साथ दिक् में अपनी गति तब तक जारी रखते हैं जब तक वे निर्मित हो रहे एक नेबुला में नहीं गिर जाते। तब उस मृत जगत के अवशेष नए जगत के निर्माण की प्रक्रिया को तीव्र बनाने के लिए सामग्री बन जाते हैं। लावरोव पाद-टिप्पणी में झोल्लनेर की राय उद्धृत करते हैं कि बुझे हुए खगोलीय पिंडों की जड़ता की अवस्था 'केवल बाह्य प्रभावों से, यानी किसी अन्य पिंड के साथ हुई टकराव से निर्मित ऊष्मा द्वारा, समाप्त हो सकती है।' पृ. 312

232. देखिए टिप्पणी 224, पृ. 312

233. वही

234. यहां स्पष्टतः एंगेल्स का इशारा उपर्युक्त पुस्तिका के पृ. 16 की ओर है, जहां क्लासियस संयोगवश उल्लेख करते हैं कि ईथर का अस्तित्व खगोलीय पिंडों के **बाहर** है। यहां पुनः पृ. 6 पर उसी ईथर का सवाल है, पर यह पिंडों के बाहर नहीं बल्कि पिंडों के सर्वाधिक लघु घटक कणों के अंतरालों में निहित है। पृ. 315

235. निर्वात की बीभत्सता (Horror vacui)। अरस्तू से चला आ रहा यह मत कि 'प्रकृति रिक्त दिक् से घृणा करती है', अर्थात्, निर्वात का निर्माण नहीं होने देती, प्रकृति-विज्ञान में मध्य-सत्रहवीं सदी तक मान्य रहा। पिस्टन में पानी ऊपर क्यों चढ़ता है, इसका अन्य कारणों के साथ एक कारण यह 'बीभत्सता' भी बताया जाता था। 1643 में तोरिचेली ने वायुमंडलीय दाब की खोज की और इसके आधार पर अरस्तू की निर्वात की अशक्यता की धारणा का खंडन किया। पृ. 315

236. एंगेल्स ने लावरोव का नाम रूसी अक्षरों में दिया है। एंगेल्स लावरोव की पुस्तक का हवाला दे रहे हैं (देखिए टिप्पणी 231)। इस पुस्तक के प्रकरण 'चिंतन के इतिहास का विश्व-आधार' में लावरोव अतिविशाल दूरियों से आनेवाले प्रकाश की विलुप्तता पर विभिन्न वैज्ञानिकों (आल्बेर्स, वी. स्त्रुवे) के मतों का उल्लेख करते हैं (पृ. 103-04)। पृ. 315

237. सेंट जोन के अनुसार गॉस्पल, 1, पृ. 316

238. फिक, Die Naturkräfte in ihrer Wechselbeziehung ('प्राकृतिक बलों का पारस्परिक प्रभाव'), विर्जबर्ग, 1869, पृ. 316

239. मैक्सवेल, Theory of Heat ('ऊष्मा का सिद्धांत'), चौथा संस्करण, लंदन, 1875, पृ. 87

240. एंगेल्स का इशारा सेक्की के ग्रंथ के पृ. 632 की आकृति की ओर है, जिसमें तरंग की लंबाई और सूर्य-किरणों के तापीय, प्रकाशीय व रासायनिक प्रभावों की तीव्रता के बीच के संबंध को दरशाया गया है। इस आकृति का मुख्य भाग नीचे दिया जा रहा है :

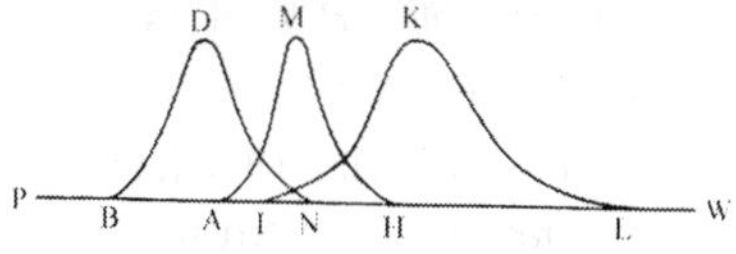

वक्र BDN ताप-विकिरण का द्योतक है—सर्वाधिक तरंग लंबाई की ताप-किरणों (बिंदु B पर) से लघुतम तरंग लंबाई की किरणों (बिंदु N पर) तक। वक्र AMH प्रकाश-विकिरण की तीव्रता का द्योतक है—दीर्घतम तरंग किरणों (बिंदु A पर)

से लद्युतम तरंग किरणों (बिंदु H पर) तक। वक्र IKL रासायनिक किरणों की तीव्रता का द्योतक है–दीर्घतम तरंग किरणों (बिंदु I पर) से लघुतम तरंग किरणों (बिंदु L पर) तक। तीनों स्थितियों में किरणों की तीव्रता वक्र पर इसके बिंदु की रेखा PW से दूरी द्वारा दरशाई गई है। पृ. 316

241. एंगेल्स यहां हवाला दे रहे हैं : हेगेल, 'प्रकृति का दर्शन', बर्लिन संस्करण, 1842, परिच्छेद 320, परिशिष्ट। पृ. 317

242. यहां और आगे एंगेल्स थॉ. थॉमसन की पुस्तक से उद्धरण देते हैं : An Outline of the Sciences of Heat and Electricity ('ऊष्मा और विद्युत विज्ञानों की रूपरेखा'), दूसरा संस्करण, लंदन, 1840। एंगेल्स ने इन उद्धरणों का 'विद्युत' प्रकरण में उपयोग किया है। पृ. 317

243. यहां और आगे की टिप्पणी में एंगेल्स ब्रिटिश भौतिकविद् फ्रेडरिक गुथ्री की पुस्तक Magnetism and Electricity ('चुंबकत्व और विद्युत') लंदन व ग्लासगो, 1876, का उल्लेख कर रहे हैं। पृ. 210 पर गुथ्री लिखते हैं : 'धारा की शक्ति आक्सीकृत बैटरी में घुले जस्ते की मात्रा के अनुपात में होती है, और उस जस्ते के ऑक्सीकरण से विमुक्त ऊष्मा के अनुपात में होती है।' पृ. 320

244. देखिए, वीडेमान, Die Lehre von Galvanismus und Elektromagnetismus, 3, ब्राउनश्वाइग, 1874, पृ. 418 (देखिए टिप्पणी 95)। पृ. 320

रसायन

245. हे. कोप्प, Die Entwickelung der Chemie in der neueren Zeit, मिन्खेन, 1871, पृ. 105। पृ. 322

जीव-विज्ञान

246. हेगेल, 'दार्शनिक विज्ञानों का विश्वकोश', परिच्छेद 81, परिशिष्ट 1 : 'एक प्रकार से जीवन अपने भ्रूण में मृत्यु को धारण करता है।' पृ. 324

247. प्लास्मोगोनी (Plasmogony) शब्द का प्रयोग हैकेल ने जीवों की परिकल्पनात्मक उत्पत्ति की उस स्थिति के लिए किया है जब जीव का उद्‌भव किसी जैव द्रव के भीतर होता है। इसके विपरीत है आउटोजेनी (autogeny), अर्थात, अकार्बनिक (अजैव) द्रव्य से जैव जीवद्रव्य (प्रोटोप्लाज्म) की सीधी उत्पत्ति। पृ. 325

248. एंगेल्स साहजिक प्रजनन से संबंधित उन प्रयोगों का उल्लेख कर रहे हैं जो पाश्चर ने 1860 में किए थे। इन प्रयोगों के आधार पर पाश्चर ने सिद्ध किया कि किसी भी पोषक (जैव) माध्यम में सूक्ष्म जीवाणु (बैक्टेरिया, यीस्ट,

इंफ्यूजोरिया) उस माध्यम में पहले से मौजूद अथवा उसमें बाहर से पहुंचनेवाले जीवाणुओं से ही विकसित होते हैं। पाश्चर निष्कर्ष पर पहुंचे कि सूक्ष्म जीवाणुओं का स्वाभाविक प्रजनन, और सामान्यतः स्वाभाविक प्रजनन, संभव नहीं है। पृ. 326

249. वैगनर के लेख के उद्धरण औग्सबर्ग से प्रकाशित Allgemeine Zeitung 1874, पृ. 4333, 4334, 4351 व 4370 से लिए गए हैं। Die Allgemeine Zeitung एक अनुदारवादी दैनिक था, जिसकी स्थापना 1798 में हुई थी। यह औग्सबर्ग से 1810 से 1882 तक प्रकाशित हुआ। पृ. 326

250. वि. थॉमसन और पी. गु. टाइट, Handbuch der Theoretichen Physik, जर्मन अनुवाद : डॉ. हे. हेल्महोल्ट्ज और जी. वेरथेइम, ब्राउनश्वेइग, 1874। एंगेल्स के उद्धरण वैगनेर के लेख से हैं। पृ. 327

251. देखिए लीबिग, Chemische Briefe, लाइपजिग व हाइडेलबर्ग, 1859, पृ. 373, पृ. 371

252. **त्रौबे की कृत्रिम कोशिकाएं** जीवित कोशिकाओं का प्रतिनिधित्व करनेवाली अकार्बनिक संघटन हैं, चयापचयन और वृद्धि की क्षमता रखती हैं, और जैव घटनाओं के विविध स्वरूपों के अध्ययन में योग देती हैं। इनका निर्माण जर्मन रसायनज्ञ व शरीरवेत्ता मो. त्रौबे ने कोलायडीय घोलों के मिश्रण के जरिये किया था। त्रौबे ने अपने इन प्रयोगों की जानकारी ब्रीसलाउ में आयोजित जर्मन प्रकृति-वैज्ञानिकों और चिकित्सकों की 47वीं कांग्रेस में 23 सितंबर, 1874 को दी थी। त्रौबे की इस खोज का मार्क्स और एंगेल्स की दृष्टि में बड़ा ऊंचा स्थान था (देखिए, मार्क्स का 18 जून, 1875 का पत्र प्यो. ला. लावरोव को और 21 जनवरी, 1877 का डब्ल्यू. ए. फ्रेउंड को)। पृ. 331

253. यहां एंगेल्स आलमैन के लेख Recent Progress in Our Knowledge of the Ciliate Infusoria (रोमक इंफ्यूजोरिया के विषय में हमारे ज्ञान में हाल की प्रगति) का उल्लेख कर रहे हैं। यह लेख लिन्नाइअस सोसायटी में 24 मई, 1875 को पढ़ा गया था, और यह ब्रिटिश पत्रिक 'नेचर' के (17 व 24 जून और 1 जुलाई 1875 के) अंक नं. 294, 295 और 296 में प्रकाशित हुआ था। पृ. 332

254. यहां एंगेल्स क्रोल के ग्रंथ Climate and Time in Their Geological Relations; a Theory of Secular Changes of the Earth's Climate ('मौसम और युग इनके भूवैज्ञानिक संबंधों में; पृथ्वी के मौसम के लौकिक परिवर्तनों का एक सिद्धांत'), लंदन '1875, की समीक्षा का उल्लेख कर रहे हैं। यह समीक्षा 'नेचर' के (17 व 24 जून, 1875 के) अंक नं. 294, 295 में प्रकाशित हुई थी। समीक्षक का नाम था : जे. एफ. बी.। पृ. 332

255. यहां एंगेल्स टिंडेल के लेख 'On the Optical Deportment of the Atmosphere in Reference to the Phenomena of Putrefaction and Infection' का उल्लेख कर रहे हैं। यह लेख रॉयल सोसायटी के सम्मुख 13 जनवरी, 1876 को पढ़े गए एक निबंध का सार-संक्षेप था। यह लेख शीर्षक 'Professor Tyndall on Germs' ('जीवाणुओं के विषय में प्रो. टिंडेल') से 'नैचर' के 27 जनवरी और 3 फरवरी 1876 के अंक नं. 326 व 327 में प्रकाशित हुआ था। पृ. 333

256. हैकेल, Naturliche Schopfungsgeschichte, चौथा संस्करण, बर्लिन, 1873। प्लेट 1 इस संस्करण के पृ. 168 और 169 के बीच में है, और इसकी चित्र-टीका पृ. 664 पर है। पृ. 333

257. एंगेल्स का संकेत निकलसन की पुस्तक A Manual of Zoology की ओर है (देखिए टिप्पणी 18)। पृ. 333

258. बहुत संभव है कि एंगेल्स यहां विलहेल्म वुंड्ट के ग्रंथ Lehrbuch der Physiologie des Menschen का उल्लेख कर रहे हैं। यह ग्रंथ पहली बार एरलांगेन से 1865 में प्रकाशित हुआ था। इसका दूसरा और तीसरा संस्करण उसी नगर से 1868 व 1873 में प्रकाशित हुआ। पृ. 333

259. जोफाइटेस् (Pflanzentiere : प्राणी/पौधे)– सोलहवीं सदी से आगे अकशेरुकी के एक समूह के लिए, अधिकतर स्पंजों ओर सीलेंटेरेटा के लिए, प्रयुक्त शब्द; इनके कुछ लक्षण पौधों के सूचक माने गए थे (जैसे, इनका स्थानबद्ध जीवन)। इसलिए जोफाइटेस को पौधों और प्राणियों के बीच के रूपों का माना गया था। मध्य-उन्नीसवीं सदी में यह शब्द सीलेंटेरेटा का समानार्थी बन गया। अब इसका प्रयोग नहीं होता। पृ. 334

260. हेकेल ने अपने ग्रंथ Natürliche Schöpfungsgeschichte में बहु-कोशीय प्राणियों के भ्रूण के विकास की निम्न पांच अवस्थाओं की सूची दी है : Monerula, Ovulum, Morula, Planula व Gastrula जो, उनके अनुसार, समग्र प्राणि-जीवन के विकास की पांच आरंभिक अवस्थाओं के अनुरूप हैं। इस ग्रंथ के बाद के संस्करणों में हैकेल ने इस योजना में काफी फेर-बदल किया, परंतु उनका बुनियादी विचार, जिसका एंगेल्स ने सकारात्मक मूल्यांकन किया, एक जीव के वैयक्तिक विकास (autogeny) और विकासक्रम के दौरान एक विशिष्ट रूप के विकास (phylogeny) के बीच की समांतरता का विचार, विज्ञान में दृढ़ता से स्थापित हो गया। पृ. 334

261. बैथीबियूस (bathybius) शब्द का अर्थ है 'गहराई' में रहनेवाला'। 1868 में हैक्सले ने सागर की गहराई से निकाले गए एक लसीले श्लेष्मा की जानकारी

दी; उन्होंने इसे आदिम, संरचनाहीन जैव द्रव्य–प्रोटोप्लाज्म–माना। हैकेल के सम्मान में उन्होंने इस–जैसाकि उन्होंने समझा–सरलतम जैव जीव को बैथीबियूस हैकेली (Pathybius Haechelii) नाम दिया। हैकेल ने बैथीबियूस को आधुनिक जाति का, अभी भी जीवित मोनेरा का, जीव घोषित किया। बाद में यह प्रमाणित किया गया कि बैथीबियूस का प्रोटोप्लाज्म से कोई साम्य नहीं है और यह एक अकार्बनिक रूप है। हैकेल अपने ग्रंथ Naturliche Schopfungsgeschichte (बर्लिन, 1873) के चौथे संस्करण के पृ. 165-66, 306, 379 पर बैथीबियूस और इसमें परिबद्ध चूनेदार मोड्यूलों की जानकारी देते हैं। पृ. 335

262. हैकेल अपने ग्रंथ Generelle Morphologie der Organismen, बर्लिन, 1866, के चार बड़े प्रकरणों (8 से 11) में जैव व्यक्तिक की धारणा का, और जीवों की आकृति-मूलक व शरीर-क्रियात्मक वैयक्तिकता का विवेचन करते हैं। Anthropogenie oder Entwickelungsgeschichte des Menschen ('मानव-विज्ञान, या मानव के विकासक्रम का इतिहास'), लाइपजिग, 1874, के कई लेखांशों में भी वह व्यक्तिक की धारणा का विवेचन करते हैं। वह जैव व्यक्तिकों को छह वर्गों में विभाजित करते हैं : Plastids, organs, antimeres, metameres, individuals व cormuses। पहले वर्ग व्यक्तिक मोनेरा (साइटोड) किस्म और कोशिकाओं के पूर्व-कोशीय जैव रूप हैं; वे 'प्राथमिक जीव' हैं। दूसरे वर्ग से आरंभ प्रत्येक वर्ग के व्यक्तिक इसके पहले के वर्ग के व्यक्तिक होते हैं। पांचवें वर्ग के व्यक्तिक, श्रेष्ठतर प्राणियों की स्थिति में, 'व्यक्तिक' हैं–इस शब्द के संकीर्ण अर्थ में।

कार्मुस (Cormus)–पांचवें वर्ग के व्यक्तिकों की बस्ती का प्रतिनिधित्व करनेवाला छठे वर्ग का एक आकृतिमूलक व्यक्तिक। इसका एक उदाहरण दिया जा सकता है समुद्रीय ल्यूसीफरों का क्रम।

मेटामेरे (Metamere)–चौथे वर्ग का एक आकृतिमूलक व्यक्तिक, पांचवें वर्ग के व्यक्तिक का आवर्ती अंग। इसका एक उदाहरण दिया जा सकता है फीताकृमि के खंड। पृ. 335

263. Natural Selection : or the Survival of the Fittest ('प्राकृतिक चयन, अथवा योग्यतम की उत्तरजीविता') डार्विन के ग्रंथ The Origin of Species by Means of Natural Selection, or the Preservation of Favoured Races in the Struggle for Life ('प्राकृतिक चयन द्वारा जातियों की उत्पत्ति, या जीवन के संघर्ष में अनुकूल जातियों का परिरक्षण') के चौथे प्रकरण का शीर्षक है। पृ. 336

264. इस टिप्पणी की विषयवस्तु एंगेल्स द्वारा 12 नवंबर, 1875 को लावरोव को लिखे गए पत्र के लगभग सदृश है। पृ. 337

265. Bellum omnium contra omnes (सबका सबके विरुद्ध युद्ध)–हाब्स ने इस उक्ति का इस्तेमाल अपनी इन कृतियों में किया है : De cive (नागरिक), Preface to the Reader (पाठक के लिए प्रस्तावना), और Leviathan (लेविएथन), प्रकरण 13 व 14, पृ. 337

266. हेगेल, 'तर्कशास्त्र', पुस्तक 3, भाग 3, प्रकरण 1, पृ. 339

267. एंगेल्स यहां उल्लेख कर रहे हैं हेगेल के 'तर्कशास्त्र' का ('तर्कशास्त्र', पुस्तक 2, भाग 3, प्रकरण 3, 'अन्योन्यता', और 'दार्शनिक विज्ञानों का विश्वकोश', खंड 1, भाग 2, 'अन्यान्यता')। यहां स्वयं हेगेल अन्योन्य क्रिया के एक उदाहरण के रूप में जैव जीव का उल्लेख करते हैं : '... इसी प्रकार वैयक्तिक वर्ग और क्रियाएं एक-दूसरे की ओर अन्योन्य-क्रिया का संबंध होना सिद्ध करती हैं।'' ('विश्वकोश', परिच्छेद 156, परिशिष्ट)। पृ. 337

268. है. आ. निकलसन, A Manual of Zoology ('प्राणि-विज्ञान का गुटका'), पांचवां संस्करण, एडिनबरा व लंदन, 1878, पृ. 32, 102, पृ. 337

269. बर्ने आल्प्स, स्विट्जरलैंड, की एक चोटी। पृ. 340

270. 'प्रकृति का द्वंद्ववाद' की सामग्री के दूसरे व तीसरे फोल्डरों के लिए एंगेल्स द्वारा तैयार किए गए चार फोल्डरों के शीर्षक और विषय-सूची उन्होंने अपने अंतिम वर्षों में, किसी भी हालत में 1886 के पहले नहीं, लिखी थी, क्योंकि दूसरे फोल्डर की विषय-सूची में 1886 के आरंभ-काल में लिखा गया 'फायरबाख से छोड़ा गया' लेखांश शामिल है। पृ. 342

✪✪✪

गांधी जी बोले थे

अभिमन्यु अनत

राजकमल पेपरबैक्स

पहला पुस्तकालय संस्करण
राजकमल प्रकाशन प्राइवेट लिमिटेड द्वारा
1984 में प्रकाशित

राजकमल पेपरबैक्स में
पहला संस्करण : 2008
दूसरा संस्करण : 2018

राजकमल पेपरबैक्स : उत्कृष्ट साहित्य के जनसुलभ संस्करण

राजकमल प्रकाशन प्रा. लि.
1-बी, नेताजी सुभाष मार्ग, दरियागंज
नई दिल्ली-110 002
द्वारा प्रकाशित

शाखाएँ : अशोक राजपथ, साइंस कॉलेज के सामने, पटना-800 006
पहली मंजिल, दरबारी बिल्डिंग, महात्मा गांधी मार्ग, इलाहाबाद-211 001
36 ए, शेक्सपियर सरणी, कोलकाता-700 017

वेबसाइट : www.rajkamalprakashan.com
ई-मेल : info@rajkamalprakashan.com

बी.के. ऑफसेट
नवीन शाहदरा, दिल्ली-110 032
द्वारा मुद्रित

मूल्य : ₹ 250

GANDHI JI BOLE THEI
Novel by Abhimanyu Anat

ISBN : 978-81-267-1467-4

'लाल पसीना' के उन सभी पाठकों को
जिनकी सराहना, शिकायतें और सुझाव
इन सात वर्षों के अन्तराल में
कभी रुके नहीं।
और साथ-ही-साथ डॉ. कमलकिशोर गोयनका को
जिनके एक प्रश्न का
यह उपन्यास उत्तर है।

अभिमन्यु अनत
9.8.83

मॉरिशस में आप्रवासी भारतीय मजदूरों की 150वीं वर्षगाँठ पर लिखा गया यह उपन्यास 'लाल पसीना' से आगे की कड़ी है। ठीक 'लाल पसीना' की तरह यह भी इतिहास होने का दावा नहीं करता। "इतिहास तो बड़े लोगों का उपन्यास होता है और उपन्यास छोटे लोगों का इतिहास।"

बस !

पहला भाग

एक

परकाश ने पहली बार सिपाहियों को तब देखा था जब उसकी माँ कुएँ से खींचे गये पानी भरे डोल को छलकाती, हाँफती उसके पास पहुँचकर बोली थी, "यहाँ मत रहो। चलो घर के भीतर !"

और जब सीता उसकी कलाई को जकड़े उसे घर में खींचने लगी थी, तो परकाश की कलाई से लोहे का वह ढीला कड़ा जो मदन ने अपनी कलाई से उतार-कर उसे पहनाया था, ज़मीन पर गिर पड़ा था। लुढ़कता हुआ वह पत्थर के ढेर तक चला गया था। सीता ने परकाश को कड़ा उठाने का भी अवसर नहीं दिया क्योंकि उसे घर के भीतर ठेलकर उसने दरवाज़ा बन्द कर दिया था।

रावेनाल के दरवाज़े के सूराखों से परकाश ने उन सिपाहियों को देखा था। वे दस से भी अधिक थे पर उसने केवल उन्हीं चारों को देखा था जो पहाड़ी पगडण्डी से उतरे थे। उस समय सूरज की किरणें पूरी तरह फैली नहीं थीं और पूरी बस्ती चारों ओर से घेरी जा चुकी थी। वह तगड़ा सिपाही जो दूसरे काले सिपाहियों से भिन्न कपड़ों में था और जिसके चेहरे का ऊपरी भाग टोप से ढका हुआ था, चिल्ला-चिल्लाकर कई बार गाँव को दहला चुका था—आतांस्यों किकेन सोवे !

उस चिंघाड़ के बिना भी शायद ही कोई उन तनी हुई बन्दूकों के बीच से भागने की नादानी करता। लोग जहाँ थे, जिस हालत में थे, वहीं खड़े-बैठे सहम रहे। एक ही गोली चली थी और गाँव के कुत्तों का भूँकना कूँ-कूँ की घिघियाहट में बदल गया था। बस्ती में ये सिपाही एक दिन पहले भी आये थे। तब परकाश अपनी माँ के साथ समुद्रतटीय खेतों में चौलाई की भाजी ढूँढ़ने गया हुआ था। उस समय तीन ही सिपाही थे। पूरी बस्ती की झोंपड़ियों और अगल-बगल की झाड़ियों में झांक-झूककर वे चले गये थे। उसी रात परकाश ने सुना था—कल वे फिर आयेंगे देवराज को ढूँढ़ने। लेकिन दूसरे दिन वे इतने तड़के आ धमकेंगे, यह किसी ने नहीं सोचा था।

सीता जब थोड़ी दूर खड़ी जीनत चाची की बगल में जा खड़ी हुई, तो मौका पाकर परकाश धीरे से बाहर आ गया। वह उन सिपाहियों को करीब से देखना चाहता था। टोपवाला अफसर उस समय चबूतरे के बीचोबीच खड़ा था। उसने

अपने टोप को उतारकर कांख में दबा लिया था। उसकी आँखों में अँगारे थे। बच्चों को छोड़कर सभी लोग अपनी-अपनी कुटियों के सामने आ गये थे और उन्हीं के बीच परकाश भी खड़ा था।

पहले दिन इसी जगह से अफसर ने बिना टोप उतारे पूछा था कि बस्ती का मुखिया कौन है। और जब मदन गाँव के एक नंगे बच्चे के कन्धे पर हाथ रखे आगे आया था तो अफसर और भी खिसिया गया था। कड़ककर कहा था कि वह अन्धे से नहीं, आँखोंवाले से बात करना चाहता है।

तब मदन एक कदम और आगे बढ़ गया था और पलकें झपकाते हुए बोला था, "आँखें तो मेरी भी थीं। आज भी हैं। बस, रोशनी ज़ब्त कर ली गयी है।"

पर इस बार भी जब मदन मीरा के कन्धे पर हाथ रखे सामने आ खड़ा हुआ तो अफसर उसे घूरता रह गया। उसकी अपनी आँखों में हुकूमत और कानून का जो ग़रूर था, जब वह उसे मदन की ज्योतिहीन आँखों के सामने प्रदर्शित करने में असफल रहा तो अपनी आवाज़ से ही उसने उस विशेषाधिकार को मदन के सामने जताया, "मो बिज़ें गाँयली ज़ोरजी ! तो फ़िन ताँदे !"

कल शाम भी वह यही बोलकर गया था कि अगर दूसरे दिन देवराज उसे नहीं मिला तो उसके सिपाही गाँव के मज़दूरों को गोलियों से भून देंगे। हरखू सरदार भी अपनी धधकती आँखों से यही ज़ाहिर करता रहा था कि अगर कानून से भागा फिरता वह आरोपी उसे नहीं मिला तो वह गाँव के हर आदमी से उसका जवाब तलब करके रहेगा।

मदन तो कानून के रक्षक और मुजरिम को तलाशनेवाले उस अफसर की आवाज़ ही सुन पा रहा था, पर उसकी बगल में खड़ी मीरा उसकी डरावनी आँखें भी देख रही थी और उसके अधिक काले हो आये रंग को भी।

कालों पर गोरे लोगों द्वारा ढाये जानेवाले ज़ुल्मों के बारे में मीरा कब से सुनती-देखती आ रही थी। उसकी अपनी ही बस्ती के नहीं, बल्कि पूरे मारीच में सभी गाँवों, सभी बस्तियों के उसके अपने लोग गोरे लोगों द्वारा सताये जा रहे थे। लेकिन जिस अजीब बात को वह कभी नहीं समझ पायी, वह यह थी कि गोरे लोग काले लोगों पर ज़ुल्म ढाने के लिए काले लोगों का ही इस्तेमाल कैसे कर रहे थे ? हरखू सरदार भी काला था। क्रिओल सिपाही भी काले थे।

मदन ने कभी हँसकर इस प्रश्न का उत्तर दिया था—

"इसलिए कि गोरे हाथ अब मज़दूर पर चाबुकों और डण्डों के प्रहारों से थक गये हैं।"

डण्डों की बौछार आस-पास की कुछ कोठियों में बन्द हो चुकी थी। मज़दूरों ने अभी राहत की साँस ली ही थी कि एक दूसरी तरह की सज़ा शुरू हो गयी थी उन इलाकों में। दो महीनों में मोरेल तब्लिसमाँ और लंगड़वा कोठी के सत्तरह मज़दूरों ने फाँसी लगा ली थी। शुरू के दो-तीन हादसों को तो लोगों ने स्वाभाविक मान लिया था, लेकिन जब दिन-दहाड़े अच्छे-खासे मज़दूर भी बकाइन, इमली और

बरगद की शाखाओं पर झूलते मिले तो सबसे पहले मदन ने ही उन्हें आत्महत्या मानने से इन्कार कर दिया।

कई दिनों बाद फाँसी लगे व्यक्तियों के बारे में जब देवराज ने पूछताछ शुरू की तो पता चला कि ये वे लोग थे जो कोठीवालों से या तो प्रश्न कर बैठे थे या जिन्होंने कोठी की शर्तों को मानने से इन्कार कर दिया था। सीता के पति विवेक की गिरफ्तारी के बाद उसकी मौत की कई अफवाहें फैलायी गयी थीं, पर एक दिन उसे भी नदी के पास जामुन के दरख्त से झूलते पाया गया था। मँगरू के बेटे की लाश तीनकोनिया पर मिली थी।

गाँव का कोई भी आदमी उन मौतों को आत्महत्या मानने को तैयार नहीं हुआ था। मदन ने मज़दूरों के रक्षक से मिलकर उसे इस नयी परिस्थिति से अवगत कराने के लिए देवराज को शहर भेजा था। वह पैदल जाकर लौट आया था। जांच-पड़ताल भी दो हफ़्ते के भीतर खत्म हो गयी थी। न कोई गवाह मिला था और न ही यह प्रमाणित करने के लिए कोई सबूत कि ये जितने मज़दूर पेड़ों से झूलते मिले हैं इनमें से किसी ने भी आत्महत्या नहीं की है। मदन ने मज़दूरों के रक्षक से पूछा था, "अगर ये सभी खुदकुशियाँ हैं तो इनकी वजह क्या है?"

"मेरा काम इनकी वजह ढूंढ़ना नहीं है। मैं आत्महत्या की वजह नहीं, हत्या की गवाही और सबूत ढूंढ़ने आया हूँ।"

"विद्रोह की अगवानी करनेवालों की हत्याएँ हुई हैं।"

"सबूत कहाँ है?"

इसी सबूत की तलाश में निकला हुआ देवराज कानून से बचने के लिए भागता फिर रहा था।

मदन सोचता कि व्यवस्था और कानून तो उन लोगों से उतनी ही दूर है जितना कि भगवान···शायद उससे भी दूर। और फिर उस कानून से कहीं अधिक शक्तिशाली और तत्कालीन था कोठियों का अपना कानून। किसनसिंह कहता—जेकर लाठी ओकर भैंस, जेकर पैसा ओकर कानून। इसी बात को पड़ोसी कोठी के गोरे मालिक के मुँह पर उछालकर देवराज ने अपने प्राण कोठी के लठैतों के हवाले कर दिये थे। उसी दिन कोठी के लठैतों को यह आदेश मिला था कि देवराज को भी सुनसान इलाके के किसी पेड़ से झुला दिया जाये। और ऐसा हो ही गया होता अगर कोठी का मालिक रघुवा मनई के बेटे को बुलाकर यह नहीं कहता कि फांसी-वाला यह राज़ अब खुल चुका है, कोई दूसरा तरीका ढूंढ़ो और जो भी करना है, सप्ताह-भर ठहरकर ही करना, नहीं तो लोगों की अँगुली सीधे हम पर उठेगी।

सप्ताह-भर की वह मुहलत देवराज के लिए बैठे रहने की नहीं थी।

वह एक गांव से दूसरे गांव यह बताते हुए फिरता रहा कि डण्डों और चाबुकों की बौछार का रुकना मज़दूरों के शोषण की समाप्ति नहीं है। वह तो उठ रहे विद्रोह को रोकने का एक तरीका है। विद्रोह जब आहिस्ता-आहिस्ता गांव-गांव में एक रूप लेने लगा था तो उसे रोकने के लिए कोड़ों की बौछार को भी रोकना

ज़रूरी हो गया था।

"अब तो कोठीवालों को जिन मज़दूरों में विद्रोह की चिनगारी नज़र आ जाती है उन्हें चुपके से पेड़ों पर झुला दिया जाता है, ताकि कल कोई भी आवाज़ उठानेवाला न रहे। ज़िन्दगी सिर्फ़ उन्हीं को बख्शी जायेगी जो ज़ुल्मों को चुपचाप सहते रहने को तैयार होंगे···!"

गांव-गांव, बैठक-बैठक मज़दूरों को कोठीवालों की इस नयी साज़िश से अवगत कराता हुआ देवराज अपने गांव लौट रहा था कि नदी के उस पार तीनकोनिये पर तीन व्यक्तियों ने उसका रास्ता रोक लिया। चांद पूरी गोलाई लिये हुए था। उस रात भिसार के समय देवराज बस्ती में लौटा और सीधे मदन की झोंपड़ी में पहुंचकर लुढ़क गया, "मदन, मैंने दो व्यक्तियों की हत्या कर दी है।"

टीन की धुंधली रोशनीवाले चिराग के उस धुंधलके में मदन ने देवराज के चेहरे को देखना चाहा था। कई महीनों बाद उसे फिर से अपने अन्धे होने का कड़वा एहसास हुआ था। तीन दिन पहले ही उसने देवराज को भावी खतरे से आगाह करते हुए कहा था, "ज़ुल्मों का सामना करने के और भी तरीके हैं। इस तरह खुलेआम कोठीवालों के खिलाफ जाओगे तो अपने को जोखिम में डाल बैठोगे।"

मदन को अपने ही सिद्धान्त के विरुद्ध बोलना पड़ा था। उसके अपने ही सिद्धान्त ने तो उसे अन्धा बनाकर छोड़ दिया था। वही उसूल देवराज की जान ले बैठे, यह उसे गवारा नहीं था। उसे इन दोनों हदों से चिढ़ थी—एक तो चुपचाप सभी कुछ सहे जाना और दूसरे, सारे शोषण को रातों-रात मिटा देने का उन्माद। लगातार ज़ुल्म सहते जाने को बहुत बड़ी सहनशक्ति माने बैठे रहना जहां उसे कायरता लगता था, वहीं रातों-रात ज़ुल्म मिटा देनेवाले सपनों को भी वह भावुक विद्रोह मानता था।

वह अक्सर सोचता कि अगर इन दोनों के बीच कोई रास्ता है तो वह क्या है? यह तो सिर्फ़ कहा जाता है कि सरकार की ओर से नियुक्त मज़दूरों के रक्षक और आन्दोलनरत नेता जिस रास्ते को अपनायें शायद वही मज़दूरों को एक बेहतर ज़िन्दगी दे सके। लेकिन कब?···और वह यह सोचने को विवश हो जाता कि कहीं उसकी इसी अधीरता का नतीजा तो नहीं है यह? देवराज अगर दो व्यक्तियों की हत्या कर आया था तो क्या इसी अधीरता का शिकार होकर नहीं?

अपने सामने बैठे देवराज पर अपनी निगाह टिकाये हुए भी मदन उसे देख पाने में असमर्थ था। ऐसी ही असमर्थता देश-भर के मज़दूरों की थी। मदन सुनता रहता अपने ही स्वर की अनुगूंजों को।

"देव! तुम हत्या तक क्यों पहुंच गये?"

देवराज ने उसके इस प्रश्न को नहीं सुना था। उसके अपने जन्म के वर्षों पहले से मज़दूरों की यह दयनीयता चली आ रही थी। तब से कई हत्याएं, कई आत्म-हत्याएं भी उसी रफ़्तार से होती रही थीं। आवेश और विद्रोह में की गयी हर

हत्या से एक क्षण पहले यही आत्मविश्वास रहा होगा शायद कि इसके बाद स्थिति बदलकर रहेगी लेकिन जब महीनों, वर्षों बाद भी स्थिति वही रही और कहीं-कहीं बदतर भी होती गयी तो आत्महत्याओं की नौबत भी आयी। मकसद शायद वही रहा कि उन अत्याचारों की यातनाओं को देखने-सहने से तो बचा जा सके।

लेकिन कौन बच पाया ?

"देव ! तुमने हत्या क्यों की ?"

देव चुप रहा।

"कौन थे वे ?"

"तीन व्यक्ति मुझे मार डालना चाहते थे।"

"गोरों के आदमी ?"

"हाँ। दो के हाथों में लाठियाँ थीं, तीसरे के पास तेगा।"

वह मदन के बिस्तर पर बैठ गया। बाहर का भारी सन्नाटा जैसे कुछ घड़ी के लिए भीतर आ गया था। मदन भी देवराज की बगल में बैठ गया।

"जानते हो मदन, वह तेगावाला कौन था ?"

"अपने ही लोगों में से कोई होगा।"

"रघुवा मनई का बेटा !"

"मैंने तो उसी दिन तुमसे कहा था कि जब अपने ही लोग दूसरी ओर मिल जाते हैं तो खतरा दोगुना हो जाता है।"

"उसी ने सबसे पहले मेरे ऊपर आक्रमण किया। पर उसके उस तेगा पर चाँदनी के चमकने की देर थी कि मैंने साले को धँसोड़कर उसके हाथ से तेगा ले लिया।" उसने अपने माथे के खून को पोंछते हुए आगे कहा था, "तब तक दो ओर से मेरे ऊपर लाठियाँ बरस पड़ीं। अब जब मैंने हाथ घुमाया तो पहले रघुवा मनई के उस कपूत को ही काटा फिर उस सांढ़-से तगड़े मलगासी को। तीसरे को भी काट देता अगर वह भागता नहीं तो। यह रघुवा का बेटा ही लोगों के गले में रस्सी डालता था।"

"तुमने अच्छा नहीं किया।"

"रघुवा मनई के उस कपूत को मारकर ! तुम सोचते हो कि अब तक केवल सत्तरह लोगों को ही फाँसी दी गयी है ! मैं बता रहा हूँ कि इस रघुवा के जल्लाद बेटे ने पचास से अधिक लोगों की जानें ली हैं। हर तीन लाशों पर इसे एक बीघा ज़मीन मिली है।"

अपने सामने महीनों पुराने अँधेरे में मदन मज़दूरों की लाशों को पेड़ों से झूलते देखता रह गया था। उसका अपना अंधेरा कभी एक चमक लिये होता था। तीन महीने पहले जब मलगासी रखवारों ने उसे सेंहुड़ के काँटों में ढकेलकर अन्धा बनाया था, उस वक्त भी उसके सामने गहन अँधेरा छाने से पहले वैसी ही एक कान्ति कौंधी थी। उस रोशनी में वह अपने मज़दूर साथियों के आनेवाले बेहतर क्षणों को तलाशते रह गया था। लेकिन वह एक बाँझ रोशनी थी—उसमें कुछ भी

नहीं था। वह अँधेरे की शून्यता लिये हुए थी।

देवराज के सामने अपने चारों ओर की चमक में जब उसे गरदनें झूलती नज़र आयीं, तो उसने उनके बीच भी आनेवाले उन क्षणों को फिर से देखना चाहा, लेकिन उस क्षणिक चमक ने उन दूसरी आकृतियों को स्पष्ट ही नहीं होने दिया। वह बहुत सुन चुका था कि मज़दूरों के अच्छे दिन कभी भी देखने को नहीं मिलेंगे। यही कारण था कि वह उन क्षणों की आकृतियाँ अपने ज़ेहन में बुना करता था।

झोंपड़ियों के भीतर से कुछ बच्चे झांक ज़रूर लेते थे पर उनमें बाहर आने की हिम्मत नहीं थी। वह केवल परकाश ही था जो ठाठ से बड़े लोगों के बीच खड़ा था। बड़े लोगों की आँखों में डर था, परकाश की आँखों में उत्सुकता। लोगों के अपने-अपने काम पर निकल जाने से पहले ही सिपाहियों ने बस्ती को घेर लिया था। कुछ झोंपड़ियों के चूल्हों पर चढ़ी हाँड़ियाँ उसी तरह रह गयी थीं। आग अपने-आप बुझ गयी थी। चावल अधगले रह गये थे। कुछ बच्चों को सुबह की चाय मिली थी, कुछ को नहीं। जिन्हें नहीं मिली थी वे अपनी ही धुन में उसकी माँग किये जा रहे थे—कोई ठुनककर, कोई चिल्लाकर तो कोई नाक धुनकर। पर जैसे ही उधर से अफ़सर की आवाज़ आती, सभी बच्चे चुप हो जाते।

परकाश के पास ही खड़ी थी मीरा की मौसी। वह मन-ही-मन हनुमानजी का नाम जपे जा रही थी। पिछली रात उसने आसमान से फूलों के बरसने का सपना देखा था। उठते ही मीरा से बोली थी, गाँव में अनर्थ होनेवाला है।

मौसम की गरमी का एहसास सूरज की पहली किरणों के ऊपर आते ही होना शुरू हो गया था। कठिन समय मे गरमी का असर ज़्यादा होता है, मदन ने ऐसा ही अनुभव किया है। बिना हवा की उस सुबह में एक भावी अकुलाहट पहले ही से निहित थी।

उस अकुलाहट की पहली झलक गाँव के सिमटे-सहमे लोगों की ओर से न आकर टोपवाले अफसर की ओर से आयी थी। अपने अख़्तियार और प्रभुत्व को और भी प्रभावक और व्यापक बनाने के लिए वह क्रिओली के बजाय फ्रेंच में दहाड़ उठा था, "आधे घण्टे में एक-एक झोंपड़ी को छान लेने के लिए सिपाहियों का एक दूसरा दल नोंच खानेवाले चार शिकारी कुत्तों के साथ यहाँ पहुँच रहा है।" और फिर जिन मज़दूरों को मैदान तक जाने का मौका नहीं मिला था उन्हें सम्बोधित करके अफसर ने कहा था, "काका दाँ जोत लाँगूची मेम।"

उनसे कह दिया गया था कि वे अपनी लँगोटी में ही उस क्रिया को कर लें और लोग अपने हाथों के लोटों के साथ जहाँ-के-तहाँ खड़े रह गये थे। परकाश की आँखों की उत्सुकता जाती रही थी और उसकी जगह उन छोटी आँखों में एक क्रोध का-सा भाव पैदा हो चला था। उसकी आँखें टिकी रह गयी थीं अफसर के ऊपर और पलकें झपकना भूल गयी थीं।

अकेले परकाश ने देखा था—देवराज को ईख के सूखे पत्तों के ढेर की ओर रेंगते हुए और उसने तत्काल उधर से अपनी आँखें हटा ली थीं। वह उस अफसर को

फिर से घूरने लगा था—उसकी आँखों से ग्यारहवर्षीय बच्चे का वह भाव गायब हो गया था और उसकी जगह पर जो भाव था वह आक्रोश के करीब का कोई भाव था।

मदन के घर के पिछवाड़े से होकर झोंपड़ियों की बगल में मुट्ठियों बँधे ईख के सूखे पत्तों के जिस ढेर के नीचे देवराज जा छिपा था वह स्थल भी उसे सुरक्षित नहीं लगा था। मदन के घर से कद्दू की बेलों के बीच रेंगकर वह छाजन के लिए रखी मुट्ठियों के बीच पहुँचा था। रात में मदन के साथ उसने पहाड़ी पर किसनसिंह की ढह आयी झोंपड़ी के पीछे घनी झाड़ी में जा छिपने की योजना बनायी थी। पर सिपाही इतने सवेरे आ गये थे कि देवराज और मदन के बीच बनी वह योजना धरी रह गयी थी। फिर भी किसी तरह मीरा का इशारा पाकर वह मदन के घर से बाहर निकल सका था। परकाश को छोड़कर कोई और उसे नहीं देख पाया। गन्ने के जिन सूखे पत्तों के ढेर के नीचे वह था वहाँ से रह-रहकर टोपवाले अफसर के गरजने की आवाज़ उसे सुनायी पड़ जाती थी। मुट्ठियों के बीच उसने एक छोटी-सी जगह बना ली थी पर उस जगह से उसे अफसर बिल्कुल नहीं दीख रहा था। अफसर दूसरी ओर था और इस ओर जो सिपाही था वह ईख के पत्तों के ढेर के एकदम करीब था। उधर से मुट्ठियाँ हटाने का मतलब था, उसका ध्यान अपनी ओर आकर्षित कर लेना।

देवराज ने सुन लिया था कि सिपाहियों का एक दूसरा दल वहाँ पहुँच रहा है और बस्ती में कंघी फेरकर उसे पा लिया जायेगा। वह गिरफ्तार होना नहीं चाहता था। हत्या की सज़ा फाँसी होती है। मदन यह मानने को तैयार नहीं था कि देवराज ने हत्या की है। अगर वह उन दोनों पर तेगा का वार नहीं करता तो स्वयं मारा जाता। वे तो उसकी अपनी रक्षा के दौरान मारे गये थे। वह यह भी जानता था कि ऐसी स्थिति में हुई हत्या के लिए ऐसे कानून भी होते होंगे जहाँ आरोपी को माफ कर दिया जाता होगा। लेकिन कोठी और मज़दूर के बीच ऐसे कानून की बात कौन सुननेवाला था ?

मदन ने उससे कहा था, "देव ! तुम तो निर्दोषों को फाँसी चढ़ने से रोकने के लिए खुद अपनी गरदन में फँदा डाल बैठे।"

"नहीं मदन, मैं इन लोगों के हाथों नहीं आऊँगा। फाँसी की रस्सी मेरे गले में पहुँचे, इससे पहले मैं ही अपने हाथों अपना गला दबोच लूंगा।"

"वह भी तो मौत ही होगी। और फिर अपने हाथों अपनी गरदन दबोचना आसान नहीं होता।"

कुछ देर बाद देवराज ने अपने आगे की जगह से हटकर धीरे-धीरे अपने बायीं ओर के पत्तों को हटाया था। वहाँ से उसे बस्तीवालों की पीठों के अलावा और कुछ नहीं दीख पड़ा था। वह कोई और सूराख बना पाता कि तभी अफसर का कर्कश स्वर दूसरी ओर से आकर उसके कानों से टकराया था—

"मों दोन ज़ोत अँकोर सेंक मिनित। सी ज़ोत पा फ़िन लिब्रे म्वा सा क्रिमिनेल

ला मो बान ज़ोम पू रांत्र लाकाज़ पार लाकाज़।"

गाँव को औरपाँच मिनट का समय दिया गया था और अगर उस बीच हत्यारे को अफसर के हवाले नहीं किया गया तो सिपाही एक-एक घर की तलाशी शुरू कर देंगे।

देवराज जानता था कि सभी घरों के बाद ईख के पत्तों के ढेर की भी बारी आयेगी और उसमें आग लगते देर नहीं लगेगी।

वह उस ठौर से निकलकर पहाड़ी की ओर भाग जाने की ताक में था, पर ऐसा वह तभी कर सकता था जब उसे मीरा के हाथ से थाली गिरने की आवाज़ सुनायी पड़ेगी। मीरा को उस घड़ी का इन्तज़ार था जब सिपाहियों का दल झोंपड़ियों की तलाशी के लिए अपनी जगह से आगे बढ़ेगा लेकिन अफसर से यह सुनकर कि सिपाहियों का दूसरा दल भी पहुँचनेवाला है, देवराज को भाग निकलने की सारी योजना बेकार होती-सी प्रतीत हुई थी। दूसरे सिपाहियों के आ जाने का मतलब यह होगा कि पहलेवाले सिपाही अपनी जगह से टस-से-मस नहीं होंगे। वैसी स्थिति में उनकी नज़रें बचाकर पहाड़ी की ओर भाग निकलना कठिन था।

ईख के पत्तों की गरमी और चुभन दोनों को झेलता हुआ देवराज वहाँ से निकल सकने की घड़ी की प्रतीक्षा में उकड़ूँ बैठा रह गया था और मदन की बगल में पत्थरों के पास मीरा अपने हाथ में पीतल की थाली लिये खड़ी रह गयी थी।

बस्ती की उस खामोशी में मज़दूरों का भय देवराज को खलने लगा था। उस खामोशी में परकाश की आँखों में जो आक्रोश था उसे देवराज देख नहीं पाया था। लोग देवराज से भी अधिक भयभीत थे। न कोई अपने स्थान से हिल रहा था, न डोल रहा था। मौत की-सी उस खामोशी को टोपवाले अफसर की आवाज़ ही रह-रहकर तोड़ जाती थी।

"मो दोन ज़ोत एन देरनिये दे मिनित।"

उसने लोगों को आखिरी दो मिनट दिये थे।

परकाश दो कदम आगे बढ़ गया था।

टोपवाले इस अफसर की पहली आवाज़ मदन ने उस दिन सुनी थी, जब कुएँ पर रम्भा की ओर संकेत करके हरखू सरदार ने कहा था—

"की ऊ जीर सा ज़ाफ़ेर ला मूसे?"

हरखू के इस प्रश्न के उत्तर में मदन ने पहली बार वह मोटी-सी क्रिओली आवाज़ सुनी थी—

"बढ़िया माल है हरखू! साहब खुश हो जायेगा!"

फिर तो हरखू ने रम्भा के कान में कहा था, "एगो गोर लयका के माँ बन जयबे। का बोलत हवे? साथ में साहेब तोके दू बीघा ज़मीन भी दे डाली।"

टोपवाले की वह मोटी आवाज़ कुएँ की गहराई से प्रतिध्वनित होकर पास ही खड़े पाँच-छह मर्दों के कानों में उबलते तेल की तरह खौल उठी थी।

"की तो पे सिपलिये हरकू? सरदार होकर साला गिड़गिड़ा रहे हो! हाथ

पकड़ो और ले चलो।"

मदन आगे बढ़ा था। हरखू से पूछा था, "यह कौन है हरखू सरदार, जो इस तरह बोल रहा है ?"

वहाँ खड़े बाकी मर्द भी आगे बढ़ आये थे।

लेकिन टोपवाले अफसर के हाथ की बन्दूक उन सभी की बाँहों से ज्यादा लम्बी थी। उसकी नली से एक-एक को धँसोड़ता हुआ वह आगे बढ़ आया था और रम्भा की कलाई को अपने फौलादी पंजे में जकड़ लिया था।

उस दिन भी उसने सभी को अपने रास्ते से अलग हट जाने के लिए यही कहा था, "मो दोन जोत एन देरनिये दे मिनित।"

शाम के वक्त जब झोंपड़ों की परछाइयाँ पूरे आँगन में फैल जाती थीं तब मदन गाँव के बच्चों को चबूतरे के पास पढ़ाता था। गाँव के बच्चों में एक परकाश ही था जो जब चाहे मदन के घर पहुँचकर कभी सवाल करने लगता तो कभी दिन-दहाड़े कहानियों का तकाजा कर बैठता। मदन जब उसे यह कहकर टालने का प्रयत्न करता कि दिन में कहानियाँ सुनने-सुनाने से सिर पर सींग उग आते हैं तो परकाश दूसरी तरह की कहानियों के लिए हठ करने लग जाता। फिर तो मदन को राजा-रानियों और राक्षस-परियों के किस्सों से अलग सोमा और सन्तू की कहानी सुनानी पड़ जाती। सोमा-सन्तू की कहानी मारीच देश की सच्ची कहानी थी, जिसे किसनसिंह छोड़ गया था। मदन के बाप की उन सभी पुस्तकों को देखकर परकाश उससे पूछता, "मन चाचा, ये सब तुम पढ़ चुके हो ?"

शुरू में वह मदन को मदन चाचा कहकर पुकारता था। पर एक दिन उसकी माँ ने उसे डाँटा था और कहा था कि बड़ों को नाम से नहीं पुकारते। गाँव के कई-बड़े लोगों को परकाश चाचा कहता था। लेकिन मदन को सिर्फ चाचा कहना उसे नहीं भाया, इसलिए वह उसे मन चाचा कहता था।

जिस दिन मदन उसे प अक्षर से शब्द बनाना सिखा रहा था—प से परकाश, पसीना, पैसा···तो परकाश ने उसे टोककर पूछा था—

"मन चाचा, प ही से परकाश, प ही से पसीना और प ही से पैसा बनता है ?"

"हाँ बेटे !"

"परकाश कहाँ से आता है ?"

"सूरज से।"

"और पसीना ?"

"वह मेहनत के बाद आता है।"

"और पैसा ?"

"वह पसीना बहाने और मेहनत के बाद मिलता है।"

"मन चाचा !"

"बोलो।"

"मेरी मां गाय के लिए घास लेकर लौटती है तो पसीने से चपचप होती है। वह तो दिन-रात मेहनत करती है।"

"तुम्हारी मां सचमुच बहुत मेहनत करती है बेटे!"

"तो फिर उसके पास पैसा क्यों नहीं?"

कई अवसरों पर परकाश के प्रश्नों के उत्तर देते-देते मदन थक जाता था। पर यह पहली बार था कि उसके किसी प्रश्न से वह दहल उठा था। उसकी उस निरुत्तरता पर परकाश उसे एकटक देखता रह गया था। वह कोई दूसरा प्रश्न करता, इससे पहले ही मदन कह उठा था—

"आज तुम्हें बेलवन्ती रानी की कहानी सुनाता हूँ।"

मकई की बाली से दाने छुड़ाता हुआ वह उस दिन अनमने भाव से परकाश को बेलवन्ती रानी का किस्सा सुनाने लगा था। कहानी समाप्त होने पर परकाश ने छुटे मकई की एक ढीठी को हाथों में लेकर मदन से पूछा था, "मन चाचा, इसके सभी दाने छुड़ाये जा चुके। अब इसका क्या होगा?"

मदन कहने को ही था कि दाने छुट जाने के बाद कोशे को फेंक दिया जाता है, पर वह सँभल गया था। उसे लगा था कि उसका वह उत्तर परकाश को दूसरा सवाल दे बैठेगा। वह थक गया था, इसलिए चटाई से उठते हुए बोला था, "धुलाई के समय इससे कपड़े रगड़े जाते हैं।"

मदन को थका जानकर उस दिन परकाश ने आगे कोई प्रश्न नहीं किया था। जहाँ तक बेलवन्ती कहानी की बात थी उसे उसने अच्छी तरह सुना ही नहीं था। उस घटना के दूसरे दिन ही उसके बाप की लाश नदी के पास जामुन के पेड़ से झूलती पायी गयी थी। उसकी माँ रोयी थी, वह नहीं रोया था। वह तो मदन से यही पूछता रह गया था कि उसके बाप को किसने फाँसी दी है और क्यों? उसके उन प्रश्नों को अनसुना करके मदन उसे कुछ और कह गया था। परकाश अपने उन सवालों को बार-बार उसके सामने रखता गया था। अन्त में मीरा ने मदन से कहा था, "कब तक बच्चों से सच्चाई को छिपाओगे?"

और मीरा उसे वे बातें बता गयी थी।

चबूतरे पर खड़ा अपने हाथ की ज़ंजीर झुलाते हुए जब टोपवाला अफसर गाँववालों को आखिरी चेतावनी दे रहा था तब परकाश अपने बाप की मौत के बारे में सोच रहा था। मीरा ने उसे बताया था कि विवेक कोठी के रखवारों द्वारा मारा गया था। इसलिए जब टोपवाले अफसर ने यह कहा था कि कोठी का मालिक किसी को माफ नहीं करेगा तब परकाश को लगा था कि सामनेवाला वह अफसर ही वह आदमी है जो कोठी के मालिक के आदेश पर मज़दूरों को पकड़ ले जाता है और उन्हें पेड़ों से लटका देता है।

इस खयाल के आते ही वह दौड़कर अपनी माँ के पास पहुँच गया था—

"माँ! इसी आदमी ने मेरे बाप को फाँसी दी थी?"

"परकाश ! तुम बाहर क्यों आये ?"

"बोलो माँ, इसी आदमी ने···"

ज़ीनत चाची ने आगे बढ़कर उसके मुँह पर हाथ रख दिया था।

"चुप रहो, नहीं तो ये लोग तुम्हें भी पकड़ ले जायेंगे।"

सीता ने परकाश को अपने से सटाकर उसे अपनी बाँहों में बाँध लिया था। इस बीच अफसर चबूतरे से उतरकर मदन के नज़दीक पहुंच गया था।

"तो तुम हो इस बस्ती का मुखिया !"

"हाँ।"

"क्या तुम देख पा रहे हो कि तुम्हारी बस्ती के चारों ओर मेरे सिपाही बन्दूकें ताने खड़े हैं ?"

"देख तो नहीं पा रहा, पर तुम्हारी आवाज़ से अनुमान ज़रूर लगा सकता हूं। बन्दूकों के बल पर ही कोई इस तरह बोल सकता है।"

"तुम अन्धे नहीं होते तो उस खतरे को देख सकते जो तुम अपने सभी साथियों के लिए मोल ले रहे हो। अभी भी समय है। तुम उस खूनी को हमारे हवाले कर दो।"

"हमारे बीच कोई खूनी नहीं है।"

"तुम सभी ने उसे छुपाकर रखा है।"

परकाश ने दो-तीन चेष्टाएँ की थीं अपनी माँ के अंक से छूटने की। शिकारी कुत्तों के भूंकने की आवाज़ को सुनकर वह अपनी माँ के आँचल में सिमट गया था। उसे सिपाहियों और बन्दूकों का डर नहीं था पर वह उन शिकारी कुत्तों से डरता था। वह कालीमाई की बहरिया पूजा के दूसरे दिन धनलाल और देवलाल को नोचे जाते देख चुका था। दो कुत्तों ने उस दिन दोनों के कपड़ों को तार-तार करके उन्हें लहूलुहान कर दिया था। सीता के आँचल में सिमटा हुआ परकाश उन खूँखवार कुत्तों को देखना नहीं चाह रहा था। पहुँचनेवाले कुत्तों के पीछे पाँच सिपाही भी थे। वे पांचों सीधे अफसर तक पहुँचकर खड़े हो गये थे। अफसर ने अपने टोप को सिर पर रखा था। अपने हाथ की ज़ंजीर को ऊपर करके उसे मदन के कानों के लिए झनझनाया था और तब धीरे से बोला था, "तुम उस खूनी को कानून के हवाले करते हो या नहीं ?"

"यहाँ कोई खूनी नहीं है।"

"बों आला मों कोमांसे। मैं पूरी बस्ती की तलाशी शुरू कराने जा रहा हूँ।"

लोगों के बीच कानाफूसी शुरू हुई थी और अफसर चिल्ला उठा था—

"पा कोज़दां मालबार। मो पा कोंप्रां।"

उसने नहीं चाहा था कि कोई भोजपुरी में बातें करें। मदन उससे क्रिओली में बातें कर रहा था—

"बस्तीवाले कह रहे हैं कि बस्ती की तलाशी नहीं लेने देंगे।"

"कौन होते हो तुम लोग मुझे रोकनेवाले !"

बगल से फरीद ने उसी स्वर में उत्तर दिया था, "बस्ती हमारी है।"

अफसर अपने सामने खड़े मदन को धक्का देकर आगे लपका था। उसके धक्के से मदन पत्थरों के ढेर पर जा गिरता यदि मीरा ने उसे थाम न लिया होता। ऐसा करते समय उसके हाथ से पीतल की थाली छूटकर पत्थरों पर झनझना उठी थी और ईख के सूखे पत्तों के बीच से निकलकर देवराज पहाड़ी की ओर दौड़ने लगा था। उसकी दोनों ओर से दो सिपाहियों ने उसे रुकने का आदेश दिया था। पर वह रुका नहीं था। अफसर भी चिल्ला उठा था और उसकी वह चिल्लाहट पहाड़ी से टकराकर गूंज उठी थी—

"आरेत ली। पा लेस ली सोवे।"

सभी सिपाही उसके पीछे दौड़ पड़े थे। कुत्तों की ज़ंजीरें खोल दी गयी थीं। परकाश अपनी माँ के बन्धन से छूटकर भी जहाँ था वहीं खड़ा रह गया था, लेकिन उसका मन देवराज के पैरों से भी तेज़ दौड़ रहा था।

कालीमाई की बहरिया पूजा के दूसरे दिन वह कालीमाई की बगलवाले मैदान से दोनों मेमनों को लाने पहुँचा था। तीनों बकरियों को उसकी माँ घास चराने ले गयी थी। वह काला मेमना हर बार परकाश की बाँहों से छूटकर दौड़ जाता था। दस दिनों का वह बच्चा उससे भी ज्यादा तेज़ था। वह जब एक के पीछे लपकता था तो दूसरा दूसरी दिशा को दौड़ जाता था। परकाश थककर बीच मैदान में बैठ गया था कि तभी शिकारी कुत्तों की आवाज़ें आयी थीं। वह अपनी जगह से उठकर दोनों मेमनों को पकड़ने के लिए दौड़ गया था। उन शिकारी कुत्तों से पहले उसने देवलाल और धनलाल को दौड़ते हुए देखा था। मैदान के बीचोबीच दोनों कुत्ते उन पर झपट पड़े थे। परकाश सफेद मेमनों को बाँहों में लिये काले मेमने की कुलाँचों से नज़र हटाकर कुत्तों की झपटों को देखता रह गया था। उन दोनों के कपड़ों को चिथड़ा-चिथड़ा और उनके शरीर को खूनमखून करके वे कुत्ते परकाश पर भी झपटे थे। काला मेमना उसके हाथ से छूट गया था।

इससे आगे क्या हुआ था, परकाश को अपने घर जाकर पता चला था।

"माँ, दोनों मेमने कहाँ हैं?"

उसकी माँ ने दूसरी बार पूछने पर उसके इस प्रश्न का जवाब दिया था, "शिकारी कुत्तों ने उन्हें टुकड़े-टुकड़े कर दिया!"

वह बहुत रोया था। दो दिन तक बीमार पड़ गया था। मीरा उसके लिए धनपत के यहाँ से एक मेमना ले आयी थी।

वे कुत्ते जो देवराज के पीछे दौड़े थे, परकाश उन्हें मार सकता तो मार देता। पर कैसे? अगर वह किसी सिपाही की बन्दूक छीन सकता तो कुत्तों पर गोलियाँ दाग देता···लेकिन उसे बन्दूक चलाना आता तब तो। वह मदन से कई बार कह चुका था, "मन चाचा! तुम मुझे सिर्फ पुस्तकें पढ़ाना सिखाते हो। बन्दूक चलाना क्यों नहीं सिखाते?"

"पुस्तक पढ़ने से आदमी विद्वान बनता है। बन्दूक चलाकर क्या करोगे?"

"क्या पुस्तकें पढ़े हुए आदमी पर शिकारी कुत्ते नहीं झपटते ?"

मदन ने उत्तर नहीं दिया था। परकाश चुप रह गया था। घर लौटते समय बोला था, "मैं बन्दूक चलाना सीखूंगा।"

अगर उसे बन्दूक चलानी आती तो वह देवराज के पीछे दौड़नेवाले सिपाहियों और कुत्तों के पीछे दौड़ जाता…।

वह अपने स्थान पर खड़ा पछताता रह गया था।

देवराज दौड़ता रहा।

आवाज़ें अस्पष्ट थीं। वह गोली की आवाज़ थी जो उसके बायें कान के एकदम करीब से निकल गयी थी। वह भागता गया। एक दूसरी गोली सनसनाती हुई झाड़ियों के बीच से निकल गयी। उस अन्धाधुन्ध दौड़ में उसका पाँव खाई में पड़ गया और वह घुटनों के बल गिर पड़ा। लग आयी चोट और उससे बह रहे खून की परवाह किये बिना वह पहाड़ी की ओर बढ़ता गया। वह दौड़ रहा था, झाड़ियों के बीच टेढ़ा-तिरछा निशान बनाता हुआ। शिकारी कुत्ते सभी सिपाहियों से आगे आ गये थे। पत्थरों की एक मुंडेर को पार करते हुए वह दोबारा गिरा, पर पहले ही जैसी स्फूर्ति के साथ उठकर सेंहुड़ की झाड़ियों के किनारे-किनारे दौड़ने लगा। मुंडेर पार करने में कुत्तों को कठिनाई हुई होगी, इसीलिए उनकी आवाज़ दूर पड़ गयी थी। उस दलदल के बीच की पतली-सी सख्त पगडण्डी को वह भली भाँति जानता था, जिससे सफेद मिट्टी निकालकर बस्ती के घरों की दीवारें रँगी जाती थीं। उसने पहले ही सोच लिया था कि अगर उस दलदल के बीच वह अपने दौड़ने की रफ़्तार को उसी तरह बनाये रख पाया तो फिर पीछा करनेवाले कुत्ते और सिपाही और भी पीछे छूट जायेंगे। इसलिए अपने और पीछा करनेवालों के बीच के फासले को थोड़ा अधिक बढ़ा लेने के लिए उसने अपनी रफ़्तार कम नहीं की। हालाँकि वह उस खतरे को भी जानता था कि पाँव अगर थोड़ा-सा भी इधर-उधर हुआ तो धँसने की नौबत आ सकती है। पूरी सावधानी से दौड़ने की अपनी गति को बनाये हुए वह कचू के झुरमुटों को भी पार कर गया। उसने पीछे की ओर देखना चाहा, पर यह सोचकर कि वैसा करने से रफ़्तार कम हो जायेगी उसने पीछे नहीं देखा। आगे आबनूस का जंगल था। उसने उन पेड़ों के बीच दौड़ते हुए पीछे से आनेवाली कुत्तों की आवाज़ों से अपने और पीछा करनेवालों के बीच फासले का अनुमान लगाया। आबनूस के ऊँचे पेड़ों के बीच आनेवाली कँटीली झाड़ियों को फाँदता हुआ वह दौड़ता ही रहा।

गाँव एकदम पीछे छूट चुका था। आबनूस के जंगल को पार करने के बाद ही वह पल-भर के लिए रुककर साँसें ले सकता था, लेकिन वह जगह अभी दूर थी। पीछे गिरने के कारण उसके माथे से भी खून बह आया था। वह उसके होंठों तक पहुँच रहा था। उसने उसे पोंछने की जरूरत नहीं समझी। वह दौड़ता रहा। उसे अपनी साँसें भारी प्रतीत होने लगी थीं। वह रुककर साँसों को फिर से गति देना

चाह रहा था, पर यह भी जानता था कि दौड़ते रहने में ही सुरक्षा है। उसके पांव नहीं थके थे, केवल साँसें ही भारी पड़ रही थीं। पर इसकी परवाह किये बिना वह दौड़ता रहा। आबनूस के बाद जब चीड़ के पेड़ मिलने शुरू हुए तो उसने अपनी रफ़्तार कुछ कम की। बायीं ओर मुड़कर उसने नागफनी के झुरमुट के पीछे से ऊपर चढ़नेवाली पगडण्डी को पकड़ा। उसे विश्वास होने लगा था कि वह पीछा करनेवालों को चकमा दे आया है। पर इससे पहले कि वह राहत की साँस लेता, उसकी नज़र ठीक सामने एक पहाड़ी चट्टान पर खड़े दो सिपाहियों पर जा पड़ी, जो हाथों में बन्दूक थामे उसी पर निशाना साधे हुए थे।

वह एक पल के लिए ठिठका और पीछे घूमकर उस दिशा में दौड़ने लगा जो उसे नदी की ओर ले जाती थी। घुटनों-घुटनों दूब से होते हुए वह ईख के खेतों में आ पहुँचा। पर तभी कुत्तों के भूँकने की आवाज़ से वह एक क्षण के लिए ठिठक गया। वह तीन दिशाओं से घेरा जा चुका था। एक ही रास्ता अब उसके सामने था—गन्ने के खेतों के बीच होकर नदी तक पहुँचना और वहाँ से बस्ती की ओर भागना।

सिपाही और कुत्ते बीच के फासले को कम करते हुए निरन्तर उसके नज़दीक चले आ रहे थे। साँसों के साथ उसके पाँव भी जवाब देने लगे थे। रफ़्तार कम हो चली थी। प्यास के मारे फेफड़ा ऊपर आता-सा प्रतीत होने लगा था। होंठों तक बहते पसीने पर वह कई बार जीभ फेर चुका था। घुटनों ऊँची घास के बीच दौड़ते हुए वह तीन बार गिरा था। उसके पाँव उसकी लम्बाई में फँस जाते थे।

ईख के घने खेत में प्रवेश करते हुए उसने अपने दोनों हाथों को सिर के पास बाँध लिया, ताकि पैने पत्तों से उसका चेहरा और आँखें घायल न हों। वह ईख को रौंदता-तोड़ता तूफान की तरह खेत में बढ़ता गया। दस मिनट से ज्यादा लगे थे उसे गन्ने का खेत पार करने में। नदी के पास पहुँचकर उसने चारों ओर देखा। जल्दी से अँजुली में पानी लेकर पीया और चेहरे को झपलाकर नदी को पार कर गया। सामने का रास्ता सीधे गाँव तक जाता था। वह दौड़ पड़ा, लेकिन धांय! धांय!! उसने आवाज़ सुनी और दूसरे ही क्षण ज़मीन पर लुढ़क गया।

गोली उसकी पीठ पर लगी थी। दूसरे ही क्षण वह दर्द से कराह उठा। अपनी जगह से उठना चाहा, पर उठ न सका। शरीर में जैसे शक्ति नाम की कोई चीज़ बाकी थी ही नहीं। उसने किसी तरह बची-खुची ताकत को बटोरा और घुटनों के बल फिर अपने पाँवों पर उठ खड़ा हुआ। लड़खड़ाहट उसके समूचे शरीर में थी। क्षण-भर अपने पाँवों को स्थिर रखकर उसने उन्हें आज़माया। उसे लगा कि दौड़ जाने की शक्ति अभी उसमें है। वह फिर दौड़ पड़ा। दर्द से उसकी आँखें कभी पूरी खुल जातीं, कभी बन्द हो जातीं; कभी गरदन आगे-पीछे लुढ़क जाती पर दौड़ना उसका बना रहा। अपनी हँफनी और कराह भी सुनता रहा और यों ही गाँव के करीब पहुँचता गया। सिपाही और कुत्ते भी उसके करीब आ गये थे।

गाँव की कालीमाई के पास की भीड़ उसे देखकर आगे बढ़ी कि तभी दो ओर

से गोलियों की आवाज़ें आयीं और पत्थरों के ढेर की ऊँचाई पर खड़े अफसर का चिल्लाना सुनकर भीड़ रुक गयी। सबसे आगे था मदन— मीरा का कन्धा थामे हुए। लेकिन उससे भी आगे था परकाश, कालीमाई की बगलवाली काली चट्टान पर। सबसे पहले उसी ने देवराज को देखा था। अपनी जगह से कूदकर उसने देवराज की ओर बढ़ना ही चाहा था कि तभी अफसर चिल्ला उठा, "पाँगार किकेन आवँस एन पा!"

आवाज़ सुनते ही परकाश का उठा हुआ कदम काली चट्टान से चिपक गया था। उसने चिल्लाना चाहा था—देवराज चाचा! तुम इधर मत आओ···! यहाँ सिपाही हैं···। पर उसकी अपनी आवाज़ भी नरेटी में चिपककर रह गयी थी।

गाँववालों से बीस-पच्चीस कदम ही था देवराज जब तीन खूँख्वार कुत्ते उस पर झपट पड़े। तीनों कुत्तों ने उसे दबोचकर नोचना शुरू कर दिया। परकाश अपनी जगह से कूद पड़ा। वह दौड़ पड़ा देवराज की ओर। उसके पीछे मीरा भी दौड़ी और इससे पहले कि उन खूँख्वार कुत्तों के पंजे उस पर भी आ जाते, मीरा ने उसे अपने से जकड़ लिया।

कुत्ते देवराज की लाश को भी नोचते रहे।

दो

जिन बातों को परकाश सुनता आया था उन्हें उसने अपनी आंखों से देखा। दिन में उसने कुछ नहीं खाया था, रात को भी खाने से इन्कार कर दिया। उसकी माँ ने मक्की का भात और अरबी पकायी थी। उसे खुद भी भूख नहीं थी, लेकिन यह सोचकर कि उसे खाते देख परकाश भी शायद तैयार हो जाये, वह दोनों थालियाँ लेकर बैठ गयी थी। उसने अपने ही हाथों से भात को अरबी की तरकारी के साथ साना और कौर को परकाश के मुंह तक ले गयी। पर परकाश ने मुंह नहीं खोला।

देवराज की लाश को जलाये जाते समय परकाश काफी दूर खड़ा था। लेकिन जिस ऊँचाई पर खड़ा था, वहाँ से नदी किनारे बरगद के पेड़ के नीचे से उठ रही आग को वह देखता रह गया था, तब तक जब तक कि लपटों की जगह बारिश के कारण धुएँ ने नहीं ले ली थी। वह बार-बार एक ही बात सोचता आ रहा था, पर वह उसकी समझ में ही नहीं आ रही थी। न मदन उसका उत्तर दे सका था और न ही उसकी माँ। मीरा से भी पूछकर उसने कोई उत्तर नहीं पाया था। इसलिए वह अपने ही आप से पूछता रह गया था···।

बस्ती के सभी लोग देखते रह गये थे और सभी की आँखों के सामने देवराज

चाचा की हत्या हो गयी थी। उसकी हत्या को रोकने के लिए गांव का कोई भी आदमी आगे क्यों नहीं बढ़ा ? सिपाही तो मुट्ठी-भर थे, कुत्ते केवल तीन; जबकि बस्ती के लोग दो सौ से ऊपर थे। दो सौ से अधिक आदमियों के सामने उनके किसी अपने को कोई नोच डाले और कोई हिले तक नहीं ! लोग कमज़ोर हैं या डरते हैं ? क्या सचमुच लोग इस कदर कमज़ोर हैं या इतना डरते हैं ? कमज़ोर तो वह था। मकई के बोरे को उठा नहीं पाता। डरता भी था। रात को ज़ोरों का पेशाब लगने पर भी घर से बाहर नहीं निकलता था। धनलाल, फरीद, रामसेवक—ये लोग तो मकई के दो-दो बोरे एक ही साथ सिर पर उठा लेते हैं। अँधेरी काली रात में भी धनपतवा, सुगुनवा बारी-बारी से अकेले खेतों की रखवाली करते हैं—तो फिर बात क्या थी ? देवराज की रक्षा के लिए कोई भी सामने क्यों नहीं आया ? मदन चाचा तो खैर अन्धा था पर नालेताम्बी, किसनवा, ये लोग तो उस टोपवाले अफसर से भी अधिक तगड़े थे। उसने अपनी माँ से सुना था कि ईख लदी जिस गाड़ी को बैल नहीं खींच पाता था, उसे परकाश का दादा खींचकर कारखाने तक पहुँचा देता था। अगर उसका दादा होता तो आगे बढ़कर वह देवराज को बचा नहीं लेता ? उसका दादा अपने देश में सात पराँठे खाता था। मारीच आ जाने पर उसे दो से ज्यादा पराँठे कभी नहीं मिले, फिर भी उसकी ताकत कभी कम नहीं हुई।

परकाश सोचता रहा। उसका दादा होता तो···। पर इससे आगे वह नहीं सोच सका। प्रश्न कर उठा। क्या हो जाता ? उसने उसे देखा नहीं था, पर जानता था कि उस तरह का ताकतवर आदमी आज भी बस्ती में है। किसनवा और रामसेवका बाँह-भर लम्बी लाठी से बनैले सुअर तक को मार गिराते हैं। पर ये लोग कुत्तों को नहीं रोक सके। सिपाहियों के हाथों से बन्दूक नहीं छीन सके।

उसकी माँ ने बड़े प्यार से कहा, "थोड़ा-सा खा ले बेटा !"

"मैं नहीं खाऊँगा माँ !"

"मैं अपने हाथों से खिलाये देती हूँ।"

परकाश अपनी जगह से उठने लगा। माँ ने अपने हाथ की थाली नीचे रखकर उसकी बाँह पकड़ ली।

"तुम्हारी देह गरम है परकाश ! बुखार है तुम्हें !"

बिना कुछ कहे परकाश घर के दूसरे कोने में गया और कुश के बिस्तर पर लेट गया।

सीता ने दोनों थालियों के मक्की के भात को डेगची में पहले उँडेला, फिर अरबी की तरकारी को कड़ाही में रखकर ढांप दिया। अपनी माँ को ऐसा करते देख परकाश ने बिस्तर पर पड़े-ही-पड़े पूछा—

"तुम क्यों नहीं खा रही हो ?"

"मुझे भी भूख नहीं।"

परकाश ने करवट लेकर अपने मुंह को रावेनाल की दीवार की ओर कर लिया। उसे नींद भी नहीं आ रही थी। बहुत सारे खयाल थे जो उसके छोटे-से

दिमाग में आ-जा रहे थे। उन खयालों की टकराहट से उसके भीतर जो बेचैनी थी, वही उसकी नींद को भी रोके हुए थी। देवराज उसे अपने साथ खेतों में ले जाता था। कभी पहाड़ी की ओर, कभी नदी-किनारे। उसने उसे झींगे फँसाना सिखाया था। गन्ने पेरकर रस निकालना भी परकाश को उसी ने बताया था। परकाश के साथ दौड़ने की होड़ लगाकर जब वह जान-बूझकर हार जाता था तो परकाश उसकी उस क्रिया को ताड़ जाता था—

"तुम मुझे जीतने क्यों देते हो चाचा ?"

"हारने का अभ्यास करता हूँ रे परकाशवा !"

"हारने का अभ्यास ?"

"हाँ।"

परकाश की समझ में वह बात कभी आयी ही नहीं। आज वह सोच रहा था, तीन दिन पहले देवराज की दौड़ में जो हार हुई थी, क्या वह उसी का अभ्यास कर रहा था ? परकाश को अपने बाप की मृत्यु का दुःख अवश्य हुआ था लेकिन उससे कहीं अधिक दुःख उसे देवराज की मौत पर हुआ। बाप की मौत को तो वह दूसरे ही दिन भुला बैठा था, पर देवराज की यह मृत्यु तो उसके ज़ेहन से चिपक गयी है।

एक बार जब वह कुसमी की बेटी की झोंपड़ी के लिए देवराज के संग सन के पत्ते ढूँढ़ने निकला था तो कोठीवाले मालिक का बँगला देखकर उसने उससे पूछा था, "यह क्या है चाचा ?"

"मालिक का घर है।"

"इतना बड़ा घर ?"

ताँगा गुज़रा था। उस पर मालिक के बेटे और बेटियाँ थे।

"चाचा !"

"क्या है ?"

"इन लोगों को इतने सुन्दर कपड़े कहाँ से मिलते हैं ?"

"इनके पास पैसा है।"

"बहुत पैसा है इनके पास ?"

"हाँ, बहुत।"

"इतना पैसा कहाँ से मिलता है इन लोगों को ?"

"हम सभी मज़दूर उनके लिए कमाते हैं।"

"अपने लिए भी क्यों नहीं रखते ?"

"वे जो हमें देते हैं वही हम लेते हैं।"

इससे आगे देवराज ने उसे सवाल करने से रोक दिया था। कहा था, जो बच्चे बहुत बोलते हैं वे कामचोर निकलते हैं। परकाश को अपने इस प्रश्न का उत्तर नहीं मिला था कि आखिर जब कमाते तुम लोग हो तो फिर उसमें से अपना हिस्सा खुद लेने का अख्तियार तुम लोगों को क्यों नहीं मिलता ?

उसके बाप ने उसे कभी कहा था—परकाश, तुम छोटे मुंह बड़ी बात करते हो। जितनी बातें करते हो उतना काम करते तो कुछ लाभ भी होता।

उसने तो अपने बाप को हमेशा जी-जान से काम करते देखा था पर उसका लाभ मिलता नहीं देखा। वह किसनवा था जिसे कई बार यह गाते सुन चुका था—

> ···जग के त रितवा ही कुछ ऐसा हो भैया,
> कि काम करे गधा और कमाई लेवे घोड़ा !

परकाश को बार-बार करवटें बदलते देख सीता उसके पास पहुंचकर उसके बिस्तर पर बैठ गयी—

"तुम्हारे सिर में दर्द हो रहा है ?"

"नहीं तो।"

"तो फिर बात क्या है बेटा ?"

"माँ ! देवराज चाचा को अकेला क्यों छोड़ दिया गया था ?"

"तो तुम अब भी वही सारी बातें सोच रहे हो ? वे बड़ों की बातें हैं परकाश, तुम्हें उनसे क्या लेना-देना ?"

"बड़ों की बातें !"

उसने अपनी आँखें मूंद लीं।

तब भी वह देवराज के साथ ही समुद्र से केंकड़े पकड़कर लौट रहा था। वह चलते-चलते थक गया था और देवराज ने उसे अपने कन्धों पर बैठा लिया था। उसने दस-पन्द्रह बच्चों को उस बड़े गाँव के स्कूल से लौटते देखा था।

"चाचा ! हमारे गाँव के बच्चे स्कूल क्यों नहीं जाते ?"

"तुम लोगों की पढ़ाई तो गाँव में हो ही जाती है। मदन चाचा भी तुम्हें पढ़ाता है।"

"हम लोग स्कूल थोड़े ही जाते हैं। हम तो बैठका में पढ़ते हैं।"

"बैठका ही को तो अंग्रेज़ी में स्कूल कहा जाता है। फ्रेंच में उसे लेकोल कहते हैं।"

"यही अंग्रेज़ी-फ्रेंच हमें भी क्यों नहीं पढ़ाई जाती ?"

"ये बड़े लोगों के बच्चे पढ़ते हैं।"

आज भी उसकी माँ बड़े लोगों की बात कर गयी। वह फिर सोचने लगा। तो एक तो बड़े लोग वे हैं जिनके पास बहुत पैसे हैं और जिनके बच्चे स्कूल जाते हैं अंग्रेज़ी-फ्रेंच पढ़ने और दूसरे बड़े लोग बस्ती के वे लोग हैं जो उस दिन देवराज चाचा को कुत्तों द्वारा नोचे जाते देखते रह गये थे।

उसने आँखें खोलकर अपनी माँ को देखा। एक सूखी मुस्कान के बाद बोला, "तुम सो जाओ माँ !"

"पहले तुम सो जाओ, फिर मैं सोऊंगी।"

"एक बात पूछूं तुमसे ?"

"तुम उन बातों को अपने दिमाग से निकाल दो।"

"किन बातों को ?"

"देवराज चाचा...।"

"नहीं माँ, मैं चाचा के बारे में नहीं कह रहा। तुमसे एक दूसरी बात पूछना चाहता हूँ।"

"कौन-सी बात ?"

"एक दिन मैं भी बड़ा बनूंगा न गांव के मन चाचा, धनलाल चाचा और फरीद भैया की तरह ?"

"ज़रूर बनोगे ?"

"क्या मैं उन लोगों की तरह भी बड़ा बन सकूंगा जिनके बच्चे अच्छे-अच्छे कपड़ों में स्कूल जाते हैं ?"

परकाश के प्रश्नों से सीता को कभी हैरानी नहीं हुई थी। वह उसे एकटक देखती रही। मीरा ने एक दिन कहा था—इसका नाम परकाश नहीं होना चाहिए था। मेरा वश चले तो अभी भी इसका नाम सवाल रख दूं !

सीता उसके सिर पर हाथ फेरती हुई बोली, "तुम्हारा सिर दबाऊँ ?"

"मेरा सिर नहीं दुख रहा है माँ !"

"तो फिर चुपचाप सो जाओ।"

उसने करवट बदलकर चुपचाप सो जाने की कोशिश की। मिट्टी के चिराग की धूमिल रोशनी में वह रावेनाल की दीवार पर गिरगिट को पतिंगे की ओर लपकते देखता रहा। पहली बार वह गिरगिट थोड़ा आगे बढ़कर रुका, फिर रुका और तीसरी बार उस पतिंगे को अपने मुँह में ले लिया। पतिंगा छटपटाया, फिर उसके पंख शिथिल हो गये। उसकी आँखों के सामने एक बार फिर तीन दिन पहले का वह दृश्य झिलमिला उठा—तीन खूंख्वार कुत्तों का देवराज पर झपटना, उसकी धोती, फिर फतूही और फिर चमड़े-मांस और हड्डियों तक का नोचा जाना।

वह चिल्ला उठा। सीता ने उसे बिस्तर से उठाकर अपने से लगा लिया। चन्द पहर के उजाले के बाद की एक अँधेरी रात थी यह—उदासी और उमस से भरी हुई। अपने बिस्तर पर जाकर भी सीता अपने बेटे की ओर देखती रही। उसे भी नींद नहीं थी। उसे जब नींद नहीं आती थी तो वह उन बीते दिनों के बारे में सोचने लग जाती थी जब वह पहली बार इस बस्ती में पहुँची थीं। वर्तमान और भविष्य की चिन्ता करने पर उसकी नींद और भी हराम हो जाती थी। इसलिए अतीत को याद करने में एक तरह का सुकून उसे मिलता था और वह सो जाती थी—वर्तमान की सभी चिन्ताओं के बीच भी। लेकिन हमेशा ऐसा नहीं होता था। कभी-कभी अतीत की यादें भी उसे नींद दे जाने में असफल रह जाती थीं। काफी रात गये वह बिस्तर से उठकर बेटे के पास पहुँची। परकाश को नींद तो आ गयी थी लेकिन उसके रह-रहकर बड़बड़ाने से सीता सो नहीं पा रही थी। उसने उसकी गरदन के पास छूकर देखा, उसका बदन पहले से अधिक गरम हो चला था। वह अपने

बिस्तर पर न लौटकर उसी की बगल में लेट गयी। नींद की चाह को वह त्याग चुकी थी, इसलिए अतीत के बारे में न सोचकर आगे के बारे में सोचने लगी। कल अगर परकाश का यही हाल रहा, तो घास के लिए वह कैसे जा सकेगी ? बकरियों के आ जाने से एक खेवा घास से काम नहीं चलता था। उसे हर हालत में दो खेवे के लिए बाहर जाना ही पड़ेगा।

सुबह मीरा जब मदन की चाय लेकर पहुँची तो उसके घर की हालत को देखती रह गयी। उसे जानते देर नहीं लगी कि मदन दरवाज़ा खुला छोड़कर मैदान चला गया होगा और मुर्गियाँ पेड़ से उतरते ही सीधे घर के भीतर आ गयी होंगी। बरतन उँढले पड़े हुए थे। जिस थाली में रात को वह मदन का भोजन परोस गयी थी, वह भी उलटी पड़ी थी। मुर्गियाँ नीचे दुर्गन्ध दे रहे काले धब्बे छोड़ गयी थीं। पुस्तकें भी तख्ते से नीचे छितरी हुई थीं। अपनी जगह पर एक क्षण ठिठकी रहकर मीरा ने चाय को खाट के पासवाले तख्ते पर रखा और घर को साफ करके चीज़ों को सही जगह पर रखने लगी। मदन जब कुएँ से हाथ-मुँह धोकर लौटा, उस समय मीरा घर को साफ करके खाट पर बैठी हस्तलिखित रामचरितमानस के पन्ने उलट रही थी। मदन को उसकी उपस्थिति का पता तब चला जब कोई चार-पाँच मिनट इतमीनान के साथ बैठे रहकर वह मीरा की प्रतीक्षा कर चुका।

"आज मीरा देर कर रही है..." उसके बुदबुदाने की देर थी कि मीरा बगल से बोल उठी, "आज मीरा वक्त से पहले आ गयी है।"

"अरे ! तो तुम चुपचाप बैठी यह सुनने की ताक में थीं कि आज मैं तुम्हें कौन-सी गाली देता हूँ।"

"तुम आज फिर बाहर जाने से पहले दरवाज़ा बन्द करना भूल गये।"

"इस बस्ती में चोर थोड़े ही हैं और फिर यहाँ है ही क्या चुराने लायक !"

"चोर तो नहीं हैं लेकिन मुर्गियाँ तो हैं।"

"तो इसका मतलब है तुम्हें आज फिर आते ही सफाई करनी पड़ गयी !"

"लो, अब चाय तो पी लो।"

मीरा के हाथ से चाय के कटोरे को हाथ में लेकर मदन एकटक अपने सामने के अँधेरे को घूरता रहा। मीरा जान गयी कि आज फिर वह कुछ ऊटपटाँग बातें करनेवाला है। उसने अपनी आवाज़ में थोड़ी-सी खीज लाकर कहा, "पहले चाय पी लो, फिर जो कुछ कहना है कहते रहना।"

"मीरा ! आखिर तुम कब तक इस तरह जिन्दगी को जीती रहोगी ?"

"मैंने कहा न, पहले चाय पी लो, ठण्डी हो रही है।"

चाय की दो चुस्कियों के बाद उसने फिर कहा, "मेरे अन्धेपन को तुमने अपने जीवन का अँधेरा बना लिया।"

मीरा चुप रही। उसकी उस चुप्पी को जब कुछ अधिक समय हो गया तो मदन ने अपने हाथ के खाली कटोरे को नीचे रखते हुए कहा, "तुम फिर बुरा मान

गयीं ?"

"तुमने क्या कहा, मैंने सुना ही नहीं।"

"कब तक अनसुनी करोगी ?"

"जब तक कि मेरे भीतर यह विश्वास रहेगा कि तुम्हारा ख़याल रखने में ही मेरी अपनी खुशियाँ हैं।"

एक सप्ताह पहले जब मदन ने मीरा से कहा था कि इस बस्ती की तुम्हारी हमउम्र सभी लड़कियों की शादी हो चुकी है, तब भी मीरा कुछ नहीं बोली थी।

उसने देखा, धूप चौखट के भीतर आ गयी है। अपनी ओढ़नी को सिर पर रखती हुई वह उठ खड़ी हुई—

"आज तुम्हें भी खेत चलना है न ?"

सप्ताह में दो-तीन दिन अपने साथियों के खेतों में जाना और वहाँ कुछ-न-कुछ करके थोड़ा पसीना बहाना और मिट्टी से अपने हाथों को रँग लेना मदन के लिए अत्यन्त आवश्यक होता था। बस्तीवालों के पास खेत के नाम पर बचा ही क्या था ! जिस जंगल को काटकर सभी ने खेतों में बदला था वह तो अब ईख की कोठीवाले की जागीर बनकर रह गया था। कठिनाई से दो-तीन बीघा पथरीली ज़मीन इन लोगों की रह गयी थी। यही वजह थी कि बस्ती के तीन-चौथाई से अधिक लोगों को कोठी की मज़दूरी स्वीकारनी पड़ी थी।

भरतलाल के खेत में मक्का तोड़ी जानेवाली थी। किसी चट्टान पर बैठकर मदन तोड़ी हुई मक्कियों से छिलके उतार सकता था। दाऊद मियाँ ने बस्तीवालों की ओर से कई बार कहा था कि मदन को काम करने की ज़रूरत नहीं, पर मदन यह बात मानने को तैयार होता, तब तो।

"तुम तो गाँव के बच्चों को पढ़ाते हो। हर बच्चे के घर से अगर एक मुट्ठी भी निकलेगी तो वही तुम्हारे लिए बहुत होगी।"

"नहीं दाऊद चाचा ! विद्या तो मैं दान देता हूँ। दान के बदले मजूरी क्यों लूं ? बच्चों को थोड़ी-सी उनकी भाषा और उनकी तहज़ीब दे देना ऐसा काम नहीं होता, जिसके लिए पारिश्रमिक वसूला जाये। अगर मुझे तुम लोगों से एक मुट्ठी लेनी ही है तो कुछ-न-कुछ करके ही लूंगा।"

"मैं मौसी को चाय देकर आती हूँ।" कहते हुए मीरा ने जूठे कटोरे को नीचे से उठाया और बाहर निकल गयी। मदन को फिर देवराज की याद आयी। एक लम्बी साँस के साथ वह उस याद को भीतर सँजोये रहा।

उस याद की एक तरंग से और भी कई तरंगें उसकी आँखों के आगे तरंगित हो गयीं···इमली के पेड़ के साथ जब उसे नंगे बदन बाँधकर उस पर कोड़े बरसाये गये थे, उस समय उसके हाथों के साथ देवराज के भी हाथ बँधे हुए थे। मदन पेड़ की इस ओर था और देवराज पेड़ की दूसरी ओर। चौबीस घण्टे बाद मदन बेहोश हो गया था लेकिन देवराज ने सज़ा के पूरे छत्तीस घण्टों को होश-हवास के साथ झेला था।

और फिर उस दिन भी देवराज उसके साथ था, जब चीड़ के जंगल के बीच काम्पेस की झाड़ियों में वह सिपाहियों से बचने के लिए छिपा हुआ था। उस दिन देवराज कोठी के तीन सरदारों और आन्त्वान साहब के हाथों से कोड़े छीनकर ईख के खेतों में फेंक देने का साहस कर सका था।

जब से मदन की आँखें सेंहुड़ के काँटों के हवाले हो गयी थी, तब से मीरा के बाद देवराज ही की आँखों का मदन ने अधिक इस्तेमाल किया था। उसके कन्धे थामे वह मज़दूरों की हालत देखने दूर-दूर निकल जाता था। मज़दूरों के हालात को वह देवराज की आँखों से देखने का आदी हो गया था।

उसकी मौत के बाद आज वह अपने-आपसे पूछ बैठा, 'अब किसकी आँखों से देखूंगा मज़दूरों की हालत को?' और अपने प्रश्न का उत्तर उसे ही देना पड़ा, 'मीरा की आँखों से!'

उसे अपना यह उत्तर जँच नहीं पाया। मीरा की आँखों से तो वह मारीच देश की हरियाली, उसके नदी-नाले-पहाड़-समन्दर देखने का आदी था।

वह निराश नहीं था। दुखी तो बहुत था देवराज की उस मृत्यु से, लेकिन अपने अन्धेपन पर हताश नहीं था। उसने अपने-आपसे कहा, 'परकाश जो मेरे साथ है।'

उसे नियति का खेल भी बड़ा अजीब लगता। उसने एक अन्धे के करीब जिसे भेजा था, उसका नाम परकाश था।

परकाश की माँ ने उससे कभी पूछा था, "तुम परकाश को इतना प्यार क्यों करते हो?"

"अन्धे को अगर परकाश मिल जाय तो उससे मूल्यवान उसके लिए और क्या हो सकता है! और फिर परकाश को तो सभी का प्रकाश होना है।"

तीन

एक खेवा घास लाकर सीता फिर दूसरे खेवे के लिए नहीं जा सकी थी। अपने सिर के बोझ को बाड़े के सामने उतारकर वह सीधे परकाश के पास पहुँची थी। वह उसे जिस तरह छोड़ गयी थी वह उसी तरह बेसुध-सा पड़ा था। उसका शरीर पहले से भी अधिक गरम हो चला था। दौड़कर वह चबूतरे के उस पार मदन की झोंपड़ी तक गयी थी और मदन को घर पर न पाकर फिर परकाश के पास लौट आयी थी। गाँव में कोई भी मरद नहीं था। रघुवा और हनीफवा तो बीमार पड़े हुए थे। मीरा की मौसी ने पहुँचते ही एक सिक्के को परकाश के सिर के चारों ओर तीन

बार घुमाकर मीरा को थमा दिया था—

"एके सँजो के रख दे बेटी। देवी मैया रक्छा करी।"

उस औंछे हुए सिक्के को मन की मनौतियों के साथ सीता ने दीवार की कालीमाई के चित्र के नीचेवाले तख्ते पर रख दिया था। सीता कुछ अधिक घबरा इसलिए गयी थी कि उस प्रकोप को बीते अभी कठिनाई से महीना हुआ होगा, जिसकी लपेट में बस्ती के ग्यारह बच्चे आ गये थे। इसी तरह के बुखार से सभी की हालत बिगड़नी शुरू हुई थी। कोठी की ओर से जो डाक्टर आया था उसने उसे मलेरिया बताया था, लेकिन मीरा की मौसी उसे माता का कोप मानती थी। कुनैन की जो गोलियाँ डाक्टर दे गया था, उससे एक भी बच्चा नहीं बच सका था। दाऊद मियाँ कहते रहे थे कि बीमारों को अच्छा करनेवाली गोलियाँ तो डाक्टर बड़े लोगों के बच्चों को खिला आया है, बस्ती के बच्चों को तो आटे की गोलियाँ दे दी गयी हैं।

एक ही सप्ताह में ग्यारह बच्चों की मौत के बारे में जब कोठी के सरदार से कहा गया और पूछा गया कि उस बीमारी के दौरान डाक्टर सिर्फ एक ही बार बस्ती में क्यों पहुँचा, तो उसने सौ सवालों का एक ही जवाब दिया था—उसका काम महीने में एक ही बार पहुँचना होता है। इस बात की शिकायत देवराज ने मज़दूरों के रक्षक की ओर से आये उस साहब से भी की थी। वह यह कहकर चला गया था कि ठीक है, इस मामले को वह कोठी के मालिक के सामने ले जायेगा। पर वह तो उसका घिसा-पिटा जुमला था जो वह हर महीने कह जाता था। देवराज कहता था कि इस आदमी को कोठी का मालिक जो रुपये थमाता है उन्हें वह मुँह से पकड़ता है, ऐसी स्थिति में वह बोल ही क्या सकता है! मदन ने कई बार मज़दूरों के रक्षक के नाम चिट्ठियाँ लिखवायी थीं। अनुरोध किया था कि मज़दूरों की हालत की देखभाल के लिए जिस व्यक्ति को हर महीने भेजा जाता है, उसकी जगह किसी दूसरे आदमी को भेजा जाये। पर बस्ती में कभी कोई उत्तर नहीं पहुँचा।

शाम होते-होते परकाश की हालत और भी बिगड़ गयी थी। घर लौटते ही मीरा ने जब अपनी मौसी से उसके बारे में सुना तो वह तुरन्त मदन के पास पहुँची। मदन धनिया के बेटे का हाथ पकड़े चबूतरे की ओर जा रहा था जहाँ गाँव के बच्चे उससे कल की अधूरी कहानी सुनने की अधीरता लिये बैठे थे। परकाश की बीमारी की बात सुनकर उसने धनिया के बेटे से कहा कि बच्चों को अपने-अपने घर लौट जाने को कह दे और मीरा का कन्धा थामे वह सीता के घर की ओर चल पड़ा।

रास्ते में उसने मीरा से कहा, "मौसी हमें यह खबर खेत में पहुँचा तो सकती थी। अगर सचमुच वह अधिक बीमार हुआ तो अभी से वैद्यजी को बुलाने रामसेवक की बस्ती जायेगा कौन?"

"मैं सोचती हूँ कि देवराज की मृत्यु का उस पर बुरा असर पड़ा है।"

"दो-तीन दिनों से वह बहुत उदास दीख रहा था।"

"उसे लेकर वह मुझसे बेसुमार सवाल करता रहा है।"

"मुझे लगता है कि वह इसी बात को लेकर बीमार पड़ा है।"

सीता की उस झोंपड़ी में पहले ही से ज़ीनत चाची, पूरन भगत, कुसमी तथा दो-तीन और लोग उपस्थित थे। परकाश के करीब पहुँचकर मीरा ने मदन का हाथ पकड़कर परकाश के माथे तक पहुँचा दिया।

"इसे तो जोरों का ताप है सीता ! इसकी यह हालत कब से है ?"

"ताप तो कल रात ही से है।"

"तुम किसी बच्चे को खेत तो भेज सकती थीं। परकाश ! बेटे···!"

परकाश ने पलकों को धीरे से ऊपर उठाया और अपने ऊपर झुके मदन के चेहरे की ओर देखा। फिर पलकों को उसी तरह धीरे से झुका लिया।

"मीरा ! तुम इसकी आँखें देखो, पीली तो नहीं हैं न ?" बगल से मीरा भी उस पर झुक आयी।

"परकाश, आँखें खोलो। मन चाचा तुम्हें देखने आये हैं।"···उसने दोबारा आँखें खोलकर फिर उसी तरह बन्द कर लिया उन्हें। मीरा फिर से बोली, "आज तुम पढ़ने नहीं आये ! मन चाचा से तो बातें करो।"

"आँखें पीली हैं ?"

"नहीं, लाल हैं।"

"सीता ! तुमने इसे कुछ दिया ?"

"कुसमी चाची ने ताप की दवा पिलायी है।"

"सिर पर चिन्ता लेकर यह बीमार पड़ा है। मैं सोचता हूँ, सुबह तक चंगा हो जायेगा।"

कुसमी बोल पड़ी, "ई छोटा-सा जीव ए के कौन चिन्ता होई लगल भला !"

"चाची, चिन्ता केवल बड़े ही लोगों को होती है क्या ?"

"हराठी होई सकी···ई लयकवन इधर से उधर दौड़त रहेलन स···थकल से भी बीमार पड़ सकेला।"

"बस, यही बात है चाची, इसको आराम चाहिए।"

"इसने कल से कुछ खाया नहीं।"

"थोड़ा गरम दूध पिलाना होगा।"

मीरा अपनी जगह से उठी और दूध गरमाने लग गयी। परकाश के हाथ को अपने हाथों में लेकर मदन ने उससे कई बातें पूछीं। चाहा कि वह बात करे, लेकिन रह-रहकर कराह उठने के अलावा उसने कोई भी बात नहीं की। मदन ने कहा—

"अगर सुबह तक बुखार कम नहीं हुआ तो रामसेवक की बस्ती से वैद्यजी को बुलवाना पड़ेगा।"

यह सुनते ही कुसमी बोल उठी, "अरे नाहीं। हम बोनोम सीरिल के हियाँ खबर भेजवा देले है। ऊ सायद अयते होई। ओकर हाथ में जादू होवेला। सुमंगलवा के लयकवा उतना बेमार रहल, बोनोम सीरिल के हाथ रखते ही उठके

बेठ गईल रहल।"

बोनोम सीरिल की चर्चा की देर थी कि वह धनपत के पीछे-पीछे घर के भीतर आ पहुँचा और परकाश के सिरहाने बैठ गया। उसकी साँसों से मदन को अंगूरी शराब की गन्ध आयी। मन-ही-मन किसी की भी समझ में न आनेवाले शब्दों को गुनगुनाता हुआ बोनोम सीरिल ने परकाश के माथे पर अपनी अँगुलियाँ फेरनी शुरू कीं। सातवीं बार उसने उसके माथे को फूँककर कहा –

"पे ऐना त्राका तू मोवे जेरु इन फिनी। लेसली दोरमी। ग्रामाते ली पु कुमाँस ज्वे।"

सीता ने एक लम्बी साँस ली पर मदन को यकीन नहीं हुआ कि बोनोम सीरिल की उस झाड़-फूंक से परकाश सुबह उठकर खेलने-कूदने लगेगा। लेकिन वह कुछ बोला नहीं। बोनोम सीरिल उन सभी घरों के बारे में सुनाता रहा जहाँ-जहाँ उसकी झाड़-फूंक से लोग चंगे हुए थे।

"जोत तू बीं जीमून। जोत तू फिन दोन म्वाँ एन-एन बुतेई जीवें।"

इस पर कुसमी बोल उठी, "तू फिकिर नैं कर, बोनोम हयजो से तोके तोर बोतलवा मिल जाई।"

ज़ीनत ने अपना मुँह कुसमी के कान तक ले जाकर धीरे से पूछा, "बस्ती में तो कोई पीता नहीं, कहाँ से लाओगी?"

"का बोलत बानी तू? बस्ती में कोई ना पीएला? तोके सबके नाम गिना देई का?"

मीरा ने झट उसके मुँह पर हाथ रख दिया, "चुप रहो चाची! नहीं तो धुन में तुम अपना नाम भी गिना दोगी!"

सुबह परकाश की हालत ज्यों-की-त्यों रही।

मदन ने फरीद को सवेरे ही रामसेवक के गाँव वैद्यजी को लेने के लिए भेज दिया। चिनासामी को कल भी सीता के यहाँ दूध नहीं मिला था। आज भी जब नहीं मिला तो उसने कारण पूछा और सीता ने उसे परकाश की बीमारी के बारे में बताया। अपनी टंकीवाली साइकिल को दीवार के सहारे खड़ा करके वह परकाश को देखने भीतर आ गया। चिनासामी नालेताम्बी का छोटा भाई था। भारत छोड़ते समय उसके साथ जो परिचय-पत्र था उसमें यह लिखा हुआ था कि वह मन्दिर का पुजारी था। उसी के बल पर उसने खेतों के बीच शोषण को देखते हुए उनमें काम करने से इन्कार कर दिया था। कोठीवाले से उसने माँग की थी कि उसे किसी कोठी के मन्दिर में पूजा-पाठ का काम सौंप दिया जाये। मजदूरों के रक्षक ने उसकी इच्छा को स्वीकार करके कोठीवाले को पत्र लिखा था कि उसे कोठी की शर्तों से रिहा कर दिया जाये। अपनी रिहाई के बाद चिनासामी ने पूजा-पाठ के काम को गोली मारकर दूध का कारोबार शुरू कर दिया था। वह आसपास की तीन बस्तियों से दूध बटोरकर शहर बेच आता था। इसी दौरान शहर के एक दूकानदार

की विधवा से उसका सम्बन्ध हो गया था और वह तभी से बस्ती छोड़कर शहर में रहने लगा था।

बच्चे की हालत देखकर उसने सीता से कहा, "डाक्टर साकीर हमारे पड़ोस में रहते हैं। तुम लोग बच्चे को लेकर शहर आ जाओ, बाकी व्यवस्था मैं कर दूंगा।"

पर चूंकि वैद्य के पास भी आदमी भेजा जा चुका था, इसलिए मदन ने कहा कि पहले उधर की प्रतीक्षा कर लें। मीरा सपूरा के यहां से कड़वा तेल लाकर परकाश के तलवों पर कटोरे रगड़ चुकी थी। बुखार से परकाश का बदन धधक उठा था। कड़वे तेल के साथ तलवों पर कटोरा रगड़ने से भी वह ताप कम नहीं हुआ था। सीता ने बताया कि रात में वह बहुत अधिक बड़बड़ा रहा था। कई बार देवराज का नाम लेकर चिल्ला उठा था। मदन को लगा कि उसका अपना अनुमान सही है। उसी घटना के कारण परकाश बीमार हुआ है। मीरा ने जब उसे बताया था कि देवराज पर कुत्तों के झपटने पर परकाश किस तेजी के साथ उसकी ओर दौड़ा था, तभी मदन जान गया था कि वह आसानी से उस दृश्य को भुला नहीं पायेगा। उसके उस भय को मिटाने के लिए मीरा पुजारी के यहाँ से तुलसी का पानी ले आयी थी। उसकी कुछ बूंदों को परकाश पर छिड़ककर उसने मदन के यहाँ से ले आयी हनुमान चालीसा को उसके सिरहाने रख दिया। परकाश को रह-रहकर चिहुंकते पाकर उसने एक छुरी भी उसके बिस्तर के नीचे रख दी।

बिस्तर के पास पीढ़े पर बैठा मदन परकाश से कहीं अधिक सीता के बारे में सोचता रहा। विवेक की मृत्यु पर मदन उसे बार-बार एक वाक्य के साथ आश्वासन देता रह गया था—सबर करो सीता! तुम अपने को अकेली क्यों मानती हो, परकाश जो तुम्हारे साथ है। सीता के जीवन की सब यातनाओं को भी वह जानता था। ब्याह से पहले भी उसकी ज़िन्दगी की पिटारी में सुख से कहीं अधिक दर्दों की ही आहें थीं। ब्याह के बाद भी विवेक और आन्द्रआ के चक्कर में उसे दर्द ही ज्यादा मिले थे। परकाश को अगर कुछ हो गया तो वह जिन्दा लाश बनकर रह जायेगी। मीरा यह कहकर उसे और भी डरा गयी थी कि परकाश की स्थिति उसे नाजुक दीख रही है। मदन अपने विश्वास को बनाये रहा। उसे वैद्य की बड़ी बेसब्री से प्रतीक्षा थी। और अगर वैद्य से कुछ न हो सका तो? सोचकर उसका विश्वास डगमगा उठता। फिर तो डाक्टर...लेकिन डाक्टर का बस्ती में पहुँचना तो कोई बीस दिन बाद ही सम्भव है। अभी तो उसे गये दस ही दिन हुए थे। जब आया था तो बस्ती में एक ही रोगी था, जब चला गया तो एक से तीन रोगी हो गये थे। मीरा की मौसी उसे सदा से मनहूस कहती थी। मदन ने मन-ही-मन निश्चय किया कि अगर वैद्य से कुछ न हो सका तो वह धनपत और फरीद के साथ परकाश को शहर के डाक्टर के पास भेजेगा।

सीता की सिसकियाँ सुनकर उसने कहा, "तुम रो क्यों रही हो? तुम्हारा बच्चा चंगा हो जायेगा, मेरी बात मानो।"

फिर उसने सोचा कि उसका वह आश्वासन, उसकी वह बात जो सीता मान चुकी है, झूठ हो गयी तो ? वह भी परकाश के साथ शहर जायेगा। आँगन में आकर उसने मीरा से कहा, "अगर वैद्यजी की दवा से परकाश अच्छा नहीं हुआ तो मैं उसे शहर के डाक्टर के पास ले जाऊँगा।"

"तुम ले जाओगे ?"

"हाँ। धनपत या फरीद को साथ ले लूंगा।"

"डाक्टर और दवा के लिए पैसे··· ?"

"जिसके पास से जो निकल आये उसी से हो जायेगा।"

"भरतलाल भैया को तो केवल दवाई के पाँच रुपये लगे थे।"

"जुटा लेंगे।"

यह जानते हुए भी कि सात-आठ रुपये जुटा पाना उतना आसान नहीं है, मदन को राशि के जुट जाने का पूरा विश्वास था। वह भली भाँति जानता था कि इस समय बस्ती में रुपयों का कितना अभाव है। छह महीनों के भीतर तीन अवसरों पर बस्ती को पैसा उगाहना पड़ा था। पहली बार बस्ती के अपने ईख के छाजन-वाले मन्दिर की जगह ईंटों की दीवार और टीन की छतवाला मन्दिर बनाने के लिए पूरे डेढ़ सौ रुपये लग गये थे। पुजारी गाँव से कोई बीस मील दूर के एक गाँव में भव्य मन्दिर देखकर लौटा था। वह कोई पण्डित संजीवनलाल था, जिसने शिवजी का विशाल और सुन्दर मन्दिर बनवाया था। बस्ती का पुजारी सभा की बैठक में बोला था कि वह अकेला आदमी जब हज़ारों रुपये का उतना बड़ा मन्दिर बना सकता है तो फिर क्या इस बस्ती के सभी लोग मिलकर भगवान के लिए एक सही ढंग का घर नहीं बना सकते ? मंगल हँस पड़ा था—

"पुजारीजी, पण्डित संजीवनलाल के हाथ तो शायद कोई खज़ाना आ गया होगा। हमारे पास क्या है ? यहाँ तो आदमी को भी सिर छुपाने के लिए सही जगह नहीं, भगवान के लिए उतना पैसा कहाँ से लाया जाये ?"

बस्ती में टीन की छतवाला घर केवल भगवान का था। उसके भक्त ईख के पत्तों के रिसनेवाले छाजन के नीचे रहते थे। गाँव के सब लोगों ने उसके निर्माण में हाथ तो बटाया ही था, ऊपर से डेढ़ सौ रुपये भी खर्च हो गये थे। उसका फर्श भी गोबर का न होकर चीकने पत्थरों का था।

पैसा जुटाने का दूसरा अवसर तब आया था जब हनीफ को कोठी से एक बोरा चीनी चुराने के जुर्म में गिरफ्तार किया गया था। कोठी के मलगासी सरदार ने कहा था कि अगर तीन दिन के भीतर उसे चालीस रुपये इलाके के पुलिस अफसर के साथ आधा-आधा बाँटने के लिए नहीं मिल जाते तो वह पुलिस से मामला आगे बढ़ाने के लिए कह देगा। मदन ही के जिम्मे था वह चालीस रुपया इकट्ठा करना ···हनीफ की बूढ़ी माँ और दो बहनें थीं, जिनके लिए मदन को पहली बार घूस-खोरी को बढ़ावा देने के लिए विवश हो जाना पड़ा था।

तीसरी बार रुपये तहसील किये गये थे बस्ती में बच्चों की बीमारी के फैल

जाने पर, ताकि कोठी के डाक्टर को असली दवाई के लिए पचास रुपये दिये जा सकें।

सूरज ऊपर आ चुका था। फरीद को गये तीन घण्टों से ज्यादा हो गये थे। मीरा दो बार रामसेवक के गाँव से आनेवाली पगडण्डी को घर के पिछवाड़े से देख आयी थी। मदन घर के भीतर पहुँचकर फिर से परकाश के पास बैठ गया। उसने उससे बातें करने की कोशिश की। परकाश ने कोई उत्तर नहीं दिया। वह चिन्तित हो उठा। अगर बुखार इसी तरह रहा तो उसे शहर ले जाना भी तो कठिन होगा।

फरीद उस वक्त गाँव लौटा जब सूरज सिर के ऊपर आ गया था। वह अकेले लौटा था। वैद्य गाँव से बाहर गया हुआ था। सीता रो उठी। मीरा उसे मनाती रही। मदन ने फरीद से पूछा, "अब क्या किया जाये ?"

"तुम कहो तो मैं कोठी के डाक्टर को देखने जाऊँ ?"

"समय की बर्बादी होगी। वह आयेगा ही नहीं। आयेगा भी तो अपनी वही गोलियाँ दे जायेगा।"

"मैंने वैद्य के लिए सन्देश तो छोड़ दिया है। लेकिन कोई भरोसा नहीं कि वह उधर से कब तक लौटे। उसका इन्तज़ार करने से भी कोई लाभ नहीं।"

"हम इसे शहर ले चलते हैं।"

"इस हालत में कैसे ले जायेंगे ?"

"इसे अच्छी तरह कम्बल ओढ़ा लेंगे।"

"कम्बल !"

"मेरा मतलब गोनी ही सही।"

मीरा बीच में बोल उठी, "धनलाल चाचा के पास भारत से लाया हुआ कम्बल है। मैं माँग लाती हूँ। लेकिन इतनी जल्दी पैसे कहाँ से आयेंगे ?"

"तुम और फरीद देख लो, कहाँ से क्या मिल सकता है। मेरे अपने पास डेढ़ रुपये हैं।"

घण्टा लग गया कम्बल लाने और छह रुपये जुटाने में। मीरा बोली, "मैं मौसी से कह आयी हूँ। मैं भी तुम लोगों के साथ चलूँगी।"

"नहीं मीरा। रास्ता लम्बा है। पता नहीं सवारी मिले या न मिले। यह भी हो सकता है कि रात उधर ही बितानी पड़ जाये।"

"इसीलिए तो मैं भी साथ चलना चाहती हूँ।"

चुप्पी रही। लोग सोचते रहे। अन्त में मीरा के साथ चलने की बात को मान लिया गया।

तीन मील चलने और प्लेटफार्म पर पहुँचकर दो घण्टे प्रतीक्षा के बाद ही उन्हें रेलगाड़ी मिली थी। वह भी खचाखच। बड़ी कठिनाई से फरीद उनके लिए स्थान बना पाया था। और गाड़ी अभी बीस मिनट चली थी कि इन्जन में खराबी आ जाने से रुक गयी। आधे घण्टे से ज्यादा लग गया उसकी मरम्मत में। परकाश

फरीद की गोद में था। रेल जब दोबारा चली तो उसने आँखें खोलकर चारों ओर देखा। रेल की उसकी यह पहली यात्रा थी। पर उसकी आँखों में जो हैरत होनी चाहिए थी वह नहीं थी। मिनट-भर आँखों को खोले रखकर उसने फिर उन्हें बन्द कर लिया। इस बीच मीरा ने उससे बात करने की भी कोशिश की पर परकाश कुछ नहीं बोला।

दोपहर में वे लोग शहर के स्टेशन पर उतरे। फरीद को चिनासामी का घर मालूम था। एक बार मज़दूर-आन्दोलन के नाम पर हुए एक आयोजन में शहर आकर वह फँस गया था। रेल न मिलने पर वह उसके यहाँ रात बिता चुका था। चिनासामी का घर आधे मील से कम दूर नहीं था। शहर की गरमी गाँव से दोगुनी थी। परकाश को फरीद के कन्धे से अपनी गोद में लेती हुई मीरा बोली, "ताप कुछ कम हुए-सा लग रहा है।"

फरीद का कन्धा थामे कदमों को आगे बढ़ाते हुए मदन शहर की जिस गली में चल रहा था, उसे अपने दिमाग में टटोलने लगा। आठ साल से ज्यादा ही हो चुके थे शायद···मजदूरों को भड़काने के आरोप में सात साल की सजा भुगतने से पहले वह पहली बार शहर आया था और दोबारा पिछली बार···। पहली बार आया था वकील से मिलने और दूसरी बार मज़दूरों के रक्षक से। उसने अपने पास के चार आने से एक जगह चाय पी थी, भजिये खाये थे···। गलियों में घूमा था··· तमाम इमारतों को देखा था। फिर उसे खयाल आया था नर्क और स्वर्ग का। अपने गाँव की झोंपड़ियों को याद करके सामने की इमारतों को देखते हुए उसने मन-ही-मन सोचा था--शायद यही स्वर्ग है। पहले वह सोचता था कि स्वर्ग और नर्क बहुत दूर-दूर होंगे, लेकिन उस दिन उसे हैरानी हुई थी यह जानकर कि स्वर्ग और नर्क कठिनाई से पन्द्रह-बीस मील के फासले पर हैं। उसी दिन मज़दूरों के रक्षक ने उससे कहा था--

"तुम लोग हड़बड़ाकर कुछ करना चाहते हो···ऐसा करने से कुछ भी हासिल नहीं होगा। तुम देखो, आज स्थिति बदलने लगी है···अब धीरे-धीरे कुछ इलाकों में मज़दूरों को अपनी भी ज़मीन-जायदाद होने लगी है। तुम्हारी भी होगी। पिछले दिनों तो कुछ भारतीयों ने एक-दो छोटी कोठियाँ भी खरीद ली हैं और···।"

मदन के मन में आया था कि कह दे—साहब, जिन तरीकों से हमारे ये कुछ लोग आज कुछ-से-कुछ बने बैठे हैं वे तरीके सभी नहीं अपना सकते। लेकिन उससे कहा नहीं गया था। वह जानता था कि मार्देभूतू अगर रातों-रात पच्चीस बीघे ज़मीन का मालिक हो गया, तो इसलिए कि वह अपना धर्म बदलकर ईसाई हो गया है। चरन महतो की दक्षिण की ओर अगर छोटी-सी कोठी है तो वह इसलिए कि वह गोरों का हरकाठी था--हर मज़दूर के पीछे उसे रुपया मिला है। ललनवा और दर्शनवा ने अपने गोरे मालिकों के यहाँ समय-समय पर लड़कियाँ पहुँचायी थीं इसलिए शहर में उनके भी बड़े-बड़े घर थे। सुलेमान मालिकों के पास मज़दूरों की

चुगलखोरी करके कपड़ों की दूकान खोले बैठा था···।

उस दिन मज़दूरों के रक्षक के दफ्तर से बाहर होकर मदन ने अपने-आपसे कहा था—अगर हमारी बस्ती को भी इन्हीं तरीकों से अपनी स्थिति को बेहतर बनाना है तो फिर हमें अपनी इसी स्थिति में रह जाना अधिक पसन्द है। मदन को जो भी सूचनाएँ मिल जाती थीं उनसे यही जान पड़ता था कि धीरे-धीरे कुछ बस्तियों में मजदूरों की हालत सुधरने लगी है। कुछ कोठियों में मालिकों ने मज़दूरों की मजदूरी भी बढ़ायी थी और शर्तों में भी रियायत की गयी थी। फिर भी ऐसी जगहें बहुत कम ही थीं जहाँ मजदूर चार कमाकर दो बचा पा रहा था। जहाँ-तहाँ लोग धीरे-धीरे अपने बचाये हुए पैसों से ज़मीन के छोटे-मोटे टुकड़े भी खरीदने लगे थे। इस बात से जहाँ मदन की बस्तीवालों को खुशी थी वहीं यह बात उनकी समझ में नहीं आ रही थी कि उनकी अपनी बस्ती की दयनीयता जैसी-की-तैसी क्यों है। इसका समाधान मदन ने ही किया था—

"इसलिए कि हम लोगों ने घिनौने समझौते नहीं किये। और फिर इससे भी बड़ी बात तो यह है कि किसनसिंह का इस बस्ती से गहरा सम्बन्ध रहा है। गोरे लोग इसे कैसे भूल सकते हैं? विद्रोह की सज़ा सिर्फ कैद और फाँसी ही नहीं होती, बल्कि बदतर को बनाये रखने की भी होती है।"

फरीद की अगवानी में वे गलत गली में जा पहुँचे थे। उसमें से निकलकर उन्हें दो चक्कर काटने पड़े तब कहीं जाकर वह गली मिली जिसमें चिनासामी का घर था। वह उन्हें घर ही पर मिल गया। उसकी पत्नी, जो उसने दोगुनी उम्र की दीख रही थी, उनके लिए शरबत लायी। जिस घर के भीतर मदन बैठा हुआ था, वह उसे देख तो नहीं पा रहा था फिर भी उसे यह अनुमान लगाते देर नहीं लगी कि वह एक बड़ा घर है। उसे बैठने के लिए कुर्सी दी गयी थी। जिस दूसरी कुर्सी पर से चिनासामी की पत्नी बात कर रही थी, वह कई पगों की दूरी पर थी, इसी आधार पर मदन ने उस कमरे की लम्बाई-चौड़ाई का अनुमान लगाया। गांव की तीन झोंपड़ियों जितना एक कमरा था वह। उसकी समझ में यह बात नहीं आयी कि जब चिनासामी इतनी धनी औरत से ब्याह कर बैठा है तो फिर उतनी दूर गाँवों में दूध का कारोबार क्यों करता था? उसे क्या मालूम कि जिस दूध को वह गांव में एक पैसे में खरीदता था उसे शहर में पांच पैसे में बेच देता था···। मदन को अगर यह मालूम हो जाता तो वह गांव के सभी गायवालों से कहता कि तुम लोग खुरी घिस-घिसकर गाय पालते हो तो फिर दूध भी खुद शहर जाकर क्यों नहीं बेच आते? और तब लोग उससे कहते कि गाय खरीदने के रुपये तो चिनासामी ही दे गया था। दूध लेकर ही तो वह आधा कर्जा काटता है और आधा हमें दे जाता है। अपने-आपसे की गयी इन बातों ने मदन को झकझोर दिया। पर वह यहाँ इन बातों के लिए नहीं आया था···परकाश के लिए आया था···। अपने हाथ का गिलास मीरा को थमाकर चिनासामी से बोला, "चलो सामी भैया, अब हमें डाक्टर के पास ले चलो।"

चिनासामी ने बताया था कि डा. साकीर मारीच देश का पहला डाक्टर है। शहर से लौटते हुए रेल में मदन यही सोचता रहा था कि बस्ती में पहुँचनेवाले कोठी के उस डाक्टर और आज जिस डाक्टर से वह मिला था, कितना अन्तर था दोनों में। कोठी का डाक्टर गोरे रंग का था, शायद यही कारण है कि कोठी के काले-साँवले लोगों को छूने तक से वह डरता था। मीरा बता रही थी कि डाक्टर साकीर ने कितने प्यार के साथ परकाश के समूचे शरीर का मुआयना किया था। उसने तो पैसा तक नहीं लिया। कहा कि जुम्मे को बारह के बाद वह मरीज़ों से पैसा नहीं लेता। वे जब उसके यहाँ पहुँचे थे, वह मस्जिद गया हुआ था। मुफ्त की दवादारी के लिए उसके इन्तज़ार में मरीज़ों का एक पूरा हुजूम वहाँ था। चिनासामी के यह कहने पर कि वे लोग दूर गाँव से आये हैं, देर होने पर इनकी रेल छूट जायेगी, डाक्टर ने तुरन्त अपने पास बुला लिया था। कोई पन्द्रह मिनट तक वह उन लोगों के साथ कोठी की वर्तमान स्थिति पर बातें करते रह गया था। उसी ने उन्हें यह भी बताया था, "मुझे चिट्ठी मिली है कि वह वकील नौशेर जहाज़ से अपने देश लौट रहा है। उसने तो अफ्रीका के हमारे अपने लोगों की हालत सुधारने में कुछ भी बाकी नहीं छोड़ा। अगर सचमुच उसका जहाज हमारे बन्दरगाह से होते हुए भारत लौटे, तब तो उसके दर्शन की खुशनसीबी हमें भी हासिल होकर रहेगी। तुम लोगों को अपना एक प्रतिनिधि उससे मिलने के लिए ज़रूर भेजना चाहिए। बहुत ही ज़बरदस्त है वह। मुझे उम्मीद है कि भारतीय मज़दूरों के पक्ष में वह यहाँ के लोगों से ज़रूर बात करेगा।"

वे जब लौटने लगे तो उसने कहा था, "दवा तीनों वक्त देते रहना। तीन दिन के भीतर एकदम चंगा हो जायेगा और जब तुम्हारी बस्ती में उस तरह के जल्लादी हादसे हों, उस वक्त बच्चों को गवाह मत बनाना।"

पहली बार मदन को एहसास हुआ था कि डाक्टर भी ऐसे होते हैं। उसने यहाँ तक कहा था कि बस्ती में जब भी कोई बीमार पड़े उसे लिये वे सीधे उसके पास चले आयें। कहा था, "तुम लोगों के लिए हफ़्ते का कोई भी दिन मेरे लिये जुम्मे का दिन होगा।"

परकाश को चिनासामी के घर पर ही दवा की पहली खूराक पिला दी गयी थी। चिनासामी ने ताँगे बुलवाकर उनको स्टेशन तक पहुँचवा दिया था। अपनी पत्नी से बोला था, "जिन लोगों के जरिये अच्छी कमाई हो जाती हो, मौका आ जाने पर उनका थोड़ा-बहुत खयाल तो रख ही लेना चाहिए।"

अपने पास के बचे हुए पैसों को मदन ने फरीद को दे दिया था ताकि जहाँ-जहाँ से वे लिये हैं वहाँ-वहाँ उन्हें लौटा दिया जाय। डाक्टर साकीर ने जिस भारतीय वकील की बात की थी, उसका नाम मदन को याद नहीं रहा। उसने मीरा से पूछा—

"क्या नाम बताया था डाक्टर ने?"

"मोहनदास करमचन्द गाँधी।"

"डाक्टर उनसे मिलने की बात कर रहे थे···पर हम कहाँ जान पायेंगे कि वे कब आये और कब चले गये ?"

"अगले ही हफ्ते तो आने की बात है।"

"पर कैसे मिला जाये, कहाँ मिला जाये ?"

"चिनासामी से बात करनी चाहिए।"

फरीद का यह प्रस्ताव मदन को अच्छा लगा। उसने आज ही तो एक भिन्न डाक्टर को देखा था। मन-ही-मन वह उस वकील के बारे में सोचता रहा जिसे डाक्टर साकीर ने अन्य वकीलों से भिन्न बताया था। मदन को जब भी अपने लोगों की समस्याओं को जिम्मेवार लोगों तक पहुँचाना पड़ा था, उसे लगा था कि हर बार उन लोगों का अपना स्वर सम्बद्ध स्थान तक पहुँचते-पहुंचते बदल जाता है। उन लोगों की आवाज़ को कभी भी व्यवस्था के सामने सही रूप में नहीं रखा गया था। वे बीच के आदमी थे जो उन आवाज़ों की जगह दूसरी आवाज सुना जाते थे।

न जाने क्यों मदन के भीतर एक विश्वास-सा पैदा हो चला था कि शायद वह वकील जो यहाँ पहुँचनेवाला है, उस तक उसके अपने लोगों की आवाज़ पहुँच सके और वह उस आवाज़ को उसी रूप में सरकार के सामने प्रस्तुत कर जाये।

वे जब प्लेटफार्म पर उतरे, सूरज ढलनेवाला था। पक्की सड़क के बाद लम्बी पगडण्डी शुरू हो जाती थी। मील-भर लम्बा रास्ता गन्ने के खेतों के बीच से होकर जाता था। आते समय उन्हें किसी तरह की आशंका नहीं थी, लेकिन लौटते समय एक तो पाँतर रास्ता, चारों तरफ सन्नाटा और उस सन्नाटे में फैल रहा धुंधलका। और किसी और के न भी सही, तो भी मीरा के मन में आशंका पैदा हो ही आयी थी। दक्षिण की ओर हलचल मचा रहे दो डाकुओं के एक-दो हुड़दंगों की चर्चा कुछ दिनों से इधर भी होने लगी थी। कुछ लोगों का कहना था कि कैद से भागे मार्सेलो और रोलो के साथ जुबेदा नाम की एक औरत भी है, जो रास्ते के लोगों के बीच आकर रोना-धोना शुरू कर देती है और इसी बीच दो तरफ से मार्सेलो और रोलो लम्बी छुरियाँ लिये सामने आ जाते हैं। एक सरदार की औरत की कलाई से जब कंगन निकल नहीं पा रहा था तो मार्सेलो ने उसका हाथ ही काट डाला था। इन दोनों के बारे में जितने मुंह उतनी बातें थीं। छोटे बच्चे जब दूध पीने या सोने से इन्कार करते थे तो माँएँ उनको मार्सेलो का नाम लेकर डराती थीं। बस्ती में रहते हुए तो लोगों को इन डाकुओं का कोई भय नहीं होता था। बस्ती में था भी क्या जिसके लिए वे इधर आते, लेकिन बस्ती से बाहर निकलने पर और वह भी सुनसान इलाके और सूरज डूबने के बाद लोग उस भय से बच नहीं पाते थे। जब तक ईख के खेतों के बीच की पगडण्डी से वे बाहर नहीं हुए, मीरा भयभीत रही। आगे का रास्ता पक्का न होकर भी खुला हुआ था। मीरा को दम-में-दम आया और उसने फरीद के हाथों से परकाश को अपने कन्धे पर ले लिया।

अँधेरा फैल आया था जब वे बस्ती के पास पहुँचे। सुमंगल और धनपत बस्ती के बाहर उनकी राह देख रहे थे। मीरा की गोद से परकाश को लेते हुए सुमंगल ने

पूछा, "क्या कहा डाक्टर ने ?"

"दवाई दी है। एक-दो दिन में अच्छा हो जाने को कहा है। तुम्हारे साथ कौन है ?"

"मैं हूँ मदन !" धनपत खुद बोल उठा।

"क्यों धनपत, सीता का क्या हाल है ?"

"लोग उसे घेरे बैठे हैं, फिर भी उसका रोना बन्द नहीं हो रहा।"

बस्ती के चिराग झिलमिलाने लगे। सुमंगल ने धनपत को पहले ही मना कर दिया था कि बस्ती में जो बात गुजरी है, उसे वह किसी भी हालत में मदन और फरीद को न बता बैठे। उसे चेताते हुए उसने कहा था, "ये लोग थकान से चूर-चूर लौट रहे हैं। न जाने डाक्टर तक पहुँचने में क्या-क्या मुसीबतें उठानी पड़ी होंगी। अब ये आराम से सो लें। कल सुबह बतायेंगे।" भरतलाल ने भी सबसे यही कहा था।

सुबह घर के कामों से निवृत्त होकर मीरा जब मदन के यहाँ पहुँची तो वह सो रहा था। उसने उसे जगाया नहीं और सीता के यहाँ पहुँची। वह उसे झोंपड़ी के बाहर ही मिल गयी। उस दूधिया सुबह में उसने उसके चेहरे पर जो भाव देखा, उससे उसे यह समझते देर नहीं लगी कि परकाश की हालत में सुधार हुआ है। पुष्टि के लिए उसने पूछा, "कैसा है परकाश ?"

"रात में अच्छी तरह सो पाया है। बुखार भी कम हो चला है।"

"अभी भी सो रहा है क्या ?"

"जाग गया है। चाय की माँग की है। देने जा रही हूँ।"

"दूध ही क्यों नहीं देती है ?"

"वह चाय पीना चाह रहा है।"

"आओ देखते हैं।"

परकाश के चेहरे को देखकर मीरा को खुशी हुई। कलवाली मुर्झाहट गायब थी। उसने उसके लिलार पर हाथ रखकर देखा, फिर मुस्कुरा उठी।

"क्यों, शहर घूमने का बड़ा मन हो गया था क्या ?"

परकाश कुछ नहीं बोला। एक हल्की-सी मुस्कान उसके सूखे होंठों के बीच अवश्य थिरक गयी।

"एय ! तुम दूध क्यों नहीं पीना चाहते ? चाय नहीं मिलेगी।"

"दूध नहीं।"

"दूध क्यों नहीं ?"

"प्यास लगी है मुझे।"

"दूध से भी प्यास बुझती है। सीता, तुम दूध ले आओ। गरम करके लाना।" मीरा के स्वर में अधिकार का भाव था।

तख्ते से फूल का कटोरा उठाकर सीता बाहर चली गयी। उसकी रसोई बिना

छत और बिना दीवारों की थी। गोबर से लिपी हुई एक छोटी-सी मुंडेर और उससे सटा हुआ एक चूल्हा था। बरसात के दिनों में वह उसे टीन के टुकड़े से ढाँपकर घर के भीतर ही खाना पका लेती थी। दूध गरमाकर जब वह भीतर पहुँची तो मीरा परकाश को शहर की बातें बता रही थी।

"पर चाची, मुझे तो कुछ भी नहीं मालूम।"

"तुम तो बेसुध थे। ताप से जल रही थी तुम्हारी साँसें देह।"

सीता के हाथ से दूध का कटोरा लेकर मीरा ने अपने हाथों परकाश को पिलाया। जब उसने कटोरा खाली कर दिया तब उसकी माँ बोली, "मेरे हाथों एक घूंट भी नहीं पीता।"

"तुम तो मुझे बिन चीनी का दूध देती हो।"

"इसमें चीनी थी क्या ?"

परकाश अपनी माँ की ओर देखता रहा। वह बिन चीनी का दूध पी गया था। मीरा ने हँसकर कहा, "ठीक है, मैं रोज आकर तुम्हारा दूध का कटोरा छू दिया करूँगी। उसमें अपने-आप मिठास आ जायेगी।"

रोज दूध की बात सुनकर सीता की आँखों का भाव एकाएक बदलकर रह गया था। विवेक कहता था कि बच्चे को रोज थोड़ा दूध मिलना चाहिए···सीता भी तो यही चाहती थी, लेकिन उसकी गाय और चिनासामी को शायद यह गवारा नहीं था। गाय है कि सात गिलास से ज्यादा दूध देने को तैयार ही नहीं और चिनासामी का तकाजा कम-से-कम आठ गिलास का होता था। एक दिन उसने कहा था कि अगर ऐसा नहीं होगा तो कर्जा भरने में युग बीत जायेगा।

कुसमी आ गयी और उसके पीछे ज़ीनत भी। परकाश को बैठे पाकर कुसमी बोल पड़ी, "हम बोल ले रहली ना कि फजीर ले ई अच्छा हो जाये। तू लोग हड़बड़ा गईल रहल स। हड़बड़ाल से गुलर नैं पकेला। बोनोम सीरिल के मन्तर कभी खाली नैं जाला।"

"हाँ-हाँ चाची, तू चिन्ता मत कर। उसे उसकी बोतल मिल जायेगी।"

"अरी सीता, चाय-वाय पिलैबे की नाहीं ?"

"जरूर पिलाऊँगी चाची।"

तभी मीरा को दवाई की बात याद आ गयी और उसने सीता से पूछा, "दूध से पहले ही तुमने इसे दोनों दवाइयाँ तो पिला दी थीं न ?"

"उठते ही पहला काम वही किया था।"

"तू लोग त नाहक इतना दूर गयल स अयल स। पैसा खर्चा करेके मन करले रहल।"

ज़ीनत ने कुसमी की कमर में चिकोटी लेकर कहा, "अरे नाहीं चाची, ई मीरवा तोर खातिर एगो बूढ़ा ढूंढ़े गईल रहल !"

मीरा बोली, "बूढ़ा नहीं, दूल्हा !"

"अरी जब एकरे दूल्हा मवसर नाहीं, तो हमार खातिर का ढूंढ़ी !"

बात मज़ाक में हुई थी। मीरा ने भी उसे मज़ाक ही में लिया फिर भी उसमें जो चुभन थी, उससे वह भीतर-ही-भीतर पीड़ित हुए बिना नहीं रह सकी। कुसमी तो हमेशा मज़ाक करती रहती थी। उस दिन कुएँ पर भी सभी के सामने कह गयी थी—तू तो बस्ती के सबसे बुढ़िया छोकरी हवे मीरा! मदनवा जब हियाँ के मुखिया ह त तोरो भी मुखियाइन माने के चाहेला।

उस दिन भी मीरा को घाव लगा था पर उसने उसे ज़ाहिर नहीं किया था। सपूरा उसकी बगल में थी। पानी लिये लौटते समय उसने मीरा से कहा था, "मैं अपने ससुर से आज ही कहूँगी।"

"क्या?"

"वह मदन से बात करे।"

"कौन-सी बात?"

"कि वह तुमसे शादी कर ले।"

मीरा जानती थी कि दाऊद मियाँ ने यह बात मदन से कई बार की है। गाँव के सभी बड़े-बूढ़ों ने उससे यही कहा था और उत्तर में मदन हर बार जो कहता रहा था, उसे भी मीरा जानती थी। तब से मीरा शादी-ब्याह जैसे रिश्ते को भुला बैठी है। इस रिश्ते के बिना भी वह अपने को मदन की पत्नी मानती है। वह उसी के साथ एक ही छप्पर के नीचे न रहकर भी अपने को एक पल भी उससे अलग नहीं मानती।

सीता के घर में दो ही कटोरे थे। इसलिए कुसमी, ज़ीनत के लिए चाय लाकर उसने मीरा से पूछा कि वह भी चाय पियेगी? मीरा ने सिर हिला दिया। चाय की पहली ही चुस्की के साथ कुसमी कल शाम गाँव में बीती उस घटना पर अपने विचार रखने लगी। यहाँ मीरा ही थी जिसे कुछ भी पता नहीं था। जब कुसमी ने कहा कि मनोहरसिंह ने जो कुछ किया वह जायज था, तो सीता को यह अच्छा नहीं लगा। उसने केवल इतना ही कहा कि मनोहर मौसा को वैसा नहीं करना चाहिए था। पर इतने से मीरा की समझ में कुछ खास नहीं आया था।

चार

सूरज की पहली किरणें मदन की चौखट को पार कर चुकी थीं।

जब मीरा मदन की चाय लिये उसके घर पहुँची तो मदन अकेला नहीं था। सुमंगल और धनपत भी खाट पर बैठे हुए थे। उन लोगों में चल रही चर्चा के पहले ही वाक्य से मीरा को ज्ञात हो गया कि कल शामवाली कोई बात है जो उनकी गैर-

हाज़िरी में हुई थी। वह सिर्फ मदन के लिए चाय लायी थी। सुमंगल और धनपत को देखकर पूछा, "आप लोगों के लिए भी ले आऊँ?"

"नहीं, हम पीकर आ रहे हैं। तुमने सुना, कल शाम हमारी बस्ती में क्या कुछ बीता है?"

"कुसमी चाची ने कुछ-कुछ बताया था।"

चाय पी चुकने के बाद मदन ने मीरा से सवाल किया, "तुम क्या सोचती हो? मनोहर मौसा को वैसा करना चाहिए था?"

"आप लोग क्या सोचते हैं?"

मीरा के इस प्रश्न का उत्तर सुमंगल ने दिया, "वैसा करना तो नहीं चाहिए था लेकिन···"

"लेकिन क्या?"

"शायद मदन का यह कहना ही सही है कि दोनों पक्षों को एकसाथ सुनने के बाद ही कुछ कहा जाना ठीक रहेगा।"

मदन जो कि चिन्तित दीखने लगा था, एक लम्बी चुप्पी के बाद बोला, "मनोहर मौसा इस बस्ती में नये-नये हैं। अभी तो तीन महीने भी नहीं हुए, जब उन्होंने हमारे बीच आश्रय माँगा था। उस दिन वह बहुत दुखी थे। जिस कोठी से वह आये थे वहाँ उनके साथ जो कुछ हुआ था वह तो हमें आज भी याद है···।"

सुमंगल ने उसकी बात काटकर कहा, "यही तो मैं कहना चाह रहा था कि उसके साथ लगभग उसी तरह की घटना यह भी है।"

"उसी तरह की तो नहीं है सुमंगल भैया, लेकिन···खैर। शायद धनपत भाई का कहना ही ठीक है कि कल शाम को बैठक बुलानी ज़रूरी है। इस बस्ती में इस तरह का यह पहला काण्ड है···हम नहीं चाहते कि इस तरह की घटना फिर घटे। आप लोग कल की बैठक के लिए सदस्यों को बता दें। जो भी निर्णय लेना होगा सभी के सामने लेंगे। सुमंगल भैया! तुम मेरी ओर से मनोहरसिंह और सुगून तथा उनके भतीजे से स्वयं मिलो और उन्हें कल शाम बैठका में पहुँचने को कहो।"

मीरा अनुराधा के बारे में सोच रही थी, जिसकी वजह से गाँव में इतना बड़ा काण्ड हो गया था। वह अनुराधा से बहुत कम मिली थी, क्योंकि वह न तो नदी जाती थी, न कुआँ और न ही खेत। जब भी दो-तीन बार मिली थी, बहुत प्यारी लगी थी मीरा को। मीरा ने उससे कहा था—तुम तो अपने नाम ही की तरह सुन्दर हो।

पंचायत में जाने से पहले मदन एक बार फिर परकाश से मिलने चला गया था। वहाँ जब परकाश गाँव में हुई उस घटना के बारे में पूछने लगा, तो मदन को डाक्टर साकीर की वह बात फिर से याद आ गयी थी कि बड़े लोगों के झमेलों से बच्चों को दूर रखना चाहिए। उसे भी यह अच्छा नहीं लगा था कि परकाश उस घटना के बारे में घर बैठे सभी कुछ जान गया था, यहाँ तक कि सुगून के भतीजे के हाथ-

पाँव तोड़े जाने की बात भी उसे मालूम थी। मदन समझ गया कि देखने आनेवाला हर आदमी उसे कुछ-न-कुछ सुना गया है। उस घटना की जानकारी से परकाश को विचलित पाकर मदन ने उससे कहा था कि वह उस तरह की बातों के पीछे माथा-पच्ची न करे। मदन ने यह अच्छा किया कि अपने साथ किस्सों की पुस्तिका लिये हुए पहुँचा था। परकाश को थमाकर कहा था कि उसकी उम्र बड़े लोगों के झंझटों में पड़ने की नही, पढ़ने की है।

बैजू के साथ बैठका की ओर आते समय उसके मन में आया था कि वह सुगून के घर होकर उसके भतीजे की हालत जान ले। फिर खयाल आया कि ऐसा करना उसके लिए अच्छा नहीं है और फिर उसकी उस हालत को वह देख थोड़े ही पाता। सुगून के इस भतीजे के जन्म से पहले उसके बाप की चीनी के कारखाने में बोरे के नीचे दब जाने से मृत्यु हो गयी थी। उसकी माँ रामसेवक की बस्ती के एक बढ़ई के साथ चली गयी थी। सुगून ने खुद बच्चे को पाला-पोसा था और ऐसा करने में उसका नाम तक रखना भूल गया था। गाँव के कुछ लोग उसे सुगून का भतीजा कहते थे और कुछ उसे भी सुगून ही कहते थे। चाचा और भतीजे के बीच की पहचान के लिए मदन उसे सुगूनवा कहता था।

बैठका पहुंचकर उसे पता चला कि सभी लोग आ गये हैं। उसकी एक ओर मनोहरसिंह बैठा हुआ था और दूसरी ओर सुगून। सुगूनवा आने की स्थिति में था ही नहीं, इसलिए आ नहीं सका। बैठक मे कुछ देर तक घाँव-माँव होता रहा। वह सभा बैठक के आँगन में लगी थी। चालीस के करीब लोग दो तरफ जल रही मशालों के बीच बैठे हुए थे। उस रोशनी से तो नहीं, पर लोगों की आवाज़ों से मदन एक-एक करके लोगों को पहचान रहा था। जिन दो-तीन महत्त्वपूर्ण व्यक्तियों की आवाज़ें उसे सुनायी नहीं पड़ीं, उनके बारे में उसने सुमंगल से पूछा। जब सुमंगल ने बताया कि सभी लोग उपस्थित हैं तो मदन ने बात शुरू की—

"बहुत दिनों के बाद बस्ती में इस तरह की सभा लग रही है। इधर हम जब भी जुटे हैं तो कोठी के मालिक और उनके सरदारों तथा लठैतों की हरकतों की वजह से। कभी गाँव की हालत को लेकर भीं जुटे हैं और कभी खेतों पर सुखारी के असर पर बात करने के लिए। दो महीने पहले हम यहाँ पर मिले थे रमैया की बेटी के ब्याह के लिए और पिछली बार पिछले ही सप्ताह हमारा मिलना हुआ था देवराज की हत्या पर रामायण के सत्संग के लिए। आज शायद इन सभी से अलग बात पर हम यहाँ जुटे हैं। आपमें से कुछ लोगों को पूरी बात मालूम होगी, कुछ लोगों को थोड़ी-बहुत। जैसा कि आप जानते हैं, मैं गाँव से बाहर था और मैं इस मामले को नहीं के बराबर जानता हूँ, इसलिए मैं सभा के मन्त्री सुमंगल भैया से अनुरोध करूंगा कि वह अपनी जानकारी के आधार पर हमें परसों शाम की घटना के बारे में बतायें।"

लोगों के बीच की गुड़ाकू और खाँसी की मिली-जुली आवाजों के बीच सुमंगल ने कहना शुरू किया—

"परसों शाम सूरज डूबने से पहले हमें खबर मिली कि बस्ती के बाहर नीम के झुरमुटों के बीच कोठी के दो लठैतों ने सुगून के भतीजे को मार-पीटकर बेजान कर दिया है। हम लोग दौड़े हुए वहाँ पहुँचे। दोनों लठैत और मनोहरसिंह तब भी वहीं थे। सुगून का भतीजा सचमुच बहुत ज्यादा घायल था। मनोहरसिंह दोनों लठैतों के बीच उसे गाली दिये जा रहे थे। हम पांच व्यक्ति जो वहाँ पहुँचे थे उनमें रघुवा, शामू, धनपत और धनलाल भी थे। हमने मनोहरसिंह को कोठी के लठैतों से यहाँ तक कहते सुना—'इस कमीने के जीवित रह जाने में मेरी बेइज्जती है। इसे खत्म ही कर डालो।' तभी हम पाँचों व्यक्तियों ने सुगून के भतीजे को घेर लिया था। इससे आगे हमने लाठी नहीं चलने दी। शामू मनोहरसिंह को अपने साथ लिये उनके घर चला गया था और हम बाकी लोग घायल को उठाये उसके घर। हमने इतना ही देखा था, उसे बैठक के सामने रख दिया है।"

उसके चुप होते ही शोरगुल फिर शुरू हुआ और फिर अपने-आप समाप्त भी हो गया। मदन ने पता लगाया कि मनोहरसिंह उसके किस ओर बैठे हुए थे। फिर अपना मुँह उसी ओर घुमाकर उसने पूछा, "मनोहरसिंहजी, सभा के मन्त्री ने जो बातें सभा को बतायीं उस पर आपको क्या कहना है ?"

मनोहरसिंह ने तुरन्त ही कुछ नहीं कहा। मदन ने भी अपने प्रश्न को दोहराया नहीं। सभी लोगों की नजरें मनोहरसिंह पर थीं। उन नज़रों की परवाह किये बिना उसने कहा, "सभा के मन्त्री सुमंगल महतो ने जो कुछ कहा उस पर मुझे कुछ भी कहना नहीं है। मैं उससे पहले की उन बातों के बारे में कहना चाहूँगा जिन बातों के कारण सुमंगल महतो को वह सारा कुछ देखना पड़ा था। मैं जिस बस्ती को छोड़कर आप लोगों की पनाह में आया था उस बस्ती में मेरी एक बेटी के साथ उस कोठी के सरदार ने बलात्कार किया था। वह बस्ती आप लोगों की बस्ती की तरह कोठी से अलग न होकर कोठी की अपनी बस्ती थी। वहाँ सरदार कभी-कभार गोरे मालिकों से भी अधिक प्रभुत्व दिखाते थे। मेरे घर में ज़बरदस्ती प्रवेश करके उसने वैसा किया था। मैंने अपनी बेटी को आत्महत्या करने नहीं दी। वह आज भी अपनी ओढ़नी में मुँह छिपाये घर की चारदीवारी के भीतर रहती है। वह इस बस्ती का लफंगा है, जिसे मैं जान से मार डालने को था। इसने मेरी छोटी बेटी के साथ उसी कुकर्म को दोहराना चाहा जो मेरी बड़ी बेटी के साथ हो चुका था। बस, मुझे सभा के सामने इतना ही कहना है।"

गुड़ाकू नारियल और खाँसी की आवाज़ों के साथ फिर फुसफुसाहटें हुईं और फिर खामोशी छा गयी। मदन ने अपने दूसरी ओर देखा, जहाँ उसे विश्वास था कि सुगून बैठा हुआ है। उसने कहा, "सुगूनजी, आपका भतीजा अपनी चोटों के कारण यहाँ नहीं आ सका है, इसलिए उसकी ओर से अगर आप कुछ कहना चाहें तो इजाज़त है।"

अपने माथे के फूलदार रूमाल को, जिसे उसने पगड़ी की तरह सिर पर बांध रखा था, उतारकर गोद में रखा और हाथ जोड़ते हुए सुगून बोला, "ई बस्ती के

लोगन के संगे-संगे हमहव दूसरे छोर के कोठी ओला बस्ती में भी रहलीं और हियाँ भी बरसों से हैं। पहली दफा सभा के सामने बोलत बानी। बस्ती के लोगन हूवाँ न पहुँचत त आज हमर लयका के जान नैं बचत। हमरा त एतने कहे के वा कि कल तलक त हम लोगन के जान के पियासा ऊ गोरा मालिक लोग रहल, अब हमनी के अपने लोग जान लेवे के उतालू हो गयल बा। हमर लयका के कोन दोस रहल ? इहे न कि ऊ बाबूसाहब के बेटी से पियार कर बैठल रहल। पियार त ऊ छोकरिया भी हमर लयका से करले रहल। एक आँख काजर, एक आँख उँगरी ! ई काहे ? मारे के रहल त दूनो के मार देवल जात।"

उसके चुप हो जाने पर मदन ने अपने मुँह को मनोहरसिंह की ओर किया, "सुगून का भतीजा आपकी बेटी से प्यार करता है ?"

"प्यार-व्यार कुछ नहीं है।"

"आपने अपनी बेटी से कभी पूछा ?"

"क्या पूछना था मुझे अपनी बेटी से ?"

"यही कि वह सुगून के भतीजे को प्यार करती है या नहीं ?"

"उसकी जाति मर गयी क्या जो वह चमार के लड़के से प्यार करे ?"

बैठक फिर से कोलाहल से भर गयी।

"देखिये, आप सभा में बात कर रहे हैं।"

"इसीलिए तो सच्चाई कहते डर नहीं रहा हूँ।"

"यह कैसी सच्चाई है ?"

"चमार को चमार कहना सच्चाई नहीं ?"

"आप उत्तर से ज्यादा सवाल किये जा रहे हैं।"

"हाँ, पूछ रहा हूँ कि मेरे उत्तर को समझा क्यों नहीं जा रहा ?"

"मनोहरसिंहजी, हम जानते हैं कि आप पढ़े-लिखे आदमी हैं। अपनी बस्ती के आप मुखिया रह चुके हैं, लेकिन इस वक्त आप एक अनर्थ के लिए हमारे बीच हैं, इसलिए···।"

"अनर्थ ?"

"हाँ, आपने इस बस्ती के एक आदमी की हत्या करवानी चाही। हत्या करने से यह मुझे अधिक संगीन दीख रहा है क्योंकि आपने बाहर के लोगों से हमारे एक आदमी पर आक्रमण करवाया है।"

"मैंने वजह भी बतायी है।"

"अपने दुश्मनों से अपने भाई की जान लिवाने के लिए यह कौन-सी वजह हो सकती है ?"

"मैं एक बार बेइज्जत होकर दूसरी बार बेइज्जत होने को तैयार नहीं। उस पहली बेइज्जती के लिए मैं अपनी उस बस्ती तक को छोड़ने के लिए मजबूर हो गया था। मैंने यहाँ जो कुछ किया, इसलिए किया ताकि कम-से-कम इस नयी बस्ती के लोगों के बीच मुंह दिखाने के काबिल तो रह सकूं।"

"अपने जनों की पराये जनों से हत्या करवाकर ?"

"अपनी बेटी की इज्जत मटियामेट होने से बचाकर।"

"इससे पहले आपने यह जानने की चेष्टा क्यों नहीं की कि आपकी बेटी को उस व्यक्ति से प्यार था और ऐसी हालत में इज्जत के मटियामेट होने का सवाल ही नहीं पैदा होता।"

"मेरी बेटी एक चमार को प्यार कर बैठे, क्या इसमें आप इज्जत का अनुभव करते हैं ?"

"आप फिर प्रश्नों पर उतर आये। सभा आपसे अनुरोध करती है कि आप बार-बार चमार शब्द का प्रयोग न करें।"

"मैं जानता हूँ कि इस बस्ती में मैं नया हूँ और स्वाभाविक है कि आप लोगों की हमदर्दी उस ओर कुछ ज्यादा ही होगी।"

"यह सभा पर आपका आरोप है। हमने इस बस्ती में हमेशा आपका सम्मान किया है।"

"मैंने भी आपमें से हर एक की वही इज्जत की है।"

"हम जानते हैं। हम आपके उपकारों के प्रति आभारी भी हैं, लेकिन इस बस्ती के अपने जो उसूल हैं, हम उन्हें मिटा नहीं सकते। हमारी इस बस्ती में कभी जात-पाँत का कोई बखेड़ा नही रहा है। इसलिए आपको भी हम यह अख्तियार नहीं देते कि आप इस बखेड़े को यहाँ भी फैलाकर रहें, जिस तरह कई बस्तियों में यह आज फैला हुआ है। आप तो जान ही गये होंगे कि इस बस्ती का सम्बन्ध कभी किसनसिंह जैसे व्यक्ति से था। उसने जब कभी हिन्दू और मुसलमान के बीच भी कोई अन्तर नहीं पाया तो फिर एक ही राम और एक ही कृष्ण को पूजनेवालों के बीच भेदभाव को वे कैसे स्वीकारते ? आप तो यह भी जान गये होंगे कि उसने कभी यह नहीं चाहा था कि हमारे बीच कोई भी अपने को विशेष जाति का बताये। यही कारण है कि उसने अपने बेटे का नाम मदनसिंह न रखकर सिर्फ मदन रखा है। आप यह कैसे चाहते हैं कि उस आदर्श को मिटाकर हम आपकी इस बात को मान लें कि आप क्षत्रीय हैं, राजपूत हैं, ठाकुर हैं और सुगून का भतीजा चमार है, नीच है !"

तभी सभा के बीच से एक आवाज़ आयी, "लेकिन इसका यह मतलब तो नहीं कि छोटी जातिवाले बड़ी जाति के सिर पर चढ़कर पेशाब करने लगें।"

"यह किसकी आवाज़ है ?"

"मैं हूँ भरतलाल।"

"तुम मानते हो छोटी जाति और बड़ी जाति ?"

"कुछ लोगों की हरकतों से मानना पड़ जाता है।"

"जैसे कि ?"

"सुगून के इस भतीजे को क्या सूझा था कि उसने मनोहरसिंह की बेटी की इज्जत से खेलना चाहा ?"

"जब दोनों के बीच प्यार का प्रश्न आ जाता है तो फिर इज्जत से खेलने का सवाल ही कहाँ पैदा होता है ?"

"सुगून ने जो कुछ कह दिया आप उसे सच मान बैठे?" यह पीछे से आयी हुई एक दूसरी आवाज़ थी। मदन चुप रहा। चाहा कि सुगून के पक्ष में भी कोई आवाज़ आये, तभी वह आगे कुछ कहे लेकिन जब कोई भी आवाज़ सुगून के पक्ष में नहीं आयी तो उसने कहा, "मुझे लगता है कि मजबूर होकर मुझे उस विकल्प को स्वीकारना ही पड़ेगा, जिसे अब तक मैं सामने लाना नहीं चाह रहा था। मनोहरसिंह की बेटी और सुगून के भतीजे के बीच प्यार था या नहीं था, इसका निर्णय हुए बिना हम किसी निष्कर्ष पर नहीं पहुँच सकते। ज़रूरी है कि सभा में मनोहरसिंह की बेटी और सुगून के भतीजे उपस्थित रहें।"

"मेरी बेटी पंचों के सामने नहीं आ सकती।"

"क्यों नहीं आ सकती ?"

इसका मनोहरसिंह ने कोई उत्तर नहीं दिया।

सभा की समाप्ति पर दाऊद मियाँ, धनलाल और सुमंगल के साथ बैजू के कन्धे के सहारे घर को लौटते हुए मदन लोगों की बातों को चुपचाप सुनता रहा। वह सुनना-भर कोई सुनना नहीं था, क्योंकि उसके अपने ज़ेहन में अलग बातें धूम मचाये हुए थीं—जहाँ हमें एक सूत्र में बँधकर अपने अधिकारों और सही इज्जत की सही लड़ाई लड़नी है, वहाँ हम इन छोटी लड़ाइयों में लगे हुए हैं। एक और बात उसे अजीब लगी—भारत से मॉरिशस आनेवाले सभी मज़दूर इस द्वीप पर दयनीय स्थिति में पहुँचे थे। उसने सुन रखा था कि कलकत्ता से मारीच जाने के लिए वहाँ के आप्रावासन विभाग में परिचय-पत्र भरवाने पड़ते थे। और उसमें वहाँ का आदमी जो कुछ भी लिख जाता था, वही उस आदमी का अपना परिचय बन जाता था। जहाज़ पर चढ़ने से पहले भी कुली के रूप में आनेवाले मज़दूर अपने को एक-दूसरे के सामने कुछ भी बताकर अपने ही लोगों के बीच अपनी धाक जमा सकते थे। पर मारीच पहुँचने पर पीछे के सभी रिश्ते, सभी खानदानी मुहरें-तमगे पीछे छूट जाते थे। जिसने जो बता दिया, जो मान लिया, वही रह गया। इस तरह किसी भी ब्राह्मण का चमार बन जाना और किसी भी चमार का राजपूत बन जाना उतना ही स्वाभाविक था। भारतीय मज़दूरों के लिए तो मॉरिशस में उनका अस्तित्व कठिनाई से साठ-सत्तर वर्ष का रहा होगा। इस छोटी-सी परम्परा में कौन किसका सही खानदानी स्वरूप ढूंढ़ पाने में सफल हो सकता था ! बस जिसने जो अपने को बता दिया, वही उसकी असलियत बनकर रह गया और अब बरबस लिये हुए इसी बड़प्पन के लिए लड़ाई ! उसके अपने समाज पर कितना करारा व्यंग्य था यह ! रात-भर उसे नींद नहीं आयी।

वह जानता था कि देश-भर की छोटी-मोटी बस्तियों में इस तरह के भेद-भाव के लिए समय ही नहीं है। वहाँ तो दिन-रात अपने अस्तित्व को बनाये रख सकने

की चिन्ता ही बहुत है। लोग एकसाथ खून-पसीना बहाते थे, एकसाथ जूझकर, एकसाथ रूखा-सूखा खाकर, फटा-पुराना पहनकर जी रहे थे—उनके पास वक्त ही कहाँ था झूठे स्वाभिमान के लिए अकड़ने का ?

उसे अपने बाप की कही हुई एक बात याद आ गयी। किसनसिंह ने कहा था—'तुम लोग खुशहाली के लिए हमेशा संघर्ष करते रहना लेकिन याद रहे, गरीबी और मुहताजी अभिशाप जरूर होती है पर वह आदमी और आदमी को एक बराबर बनाये रखती है। तुम लोग अपनी तंगहाली, मुहताजी और गरीबी को मिटाकर भी उसकी उस खासियत को कभी न मिटाना…।'

आज वह सचमुच जान पाया है कि अभावग्रस्त जीवन का भी अपना एक विशेष संस्कार होता है। काश, वह संस्कृति बनी रह सकती !

बिहान रात की बैठक में दस महिलाओं को भी बुलाया गया था, ताकि मनोहरसिंह की बेटी अपने को मर्दों के बीच अकेली न महसूस करे। ऐसा पहले भी हुआ था—किसनसिंह के समय। सभी लोग वक्त से पहले आ गये थे। सभा में एक खाट की व्यवस्था भी थी, जिस पर सुगून के भतीजे को लाकर लेटाया गया। सभा में जाने से पहले मदन ने मीरा के हाथों को अपने हाथों में लेकर कहा था—

"तुम भी आज वहाँ रहोगी। मुझे विश्वास है कि मैं सही निर्णय ले सकूंगा। जानती हो मीरा, यह न्यायाधीश का लबादा ओढ़ने में मुझे बड़ी झिझक होती है। मुझे वहाँ जो बड़ी-बड़ी बातें करनी पड़ती हैं, वह मुझे अच्छा नहीं लगता लेकिन बस्ती का जो विश्वास मेरे ऊपर है, उसके लिए सब कुछ करना पड़ता है। मुझे अपना मसीहाई स्वर तनिक भी नहीं भाता, फिर भी उसी स्वर में बोलना पड़ता है।"

मीरा ने उसके ललाट पर गिर आये बालों की लट को सिर पर लौटाते हुए कहा था, "तुम्हें भूल जाना चाहिए कि तुम वहाँ मदन के रूप में होते हो। उस आसन पर तुम बस्ती के मुखिया होते हो—उससे भी ज्यादा तुम किसनसिंह के आदर्श होते हो।"

"तुम भी बड़ी-बड़ी बातें करने लगीं।"

"तुम्हारे प्रभाव में जो आ जाती हूँ।"

दोनों हँसकर घर से बाहर हुए थे।

मीरा को मनोहरसिंह की बेटी अनुराधा और ज़ीनत चाची के बीच में जगह मिली थी। उसके पीछे बैठी हुई थी अनुराधा की माँ। औरतों की उपस्थिति के कारण सभा में कोलाहल कम था। सुमंगल से धीरे-धीरे कुछ बातें कर लेने के बाद मदन ने सभा को सम्बोधित किया—

"हम लोग मनोहरसिंह के शुक्रगुजार हैं कि वे सभा की माँग को स्वीकारते हुए अपनी बेटी के साथ उपस्थित हैं। हम सुगूनजी के भतीजे का भी आभार मानते हैं कि ऐसी नाजुक हालत में भी वह आ सका। यह बैठका कोई न्यायालय नहीं है।

यहाँ हमने कभी किसी को दण्डित नहीं किया। इस मंच का उद्देश्य केवल इतना होता है कि गलत उठ गये कदमों को और गलत न उठने दिया जाये। अगर कोई समस्या हो तो उसका सही हल निकाल पाना ही इस सभा का सदा उद्देश्य रहा है। आज भी सभा पूरी सुनवाई के बाद जिस निर्णय पर पहुँचेगी, हमें विश्वास है कि उसे स्वीकार लिया जायेगा। सुगनजी, सभा के इस आदेश पर आपको कुछ कहना है ?"

सुगन ने फिर से कल की तरह अपने रूमाल को सिर से उतारकर गोद में रख लिया और हाथ जोड़कर बोला, "सभा का जो भी नियाय होई ओके हम मनजूर करब।"

अपनी दाहिनी ओर मुंह घुमाकर मदन ने मनोहरसिंह से भी सवाल किया। मनोहरसिंह की ओर से जब कोई उत्तर नहीं आया तो मदन ने अपने प्रश्न को फिर से दोहराया। इस बार मीरा के पीछे बैठी हुई मनोहरसिंह की पत्नी ने घूंघट के बीच से कहा, "पंचों का जो भी निर्णय होगा, हमें स्वीकार होगा।"

कुछ देर चुप रहकर मदन ने फिर धीरे से सुमंगल से बातें कीं। बायीं ओर मुड़कर उसने धनपत से भी कुछ पूछा और तब सुगन के भतीजे से सीधे सवाल किया, "तुम मनोहरसिंह की बेटी को जानते हो ?"

"हाँ।"

"कब से ?"

"जब से ये लोग इस बस्ती में पहुँचे हैं।"

"मनोहरसिंह की बेटी तो कभी भी घर से बाहर नहीं निकलती। तुम्हारी उससे भेंट कैसे हो सकी ?"

"रम्भा मौसी के यहाँ से हर शाम मैं उनके घर दूध पहुँचाने जाता था।"

"तुम उससे रोज मिलते थे ?"

"नहीं, लेकिन मैं रोज उसकी रखी हुई चिट्ठी को ओड़ियानी के गेंदे के झुरमुट से उठाकर अपनी लिखी चिट्ठी वहाँ रख देता था।"

औरतों और मर्दों के बीच फुसफुसाहटें हुईं। मदन ने सुमंगल को छूकर अगले प्रश्नों की माँग की। सुमंगल ने सीधे सुगन के भतीजे की आँखों में ताकते हुए पूछा, "तुम लोग आपस में ये चिट्ठियाँ क्यों बदलते थे ?"

"हम दोनों एक-दूसरे को प्यार करते हैं।"

"इसका कोई प्रमाण ?"

"कैसा प्रमाण ?"

"कि तुम मनोहरसिंह की बेटी को प्यार करते थे और वह भी तुम्हें प्यार करती थी ?"

"हम आज भी एक-दूसरे को प्यार करते हैं।"

"सभा प्रमाण की बात कर रही है। लड़की की लिखी हुई चिट्ठी तुम्हारे पास है, जो तुम सभा को दिखा सको ?"

"मेरे पास उसकी सभी चिट्ठियाँ हैं लेकिन मैं उन्हें आपके सामने नहीं रख सकता।"

"क्यों ?"

"दो जनों की आत्मीय बातों को मैं सभा के सामने नहीं रखना चाहता।"

"यह जानते हुए भी कि तुम दोनों की यह आत्मीय बातें पूरे गाँव का प्रश्न बनकर रह गयी हैं ?"

मदन ने सुमंगल को धीरे से छूकर कुछ कहा और अगला प्रश्न खुद किया, "तुम किसी अदालत में नहीं हो। अपने घर में हो, अपने लोगों के बीच हो। हमें जो निर्णय लेना है वह तुम दोनों परिवारों के हित के साथ-साथ पूरी बस्ती के हित में होगा और उसे हम सच्चाई के प्रकाश में ही ले सकते हैं। तुम्हारे कह देने-भर से सभा यह कैसे मान सकती है कि तुम दोनों के बीच सचमुच प्यार था और है ?"

"अनु भी तो आपके सामने है। आप उससे पूछकर देख लीजिए।"

"तुम्हारा मतलब है मनोहरसिंह की बेटी ?"

"हाँ।"

मदन ने मनोहरसिंह से प्रश्न किया, "हम आपकी बेटी से कुछ प्रश्न करना चाहेंगे।"

मनोहरसिंह की लम्बी चुप्पी पर उसकी पत्नी ने कहा, "सभा अपने सवाल मुझसे कर सकती है। मैं हर सवाल का उत्तर दूंगी।"

"सभा को अपने प्रश्न सम्बद्ध व्यक्ति से करने हैं।"

"हम भी तो इससे सम्बद्ध हैं, तभी तो लाज-शरम पीकर यहाँ मौजूद हैं।"

मदन ने मंच के पाँचों व्यक्तियों से बातें कीं और सभी ने जो चाहा उसी को मनोहरसिंह की पत्नी के सामने रखा, "सभा आपकी बेटी से अपने प्रश्नों के उत्तर चाहती है।"

"तो फिर ठीक है···सभा जो चाहती है वही करे।"

"क्या नाम है आपकी बेटी का ?"

"अनुराधा।"

"अनुराधा ! अभी-अभी तुम्हारी उपस्थिति में सुगूनजी का भतीजा जो कुछ बोल गया, क्या तुमने उसे अच्छी तरह सुना है ?"

अनुराधा ने सिर हिलाकर हामी भर दी। सुमंगल ने उस जवाब को अस्वीकारते हुए कहा, "हाँ या नहीं कहकर जवाब दो।"

"हाँ।"

अगला प्रश्न मदन ने किया—

"यह सही है कि तुम दोनों के बीच प्यार है और तुम एक-दूसरे को पत्र लिखते रहे हो ?"

"हाँ।"

सभा के बीच फिर आपसी बातें शुरू हो गयीं। मदन को तब तक के लिए

चुप रह जाना पड़ा, जब तक कि लोग चुप न हो गये।

"तुम जानती हो कि जिस व्यक्ति को तुम प्यार करती हो, उससे तुम्हारे माँ-बाप तुम्हारी शादी नहीं करना चाहते ?"

"हाँ।"

"यह जानते हुए भी तुम उसे प्यार करती हो ?"

"हाँ।"

"तुम्हारे इस प्यार के कारण उसका एक हाथ, एक पाँव तोड़ दिया गया है। जानती हो ?"

"हाँ।"

"अब तुम्हारा क्या निर्णय है ?"

वह चुप रही।

"क्या इतना हो जाने के बाद भी तुम उससे प्यार करती हो ?"

"हाँ।"

पंचों ने लोगों के शोरगुल के बीच देर तक आपस में बातें कीं। वह सिर्फ मीरा ही थी जिसने अनुराधा की आँखों के आँसुओं को देख लिया था। उसका अपना हाथ अनायास ही अनुराधा के हाथ पर आकर ठिठक गया था। लोग जब चुप हुए तो मदन ने सभी के सामने पंच का निर्णय रखा—

"यह सभा मनोहरसिंह से आग्रह करती है कि वह अपनी बेटी की शादी सुगून के भतीजे से कर दें। जहाँ प्यार होता है वहाँ भेद-भाव नहीं होता। मनोहरसिंहजी, सभा को आपका उत्तर चाहिए।"

मनोहरसिंह उसी तरह खामोश बैठा रहा। भरतलाल, जो इस बार उसकी एकदम बगल में बैठा हुआ था, बोल पड़ा, "किस बात का उत्तर ? जब आप अपने फैसले को एक बेबस बाप के ऊपर लाद रहे हैं तो फिर उत्तर किस प्रश्न का चाहते हैं ?"

"सभा अपना फैसला लाद नहीं रही है। हम पहले ही कह चुके हैं कि हम न्याय करने नहीं बैठे हैं। बस्ती में जो समस्या आ खड़ी हुई है, उसे निबटाने की कोशिश कर रहे हैं। हमने जो बस्ती और दोनों परिवारों के हित में समझा उसे मनोहरसिंह के सामने रखा है। पसन्द करना न करना उनकी अपनी मर्ज़ी।"

"वह मजबूर किया जा रहा है अपनी बेटी को एक चमार के गले में बाँध देने के लिए।"

"हम मनोहरसिंह की आवाज़ सुनना चाहते हैं।"

"क्या कहेगा वह बेचारा ! अपनी बेटी को चमार बना देने के अलावा उसके पास कोई दूसरा चारा है भी कहाँ ! एक बस्ती से दूसरी बस्ती में आया था, अब और कहाँ-कहाँ भटकेगा ?"

"भरतलालजी, आपसे सभा चुप रहने की माँग कर रही है। हम किसी को सज़ा नहीं दे रहे हैं। यह एक बहुत बड़ा जुर्म है कि बाहर के भाड़े के गुण्डों को

लेकर कोई बस्ती के एक नौजवान के हाथ-पांव तोड़वा दे। नौबत तो जान लेने तक की आ गयी थी। ऐसी स्थिति में यह सभा सख्त-से-सख्त कदम उठा सकती थी, लेकिन उससे दोनों परिवारों और बस्ती को क्या मिलता ?...हमारा जो भी निर्णय रहा वह इस बस्ती के आदर्श को बनाये रखने के लिए रहा। यह बस्ती इलाके की सबसे शो।बत, सबसे गरीब बस्ती है, लेकिन यहाँ किसनसिंह के समय मे एक मर्यादा चली आ रही है जिससे इस बस्ती का हर आदमी एक-दूसरे का अपना है। यहाँ न कोई छोटा है, न बड़ा। हम सभी जानते हैं कि मनोहरसिंह एक ऐसी बस्ती से आये हैं जहाँ मालिकों के साथ समझौते के बाद कुछ लोग सुविधा और खुशहाली का जीवन जीने लगे हैं। वह सुविधा और खुशहाली जहाँ-जहाँ भी आयी है, मज़दूर और मज़दूर के बीच भेद-भाव पैदा कर दिया है। जात-पाँत का बखेड़ा शुरू हो गया है। हम नहीं चाहते कि हमारे बीच भी हमारे लोग आदमी से कहीं अधिक ब्राह्मण रहें, क्षत्रीय रहें, कुरमी और कोयरी रहें, दुसाध और चमार रहें। जिस बेहतर ज़िन्दगी के सपने हम रोज देखते हैं, क्या उसे आपस में बँटकर कभी साकार कर सकेंगे ? अगर आज बँट गये तो इस धरती पर हमेशा बँटे-के-बँटे रह जायेंगे और दूसरे लोग इसका फायदा उठाते रह जायेंगे।... खैर, मुझे इतना ही कहना था। पुजारीजी आज सुबह मनोहरसिंहजी के घर गये थे। मैं चाहूँगा कि वे कुछ कहें।"

मन्दिर के पुजारी ने अपनी जगह से थोड़ा-सा आगे आकर कहना शुरू किया, "हमारे गाँव का मन्दिर दो बार में बना है। दोनों बार इसे बनाने के लिए गाँव के हर मज़दूर ने पैसा भी दिया और पसीना भी बहाया। इस मन्दिर के बनने में किसी एक जाति विशेष का ही योगदान नहीं रहा है, बल्कि सभी का है। सभी एकसाथ आकर वहाँ एक ही तरह के मन्त्र, एक ही तरह की स्तुति कर जाते हैं। जब हम भगवान के सामने किसी भेद-भाव को नहीं मानते, तो फिर शादी-ब्याह जैसी बातों के लिए क्यों मानें ? अगर आज हम अपने अलग-अलग कुनबे बना लेते हैं तो फिर वह मज़दूरों की अपनी जाति न रहकर अलग-अलग जातियों की जाति बनकर रह जायेगी। ऐसी हालत में आनेवाले दिनों में हमारी क्या शक्ति रह जायेगी ? मैं तो दाऊद मियाँ की एक बात को उतना ही महत्त्व देता हूँ जितना अपने धर्म की बातों को। वह कहते हैं कि हम अपने घर में मुसलमान रहें, अपने घर में हिन्दू रहें, लेकिन जब गाँव और देश का सवाल आये तो यह न भूलें कि हम किस देश से किस हालत में यहाँ पहुँचे और हमें क्या हासिल करना है। मैं तो गाँव-गाँव जाता रहता हूँ। इस मुल्क में जितने भी मन्दिर बन रहे हैं उनमें मुसलमान भी पसीना और पैसा देते हैं। उसी तरह जितनी मस्जिदें बनी हैं उनमें हिन्दुओं ने भी वही सहयोग दिया है। अब कोई बताये कि कल अगर हिन्दू-मुसलमान मन्दिर-मस्जिद को लेकर झगड़ पड़ें तो कैसा लगेगा ? और फिर उससे लाभ किसको होगा ? मनोहरसिंह खुद विद्वान आदमी हैं। मैं उनसे बात कर आया हूँ...मेरी उनसे पुरोहित के नाते यही माँग है कि वे कुछ ऐसा न कर बैठें जिससे एक ही जहाज़ में जानवरों से बदतर

हालात में यहाँ पहुँचे, खेतों में एकसाथ डण्डों और चाबुकों की बौछार सहते, एक साथ मर-मिटनेवाले कल दस अलग-अलग जातियों में बिखर जायें। हम यहाँ एक रूप में आये थे, एक रूप में रहना है। आज का भेद-भाव कल हमसे हमारी सारी शक्ति, सारी प्रतिष्ठा छीन लेगा। मैं तो मनोहरसिंह से यह कहूँगा कि हमारे यहाँ मन्दिर में हर कोई भगवान को प्रसाद चढ़ाकर जाता है, चाहे वह जूठन से ही बना हुआ क्यों न हो। जब उसे कोई भगवान के चरणों से उठाता है तो वह प्रसाद हो जाता है। मनोहरसिंह अगर सुगून के भतीजे को गले लगा लेते हैं तो सुगून का भतीजा भी उसी की तरह ठाकुर बन जायेगा। जय कृष्ण!"

सभा के सभी लोग आपस में बातें करते-करते रुक गये। मनोहरसिंह अपनी जगह से उठा। सभी आँखें अटक गयीं उस पर। लोगों के बीच होकर वह आगे बढ़ा। लोगों की आँखें भी उसके साथ हो लीं। सुगून के पास पहुँचकर वह रुका। सब आँखें भी ठिठक गयीं। वह झुका और अपने मज़बूत हाथों से सुगून की दुबली-पतली बाँहों को थामकर उसे पैरों पर खड़ा किया और फिर छाती से लगा लिया।

पाँच

लग रहा था, गरमी इस बार कुछ पहले ही शुरू हो गयी है। उधर पिछले छह-सात महीने वर्षा के नाम पर बस एकाध बार झींसी ही बरसी थी। उम्मीद थी कि अब वर्षा होकर रहेगी। ईख की कटाई महीने-डेढ़ महीने में समाप्त होने को थी। मदन का मन गन्ने के खेतों में पहुँचकर मज़दूरों की उस सक्रियता को एहसासने के लिए ललक उठा था। मीरा भरतलाल के खेत में बैंगन के पौधे रोपने चली गयी थी, इसलिए मदन सीता और परकाश के साथ नदी पार करके कोठी में चल रही कटनी को अपने मन से देखने के लिए आ गया था। गन्ने और पत्तों को छूकर वह जान गया था कि इस बार की फसल कोई खास नहीं है। ईख के पत्तों में हरियाली की वह चिकनाई और कोमलता नहीं थी। गन्ने भी दुबले थे। वर्षा न होने के कारण कटे हुए गन्नों की कोंपलें भी सिमटी-सिकुड़ी-सी ही लगीं उसे। उसने जब सीता से कहा कि इस वर्ष की फसल अच्छी नहीं है, तो सीता ने मुस्कुराकर कहा, "हम लोगों को फसल से क्या लेना-देना?"

"क्यों?"

"फसल चार गुनी अच्छी भी हो तो भी हमें तो एक पैसा ज्यादा मिलने से रहा।"

"तुम तो बनियों की तरह बातें करने लगीं। मज़दूर बनिया थोड़े ही होता है!"

"ऐसा है तो मुफ्त में काम करना चाहिए। पेट को कुएँ में डाल देते और बदन पर रावेनाल के पत्ते बाँध लेते।"

"मज़दूर तो माली होता है। ज़रूरी नहीं कि जिस फूल को वह सींचता रहा है, वह उसी को चढ़े।"

"तब तो आ गये मज़दूरों के बेहतर दिन!"

"अरे नहीं, मैं जिस सन्दर्भ में बात कर रहा हूँ उसे समझने की कोशिश तो करो।"

"कल ज़ीनत चाची ने मुझे बेसमझ कहा था, आज तुम कह रहे हो।"

"मैं तुम्हें बेसमझ थोड़े ही कह रहा हूँ।"

"यहीं खड़े रहें या आगे भी जाना है?"

"आगे भी जाना है, बशर्ते···"

"बशर्ते क्या?"

"बशर्ते कि आगे कोई खाड़ी न हो?"

"तो मैं तुम्हें खाड़ी में ले जा रही हूँ।"

"मज़ाक करने का अधिकार भी तो बना रहने दो। तीन दिन पहले की दो रातें सभा में बड़ी-बड़ी बातें करके अपने दिमाग को खाली कर चुका हूँ। अब ज़रा उस गम्भीरता से बाज़ तो आ जाने दो।"

"सुना है, सचमुच ही तुमने बहुत बड़ी-बड़ी बातें की हैं वहाँ पर।"

"अन्धे होने का यही तो एक फायदा है!"

"क्या?"

"तुम्हारे सामने कौन बैठा है, इसका खयाल नहीं रहता। सभी को बेवकूफ समझकर ढराढर बोलते चले जाते हैं।"

परकाश आगे-आगे तितलियों के पीछे दौड़ रहा था। दोनों उस जगह पर आकर फिर रुक गये जहाँ गन्ने काटकर बैलगाड़ियों पर लादे जा रहे थे। वहाँ की उस यान्त्रिकता को देख पाने के लिए मदन को आँखों की ज़रूरत नहीं थी। उसके अपने मस्तिष्क में आठ-नौ वर्ष पहले के कई दृश्य आज भी ताज़ा थे। वह जान गया कि एकदम उसी स्थान पर पहुँच गया है। पहाड़ों के बीच खुली हुई उस खिड़की के अलावा कहीं और दूसरी जगह से उतनी ठण्डी हवा आ ही नहीं सकती थी और एकदम उसी आवाज़ में उसने सीता से पूछा, "हम लोग देवदारु के जंगल की बगल में हैं न, जहाँ से सामने पहाड़ों के बीच एक चौड़ी दरार दिखती है?"

"हाँ। कैसे जान पाये?"

"देख रहा हूँ। अरे पगली, कई चीज़ें बिना आँखों के देखी जाती हैं। अच्छा देखो, मैं तुम्हें जैसा-का-तैसा बता रहा हूँ—मेरी बायीं ओर खेतों से पहले एक नाला है। ये खेत काटे जा चुके हैं।"

"सचमुच इधर के गन्ने काटे जा चुके हैं।"

"ये खेत हमेशा पहले काटे जाते हैं, क्योंकि इधर की ज़मीन अधिक उपजाऊ है और फसल पहले तैयार हो जाती है। उस दूसरी ओर जहाँ-तहाँ चट्टानें हैं। बबूल के पेड़ हैं···ठीक मेरे दाहिनी ओर तीन ऊँची मेड़ पास-ही-पास हैं। थोड़ा आगे एक टीला है, उस पर पाकड़ का एक पेड़ है।"

"तुम तो सचमुच ही सभी कुछ जैसा-का-तैसा बता रहे हो!"

"हमारे आगे से गन्नों से लदी एक बैलगाड़ी आ रही है।"

"नहीं, इस बार गलत बता गये।"

"तो फिर सामने से क्या आ रहा है?"

"मेंस्ये रोलाँ का ताँगा आ रहा है।"

"सच?"

"हाँ।"

"वह पूछ बैठे कि हम लोग उसकी कोठी में क्या कर रहे हैं तो क्या जवाब देंगे?"

"तुम दोगे।"

"नहीं। यह मेंस्ये रोलाँ का ताँगा नहीं हो सकता। यह गन्नों से लदी बैलगाड़ी है।"

"कैसे जान गये?"

"बैल बोझ के बावजूद झूमकर चलता है। घोड़ा अकड़कर चलता है, वह भी तब जब कि वह मेंस्ये रोलाँ का ताँगा खींच रहा होता है।"

सीता हँस पड़ी। परकाश हाथ में एक तितली लिये हुए पास आ गया। उसने जैसे ही अपनी माँ को तितली दिखाने के लिए मुट्ठी खोली कि तितली उड़ गयी। नाक सिकोड़कर वह फिर से दूसरी तितली के लिए दौड़ गया।

"अच्छा, यह बताओ कि गाड़ी के पीछे-पीछे कौन आ रहा है?"

"उसके सिर पर ओढ़नी है या रूमाल?"

"उसके सिर पर कुछ भी नहीं है।"

"तब तो बताना कठिन होगा।"

"और मैं कहूँ कि उसके सिर पर रूमाल है, तब?"

"तब···तब तो वह हमारी ही बस्ती का कोई होगा।"

"हमारी बस्ती के सभी लोग रूमाल थोड़े ही बांधते हैं।"

"लाल रूमाल है!"

"नहीं।"

"तब कौन हो सकता है? कानू चाचा!"

"नहीं। सुगून चाचा आ रहा है।"

"सुगून चाचा! लगता है, सुगूनवा की जगह पर काम करने आया होगा।"

"क्या हालत है सुगूनवा की?"

"फरीद उसे लिये डाक्टर साकीर के पास गया था। वहाँ से न जाने कहाँ-कहाँ की दौड़-धूप के बाद अब लगता है कि उसके हाथ-पाँव ठीक हो जायेंगे, पर समय लगेगा।"

कोठी की गाड़ी थी। उसके जाते ही सुगून झपटकर आया और मदन के दोनों हाथों को अपने हाथों में लेकर माथे से लगा लिया।

"यह क्या कर रहे हो चाचा!"

"हमके त तोर पांव छुवे के चाहत बेटा! हमर बचा के बचा लेले नैं त ऊ छोकरया के कारन ऊ अपन जान दे बैठत।"

"अरे चाचा, मैंने कुछ नहीं किया। निर्णय मेरा थोड़े ही था, वह तो सभा का था। सबसे बड़ी बात तो यह रही चाचा कि मनोहर मौसा पसीज गया। वह नहीं मानता तो हम लोग कर ही क्या सकते थे!"

"तू हमर लयकवा के देखे नैं आइले बेटा!"

"आज और कल में ज़रूर आऊँगा। अच्छा तो है न?"

"अच्छा बा, पर हाथ-पाँव पट्टी के भीतर बा।"

"महीने से कम समय में सब ठीक हो जायेगा, तुम देखना।"

"तू सोचत हवे कि बाबू मनोहरसिंह ई सदिया होवे देई?"

"तुम चिन्ता क्यों करते हो, तुम्हारे लयकवा का ब्याह मैं कराऊँगा। मनोहरसिंह कोई बुरा आदमी नहीं है। खीस में आकर उसने वैसा किया था। एक भूल तो तुम्हारे लयकवा की भी थी। तुम नहीं जानते और यह मनोहरसिंह की नेकनीयती ही रही कि उसने सभा के सामने वह बात नहीं की। तुम्हारा लयकवा उसकी लड़की को भगा ले जाने के लिए कोठी से आये उन दो लठैतों से एक दिन पहले ही मिल आया था। उन लठैतों को तो दो से आठ कमा लेने का अवसर मिल गया था, इसलिए जहाँ सुगूनवा ने उनसे मिलने की बात की थी वहीं उन गुण्डों ने मनोहरसिंह को भी बुला लिया था।"

"हय बात रहल?"

"हाँ, यह बात थी चाचा, पर अब उसे भूल जाओ। हाँ, एक काम ज़रूर करना। मौका मिलते ही तुम मन्दिर ज़रूर जाना।"

"हाँ बेटा, हम भगवान के लड्डू चढ़ायब।"

"यह तो बाद में करना चाचा, पहले पुजारीजी के पाँव जरूर छू लेना।"

दूर से किसी सरदार की आवाज़ सुनकर सुगून जिस रास्ते से आया था उसी से खेत की ओर लपक गया। सीता का कन्धा थामे मदन आगे बढ़ गया, जहाँ ईख की कटाई अपनी पराकाष्ठा पर थी। बैलगाड़ियों के आने-जाने की उस क्वींक-क्वाँक-से होते हुए गँडासों के ठनाठन चलने की आवाज़ों तक आकर वे रुके। एक ओर गन्ने के पत्तों के छिलने की सड़सड़ाहट, दूसरी ओर ईखों के गिरने-लदने की आवाज़ें, जिनके बीच से होकर वे धाँव-माँव करती बस्ती और कोठी की औरतों तक पहुँचे। उन सभी के बीच मदन ईख की हरी-भरी गन्ध के साथ-साथ मिट्टी

की सोंधी गन्ध को भी अपने भीतर तक ले गया। उसके अपने हाथ-पाँव में गोया खुजली-सी हो उठी। वे मचल उठे गन्नों को सहलाने, झुकाने और काटने के लिए। वह गन्ने काटने और लादने में भी सबसे तेज़ था। सीता के कन्धे को धीरे से दबाकर उसने उसे रोक लिया। खड़ा होकर वह उस अदृश्य माहौल को अपनी साँसों के साथ भीतर पहुँचाता रहा। वह एक खास संगीत था, जो उसके कानों से होकर उसके भीतर पहुँच रहा था। वह एक खास सुगन्ध थी जो उसकी नाक से होकर उसके भीतर जा रही थी। वह एक कोमलता थी जिसे वह एहसास रहा था। वह एक आनन्द था जिसे वह लूट रहा था। उसने अपने बदन पर पसीने की जिन बूंदों को अनुभव किया, उनमें उसके अपने बदन से बह आयी अतीत के पसीने और खून की सम्मिश्रित बूंदें थीं। हवाओं में उसने जो सुना उसमें चाबुकों की बौछार के साथ मिली-जुली दर्द से कराह उठने की आवाज़ भी थी...वह आनन्द था या यातनाएँ? अतीत के दर्द से समय उसकी आहों को छीन लेता है। वह एक बाँझ दर्द बनकर रह जाता है, जो याद आने पर उस वक्त की पीड़ा को उजागर नहीं कर पाता। मदन मुस्कुरा उठा। वह जो लूट रहा था वह आनन्द नहीं था। अतीत की उन यातनाओं का दर्द अगर उसे हो जाता तो शायद वह आनन्दित हो उठता। उसके इस सपने को भंग किया परकाश ने, "मन चाचा! अब मैं भी उन खेतों में काम कर सकता हूँ। मैं देख आया, वहाँ मेरी उम्र के बच्चे छुट गये गन्नों को बटोर रहे हैं।"

मदन के चेहरे की उस उदासी को देखकर सीता पूछ बैठी, "क्या बात है मदन, तुम इस तरह उदास क्यों दीख रहे हो?"

"माँ! मन चाचा अपने साथियों की बगल में काम नहीं कर रहा है न, इसी से उदास है!"

मदन को मुस्कुरा देना पड़ा।

"माँ, तुम गन्ने चूसोगी?"

"जा, पहले कोई अच्छा-सा ले तो आ।"

"तुम्हारे लिए भी लाऊँ मन चाचा?"

"हाँ, मेरे लिए भी लाना पर देखना सरदारों की नज़र बचाकर!"

"चोरी करके लाऊँ?"

"यह चोरी नहीं हुई बेटे! हमारे अपने लोग उसे बोते-काटते हैं तो हमारा भी तो एक-दो गुली खाने का हक होता है। मैं तो तुम्हें उन ज़ालिम सरदारों से आगाह कर रहा हूँ जो बखेड़ा खड़ा कर सकते हैं।"

"मैं सरदारों से नहीं डरता।" कहकर वह गन्ने के ढेरों की ओर दौड़ गया।

"मदन, आज तुमसे एक बात पूछनी है।"

"मैं जानता हूँ, तुम क्या पूछोगी।"

"क्या पूछूंगी?"

"यही कि परकाश अपनी उम्र से ज्यादा क्यों बोलता है। उसका गुरु मैं हूँ, यह क्यों भूल जाती हो?"

"मैं यह पूछना नहीं चाहती।"

"तो फिर क्या पूछना चाहती हो?"

"तुम कब तक मीरा को उस तरह की ज़िन्दगी जीते रहने दोगे?"

"मैं जानता था सीता कि तुम यही पूछोगी।"

"मैं तुम्हारे जजबात को समझती हूँ मदन, लेकिन···"

"लेकिन से क्या होगा। आज वह जहाँ है वहाँ से कल कोई भी कदम उठाना चाहेगी तो आज़ाद है उठाने को। तुम यह क्यों चाहती हो कि मैं उसकी उस आज़ादी को उससे छीन लूं? मैं तो अन्धा हूँ ही, उसे भी अपने साथ अन्धा क्यों बना लूं?"

"तुम मर्दों की बोली बोल रहे हो···मीरा जब भी तुम्हारे सामने होती है, हमेशा सुखी और खुश नज़र आती है और तुम उसकी उस खुशी को उसके जीवन की खुशी मान बैठते हो।"

"नहीं सीता! मैं जानता हूँ कि मुझे खुश रखने के लिए ही वह मेरे सामने उतनी खुश रहती है।"

"तुम जानते हो?"

"हाँ, मैं जानता हूँ।"

"तो जानकर भी उसे उतना बड़ा बलिदान करते रहने के लिए छोड़ देते हो?"

"उससे बदतर क्यों बनाऊँ उसके जीवन को?"

"इतने दिनों के बाद तुमने तो देख ही लिया कि उसकी हर सांस में तुम हो और···।"

"बस, यही तो मैं नहीं चाहता।"

"तो फिर क्या चाहते हो तुम?"

"कम-से-कम यह तो नहीं चाहता कि वह एक अन्धे की बन्दिनी बनकर रह जाये।"

"उसके भीतर तुम्हारी बन्दिनी बनने की चाह है।"

"और मैं अन्धा हूँ।"

"वह तुम्हें अन्धा नहीं मानती।"

"उसके मानने और न मानने से क्या होता है!"

"उसके मानने और न मानने से ही सब कुछ होता है मदन! वह तुम्हें अपना मानती है और अपनी आँखों को तुम्हारी। तुम कब तक उसे अपनी पत्नी बनाने से कतराओगे?"

"मेरा-उसका रिश्ता तो इससे भी बड़ा है।"

"तुम ऐसी बातें न करो मदन जो मेरी समझ में न आयें। बड़ी-बड़ी बातों की अपनी जगह होती होगी···एक औरत जो एक मर्द को प्यार करती है, उसके लिए बड़े रिश्ते की नहीं, बस उस छोटे-से रिश्ते की ही आवश्यकता होती है। तुम जिस

बड़े रिश्ते की बात कर रहे हो न, समाज के पल्ले वह नहीं पड़ता। शायद तुम कभी यह भी सोच लेते हो कि मीरा से शादी न करके तुम उस पर एहसान जता रहे हो। नहीं मदन, तुम एकदम उससे उल्टा कर रहे हो। मीरा को और अधिक मत तड़पाओ।"

परकाश आ गया तीन टुकड़े गन्नों के साथ। तीनों में सबसे अच्छे टुकड़े को उसने मदन को दे दिया। दूसरा अपनी माँ को थमाकर तीसरे से खुद छिलके उतारने लगा। नाले के पास की एक चट्टान पर तीनों बैठ गये। परकाश ने पूछा, "मन चाचा, गन्ने इतने मीठे क्यों होते हैं?"

"ये अपने-आप मीठे नहीं हो जाते।"

"भगवान मीठा करता है न?"

"भगवान नहीं बेटे, मज़दूर इसे मीठा करते हैं। गन्नों की जड़ों में अगर मज़दूरों के पसीने की बूंद न जाये तो ये मीठे हो ही नहीं सकते।"

"सच?"

"तुम देखो तो सही, बाँस और गन्ने लगभग एक ही जैसे तो होते हैं। पर बाँस-बम्बू तो अपने-आप उपजते रहते हैं; इन्हें मज़दूरों का पसीना नहीं मिलता, इसलिए मीठा नहीं हो पाते!"

सीता हँस पड़ी, "तुम अपने सभी शिष्यों को इसी तरह की बड़ी-बड़ी बातें सिखाते हो क्या?"

"सबको तो नहीं। बस उसी को जिसे ये बातें जान लेना जरूरी है।"

"परकाश को ये बातें जान लेना क्यों जरूरी है?"

"क्योंकि इसे बहुत कुछ करना है।"

"तुम सभी बच्चों को प्रार्थनाएँ सिखाते हो, इसे गाने सिखाते रहते हो।"

"कुछ लोगों के भगवान मन्दिर में होते हैं, कुछ लोगों के पोथी-पुस्तकों में। मैं चाहता हूँ, परकाश को अपने भगवान ईख के खेतों के मज़दूरों की आँखों में दीखें।"

चूसे हुए गन्ने की सीठी को मुँह से फेंककर परकाश अपने भीतर पैदा हो आये प्रश्नों में से पहला प्रश्न करता कि उससे पहले ही फरीद उसके पीछे की पगडण्डी से आकर सामने खड़ा हो गया, "मदन भैया, मैं तुम्हें उधर खेतों से ढूंढ़ने चला गया था।"

"क्यों, क्या बात है?"

"चिनासामी चाचा बता रहे थे कि वे आ गये···वे, जिनकी चर्चा उस दिन डाक्टर साकीर कर रहे थे।"

"अरे हाँ! क्या नाम बताया था उनका?"

"मोहनदास करमचन्द गांधी। डाक्टर साकीर ने सन्देश भिजवाया है कि हमें उनसे मिलना और उनको सुनना ज़रूरी है। कल उनकी बड़ी अच्छी तकरीर हुई थी शहर के ताहेर बाग में।"

"पर उनको हम कहाँ ढूंढ़ने जायेंगे ?"

"सुना है, परसों वे नदिया रामपार के सोनफल इलाके में आ रहे हैं।"

"यह जगह तो दूर है।"

"वह तो इससे भी दूर से यहाँ पहुँचा है मदन भैया !"

दूसरे दिन बस्ती में बात फैल गयी कि भारत के बहुत बड़े वकील मोहनदास करमचन्द गाँधी का नदिया रामपार की बस्ती सोनफल में भाषण होनेवाला है। कालीमाई के पास, पीपल के नीचे, नदी-किनारे, कुएँ पर, खेतों में हर जगह उसी बात को लेकर चर्चा होती रही। कालीमाई के पास सोनवा ने गाँजे की पत्तियों को हथेली पर मलकर उसे चिलम में डालते हुए पूछा, "ई करमचन्द गाँधी के होवेला भैया ?"

धरमा ने जितना सुना था उतना कह दिया, "सूने में आल ह कि बहुत बड़ा वकील ह।" पीपल के नीचे दिन-भर की थकान को मिटाने के लिए उंगठे हुए उनींदी आवाज़ में धरमा बोला था, "सूना ह, वह हम लोगन के बारे में बोलेगा।"

नदी-किनारे सपूरा ने मीरा से पूछा था—यह कौन आदमी है दीदी, जहाँ सुनो उसी की बात हो रही है। मीरा बोली थी—मदन बता रहा था कि बुद्धि का बड़ा ताकतवर है। जिस मुल्क से होकर आ रहा है वहाँ के भारतीयों को जगाकर आया है। कुएँ पर मुनिया बोली थी—ई मदन हम लोगन के भी साथ ले जाते त हम भी उसे सुनते। खेतों में हनीफ बता रहा था—इतना बड़ा आदमी है कि इस मुल्क का राज्यपाल उसे अपने घर ठहरा लिया ! कुसमी ने पूछा था—ई कोई साधू-महात्मा होवेला का जो ओकर एतना चर्चा हो रहत बा ?"

"नहीं चाची, साधू-महात्मा नहीं···बहुत बड़ा वकील है वह।"

"अरे हम भी त देखती ई गाँधी बाबा के होवेला।"

"गाँधी बाबा नहीं, गाँधी बाबू। जवान है वह।"

"तभी त तू सब छोकरियन एतना चहक रही हो !"

बस्ती से कोई तीस व्यक्ति तैयार हुए थे जाने के लिए। बस्ती की ओर से वकील गाँधी को हार पहनाने के लिए दाऊद मियाँ को चुना गया था। उस समय परकाश भी वहाँ मौजूद था। मदन के घर के सामने के चबूतरे के पास सभी बातें तय हुई थीं। परकाश मचल उठा था। उसने धीरे से मदन के कान में कहा था कि गाँधीजी को वह भी एक हार पहनायेगा।

दोनों हार मीरा ने तैयार किये। एक दिन पहले ही जब सुमंगल कोठी के हरखू सरदार के पास बीस मज़दूरों के लिए एक दिन की छुट्टी की माँग करने पहुँचा था तो चार घण्टे उसके लग गये थे प्रतीक्षा में। वह जैसे ही प्रमुख सरदार के सामने पहुँचा, उसने कड़ककर पूछा, "तो तुम बीस मज़दूरों के लिए छुट्टी माँगने आये हो ?"

"आप कैसे जान गये साहब ?"

"मैं नहीं जानूंगा तो कौन जानेगा ? पेरसोन पा पू गायें कोंजे। देज़ा लाकूप आँ रेतार। तुममें से किसी को छुट्टी नहीं मिलेगी'''पहले ही से कटनी पिछड़ी पड़ी है।"

"साहब, यह छुट्टी आप हमें दे दीजिए'''आगे हम कटनी की समाप्ति तक कोई भी छुट्टी नहीं लेंगे।"

"मो इन फिनि जीर नों।"

"साहब, हमारा जाना जरूरी है।"

"ली तेलमाँ नेसेसेर पू आल एकूत एन मालबार !"

"एक दिन से क्या हो जाता है साहब, हम बदले में दो दिन काम कर लेंगे।"

"मैंने कह दिया नहीं, और नहीं का मतलब नहीं होता है। कोम्प्राँ पा कोम्प्राँ !"

वह लौट आया था बिन इजाज़त पाये। दाऊद मियाँ ने कहा था, "हम लोग इजाज़त के बिना भी जायेंगे'''ज्यादा-से-ज्यादा दो दिन का पैसा काट लेंगे और क्या ?"

तीसों व्यक्ति सवेरे ही गाँव से निकल पड़े। परकाश और सुमंगल का बेटा सबसे आगे-आगे चल रहे थे। मदन ने जब कहा था कि तीन पत्थल चलने के बाद ही रेलगाड़ी मिलेगी, तो अनमोल कुछ नहीं बोला था पर परकाश ने झट कह दिया था, "मैं नहीं थकूंगा।"

धनपत ने कहा था, "ठीक है तो फिर चलते रहो। भूख-प्यास लग आने पर मेरे पास आ जाना।"

उसके कन्धे पर सतवा-पानी की झोली लटकी हुई थी। सोनवा ने गाँजे के पहले ही कश के बाद अपना ऊटपटाँग गाना शुरू कर दिया था। दाऊद मियाँ ने उससे कह दिया था कि वह रास्ते में जी-भरकर गा ले, पर वहाँ लोगों के बीच गाने की कोशिश मत करना।

रास्ते में एकाएक आयी हल्की बारिश के कारण सभी जंगली बादाम के पेड़ के नीचे जा छिपे। फरीद ने अपनी फतूही उतारकर परकाश के सिर पर रख दी थी। परकाश जब साथ चलने के लिए ज़िद कर बैठा था तो फरीद ही ने मदन को उसे साथ ले लेने के लिए राज़ी किया था। तभी मीरा ने फरीद से कहा था कि वह रास्ते-भर उसका ख़याल रखना न भूले, क्योंकि उसका दवाई लेना अब भी जारी है। वह बारिश हल्की होकर भी आधे घण्टे तक रही। भरतलाल ने मदन से जानना चाहा कि गाँधीजी कितने दिनों तक टापू में ठहरेंगे। मदन की जगह फरीद ने बताया कि उनको पहुँचे हुए तो दस दिन हो चुके हैं शायद और इतने ही दिन ठहरकर भारत को लौट जायेंगे। गाँजे की खुमारी में सोनवा ने पूछा कि उसका भारत जाना कब होगा ? उसकी ओर अजीब ढंग से देखते हुए फरीद ने पूछा कि क्या तुम अभी तक भारत नहीं गये ? कमाल है, तुम्हारा दोस्त धरमा तो कहता है कि वह हर चिलम के बाद भारत के अपने रिश्तेदारों के बीच पहुँच

जाता है !

कुछ लोग हँसे, कुछ गम्भीर रहे। मदन को एकाएक सोमारू की याद आ गयी। जहाज़ से उतारे जाने के दसवें दिन उसे रोलाँ साहब की कोठी में भेज दिया गया था। उसके साथ उसकी दस वर्ष की बेटी और बारह वर्ष का बेटा भी था। जहाज़ में तो उस पर जो बीता था, उसकी चर्चा तो वह किसी से करना ही नहीं चाहता था, पर कोठीवाले के हवाले होने से पहले जो दस दिन उसने अपने बच्चों के साथ गुज़ारे थे उसके बाद वह इस देश में दो घण्टों तक भी ठहरने के लिए तैयार नहीं था। अपने दोनों बच्चों और खुद अपनी गरदन में फँदे डालकर वह बकाइन के पेड़ के नीचे चिल्लाता रह गया था--मेरे साथ धोखा हुआ है ! मुझे और मेरे बच्चों को मेरे देश लौट जाने दो !

वह अपनी बीवी को बीमार छोड़ आया था।

पहली बार तो मदन उसे नीचे उतरवाने में सफल हो गया था, लेकिन दूसरी बार जब उसके चीत्कारों से कोठीवालों के कानों में जूँ तक न रेंगी तो इससे पहले कि बस्तीवाले बकाइन तक पहुँच पाते, वह अपने बच्चों के साथ पेड़ से झूल गया था।

बारिश के थमते ही वे प्लेटफार्म की ओर झपटे। उन्हें हर हालत में पहली गाड़ी पकड़नी थी, क्योंकि धनपत ने बताया था कि दूसरी गाड़ी चार घण्टे बाद थी।

लोग झपट रहे थे गाँधीजी के दर्शन के लिए, मदन झपट रहा था उनको सुनने के लिए। न जाने आज क्यों गाँधीजी की याद के साथ उसे भारत से आये वे सभी कुली-मज़दूर याद आ रहे थे। हर कोई आया था पत्थर के नीचे से सोना निकालने और हर कोई पाता रहा गोलियों और डण्डों की बौछारें। आये थे कमाकर जीवन बिताने और पाते रहे जानवरों से बदतर जीवन। वह जीवन कहीं तो बदला था, थोड़ा-सा बेहतर हुआ था पर कहीं आज भी वही था, उससे भी बदतर। कई लोग आये, कई लोग गये--बेहतर का सपना दिखा-दिखाकर दिखायी न पड़े। इस बार वकील गाँधी आया है। कहते हैं, जिस देश से वह लौट रहा है वहाँ भारतीयों का मनोबल बढ़ गया है। उनकी दशा सुधर गयी है। धनपत के कदमों के साथ कदम मिलाकर चलते हुए अपने-आपसे पूछता रहा—क्या वकील गाँधी से यहाँ की स्थिति भी बदल सकती है ? मदन के बाप ने कई अवसरों पर कहा था--'तुम लोग इस प्रतीक्षा में मत रहना कि कोई मसीहा आयेगा और तुम्हारे दिन बदल जायेंगे। तुम्हारे दिन ज़रूर बदलेंगे पर उन्हें खुद तुम्हें ही बदलना होगा।'

मदन ने सोचा—नहीं, हम अपने दिन बदलवाने नहीं जा रहे। हम उनसे दिशा लेने जा रहे हैं।

दिशा की तलाश में साठ कदम आगे को उठते रहे, बढ़ते रहे।

रेलगाड़ी डेढ़ घण्टे देर से प्लेटफार्म पर पहुँची। डब्बे सभी पहले ही से भरे हुए थे।

प्लेटफार्म पर इन्तजार करनेवाले मुसाफिर दो सौ से ज्यादा ही थे। किसी तरह अलग-अलग डब्बों में मदन के सभी साथियों ने जगह पायी। धनपत के कन्धे के सहारे मदन को जो डब्बा मिला, वह पहले ही से खचाखच था। किसी तरह खड़े रहने की जगह पाकर मदन ने दोनों बच्चों के बारे में जानना चाहा। धनपत ने बताया कि वे फरीद के साथ दूसरे डब्बे में हैं। मदन यह नहीं जानता था कि बैरिस्टर गाँधी के दर्शन का परकाश पर क्या असर पड़ेगा। गाँधीजी क्या बोलेंगे और उन बातों की उस लड़के पर क्या प्रतिक्रिया होगी, लेकिन जब से उसे मालूम हुआ था कि परकाश भी साथ चल रहा है तब से मदन कई तरह की बातें सोचे जा रहा था—उसकी चाह थी कि गाँधीजी के व्यक्तित्व और उनकी बातों का सीता के लड़के पर अच्छा प्रभाव पड़े। चिनासामी कह रहा था कि गाँधीजी का व्यक्तित्व बड़ा ही प्रभावशाली है और उनकी बातें भी। जब उसकी अपनी आँखें थीं, तभी से परकाश की आँखें उसे बड़ी तेज़ लगी थीं। उसका माथा चौड़ा था। उस छोटे-से चेहरे में एक खास शख्सियत थी। मदन ने उसे अपनी बाँहों में बाँधकर कहा था—लगता है, तुम हम सभी से भिन्न बनोगे।

फिर जब धीरे-धीरे परकाश उसके सम्पर्क में आ गया तो उसकी बातों, उसके प्रश्नों से मदन को विश्वास हो चला था कि उसकी धारणा गलत नहीं है। एक बार सीता कह गयी थी—

'किसन चाचा ने एक बार कहा था, परकाश का मतलब अंजोरा होता है। अंजोरा कब तक बन्दी रहेगा। इसीलिए मैं इसे इस तरह आज़ाद छोड़ देती हूँ।' अगर सचमुच यह बात उसके अपने बाप की कही हुई थी तो फिर उसकी अपनी धारणा सही है। परकाश का अर्थ ज्योति होता है। पर इस बस्ती के जिस दिन-दहाड़े के अँधेरे को सूरज भी नहीं छाँट सकता, क्या उसे दूर करने परकाश सफल हो जायेगा? वह हँस पड़ता—खैर इतना बड़ा सपना तो वह देखना नहीं चाहता, फिर भी परकाश को बस्ती के सभी लोगों से भिन्न पाना चाहता है। वह चाहता है कि परकाश से कुछ तो ऐसा हो जाये जो किसी से नहीं हो पाया। उसके अपने बाप का जो सपना अधूरा है, वह अगर आंशिक रूप से भी पूरा हो जाये तो समझो, मदन का अपना विश्वास रंग दिखा गया। जहाँ तक पढ़ाई का प्रश्न है, मदन को इस बात का सन्तोष है कि परकाश अपनी दोगुनी उम्र के लड़कों से भी आगे है।

नदिया रामपार स्टेशन पर उतरकर सभी एकसाथ जुटे। और भी कई लोग उसी आयोजन में जा रहे थे। वे उनके साथ हो लिये। वह स्थान अधिक दूरी पर नहीं था। उस बड़े-से पण्डाल के भीतर-बाहर भारी भीड़ थी। बीस-पच्चीस से ऊपर तो ताँगे थे वहाँ। उस भीड़ में मदन का एक हाथ धनपत के कन्धे पर था और दूसरे से वह परकाश का हाथ थामे हुए था। उसने उससे पूछा, "कैसा लग रहा है?"

"यह तो बड़ा सुन्दर है मन चाचा! हर जगह झण्डियाँ हैं। फूल हैं···बहुत सारे लोग हैं।"

"चलो, हम कुछ अधिक आगे बढ़ें ताकि अच्छी तरह सुनायी पड़ सके। अरे हाँ, तुम्हें तो गाँधीजी को हार पहनाना है···तुम दाऊद चाचा के साथ क्यों नहीं हो जाते?"

"हम सभी साथ हैं।"

"तुम दोनों को एकदम आगे जाना पड़ेगा।"

फरीद ने आगे आकर कहा, "ठीक है, मैं अब्बाजान और परकाश को लेकर आगे जाता हूँ। भीड़ बहुत है, इसलिए इस जलसे के खत्म होने पर सभी लोग मैदान के आगे मिलेंगे।" आपाधापी शुरू हो गयी थी। गाँधीजी शायद आ पहुँचे थे, इसलिए एक ही साथ सबके आगे मंच की ओर बढ़ जाने की उस ठेलाठाली में मदन और उसके साथी आगे-पीछे होते रहे। कोई पन्द्रह-बीस मिनट बाद ही मदन को छोड़कर बाकी लोगों ने गांधीजी को मंच पर चढ़कर भीड़ को नमस्कार करते देखा। उस नमस्कार का उत्तर सभी लोगों ने एकसाथ दिया।

गाँधीजी काले सूट में थे। सफेद कमीज़ पर सादे रंग की टाई थी। उनके सिर पर एक बारीक-सी पगड़ी बँधी थी। मूँछें नीचे की ओर झुकी हुई थीं और उनके बीच जो मुस्कान थिरक रही थी, वह उपस्थित सभी भारतीय वंशजों को एक आत्मगौरव दे गयी। दो-तीन नारे लगे—

"वकील मोहनदास करमचन्द गाँधी की···जय!"

"दक्षिण अफ्रीका के भारतीयों को प्रतिष्ठा देनेवाले गाँधीजी की···जय!"

जय-जयकार से गूंजते उस वातावरण में मदन ने धनपत से पूछा, "वे कैसे दीख रहे हैं?"

"चेहरे में एक चमक है।"

उस गरिमा को मन-ही-मन महसूस कर मदन ने एक लम्बी साँस ली। तभी एक-एक कर गाँधीजी को दस-पन्द्रह मालाएँ पहनायी गयीं। सबसे बाद में परकाश आगे बढ़ा।

गाँधीजी ने झुककर उसकी उस गेंदे की माला को स्वीकारा। परकाश से पूछा, "तुम्हारा क्या नाम है?"

"मेरा नाम परकाश है। परकाश का माने होता है रोशनी!"

"वाह बेटे, तुम तो सचमुच रोशनी हो!"

गाँधीजी के इस वाक्य पर तालियाँ गूंज उठीं।

सबसे पहले रामपार गाँव के एक व्यक्ति ने दो शब्द कहे। इसके बाद मुहम्मद आज़म नामक शख्स ने दस मिनट की तकरीर दी। गाँधीजी की बगल में उनकी पत्नी कस्तूरबा और बच्चे थे। गाँधीजी ने इन शब्दों के साथ उस भीड़ को सम्बोधित किया—

"मेरे देश से पहुँचे मेरे भाइयो, बहनो···!"

भीड़ की उस आपाधापी और शोर के बीच मदन उनकी सभी बातों को तो नहीं सुन पाया और फिर भी जो कुछ सुन पाया वह अद्भुत था। मदन के अपने

भीतर का तार-तार झनझना उठा। उस स्वर में, वह समझ नहीं पाया कि ओज का अंश ज्यादा था या मिठास का। मदन ने कभी किसी को उतने आत्मविश्वास, उतने प्रेम के साथ बोलते नहीं सुना था—

"मैं जानता हूँ कि इस देश को समृद्ध बनाने में आप लोगों का कितना बड़ा योगदान रहा है। भारतीय मज़दूरों ने एक जंगल को फुलवारी बना दिया···"

गाँधीजी आधे घण्टे से ज्यादा बोले और उनके मुँह से निकले एक-एक शब्द, एक-एक वाक्य को मदन अपने दिमाग में सँजोकर रखता गया। किसी को सुनने का ऐसा आनन्द उसने कभी नहीं जाना था। एक बहुत बड़ी भीड़ के बीच होकर भी मदन अपने को पहाड़ों के बीच एक ऐसे एकान्त में पाने लगा था, जहाँ गाँधीजी की आवाज़ की प्रतिध्वनि और अनुगूंज थी—

"शोषण के बीच सारे अत्याचारों को झेलकर भी आपने जिस सहनशीलता और अहिंसा से इस मिट्टी पर अपना पसीना बहाया उसी का फल है इस देश की हरियाली और इसकी समृद्धि।"

उस स्वर में मदन मन्दिर के घण्टे की घनघनाहट भी सुन रहा था और नदी की कल-कल भी। उसने धीरे से धनपत से जानना चाहा कि परकाश कहाँ है और जहाँ है, वहाँ से गाँधीजी को सुन तो रहा है या नहीं? यह जानकर कि परकाश एकदम आगे की पंक्ति में है और बड़े ध्यान से सुन रहा है, उसने दोहरी सन्तुष्टि का अनुभव किया।

"भारत के मस्तक को ऊँचा करनेवाले मेरे भाइयो, मेरी बहनो! आप लोगों में से कुछ लोगों की स्थिति आज सुधरने लगी है, लेकिन आपके मज़दूर दोस्तों की हालत आज भी दयनीय है। आप सभी से मेरे दो विशेष अनुरोध हैं—राजनीति से दूर रहकर आप अपने अधिकारों को नहीं पा सकते। लोग आपकी इज़्ज़त करना सीखें, इसके लिए आप लोगों को सक्रिय रूप से राजनीति में भाग लेना होगा। आपके प्रतिनिधि को बाहर से नहीं, बल्कि विधानसभा के भीतर से अपने अधिकारों का तकाज़ा करना होगा···।"

मदन अपने सामने के क्षितिज को विस्तृत होते हुए महसूसने लगा। उसे लगा कि मॉरिशस के मज़दूरों के सामने पहली बार किसी मार्गदर्शक की आवाज़ गूंजी है। पहली बार मज़दूर-समाज अपने गुरु को सुन रहा था। मदन के हाथ कृतज्ञता के साथ अपने-आप जुड़ गये थे।

"आप लोगों से मेरा एक दूसरा अनुरोध है। इस देश के भारतीय मज़दूरों के बच्चों को भी मैं देख रहा हूँ। अभी-अभी आपके एक बच्चे की दिलेर आवाज़ भी मैंने सुनी। ये बच्चे मेधावी हैं। इन्हें सही शिक्षा की आवश्यकता है। आप जी-जान से अपने बच्चों को पढ़ाइये। ये ही इस राष्ट्र के सर्वस्व बनेंगे।···इस देश के स्कूलों में हरेक बच्चे के लिए जगह होनी चाहिए। वह शिक्षा ही है जो आपके बच्चों को किसी के भी सामने खड़े हो पाने की शक्ति दे सकती है।"

मदन के अपने भीतर योजनाएँ और उनकी उमंगें हिलोरें लेने लगीं। उसके

मन में आया कि वह दौड़कर उस मसीहा के चरणों का स्पर्श कर ले।

लौटते समय मदन रास्ते-भर गाँधीजी की कही दो आखिरी बातों को सोचता रहा। वही इच्छा कभी किसनसिंह ने भी व्यक्त की थी—हमारी छोटी-छोटी सभाओं से तब तक कुछ नहीं हो पायेगा जब तक कि उस बड़ी सभा में हमारे लोग बैठने के हकदार नहीं होते। उस राजसभा में हमारा तो कोई नहीं है, जो हमारे लिए बोल सके।··· मदन सुनता आ रहा था कि भारतीय वंशजों के बीच कई पढ़े-लिखे लोग हैं। वकील, डाक्टर भी होने लगे हैं। ये लोग उस बड़ी सभा में पहुँचने की क्यों नहीं सोचते? एकाध बार बस्ती में कुछ लोग आये थे। अपने को मज़दूरों का नेता बताते थे। इन लोगों को उस सभा में होना चाहिए था। इन लोगों के केवल बाहर से चिल्लाते रहने से क्या होता है?

गाँधीजी की बातों ने उसे सचमुच ही झकझोर दिया था। वह अपने-आपसे पूछता रहा—क्या गाँधीजी की इस बात का असर पढ़े-लिखे लोगों पर होगा? और अगर सचमुच वे लोग गाँधीजी की बात मानकर राजनीति में हिस्सा लेना चाहेंगे तो उन्हें लेने दिया जायेगा? चिनासामी तो कहता था कि उस राजसभा के सदस्य केवल गोरे होते हैं। ऐसी स्थिति में भारतीयों को वहाँ प्रवेश मिलेगा?

और वह दूसरी बात भी उसे तिलमिला गयी थी—इस देश के स्कूलों में हरेक बच्चे के लिए जगह होनी चाहिए। क्या यह सम्भव हो सकता है? स्कूलों में तो केवल धनी लोगों के बच्चे होते हैं—मालिकों के, सरदारों के। इलाके में एक ही स्कूल है—तीन मील की दूरी पर। उसमें सभी बच्चों को जगह मिलना भी तो मुमकिन नहीं।

उसे लगा कि गांधीजी अब भी उसके कानों में बोले जा रहे हैं—मदन! तुम अपने गांव के मुखिया हो···! अपने गाँव के बच्चों को सिर्फ रामागती पढ़ाकर क्या करोगे···इन्हें स्कूल भी भेजना होगा, ताकि ये अंग्रेज़ी-फ्रेंच भी पढ़-लिख सकें और अपने अधिकारों की मांग उन्हीं भाषाओं में कर सकें···तुम्हारी सिखायी हुई हिन्दी भाषा ये बड़े लोग नहीं सुनेंगे।···तुम्हारे गाँव के पचास के करीब बच्चे हैं। उन्हें अवसर दो कि वे स्कूल जायें, विद्वान बनें···इन्हें मज़दूर-का-मज़दूर ही बने रहने मत दो। ये मज़दूर के बच्चे हैं और इनके बच्चों को भी मज़दूर ही बनाये रखने का विचार तजना होगा मदन, नहीं तो आज से सौ साल बाद भी तुम लोग इन गोरे लोगों की पूजा करते रह जाओगे।

मदन की अपनी ही बातें उसके अपने कानों में चक्रवात की तरह उधम मचाने लगीं। तुम तो देख चुके हो मदन···मालिकों के कुत्तों की तुम लोगों से बेहतर ज़िन्दगी है। क्यों अपने बच्चों के लिए भी वह जीवन सुरक्षित रखना चाहते हो?

और उस खामोशी में मदन की अपनी खामोशी भीतर-ही-भीतर चिल्लाती रही—तो मैं क्या कर सकता हूँ? हजारों लोग हैं आगे आने के लिए···कोई भी

आगे आ सकता है···मैं तो अन्धा हूँ !

—तुम अन्धे हो, लेकिन बस्ती के तो मुखिया हो। पूरे देश के लिए न सही, अपनी बस्ती के लिए तो तुम्हें आगे आना ही होगा···!

तभी परकाश उसके आगे आ गया, "मन चाचा···अब तो तुम मुझे स्कूल भेजोगे न ?"

"........."

"चाचा, गाँधीजी ने कहा है कि सभी बच्चों को स्कूल जाना चाहिए।"

"........."

"मन चाचा ! अब तो तुम मुझे स्कूल भेजोगे न ?"

मदन ने हामी भरकर मन-ही-मन कहा—अब तो गाँव का हर बच्चा स्कूल जायेगा परकाश !

किसनसिंह ने जिस दिन मदन को रामायण की पहली चौपाई सिखायी थी, उस दिन कहा था–मदन बेटा, इस पहली चौपाई के साथ मेरी इस बात को हमेशा याद रखना कि ज्ञान केवल अपने लिए हासिल नहीं किया जाता। वह आम का फरुवा नहीं होता जिसका आचार डालकर किसी बरतन में बन्द कर दिया जाये।

मदन अपने बाप की बात को भूला नहीं था। उसे जो कुछ आता था, वह बस्ती के बच्चों को सिखाता आ रहा था। वह बच्चों को जो कुछ सिखाता था, उससे उनके भीतर अपनी संस्कृति के लिए मनोबल बढ़ता था लेकिन उससे अपने लिए प्रतिष्ठा और अधिकार हासिल करना कठिन था।

जब मदन ने सीता के सामने कहा था कि वह चाहता है कि बस्ती के सभी बच्चे अंग्रेज़ी-फ्रेंच भी सीखें, तो सीता पूछ बैठी थी, "कहीं इस अंग्रेज़ी-फ्रेंच के चक्कर में वे अपनी भाषा को त्याग बैठे तो ?"

"नहीं सीता ! अपनी भाषा तो अपनी चीज़ होती है। मैं तो इसलिए चाहता हू कि हमारे बच्चे अंग्रेज़ी-फ्रेंच सीखें, क्योंकि कल जिनके सामने इन्हें अपने हक के लिए खड़ा होना पड़ेगा, उन्हें हमारी भाषा नहीं आती। जिस आदमी से वास्ता पड़े उसकी भाषा जानना आवश्यक होता है।"

"लेकिन मदन···उन लोगों को भी तो हमारी ज़रूरत होती है, तो फिर वे हमारी भाषा क्यों नहीं सीखते ?"

मदन इस प्रश्न के लिए तैयार नहीं था।

सीता के उस प्रश्न को उसने खुद अपने में दोहराया था। उत्तर नहीं बन पड़ा था उससे। वह सीता से पूछ गया था, "तुम्हीं कहो, वे लोग हमारी भाषा क्यों नहीं सीखते ?"

"इसलिए कि उन्हें अपनी बात समझानी नहीं है।"

"पर हमें अपनी बात उन्हें समझानी है।"

छह

मदन की जब नींद टूटी तो उसने अपने चारों ओर देखा। घर के भीतर अँधेरे के सिवाय कुछ भी नहीं था उसके सामने। क्षण-भर पहले उसकी अपनी आँखों में प्रकाश था और उस प्रकाश से उसने सामने के प्रकाश में उस व्यक्ति को देखा था। उसके सामने हाथ जोड़े उसने उसे वचन दिया था—गांधीजी, मैं अपनी बस्ती के बच्चों को स्कूल अवश्य भेजूंगा। ये बच्चे पढ़ेंगे। गाँधीजी की अद्भुत आभावाली आँखों में भी वह मुस्कान थिरकी थी। मदन ने आगे बढ़कर उनके पाँवों को छू लिया था। गाँधीजी बोले पड़े थे—तुम तो गले लगने योग्य हो। अपने को इतना नीचे क्यों झुका रहे हो। तुम लोगों के लिए झुकने का नहीं, उठने का समय है। अपना सिर झुकाना बहुत हो गया, अब सिर उठाकर आगे बढ़ना है। उन्होंने मदन के कन्धों को थामकर उसे अपनी छाती से लगा लिया था।

फिर मदन सो नहीं सका। अगर उससे हो सकता तो वह उसी क्षण फरीद के यहाँ पहुँचकर उससे सपने की बातें कहता और देखे हुए उस भव्य और अलौकिक चेहरे का वर्णन करके उससे पूछता—क्यों फरीद, गाँधीजी का यही चेहरा है न?

अपने चारों ओर के उस अँधेरे में मदन उस प्रकाश को मन-ही-मन टटोलता रहा और उसमें देखे हुए उस मुखड़े को उसने एक बार फिर से रूप देना चाहा। पर ऐसा हो नहीं पाया। पिछली रात उधर से लौटकर परकाश उसी के यह सो गया था। अगर आज भी यही होता तो मदन उसे अपना सपना सुनाकर कहता—तुम चिन्ता न करो परकाश, मैं तुम्हें स्कूल भेजूंगा। पर उतनी दूर रोज आ-जा सकोगे न? और परकाश कहता—तुम देखना मन चाचा, दौड़ता हुआ आऊँगा।।

तभी एक आशंका ने उसकी उस उमंग को उदासी में बदल दिया। वह सोचने लगा कि गाँव के छोटे बच्चों के लिए तो स्कूल में दाखिला दिलवाने में वह कुछ भी बाकी नहीं छोड़ेगा, लेकिन जहाँ तक परकाश का प्रश्न था···। वह अपनी उस निराशा से एक बहुत बड़ी उदासी में डूब गया। उसने सुन रखा था कि स्कूल में पाँच वर्ष के बच्चों को ही प्रवेश मिलता है, बाकी को नहीं। ग्यारह वर्ष की उम्र में तो स्कूल में बच्चों को लिया ही नहीं जाता।···

गरमी का धीरे-धीरे बढ़ना स्वाभाविक था, लेकिन मदन ने तो यह तनिक भी नहीं सोचा था कि वह एकाएक अकुलाहट देने लगेगी। दिन में धूप के होते गरमी का होना हैरानी का विषय नहीं है, लेकिन रात में इतनी सख्त गरमी होना सोये हुए लोगों के लिए न सही, मदन के लिए हैरानी की बात थी। अपने चेहरे से पसीने की बूंदों को पोंछकर वह खाट पर बैठ गया। एक लम्बी साँस के बाद उसने अनुमान लगाया—गरमी जरूर है लेकिन उसकी अकुलाहट का कारण माहौल की यह गरमी नहीं, बल्कि उसके अपने ही जेहन की कोई कशमकश थी—वह जो उसे पसीने से तर कर गयी थी। उसे अपना वह प्रण और भी आकुल कर गया—

गाँव के सब बच्चे तो स्कूल जायेंगे ही, लेकिन उन सबसे पहले परकाश को दाखिला दिलवाकर ही रहना है मुझे।

उसने जिस आवाज़ को सुना वह उसकी अपनी ही आवाज़ थी—मदन ! तुम असम्भव के बारे में सोच रहे हो ! …

वह चिल्ला उठा अपने ही स्वर के खिलाफ—नहीं !

मदन को जब पता चला कि गांधीजी शहर के बन्दरगाह के सामने ही एक होटल में टिके हुए हैं तो वह बस्ती के चार व्यक्तियों के साथ उसी क्षण उनसे मिलने शहर पहुँच गया। गांधीजी किसी व्यक्ति से मिलने के लिए ताँगे पर सवार हो रहे थे, जब गाँव के लोग उनके सामने जा खड़े हुए। वे कह रहे थे, "मैं तो परसों जा रहा हूँ। भारत और मॉरिशस इन दोनों देशों की इज़्ज़त आप लोगों के हाथों में है।"…और भी कई लोगों ने तांगे को घेर लिया था। इससे आगे की बातें मदन नहीं सुन पाया था। पर यही बातें उसके लिए बहुत थीं। उस समय परकाश उन लोगों के साथ नहीं था, फिर भी मन-ही-मन मदन इस तरह बोल उठा गोया परकाश उसकी बगल में ही हो—"सुना तुमने ? तुम्हें अपने दादा और इस देश दोनों के नाम रौशन करने हैं।"

ताँगा चलने से पहले मदन ने गांधीजी का एक आखिरी वाक्य सुना था—

"मैं तो अपनी जन्मभूमि को लौट रहा हूँ एक अजनबी की तरह, लेकिन मुझे विश्वास है कि कल के बाद मेरे देश का कोई भी आदमी इस धरती पर पहुँचकर अपने को अनजबी नहीं मानेगा, बल्कि इस मिट्टी पर पाँव रखते ही उसे ऐसा लगेगा कि वह अपने ही देश के किसी कोने में खड़ा है। आप लोग इस दिश को उस स्वरूप में पायेंगे, मुझे पूरा यकीन है।"

मदन गाँव को लौटते हुए अपनी उस प्रतिबद्धता को एहसासता हुआ लौटा था जो गांधीजी के चन्द शब्दों द्वारा उसे सौंपो जा चुकी थी।

बाहर के सन्नाटे से उसने समय का अन्दाज़ लगाया। पहले मुर्गे की बाँग में अभी दो घण्टे से ज्यादा ही बाकी थे। गाँव का कोई भूखा कुत्ता अपनी ही किसी हरकत पर झुंझलाकर भूंक उठा। चुप भी हो गया। मदन अपनी खाट से उठकर चार कदमोंवाले अपने घर में चहलकदमी करता रहा, फिर खुली हुई खिड़की के पास खड़ा हो गया। हवा जो भीतर आयी उसमें भी गरमी थी। वह फिर खाट पर बैठ गया और परकाश को किसी-न-किसी तरह स्कूल में भर्ती करने का उपाय सोचता रहा।

सुबह बड़ी देर से हुई। वह तो बहुत पहले दिशा मैदान होकर और कुएँ पर नहाकर लौट आया था। सुबह की तरह मीरा भी देर से आयी। मदन ने उसे रात के सपने के बारे में बताया। परकाश की स्कूल में भर्ती कराने की बात भी की। मीरा उसे चाय का कटोरा थमाते हुए बोली, "जो एकदम असम्भव है, तुम उसके बारे में क्यों सोच रहे हो ?"

"गाँधीजी ने कहा है कि इस ज़मीन पर जन्म लेनेवाले हरेक बच्चे के लिए स्कूलों में जगह होनी चाहिए।"

"अरे बड़े-बड़े लोग तो बड़ी-ही-बड़ी बातें करेंगे!"

"नहीं मीरा!"

"नहीं क्या?"

"हमारे गाँव के बच्चों को स्कूल जाना ही होगा।"

"पर आस-पास कोई स्कूल हो भी तो। उतनी दूर बच्चे जायेंगे कैसे?"

"तुम्हारा अपना दादा छपरा से काशी जाता था पढ़ने, यहाँ का यह कौन-सा बड़ा फासला हुआ?"

"पर हमारे बच्चों को वहाँ कोई स्वीकार करेगा तब तो!"

"मैं कल मज़दूरों के रक्षक से मिलने जाऊँगा।"

"यहाँ बच्चों को पेट-भर खाना नहीं मिल रहा। एक ही फतूही इस साल से उस साल तक पहने रह जाते हैं···तुम उनकी इस हालत को तो सुधार नहीं पा रहे, अब चले हो उनकी पढ़ाई-लिखाई का बन्दोबस्त करने···तुम्हारे साथ तो वे पढ़-लिख लेते ही हैं, अब और क्या पढ़ाना है उन्हें?"

"तुमने गाँधीजी की बातें नहीं सुनीं?"

"अरे बाबा, मैंने कह दिया न, बड़े लोगों की बातें बड़ी होती हैं। तुम औकात का तो खयाल करो।"

"मीरा! तुम इस तरह की बातें करने लगीं?"

"तुम तो अपनी पूरी ज़िन्दगी परायी फिकिर के लिए गुज़ार देना चाहते हो···।"

"यह तो मैंने तुमसे ही सीखा है मीरा! तुम भी अपनी पूरी जिन्दगी मेरी देख-रेख में गुज़ार रही हो।"

"मैं कोई असम्भव के पीछे पागल नहीं हूँ।"

"तुम देखना, मैं भी किसी असम्भव के पीछे पागल नहीं हूँ। ये बच्चे स्कूल जायेंगे।"

"चाय तो पी लो।"

उसने एक ही बार में कटोरा खाली कर दिया।

मज़दूरों को भड़काने के आरोप में जब उसे सात वर्ष की कैद हुई थी, उस समय कैद में उसके साथ रामसेवक की बस्ती का एक उसी की उम्र का नौजवान भी था। उसका नाम प्रेमसिंह था। वह अंग्रेज़ी, फ्रेंच बोल-लिख लेता था। इस बात के लिए कैदखाने के सिपाही उसके साथ बड़ी आत्मीयता के साथ पेश आते थे। कैदियों के निरीक्षण के लिए जब भी कोई डाक्टर, कोई इन्स्पेक्टर या कोई साहब आता तो उससे देर तक बातें करता था। मदन ने एक दिन पत्थर तोड़ते समय उससे पूछ ही लिया था, "तुमने यह अंग्रेज़ी-फ्रेंच कहाँ सीखी?"

"हमारी बस्ती के उस पार जो स्कूल है, मैं उसके पिछवाड़े बैठकर बच्चों को

पढ़ते सुनता रहता था, बस!"

"इतने ही में बोलना-लिखना भी आ गया!"

"मैं पाटी लिये होता था। श्यामपट पर अध्यापक को लिखते देखकर मैं भी लिखता था।"

"वाह! तुम तो हिम्मतवाले हो।"

"इसमें हिम्मत की क्या बात है मदन, यह तो कुछ लोगों में पढ़ने की लगन होती है। थोड़ा-बहुत गोरे मालिक के दफ्तर में भी सीखता रहा जहां मैं चपरासी था। उस पढ़ाई-लिखाई की ही सज़ा तो भुगत रहा हूँ। उस दिन गोरे मालिक की गालियों का जवाब न दिया होता तो यह सज़ा भुगताने की नौबत नहीं आती।"

प्रेमसिंह की रिहाई उसकी अवधि से पहले हो गयी थी। मदन को खयाल आया कि वह तो अब भी रामसेवक की ही बस्ती में रहता होगा। रामसेवक ने भी अगर इस बस्ती को छोड़ा था तो इसी एक बात के लिए कि उस नयी बस्ती में रहकर वह अपने बच्चों को शिक्षा दिला सके। उसने तो ठान लिया था कि वह अपने एक बच्चे को डाक्टर या वकील बनाकर रहेगा···और उसके लिए धांधलेबाज़ी से भी वह चूकता नहीं था। मदन को जब पिछली बार उसके बारे में सुनने को मिला था तो वह पन्द्रह बीघा ज़मीन का मालिक बन बैठा था। लोग कहते थे कि वह उसकी पत्नी की सुन्दरता का ही फ़ल है। उसके पहले और दूसरे बेटों को मदन ने कोई आठ साल पहले देखा भी था। दोनों के रंग गोरे और आँखें नीली थीं।

प्रेमसिंह की बात याद आ जाने पर मदन ने चाहा था कि पहले उसी से मिला जाये। बात न बनने पर वह मज़दूरों के रक्षक से मिलने शहर जायेगा। घर से निकला तो जिन बच्चोंको रोज पढ़ाता था उनके बारे में सोचने लगा। वह भी तो पढ़ाई है। यह सही है कि वह अंग्रेज़ी-फ्रेंच नहीं पढ़ाता, पर हिन्दी में ज्ञान की बातें तो सिखाता है बच्चों को। फिर क्या बात है कि स्कूल में पढ़े बच्चोंको ही पढ़ा-लिखा समझा जाता है और गांव की बैठक या मदन के चबूतरे पर पढ़े बच्चों को पढ़ा-लिखा नहीं समझा जाता? वह तो बच्चों को रामायण, महाभारत तक की बातें सिखाता है। वे सभी बच्चे पढ़-लिख लेते हैं। हिन्दी में गीत गा सकते हैं—स्तुति-प्रार्थनाएँ कर सकते हैं। किस्से-कहानियां पढ़ लेते हैं। फिर अंग्रेज़ी-फ्रेंच पढ़नेवाले इससे अधिक क्या कर लेते होंगे? बाद में मदन अपने ही तर्कों पर हंस पड़ा और अपने-आपसे बोला—रामायण, महाभारत पढ़कर क्या हो जाता है? उससे मालिकों, साहबों और अफसरों के प्रश्नों के उत्तर थोड़े ही बन पाते हैं। गांधीजी ने कहा था—आप सभी को देश के काम-काज और राजनीति में सक्रिय भाग लेना है। इसके लिए तो ज़रूरी है कि बड़े लोगों की भाषाएँ भी सीखी जायें। वे तो हमारी भाषा सीखने से रहे। पर उनसे बातें कर सकने के लिए हमें तो उनकी भाषाएँ सीखनी ही हैं।

फरीद काम पर निकल चुका था। सोनवा को साथ लिये वह उसी समय रामसेवक की बस्ती की ओर चल पड़ा था। रामसेवक के बारे में लोग चाहे इधर-उधर

कह लेते थे, लेकिन मौका आने पर वह कई बार मदन की बस्तीवालों की मदद कर चुका था। लोगों के खेत छीने जाने पर उसी ने गोरे मालिक से बात करके कुछ ज़मीन छुड़वा दी थी। मज़दूरों को नौकरी से हटाये जाने पर भी उसने अपने मालिक से बातें करके चालीस मज़दूरों को फिर से कोठी की नौकरी दिलवायी थी। कोठीवाले ने जब कहा था कि मदन की बस्ती को डाक्टर की सेवा नहीं मिल सकती, क्योंकि वह बस्ती कोठी के अन्तर्गत नहीं है, तो रामसेवक को ही आगे आकर मालिक को मनाना पड़ा था। मालिक उससे कहीं ज्यादा उसकी पत्नी की बात मान लेता था। मदन ने सोचा कि रामसेवक से मिलने से पहले वह प्रेमसिंह से मिले। यों भी कई वर्षों के बाद उससे मिलने की बात थी। वह उसे नहीं देख सकेगा पर उसकी सूरत लगभग वैसी ही तो होगी। सुन्दर चेहरा, बड़ी-बड़ी आँखें। हँसते समय होंठों के छोरों पर गालों में छोटे-से मोहक गड्ढे बन जाना। वही आवाज़ होगी···उसकी उस आवाज़ से मदन को किसनसिंह की याद आ जाती थी। गम्भीर और गहराई लिये हुए आवाज़। गाँव पहुँचकर पता चला कि प्रेमसिंह दो मील की दूरी के स्टेशन पर झण्डी दिखाने का काम करता है। दो मील और चलने की हिम्मत बटोरकर मदन सोनवा का कन्धा थामे स्टेशन की ओर बढ़ गया।

कटनी समाप्त होने में कुछ ही दिन बाकी थे। गन्ने के खेतों की चहल-पहल से वहाँ की सक्रियता का आभास मदन को मिल रहा था। रास्ते में दो कोठियाँ पार करनी पड़ी थीं और दोनों में कटाई की रफ्तार एक-सी थी। उस कोलाहल में सरदारों के चिल्लाते रहने की आवाज़ सबसे ऊपर थी। हर दूसरे क्षण वे मज़दूरों को इस तरह आदेश दिये जा रहे थे, मानो वे गाड़ीवान हैं और किसी टीले की चढ़ाई चढ़ते बैल को आगे बढ़ने के लिए हाँक-फटकार रहे हों।

पिछली शाम सुमंगल ने उसे बताया था कि कोठी का सरदार चिल्ला-चिल्लाकर कह रहा था कि जितने मजदूर गांधीजी को सुनने गये थे, उन सभी को फसल के बाद नौकरी से हटा दिया जायेगा। मदन ने उससे कहा था—तुम घबड़ाओ नहीं, फसल खत्म होने में अभी तीन-चार सप्ताह है। देख लेंगे।

मदन को सबसे पहली चिन्ता बच्चों की थी, इसलिए तीन-चार सप्ताह दूर की उस चिन्ता को उसने यह कहकर टाल तो दिया कि अभी समय है, वक्त आने पर देख लेंगे, लेकिन फिर अपने-आपसे ही पूछ बैठा था—क्या देख लेंगे ? किसको देख लेंगे ? सरदार को या मालिक को ? अगर बस्ती के लोगों में इतनी ही हिम्मत होती तो आज की-सी स्थिति थोड़े ही रहती। पर यह तुरन्त की समस्या नहीं थी, इसलिए उस पर अधिक सोचना उसने बन्द कर दिया।

स्टेशन मास्टर टोप के नीचे ऐनक के पीछे से झांकनेवाला क्रिओल बूढ़ा था। सोनवा ने जब उससे प्रेमसिंह के बारे में पूछा तो उसने कान के पीछे से सिगरेट के टुकड़े को निकालकर सुलगा लिया, फिर बोला, "सीधे जाना होगा···आल द्रुआत आवेक सेमें फेर···पटरी के साथ चलते जाओ। चौराहे के बाद जहाँ लाइन बदलती है, वहीं मिलेगा वह।"

सिगरेट का पहला कश लेकर उसने सोनवा से पूछा, "उसे पहचानते हो तुम ?"

"मैं तो नहीं पहचानता पर मदन भैया पहचानता है।"

"तुम्हारा मतलब यह आदमी···मे सा ली आवेग्ल···यह तो अन्धा है, कैसे पहचान पायेगा ? देखो, चौराहे के बाद एना एन प्ये माँग। वह उसी आम के पेड़ के नीचे होगा। वैसे तो वहाँ और भी लोग होंगे लेकिन जिसके हाथ में तुम पुस्तक देखो या जो तुम्हें किसी पत्थर पर बैठा पढ़ता दिखायी पड़ जाये, वही परेमसिंग होगा।"

"मेरसी तोंतों।" धन्यवाद कहकर दोनों और आधे मील के लिए चल पड़े। दोनों तरफ कटे हुए गन्ने के खेतों के बीच होकर चलते समय मदन और सोनवा को अपनी पदचापों के अलावा कोई दूसरी आवाज़ सुनायी नहीं दे रही थी। कटे हुए खेतों के उस सन्नाटे में रास्ता लम्बा प्रतीत हो रहा था। कभी-कभार सोनवा के गुनगुनाने से ही दूर तक फैले खेतों के बीच पगडण्डी की वह खामोशी टूट जाती थी। पगडण्डी के कुछ अधिक ऊबड़खाबड़ होने के कारण दोनों पटरी के बीच चलने लगे थे। चौराहा पार करके जब वे उस ठौर पहुँचे, जहाँ लाइन बदलती थी, तो वहाँ भी सूनसपाटा था। दोनों खड़े हो गये। सोनवा ने चारों ओर देखा। पटरी की बगल में जो मड़ई थी, वह भी खाली थी। तभी आम के पेड़ की आड़ से आवाज आयी, "किसे ढूँढ़ रहे हैं आप लोग ?"

इससे पहले कि सोनवा कुछ कहता, एक गठीला जवान हाथ में एक पुस्तक लिये सामने आ गया। उस आवाज़ को पहचानकर मदन ने कहा, "प्रेमसिंह !"

"हाँ, मैं प्रेमसिंह हूँ। आप कौन हैं ?"

"यार, मुझे नहीं पहचानते ! मैं मदन हूँ···कैद में हम साथ थे।"

"लेकिन तुम···?"

"तब मैं अन्धा नहीं था।"

"पर यार मदन, यह कैसे हुआ ?"

"अरे यह तो बाद में भी बता सकेंगे। इस समय तो हमें तुमसे बहुत ही ज़रूरी काम है।"

"आओ बैठो।"

तीनों व्यक्ति आम के पेड़ के नीचे पसरी हुई चट्टान पर बैठ गये।

"प्यास लग आयी है। तुम्हारे पास पानी है ?"

"स्रोत का पानी है। कन-कन ठण्डा।"

वह मड़ई के पास से मिट्टी की सुराही उठ लाया।

"क्यों प्रेम, तुमने ब्याह-व्याह किया या नहीं ?"

"फ़ुरसत ही कहाँ मिली ? और तुम ?"

"अन्धा नहीं हो जाता तो अब तक कर लिया होता।"

"क्यों, अन्धों की शादी मना है क्या ?"

"मना तो नहीं है, पर एक के अन्धेपन को दो के साथ क्यों बाँटा जाये ?"

"इसका उल्टा भी तो हो सकता है। एक का उजाला दो में बँट जाता। क्यों, तुम्हारी बस्ती में कोई ऐसी लड़की नहीं मिली ?"

"हम तुमसे एक विशेष बात के लिए मिलने आये हैं।"

"बात टालना ही चाहते हो तो ठीक है। बोलो, मैं तुम्हारी क्या मदद कर सकता हूँ !"

"तुमने गाँधीजी को सुना ?"

"पहला आदमी तो मैं ही पहुँचा था वहाँ।"

"उनका यह कहना तुम्हें कैसा लगा कि हमारे बच्चों को उचित शिक्षा मिलनी चाहिए ?"

"इससे बड़ी बात और क्या हो सकती है ? मैं तो उनके कहने से पहले ही अपनी बस्ती के बच्चों के लिए स्कूल बनवाने की बात चला चुका हूँ। हम लोग डेढ़ सौ रुपये इकट्ठे भी कर चुके हैं।"

"उसमें अंग्रेज़ी-फ्रेंच भी पढ़ायी जायेगी ?"

"क्यों नहीं। और गणित भी, ताकि हमारे बच्चे कल अपने पसीने की कमाई को ठीक से गिन सकें।"

"हमारी बस्ती में भी···।"

"तुम्हारी बस्ती में भी स्कूल बनना चाहिए।"

"तुम्हारा सहयोग चाहिए। कोठी के मालिक से बात किये बिना यह सम्भव नहीं।"

"मेरे कहने से कहीं अधिक रामसेवक चाचा का कहना साहब अधिक मानेगा। ···खैर, यह सारी ज़िम्मेवारी तुम मेरे ऊपर छोड़ दो। लेकिन स्कूल बनने में तो कई साल लग जायेंगे। इस बीच मैं कोशिश करूंगा कि इलाके के स्कूल में तुम्हारी बस्ती के बच्चों को जगह मिल सके।"

"लेकिन प्रेम, एक बात और है। हमारी बस्ती में ग्यारह साल का एक लड़का है···मेरी इच्छा है कि वह भी पढ़-लिखकर कुछ बने।"

"तुम्हारी इच्छा से कहीं अधिक उसकी अपनी इच्छा ज़रूरी है। क्या उसके अपने भीतर भी पढ़ने-लिखने की उतनी ही इच्छा है ?"

"हिन्दी पढ़ने-लिखने में तो सबसे आगे है।"

"पर स्कूल में तो उसे दाखिला नहीं मिल सकता !"

"इसीलिए तो इस बारे में तुम्हारा अधिक सहयोग चाहिए।"

"मैं उसे थोड़ा-बहुत ज़रूर पढ़ा सकता हूँ मगर मेरी और तेरी बस्ती का फासला ?"

"तीन ही मील का तो रास्ता है।"

"मुझे तो रात में ही फुरसत मिलेगी। उसे मेरे यहाँ ठहरना पड़ेगा।"

"ठहर जायेगा।"

"तो फिर ठीक है। इसी बहाने तुम भी कभी-कभार मेरे यहाँ आ जाया करोगे।···अच्छा, तुम्हारी बस्ती के मज़दूरों की आजकल क्या स्थिति है?"

"वही जो कल थी। सभी कुछ मालिक की मर्ज़ी पर है। जब चाहे कोड़े बरस जाते हैं। कोई ज़रा-सा भी सिर उठाने का प्रयास करे कि उस पर कुत्ते लपका दिये जाते हैं। आज भी कीड़ों से खद-खद भरे चावल ही हमें मिल रहे हैं।"

"और तुम लोग स्वीकारते रहे हो?"

"कोई दूसरा चारा भी तो हो।"

"मदन! तुम इस तरह की बातें करोगे—यह जानते हुए भी कि कई बस्तियों में अब हड़तालें होने लगी हैं और लोग अपने अधिकार के लिए खड़े हो चुके हैं! तुम तो अपनी बस्ती के नेता हो···उन पहले लोगों में हो जिन्होंने सिर उठाया था···।"

"तब की बात और थी···तब मेरी आँखें थीं।"

"यह कैसी बात करने लगे?"

मदन को लगा जैसे प्रेमसिंह ने कहे बिना भी यह कह दिया हो कि क्या तुम्हारे अन्धेपन से पूरी बस्ती अन्धी हो गयी है!

प्रेमसिंह से मिलकर लौटते हुए मदन अपने में खुशी भी लिये हुए था और एक कशमकश भी। प्रेम की उन सभी बातों से उसे यह महसूस होने लगा था कि उसकी बस्ती की बदतर स्थिति का कारण वही है। रास्ते-भर वह अपने-आपसे पूछता रहा—क्या अधिकार था उसे अपनी बस्ती को अपनी ही तरह अन्धा समझ लेने का? और उसने अपनी बस्ती को अन्धा ही नहीं समझा था, विकलांग भी समझ लिया था। आज जब कई बस्तियों में मज़दूरों की हालत सुधरती जा रही थी और गोरे मालिकों के अत्याचार कम होने लगे थे, तो क्या कारण था कि उसकी अपनी बस्ती की दशा ज्यों-की-त्यों थी?

उस दिन देवराज के साथ जो कुछ हुआ, उस तरह की घटनाएँ तो मदन पच्चीस साल पहले भी अपनी नन्हीं आँखों से देख चुका था। पच्चीस साल बाद भी मज़दूरों की वही नियति! आज वह बस्ती का मुखिया समझा जाता है··· लोगों को उस पर केवल इसलिए विश्वास नहीं है, क्योंकि वह किसनसिंह का बेटा है, बल्कि कभी उसने भी अपनी योग्यता जतायी थी···पर क्या आज आँखों के जाने से उसकी सारी योग्यता भी चली गयी?

तर्क-वितर्क की उस रस्साकशी से अपने भीतर पैदा हो गये ज़ख्मों को झेलता हुआ वह बस्ती को लौटा। अपनी झोंपड़ी में पहुँचा तो वहाँ बाहर का धुंधलका अँधेरा लिये हुए था। खाट पर पसरकर उसने अपने ज़ेहन के अँधेरे में एक प्रश्न खौलता पाया—इस बस्ती में अब भी हो रहे ज़ुल्मों का कारण क्या मैं ही नहीं हूँ? मेरी शिथिलता से ही तो नहीं आज की यह बेबसी?

बेबसी!···इस शब्द से तो उसे हमेशा से चिढ़ थी। झोंपड़ी के अँधेरे में

उसकी अपनी ही एक व्यंग्यात्मक मुस्कान थिरक गयी और उसके साथ ही उसने अपने शब्दों को सुना—आज तो यही मेरे जीवन की उपलब्धि है।

निराशा ! ···कभी उसने इस निराशा शब्द पर भी विश्वास नहीं किया था। किसनसिंह ने उसके बचपन के समय उसके कानों में कह दिया था—निराश कभी नहीं होना···कमज़ोर आदमी निराश होता है। ताकतवर को आखिरी साँस तक आशा रहती है। वक्त का अगला लम्हा फिर से उसकी आवाज़ की गूँज से झनझना उठा—पर वह आखिरी साँस आदमी की अपनी हो, तब तो ! यहाँ तो दूसरों की साँस को जीने का तकाज़ा है।

हार ! ···तो क्या अब हार मानकर अपने को वक्त के हवाले कर दे ? उसके बाप ने तो उसे यह भी कहा था कि वह अपने को कभी भी वक्त के हवाले न छोड़े। वक्त आदमी को नहीं बदलता, आदमी को चाहिए कि वह वक्त को बदल दे।

बड़ी-बड़ी बातें कभी सचमुच ही मदन को अच्छी लगती थीं, लेकिन कई बार उसे ऐसा भी लगा था कि बातें जब बहुत बड़ी-बड़ी होती हैं ता आदमी उनके सामने बौना दीखने लगता है। उसने गाँधीजी की जिन बातों को सुना था, वे छोटी बातें नहीं थीं लेकिन वे इतनी बड़ी बातें भी नहीं थीं जिनके सामने आदमी को अपने बौनेपन का एहसास होने लग जाये। गाँधीजी की बातें एक बहुत बड़ी सच्चाई थी। एक सत्य था वह।

अब तक हताश, निराश मदन बस्ती के चले आ रहे जीवन को ही अपना सत्य मान लेने को मजबूर था। मजबूर हो जाना उसकी अपनी मजबूरी थी। गाँधीजी को सुनने के बाद उसे अपने मान बैठे सत्य पर फिर से अविश्वास पैदा हो गया था। उस लिजलिज़ेपन से भरी ज़िन्दगी को जीते रहना न तो उसका अपना सत्य हो सकता था और न ही बस्ती का ! सत्य तो वह था जो गाँधीजी बोल गये थे। स्थिति को स्वीकार लेना सत्य नहीं हो सकता। उसके अपने ज़ेहन का अँधेरा झोंपड़ी के गहन हो आये अँधेरे से टकराया, उस टकराहट से एक बिजली कौंधी और उस क्षणिक रोशनी में मदन गाँधीजी के सत्य को देख पाया।

वह सत्य था स्थिति में परिवर्तन लाने के लिए अपने को योग्य बनाना। अपने को योग्य बनाये बिना सत्य भी झूठ बनकर रह जाता है।

मदन का अपना निर्णय बल पकड़ चुका था। उसने तय कर लिया कि वह स्थिति को नकारेगा। बेबसी, हार और निराशा को अपने से झकझोरकर बस्ती के बच्चों को कल की नयी स्थिति के लिए तैयार होने के अवसर पैदा करेगा। वह तो केवल अवसर ही पैदा कर सकता है···अवसर ही का तो अभाव रहा है उसे। बस्ती के बच्चों को पढ़ने का अवसर अगर उससे पैदा हो गया तो फिर···। उसने उस गहन अँधेरे में फिर से अपनी आवाज़ सुनी—अगर बस्ती के बच्चों को सही शिक्षा के अवसर पैदा कर सका तो मैं सोचूंगा कि अपने अन्धेपन से कम-से-कम बच्चों के जीवन को तो आलोकित कर सका।···

उसकी अपनी आवाज़ मीरा की आवाज़ से दब गयी, "किससे बातें कर रहे हो इस अँधेरे में ?"

"मीरा !"

"कब लौटे उधर से ? तुमने चिराग तक नहीं जलाया !"

"चिराग ही जलाने की तो सोच रहा हूँ।"

"बस सोचते ही रहोगे ?"

"नहीं मीरा ! इस बार सिर्फ सोचता ही नहीं रहूँगा।"

उसने बगल के तख्ते से टटोलकर टीन के चिराग को अपने पास किया। बिस्तर के नीचे से चकमक को बाहर निकाला। अग्नि-पत्थर को लोहे के टुकड़े से रगड़कर सन के सूखे हुए गूदे पर चिनगारियाँ पैदा कीं और फिर उन्हें फूंककर चिराग जलाया।

"मीरा ! शुरू में जब तुम मुझसे घर के भीतर चिराग जलाने को कहती थीं तो मैं हँस देता था और कहता था कि वह रोशनी मेरे किस काम की होगी। और तुम कहती थीं कि रोशनी केवल अपने लिए नहीं होती है। तब से आज तक मैं अपने हाथों हर रात चिराग जलाता रहा हूँ। लेकिन…"

"लेकिन क्या ?"

"कभी यह सन्तोष नहीं हुआ कि मेरे घर की यह रोशनी औरों को भी प्रकाश दे सकी हो। इस बार मैं जो करने जा रहा हूँ शायद उससे मुझे यह सन्तोष मिल जाये।"

मीरा ने अपने साथ लायी हुई भोजन की थाली को चौकी पर रखकर पूछा, "क्या करने जा रहे हो ?"

"गाँधीजी की आज्ञा का पालन करने जा रहा हूँ।"

बाहर की सांय-सांय को चीरती हुई धरमा के बाप के बिरहे की आवाज़ गूंज उठी।

मदन के खा चुकने के बाद मीरा ने कहा, "आज बस्ती में नालेताम्बी चाचा ने बड़े ज़ोरों की सनसनी पैदा कर दी।"

"क्या किया उन्होंने ?"

"उनके यहाँ शहर से एक व्यक्ति आया हुआ है। उसी की करामातों ने पूरी बस्ती को वशीभूत कर लिया है।"

"कैसी करामातें ?"

"मैं तो कहूँगी कि तुम खुद चलकर सुन लो।"

"क्या सुनना है ?"

"नालेताम्बी चाचा के उस मेहमान के भाषण।"

"कहाँ ?"

"कुएँ के पास मशालों की रोशनी में वह नये चमत्कार दिखानेवाला है। शायद शुरू भी हो चुका है। तुम्हारा चलना ज़रूरी है।"

"पहले कुछ समझाओ भी तो! कैसी करामात, कैसा चमत्कार?"

"वहाँ पूरी बस्ती इकट्ठी हो गयी है। चलो तो सही।"

नालेताम्बी के उस मेहमान ने अपना नाम भाई जोज़फ बताया था। बस्ती के लोगों में परकाश ने उसे सबसे पहले देखा था। वह बस्ती के चार दूसरे बच्चों के साथ नदी से कच्चू भाजी काटकर लौट रहा था। बस्ती से कुछ ही दूरी पर बरगद की जटाओं की झुरमुट के बीच परकाश ने भाई जोज़फ को देखा था। नालेताम्बी भी उसके साथ था, और भी तीन आदमी थे। परकाश ने दिन में भी उस आदमी के लम्बे भाषण को सुना था। रात में ठण्ड की परवाह किये बिना वह बस्ती के लोगों की सबसे पहली पंक्ति में उकड़ूँ बैठा हुआ उस आदमी को सुन रहा था। वह क्रिओली में बोल रहा था पर बीच-बीच में भोजपुरी के शब्द भी ला देता था। दोनों ओर की मशालों की रोशनी में उसके चेहरे से जो चमक आ रही थी, लोगों को मन्त्र-मुग्ध कर देने के लिए वही काफी थी। उस तेल घिसे चेहरे की दोनों आँखें भी अपने आकर्षण से लोगों को बाँधे हुए थीं।

मदन जब मीरा के साथ वहाँ पहुँचा, उस समय भाई जोज़फ ओज से भरे स्वर में बोल रहा था—

"कुछ आदमी एकदम बिगड़ी हुई दशा को पहुँच जाते हैं क्योंकि उन्हें भगवान के सही रूप की जानकारी नहीं होती और वे उस सही प्रभु का भजन नहीं कर पाते। रास्ते बहुत होते हैं। लेकिन भगवान तक पहुँचने का एक ही रास्ता होता है। लोग गलत रास्तों पर इधर-से-उधर भटकते रह जाते हैं और सही रास्ते के अभाव में मंज़िल तक नहीं पहुँच पाते। हम सभी की मंज़िल प्रभु की बाँहें हैं।"

उस आदमी की उस आवाज़ के सिवाय पत्तों के हिलने-डोलने तक का कोई आभास नहीं था। लोग सम्मोहित होकर उसे सुन रहे थे। मदन भी उस आवाज़ की खुमारी में डूब गया था। कुएँ की गहराई से निकली हुई प्रतिध्वनि-सी थी भाई जोज़फ की आवाज़—"लोग झूठ-मूठ के पूजा-पाठ में गलत देवी-देवताओं के चक्कर में भटकते रहते हैं। उन्हें न तो सुख मिलता है, न शान्ति। नालेताम्बी के अनुरोध पर मैं इस बस्ती में आया हूँ। नालेताम्बी कभी इस बस्ती को छोड़कर चला गया था, लेकिन कुछ वर्षों से वह फिर यहाँ लौट आया है, ताकि उसे प्रभु की उपासना में जो सुख-शान्ति हासिल हुई है, उसे अपने साथियों में बाँट सके। मैं यहाँ इसलिए आया हूँ ताकि यहाँ जो अँधेरा है उसे दूर करके प्रभु की रोशनी फैला सकूँ। मैं जिस बस्ती में जाता हूँ वहाँ आस-पास की बस्तियों से दुखी लोग चले आते हैं प्रभु की कृपा पाने। इस समय मेरी बगल में दो पुरुष और एक स्त्री मौजूद हैं। यह लँगड़ा-लूला आदमी सेंमीशेल बस्ती से आया है। यह दूसरा व्यक्ति जन्म से गूँगा-बहरा है। ताबल्सिमाँ फोरजेत से आया हुआ है। यह औरत अन्धी है। प्रभु ने हज़ारों अन्धों को फिर से आँखें दी हैं। यह स्त्री इस बात को जानती है, इसीलिए इसके भीतर भी रोशनी की चाह पैदा हो गयी है। प्रभु स्वयं रोशनी

है। उसकी भक्ति में रोशनी है, उसके आलम में रोशनी है, उसके नाम में रोशनी है।"

उस स्वर में एक तासीर थी। एक कशिश थी। वह हृदय और मस्तिष्क दोनों को वशीभूत कर लेने की शक्ति लिये हुए था। मदन क्षण-भर को बस्ती के पुजारी के बारे में सोच उठा। ज़मीन-आसमान का फर्क आ जायेगा अगर पुजारी बीच में बोल उठे तो। उसकी आवाज़ सिसकियाँ-सी प्रतीत होकर रह जायेगी। पुजारी में उतना साहस भी कहाँ है कि वह अपने धर्म की विशेषता इतनी बुलन्दी के साथ बता सके—"इस बस्ती के लोगो···तुम लोग अन्धविश्वास में पड़े रहे हो। गलत भगवान की पूजा में वक्त बरबाद करते हो। एक बार सही प्रभु पर नेह लगाओ, ये सारे बुरे दिन मिट जायेंगे। हम जहाँ खड़े हैं, यहाँ एक लाशापेल बनाया जायेगा। इस गिरजाघर में प्रभु-पुत्र की प्रतिमा होगी। नालेताम्बी को यहाँ का पादरी बनाया जायेगा और तुम सभी की ज़िन्दगी में रोशनी आ जायेगी। यह अँधेरा हमेशा-हमेशा के लिए मिट जायेगा। मौत के बाद हम सभी को प्रभु की गोद में जाना है। प्रभु की उस दुनिया में उसी को स्थान मिलता है जो उसकी भक्ति में जीवन गुज़ारकर उस तक पहुँचता है।"

मदन उस आदमी को देख तो नहीं पा रहा था, लेकिन उसके स्वर की उस नाटकीयता और गम्भीरता के मिले-जुले भाव से उसके चेहरे की कल्पना करते हुए उसने मीरा से धीरे से पूछा, "लगता है, बहुत बूढ़ा आदमी नहीं है।"

"अधेड़ है।"

"आवाज़ तो बहुत ही प्रभावशाली है।"

"इसीलिए तो मैंने चाहा कि तुम भी सुनो।"

"यह तो हर एक आदमी को प्रभावित करके रहेगा।"

भाई जोज़फ ने अपने दोनों हाथों को ऊपर करके आसमान के तारों को देखा और अपने स्वर को कँपाते हुए आदेश और निवेदन दोनों भावों से भरे स्वर में कहा, "ओ ले ग्राँ सेंयेर ! ओ महान प्रभु ! ये तुम्हारे बच्चे तुम्हारी करुणा और तुम्हारे प्यार के लिए यहाँ जुटे हुए हैं। रहम करो प्रभु के महान पुत्र ! ये तीन विकलांग तुम्हारी करुणा का आह्वान कर रहे हैं। सभी एकसाथ बोलो—प्रभु के महान पुत्र ! हमें अपनी करुणा की झलक दिखाओ !"

मदन की अगल-बगल, आगे-पीछे चारों दिशाओं से आवाज़ें गूंज उठीं—

"प्रभु के महान पुत्र ! हमें अपनी करुणा की झलक दिखाओ !"

"ज़ोर से बोलो।"

लोग ज़ोर से बोले।

"अधिक श्रद्धा के साथ बोलो। नोत्र सेंयेर जेज़ी।"

लोग अधिक श्रद्धा से बोले।

"और एक बार बोलो।"

लोग और एक बार बोले।

"सभी श्रद्धा के साथ बोलो—हे प्रभु, अपने बन्दों पर अपनी करुणा दिखाओ।"

"हे प्रभु, अपने बन्दों पर अपनी करुणा दिखाओ।"

भाई जोज़फ ने अपने पास के लँगड़े-लूले व्यक्ति के हाथ-पाँवों पर अपने दोनों हाथों को फेरते हुए कहा, "हे प्रभु, तुम्हारी दया से इस आदमी के हाथ-पाँव चंगे हो जायें। ओ ईसा, ओ महान ईसा!"

कुन्दन-भरे अपने आह्वान को वह दोहराता रहा। फिर अपनी मुट्ठियाँ कसकर उनके साथ अपनी गरदन को भी ऊपर तानकर चिल्लाया—

"रहम ईसा, रहम!"

उस लंगड़े आदमी के सिकुड़े हुए हाथ सीधे होकर ऊपर उठ गये! वह अपने दोनों पाँवों से चल पड़ा! लोग क्षण-भर के लिए स्तब्ध रह गये और फिर खुशी से चिल्ला उठे। मदन ने मीरा से पूछा, "क्यों, क्या हुआ?"

"वह लँगड़ा-लूला चंगा हो गया!"

"क्या बोल रही हो?"

"एकदम सच कह रही हूँ।"

भाई जोज़फ के पीछे-पीछे सभी लोग बोल उठे—

"मेरसी नोत्र सेंमेर! धन्यवाद हमारे प्रभु!"

फिर वही कुएँ के भीतर से आती प्रतिध्वनि-जैसे स्वर में जोज़फ ने कहा—

"इस बस्ती के लोगो! कल रात इन बाकी दो व्यक्तियों पर भी ईसा मसीह अपनी करुणा दिखायेगा। कल रात यह गूँगा बोल उठेगा और यह अन्धी देखने लगेगी। कल रात इसी वक्त यहाँ जुटना मत भूलियेगा। जिनको प्रभु की महानता पर विश्वास हो गया, वे मेरे पास आयें और एक-एक सलीब लेते जायें।"

मदन ने मीरा से कहा, "चलो, घर चलें।"

मदन अपने जेहन में बहुत भारी बोझ के साथ उस जुटाव से लौटा था। वह जो कुछ सुन आया था और बिन आँखों जो कुछ देख आया था, उससे वह एकदम विचलित हो उठा था। उसके लिए बात केवल धर्म-परिवर्तन की नहीं थी, बल्कि एक पहचान और एक संगठित शक्ति को मिटा देने की साज़िश थी वह। नालेताम्बी जब से अपना धर्म छोड़कर उस दूसरे धर्म को अपनाये हुए था तब से वह गाँव के किसी भी संगठन में हिस्सा नहीं लेता था। कोठी में सरदार बन जाने के बाद वह बस्ती छोड़ गया था। उसे तो कोठी के उस इलाके में टीन का घर मिला था, जहाँ सरदार रखवार और कारखाने के अफसर रहते थे। उसके फिर से इस बस्ती में लौट आने पर लोगों को आश्चर्य हुआ था, लेकिन मदन को नहीं। मदन जान गया कि बस्ती में उसे इसलिए भेजा गया है, ताकि वह बस्ती के लोगों को अपने प्रभाव में रख सके। देवराज की मौत के समय वह बस्ती से बाहर था। अगर होता तो सिपाही और रखवारों को उसे ढूँढ़ निकालने में उतनी कठिनाई नहीं होती। खाट

पर पड़ा-पड़ा मदन भाई जोज़फ की उन बातों के बारे में सोचता रहा। बस्ती के मगनलाल और रेतनों को नालेताम्बी प्रभावित करके पहले ही ईसाई बना चुका था। इस भाई जोज़फ की बातों से तो बस्ती के आधे से अधिक लोग प्रभावित हो गये होंगे। धर्म-परिवर्तन के बाद लोगों को जो विशेष दर्जा, जो खास तरह की अहमियत मिल जाती थी, उससे बाकी लोगों की स्थिति और भी दयनीय हो जाती थी। दो जनों की प्रगति से एक सामूहिक शक्ति खण्डित हो जाती थी। पड़ोस की बस्तियों में ऐसा ही हुआ था। धर्म-परिवर्तित लोग मज़दूरों के साथ जुड़ने से इन्कार कर देते थे। उनकी अपनी अलग हैसियत बन जाती थी। वे कोठी की व्यवस्था के साथ जुड़कर अपने भाइयों के खिलाफ हो जाते थे। मदन सोचता रहा कि अगर इस आदमी की बातों से प्रभावित बस्ती के लोग बड़ी संख्या में उसके प्रलोभन-भरे रास्ते को स्वीकार लेते हैं तो फिर आगे के दिनों में सामूहिक संघर्ष के सारे सपने भंग ही हुए समझो।

बाहर से किसी ने मदन को पुकारा। मदन ने आवाज पहचान ली। कहा, "आ जाइए पुजारीजी !"

चिराग की बत्ती नीचे को सरक गयी थी। चिराग धुकधुकी लिये जल रहा था। पुजारी ने आते ही बत्ती को उसकाया और जब उसकी रोशनी फैल गयी, तो उसने कहा, "यह पादरी तो लोगों के दिमाग खराब करके छोड़ेगा।"

मदन ने कुछ नहीं कहा। पुजारी ने ही आगे कहा, "उसको रोकना चाहिए।"

"उसे लाठी से तो नहीं रोक सकते पुजारीजी ! आपको उसे रोकना चाहिए था बातों से। क्या उतने आत्मविश्वास के साथ आप अपने धर्म पर बोल पाते ?"

"लगता है, तुम भी उसकी बातों में आ गये ?"

"उसकी बातों में बस्ती का हर आदमी आ गया है।"

"लोग मूर्ख हैं।"

"नहीं पुजारीजी, वह आदमी बुद्धिमान है और हमारे लोग भोले-भाले हैं।"

"लेकिन वह लँगड़े को चंगा कैसे कर गया ? अद्भुत है !"

"आप ही जब अपने विश्वास से डावांडोल हो गये हैं तो औरों की बात ही क्या है ?"

"इसमें नालेताम्बी की भी चाल होगी।"

"नहीं पुजारीजी ! वह सभी को घर-घर बुलाने थोड़े ही गया था। आप तो शुरू-शुरू में भागवत और रामायण की कथा करते थे। हर सप्ताह सत्संग होते थे। इधर तो महीनों से सभी कुछ बन्द है।"

"लोग आते ही कहाँ हैं ?"

"ढंग से करेंगे तो क्यों नहीं आयेंगे ? मन्दिर को थोड़ा और साफ-सुथरा तो रखिए। सुबह-शाम केवल घण्टी बजा देने से ही तो सब कुछ नहीं हो जाता।"

"तुम तो मुझे ही कोसने लगे।"

"नहीं पुजारीजी, मैं आपको कुछ सुझाव दे रहा हूँ ताकि इस देश में मन्दिर

की ध्वजा उड़ती रहे। उस आदमी को अपना काम करने दीजिए, आप अपना कीजिए।"

"बस्ती के आधे लोग उससे चाँदी के सलीब लेते रहे।"

"अभी तो उन्होंने केवल लिया है। लेने से कुछ नहीं होता। दे बैठने से सारा कुछ जाता रहेगा। किसी भी धर्म से हम ले सकते हैं, लेकिन जब बदले में अपना धर्म दे बैठते हैं तो अनर्थ हो जाता है। मैं भी तो अजीब आदमी हूँ···पुजारीजी को उपदेश देने बैठ गया!"

"कुछ भी हो मदन, लोगों को इस तरह बह जाने से रोकने के लिए तुम्हें मेरी सहायता करनी होगी।"

"मैं तो अवश्य उन्हें इतनी आसानी से अपनी जड़ से नहीं कट जाने दूंगा, लेकिन ऐसा इस मकसद से नहीं करूगा कि वे सभी आपके मन्दिर से चिपके रह सकें। मैं उन्हें रोकूंगा तो केवल इसलिए कि वे अपने विश्वास से टूटकर अपनी शक्ति न गँवा बैठें। उन्हें मन्दिर और धर्म से जोड़े रखना तो आपका काम है।"

मदन बोले जा रहा था और एक गहन अंधेरे में उपाय टटोले जा रहा था—अपनी बस्ती के लोगों को विभाजित हो जाने से रोकने के लिए। अभी चार दिन पहले जात-पांत और ऊँच-नीच के एक विस्फोट को उसने रोका था। तीन महीने पहले बस्ती के हरखू सरदार ने हिन्दू-मुसलमान के बीच भेदभाव पैदा करने की असफल कोशिश की थी। उसी दिन मदन ने क्रोध में आकर कहा था—हम सभी मज़दूर हैं। अब मज़दूर न रहकर हिन्दू, मुसलमान, चमार, दुसाध, महतो, क्षत्रीय, ब्राह्मण के रूप में अलग-अलग बँटकर और भी बदतर जीवन को आमन्त्रित क्यों कर रहे हैं? क्या हिन्दू या मुसलमान होना आदमी होने से बेहतर होता है? उसने अपने प्रश्नों का उत्तर चाहा था। किसी से उत्तर नहीं बन पाया था। जो चार लोग हरखू सरदार के बहकावे में आ गये थे, वे सिर झुकाये चुप रह गये थे।

पुजारी के चले जाने के बाद मदन खाट पर लेट तो गया, पर सो न सका। उसके ज़ेहन में विचारों की टकराहट से पैदा हो आयी तरंगों के बीच कोई भी रिक्त स्थान था ही नहीं, जहाँ नींद को स्थान मिल पाता। तरंगों की उस उथल-पुथल में मदन करवटें बदलता रह गया।

सुबह मीरा ने आते ही उसे बताया कि परकाश उसे कोई बहुत ही महत्त्वपूर्ण बात बताना चाह रहा है। जब मदन ने जानना चाहा कि किस बारे में, तो मीरा बोली, "रात की घटना के बारे में।"

मदन उसी क्षण मीरा के साथ परकाश के घर पहुँचा। उसे देखते ही परकाश बोल उठा, "मन चाचा, कल रातवाला वह आदमी न तो लँगड़ा था और न लूला!"

"क्या मतलब?"

"भाई जोज़फ ने जिस आदमी को चंगा किया था, वह आदमी लँगड़ा-लूला

नहीं था।" मीरा आगे आकर बोली।

"लेकिन हम सभी ने तो उसे लँगड़ा-लूला देखा था ! उसका एक पाँव टेढ़ा था —और दोनों हाथ ऊपर को मुड़े हुए थे।"

परकाश ने अपने को टेढ़ा करके हाथों को ऊपर की ओर मोड़कर पूछा, "क्या ऐसा करने से मैं लँगड़ा-लूला हो गया ?"

"तुम तो नाटक कर रहे हो।"

"उस आदमी ने भी नाटक किया है। मैं, रजुआ, सुनुआ, मोहना और रामू नदी से कच्चू लेकर लौट रहे थे। बरगद के पास पाँच आदमियों को देखकर हम डर गये। हमने सोचा कि शायद वे कोठी के रखवार हों। हमारे साथ कच्चू देख वे हमें पकड़ ले जाते, इसलिए हम लोग बरगद की जटाओं की आड़ में छिप गये थे और वहीं से हमने सभी कुछ देखा और सुना।"

मदन ने उसके रुकते ही पूछा, "क्या देखा ? क्या सुना ?"

"भाई जोजफ के साथ नालेताम्बी नाना भी थे। दो मर्द और भी थे और एक औरत भी थी। भाई जोजफ ने अपने साथ के तीनों आदमियों से कहा था—'देखो, तुम्हें अपनी-अपनी भूमिका इस तरह से निभानी है कि बस्ती का हर एक आदमी तुम लोगों को लँगड़ा-लूला, बहरा-गूँगा और अन्धा समझ ले। वे तीनों आदमी वही लोग थे, जो रात को लँगड़ा-लूला, बहरा-गूँगा और अन्धा बने हुए थे। बरगद के नीचे तीनों आदमी अच्छे-खासे थे। वह गूँगा आदमी बार-बार पूछ रहा था कि उसे पैसे कब तक मिल जायेंगे ? अन्धी बनी हुई उस औरत ने नालेताम्बी नाना के कन्धे पर बैठ गयी एक बिरनी को अपनी ओढ़नी से उड़ाया था।"

परकाश के चुप हो जाने के एक लम्बे क्षण के बाद मदन ने पूछा, "परकाश ! जो तुम कह रहे हो, वह सच है ?"

"हाँ ! तुम चाहो तो सुनुआ, रजवा, रामू और मोहना से पूछ सकते हो।"

इसके बाद मदन फिर चुप रहा। परकाश, उसकी माँ और मीरा भी चुप रहे। कोई पन्द्रह मिनट बाद मदन ने परकाश से कहा, "फिर तो तुम्हें ही इस नाटक को पूरा करना होगा।"

"क्या करना होगा मुझे ?"

"मुझे थोड़ा और सोच लेने दो, फिर बताऊँगा।"

पूर्णमासी की रात थी। हवा में ठण्ड भी कुछ ज्यादा थी, फिर भी पूरी बस्ती उमड़ी हुई थी कुएँ के पास—एक गूँगे को बोलते सुनने के लिए और एक अन्धी को देखते हुए देखने के लिए। चाँद अपनी पूरी गोलाई लिये हुए पूर्व के आकाश से ऊपर आ चुका था, जब भाई जोजफ ने इन शब्दों के साथ अपनी तकरीर पूरी की—

"प्रभु ने हमेशा भटके हुओं को रास्ता दिखाया है। बिछुड़े हुओं को मिलाया है। दुखियों के दुखों को हरा है। रोगियों को चंगा किया है। आज भी दो दुखियों के दुखों को हरेगा। यह आदमी जनम से गूँगा और बहरा है। यह न कुछ सुन पाता

है और न कुछ बोल पाता है लेकिन तुम लोग देखोगे कि प्रभु की असीम कृपा से यह आदमी प्रभु का नाम पुकारना शुरू कर देगा।"

जोज़फ अपने हाथ के सलीब को उस गूंगे-बहरे के सिर पर छुआता है और ठीक उसी समय भीड़ की अगली पंक्ति से दो कदम आगे बढ़कर परकाश अपनी फतूही के नीचे से नारियल के हरे पत्ते से बने बाजे को निकाल लेता है और उस गूंगे-बहरे की बगल में पहुँचकर उसके बायें कान के पास ज़ोर से फूंकता है। उस भारी भों की आवाज़ से चौंककर वह बहरा अपने दोनों कानों पर हाथ रख लेता है। मदन का हाथ उसी क्षण फरीद के कन्धे पर पड़ता है और फरीद भाई जोज़फ और उस गूंगे के बीच जा खड़ा होता है। भीड़ को सम्बोधित करके कहता है, "यह आदमी बाजे की आवाज़ से इस तरह चौंक गया, इससे साफ ज़ाहिर है कि यह न तो बहरा है और न गूंगा! यह सभी कुछ आपको भरमाने के लिए किया जा रहा है। यह औरत भी अन्धी नहीं है। यह देखिए···" कहते हुए फरीद अपनी दो अँगुलियों को अलग-अलग फैलाकर उस औरत की आँखों की ओर तेज़ी से ले जाता है और वह औरत पीछे हट जाती है। भाई जोज़फ चिल्ला उठता है—

"यह सब कुछ प्रभु का ही करिश्मा है। अभी कुछ देर पहले तक यह औरत अन्धी थी। यह आदमी गूंगा और बहरा था। यह जो कुछ हुआ, प्रभु की मर्ज़ी से ही हुआ।"

लोगों के बीच घांव-मांव शुरू हो चुका था। इस बीच मदन भी जोज़फ तक पहुंच गया था। उसने पहले लोगों को शान्त किया। उनके क्रोध को ठण्डा किया, फिर बोला, "हम लोग एक बहुत भारी धोखे से बच गये और इसके लिए हमें बस्ती के पाँच बच्चों का आभार मानना चाहिए, जिनमें यह परकाश भी एक है।"

कुछ लोग नकली पादरी जोज़फ पर झपटे, पर इससे पहले फरीद, सुमंगल और सुगूनवा मदन के आदेश की प्रतीक्षा किये बिना लोगों के आगे आ गये। मदन ने पहले भीड़ को शान्त किया फिर जोज़फ और उसके साथियों से कहा, "जितनी जल्दी हो सके, तुम इस बस्ती से चले जाओ।"

और जब तक बस्ती के लोग अपनी-अपनी झोंपड़ी को नहीं लौट गये मदन, मीरा, परकाश और दो-तीन अन्य लोग वहीं रुके रहे।

सात

जंगली बादाम के पेड़ों के झुरमुट में था वह सफेद बंगला, जिसके पिछवाड़े नदी बहती थी। उसी नदी में तीन महीने पहले दो मजदूरों की अधगली लाशें मिली

थीं। सफेद बँगले के जिस कमरे में वह विशेष जुटाव हो रहा था वह मेंस्ये रोलाँ का दफ्तर था। अपने सामने खड़े चार आदमियों को आधे घण्टे तक चुपचाप सुनने के बाद रोलाँ साहब ने अपने होंठों से सिगरेट को नोचकर उसे राखदान में कुचलते हुए कहा, "हर बस्ती में ये मज़दूर एक होकर विद्रोह करने लगे हैं। तुम लोग उन्हें विभाजित करके उनकी ताकत को कम नहीं कर पा रहे। वू जेत देवोरियें। बेकार के लोग हो तुम सभी।"

चारों आदमी आधे घण्टे से खड़े थे। कमरे में छह खाली कुर्सियाँ थीं। उन चारों व्यक्तियों में जो सबसे बूढ़ा था, उसने सफाई देनी चाही—

"साहब मेरी बस्ती…"

रोलाँ साहब गरज उठा, "फ़ेमे ता बूश नालेताम्बी।"

नालेताम्बी सिकुड़ गया।

लोग जितना बड़े साहब से डरते थे, उससे कहीं अधिक भय खाते थे रोलाँ साहब से। रोलाँ साहब हाथ में कोड़ा नहीं लेता था लेकिन उसके लात-मुक्के धड़ाधड़ चलते थे—

"जे वू आर्कोद इन देरनीयेर शाँस। तुम सभी को एक आखिरी मौका दे रहा हूँ इन मज़दूरों के संगठन को तोड़ने का। इनकी बनी शक्ति बनी रही तो नालेताम्बी तुम, हरखू तुम और तुम दोनों भी कोठी से निकाल दिये जाओगे। अब तुम लोग जा सकते हो।"

हरखू सरदार ने बीच में बोलना चाहा। रोलाँ साहब ने उसे मुँह खोलने का अवसर तक नहीं दिया, "अगर दूसरी कोठियों की तरह इस कोठी के मज़दूर सिर उठा पाये तो तुम लोगों की खैरियत नहीं रहेगी।"

हरखू ने फिर से हिम्मत की, "साहब…!"

"मैं कुछ सुनना नहीं चाहता। तुम लोग जा सकते हो। फीशे मुआ ले काँ।"

चारों व्यक्ति बाहर आ गये। बाहर बारिश थी। उससे बचने के लिए वे जगली बादाम के पेड़ के नीचे रुक गये। उस ठण्ड में पत्तों के बीच से हो रही बूंदाबाँदी को झेलते हुए वे कोई आध घण्टे तक बातें करते रहे और जब योजना बन गयी तो वे उस बरस रही बारिश में ही अपने-अपने घर को चल पड़े। वह केवल हरखू सरदार था जो घर की ओर न जाकर कारखाने की ओर चल पड़ा। उसे मगनलाल से मिलना था। उस बारिश में आधा मील चलना उसे गँवारा था, क्योंकि मगनलाल ही था जिसका सहयोग वह ले सकता था। यह खयाल आते ही उसने उससे तुरन्त मिल लेना ठीक समझा।

कारखाने से पहले चानलोंग की दूकान थी। दो वर्षों से लगातार इस दूकान से उसे हर सप्ताह मुफ्त चीज़ें मिलती रहती थी। ऐसा करने में चानलोंग को ही फायदा होता था। कोठी की दोनों बस्तियों के आधे से अधिक ग्राहक अगर उसे हासिल थे, तो हरखू सरदार की ही बदौलत। वह जानता था कि जब तक हरखू सरदार को वह मुफ्त में चीजें देता रहेगा, तब तक उन ग्राहकों में से एक भी कासीम मियाँ की

दूकान की ओर नहीं जा सकता। बारिश और ठण्ड का तकाज़ा था कि हरखू सरदार बूढ़े सरदार चानलोंग की दूकान के भीतर जाकर दो गुड़की शराब गले के नीचे उतार ले। उसने वैसा ही किया। गज़क के नाम पर चन्ने की घूघनी थी। सरदार ने मुट्ठी-भर ले लिया। उसे चबाता हुआ वह कारखाने पहुँचा। उसने सोचा था कि मगनलाल, जिसका दूसरा नाम मिशेल था, कारखाने के पुर्ज़ों को चरबी लगाता हुआ मिल जायेगा। नालेताम्बी के कहने पर हरखू सरदार ने ही उसे यह नया काम दिलवाया था। जब हरखू सरदार को मगनलाल कारखाने में नहीं मिला तो उसे यह जानते देर नहीं लगी कि वह सोलाँज के घर अंगूरी शराब पी रहा होगा। वह उल्टे पाँव सोलाँज के घर पहुँचा। खैरियत थी कि मगनलाल ने अभी पीना शुरू नहीं किया था। लेकिन उससे भी खराब बात तो यह थी कि हरखू गलत समय पर पहुँचा था। पर चूँकि वह हरखू सरदार था, इसलिए गलत को सही और सही को गलत वक्त बना देना उसके बायें हाथ का खेल था। ऐसा ही करके तो वह कोठी का सरदार बना था। उसने मगनलाल को दो मिनट का समय दिया। खुद तब तक चौखट पर बैठा रहा। दरवाजा सोलाँज ने खोला। वह ढंग से कपड़े नहीं पहन पायी थी। हरखू सरदार यह सब देखने थोड़े ही आया था। उसका अपना काम तो इस तरह की छोटी-मोटी बातों से एकदम अलग का था। अंगूरी शराब के पहले दौर से पहले ही हरखू ने बात शुरू कर दी, "मेरी-तेरी और सभी की हालत इस समय बड़ी नाजुक है।"

"काहे का बात होईल ?"

"छोटे मालिक हम सभी से बहुत नाराज़ हैं।"

"तू बखत पर ओके खुश ना करत होयबे इहे खातिर।"

हरखू को लगा कि हरामजादा मगनवा बिन पीये नशे में बोल रहा है। उसने अपने स्वर को थोड़ा और गम्भीर बनाकर कहा, "मेरी-तेरी नौकरी खतरे में है।"

"काहे को ?"

"तुम्हारी बस्ती के लोगों के कारण।"

"ए हरखू सरदार, ई बखत तू हमार बस्ती से तीन मील की दूरी पर हवे। उसके फिकिर छोड़ और हियाँ के बात कर।"

"तुम मुझे सुनोगे भी या बके जाओगे। लगता है, अंगूरी शराब की बोतल सूँघकर ही नशे में आ गये हो।"

"नाहीं सरदार।"

"तो फिर सोलाँज की खूबसूरती का नशा चढ़ गया है तुम्हारे ऊपर।"

"अच्छा बता, का बात रहले ?"

"तुम्हारी बस्ती के एक आदमी की वजह से हम लोग संकट में हैं।"

"के होवेला ऊ ?"

"तुम्हारे उस अन्धे के अलावा और कौन हो सकता है ?"

"मदन ?"

"हाँ, वही।"

"कोंची करलक ऊ ?"

"हमारी सारी योजनाओं का मटियामेट करता चला आ रहा है।"

सोलांज लकड़ी की पुरानी मेज़ पर अंगूरी शराब की बोतल और टीन के दो गिलास रख गयी। दूसरे ही क्षण तले हुए ऑक्टोपस के कुछ टुकड़े भी एक तश्तरी में रख गयी। मगनलाल ने कहा, "में विनी तो उसी।"

"मैं नहीं आ सकती। तुम दोनों पियो।"

"आ जाओ सोलांज।"

सरदार के इस बुलावे पर सोलांज ने कहा, "बाद में आ जाऊँगी। पहले कुछ काम हैं, पूरा कर लूँ।"

सोलांज सांवली मालगासी थी। क्रिओली बोलते समय वह फ्रेंच शब्दों और उच्चारण के चक्कर में बड़ा ही अस्पष्ट बोल जाती थी, इसीलिए हरखू सरदार ने पूछा, "क्या कहा ?"

इस बार जब उसने क्रिओली में जवाब दिया तो हरखू सरदार ने अंगूरी शराब से भरे टीन के गिलास को उठाते हुए मगनलाल से कहा, "बोन सांते।"

मगनलाल ने भी वैसा ही किया और दोनों गिलास खाली हो गये। ऑक्टोपस के एक टुकड़े को अँगुलियों से उठाकर मुँह तक ले जाते हुए मगनलाल ने पूछा, "हाँ, त मदनवा का कर लक ?"

"नालेताम्बी की योजना को भी असफल कर दिया।"

"हम त पहले ही बोलले रहलीं।"

"तुम्हें एक काम करना होगा।"

"अरे भैया, एक काहे दस काम बोल। पर हाँ, मदनवा के ठिकाना लगाय के बात मत बोलये। उ एक बार हमर जान बचा चुकल बा।"

"मैं उसे ठिकाने लगाने की बात नहीं कर रहा।"

"त फिर ?"

"उसे खरीदने की बात कर रहा हूँ।"

"ई ना हो सकी।"

"क्या मतलब ?"

"मदनवा के खरीद सकल बड़ा मुस्किल बा।"

"चार रुपये में शायद कठिन हो, पर चार हजार में नहीं।"

"चार हजार !"

"हाँ, चार हजार रुपया !"

बैंगन के पौधे से पीले पत्ते को तोड़ते हुए भरतलाल ने मदन से पूछा, "तुम खेतों में तीन दिन काम करना क्यों चाहते हो ?"

"कारण बताने पर ही यह मौका मुझे दोगे क्या ?"

"बात यह नहीं है मदन, लेकिन खेत के सभी काम तुमसे हो नहीं पायेंगे और जो काम तुमसे हो पायेगा, वह कठिनाई से सप्ताह में एक ही बार निकल पाता है।"

"नहीं भरतलाल भैया, मैं हरेक काम कर सकता हूँ। तुम चाहो तो मुझसे रोपाई-बोआई करा लो। मैं टटोल-टटोलकर निराई भी कर सकता हूँ। सब्जियाँ भी तोड़ सकता हूँ।"

"पर इतना कुछ क्यों करना चाहते हो? बच्चों को पढ़ाने से तुम्हें जो कुछ मिल जाता…"

"तुम नहीं देना चाहते हो तो दूसरी बात है।"

"सवाल केवल देने और न देने का नहीं है मदन! तुम तो जानते हो कि हम लोगों की सभी उपजाऊ ज़मीन कोठी के मालिक ने जब्त कर ली। बची-खुची जो है, वह पथरीली है। इस ज़मीन से पार पाना कठिन हो जाता है।"

"मैं तुमसे वह नहीं माँग रहा जो तुमसे दिया न जा सके। मेरे सारे परिश्रम के बाद तुमसे जो बन पड़े मुझे वही दे देना। कोठी में अगर मुझे नौकरी मिल सकती तो मैं तुम्हें तंग करने नहीं आता।"

"इसमें तंग करने की बात नहीं है…ठीक है, तुम तीन दिन आ जाया करो। यह तो मैं जानता हूँ कि यह सब कुछ तुम अपने लिए तो नहीं कर रहे। खैर, जब तुम बताना ही नहीं चाहते तो कोई बात नहीं।"

"बताने की जरूरत नहीं पड़ेगी भरतलाल भैया, तुम खुद जान जाओगे।"

मदन खुशी-खुशी बैजू के साथ घर लौटा।

शाम को जब मीरा चाय लिये आयी तो सीता भी उसके साथ थी। चाय की पहली चुस्की के साथ उसने दोनों से कहा, "कल ही से परकाश की पढ़ाई शुरू हो जानी चाहिए।"

सीता बोल पड़ी, "पर परकाश तो कई वर्षों से पढ़ रहा है।"

"मेरा मतलब केवल बैठका की पढ़ाई से नहीं है। इस मुल्क में इज्जत पाने के लिए सही ज्ञान से कहीं अधिक जरूरत अंग्रेज़ी-फ्रेंच की है। परकाश कल ही से रामसेवक की बस्ती में अंग्रेज़ी-फ्रेंच पढ़ने जायेगा। उसे बड़ा आदमी बनना है। इस बस्ती का नाम वही रौशन कर पायेगा।"

कुछ क्षण चुप रहकर सीता बोली, "मुझे तो डर लगने लगा है।"

"कल रात वह फिर से 'देवराज चाचा, देवराज चाचा' चिल्लाता हुआ बड़बड़ा रहा था।"

"यही तो लक्षण है उसके बड़े होने का।"

"मुझे तो उसके पागल होने का लक्षण लगता है वह।"

"नहीं सीता! देवराज की मृत्यु उसे एक चेतना दे गयी है।"

"ठीक है, तुम जानो और तुम्हारा परकाश जाने। पर देखना, यह सब करते हुए इतना भी ख्याल रखे रहना कि मुझे हर वक्त उसकी जरूरत रहती है।"

"मैं जानता हूँ सीता, लेकिन परकाश सिर्फ एक आदमी, एक घर, एक बस्ती के लिए नहीं होता; वह तो हरेक के लिए होता है। परकाश तुम्हारा है, तुम्हारा हर वक्त रहेगा, पर साथ-ही-साथ वह हर एक का भी होगा, यह मेरा सपना है।"

"सपना देखना बन्द करो मदन, विवेक भी दिन-दहाड़े सपने देखा करता था।"

"मैं तो सपने को साकार करने का प्रण कर चुका हूँ।"

देर तक चुप्पी रही, जिसे मीरा ने तोड़ा, "सुगून चाचा का भतीजा तुम्हें दिन-भर ढूँढ़ता फिर रहा था।"

"सुगूनवा ?"

"हाँ।"

"बताया नहीं क्यों ?"

"कह रहा था, तुमसे मिलकर ही बतायेगा।"

"कहीं मनोहरसिंह ने उसे अनुराधा का हाथ देने से इन्कार तो नहीं कर दिया ···पर नहीं, मनोहरसिंह ऐसा नहीं कर सकते। पंच को दिये हुए वचन से वह कभी भी मुकर नहीं सकते।"

"हाँ, ऐसी बात होती तो सुगूनवा उतना चहकता हुआ नहीं दीखता।"

"तब तो लगता है, उसकी दसों अँगुलियाँ घी में हैं। हो सकता है, ब्याह का दिन तय हो गया हो !"

ठीक उसी वक्त जिसने बाहर से आवाज़ दी, वह सुगून के भतीजे की नहीं, अनुराधा के बाप मनोहरसिंह की आवाज़ थी।

सीता ने रात में परकाश के कपड़े खँगारकर सूखने डाल दिये थे, ताकि सुबह राम-सेवक बस्ती जाने के लिए उसे साफ कपड़े मिल सकें। रात में परकाश माँ की ओढ़नी लपेटकर सो गया था। उसे नींद बहुत देर से आयी थी। वह तो प्रेमसिंह से अंग्रेज़ी-फ्रेंच पढ़ने की सुखद इच्छा में डूबा हुआ था। सुबह वह वक्त से पहले उठ गया। सूरज अभी उगा नहीं था। उस अदृश्य सूरज को सीता अर्घ्य दे रही थी। परकाश जब अपनी धोती-फतूही लेकर उसके सामने आया, उस समय कपड़े अच्छी तरह सूख नहीं पाये थे।

"ये तो निकलते ही देह पर सूख जायेंगे।"

"बीमार होने का डर है।" उसकी माँ ने उससे कहा।

"नहीं माँ ! आज पहला दिन है। वक्त पर पहुँचना है। मन चाचा तैयार होकर राह देख रहा होगा।"

कपड़े पहनकर उसने अपनी माँ के पाँव छुए। सीता की आँखें भर आयीं। उसे अपने बाप की कही बातें याद आ गयीं। भारत में उसके गाँव से बच्चे काशी पढ़ने के लिए जाते थे। सीता को लगा कि उसका परकाश भी काशी ही जाने के लिए

तैयार हुआ है। उसने उसे उठाकर उसके माथे को चूम लिया—

"जाओ, पर मदन चाचा के यहाँ चलने से पहले जीनत काची, धनपत चाचा, सुगून दादा—इन सभी से तो मिल आओ।"

परकाश के दौड़ जाने पर सीता ने एक गुदड़ी में सतवा बाँधा और विवेक की याद में खो गयी। वह कहता रहता था--अपने परकाश को हम कोठी की गुलामी नहीं करने देंगे। इसे हम पढ़ा-लिखाकर बड़ा आदमी बनायेंगे।

पहले तो बात हुई थी परकाश को सप्ताह में तीन दिन रामसेवक बस्ती भेजने की, लेकिन दूसरे ही दिन जब प्रेमसिंह उससे मिला और उसने उसकी बुद्धि की प्रखरता देखी तो मदन से कहा, "तुम अगर इसे मेरे हवाले सप्ताह में पाँच दिन कर दो तो देखो तीन वर्ष के भीतर मैं इसे क्या बना छोड़ता हूँ।"

मदन ने तो यह बात तुरन्त मान ली थी पर सीता को समझाने में कुछ घण्टे लग गये थे। अन्त में वह इस शर्त पर राजी हुई थी कि परकाश पाँच दिन प्रेमसिंह के साथ रहकर दो दिन अपनी माँ के पास रहेगा। विवेक के बाद वही उसका सब कुछ था। जब से परकाश के जाने की बात चली थी, वह अपने को अपने ही शब्दों से समझाती-मनाती रह गयी थी—पगली हो तुम ! तुम्हें तो केवल अपनी मोह-माया का ही खयाल है। तुमसे दूर रहकर भी अगर बच्चे का हित होता है तो फिर दुखी क्यों होती हो ? और फिर केवल पाँच दिन की तो बात है।

बिछड़ने के समय उसे यह पाँच दिन पाँच वर्ष प्रतीत हो रहे थे। मदन पहले ही से तैयार बैठा था और मीरा भी। परकाश का अनुरोध था कि उसे छोड़ने मीरा भी साथ चले। मदन खुश था। वह गाँधीजी के सुझाव को पूरा करने जा रहा था। परकाश के बाद उसे बस्ती के सभी बच्चों को भी स्कूल में भर्ती कराना था। बस्ती के एक-दो जनों को उसकी यह बात थोड़ी अजीब-सी भी लगी थी। सुगून ने हँसकर कहा था—

"अरे जो पढ़त ऊ भी मरत, जो ने पढ़त ऊ भी मरत। ई का बच्चों के तकलीफ देवे के सोचत बानी। हियाँ कपड़ा-लत्ता और दाना-पानी के मुहाल बा, ऊपर से ई एगो नवा झंझट।"

धनपतवा बोल गया था कि बैठका में तो पढ़ाई होती ही है, अब बच्चों को लाट साहब बनाना है क्या ? मदन को घण्टों लग गये थे सभी बच्चोंवाले घरों में किसनसिंह और गाँधीजी की बातें समझाते हुए।

दाऊद और जीनत उन्हें छोड़ने नदी तक आये। दोनों उस समय तक वहाँ खड़े रहे जब तक नदी के चट्टानी भाग को पार करके मीरा, मदन और परकाश पहाड़ की बगल से निकलनेवाली पगडण्डी पर ओझल न हो गये। दाऊद ने कहा, "मदन में आज भी वह अन्दरूनी ताकत है।"

"वह उसकी नहीं, मीरा की ताकत है।"

"मीरा की क्यों ?"

"मीरा उसके जीवन में न होती तो मदन अपनी झोंपड़ी में बैठा गाँजे के दम-

पर-दम लेता होता और बिरहा गा-गाकर अपना रोना रोता रहता।"

"तुम ठीक कहती हो ज़ीनत ! पर यह मीरा कब तक अपने को इस तरह कुर्बान करती रहेगी ?"

"जब तक मदन यह न जान ले कि वह उसे जिस दुःख-दर्द से बचाने के लिए इस स्थिति में छोड़े हुए है, वह उससे चार गुना ज्यादा दर्द झेल रही है।"

"मदन इस बात को क्यों नहीं समझ पाता ?"

"मर्द तो मर्द ही होता है।"

"क्यों, मर्द बेदिल होता है क्या ?"

"बेदिल तो नहीं होता, पर दिलवाला होते हुए भी मर्द होता है।"

"यह क्या बात हुई !"

"जो तुम नहीं समझ सकते।"

बरगद के पेड़ों के पास पहुँचकर दाऊद ने गन्ने के खेतों का रास्ता ले लिया और ज़ीनत बस्ती की ओर बढ़ गयी। पहला आदमी उसे कन्धे पर कुदाली और हाथ में गँड़ासा लिये सुगून का भतीजा मिला—

"ज़ीनत चाची, अगले सप्ताह अनु के साथ मेरा ब्याह तय हो गया।"

"तभी तो इतने खुश नज़र आ रहे हो।"

"अनु ने कहा है, तुम उसे सजाओगी।"

"अरे नहीं। मैं उसे अपने बूढ़े हाथों से सजाऊँगी तो वह दुलहन नहीं, मेरी जैसी बुढ़िया दिखने लगेगी !"

"ज़ीनत चाची, तुम तो आज भी सुन्दर हो।"

"अरे हट !"

"चाची, मैं सच कह रहा हूँ।"

"जाओ, अपने काम पर जाओ। देर हो चुकी है।"

"अब तो कोड़े की परवाह नहीं। अपन को घाव लगेगा ही नहीं।"

"मनोहरसिंह तुम्हें अपनी बेटी देने से इन्कार कर जाता, तब देखती कि इस तरह बघार पाते।"

"तब तुम्हारे यहाँ आता।"

"मेरे यहाँ क्या करने आते ?"

"यह कहने कि चाची, मैं अनु को भगा ले जा रहा हूँ।"

"शादी क्या तय हो गयी, तुम शेर बन गये ! चलो भागो...।" ज़ीनत हँसती हुई बस्ती को लौट आयी।

आठ

नालेताम्बी और हरखू सरदार से बातें करके मगनलाल खेतों की ओर बढ़ गया। सोलांज को उसने कोठी के बाड़े की बगल में बतखों के लिए घोंघे बटोरने छोड़ दिया। सोलांज का अपनी बतखों के लिए घोंघे बटोरना मगनलाल को कभी अच्छा नहीं लगा था। सोलांज कहती थी कि इससे पहले वह तीन मर्दों द्वारा ठुकरायी गयी है और ये बतखें ही उसके बुरे दिनों में काम आती रही हैं।

सूरज ने पूर्वी पेड़ों के फुलूंग पर अपनी किरणें बिछानी शुरू कर दी थीं। अपनी दोनों बाँहों को एक-दूसरे से कसे हुए मगनलाल ऊँची मुंडेर पार करके भरतलाल के खेत में आ चुका था। उसने दूर ही से चट्टानों पर से मदन को बैंगन के फूल आये पौधों के बीच निराई करते देख लिया। दो ओर पत्थरों की छोटी-छोटी मुंडेरों को पार करके वह मदन तक पहुँचा। कुछ देर तक तो वह उसे काम करते देखता रहा, फिर उसके एकदम करीब पहुँच गया। उसकी पदचापों को सुन-कर मदन ने पूछा, "कौन, बैजू ?"

"नहीं ?"

"सुगूनवा ?"

"हम सुगूनवा नाहीं।"

"अरे, तुम मगन !"

"पहचान गइले ?"

"कमाल है, तुम्हारी आवाज मैं नहीं पहचानूं ? तुम कारखाने छोड़कर इधर कैसे आ गये ?"

"तोरे से मिले आल बानी।"

"तुमने बस्ती क्या छोड़ी मगन, हम सभी को बिसार दिया। क्यों, कैसे हो ?"

"हम त ठीक-ठाक हँय, तू अपन बोल।"

"मैं भी अच्छा हूँ।"

"तू ई कोन काम शुरू कर देले मदनवा ?"

"काम ही तो है।"

"तोर पंजा गन्ना तो कोई से भी ना उठत रहल और ना ही कोई तोर जैसन फूर्ती से गन्ना काट-लाद पावत रहल। तोर जैसन कमासूत आज अयसन काम करे लगल ?"

"काम तो काम होता है मगन !"

"पर ई निराई त औरत लोग के काम है।"

"बिन आँखों का तो मैं औरतों के भी योग्य नहीं रहा। यह तो भरतलाल भैया की कृपा है, कुछ तो कमा पाऊँगा।"

"तू पगलवा हवे मदनवा ! तोर खातिर त आज भी बड़ा-बड़ा काम परल बा।"

"जो आदमी दूसरों के कन्धे का सहारा लेकर चलता-फिरता हो, वह बड़े-बड़े काम कैसे कर पायेगा ? यह निराई ही देख रहे हो, टटोल-टटोल के कर रहा हूँ। कहीं पौधों को झटका लग गया तो फूल झर जायेंगे।"

"तू चहबे त अब भी हम तोर खातिर छोटे मालिक से बतियाय सकब।"

"किस वास्ते ?"

"तोके ऐसन काम मिला देई सकब जोन में तोके बहुत कुछ करे के ना पड़ी और पैसा भी अच्छा-खासा मिल जाय।"

"तुम तो जानते हो मगन, उस तरह का काम मैं पसन्द नहीं करूँगा।"

"हम तोके एक-दू बीघा ज़मीन भी मिला देई सकब।"

"मुफ्त में ?"

"हां।"

"नहीं मगनलाल।"

"अपन जिनगी काहे तबाह करत हवे ?"

"अरे छोड़ो इन बातों को, पहले यह बताओ कि तुमने शादी-वादी की या नहीं ?"

"हम आज ही मालिक से तोर बारे में बात करी ला। तू बस्ती के लोगन के पीछे अपन आगे के दिन के तनिक भी ख्याल नैं रखत बाड़े। ई लोगन से तोके कुछ भी ना मिली। तू अपन देख।"

"तुमने तो बताया भी नहीं कि शादी की या नहीं !"

"तू भी त हमार जवाब नैं देवत हवे।"

"तुम्हारा जबाब मैं दे चुका।"

"काहे अपन जवानी माटी में मिलावत हवे ! तू बस हां कह दे और हम हमेसा खातिर तोर जिनगी बना डालब।"

"बिन रोशनी की क्या जिन्दगी !"

"ठाठ से जीबे। ई का नरक में पड़ल हवे।"

"नरक से मुहब्बत जो हो गयी है मगनलाल।"

"हम तोर कर्जदार हँय, इही खातिर तोके ऐसन हालत में नैं देखे चाहत हँय।"

"कैसा कर्जदार ?"

"गोदाम से अनाज···।"

"छोड़ो उन पुरानी बातों को।"

"तू सारा कुछ अपन सिर पर नैं ले लेते त आज हमें गाछी से झूला देवल गईल रहत।"

"कहा न, छोड़ो उन पुरानी बातों को। नौ साल पुरानी बातें मरी हुई होती हैं। तब तो तुम भी यह नहीं थे जो आज हो।"

"इही त हम बोलत बानी न। कुछ-से-कुछ बन जाये में तोके देर नाहीं लगी।"

"तब तुम पूरी बस्ती के लिए जीते-मरते थे।"

"मुरूख रहलीं। पागल रहलीं। आज ठाठ से अपन खातिर जीयत हँय।"

"ठीक है मगन। पर सभी लोग तुम जैसा थोड़े ही कर पायेंगे। तुम मुझे अपने ब्याह के बारे में नहीं बता रहे हो। चन्द्रा कैसी है?"

"ऊ भी तोरे जैसन पगली रहल।"

"पगली रहल! अब कहाँ है?"

"अब कहाँ बा ऊँ?"

"क्यों?"

"ऊ त अपने ही ओढ़नी से फाँसी लगा लेले रहल!"

"क्यों? तुमने उसे भी धर्म बदलने के लिए मजबूर किया होगा।"

"ओकर जीवन बनावे चाहत रहलीं।"

उसने जेब से चिलम-गाँजा निकाला। गाँजे की पत्तियों को हथेली पर रखकर उन्हें अँगूठे से मसलता रहा। वह जिस पत्थर पर आते ही बैठ गया था, निराई करता हुआ मदन उससे कई कदम आगे बढ़ गया था। गाँजे की सूखी पत्तियों को हथेली पर मसलते हुए मगनलाल मदन के करीब एक पत्थर पर जा बैठा—

"का बोलेले मदनवा, हम आज ही छोटे साहब से तोर खातिर बात करी?"

मदन ने बात टालनी चाही, "तुम्हें शादी कर लेनी चाहिए।"

"अरे ऊ सोलांजवा शादी करे देई तब न!"

"सोलांजवा कौन?"

"सोलांजवा के नैं जानेले? अर ओही आन्द्रेआ तांचीन की बेटी।"

"पर वह तो हनीफवा के मछुए दोस्त की बीवी थी।"

"जब रहल तब रहल। हाँ, त बोल, का बोलत हवे?"

"तुम मेरे हित सोचते हो, यही मेरे लिये बहुत है।"

मगनलाल ने गाँजे की मसली हुई पत्तियों को चिलम में भरने के बाद चकमक से आग सुलगाकर पहला लम्बा कश लेते हुए अपने प्रश्न को दोहराया और फिर आखिरी दम के साथ कह उठा, "हम तोके दू हजार रुपया नकद मिला देवे के तैयार हँय।"

"मैं तुम्हें बार-बार एक ही उत्तर देता रहूँगा मगन।"

कोई घण्टे-भर बाद मगनलाल जब जाने के लिए उठा तो भी उसके स्वर से उम्मीद नहीं गयी थी। यह कहता हुआ ही वह कुछ दूरी पर खड़े सोलांज की ओर बढ़ा, "मो आ वा रे विनी। फिर आवब। तब तक अच्छा से सोच लिये।"··· उसके चले जाने के बाद भी हवा गाँजे की गन्ध से भरी रही।

अपने काम में लीन मदन सोचता रहा मगनलाल के उस प्रलोभन के बारे में। वह जानता था कि वे सारे प्रलोभन उसके नहीं थे। इन सारी बातों में हरखू सरदार का हाथ है, इसे वह मगनलाल के पहुँचते ही जान गया था।

हरखू सरदार तो पहले भी इस तरह के प्रस्ताव उसके सामने रख चुका है। जब पहली बार मदन ने आवाज़ उठायी थी तो आन्त्वान साहब के बड़े बेटे ने कोड़े की बौछार से उसकी पीठ को लहूलुहान कर दिया था। दूसरी बार भी उसके साथ वही व्यवहार हुआ था। यह शायद पाँचवाँ अवसर था जब आन्त्वान साहब के बड़े

बेटे रोलाँ ने हरखू सरदार को अपने प्रस्ताव के साथ उसके पास भेजा था। कहा था कि कुत्ते कोड़े से चुप नहीं होते, उनके मुँह में हड्डी रख दी जाये। उधर से लौटकर हरखू ने जब मालिक को बताया कि वह कुत्ता तो हड्डी को मुँह में लेने से इन्कार कर रहा है तो आन्त्वान साहब का छोटा बेटा भी वहीं था। अपने हाथ के कोड़े से हवा को काटते हुए चिल्ला उठा था—हरामी को गोली मार दो। बाद में उसके सभी सरदारों ने उसे बताया था कि मदन बस्ती का मुखिया है···और किसी भी बस्ती के मुखिया की मौत का परिणाम भयंकर हो सकता है। लोगों के दिमाग में सावाना कोठी का काण्ड ताजा था।

सूरज ठीक सिर के ऊपर पहुँच गया था, जब मीरा मदन के सामने खाने की टोकरी के साथ पहुँची। उसने आते ही मदन को बताया कि मगनलाल उससे भी बात कर गया है। कह गया है कि अगर मदन उसकी बात नहीं मानता है तो इधर लोगों के पास जो बची-खुची ज़मीन है, मालिक उसे भी अदालत में लड़कर ले बैठेगा और उस पर सुअरों का दूसरा बाड़ा बनाया जायेगा।

मदन मुस्कुराकर रह गया।

मीरा ने पहले मदन के लिए फिर अपने लिए खाना परोसा। मक्की की लीटी। चौलाई की भाजी। इमली की चटनी। जी-भर भूख। चाव से खाना। और आधे घण्टे बाद फिर वही पसीने बहाने की तत्परता।

मीरा चट्टानी इलाके पर कद्दू और कुम्हड़े की बेलों की सिंचाई कर रही थी। उधर लौटने से पहले उसने मदन के कामों का एक सरसरी नजर से मुआयना किया। पौधों की जड़ों में न तो कहीं दूब का टुकड़ा छूटा था और न ही कोई दूसरी घास छूट पायी थी।

दो दिन पहले उसने मदन से कहा था, "तुम इन पौधों के बीच काम नहीं करते हो।"

मदन पूछ बैठा था, "तो क्या करता हूँ ?"

"मुझे तो इन पौधों से दाह उत्पन्न होने लगी।"

"क्यों ?"

"तुम इनसे प्यार करते प्रतीत होते हो !"

मदन की उन्मुक्त हँसी से माहौल झनझना उठा था। एक मुद्दत बाद मीरा ने मदन को उस तरह हँसते पाया था। वह भी झूम उठी थी खुशी से। चट्टानी इलाके की ओर लौटने से पहले मीरा ने मदन से जानना चाहा कि आखिर मगनलाल वैसा क्यों बोल गया। उत्तर में मदन ने केवल इतना कहा कि उसे तो वही बोलने के लिए भेजा गया था।

मीरा के चले जाने के बाद मदन कुछ देर तक मगनलाल की बातों के बारे में अनचाहे सोचता हुआ परकाश के बारे में सोचने लगा। इतना तो उसे विश्वास था कि प्रेमसिंह उसका बहुत खयाल रख रहा होगा फिर भी उसकी उस उदासी को याद

करके दुखी था। पिछली शाम सीता उसके यहाँ फिर रोने लगी थी और मदन ने उसे उन्हीं खोखले शब्दों से आश्वासित करने की चेष्टा की थी। सीता को खोखले लगनेवाले वे शब्द उसके अपने लिये अर्थ रखनेवाले थे। वह तो यह जानता था कि सीता का बेटा अपने लिये और शायद अपने साथियों के लिए भी एक बेहतर जीवन की तैयारी में लगा हुआ है। उसने सीता से कहा था—तुम किसे बेहतर समझती हो सीता ? तुम्हारा बेटा तुम्हें अपनी आँखों के सामने दर्द से कराहता दिखे या तुमसे दूर हँसता-गाता रहे ? उसके इस प्रश्न का सीता के पास उत्तर ही नहीं था। वह दिलासा खोखली थी। वह जिस भविष्य की बात सीता से करता, वह भी सीता के सामने कोई माने नहीं रखता था।

और फिर सीता को भविष्य से क्या लेना-देना था। उसका तो कभी भी कोई भविष्य नहीं रहा। उसने तो जो कुछ जाना था, साक्षात् जाना था। भविष्य तो कभी साक्षात् होता ही नहीं। परकाश के जाने के तीसरे ही दिन सीता मदन के आगे गिड़गिड़ा उठी थी —जाकर ले आओ मेरे बेटे को। मदन का यह समझाना कि वह अपने वर्तमान के लिए बेटे के भविष्य को न मार डाले, सीता की समझ में कभी नहीं आया।

सूरज के डूबने तक मदन खेतों के बीच रहा। उसके बाद वह मीरा के कन्धे के सहारे पगडण्डी से होता हुआ घर लौटा। सात बजे बैठका की विशेष सभा थी। सुगूनवा और अनुराधा के ब्याह के सात ही दिन तो बाकी थे। सभा की विशेष बैठक बुलायी गयी थी। नहा-धोकर कठिनाई से वह आधा घण्टा आराम कर पाया था कि बैंजू उसे लेने पहुँच गया।

बैठका में पहली बार सुगून और मनोहरसिंह एकसाथ बैठे थे। सबसे पहले भरतलाल ने अपने जिम्मे के खेत के लाभ को बैठका के सामने रखा और मदन ने उसमें से दस प्रतिशत सुगूनवा-अनु के ब्याह के लिए अलग निकाला। मनोहरसिंह हाथ जोड़कर खड़ा हो गया और उसने सभा से कहा, "मैं सभा से आग्रह करूँगा कि इस राशि को किसी दूसरे काम में लगा दिया जाये, क्योंकि इस ब्याह के खर्च की व्यवस्था मैं पहले ही से कर चुका हूँ।"

सुमंगल ने मदन के कान में कुछ कहा और फिर मदन ने मनोहरसिंह को सम्बोधित करके कहा, "हम जानते हैं, आप उस दूसरी बस्ती से खाली हाथ नहीं आये हैं, लेकिन हमारी अपनी बस्ती की जो प्रथा है उसे भी तो आपको स्वीकारना है।"

"इस बस्ती का एहसान तो बहुत पहले से मेरे परिवार के ऊपर है। मैं नहीं चाहता कि…"

"देखिए इस बस्ती का अपना एक समाज है और इस समाज के कुछ अपने दस्तूर हैं। आप इसे कानून-कायदा न समझें। इस दस्तूर को तो रखे रहने दीजिए।"

"इस बस्ती को पैसे की आवश्यकता है। उन बड़ी आवश्यकताओं के सामने

शादी की छोटी आवश्यकता के लिए पैसा न खर्च करने का मैं सुझाव दे रहा हूँ। ये पैसे जो आप लोग अनु के ब्याह में लगाना चाह रहे हैं, उसे स्कूल बनाने की योजना के लिए क्यों नहीं रख लेते ?"

कुछ देर चुप रहकर मदन ने सुमंगल और धनपत से परामर्श के बाद कहा, "सभा यह चाह रही है कि खेतों से निकले लाभ के दस प्रतिशत अनु और सुगूनवा के ब्याह में खर्च किये जायें और आप जो राशि ब्याह में खर्च करना चाहते हैं, चाहें तो उसका कुछ हिस्सा स्कूल की राशि में दान दे दें।"

"अगर ऐसा करने से सभा की अपनी मर्यादा रह जाती है तो मुझे स्वीकार है।"

सुगून सभा के शुरू से अन्त तक अपने हाथ जोड़े चुपचाप बैठा रहा। सभा-विसर्जन से पहले मनोहरसिंह ने कहा कि चूंकि उसके पिछले जीवन का महत्त्वपूर्ण भाग उस दूसरी बस्ती में बीता है, इसलिए अगर इस बस्ती को आपत्ति न हो तो वह उस बस्ती के कुछ मित्रों को भी इस शादी में शरीक होने की मांग करेगा।

सभा को इस पर कोई आपत्ति नहीं हुई।

गुरुवार की रात में था अनुराधा और सुगूनवा का ब्याह।

मनोहरसिंह की पत्नी सुबह ही से मीरा को अपने घर ले आयी थी। घर के सामने बैठका के सदस्यों ने नारियल के कच्चे पत्तों के छाजन का पण्डाल बनाया था। उसी के भीतर एक ओर पकाने-खाने की व्यवस्था थी, दूसरी ओर माड़ो सजाया गया था—जंगल के रंग-बिरंगे फूलों, पत्तियों और बेलों से। धरमा और सोनवा ने खाली बोतलों की मशालें और कच्चे पपीते से दीये बनाये थे। दूसरी बस्ती से भी कोई बीस-पच्चीस लोग आये थे। उन्हीं लोगों की ओर से गाने-बजाने का कार्यक्रम दोपहर से ही शुरू हो गया था। एक दिन पहले हल्दी के अवसर पर जीनत और मुनिया ने हल्दी के जो गीत शुरू किये थे वे चार बजे सुबह तक चलते रहे थे। नाची थीं रम्भा और कुसमी।

माड़ो में वेदी बनायी थी धरमा के बाप ने। बस्ती के पूर्वी इलाके के सभी मर्द बाराती बनकर ठीक सात बजे मनोहरसिंह के घर पहुँच गये थे। द्वारपूजा के तुरन्त बाद भोजन परोसा जाना शुरू हुआ। सभी लोगों को खिलाने की जिम्मेवारी भरतलाल की थी। एक बार में बीस लोगों के बैठ सकने की व्यवस्था थी। पहले दस लोग चटाई पर बैठे ही थे कि बैजू के बाप ने बैठे हुओं के बीच से धरमा के भाई और सोनवा के बेटे को यह कहते हुए उठा दिया कि उन लोगों को अपने वर्ण के साथ बैठना होगा। सबसे पहले केले के पत्तों के सामने बैठे हुए लोगों में केवल ब्राह्मण और क्षत्रिय लोग थे। मदन अपनी जगह से उठ खड़ा हुआ। उसने बैजू के बाप से पूछा—

"चाचा, यह क्या बात हो रही है ?"

"क्या हुआ ?"

"तुमने इन दो जनों को उठा क्यों दिया ?"

"इनकी बारी बाद में आयेगी।"

"क्या मतलब होता है इसका ? ये लोग हम सभी के साथ पहले से बैठ चुके थे। इनको उठाना नहीं चाहिए था।"

"मुझसे जो कहा गया, मैं वही कर रहा हूं।"

"किसने तुमसे ऐसा करने को कहा है ? भरतलाल भैया ने ?"

"नहीं।"

"तो फिर मनोहरसिंह का आदेश है यह ?"

"नहीं, उन्होंने कुछ नहीं कहा।"

"तो फिर यह क्या बात है ! मैं भी नहीं खाता।"

दो-तीन लोग और उठ खड़े हुए। भरतलाल को बुलाया गया। उसने पहुंचते ही पूछा, "क्या बात है मदन ?"

"यह क्या मामला है भरतलाल भैया ! बैठे हुए लोगों को खाने पर से उठा दिया गया। जो इस बस्ती में कभी नहीं हुआ वह यहाँ होकर रहेगा क्या ?"

"किसको उठाया गया और क्यों ?"

"कहा गया है कि पहले ब्राह्मण और क्षत्रीय खायेंगे, फिर वैश्यों की बारी आयेगी और बाकी लोग सबसे बाद में खायेंगे।"

"किसने कहा ?"

बैज़ू के बाप ने हाथ जोड़ दिये, "हरखू सरदार का हुक्म है।"

"नहीं, ऐसा नहीं हो सकता। तुम बैठो मदन।"

"हरखू सरदार का हुक्म अब हमारे शादी-ब्याह में भी चलने लगा ?"

"मदन, तुम बैठो तो सही। तुम दोनों भी बैठो। यहाँ किसी को वर्ण के हिसाब से भोजन नहीं परोसा जायेगा। जो पहले बैठता है, वही पहले खायेगा। तुम लोग खड़े-खड़े क्या देख रहे हो, लाओ खाना परोसना शुरू करो।"

मदन के बैठने के बाद धरमा के भाई और सोनवा के बेटे भी बैठ गये और तीन व्यक्तियों ने केले के पत्ते पर पूरियाँ रखनी शुरू कीं।

हरखू सरदार ने पण्डाल के बाहर मगनलाल से कहा, "चलो, हम चलते हैं।"

"अभी त शादी शुरू ने होल बा।"

"हम यहाँ शादी में भाग लेने नहीं आये थे। समझे !"

उसने मगनलाल के कन्धे पर हाथ रखकर उसे आगे को ढकेल दिया। दोनों चल पड़े कोठी की उस खास बस्ती की ओर।

परकाश मदन के लिए प्रेमसिंह का पत्र ले आया था। मदन ने उसी वक्त मीरा को बुलवाया और उसे पत्र पढ़ने के लिए दे दिया। मीरा ने उस हिन्दी पत्र को पढ़ना शुरू किया—

प्रिय भाई मदन !

परकाश सचमुच ही बड़ा मेधावी है। अभी तो पन्द्रह ही दिन हुए हैं उसे। उसमें कुछ बनने की जो लगन है, उसे देख मेरा भी उसे पढ़ाने का हौसला बढ़ गया है। मैं तो उसे अपने साथ लिये काम पर भी चला जाता हूँ। कभी उसे अमराई में पढ़ाता हूँ, कभी नदी-किनारे और कभी ईख के खेतों के बीच की चट्टानों पर।

एक दूसरी खुशी की बात तुम्हें यह बता रहा हूँ कि मैंने सम्बद्ध लोगों से बात कर ली है। काफी दौड़-धूप करनी पड़ी और अन्त में लोगों को मना सका। जनवरी से स्कूल में जो नयी भर्ती होगी उसमें तुम्हारी बस्ती के पच्चीस बच्चों को लेने की बात मान ली गयी है। स्कूल बनवाने की बात भी चला चुका हूँ। उसमें समय लगेगा।

इधर कब आ रहे हो?

पत्र लिखना।

तुम्हारा अपना
प्रेम।

मदन ने मीरा के दोनों हाथों को पत्र सहित पकड़कर अपने से जकड़ लिया। उसके जीवन की यह बहुत ही बड़ी खुशी थी।

दूसरा भाग

एक

दस साल पहले परकाश के लिए वह बस्ती ही उसकी दुनिया थी। उसे एक हल्का आभास तो था कि उसकी अपनी बस्ती से बाहर भी एक दुनिया है, लेकिन इसके बावजूद वह अपनी बस्ती को ही अपनी पूरी दुनिया मानने को विवश था। मदन से महाभारत, रामायण, पुराण आदि की जो भी कथाएँ वह सुनता आ रहा था वह भी उसे एक दुनिया प्रतीत होती थी, पर फिर उसे लगता कि वह देवताओं की दुनिया है। वह तो आदमी है और उसकी अपनी दुनिया दो तरफ फैली पहाड़ियों, एक तरफ दूर तक फैले ईख के खेतों और सुदूर समुद्र की सीमाओं में बँधी उसकी वह बस्ती ही थी।

दस वर्ष पूर्व मदन के साथ जब वह पहली बार प्रेमसिंह के यहाँ पढ़ने जा रहा था, उसी समय उसके भीतर वह भावना जागी थी कि वह एक नयी दुनिया की तलाश में जा रहा है। फिर उसे हँसी आ गयी थी। दुनिया दो कैसे हो सकती हैं ? मन चाचा ने तो उसे हर वक्त यही बताया था कि दुनिया एक ही है। लेकिन उस दिन जब उसने देवराज को कुत्तों का शिकार होते देखा था, उसी समय उसके ज़ेहन में यह खयाल खौल उठा था कि वे लोग जिन्होंने देवराज को उस तरह कुत्तों से नोचवा डाला था, उसकी अपनी दुनिया के थोड़े ही हो सकते थे। अपनी ही दुनिया के लोग अपने ही लोगों की जान के प्यासे कैसे हो सकते हैं !

आज दस साल बाद परकाश मान बैठा है कि उस बस्ती के बाहर भी एक दुनिया थी। वह जो कुछ पुस्तकों और अखबारों में पढ़ता आ रहा था उसे तो वह एक दुनिया मान ही बैठा था लेकिन अपनी दुनिया से अलग जो दुनिया उसे दिखायी देने लगी थी वह उन बड़े और समृद्ध लोगों की दुनिया थी जो उसकी अपनी दुनिया से एकदम भिन्न थी। उस जीवन की कुछ झलकियाँ वह देख चुका था। उसके अपने लोगों से बिलकुल मेल न खानेवाला था वह जीवन। दो दुनियाओं के उन दो जीवनों में ज़मीन-आसमान का फर्क था।

उसने जो प्रश्न प्रेमसिंह से किया था वही मदन से भी किया। दोनों उत्तर उसे नहीं भाये थे। वह गरीबों की दुनिया और धनियों की दुनिया के बीच खड़े होकर जब गौर करने लग जाता तब उसे बार-बार अपने कानों में गांधीजी के

वाक्य झनझनाते प्रतीत होते। गाँधीजी बोले थे कि आपके बच्चों को उचित शिक्षा मिलनी चाहिए। आप लोगों को राजनीति में भी भाग लेना चाहिए।

गाँधीजी नहीं बोले होते तो आज वह अपने पास के उन दो प्रमाणपत्रों का अधिकारी नहीं हो पाता···पर क्या उन प्रमाणपत्रों से उसे कोई विशेष मान्यता मिल पायी ? वह तो उनके साथ आज भी ईख के खेतों में ही मजदूर है। रेल के तीन डिब्बों को गन्नों से लादकर उसने माथे के पसीने को आस्तीन से पोंछा और अपनी दुनिया पर एक बार फिर गौर किया। बिन दीवारों का एक क़ैदखाना ही तो था वह, जहाँ अपने चलते जिन्दगी नहीं थी, बल्कि दूसरों के चलाते थी। वहाँ का समय दूसरों के द्वारा निर्धारित था। वहाँ के स्पन्दन दूसरों के आधीन थे।

अपनी अगर कोई चीज़ वहाँ थी तो वह थी वे हालात और सभी लोगों द्वारा उनका स्वीकार। वह केवल मदन था जिससे वह सुनता आ रहा था कि हालात को नकारना होगा। मदन जब किसनसिंह की कहानी सुनाना शुरू करता तो परकाश को लगता कि हालात को नकारने की प्रक्रिया बहुत पहले शुरू होकर भी असफल रही है। परकाश ने मदन से पूछा था, "ऐसा क्यों ?"

मदन ने कहा था, "अपनी कमजोरी की वजह से नहीं बल्कि उधर की शक्ति के कारण।"

"वह शक्ति इतनी बड़ी है ?"

"उतनी बड़ी तो शायद नहीं है।"

"तो फिर ?"

"उसे सुविधाएँ हासिल हैं। अवसर प्राप्त है। उसके साथ सहयोग है हुकूमत का भी और कुछ अपने लोगों का भी।"

"तो फिर ऐसी स्थिति में···?"

"ऐसी स्थिति में हमें उस वर्ग के बराबर शिक्षा हासिल करनी है और शहर की उस बड़ी सभा में जहाँ विधान बनाये जाते हैं, अपने को भी पहुँचाना है।"

"इसीलिए गाँधीजी ने कहा था···?"

"हाँ, इसीलिए गाँधीजी बोले थे कि हमें अपने बच्चों को सही शिक्षा दिलानी है और राजनीति में भी भाग लेना है।"

परकाश ने उस वर्ग के बराबर न सही पर उसके किसी भी व्यक्ति से तर्क-वितर्क कर सकने की शिक्षा तो पा ही ली है। यह केवल प्रेमसिंह के कहने पर नहीं, बल्कि खुद उसे अपने-आपपर विश्वास था। उस दिन उसने रेलवे इन्स्पेक्टर को अपने जवाबों से निरुत्तर कर दिया था। पर इससे क्या होता है ! वह गोरा तो उसी ठाठ और अपनी जीत के गर्व के साथ ही वहाँ से टला था। उसका अपना रंग और ओहदा उसमें हार की भावना ला ही कैसे सकते थे ?

रंग ! ···इसे प्राप्त करना ही शायद परकाश के लिए कठिन था। उसे तो सूरज ने साँवला रंग दिया है। लेकिन ओहदा ?···ओहदा तो वह प्राप्त कर सकता है। प्रेमसिंह उसे ओहदा दिला सकता है। एक साल पहले ही उसने परकाश से

कहा था कि अब तुम चाहो तो मैं तुम्हें एक अच्छी सरकारी नौकरी में लगा सकता हूँ।

परकाश ने कहा था—नहीं चाचा ! तुमने मुझे जो शिक्षा दी है वही मेरे लिए बहुत है। अब मुझे सिर्फ अवसर दो कि अपनी इस योग्यता से मैं सरकार में स्वयं वह ओहदा पा सकूँ जो मन चाचा और तुम चाहते हो।

और तब से लगातार उसने बीसों जगह पत्र लिखे। कहीं से उत्तर तक नहीं आया। कहीं से बुलाया आया तो अड़चनें भी आयीं। एक तो उसका रंग इसमें आड़े आया और फिर उसका नाम भी। वह परकाश न होकर आन्द्रे, मिशेल, जोर्ज होता तो पहले ही अवसर पर उसे नौकरी मिल गयी होती !

ईख के हरे-भरे खेतों के बीच आज वह इक्कीसवर्षीय लम्बा और इकहरे बदन का युवक था। नैन-नक्श में उसके आज भी नाजुकता थी लेकिन ईख काटते-लादते समय वह फौलादी प्रतीत होता। उसके स्वभाव में जो सहजता थी वह मालिक और सरदारों की ज्यादती के सामने कठोरता का रूप भी ले लेती थी। उसके उस कठोर रूप के सबसे पहले गवाह हरखू सरदार और मगनलाल थे, जब उन दोनों ने उसके सामने ईसाई बनने का प्रस्ताव रखा था। यही प्रस्ताव शहर के एक कान्वेण्ट स्कूल के निदेशक ने भी उसके सामने रखा था और परकाश केवल मुस्कुराकर रह गया था। हरखू और मगनलाल के साथ भी वह मुस्कुरा सकता था। लेकिन उसके मुस्कुरा जाने का मतलब यह होता है कि वे दोनों उस प्रस्ताव को उसके सामने फिर लाते। दोनों के सहम जाने पर परकाश को अपने उस आवेश पर जिसमें थोड़ा-सा अभिनय भी था, हँसी आ गयी थी। प्रेमसिंह ने तो उससे नाटकों में अभिनय भी करवाया था। मुड़िया पहाड़ की तराईवाले गाँव की रामलीला में भी परकाश भाग ले चुका था। एक बार लक्ष्मण बना था, दूसरी बार राम। वह राजा हरिश्चन्द्र नाटक था जिसमें भूमिका निबाहने के बाद परकाश ने प्रेमसिंह से कहा था—

"यह सत्यवाद तो अपनी समझ में नहीं आया। क्या यही वजह है कि हमारे लोग कुछ कर गुजरने से कहीं अधिक झेलते और सहते जाने में माहिर हैं ?"

प्रेमसिंह ने गम्भीर स्वर में उत्तर दिया था, "तुम्हारे भीतर इस तरह का प्रश्न पैदा हो सका, इससे मुझे खुशी हुई है।"

सूरज डूब रहा था जब परकाश ने आखिरी पंजा ईख डिब्बे पर फेंककर लम्बी सांस ली। एक ओर से सूर्य और दूसरी ओर से होरिल आ गये। हरखू सरदार ने जब तक वहाँ पहुँचकर काम के मुआयने के बाद उन्हें जाने की इजाजत नहीं दी, तीनों चट्टान पर बैठे रहे। फसल आखिरी सप्ताह पर थी। वर्ष की उपज वर्षा के कारण इतनी अच्छी न होती तो कटनी तीन-चार सप्ताह में समाप्त हो गयी होती।

बस्ती में प्रवेश करते समय परकाश अपने दोनों साथियों के साथ उस स्थान पर रुक गया जहाँ दो-तीन वर्ष पहले बरगद के तीन-चार पेड़ एकसाथ जुड़कर

एक हुए दिखते थे। पिछले तूफान ने इन्हें धराशायी कर दिया और इस समय उसी ठौर पर बस्ती के स्कूल की नींव डाली गयी थी। पत्थर की दीवारें कमर तक उठ आयी थीं। छह कमरों की इमारत थी वह, पहली से छठी कक्षा तक के लिए। तीन महीने से यहाँ काम हो रहा था। परकाश जब भी यहाँ पहुँचता उसे कारीगरों के छैनी-हथौड़े की आवाज़ों की जगह अध्यापकों के पढ़ाने और बच्चों के पढ़ने की आवाज़ें सुनायी पड़ती थीं। स्कूल तैयार होने में अभी छह-सात महीने और थे पर स्कूल को अभी से कोठी के छोटे मालिक का नाम दे दिया गया। परकाश ने जब इस पर आपत्ति प्रकट करनी चाही, तो प्रेमसिंह ने कहा था, "अरे दूध को पानी और मोहनभोग को गोबर कह देने से कोई फर्क नहीं पड़ता। बस्ती को नाम नहीं, स्कूल चाहिए।"

रात को परकाश बैठका में हो रहे रामचरितमानस के सत्संग में न जाकर मदन के घर पहुँचा। मदन को सर्दी लग गयी थी। दो दिन पहले वह खेत में भीग गया था। कपड़ों के शरीर पर ही सूख जाने से उसे सर्दी के साथ बुखार भी था। मीरा उसे कटोरे से गरम अगियाखर पिला रही थी, जब परकाश वहाँ पहुँचा। परकाश ने उसके माथे पर हाथ रखकर देखा। लगा कि बुखार कुछ कम है। वह अपने घर से काढ़ा ले आया था। मीरा ने काढ़े के कटोरे को उसके हाथ से लिया।

"गरम है।"

"काढ़ा तो गरम ही पीना पड़ता है।"

"अभी इतना गरम है, तो जब घर से निकले थे तो कितना गरम रहा होगा?"

"बस, माँ ने चूल्हे से उतारा और मैं लिये चला आया।"

मदन ने कहा, "लेकिन परकाश, मैं तो अगियाखर पी चुका और फिर सर्दी भी कुछ कम हुई है।"

"ठीक है मन चाचा, फिर तो काढ़ा पीने की जरूरत नहीं रही।"

"लेकिन तुम इतनी मेहनत से लाये!"

"लो! जैसे कि मैंने बहुत बड़ा उपकार कर दिया हो। मन चाचा, आज मैं तुमसे दो बातें करने आया हूँ। पहली बात तो यह है कि मुझे चिट्ठी मिली है और कल मैं फिर शहर जा रहा हूँ नौकरी के सिलसिले में।"

"स्कूल की या दफ्तर की नौकरी?"

"स्कूल की। खैर, मैं जिस दूसरी बात के लिए यहाँ आया हूँ उसे आज बिना पूरा किये यहाँ से नहीं जाऊँगा।"

"तब तो उसका पूरा न होना ही अच्छा है।"

"क्यों?"

"अरे ताकि तुम यहाँ से न जा सको। मैंने तो हमेशा यह चाहा है कि तुम मेरे घर रहो; लेकिन क्या करता, उधर सीता को अकेली रहना पड़ता।"

"देखो मन चाचा, इस बार इधर-उधर की कोई भी बात नहीं चलेगी। अगर तुम मेरी बात नहीं मानते तो मैं कल उस नौकरी के लिए भी नहीं जाऊंगा। चिट्ठी से इस बार नौकरी मिल जाने की उम्मीद है।"

"तुम सचमुच अध्यापक बन जाओगे ?"

"पता नहीं।···उम्मीद है।"

"तो फिर तुम्हारी कौन-सी ऐसी बात है जो मैं नहीं मानूंगा !"

मीरा सभी जूठे बरतन बटोरकर घर जाने को हुई कि परकाश ने उसकी कलाई पकड़ ली, "ठहरो मीरा चाची ! तुम्हारा यहाँ रहना जरूरी है।"

"मौसी की हालत उतनी अच्छी नहीं है !"

"मैं भी नानी को देखने तुम्हारे साथ चलूंगा। तुम बैठो तो सही।"

बैठका में रामायण का सत्संग शुरू हो चुका था। यह पहला न होकर भी एक बिरला अवसर था, जब बैठका में मदन की अनुपस्थिति में रामायण-पाठ हो रहा था। जेही सुमीरन सीधी होईइ···यह प्रथम स्वर सुनते ही मदन का मस्तिष्क क्षण-भर के लिए झुक गया। कोई तीन-चार मिनट बाद ही परकाश ने बात आगे बढ़ायी—

"मैं जानता हूँ कि प्रेमसिंह चाचा तुम दोनों को वह बात बता चुका होगा।"

मीरा ने पूछा, "कौन-सी बात ?"

"क्यों मन चाचा ?"

"प्रेम ने तो हमें बहुत सारी बातें बतायी हैं।"

"मेरा मतलब है, पिछले सप्ताह उसने जो बात बतायी है।"

"पिछले सप्ताह ?"

"हाँ।"

"क्यों मीरा, पिछले सप्ताह प्रेम ने कोई खास बात कही थी क्या ?"

"मुझे तो याद नहीं।"

"मुझे भी नहीं !"

"तुम दोनों या तो बन रहे हो या मुझे बना रहे हो !"

"पिछले सप्ताह···प्रेम ने ऐसी कोई बात नहीं बतायी। क्यों, क्या बात है ?"

"मैं इतना ही कहूँगा कि अगर तुमने मेरी बात नहीं मानी तो वह बात भी नहीं बनेगी, हमेशा के लिए अधूरी रह जायेगी।"

"कमाल है ! कौन-सी वह बात और कौन-सी यह बात !"

"बोलो, मेरी बात मानोगे या नहीं ?"

"कौन-सी बात ?"

"पहले मीरा चाची, तुम यह बताओ कि क्या सचमुच प्रेम चाचा ने तुम्हें मेरे बारे में इधर कुछ नहीं बताया ?"

"उसने पिछली बार मुझसे यह कहा था कि मैं किसी तरह तुम्हें उनकी सिफारिश स्वीकारने के लिए मना लूं, ताकि वह जल्द-से-जल्द तुम्हें···"

"नहीं, मैं नौकरी की बात नहीं कर रहा।"

"तो फिर मुझसे तो उसने कोई भी ऐसी दूसरी बात नहीं की···अब पता नहीं अगर मदन से···"

"मुझसे भी नहीं।"

"तो फिर मैं ही बताये देता हूँ। तुम दोनों अगर मुझे बना भी रहे होगे तो कोई हर्ज नहीं। एक बार तीनों जमकर हँस तो लेंगे!"

परकाश खाट पर बैठ गया।

मदन और मीरा उसकी उस बात को सुनने के लिए एकाग्र हो चुके थे। मीरा उसे एकटक देख रही थी। उधर बैठका से आते स्वर में रामायण के दो दोहे पूरे होने को थे। वह भी हो गये···सीया वर रामचन्द्र पद् गहियो उमाबर···! परकाश चुप ही रहा। मदन कह बैठा, "तुम कुछ बोलने को कहकर गूंगे बन गये।"

"तब सोचा नहीं था, अब सोच रहा हूँ।"

"क्या?"

"कि उस बात को कहना कहाँ तक ठीक रहेगा।"

"क्यों, अपनी बात हमसे कहने में अब तुम्हें इतना कुछ सोचना पड़ता है!"

"बात ही कुछ ऐसी है।"

"कौन-सी ऐसी बात हो सकती है?"

"जिसकी तुम दोनों ने कल्पना भी नहीं की होगी!"

मीरा हँस पड़ी, "लगता है, किसी लड़की का मामला है!"

"तो तुम जानती हो! इसका मतलब है, प्रेम चाचा ने तुम्हें सभी कुछ बता दिया है और तुम लोग मुझे बेवकूफ बना रहे हो!"

"हमें कुछ नहीं मालूम।"

"यह लड़कीवाली बात···"

"यह तो तुम्हारे चेहरे और आँखों के रंग को देखकर मैं कह गयी। अगर बात लड़की की न होती तो धड़ाधड़, फटाफट बोलनेवाला परकाश इस तरह अकबकाता नहीं। क्यों, मामला लड़की का ही है न?"

"लगता है, यह बात पहले तुम्हीं से बतानी पड़ेगी फिर···।"

"नहीं बच्चू, अब तो तुम्हें यह बात हम दोनों के बीच ही रखनी होगी।"

वह चुप रहा। फिर बोला, "मन चाचा! ऐसा करते हैं कि कल सुबह शहर जाने से पहले मैं फिर आ जाता हूँ और···"

"नहीं। अब तुम वह बात बताये बिना यहाँ से नहीं जाओगे।"

"ठीक है, यहीं सो जाते हैं। मीरा चाची माँ को बता देगी।"

"ए, नाटक बन्द करो और जल्दी बताओ, वह कौन लड़की है?"

"मेरा मतलब यह बताना नहीं था।"

"तुम्हारा मतलब यह बताना था या नहीं, लेकिन अब बताना पड़ेगा।"

"मैंने तो इस बात का जिक्र इस वास्ते किया था ताकि वह बात बन

सके···।"

"वह बात छोड़ो, पहले यह बात करो। कौन है वह ?"

"कौन ?"

"जिसने तुम्हें फँसा लिया है ?"

"मुझे कौन फँसा सकता है !"

"तुम किसी को नहीं फँसा सकते, तुम्हें भी कोई नहीं फँसा सकता, लेकिन कोई फँसा तो सकती है ! प्रेम के गांव की है वह ?"

"मैं तब तक उससे मिलने नहीं जाऊँगा जब तक कि तुम मेरी बात न मान जाओ।"

"तुम फिर बुझावल बुझाने लगे। तुम्हारी कौन-सी बात न मानने···"

"वह अभी कहानी है।"

मीरा बीच में बोल उठी, "जहाँ तक मैं समझ रही हूँ, तुम प्रेम के गांव की एक लड़की को प्यार करते हो। वह भी तुम्हें प्यार करती है। साथ-ही-साथ तुम मदन से अपनी कोई बात मनवाना चाहते हो। लेकिन जो बात मैं नहीं समझ पा रही हूँ वह यह है कि तुम अपनी बात के द्वारा न माने जाने की सजा अपने और उस लड़की को क्यों देना चाह रहे हो ?"

"इसलिए कि मेरे सबसे अधिक अपने तो तुम दोनों हो। अपनों की सजा अपने ही को न दूं तो और किसे दूं !"

"तो इसमें मैं कहाँ से आ गयी ?"

"क्यों नहीं आओगी ?"

"आज तो तुम सचमुच ही लड़ने की रौ में हो परकाश !"

"नहीं मन चाचा, लड़ने की रौ तो तब बनेगी जब तुम मेरी बात मानने से इन्कार कर बैठो।"

"पर तुम्हारी वह बात सुनें भी तो सही।"

"देखो तुम दोनों झगड़ो, मैं चलती हूँ। मौसी राह देख रही होगी।"

"जब तक मुझे उत्तर नहीं मिल जाता, तब तक तुम नहीं जाओगी।"

"बिना प्रश्न का उत्तर चाहते हो ?"

"नहीं मन चाचा, प्रश्न का उत्तर चाहता हूँ।"

"तो कहाँ है प्रश्न ?"

"मैं एक ही बार में उत्तर चाहता हूँ। हाँ या नहीं। नहीं का मतलब होगा मेरा नौकरी के लिए शहर न जाना और प्रेम चाचा की बस्ती की उस लड़की से बिलकुल न मिलना।"

अपनी मुस्कान पर अधिकार पाकर मीरा ने धीरे से पूछा, "लड़की से न मिलना या सीमा से न मिलना ?"

"तुम्हें उसका नाम मालूम है ?"

"क्यों नहीं होगा ?"

"कैसे ? कैसे पता चला तुम्हें ?"

"उसी तरह, जैसे मेंढक को वर्षा होने का पता चल जाता है।"

"चाची ! तो तुम दोनों ने मुझे खूब मूर्ख बनाया।"

"मदन को इसकी जानकारी नहीं।"

"प्रेम चाचा ने बताया ?"

"नहीं।"

"तो फिर ?"

"वर्षा की बात मेंढ़क को कौन बताता है ?"

"मैं भी कितना मूर्ख रहा ! तुम मुझसे कई बार कहती रही हो कि मैं अपनी सीमा को ख्याल में रखकर ही आगे कदम उठाया करूँ और मैं यही समझता रहा कि तुम उस दूसरी सीमा की बात करती थीं !"

"मैं तुम्हारी दोनों सीमाओं की बात करती थी।"

"अब तुम दोनों एक-दूसरे से उलझ पड़े और मैं प्रश्न सुनने को अधीर हूँ।"

"तो ठीक है मन चाचा, लो सुनो मेरा प्रश्न—तुम मीरा चाची से ब्याह करने को तैयार हो या नहीं ?"

इस प्रश्न के पूरा होने से पहले ही मीरा अपने घर दौड़ गयी।

ईख के खेतों के उस कोलाहल में अगर हरखू सरदार ने चिल्लाकर मदन को गाली न दी होती तो परकाश के लिए यह नौबत नहीं आती। चारपाई पर करवटें बदलता हुआ वह सारी स्थिति को कभी अपने कोण से देखता, कभी मदन के और कभी मीरा के। वह अगर मदन से प्रश्न के बहाने अप्रत्यक्ष आदेश देने गया था तो मीरा के वास्ते। हरखू सरदार दोनों बस्तियों के मजदूरों के सामने जब यह कह गया कि सूरदास बना वह साला मदनवा तो बस्ती की सबसे सुन्दर औरत से मजा लूटता रहता है और मज़दूरों को बहकाकर उनका जीवन जोखिम में डालता है तो परकाश के लिए वे सारी गालियाँ मदन को नहीं, बल्कि मीरा को थीं।

पहले भी दो-तीन अवसरों पर परकाश सुन चुका था कि मदन को अधिक आनन्द रखैल से मिलता है, इसीलिए वह मीरा को रखैल बनाये बैठा है। परकाश को उन बातों से जो घाव लगे थे, उन्हें वह केवल ज़ीनत के सामने रख पाया था। और वह ज़ीनत ही थी जिसने उसे मीरा के अब तक के सारे बलिदान की कहानी बतायी थी।

कोठी के सरदारों की तो यह आदत बन गयी थी कि मजदूरों के हर प्रश्न, हर छोटे विद्रोह पर वे मदन को गाली दे जाते थे। लेकिन वे गालियाँ मदन से कहीं अधिक मीरा पर पड़ती थीं। हरखू सरदार ने क्रोध ठण्डा हो जाने पर ठहाका लगाकर कहा था—साला मदनवा ! ओकर लेके त रात-दिन अन्धार-ही-अन्धार होवेला और उहे अन्धार में रखैल से खूब मजा लूटल करेला। तू सब सारे बुरबक मजदूर ओकर बहकावे में आके ह्यिाँ राड़ खोजत रहे ल स !

परकाश के अपने आगे अगर स्कूल, मजदूरों के संगठन और खुद अपनी योजनाएँ न होतीं तो वह हरखू सरदार के सफेद बालों की परवाह किये बिना उसे चीर डालता। मदन के सामने वह अपनी आत्मीयता का वास्ता लिये हुए पहुँचा था। मदन से नहीं कह जाने की हिम्मत तो नहीं हुई थी, लेकिन उसने हाँ भी तो नहीं कही थी। बड़े गम्भीर स्वर में परकाश से बोला था, "देखो परकाश ! मैं तुम्हारे प्रश्न का उत्तर 'नहीं' में नहीं दे रहा हूँ।"

"मैं तो तुमसे हाँ की माँग करने आया हूँ चाचा !"

"मैं समय चाहता हूँ।"

"पच्चीस साल हो चुके।"

"मैं फिर से कहता हूँ, मैं इन्कार नहीं कर रहा, पर मुझे सोचने का मौका दो।"

"शुरू से अब तक तो सोचते ही रहे हो।"

"मैं तुमसे दोगुनी उम्र का हूँ। तुम्हें पढ़ाता रहा हूँ···।"

"इसलिए तुम्हें मेरे सुझाव की कोई जरूरत नहीं, यही न ?"

"नहीं, मेरा मतलब यह है कि मैं तुम्हारे इस तकाजे को समझता हूँ।"

"माफ करो मन चाचा ! अगर समझते होते तो मीरा चाची को यह नर्क भुगतने नहीं देते।"

"उस नर्क को तो मैं भी भुगत रहा हूँ।"

"तुम नहीं भुगत रहे हो, भुगत तो वही रही है। खैर, मन चाचा,···तुम तो मेरे गुरु, दोस्त, बाप, सभी कुछ रहे हो। इसलिए निराश लौट जाना भी मुझे गवारा है।"

"एक बात तो समझते जाओ।"

"अब और क्या समझना बाकी है ?"

"मैंने जो कुछ भी किया है, मीरा की खुशी के लिए।"

"नहीं चाचा।"

"हाँ परकाश ! मैं आज भी यह उम्मीद रखे हुए हूँ कि मीरा एक योग्य व्यक्ति की पत्नी बन जाये।"

"मैं तो सोचता था कि तुम मीरा की हर धड़कन से वाकिफ होगे ?"

"मैंने उससे ज्यादा महत्त्व उसके भविष्य को देना चाहा है।"

"उसके किस भविष्य की तुम चर्चा कर रहे हो मन चाचा ? वही, जो तुम्हारे पास गिरवी है ? माफ करना, मैं तुम्हारा ही सवाल तुमसे कर रहा हूँ। मैंने कभी गोरे मालिकों के सामने तुम्हें यह प्रश्न करते सुना था। आज तो मुझे ऐसा लग रहा है कि गोरे मालिक तुम हो और मीरा वह मजदूर, जो तब से अब तक खामोश चली आ रही है। अन्तर बस इतना है मन चाचा कि उधर की चोट बदन पर अधिक थी, इधर की हृदय में अधिक है। तुम तो हाथ में बिना चाबुक लिये भी खूंख्वार हो !"

और इसी के साथ वह मदन के घर से लौट आया था।

वह करवटें लेता रहा और उसके साथ बहुत-से खयाल भी करवटें लेते रहे। खयालों को नींद आ जाती तो उसे भी आ जाती, पर खयालों को नींद की कोई चाह नहीं थी। वह मीरा के बारे में सोचता रहा। बस्ती में अब तीन सौ से ज्यादा की आबादी थी, लेकिन इन तीन सौ व्यक्तियों में शायद दस-बारह लोग ही होंगे जो मीरा के जीवन की वेदनाओं को समझ पाये हों।

मजदूरों के जो दर्द थे, जो व्यथा थी, उन्हें हर आदमी जानता था। जुल्मों के बारे में सुनने-देखनेवाले भी और जुल्म ढानेवाले भी उस पीड़ा को जानते थे। पर एक मीरा है। उसकी पीड़ा को शायद ही कोई देख-महसूस पाया है। पीड़ा देने-वाला भी इतना कठोर प्रमाणित हो सकता है, परकाश ने कभी नहीं सोचा था। वह बहुत पहले से मीरा के त्याग, उसकी सेवा-भावना को देख-समझ रहा था, लेकिन उसकी उस यातना को वह बहुत देर से समझ पाया। ज़ीनत ने जब परकाश को बताया था कि अब तो उस यातना में ही उसका अपना आनन्द है, तो परकाश को वह बड़ा ऊट-पटाँग-सा लगा था। उसके बाद वह जब मीरा की खुशी के क्षणों में उसकी हँसी-मुस्कान का अध्ययन करने लग जाता तो लगता कि उस खुशी के पीछे एक उदासी छिपी हुई है। और तब वह अपने-आपसे पूछ बैठता—तो फिर कैसा आनन्द था वह? लेकिन उसकी कभी हिम्मत नहीं हुई कि वह मीरा से उस नादानी के बारे में पूछे।

वह सोचता रहा।

मर्दों के दर्द की चर्चाएँ होती हैं। उस पर आन्दोलन खड़े होते हैं। औरत के दर्द को जब्त रखा जाता है। उसे गूँगा बना रहने दिया जाता है। यह कानून नहीं है। एक विकृत मनोवृत्ति है। एक सामाजिक साजिश। मर्दों का अपना उसूल है वह? क्या है वह?…परकाश रात के सन्नाटे से प्रश्न करता रहा।

सन्नाटा उत्तर नहीं देता, भय देता है। परकाश अपनी चारपाई पर भयभीत था। जब उसकी पलकें झपकीं तो उसने खून से सने जो नाखून देखे वे उसकी अपनी ही अँगुलियों के थे। उस धुंधले सपने से दहलकर उसने आँखें खोल दीं। चारों ओर अँधेरा था।

उस गहन अँधेरे की सुबह कुहासे से भरी हुई थी।

हाथ-मुंह धोकर परकाश सीधे मीरा के घर पहुँचा। मीरा अपनी मौसी को चाय देकर मदन की चाय के साथ बाहर निकलने ही वाली थी। परकाश ने उससे कहा, "मीरा चाची, अगर तुम्हारे यहाँ चाय अधिक बनी हो तो मैं पीना चाहूँगा।"

मीरा ने अपने हाथ का कटोरा उसे थमा दिया।

"लेकिन यह तो मन चाचा के लिए है!"

"तुम चिन्ता मत करो, उसकी व्यवस्था भी है।"

परकाश ने गरम चाय की पहली चुस्की ली तो मीरा ने पूछा, "शहर कितने बजे जाना है तुम्हें?"

"मैं नहीं जा रहा हूँ।"

"क्यों नहीं जा रहे हो ?"

"मुझे किसी भी खास नौकरी की चाह नहीं है। हर नौकरी नौकरी होती है।"

"लेकिन हर नौकरी की तनखा अलग होती है। इज्जत अलग होती है।"

"मुझे न बेहतर तनख्वाह चाहिए, न इज्जत।"

"क्या हो गया तुम्हें ?"

"शर्त हार चुका।"

"कैसी शर्त ?"

"मैंने तो तुम्हारे सामने ही मन चाचा के आगे शर्त रखी थी कि अगर वह मेरी बात को नहीं मानता तो मैं न तो शहर जाऊँगा और न ही सीमा से मिलने।"

"मदन की अपनी भी तो कोई बेबसी रही होगी।"

"तुम जानती हो, मैंने उससे क्या चाहा था ?"

"जानती हूँ।"

"क्या चाहा था ?"

"मेरे और मदन के ही बारे में तुमने बात की होगी।"

"पर तुम कैसे जान पायीं ?"

मीरा मुस्कुरा उठी। परकाश को लगा, यह वही मुस्कान है जिसके पीछे उदासी छिपी है।

"तुम कैसे जान पायीं चाची ?"

"जैसे मेंढक बरसात के बारे में जान जाता है।"

"मीरा चाची !"

"तुम चाय खत्म करो और शहर के लिए तैयार होओ।"

"मैंने कह दिया न, मैं नहीं जाऊँगा।"

"और मैं कह रही हूँ, तुम्हें जाना है।"

"मैं शर्त हार चुका हूँ।"

"पागलपन छोड़ो और जल्दी से जाकर तैयार हो जाओ। मन्दिर होते हुए जाना।"

"नहीं चाची, मैं नहीं जाऊँगा। मन चाचा ही को जब मेरा ख्याल नहीं रहा, तो फिर···"

"कौन कहता है कि मदन को तुम्हारा ख्याल नहीं ?"

"ख्याल होता तो मेरी बात मान लेता। यह नहीं कहता कि परकाश; मुझे समय दो, मैं सोचना चाहता हूँ।"

"तो तुम शर्त हारे नहीं।"

"क्यों नहीं !"

"उसने 'नहीं' थोड़े ही की है। उसके नहीं कहने पर ही तुम अपनी शर्त

हारते।"

"वह तो बात टाल जाने का चाचा का अपना तरीका है। मतलब तो उसका 'नहीं' ही रहा।"

"उसने तुमसे समय माँगा है। यह अवसर तो उसे देना ही है।"

"तुम भी अजीब हो चाची! तुमसे एक बात पूछूँ?"

"पहले यह चाय तो समाप्त कर लो। ठण्डी हो रही है।"

"तुम अपने हक के लिए चुप क्यों रहती हो?"

"मैं अपने हक के लिए चुप नहीं रहती हूँ। यह मेरा हक है कि तुम्हें आज शहर भेजकर रहूँ और भेजकर रहूँगी। चुप बिल्कुल नहीं रहूँगी। मेरा यह भी हक है कि मैं प्रेम के गाँव की सीमा को देखकर ही अपनी पसन्द की बात बता सकूँ और रविवार को तुम मुझे वहाँ अपने साथ लेकर जाओगे। समझे?"

"नहीं चाची!"

"नहीं क्या?"

"सच मानो, मैं कुछ नहीं समझ पाया।"

परकाश को अपने हाथ का कटोरा नीचे रखते हुए ऐसा लगा कि उसकी आँखों से आँसू बहने को हैं। अगर वह अपनी पलकों को झपका जाता तो बूँदें नीचे आ ही जातीं, पर उसने पलकें नहीं झपकायीं।

मदन को चाय दे आने के बाद मीरा सीता के घर पहुँची और तब तक वहीं रही जब तक परकाश शहर जाने के लिए तैयार नहीं हो गया। उससे यह कहकर ही मीरा खेतों की ओर बढ़ी कि मन्दिर होते हुए जाना मत भूलना। और उधर से लौटते ही मुझे बताना कि नौकरी मिली।

"तुमने पूरी बात नहीं की।"

"पूरी बात क्यों नहीं की?"

"पूरी बात तो यह होती कि नौकरी मिली या नहीं मिली।"

"हर बार वही बोलती रही हूँ। पर इस बार मुझे पूरा विश्वास है कि तुम अध्यापक बनाये जा रहे हो।"

"यह विश्वास तो पहले भी तुम्हें हुआ था।"

"तुम बहस करोगे या वहाँ वक्त पर पहुँचने की सोचोगे?"

परकाश के घर से चल पड़ने और उसके उस दूसरी पगडण्डी से जाने के बाद ही मीरा खेतों की ओर बढ़ी। पगडण्डी की हरी दूब ओस की बूँदें लिये हुए थी। हवा में ठण्डक थी। उससे बचने के लिए गोनी को पीठ पर लपेटे मुनिया रास्ते में मिल गयी। सर्दी-जुकाम से सिकुड़ी हुई थी वह।

"बीमार है, घर पर रह जाती।"

"छौ दिन के कमाई पर भी घरवा में आजकल त खूदी बचावल मुस्किल हो जात बा। तू घरे रह जाय के बोलत बारी!"

पिछले दिनों मनोहरसिंह ने समुद्री इलाके की जो ज़मीन खरीदी थी उस पर गन्ने के साथ सब्जियों की भी खेती उसने शुरू की थी। बस्ती के कोई बीस लोगों को उन खेतों में काम मिला था। उसी इलाके में मनोहरसिंह ने अपना नया घर बनाया था। सुगून ने दो-तीन बार मीरा से कहा था कि वह उसी इलाके में काम करने आ जाये पर मदन ने नहीं चाहा था। उधर के काम से सप्ताह में चार-पांच रुपये बन जाते थे, जबकि बस्ती के अपने खेतों से मुश्किल से दो-ढाई रुपये निकल पाते थे। लेकिन एक बात थी, जिसका खयाल मीरा को भी रखना ही पड़ा था। बस्ती के खेतों से जो लाभ होता था उसका एक महत्त्वपूर्ण हिस्सा बस्ती के काम-काज में लगाया जाता था। इसलिए जब मुनिया ने एक बार फिर उससे मनोहर-सिंह के खेतों में काम करने का प्रस्ताव रखा तो मीरा ने कहा, "नहीं मुनी, मैं यहाँ जो काम कर लेती हूँ उससे गुजारा हो जाता है।"

"आज गुजारा हो जाला पर कल अगर तोर ब्याह के बाद लैका-फैका होय तब का करबे ?"

कसक और उसकी पीड़ा को मीरा ने होंठों के बीच एक मुस्कान से ढाँप लिया—

"वैसा अगर हुआ तो देखा जायेगा।"

भरतलाल की देखभाल में जो खेत थे उनके बीच पहुँचने पर मीरा रुक गयी और मुनिया आगे बढ़ गयी। मीरा उसे जाते हुए देखती रही। छह बच्चों को वह अपनी अकेली कमाई पर पालनेवाली औरत थी। एक दिन मुनिया की ही मिसाल देकर ज़ीनत ने कहा था, "मुनिया के देख, बिना किसी मरद के अपने छवो लयकवन के पाल-पोस रहल बा। और तू सोचत रहेले कि मरद के बिना औरत कोई चीज़ होवेला ही नहीं।"

उस दिन ज़ीनत क्रुद्ध होकर बोली थी। वह मदन के यहाँ से लौटकर आयी थी। मीरा की भावना को जानते हुए भी उसने उससे उस तरह की बातें की थीं। मीरा भी जानती थी कि ज़ीनत ही बस्ती की वह औरत है जो उसके और मदन के रिश्ते को समझती है। वह जिस हद से तंग आकर बोली थी कि आखिर कब तक कोई प्रतीक्षा करे, उस हद को मीरा ने आज भी हद नहीं माना था।

मुनिया कब की उसकी आँखों से ओझल हो गयी थी और मीरा थी कि उसी तरह खड़ी देखे जा रही थी। अपने खयालों से छूटकर वह बैंगन के पौधों के बीच पहुँच आयी। सूरज की किरणें पूर्वी पेड़ों के बीच से झांकने लगी थीं। हवा अपनी ठण्डक बनाये हुए थी। सभी मजदूरों के पहुँचने की प्रतीक्षा किये बिना मीरा बैंगन के पौधों के निचले भाग के पीले और कीटाणु से सफेद पड़ गये पत्तों को तोड़कर मुंडेर पर रखती गयी।

मदन को चाय देते वक्त वह उसे एकटक देखती रह गयी थी। मदन आज भी वैसा ही था—वही पच्चीस वर्ष पहले जैसा। मदन उससे नहीं बोला था और मीरा से भी कुछ नहीं बोला गया था। वह जूठा कटोरा लिये बिना कुछ कहे

लौट आयी थी। अब पौधों के बीच से बीमार पत्तों को तोड़ते हुए उसने अपने-आपमें कारण जानना चाहा। क्या वजह थी कि उसने मदन से बात नहीं की ? सिर्फ इसलिए कि मदन कुछ नहीं बोला था ? लेकिन मदन का उस तरह चुप रह जाना तो कई अवसरों पर हुआ है, जबकि मीरा के लिए यह पहला अवसर था कि बिना कुछ कहे उस घर से चुपचाप लौट आयी। वह अपने-आपसे कारण पूछती रही। क्या मदन ने परकाश को जो उत्तर दिया था, उससे दुखी होकर उसने वैसा किया है ? पर यह दु:ख क्यों ?

बैंगन का नन्हा काँटा उसे चुभ गया। उसने उसे निकालने की जरूरत नहीं समझी। अपने-आपसे पूछा—दुखी क्यों है मीरा ? फिर उसे ही अपने इस प्रश्न का उत्तर भी देना पड़ा—दु:ख तो तब होता जब उम्मीद की आखिरी गुंजाइश भी जाती रहती। ऐसा तो कुछ नहीं हुआ।

एक बार मुनिया ने बस्ती से खेतों तक लानेवाली पगडण्डी पर कह दिया था—

"ओकर संगे के ऊ तोर रिस्ता हमर समझ में नैं आ:वेला।"

आज वह खुद से पूछ बैठी, "कैसा रिश्ता ?"

रिश्ते के तो टूटने का डर बना रहता है। मीरा को तो कभी ऐसा डर नहीं था। वह तो यह जानती थी कि कल मदन कहीं ब्याह भी कर ले या मीरा को अपने से मिलने से रोक दे तो भी कोई अन्तर आनेवाला नहीं था। अगर वह रिश्ता था भी तो मात्र मदन की ओर से थोड़े ही था जो उसके तोड़े तोड़ा जा सकता था और उसके बनाये बन सकता था। मीरा ने जो बात ज़ीनत से कह रखी थी, वही एक बात मीरा की अपनी सच्चाई थी। उसने ज़ीनत से कहा था—रिश्ते टूटते होंगे, पर प्यार नहीं टूटता। मैंने मदन के साथ रिश्ते नहीं बनाये, प्यार किया है !

और अभी पिछले ही दिनों नये बन आये मन्दिर के आँगन में उसने पुजारीजी से कहा था—मैं तो हर रविवार को चली आती हूँ कृष्ण की पूजा करने। मुझे क्या मालूम कि मेरी पूजा उसे कबूल होती है या नहीं। मेरी पूजा कबूल हो या न हो, उसका असर हो या न हो, इसकी चिन्ता शुरू कर दूंगी तो फिर पूजा कब कर पाऊँगी !···पुजारी ने कुछ नहीं कहा था। अपने हाथ को धीरे से मीरा के सिर पर रख दिया था। मीरा दुखी नहीं थी। दु:ख कैसा ? उसके लिए तो प्यार की पीड़ा में ही सही आनन्द निहित था।

सभी मजदूरों के पहुंचने तक वह बैंगन के पौधों की आधी कतार साफ कर चुकी थी

तीन वर्ष होने को थे जब से मदन ने अपने घर वाक्वा के सूखे पत्तों से चटाई-टोकरी बनाने का काम शुरू किया था। शुरू में उसके साथ हनीफ का बेटा और सोनवा का भतीजा दो ही लड़के थे। इधर दो महीनों से बस्ती के सात लड़के उस काम में उसके साथ थे। ये वे लड़के थे जो किसी भी हालत में स्कूल जाने को तैयार नहीं

हुए थे। मदन ने टोकरी बनाने का यह काम दो कारणों से शुरू किया था। पहला कारण तो यह था कि उससे उसकी खुद की कुछ आमदनी हो सकती थी और बस्ती के विकास में उसका अपना योगदान कुछ अधिक होने की सम्भावना थी। दूसरा कारण यह था कि आस-पास की सभी बस्तियों में टोकरी और चटाई बुननेवालों को तंतवा चमार कहकर लोग उनका बहिष्कार करते प्रतीत हो रहे थे। इसी तरह के बहिष्कार के कारण अपने कई लोगों ने चमड़े के काम को छोड़ दिया था। टोकरी और चटाई बुनने का काम शुरू करके मदन पहले तो बस्ती के मजाक का पात्र बना रहा, लेकिन थोड़े ही दिनों में उसने उस काम की एक प्रतिष्ठा बना डाली। तीन महीनों के भीतर उसने सभा को नयी हिन्दी पाठशाला और मन्दिर के लिए चालीस रुपये दे डाले। सबसे पहले इधर-से-उधर आवारागर्दी करते हुए वेटे को हनीफ ही ने उसके पास भेजा था। आज हनीफ का बेटा बड़ी आसानी से हर हफ्ते पाँच-छह रुपये कमा लेता था।

मदन के बाप ने उससे कहा था कि इस देश में अपने लोगों को वक्त निकालकर व्यापार और छोटे-मोटे उद्योग भी शुरू करने चाहिए। गन्ने के खेतों की कमाई मात्र से अपने परिवार के लिए बेहतर दिन नहीं लाये जा सकते। गन्ने के खेतों में मजदूरों की हैसियत और उनके कामों की शर्तों को तथा उनके परिश्रम का सही मूल्य मिलने में मुद्दत लग सकती थी। मदन एक ओर आस-पास की सात-आठ बस्तियों के मज़दूरों की गतिविधियों से अपने को जोड़े हुए था, दूसरी ओर उसका उनके मजदूर संघों में भी नियमित आना-जाना बना रहता था। साथ-ही-साथ वह जहाँ भी जाता, छोटे-मोटे उद्योगों की बात भी चलाता रहता था।

नालेताम्बी के भाई चिनासामी ने उसे बताया था कि जब वह गाँधीजी से मिला था तो उन्होंने उससे कहा था कि वह केवल दूध बेचकर खुश न रहे। दूध से कोई अच्छा-खासा उद्योग शुरू करे।

मदन को चिनासामी से सुनी गाँधीजी की वह बात भा गयी थी। उसने उस सुझाव पर कई दिनों तक सोचा था और एक दिन मीरा से कहा था, "जानती हो मीरा, गाय हम पालते हैं, दूध हम बेचते हैं लेकिन अगर हम इस काम को विस्तृत नहीं करेंगे तो इससे आगे दही-मक्खन आदि का उद्योग एक दिन दूसरे लोग शुरू कर देंगे। चिनासामी ही को देख लो। शुरू-शुरू में उसने पुटू और मूड़कू का व्यापार शुरू किया था। उसमें मेहनत अधिक थी इसलिए उसे छोड़कर दूध बेचने लगा। कल वही बता रहा था कि पुटू और मूड़कू तमिल मिठाइयाँ ठहरीं, लेकिन आज चीनी लोग उन्हें बेचकर धनवान हो रहे हैं। हमें अपनी चीज़ों को त्यागने का दुःख जब होता है तब तक बहुत देर हो गयी होती है।

रामायण की एक चौपाई को गुनगुनाते हुए अपने को चटाई की बुनाई में रमाकर भी मदन पिछली रात की बातों से स्वयं को मुक्त नहीं कर पा रहा था। वे बातें उसके जेहन को नोचती रहीं। इससे थककर उसने उन बातों को यह कहकर बिसार देना चाहा कि परकाश के दुखी होने का सवाल ही नहीं था उसमें। अगर

वह उसका बुरा मानता तो सचमुच शहर नहीं जाता।

लेकिन फिर सुबहवाली बात भी तो थी। उसने मीरा से बात क्यों नहीं की? खैर, उसके ऐसा कर जाने के पीछे कोई ऐसी बात तो नहीं थी जिससे मीरा को किसी तरह का दुःख पहुँचने की गुंजाइश हो... पर यदि ऐसा नहीं होता तो फिर वह खुद कुछ क्यों नहीं बोली? उसकी वह चुप्पी नाराजगी की द्योतक थी या उसके दुखी हो जाने की?

इधर-उधर फैले लड़के चबूतरे से सीता की ओरियानी तक टोकरी और चटाई की बुनाई में लगे हुए थे। कल वे काम के साथ-साथ बातें भी बहुत कर रहे थे और मदन ने उन्हें डाँटा था। आज वे चुपचाप काम में मग्न थे और वह चुप्पी मदन को खल रही थी।

मदन की वह चिन्ता, वह पश्चात्ताप, वह दुःख रात को उस समय दोगुने हो गये जब उसका भोजन लिये मीरा वहाँ पहुँची और पहुँचते ही बोली कि परकाश को शहर के एक स्कूल में नौकरी मिल गयी है।

"सच...!"

उमड़ आयी वह खुशी क्षण-भर बाद ही काफूर हो गयी। मदन से खाया नहीं गया। अपनी मौसी की बीमारी के कारण मीरा तुरन्त लौट गयी थी। भोजन-भरी थाली पर हाथ रखे मदन अपने-आपसे पूछता रहा—इतनी बड़ी खबर और उसे सुनाने परकाश मुझ तक नहीं पहुँचा!

वह विह्वल हो उठा। उस ठण्ड में भी अपने कमरे के भीतर अकुला उठा। मन में आया, उसी क्षण परकाश के घर पहुँच जाये। पर बैठा रहा। अपने भीतर उबल रहे खयालों की कशमकश में आँधी में फँस गयी नाव की तरह ढेमलिया खाता रहा। फिर किसी तरह अपनी चौकी से उठा। थाली के खाने को बाहर ले जाकर ओरियानी में उँडेल दिया और चारपाई पर जा बैठा। वह रात उसके लिए युगों लम्बी रात थी।

दो

यह बस्ती की सबसे बड़ी उपलब्धि थी।

कोठी की दोनों बस्तियों का ही नहीं, उत्तर-पूर्वी इलाके का पहला सरकारी अध्यापक बना था परकाश। मन्दिर के पुजारी ने घण्टे-भर तक शंख बजाया था। बच्चों को छूट दे दी थी कि जब तक उनके हाथ थक न जायें वे घण्टे बजाते रहें।

फरीद, धनपत और सुमंगल दूसरी बस्ती से गाने-बजानेवालों को बुला लाये थे। समुद्री इलाके से मनोहरसिंह ने दो परात मोहनभोग भेजा था। घी की गन्ध से लबालब।

बस्ती-भर में खुशी उमड़ी हुई थी। सोनवा डोल-भर भाँग तैयार करके ले आया था। देखते-ही-देखते भरतलाल की देखरेख में पण्डाल खड़ा हो गया था। धरमा रम्भा और कुसमी से फूलों का हार तैयार कर लाया था।

शाम के छह ही बजे से गाना-बजाना शुरू हो गया। होरिलवा के चाचा ने जब लहँगा-चोली पहनकर नाचना शुरू किया तो बस्ती में पहली बार पुजारी ने भी ताल-पर-ताल मिलाने की कोशिश की। ठीक उसी समय, मदन के घर बैठी मीरा मदन से बोली, "मैं फिर कहती हूँ, अपनी खुशी की उमंग में मदन तुम तक पहुँचना भूल गया होगा।"

"किसी बच्चे को फुसलाने की चेष्टा कर रही हो क्या?"

"मान लिया कि उसने जान-बूझकर ऐसा किया है, फिर भी तुम्हें उसका बुरा नहीं मानना चाहिए।"

"मैं बुरा तो नहीं मान रहा।"

"अगर बुरा नहीं मान रहे तो फिर उत्सव में शामिल होना क्यों नहीं चाहते?"

"मुझ अकेले के उसमें शामिल न होने से क्या हो जायेगा! पूरी बस्ती तो शामिल हो ही रही है।"

"नहीं मदन, तुम्हें चलना ही होगा।"

"मैं नहीं जा सकता मीरा! यह मुझे और कितनी बार कहना चाहिए?"

"लोग क्या कहेंगे?"

"मुझे बीमार पड़ जाने का भी तो हक है।"

"इस समय तुम बीमार नहीं हो।"

"लोगों के पूछने पर कह तो सकती हो कि मुझे बुखार है।"

"मैं झूठ नहीं बोलूंगी।"

"तो फिर चुप रहना। कुछ कहने की जरूरत नहीं।"

"ओह, मदन!"

"क्या तुम भी मुझसे ऊब गयीं?"

"इधर परकाश भी मुझे नहीं मिल पाया जो मैं उसे अपने साथ ले आती।"

"तुम्हें देर हो रही होगी, तुम जाओ।"

"तुम नहीं जाओगे तो मैं भी नहीं जाऊँगी। यह तो अजीब बात है।···जिस आदमी ने परकाश को यहाँ तक पहुँचाया, आज वही उसकी इतनी बड़ी सफलता में हिस्सा लेना नहीं चाह रहा!"

"पर यह बात तो तुम्हें परकाश से पूछनी चाहिए थी।"

"वह तो बच्चा है, भूल भी कर सकता है।"

"कुछ देर पहले कह रही थीं कि भूल गया होगा, अब कह रही हो भूल कर

सकता है। अब वह बच्चा थोड़े ही है, बाईस वर्ष का होने को है।"

"इससे क्या होता है ! वह तुम्हारा गुरु थोड़े ही हो जायेगा। भूल अगर शिष्य से न होगी तो क्या गुरु से होनी चाहिए ?"

"देखो मीरा, तुम मेरे सामने उसकी वकालत मत करो। मैं स्वयं जीवन-भर उसकी वकालत करता रहा हूँ।"

"तुम्हारी इस कड़वाहट की वजह मैं समझ रही हूँ, लेकिन..."

"लेकिन जिद पर अड़ी हो।"

"मुझे भी अपनी किसी भूल की यही सजा दोगे ?"

"मैं किसी को कोई सजा नहीं दे रहा।"

बाहर से आवाज आयी और दूसरे ही क्षण प्रेमसिंह भीतर आ गया—

"तुम अभी तक यहीं हो ! सभी लोग तुम्हें वहाँ ढूंढ़ रहे हैं।"

"सभी लोगों के ढूंढ़ने से क्या मतलब, जब खुद..."

"जब खुद क्या ?"

"खैर छोड़ो !"

"जल्दी चलो, सभी लोग तुम्हारी प्रतीक्षा कर रहे हैं।"

"मैं नहीं जा सकता।"

"क्या ?"

"मेरी तबियत ठीक नहीं।"

"इससे अच्छी तबियत तुम्हारी कभी नहीं रही। जल्दी चलो।"

"प्रेम, तुमसे क्या छिपाना। एक ऐसी बात हो गयी है जिसकी वजह से मैं वहाँ नहीं जा सकता। तुम चलो, मीरा, तुम्हारे साथ जायेगी।"

"ऐसी क्या बात हो गयी है ?"

मदन के चुप रहने पर मीरा बोली, "बात यह है प्रेम भैया कि अपनी खुशी और दौड़-धूप में परकाश ने मदन को अपनी नौकरी मिलने की बात नहीं बतायी और...।"

"मेरा मन जाने को नहीं कर रहा है, और क्या ?"

"शहर से लौटकर परकाश यहाँ बिलकुल नहीं आया क्या ?"

"सबसे पहले वह मेरे यहाँ पहुँचा था और मुझे बताकर तुम्हारे यहाँ दौड़ गया था। इस बीच उसे समय नहीं मिला होगा।"

"नहीं मीरा, यह कैसे हो सकता है ? यह सूचना तो सबसे पहले मदन को मिलनी चाहिए थी। ऐसा क्यों हुआ ? तुमने परकाश से नहीं पूछा ?"

"उसके बाद वह मुझे मिला ही कहाँ ?"

"यह तो परकाश की बहुत बड़ी भूल है... लेकिन इसका मतलब यह नहीं कि तुम उस उत्सव में भाग नहीं लोगे।"

मदन इस बीच अतीत की धुंधली यादों में खो गया था। उसने हमेशा से परकाश को बस्ती के सभी बच्चों से अधिक प्यार किया था। विवेक की उपस्थिति

और उसकी अनुपस्थिति में भी उसने परकाश को अपना बेटा माना था। उसकी आवाज़ सुनकर वह चिन्ता और थकान सभी कुछ भूल जाता था। सबसे पहले उसने परकाश को ही अपने यहाँ पढ़ाना आरम्भ किया था और उसी के बहाने उसने अपने को परकाश का बाप मान लिया था और ठान लिया था कि वह उसके लिए हर असम्भव को सम्भव करके रहेगा।

गाँधीजी का उपदेश सुनते समय उसे जैसे भविष्य दिखायी पड़ने लगा था। गाँधीजी ने जब लोगों से अपने बच्चों को पढ़ाने की माँग की थी तो मदन के सामने परकाश का चेहरा सभी बच्चों से आगे झिलमिलाया था और परकाश के माध्यम से ही उसने देश के सभी भारतीय बच्चों को देखा था। उनकी शिक्षा के लिए वह बेताब हो उठा था। मीरा से बोला था—मेरी दोनों आँखें हो तुम और परकाश। जिस दिन तुममें से एक भी मुझसे रूठ बैठेगा उस दिन मैं अपने को काना मान लूंगा। और दोनों के रूठ जाने पर अन्धा। मैं अन्धा नहीं हूँ मीरा! तुम दोनों के होते मैं अन्धा नहीं हूँ!

उसने प्रेम को ज्यादा बोलने का अवसर नहीं दिया। खूंटी से फूलदार रूमाल को उठाया, सिर पर लपेटा और मीरा तथा प्रेम के साथ चलने को तैयार हो गया। पण्डाल के भीतर उसके पहुँचते ही तालियों की जो गड़गड़ाहट हुई उससे यह साबित हो गया कि सचमुच सभी को उसका इन्तजार था। मंच पर बैठने के बाद ही उसे पता चला कि परकाश उसके और प्रेमसिंह के बीच बैठा हुआ है। गाना रुकते ही सुमंगल ने दो शब्द कहे। सीता, मदन, प्रेमसिंह और परकाश की प्रशंसा की और सबसे पहले मदन से ही बोलने की माँग की। मदन ने अपने स्थान पर खड़े होकर कहना आरम्भ किया—"इस बस्ती में हमने गुलामी के समय से भी अधिक बदतर दिन देखे हैं। कल तक किसी को विश्वास नहीं था कि हमारी कोई सन्तान एक दिन सरकार में अध्यापक का स्थान पा सकती है। यह बस्ती के अपने विश्वास, उसके अपने आशीर्वाद का फल है और साथ ही परकाश की अपनी मेहनत का भी फल है। दिन में गन्ने काट-लादकर रात-भर पढ़ने की हिम्मत जुटाना बहुत बड़ी बात समझनी चाहिए। आज परकाश इस बस्ती के साथ-साथ पास-पड़ोस की सभी बस्तियों के लिए एक गर्व है। आज इस बस्ती ने गाँधीजी के सुझाव को साकार किया है। इस सफलता का श्रेय परकाश के अध्यापक मेरे मित्र प्रेमसिंह को भी जाता है। इस बस्ती के सभी बच्चों को कुछ-न-कुछ बनकर दिखाना है। कुछ ही महीनों में स्कूल के खुलते ही हमारे बच्चों को और भी सुविधा मिल सकेगी··· इस बात के लिए भी हमें प्रेमसिंह का आभार मानना होगा। मैं अपने मित्र प्रेमसिंह से आग्रह करूँगा कि वह दो शब्द कहे।"

मदन बैठ गया। लोगों ने तालियाँ तो बजायीं लेकिन मीरा को वह एक अधूरा और नीरस भाषण लगा। उसने यह भी देखा कि उस भाषण का परकाश पर भी कोई विशेष प्रभाव नहीं पड़ा। वह अपने उसी भावहीन चेहरे के साथ बैठा रहा।

मदन और परकाश के बीच अनायास ही वह जो खाई-सी पैदा हो गयी थी, मीरा अपने ही को उसका जिम्मेवार समझ रही थी। कम-से-कम वह परकाश से मिलकर उसे समझा तो सकती थी। मीरा के लिए ही तो वह मदन से रूठा हुआ है। मदन को वह सज़ा उसकी वजह से मिल रही है। मीरा ने अनचाही सज़ा की उस क्रूरता को अपने भीतर भी चुभते हुए पाया।

प्रेमसिंह का भाषण आधे घण्टे से अधिक का रहा। भाषण का आधा हिस्सा जहाँ तालीम पर रहा, वहीं दूसरा हिस्सा मज़दूरों के संगठन को लेकर था। प्रेमसिंह ने जब यह कहा कि परकाश को बनानेवाला वह नहीं बल्कि मदन है, तो मीरा की आँखें परकाश पर चली गयी थीं। परकाश उसी भावहीन चेहरे के साथ बैठा अपने सामने के खालीपन को घूर रहा था। उसने मदन की ओर भी देखा। उसके चेहरे पर खुशी तो थी, लेकिन लग रहा था वह खुशी कोई पाबन्दी लिए हुए है। मशाल की रोशनी में मदन की प्रकाशहीन आँखें जो चमक लिये हुए थीं, उनमें खुशी भी थी और वेदना भी। और उस वेदना की वजह मीरा अपने को मान रही थी। परकाश ने उसके और मदन के सम्बन्ध को लेकर वह तकाजा न किया होता और मदन के उत्तर से वह असन्तुष्ट न हुआ होता तो मदन की आँखों में आज खुशी-ही-खुशी होती।

और परकाश भी एक उल्लसित जीव होता।

मीरा ने सपूरा से बातें करते हुए कहा कि दोनों ओर की उदासी की यही वजह है। तुम देख रही हो सपूरा, जिनकी यह अपनी खुशी है वे ही इस खुशी से कितनी दूर लग रहे हैं।···परकाश और मदन की उस आन्तरिक उदासी से अनभिज्ञ लोग बेहद खुश थे—उनके अपने गाँव में पहला अध्यापक हुआ है। पहला स्कूल बननेवाला है। बस्ती के बच्चों के पढ़-लिखकर बड़ा आदमी बनने के सिल-सिले की शुरुआत थी यह और इस शुरुआत की खुशी भी। हर आदमी की आंखों से, खेतों पर, कुएँ के पास, हर घर, हर मुंह से सभी ने सुन रखा था जो गांधीजी बोल गये थे। और जो वे बोल गये थे वह निरर्थक नहीं गया। मीरा जानती है कि मदन को सबसे बड़ी खुशी इसी की रही होगी···लेकिन वह खुशी दबी हुई है परकाश के उस बहिष्कार से···पर क्या वह परकाश की ओर से बहिष्कार ही है या आत्मीयतापूर्ण अपने ढंग की एक बगावत!

मीरा कुछ निर्णय नहीं कर पायी। वह मदन को एकटक देखती रही। पुजारीजी दो शब्द बोल गये। दाऊद चाचा भी कुछ बोले। परकाश भी बोल गया, लेकिन मीरा मदन के भीतर के उस दर्द को खामोशी से बाँटती रही। उसमें उसका अपना हिस्सा भी तो था। अगर वह अपने उस हिस्से को लेने में सफल हो पाती तो मदन की उदासी अपने-आप कम हो जाती।

उसने कभी भी मदन को उदास देखना नहीं चाहा था। मदन जब कभी बहुत उदास दिखने लगता था तो मीरा उसे कुएँ पर बीती कोई ऐसी घटना सुना देती जिससे अगर मदन हँसता भी नहीं तो मुस्कुराने के लिए अवश्य मजबूर हो जाता था।

दूसरे दिन सुबह मीरा ने सुना कि कुछ लोग दो बजे सुबह तक गाते-बजाते रहे थे। प्रेम के साथ मदन को भी भंग पिलाकर ही छोड़ा गया था। सुबह जब मीरा उसके घर पहुँची तो मदन की खुमारी अच्छी तरह मिटी नहीं थी। पहली बार वह मीरा के पदचापों को पहचानने में असफल रहा।

"कौन है ?"

"मैं हूँ।"

उसने उसकी आवाज़ भी नहीं पहचानी--

"मैं कौन ?"

"मीरा।"

"मीरा, तुम ?···तुम···तुम्हारे गले को क्या हो गया है ?"

"मेरे गले को कुछ नहीं हुआ है।"

"आओ बैठो···कल रात तुम···तुम···तुम कहाँ गायब हो गयी थीं ?"

"तुम अभी तक हाथ-मुंह नहीं धो पाये ? सूरज ऊपर आ चुका।"

"सूरज को कहो, नीचे चला जाय !"

"तुम अभी भी नशे में हो !"

"मैं नशे में नहीं हूँ।"

वह खाट से उठकर खड़ा हो गया। फिर बैठ गया। कुछ देर चुप रहा, फिर हँस पड़ा, "मीरा ! कल, कल···कल रात···!"

वह सिसकियाँ भरने लगा। उसके कन्धे पर हाथ रखकर मीरा ने पूछा, "क्या हो गया तुम्हें ?"

वह किसी बच्चे की तरह रो पड़ा।

"मदन ! यह क्या बच्चों की तरह रो रहे हो ?"

"उसने मुझसे बात तक नहीं की !"

"वह तो सभी लोगों से घिरा हुआ था। लोग उसे छोड़ते, तब तो वह तुमसे बातें करता !"

"तुम-तुम-तुम उसका पक्ष लेने लगीं।"

"तुम जाओ, हाथ-मुंह धो आओ।"

"पर परकाश मुझ-मुझ-मुझसे नाराज हो गया है।"

"नहीं, वह तुमसे नाराज नहीं है।"

"उस-उसने तुमसे ऐसा कहा ?"

"वह तुमसे नाराज नहीं हो सकता।"

"मी-मीरा मैं उसे···।"

वह फिर सिसकियाँ भरने लगा।

"यह क्या, तुम तो सचमुच ही बच्चों की तरह कर रहे हो ?"

"मैं···मैं उसे बेहद प्यार करता हूँ मीरा···उसने मुझे···"

"मैंने कहा न, जाकर हाथ-मुंह धो आओ।"

"उसने मेरा बहिष्कार कर दिया।"

"वह ऐसा नहीं कर सकता।"

"कर गया।"

"नहीं।"

मीरा ने अपनी ओढ़नी के पल्लू से उसकी आँखों से बह आये आँसुओं को पोंछा और उसके माथे पर बिखर आये बालों को अँगुलियों से सँवारकर उसकी बगल में बैठ गयी। प्रेमसिंह, जो मदन ही के यहाँ ठहरा हुआ था, अपनी फतूही के छोर से हाथ-मुँह पोंछता भीतर आ गया। उसके भीतर आते ही मीरा खड़ी हो गयी। अपने साथ लाये हुए चाय के दो कटोरों में से एक उसने प्रेमसिंह को थमा दिया।

जहाँ वह दूसरी बस्ती समाप्त होती थी और ईख की विस्तृत खेती शुरू होती थी, एक सप्ताह पहले उस स्थान पर परकाश ने मन्दिर की नींव पड़ते देखी थी। दो सप्ताह बाद उसने उस स्थान से थोड़ी ही दूरी पर एक दूसरा मन्दिर बनते देखा था और आज उसने बन रहे दोनों मन्दिर के बीच एक खाली स्थान पर एक तीसरे मन्दिर के लिए पत्थर और चूना गिरते देखा। और जब उसे यह पता चला कि तीनों मन्दिर रोलाँ साहब बनवा रहा है तो उसे हैरानी हुई थी। जिस व्यक्ति ने बस्ती के लिए एक स्कूल बनाने से इन्कार कर दिया था, वही तीन मन्दिर बनाने को कैसे तैयार हो गया और वह भी इतने पास-पास और तब जब कि बस्ती में पहले भी मज़दूरों के बल-बूते बना हुआ एक मन्दिर था और कालीमाई का एक चौथरा भी? यह कालीमाई तो परकाश की अपनी बस्ती के बसने से पहले बनी थी। उसके बनानेवाले को पेड़ से झुलाकर उस चौथरे को तोड़ने की कोशिश की गयी थी, लेकिन जब उसे तुड़वानेवाले गोरे परिवार पर कालीमाई का प्रकोप शुरू हुआ तो फिर उसे तोड़ने के विचार को त्याग कर उसके चारों ओर पत्थरों की सफेद दीवार खड़ी कर दी गयी थी। फूलों के पौधे भी बो दिये गये थे।

परकाश सोचने लगा कि इस बार गोरे मालिकों पर कौन-सा प्रकोप आ गया है जिसके डर से आधे मील के भीतर तीन मन्दिर बनाये जा रहे हैं? तीनों मन्दिर हरखू सरदार की देखरेख में बनाये जा रहे थे, इस बात ने परकाश को और भी हैरत में डाल दिया था। उसके अपने भीतर एक संशय पैदा होता गया। पुजारीजी की राय जानने के लिए वह बस्ती के मन्दिर पहुँचा। पुजारी ने गम्भीरता से कहा कि उसे तो कोठी के मालिक की नेकनीयती पर हैरानी से अधिक शक हो रहा है। रातों-रात ये लोग हमारे प्रति इतने अच्छे कैसे हो चले हैं? इसके पीछे कोई वजह है। उनका कोई बहुत बड़ा प्रयोजन होगा, जिसके लिए ऐसा किया जा रहा है।

दूसरे दिन जब परकाश ने हरखू सरदार से बात की तो उसका अपना संशय और पुजारीजी का अनुमान दोनों सही निकले। परकाश के इस प्रश्न पर कि आखिर

एक ही गांव में और वह भी इतने पास-पास तीन मन्दिरों की क्या आवश्यकता थी तो हरखू सरदार हँस पड़ा था। बोला था, "भैया, यह तीनों मन्दिर एक ही जाति के नहीं, अलग-अलग तीन जातियों के लिए बनाये जा रहे हैं। मालिक चाहता है कि हर जाति को बराबर का हक मिले!"

पहले तो बात परकाश की समझ में आयी ही नहीं। उसने आगे पूछा, "तीन जातियों से क्या मतलब? ये तीनों मन्दिर तो हिन्दू मन्दिर हैं, फिर तीन जातियों की बात कहां से आ जाती है?"

"ठीक है, तीनों हिन्दू मन्दिर हैं लेकिन एक तमिल लोगों के लिए है, दूसरा तेलगू लोगों का और तीसरा मराठीवालों का।"

"क्या?"

"अब क्या का क्या जवाब दूं!"

"लेकिन तमिल, तेलगू, मराठी ये सब तो हिन्दू हैं।"

"भैया, मैं इससे आगे की बात नहीं जानता।"

परकाश को ऐसा लगा जैसे किसी ने उसे खौलते हुए पानी में ढकेल दिया है। उसे समझते देर नहीं लगी कि यह पूंजीपतियों की एकदम नयी साजिश है। भारतीयों को विभाजित करने का यह एक नया तरीका था। वह जान गया कि यह सारी प्रक्रिया मदन के जोर पकड़ रहे आन्दोलन को कमजोर करने के लिए है। परकाश की समझ में धीरे-धीरे कई बातें आने लगीं। पिछले सप्ताह जब मल्लू और पाण्डो ने उससे कहा था कि वे लोग हिन्दू नहीं मराठी हैं, तो परकाश ने उस बात को कोई खास अहमियत नहीं दी थी, लेकिन अब उसकी समझ में बात आने लगी। उसी तरह आपाडू भी उस दिन बैठका में यह पूछ बैठा था कि उसका बेटा आखिर हिन्दी क्यों पढ़े?

परकाश को एक-एक करके सब बातें याद आती रहीं। चार-पांच महीनों से यह अलगाववादी आवाज़ें बुलन्द होना शुरू हुई थीं। उस दूसरी कोठी में तो परकाश की अपनी कोठी से भी कम लोग थे। अब अगर वे चार अलग टोलियों में बंट जाते हैं तो मजदूरों की शक्ति तो जाती रहेगी। परकाश ने सोचा कि उसे इसी क्षण मदन से मिलना चाहिए···लेकिन वह तो प्रण किये बैठा है कि मदन से तब तक नहीं मिलेगा जब तक कि वह उसकी उस बात को मान न ले। अभी कल ही उसने मीरा से कह दिया था—नहीं चाची! तुम प्यार और न जाने समझ में न आनेवाली किन बातों के वास्ते गम खा-खाकर चुप रह सकती हो लेकिन मैं ऐसी बात को नहीं स्वीकार सकता। मन चाचा जो कर रहा है वह एक गुनाह है। वह चाहे उसे त्याग समझे, मैं तो उसे त्याग नहीं समझता। वह मर्द है, इसलिए उसकी भावना और उसके निर्णय के सामने तुम्हें खामोश रह जाना है, मैं ऐसी बातों को नहीं मानता। मैं उससे तब ही मिलूंगा जब वह तुमसे ब्याह के लिए तैयार हो जाये।

परकाश के अध्यापन का दूसरा सप्ताह था। शहर के लिए रेलगाड़ी में बैठकर भी

वह सोचता रहा—क्या करना चाहिए उसे ? दो जनों…दो आत्मीय जनों के बीच …एक के जुल्म से वह दूसरे आत्मीय जन से रूठा हुआ है…लेकिन सामने की समस्या तो इस समस्या से बहुत बड़ी समस्या है। एक सम्पूर्णता के टुकड़े-टुकड़े होकर क्षीण हो जाने का डर सामने है।

फिर उसे याद आया, मन चाचा ने तो कब यह कह दिया था कि परकाश के लिए अब जिम्मेवारियां लेने का वक्त आ गया है। उसने कहा था कि परकाश को मजदूरों के बीच एक क्रान्ति लानी होगी। समाज में नयी चेतना जगानी होगी। लेकिन उसी मन चाचा ने उस दिन यह भी तो कहा था कि परकाश, अगर तुम्हें सरकार में नौकरी मिल गयी, तो हर कदम तुम्हें सँभालकर उठाना होगा।

परकाश के भीतर अचानक जो झिझक का-सा भाव पैदा हो गया था वह सरकारी नौकरी के मोह के कारण न भी पैदा हुआ हो, तो भी यदि वह सरकारी नौकरी पर न होता तो उसके भीतर वैसा भाव कभी नहीं पैदा हुआ होता…। वह यही सोचता रहा, जब तक रेलगाड़ी रुक न गयी और उसकी यात्रा समाप्त न हो गयी। गाड़ी से उतरने से पहले उसे देवराज की याद आयी। उसे नोच खाते हुए उन कुत्तों की आकृति उसकी आँखों के सामने रेल से छूटे धुएँ के बीच झिलमिला उठी। सपने में उससे यह कहते हुए गांधीजी याद आ गये—तुम लोगों में दिलेरी के साथ-साथ त्याग की शक्ति भी होनी चाहिए।

गाड़ी से नीचे उतरकर शहर की सड़क पर आकर भी उसका सोच जारी रहा—क्या इतनी मेहनत, इतनी कठिनाई से मिली सरकारी नौकरी की उसे परवाह नहीं करनी चाहिए ? लेकिन नौकरी की परवाह करके वह भारतीय जन समुदाय को अलग-अलग टुकड़ों में बँटने से कैसे रोक सकता था ?

उसे प्राइमरी स्कूल की तीसरी कक्षा मिली थी। अपने विद्यार्थियों के सामने भी वह उन मन्दिरों और उनसे पैदा हो रहे विभाजन के बारे में सोचता रहा। यह सब कुछ तब शुरू किया जा रहा था जब हर बस्ती, हर कोठी, हर गांव में मज़दूर संगठित होने लगे थे। कोठी के मालिकों के शोषण के प्रति जब उन मजदूरों के बीच विद्रोह शुरू होने लगे हैं। मदन कहा करता था—शुरू-शुरू में भारत से आये हुए मजदूरों को जाहिल बनाये रखने का कानून था। चापलूस सरदारों के सहयोग से इस तरह का माहौल पैदा कर दिया गया था कि हर मजदूर कोड़ों की बौछार, कीड़ों भरे चावल, आधा पेट भोजन, आधे तन कपड़ा और बैलों की तरह काम करना स्वीकार कर खामोशी से सभी कुछ सह जाने को अपनी शक्ति और नियति मान बैठे थे।

एकमात्र किसनसिंह ही था, जिसने धीरे-धीरे लोगों को उस मनोवृत्ति से मुक्त किया था। और अब मजदूर जब सोचने लगे हैं; पढ़-लिखकर प्रश्न करने की योग्यता हासिल कर रहे हैं, तो पूंजीपति गोरों ने उठ रहे मजदूर-सिरों को फिर से झुका देने के लिए नया हथकण्डा शुरू किया है। उदय होनेवाली शक्ति को हमेशा के लिए डुबो देने की नीयत जात-पांत के बाद अब एक ही धर्म को चार टुकड़ों में

बांटा जा रहा है। परकाश बार-बार अपने-आपसे यही पूछता रहा कि क्या ऐसी स्थिति में उसका चुप रहना जायज रहेगा ? उसकी माँ की सीख थी— बेटे ! सबसे अधिक महत्त्व अपने काम को देना। उस काम में केवल तुम्हारी ही इज्जत नहीं है बल्कि हम सभी की है। दाऊद नाना ने कहा था—काम में ही खुदा होता है।

शाम की आखिरी रेलगाड़ी से परकाश घर लौटा। प्लेटफार्म से बस्ती तक के तीन मील के फासले को उसने उसी मानसिक संघर्ष के साथ तय किया। दूसरे दिन शनिवार होने के कारण स्कूल की छुट्टी थी। रास्ते-भर वह यही तय करने में लगा रहा कि कल वह मन चाचा से सम्पर्क स्थापित करे या न करे। क्या उसके अकेले दम से तीनों मन्दिरों को एक सूत्र में बाँधा जा सकता है या वे मन्दिर उस मकसद को पहुंचकर रहेंगे जिस मकसद से उन्हें खड़ा किया जा रहा है ?

अन्त में परकाश इस नतीजे पर पहुँचा कि मदन से उसका मिलना जरूरी है। घर से टहलते-टहलते वह नदी-किनारे पहुँच गया था। वहीं धूप में चट्टान पर बैठे-बैठे उसने अपने-आपसे समझौता किया था। उसे लगा कि इधर दो सप्ताह से मदन से दूर रहकर उसने मदन और खुद पर ज्यादती की है। इस बीच मदन ने मीरा के माध्यम से दो बार उससे मिलना चाहा था और दोनों बार इधर-उधर के बहानों से परकाश कन्नी काट गया था। मीरा ने उसे बताया था कि मदन की तबियत अच्छी नहीं है। यह जानकर वह विचलित जरूर हुआ था, लेकिन मदन तक जाने के लिए तैयार नहीं हुआ था।

अपने-आपसे एक लम्बी रस्साकशी के बाद ही वह उठा और मदन से मिलने बस्ती की ओर चल पड़ा। उसने अपने को इस दलील से आश्वासित किया कि मदन और मीरा की उस समस्या के हल का उसका वह तकाजा बाद में भी हो सकता है। वह अगर मदन से मिलने जा रहा है तो किसी आत्मसमर्पण के भाव से नहीं, बल्कि केवल इसलिए कि जो नयी समस्या सामने खड़ी नजर आने लगी है, वह मीरा और मदन की समस्या से कहीं अधिक गम्भीर है। इस नयी समस्या को प्राथमिकता देने के लिए वह विवश हो गया था। पिछली रात उसने मीरा से भी यही बात कही थी—

"मैं अगर मन चाचा से मिलने जाऊँगा भी तो इसका यह मतलब नहीं होगा कि मैं अपने निर्णय को तजे दे रहा हूँ।"

"वह बहुत छोटी-सी बात है परकाश जिसके लिए तुम स्वयं को और मदन को इतनी बड़ी सज़ा दे रहे हो।"

"तुम इसे छोटी-सी बात मानती हो ?"

"आज जब एक धर्म, एक संस्कृति, एक जाति को इस तरह बाँटकर उसे कमजोर करने का षड्यन्त्र चल पड़ा है तो क्या इतनी बड़ी समस्या के सामने वह छोटी-सी बात नहीं है ?"

"तुम अपनी प्रतिष्ठा, अपने सुख, अपनी शान्ति, इज्जत—इन सभी को छोटी बात मानती हो ?"

"सुख, शान्ति, इज्जत ये सब दूसरों के देने से नहीं मिलते ! एक-दो व्यक्तियों के कुछ कह देने से मैं अपनी सुख-शान्ति और इज्जत को गँवा थोड़े ही बैठी हूँ।"

मीरा के चले जाने के बाद रात में अपने हाथ की फ्रेंच पुस्तक तख्ते पर रखकर परकाश मीरा के बारे में सोचता रहा था। उसे लगा था कि उतना पढ़-लिखकर भी मीरा के आगे वह बौना ही है। मीरा में जो अगाधता, जो गहराई, जो विशालता है, उसे माप पाना उसके वश का नहीं।

पगडण्डी छोड़कर वह बस्ती में दाखिल हुआ। कुएँ पर औरतों का शोर उसकी गहराई से प्रतिध्वनित होकर दूर तक बिखर रहा था। गुल्ली-डण्डा खेलता बच्चों का समूह उस कोलाहल को और भी बढ़ा रहा था। उस कोलाहल से बाहर आकर परकाश नीम के पेड़ के नीचे खड़ा हो गया। एकदम् सामने था मदन का घर। उसके बाहर सुबह की धूप में कई लड़के चटाई और टोकरी बुनने में लीन थे।

जिस हिम्मत के साथ परकाश यहाँ तक पहुँचा था, वह एकाएक जाती रही। वह जहाँ खड़ा था, वहीं ठिठका रहा। ठण्ड-भरी सुबह और ऐसी धूप !···भला कौन इसमें नहीं ठहरेगा?···परकाश को देखनेवाला हर आदमी यही सोचता, लेकिन परकाश को वह धूप नहीं रोके हुए थी। वह तो उसका अहम-भरा प्रण ही था, जिसने एक बार फिर उसे रोक लिया था। उसके पाँव ज़मीन से चिपके रहे।

सात दिन बाद प्रेमसिंह के सहयोग से परकाश बारह गाँवों के दो-दो प्रतिनिधियों की एक बैठक अपने गाँव में कर पाया। प्रेमसिंह के सुझाव पर आरमूगम की अध्यक्षता में सभा पूरी हुई। आरमूगम सावाना कोठी का मुखिया था। एक गोरे को कुदाली मारने के जुर्म में वह प्रेमसिंह के साथ चार साल की सजा भुगत चुका था। अपनी बस्ती से निष्कासित सावाना कोठी में उसे पनाह मिल पायी थी। वह पढ़ा-लिखा आदमी था। वहाँ के मजदूरों को संगठित करने की प्रक्रिया में कोठी के मालिक की चेतावनी कई बार उसे मिल चुकी थी। परकाश और प्रेमसिंह को सुनने के बाद उसने भी उनकी बातों पर अपनी सहमति देते हुए सभी प्रतिनिधियों को आगाह किया कि अलग-अलग मन्दिरों के नाम पर मजदूरों को विभाज़ित करने की यह बहुत बड़ी साजिश है जो केवल इधर ही नहीं, बल्कि द्वीप-भर की कई कोठियों में शुरू हो चुकी है।

तमिलवालों के लिए अलग मन्दिर बनाकर उनसे कहा जा रहा है कि वे हिन्दुओं के मन्दिर में न जायें। मराठीवालों से कहा जा रहा है कि तुम मराठी हो, तुम लोगों की अपनी अलग सभा होनी चाहिए। यही बात तेलगुवालों से भी कही जा रही है। कल तक हम लोग एक सभा में बैठनेवाली, एक मन्दिर में जानेवाली एक जाति थे, आज हमें चार जातियों में बाँटा जा रहा है। इससे पहले हिन्दू-मुसलमान तक में कोई अन्तर नहीं था। सभी मजदूर थे। एक-दूसरे के दुःख-सुख में हिस्सेदार थे। अब तो अलग-अलग बँटे जा रहे हैं। मेरी बस्ती के धनुआ भगत से कहा गया कि वह अपनी जाति के सभी लोगों की एक अलग सभा बनाने को तैयार

होगा तो उसे दो बीघा ज़मीन मिल सकती है। उसने बात मान ली। बस्ती में घूम-घूमकर पूछता रहा कि कौन उसकी जाति है। उसका उठना-बैठना अब केवल अपनी ही जाति के लोगों में हो रहा है। ब्राह्मण अपना कुनबा बनाकर बैठा है, ठाकुर अपना, वैश्य अपना, चमार अपना, दुसाध अपना और अब तो मराठी, तेलगू और तमिल भी अपने अलग-अलग कुनबे बनाने लगे हैं। अब मजदूरों की न तो कोई एक जाति रही और न भारतीयों की। सभी अलग-अलग टुकड़ों में छितर चुके हैं।

एक प्रतिनिधि ने सवाल किया, "आपका मतलब है कि ये मन्दिर जो बनाये जा रहे हैं, इन्हें तोड़ दिया जाये ?"

इस पर परकाश ने कुछ कहना चाहा लेकिन आरमूगम ने उसे इशारे से चुप करके खुद कहा, "नहीं। हम यह नहीं चाहते कि मन्दिर तोड़ दिये जायें।"

"तो फिर नाहक ही हम सब इतने परेशान क्यों हो रहे हैं ?"

"इसलिए कि इन मन्दिरों की आड़ लेकर हमारी शक्ति को छिन्न-भिन्न करने की कोशिश की जा रही है। हम तो चाहेंगे कि ये कोठीवाले हमारे ही पसीने के हड़पे पैसों से अधिक-से-अधिक मन्दिर बनायें लेकिन हम उन मन्दिरों को स्वीकार कर भी उस षड्यन्त्र के शिकार न बनें। पूजा हम चाहे तमिल मन्दिर में करें या मराठी मन्दिर में, पर अपनी भारतीयता को न भूल जायें। हम सभी हिन्दू हैं। तेलगू हों या तमिल या मराठी—सभी कुछ होते हुए भी हम हिन्दू हैं। पूंजीपति यह नहीं चाहते। वे चाहते हैं कि हम हिन्दू न रहकर तमिल रहें, तेलगू रहें, मराठी रहें और अलग-अलग राग अलापते रहें ताकि उनकी हुकूमत हमारे ऊपर बनी रहे। कल तक हिन्दू और मुसलमान का भी सवाल नहीं उठता था। सवाल उठता था भारतीय का और मजदूर का। आज वे ही, एक धरती के दो भाई, अलग-अलग अपनी खिचड़ी पकाने लगे हैं। एक की दाल और दूसरे के चावल की अब एक-दूसरे को जरूरत नहीं महसूस हो रही। जनता की शक्ति को बांटकर उसे कमजोर कर देना इन गोरों की सबसे बड़ी खासियत होती है। इसलिए मैं अपने मित्र प्रेमसिंह और इस बस्ती के इस होनहार नौजवान परकाश के साथ आप सभी से यही माँग करूंगा कि हम अलग-अलग मन्दिरों को स्वीकार कर भी उसके पीछे की साजिश के शिकार होने से अपने को बचाये रखें। मन्दिर को हम किसी खास वर्ग के लिए नहीं मान सकते। हर मन्दिर हर आदमी का होना चाहिए। मन्दिर और बैठका इस देश के वे स्थान हैं जहां हम जुड़ते हैं। हम उन्हें विभाजन का औजार न बनायें।"

शाम को सुमंगल और प्रेम ने मदन को सारी बातें बतायीं। उसे उस सभा में नहीं बुलाया गया था, इसका दुःख तो उसे हुआ लेकिन उसे इस बात की खुशी थी कि परकाश कुछ कर रहा था। सुमंगल के चले जाने पर प्रेम ने मदन से पूछा, "बात क्या है मदन ?"

"कौन-सी बात ?"

"उस दिन भी मैंने तुम्हारे और परकाश के बीच मन-मुटाव-सा देखा था।

आज भी तुम अपनी बस्ती के इतने बड़े जुटाव में नहीं आये।"

"परकाश को जिम्मेवारियाँ जो सँभालनी हैं।"

"यह तो ठीक है, लेकिन उसकी बगल में तुम्हारा न होना समझ में आनेवाली बात नहीं और फिर एक बात और है!"

"क्या ?"

"परकाश सरकार में नौकरी करता है। उसे सभी खतरों के लिए अकेला छोड़ा नहीं जा सकता!"

पिछली रात मीरा ने भी तो यही कहा था।

तीन

आबनूस के जंगल के बीचवाली पगडण्डी से घूमते-घामते परकाश सूर्ये और होरिलवा के साथ पड़ोस की बस्ती में पहुँचा। उस बस्ती की सभी झोंपड़ियाँ एक-सी थीं। कोठी की ओर से बनायी गयी उन झोंपड़ियों की छत और दीवार भी कभी एक थी। पर पिछले जबरदस्त तूफान के बाद झोंपड़ियों की छतें और दीवारें अलग-अलग हो चली थीं। प्रेमसिंह के घर से पन्द्रह घर बाद था सीमा का घर। पिछले रविवार को कहकर भी परकाश उससे नहीं मिल पाया था। सीमा घण्टे-भर से भी अधिक समय तक रुकमीन के साथ नदी-किनारे रीठे के पेड़ के नीचे उसकी राह तकती रह गयी थी।

इसीलिए परकाश आबनूस के पेड़ों के बीच से चक्कर काटते हुए आया था। शायद इस रविवार को भी सीमा रीठे के नीचे उसे मिल जाये।...उसी रीठे के नीचे सीमा से उसकी पहली भेंट हुई थी। सीमा कपड़े धोने नदी पर गयी थी और परकाश अपनी पुस्तकों के साथ एकान्त की तलाश में रीठे के पेड़ के नीचे पत्थर पर जा बैठा था। बस्ती के लोग रीठे के पेड़ को साबुन का पेड़ कहते थे। सीमा उस दिन भी रुकमीन के साथ ही थी। दोनों कपड़े धोने के लिए रीठे के फल तोड़ने आयी थीं। पेड़ नीचे से ठूँठ पड़ा हुआ था। सारे फल तोड़ लिये गये थे। बस फुलूंग पर कुछ झोंपे बचे थे।

परकाश ने पेड़ पर चढ़कर दोनों के लिए रीठे तोड़े थे और जान-बूझकर अपने हाथ में खरोंच आ जाने दी थी। जो सोचा था वह नहीं हुआ। झाग पैदा करनेवाले उन फलों को तोड़ते हुए उसने मन-ही-मन सोचा था कि अगर उसके हाथ से थोड़ा-सा खून बह जाये तो वह नीली ओढ़नीवाली लड़की अपनी ओढ़नी का टुकड़ा फाड़कर उसके हाथ में पट्टी बाँध देगी। दोनों लड़कियों ने उसके हाथ की उस हल्की

चोट को देखा था और हँसती हुई नदी के उस तट पर दौड़ गयी थीं जहाँ बस्ती की औरतें कपड़े धो रही थीं।

तीन दिन बाद ही परकाश यह जान सका था कि नीली ओढ़नीवाली लड़की का नाम सीमा है और कोई तीन महीने बाद ही उसे विश्वास हो पाया था कि वह लड़की भी उसे प्यार करती है। प्रेमसिंह को जब इस बात का पता चला, तो उसने परकाश से कहा था, "तुम्हारी परीक्षा जब एकदम करीब आ गयी है तब अपने को इस चक्रव्यूह में फँसा रहे हो ? एक परीक्षा को तो पहले पूरा करो, फिर दूसरी को देने की बात सोचना।"

अपनी परीक्षा की सफलता की सूचना परकाश ने सबसे पहले सीमा को दी थी। और यह संयोग ही था कि तब दोनों के प्यार का भी एक वर्ष पूरा हो रहा था।

सूर्ये और होरिलवा को प्रेम के घर बिठाकर वह दौड़ गया सीमा से मिलने। उसे पहले सीमा का बाप मिला, फिर उसकी माँ। फिर उसका वह गायक भाई मिला जो अपना नया गीत सुनाने बैठ गया। सीमा की दोनों छोटी-बड़ी बहनें मिलीं और कोई घण्टे-भर बाद ही सीमा उसके सामने आयी।

"तो बदला ले ही लिया तुमने ?"

"कहाँ ले पायी !"

"एक घण्टे बाद मेरे सामने पड़ी हो और कहती हो, कहाँ ले पायी !"

"मैंने तो सोचा था, आज तुम्हारे सामने पड़ती ही नहीं।"

"तो फिर क्यों पड़ीं ?"

"तुम्हारे ऊपर दया आ गयी।"

"यह कहो कि रहा नहीं गया !"

"तुम बड़े कठोर हो।"

"इसलिए कि उस दिन नहीं आ सका ?"

"मैंने तो सोच लिया था कि अब तुमसे बात ही नहीं करूँगी।"

"लेकिन तुम तो जो सोचती हो वह करतीं नहीं और जो करती हो वह सोचतीं नहीं। यह मैं नहीं कह रहा।"

"तो मेरी माँ कहती है ?"

"अब पता नहीं तुम्हें मूर्ख समझकर कहती है या बच्ची समझकर।"

"मूर्खता तो मैंने एक ही बार की है, जिस दिन तुम्हें 'हाँ' कर गयी थी। जब 'हाँ' की थी तो तुम सरकारी अध्यापक नहीं थे।"

"क्या फर्क पड़ता है ?"

"तब तुम अभिमानी नहीं थे। हफ्ते में सात बार मिलते थे।"

"वह तो तब की बात कर रही हो जब मैं इसी बस्ती में रहता था।"

"तीन मील से कम ही के फासले पर है तुम्हारी बस्ती, फिर भी महीने में एक बार मिल रहे हो।"

"पन्द्रह दिन को महीना कह रही हो ?"

"तुम क्या जानो कि पन्द्रह दिन पन्द्रह युग हुआ करते हैं।"

"नहीं जानता तो फिर तुम्हारे लिए छटपटाता क्यों रहता ?"

"छटपटाते तो इतने दिनों तक दूर नहीं रहते।"

"मैं तो तुमसे दूर रहकर भी तुम्हें अपनी साँसों में लिये रहता हूँ और तुम हो कि मेरे इतने पास होकर भी कोसों दूर खड़ी लग रही हो।"

"उस दिन अपने हाथों से गन्ने के रस की भेली बनाकर ले आयी थी मैं।"

"आज क्या बनाया है मेरे लिए ?"

"कुछ भी नहीं।"

"मक्की की खीर की सुगन्ध आ रही है।"

"पक रही होगी पड़ोस में।"

"इतनी दूर से आया हूँ, कुछ खिलाने की भी बात नहीं कर रहीं।"

घर तीन भागों में बँटा हुआ था। रसोई की ओर से सीमा की माँ ने सीमा को आवाज़ दी। सीमा उधर झपटी और दूसरे ही क्षण मक्की की खीर लिये परकाश के सामने आ गयी। परकाश ने उसके हाथ से पहले पानी का लोटा लिया। खिड़की से हाथ-मुँह खँगारकर उसने लोटे को नीचे रख दिया। सीमा के हाथ से खीर का कटोरा लेकर अँगुली डुबोयी और उसे जीभ तक ले जाकर बोला—

"वाह ! तुम्हारा हाथ चूम लेने को मन कर रहा है।"

"मेरा या माँ का ?"

"माँ का क्यों ?"

"क्योंकि खीर मेरी नहीं, माँ की पकायी हुई है।"

"लेकिन मेरे पास लायी तो तुम हो।"

"इससे क्या हो जाता है ?"

"लाते ही वक्त तो तुम्हारे हाथ की सारी मिठास खीर में समायी होगी।"

"मुझे ठगने की कोशिश मत करो।"

"मैं जानता कि यहाँ खीर मिलनेवाली है तो अपने दोनों मित्रों को वहाँ नहीं छोड़ता।"

"कहाँ ?"

"प्रेम चाचा के यहाँ।"

"इस घर को आज भी पराया समझते हो, इसीलिए ऐसा किया।"

"अरे नहीं, इसलिए ऐसा नहीं किया।"

"तो फिर ?"

"इसलिए दोनों को यहाँ नहीं लाया क्योंकि डरता था कि···"

"डरते थे !"

"हाँ, डरता था कि कहीं दोनों के सामने उस दिन का बदला लेने बैठ गयीं तो मेरा उनके सामने कौड़ी का मोल नहीं रहेगा।"

"तुम खीर खाओगे भी या बातें बनाते रहोगे ?"

"अब तुम कह रही हो तो खाना ही पड़ेगा।"

इधर परकाश ने खीर खाना शुरू किया, उधर सीमा ने उसे बिना बताये अपने भाई को प्रेमसिंह के यहाँ भेजकर सूर्ये और होरिल को बुलवा लिया।

सीमा की माँ के बहुत कहने पर परकाश अपने दोनों साथियों के साथ खाने के लिए रुक गया। द्वीप के दक्षिणी इलाके से बस्ती में भजनीकों की एक मण्डली आयी हुई थी। सूरज डूबने से पहले ही बस्ती की बैठक में, जो सीमा के घर के ठीक सामने थी, भजनों का कार्यक्रम शुरू हो गया था। उन भजनीकों के साथ ही, जो संख्या में चार थे, परकाश और उसके दोनों साथी सीमा के घर खाने पर बैठे। खाने में कुछ देर इसलिए हुई क्योंकि गाने-बजानेवालों के लिए गाँजे का प्रबन्ध करना पड़ा था। खाने के बाद परकाश ने उस मण्डली से दक्षिण प्रान्त में मज़दूरों की स्थिति के बारे में जानना चाहा। उनके मुखिया ने जो मृदंग बजानेवाला था, बताया कि वहाँ की कोठी में मज़दूरों के बीच का संगठन लड़खड़ा उठा है। लोग दो दलों में बँट गये हैं। कुछ मजदूर जो मालिकों के पक्ष में हैं, बाकी मज़दूरों के बीच एकता और योजनाओं को सफल नहीं होने दे रहे। परकाश ने उस व्यक्ति से यह भी जानना चाहा कि क्या उसकी मण्डली केवल भजन-कीर्तन ही करती रहती है या अपने लोगों की स्थिति पर भी कभी कोई गीत आदि गाते हैं ? इसके उत्तर में उस मुखिया ने बताया कि शुरू में तो हमने मज़दूरों की हालत पर कई गीत बनाये और गाये लेकिन जब से मालिकों के पक्ष के आदमी भी गाँव में हो गये तब से वैसा कोई गीत गाने का अधिकार हमें नहीं रहा। उसने यह भी बताया कि उसके इलाके में भारते नामक एक युवक को, जो मजदूरों की स्थिति पर गीत गाता था, गोली मारकर हमेशा के लिए चुप कर दिया गया। परकाश के आग्रह पर उस मण्डली ने धीमे स्वर में भारते के एक गाने को गाया—

घाम़ के मारल पसीना कोड़े के मारल खून बहे
सौ ठोप पसीनवा के सौ ठोप खूनवा से मिलके
तब कहीं बनेला जा के ठोप रसवा के एगो
रसवा के ठोप-ठोप से भरल होवे गनवा
गन्ने से भरल होवे देसवा के खेतवा
और खेतवन से ऊपजे देसवा के सोनवा
उहे सोनवा के गहनवा बड़े लोगन पहने
औ' मजूरन के गहनवा उहे माटी के टीकवा।

इस गाने को सुनकर परकाश कुछ देर तक चुप रहा। उसे वह कहानी याद आ गयी थी जो मदन उसे कभी सुना चुका था। शायद वह कहानी इसी गीत के गाने-वाले भारते की रही होगी। लेकिन मदन ने उसे भारते की नहीं, मरीशा की कहानी कहकर सुनाया था।

मण्डली के मुखिया ने बताया कि कोई सात वर्ष बाद ही वह उस गीत को गाने की हिम्मत कर पाया था। इस बात से परकाश दक्षिण प्रान्त के मजदूरों की हालत का अन्दाज लगा सका था।

तीनों मित्र जब सीमा के घर से विदा हुए तो आकाश बिन चाँद का होकर भी तारों से खचाखच भरा था। ठण्ड अपनी पराकाष्ठा पर थी। तीनों के जमकर दाल-भात, चौलाई की भाजी खाने से उस ठण्ड का असर उन पर कम तो था, फिर भी सूर्य रह-रहकर काँप जाता था। बस्ती से बाहर होते ही उसने कहा, "यार, बुरे फँसे। अच्छे भोजन और गाने के लोभ में पड़कर अब भुगत रहे हैं। इस ठण्ड में तीन मील चलना पड़ेगा।"

जिस पगडण्डी पर वे चल पड़े थे, उसकी एक ओर के खेत काटे जा चुके थे और दूसरी ओर लहलहाते गन्ने खड़े थे। एक ओर के उस खुलेपन के कारण पगडण्डी उतने अँधेरे में नहीं थी। बस्ती के अधभूखे कुत्तों के भूँकने की आवाज़ पीछे छूटती गयी। जंगली कीड़ों और झींगुरों के धीमे स्वरों के बीच होते हुए वे तीनों अपनी बस्ती को लौट रहे थे।

परकाश कभी मज़दूरों के बारे में सोचता तो कभी सीमा के विषय में। केले के उस झुरमुट के पास परकाश जब सीमा से विदा ले रहा था, तो घर की खिड़की से आ रहा चिराग का प्रकाश सीमा के चेहरे पर था। ऐसे में उसके चेहरे पर जो भाव थे, उनके सामने परकाश ने अपने को गुनहगार माना। सीमा ने कहा था—

"इस शनिवार को नहीं पहुँचे तो मैं तुमसे बात ही नहीं करूँगी।"

ईख की जड़ से किसी नेवले से डरकर एक छछूंदर चेंक-चेंक की आवाज़ के साथ तीनों के आगे से निकल गया। सूर्य ठिठक गया और होरिल ने हँसकर कहा, "यार, काली बिल्ली ने नहीं, छछूंदर ने रास्ता काटा है।"

वे तीनों मोड़ पर पहुँचे ही थे कि आगे से पाँच आदमियों नें उनका रास्ता रोक लिया। पाँचों के हाथों में लाठियाँ थीं। एक ने कड़ककर कहा—

"इतना जल्दी का ह भैया। जरा हाल-चाल सुना के जय ह।"

तीनों मित्रों को रुक जाना पड़ा। उन पाँचों व्यक्तियों में जो सबसे तगड़ा था, वह परकाश के एकदम नजदीक पहुँच गया—

"त तू ही हवे मदन बस्ती के मास्टर!"

"कौन हैं आप लोग?"

"ली पे पोज़ केस्यों! साला सवाल कर रहा है।"

"ए भैया, हाल-चाल त हम लोग पूछत बानी, जा तू भी उलटे सवाल कर बैठले!"

"रास्ता छोड़ो। हमें अपनी बस्ती पहुँचने में देर हो रही है।"

"रास्ता हमर बाप के ह का जे हमनी रोकब स?"

"तो फिर हटते क्यों नहीं?"

"ए ला लीं आ पे कोज़ फोर सा ग्रॉन्वर ला। बड़े जोर से बोल रहे हो?…

आतांस्यों पा फ़ेर ग्रांन्वार···साले अकड़ो नहीं, अपनी बस्ती से तीन मील दूर हो।"

"कौन हो तुम लोग ? हमारे पास से तुम लोगों को पैसा-वैसा नहीं मिलेगा।"

सूर्य की इस बात पर तगड़े व्यक्ति ने उसे पीछे को ढकेल दिया। परकाश आगे आ गया, "क्यों ढकेल रहे हो इसे ?"

"तो तुम हो ! अपनी बस्ती में देश-भर के लोगों को जुटाकर भड़का रहे हो !" सिर पर रूमाल बाँधे हुए व्यक्ति ने कहा।

"मालिक लोगों के लिए मन्दिर बनवा रहे हैं और तुम उन्हें तोड़वाने की बात करते हो, अधर्मी कहीं के !"

"हम लोग खाली एतना बोलत बानी स कि ई सब नेतागिरी बन्द कर दे, नाहीं त अब की मुलाकात के बाद साला जिन्दा नँ छुटवे।"

"चलो भागो, इस बार सावधान करके छोड़ देते हैं। आरेत तो बान कुयोनाद, जाने दो हरामजादों को !"

उस तगड़े आदमी के कहने पर बाकी चारों व्यक्ति रास्ता छोड़कर हट गये।

"अरे जा ! अब देरी न होत बा ? पर याद रखिय, का बोलल गईल बा।"

तीनों मित्र ने कुछ नहीं कहा। वे चुपचाप आगे को बढ़ गये। पीछे से तगड़े आदमी की आवाज़ आयी, "ओ मास्टर ! अपनी जान और नौकरी का ख्याल रखना। इस बार अपनी बस्ती में कोई गड़बड़ी की तो ज़मीन से उठा दिये जाओगे।"

कई कदम बिना आहट चलते रहने के बाद तीनों मित्र को जब विश्वास हो गया कि पाँचों लठैत पीछे छूट चुके हैं तब सूर्य ने राहत की एक लम्बी साँस के साथ पूछा, "ये कौन थे परकाश ?"

"कोठी के हरखाती होंगे और कौन हो सकते हैं ?"

"मुझे तो लगता है कि तुम्हें सरकारी आदमी जानकर हमें छोड़ गये, नहीं तो ये गुण्डे हमारे ऊपर लाठी की बौछार कर ही जाते।"

"अब तो मुझे और भी विश्वास हो गया कि गोरे लोग हमारे लिए जो अलग-अलग मन्दिर बना रहे हैं, वह धर्म के नाम पर नहीं, बल्कि सचमुच ही हमें अलग-अलग खूँटी से बाँध देने के लिए बना रहे हैं।"

"ताकि पगहा हमेशा उन्हीं के हाथ में रहे।"

"एकदम !"

"तुम दोनों इन पाँचों में से किसी को पहचानते हो ?"

"धूँधूर में क्या पहचान पाते ? लेकिन एक आवाज़ जानी-पहचानी-सी लगी।"

"किसकी आवाज़ ?"

"एक की आवाज़ मुझे हरखू सरदार के बेटे की-सी लगी।"

"यह सब कुछ तो उसी का किया-कराया होगा।"

"सोच रहा होगा कि हमें धमकाने से देश की सभी बस्तियाँ दहल जायेंगी।"

"हमें जल्द ही इस बात की चर्चा बैठका में करनी होगी।"

"नहीं सूर्ये ! इनकी अगली चाल क्या होगी, पहले यह देख लें। अभी इसकी चर्चा गाँव में बिल्कुल नहीं होनी चाहिए।"

इसके बाद तीनों कुछ देर चुपचाप चलते रहे, जब तक कि उनकी अपनी बस्ती के टिमटिमाते चिराग दूर ही से दिखायी न पड़ने लगे। चिरागों की उस झिलमिलाहट ने उनके भीतर बचे-खुचे डर को मिटा दिया था। होरिल ने अपने को ठण्ड से बचाने के लिए गुनगुनाना शुरू कर दिया था—

मड़इया के आगे ताप-ताप के अगवा
तोर रहवा हम देखत बानी हो सजनवा
मड़इया के आगे···

मीरा ने लीटी बनायी थी। सजीहन के पत्तों की भूँजड़ी को वह चूल्हे से उतार ही रही थी कि परकाश आ गया। भूँजड़ी की सोंधी गन्ध ने घण्टे-भर से लग रही उसकी भूख को और भी बढ़ा दिया। पिछली रात मीरा ने मसाले में अरबी पकायी थी। उसे गर्माकर उसने परकाश को खाना परोसा था। परकाश ने बड़े चाव से दो लीटियाँ खा चुकने के बाद कहा था, "ये ही चीजें मेरी माँ पकाती हैं तो उनमें यही स्वाद क्यों नहीं होता ?"

"मेरा बनाया खाना सचमुच स्वादिष्ट होता तो मेरे यहाँ वर्ष में एक बार थोड़े ही खाते !"

"अरे चाची, अभी तो उस दिन खाया था जिस दिन तुमने कच्चू का साग बनाया था।"

"महीनों हो गये।"

"महीना भी नहीं हुआ होगा।"

"सुनती हूँ, ससुराल में अभी से हर सप्ताह खाने पहुँच जाते हो !"

"किसने कहा ?"

"जिसके साथ पिछली बार खाकर आये हो।"

"वह पहली बार थी।"

"मुझे कब ले जाओगे वहाँ ?"

"तुम चाहो तो रविवार को चलते हैं।"

"ना बाबा ! इस रविवार को तो बस्ती-भर के लिए सतवा पीसना है।"

"तो फिर उसके बादवाले रविवार को चलेंगे।"

"देखेंगे।"

जूठे बरतनों को उठाकर मंजवे पर रख आने के बाद मीरा बोली, "आज चालीस दिन हो गये।"

"किस बात के ?"

"तुम्हें नौकरी मिले और मदन से रूठे हुए।"

परकाश चुप रहा।

"अब तो गुस्सा थूक डालो। कल मदन रो रहा था। पिछले दिनों वह बीमार था। बीमारी की हालत में भी तुम उसे देखने नहीं गये।"

"चाची, एक बात कहूँ?"

"तुम नाहक ही मेरे लिए इतना बड़ा हठ किये बैठे हो। मैं तो जैसे भी हूँ, खुश हूँ। मेरे लिए मदन की पत्नी बनकर जीना और पत्नी बने बिना जीना, दोनों ही एक जैसे हैं। वह मुझे प्यार करता है परकाश, यही मेरे लिए बहुत है। उसी प्यार के कारण वह मुझसे शादी करना नहीं चाहता।"

"यह तो अजीब बात हुई चाची! मुझे तो लगता है कि प्यार तुम करती हो और वह तुम्हें उस प्यार की सज़ा दे रहा है।"

"तुम नहीं समझोगे।"

"मूर्ख हूँ न?"

"नहीं। जीवन की बहुत सारी बातें जीने में होती हैं, पुस्तकों में नहीं। तुमने बहुत पुस्तकें पढ़ी हैं, लेकिन···। खैर···तुम मेरे साथ आज ही मदन के पास चलो।"

"मुझसे नहीं हो पायेगा।"

"क्यों नहीं हो पायेगा?"

"तुम तो जानती हो कि मैं अपने बाप से डरता था, घबराता था, भय खाता था और शायद नफरत भी करता था—वह केवल इसलिए कि उसने कभी भी मेरी माँ को सुखी नहीं रखा।"

"तुम मुझे बहुत प्यार करते हो परकाश, मैं जानती हूँ; इसलिए तुम मेरा इतना ख्याल रखते हो। मैं जब यह कहती हूँ कि मैं दुखी नहीं हूँ तो मैं झूठ नहीं बोलती।"

"मैं जानता हूँ, तुम झूठ नहीं बोलतीं। दुखी न होना एक बात है और सुखी होना दूसरी बात।"

"जब मैं खुश हूँ तो फिर सुखी क्यों नहीं?"

"तुम बहुत ही विशेष हो चाची!"

"तुम्हें आज मेरे साथ मदन के यहाँ चलना ही होगा।"

"मुझसे मेरा प्रण मत तोड़वाओ।"

"अपनों से न मिलने का भी कोई प्रण होता है!"

"अपनेपन को मैंने नहीं, मन चाचा ने नकारा है। वह जब तक तुमसे ब्याह करके इन छिछोरे लोगों के मुँह नहीं बन्द कर देता, मैं उससे नहीं मिलूंगा।"

"लगता है, तुम्हें मेरी खुशी से कहीं अधिक ख्याल उन ओछे लोगों की बातों का है। तुम मेरी खुशी की बात भी करते हो परकाश और मेरी बात न मानकर मुझे दुखी भी कर जाते हो।"

"चाची, आज तो मैं तुमसे तुम्हारी और अपनी इन तमाम निजी बातों से अलग पूरी बस्ती और सभी मजदूरों के हित में बातें करने आया था।"

"तो फिर ठीक है···हम निजी बातों को फिर कभी के लिए छोड़ दें। बोलो, वह कौन-सी दूसरी बात है?"

"हमारी बस्ती में भी अब तीन-चार परिवार मिलकर अलग सभा बनाने की बात करने लगे हैं। उस दूसरी बस्ती के अलग-अलग मन्दिरों का प्रभाव है यह। पाण्डू चाचा के घर से यह बात जनमी है। वह मराठियों की अलग सभा बसाना चाह रहा है।"

"बनाने दो। इसमें बुराई क्या है?"

"इसमें बुराई तब तक तो नहीं है जब तक कि ये स्वयं को अपने किसी विश्वास और भारत के किसी भूगोल से जोड़े रहना चाहते हैं। लेकिन बात यहीं तक सीमित नहीं है। इन लोगों को जमीन-जायदाद और इधर-उधर के ओहदे देकर यह भी तो कहा जा रहा है कि वे अपनी तहजीब से अपने को अलग कर लें।"

"यह कैसे हो सकता है!"

"ऐसा ही हो रहा है।"

"पर क्यों?"

"पाँच आदमियों की संगठित शक्ति को पाँच अलग-अलग टुकड़ों में बाँट देने के लिए। कुछ घरों के मर्द इन प्रलोभनों में आ गये हैं। तुम्हें उन घरों की महिलाओं से बात करके समझाना है कि अलग-अलग होकर हम न तो इस देश में अपनी इज्जत करा पायेंगे और न ही अपने अधिकार हासिल कर सकेंगे। मैं अलग सभा बनाने के उनके निर्णय का विरोध नहीं करता। मैं तो बस यह चाहता हूँ कि अलग सभा बनाकर वे अलग न हो जायें। हमारी एकता न टूटने पाये, इसकी ही मुझे चिन्ता है। जिस दिन यह एकता टूट गयी, उस दिन हम किसी मोल के नहीं रहेंगे। मेरी तो यह ख्वाहिश है कि इस देश में शोषण के खिलाफ खड़े होने के लिए सिर्फ हम भारतीयों को ही नहीं बल्कि प्रत्येक मज़दूर को एकसूत्र में बँधे रहना है। मज़दूर तो स्वयं अपने-आपमें एक विशाल जाति है। पूँजीपति तो हमेशा यह चाहते रहे हैं कि मजदूर जाति कभी एक जाति के रूप में न रहे, क्योंकि धनपतियों का कल्याण इसी में है कि मज़दूर वर्ग मुसलमान, क्रियोल और हिन्दू आदि अलग-अलग धर्मों में बँटा रहे। और अब तो हिन्दू भी हिन्दू नहीं रहा···कभी जात-पांत में बंट रहा है तो कभी भारत के प्रान्तों के साथ जुड़कर विभाजित हो रहा है।··· यदि यही चलता रहा तो इससे लाभ उठाकर धनवान और धनी बनता जायेगा तथा गरीब और अधिक गरीब बनता रहेगा।"

"तो फिर इसको कैसे रोका जाये?"

"तुम्हें उन घरों की महिलाओं से बात करनी होगी।"

"मैंने तो एक और बात सुनी है।"

"वह क्या?"

"वह हनीफ चाचा का पड़ोसी है न बटोही मियाँ?"

"हाँ !"

"वह हमारी बस्ती छोड़ रहा है।"

"क्यों ?"

"कल उसकी बेटी जुबेदा कुएँ के पास कह रही थी कि वे एक ऐसी बस्ती में रहने जा रहें हैं, जहाँ मुसलमान अधिक हैं।"

"यह क्या बात हुई !"

"मुझे भी बड़ी अजीब बात लगी। हमने तो यहाँ कभी हिन्दू-मुसलमान का भेद माना ही नहीं।"

"दाऊद नाना को यह बात मालूम है ?"

"पता नहीं।"

"तुमने अच्छा किया जो मुझे बता दिया। मुझे इसी वक्त फरीद को लेकर हनीफ भैया से मिलना होगा। पता नहीं इस बस्ती को क्या हो गया है !"

"इसीलिए कहती हूँ, तुम मदन से मिल लो !"

परकाश काफी देर तक चुप रहा। मीरा भी चुप रही। उसने उसे चुपचाप सोचने दिया।

फरीद को साथ लिये हुए परकाश जब हनीफ के घर पहुँचा तो पता चला कि वह मछली फँसाने समुद्र गया है। कई दिनों से परकाश का समुद्र तक जाना नहीं हुआ था। उसने फरीद से कहा कि क्यों न हनीफ से समुद्र-किनारे ही मिला जाये। समुद्र तक पहुँचने के लिए फरीद एक छोटा रास्ता जानता था पर वह कोठी के रक्षित इलाके के सुअरों के बाड़े से होकर जाता था। फिर भी दोनों ने वही पगडण्डी पकड़ी। एक ठौर दोनों को कँटीले तारों की घिरावट पार करके निकलना पड़ा। एक जगह कोठी का रखवार दिख जाने पर दोनों को काम्पेस के झुरमुट की बगल से झुककर निकलना पड़ा।

सूरज डूबने को था। क्षितिज उसकी लाल गोलाई को निगलने के लिए मुँह बाये हुए प्रतीत हो रहा था। झावे के पेड़ों के बीच होते हुए वे नारियल के पेड़ों के बीच से होकर समुद्र-किनारे हनोफ की तलाश में चलते रहे। फरीद को उसके उन तीनों ठौरों का पता था जहाँ की चट्टानों पर खड़े होकर हनीफ मछली फँसाता था। पहले ठौर पर वह नहीं था, इसलिए दोनों ने आगे का रास्ता बालू पर ही चलकर तय करना शुरू किया। लहरें अपने फेनिल स्पर्श से दोनों के पाँवों को जो ठण्डक दे रही थीं, उसकी सिहरन दोनों के समूचे बदन तक पहुंच रही थी।

क्षितिज पर बिखर आयी लाली को देखकर परकाश को ऐसा लग रहा था, जैसे दिन-भर गन्ने के खेतों में मजदूरों की पीठ से बहते जिस खून-पसीने को सूरज ने देखा था, वह उसी की गवाही क्षितिज पर छोड़े जा रहा था।

हनीफ उन्हें उस दूसरी चट्टान पर मिला, जहाँ से प्रवाल-रेखा पर के ज्वार-भाटे एकदम करीब लग रहे थे। वह जिस चट्टान पर था वहाँ तक पहुंचने के लिए

पहले तो दोनों को बीस-पच्चीस कदम काली चट्टान पर चलना पड़ा और फिर घुटनों-घुटनों पानी से होकर। अभी कोई चार घण्टे पानी में रहकर हनीफ अँगुली बराबर सात-आठ मछलियाँ ही पकड़ पाया था। दोनों उसकी अगल-बगल में बैठ गये। लहरें पत्थरों से टकराकर उन पर भी झटास छोड़ जाती थीं। जब तक लोग पानी में रहे, बटोही मियाँ की बात नहीं छेड़ी गयी।

कोई घण्टे-भर बाद जब वे लोग बालू पर आ गये तो परकाश ने पूछा, "हनीफ भैया, तुम्हारा यह बटोही मियाँ बस्ती क्यों छोड़ना चाह रहा है ?"

बंसी पर कांटे और धागे को लपेटते हुए हनीफ ने परकाश को देखा पर कुछ कहा नहीं। परकाश के उसी सवाल को फरीद ने जब दोहराया तब वह बोला, "उ बस्ती छोड़े के नैं चाहता बलिक छोड़ चुकल।"

फरीद और परकाश दोनों ने चौंककर एक-दूसरे को देखा और फिर फरीद ने पूछा, "छोड़ गया ?"

"हाँ।"

"कब ?"

"कल ही रात के। हव दूसरी बस्ती से बैलगाड़ी आयल रहल। उही में सब सामान लाद ले गईल।"

"तुमने हमें जनाया नहीं ?"

"बता के का करती ?"

"तुमने उसे रोकने की कोशिश भी नहीं की ?"

"बहुत रोकली।"

"पर क्यों गया वह ?"

"उहीं जाने।"

"तुम्हें कुछ तो बताया होगा हनीफ भैया ?"

"कहत रहल, ई बस्ती में इन्ने-गिन्ने मुसलमान बाते। हिन्दू लोगन के बीच रहेके ओके अच्छा नैं लगेला।"

"क्यों ?"

"बहकावे में आ गयल आदमी के पास ऐकर कोन जबाब होय सकी ?"

"किसके बहकावे में ?"

"जोन लोग हम लोगन के मिल-मिला के रहल नैं देख सकेला।"

"मगर हनीफ भैया, यह बटोही मियाँ तो बड़ा ही अच्छा आदमी था !"

"हाँ, पर नवा मुसलमान रहल न। नवा मुसलमान त जादा कट्टर होवेला।"

"क्या मतलब ?"

परकाश के इस प्रश्न का उत्तर फरीद ने दिया, "मैंने सुना है कि बटोही मियाँ जनम से मुसलमान नहीं था। इधर आने के लिए जहाज पर चढ़ने से कोई चार-पांच महीने पहले उसके गांव में कई लोग एकसाथ हिन्दू से मुसलमान बने थे। बटोही मियाँ भी उन्हीं लोगों में था।"

"हम बोलली न कि ई नया मुसलमान हम लोगन से भी जादा अपन के मुसलमान बतावे के धून में रहेलन स। ओकर तीनों लयका त जाय नैं चाहत रहलन स। जुलेखा त हमर घर में आके लूका गयल रहल। उ लोग के मार-पीट के ले गईल। लयकवन से बोले कि हव नवा बस्ती में हर जूम्मा के गोस मिलेला खायके।"

परकाश अपने सामने के क्षितिज को एकटक देखता रहा।

सूरज डूब चुका था।

दिन की हत्या का खून क्षितिज पर पसरा हुआ था।

अँधेर छा जाने में देर नहीं थी।

स्कूल में परकाश अपनी बस्ती में पैदा हो गयी उन सभी समस्याओं पर सोच रहा था, जब उसके लिए मुख्य अध्यापक का बुलावा आया। मुख्य अध्यापक के सिर के सभी बाल सफेद थे और उसके गले में चाँदी का सलीब लटका रहता था। वह जब भी कभी किसी गम्भीर मुद्दे पर बात करता तो सलीब को हाथ से थामे रहता। उसने सलीब को थामे हुए ही परकाश से प्रश्न किया—

"सुना है, स्कूल के कानून-कायदों पर आपत्ति की है तुमने ?"

"नहीं तो।"

"तुमने नहीं चाहा कि कुछ बच्चे सुबह-शाम की समूह-प्रार्थना में भाग न लें ?"

"ऐसी बात तो नहीं है।"

"तो फिर क्या बात है ?"

"मैंने केवल यह अनुरोध किया था कि इस स्कूल में जो गैर-ईसाई बच्चे हैं, उनके लिए अलग से प्रार्थना की व्यवस्था होनी चाहिए।"

"क्यों ?"

"उनसे इसाई प्रार्थना करवायी जाती है।"

"तो और कौन-सी प्रार्थना होनी चाहिए ?"

"यहाँ हिन्दू और मुसलमान बच्चे भी पढ़ते हैं।"

"तो तुम्हारा यह मतलब है कि ईसाई प्रार्थना को हटाकर हिन्दू-मुसलमान प्रार्थना शुरू की जाय ?"

"नहीं, मेरा यह मतलब नहीं।"

"तो क्या मतलब है तुम्हारा ?"

"एक विशेष प्रार्थना हो सकती थी।"

"विशेष प्रार्थना से क्या कहना चाह रहे हो ?"

"एक ऐसी प्रार्थना जिसमें भगवान का नाम हो पर किसी मजहब विशेष की बातें न हों।"

"तुम्हें ईसा के नाम से चिढ़ है ?"

"बिल्कुल नहीं।"

"तो फिर इस प्रार्थना को क्यों हटाना चाह रहे हो ?"

"मैं उन गैर-ईसाई बच्चों की बात कर रहा था।"

"तुम इस स्कूल के कानून-कायदों के खिलाफ बात कर रहे हो मेस्ये परकाश !"

"आप गलत समझ रहे हैं।"

"तुम गलत सोच रहे हो। मैं स्कूल बोर्ड के सामने इस बात को रखने जा रहा हूँ। तुम्हें जो कहना है, बोर्ड के सदस्यों के सामने कहना होगा।"

"ठीक है।"

"तुम ठीक है कह रहे हो ?"

"और क्या कहूँ ?"

"अपनी इस भूल के लिए माफी माँग सकते थे।"

"भूल के लिए ! कैसी भूल ?"

"अच्छी बात है, यह सवाल तुम बोर्ड के सदस्यों से ही करना। तुम जा सकते हो।"

मुख्य अध्यापक के दफ्तर से निकलते हुए परकाश ने उसको कहते सुना—पायें ! नास्तिक !

अपने छात्रों के बीच पहुँचते हुए उसे यह खयाल आया कि शायद दुनिया के सभी नास्तिक एक ही खयाल के होंगे, लेकिन दुनिया के सभी आस्तिक एक ही खयाल के नहीं हैं।

चार

देर से आयी रेलगाड़ी की वजह से परकाश जब बस्ती को लौटा तो रात हो चली थी। धनपत के घर झाल-ढोलक के साथ रामायण हो रही थी। उसका मन भी हुआ कि उसमें शामिल हो जाय, लेकिन फिर खयाल आया कि उसकी माँ देरी होने से चिन्तित होगी। घर पहुँचकर उसने सचमुच ही माँ को अपनी प्रतीक्षा में व्याकुल पाया। माँ को इस स्थिति में पाकर वह अक्सर हँसकर कहता था कि अब वह बच्चा थोड़े ही है, जो उसकी इतनी चिन्ता करनी चाहिए। ठण्ड ज्यादा थी। उससे नहाया नहीं गया। हाथ-पाँव धोकर उसने कपड़े बदले और रामायण में जाने के लिए घर से निकलने लगा। सीता ने कहा कि कुछ खा-पीकर तो जाये, पर उसे भूख नहीं थी।

धनपत के घर उस सत्संग में पच्चीस-तीस लोग थे। तंग चारदीवारी के भीतर

लोग एक-दूसरे से सटे बैंठे थे। बैंजू और सुमंगल बड़ी कठिनाई से थोड़ा-थोड़ा हटकर परकाश के लिए जगह बना पाये। भरतलाल, सुमंगल और होरिल के बाप ने जैसे ही दोहा पूरा किया, मदन उसका अर्थ करने लगा। सन्दर्भ था, हनुमान के लंका जाने का। यह सन्दर्भ परकाश को हमेशा बहुत अच्छा लगता था। पहली बार मदन ने जब उसे यह सन्दर्भ समझाया था तो उससे कहा था ऐसा होता हैं परकाश !··· कई अवसरों पर हम अपनी कुछ कर जाने की शक्ति को भूल जाते हैं। हनुमानजी भी भूल बैंठे थे कि उनमें उड़कर लंका पहुँचने की शक्ति है। जामवन्त ने उन्हें उस शक्ति की याद दिलायी थी। मज़दूरों के साथ भी यही होता है। जो मदूज़र ज़मीन की छाती चीरकर चट्टानों को बाहर निकाल फेंकता है और उस धरती पर हरियाली उगा सकता है, वही मजदूर अपनी शक्ति भूलकर मालिकों के अत्याचारों को कबूल किये रहता है।

राम-कथा का यह भाग जब भी परकाश को सुनने को मिलता, उसे मदन की व्याख्या याद आ जाती थी। मदन ने उससे कहा था कि उसे भी जामवन्तवाली भूमिका निभानी है। परकाश भी यह प्रण किये हुए था लेकिन···

वह अपने ध्यान को कथा पर केन्द्रित नहीं कर पाया। सोचने लगा अपने उस अधूरे रह गये प्रण के बारे में। दो सप्ताह पहले जिस समय उसने अपनी माँ के हाथों में अपनी पहली कमाई रखी थी, उस समय भी उसे अपने जीवन के इस अधूरे प्रण का कड़वा अहसास हुआ था। मज़दूरों के बीच से हटकर उसने खुद को तो प्रतिष्ठित कर लिया है—दोगुनी तनख्वाह लेकर वह शहर से बस्ती को लौटा है। लेकिन···

उससे कहा जाता था कि उसे तो सभी मज़दूरों का परकाश बनना है। परकाश का मतलब होता है रोशनी। किसनसिंह की उस बात को कभी मीरा दोहराती, कभी मदन, कभी ज़ीनत तो कभी दाऊद। पर वह तो केवल अपने लिए परकाश बना हुआ है। मदन कहता था, तुम्हें जामवन्त बनना है। और वह भी माने बैंठा था कि मजदूरों को उनकी उस अद्वितीय शक्ति की जानकारी वह देकर रहेगा। झाल-ढोलक के लय-थाप के साथ उसके मस्तिष्क के भीतर विचारों का मल्लयुद्ध होता रहा, जिससे उस ठण्ड में भी उसका माथा पसीने से तर-ब-तर हो उठा।

जब तक वह अध्यापक नहीं बना था, खेतों की उस देहतोड़ मेहनत के बाद भी कुछ बच्चों को अंग्रेजी-फ्रेंच पढ़ा दिया करता था। पर अब बहुत देर से घर पहुँचने का बहाना निकल आता था उसके लिए। बस्ती के लोगों से कटता जा रहा था वह। अपने शनिवार को अगर सीमा के गाँव में नहीं बिताता तो रविवार जरूर बिता आता था। होरिल ने उसके साथ यही शिकायत की थी कि यार, अब तो तुम दिखायी ही नहीं पड़ते, तभी वह उसे और सूर्य को अपने साथ लिये सीमा के गाँव पहुँच गया था।

घर के भीतर बैंठे उन पच्चीस-तीस लोगों को वह बारी-बारी से देखता रहा। कई चेहरों को देखे महीना हो चला था। क्या इसीलिए उस दिन फरीद ने कह दिया कि अब तो तुम बड़े आदमी बन गये हो, हमारा खयाल तो अब तुम्हें कम ही

रहेगा। वह एकदम मदन के सामने बैठा हुआ था। वह उसे एकटक देखता रहा। मदन के चेहरे की उस सौम्यता और बच्चों के-से भोलेपन को निरखता रहा। जिस आदमी का उसके ऊपर इतना एहसान है, उससे भी वह कटा हुआ है।

बचपन की निर्दोषता में उसके मुंह से निकला वह वाक्य उसके ज़ेहन में खलबला उठा—'मन चाचा, तुम मेरे बाप क्यों नहीं हुए ?' और मदन ने उसे गले से लगाकर उसके कान में धीरे से कहा था—'मैं तुम्हारा बाप ही तो हूँ।' उसके मन में आया कि अपनी जगह से उठकर वह मदन के पास पहुँचे और उसके गले लग जाये। उसके मन ने चाहा···पर मस्तिष्क ने आज्ञा नहीं दी। वह बैठा रहा। अपनी बस्ती, मजदूरों, उनकी हालत और मदन—वह इन्हीं खूंटियों के बीच चक्कर काटता रहा।

रामायण के बाद आधे घण्टे तक धर्म-चर्चा होती रही। इस बीच भी परकाश के भीतर वही कशमकश बनी रही। जब सभी लोग जाने लगे तो उसने मदन को बैजू का कन्धा थामे जाते देखा। सभी लोगों के चले जाने पर भी वह जहाँ खड़ा था वहीं खड़ा रहा। उस दिन जब हनीफ से मिलने समुद्र गया था तो प्रवाल-मुंडेर के बीच उसने जिस बड़े-से ज्वार-भाटे को उठते देखा था, वह उसी को अपने भीतर महसूसता रहा। समुद्र का वह भाटा तो दहाड़कर फिर समुद्र ही में छितर गया था लेकिन उसके भीतर का वह ज्वार एक भारी ताकत की तरह उसे लगातार दबाये जा रहा था।

घर पहुँचने पर सीता ने उसके आगे जो भोजन परोसा, वह अनछुआ रह गया। दिन-भर की थकी-मांदी उसकी माँ सो गयी। परकाश बैठा रहा। सोचता रहा अपने इधर के जीवन के बारे में। मदन ने उसे बताया था कि जीवन तो श्रम और संघर्ष के लिए मिलता है और समय हो तो थोड़े प्यार और त्याग के लिए भी। वह उठा और खाट पर लेट गया। वह तो समय मिलने पर खुदगर्जी से ही चिपका हुआ है। उसे तो शायद प्यार भी नहीं आता, तभी तो सीमा कहती है—तुम्हें प्यार नहीं आता। और उसे भी लगता है कि सचमुच ही उसे प्यार नहीं आता। वह सीमा के सम्मुख होता या उससे विमुख, प्यार से अधिक उसकी सुन्दरता के बारे में ही सोचता था। सीमा लावण्य से भरी थी···परकाश उसी तासीर से आकर्षित था। उसी कशिश का दीवाना था वह। और इसमें प्यार से कहीं अधिक खुदगर्जी का ही भाव था।

परकाश का दिमाग जब थक जाता तो वह न जाने कैसी-कैसी बातें सोचने लगता था। दिमाग को थका मानकर उसने चाहा कि सोचना बन्द कर दे, लेकिन इस प्रक्रिया को मानने से उसका मस्तिष्क इन्कार करता रहा। वह केवल नींद ही हो सकती थी जो उसे सोचने से रोक दे। लेकिन उसकी वह नींद भी उस सर्दीभरी रात में न जाने कहाँ घूमती रही!

बस्ती के ग्यारह घरों के मर्द गोरे मालिकों के बिछाये जाल में आ गये थे। उन

ग्यारह घरों में तीन तेलगू थे और बाकी आठ तमिल। मीरा को यह जानकर बड़ा दुख हुआ कि तीनों तेलगू परिवार बस्ती बदलने का निर्णय ले चुके हैं। मीरा ने नरसीमूलू की माँ से पूछा, "तुम इतने वर्षों से हमारे साथ रहकर अब अन्तिम दिनों में कहाँ जाने की सोच रही हो ?"

"का बोली बेटी ! हमार समझ में त कुछ अयते नैं बा। न जाने ई वीरेनवा के का हो गईल बा !"

"पर जाओगी कहाँ ?"

"बोलत रहल होने एगो बस्ती बा। ऊ कोठी ओला मालिक बड़ा निमन बा और हुआँ सब कोरोंगी लोग ही रहेला।"

"यह कोरोंगी क्या है चाची ?"

"ईहे हमनीं के जाति। तेलगू।"

"तो तुम अपने को हिन्दू नहीं मानतीं ?"

"अरे हम हिन्दू नाहीं त का कटवा हैं ?"

"तो फिर यह अलग क्यों बता रही हो अपने को ?"

"ई वीरेनवा के कपार में न जाने के कोंची डाल देले बा।"

"नहीं चाची ! तुम्हें उसे मनाना होगा। यह गाँव तुम्हारा बसाया हुआ है। तुम इसे नहीं छोड़ सकतीं।"

"छोड़े के बात सुनके त हमर करेजा फाटत बा। कौन-कौन दुख सह के हम लोग किसन भैया के साथ हैजा पहुँचल रहनी स। हियाँ के एक-एक लयका के जनमत देखले हैं। घाम-पानी, दुख-सुख सबके साथ सहले हैं। हम जानत हैं ई सब खून पिवा गोरवन के करतूत ह।"

"चाची, तुम सही कह रही हो। जो तुम हो वह हम भी हैं और जो हम हैं वह तुम भी हो। तुम वीरेन को समझाना। कहना, इस बहकावे में न आये।"

"ऊ जाय अपन अकेले। हम हियाँ से कहूँ नैं जाब ! हियाँ के जोन चौखट में जाब हुआँ एक मुट्ठी खाई के मिल जाये।"

तीन दिन बाद नरसीमूलू की माँ लाठी टेकती हुई मीरा के घर आ पहुँची। आते ही उसने चाय माँगकर पी और तब कहा कि तीनों तेलगू परिवारों में से कोई भी बस्ती नहीं छोड़ेगा। उसने सभी से कह दिया है कि उनमें से एक भी बस्ती छोड़ने की बात करेगा तो वह अपनी ओढ़नी से गला कस लेगी।

तमिल घरों में मीरा सोंद्रों के घर से लौटी थी। वे आठों घर बस्ती छोड़ना तो नहीं चाह रहे थे, पर अपनी एक अलग सभा बनाना चाहते थे। मीरा ने यह बात परकाश से पहले मदन को बतायी। मदन ने कहा—

"हमें उन्हें अपना अलग मन्दिर या सभा बनाने से नहीं रोकना चाहिए। बस्ती में एक मन्दिर, एक सभा ज्यादा होने से हमारा ही कल्याण है। वे हमारे भी तो होंगे। तुम परकाश से कहना कि वह उन्हें अपनी चीजें बनाने दे, साथ-ही-साथ यह भी खयाल रखे कि उन्हें उस सभा से न निकलने दे, जिसमें वे आज हैं। दस

बैठकाओं, सभाओं और मन्दिरों के होते हुए भी हम एक रह सकते हैं—अब यही कोशिश होनी चाहिए, क्योंकि विभाजन का जहर फैलाया जा चुका है। अगर उनके कुछ अलग रस्म-रिवाज हैं तो उन्हें हमें भी स्वीकारना होगा, जिस तरह आज तक वे हमारे रस्म-रिवाजों को स्वीकारते आये हैं। हमसे एक बहुत बड़ी भूल यह हो चुकी है कि हमने बटोही मियाँ को जाने दिया। अगर यह बात मुझे पहले से मालूम होती, तो ऐसा नहीं होता। खैर, अब भी देर नहीं हुई है। इन सभी लोगों से एक-एक करके मिलना बहुत जरूरी हो गया है।"

मीरा ने जब परकाश को मदन का निर्णय बताया तो उसे खुशी हुई।

खेतों से लौटती हुई मीरा को सुगूनवा और अनुराधा मिल गये। दो दिन पहले मीरा ने बैजू के हाथों अनु के यहाँ सतवा भेजा था। जब अनु ने बताया कि दोनों उसी के यहाँ जा रहे थे तो मीरा बोली—

"लगता है, सतवा ने तुम दोनों को याद दिलायी कि बस्ती में हम लोग भी रहते हैं, नहीं तो तुम तो भूल ही गये थे।"

"अरे नहीं मीरा दीदी! हमारे यहाँ दो बच्चे क्या हैं, दस के बराबर हुड़दंगी हैं। नाक में दम कर देते हैं।"

"उन्हें साथ क्यों नहीं लाये?"

"तब तो तुम यह जरूर मनाने लगतीं कि हम कभी तुम्हारे यहाँ आयें ही नहीं।"

"क्यों, दोनों इतने नटखट हैं क्या?"

"मेरा तो जीना हराम कर देते हैं। छोटा तो अभी डेढ़ साल का है, लेकिन आफत है।"

घर पहुँचकर मीरा दोनों को अपनी मौसी के पास बिठाकर हाथ-पांव धोने चली गयी। उधर से लौटी तो अनु ने अपने हाथ की टोकरी उसे थमा दी।

"यह क्या है?"

"दूधपीठी बनायी थी। थोड़ी-सी तुम्हारे लिए ले आयी हूँ।"

"तुम दोनों मौसी से बातें करो, मैं चाय बना लाती हूँ।"

"तुम भी बैठो, थकी-माँदी आयी हो।"

"पहले चाय बना लूं।"

"यह चाय-पानी का वक्त थोड़े ही है। हम तो यहाँ से खाये बिना जायेंगे नहीं।"

"मैं भी तुम लोगों को यों थोड़े ही जाने दूंगी।"

"अच्छा बोलो, क्या पकाओगी?"

"खेत से मान्योक ले आयी हूँ। उसी की रोटी तुम दोनों को आज खिलाऊँगी।"

सुगूनवा ने अपनी चुप्पी तोड़ी, "वाह, सफेद कन्द की रोटी! अब तो खाने के लिए रुकना ही पड़ेगा।"

"पर मीरा दीदी, तुम इतनी देर से घर लौटती हो?"

"सूरज का उगना और डूबना खेतों में ही जो देखना पड़ता है।"

"फिर तुम आराम करो। चीज़ें ला दो, मैं पकाती हूँ।"

"क्यों नहीं, ताकि कल मैं तुम्हारे घर पहुँचूं तो मुझे भी पकाना पड़े!"

"तुम थकी हुई आयी हो!"

"हम तो इसके आदी हो गये हैं। तुम देखो, मैं कितनी जल्दी पकाती हूँ। मैं पहले मान्योक उबलने के लिए चूल्हे पर चढ़ा दूं, फिर साथ बैठकर बैंगन को काटेंगे।"

सुगूनवा अपने स्थान से उठ खड़ा हुआ, "मैं मदन भैया से मिल आता हूँ।"

"मैं भी तो उससे मिलूंगी।"

"ठीक है, तुम दोनों मिल आओ।"

"मैं केवल भेंट कर आती हूँ, ताकि तुम्हारा हाथ बंटा सकूं।"

"यहाँ हाथ बंटाने का सवाल ही नहीं है। जिन-जिन लोगों से मिलना है, तुम मिल आओ।"

दोनों के चले जाने पर मीरा ने सफेद कन्दों से छिलके उतारे। उन्हें काटा और उबलने के लिए चूल्हे पर चढ़ा दिया। वह अभी बैंगनों को काट ही रही थी कि अनुराधा मदन से मिलकर लौट आयी। जब उसने मीरा से हाथ बँटाने की इच्छा जाहिर की तो मीरा उसे पकड़े-पकड़े अपनी मौसी के पास बिठा आयी— "तुम मौसी से बात करो।"

बैंगनों को दूसरे चूल्हे पर चढ़ाकर मीरा ने जूठे बरतन खँगारे। सिल पर इमली की चटनी पीसने के बाद वह जब मुट्ठी-भर आटे के साथ उबले हुए सफेद कन्द को रूंधने लगी तो अनुराधा उसकी बगल की चौकी पर आ बैठी और बेलने को हाथ में लेकर बोली, "मैं बेलूंगी, तुम सेंकते जाना।"

"तुम माननेवाली नहीं!"

और यही हुआ। मीरा ने तवे को चूल्हे पर चढ़ाया, मान्योक के लोयों को एक-एक करके अनुराधा को देने लगी।

"मैं मान्योक की रोटी पका तो रही हूँ, पर पता नहीं तुम लोगों को पसन्द आयेगी या नहीं।"

"क्यों पसन्द नहीं आयेगी?"

"गरीबों का खाना है।"

"तो तुम हमें धनी समझती हो?"

"तुम गरीब थोड़े ही हो। अच्छा, यह तो बताओ, तुमने कभी मान्योक की रोटी खायी है?"

"हमारे यहाँ कभी पकी ही नहीं।"

"चावल है, मैं थोड़ा-सा चढ़ाये देती हूँ।"

"क्यों?"

"पता नहीं, तुम लोगों को यह रोटी अच्छी लगेगी या नहीं।"

"इसकी सोंधी गन्ध ने तो अभी से भूख बढ़ा दी है !"

सुगूनवा अपने साथ मदन को लिये लौटा। मीरा ने सबसे पहले अपनी मौसी को खाना परोसा और फिर सुगूनवा, मदन और अनु के आगे थालियाँ रख दीं। घर में कुल मिलाकर चार ही थालियाँ थीं। अनुराधा यह बात जान गयी थी, इसीलिए जब सुगूनवा ने चाहा कि मीरा भी साथ बैठ जाये तो अनु चुप रही। उसने उसके अनुरोध का अनुमोदन नहीं किया।

सफेद कन्द की रोटी के पहले ही टुकड़े को मुंह में रखकर सुगूनवा कह उठा, "अब तो लगता है कि हर हफ्ते कम-से-कम एक बार इधर आना ही पड़ेगा।"

"देखती हूँ न, कितनी रोटियाँ खाते हो ?"

"तुम्हारे ऊपर तरस खाकर तुम्हारे लिए कम-से-कम दो रोटियाँ तो छोड़नी ही पड़ेंगी।"

मदन हँस पड़ा। बोला, "मैं तुम्हारी उम्र का था तो ऐसी-ऐसी सात रोटियाँ खाने की सामर्थ्य रखता था···पर रोटियाँ कठिनाई से दो ही मिल पाती थीं।"

वह फिर हँस पड़ा।

अतीत की याद दर्द न दे जाय, इसलिए मदन पहले ही हँस पड़ा था। उसके अपने भीतर किसी कोने में तो आज भी वे दिन जीवित थे जब उसकी माँ हांडी को खँखोरकर मुट्ठी-भर आटा बटोर पाती थी और कठिनाई से आधे तवे की एक रोटी पका पाती थी। उस एक रोटी से कभी चार, कभी पांच पेटों की भूख मिटानी पड़ती थी।

मदन के चेहरे के उस भाव को देखकर मीरा जान गयी कि उसे अपना बचपन याद आ गया है। वह यह भी जानती थी कि मदन अपने बचपन को याद करना नहीं चाहता। पर जब वह याद आ ही जाता है तो अपनी गरदन को पीछे लुढ़काकर उस उदासी को एक थकान की तरह झेल लेता है। इस वक्त भी मदन ने अपनी गरदन को पीछे लुढ़काना चाहा लेकिन तभी उसे खयाल आया कि उसके आगे भोजन-भरी थाली है और उसने गरदन को पीछे जाने से रोक लिया। आगे की ओर झुकाकर उसने रोटी तोड़ी और बैंगन की तरकारी में बोर कर मुंह तक पहुँचा लिया।

यह पुष्पा की सीख थी—मदन बेटा, अन्न सामने हो तो उदास नहीं होना चाहिए। अन्न का अपमान होता है। उस दिन जब परकाश ने उससे पूछा था कि मन चाचा, तुम मेरे बाप क्यों नहीं हुए तो उसे अपना बचपन याद आ गया था, पर उसने परकाश पर उसे जाहिर नहीं होने दिया था। एक बार उसने भी पुष्पा के गले में बाँहें डालकर कहा था—तुम मेरी माँ क्यों नहीं बनीं ?···एक मुद्दत बाद पुष्पा का वह उत्तर सीता ने मदन को दिया था—

"तुम बड़े भागवाले हो मदन ! एक ही औरत में तुम्हें सब कुछ मिल गया है। मीरा सचमुच ही तुम्हारे लिए सब कुछ है।"

"हाँ सीता !"

"तुम्हारा खयाल रखने में वह कभी माँ भी बन जाती है।"

इसी बात पर मदन ने बहुत पहले एक बार मीरा से पूछा था, "आखिर तुम मेरी कौन हो मीरा ?"

मदन ने जब बार-बार यही प्रश्न किया था तो मीरा बोल पड़ी थी—

"मैं तुम्हारा कौन, यह तो मैं नहीं जानती पर तुम मेरे कौन हो, यह मैं भली भाँति जानती हूँ।"

"कौन हूँ मैं तुम्हारा ?"

"सभी कुछ।"

एक दिन समुद्र के किनारे काली चट्टानों पर खड़े होकर ज्वार-भाटे के झंझावात को चेहरे पर झेलते हुए भावुकतावश मदन ने भी मीरा से यही कहा था—

"तुम तो मेरी सभी कुछ हो मीरा !"

तब उसकी आँखें थीं। अपनी भावुकता-भरी बातों के असर को मीरा के चेहरे पर देखकर वह दहल उठा था—भय से नहीं, मीरा की आँखों में चमक उठे उस विश्वास से। उसे लगा था कि यदि उस वक्त मन्दिर का पुजारी भगवान के भी साथ आकर यह कहता कि मीरा ! तुम इस व्यक्ति की बातों पर विश्वास मत करो, तो मीरा का विश्वास शायद भगवान से भी उठ जाता।

आज उसी मीरा के प्रति मदन अपने रिश्ते का निर्णय नहीं कर पा रहा।

ज़ीनत चाची ने उससे कहा था कि रिश्ते समझने से नहीं, बल्कि बनाने से बनते हैं।

"क्या मतलब चाची ?"

"तुम कब तक ऐसा करोगे ?"

"क्या कर रहा हूँ मैं ?"

"ऊपर अल्लाह मियाँ के यहाँ से बन आये रिश्ते को कबूल नहीं फरमा रहे।"

"मैंने कब तुम्हें अपनी चाची नहीं माना ?"

"मीरा को अपनी बीवी क्यों नहीं बनाते···?"

पाँच

तीन तरफ पहाड़ों से घिरे उस गाँव में दो दिन पहले जिस मज़दूर को दिन-दहाड़े खेतों में गोली मार दी गयी थी वह भरतलाल का भतीजा बलराम था। इसकी खबर भरतलाल को दो दिन बाद ही मिली थी। रविवार का दिन था। परकाश

सीमा से मिलने जा रहा था कि भरतलाल और उसकी पत्नी दोनों उसे रास्ते में मिले और परकाश सीमा से मिलने न जाकर उनके साथ हो लिया। परकाश बलराम को जानता था। वह कभी भरतलाल के यहाँ भी रह चुका था। पढ़ाते समय मदन उसे बड़ा ही होनहार कहा करता था। जिला स्टेशन से करीब चार मील के भीतर थी वह बस्ती। चक्करदार पगडण्डी कभी पहाड़ के ऊपर ले जाती प्रतीत होती, कभी खुले हुए पश्चिमी भाग से समुद्र की ओर। बौर से लदे आम के बगीचे की बगल से होकर लोग बस्ती में पहुँचे।

पचहत्तर घरों की उस बस्ती में परकाश को कोई ऐसा आदमी नहीं मिला जो उसे बलराम की हत्या का कारण बता सकता। जब हत्या हुई थी सभी मज़दूर खेत में थे पर कोई यह नहीं बता पा रहा था कि गोली किसने चलायी और क्यों? जो भी मिला, आँखों में आतंक और भय लिये हुए था। यहाँ तक कि भरतलाल का भाई भी चुप रहा। बलराम की माँ और दोनों बहनें शुरू से अन्त तक रोती रहीं। दाह-क्रिया एक दिन पहले हो ही गयी थी। पुलिस न तो उससे पहले आयी थी और न उसके बाद। पूछने पर पता चला कि पुलिस थाना भी वहाँ से डेढ़ मील के फासले पर है। हत्या की खबर पाकर भी पुलिस नहीं आयी, इस बात से परकाश को आश्चर्य नहीं हुआ। आश्चर्य उसे वहाँ के लोगों की चुप्पी से हो रहा था।

परकाश उन बस्तियों के बारे में बचपन से ही सुनता आ रहा था, जहाँ मज़दूरों की स्थिति बदलने लगी थी। ये बातें सुनकर वह अपनी बस्ती की दशा पर सोचने लगता था। पर जब उसे इधर-उधर के कुछ गाँवों और बस्तियों को देखने का अवसर मिला तो वह अपनी बस्ती की दयनीयता पर और भी अधिक दुखी हो गया। उसने कभी नहीं सोचा था कि उसकी अपनी बस्ती से बदतर स्थिति किसी दूसरी बस्ती की भी हो सकती है।

तीनों ओर पहाड़ों से घिरे इस गाँव की दशा देखकर उसे लगा कि टापू में अभी कुछ बस्तियाँ उसकी अपनी बस्ती से भी खराब हालत में हैं। उसने सुन रखा था कि कोई पचास साल पहले जब भारतीयों का इधर आना शुरू ही हुआ था, तब लोग मुँह खोलते डरते थे। पर वही स्थिति तो वह आज भी इस बस्ती में देख रहा है। इतने वर्षों बाद वही खामोशी साधे रहनेवाली स्थिति परकाश को ओकाई-सी दे गयी। वह अपने-आपसे पूछ बैठा—क्या किसनसिंह का सारा किया-कराया, मदन के सभी संघर्ष, उतनी सजाएँ, वे सारे बलिदान—सभी निरर्थक गये? क्या उस दिन प्रेमसिंह का यह कहना मजाक नहीं था? क्या यह सच है कि हमारे लोगों की धमनियों में खून नहीं, घोंघे का पानी भरा है? वह यह नहीं समझ पा रहा था कि बलराम का बाप, उसकी माँ, उसकी बहनें सभी क्यों चुप हैं? अपने बेटे की इस हत्या पर कम-से-कम बलराम के बाप का तो निर्भय होकर हत्यारे का नाम लेना चाहिए।

हत्यारा कौन है? कौन हो सकता है कोठी के मालिक या उसके किसी सरदार के अलावा? लोगों को किस बात का भय था? अपने प्राण का? परकाश ने अपने

आपसे कहा— नहीं। तो फिर ? लोगों को अपनी नौकरी के चले जाने का भय है।

परकाश का यह सोचना ही सही था। कोई घण्टे-भर बाद गाँव के बेकार और जंगली फलों को खाकर जिन्दगी गुजारनेवाले सोहना ने परकाश को बताया कि उसे किसी का डर नहीं है। कोई उसे नौकरी से बाहर नहीं कर सकता, इसलिए वह सभी कुछ बताकर रहेगा। उसने अपनी कहानी से बात शुरू की—

"मैं इस गांव का सबसे मजबूत आदमी था। तीन पंजों का एक पंजा उठाता और लादता। लेकिन एक दिन मेड़ पर पत्थर चढ़ाते समय जो नीचे लुढ़का तो कमर की हड्डी टूट गयी और तब से बेकार हूँ। बड़ा कठिन होता है बेकार रहना। बेकारी की हालत में जब मुझे औरत भी छोड़ गयी तो मैंने बस्ती ही छोड़ दी। अब न किसी का खाता हूँ, न पीता हूँ। जंगल का खाता हूँ, जंगल का पीता हूँ। बलरमवा मेरा दोस्त था। मैं जानता था, वह एक-न-एक दिन मारा जायेगा। मैं उससे कहता था, सरदारों और मालिक के मुँह मत लग। उसने मेरी बात नहीं मानी। गोली खानी पड़ी। मालिक ने उस पर उसी तरह गोली चला दी होगी जिस तरह वह खरगोशों पर चला देता है।"

उसके चुप हो जाने पर परकाश ने पूछा, "क्यों ?"

"उसने मालिक से तर्क करने की कोशिश की होगी।"

"इसी पर मालिक ने गोली चला दी होगी ?"

"हाँ। खेतों की शर्त है कि काम के वक्त कोई मुँह न खोले।"

"यहाँ तो लोग अपने-अपने घरों में भी मुँह खोलने से डरते हैं।"

"सब डरपोक हैं। गिरमिटया हैं। मैं मुक्त हूँ। किसी से नहीं डरता, किसी की परवाह नहीं करता।"

बस्ती छोड़ने से पहले परकाश जान गया कि सोहना का अनुमान सही है। बलराम मालिक की गोली से मरा था और मालिक से तर्क करने के कारण ही मरा था। भरतलाल और उसकी पत्नी के साथ परकाश जब बस्ती में लौटा तो रात हो चुकी थी। वह उसके जीवन की एक और नींदविहीन रात थी। करवटें लेता हुआ वह उस बस्ती के बारे में सोचता रहा। दर्दनाक थीं वे यादें। रात के सन्नाटे में उसके कानों में पहाड़ों के बीच से आते हुए गांधीजी के उन स्वरों की प्रतिध्वनि भी गूंजती रही—

···शिक्षा और राजनीतिक चेतना।···भारतीयों को शिक्षा और राजनीतिक चेतना चाहिए।···इन्हीं दो हथियारों से अपने हक की लड़ाई लड़ी जा सकती है। ···बिना राजनीतिक चेतना के अत्याचारों और शोषण को रोका नहीं जा सकता। ···राजनीति में भाग लेना है। विधानसभा तक पहुँचना है।···इसी में अपनी इज्जत बनेगी। अपना हक हासिल होगा···।

परकाश करवटें लेता रहा। रात लम्बी थी। उस लम्बी रात में वह अपने से लम्बी बहस करता रहा।

गांधीजी के कथनानुसार उसने केवल शिक्षा हासिल की थी, पर उससे आगे

कुछ नहीं। और यह शिक्षा भी केवल उसी के काम आ रही थी। गाँधीजी के कहने का मतलब यह नहीं था। उन्होंने तो शिक्षा की बात इसलिए की थी, ताकि अपने लोगों की माँगों और अधिकारों को व्यवस्था के सामने रखे जाने की योग्यता आ जाय। परकाश ने अपनी माँ की आवाज़ भी अपने कानों में बजते हुए सुनी — 'किसनसिंह कहते थे, परकाश का अर्थ होता है रोशनी। तुम्हें अपने सभी लोगों के लिए रोशनी बनना है।'

पर उसने तो अपने ही लिए रोशनी बनने में जीवन की सार्थकता मान ली है।

मदन की आवाज़ें भी उसके कानों में उबलते पानी की तरह खौलती रहीं। उसने भी यही चाहा था कि परकाश सभी का प्रकाश बने। उसे पढ़ाया था। पढ़ाया था इसी मकसद से।

परकाश ने एक लम्बी सांस ली—मन चाचा!

नींद के अभाव में उसने चाहा कि सुबह जल्दी हो जाये, लेकिन सुबह तो तभी हुई जब उसे होना था। और उसके होते ही परकाश मदन के यहाँ दौड़ गया।

परकाश मदन के यहाँ डेढ़ घण्टे तक रहा। और जब मीरा वहाँ पहुँची तो दोनों से कहीं अधिक खुश हो उठी। एक ही कटोरा चाय में मदन और परकाश दोनों ने मीठी चुस्कियाँ लीं। मदन की चुप्पी पर परकाश अपने-आपसे पूछता रहा कि मदन के बिना वह तीन महीने कैसे बिता पाया? मदन के घर पहुँचकर परकाश ने कुछ कहा नहीं था। वह खामोशी के साथ उसके पाँवों को छूकर उससे लिपट गया था और तब तक उसी तरह लिपटा रहा था, जब तक अपने कन्धे पर मदन के गरम आँसुओं का आभास नहीं मिल गया।

कई मिनट बीत गये थे और दोनों के मुँह से एक भी शब्द नहीं निकल पाया था। उस लम्बी खामोशी में दोनों तरफ से हिलोरें लेते रहे थे तीन महीनों के पश्चात्ताप, बिरह, यातना और आपसी प्रायश्चित। फिर दोनों की आँखों से उमड़ आयी थी खुशियों की बाढ़।

"मेरी ही भूल थी परकाश!"

"नहीं मन चाचा, भूल मेरी थी।"

फिर मौन हो गये थे दोनों। और उनकी बेशुमार साँसें एक-दूसरे से मिलकर एक दीर्घश्वास बन गयी थीं।

"कल तक लगता था कि तुमसे मिले वर्षों हो गये हैं परकाश, लेकिन आज लग रहा है कि कल ही तो बिछड़े थे। खैर छोड़ो। बताओ, तुम्हारा अध्यापन-कार्य कैसा चल रहा है?"

"वह तो अच्छी तरह से चल रहा है। लेकिन अपने लोगों की स्थिति अच्छी नहीं है। उसमें कोई सुधार आने की गुंजाइश नहीं दीख रही।"

"वह तो धीरे-धीरे आयेगा।"

"उधर से तो कोशिश यह हो रही है कि वह सुधार आये ही नहीं।"

"हमारे बच्चे पढ़ने-लिखने लगे हैं। गांव का स्कूल भी तीन-चार महीनों में तैयार हो जायेगा। तुम अध्यापक बन गये···सुधार तो आ ही रहा है धीरे-धीरे।"

"साथ-ही-साथ हमें बांटने की प्रक्रिया भी तो चल पड़ी है।"

"हाँ। इसे रोकने के लिए तो कुछ-न-कुछ करना ही पड़ेगा।"

"कल मैं भरतलाल चाचा के साथ जिस गांव में गया था, वहाँ तो आज भी मज़दूर को कुत्ते की मौत मरना पड़ रहा है और लोगों के मुंह तक नहीं खुल पाते।"

"मुझे मालूम है उस बस्ती की कहानी। बलराम को इसलिए गोली का शिकार होना पड़ा, क्योंकि वह मजदूरों को संगठित करने में लगा हुआ था। बलराम की मृत्यु मेरी योजना की बहुत बड़ी असफलता है।"

"तुम्हें कैसे मिली उसकी मौत की खबर?"

"वह खबर मुझे ही मिली थी और मैंने भरतलाल को बताया था।"

"पुलिस ने उस मामले में कोई दिलचस्पी नहीं ली है।"

"यह भी मुझे मालूम है।"

"इसको ऐसा ही छोड़ दिया जाये?"

"नहीं। ऐसे ही नहीं छोड़ सकते।"

"पर हम इतनी दूर से कर क्या सकते हैं?"

"मैं कल मज़दूरों के रक्षक से मिलने जा रहा हूँ। सुना है, भारत से एक वकील आया हुआ है। मैं उससे भी मिल रहा हूँ। पुलिस को अगर इस तरह कोठीवालों के हाथों छोड़ देते हैं तो अनर्थ हो जायेगा।"

"मुझे तो लगता है कि पहले उस बस्ती के लोगों के भय को मिटाना होगा, उनकी उस खामोशी को तोड़ना होगा।"

"वह तो तभी हो सकता है परकाश, जब बस्तीवालों को यकीन हो जाये कि पुलिस दूसरी ओर मिली हुई नहीं है।"

और तभी मीरा आ गयी थी हाथ में कटोरा लिये। तत्काल उससे भी बोला नहीं गया था। गरम चाय का कटोरा उसके हाथों में कांप गया था। लेकिन वह डर का नहीं, खुशी का कम्पन था।

परकाश को रेलगाड़ी पकड़नी थी, इसलिए मदन के यहाँ से निकलकर वह अपने घर पहुँचा और जल्दी-जल्दी तैयार होकर स्टेशन के लिए झपट पड़ा। सूरज की किरणें पत्तों के बीच आंख-मिचौली शुरू कर चुकी थीं। उसे डर था कि कहीं गाड़ी न छूट जाये, फिर उसके भीतर की खुशी भी उसे दौड़ने को उत्तेजित कर रही थी। वह दौड़ गया। उसके अपने खयाल भी दौड़ गये—उसे खुशी थी कि वह मदन से मिल आया। पुरानी आत्मीयता फिर वापस आ गयी थी···लेकिन क्या यह समझौता जायज था? उसने तो मीरा की खुशी के लिए अपने को प्रतिबद्ध कर लिया था। आज उसने अपनी उस प्रतिबद्धता को खण्डित तो नहीं कर दिया? उठते

कदमों के साथ ही उसका अपने-आपसे तर्क भी जारी रहा—नहीं। यह समझौता नहीं है। वह मीरा को भूला नहीं है। उसका अपना प्रण आज भी बना हुआ है। वह मदन को मनाकर रहेगा।···यह तो जो कुछ उसने किया, वह पूरे मज़दूर समुदाय के हित के लिए किया है। मदन के बिना वह अकेले उस लड़ाई को नहीं लड़ सकता। अध्यापक बन जाने के बाद तो उसमें और भी शिथिलता-सी आ गयी है···उस बस्ती में न गया होता तो शायद इतना विचलित भी न होता और अपने मज़दूर साथियों के प्रति अपने दायित्व का आभास भी नहीं पाता।

उसे सीमा की भी याद आयी।

वह उससे मिलने नहीं गया। सीमा उसकी प्रतीक्षा में बेताब होगी। उसने सोचा, स्कूल पहुंचते ही वह सीमा को पत्र लिखेगा। लौटते वक्त पूरी सम्भावना थी कि प्रेमसिंह उसे स्टेशन पर मिल जाये। वह उसके हाथों चिट्ठी भिजवा सकता है। लिखेगा—सीमा, मुझे माफ कर देना। मैं तुम्हीं से मिलने आ रहा था कि···। वह सीमा को आश्वासित कर पायेगा कि उन दोनों की उस व्यक्तिगत मुलाकात से कहीं अधिक महत्त्वपूर्ण था उस बस्ती में पहुंचकर वहां की हालत से अवगत होना।

रास्ते में वह रह-रहकर दौड़ा न होता तो गाड़ी सचमुच छूट गयी होती। गाड़ी की सीटी बजी ही थी कि वह प्लेटफार्म पर जा पहुंचा। शहर में शायद कोई जलसा था। गाड़ी खचाखच भरी हुई भी। खड़े-ही-खड़े उसे यात्रा पूरी करनी पड़ी। शहर पहुंचकर जब उसने स्टेशन की घड़ी देखी तो पता चला कि गाड़ी देर से प्लेटफार्म पर पहुंची है, इसीलिए उसे मिल पायी। स्कूल की घण्टी बज गयी होगी, यह सोचकर वह झपट पड़ा। बांस के सहारे दोनों छोरों पर बंधी दो वजनदार टोकरियों को कन्धे पर ढोते हुए चीनी से वह टकराया। दूसरे कदम पर एक साइकिलवाला उसे खरी-खोटी सुना गया।

स्कूल पहुंचा, तो कक्षाएं शुरू हो चुकी थीं। उसकी कक्षा में मुख्य अध्यापक उसी की प्रतीक्षा करता हुआ मिला। देर से पहुंचने पर मुख्य अध्यापक ने उसे झिड़कियां सुना ही दीं। कक्षा से बाहर होते हुए उसने परकाश के हाथ में एक चिट्ठी थमा दी। उसके चले जाने के बाद छात्रों को एक छोटा-सा लिखित कार्य देकर परकाश ने सांस ली। कुर्सी पर बैठकर पत्र खोला। बोर्ड का पत्र था वह। उसे आदेश मिला था कि वह शनिवार को बोर्ड के सदस्यों के सामने उपस्थित हो।

पत्र को चपोतकर उसने अपने से उस उपस्थिति के तकाजे का कारण जानना चाहा। तभी उसे याद आयी मुख्य अध्यापक की वह चेतावनी—तुमने स्कूल के संचालन-कार्य में हस्तक्षेप की कोशिश की है। तुम्हें बोर्ड के सामने सफाई देनी होगी।

उसे बोर्ड के सामने कारण बताना है कि आखिर स्कूल के होनेवाली ईसाई प्रार्थना के खिलाफ उसने आवाज़ क्यों उठायी ?

वह अपनी जगह से उठकर क्षण-भर के लिए श्यामपट और बच्चो के बीच खड़ा रहा। बगल की दूसरी कक्षा से सामूहिक पढ़ाई का शोर शुरू हो चुका था। उस शोर को भी थोड़ा कम करने की जब परकाश ने माँग की, ताकि उसकी अपनी आवाज़ छात्रों तक पहुँच सके, तो भी उसे खरी-खोटी सुना दी गयी।

उसने चाहा कि वह सभी बातों को भूल जाये। उसने खड़िया उठायी और अपने छात्रों के पीछे जाकर संशोधन-कार्य में व्यस्त हो गया।

उसने तो इस स्कूल में आते ही सभी अध्यापकों के साथ उसी तरह घुलमिल जाना चाहा था, जैसे वह खेतों के बीच सभी मजदूरों के साथ रहता था। पर उसके बार-बार चाहने पर भी स्कूल के बाकी अध्यापक उससे फासला बनाये हुए थे। पहले तो उसे लगा कि उसके साँवली चमड़ी के कारण वैसा हो रहा है, लेकिन कई अध्यापकों की चमड़ी तो उससे भी साँवली थी। प्रेमसिंह ने उससे कहा था—

"यह बहिष्कार तुम्हारी चमड़ी के कारण नहीं है, बल्कि तुम्हारी जाति के कारण है।"

"मेरी अपनी जाति का वह कौन-सा दोष है जिसके लिए मेरे साथ ऐसा व्यवहार किया जाता है ?"

"कुलियों की सन्तान होने से अधिक बड़ा कसूर और हो ही क्या सकता है ?"

"लेकिन हमारे कुछ लोग उनके साथ मिलकर उठ-बैठ तो रहे हैं !"

"वे तो वे लोग हैं परकाश, जो उनके धर्म को स्वीकारे बैठे हैं।"

"हम भी तो किसी के धर्म को नहीं अस्वीकारते।"

"अपने धर्म को जो नहीं अस्वीकारते।"

"क्या मतलब ?"

"जिस दिन अपने धर्म को अस्वीकार कर हम उनके आगे नतमस्तक होंगे, उस दिन उन्हें तुम्हारे कुली-सन्तान और साँवले रंग के होने की कोई परवाह नहीं होगी।"

"ऐसा क्यों ?"

प्रेमसिंह केवल मुस्कुराकर रह गया।

छात्रों के संशोधन-कार्य में लीन होकर भी परकाश अपने ही नुकीले प्रश्नों की चुभन से मुक्त नहीं हो पाया। उसे गन्ने के खेतों की याद आयी। वहाँ के शारीरिक शोषण से यहाँ का यह आन्तरिक शोषण उसे अधिक दर्दनाक लगने लगा था।

इस बार भी सीमा से परकाश का मिलना न हो सका। शनिवार को उसे स्कूल बोर्ड के सदस्यों के सामने हाजिर होना था। उसे दस बजे बुलाया गया था, पर बोर्ड की बैठक शुरू हुई साढ़े ग्यारह बजे। घण्टे भर तक उसके और सदस्यों के बीच बहस होती रही। निर्णय के विषय में सभा एकमत नहीं थी। एक पक्ष परकाश की हाजिर-जवाबी और दलीलों से प्रभावित था, तो दूसरा उसे धृष्टता कहकर सभा की तौहीन मान रहा था। अन्ततः परकाश को चेतावनी दी गयी कि वह आईन्दा स्कूल के संचालन और उसकी कार्य-नीति में दखल देने की चेष्टा न

करे। अध्यक्ष ने अपने ढंग से बड़ी ही शिष्टता के साथ अर्ज़ किया कि उसे बच्चों को पढ़ाने के लिए तनख्वाह दी जाती है, न कि सभा को अपने सुझाव देने के लिए।

रविवार को भी वह सीमा से मिलने नहीं जा सका, क्योंकि उस दिन मदन के सहयोगी तीन तरफा पहाड़ों से घिरे उस गाँव में मजदूरों की एक विशेष बैठक का आयोजन कर बैठे थे। मदन ने परकाश से कहा था कि उस सभा में उसका होना अत्यावश्यक था। सीमा को इस बीच परकाश कई बार पत्र लिखने की सोच-कर भी नहीं लिख पाया था। मदन से जब उसे पता चला कि प्रेमसिंह भी उस बैठक में पहुँच रहा है, तो उसने मन-ही-मन ठान लिया कि उसके हाथों सीमा को सन्देश भिजवायेगा।

वह तीन घण्टे लम्बी सभा रही। एक दिन पहले मदन मजदूरों के रक्षक के यहाँ से लौटा था। कोई खास सन्तोषजनक नहीं थी वह मुलाकात। उसने बस यह कह दिया था कि वह पुलिस अफसर से बात करके देखेगा। मदन जानता था कि उसका कोई विशेष परिणाम निकलनेवाला नहीं था। पहले भी कई बार वह इस तरह का उत्तर पा चुका था। मज़दूर-रक्षक सम्बद्ध ठौर पर जरूर पहुँचा था, लेकिन वहाँ पहुँचकर फिर मजदूरों की बस्ती में पहुँचना उसने कभी जरूरी नहीं समझा। मदन ने फरीद को साथ लिये हुए बहुत कोशिश की कि वह भारत से आये उस वकील से मिलकर उसे स्थिति से अवगत कराये और उसकी राय जाने, लेकिन चार घण्टे इधर-से-उधर चक्कर काटने के बाद भी वह उस वकील से नहीं मिल सका।

तीन तरफ पहाड़ों से घिरे उस गाँव की वह सभा तीन घण्टे इसलिए चली, क्योंकि उपस्थित पैंतालीस लोगों में से कोई कुछ बोलने को तैयार ही नहीं था। वह मदन का भाषण ही था, जिससे एक आदमी हिला और फिर उसका मुँह भी खुला। फिर तो देखते-देखते एक के बाद एक सभी मजदूर सहयोग के लिए तैयार हो गये। परकाश ने मन-ही-मन मान लिया कि मदन से उसका मिलना सार्थक रहा। वह खुश था कि गाँव के सभी गूंगे बोल पड़े। सभी विकलांग उठ खड़े हुए। मदन ने अपनी बातों को इस तरह रखा था—"आप लोग अपनी झिझक, अपने भय, अपनी चुप्पी से अपने को मालिकों के पंजों से तो बचा रहे हैं, लेकिन अपने बच्चों को हमेशा के लिए उन खूँखवार पंजों के हवाले कर रहे हैं। अगर आपके बाप और आपमें से कुछ लोगों को अपनी जन्मभूमि छोड़कर इसीलिए यहाँ आने की मजबूरी थी तो फिर ठीक है, आप अपनी बुज़दिली को बनाये रखें, हमें कुछ कहना नहीं। लेकिन अगर आप सात समन्दर पार अपने और विशेषकर अपने बच्चों के लिए एक बेहतर भविष्य के लिए पहुँचे हैं तो फिर आपको अपना यह लिजलिजापन छोड़ना होगा।"

एक आदमी उठा था, फिर दो, फिर तीन और फिर वह पूरा हुजूम खड़ा हो गया था। फिर तो आपस में बातें शुरू हुई थीं और सोहना सबसे पहले बोला था—

"मैं तो इस गाँव का खाता-पीता भी नहीं। क्यों खाऊँ ? जिस चावल-दाल को सरदारों के कुत्ते खाने से इन्कार कर जाते हैं वही बस्तीवालों को दे दिये जाते हैं। उनमें खुद्दी और खदखद पिलवा होते हैं। बस्ती के कुएँ का पानी इतना गन्दा होता है कि पीते वक्त आँख और नाक बन्द करने पड़ते हैं। इन सभी के बीच मैं इसलिए नहीं आता क्योंकि···इनके कपड़े देखो। इनके पास इनकी धुलाई का वक्त नहीं। ये सब गुलाम ही नहीं, कैदी भी हैं। हाँ, मैं सही कह रहा हूँ, सभी डरपोक हैं। जानवर की जिन्दगी जीते हैं। मुझे देखो ! अपना मालिक खुद हूँ। जंगलों में स्वच्छन्द घूमता हू।"

किसी ने बगल से मदन के कान में कहा कि उसकी इन बातों पर ध्यान न दिया जाये, वह पागल है। पर मदन को उसके स्वर में पागलपन नहीं मिला। कई लोग जब बात कर चुके तो मदन ने फिर से परकाश को उस योजना के बारे में बताने को कहा जिस पर दोनों ने तीन रात काम किया था। परकाश ने पहले तो सोहना की कही हुई बातों की सच्चाई को दरशाया और फिर लोगों से माँग की कि बस्ती की हालत को सुधारने के लिए बलराम के काम को आगे बढ़ाना होगा। उसने बताया कि द्वीप-भर के सत्तरह गाँवों के मजदूर एक मजदूर संघ बनाकर एक शक्ति बन रहे हैं। इस बस्ती को भी उस संघ का सदस्य बनना जरूरी है।

उसकी उस लम्बी तकरीर के बाद तीन नौजवानों को चुना गया, जो संघ के गठन और संचालन की जिम्मेवारी अपने ऊपर लेने को तैयार हुए। अन्त में परकाश ने कहा, "आपमें से किसी को डरना नहीं है। इस बस्ती में जो कुछ होता रहा है वह आप लोगों के इस तरह डरने की वजह से। यहाँ की कोठी के मालिक को न तो कानून को अपने हाथों में लेने का अधिकार है और न ही किसी मजदूर को खरगोश समझकर उसका शिकार करने का। पुलिस का काम जनता की सुरक्षा है, न कि हत्यारे की सुरक्षा, इसलिए कल सुबह मैं यहाँ तीन अन्य बस्तियों के प्रतिनिधियों के साथ पहुँच रहा हूँ। यहाँ से सात आदमी चाहिए। ग्यारह आदमी एकसाथ यह पता लगाने पुलिस थाने जायेंगे कि बलराम की हत्या की कोई जाँच-पड़ताल क्यों नहीं हुई ?

मदन, फरीद, परकाश और प्रेमसिंह जब बस्ती से लौटने लगे तो सूरज पश्चिमी क्षितिज से अपनी आखिरी किरणें बटोर रहा था। पगडण्डी पर चलते हुए परकाश ने अपने साथ प्रेमसिंह को कुछ पीछे रख लिया —

"प्रेम चाचा, तुम मेरी बेबसी उसे बता देना।"

"कहा न, तुम चिन्ता मत करो।"

वह चौथे महीने की तनख्वाह थी जिसे परकाश ने अपनी माँ के हाथों में रखकर कहा था, "अब इस पैसे से चुभन होने लगी है।"

सीता उन पैसों को हाथ में लिये परकाश को देखती रही। परकाश की बात

उसकी समझ में नहीं आयी। वह मुस्कुराकर रह गयी। उसने मन-ही-मन पहली तनख्वाहों के बचे पैसों को गिना, फिर हाथ की राशि से भी जो बच सकता था, उसे भी गिना। उसने बीस रुपये खाट के नीचे रखे थे और पन्द्रह रुपये, जो सिक्कों में थे, चूल्हे के ऊपर दीवार के पत्थरों के बीच। इस तरह दो जगहों में रुपये छिपाकर रखने के पीछे एक विशेष कारण था। पिछले दिनों धनपत के घर से साढ़े चार रुपये चले गये थे--सारी जमापूंजी! और धनपत की पत्नी का गाय खरीदने का सपना पूरा नहीं हो सका था।

सीता के भी अपने कई सपने थे। कुछ उसके अपने, कुछ विवेक के। उन सभी को वह पूरा कर सके, इसीलिए तो पैसों को दो अलग स्थलों पर रखती थी। इधर कुछ दिनों से बस्ती में चोरों के आते रहने की चर्चा थी। अगर एक स्थान का पैसा चोरी चला गया तो दूसरे स्थान का तो बच रहेगा। ज़ीनत ने उससे कहा था, "देखना, जोगा के रखना। चोरों को अगर पता चल गया कि परकाश को मजदूरों से तीन गुने ज्यादा पैसे मिलते हैं तो वे तुम्हारे घर भी धावा बोल देंगे।"

परकाश को यही बात बहुत खटकती थी कि उसकी तनख्वाह उसके मजदूर मित्रों से तीन गुनी ज्यादा है। उनसे तीन गुनी मेहनत तो वह करता नहीं। और पैसे मेहनत के मिलते हैं। उसकी अपनी समझ में यह बात नहीं आती थी। मदन ने कहा था—तुम्हारी मेहनत बुद्धि से होती है और बुद्धि की मेहनत का भाव ज्यादा होता है। पर वह तो इस तर्क को भी नहीं समझ पाया था। जिस काम से पसीना ही न आये, उसका भाव कैसा? कीमत कैसी?

मदन के पास पहुँचकर उसने उससे भी यही कहना चाहा कि उसे अपनी कमाई हराम की-सी प्रतीत होती है, लेकिन मदन को उसने जिस मुद्रा में देखा, उससे वह बात नहीं कह सका। मदन उस तीन तरफा पहाड़ों से घिरे गाँव से लौटा था। परकाश के लिए जरूरी हो गया कि वह अपनी बात भूलकर उससे उधर की बात पूछे—

"कैसा रहा उधर?"

"पुलिस तो हमें ही धमकी देने लगी।"

"यह तो मैं जानता था। क्या किया तुम लोगों ने?"

"हम और क्या कर सकते थे, बस पुलिस को यह कह आये हैं कि अगर तीन दिन के भीतर जाँच-पड़ताल नहीं शुरू हुई तो पूरी बस्ती थाने के आगे आ बैठेगी।"

"तीन दिन के भीतर, इसका मतलब हुआ गुरुवार को! बस्ती तैयार है?"

"हाँ।"

"उस दिन मैं भी साथ रहूँगा।"

"स्कूल नहीं जाओगे?"

"नहीं?"

छह

तीन दिन बाद तीन तरफा पहाड़ों से घिरे उस गाँव के सभी स्त्री-पुरुष थाने पहुँचकर उसके आगे की खुली जगह पर बैठ गये। परकाश ने पहले ही कह दिया था कि किसी तरह की उत्तेजना नहीं होनी चाहिए। लोग चुपचाप बैठे रहे। उन्हें बैठे पन्द्रह मिनट भी नहीं हुए होंगे कि थाने का जिम्मेवार छोटे-छोटे घुँघराले बालोंवाला सार्जेण्ट सामने आ गया। उसने चिल्लाकर कहा—

"जोत पा एना द्रुआ आसीज़ इसी। यहाँ बैठने का अधिकार तुम लोगों को नहीं है।"

किसी ने कुछ नहीं कहा। लोगों ने उसकी ओर देखा तक नहीं।

वह फिर चिल्लाया--

"जोत फ़ीन तांदे की मो फ़ीन जीर?"

उसने क्या कहा, किसी ने नहीं सुना। सभी चुपचाप बैठे रहे।

"मैं आखिरी बार कह रहा हूँ कि यहाँ इस तरह बैठना मना है। अगर···तुम लोग दो मिनट में यहाँ से उठ नहीं गये तो···"

इससे आगे उसके पास शब्द नहीं थे। उसके अधूरे क्रिओली वाक्य के उत्तर में परकाश ने धीमे से फ्रेंच में कहा—

"हम लोग यहाँ से नहीं उठेंगे तो तुम हम सभी को गिरफ्तार करके कैद में ठूंस दोगे।"

परकाश की फ्रेंच सुनकर वह अवाक् रह गया। परकाश स्कूल जानेवाले कपड़ों में नहीं था। उसने घुटने तक धोती पहन रखी थी और मारकीन की फतूही। उस रूप में वह बस्ती के किसी भी आदमी से विशेष नहीं दीख रहा था। उसके इतने सही फ्रेंच उच्चारण पर सार्जेण्ट हैरत में पड़ गया। उससे बोला नहीं गया। परकाश ने आगे भी फ्रेंच ही में कहा—

"यहाँ, इस थाने के सामने चुपचाप बैठना मना है लेकिन खेतों के बीच सैकड़ों आंखों के सामने किसी की हत्या कर देना मना नहीं है। यहाँ चुपचाप बैठना जुर्म है और किसी को गोली मारकर उसे मौत के घाट उतार देना कोई जुर्म नहीं।"

सार्जेण्ट से इस बार चिल्लाया नहीं गया। अपनी अजीब और टूटी-फूटी फ्रेंच में उसी क्रिओली उच्चारण के साथ उसने कहा—

"तुम कौन हो? तुम इधर के नहीं लगते?"

"एकदम सही कह रहे हो तुम।"

"तुम मुझे 'तुम' कह रहे हो?"

"तुम भी तो मुझे तुम कह रहे हो।"

"अपनी तुलना मेरे साथ कर रहे हो?"

"तुम्हें फ्रेंच बोलने में दिक्कत हो रही है। तीन वाक्यों में पाँच गलतियाँ कर

गये। क्रिओली ही क्यों नहीं बोलते ? मैं क्रिओली समझता हूँ।"

सार्जेण्ट का गोल चेहरा लाल हो आया। फिर अपने बड़े संयम से अपने को सँभालते हुए उसने पूछा—

"कौन हो तुम ? और इन लोगों के साथ क्यों हो ?"

"मैं कौन हूँ, इसे जानकर तुम्हें कोई फायदा होनेवाला नहीं। हां, मैं इनके साथ क्यों हूँ, इसे जानकर शायद तुम अपने को ऊपर की मुसीबत से बचा सको।"

"क्या मतलब ?"

"मैं इन लोगों के साथ इसलिए यहाँ हूँ, ताकि तुम यह जान लो कि पुलिस जनता की रक्षक होती है, खून करनेवालों की नहीं।"

इस बीच चार सिपाही थाने के आगे अपने हाथों में बन्दूकें थामे तैनात हो गये थे।

"तुम मुझे मेरा काम सिखाओगे ?"

"नहीं, मैं तुम्हें तुम्हारा काम नहीं सिखा रहा बल्कि तुम्हारी भूल बता रहा हूँ।"

"तुम मुझे 'तुम' कहकर बातें करना बन्द करो।"

"पहले तुमने शुरू किया है, पहले तुम बन्द करो।"

बस्ती के सारे लोग फ्रेंच में हो रही सभी बातें नहीं समझ पा रहे थे लेकिन जो भी समझ पा रहे थे, उससे भयभीत हो चले थे। एक-दो लोगों के बीच कानाफूसी भी हुई—यह लड़का तो बेधड़क बोले जा रहा है···मुसीबत मोल ले रहा है···हम सबों की सामत आ जायेगी !

अपने चारों सिपाहियों की ओर एक नजर देखकर सार्जेण्ट चिल्ला उठा—

"यहाँ से चले जाओ।"

"कौन ? मैं अकेले या ये सभी लोग ?"

"तुम और ये सभी लोग।"

"ये सभी लोग तो यहाँ से तब तक नहीं जायेंगे, जब तक उन्हें यह मालूम न हो जाये कि बलराम के हत्यारे की गिरफ्तारी क्यों नहीं हुई। तुम उत्तर नहीं दोगे तो कल हम सभी जिला-न्यायालय के सामने इसी तरह जाकर बैठेंगे।"

कुछ बोलना चाहकर भी वह सार्जेण्ट सकपका गया। उसका तना हुआ शरीर ढीला पड़ गया। आँखों का सुर्ख रंग जाता रहा। उसके होंठ हिले। भौंहें तनीं। नसें फुदफुदायीं। पीछे जाकर उसने अपने सिपाहियों से कुछ कहा और वे चारों बन्दूकें झुकाकर थाने में चले गये। सार्जेण्ट फिर उसी ठौर पर आकर खड़ा हो गया, जहाँ से वह परकाश से बातें कर रहा था।

उसने परकाश से कहा, "मैं तुमसे बातें करना चाहता हूँ।"

"वह तो तुम कर ही रहे हो।"

"यहाँ नहीं। तुमसे अकेले में बातें करनी हैं।"

"मुझसे जो भी बातें करनी हैं, वह सभी के सामने करोगे।"

"कुछ ऐसी बातें हैं…"

"जो तुम सभी के सामने नहीं कह सकते।"

"हां। चलो थाने के भीतर।"

मदन अपनी जगह पर बैठे-बैठे बोल उठा, "नहीं परकाश, तुम थाने के भीतर मत जाना!"

"मन चाचा, अगर मैं थाने के भीतर नहीं जाना चाहूँगा तो इसे लगेगा कि मैं डर रहा हूँ।"

बस्ती के लोग फिर कानाफूसी करने लगे। किसी ने नहीं चाहा कि परकाश भीतर जाये। लोगों को डर था कि पुलिस उसे काली कोठरी में बन्द कर देगी। परकाश ने मुस्कुराकर सार्जेण्ट से कहा, "ठीक है, चलो भीतर चलते हैं।"

भीतर जाने से पहले उसने सभी को सम्बोधित करके कहा—

"मैं जब तक उधर से नहीं लौटता, आप सब इसी तरह चुपचाप बैठे रहेंगे। फरीद, यह तुम्हारे जिम्मे है कि कोई भी ऐसी हरकत न होने पाये जिससे पुलिस को हमें उपद्रवी कहने का अवसर मिले।"

परकाश पुलिस के साथ थाने के भीतर चला गया। लोग उत्सुकता और अधीरता के साथ थाने की ओर देखते रहे। औरतें ज्यादा भयभीत हो चली थीं। खुद एक अज्ञात आशंका से जकड़े होकर भी मदन ने लोगों का हौसला बढ़ाते हुए कहा—

"हम इतने सारे लोगों के होते हुए पुलिस कोई भी गलत कदम नहीं उठा सकती।"

पर यही आश्वासन मदन अपने को उतनी आसानी से नहीं दे पा रहा था। फरीद ने जब उससे धीरे से पूछा कि अब क्या किया जाये तो उससे कोई उत्तर नहीं बन पड़ा। उसके अपने भीतर ही कई प्रश्न उठ रहे थे। यह पुलिस की कोई चाल तो नहीं है? परकाश अगर नहीं लौटा तो वह कौन-सा मुंह लेकर बस्ती को लौटेगा? सीता और मीरा को क्या जवाब देगा? उधर सीमा भी जवाब-तलब करेगी, तो?

उसे यह भी खयाल आया कि परकाश स्कूल न जाकर इधर आ गया है, इसका परिणाम भी बहुत खराब हो सकता है। उसने अपने-आपको कोसा। यह तो उसका काम होना चाहिए था। उसने यह खतरा परकाश के लिए क्यों छोड़ा?

पुलिस तो कुछ भी कर सकती है। परकाश को कई झूठ-मूठ आरोपों के साथ गिरफ्तार कर सकती है। पुलिस की रपट पर उसे कैद की सजा भी हो सकती है। उसे अपनी गिरफ्तारी और कैद के अकुलाहट-भरे वे सारे क्षण याद आ गये और उसने अपने-आपसे पूछा—क्या परकाश को भी वह उन्हीं क्षणों की खाई में ढकेल चुका है?…

काले पत्थरों की दीवारों के बीच सार्जेण्ट मेज के उस पार जा बैठा और मेज के

इस पारवाली लोहे की कुर्सी की ओर संकेत करके परकाश से बोला—

"बैठो !"

"मैं खड़े रहकर भी सुन सकता हूँ ।"

"बैठने में क्या हर्ज है ?"

"कहो, कौन-सी बातें करनी हैं तुम्हें मुझसे ?"

"तुम इतनी अच्छी फ्रेंच कैसे बोल लेते हो ?"

"मुझे नहीं लगता कि हम इस तरह की बातों के लिए यहाँ हैं ।"

"मैं तो दोस्त की तरह बात कर रहा हूँ । तुम सचमुच ही बहुत अच्छी फ्रेंच बोल लेते हो ! तुम्हारे इस लिबास को देखकर तो कोई यह नहीं सोच सकता कि तुम इतनी अच्छी फ्रेंच बोल सकते हो ! तुम तो अंग्रेज़ी भी बोल लेते होगे ?"

"हम अपनी खास बात पर क्यों नहीं आ जाते ?"

"तुम कहाँ रहते हो ?"

"मैं यहाँ अपना परिचय देने नहीं आया । जिस काम से आया हूँ, उसे तुम जानते हो ।"

"तुम यह जानने आये हो कि बस्ती के उस मजदूर की हत्या की पुलिस ने जाँच-पड़ताल क्यों नहीं की । बस, यही न ?"

"सिर्फ यही नहीं ।"

"तो और क्या ?"

"हम चाहते हैं कि अभी से हत्यारे को हिरासत में लेकर मुकदमा चलाया जाये ।"

"तुम्हारी पहली बात तो यही है न कि हमने हत्या पर जाँच-पड़ताल क्यों नहीं की ?"

"हाँ, पहली बात तो यही है ।"

"तुम्हें यह मालूम है कि उस बस्ती में यह पहली बार नहीं हुआ है । पहले भी मजदूरों को गोलियाँ लगी हैं और तब हमने जांच शुरू की थी, लेकिन उस बस्ती का कोई भी आदमी बोलने को तैयार नहीं हुआ था । वैसी स्थिति में हमें मामले को वहीं बन्द कर देना पड़ा था ।"

"मैं यह नहीं मानता । अगर पुलिस मजदूरों के पक्ष में होकर और उनके भीतर के भय को मिटाकर जांच शुरू करती तो उधर की चुप्पी बनी नहीं रहती । बस्ती के मजदूर जितना भय कोठी के मालिक से खाते हैं, उतना ही पुलिस से भी खाते हैं ।"

"इसमें पुलिस से डरने की क्या बात थी ?"

"पुलिस अगर डराये-धमकाये, तो फिर डरने की बात कैसे नहीं हो सकती ?"

"किसने बताया तुम्हें कि हमने मजदूरों को डराया-धमकाया था ?"

"अब तो हरेक मजदूर कहता है कि मालिक से कहीं ज्यादा भय उसको पुलिस के डराने-धमकाने से है । पहली हत्या के वक्त जिन चार आदमियों ने बोलने

की कोशिश की थी उन्हें तुम्हीं ने यहां तीन दिन तक बन्द रखा था।"

"लगता है, तुम बहुत सारी सूचनाओं के साथ ही यहाँ पहुँचे हो!"

"खैर! आगे के लिए तुम्हारा क्या इरादा है?"

"हमें गवाही मिले तो हम चुप थोड़े ही रहेंगे।"

"तुम्हें गवाही मिली थी फिर भी तुम चुप थे—खैर, मैंने कहा न, मैं आगे का इरादा जानना चाहता हूँ।"

"पुलिस को जनता का सहयोग चाहिए। वह अगर मिले तो हम अपना काम किये बिना कैसे रह सकते हैं?"

"तो फिर बलराम के हत्यारे को हिरासत में लेने को तैयार हो?"

"आईन्दा अगर कोई ऐसी घटनी घटी और मजदूर चुप नहीं रहे तो हत्यारे को फांसी दिलाकर रहेंगे।"

"मैं बलराम के हत्यारे की बात कर रहा हूँ।"

"उसके लिए तो अब देर हो गयी।"

"देर क्यों हो गयी?"

"शव जलाया जा चुका है।"

"लेकिन पचास से ऊपर मजदूर जो गवाही देने को तैयार हैं।"

"अब फिर से केस को उठाना तो···"

"नामुमकिन है या मुसीबत है?"

"मुसीबत है।"

"मुसीबत तुम्हारे लिए, क्योंकि तुमसे पूछा जायेगा कि तुम सूचना पाकर भी हत्या-स्थल पर क्यों नहीं पहुँचे? जांच-पड़ताल क्यों नहीं की? और तो और, लाश को जलाने के लिए कोठी के सरदार की ओर से डेथ-सर्टिफिकेट की व्यवस्था कैसे हो गयी और उस पर जाली हस्ताक्षर किस डाक्टर का था?"

"यह सब तो मैं नहीं जानता।"

"गाँववाले जानते हैं और तुम्हारा जानना भी उतना ही जरूरी है।"

अब तक सार्जेण्ट के चेहरे का सारा रंग उड़ चुका था। वह महीनों का बीमार दिखने लगा था। उसने बीमार स्वर में परकाश से पूछा, "तुम सिगरेट पीते हो?"

"नहीं।"

सार्जेण्ट ने टीन की डिबिया से सिगरेट निकाला। उसे सुलगाकर लम्बा कश लिया और अपने सूख आये होंठों पर जीभ फेरकर बोला—

"एक बात हो सकती है।"

"कौन-सी?"

"मैं तुम्हें वचन दे सकता हूँ कि आईन्दा ऐसी बात कभी नहीं होगी, लेकिन जहाँ तक पिछले सप्ताहवाली हत्या की बात है, इसे हम हत्या न मानकर अचानक हुई मृत्यु मान लें और···और मैं मालिक को मना लूंगा कि···वह इस समझौते की तुम्हें एक अच्छी भेंट दे सके।"

"तुम्हें कितनी मिली है ?"

"चाहो तो उससे दोगुने की व्यवस्था मैं तुम्हारे लिए करा सकता हूँ।"

"और मैं चुप रह जाऊँगा उस हत्या को एक साधारण मृत्यु मानकर, यही न ?"

"बस, इतनी ही तो बात है।"

"नहीं। बात इतनी ही नहीं है। मेरे चुप रह जाने से मेरे साथ पहुँचा मेरा मन चाचा चुप नहीं रहेगा। बस्ती भी चुप नहीं रहेगी और फिर मन चाचा तो भारत से पहुँचे उस वकील से भी मिल आये हैं।"

सार्जेण्ट के चेहरे पर जो थोड़ा-सा रंग लौटा था, वह फिर उड़ गया। उसने जल्दी-जल्दी सिगरेट के कई कश लिये।

मदन ने वक्त का अन्दाजा लगाया। घण्टे से कम नहीं गुजरा होगा। परकाश अब भी भीतर था। उसके साथ-ही-साथ सभी उपस्थित लोगों के धैर्य का बाँध टूट चुका था। मदन ने फरीद के कान में धीरे से कहा, "अब मुझसे अधिक इन्तजार नहीं किया जा सकेगा।"

फरीद से जब कुछ नहीं बोला गया तो मदन ने उसके कन्धे का सहारा लिया और उठ खड़ा हुआ। उसको खड़े होते देख सभी लोग खड़े हो गये, तो फरीद ने मदन के कान में कहा, "मदन भैया ! सभी लोग खड़े हो गये हैं।"

"नहीं फरीद ! तुम सभी लोगों को अपनी-अपनी जगह पर बैठ जाने को कहो।"

फरीद ने सभी से बैठ जाने का अनुरोध किया। लोग खड़े रहे। मदन को मजबूर होकर अपनी आवाज बुलन्द करनी पड़ी, "आप सभी लोग अपनी-अपनी जगह बैठ जायें।"

लोग तुरन्त नहीं बैठे। फरीद के कहने पर मदन ने दोबारा कहा, "मेरा आप सभी लोगों से यह निवेदन है कि आप अपनी-अपनी जगह बैठ जायें।"

जब तक सभी लोग बैठ नहीं गये और फरीद ने मदन को यह नहीं बता दिया, मदन अपनी जगह पर खड़ा रहा। अब मदन ने जब अपना पहला कदम थाने की ओर बढ़ाया, तो हर व्यक्ति का दिल दहल उठा। लोगों को अपनी साँसें पाँवों में धड़कती महसूस होने लगीं। मदन अभी कुछ ही कदम थाने की ओर चला था कि तभी उसका दरवाजा खुला और मदन को छोड़कर सभी ने एकसाथ परकाश को उससे बाहर आते देखा। सभी अपनी-अपनी जगह पर खड़े हो गये।

परकाश ने आगे आकर मदन के कन्धे पर अपना हाथ रखा। मदन ने उसके उस हाथ पर अपना हाथ रख दिया। परकाश ने सभी मजदूरों को सम्बोधित करते हुए केवल इतना कहा, "हम सभी को जिला-न्यायालय तक चलना होगा।"

आधे से भी अधिक लोगों ने समझ लिया कि सार्जेण्ट ने बलराम की हत्या करनेवाले को गिरफ्तार करने से इन्कार कर दिया है।

परकाश दूसरे ही दिन मदन और फरीद के साथ शहर पहुँचा—भारत के उस वकील से मिलने, जो भारतीय मजदूरों के हालात में सुधार लाने के लिए करीब दो वर्षों से कार्यरत था। मदन उससे दो बार पहले भी मिल चुका था। पहला अवसर था राजकीय आयोग के लिए उस वकील से अपनी बस्ती के मजदूरों की स्थिति बताना और दूसरा अवसर वही चार दिन पहलेवाला था। बैरिस्टर मणिलाल के सुझाव पर ही थाने के सामने उस शान्त प्रदर्शन का आयोजन हुआ था। बैरिस्टर मणिलाल को सभी मणिलाल डाक्टर कहकर पुकारते थे और कहा जाता था कि उन्हें गाँधीजी ने द्वीप के भारतीय मजदूरों की हालत में सुधार लाने के लिए भेजा है।

लोगों का वहाँ पहुँचना देर से हुआ। उसी दिन मणिलाल डाक्टर मॉरिशस छोड़ रहे थे। शहर में उनकी विदाई के लिए हो रहे उस आयोजन तक तीनों व्यक्ति पहुँचे। उस आयोजन के बाद दो मिनट के लिए तीनों उनसे मिल पाये। उन्होंने पहले भी मदन से परकाश के बारे में सुन रखा था। उससे मणिलाल ने इतना ही कहा—

"अपना संघर्ष जारी रखो। अन्याय के सामने कभी झुकना मत और हां, अपनी लड़ाई अखबारों से भी लड़ो। हिन्दुस्तानी के साथ-साथ तुम दूसरे पत्रों में भी लिखो।"

मदन और फरीद उधर से हताश लौटे, लेकिन परकाश आशाओं के साथ लौटा था। वह इस प्रण के साथ लौटा था कि संघर्ष को हर हालत में जारी रखेगा।

जिला-न्यायालय के सामने डेरा डालने के लिए पास-पड़ोस की कुछ और बस्तियों के प्रतिनिधियों की बैठक हुई। कम-से-कम हजार मजदूरों को जुटाने की योजना बनी। सभा से घर लौटते समय मदन ने कहा, "परकाश, आज तीसरा दिन है, तुम काम पर नहीं गये। कल तुम्हें हर हालत में अपनी नौकरी पर जाना होगा।"

"कल कैसे जा सकता हूं ?"

"कल नहीं जाओगे तो झंझट में पड़ जाओगे। तीन दिन से ज्यादा की छुट्टी वे लोग मंजूर नहीं करेंगे।"

"ना करें।"

"क्या कह रहे हो ?"

"अब तो जिस काम को अपने जिम्मे लिया है, उसे पूरा करना है।"

"पागल मत बनो। कल तुम्हें स्कूल जाना होगा।"

"नहीं मन चाचा !"

"तुम्हारे बिना भी वह प्रदर्शन सफल रहेगा।"

"यह तो मैं जानता हूँ, लेकिन मुझे भी तो वह करना है जो मुद्दत से करना चाहता हूँ।"

"सभी कुछ वक्त के साथ होगा। हड़बड़ाने से नहीं।"

"देवराज चाचा की मृत्यु से ही मेरे भीतर यह पछतावा बना रहा है कि मैं उसके हत्यारे को सजा न दिला सका। अगर बलराम का हत्यारा भी बिना सजा पाये रह जायेगा तो मैं अपने को कभी भी माफ नहीं कर सकूँगा।"

फरीद को बीच में बोलना पड़ा, "हम लोग भी तो वही चाह रहे रहे हैं जो तुम चाह रहे हो।"

"जानता हूँ।"

"तो फिर तुम कल अपने काम पर जाओ, हम लोग इधर सँभाल लेंगे।"

"मेरा भी साथ होना बहुत जरूरी है।"

"और तुम्हारी नौकरी?"

"रहे या जाये!"

"क्या कह रहे हो?"

"मुझे उस नौकरी से कहीं अधिक परवाह कल के आयोजन की है।"

"बनी-बनायी इज्जत के साथ लापरवाही मत करो परकाश!"

"फरीद चाचा, वह इज्जत किस काम की, जिससे किसी दूसरे की इज्जत नहीं बन पा रही? मैं अकुला उठा हूँ उस खुदगर्जी से।"

"तुम भूल रहे हो कि तुम्हारी वह इज्जत पूरी बस्ती की इज्जत है।"

"यह सिर्फ कहने की बात है।"

परकाश के निर्णय से मदन ने अपने को एकदम विचलित पाया। एक अजीब उधेड़बुन की-सी स्थिति में वह घर पहुँचा। इतने परिश्रम, इतने संघर्ष से पायी अपनी इज्जत और इतनी अच्छी तनख्वाहवाली नौकरी के प्रति परकाश की इस लापरवाही को वह समझ नहीं पा रहा था। देश-भर में धीरे-धीरे जो भी भारतीय लोग कुछ बन पाये थे, वे सभो पैसों के बल पर बने थे। परकाश तो बिना पैसों के कुछ बना था--मेहनत और संघर्ष करके। उसकी सफलता पर गाँव में जो वह उत्सव हुआ था, वह इस बात का द्योतक था कि वह कामयाबी सिर्फ उसकी ही नहीं, पूरी बस्ती की थी। वह बस्ती की प्रतिष्ठा थी। क्या उस प्रतिष्ठा के प्रति इस तरह बेपरवाह हो जाने का हक परकाश को है? वह मात्र परकाश के ही परिश्रम का परिणाम नहीं था, मदन का भी एक सपना था जो परकाश के रूप में पूरा हुआ था।

यह सही है कि भारतीय मजदूरों के लिए एक बेहतर जिन्दगी भी मदन का अपना सपना है, लेकिन एक सपने को मिटाकर दूसरे को साकार करना कहाँ तक ठीक है, यह उसकी समझ में नहीं आ रहा था।...और फिर सीता नहीं कहेगी कि उसके बेटे को गुमराह करके उसके भविष्य को मटियामेट कर दिया? सारा संघर्ष तो भविष्य के लिए ही है। एक भविष्य को दूसरे भविष्य की लाश पर उगाने की यह बात उसे बिल्कुल नहीं जँच रही थी।

उसने मीरा के सामने सारी बातें रखीं और चाहा कि वही परकाश को समझाये। उसे उस भावुकता से बचाये जिसकी लपेट में वह आ गया है। आगे के सारे संघर्ष भावुकता के बल पर सम्भव नहीं हैं, यह तो वह परकाश को बता ही

चुका है।

मदन को उस तरह चिन्तित देख मीरा उसके साथ रात देर तक रह गयी। मदन तो चारपाई पर लेटना तक नहीं चाह रहा था। मीरा ने उसके बिछौने को बिछाकर उसे किसी बच्चे की तरह अपने हाथों लिटाया और चिराग को अपनी ओढ़नी के झोंके से बुझाकर बाहर चली गयी। इधर कुछ दिनों से रात में भी गरमी होने लगी थी। वह जब घर पहुँची तो उसकी मौसी जाग रही थी। दमे के दौरे के कारण वह चारपाई पर बैठी हुई थी। अपनी ओढ़नी से हवा करती हुई मीरा उसे सुलाकर ही नीचे अपने बिस्तर पर लेट सकी।

सूरज की किरणें धरती को छू नहीं पातीं, जब सीता सूर्य-नारायण को अर्घ्य देने लगती है। उसकी यह आदत तब से है, जब विवेक कोठीवालों की कैद में जीवित था। पुष्पा ने उससे कह रखा था कि उसे अपने पति को वापस पाने के लिए सूर्यनारायण को बस्ती का पहला अर्घ्य देना चाहिए और तभी से यह सिल-सिला कभी नहीं टूट पाया। विवेक के बाद वह हर अर्घ्य के समय परकाश के लिए सूरज से प्रकाश माँगती रही है—परकाश को तुम्हीं प्रकाश देना भगवान! ··· उसकी रोज की प्रार्थना का यह पहला वाक्य हुआ करता था।

बस्ती के चूल्हे अभी-अभी जलने शुरू हुए थे। औरतों के बाद हाथों में लोटे लिये मर्दों का मैदान जाना शुरू हुआ था। अर्घ्य के बाद सीता ही सबसे पहले कुएँ से पानी लेकर लौट रही थी। उसके सिर से डोल को नीचे उतारते हुए मीरा ने पूछा—

"परकाश अभी तक सो रहा है क्या?"

"वह तो मुझसे पहले उठ गया है।"

"कहाँ है?"

"कुएँ पर।"

"तीन दिन हो गये, वह काम पर नहीं जा रहा। तुम उसे कुछ कहती नहीं?"

"कहती तो हूँ।"

"इतनी कठिनाई से मिले काम के साथ वह खिलवाड़ कर रहा है।"

"उसने तो कहा है कि वह आज भी स्कूल नहीं जायेगा।"

"मदन बता रहा था कि चार दिन की छुट्टी डाक्टर के सबूत के बिना स्वीकार नहीं की जाती। आज उसे हर हालत में काम पर जाना होगा।"

"लो वह आ गया, तुम्हीं समझाओ उसे।"

"क्यों परकाश, आज काम पर जा रहे हो या नहीं?"

"आज तो हम लोग उधर जा रहे हैं—उस न्यायालय के सामनेवाले जमघट में।"

"वह तुम मदन के जिम्मे छोड़ दो।"

"तुम्हें मन चाचा ने भेजा है मुझे स्कूल जाने के लिए कहने को?"

"तीन दिन की छुट्टी के बाद तुम्हारा स्कूल जाना जरूरी है।"

"और मजदूरों के उस शक्ति-प्रदर्शन में ?"

"वहाँ तो मदन होगा ही। और भी बस्ती के अनेक लोग होंगे, प्रेम भी होगा।"

"और तुम चाहती हो कि केवल मैं न रहूं ? नहीं चाची, देवराज चाचा की सौगन्ध, अब तो इस लड़ाई को अन्त तक लड़ना है।"

"रोक कौन रहा है !"

"तुम ही तो रोक रही हो।"

"मैं तो केवल इस एक दिन की बात कर रही हूँ, ताकि तुम्हारी नौकरी में कोई कठिनाई न आ जाये।"

"तुम उसकी चिन्ता न करो।"

"मोटाइल बकरी की तरह मत करो।"

"मोटाइल बकरी घास छोड़ लकड़ी चबाती है, यही न ? अरे चाची, नहीं, मैं लकड़ी नहीं, उन मांसल हत्यारों को चबाने जा रहा हूँ जो हमारे खून की बूंद-बूंद से इतने तगड़े हुए हैं।"

"तुम मेरी बात क्यों नहीं मानते ? न मेरी बात मान रहे हो, न अपनी मां की और न ही मदन की। हठ क्यों कर रहे हो ?"

"एक बार तो मुझे अपने मन की करने दो।"

सूरज की किरणें धरती पर रेंगने लगी थीं जब मीरा हारी हुई-सी मदन के पास लौटी। वह कुछ नहीं बोली, लेकिन उसकी उस उदासी ने मदन को बता दिया कि परकाश अपने हठ पर अड़ा हुआ है।

कुछ ही देर बाद बस्ती से कोई दस लोग निकले और तीन तरफा पहाड़ से घिरे उस गाँव की ओर चल पड़े। नदी-पार प्रेमसिंह के गाँव के सात आदमी उनके साथ आ मिले। तय हुआ था कि दूर के हर गाँव से कम-से-कम आठ-दस व्यक्ति होने चाहिए और आस-पास के हर गाँव से कम-से-कम पचास आदमी। इसलिए वहाँ पहुँचते-पहुँचते परकाश के साथ तीन सौ के करीब आदमियों का जलूस हो चला था। ठीक बारह बजे जिला-न्यायालय के आगे चारों ओर से पहुँचे लोग जब जलूस की शक्ल में इकट्ठा हुए तो संख्या उम्मीद से ज्यादा ही लग रही थी।

मदन ने परकाश से पूछा, "क्यों, संख्या कैसी है ?"

"उम्मीद से ज्यादा।"

"हजार के करीब ?"

"करीब पन्द्रह सौ !"

खुशी के मारे मदन से अधिक बोला नहीं गया। कोलाहल रोकने के लिए परकाश ने कहा—

"हम जब तक यहाँ रहेंगे, शान्त रहेंगे। किसी की ओर से ऐसा कुछ नहीं होना चाहिए जिससे किसी भी तरह की खलबली मचे।"

मजदूरों से मजदूर-शक्ति का जय-जयकार कराकर वह चुप हो गया। उसके

बाद उस जलूस को मदन ने सम्बोधित किया—

"मजदूर भाइयो और बहनो, आप सभी को इतनी बड़ी तादाद में यहाँ पाकर अब तो विश्वास हो ही चला कि मजदूरों के साथ होते रहनेवाला वर्षों का अन्याय अब मिटकर रहेगा। हमारा इस तरह एक होकर आगे आना इसलिए भी जरूरी था क्योंकि अब अत्याचारी मालिकों और सरदारों के साथ पुलिस भी मिल बैठी है। हम अगर देश-भर में एक होकर सामने नहीं आयेंगे तो शोषण और भी बढ़ जायेगा और हम सभी···"

लोगों के बीच एकाएक शुरू हो गयी भागाभागी और शोर के बीच मदन की आवाज़ दब गयी। कोई सौ से ऊपर पुलिस के सिपाही बन्दूकें ताने लोगों को चारों ओर से घेर चुके थे। मदन ने अपनी आवाज़ को ऊँचा किया—

"आप सभी अपनी जगह पर रहें। हम शान्त प्रदर्शन कर रहे हैं। पुलिस हमारे ऊपर आक्रमण नहीं कर सकती। आप लोग डरें नहीं···।"

हवा में गोलियाँ छूटीं।

औरत-मर्द एक-दूसरे को ठेलते, एक-दूसरे पर गिरते-गिराते छितराने लगे। उस आपाधापी और भागाभागी में मदन के लिए अपना ही स्वर सुनना कठिन हो गया। भागती हुई भीड़ को पुलिस बन्दूक की मूठ से घसोड़ती-गिराती आगे बढ़ आयी।

मदन ने एक बार फिर अपने स्वर को ऊपर उठाया, "आप डरें नहीं, भागें नहीं। वार भी न करें···।"

पुलिस लोगों को ठेलती हुई बढ़ती रही। कुछ लोगों ने विवश होकर पुलिस को भी पीछे ठेलकर रोकने की कोशिश की। इस दौरान भीड़ और पुलिस के बीच मुठभेड़ होकर रही।

परकाश जिस ऊँचाई पर खड़ा था, वहाँ से कूदकर मदन के पास आ पहुँचा। इस बीच प्रेमसिंह, फरीद और सुगूनवा भी भागती भीड़ से मदन की रक्षा हेतु उसे घेरकर खड़े हो गये थे।

सभी कुछ पलक झपकते ही हो गया-सा प्रतीत हुआ। मदन अपने सामने के अँधेरेपन में सोच उठा कि काश, उसे इस बात का आभास हुआ होता और वह पहले ही से इसके लिए तैयार होता। लोगों को तो यह भी समझने का समय नहीं मिला कि वे पन्द्रह सौ थे और पुलिस कठिनाई से सौ की संख्या में होगी। पहली गोलियाँ जो चली थीं, वह लोगों को डराने मात्र के लिए थीं—यह भी समझ सकने का वक्त लोगों को नहीं मिला और न ही कोई यह समझ पाया कि दस्ते और बन्दूक की मूठों के प्रहारों को सभी मर्द चुपचाप अपनी छातियों पर सह सकते थे। मूठ का प्रहार परकाश की छाती पर हुआ, फरीद को दस्ते से ठेला गया, प्रेमसिंह को पुलिस की गालियाँ मिलीं, सुगूनवा के माथे से खून बहा, फिर भी वे सब अपनी जगह पर डटे रहे। करीब बारह सौ मजदूर भाग निकले और तीन सौ अपनी जगह पर खड़े रहे। परकाश बन्दूक की मूठ के एक जोरदार वार को अपने सिर

पर झेलते हुए भी यह सोच गया था कि ये तीन सौ ही पर्याप्त हैं।

कोई पचास व्यक्तियों को गिरफ्तार किया गया। दस घण्टों तक उन्हें हिरासत में रखने के बाद रिहा किया गया। मदन और परकाश रिहाई के लिए सबसे बाद में तैयार हुए। शहर के जिस वकील के सामने आने पर वह रिहाई हुई थी, वह मदन और परकाश से मिलने के लिए जेल के फाटक पर ही खड़ा था। उसी से परकाश को यह पता चला कि गम्भीर रूप से घायल हो गये चार मजदूर अस्पताल में हैं। जो कैद किये गये थे उनमें से दस-पन्द्रह व्यक्तियों की पुलिस ने बेरहमी के साथ पिटाई की थी। उस वकील ने अपना परिचय देते हुए कहा—

"मेरा नाम बुधन है। यहाँ पर जो कुछ हुआ है, मैं इसके बारे में सरकार से बात करने जा रहा हूँ। मैं आप सभी के साथ हूँ। आप लोगों को एक काम करना होगा। आईन्दा जब भी आप लोगों को ऐसा कुछ करना हो तो मुझे पहले ही सब कुछ बता दें। मैं यह नहीं चाहता कि अनजाने में आप लोग कोई भी गैरकानूनी कदम उठा लें।"

मदन की बस्ती से करीब पचास लोग उन्हें लेने आ गये थे।

वह सरकारी चिट्ठी थी।

उसमें परकाश को यह बताया गया था कि मजदूरों की ओर से हुए दंगे-फसाद में उसने जो हिस्सा लिया था, सरकारी कर्मचारी के लिए वह एक गैरकानूनी कार्य था। वह भी तब, जब ड्यूटी से गैरहाजिर रहकर उसने ऐसा किया।

और फिर इससे आगे उसे इस गैरकानूनी हरकत के लिए सजा दी गयी थी—नौकरी से बरखास्त!

पूरी बस्ती के लिए यह बहुत बड़ा सदमा था, लेकिन परकाश के लिए नहीं। उसे न तो कोई हैरानी हुई थी और न दुःख। सभी सपने बिखरे थे तो मदन और सीता के। मदन रोया नहीं, सीता रो पड़ी थी। सीता के रुदन के सामने मदन ने अपने को गुनहगार पाया था। जो उससे उसकी ज्योतिहीन आँखों के कारण अधूरा रह गया था, उसे ही पूरा करने की धुन में तो परकाश यह पागलपन कर बैठा है।

परकाश जब सीमा से मिलने पहुँचा तो उससे पहले ही यह खबर उस तक पहुँच गयी थी। सीमा के बाप ने उससे कहा, "यह तुम्हारा पागलपन रहा।"

और जब परकाश का सीमा से अकेले सामना हुआ तो उसने पूछा. "तुम भी इसे मेरा पागलपन समझती हो?"

सीमा ने इस प्रश्न का उत्तर तुरन्त नहीं दिया। अपने होंठों के बीच वह जो मुस्कुराहट लायी उसमें परकाश ने अपने लिए सहानुभूति से अधिक कुछ और नहीं पाया। वह सीमा की असली मुस्कान नहीं थी।

"लगता है, तुम भी इस बात से खुश नहीं हो।"

"तुमने पूछा था कि क्या मैं इसे तुम्हारा पागलपन मानती हूँ?"

"हाँ, तो ?"

"नहीं, मैं इसे तुम्हारा पागलपन नहीं मानती लेकिन इस बात से खुश भी कैसे हुआ जा सकता है ?"

"क्यों नहीं हुआ जा सकता ? मैं तो खुश हूँ।"

"अगर बात तुम्हारी खुशी बाँटने की हुई तब तो···।"

"तब कम-से-कम दुखी तो नहीं हो।"

"तुमने ऐसा क्यों किया परकाश ?"

यह तो वही मीरावाला प्रश्न था, जिसके उत्तर में परकाश ने कहा था—लो चाची, अब तो तुम भी माँ की तरह बोलने लगीं ! मैं तो सोच रहा था कि बस्ती में तुम अकेली तो मेरी इस बात पर गर्व करोगी ही।

परकाश कुछ देर सीमा को देखता रहा फिर पूछा, "मुझे ऐसा नहीं करना चाहिए था न ?"

"इतनी अच्छी नौकरी को तुमने लात मार दी !"

"ऐसा करके मैंने तुम्हारी आँखों में अपनी अहमियत कम कर ली है ?"

सीमा ने इस प्रश्न का उत्तर नहीं दिया। परकाश ने उत्तर चाहा—

"बोलो सीमा ?"

"मेरी आँखों में तुम्हारा महत्त्व कम नहीं हुआ, बल्कि बढ़ा है।"

"तो फिर पछताती-सी क्यों लग रही हो ?"

"तुम्हारा ऐसा कर जाना मेरे माँ-बाप को अच्छा नहीं लगा।"

"तब तो उनकी नजरों में मैं गिर चुका ?"

"यह बात तो नहीं है, फिर भी···खैर छोड़ो इसे। मुझे तो तुमसे इससे भी जरूरी बातें करनी हैं।"

"हमारी शादी के बारे में ?"

"ऐसा सौभाग्य होगा मेरा ? मुझे तो लगता है कि तुम मुझे वही सजा दोगे जो मदन चाचा मीरा चाची को दिये जा रहे हैं !"

"तुम मुझे इतना कठोर समझती हो ?"

"कठोर नहीं होते तो आज पैंतालीस दिन बाद मुझसे मिलने आते ! मैं तुम्हें एक बात कह दूँ ?"

"कह दो।"

"मैं मीरा चाची की तरह नहीं हूँ।"

"जानता हूँ।"

"नहीं जानते। तुम मुझसे इस तरह दूर भागते रहे तो मैं एक दिन तुम्हें बताये बिना किसी और से ब्याह कर लूँगी।"

"यह तो तुम पहले भी कह चुकी हो।"

"पहले मजाक में कहा होगा।"

"इस बार एकदम गम्भीर होकर कह रही हो ?"

"हाँ, एकदम गम्भीर होकर।"

"तब तो कुछ करना पड़ेगा।"

"तुम्हें नहीं, मुझे कुछ करना पड़ेगा।"

"क्या करने का सोचा है ?"

"अभी सोचा नहीं है।"

"सजा देने से पहले यह मत भूल जाना कि मैं तुम्हें प्यार करता हूँ।"

"सचमुच का प्यार करते तो इतना तड़पाते नहीं।"

"तुमने कभी मीरा चाची को नहीं सुना ? वह तो कहती है कि प्यार जितना अधिक होता है, तड़पन भी उतनी ही अधिक होती है।"

"मैं कह चुकी हूँ कि मैं मीरा चाची नहीं हूँ।"

"तुम तो सीमा हो !"

अपनी माँ के रोते रहने के कारण परकाश जिस मायूसी के साथ इधर आया था उसे उसने सीमा से बातें करके मिटा दिया। सीमा बोलती रही और परकाश मजदूर-आन्दोलन की अपनी योजनाएँ मन-ही-मन बनाता रहा।

बलराम की बस्ती से आये उस आदमी ने कहा था कि वकील शहर से बस्ती पहुँचा है। वह चाहता है कि अगर बस्ती के तीन मजदूर बलराम की हत्या की गवाही देने को तैयार हो जायें तो गोरे मालिक के खिलाफ हत्या का मुकदमा खड़ा किया जा सकता है।

उस गाँव के लोग तो पहले ही सहमे हुए हैं। उस दिन न्यायालय के आँगन में हुई घटना के बाद तो वे और भी डर गये थे। परकाश को यह भी सूचना मिली थी कि कोठी के मालिक ने गुण्डों को भेजकर बस्ती में भय का माहौल पैदा कर दिया है। कोई भी आदमी मुँह खोलने को तैयार नहीं है। परकाश ने मदन से पूछा था—

"मन चाचा, ऐसी स्थिति में हम क्या कर सकते हैं ?"

एक लम्बी चुप्पी के बाद मदन ने कहा था—

"मुझे तो विश्वास है कि अगर मैं वहाँ के लोगों से बातें करूँ तो तीन दिलेर आदमी तो मिल ही जायेंगे।"

"हमें तो मौत की चेतावनी दी गयी है।"

"उससे क्या होता है ?"

"चेतावनी के बावजूद वहाँ पहुँचने की कोशिश करोगे ?"

"हाँ। अगर तुम साथ चलने को तैयार हुए, तब।"

"उधरवाले बता रहे थे कि वे गुण्डे बड़े खूँखार हैं।"

"हुआ करें।"

परकाश सोचने लगा था कि वही मदन जिसने हमेशा कहा है कि वह किसी भी काम के लिए हड़बड़ी न करे, खुद सोच-विचार करके कदम उठाने को तैयार नहीं। वह तो यह बोल गया था—

"कुछ घड़ियाँ ऐसी होती हैं जिसके लिए सोच-विचार करने का समय नहीं होता। हम अगर सोचने बैठ गये तो बस्ती के लोग फिर गूँगे बन बैठेंगे। हमें उस ओर कल ही जाना होगा।"

और वे चल पड़े।

रास्ते में उन्हें रोककर धमकाया गया। मदन के सिर से रूमाल उतारकर और उसमें एक छोटा-सा पत्थर बाँधने के बाद उसे देवदारू के पेड़ पर उछाल दिया गया। परकाश की फतूही को उसके बदन से उतारकर गुदरी-गुदरी कर दिया गया। रास्ते में जमा बरसात के पानी के बीच से कीचड़ उठाकर दोनों के चेहरों पर पोत दिया गया। पर दोनों रुके नहीं, चलते रहे। परकाश को बार-बार गाँधीजी की एक ही बात याद आ रही थी—हद तक सह जाने की शक्ति बहुत बड़ी शक्ति होती है।

उसके मन में कई बार आया कि बगल की मुंडेर से दो पत्थर उठाकर उन दोनों व्यक्तियों के चेहरों को लहूलुहान कर दे। वह ऐसा कर भी सकता था, अगर मदन का हाथ उसके कन्धे से क्षण-भर के लिए हट जाता।

बस्ती से पहले गोरों के वे दोनों करिन्दे दूसरी पगडण्डी से कोठी की ओर मुड़कर भी गालियाँ देते गये—जोत पू मोर फ़ाली जोत मामाँ···!

उसमें धमकी भी थी।

बस्ती से पहले नदी मिलती थी। वहाँ दोनों ने अपने चेहरे धोये। मदन ने मुस्कुराकर कहा, "इन दोनों बहादुरों ने तो हमारे हौसले और भी बढ़ा दिये!"

सात

उस समय छोटे साहब के दफ्तर में रोलाँ साहब भी उपस्थित थे। दोनों बैठे हुए थे और उनके आगे एक ओर खड़े थे रघुवा मनई, हरखू सरदार के बेटे। दूसरी ओर हरखू सरदार की बगल में मगनलाल खड़ा था। रोलाँ साहब तो शान्त दिखायी पड़ रहे थे, लेकिन छोटे साहब आगबबूला हो रहे थे—

"अभी कल तक तो मदन नाम का आदमी उत्पात मचाये हुए था, अब यह परकाश नाम का एक और नया उत्पाती पैदा हो गया! मो देमान म्वा की ज़ोत फ़ू ज़ोत? आखिर तुम लोग किस मर्ज की दवा हो?"

चारों व्यक्ति सकपकाये खड़े रहे। मगनलाल से तो अपनी नाक पर बैठी मक्खी भी न उड़ायी जा सकी। किसी न किसी तरह हरखू को बोलना ही था। वह उम्र की वजह से अब सरदारी नहीं करता था, फिर भी उसे हर महीने पैसे मिलते थे।

वह तो आज भी कोठी का सबसे स्वामिभक्त और तरीकोंवाला आदमी समझा जाता है। जब भी कोठी के सामने मजदूरों को लेकर कोई समस्या खड़ी हुई है, उसी से कहा गया है कि वह कोई तरीका निकाले।

उसने सिर से उतार लिये अपने रूमाल को व्यग्रता के साथ ऐंठते हुए कहा—

"एना एन म्वायें पू फ़िनी ली—उसे मिटा देने का एक तरीका है।"

छोटा मालिक बरस पड़ा—

"फ़ेरमे ! उसे मिटाने का तरीका अपने पास रखे रहो। वह पढ़ा-लिखा आदमी है। जब अपने तरीकों से तुम मदन जैसे गँवार को नहीं मिटा सके तो इस परकाश को क्या मिटा पाओगे ? कोई और उपाय ढूंढ़ो। पा कापाव कोंचिनये कोमसा। इस तरह नहीं चल सकता। इस आदमी ने एक गोरे मालिक को कोर्ट कर खड़ा कर दिया। कल हमें भी खड़ा कर सकता है। जोत पा वी नारियें आस्तेर। अब तुम लोगों से कुछ होने का नहीं।"

रघुवा ने अपनी नाक पर उभर आयी पसीने की बूंदों को पोंछते हुए कहा, "ई परकासवा के खतम करेके हम एगो उपाय बता सकब।"

रोलाँ साहब, जो अब तक चुप था, गरज उठा—

"फ़ेर्म ला गेल। यहाँ उसे खतम करने की बात नहीं हो रही है। उसे खतम करना इतना आसान नहीं। कोई ऐसा उपाय ढूंढ़ो जिससे···क्या कहते हो हरखू···?"

"जिससे साँप भी मर जाये और लाठी भी न टूटे।"

सभी चुप रहे। इस बात के बाद सभी को गम्भीर होकर सोचना जरूरी था। सबसे पहले हरखू सरदार का बेटा सोच पाया—

"हम किसी मजदूर की हत्या उस पर थोप सकते हैं।"

रोलाँ साहब ने अपने पाइप को दोबारा सुलगाते हुए हरखू के बेटे की ओर देखा, फिर कमरे को धुएँ से भरकर बोला—

"ता सीज़ेस्यों ने पे माल। तुम्हारा सुझाव बुरा तो नहीं है लेकिन जैसा तुम कह रहे हो वैसा करके भी उस व्यक्ति को फँसाना आसान नहीं है। वह भी तब, जब उसके हाथ में अब एक वकील भी है।"

तरीकों से भरी खोपड़ी रखनेवाले हरखू सरदार ने मेंस्ये रोलाँ के चुप होते ही कहा, "कपाव फेर एन जाफ़ेर।"

"क्या ?"

"हम उसे फँसाने की बात न सोचकर ऐसा क्यों न करें कि वह किसी ऐसे बखेड़े में फँस जाये जिसके लिए अदालत उसे सज़ा दे बैठे।"

"व्वाला ! यह रही न बात ! हम उसे सजा नहीं देंगे। अदालत से ही ऐसी सजा दिलवायें ताकि वह वर्षों तक कैद में सड़ता रहे।"

"लेकिन कैसे ?"

"यही तो सोचना है।"

"उसे किसी चोरी में फँसाया जाय।"

"यह सोचना तुम चारों का काम है। पर वह ऐसे जाल में फँसे, जिससे वह वकील भी उसे न छुड़ा पाये।"

मदन बाजार से लौटा था। इस सप्ताह केवल आठ रुपये की टोकरियाँ बिकी थीं। काम कम हुआ था। पूरा सप्ताह ही इधर-से-उधर दौड़-धूप में बीत गया था। सूर्य कहीं से सुन आया था कि मेंस्ये रोलाँ किसी वकील से कागजात तैयार करवा रहा है, ताकि बस्ती की सभी ज़मीन को झोंपड़ियों समेत अपने कब्जे में कर सके।

मदन अपने बाप के उन दिनों के बारे में सोचने लगा था जब वे लोग इस पथरीले इलाके में पहुंचे थे। चारों ओर जंगल-ही-जंगल था। लेकिन वह ज़मीन जब किसनसिंह और उसके साथियों के हाथों खेतों और बस्ती का रूप ले चुकी तो गोरे मालिक ने उसके सबसे उपजाऊ भाग को जाली कागजातों के बल पर हड़प लिया था। किसनसिंह न होता तो उसने बस्ती को भी अपने कब्जे में कर लिया होता। मदन की बस्ती आज उन कुछेक बस्तियों में थी जो मजदूरों की अपनी बस्तियाँ हैं और जहां के मजदूर कोठी में काम करके भी कभी बन्धुवा नहीं रहे।

सूर्य से वह बात सुनकर मदन चिन्ता में डूब गया था। वह भी कई बार सुन चुका था कि मेंस्ये रोलाँ बाकी ज़मीन पर भी अधिकार पाने की कोशिश में है। भरतलाल से बात करके मदन रामसेवक से मिला था। उसके सहयोग से भी जब रोलाँ साहब टस-से-मस नहीं हुआ तो मदन तो चुप रहा था पर परकाश के मुंह से निकल गया था, "देखते हैं कि तुम हमसे ज़मीन लेते हो या हम तुमसे हड़पी हुई ज़मीन वापस लेते हैं।" चूंकि उसने यह बात फ्रेंच में कही थी इसलिए रोलाँ साहब बिखिया गया था। वहाँ पहुंचे पाँचों व्यक्तियों को गाली देकर वहाँ से निकल जाने का आदेश दिया था।

रास्ते में मदन ने परकाश को डाँटा था—

"तुम्हें ऐसा नहीं बोलना चाहिए था। मैं सीधी अँगुली से घी निकालने की चेष्टा कर रहा था और तुमने सारा कुछ बेकार कर दिया। अब हम लोग बस्ती से निकालकर ही छोड़े जायेंगे।"

परकाश यह मानने को तैयार नहीं था। उसने दूसरे ही दिन वकील से भेंट की और उसके सामने मदन से सुनी पूरी कहानी रख दी—

"हमारे अपने लोग उस जमीन पर कई वर्षों से रह रहे थे। उसका कोई मालिक नहीं था तब, जब हमारे लोगों ने उसे बसाया था और उस पर खेती शुरू की थी।"

दो दिन की सुनवाई और उधर के सारे जाली कागजातों को देखने के बाद वकील यह कह पाया था—

"वह ज़मीन जिस पर सुअरों का बाड़ा है और वह जिस पर रोलाँ ईख बोये बैठा है, सभी तुम लोगों को लौटकर रहेगी।"

इस खुशी को लेकर परकाश जैसे ही गाँव लौटा, स्कूल के उद्घाटन की भी खबर उसने सुनी। वह दोनों खबरों के साथ मदन के पास पहुँचा। लेकिन उसी वक्त तीन तरफा पहाड़ों से घिरी उस बस्ती से आये उस व्यक्ति ने उन दोनों को आगाह किया कि वे बस्ती की ओर न जायें। गुण्डे उन्हें जान से मार डालने के लिए घूम रहे हैं।

स्कूल के उद्घाटन के समय भी उन्हें वह चेतावनी मिली। पर स्कूल खुल जाने की खुशी इतनी बड़ी थी कि दोनों में से किसी ने भी उस चेतावनी के बारे में सोचा तक नहीं। पचपन बच्चों के साथ बस्ती के स्कूल का उद्घाटन हुआ था। छह कक्षाओं के लिए छह अध्यापक थे। सभी शहर के। गोरे रंग का एक मुख्य अध्यापक था—स्कूल का जिम्मेवार। उद्घाटन की रस्म रोलाँ साहब ने पूरी की थी। गाँव की ओर से मदन जब तक बोलने के लिए उठा था, तब तक रोलाँ साहब ताँगे पर सवार हो चुका था। उस घड़ी परकाश के भीतर इतनी खुशी थी कि वह आँखों में छलछला आयी थी। उसके मन में आया था कि वह भी कुछ कह डाले, लेकिन सारे कार्यक्रम का आयोजन सरकारी स्तर पर हुआ था और वह तो उधर से बहिष्कृत ही था। पर बोल न पाने का उसे तनिक भी दुःख नहीं हुआ था। मदन घण्टे भर बोलकर उसकी ओर से भी बोल गया था। मदन के दिये हुए अपनी कलाई के कड़े पर अँगुलियाँ फेरता हुआ परकाश सोचे जा रहा—गाँधीजी जो बोले थे उसका पहला भाग तो साकार होता-सा दिखने लगा···ये मजदूर अभी न जाने कितने वर्षों तक और यही सोचते रह जाते कि उनका धर्म तो गोरी चमड़ी की सेवा ही है। जब वे मर जायेंगे तो यह सेवा उनके बच्चों को भी करनी पड़ेगी··· यही उनका धर्म रह जाता···पर अब धर्म की परिभाषा भी बदल गयी थी।

उसने पत्रों में पढ़ा था, गाँधीजी भारत से एक बार फिर दक्षिण अफ्रीका पहुँचे हैं और वहाँ की एक बस्ती में सत्याग्रह आन्दोलन शुरू किये हुए हैं, ताकि भारतीय मजदूरों की स्थिति में सुधार आ सके। उनके आन्दोलन से प्रभावित एक व्यक्ति ने अपनी ग्यारह सौ एकड़ जमीन सत्याग्रहियों की मदद के लिए दे दी थी।···गाँधीजी की उस सक्रियता और उपलब्धि पर परकाश का सिर कृतज्ञता से झुक गया।

मीरा ने उसके सामने अपने एक पुराने विश्वास को रखा था, "मैं किसी असम्भव के पीछे पागल नहीं हूँ।"

मीरा ने यह बात अपने और मदन के बारे में कही थी, लेकिन परकाश को यह बात अपने उद्देश्य से भी जुड़ती प्रतीत हुई थी। मजदूरों के भीतर की कमजोरी, झिझक और विभाजन तथा भय के बारे में सोचकर वह अपने प्रण के प्रति निराश होते-होते भी मीरा के वाक्य पर गौर करने लगता—अगर मीरा में मदन के तमाम नकारात्मक रवैये के बावजूद उतना विश्वास है और वह उसे असम्भव मानने को तैयार नहीं है तो मैं क्यों हताश हूँ? मेरा अपना विश्वास क्यों लड़खड़ा उठता है?

मजदूरों में जो भी कमजोरी है, उसे दूर करना तो मेरा काम है—मैं उसे अभिशाप माने क्यों बैठा हूँ ?"

और फिर तो वह अपने भीतर से अपनी ही आवाज़ को सुनता—मैं भी किसी असम्भव के पीछे पागल नहीं हूँ···।

वह मीरा को सीमा से मिलाकर लौट रहा था, जब मीरा ने दूसरी बार उससे पूछा था, "तुम अपने भविष्य को दांव पर रखकर मजदूरों के जिस भविष्य के लिए इतनी दौड़-धूप कर रहे हो, उसमें अगर विफलता मिली तो सह पाओगे उस सदमे को ?"

"मीरा चाची, मैं एक बात पूछूं ?"

"जो मैंने पूछा, उसका तो तुमने जवाब नहीं दिया।"

"उसी के जवाब में कुछ पूछना चाहता हूँ।"

"पूछो।"

"दुखी तो नहीं होओगी ?"

"ऐसा क्या पूछोगे ?"

"खैर, छोड़ो उसे।"

"नहीं परकाश, पूछ ही डालो।"

"तुम मन चाचा के लिए जो इतना कुछ करती हो, उसे अपना जानकर करती हो न ?"

"हाँ।"

"कल अगर तुम्हें पता चले कि तुम्हारा यह अपनापन बेगानेपन में बदल गया, तो सह पाओगी उसे ?"

मीरा चुप रही। पगडण्डी पर मैनाओं का एक झुण्ड टाँय-टाँय की आवाज़ के साथ लड़ रहा था। ईख के कटे खेतों के कारण हरियाली का विस्तृत दृश्य सामने था, जिसे देखते हुए भी मीरा परकाश के प्रश्न की चुभन से अपने को बचा नहीं पायी।

"तुम मेरे प्रश्न का बुरा मान गयीं ?"

"नहीं परकाश !"

"मैं जानता हूँ चाची कि तुम बेगानेपन को भी अपनापन मानोगी।···ठीक उसी तरह मुझे भी अपनी असफलता पर पछतावा नहीं होगा। और फिर मुझे तो विश्वास है कि मैं असफल नहीं रहूँगा।"

इसी विश्वास के साथ परकाश ईख में काम करते हुए बस्ती के मजदूरों के बीच उस वक्त पहुँचा था जब सूरज ठीक सिर के ऊपर था। तीन दिन पहले हरखू के बेटे ने उसे उन खेतों में प्रवेश करने से रोका था। परकाश यह कहकर मजदूरों के बीच पहुँच गया था कि मजदूरों की स्थिति जानने का उसे पूरा हक़ है।

जिस दिन मदन के साथ वह तीन तरफा पहाड़ों से घिरे गाँव के तीन गवाहों को लेकर बुधन बैरिस्टर से मिलने गया, वकील ने उसी दिन उसे मजदूर संघ को

रजिस्टर्ड संघ बनाने का सुझाव दिया था। सारी कठिनाइयों का सामना करते हुए इस काम में उसे महीना-भर लग गया था। अब वह पैंतीस गांवों के करीब आठ हज़ार मजदूरों के संघ का मुखिया था।

मजदूर-नेता की हैसियत से ही वह मजदूरों के बीच पहुँचा था। कुछ देर बाद जब वह वापस लौट रहा था, तभी सूर्य दौड़ता हुआ उसके पास पहुँचा था—

"तुम घर मत लौटो!"

"क्यों, क्या बात है?"

"तुम बस्ती की ओर मत जाओ।"

"पर बात क्या है? बस्ती की ओर क्यों न जाऊँ?"

"पुलिस तुम्हें गिरफ्तार करने आयी है!"

"मुझे गिरफ्तार करने?"

"हाँ!"

"आखिर क्यों?"

"पाँच सिपाही हैं। वे हुक्मनामे के साथ आये हैं तुम्हारे घर की तलाशी लेने। तुम्हारे घर से गहनों का एक डिब्बा और दो पिस्तौल बरामद हुए हैं!"

"क्या कह रहे हो?"

"सही कह रहा हूँ। तुम उधर मत जाओ।"

"मेरे घर गहने और पिस्तौल कहाँ से आ सकता है?"

"मैं जो देखकर आ रहा हूँ, वह तुम्हें बता रहा हूँ। मदन चाचा ने मुझे तुम्हें घर आने से रोकने के लिए भेजा है।"

"यह कैसे हो सकता है?"

"मदन चाचा बता रहे थे कि यह तुम्हें रास्ते से हटाने की साजिश है।"

"पर किसकी?"

"कोठीवाले की और किसकी?"

"मुझे वहाँ पहुँचना होगा। चलो देखते हैं।"

"पागल मत बनो। सुगूनवा भी उस समय चाचा के साथ था। वह उसी क्षण समुद्री इलाके को दौड़ गया है। उसी के घर तुम्हारे छिपने की व्यवस्था होगी।"

"छिपने की?"

"नाहक में कैद जाना चाहते हो क्या?"

"मैंने जब कुछ किया नहीं, तो कैद क्यों जाऊँगा?"

"उस साजिश के सामने तुम इतनी आसानी से अपनी बेगुनाही साबित नहीं कर सकते। तुम जब तक उधर छिपे रहोगे, हम वकील से मिलकर देखेंगे कि आगे क्या करना होगा।"

"लेकिन सूर्य, तुम···मेरी तो समझ में नहीं आ रहा कि यह सब क्या है!"

"यह वक्त यहाँ खड़े रहकर सोचने का नहीं है परकाश! तुम भाग चलो उधर समुद्री इलाके को।"

"माँ का क्या हाल है ?"

"वह ठीक है। यह सब चिन्ता बाद में करना। तुम्हें हर हालत में पुलिस के हाथों पड़ने से बचना है। वे किसी भी वक्त इधर लपक सकते हैं।"

"नहीं सूर्ये, मेरा एक बार घर पहुँचना जरूरी है।"

"पागलपन छोड़ो !"

"इस तरह भागना मुझसे नहीं हो सकता।"

"तो फिर जाओ और अपने को पुलिस के हवाले कर दो। तुम उधर कैद में सड़ोगे और इधर तुम्हारे मजदूर-संघ का नामोनिशान मिट जायेगा।"

परकाश खयालों में खोया रहा, फिर बोला, "मुझे भागना होगा ?"

"हाँ ! तुम्हें सुगूनवा के घर पनाह लेनी है।"

"कब तक अपने को पुलिस से छिपा पाऊँगा ?"

"जब तक वकील की ओर से कोई रास्ता न निकल आये।"

वह ठिठका रहा। उसके अपने जेहन में देवराज के भागने के वे दृश्य उभरने लगे। सूर्ये ने उसके दोनों हाथों को अपने हाथों में लेकर कस लिया और दूसरे ही क्षण परकाश क्षितिज की ओर दौड़ने लगा।

तीसरा भाग

एक

परकाश ने चाहा था कि ब्याह के सभी गहने सोने के न सही, कम-से-कम एक हँसुली तो वह सोने की दे ही सकता है। यह बात परकाश के अपने भीतर से उपजी हुई नहीं थी। यह तो सीता कहा करती थी। कहती थी, अपनी पतोह को कम-से-कम एक गहना तो सोने का दूंगी ही। इस बात को सुन-सुनकर परकाश भी चाहने लगा था कि काश, सीमा को सोने का एक जेवर दे सके! उसकी माँ ने सभी गहने चाँदी के बनवाये थे। उसने अपनी पैंजनिया, कनफूल और फूली को, जिन्हें उसने कभी पहना ही नहीं था, पिघलवाकर नये गहने तैयार करवाये थे। ब्याह करीब आ जाने पर जब परकाश के मन में भी सीमा के गहनों को लेकर चिन्ता पैदा हुई तो वह मन:स्थिति उसे बड़ी अजीब-सी लगी। पूछ ही बैठा था अपने-आपसे कि आखिर ऐसी चिन्ता करने वह क्यों बैठ गया? वह तो सीमा से कई बार कह चुका है कि उसके सौन्दर्य को किसी भी आभूषण की आवश्यकता नहीं है। वह कहता था—तुम तो खुद गहना हो सीमा!…फिर सोच उठता कि सीमा अगर गहना है तो उससे तो परकाश का ही सौन्दर्य बढ़ेगा। हाँ, अगर परकाश गहना होता तभी सीमा को गहने की कोई जरूरत नहीं होती।

यों तो सीमा ने भी कई बार कहा था कि उसे गहनों की चाह नहीं है। परकाश भी उसे सादगी में ही देखना अधिक पसन्द करता था, लेकिन बात उस प्रतिष्ठा की भी तो थी जिसे सामाजिक कहा जाता है। सीमा कोई धनी घर का तो नहीं थी, फिर भी उसकी तुलना में परकाश अधिक गरीब था। गरीबी के कोसे जाने का डर तो उसे नहीं था, लेकिन यह कहकर कोसे जाने का डर जरूर था कि इतनी सुन्दर लड़की के लिए उससे एक भी सोने का गहना नहीं बन पड़ा।

सोने के गहने के बारे में उसने तब सोचना बन्द कर दिया जब उस पर गहने की चोरी का आरोप लगा दिया गया। छह साल के बाद भी वह उस मानसिक यातना को भूला नहीं था। चोरी के उस आरोप से सीमा का परिवार रिश्ते से मुकर जाता। परकाश का तो उस घर में पाँव रखना ही मना हो गया था। मीरा न होती तो सीमा की शादी कहीं और हो गयी होती। पांच-छह महीने बाद ही वह सीमा से मिल पाया था। वह भी चोरी-चुपके रुकमीन के घर पर। उसने सीमा से

पूछा था—

"तुम्हारे घरवाले मुझे चोर मानते हैं ?"

"मानते तो नहीं हैं।"

"तो फिर मेरे इस बहिष्कार का कारण ?"

"तुम मेरी राय नहीं पूछोगे ?"

"तुमसे क्या पूछना है ?"

"तो फिर जब तुम्हें विश्वास है कि मैं तुम्हें निर्दोष मानती हूँ तो नाहक दुखी क्यों हो ?"

तब गहनों की चोरी का मुकदमा अदालत में शुरू हुआ था। परकाश नहीं जानता था कि मुकदमे का क्या परिणाम होगा, इसलिए जब सीमा ने उससे कहा कि वह उसी क्षण उसकी मांग में सिन्दूर भर दे तो परकाश राजी नहीं हुआ था। सीमा की माँग में उसने सिन्दूर भरा जरूर, लेकिन रुकमीन के घर पर नहीं। कोई आठ महीने बाद माड़ो में, लोगों के बीच उसने वैसा किया।

शादी के पांच वर्ष बाद आज भी उसे लगता है कि वह कल ही तो हुई थी और सीमा के गले के लिए अभी भी उसे सोने का हार खरीदना बाकी है। सीमा उसकी इस ख्वाहिश पर कह उठती थी, "मुझे सोने का नहीं, तुम्हारी बाँहों का हार चाहिए।"

विवाह के बाद कई दिनों तक परकाश भूल बैठा था कि सीमा के अलावा भी कुछ है।

सीमा ने ही झकझोरकर उसे उसकी चेतना वापस कर दी थी। तब अपने-आपसे ही वह पूछ बैठा था कि सीमा के प्यार में क्या वह अपनी उस प्रतिबद्धता तक को नहीं भुला बैठा है ? उसे यह सोचकर हैरानी हुई थी कि महीने से भी अधिक समय तक उसने अपने-आपको आन्दोलन से कैसे अलग रहने दिया ! उन दिनों जब किसी कोठी के मजदूर अपनी फरियादों के साथ उससे मिलने आये तो उसने उन्हें मदन के पास भेज दिया था। उसी बीच मीरा की मौसी की भी मृत्यु हुई थी। और जब उसकी माँ और सीमा दोनों ने उसे माटी अँगोरने जाने के लिए विवश कर दिया था तभी वह गया था। पर उस मातमपुर्सी में वह घण्टे-भर भी नहीं रह सका था और घर लौट आया था। सीमा ने तब उससे कहा था कि सारा प्यार एक ही लगे खर्च कर दोगे तो आगे के लिए कुछ भी बाकी नहीं रहेगा। यह सुनकर वह यह कहते-कहते रुक गया था कि उसका पहला प्यार तो वह आन्दोलन ही था। उसकी इस बात से सीमा को दाह तो नहीं होती, पर खुशी भी नहीं होती और परकाश उसे हर क्षण खुश देखना चाहता था। वह कहता, "तुम उदास हो जाती हो तो दोपहर में भी रात हो जाती है।" और सीमा हँस पड़ती थी।

सीमा के प्रति अपनी उस प्रारम्भिक आसक्ति के बारे में सोचकर उसने अपने-आपसे यह प्रश्न भी किया था—अगर सचमुच ही मजदूर-आन्दोलन उसका पहला प्यार था तो फिर सीमा के प्रति उसकी वह आसक्ति क्या थी ? फरीद ने उसे

कहा था—

"ऐसा होता है।"

"ऐसा होता है?"

"हाँ। कुछ सप्ताह, कुछ महीनों तक शादी नयी चीज रहती है फिर जब पुरानी होने लगती है तो अपने-आप उसका नशा कम होने लगता है।"

बाद में परकाश ने भी माना कि सचमुच वह नशा ही था। आज शादी के पांचवें वर्ष में उसे अपनी उस आसक्ति पर हँसी आती है। अब जब सीमा यह कहती है कि देखा, शुरू-शुरू में तुमने प्यार की इतनी फिजूलखर्ची कर डाली कि अब उसका अभाव हो गया है तो परकाश उसकी गरदन में बाँहों का हार डालकर कहता है, "अरे नहीं, अभी भी वह समृद्ध है। इस घर में पैसे का अभाव हो सकता है, लेकिन प्यार का नहीं। मेरे जो भी दो-चार घण्टे तुम्हारे होते हैं, वे प्यार से लबालब होते हैं।"

उसकी इसी बात पर सीमा कह बैठी थी, "वह तो तुम्हारे चाहने पर है।"

"क्या?"

"इस घर में प्यार के साथ-साथ पैसे की भी समृद्धि। तुम्हारे पास तो अच्छा-खासा कमा सकने की योग्यता है। पर तुम हो कि मजदूर संघ के दो रुपयों के लिए दिन-रात एक किये रहते हो।"

"इन दो रुपयों की बरकत तो देखो। क्या कमी है हमें!"

"उस दिन कुएँ पर लोग कह रहे थे कि तुम चाहो तो बस्ती के इसी स्कूल में तुम्हें नौकरी मिल सकती है।"

"बस, यही तो बात है सीमा! मैं चाह ही तो नहीं पाता। और फिर यह स्कूल तो मेरे बिना भी चल रहा है, लेकिन उस काम को मुझे ही आगे बढ़ाना है।"

परकाश की कुछ ही दिनों की अनुपस्थिति में उधर का काम सचमुच ही रुक-सा गया था, शिथिल हो गया था; जबकि स्कूल के सारे काम सही रफ्तार में थे।

छठी कक्षा की उस प्रथम परीक्षा के परिणाम आते ही मुख्य अध्यापक ने आधे दिन की छुट्टी कर दी थी। बावन बच्चों ने उस परीक्षा में भाग लिया था और पैंतालीस बच्चे सफल आये थे। गाँव में परकाश का सबसे अधिक खुश होना भी उतना ही स्वाभाविक था। स्कूल की छह साला पढ़ाई का यह बहुत ही अच्छा नतीजा था। छह साल पहले जब स्कूल शुरू हुआ था तो मुख्य अध्यापक से परकाश ने सुना था कि मलबार के बच्चों को पढ़ाना गधे को जाम चटाना है। वह कहता था—पू फेर मलबार लीर कुमाँ जीर फ़ेर बुरीक़ मांज लाजले। सा बान मांजेर लालो सा। "पर उसकी वह बात झूठ प्रमाणित हो गयी थी, इसकी परकाश को सबसे अधिक खुशी थी। उसके मन में आया था कि दौड़ जाये उस अध्यापक तक और कहे कि ज्ञान किसी जाति विशेष की बपौती नहीं हुआ करता। शरीर से कमजोर हमारे बच्चों ने बता दिया है कि बुद्धि से वे कतई कमजोर नहीं हैं।

परकाश ने मदन को साथ लेकर गाँव के सफल होनेवाले एक-एक बच्चे से

मिलकर बधाई दी थी। असफल रह गये बच्चों से भी वे मिले थे और उन्हें आगे के लिए हौसला दिया था। गाँव अब छोटी-सी बस्ती के रूप में नहीं रह गया था। इधर छह वर्षों में उसमें विस्तार भी आया था और बदलाव भी। अदालत के उस लम्बे मुकदमे के बाद गोरे मालिक को जमीन के वे भाग भी छोड़ने पड़ गये थे जिन पर वह जाली कागजातों के साथ कब्जा किये बैठा था। उस ऐतिहासिक जीत पर बैरिस्टर बूधन का गाँव में बहुत बड़ा स्वागत हुआ था। उसी दिन बूधन ने परकाश को पण्डित किस्तू से मिलवाया था और तभी से परकाश ने आर्य पत्रिका में लेख लिखना शुरू किया था। उसका पहला लेख संयोग से उस दिन प्रकाशित हुआ था जिस दिन गहने चुराने और पिस्तौल रखने के आरोप से मुक्त हुआ था। बूधन की वकालत और मगनलाल की गवाही ने ही उसे इज्जत के साथ बरी करवाया था।

पूंजीपतियों की साजिश से एक भारतीय मजदूर-नेता के उस तरह बच पाने की खबरें तीन पत्रों में आयी थीं। एक पत्र ने इस खबर की सुर्खी इस तरह दी थी—

'कानून पर पैसे और रंग का प्रभाव नहीं पड़ा।'

इस जीत का परकाश को मूल्य भी चुकाना पड़ा था। बरी होने के ठीक दस दिन के बाद जब वह गाँव के मजदूरों के बीच से लौट रहा था, तो लठैतों ने उस पर बिना कुछ कहे लाठियों की बौछार शुरू कर दी थी। उसे मरा जानकर ही लाठियाँ रोकी गयी थीं। लातों से घोलटाकर उसे ईखों की जड़ में लुढ़का दिया गया था। आधी रात गये परकाश को होश आया था। सुबह तक वह उसी प्रकार झींसी में भीगता हुआ ईखों की जड़ों के बीच पड़ा रहा था। और फिर जब कोठी के मजदूरों ने उसे उठाकर अस्पताल पहुँचाया था तो वह दोबारा बेहोश-सा होने लगा था। महीने-भर से ज्यादा समय तक वह अस्पताल में रहा। घर लौटकर भी कई दिनों तक उससे चला नहीं गया था, लेकिन इस बीच भी उसके घर मजदूरों के जुटाव होते रहे थे।

चार महीने के भीतर उस पर दो और आक्रमण हुए। अखबारों में इसकी चर्चा उसे मजदूरों के बीच और भी लोकप्रिय बनाती गयी। इधर तीन वर्षों से शहर में उसका अपना दफ्तर था। वह दफ्तर ही से लौट रहा था जब उसे अपने गाँव के स्कूल की सफलता की सूचना मिली थी। वह घर न जाकर सीधे मदन के यहाँ पहुँच गया था। मदन का नया घर नदीवाले इलाके में था। मदन ने खुद वह जगह पसन्द नहीं की थी, बल्कि बँटवारे के समय वही इलाका उसके हिस्से आया था। नया बसा गाँव अब मील-भर लम्बा था। इस छोर से उस छोर तक घर-ही-घर थे। लोगों के वे अपने घर थे—अपनी जमीन पर। मदन के घर का छप्पर मुठिया का था, दीवारें राफिया की। दो कमरे थे उसमें। मिल-मिलाकर गाँववालों ने एक-दूसरे के घर बनाये थे। अपने घर की दीवारों के एक बड़े भाग को मदन ने अपने हाथों पूरा किया था यह कहता हुआ कि अपने घर के निर्माण में अपने पसीने की भी कुछ बूंदों का होना जरूरी होता है।

परकाश के मुँह से गाँव के स्कूल की कामयाबी सुनकर मदन के मुँह से निकल पड़ा था, "गाँधीजी तो अब हमें भूल गये होंगे, लेकिन हम उन्हें कैसे भुला पायेंगे !"

दूसरे दिन परकाश के साथ मदन भी मुख्य अध्यापक के साथ सभी अध्यापकों को बधाई देने स्कूल पहुँचा। मदन तो दिल से धन्यवाद देने पहुँचा था, लेकिन परकाश बधाई के बहाने मुख्य अध्यापक को यह भी याद दिलाने गया था कि अवसर मिले तो मलबार के बच्चे भी काफी कुछ करके दिखा सकते हैं। सारे शिष्टाचारों का खयाल रखते हुए भी उसने मुख्य अध्यापक से पूछ ही लिया—

"अब तो आप अपने इरादे बदल चुके होंगे ?"

उस गोरे रंग के अध्यापक ने अपनी आँखों की ऐनक के ऊपर से परकाश को देखकर पूछा, "कौन-से इरादे ?"

"यही कि काले और साँवले बच्चों को पढ़ा पाना टेढ़ी खीर है ?"

अपनी झेंप और बेबसी को मुख्य अध्यापक ने मुस्कान से छुपाया और बोला, "मेरे अध्यापकों ने बहुत परिश्रम किया है। एँ त्रावाय एर्नोम !"

मदन फ्रेंच में हो रहे उस वार्तालाप को समझ तो रहा था, पर बोलना तो उससे क्रिओली में ही हो सका, "और बच्चों ने ? क्या उन्होंने भी बहुत बड़ा काम नहीं कर दिखाया ?"

"व्ही-व्ही···बच्चों ने भी मेहनत की।"

"मेहनत दोनों ओर से हुई है मास्टर साहब ! पहली कक्षा से छठी कक्षा तक के सभी अध्यापकों को श्रेय पहुँचता है।"

पूरे स्कूल में एक ही भारतीय अध्यापक था, जो किसी दूर गाँव से आता था। परकाश और मदन जब जाने लगे तो उसने अपनी कक्षा के पास उन दोनों को रोक लिया, "आप दोनों के बारे में मैंने बहुत कुछ सुना है। आपसे मिलने की बड़ी इच्छा थी।"

"आप यहाँ कुछ ही महीनों पहले आये होंगे।"

"यह मेरा तीसरा वर्ष है।"

"ओह ! तो आप ही हैं जो बच्चों को हिन्दी में भी प्रार्थना करवाते हैं ?"

"हाँ। मुझे कभी-न-कभी तो आपसे मिलना ही था। मैं आप लोगों से एक अनुरोध करूँगा। यहाँ के बच्चे बड़े मेधावी हैं लेकिन वे बड़े मैले-कुचैले स्कूल आते है। मैं जानता हूँ कि बस्ती के लोग धनी-मानी लोग नहीं। कपड़े फटे-पुराने होकर भी तो साफ हो सकते हैं। मुझे विश्वास है कि आप लोग मेरे इस सुझाव पर ध्यान देंगे। यहाँ के दूसरे अध्यापक हमें फूहड़ बताकर मजाक करते हैं।"

मदन चुप रहा। परकाश बोला, "आप ठीक कह रहे हैं। हम बच्चों की सफाई पर ध्यान देंगे।"

"मैं जानता हूँ कि बच्चे धूल में लोट-लाटकर कपड़े मैले कर लेते हैं···हम तो यहाँ ख्याल रखते ही हैं, आप लोग भी ख्याल रखियेगा।"

मीरा के घर पहुँचकर परकाश ने उससे बात की और उसे यह काम सौंप

दिया कि समय पाकर वह बच्चों की माँओं से मिले और बच्चों की सफाई पर अधिक ध्यान देने की माँग करे। मीरा और मदन के घरों के बीच का फासला बढ़ गया था। वह पुरानी बस्ती पक्की दीवारों के अभाव में एकदम उजड़ गयी थी। जहाँ कभी मीरा की झोंपड़ी थी, वहाँ अब छोटी-सी मस्जिद खड़ी हो गयी थी। मीरा का नया घर अब उस पूर्वी इलाके में था। मीरा के हिस्से की जमीन भी उतनी ही थी जितनी बाकी लोगों की, लेकिन उसका अपना घर आज भी लगभग उसी पुराने घर जैसा था। कमर तक पत्थरों के चबूतरे पर से उठा हुआ घर था वह। बैठकावालों ने तो चाहा था कि मीरा का घर भी बाकी घरों की तरह ही बने, पर वह थी कि बोली थी, "अब तो मौसी भी नहीं रही। इससे बड़े घर की क्या जरूरत है ?"

नया गाँव एक मील की लम्बाई और आधे मील की चौड़ाई लिये हुए था। लगभग एक सौ तीस घरों के एकदम बीच में था मीरा का घर, जबकि मदन का अपना घर उस दूसरे छोर पर था—नदीवाले इलाके में। मीरा को मदन का खाना-पानी पहुँचाने में अब आधा गाँव पार करना पड़ता था। जब वह सुबह की चाय लिये उसके यहाँ पहुँची, उस समय मदन धरमा की बैलगाड़ी में टोकरियाँ और चटाई लदवा रहा था। वह उसके बाजार जाने का दिन था। मीरा उसे हनीफ के बेटे और धरमा के बीच छोड़कर घर में पहुँची। सबसे पहले जूठे बरतनों को बाहर बरतन-मँजवे के पास रख आयी। बिस्तर को झाड़-पोंछकर उस पर चटाई बिछायी और फिर दोनों कमरे बुहारे। मदन जब सभी टोकरियाँ और चटाइयाँ लदवाकर भीतर आया तो चाय ठण्डी हो चली थी। मीरा ने कटोरे को छूकर कहा, "गरम किये देती हूँ।"

"नहीं मीरा, देर हो गयी है।"

उसने चाय ठण्डी ही पी ली। धरमा की गाड़ी पर जा बैठने से पहले बोला, "मुझे तुमसे एक जरूरी बात कहनी थी। पर छोड़ो, उधर से लौटने पर कहूँगा।"

मीरा चौखट पर खड़ी बिना सूरज की उस धूमिल सुबह में टोकरियों और चटाइयों से लदी उसकी गाड़ी को जाते देखती रही। अब उसे जल्दी नहीं होती थी, क्योंकि अब तो वह अपनी ही जमीन के टुकड़े में सब्जियाँ उगाती थी।

घर के एकाध काम को पूरा करके एकाध को अधूरा छोड़कर वह अपने खेत की ओर चली। बस्ती सुनसान हो चली थी। कुआँ भी सुनसान था और पगडण्डी भी। पूरब की ओर सूरज मीरा की आँखों के बराबर आ गया था। उसे घण्टे-भर से अधिक समय लग गया था। मन-ही-मन उसने सोचा कि शाम को एक घण्टा ज्यादा काम कर लेगी। यही वह वक्त था जब खेतों को मेहनत की जरूरत थी। वह अपने खेत के उस तकाजे से उसे वंचित नहीं रखना चाहती थी।

झपट पड़ी।

एक खरगोश रास्ता काटकर एक खेत से दूसरे खेत में दौड़ गया। उसे बिल्ली समझ क्षण-भर को मीरा ठिठक गयी, पर जब पता चला कि खरगोश है, तो खुशी-

खुशी खेत की ओर बढ़ती गयी। रम्भा हमेशा कहती थी कि खरगोश जब रास्ता काटता है, तो मन की इच्छा पूरी हो जाती है।

मन-ही-मन उसने अपनी इच्छाओं को ढूंढ़ा। कोई ऐसी इच्छा नहीं मिली। इच्छा तो थी उसके भीतर पर…पर उसके पूरे होने का…उसने नहीं चाहा कि रम्भा की वह बात झूठ प्रमाणित होकर रह जाये। उसने कोई इच्छा नहीं की।

खेत में पहुँचकर वह कुछ क्षण उसे निरखती रही। बड़ा आनन्द आता था अपने खेत को निहारते रहने में। उसे लगता, वह अपना ही चेहरा देख रही है नदी के शान्त पानी में।

वह खुश थी। उसका खेत सुन्दर था।

उससे भी सुन्दर।

पत्थरों के जिस ढेर पर खड़े होकर परकाश क्षितिज तक फैली हरियाली को देख रहा था, वह उन सैकड़ों पत्थरों से बना हुआ था जिन्हें भारतीय मजदूरों ने एक-एक करके जमीन से ऊपर किया था। ये वही पत्थर थे जिनके कारण मॉरिशस की धरती को बाँझ करार दिया गया था। परकाश के अपने आगे भी उस तरह के बेशुमार ढेर थे। इधर पचहत्तर वर्षों से ये भारतीय मजदूर लगातार धरती की छाती से इन चट्टानों को बाहर निकालकर मिट्टी को उपजाऊ बनाते चले आ रहे थे।

परकाश जहाँ खड़ा था वहाँ से दूर तक फैली हरियाली उसकी आँखों के सामने थी। वह सोचता रहा उस विस्तृत हरियाली के बारे में और उन तमाम हाथों के बारे में जिन्होंने धरती को वह हरियाली सौंपी थी। उस हरियाली के चप्पे-चप्पे में मजदूरों के हाथों की छाप स्पष्ट थी। उन हाथों से ही तो देश को हरियाली मिली थी और उस हरियाली से समृद्धि, लेकिन उन हाथों को क्या मिला था? परकाश सोचता रहा। बार-बार प्रश्न करता रहा। खेतों को हरा-भरा बनानेवाले साँवले हाथों को क्या मिला था? छाले और फफोले? उन गेहुँई हथेलियों की तो वे हस्त-रेखाएं भी घिसकर रह गयी थीं।

उसकी अपनी बस्ती की स्थिति में थोड़ा-बहुत सुधार जरूर आया था। पर वह आया था वर्षों के अथक संघर्ष के बाद ही। लोगों के पास अपना कहने के लिए जमीन का एक टुकड़ा, एक घर और छोटी-सी आमदनी…कम-से-कम उस पिछली जिन्दगी से तो बेहतर ही था, मगर अभी तो कई कोठियाँ, कई गाँव आज भी उसी शिकंजे में जकड़े हुए थे।

परकाश को अपनी सफलता अधूरी लगी। एक कोठी के एक गोरे मालिक, एक पूंजीपति से लड़ाई जीत जाने का तात्पर्य यह थोड़े ही था कि पूरी लड़ाई जीत ली गयी? गाँधीजी जो कह गये थे वह भी तो अभी अधूरा था। भारतीय बच्चे पढ़ने लगे थे, उभरने लगे थे लेकिन वह राजनीतिक चेतना जो गांधीजी माँग गये थे, वह तो अभी भी नहीं आयी थी।

परकाश सीमा से उसी राजनीतिक चेतना पर बात कर रहा था, जब सीता बोल उठी थी, "तू त अपन इ बतवन से ई छोकरिया के दिमाग खराब करके छोड़बे।"...और वह अपने बेटे और बहू को समझाने बैठ गयी थी—सभी को दो जून रोटी मिल रही है। अब अपना घर-द्वार है' आमदनी है। गाँव के बच्चे पढ़-लिख रहे हैं, अब और क्या चाहिए हमें ?

और परकाश सीता को समझा नहीं सका था। उसकी माँ के सारे सपने तो वहीं तक थे, लेकिन परकाश के सपने तो आगे के थे। गांधीजी भारतीयों की खुशहाली के साथ-साथ उनकी प्रतिष्ठा की भी बात कह गये थे। उस दिन वह बैरिस्टर बूधन से बात कर रहा था और उसने परकाश से कहा था—हमारी सही लड़ाई तो अब शुरू होनी है। भारतीयों को इस मुल्क में आदमी की तरह नहीं लाया गया था। आज हम अपने को आदमी बताने में तो सफल हुए हैं, लेकिन हमारी गिनती आज भी तीसरे दर्जे के नागरिक के रूप में होती है। इसे बदलना है हमें ! एक टुकड़ी जमीन और एक झोंपड़ी से आर्थिक बटवारा होकर बराबरी नहीं आ जाती। हमें अपने को किसी से बेहतर और विशेष बताना नहीं है, लेकिन अपनी कम हैसियत मानते हुए लिजलिजेपन से जीते रहना भी तो हमारा उद्देश्य नहीं होना चाहिए।...अखबार में आये तुम्हारे इधर के लेखों से मैं बहुत प्रभावित हूँ परकाश ! मैं तो यह चाहूँगा कि तुम राजनीति की ओर झुको।

परकाश के अपने भीतर भी तो यही चाह थी। पर चाह तो आदमी के भीतर आसमान छूने की भी हो सकती है। वह अपनी औकात पर सोचने लगता और हौसले को सिठिया गया पाता। हँस पड़ता—मैं और राजनीति ? उसने तो इस क्षेत्र में दिलचस्पी लेनेवाले जितने नाम सुने थे वे सभी हस्तियों के नाम थे। कहाँ वे लोग और कहाँ मैं ! लेकिन इसके बावजूद परकाश इस विचार को त्याग नहीं सका था। उसने अपनी ही दलील से अपने को आश्वासित करना चाहा—योग्यता तो लायी जा सकती है। फिर दूसरे ही क्षण अपने-आपसे पूछ बैठता—योग्यता ? क्या होती है यह योग्यता ? योग्यता तो अवसर आने पर दिखायी जा सकती है।

बस, उसने तय कर लिया। अवसर को हाथ से निकलने नहीं देना है। तभी से हर सप्ताह कम-से-कम एक बार बैरिस्टर बूधन और पण्डित काशीनाथ किस्तू से मिलते रहने का उसने नियम-सा बना लिया था। आर्यपत्रिका के लिए अपना नया लेख पण्डित किस्तू को थमाते हुए उसने कहा, "इसमें शायद थोड़ी-सी अतिशयोक्ति हो गयी होगी, आप देख लें।"

"तुम्हारे लेख तो बहुत सराहे जा रहे हैं।"

"श्रेय तो आपको जाता है।"

"ऐसा क्यों ?"

"जो बातें आपके साथ करके जाता हूँ, उन्हीं मुद्दों को तो अपने लेखों में उठाता हूँ।"

"तुममें पाठकों को झकझोर देने का दम है। इसी का तो हमारे पत्रों में अभाव

रहा है। हमारे लोग तो जँभाई ले रहे थे, उन्हें इस तरह झकझोरा जाना जरूरी था।"

"यह भी तो मैंने आप ही से सीखा है। केवल शोषकों को गाली देते रहने से क्या होता है ? हमें तो शोषितों को भी शोषण को स्वीकारे बैठे रहने से रोकना है।"

"एक बात तो मैं भूल ही जाता। सावाना कोठी के कुछ मजदूरों की कल गिरफ्तारी हुई है। तुम्हें वहाँ पहुँचना चाहिए। लेख के लिए नहीं। वहाँ के संघटन को टूटने से रोकने के लिए। सूचना मिली है कि हड़ताल की घोषणा के बावजूद कुछ मजदूर काम पर जा रहे थे। उन्हें रोकने की कोशिश में मजदूर आपस में झगड़ पड़े।"

"जिस बात से मैं डरता था, वही हुआ।"

"यह तो होता ही रहेगा। उधर से वे मजदूरों को मजदूरों के खिलाफ भड़काते रहेंगे, ताकि तुम्हारा आन्दोलन जोर न पकड़ सके। हमें तो यहाँ एक बात और जानने को मिली है। ईख, कारखाने और कोठी के मालिक मजदूरों को अलग-अलग जुटाकर उनसे कह रहे हैं कि तुम्हारा आन्दोलन हिन्दुओं का आन्दोलन है, इसमें वे हिस्सा न लें।"

"लेकिन पण्डितजी, यह तो मजदूरों का आन्दोलन है।"

"यह तो वे लोग भी जानते हैं। परन्तु तुम्हारी शक्ति को क्षीण करने के लिए वे तो वैसा करेंगे ही।"

परकाश दफ्तर पहुँचकर अपने सामने की समस्याओं पर सोचता रहा। बारह बज चुके थे। उसने सूर्य से कहा कि वह शाम को घर पहुँचने पर सीता और सीमा को बता दे कि आज रात उसका लौटना नहीं हो सकेगा। उसने तय कर लिया था कि सावाना कोठी उसे तुरन्त पहुँचना होगा, और मजदूरों के बीच की आपसी गलतफहमी को तत्काल खत्म करना होगा।

सावाना कोठी में जो कुछ हो रहा था, वह पैसों के बल पर ही हो रहा था। उसकी समझ में यह बात आ ही नहीं रही थी कि ये कोठीवाले जो मजदूरों के हक का एक भी पैसा बढ़ाने को तैयार नहीं थे, वे मजदूर-आन्दोलन को छिन्न-भिन्न करने के लिए इतना खर्च कैसे कर पा रहे हैं। घूम-फिरकर उसे मदन की कही हुई बात ही सही लग रही थी। उसने कहा था—

"परकाश, ये लोग मजदूरों के हक का एक रुपया मारकर उसके बदले में हजारों खर्च कर सकते हैं, ताकि मजदूर पीढ़ियों तक वहीं-का-वहीं रहे। ऐसी ही दशा में पूंजीपतियों का आगे बढ़ते जाना सम्भव है।"

उस पहले अवसर पर परकाश को जब सावाना कोठी के मालिक के सामने खड़ा होना पड़ा था, तब भी वही चेष्टा हुई थी कि वह मालिक की ओर से आधी थैली को स्वीकार कर झुक जाना स्वीकार कर ले। तब उसने मुस्कुराकर मालिक से पूछा था, "कितने हैं इसमें ?"

"दस हजार !"

"हम आपसे मजदूरों के जिस हक का तकाजा कर रहे हैं, वह तो इसका आधा भी नहीं होगा।"

"यही तो बात है जो आप समझ नहीं रहे।"

रास्ते-भर उसी बात को समझने की कोशिश करता हुआ वह अपने गाँव लौटा था। गोरे भी अब उसे 'आप' कहकर सम्बोधित करने लगे थे, यह तो वह समझ सका था, लेकिन···खैर, इसका भी कारण वह समझ तो पाया था, पर इसके बाद भी उसका अपना प्रश्न तो प्रश्न ही बना रह गया था।

सावाना कोठी पहुँचते शाम हो चली थी।

कोठी के फाटक के दोनों पहरेदारों ने उसे रोक लिया। उसे भीतर जाने की इजाजत नहीं थी। वह तो यह सोचकर दफ्तर से निकला था कि रात कोठी के किसी मजदूर के घर ही बितायेगा। उसने दोनों रखबारों को समझाने का प्रयास किया। वह जो छोटे-छोटे घुंघराले बालोंवाला पहरेदार था, जल्दी से बन्दूक लिये आ गया—

"हमें गोली चला देने का हुकम है। पा पेरसीस्ते ! हठ मत करो।"

"मैं हठ नहीं कर रहा। बात समझा रहा हूँ।"

दूसरे पहरेदार ने चिलम पर भीगी साफी लपेटते हुए कहा, "एको समझावे-बुझावे के कोई बात ना बाते।"

"मैं मजदूरों का प्रतिनिधि हूँ। मुझे हर कोठी में दाखिल होने का अधिकार है।"

"नू उसी ने एना द्रुआ तूये। हमें भी गोली चलाने का अधिकार है।"

बस्ती के कई लोग एकसाथ आ गये। अगवानी करनेवाले मजदूर ने परकाश से कहा, "आपका भीतर आना खतरे से खाली नहीं है।"

"मुझे खतरे की परवाह नहीं। मैं तुम सभी से बातें किये बिना यहाँ से नहीं लौटूंगा।"

"हम सभी बाहर आ रहे हैं।"

परकाश ने उन सभी को गौर से देखा। कोई पन्द्रह लोग थे। उनमें दो घायल थे। एक के माथे पर पट्टी थी, दूसरे की बाँह हल्दी-सने कपड़े में लिपटी हुई थी। उन सभी के साथ परकाश नाले को पार करके बरगद के पेड़ों के पासवाली चट्टानों पर आ गया, जहाँ सात वर्ष पहले उसने अपनी पहली मीटिंग की थी।

सूरज की आखिरी किरणों की पसरी हुई धूप जहाँ-तहाँ थी। अपने ऊपर धूप-छाँह बाँटते हुए सभी मजदूर चट्टानों पर बैठ गये। धनेश्वर, जो बस्ती के प्रतिनिधि के रूप में परकाश के दफ्तर में आता रहता था, सबसे बाद में आया और आते ही उसने बात शुरू की—

"कल सुबह ही हम आपसे मिलने आनेवाले थे।"

परकाश ने उसके बैठ जाने का इन्तजार किया।

"आखिर बात क्या है ?"

"परसों यहाँ पर हड़ताल···"

"लेकिन इस हड़ताल का आदेश कहाँ से आया ?"

"ताम्बी ने बताया था कि यह आप ही का आदेश है।"

परकाश क्षण-भर के लिए मौन साधे रहा। वह बात समझने का प्रयत्न करता रहा, फिर बोला, "हमारी ओर से किसी भी हड़ताल की घोषणा नहीं हुई !"

"यहाँ के सरदार कह रहे थे कि हम सभी को हड़ताल के लिए भड़काकर आप पीछे रह गये।"

"पर मैं ऐसा क्यों करने लगा ?"

"इसलिए कि मालिक से आपको तीन हजार रुपये मिले हैं।"

"किसने कहा यह ?"

"सभी सरदार कह रहे थे।"

"और तुम लोग मान गये ?"

धनेश्वर ने कहा, "मैं तो शुरू ही में जान गया था कि इसमें सरदारों की कोई चाल है, इसीलिए मैंने सभी से कहा कि हम काम पर जरूर जायेंगे। काम पर जानेवालों की संख्या ज्यादा थी। जो हमारा रास्ता रोके खड़े थे, वे तीस-चालीस से ज्यादा नहीं थे। मार-पीट उन्हीं लोगों ने शुरू की थी।"

"गिरफ्तार कौन हुए हैं ?"

"सभी हमारे लोग।"

"कितने ?"

"आठ आदमी।"

"हम लोग कल उन्हें छुड़ाने की बात सोचेंगे। इस समय मैं तुम लोगों से कुछ बातें करना चाहता हूँ। पड़ोस में जो गाँव है, आज मैं वहीं एक मित्र के यहाँ टिकूँगा। यहाँ से तो वह स्थान कठिनाई से मील-भर होगा।···धनेश्वर, तुम मेरे साथ चलो। इनमें से पाँच-छह लोगों से कह दो कि वे रात आठ बजे मनिया गाँव की बैठक में पहुँचें।"

मनिया गाँव की तीन घण्टों की उस सभा में पहली बात जो तय हुई वह यह कि मजदूर संघ की कोई भी घोषणा, कोई भी आदेश होगा उसे धनेश्वर लायेगा या उसकी ओर से नियुक्त कोई दूसरा सदस्य। परकाश ने अपनी बात को अधिक स्पष्ट करते हुए कहा—

"आप लोग किसी भी हालत में बाहर के किसी आदमी की बात मानकर कोई भी ऐसा कदम न उठायें जिसकी माँग—आपको विश्वास न हो जाये कि मजदूर संघ की ओर से हुई है। यह केवल इसी बस्ती में नहीं, और भी गाँवों में किया गया है। मजदूरों को एक असमंजस की-सी हालत में डालकर उनको आपस में

लड़ाने का यह एक तरीका है ।"

परकाश काफी देर मजदूरों की एकता पर बोलता रहा । अन्त में गिरफ्तार मजदूरों को छुड़ाने के विषय में धनेश्वर से बोला—

"कल सुबह तुम दस से पहले अपने दो साथियों के साथ दफ्तर पहुँच जाओ या चाहो तो यहाँ आठ बजे पहुँच आओ । यहाँ से साथ चलेंगे ।"

"हम लोग यहीं आ जायेंगे ।"

"मुझे दुःख है कि गिरफ्तार मजदूरों के परिवारों से मैं नहीं मिल पाया ।… खैर, देखना है कि कोठीवाले मुझे कब तक रोकते हैं !"

"परकाश भैया ! हमारी बस्ती में तो सचमुच ही रखवारों को यह हुक्म मिला है कि देखते ही तुम पर गोली चला दें ।"

"फांसी की सजा हुक्म देनेवाले को नहीं होगी, पर हुक्म माननेवालों को होकर रहेगी । रोना तो इसी बात का है कि हमारे कुछ दोस्त जो उस पार हैं, इन सच्चाइयों को समझ नहीं पाते ।"

माथे पर पट्टी बंधे व्यक्ति ने धनेश्वर के कान में कुछ कहा और धनेश्वर ने उसकी बात पर सिर हिलाकर हामी भरने के बाद परकाश से कहा—

"पिछले सप्ताह से बस्ती में तीन बार नाच-गाने के कार्यक्रम हुए और वहीं से मजदूरों के कान फूंकने का वह सिलसिला शुरू हुआ था ।"

परकाश की समझ में सन्दर्भ नहीं आया । धनेश्वर ने अपनी बात को अधिक स्पष्ट किया—

"न जाने किस गांव से दो भौंगे आये थे । दोनों भाँड़ साड़ियाँ पहनकर औरतों की तरह कमर लचका-मटकाकर नाचे थे । उसी बीच मजदूरों को अंगूरी पिलायी गयी थी । गांजे के दम भी चले थे और नाच-गानों से मोह लिये गये दस-पन्द्रह मजदूरों ने ही सारा झमेला खड़ा किया है ।"

पट्टीवाले ने कहा, "इस नाच-गाने ने ही लोगों की मति मार दी है ।"

परकाश गम्भीर बना रहा और उसी गाम्भीर्य के साथ उसने कहा, "दिन-भर के थके-माँदे लोगों को रात में थोड़ा-सा मनोरंजन मिल जाये उसके लिए तो वे कुछ भी कर सकते हैं । यह जानकर ही तो उधर से इस तरह के आयोजन हुए ।"

"हमारे लोगों को उस जाल में नहीं फँसना चाहिए था ।"

"इसमें मजदूरों का क्या दोष है ? दिन-भर के थके-माँदे को थकान भूलने के लिए…"

"फूहड़ और बेसहूर नाच के पीछे मतवाला हो जाना, यह कोई अच्छी बात हुई क्या ?"

"उन्हें तो अपनी थकान को भूलना होता है, वह चाहे शराब से हो, गाँजे से हो या भड़वों के भोंडे नाच से । खैर, हम बीती बातों के पीछे समय बरबाद न करके आगे के लिए सोचें । आगे हमारा सबसे पहला काम है, गिरफ्तार मजदूरों को

छुड़ाना, फिर और आगे सोचा जायेगा।"

धनेश्वर ने खड़े होकर पूछा, "सरकार ने अगर उनको छोड़ने से इन्कार कर दिया तो क्या करेंगे ?"

"तब तो हमें भी वही करना पड़ेगा जो गांधीजी भारत सरकार के खिलाफ कर रहे हैं।"

"क्या कर रहे हैं गांधीजी ?"

परकाश ने इसका उत्तर तुरन्त नहीं दिया। उस वक्त दिया जब अपने प्रश्न को दोहराने के लिए धनेश्वर ने मुंह खोलना चाहा। इससे पहले कि उसके खुले मुंह से कोई ध्वनि बाहर आती, परकाश कह उठा—सत्याग्रह !

शाम को मदन ने परकाश से कहा, "जो तुम बता रहे हो अगर वही सत्याग्रह है तो···"

"तो क्या ?"

"तो कुछ होने का नहीं।"

"क्यों ?"

"इसे तो हम इस देश में सौ वर्षों से करते आ रहे हैं। जिस तरह हम खेतों में गोरे मालिकों और सरदारों के अत्याचारों को सहते चले आ रहे हैं और मुंह तक नहीं खोलते कभी···"

"मन चाचा, वह सत्याग्रह नहीं था; हमारी बेबसी थी, कायरता थी।"

"सत्याग्रह भी तो सभी कुछ सहकर चुपचाप बैठे रहना है।"

"नहीं मन चाचा !···मैं तुम्हें सही बात समझा नहीं पा रहा।"

"खैर ! तुम जो अच्छा समझो, वही करो।"

"एक बात पूछूं मन चाचा ?"

"क्या ?"

"याद है उस दिन, जब हम लोग धनेश्वर की बस्ती को जा रहे थे तो गोरों के दो करिन्दों ने हमें उत्तेजित करने की कितनी कोशिशें की थीं ?"

"याद है।"

"उन दोनों ने तुम्हारे रूमाल तक को तुम्हारे सिर से उतार लिया था। हम दोनों के चेहरों पर कीचड़ पोत···"

"और हमने चुपचाप सह लिया था।"

"यही नहीं चाचा, तुमने एक बात भी कही थी।"

"क्या कहा था मैंने ?"

"कि उन दोनों ने हमारे हौसले और भी बढ़ा दिये हैं।"

"क्या मतलब हो जाता है इसका ?"

"यही कि सत्याग्रह न भी सही, लेकिन उसी तरह का तरीका अपनाने पर हमारी बेइज्जती और होनेवाले अत्याचार ही हमारे हौसले को बढ़ा जायेंगे।"

"यों भी तो सारा संघर्ष तुम्हारा है। मैं तो बस हर वक्त तुम्हारी बगल में हूँ।"

"नहीं चाचा, संघर्ष तो तुम्हारा है। हम सभी अपना-अपना फर्ज अदा कर रहे हैं।"

रात में मीरा ने मक्की की लीटी के साथ चोलाई की भूंजड़ी और इमली की चटनी दोनों के सामने परोसी। खाने के बाद घण्टों तक दोनों भावी योजनाओं पर बात करते रहे।

दो

बहुत दिनों बाद लोगों ने उस तरह की वर्षा देखी थी। सात दिन सूरज ओझल रहा। हर रात कई घरों की छतें रीसती रहीं। सुना कि कई बस्तियों में घुटने तक पानी जमा हो गया था। मदन का गाँव अगर पहाड़ी ऊँचाई पर न होता तो वहाँ भी बाढ़ आ जाती। नदी उफनकर खेतों तक फैल ही गयी थी। मदन का अपना आँगन चार-पाँच दिनों तक पानी में डूबा रहा। बच्चे कागज की नावें बनाकर उसमें चलाते रहे।

सातों दिन सुबह-शाम मीरा गोनी की घोघी ओढ़े मदन का खाना-पानी लाती रही। मदन ने उसे दूसरे ही दिन मना किया था कि वह मूसलाधार बारिश में भीगती हुई न आये। उसने कहा था कि वह बगल ही में रह रही रम्भा के यहाँ खाने चला जाया करेगा। मीरा ने कहा था कि वह नमक नहीं है जो भीगने से गल जायेगी।

"बीमार पड़ जाने का तो डर है मीरा!" मदन ने कहा था और सचमुच वर्षा बन्द होने के दूसरे ही दिन मीरा को बुखार शुरू हो गया था। पसलियों में भी दर्द था। घर से अँगीठी लाकर सीमा ने उसकी पसलियों को सेंका था। कुसमी जिद करके बोनोम सीरिल को ले आयी थी। झड़वायी थी। परकाश उसे लिये डॉ. साकीर के पास दौड़ गया था। सप्ताह-भर मीरा अपने आधे बीघे से भी कम खेत पर नहीं जा सकी थी। और जिस दिन लोगों के मना करने पर भी वहाँ पहुँची, उस दिन भी उसे बुखार था। सात दिनों की वर्षा ने जादू का काम किया था। खेत की हरियाली इतनी घनी, इतनी चटकीली और इतनी प्यारी हो गयी थी कि मीरा अपने हाथों बोये सब्जी के पौधों के बीच झूम उठी थी।

शाम को वह जब घर लौटी तो उसका बुखार और भी बढ़ आया। सीमा को अपने यहाँ बुलवाकर उसने कहा, "तुम्हें आज भी मदन का खाना पहुँचाना

पड़ेगा।"

बदन पर हाथ रखकर उसके उस तापमान से सीमा डर गयी—

"देखा तुमने अपनी लापरवाही का नतीजा ! तुम्हें फिर से जोरों का बुखार है। तुम्हारे खेत के काम जैसे भागे जा रहे थे।"

डाक्टर साकीर की दी हुई दवा बची थी। सीमा उसे पिला गयी।

मीरा के फिर बीमार हो जाने की खबर पाकर मदन उसी वक्त सीमा के साथ उसे देखने आ गया। पहली बार उसे लगा कि उसका अपना घर मीरा के घर से बहुत दूर है। जब जमीन का बँटवारा हो रहा था उस समय गुमाश्ते और कानूनी कार्यवाही के लिए मदन के पास पैसा नहीं था। सप्ताह पहले उसने हनीफ की बेटी के ब्याह के लिए अपने यहाँ के बचे साढ़े बाईस रुपये दे दिये थे। हर परिवार को जमीन के उन कानूनी कार्यों के लिए बीस रुपये चुकाने थे। मदन की ओर से मीरा ही ने वह पैसा चुकाया था, तभी मदन कह गया था—

"मेरा-तेरा हिस्सा तो अगल-बगल या आमने-सामने होना चाहिए था।"

"वितरण का सारा अधिकार तो वकील का है। तुम क्यों भूल रहे हो कि किसी को किसी तरह की आपत्ति का अवसर नहीं दिये जाने की शर्त भी तो है।"

मीरा के घर की ओर बढ़ते हुए मदन सोचने लगा था—वह आपत्ति नहीं होती···बड़े प्यार से वकील से बात करके वह अपनी और मीरा के हिस्से की जमीन आस-पास करवा सकता था। पर इस बात से उसे अपनी खुदगर्जी का ही आभास हुआ था। इतने दिनों से मीरा उस फासले को रोज तय कर रही थी। मदन को उस फासले का खयाल कभी आया ही नहीं। उन दिनों भी नहीं, जब मीरा सात दिन लम्बी बरसात में भीग-भीगकर उस तक पहुँचती थी।

उसे अपनी खुदगर्जी पर दुःख हुआ, पर फिर वह सोचने लगा—उसके सारे खयाल तो मजदूरों के लिए होते हैं। जो बेखुदी वह अपने बारे में करता रहा है वही मीरा के साथ भी कर गया, क्योंकि मीरा उससे विलग थोड़े ही है। उसने थोड़ी अधिक ईमानदारी से अपने-आपसे पूछा था—क्या सचमुच मीरा मुझसे विलग नहीं ?

इस बार अपने-आपको उत्तर देने में उसे झिझक हुई।

एक बार फरीद उससे पूछ बैठा था, "तुम सभी लोगों के दर्दों और आहों से दुखी होते रहते हो, पर क्या कारण है कि मीरा के दर्द और आह से अपने को विचलित नहीं पाते ?"

उसने फरीद से कहा था, "सिर्फ इसलिए कि मैं अपनी निजी आहों का बहुत कम ख्याल रखता हूँ।"

"मैंने तुम्हारे निजी दर्द की बात नहीं की है, मीरा की बात कर रहा हूँ।"

"उसका दर्द भी तो मेरा अपना ही है।"

लेकिन उसे लगा कि आज तो वह अपने ही दर्द से कराह उठा है। पिछले दो दिन परकाश के साथ कोई चार-पांच गाँवों का चक्कर काटने के कारण उसके पाँव

में दर्द था। इस निजी दर्द के कारण ही तो कहीं पहली बार अपने और मीरा के घर का फासला उसे नहीं खटक रहा?

"हम आ गये···।" सीमा की आवाज ने उसके प्रश्न को बिना उत्तर का रह जाने दिया था। मीरा के पास सपूरा और सीता बैठी हुई थीं। मदन के आ जाने पर दोनों हट गयीं। मीरा के हाथ-से-हाथ छूते ही मदन ने शिकायत-भरे शब्दों में कहा था—

"मैंने तुम्हें खेत पर जाने को मना किया था।"

"खेत न जाती तो बीमार पड़ जाती।"

"तो अभी क्या हो?"

"अभी तो बस थोड़ा-सा सिर-दर्द है। सीमा ने तुम्हें कह दिया होगा कि मैं बीमार हूँ, इसलिए नहीं आ सकी और तुम आ गये!"

"तुम्हारा माथा आग की तरह धधक रहा है।"

"साधारण बुखार है।"

"नहीं, यह साधारण बुखार नहीं है। क्यों सीमा, इसे कोई दवा दी या नहीं?"

सीमा आगे आ गयी, "मन चाचा, डाक्टर की वह दवा जो बची हुई थी वही मैंने दी है।"

"तुम्हें पसली का दर्द भी तो नहीं शुरू हो गया?"

मीरा सिर हिलाकर 'नहीं' तो कह गयी थी पर फिर मदन की ओर देखकर बोली थी—

"बिल्कुल नहीं। मुझे लगता है, तुम बिना खाये आ गये हो। सीमा तो अभी-अभी यहाँ से गयी थी।"

मदन चुप रहा। सीमा बोली थी, "मैंने कितना कहा कि खाकर चलो पर···"

"तो तुमने जाते ही कह दिया कि मैं बहुत बीमार हूँ?"

मदन ने उसके मुंह पर हाथ रख दिया था, "अच्छी रहती हो तो दस बात की एक बात बोलती हो और अब बीमार हो तो एक की दस बोल रही हो। अब बोलना बन्द करो।"

भारी बरसात को अभी महीना भी नहीं हुआ था कि तीन दिन लम्बी वर्षा फिर हो गयी। इस वर्षा के बाद उमस कुछ कम हो गयी थी। ईख के पौधे देखते-ही-देखते कमर तक बढ़ आये थे। गांववाले खेतों की हरियाली भी सब्जियों के बेशुमार फूल ले चुकी थी। बीच में मीरा की पसलियों का दर्द फिर बढ़ गया था और साँस लेने में कठिनाई होने लगी थी। डाक्टर ने दोबारा भीग जाने को ही उसका कारण बताया। दवा के साथ वह गरम पट्टियाँ भी दे गया था। तीन दिनों तक लगातार सेंकने के बाद पसलियों का दर्द कुछ कम हो पाया था। साँसों के थोड़ा-सा खुलने पर मीरा ने मदन से कहा था, "कई दिन हो गये, खेत···।"

"तुम्हें खेत अपनी जान से प्यारा है क्या ?"

"पिछली बार करेलों की लताएँ पीले फूलों से भर आयी थीं। इस दूसरी वर्षा से उनके गल जाने और लताओं के अधिक फैल जाने का डर है।"

"सीता रोज जाती रही है तुम्हारे खेत के बीच। करेले की लताएँ अधिक बढ़ आने के बावजूद फलों से लदने को हैं। मीरा, तुमसे एक बात पूछूं ?"

"क्या पूछना चाहते हो ?"

"पिछली बार तुम्हारी मकई की फसल बेहद अच्छी हुई थी, लेकिन उसके सारे पैसों से तुमने कुसमी की विधवा बेटी के लिए गाय खरीद दी थी। इस बार भी तुम्हें दो पैसे मिल जाने की पूरी उम्मीद है। इस बार उन पैसों का क्या करोगी ?"

"तुम्हें अगर जरूरत हुई तो दे देंगे।"

"मुझे जरूरत नहीं है।"

"तो फिर क्यों पूछ रहे हो ?"

"इसलिए पूछ रहा हूँ कि जिस खेत की तुम्हें इतनी चिन्ता रहती है उसकी फसल के पैसों को इतनी आसानी से दूसरों को क्यों दे देती हो ?"

"दूसरों को ?"

"हाँ, दूसरों को।"

"तुम तो कहा करते हो कि इस गाँव में कोई पराया नहीं, सभी एक-दूसरे के कुछ-न-कुछ हैं।"

मदन से इस अप्रत्यक्ष प्रश्न का उत्तर नहीं बन पड़ा।

मीरा उसकी ओर एकटक देखती रही। मदन की दोनों कनपटियों के पास बाल सफेद होने लगे थे। वे बाल उसे यह बोलते प्रतीत हुए—कितनी लम्बी यात्रा तय हो चुकी है ! और जब उसने आँखें बन्द कर लीं तो सामने का अँधेरा उसके कानों में हौले से कह गया—अभी आगे कितनी लम्बी यात्रा तय करनी है।

इधर कुछ दिनों से मदन सुबह-शाम खुद मीरा के यहाँ पहुँचता था। खाने के बाद रात को वह कोई आठ बजे घर पहुँचा। बहुत देर तक चारपाई पर बैठा वह मीरा के बारे में सोचता रहा। बहुत लम्बे अरसे के बाद वह मीरा के बारे में उस तरह सोचने बैठा था। मीरा की बीमारी से उसके अपने भीतर जो भाव पैदा हुए थे उनमें प्यार और दया के अलावा भी कोई भावना थी या वे प्यार के ही भाव थे ? प्यार और दया में किसके अंश अधिक थे ! प्यार के ? लेकिन यह प्यार तो वर्षों से रहा है—तो क्या मीरा के प्रति वह दया का अंश था जो उसकी इस बीमारी के कारण अनायास ही मदन के अपने भीतर खलबला उठा था ? उसके सामने सवाल-ही-सवाल उभरते रहे। क्या रिश्ता हो सकता है दया और प्यार के बीच ? क्या वजह थी कि मीरा की बीमारी के बाद मदन उसके प्रति इतना अधिक संवेदनशील हो चला था ?

वह अपने-आपसे तर्क करता रहा। नहीं, वह मीरा की बीमारी नहीं थी, जिसने उसे मीरा के प्रति कुछ अधिक सजग किया था। इधर कुछ दिनों से मदन ने वे सारी जिम्मेवारियाँ परकाश के जिम्मे छोड़ दी थीं। उन तमाम जिम्मेवारियों से मुक्ति मदन ने उस वक्त ली थी जब उसे विश्वास हो गया था कि आगे के सारे कामों को परकाश सँभाल सकता था। देश-भर के मजदूर संघों का परकाश एक सशक्त नेता बन चुका था। द्वीप के इस छोर से उस छोर तक ईख के खेतों के मजदूरों को यह यकीन हो गया था कि उनकी स्थिति को बेहतर बनानेवाला अगर कोई है तो वह परकाश है।

मदन अपने-आपसे बातें करता रहा—

···मीरा, ये मेरे अपने ही सपने पूरे होने का वक्त नहीं है···अब तो मेरे पिता किसनसिंह के सपने भी पूरे होकर रहेंगे। परकाश सचमुच ही सब मजदूरों का प्रकाश बनकर रहेगा। अब मैं···मैं तो इसके पहले मजदूरों के हाथों गिरवी था मीरा···अब···अब मैं मुक्त हो सका हूँ। परकाश ने मुझे यह मुक्ति दी है।···वह सोच उठा—आगे अपनी जिन्दगी और कितनी बाकी है! ···मीरा! क्या तुम मेरे जीवन के इन चन्द दिनों को मेरी पत्नी होकर गुजारना चाहोगी?···पर उसमें इतनी हिम्मत थी ही कहाँ कि वह मीरा से यह पूछ सकता।

दूसरे दिन तड़के ही वह परकाश के सामने जा खड़ा हुआ—

"परकाश! आज मैं तुम्हें 'हाँ' कहने आया हूँ।"

परकाश उसे देखता रहा।

"हाँ परकाश! आज मैं तुम्हें 'हाँ' कहने आया हूँ।"

उतना उल्लसित परकाश ने मदन को शायद ही कभी देखा था।

"तुम्हें विश्वास नहीं हो रहा?"

परकाश को पूछना पड़ा, "किस बात का?"

"कि आज सचमुच मैं तुम्हारी बात मानने आ गया हूँ?"

"कौन-सी बात?"

"मीरा के बारे में! मैं···मैं मीरा को अपनी पत्नी बनाने को तैयार हूँ···।"

वह एक सपना था। नींद टूटने पर मदन अपनी चारपाई पर था। उसने समय का अन्दाजा लगाया। अभी सूरज उदय नहीं हुआ था। वह अपनी चारपाई से उठा। कुसमी के नाती को आवाज दी। वह जानता था कि वह लड़का तड़के ही उठकर उसके घर के सामने व्यायाम करता है। उसकी सबसे बड़ी इच्छा थी, पहलवान बनकर कुश्ती लड़ने की। वह मदन से कहता था—तुम देखना चाचा, मैं करीमन खलीफा को पछाड़कर रहूँगा। मदन की आवाज सुनते ही वह उसके पास आ गया।

"क्या बात है चाचा?"

"मुझे परकाश के घर ले चलो।"

रात को बहुत देर से घर लौटने के कारण परकाश उस वक्त भी सो रहा था। सीता ने उसे जगाया।

"मन चाचा तुमसे मिलने आया है।"

परकाश उठकर उनींदी हालत में मदन के आगे आ खड़ा हुआ।

"क्या बात है मन चाचा ?"

"परकाश ! आज···आज···"

"तुम चुप क्यों हो गये ?"

"आज मैं तुम्हें 'हाँ' कहने आया हूँ।"

अपनी अधखुली आँखों को हथेलियों से मलकर परकाश ने उसे देखा।

"हाँ परकाश···आज मैं तुम्हें 'हाँ' कहने आया हूँ।"

मदन के स्वर में खुशी की लड़खड़ाहट थी।

"तुम्हें विश्वास नहीं हो रहा ?"

परकाश ने पूरे जागकर पूछा, "किस बात का ?"

"कि आज मैं सचमुच तुम्हारी बात मानने आ गया हूँ ?"

"मेरी कौन-सी बात ?"

"मीरा के बारे में ! मैं···मैं मीरा को अपनी पत्नी बनाने को तैयार हूँ।"

पिछली ही रात की तो बात है। सीमा ने परकाश की नंगी छाती के छेहर बालों पर अंगुलियां फेरना रोककर कहा था—

"तुम अगर मदन चाचा होते तो···"

"तो क्या ?"

"तो मुझे भी मीरा चाची की तरह कुंवारी ही रह जाना पड़ता ?"

"और तुम मीरा होतीं तो कर पातीं उतना प्यार मुझे, जितना कि वह मन चाचा को करती है ?"

"मैं तुम्हें प्यार नहीं करती क्या ?"

"मैंने ऐसा कहा ?"

"हां।"

"अरे नहीं। मैं तो बस यह कह रहा था कि मीरा चाची मन चाचा को जो प्यार करती है, वह बहुत कम औरत किसी मर्द को कर सकती है।"

"लेकिन इतना अधिक प्यार करके उसे मिला क्या ?"

"यही तो मैं भी अपने-आपसे पूछता रहता हूँ सीमा ! आखिर उसे क्या मिला? लेकिन शायद मन चाचा की यह कठोरता महज कठोरता ही नहीं है।"

"तो फिर क्या है ?"

"यह तो कह नहीं सकता। अच्छा, मैं एक बात तुमसे पूछता हूँ। अगर मैं अन्धा होता तो तुम भी मुझे उतना ही प्यार कर पातीं, जितना मीरा चाची मन चाचा को कर पाती है ?"

"यह प्रश्न मुझसे पहली बार कर रहे हो क्या ?"

"क्यों, पहले भी किया है क्या ?"

"तुम तो कल मुझसे यह भी पूछ सकते हो कि हम दोनों का ब्याह हुआ है या

नहीं ?"

"हुआ है क्या ?"

"नहीं, तुम तो मुझे भगा लाये थे।"

"तभी तो तुम्हें इतना प्यार करता हूँ।"

सीमा ने अपने सिर को परकाश की छाती पर रखकर आंखें मूंद ली थीं। वह उसी तरह पड़ी-पड़ी सो गयी थी और परकाश मीरा तथा मदन के उस रिश्ते के बारे में सोचता रहा था। सोचता रहा था कि क्या मीरा के दर्द ही की तरह एक दर्द मदन के अपने भीतर भी नहीं छिपा है ? हुआ भी तो परकाश के लिए मीरा का दर्द अथाह था।

तीन

जिस दिन सावाना कोठी के मजदूरों की रिहाई हुई उसी दिन कोठी की बस्ती में चार मजदूर-परिवारों का सामान उनके घर से निकालकर बाहर फेंक दिया गया था। उन चार परिवारों में धनेश्वर का भी परिवार था। सभी को हुक्म दिया गया था कि वे सूरज डूबने से पहले कोठी से बाहर हो जायें। चारों परिवारों में कुल मिलाकर बाईस लोग थे, जिनमें सात बच्चे भी थे। उनके घरों में ताले लगा दिये गये थे।

परकाश जब वहाँ पहुँचा तो चारों परिवारों के सदस्यों को कोठी के दूसरे मजदूरों के बीच घिरे पाया। उस धूपीली दोपहरी में धनेश्वर का चेहरा पसीने से तर था। परकाश ने उसी से पहले बात की—

"तुम लोगों को कोठी से क्यों निकाला जा रहा है ?"

"कोई कारण बताये तब तो !"

"हुक्म किसका है ?"

"बड़े मालिक का।"

परकाश ने अपने इर्द-गिर्द सौ के करीब लोगों को सम्बाधित करके बातें शुरू कीं, "अगर आप सभी लोग साथ देने को तैयार हैं तो इनको यहाँ से निकाला नहीं जा सकता। मैं जानना चाहता हूँ कि कितने लोगों के पास बड़े साहब के इस आदेश के विरुद्ध जाने का साहस है ?"

कई आवाजें एकसाथ गूंज उठीं, "हम सभी में साहस है।"

"हम किसी को कोठी से बाहर नहीं होने देंगे।"

"कल हमें भी किसी बहाने निकाला जा सकता है। हम किसी को नहीं निकले

जाने देंगे।"

परकाश अपने सामने की चारपाई पर खड़ा हो गया, ताकि वह सभी के चेहरों को देख सकता और अपनी आवाज उन सभी तक पहुँचा सकता—

"हममें से कोई भी व्यक्ति यहाँ से उस समय तक नहीं हटेगा जब तक कि इन चारों घरों से ताले खोल नहीं लिये जाते। कोई खड़ा नहीं रहेगा। सभी अपनी-अपनी जगह पर बैठ जाइये।"

जब सभी लोग बैठ गये तो परकाश ने आगे कहा—

"मैं चाहता हूँ कि आप सभी यह संकल्प कर लें कि हमें जब तक यहाँ रहना पड़े हम यहाँ से टस-से-मस नहीं होंगे। जब तक ये ताले नहीं खुलते और ये सामान वापस घरों में नहीं जाता, हमें यहाँ चुपचाप बैठे रहना है। दो बातें होनी हैं—या तो ये ताले खुलेंगे या यहाँ से हमारी लाशें उठेंगी।"

सभी ने एक स्वर में समर्थन किया। और जब लोग चुप हुए तो परकाश ने कहा, "यह भी हो सकता है कि हमारे ऊपर लाठियाँ बरसें, लेकिन मैं चाहूंगा कि आप सभी उन सारे प्रहारों को अभी से सह लेने को तैयार हो जायें। हमें यह प्रमाणित करना है कि हम नहीं झुकेंगे, हम पर बरस रही लाठियों को ही झुक जाना होगा।"

बस्ती के कुछ और लोग आकर उनके साथ मिल गये। भूख-प्यास सभी कुछ भूलकर सौ से ऊपर वे सभी लोग इस तरह मौन बैठे रहे जैसे वहाँ कोई था ही नहीं।

दोपहर बीत गयी। शाम आ गयी। सूर्य के ओझल होने से पहले कोठी के कुछ लठैत, तीन सरदार और चार बन्दूकधारी रखवार आकर मजदूरों के सामने खड़े हो गये।

इधर आने से पहले परकाश जब मदन से मिलने गया था तो मदन ने उससे कहा था—कल तक यह लड़ाई मेरी और तेरी लड़ाई थी। आज से यह लड़ाई केवल तुम्हारी लड़ाई है। जिस घड़ी में मैं तुझ अकेले को यह दायित्व सौंप रहा हूँ, वह अब तक की सभी कठिन घड़ियों से अधिक कठिन है···कोई और होता तो तुम्हें ऐसे वक्त पर अकेले नहीं छोड़ता। लेकिन मैं तुम्हें अकेले छोड़ रहा हूँ तो इसलिए कि मुझे अब विश्वास हो गया है कि तुममें गांधीजी की सीख समाहित हो चुकी है।

पिछली बार जब परकाश मदन के सामने अखबार से गांधीजी-आन्दोलन की चर्चाएँ पढ़ रहा था तो मदन ने उससे कहा था—

"गांधीजी की अहिंसा बहुत ही जटिल है। उसे अपनाने से पहले यह जान लेना तुम्हारे लिए अत्यन्त ही आवश्यक है परकाश!"

उस दिन परकाश ने मदन के सामने गांधीजी के उस भाषण का अंश पढ़ा था, जो हिन्दू-मुसलमान दोनों की ओर से दोषी ठहराने पर उन्होंने दिया था—

"···अहिंसा की मेरी यह व्याख्या नहीं है कि अपने प्रियजनों को आग में धकेलकर अपने प्राण बचाये जायें। डरकर भागने की अपेक्षा हिंसा का आश्रय लेना बेहतर है। जिस तरह किसी जन्मान्ध व्यक्ति को मैं जंगल की शोभा नहीं दिखा सकता,

उसी तरह एक डरपोक आदमी को अहिंसा का पाठ नहीं सिखा सकता। अहिंसा तो बहादुरी की चरम सीमा है…"

उसी समय परकाश सोच उठा था कि क्या इन दौलत और हथियार-बन्द तथा कानून का समर्थन पानेवाले लोगों के साथ अपनी निहत्थी लड़ाई में वह अपने प्रियजनों को धकेलकर उससे अपने महत्त्व को तो बढ़ाने के प्रयत्न में नहीं है? जहाँ जीत की गुंजाइश नहीं, वहाँ मैदान में डटे रहने से क्या फायदा! तो क्या भाग जाये? यह तो उससे नहीं हो सकता। अगर सचमुच अहिंसा बहादुरी की चरम सीमा है तो क्या उस बहादुर के नाम पर वह बस्ती के इन गरीब मजदूरों को ठेलकर बन्दूकों के सामने खड़ा कर दे?

सरदारों में से जो अधिक रोबवाला था, आगे आकर परकाश से बोला—

"जितनी जल्दी हो सके, यह जमघट खत्म हो जाना चाहिए—साँ क्वा पू एना ग्राँला मेर्द माँ।"

उसकी उस धमकी को किसी ने नहीं सुना।

"मो पे रे जीर—साहब का हुक्म है कि अगर तुमने सूरज से पहले कोठी नहीं छोड़ी तो…"

उसने आगे कुछ नहीं कहा, लेकिन उसके दाँतों के कड़कड़ाने में वह धमकी स्पष्ट थी।

उसकी भी किसी ने कोई परवाह नहीं की।

परकाश को इस मोर्चे पर भेजते हुए मदन ने कहा था—तुम कभी-कभार उत्तेजित हो जाते हो। मैं तो तुमसे यह कहूँगा कि उत्तेजित होकर इन साधन-प्राप्त लोगों से पार पाना कठिन है।…तुम्हें अपनी उत्तेजना को दबाना होगा।

पर किस हद तक?…वह पूछ नहीं पाया था।

उसी क्षण उसके जेहन में कौंध गया था देवराज का कुत्तों से नोचे जानावाला वह दृश्य…पर साथ-ही-साथ उसके मस्तिष्क में उन सारी बातों का मंथन भी जारी था जो वह गाँधी-आन्दोलन के बारे में अखबारों में पढ़ता आ रहा था। वह अपने स्थान पर बैठा रहा और जब सरदार उसके एकदम करीब आ गया तो उसे देखे बिना ही उसने आँखें मूँद लीं। अपने में शक्ति बटोरने के लिए उसने गाँधीजी के उस पिछले सत्याग्रह को याद किया। गाँधीजी की वही पुरानी तस्वीर उसके सामने आयी—सोनफल इलाके में भाषण देते समय उनके चेहरे की वह सौम्यता। वह आँखें मूँदे रहा। आगे जो होना था, उसके लिए वह तैयार था। इससे पहले वह सभी लोगों से कह चुका था कि लोग तैयार रहें, उस हद तक सह जाने के लिए।

माहौल गूँगा था। भीड़ में जो दस-पन्द्रह बच्चे थे, वे भी शान्त थे। उस शान्ति को एक बार फिर सरदार की आवाज़ ने खण्डित किया—

"एकूत ग्वा मो आपे कोज आवेक जोत तू—मैं तुम सभी से बात कर रहा हूँ। सुनो! जिन चार परिवारों को कोठी छोड़ जाने का हुक्म मिला है, उन्हें

छोड़कर सभी लोग अपने-अपने घर को लौट जाओ ! प्ली वीत की क‌-पाव ! जितनी जल्दी हो सके !"

कोई नहीं हिला, कोई नहीं उठा। वातावरण मौन साधे रहा। इस बार दूसरे सरदार की चिल्लाहट झनझनायी—

"सी जोत पा राँत दाँ जोत लाकाज ज़ोत पाके उसी पे जेत देओर।"

दूसरे सरदार की इस चेतावनी को भी किसी ने नहीं सुना कि अगर वे अपने-अपने घर नहीं लौटते हैं तो उनके सामान भी बाहर फेंक दिये जायेंगे।

परकाश की आँखें उस वक्त भी बन्द थीं, जब सरदार की लात द्वारा वह ढकेला गया। वह सँभलकर फिर से उसी तरह बैठ गया। दो लठैत तब तक सरदार की अगल-बगल आ खड़े हुए थे। सरदार ने परकाश को दूसरी बार लात से ढकेला, "तो पू आले दे पी ला तो पा पू आले।"

परकाश को यहाँ से उठकर चले जाने की अपनी आखिरी चेतावनी देकर सरदार ने अपने लठैतों की ओर देखा। पर इससे पहले कि वह उन्हें परकाश पर लाठी चलाने का आदेश देता, धनेश्वर अपने स्थान पर खड़ा हो गया। वह चुप रहा, लेकिन उसके साथ ही एक दूसरा आदमी की खड़ा हो गया। उसने सरदार से कहा, "अरे गोरवन के हरखाटी, अपन आग मूतल अब बन कर नैं त साला तोर गरदन दबोच देवब।"

वह जितना तगड़ा था, उतनी ही भारी-भरकम थी उसकी वह आवाज़। सुनकर परकाश ने आदेश दिया, "तुम दोनों बैठ जाओ !"

"........."

"बैठ जाओ तुम दोनों !"

"नैं परकाश भैया, अब ई हद से ज्यादा होई लगल।"

"हमारी जीत इनके सामने खड़ा होने में नहीं है, बल्कि इनको इनकी ही हरकतों से थका देने में है। बैठ जाओ और इनको थक जाने दो।"

दो तरफ से दो मजदूर खड़े हुए और दोनों को बिठा दिया। बैठते-बैठते धनेश्वर के उस तगड़े दोस्त ने सरदार से कहा—

"हम लोग हाथ ना उठावब स तू शुरू कर दे अपन लाठी चलावल।"

तीनों सरदार खड़े-के-खड़े रहे। उसी तरह खड़े रहे वे सभी लठैत भी अपनी-अपनी लाठियों को ज़मीन पर टेके हुए। चारों बन्दूकधारी रखवारों ने भी अपनी बन्दूकों को कन्धे पर ही रह जाने दिया।

शिथिल हो आये इस माहौल के प्रति जैसे सूरज की भी दिलचस्पी जाती रही। उसने चुपके से बिदाई ले ली।

रात गरमी की थी, लेकिन पूर्वी हवा के कारण वातावरण में हल्की सिहरन भी थी। फिर भी लोग जहाँ थे, वहीं पड़े रहे। सभी बच्चों को घर भेज दिया गया था। कुछ लोग उस खुलेपन में मच्छरों के धड़ाधड़ आक्रमण के बावजूद सो सके

थे। कुछ लोगों को सोना नहीं था। वे जागे रहे। भिनसार के बाद परकाश ने अब तक जागे लोगों से कहा कि वे भी थोड़ा-सा सो लें, फिर भी कुछ लोग सुबह तक जागते ही रहे।

तीनों सरदार अपने रखवारों और लठैतों के साथ सूरज डूबने के थोड़ी ही देर बाद मिले हुए आदेश को अन्त तक पूरा करके लौट गये थे। सूर्योदय तक मैदान, दन्तवन औरपानी के लिए निकले हुए सभी मजदूर वापस लौट आये थे। परकाश का दिया हुआ यह आदेश सभी को याद था कि हम जल-पान उस वक्त तक नहीं करेंगे जब तक कि चारों मजदूरों के घरों के ताले खोले नहीं जाते। तीन बार मजदूरों को खेतों और कारखाने में पहुँचने के बुलावे आये। कोई टस-से-मस नहीं हुआ।

करीब दस बजे सूर्ये और होरिल दफ्तर होते हुए आ गये। परकाश ने पहले उनकी लायी हुई चिट्ठियाँ देखीं। सबसे पहले उसने वही चिट्ठी पढ़ी जिसकी उसे प्रतीक्षा थी। मज़दूर-रक्षक से मिलने के बाद वकील की चिट्ठी थी वह। परकाश ने सभी को बताया कि अगर चौबीस घण्टों के भीतर मजदूरों को उनके घर वापस नहीं मिले तो देश-भर के सभी मजदूरों की ओर से आम हड़ताल होगी। उसने सभी के सामने पूरी चिट्ठी पढ़ डाली। कुछ लोगों को उससे काफी बल मिला। पर कुछ लोग हड़ताल की बात से मलिन हो उठे। एक ने कहा, "ई त बड़ा अजीब बात ह। जब काम नँ होवे ला त काम के खातीर छछने के पड़ेला और जब काम होवेला त हड़ताल केरेके बोलत जाला।"

धनेश्वर ने उत्तर दिया, "जब मेहनत की पूरी मजूरी नहीं मिलेगी तो चुप बैठे रहेंगे क्या?"

"अरे जहाँ कुछ नहीं, हुआँ कुछ त मिल जाला।"

"यही मान-मानकर तो हम लोग अपनी हालत बिगाड़ते रहे हैं।"

"अरे जवान लोगन के ई हड़ताल-उड़ताल करेके छोड़ दे भैया, हम लोग काहे ई चक्कर में पड़ल हैं स? हमार त पाँच गो लयका बा। सहेबवा काम में से निकाल देई त भीख नँ मिली।"

"तुम्हारे लिए नहीं, हम जो कुछ करना चाहते हैं अपने बच्चों के लिए ही कर रहे हैं। हम एक रुपये के काम को चवन्नी में नहीं कर सकते। अपने पाँच बच्चों का तो सोचो।"

कई लोग एकसाथ बोल उठे—

"अगर हमारी शर्तें नहीं मानी गयीं तो हम हड़ताल जरूर करेंगे।"

परकाश को बीच में बोलना पड़ा, "इस समय तो हमारी लड़ाई इन चार मजदूरों को बस्ती में वापस लेने की है, इसलिए मैं नहीं चाहता कि इस प्रत्यक्ष समस्या को सुलझाये बिना हम आगे की समस्याओं पर मथापच्ची करें।"

जब बहस बन्द हो गयी तो सबसे बाद में परकाश ने अखबार से सभी के लिए एक खबर पढ़ी—

"गाँधीजी और मणिलाल डाक्टर के बाद मॉरिशस में भारतीय मजदूरों के बीच एक और भारतीय महापुरुष का आगमन। कुछ ही दिनों में हुमायूँ नामक

जहाज से श्री कुंवर महाराजसिंहजी यहाँ के भारतीय मजदूरों की स्थिति पर गौर करने भारत सरकार की ओर से आयुक्त के रूप में पहुँच रहे हैं। वे यहाँ की सरकार, सरकारी अफसरों, कोठी-मालिकों, कारखानेदारों और मजदूरों—सभी से मिलकर मजदूरों के हित में सरकार से बातें करेंगे। श्री कुंवर महाराजसिंह के मॉरिशस पहुँचने की इस सूचना से यहाँ के मजदूर-वर्ग को बेहतर स्थिति की आशा बँध आयी है। महाराजसिंह यहाँ के हर वर्ग के लोगों से मिलकर पन्द्रह दिन में अपनी रिपोर्ट सरकार को देंगे।...

इस समाचार ने मजदूरों के हौसले को तो दोगुना किया ही, परकाश के अपने भीतर भी एक नयी शक्ति हिलोरें ले उठी। उसने मन-ही-मन उस खुशी का भी अन्दाज लगाया जो इससे मदन को होगी।

और जब ठीक बारह बजे कोठी के मालिक ने खुद लोगों के बीच आकर घर से निकाले चारों मजदूरों को घरों की चाबियाँ लौटाते हुए अपने आदमियों को उनका सामान वापस घर में रखने का आदेश दिया तो परकाश के भीतर की शक्ति और भी बढ़ आयी। उसे यह समझते देर नहीं लगी कि यह परिणाम उसकी इस हड़ताल से कहीं अधिक कुँवर महाराजसिंह के आगमन की सूचना का था।

सावाना कोठी के सामने मजदूरों की वह पहली बड़ी जीत थी। लोग उसी क्षण नाच-गा उठे। धनेश्वर का वह तगड़ा दोस्त तो परकाश को अपने कन्धों पर लेकर पूरी बस्ती में दौड़ता फिरा। लोगों को जो भी मिल गया—टीन का टुकड़ा, ढपली, ढोल उसे ही बजाते हुए वे खुशी के हुजूम में शामिल हो गये। सभी ने चाहा कि परकाश रात के जल्से में भी शरीक हो, लेकिन परकाश ने सूरज डूबने तक ही उनके बीच रहना स्वीकार किया।

वह उन दस-पन्द्रह मजदूरों को भी बुलवा लाया जो कोठी के मालिक के साथ मिलकर मजदूरों के खिलाफ गतिविधियाँ शुरू किये हुए थे। सभी को मिलाने के बाद परकाश ने कहा—

"मुझे इस सफलता से अधिक खुशी इस बात की है कि अब सावाना कोठी के मजदूर दो अलग गुटों में बँटे हुए नहीं हैं। मजदूर जहाँ बँटे होते हैं वहाँ कोठी का मालिक बहुत ताकतवर होता है। अब मुझे विश्वास है कि ताकत उधर नहीं, इधर है।"

इस खुशी में धनेश्वर के बड़े भाई ने ढपली उठायी और गा उठा—भारते के गीत से अपने मिलाये बोल को—

...मजदूरवन के दरदवा जब लग जाये धधके
उ अगवा में जली जाये सहेबवा के कोठिया
मजदूरवन के हाय-हाय जब लग जाये उमड़े
ऊ बढ़वा में बह जाये सरदरवा के सेखिया
मजदूरवन के जीत होवल सहेबवा के मूंह लटकल
जब सहेबवा के हार होवल सरदरवा के पोंछी सटकल
मजदूरवन के दरदवा जब लग जाये धधके...

परकाश को छोड़ने धनेश्वर के साथ सावाना के चार और मजदूर आये। उसे उसके गाँव तक छोड़कर ही वे लोग अपनी बस्ती को लौटे। उस चाँदनी रात में परकाश का मन घर पहुँचने से पहले मदन के यहाँ होकर उसे सावाना बस्ती की जीत की खबर देने को बेसब्र हो उठा। फिर उसे खयाल आया कि जब वह घर छोड़ रहा था उस समय उसकी माँ की तबियत अच्छी नहीं थी। वह सीधे घर की ओर झपट पड़ा।

घर पहुँचकर उसने अपनी माँ की हालत को सुधरा हुआ पाया। सीमा की आँखों में जो आभा थी, उसने अपनी थकान को उसी में डुबा दिया। रात आधी से ज्यादा जा चुकी थी जब वह सीमा की बगल में बेसुध सोया हुआ था और सीमा जाग रही थी। मिट्टी के तेल के चिराग में वह परकाश के चेहरे को एकटक देख रही थी। उससे यह कहते नहीं बन पाया था कि आज फिर उसकी महीनों बाद बन आयी वह एक और आशा जाती रही। कुसमी उसके सिर को सहलाती हुई उसे धीरज दे गयी थी—ई सब के फिकिर तू ना करिये बेटी ! अभी त तोर बहुत उमीर बाकी बा। भगवान जब देई लगी त सम्भालत नैं सम्भली।···

इस बार जब तीन महीने पार हो गये थे तो सीमा को अपनी सास और मीरा के आश्वासन पर विश्वास हो चला था। दूसरे कमरे में सीता को मालूम था कि सीमा जाग रही है। उसने उधर ही से धीरे से कहा, "सो जा बेटी, रात बहुत बीत चुकी है।"

सुबह जब परकाश उठते ही मदन के यहाँ पहुँचा तो उसकी खुशी और भी बढ़ आयी—वहाँ प्रेमसिंह भी उपस्थित था। वह कुछ बोलता कि मदन ही बोल उठा, "प्रेम तुम्हें यह बताने आया है कि मजदूरों की हालत की जाँच करने भारत से कुँवर महाराजसिंह नामक एक बहुत बड़े आदमी आ रहे हैं।"

"मन चाचा, पहले आप लोग यह तो पूछिये कि मैं जिस कोठी से लौटा हूँ वहाँ का क्या हाल रहा ?"

"अरे हाँ, यह पूछना तो हम भूल ही गये।"

"इस कुँवर महाराजसिंह ने तो मॉरिशस की मिट्टी पर पाँव रखने से पहले ही अपना जादू कर दिखाया।"

"क्या मतलब !"

परकाश दोनों के बीच बैठ गया—सारा कुछ विस्तार से बताने।

अपनी कमजोरी का खयाल रखते हुए मीरा का अपना मन भी खेत पर पहुँचने का नहीं था, पर आठ दिन पहले उसने करेले की बेलों पर जो फूल और नन्हें बतिये देखे थे उनके प्रलोभन से ही वह खिंची चली आयी थी। उसका पूरा खेत करेले के फूलों और नन्हें फलों से इतना सुन्दर लग रहा था कि उसके बीच पहुँचकर भी वह जान न सकी कि उसे क्या करना है। अपने हाथों की मेहनत के उस फल को निरखती रही। उसका अपना खेत सभी खेतों से अधिक हरा-भरा था। भरतलाल

ने उसके खेत को देखकर कहा था, "वाह ! अगर कीड़ों ने डँसना शुरू नहीं किया तो इतने करेले आयेंगे कि तुमसे बटोरते नहीं बटोरे जायेंगे।"

उसने बेलों के बीच में जहाँ-तहाँ जो बैंगन के कुछ पौधे लगा दिये थे, वे भी फूलों से लद आये थे।

कुसमी बोली थी, "खेत जब हय तरह के लहलहा उठेला त दू बात होवेला। बरकत या आफत। ई कबो त बड़ा असगुन हो जाला।"

मीरा हँस गयी थी। कुसमी ने जब भी उसके सामने मनहूस चर्चा की है, उसका उल्टा ही हुआ है। अलबत्ता जब वह गन्ने की शराब पिये होती है, तब उसके मुंह से जो बात निकलती है, वह कभी-कभार सच भी हो जाती है। मीरा उसे संयोग ही मानती थी। पर जब कुसमी ने उसके खेत के बारे में बात की, तो वह पिये हुए नहीं थी। इसीलिए मीरा हँसकर बोली थी—

"इन पैसों से तुम्हारे लिए नया लहँगा आयेगा।"

उसे खुश न पाकर मीरा ने आगे कहा था, "और एक बोतल गन्ने की शराब भी।"

खेत में बेलों के बीच सावधानी से पाँव रखती हुई मीरा इस छोर से उस छोर तक हो आयी। फिर खुरपा लेकर बरसात से उग आयी घासों की निराई में लग गयी। जहाँ-तहाँ ये घास बेलों को ढाँपने लगी थी। कुछ जगह करेले की वे बेलें घुटने तक ऊँची पत्थर की मुंडेरों पर भी फैल गयी थीं और उनसे लटके बतिये करेले खेत के गहनों की तरह लग रहे थे। उनकी हरियान गन्ध मीरा को बड़ी अच्छी लग रही थी।

करेले तो उसे इसलिए भी बहुत प्यारा था क्योंकि मसालेदार करेला पाकर मदन थाली की सभी चीजों को छोड़कर सबसे पहले उसे चट कर जाता था। मीरा को करेला सुन्दर लगता था पर उसकी तरकारी से वह कतराती थी। पहली बार मदन ने ही जबरदस्ती उसके मुंह में उसका एक टुकड़ा रख दिया था और तब ही से वह भी उसे खाने लगी थी।

करेला की खेती करने के पीछे मीरा का एक कारण और था। उसकी पसलियों से दर्द झाड़ने के लिए जब बोनोम सीरिल उसके यहाँ आया हुआ था तो गाँव में याँग की दूकान में चीज़ों के दाम एकाएक बढ़ आने की चर्चा करते हुए बोला था—

"सा मेम आपेल ले ताँ मारगोज़ सा।"

मीरा जानती थी कि क्रिओली में करेले को मारगोज़ कहा जाता है लेकिन वह यह नहीं समझ पायी थी कि समय को सीरिल करेले का समय क्यों कह गया था। एक दिन जब उसकी पसलियों का दर्द कम हो गया था और सीरिल अपनी शराब के बोतल लेने आ गया था, तो मीरा ने पूछा था—

"बोनोम सीरिल ! तुम आज के समय को करेले का समय क्यों कहते हो ?"

"आकोज ले ताँ त्रो आमेर।"

"समय को कड़वा क्यों कह रहे हो ?"

"पारतू ला मिजेर !"

"हर जगह के दुःख के कारण ?"

"व्ही । तू किकसीज सेर।"

बोनोम सीरिल के चले जाने पर वह सोचती रही थी कि सचमुच ही महँगाई और अभावों-भरा यह समय करेले की तरह तितकूट ही तो है। यह करेले का ही कड़वाहट-भरा समय है, जिसे लोग जी रहे हैं। बस उसके मन में आ गया कि कड़वाहट की ही खेती से भावी दिनों को बेहतर बनाने की बात क्यों न सोची जाये।

उसने यह बात जब मदन से की थी तो वह ठहाका मारकर हँसा था—

"ठीक है। दुःख के दिनों में करेले की खेती ही सही। पर याद रखना, जब सुख के दिन आ जायेंगे तो शहद की खेती करना।"

फिर तो दोनों हँसने लगे थे। और जब हँसी समाप्त हुई, तो मीरा ने मदन से पूछा था, "तुम्हें विश्वास है यह लेताँ मारगोज कभी समाप्त होगा ?"

"क्या ?"

"मेरा मतलब है, यह करेले-सा तीता समय कभी टलेगा ?"

"कभी तो यह समय इससे भी कड़वा था मीरा !"

"चाची ! डाक्टर ने तुम्हें घर से बाहर होने को मना किया है।"

"डाक्टर अगर सभी आदमियों को चंगा बताये तो फिर उसका चंगा रहना कठिन न हो जायेगा ! अरे, मैं एकदम अच्छी हो चली हूँ।"

"पिछली बार भी तुमने ऐसी ही लापरवाही की थी।"

सीमा मीरा को रोक नहीं पायी थी।

बेलों के बीच निराई करती हुई मीरा फलों का अन्दाजा भी लगाये जा रही थी। उसने उनसे प्राप्त पैसों पर विचार किया। फिर गाँव की सयान हो आयी लड़कियों के बारे में सोचा। इस बार तो खुद उसकी भी शादी होनी है ! हँसी आ गयी उसे। बूढ़ी घोड़ी लाल लगाम ! पर क्या सचमुच वह बूढ़ी हो चली है ? उस दिन वह नदी-किनारे कपड़े धो रही थी जब परकाश उसके पास दौड़ा हुआ आया था। उसको उस तरह हाँफते देखकर मीरा पूछ बैठी थी—

"क्यों, किसके घर आग लगी है ?"

"चाची···आज···आज मैं···!"

"ज़रा सुस्ता ले, फिर आगे कहना।"

"आज···मैं बहुत खुश हूँ।"

"क्या बात हो गयी ?"

"मन चाचा मेरी बात···मान गये !"

मीरा चुप रही।

"हाँ चाची !"

"कौन-सी बात ?"

"वह तुम्हें अपनी पत्नी बनाने को तैयार है।"

मीरा ने नदी के पानी में अपने को देखा था, फिर अपने हाथ से पानी में तरंगें पैदा कर दी थीं।

कुसमी ने जब कहा था कि अरी हय उमर में कैसन सादी, बस पुजारी के अपन हियाँ बूलाके एगो मन्तर पढ़ा ले, हो गईल···तो मीरा को यह बात अच्छी नहीं लगी थी। वह दौड़ गयी थी सीता के यहाँ, फिर ज़ीनत के घर। ज़ीनत ने कहा था कि नहीं, दोनों की बड़ी धूमधाम से शादी होनी चाहिए। गाँव के सभी लोगों की एक ही राय थी। दाऊद मियाँ बोला था—अरे नेक काम में देर कैसी ! अगले ही महीने तय कर लेते हैं।

मदन ने दो-तीन महीने का समय माँग लिया था। मीरा सोचने लगी थी कि इस बीच उसकी फसल भी पूरी हो जायेगी। ब्याह का कम-से-कम आधा खर्च तो उसे अपने ऊपर लेना ही था।

खेत की उस तन्हाई में मीरा अपने बीते दिनों की अनेक घटनाओं को याद करती रही। किसनसिंह की मृत्यु के बाद मजदूरों को भटकाने-बहकाने के आरोप में सजा भुगतकर जब मदन लौटा था, तो मीरा ने उसे मजदूरों के दुःख-दर्द मिटा सकनेवाले के रूप में देखा था। वह ज़ीनत से पूछती रहती थी—खाला, तुम्हें ऐसा नहीं लगता कि मदन ही हमारे दुःख-दर्दों को मिटा सकेगा ? मीरा के सामने वह पुराना दृश्य नया हो उठा। वर्षों पहले जब मालिक द्वारा मजदूरों के खेत जब्त किये जाने पर शहर से एक वकील आया था और लोगों को जमीन की वापसी का आश्वासन दे गया था। उस रात मशाल की रोशनी में जो जश्न मनाया गया था उसमें मदन माथे पर पगड़ी बाँधे ढोलक बजाता हुआ नाचा था। मीरा उस रात मशाल की रोशनी में मदन के चमकते चेहरे के उस उल्लास को मापने की कोशिश करते हुए खुद खो गयी थी।

कुएँ के पास मदन से पहली बार उसका वह आमना-सामना, जब गौतम राव का बेटा अपनी ही धुन में पीतल के लोटे पर अँगुलियों से ताल देता और गुनगुनाता निकल गया था—

फजीरवा अभी होवल कहाँ
रतवा अभी मिटल कहाँ

और मीरा दुनिया-भर के बोझ को अपनी पलकों पर लिये उन्हें ऊपर नहीं कर सकी थी।

मीरा की मौसी का वह खेत—तब मीरा दो चोटियाँ करती थी और उसकी मौसी बात-बात पर कह जाती थी, तू अभी बच्ची है। वह मकई के पौधों के बीच थी जब मदन की परछाइँ का वह ऊपरी भाग उसके सामने रुक गया था। अपने माथे से पसीना पोंछकर मीरा ने आँखें ऊपर की थीं। मदन अगर मुस्कुराता नहीं तो मीरा उसे उसकी कटी हुई दाढ़ी के कारण पहचान नहीं पाती। मदन बोला

था—तुम तो बाजी मार ले गयीं। मीरा की समझ में बात नहीं आयी थी। दाहिने हाथ के हँसुवे को बायें हाथ में पहुँचाती हुई वह खड़ी हो गयी थी। मदन ने हँसकर कहा था—हम सभी से पहले तुम्हारा खेत अंकुरित हो गया।···और फिर उस दिन जब वह किसनसिंह के इस गीत को नदी-किनारे गुनगुना रही थी—

जीवन लागे सांझ के सुनसान डगरवा
धुकधुकी अँजोरवा में अँटकल बयरवा···

मदन उसके पीछे आकर खड़ा हो गया था। मीरा के चौंककर चुप हो जाने पर मदन ने उससे आश्चर्य के साथ पूछा—यह गीत कहाँ से सीखा तुमने ?

और मीरा अपने-आपमें सिकुड़ी रह गयी थी। वह ग्यारहवाँ अवसर था मदन के सामने उसके गूंगी बन जाने का।

तूफान के बाद मीरा जब बीमार हुई थी, मदन उसके घर पहुँचा था। उसे भूमि के बिस्तर पर सोये पाकर उसने कहा था—तुम्हारा नीचे सोना अच्छा नहीं। उसने खाट को ठीक किया था। मीरा को कन्धे का सहारा देकर खड़ा किया था। रावेनाल की दीवार के छोटे टुकड़े को खाट पर रखकर उसने मीरा को उस पर लिटा दिया था।

मीरा ने उस दिन मदन के सामने अपनों की तरह मुंह खोला था जब मदन भरतलाल और अन्य साथियों के साथ तीन घण्टे पैदल फासलेवाली कोठी में काम करने जा रहा था। सप्ताह में एक ही बार बस्ती में लौटने की बात थी। मीरा बोल उठी थी—नहीं मदन, तुम इतनी दूर नहीं जा सकते। मदन बोला था—एक दूसरे से दूर रहने पर घनिष्ठता अधिक बढ़ती है।

"मुझे घनिष्ठता बढ़ानी नहीं है।"

"क्या कहा ?"

मीरा ने झट अपनी बाँहों को मदन के गले में डाल दिया था। और एक-दूसरे का हाथ थामे वे किसनसिंह की कुटिया के पिछवाड़े से उसे ठौर पहुँचकर खड़े हो गये थे जहाँ से पहाड़ी झरने की झूलती सफेदी सामने थी।

और मीरा के अपने जीवन का वह सबसे दर्दनाक क्षण, जब पुजारीजी ने मीरा की ओर देखकर धीरे से कहा था—उन आँखों से काँटे तो मैं निकाल सका, पर उन्हें रोशनी देना मेरे बस की बात नहीं। कुछ पत्तियों की पट्टी बांध सकता हूँ, ताकि दर्द कम हो जाये और घाव भर आयें। इससे आगे मैं जा नहीं सकता। सुनकर मीरा के बाकी आँसू आँखों में जम गये थे।

ज़ीनत ने कहा था—अन्धी हो गयी यह बस्ती !

तब से आज !···वर्षों बाद भी मीरा के लिए सभी कुछ कल ही जैसा तो था।

सूरज ठीक सिर के ऊपर आ चुका था। अपने काम और खयालों में खोयी मीरा को उस धूप का आभास तब हुआ जब अतीत की उन यादों से वह अपने को छुड़ा सकी। अपनी सांसों को भारी पाकर उसे लगा कि वह थक गयी है। इतनी जल्दी तो वह कभी नहीं थकती थी। नाक से पूरी सांसें न लेकर उसने मुंह से सांस

छोड़ी और ली ·और फिर मुंडेर पर बैठ गयी। उसे अपनी पसलियों में कसाव का एहसास हुआ। सिर भी भारी लगा।

वह सोच ही रही थी कि कुछ सुस्ताकर धीरे-धीरे घर को लौट जायेगी कि तभी दूर से परकाश उसे आता दिखायी दिया। मीरा ने जल्दी-जल्दी अपने माथे के पसीने को ओढ़नी से पोंछ लिया। अपने सांवले हो आये चेहरे पर रंग लाने की चेष्टा की। परकाश उसके पास पहुँचते ही बोला—

"आखिर तुमने किसी की बात नहीं मानी।"

"घर पर मन उचट गया था।"

"यहाँ बहलाने आ गयीं ?"

"आज दफ्तर नहीं गये ?"

"तुम यहाँ काम कर रही थीं क्या ?"

"नहीं तो।"

"तो फिर क्या…?"

"बस, इन बेलों के बीच थोड़ा-सा हाथ फेर रही थी।"

"क्या हालत बना ली अपनी !"

"तुम आज दफ्तर क्यों नहीं गये ?"

"आज दोपहर में मुझे सावाना कोठी के मालिकों से मिलने जाना है।"

"दोपहर की बात है तो अब तक तुम्हें निकल जाना चाहिए था !"

"निकलने ही वाला था कि सीमा ने कहा, तुम इस हालत में भी खेत पर चली गयी हो।"

"मुझे लेने आ गये ?"

"तो और क्या ?"

"मैं कोई बच्ची हूँ क्या ?"

"बच्ची होती तो तुम्हारे कान ऐंठकर घर ले जाता।"

मीरा हँसी, पर वह एक सूखी हँसी थी।

"बस उठो, घर चलो।"

"तुम्हें देर हो जायेगी, तुम जाओ। मैं आ जाऊँगी।"

"तुम्हें मेरे साथ चलना होगा।"

"मैं तो धीरे-धीरे चलकर जाऊँगी।"

"मैं भी धीरे-धीरे चलकर जाऊंगा।"

"तो फिर वहां कब पहुँचोगे ?"

"तुम जितनी देर यहाँ बैठी रहोगी, मैं उतनी ही देर से वहाँ पहुँचूंगा।"

"ऐसी बात है तो फिर चलते हैं।"

वह उठी और चल पड़ी। दोनों ओर लहलहाते खेतों के बीच उस पगडण्डी पर चलते हुए परकाश उस रमणीयता को आंखों से पीता रहा। उस चिपचिपाती धूप में भी हरियाली की ठण्डक थी, जिसे परकाश अपने भीतर लिये चल रहा था। लोग

अपने-अपने हरियाले टुकड़ों में मस्ती के साथ जूझ रहे थे। वह अपने-अपने खेतों को अधिक सुन्दर बनाने की होड़ थी।

सवारी की अड़चन के बावजूद परकाश सावाना कोठी पर पहुँच गया।

धनेश्वर और उसका तगड़ा साथी उसकी प्रतीक्षा कर रहे थे। उन्हीं दोनों के साथ वह गन्ना के कारखाने की बगल में बनी उस सफेद इमारत में पहुँचा जहाँ उसे कोठी के मालिकों से मिलना था। कोई आधे घण्टे बाद ही काली फोर्ड में कोठी का बड़ा साहब दो अन्य गोरों के साथ पहुँचा। परकाश को और पन्द्रह मिनट ठहरना पड़ा। फिर उसे और उसके साथियों को उस दफ्तर में बुलाया गया, जहाँ काली फोर्ड से पहुँचे तीनों साहबों के अलावा दो और गोरे भी बैठे हुए थे। कमरे की दीवार पर एक ओर नेपोलियन की तस्वीर थी, दूसरी ओर कारखाने के सामने लिया गया मालिकों का एक समूह चित्र था।

कमरा तम्बाकू की गन्ध से बोझिल था। लोहे की तीन कुर्सियाँ थीं, जिन पर परकाश और उनके दोनों मित्रों को बैठने को कहा गया।

तीनों के बैठ जाने के बाद भी कुछ मिनटों तक पाँचों गोरे आपस में मश्विरा करते रहे। फिर मोटे और लाल गालोंवाले गोरे ने अपनी पाइप को दाँतों में दबाये हुए परकाश से फ्रेंच में कहा—

"बात आप ही शुरू करें।"

"हम तो आपके बुलाने पर आये हैं। बात तो आप ही लोगों को शुरू करनी है।"

पाँचों मालिकों ने एक-दूसरे को देखा। परकाश के ऐसे रुख और इतनी अच्छी फ्रेंच की उम्मीद उन्हें नहीं थी। उस पहले ही वाले गोरे ने इस बार थोड़ी अधिक नर्मी के साथ कहा, "हम आपकी उन शिकायतों को सुनना चाहते हैं, जो मजदूरों को कोठी के खिलाफ हैं।"

"कोठी के इन मजदूरों की इस समय तो एक ही सबसे बड़ी शिकायत है और वह है उनकी जी-जान की मेहनत के बदले मिलनेवाली मजदूरी।"

उन पाँचों में जो सबसे जवान था, उसने परकाश से पूछा—

"क्यों, वह मजदूरी काफी नहीं?"

"बिल्कुल नहीं।"

"आप तो यूनियन के नेता हैं न?"

"हाँ।"

"आपको तो मालूम होना चाहिए कि सरकार की ओर से मजदूर-संविधान के अन्तर्गत जो तनख्वाह तय है, हमारी कोठी उससे दो पैसे ज्यादा ही देती है।"

"आप जिस मजदूर-कानून की बात कर रहे हैं, वह पुराना हो चुका। पिछले रायल कमीशन के बाद मजदूरों की मेहनत का जो मूल्य रखा गया है, वह आपकी कोठी की ओर से उन्हें नहीं मिल रहा है।"

"हमारी ही कोठी की ओर से या…?"

"इस समय हम आपकी कोठी से जूझ रहे हैं।"

"जूझने की बात क्यों कर रहे हैं ?"

"शुरू में तो हमने शान्तिपूर्वक इसका हल चाहा था।"

"अब लड़ने-झगड़ने की नौबत क्यों आ गयी ?"

"मैं सोचता हूँ, इसका उत्तर तो आपके पास होना चाहिए।"

लाल गालोंवाले मोटे गोरे ने अपने मुँह से पाइप हटाकर अपने दोनों हाथों से दोनों पक्षों को नरम होने का इशारा किया। हाथों की उस सक्रियता में हुक्म नहीं, अनुरोध था। उसने अपनी पाइप को दोबारा मुंह तक पहुँचाकर कहा—

"समझौता अब भी सम्भव है।"

परकाश ने कहा, "समझौता आप चाहते होंगे, हम नहीं।"

"तो फिर आप क्या चाहते हैं ?"

"हम मजदूरों का हक चाहते हैं।"

"इसे आप क्या कहेंगे ?"

"आप इसे समझौता कह लें, हम नहीं कहते।"

"आप इसे क्या कहते हैं ?"

"हम इसे तकाजा कहते हैं।"

"आप यह किसके लिए कह रहे हैं ?"

"अपने लिए नहीं। सभी मजदूरों के लिए। मैं यहाँ व्यक्ति के रूप में नहीं हूँ।"

"हम यों ही पूछ रहे थे।"

"हम तो आपसे यह अनुरोध करेंगे कि आप इन तमाम सवालों की जगह हमारी माँग पर अपना निर्णय सुना देते तो अधिक अच्छा रहता।"

"आपको कोई जल्दी है ?"

"आपकी अपनी जिम्मेवारी अपनी कोठी तक की होगी, मुझे तो पूरे द्वीप का दौरा करना पड़ता है।"

"हम आपके महत्त्व को जानते हैं।"

"मेरा उद्देश्य अपना महत्त्व बताना नहीं, अपनी जिम्मेवारी बताना है।"

कुछ देर के लिए कोई कुछ नहीं बोला। बीच में बैठे बड़े साहब ने अपनी पाइप को हथेली पर थपथपाकर उसे मेज पर रख दिया और अपने सामने उन तीनों साँवले व्यक्तियों को देखता रहा। शायद सोच रहा था आज और उस कल के बारे में। कल तक किसी भी मजदूर को अपने मालिक के सामने बैठने तक की हिम्मत नहीं हो पाती थी, और आज उसी का इस तरह फटाफट बोले जाना···समय का परिवर्तन ही तो था। एक उधार ली हुई मुस्कान के बीच उसने कहा—

"सुनने में आया है कि आपके पास मजदूर की ओर से कुछ शर्तें हैं ?"

"वे शर्तें आपको हड़ताल की सूचना के साथ भेजी जा चुकी हैं।"

"वह कागज कहीं इधर-से-उधर हो गया है। मुझे विश्वास है कि आपको दोबारा वे शर्तें सामने रखने में कोई एतराज नहीं होगा।"

"जिस तरह चिट्ठियां और कागजात रद्दी की टोकरी में फेंके जा सकते हैं उसी तरह आवाज को भी तो अनसुना किया जा सकता है।"

"आप जैसे नेता को थोड़ा-सा आशावादी भी तो होना चाहिए।"

"तभी तो आपके बुलावे पर यहां आ सका।"

"तो फिर उन शर्तों को सामने रखने में क्या दिक्कत है?"

"केवल सिद्धान्त का प्रश्न है।"

"कैसा सिद्धान्त?"

"अब तक बाईस कोठियों में शर्तों के कागजात डाक से भेजे गये हैं, जिनमें यह आपकी कोठी भी है। शर्तें अब तक किसी भी कोठी के सामने मौखिक नहीं रखी गयी हैं। यही वजह है कि मैं उन्हें आपके सामने नहीं रख पा रहा हूं।"

"हम तो उन्हें मानने को तैयार हैं।"

"मौखिक या लिखित?"

"जो आप कहें।"

"लिखित।"

"कब?"

"कल और परसों तो नहीं हो सकता। दोनों दिन मुझे मजदूरों की स्थिति की जांच करने पहुंचे श्री कुंवर महाराजसिंह के सामने बयान देना है।"

"पर हमारा यह काम तो इससे पहले भी हो सकता है। चाहें तो अपनी मोटर कार से मैं कागजात ले आने की सहूलियत पैदा कर सकता हूं।"

"इसे आपकी ओर से मजदूरों के प्रति नेकनीयती समझूं या..."

"जब हम अपनी कुछ भूलों को मानने को तैयार हैं तो भी हमें शक की ही नजर से देखा जायेगा?"

परकाश चुप रहा। देखता रहा सामने के पाँचों गोरे चेहरों की दस नीली आँखों में। बड़ा कठिन प्रतीत हो रहा था उसे उन पर विश्वास कर पाना। और लाल गालोंवाले मोटे गोरे के अगले प्रश्न से ही परकाश के इस अविश्वास की वजह सामने आ गयी।

"यह काम जो आप करते हैं, इससे आपकी क्या आमदनी होती होगी?"

"मुझे ऐसा नहीं लगता कि मैं यहां आपको अपनी आमदनी बताने के लिए मौजूद हूं।"

"हम किसी गलत इरादे से यह नहीं पूछ रहे हैं।"

"क्या मैं वह नेक इरादा जान सकता हूं? आपकी ओर से यह नेक इरादा पहली बार ही जाहिर नहीं किया जा रहा।"

मालिक ने मेज पर पड़ी अपनी पाइप को उठा लिया। धनेश्वर और उसके तगड़े दोस्त को सम्बोधित करके बोला, "तुम दोनों बाहर इन्तजार करो। हमें मेस्ये परकाश से एक विशेष काम है।"

परकाश ने अपने बायें हाथ को आगे बढ़ाकर दोनों को रोक लिया, "तुम दोनों

यहीं ठहरो।"

वे लोहे की जिन कुर्सियों से उठे थे, उन्हीं के सामने खड़े रह गये। परकाश ने मोटे मालिक से कहा, "आपको जो विशेष बात मुझसे करनी है, वह आप मेरे इन साथियों की उपस्थिति में भी कह सकते हैं।"

अब एकदम बगल में बैठे लम्बी मूंछोंवाले गोरे ने पहली बार अपना मुंह खोला—

"हम इधर कई दिनों से तुम्हारी योग्यता के बारे में सुनते आ रहे हैं। हमारे कारखाने का जो सहायक मैनेजर था वह बीमारी के कारण नौकरी छोड़ गया। हमें उसकी जगह एक योग्य व्यक्ति चाहिए। इस वक्त जो तुम्हें मिल रहा होगा, हम उससे तीन गुने ज्यादा देने को तैयार हैं।"

"कितना?"

"कहो तो पांच सौ रुपये।"

"यह तो सात गुना हो गया। यूनियन नेता की हैसियत से मेरी तनख्वाह पछहत्तर रुपये है।"

"इतने कम पैसे में तुम इतना काम करते हो?"

"यह तनख्वाह मुझे कभी भी कम नहीं लगी है।"

"तुम चाहो तो हम तुम्हें छह सौ रुपये तक दे सकते हैं।"

"तब तो नौ गुना ज्यादा हो गया!"

"हमें तुम्हारी योग्यता का ख्याल है।"

"और मजदूरों के लिए क्या देने को तैयार हैं?"

"उनकी मजूरी हम एक रुपये दस पैसे से बढ़ाकर सवा रुपये कर देंगे।"

"यानी महीने में यही कोई चालीस रुपये। और मुझे इसका करीब पन्द्रह गुने ज्यादा?"

"कानून से ज्यादा ही मिल जायेगा इन मजदूरों को।"

"पुराने कानून से। खैर, मैं एक बात पूछना चाहता हूँ।"

"पूछिए।"

"अगर मैं आपका प्रस्ताव अस्वीकार कर दूं तो क्या तब भी आप मजदूरों के काम की शर्तों में सुधार और तनख्वाह में वृद्धि करके रहेंगे?"

पाँचों मालिकों ने एक-दूसरे को देखा। आँखों और चेहरे के भावों से एक-दूसरे से बातें कीं और सबकी ओर से वही बीचवाला बोला—

"हां।"

"मेरा काम मैनेजर बनकर मजदूरों पर हुक्म चलाना नहीं है, बल्कि मजदूरों को सहयोग देकर उनकी हालत को बेहतर बनाना है। आप सोचते हैं, ऐसी स्थिति में मैं आपका प्रस्ताव स्वीकार कर लूंगा? खैर, फिर भी धन्यवाद।" वह अपनी जगह से उठ खड़ा हुआ।

"ठहरिए!"

"मैं कल सुबह कुंवर महाराजसिंह से मिलने के पूर्व आपकी सेवा में मजदूरों की शर्तों के सारे कागजात के साथ उपस्थित हो जाऊंगा। चलो धनेश्वर।"

"एक मिनट ! हमारे प्रस्ताव पर एक बार फिर सोचना।"

"सोच तो मैं कई बार सकता हूँ, लेकिन उत्तर एक ही रहेगा।"

"तीन साल पहले मजदूरों का एक तुम्हीं जैसा नेता उठा था। आज वह खुद एक कोठी का मालिक है।"

"जानता हूँ।"

"कल आप भी बन सकते हैं। हर कोठी का मालिक···"

"जो मेरी झोली में कुछ-न-कुछ डालने को तैयार हैं, उन सभी को बता दीजिए कि मैं झोली लेकर नहीं चलता। ओ रे व्वार ! कल सुबह मिलेंगे।"

सुबह जब परकाश सभी कागजातों के साथ घर से निकला तो सूर्य भी उसके साथ था। सात बजे वे दोनों सावाना कोठी के कारखाने के सामने पहुँचे जहाँ धनेश्वर पहले ही से प्रतीक्षा कर रहा था।

परकाश ने मालिकों को साढ़े सात बजे का वक्त दिया था, ताकि वह इधर से निबटकर वह वक्त पर शहर पहुँच जाय और कुंवर महाराजसिंह के सामने अपने बयान और रिपोर्ट प्रस्तुत कर सके। उसने गन्ने के खेतों के भारतीय मजदूरों की हालत पर पच्चीस पृष्ठों की एक रिपोर्ट तैयार की थी।

उसकी इस रिपोर्ट की भनक न जाने कैसे उसकी पड़ोसी बस्ती के मेंस्ये रोलाँ को मिल गयी थी। पिछली रात उसने हरखू सरदार के बेटे को सूर्य के पास भेजकर यह कहलवाया था कि अगर परकाश अपनी वह रिपोर्ट मेंस्ये रोलाँ के हवाले कर दे तो उसे उन पच्चीस पन्नों के लिए पच्चीस सौ रुपये दिये जा सकते हैं।

परकाश ने सूर्य से कहा था—

"जाकर हरखू के बेटे से कह दो कि वह अपने मालिक से कह दे कि इसका दाम पच्चीस सौ रुपये नहीं, पच्चीस कोठियाँ और पच्चीस कारखाने हैं। अगर वह देने को तैयार है, तो रिपोर्ट उसके हाथों में पहुँच जायेगी।"

परकाश सूर्य और धनेश्वर के साथ साढ़े सात से पहले ही बड़े साहब के दफ्तर के सामने जा उपस्थित हुआ। दफ्तर के बरामदे में लोहे की लम्बी-सी बेंच थी, जिस पर तीनों व्यक्ति बैठ गये। चीनी का कारखाना कुछ ही दूर था। वहाँ से आ रही मशीनों की घड़घड़ाहट जहाँ तंग कर रही थी, वहीं पकाया जा रहा गन्ने का रस माहौल को सोंधा बनाये हुए था।

साढ़े सात से आठ बज गये। नौ बजे तक धैर्य के साथ वे तीनों बैठे रहे। नौ के बाद परकाश ने बरामदे में चहलकदमी शुरू कर दी और साढ़े नौ बजे उसने धनेश्वर से कहा, "तुम्हारे मालिकों ने, लगता है, इरादा बदल दिया।"

दस बजे परकाश और सूर्य गाड़ी पकड़ने के लिए स्टेशन की ओर झपट पड़े। गाड़ी पर समय से पहुँचने के लिए दोनों ने रास्ते से न चलकर नाले पार किये और

ईख के खेतों से होते हुए नागफ़नी के जंगल के बीच की पगडण्डी पर दौड़ने लगे। नदी के तट पर पानी पीता हुआ हिरणों का एक झुण्ड आहट पाकर कुलांचें मारता हुआ पहाड़ी की ओर दौड़ गया। सूर्य ने परकाश से पूछा—

"आखिर आदमी इतनी तेज क्यों नहीं दौड़ पाता ?"

"क्योंकि आदमी के पाँवों से अधिक तेज उसका दिमाग दौड़ता है।"

"क्या ?"

"भैया, मैं तुम्हारे बारे में नहीं, आदमी के बारे में कह रहा हूँ !"

चार

सीता जब मदन के घर पहुँची तो अँधेरा छाने लगा था। दो दिन पहले मौसम में जो खराबी आनी शुरू हुई थी वह अपनी पराकष्ठा पर पहुँच गयी थी। हवा की साँय-साँय सीता के भीतर तूफान का भय पैदा कर गयी थी, जिसे उसने मदन के सामने व्यक्त किया—हवा तो तूफान का रूप पकड़ने लगी है। मीरा के फिर एका-एक बीमार हो जाने की खबर लेकर सीता मदन के घर पहुँची थी। उसके साथ घर से निकलने के लिए मदन ने फूलदार रूमाल को खूंटी से उतारकर सिर पर बाँध लिया और यह कहते हुए गोनी का एक खाली बोरा काँख में दबा लिया—न जाने उधर से लौटते वक्त बारिश शुरू हो जाये तब यह गोनी घोघी का काम करेगी।

सीता का कन्धा थामे वह मीरा के घर को चल पड़ा। क्षितिज के लाल रंग को देखकर सीता ने कहा, "आसमान का रंग देखकर तो डर लग रहा है।"

"बहुत ज्यादा लाल है ?"

"एकदम। मुझे तो घरों के टूटने-गिरने से अधिक चिन्ता लहलहा आये खेतों की हो रही है।"

"सभी का परिश्रम माटी में मिल जायेगा।"

इसके बाद कई कदम दोनों ने बिना कुछ कहे चले। माथे के रूमाल को उड़ने से बचाने के लिए मदन उसे हाथ से थामकर बोला, "मैं तो मीरा से इतनी दूर हूँ पर तुम तो बगल में हो। उसे अपनी सेहत के साथ लापरवाही बरतते रोक नहीं सकीं !"

"मैं तो लाख रोकती रही।"

"मैं उस दिन कह गया था कि वह किसी तरह की असावधानी न बरते।"

"खेत पर न जाती तो बुखार और दर्द दोनों एक ही साथ फिर शुरू नहीं

होते।"

"उसका वश चले तो वह तूफान में भी अपने खेत को बचाने निकल पड़ेगी।"

"सही कह रहे हो। उसे तो अपनी छत से ज्यादा फिकर है अपने खेत की।"

हवा में सीता की अपनी ओढ़नी भी उड़ जाने से बची। उसने जल्दी ही उसे अपने गले से लपेटकर उसके अन्तिम छोर को दाँतों से दबा लिया।

दूसरी ओर से अनुराधा और सुगूनवा ने भी उसी वक्त मीरा के आँगन में प्रवेश किया। अनु ने सीता और मदन के पाँव छुए। चारों व्यक्ति क्षण-भर के लिए आँगन के सजीहन के नीचे ठिठक गये। मदन ने दोनों के हाल-चाल पूछकर मनोहरसिंह के बारे में पूछा।

"अब तो बस चारपाई पर पड़े रहते हैं!"

"खेतों की सारी जिम्मेवारी तुम्हारे ऊपर आ गयी होगी!"

"मेरा साढ़ू भाई हाथ बँटाता है।"

मदन की आवाज सुनते ही खाट पर लेटी मीरा उठकर बैठ गयी। मदन ने उसकी कलाई छूकर कहा, "तुम तो मुफ्त में बीमारी मोलती रहती हो। खेत पर क्या करने गयी थीं?"

मीरा ने कोई उत्तर नहीं दिया।

"तुमने कोई दवाई भी ली या यूँ ही पड़ी हो?"

इसका भी कोई उत्तर मीरा ने नहीं दिया। तकिये को ठीक करके लेट गयी। अनुराधा उसके सिरहाने बैठ गयी। उसके दोनों हाथों को अपने हाथों में लेकर मीरा ने कहा, "तुम दोनों इतनी दूर से आ गये। वह भी इस खराब मौसम में?"

"मुझे तो धरमा चाचा की बेटी ने दोपहर में बताया।"

"बस, हल्का-सा बुखार है।"

मदन ने उसके माथे पर हथेली रखकर कहा, "माथा धधक रहा है और इसे तुम हल्का बुखार कह रही हो?"

सीता बोली, "अभी कुछ ही देर पहले पसलियों के दर्द से छटपटा रही थी। साँस तक नहीं ले पा रही थी। अब अपने को अच्छा बताने लगी।"

"पसलियों के दर्द के लिए तो एक बार फिर डाक्टर के पास जाना चाहिए।"

"मैं भी यही सोच रहा हूँ सुगूनवा, लेकिन इस खराब मौसम में इसे बाहर ले जाना भी तो अच्छा नहीं होगा।"

"कल सुबह मैं डाक्टर को यहीं ला सकता हूँ।"

"तुम लोग मुझे इतना अधिक बीमार क्यों समझने लगे?"

"पिछली रात मैं यहीं थी। पसली पकड़े बच्चों की तरह रो रही थी। एक पल भी नहीं सो पायी। मुझे तो डर है कि डाक्टर जिस बीमारी के लिए सावधान कर गया था, कहीं वही तो···"

"इसकी साँसों में जो घड़घड़ाहट है, उससे तो मुझे भी डर है कि कहीं सचमुच इसे निमोनिया तो नहीं हो गया? इसकी पसलियों को सेंकना जरूरी है सीता!"

"मैं घर से अँगीठी ले आती हूँ।"

मीरा ने अपनी पसलियाँ जकड़ी हुई महसूस कीं। उससे साँस नहीं ली जा रही थी, लेकिन उसने अपनी उस हालत को जाहिर नहीं होने दिया। पाँवों पर की गोनी को ऊपर तक खींच लिया। जब साँस थोड़ी खुली तो कह उठी—

"मौसम अगर ज्यादा खराब हुआ तो सारे खेत तबाह हो जायेंगे।"

"तुम खेतों को छोड़ो, अपना ख्याल रखो।"

"प्यास लगी है।"

अनुराधा खाट पर से उठ खड़ी हुई।

"क्या पिओगी चाची?"

"पानी।"

"नहीं, पानी नहीं पी सकतीं। अनु, तुम सीता के यहाँ से दूध ले आओ।"

"मैं दूध नहीं पिऊँगी। पानी की प्यास है मुझे।"

"मैं थोड़ा-सा पानी ही ले आती हूँ मदन चाचा!"

"गरम करके लाना।"

बाहर समय से पहले अंधेरा हो चला था। आकाश में न तो चाँद था और न ही कोई तारा दीख रहा था। हवा में ऐंठन-सी शुरू हो गयी थी। उस अंधेरे में वह किसी कन्दरा से निकलकर फुँकारती प्रतीत हो रही थी। सीता और अनु दोनों अँगीठी और पानी लिये हुए साथ लौटीं। मीरा ने बैठकर पानी पीया। सीता जब अँगीठी पर कपड़े सेंकने लगी तो सुगूनवा और मदन दूसरी ओर चले गये। कोने में लकड़ी का जो सन्दूक था, मदन उसी पर बैठ गया। सुगूनवा नीचे बैठा।

"मदन चाचा, मैं तुमसे एक राय लेना चाहता हूँ।"

"किस बारे में?"

"मैं अपनी बड़ी लड़की को कालेज भेजना चाहता हूँ।"

"वाह! बहुत अच्छा।"

"मेरा ससुर तैयार नहीं है।"

"क्यों?"

"कहता है कि लड़की को शहर पढ़ने के लिए नहीं भेजा जा सकता।"

"तुम चिन्ता मत करो, मैं उन्हें मना लूंगा। तुम्हारी तो पीठ ठोंकनी चाहिए सुगूनवा कि इतनी बड़ी हिम्मत तुम कर सके। तुम्हारी लड़की तो इस इलाके की पहली लड़की होगी कालेज में पढ़नेवाली। यहाँ का इम्तहान तो अच्छी तरह से पास हुई है न?"

"अव्वल आयी है, इसीलिए तो उसे आगे पढ़ाने का हौसला जागा है।"

"बहुत खूब।"

उसे गाँधीजी की याद आ गयी।

सुगूनवा ने तो गाँधीजी को सही अर्थों में समझा है। मदन ने तो यह सोचा ही नहीं था कि गाँव की लड़कियों को भी कालेज की शिक्षा मिलनी जरूरी है। उसका

सारा ध्यान तो लड़कों को ही महारत हासिल कराने में था। सुगूनवा ने उसके सामने अब एक नया रास्ता खोल दिया था।

"सुगूनवा, यह बात तुम ही ने पहले सोची ?"

"नहीं चाचा, यह विचार सबसे पहले अनु को आया था।"

"यह तो मुझे पहले ही जान लेना चाहिए था।"

रात मदन ने मीरा के घर के उस दूसरे भाग में ही बितायी। सीता मीरा के साथ सोयी थी। आधी रात के बाद मीरा की हालत अधिक खराब हो चली थी। सांस लेने में उसे अधिक दिक्कत होती रही। उसका कराहना बढ़ता गया। मदन और सीता दोनों में कोई नहीं सो सका। मौसम भी अधिक खराब होता गया।

सुबह होते ही मदन ने परकाश को बुलवाया।

"मीरा की हालत एकदम खराब है।"

"डाक्टर के पास ले चलते हैं।"

"ले जाने में तो मुश्किल होगी। हवा लग जाने से बीमारी बढ़ सकती है।"

परकाश मीरा की हालत को देखता रहा। उससे बात करने की कोशिश की। मीरा कुछ बोली नहीं। होंठों के बीच सूखी हुई मुस्कान लाकर फिर आँखें बन्द कर लीं।

"मन चाचा, आज कुँवर महाराजसिंह के साथ मेरी दूसरी बैठक है। मेरा वहाँ होना अत्यन्त ही आवश्यक है, फिर भी एक काम तो मैं कर ही सकता हूँ। मैं शहर पहुँचते ही सूर्ये के साथ डाक्टर को यहाँ भेज देता हूँ।"

"ऐसा ही करो।"

"बाद में तुम सूर्ये को ही दवाइयाँ लाने दोबारा शहर दौड़ा देना।"

दस बजे के करीब सूर्ये डाक्टर के साथ पहुँचा। डाक्टर साकीर ने मीरा को देखते ही कहा, "मैंने जिस लापरवाही के लिए मना किया था, लगता है वही की गयी।"

मुआयने के बाद वह बोला, "डबल निमोनिया! इसे यहाँ नहीं छोड़ा जा सकता। तुरन्त अस्पताल पहुँचना होगा।"

"इस मौसम में ?"

"कोई दूसरा चारा नहीं है।"

मीरा ने खाट पर पड़े-पड़े सिर हिलाया। सीता ने उसके पास पहुँचकर पूछा, "क्या बात है ?"

कठिनाई से मीरा शब्दों को बाहर निकाल पायी, "मैं अस्पताल नहीं जाऊँगी।"

डाक्टर साकीर उसके पास आ गया, "यहाँ पर इलाज नहीं हो सकता। अस्पताल में कुछ ही दिनों की तो बात होगी।" डाक्टर ने मदन के कन्धे पर हाथ रखकर कहा, "अगर आप लोग इसी वक्त तैयार कर देते हैं तो इसे मैं अपनी ही

गाड़ी में अस्पताल पहुँचा सकता हूँ।"

"बड़ी मेहरबानी होगी डाक्टर साहब !"

दोनों बाहर आ गये। सीता ने जल्दी-जल्दी मीरा के कपड़े बदले। अपने यहाँ से दौड़कर कम्बल ले आयी। मीरा को जब अच्छी तरह लपेट लिया, तो उसने मदन को आवाज दी। मदन और सूर्य ने मिलकर उसे डाक्टर की गाड़ी में बिठाया। वे भी साथ हो लिये। हवा की रफ्तार और भी तेज हो चली थी।

गाँव से बाहर निकलने से पहले मदन के घर से कुछ ही कदम पर, जहाँ नदी की बगल से नाला बहता था, डाक्टर साकीर ने एक मिनट के लिए गाड़ी रुकवायी। नाले की ओर इशारा करके उसने पूछा, "यह इतनी गन्दगी कहाँ से आती है ?"

सूर्य ने जवाब दिया, "ईख के कारखाने से।"

"गाँव के सभी लोगों का इस गन्दगी से बीमार होने का इरादा है क्या ?"

इस पर मदन बोल पड़ा, "हमने कई बार माँग की है कि इस गन्दगी को रोका जाये, पर गोरे मालिक सुनने को तैयार ही नहीं।"

"ठीक है, मैं कल ही स्वास्थ्य विभाग के इन्स्पेक्टर को भेजता हूँ। ये लोग तो आज भी गाँव के लोगों को जानवर समझे बैठे हैं।"

कोई बीस मिनट बाद ही गाड़ी को पक्की सड़क मिल सकी और चालक गाड़ी को तेज कर सका। कभी भी मूसलाधार वर्षा शुरू हो सकती थी।

कुँवर महाराजसिंह के साथ पहली बैठक में परकाश ने मजदूरों की वर्तमान स्थिति को रखा था। उसकी रिपोर्ट में तस्वीरें भी संलग्न थीं। कुँवर महाराजसिंह ने पहले दिन परकाश के सामने अपनी वह इच्छा जाहिर कर दी थी—

"कल के आपके बयान के बाद मैं किसी दिन आपके साथ इन कोठियों को देखना चाहूँगा, जिनकी आपने चर्चा की।"

परकाश ने भी तो यही चाहा था कि वह कुँवर महाराजसिंह को वह सारा कुछ दिखा दे जिससे वह सन्तुष्ट नहीं था। मजदूरों की हालत में सुधार के नाम पर जो कुछ हुआ था, वह व्यवस्था को चुप कर देने का एक तरीका मात्र था। कुँवर महाराजसिंह ने पहले ही दिन उसके बयान पर प्रश्न किया था—

"आप ऐसा क्यों कहते हैं कि सुधार के नाम पर केवल लीपापोती हुई है, स्थिति को ऊपर से चिकना कर भीतर से ज्यों-का-त्यों रखा गया है ? इससे आप क्या कहना चाहते हैं ?"

परकाश ने स्पष्टीकरण दिया था—

"मजदूरों की तंगहाली आज भी बनी हुई है। यह सही है कि अब उनकी पीठों पर कोड़े नहीं बरसते लेकिन गन्ने के खेतों के बीच उन्हें नीबू की तरह निचोड़ लिया जाता है। आज भी कई कोठियों में एक मिनट देर से पहुँचने पर काम शुरू नहीं करने दिया जाता। मजदूर को घर लौट जाना पड़ता है। बेंत और कोड़े तो नहीं बरसते, लेकिन मुँहफट सरदारों की गालियाँ मजदूरों पर हर दूसरे

मिनट बरसती रहती हैं। अभी पिछले सप्ताह मैं जिस कोठी में पहुँचा, वहाँ मजदूरों को खाने के लिए केवल पन्द्रह मिनट की छुट्टी दी जाती है। लोगों को जल्दी-जल्दी खाना निगलकर दोबारा काम में जुट जाना पड़ता है। श्रम-कानून पर कई कोठियों में कोई अमल नहीं हुआ है और मजदूर आज भी कई जगह बारह आने में काम कर रहा है। औरतों को सुबह पांच से शाम छह बजे तक आठ आने के लिए खेतों में रहना पड़ता है। यही शोषण कम उम्र के बच्चों का भी होता है। मजदूरों को जो अनाज मिलता है, वह खाने लायक होता ही नहीं। आधे से अधिक कोठियों में मजदूरों को घर के नाम पर जो जगह दी गयी है, वह जानवरों के बाड़ों से भी बदतर है। दवा-दारू का प्रबन्ध नहीं के बराबर है। बीमारी की हालत में भी कई कोठियों में छुट्टी की इजाजत नहीं होती।"

दूसरी बैठक में परकाश ने मजदूरों के हित में ये सुझाव प्रस्तुत किये थे—

"मजदूर से सात घण्टे से अधिक काम नहीं करवाया जा सकता। उनकी मजूरी तीन रुपये से ऊपर होनी चाहिए। उनके लिए छुट्टियाँ निर्धारित होनी चाहिए। दवा-दारू की अच्छी व्यवस्था हो। उन्हें बेहत्तर घर चाहिए। औरतों को हल्के काम सौंपे जायें और उनकी मजदूरी दो रुपये से ऊपर हो। खाने की छुट्टी एक घण्टे की होनी चाहिए। मजदूरों को दिया जानेवाला चावल, दाल सरकार द्वारा स्वीकृत होने पर ही उन्हें दिया जाये। मजदूरों के लिए दी गयी पैंशन-स्कीम की रूपरेखा पर सरकार जल्द-से-जल्द ध्यान दे। और हमारा सबसे महत्त्वपूर्ण सुझाव यह है कि कोठी के सालाना लाभ के कुछ प्रतिशत का हिस्सेदार मजदूर भी रहे।"

दोनों बैठकों में परकाश सवा-सवा घण्टे बोला था। पहले दिन मजदूरों की स्थिति पर परकाश को सुनने के बाद कुँवर महाराजसिह ने प्रश्न किया था—

"स्थिति जिस हद तक सुधर जानी चाहिए थी अगर आज नहीं सुधर पायी है, तो जिम्मेवार कौन है—कोठी या सरकार?"

"दोनों।"

"कैसे?"

"सरकार तो हुक्म चलाकर चुप रह जाती है। बीच में कुछ अफसरों का कोठी के साहबों के यहाँ दावतों में आना-जाना होता रहता है और सरकार को सुधार आ जाने का आश्वासन पहुँच जाता है। बस! कोठी के मालिकों के यहाँ दावतों में सरकारी अफसरों के इस आने-जाने की प्रक्रिया में ही धांधलियाँ होती रही हैं।"

"यह एक गम्भीर आरोप है।"

"पर इसके प्रमाण हैं। सरकार के कई निरीक्षक कोठी के कोरे कागजों पर भी हस्ताक्षर कर आये हैं। जिस कोठी की ओर से सरकार आज आश्वासित है वहाँ के मजदूरों को श्रम-संविधान के अन्तर्गत सवा रुपये मजूरी मिलती है, और रुपया देकर सवा रुपये के सामने अँगूठा लगवाया जाता है।"

"आपके संघ ने इन मुद्दों को उठाया है कभी?"

"हम उठाते रहे हैं। पिछले महीने कुछ मजदूरों की गवाही के साथ मैं अदालत

तक भी पहुँचा, लेकिन पैसे की झनझनाहट में कानून फरियादियों को सुन ही नहीं पाता।"

"यह भी काफी गम्भीर बात कह रहे हैं आप।"

"आयोग के सामने कह रहा हूँ।"

"चारदीवारी के भीतर का मेरा यह काम परसों समाप्त हो रहा है। शुक्रवार को मैं आपके साथ कुछ बदतर इलाके देखने के लिए निकलना चाहता हूँ।"

"आप जो आज्ञा दें।"

परकाश ने दो दिनों में महाराजसिंह को पाँच कोठियाँ दिखायीं। पूर्वी इलाके की पहली कोठी में मजदूरों की झोंपड़ियाँ देखने के बाद ही पता चला कि मजदूरों के घरों के बारे में अपना बयान देते हुए सरकारी अफसर ने कितनी गलत बातें आयोग को बतायी थीं। जिस स्थान पर वह बस्ती थी, वहाँ इतना सड़ांध भरा माहौल था कि कुँवर महाराजसिंह के साथ जो सरकारी आदमी था वह शुरू से अन्त तक अपनी नाक पर रूमाल रखे रहा। कुँवर महाराजसिंह जब वहाँ के मालिक से मिले तो इससे पहले कि वह उससे उन झोंपड़ियों के बारे में कुछ पूछते, मालिक खुद बोल उठा था—

"हमने मजदूरों के लिए एक बहुत ही सुन्दर बस्ती की योजना बनायी है। अगले ही महीने काम शुरू हो जायेगा।"

वे आलमा कोठी के मजदूर थे, जिन्होंने महाराजसिंह के सामने सड़े हुए चावल-दाल रख दिये थे। तीसरी कोठी के चार मजदूरों ने अपनी फतूही उतारकर अपनी पीठें दिखायी थीं। साल-भर बरसे चाबुकों के निशान अब भी उनकी पीठों पर थे। चौथी कोठी उत्तरी इलाके की थी जहाँ महाराजसिंह ने अपनी आँखों से सरदारों की हरकतें देखीं, उनकी गालियाँ सुनीं और दस साल से भी कम उम्र बच्चों को गन्ने की बोआई में जुटे हुए देखा। जाली बहियाँ देखीं।

सावाना कोठी में महाराजसिंह ने आठ आने मजूरी पर औरतों को ज़मीन से निकले पत्थरों की मेड़ खड़ी करते देखा। उनमें जो सबसे जवान थी, उसकी माँ दो साल पहले अपने ऊपर पत्थर लुढ़क आने से इन्हीं खेतों में मरी थी। यहाँ मालिकों ने पहले ही से चार-पाँच हरखाटियों को महाराजसिंह के प्रश्नों का उत्तर देने को तैयार कर रखा था। परकाश ने उन लोगों को हटाकर धनेश्वर और उसके साथियों को सामने खड़ा कर दिया। महाराजसिंह ने धनेश्वर से ही प्रश्न किया—

"कब से यहाँ काम करते हो?"

"सात साल की उम्र से।"

"बच्चे कितने हैं?"

"चार।"

"तुम्हारे घर में कितने कमरे हैं?"

"एक ही तो कमरा है हुजूर।"

"तुम अकेले काम करते हो?"

"पत्नी और बड़ी बेटी भी काम करती है।"

"महीने में खा-पीकर कुछ बच पाता है?"

"जिस दुकान से माल उठाते हैं, वह धमकी दे चुका है कि अगले महीने से उधार नहीं देगा।"

"बहुत कठिन होता है खेतों का यह काम?"

"हुजूर, सूरज के उगने से पहले पहुँचते हैं और जब तक सूरज डूब नहीं जाता, खेत छोड़ने का अधिकार ही नहीं है। काम तो कितना भी कठिन हो, कर लेंगे, लेकिन जो मेहनत हम लोग करते हैं उसका एक-चौथाई दाम भी हमें नहीं मिलता।"

"मालिक और सरदारों का व्यवहार कैसा होता है?"

"क्या कहें साहब, कुत्ते का मोल होता है।"

"तुम्हारे अपने पास कितनी धोतियाँ और कितनी फतुहियाँ हैं?"

"दो ही तो हैं हुजूर!"

एक औरत बीच में ही बोल पड़ी, "साहब, हमार त ई एके गो लहँगा और चोली होवेला। एकरे धो-सूखा के दिन काटे पड़ेला।"

"तुम लोगों के प्रति मालिक और सरदारों का व्यवहार कैसा रहता है?"

"हम लोगन के त साहब हुकूम माने के परेला। सरदार के खुश न रखब त बस उहे सबसे कड़ा काम सौंप देई और तू मर।"

रास्ते में महाराजसिंह जलप्रपात देखने के लिए रुके। परकाश से पूछा—

"सरदारों द्वारा मालिकों की सेवा में बस्ती की सुन्दर लड़कियों का पहुँचना कितनी बस्तियों में अब भी जारी है?"

"मेरी जाँच-पड़ताल के मुताबिक कम-से-कम छह कोठियों में यह काम आज भी होता है।"

"परकाश! तुम्हारे साथ ये चार दिन मेरे लिए बड़े ही महत्त्व के रहे। मैं जहाँ भी गया, जिन लोगों से भी मिला, सभी ने तुम्हारे कामों की प्रशंसा की। द्वीप के इस छोर से उस छोर तक सभी मजदूर तुम्हें बहुत चाहते हैं। सभी तुम्हारा आदर करते हैं। ऐसी स्थिति में मैं तुम्हें एक सुझाव देना चाहता हूँ। लोगों के इस प्यार-आदर को तुम यों ही जाने मत दो। तुम एक अच्छे नेता हो, यह मैं देख चुका। तुम्हारे भीतर अपने लोगों के लिए कुछ कर जाने की जो चाह है, वह बहुत बड़ी है। तुम चाहते हो कि तुम्हारे अपने लोगों को उनके अधिकार मिलें, उनकी इज्जत हो और खुशहाली प्राप्त हो तो तुम्हें अपने प्रभाव को और भी बढ़ाना होगा। तुम्हें अपनी आवाज केवल मजदूरों की सभाओं और मालिकों के दफ्तरों में ही नहीं बुलन्द करनी है। तुम्हारी आवाज में दम है। इसे अब अपने देश की विधान-सभा में बुलन्द करो। मैं कल की बात नहीं कर रहा। तुम्हीं वह आदमी हो जो आनेवाले दस वर्षों में इस देश और इसके मजदूरों को एक राजनीतिक शक्ति प्रदान कर सकते हो। मैं तो अपनी रिपोर्ट तुम्हारी सरकार को भी दूंगा और अपनी

सरकार को भी। तुम्हारे सारे सुझाव मेरी रिपोर्ट में आ रहे हैं। परसों मैं चला जाऊँगा। जाने से पहले तुमसे और भी बातें करनी हैं, लेकिन मेरी सबसे बड़ी माँग तुमसे यही होगी कि तुम अभी से एक राजनीतिक मंच तैयार करना शुरू कर दो— तुम्हीं ने कहा था कि गांधीजी भी यहाँ के लोगों से यही माँग कर गये हैं। मैं भी यही माँग तुमसे कर रहा हूँ।"

उसी शाम परकाश ने कुँवर महाराजसिंह को मदन से मिलवाया। गांव की उस सुन्दरता और सफाई की उसने सराहना करते हुए कहा था —

"आप लोगों को इस देश के हर गांव, हर बस्ती को ऐसा ही बनाना होगा।"

मीरा की बीमारी के गम को मदन अपने घर पहुँचे उस प्रतिष्ठित अतिथि के सामने चेहरे पर आने से रोके रहा। महाराजसिंह को विदा कर लौटते हुए परकाश दोबारा मदन के घर पहुंचा—

"क्या हाल है चाची का ?"

"वैसी ही है।"

"डाक्टर ने क्या कहा ?"

"कहा, अच्छी हो जायेगी।"

उसी वक्त मदन का खाना लिये परकाश की माँ पहुँच गयी।

"सीता, आज मैं नहीं खाऊँगा।"

"क्यों ?"

"भूख नहीं है।"

"नहीं चाचा, तुम्हें खाना होगा। डाक्टर जब कहते हैं कि वह अच्छी हो जायेगी तो फिर इस तरह दुखी क्यों हो रहे हो ?"

परकाश ने अपनी माँ के हाथ से थाली लेकर मदन के हाथों में थमा दी। मदन उसे थामे रहा। सीता ने देखा, मदन की ज्योतिहीन आंखों में तरलता थी—बहनेवाली नहीं, बल्कि जमी रह जानेवाली तरलता।

परकाश ने फिर कहा, "मन चाचा, थोड़ा-सा खा लो।"

मदन ने अनचाहे कौर को मुँह तक पहुँचाया।

मीरा को अस्पताल की चारपाई पर मदन जिस दयनीय दशा में छोड़ आया था, उसे अपने ज़ेहन से निकाल नहीं पा रहा था। वह बेसुध थी। उसने किसी से कोई बात नहीं की थी। मदन उसे देख तो नहीं पाया था, लेकिन उसकी उस दयनीयता को उसने गांव से पहुँचे सभी लोगों से ज्यादा महसूसा था। उसने तीन बार मीरा से बात करने की चेष्टा की थी। पिछली बार परिचारिका ने उसे रोक दिया था। मदन ने अपनी बगल में खड़े सुगूनवा से धीरे से पूछा था—

"आगे से अधिक बीमार लग रही है न ?"

सुगूनवा झूठ बोल गया था, "नहीं मदन चाचा ! कमजोरी के कारण वह चुप है। चेहरे का रंग अच्छा है।"

झूठ को पहचानकर भी मदन ने सुगूनवा को यही आभास होने दिया कि उसने उसकी बात को मान लिया है।

परकाश और सीता के कहने पर मदन ने रात में वे चार कौर जो मुंह में रखे थे, उन्हें खाया नहीं था---ठूंस लिया था अपने भीतर। दोनों के चले जाने के बाद वे चार कौर उसके भीतर चुभ रहे थे। वे कौर उसकी छाती पर सीसे की तरह बोझ बने रहे।

उसे अपने गुनाहों का एहसास बड़ी देर से हुआ था। अपनी ओर से त्याग के दावे में उसने खुदगर्जी ही दिखायी थी। शुरू से आज तक वह अपने को एक खोखले आश्वासन में आश्वासित किये हुए था कि मीरा के हित में ही उसने अपनी भावना और तमन्नाओं को क्षार हो जाने दिया है। वह उसे अपनी ओर से बहुत बड़ी कुर्बानी समझे बैठा था। अपनों से यही कहता रहता था कि मैं जो कुछ कह रहा हूँ, मीरा की खुशी के लिए कर रहा हूँ। एक के अँधेरे को दूसरे का अँधेरा क्यों बनाऊँ?

आज उसे लग रहा था कि वह सब कुछ उसका अपने ही प्रति ममत्व और प्रेम था। उसे मीरा से अधिक अपना खयाल रहता था। उसने तो तब से आज तक मीरा से अपनी ही सेवा करवायी है---खुद क्या कर सका है मीरा के लिए? मीरा ने अपने-आपको उसके लिए निछावर कर दिया था और वह था कि उसे एक दासी बनाये बैठा था। मीरा के प्यार की उस अगाधता को भली भाँति पहचानकर ही वह वैसी प्रवृत्ति अपनाये हुए था।

आदमी पर आदमी के शोषण के खिलाफ तो वह जिहाद छोड़े हुए था, लेकिन एक औरत के दिल का शोषण करके वह अपने आदमी होने के फर्क को जी रहा था। वह अपने घर के सन्नाटे में चिल्ला उठा, "मदन! ऐसा क्यों?"

अपने ही चीत्कार की प्रतिध्वनि सुन पाने में असमर्थ उसने अपने कानों पर हाथ रख लिये।

मीरा को अगर आज उसका आसरा होता, वह मीरा का अवलम्ब होता तो आज मीरा इस दशा को नहीं पहुँचती। कोई तो होता उसका खयाल रखनेवाला। इधर जब वह मीरा को अपनी पत्नी बनाने को तैयार हुआ था, तो पूरे गाँव में खुशी की लहर फैल गयी थी। पुजारी लगन बैठाने दौड़ा चला आया था। लेकिन मदन को तो अपने जुल्मों को अभी और थोड़ा आगे बढ़ाना था। ब्याह के दिन को आगे बढ़ाकर वह निराशा के बीच किसी आशा को ललचाता रह गया था। भर-दोपहर के अँधेरे में मदन अपने उन सभी अमानवीय रूपों को देखता रहा। मीरा के समूचे जीवन को नर्क बना देनेवाला वह गुनहगार अब अपने ही गुनाहों की यातना से पीड़ित हो चला था। मीरा! मीरा!!

कोई सुननेवाला नहीं था।

वह किसी को अपने भीतर की छटपटाहट और उथल-पुथल समझाना चाह रहा था पर कोई नहीं था समझनेवाला। उसके अपने शरीर की सभी नसें तन

आयीं। सारी ग्रन्थियाँ रक्त के उबाल से धधक उठीं—'मीरा ! मीरा, मैं तुम्हें प्यार करता हूँ···!'

वह अपनी ही अभिव्यक्ति के विरोध में चिल्ला उठा—'नहीं ! तुमने मीरा को कभी भी प्यार नहीं किया। उसका शोषण किया है हर वक्त।'

'नहीं, मैंने मीरा को प्यार किया है।'

'तुमने अपने-आपको प्यार किया है मदन, केवल अपने को।'

अपने सिर को दोनों हाथों में थामे वह खाट पर बैठ गया। उसने जानना चाहा कि उसके भीतर का कौन-सा पक्ष सही कह रहा था और कौन-सा बकवास कर रहा था। वह चिल्ला उठा—'बकवास बन्द करो !'

पर उसने अपने किस पक्ष से यह कहा था—तय नहीं कर पाया।

एक बार जब पहले भी मीरा बीमार पड़ी थी, तो मदन छटपटा उठा था। उसने अपने ही ज़ेहन की भीतर से एक गूंज सुनी—'दो ही बार तुमने मीरा को प्यार किया है। दोनों ही बार तब जब वह बीमार रही···'

शायद वह भी प्यार न रहा हो···अवश्य ही वह इस बात की आशंका का परिणाम रहा हो कि···अगर मीरा को कुछ हो गया तो अन्धा मदन किसके सहारे रह जायेगा···मदन, तुमने उसे नहीं, अपने को प्यार किया है। अपने लिए ही कभी-कभार उसका खयाल रख पाये हो···तुम निष्ठुर आदमी हो ! तुम तो मजदूरों के लिए भी जो कुछ करते रहे, उसमें भी तुम्हारा स्वार्थ ही निहित रहा है। अपना बड़प्पन और प्रतिष्ठा कमाने के लिए ही तुमने वैसा किया है।

बाहर बारिश शुरू हो गयी थी। हवा तेज थी। पानी की झटास के साथ मिली-जुली उस झंझावात में मदन का मन बाहर दौड़ जाने को हुआ। मौसम के इस तरह अनिश्चित ढंग से खराब रहने का आज पाँचवां दिन था। हवा बढ़ती-घटती कभी पानी लिये होती, कभी बादल गरज जाते। इस खराब मौसम में भी मदन धरमा के बेटे के साथ तीन बार मीरा के खेत पर हो आया था। उसने धरमा के बेटे की आँखों से जो देखा था, उससे सन्तुष्ट न होकर कुसमी से पूछ लिया था—

"खेत का बहुत नुकसान तो नहीं हुआ है न ?"

"थोड़ा-बहुत फूलवन त झड़ ही गईल बा।"

धरमा के बेटे ने जिस दिन कहा था कि करेले तैयार हो चले हैं, उसी शाम बस्ती के कुछ लड़कों को साथ लिये मदन उस हवा-पानी में भी मीरा के खेत पर पहुँच गया था। वे लोग पैंतीस किलो करेला तोड़ पाये थे। दूसरे दिन बाजार से लौटने पर भरतलाल ने उन करेलों के साढ़े सात रुपये मदन को थमा दिये थे। अस्पताल पहुँचकर मदन ने चाहा था कि मीरा को वे पैसे थमाकर कहे—'देख ! तुम्हारे पहले करेलों के पैसे !'

मीरा ने तो आँख तक नहीं खोली थी।

बाहर जो तूफानी मौसम था, वह कभी जोर पकड़ जाता तो कभी कमजोर पड़

जाता। लोगों के भीतर ऊब-सी पैदा हो गयी थी। पिछली भारी बरसात के बाद खेतों को धूप की आवश्यकता थी। उसकी जगह पाँच दिनों से लगातार जो हवा-पानीवाला मौसम था, उससे खेतों को अधिकाधिक नुकसान पहुँचने का डर था।

अपने तनाव पर थोड़ा-सा अधिकार पाकर मदन फिर चारपाई पर बैठ गया। अपने ध्यान को मीरा से हटाकर खेतों की ओर ले गया और फिर परकाश की गतिविधियों के बारे में सोचने लगा। परकाश ने कुँवर महाराजसिंह की विदाई के लिए बन्दरगाह तक झाल-ढोलक के साथ जिस जलूस का आयोजन किया था, उसमें मदन नहीं पहुँच सका था। परकाश ने बताया था कि करीब पन्द्रह कोठियों से पहुँचे मजदूरों ने उसमें हिस्सा लिया था।

मीरा के खयाल से मदन अपने को अधिक देर तक बचा न पाया। एक ही साथ बहुत-सी बातों और घटनाओं के बारे में सोचकर भी वह मीरा के खयालों से छुटकारा नहीं पा सका। उसका सिर फिर चकराने लगा···उसने बहुतों के लिए बहुत कुछ किया था···मीरा ही अकेली है, जिसके लिए उसने कुछ भी नहीं किया ···वह मीरा ही है जिसने मदन के लिए सभी कुछ किया था। अपने मस्तिष्क में भावनाओं की रस्साकशी के बीच मदन ने चाहा कि उसके भीतर जितनी ग्रन्थियाँ हैं, जितने रोमकूप हैं, जितनी धमनियाँ हैं और साँसों का जो भण्डार है, सभी को यह विश्वास तो हो जाये कि उसने जितना प्यार इस मिट्टी और मिट्टी के मजदूरों से किया है, उतना ही प्यार उसने मीरा से भी किया है। वह चिल्ला उठा—'मैंने उतना ही प्यार तुम्हें भी किया है मीरा—तुम्हें भी!'

बाहर अगर हवा-पानी का वह तूफानी कोलाहल नहीं होता तो पास-पड़ोस के घरों से कई लोग यह जानने के लिए दौड़ आते कि आखिर मदन को क्या हो गया। वह पश्चात्ताप की मिरगी थी, जिसमें वह लोटता रहा।

पिछली शाम उसने ज़ीनत की बाँहों को पकड़ लिया था। उसके चेहरे की सारी झुर्रियों और सलवटों को गवाह बनाकर उसने पूछा था, "खाला! क्या मैंने मीरा को प्यार नहीं किया?"

फिर उसने दाऊद मियाँ के सफेद बालों और सफेद दाढ़ी का वास्ता देकर पूछा था, "तुम ही कहो खालू, मैंने मीरा को प्यार किया है या नहीं?"

सीता ने उसकी आँखों से आँसू पोंछे थे। बोली थी, "तुमने मीरा को बहुत प्यार किया है मदन···!"

"तो फिर···तो फिर उसका खयाल क्यों नहीं रखा? उसे अपने से दूर क्यों रखा?"

"इसलिए कि तुमने उसे प्यार किया था।"

"क्या?"

"हाँ मदन, तुमने अपने लोगों को प्यार किया था—मीरा को प्यार किया था। मीरा को और लोगों से ज्यादा प्यार करता था, तभी तो उसे दूर रखकर तू अपने लोगों के बेहतर जीवन के लिए लड़ता रहा।"

"सीता ! मुझसे बड़ी-बड़ी बातें मत करो···मैं इन बड़ी बातों के नीचे पहले ही से दबा हुआ हूँ। मैं खुदगर्ज हूँ, निर्मोही हूँ···जिन्दगी-भर पत्थरों को उलटता रहा हूँ इसलिए खुद पत्थर बन गया। मैं पत्थर हूँ सीता !"

"नहीं।"

"चुप रहो तुम···मैं पत्थर हूँ। तुम जानती हो।"

मदन के मन में फिर एक पुरानी इच्छा जागी—'काश, मेरा अन्धापन कुछ क्षणों के लिए मिट पाता और मैं अपनी आँखों मीरा को देख सकता !' उसकी यह चाह गाँधीजी को देख पाने की चाह से भी बड़ी थी। उसने अपने-आपसे कहा—'काश, चाह चाहने से पूरी होती !'

शाम को गाँव से छह लोग शहर सिविल अस्पताल पहुँचने के लिए निकले। सीमा इस खयाल से पतली खिचड़ी तैयार करके साथ लिये हुए थी कि अगर आज मीरा की हालत थोड़ी सुधर गयी हो तो वह परिचारिका की आज्ञा से उसे अपने हाथों कुछ खिलाकर रहेगी।

पर उसे निराश हो जाना पड़ा था। मीरा की दशा में कोई सुधार नहीं आ पाया था। एक बात से सभी को थोड़ी-सी उम्मीद बँधी थी। कल की तरह मीरा की आँखें बन्द ही नहीं रह गयी थीं। एक घण्टे के भीतर उसने कई बार आँखें खोली थीं। होंठों के बीच मुस्कान लाने की भी चेष्टा की थी। मदन के यह पूछने पर कि उसकी पसलियों का दर्द कैसा है, उसने सिर हिलाकर यह कहना चाहा था कि दर्द कुछ कम है।

सीमा ने मदन को बताया, "बता रही है, दर्द कुछ कम है।"

मदन ने इसे निश्चित रूप से जानने के लिए फिर पूछा, "तुम्हारा दर्द कुछ कम है ?"

उसके फिर से हामी भरने पर इस बार सीता बोली, "कह रही है—हाँ।"

परिचारिका उनके पास आ गयी, "पा कोजे कोत मालाद।"

रोगी के पास बात करने से मना करके वह चली गयी।

कोई पन्द्रह मिनट बाकी रह गये थे मरीजों से विदा लेने में कि परकाश आ गया।

मदन ने उससे कहा, "तुम बात करो। शायद तुम्हारी बातों का कोई जवाब दे।"

एक दूसरी मोटी परिचारिका लोगों के बीच आकर बोली, "एना त्रो बूकू जीमून इसी।"

सात लोग मीरा की चारपाई घेरे हुए थे। एक मरीज के पास दो से अधिक व्यक्तियों की इजाजत नहीं थी, इसलिए परिचारिका के कहने पर लोग इधर-उधर हट गये। केवल मदन और परकाश मीरा के सिरहाने रह गये। परकाश ने उसके माथे पर हाथ रखकर बुखार का अनुमान लगाया।

"बुखार तो कम है।"

"तो फिर बोल क्यों नहीं रही है ?"

परकाश ने मीरा के ऊपर झुककर धीरे से पूछा, "कैसी हो चाची ?"

मीरा ने होंठ हिलाये। उन होंठों के बीच से आवाज तो नहीं आयी, पर परकाश उस उत्तर को समझ गया। मदन ने कहा, "फिर से पूछकर देखो।"

"बता रही है कि अच्छी है।"

"वह बोल नहीं रही और तुम इसे अच्छा होना कहते हो ?"

मीरा ने अपने हाथ को आगे बढ़ाकर मदन की कलाई थामी और उसे हौले-से दबाया। परकाश ने देखा, मदन के चेहरे पर एक सन्तोष का-सा भाव झलक आया है।

ठीक पांच बजने पर परिचारिका ने सभी को सुनाते हुए कहा—

"समय हो गया।"

मीरा के पास से सबसे बाद में सीमा का कन्धा थामे मदन ही निकला। इधर के पाँच दिनों में आज उसका मन थोड़ा-सा हरा हो पाया था। मन-ही-मन उसने सोचा—शायद और चार-पांच दिन में मीरा अस्पताल छोड़ने योग्य हो जायेगी। उसने यह भी सोचा कि कल वह घर से कुछ सवेरे निकलेगा और डाक्टर साकीर से मिल लेगा।

मीरा मदन को जाते हुए देखती रही। देखती रही। परिचारिका ने जब शीशे-वाले दरवाजे को बन्द कर दिया तो मीरा ने अपने हाथ को ऊपर उठाकर उस दूसरी परिचारिका को इशारे से बुलाया जो थोड़ी ही दूरी पर थी। घण्टे-भर से मीरा दोनों ओर की पसलियों को एक-दूसरे से चिपकी महसूस कर रही थी।

गाँव से आये लोगों और विशेषकर मदन के सामने उसने उस असह्य पीड़ा को जाहिर नहीं होने दिया था। अपने फेफड़े पर वह जांते का बोझ अनुभव कर रही थी। परिचारिका को उसने अपनी पसलियों की ओर संकेत करके सांसों की कोताही जतायी। परिचारिका दौड़कर रबड़ की नली के साथ जुड़ा वह मुखौटा ले आयी जिससे शरीर में प्राण-वायु संचारित की जाती है।

मीरा की गोद में एक बार मदन की सांसें फूल आयी थीं। तब उसकी आंखों का घाव ताजा था। सेंहुड़ के वे आखिरी कांटे उसकी आंखों से निकल नहीं पाये थे। कई मिनट बाद जब मदन की सांसों में स्वाभाविकता और स्वच्छन्दता आ सकी थी तो उसने अपनी अंगुलियों से मीरा के हाथों को टटोला था और फिर उसके चेहरे को—

"मीरा ?"

"हाँ मदन !"

"मुझे लगा था कि मैं मर रहा हूँ।"

"मनहूस बात क्यों कर रहे हो ?"

"हाँ मीरा !"

"नहीं मदन।"

"नहीं क्या ?"

"मृत्यु तो मेरी लिखी हुई है तेरी गोद में।"

"सच मानो मीरा ! मेरा सिर तुम्हारी गोद में नहीं होता तो मेरी साँसें वापस नहीं लौटतीं।"

मीरा ने हौले से अपनी अँगुली मदन के सूखे होंठों पर रख दी थी—

"ऐसा नहीं कहते।"

"आज मुझे विश्वास हो गया।"

"क्या ?"

"कितना दमदार है तुम्हारा प्यार !"

"मैं तुम्हारे लिए कुछ पीने को लाती हूँ।"

"ऐसा मत करना।"

"क्यों ?"

"मेरे सिर को अपनी गोद से हटाओगी तो मेरी साँसें फिर भारी हो जायेंगी।"

"कहा न, ऐसी बातें नहीं करते।"

"एक वायदा करो मीरा !"

"क्या ?"

"मेरे…"

"चुप क्यों हो गये ?"

"मेरे अन्तिम क्षण में मेरा सिर इसी तरह तुम्हारी गोद में होना चाहिए।"

"और अगर मैं पहले मर गयी तो…?"

पाँच

पूरे सप्ताह मौसम खराब रहने के बाद हवा धीमी पड़ी। लोगों को उसके प्रचण्ड बन जाने की जो आशंका थी, वह जाती रही। पूरे सप्ताह सभी के भीतर तूफान आ जाने का भय बना रहा था, इसलिए उससे राहत पाते ही रम्भा के बाप सुखदेव शाव ने रविवार को कालीमाई पर बहरिया पूजा ठान ली थी। उसी दिन परकाश शहर में टापू-भर के मजदूरों के भारी जुटाव का एक आयोजन कर बैठा था। उसने सुखदेव शाव से कहा—

"मौसा, तुमने गलत दिन पूजा ठान ली है।"

"अरे पूजा के लिए भी कोई दिन गलत होवेला का !"

"हम लोगों ने मजदूरों का जमाव भी तो उसी दिन रखा है।"

"तू बदल दे अपन दिन।"

"क्या कह रहे हो मौसा! तीन दिन के भीतर मैं द्वीप-भर के मजदूरों तक उसके स्थगित होने की सूचना कैसे भेज पाऊँगा?"

"हमार भी त मनौती हो गईल बा। कालीमाई के टालल कैसे जाये!"

"हमें तो गाँव से जलूस निकालकर वहाँ पहुँचना है।"

"त हियाँ कोई न रही का?"

"यही तो मुसीबत है।"

"कितने बजे बा तोर ऊ जमाव?"

"दस बजे, लेकिन यहाँ से तो हमें सुबह आठ ही बजे निकल जाना पड़ेगा।"

"त फिर ऐसा कर कि तू सब मरद के लेके उधर चला जा और हम औरत लोग के संग हियाँ के काम निबटा देई ला।"

"कुछ मर्द तो पूजा के लिए रह ही जायेंगे।"

"त फिर कैसन चिन्ता!"

परकाश जब मदन के घर पहुँचा तो वह पीछे की ओर दीवार से सिर टिकाये पीढ़े पर बैठा था। परकाश की सारी बातें सुनने के बाद उसने कहा—

"यह तुम्हारे नेतृत्व में सबसे बड़ा जुटाव है। इसमें तो मुझे पहुँचना ही होगा लेकिन..."

"लेकिन क्या?"

"कल मीरा की जो हालत देख आया हूँ, उससे तो मुझे कालीमाई की पूजा में भी रहना चाहिए।"

"दोनों कार्यक्रम लगभग एक ही समय पर हैं। दोनों ठौरों पर मौजूद होने के लिए कैसे करोगे?"

"करना पड़ेगा।"

"कैसे?"

"घण्टे-डेढ़ घण्टे पूजा में रहूँगा, फिर किसी को साथ लेकर रेलगाड़ी से तुम्हारे आयोजन में पहुँच जाऊँगा। लेकिन एक शर्त है..."

"क्या?"

"उस अवसर पर मैं बोलूँगा नहीं।"

"क्यों नहीं बोलोगे?"

"बोल नहीं पाऊँगा।"

"मन चाचा, मीरा चाची अच्छी हो जायेगी, मुझे विश्वास है।"

"मुझे भी विश्वास होता तो मैं कालीमाई की पूजा में न जाकर सीधा तुम्हारे जलूस में शामिल हो जाता।"

"डाक्टर शाकीर ने क्या कहा उस दिन?"

"दुआ करने की बात की। जानते हो, डाक्टर दुआ करने की बात कब करता

है ?"

"..........?"

"जब दवा बेकार हो जाती है।"

"नहीं मन चाचा, ऐसी बात नहीं है।"

"कालीमाई से यही तो कहना है कि ऐसी बात न होने पाये।"

शायद पहली बार हिन्दी में उतने सारे इश्तहार निकाले गये थे। मजदूरों की कोई बस्ती, कोई भी गाँव ऐसा नहीं बचा था जहाँ की हर दूकान की दीवार पर ये इश्तहार न चिपकाये गये हों। हर गांव, हर बस्ती से दो-तीन सौ मजदूरों के पहुँचने की बात तय हुई थी। नौ जिलों की जिम्मेवारी नौ आदमियों को सौंपी गयी थी। परकाश जब पास-पड़ोस की छोटी-मोटी आयोजक-सभाओं से लौट रहा था, तो याँग की दूकान के सामने रुक गया—अपने ही तैयार किये हुए इश्तहार को पढ़ने के लिए—

"सौ वर्षों से परिवर्तन के सारे वायदे आज भी फरेब हैं! ...
पसीने की सही तौल चाहिए हमें।
मेहनत की सही कीमत।
गन्ने के खेतों के मजदूर आज भी इज्जत और अधिकार के मुहताज हैं।
हम इज्जत चाहते हैं, अधिकार चाहते हैं।
अपने बच्चों का भविष्य चाहते हैं।
सौ वर्षों के शोषण का अन्त होना चाहिए।
विधानसभा में हमें भी अपने प्रतिनिधि भेजने का हक चाहिए।
मजदूरों को भी वोट देने का अधिकार चाहिए।
इस भारी जुटाव में आकर अपनी शक्ति बतानी है।"

मदन के घर बैठकर परकाश ने इसे तैयार किया था। ये आह्वान हिन्दी पत्रों के अलावा फ्रेंच पत्रों को भी भेजा गया था पर फ्रेंच पत्र के सम्पादकों के लिए ये सारी बातें बगावत और मजदूरों को भड़काने के लिए थीं।

मदन ने परकाश से प्रश्न किया था—

"कल अगर तुम्हारे आन्दोलन को आम चुनाव में भाग लेने का अवसर मिल जाये, तो क्या तैयार हो उसके लिए ?"

"अगला चुनाव तो सामने है। उसके लिए हमारे पास शायद वक्त न हो। हम तो अपने को दूसरे चुनाव के लिए तैयार कर रहे हैं। और फिर इस चुनाव में तो सामन्त वर्ग को ही उम्मीदवारी का अधिकार है। हम तो इस चुनाव-संविधान को तोड़कर ही अगले चुनाव में खड़े होंगे।"

"कितने ऐसे लोगों को तैयार कर सकोगे ?"

"कई लोग तो अभी ही तैयार हो चुके हैं। इस जुटाव में पांच लोग भाषण दे रहे हैं। अगले चुनाव तक हमारे पास हर जिले के लिए दो-तीन प्रतिनिधि तैयार

होकर रहेंगे।"

बैठका के जिन छात्रों को भारते के गीत सिखाये गये थे, उन्हीं को जलूस में सबसे आगे रखा गया। मदन ने एक गीत की शुरू की पंक्तियों के साथ दो सौ के करीब व्यक्तियों को शहर के लिए रवाना किया--

हम खेतों के मजदूर हैं देश के निर्माता हैं।
माथे पर माटी का टीका हमारा तिलक है।

सभी लोग एकस्वर में गाते हुए चल पड़े। होरिल मदन के साथ रह गया। जब तक गाने की आवाजें आती रहीं, दोनों मन्दिर के आँगन में ही खड़े रहे। दोनों जब कालीमाई पहुँचे तो सुखदेव शाव चौतरे के सामने जल रहे गोयठों पर मिट्टी के सात कड़ाहों में दूध डाल रहा था। सीता चौतरे की पीयरी पर पान-फूल के साथ खीर-पूड़ियाँ सजा रही थी। होरिल मदन को गुलेची के पेड़ तले भरतलाल की बगल में बिठाकर खुद उस ठौर पर जा खड़ा हुआ, जहाँ से मुनिया की छोटी बहन की आँखें उसकी आँखों से मिल सकती थीं।

सुखदेव शाव ने जैसे ही बेंत को हाथों में लेकर पीठ के पीछे किया कि ढोलक-ढपली बजानेवाले दोनों व्यक्तियों ने थाप देनी शुरू कर दी। फिर तो सुखदेव शाव पर देवी-देवता एकसाथ सवार हो गये। मदन ने अपने बाप से सुन रखा था कि संकट के समय आदमी पूजा-पाठ के हर रूप को उसी तरह स्वीकार लेने को तैयार हो जाता है, जिस तरह डूबते को तिनके का सहारा भी स्वीकार होता है। कुछ ही देर पहले सीता ने मदन को जो सपना सुनाया था, उसकी याद आते ही मदन मन-ही-मन प्रार्थना कर उठा।

शायद पहली ही बार मदन उतनी एकाग्रता से सभी देवी-देवताओं को स्मरण किये जा रहा था। कोई डेढ़ घण्टे बाद बकरे की बलि से पहले होरिल मदन के पास आ गया और कालीमाई को गोड़ लगकर दोनों वहाँ से चल पड़े। स्टेशन पहुँचकर करीब आधे घण्टे बाद ही उन्हें दस बजेवाली गाड़ी मिल पायी। जिस डिब्बे में दोनों को जगह मिली उसमें बैठे कुछ लोग जुटाव में ही जा रहे थे। वे मदन को पहचान गये। मदन उनके गाँव में कई बार जा चुका था। वहाँ के मजदूर संघ की नींव भी मदन ने ही डाली थी। बातचीत के दौरान पता चला कि उनके गाँव से तीन सौ से ऊपर का जलूस झाल-ढोलक बजाते हुए शहर के लिए निकला है। उनमें जो आदमी बोल रहा था, वह अस्सी से ऊपर की उम्र का था—

"देस-भर में हम लोगन के आज जोन संगठन हो सकल बा, ई अगर किसनसिंह देख पावत त बड़ा खुश हो जात।"

"आप सही कह रहे हैं चाचा!"

"पर का करबे बेटा, अपन हाथ के रोपल पेड़ के फल देवे बखत तक हर आदमी त जिन्दा ना रहेला। किसनसिंह त हमेसा बोलत रहल कि जब तलक हम लोगन में एकता नैं आयी तब तलक हम लोगन पर के जुलुम ना रुकी।"

"अभी भी बहुत कुछ करना बाकी है।"

"हाँ बेटा, मगर हमनी के दिन के ऊ सब दुखवन ऊ त खाली याद करल से ही करेजा कांप जाला।"

"अभी भी चाचा, जिस तरह से हमें अलग-अलग जातियों में बाँट देने की कोशिश की गयी थी, उसे अगर वक्त पर नहीं रोका जाता तो फिर से जुल्मों-भरे वे दिन लौट आते।"

"हमके त डर बा कि ई सब सरपंच उ लोगन फिर शुरू करी।"

"हमें अपने को उन साजिशों में आने से रोकना होगा।"

"किसनसिंह त हमेसा बोलले रहल कि सब मजदूर एक जाति के ह। हम भी त इहे मानी ला।"

मदन को फिर मीरा की याद आ गयी। और मीरा की याद आते ही उसे भगवान भी याद आ जाता। उसने मन-ही-मन फिर मनौतियाँ कर लीं। उसे इस बात का भी डर लगने लगा था कि उसने भगवान की मदद बड़ी देर से माँगी है। मजदूरों को थोड़ी-सी देर से काम के लिए पहुँचने पर मालिक द्वारा लौटा दिया जाता था, फिर उसकी प्रार्थना तो भगवान के पास बहुत देर से पहुँची थी। उसके भी लौट आने का डर था। पुजारी बोला था कि श्रद्धा के साथ की हुई प्रार्थना कभी खाली नहीं जाती। तब से मदन यह सोचने लगा था कि उसकी प्रार्थना में कहाँ तक श्रद्धा का भाव है, कहाँ तक नहीं।

उस दिन जब परकाश ने उसके यहाँ मीरा से ब्याहवाली बात छेड़ी थी, तो घर से बाहर होते हुए वह यह कह गया था--

'तुम्हारे भीतर मीरा चाची के प्यार के प्रति कोई श्रद्धा नहीं है मन चाचा! तुम बड़े ही कठोर जीव हो।'

वह अपने-आपसे बेशुमार प्रश्नों के तहत यह जानना चाहता था कि क्या सचमुच उसमें श्रद्धा नहीं थी? यह श्रद्धा आखिर होती क्या है? इन तमाम प्रश्नों से वह अपने मस्तिष्क को किसी सूखे कुएँ की तरह खाली पाने लगता। वह अपने सामने के गहन अँधेरे की जकड़ से अपने को बचाने के लिए आँखों को मूँद लेता। अँधेरे की परत-पर-परत पसर जाती और मदन एक भारी शून्य में गोता लगाता रह जाता।

"हम जब भारत से हियाँ आल रहलीं त ई देसवा हियाँ से हुआँ जंगल-ही-जंगल रहल। जहाँ भेजल जात रहल काम करय के हुआँ चट्टान पत्थर-ही-पत्थर होवे। हमनी एतना दुख सहके खून-पसीना एक करके हर जगह ई देखअस आज हरल-भरल खेत-ही-खेत लोकतबा। हम सात बरिस के उमर में हियाँ आल रहलीं। और कुछ दिन मा सौ बरिस हो जाये। हियाँ सब कुछ बदलल, खाली हम मजदूर लोगन क हालत आज भी लगभग अवसने बाते···।"

अस्सी से ऊपर की उम्र का वह आदमी, जिसे मदन इतिहास का गवाह मानता था, बोले जा रहा था। तब से आज तक के इतिहास के गवाह अब तो कम ही लोग रह गये थे। मदन के अपने ही गाँव में कोई सात-आठ लोग बचे थे। उनमें शायद

दो ही ऐसे थे जो इस धरती पर पहुँचे पहले भारतीय मजदूरों के पहले जहाज से यहाँ उतरे थे---पत्थरों के नीचे से सोना निकालने। मदन ने उन सभी को हमेशा ही बड़े ध्यान से सुना था। आज उसका वह ध्यान बँट गया था। उसके सामने बैठा इतिहास का वह गवाह बोले जा रहा था और मदन खोया रहा मीरा के खयाल में।

कल रात सीतावाला सपना उसके जेहन में ऊधम मचाने लगा था। वह उस भयानक सपने के बारे में सोचना तो नहीं चाहता था, पर वह था कि उसके जेहन को खोदे जा रहा था। सुबह चाय लेकर पहुँचते ही सीता ने उसे वह सपना सुना दिया था। सुनकर वह दहल गया था।

"बड़ा भयानक सपना था मदन ! मैं तो जागकर चारपाई पर बैठी रह गयी थी। भिसार का सपना, इसलिए अधिक डर गयी थी। लोग कहते हैं, भिसार का देखा हुआ सपना उल्टा होता है।"

सीता ने सपना देखा था कि गांव से लोग बड़े सज-धजकर अस्पताल गये थे। गाजे-बाजे के साथ।···और वहाँ पर मदन ने मीरा की माँग को सभी के सामने सिन्दूर से भर दिया था। मीरा ने हँसकर सीता से कहा था—'पुष्पा की अर्थी बिना फूलों की उठी थी और तुम लोग मेरा ब्याह बिना फूलों के कर रहे हो ?'

सीता के इस सपने को सुनकर मदन कांप उठा था।

एकाएक वह फिर से कांप गया। वह सपना उसके जेहन से हटना नहीं चाह रहा था।···गांव के लोग···सजधज कर··गाजे-बाजे के साथ··चारपाई पर पड़ी बीमार मीरा···मदन की चुटकी··मीरा की माँग···सिन्दूर···सिन्दूर···सिन्दूर···!

गाड़ी ने अगले स्टेशन पर रुकने की सीटी दी। मदन अपने खयालों से छूटा। होरिल ने उससे कहा, "हम शहर पहुँच गये।"

स्टेशन के बाहर-भीतर खचाखच भीड़ थी। थोड़ी ही दूरी पर था वह स्थान, जहाँ मजदूरों का आम जुटाव हो रहा था। मदन ने अस्सी के ऊपर के उस आदमी को कहते सुना—

"एतना बड़ा मेला त हम अपन जीवन में आज पहला हला देखत बानी।"

"हाँ मदन चाचा, यहाँ तो आदमियों की बाढ़ आयी प्रतीत हो रही है।"

"कोलाहल बहुत ज्यादा है।"

"हाँ। लोगों को सुन पाने के लिए हमें और आगे जाना होगा।"

भीड़ के बीच से होते हुए वे उस मंच की ओर बढ़ते गये, जहाँ झण्डियाँ और तोरण फहर रहे थे। मदन और होरिल आगे बढ़ते ही गये जब तक कि मंच से आ रहा भाषण स्पष्ट सुनायी न पड़ने लगा।

होरिल के रुकते ही मदन ने कहा, "परकाश ही तो बोल रहा है।"

परकाश चन्द आखिरी शब्दों के साथ घण्टे-भर से जारी अपने भाषण को समाप्त कर रहा था—

"···इस देश को बनाने में सबसे बड़ा योगदान मजदूरों का रहा है। जिन

मजदूरों ने अपनी मेहनत से इस देश को समृद्ध बनाया है, उनकी दशा आज भी उतनी ही दयनीय है, जितनी शोषण की चरम सीमा के वक्त थी। आज इस मजदूर-दल की नींव डालते हुए हम यह कहना चाहेंगे कि कल तक हमारी लड़ाई खेतों और दफ्तरों तक ही सीमित थी पर आज हम अपनी लड़ाई को विधानसभा तक ले जाने के प्रण के साथ यहाँ जुटे हैं। आज से मजदूर संघ मजदूर दल का रूप लेकर मजदूरों के बीच राजनीतिक चेतना जाग्रत् करने की जिम्मेवारी ले रहा है। इस मुल्क में राजनीति मुट्ठी-भर धनपतियों की बपौती रही है। अब हम मजदूर भी उसमें अपना स्थान चाहते हैं। गांधीजी ने यही चाहा था···।"

हजारों हाथ एकसाथ ऊपर को उठ गये।

०००